תלמוד בבלי

— מהדורת נאה —

ביצה חלק א

Steinsaltz
Center

ירושלים
KOREN

Please note that the number ranges that appear at the bottom of each daf of the Vilna pages indicate the corresponding pages of the Koren Talmud Bavli translation and commentary.

תלמוד בבלי

הוצאת קורן ירושלים

— מהדורת נאה —

מסכת ביצה

דף ב. עד דף כג:

COMMENTARY BY

Rabbi Adin Even-Israel Steinsaltz

EDITOR-IN-CHIEF

Rabbi Dr Tzvi Hersh Weinreb

EXECUTIVE EDITOR

Rabbi Joshua Schreier

STEINSALTZ CENTER

KOREN PUBLISHERS JERUSALEM

בֵּיצָה

*שֶׁנּוֹלְדָה בְּיוֹם טוֹב, בֵּית שַׁמַּאי אוֹמְרִים: תֵּאָכֵל, וּבֵית הִלֵּל אוֹמְרִים: אלֹא תֵּאָכֵל. בֵּית שַׁמַּאי אוֹמְרִים: *שְׂאוֹר בִּכְזַיִת, וְחָמֵץ בְּכַכּוֹתֶבֶת, וּבֵית הִלֵּל אוֹמְרִים: בזֶה וָזֶה בִּכְזַיִת. *הַשּׁוֹחֵט חַיָּה וָעוֹף בְּיוֹם טוֹב, בֵּית שַׁמַּאי אוֹמְרִים: יַחְפּוֹר בְּדֶקֶר וִיכַסֶּה, °וּבֵית הִלֵּל אוֹמְרִים: גלֹא יִשְׁחוֹט אֶלָּא אִם כֵּן הָיָה לוֹ עָפָר מוּכָן מִבְּעוֹד יוֹם. וּמוֹדִים, שֶׁאִם שָׁחַט – שֶׁיַּחְפּוֹר בְּדֶקֶר וִיכַסֶּה, שֶׁאֵפֶר כִּירָה מוּכָן הוּא.§

גמ' בְּמַאי עָסְקִינַן? אִילֵימָא בְּתַרְנְגוֹלֶת הָעוֹמֶדֶת לַאֲכִילָה – מַאי טַעְמַיְיהוּ דְּבֵית הִלֵּל? אוּכְלָא דְּאִפְּרַת הוּא! אֶלָּא בְּתַרְנְגוֹלֶת הָעוֹמֶדֶת לְגַדֵּל בֵּיצִים – מַאי טַעְמַיְיהוּ דְּבֵית שַׁמַּאי? מוּקְצֶה הִיא! וּמַאי קוּשְׁיָא? דִּלְמָא בֵּית שַׁמַּאי לֵית לְהוּ מוּקְצֶה? קָא סָלְקָא דַּעְתִּין: אֲפִילּוּ מַאן דְּשָׁרֵי בְּמוּקְצֶה – בְּנוֹלָד אָסַר, מַאי טַעְמַיְיהוּ דְּבֵית שַׁמַּאי? אָמַר רַב נַחְמָן: לְעוֹלָם בְּתַרְנְגוֹלֶת הָעוֹמֶדֶת לְגַדֵּל בֵּיצִים, *וּדְאִית לֵיהּ מוּקְצֶה אִית לֵיהּ נוֹלָד, וּדְלֵית לֵיהּ מוּקְצֶה לֵית לֵיהּ נוֹלָד, בֵּית שַׁמַּאי כְּר' שִׁמְעוֹן וּבֵית הִלֵּל כְּר' יְהוּדָה. וּמִי אָמַר רַב נַחְמָן הָכִי? וְהָתְנַן: בֵּית שַׁמַּאי אוֹמְרִים: *דמַגְבִּיהִין מֵעַל הַשֻּׁלְחָן עֲצָמוֹת וּקְלִיפִּין, וּבֵית הִלֵּל אוֹמְרִים: מְסַלֵּק אֶת הַטַּבְלָא כּוּלָּהּ וּמְנַעֲרָהּ. וְאָמַר רַב נַחְמָן: אָנוּ אֵין לָנוּ אֶלָּא בֵּית שַׁמַּאי כְּרַבִּי יְהוּדָה, וּבֵית הִלֵּל כְּר"ש! אָמַר לָךְ רַב נַחְמָן: גַּבֵּי שַׁבָּת, *דִּסְתַם לָן תַּנָּא כְּרַבִּי שִׁמְעוֹן, דִּתְנַן: *המְחַתְּכִין אֶת הַדִּלּוּעִין לִפְנֵי הַבְּהֵמָה, ווְאֶת הַנְּבֵלָה לִפְנֵי הַכְּלָבִים – מוּקִים לָהּ לְבֵית הִלֵּל כְּרַבִּי שִׁמְעוֹן. אֲבָל גַּבֵּי

[ע"ז: [דף קנו:] שבת דף]

רש"י

בֵּיצָה, לֹא תֵּאָכֵל. בּוֹ בַּיּוֹם. בַּגְּמָרָא מְפָרֵשׁ טַעְמָא: שְׂאוֹר בִּכְזַיִת. מִשּׁוּם דְּהָנֵי תְּלָת מִילֵּי הָווּ מִקּוּלֵּי בֵּית שַׁמַּאי וּמֵחוּמְרֵי בֵּית הִלֵּל גַּבֵּי יו"ט, תְּנָא – לְהוּ גַּבֵּי הֲדָדֵי. וּבַגְּמָרָא מְפָרֵשׁ טַעֲמַיְיהוּ: בְּכַכּוֹתֶבֶת. תְּמָרָה: יַחְפּוֹר בְּדֶקֶר. פיל"א בְּלַעַ"ז: וּמוֹדִים שֶׁאִם שָׁחַט כו'. כִּדְמְפָרֵשׁ טַעְמָא בַּגְּמָ': כְּשֶׁיֵּשׁ לוֹ דֶּקֶר נָעוּץ מִבְּעוֹד יוֹם: שֶׁאֵפֶר כִּירָה מוּכָן הוּא. בַּגְּמָרָא בָּעֵי מַאי קָאָמַר: **גמ'** הָעוֹמֶדֶת לַאֲכִילָה. שֶׁאֵינָהּ מוּקְצֶת: אוּכְלָא דְּאִפְּרַת. אוֹכֶל שֶׁנִּפְרַד. וַחֲבֵירוֹ *בִּמְנָחוֹת: חִבּוּרֵי אוֹכָלִין כְּמַאן דַּמַּפְרְתִי דָּמוּ. וְכֵן בִּשְׁחִיטַת חוּלִּין (דף עג.): לֵית לְהוּ מוּקְצֶה. דִּדְלְמָא כְּר' שִׁמְעוֹן סְבִירָא לְהוּ, דְּאָמַר בְּפֶרֶק ["כִּירָה"] (שבת דף מד.): מוּתַּר הַשֶּׁמֶן שֶׁבַּנֵּר וְשֶׁבַּקְּעָרָה אָסוּר (*דִּבְרֵי רַבִּי יְהוּדָה), וְר"ש מַתִּיר: קָא סָלְקָא דַּעְתִּין. לְהָכִי פָּרְכִינַן מַאי טַעֲמַיְיהוּ דְּבֵית שַׁמַּאי, דְּקָא סָלְקָא דַּעְתִּין דַּאֲפִי' לְר' שִׁמְעוֹן דְּשָׁרֵי בְּמוּקְצֶה, בְּנוֹלָד אָסִיר. דְּאִילּוּ בְּמוּקְצֶה סְבִירָא לֵיהּ: לָא מַקְצֵי אִינִישׁ מִדַּעְתֵּיהּ מִידֵי דַּחֲזֵי לֵיהּ, אֲבָל נוֹלָד לָא הֲוָה יָדַע דְּנֶהֱוֵי דַּעְתֵּיהּ עִלָּוֵיהּ: וּמִי אָמַר רַב נַחְמָן הָכִי. דְּבֵית הִלֵּל כְּר' יְהוּדָה: מַגְבִּיהִין. בְּשַׁבָּת מֵעַל הַשֻּׁלְחָן עֲצָמוֹת שֶׁאֵינָן רְאוּיִן לַאֲכִילָה, וּקְלִיפֵּי אֱגוֹזִים, וְלָא חָיְישִׁינַן לְמוּקְצֶה: וּבֵית הִלֵּל אוֹמְרִים. אֵין מְטַלְטְלִין אוֹתָן בְּיָדַיִם, שֶׁמּוּקְצֶה הֵן: אֶלָּא מְסַלֵּק הַטַּבְלָא. שֶׁיֵּשׁ תּוֹרַת כְּלִי עָלֶיהָ, וּמְנַעֲרָהּ: וְאָמַר רַב נַחְמָן אָנוּ אֵין לָנוּ. בְּשִׁיטַת מִשְׁנָה זוֹ, לְפִי שֶׁמּוּחְלֶפֶת שִׁיטָתָהּ, אֶלָּא כָּךְ שָׁמַעְתִּי מֵרַבּוֹתֵינוּ: דְּבֵית שַׁמַּאי כְּר' יְהוּדָה וּמַחְמְרִי, וּבֵית הִלֵּל כְּרַבִּי שִׁמְעוֹן: מְחַתְּכִין דְּלוּעִין. תְּלוּשִׁין לִפְנֵי הַבְּהֵמָה, וְלָא אָמְרִינַן טִרְחָא דְּלָאו צוֹרֶךְ הוּא: וְאֶת הַנְּבֵילָה לִפְנֵי הַכְּלָבִים. וְאַע"פ שֶׁנִּתְנַבְּלָה בְּשַׁבָּת, דְּבֵין הַשְּׁמָשׁוֹת לֹא הָיְתָה עוֹמֶדֶת לַאֲכִילַת כְּלָבִים, אֲפִילּוּ הָכִי שָׁרֵי, דְּלֵית לָן מוּקְצֶה בְּשַׁבָּת. הִלְכָּךְ מַגְבִּיהִין מֵעַל הַשֻּׁלְחָן דְּמַיְירִי בְּשַׁבָּת – מוּקִים לְבֵית הִלֵּל דְּנֵימְרוּ כְּר' שִׁמְעוֹן, כִּי הֵיכִי דְּלָא תִּקְשֵׁי הִלְכְתָא אַהִלְכְתָא. דְּקַיְימָא לָן הֲלָכָה כִּסְתָם מִשְׁנָה, וְקַיְימָא [לָן] הֲלָכָה כְּבֵית הִלֵּל. אֲבָל גַּבֵּי יוֹם טוֹב, דְּאַשְׁכַּחַן דִּסְתָם רַבִּי כְּרַבִּי יְהוּדָה: דִּתְנַן

תוספות

ביצה שנולדה בי"ט בש"א תאכל ובה"א לא תאכל. וא"ת: אמאי לא תנא אוסרין ומתירין? וכי תימא אוסרין משמע שאסור לעולם – זה אינו, דאמרינן לקמן (דף ו.): אפרוח שנולד בי"ט – אסור, והיינו ביומו. ועוד, דאמרינן (לקמן ל:): מוֹתַּר שמן שבנר, רבי יהודה אוסר, והיינו דוקא באותו יום! ויש לומר: דאי הוה תני אוסרין ומתירין הייתי אומר שמה שמתירין הבילה – היינו לטלטל, אבל באכילה אסורה. והכי אמרינן (לקמן דף כד.) גבי גוי אחד שהביא דגים לפני רבן גמליאל, ואמר: מותרים הם אלא שאין רצוני לקבל הימנו. ומסיק: מאי מותרים לטלטל, אבל באכילה – אסורים. ואם תאמר: לבית הלל דאמרי לא תאכל אבל לטלטל שרי, והא קי"ל (לקמן ד.) דאף לטלטל אסור! לכן פירש ר"י: דנקט כי האי לישנא, דסתם בילה לאכילה קיימא. עוד יש לומר: דנקט לבית שמאי תאכל משום דמשמע אכילה וטלטול, דאין אכילה בלא טלטול. ובית הלל אסרי אף בטלטול. אלא אגב דנקטי ב"ש תאכל, נקטי אינהו לא תאכל:

שאור בכזית. לא שייך הכא מידי, אלא מייתי כאן תלת מילי גבי יום טוב דבית הלל לחומרא וב"ש לקולא:

אוכלא דאפרת הוא. פירוש: אוכל הנפרד מן האוכל הוא, דהבילה שנולדה נפרדה היא מן התרנגולת, ואי בעי – שחיט לה ואכיל כל שבגוה:

דלמא בית שמאי לית להו מוקצה. תימה: במתני' קאמר בהדיא דבית שמאי אית להו מוקצה, דקתני (לקמן דף י.): לא יטול אלא אם כן נענע מבעוד יום! ויש לומר: דמוקצה דבעלי חיים חמיר טפי, ומוקצה ביותר, והתם הוא דאית ליה מוקצה. כדחזינא ר"ש, דאע"ג דלית ליה מוקצה, אית ליה (שבת דף מה.) גבי גרוגרת וצמוקים דאתקצאי טפי:

קא סלקא דעתין דאפי' מאן דשרי מוקצה בנולד אסיר. דלא מקצי אינש מאי דחזי ליה, אבל בנולד לא הוה ידע מאתמול. ותימה: דהא רבי שמעון דשרי במוקצה שרי בנולד, כדאמרינן בשבת (דף כט.): רבי יהודה אומר אין מסיקין בשברי כלים, ור"ש מתיר, אע"ג דהוי נולד! וי"ל: דלא דמי, דהאי נולד דהכא הוי נולד טפי, שמתחילה לא היה בעולם, אבל התם – הכלי היה בעולם, רק שנשבר. וכן משמע נמי בעירובין (דף מה: ושם): מיא בעיבא מיבלע בליעי, ופריך: כל שכן דהוי נולד ואסור. ומאי פריך? ודלמא ההוא כר' שמעון, דהא רבי שמעון מתיר בנולד! אלא ודאי היינו טעמא כדפרישית, דכיון דבליעי לא היו כלל בעולם, ואפי' ר' שמעון מודה דהאי נולד אסור:

מגביהין מעל השלחן עצמות וקליפין. פ"ה: אע"ג דאין ראוין לא למאכל אדם ולא למאכל בהמה. ולא נהירא: דהא איכא בסיפא "ושער של אפונין ושער של עדשים – מפני שהן ראוין למאכל בהמה"! לכך נ"ל: שהם ראוים למאכל בהמה, כגון עצמות רכים וקליפי תפוחים. ובית הלל סברי: כיון דלא חזי למאכל אדם – לא*: **ובית** הלל אומרים מסלק את הטבלא ומנערה. תימה: והלא היא בסיס לדבר האסור, דהא לא שכח, הואיל והניחם שם מדעתו! ויש לומר: דלפירוש רבינו תם ניחא דפירש במסכת שבת* דלא הוי בסיס לדבר האסור אלא כשדעתו להניחם שם כל היום. אי נמי: כיון דהוו שם אוכלין הוה ליה בסיס לדבר האסור ולדבר המותר – ושרי, כדמוכח פרק "נוטל" (שם דף קמב.). ועוד: דאין זה מניח בכוונה דהא אינו חושש היכן יפלו: **דתנן** מחתכין את הדלועין לפני הבהמה ואת כו'. וא"ת: היכי דמי, אי בדלועין שהיו מחוברין בין השמשות, בהא ודאי מודה ר' שמעון, גזרה שמא יעלה ויתלוש. וי"ל: דמיירי בתלושין וסלקא דעתך דאסור דמשוה להו אוכלין לפי שהן קשין והחתוך מרכך אותם: **ואת** הנבלה כו'. אנו צריכין לפרש שנתנבלה בשבת, ומכל מקום תני להו בהדי הדדי, דאע"ג דבדלועין לא הוי טעמא משום מוקצה כמו בנבלה – משום דבשניהם שייך לשון מחתכין:

גבי

עין משפט נר מצוה

א א מיי' פ"א מהלכות י"ט הלכה יט סמג לאוין עה טוש"ע א"ח סי' תקיג סעיף א:

ב ב מיי' פ"א מהלכות חמץ ומצה הלכה ב טוש"ע א"ח סי' תמב סעיף ז:

ג ג מיי' פ"ג מהלכות י"ט הל' א סמג לאוין עה טוש"ע א"ח סי' תצח סעיף יד:

ד ד מיי' פכ"ו מהלכות שבת הלכה טז סמג לאוין סה טוש"ע א"ח סי' שח סעיף כז:

ה ה מיי' פכ"א מהל' שבת הלכה יח סמג שם טוש"ע א"ח סי' שכד סעיף ו:

ו ו מיי' שם טוש"ע שם סעיף ז:

רבינו חננאל

אתחיל מסכת ביצה. בעזרת גדול העצה. **ביצה** שנולדה ביו"ט ב"ש אומרים תאכל וב"ה אומרים לא תאכל: אוכלא דאפרת. פי' כגון אוכל שנפרד אבר מאבר. מוקצה כל דבר שאינו מוכן נקרא מוקצה. נולד פי' כל דבר שלא היה מאתמול ונעשה היום נקרא נולד. אוקמה רב נחמן למתני' בתרנגולת העומדת לגדל ביצים. וב"ש כר' שמעון דלית ליה מוקצה. וב"ה כר' יהודה דאית ליה מוקצה. ואקשינן ומי אמר רב נחמן ב"ש כר' שמעון וב"ה כר' יהודה והא אפכא שמעינן ליה דתנן בפרק נוטל אדם את בנו. ב"ה אומרים מגביהין מעל השלחן עצמות וקליפין ובש"א מסלק את הטבלא כו'

מסורת הש"ס

[פסחים פה. כל"ל]

עדיות פ"ד מ"א [ולפנינו שם ליתא]

שם ויומא עט:

[לקמן ט: עדיות פ"ד מ"ב]

שבת מה:

שם קמג. קנז.

[ועי' בתוס' לקמן לח: ד"ה ונפחת וביבמות מב: ד"ה סתם]

[ועי' תוס' שבת קמג. ד"ה עצמות]

[דף נח. תד"ה או]

גליון הש"ס

מתני' ובה"א לא ישחוט. עיין בר"ן פרק י"ט דשבת דף נח:

תוספות

גבי שבת דסתם לן תנא כרבי שמעון. *ותימה: והא הוי סתם ואח"כ מחלוקת, דהא פליג ר' יהודה במתניתין ואמר: אם לא נתנבלה בערב שבת – אסור, ואין הלכה כסתם. דכי האי גונא חשיב סתם ואח"כ מחלוקת בפרק "יש נוחלין" (ב"ב דף קכב: ושם) גבי מלתיה דרבי יוחנן בן ברוקה. דפריך: סתם ואחר כך מחלוקת היא! וי"ל: דהתם סמיך אועוד מאי, אלא דפריך בתר הכי. וכן פירש שם בקונטרס. אבל לעולם מהני הסתם להיות רבים, והוי רבים רבי שמעון, והוי יחיד רבי יהודה, והלכתא כרבים – כת"ק, דהיינו רבי שמעון. וא"ת: גבי שבת נמי סתם לן כרבי יהודה, כי האי דתנן (שבת דף מד.): מטלטלין נר חדש אבל לא ישן, ור' שמעון מתיר. והואיל ואוסר מוקצה מחמת מיאוס – כל שכן מחמת איסור, דהכי אמרינן התם! וי"ל: דהאי סתמא עדיפא, הואיל ונשנית משנה בסתם לבסוף פרק "מי שהחשיך" (שם דף קנו: ושם):

מוקים לב"ה כר"ש. וקשה: דמאי אולמיה דהאי סתמא מהאי סתמא? וי"ל: דבעדיות לא תני לה מקולי ב"ש וחומרי ב"ה:

אין מבקעין עצים לא מן הקורות וכו'. – לא מייתי מרישא דאין מבקעין קורות, דהא איירי בסואר של קורות דהוי מוקצה מחמת חסרון כיס, ובהא כ"ע מודו, אפי' ר' שמעון. אלא מייתי מסיפא, דלא מן הקורה שנשתברה. וא"ת: והא ר' שמעון אינו מתיר אלא ביושב ומצפה (לקמן ל:)! וי"ל: דה"נ הואיל ונשתברה *בשבת [צ"ל ביו"ט] – מסתמא היתה רעועה מאתמול, והוי כיושב ומצפה מתי תשבר קורתו ותהיה ראויה להסקה:

וכ"ת כח דהתירא עדיף. פי' הקונט': לכך כח דהתירא עדיף, כשאדם מתיר – סומך על שמועתו וצריך להביא ראיה לדבריו, אבל איסורא – אדם יכול להחמיר עליו בלא טעם: **ונפלוג** בתרווייהו. תימה: ובכל מקום דקאמר כח דהיתרא עדיף לפרוך הכי! *)וי"ל, דהכי פריך: ונפלוג בתרווייהו, שלא יצריך משום כך, ויאמר היא וביצתה. אבל בעלמא לא שייך: **והיה** ביום הששי וגו'. פרש"י: וע"כ בא לאשמועינן דאפילו הכנה בידי שמים (ב) ביצה אסורה, דאי משום הכנה בידי אדם, כלומר שיאפו ויבשלו מבעוד יום – הא בהדיא כתיב "את אשר תאפו אפו", אלא הזמנה בפה קאמר, ואין י"ט מכין לשבת כו' – ואין שבת מכין לי"ט – מכ"ש, דכיון דאין י"ט מכין לשבת – כ"ש דאין שבת מכין לי"ט. והקשה רש"י: אם כן, ביצה שנולדה באחד בשבת או לאחר י"ט תתסר מכ"ש, דשבת וי"ט לא מכינין אהדדי – כ"ש דלא מכינין אחול! ותירץ: דלגבי סעודת חול לא צריך הכנה, דאין סעודת חול חשובה. אך תימה: הואיל והכנה דאורייתא – היאך אופין ומבשלין מי"ט לשבת? וכ"ת ע"י ערובי תבשילין – וכי אתי תקנתא דרבנן וליעקר הכנה דאורייתא? ונראה ליישב: דרבה גופיה אזיל לטעמיה, *דאית [פסחים מו:] ליה הואיל ואי מקלעי אורחין חזי ליה – השתא נמי חזי ליה ואפילו לדידן ניחא, דכל דבר אפוי ומבושל לא שייך ביה הכנה, שאינו מחוסר רק תקון בעלמא, דמעיקרא הוה חזי ליה, רק גבי ביצה שהוא דבר חדש, שלא היתה בעולם ולא היתה ראויה כלל מעיקרא, (*ולאפות [גבון מיוחס] ולבשל תקוני מלתא בעלמא). תימה: דכאן משמע שהמן לא היה יורד בי"ט, כדפי' רש"י: "הששי" – הראוי להכנה, וזהו בחול, והא אמר "ויברך ויקדש" ברכו במן, וקדשו במן, שבשבת לא היה יורד מן, אבל בי"ט היה יורד! וי"ל: דמדרשים חלוקין, כדאיתא במדרש (מכילתא פ' בשלח): "שבת לא יהיה" (שמות טז) – לרבות יום הכפורים, "לא יהיה בו" – לרבות י"ט, שלא היה יורד בהן מן. ועי"ל: דאפי' היה יורד בי"ט – מ"מ בי"ט שחל להיות בע"ש לא היה יורד, מדכתיב קרא "בו" ביום הששי ולא כתיב ששי, משמע הששי המיוחד שהוא ראוי להכנה, ולא בששי שהוא יו"ט*: **נגזר** משום הנך דמתילדן ביומיהן. ואין זה גזרה לגזרה, דמותר לאוכלן בי"ט – משמע אפילו ביום טוב דלאחר השבת: **מלתא** דלא שכיחא היא. וקשה: דלמא אם לא שחטה היתה נולדת היום, ואם כן מאתמול גמרה לה, ותאסר בלא גזרה מספקא! וי"ל: דמאחר דלא נולדה – ע"י כך לא חשיב גמר. ובירושלמי פליג בהא:

גזרה

*) [עי' בתוס' עירובין עב: ד"ה כח דהתירא]

גמרא

תורה אור

גַּבֵּי יוֹם טוֹב *דְּסָתַם לָן תַּנָּא כְּרַבִּי יְהוּדָה, דִּתְנַן: *אאֵין מְבַקְּעִין עֵצִים מִן הַקּוֹרוֹת וְלֹא מִן הַקּוֹרָה שֶׁנִּשְׁבְּרָה בְּיוֹם טוֹב, מוֹקִים לָהּ לְב"ה כְּרַבִּי יְהוּדָה. מִכְּדִי, מַאן סְתָמֵיהּ לְמַתְנִי' – רַבִּי, מַאי שְׁנָא בְּשַׁבָּת דְּסָתַם לָן כְּר' שִׁמְעוֹן, וּמַאי שְׁנָא בְּיו"ט דְּסָתַם לָן כְּר' יְהוּדָה? אָמְרִי: *בשַׁבָּת דַּחֲמִירָא וְלָא אָתֵי לְזַלְזוּלֵי בָּהּ – סָתַם לָן כְּרַבִּי שִׁמְעוֹן דְּמֵיקֵל, יוֹם טוֹב דְּקִיל וְאָתֵי לְזַלְזוּלֵי בֵּיהּ – סָתַם לָן כְּרַבִּי יְהוּדָה דְּמַחְמִיר. בְּמַאי אוֹקִימְתָּא – בְּתַרְנְגוֹלֶת הָעוֹמֶדֶת לְגַדֵּל בֵּיצִים וּמִשּׁוּם מוּקְצֶה, אִי הָכִי אַדְּמִפַּלְגִי בְּבֵיצָה לִפַּלְגוּ בְּתַרְנְגוֹלֶת! לְהוֹדִיעֲךָ כֹּחָן דְּב"ש דִּבְנוֹלָד שָׁרֵי. וְלִפְלוּגִי בְּתַרְנְגוֹלֶת לְהוֹדִיעֲךָ כֹּחָן דְּבֵית הִלֵּל דִּבְמוּקְצֶה אָסְרִי! וְכ"ת *כֹּחַ דְּהֶתֵּירָא עָדִיף – וְנִפְלוֹג בְּתַרְוַיְיהוּ: תַּרְנְגוֹלֶת הָעוֹמֶדֶת לְגַדֵּל בֵּיצִים, הִיא וּבֵיצָתָהּ, ב"ש אוֹמְרִים: תֵּאָכֵל, וּב"ה אוֹמְרִים: לֹא תֵּאָכֵל. אֶלָּא אָמַר רַבָּה: לְעוֹלָם בְּתַרְנְגוֹלֶת הָעוֹמֶדֶת לַאֲכִילָה, *גוּבְיוֹם טוֹב שֶׁחָל לִהְיוֹת אַחַר הַשַּׁבָּת עָסְקִינַן, וּמִשּׁוּם הֲכָנָה, וְקָסָבַר רַבָּה: כָּל בֵּיצָה דְּמִתְיַלְּדָא הָאִידָּנָא – מֵאֶתְמוֹל גָּמְרָה לָהּ. *וְרַבָּה לְטַעְמֵיהּ, דְּאָמַר רַבָּה: מַאי דִּכְתִיב °"וְהָיָה בַּיּוֹם הַשִּׁשִּׁי וְהֵכִינוּ אֵת אֲשֶׁר יָבִיאוּ" – חוֹל מֵכִין לַשַּׁבָּת, וְחוֹל מֵכִין לְיוֹם טוֹב. דוְאֵין יו"ט מֵכִין לַשַּׁבָּת, וְאֵין שַׁבָּת מְכִינָה לְיוֹם טוֹב. א"ל אַבַּיֵי: אֶלָּא מֵעַתָּה, יו"ט בְּעָלְמָא תִּשְׁתְּרֵי! הגְּזֵרָה מִשּׁוּם יו"ט אַחַר הַשַּׁבָּת. שַׁבָּת דְּעָלְמָא תִּשְׁתְּרֵי! וגְּזֵרָה מִשּׁוּם שַׁבָּת אַחַר יוֹם טוֹב. וּמִי גָּזְרִינַן? וְהָא תַּנְיָא: *הַשּׁוֹחֵט אֶת הַתַּרְנְגוֹלֶת וּמָצָא בָּהּ בֵּיצִים גְּמוּרוֹת – מוּתָּרוֹת לְאָכְלָן בְּיוֹם טוֹב. וְאִם אִיתָא, לִיגְזַר מִשּׁוּם הָנָךְ דְּמִתְיַלְּדָן בְּיוֹמֵיהֶן! א"ל: בֵּיצִים גְּמוּרוֹת בִּמְעֵי אִמָּן מִילְּתָא דְּלָא שְׁכִיחָא הִיא, *וּמִילְּתָא דְּלָא שְׁכִיחָא – לָא גָּזְרוּ בָּהּ רַבָּנַן. רַב יוֹסֵף אָמַר: גְּזֵרָה *מִשּׁוּם פֵּירוֹת הַנּוֹשְׁרִין. א"ל אַבַּיֵי: זפֵּירוֹת הַנּוֹשְׁרִין טַעְמָא מַאי

גְּזֵרָה

שמות טז

רש"י

דתנן אין מבקעין עצים. בי"ט, לא מן הקורות הסדורות זו על גב זו בקרקע ועומדות לבנין: ולא מן הקורה שנשברה בי"ט. ואע"פ שעומדת מעכשיו להיסק, הואיל ובין השמשות לאו להכי קיימא, כיון דאתקצאי לבין השמשות – אתקצאי לכולי יומא. אלמא: אית לן מוקצה ביום טוב. הלכך, מוקי רב נחמן למתני' דאיירי ביום טוב, ובית הלל כר' יהודה, ובעומדת לגדל ביצים ומשום מוקצה: מאן סתם לן למתני' ר'. הוא סדר המשנה, וכשראה דברי חכם וישרו בעיניו – שנאן סתם, ולא הזכיר שם אומרו עליהן, כדי שלא יהו שנויה מפי יחיד, ונראין כאילו נשנו מפי המרובים, ויעשו כמותן: ולא אתי לזלזולי בה. אי מקילין בה חדא קולא, לא אתי לאקולי בה טפי: דהתירא עדיף ליה. טוב לו להשמיענו כח דברי המתיר, שהוא סומך על שמועתו ואינו ירא להתיר. אבל כח האוסרין אינה ראיה, שהכל יכולין להחמיר, ואפילו בדבר המותר: ומשום הכנה. (א) דאסרי לה ב"ה, כדמפרש ואזיל: דכל ביצה דמתילדא האידנא מאתמול גמרה לה. ואף על גב דבידי שמים הוא – אסור, דבעינן כל סעודות שבת וסעודות יום טוב שיהו מזומנות ומוכנות מבעוד יום של חול: ורבה. דאסר בהכנה שאינה בידים ממש: לטעמיה דאמר רבה. בפסחים (דף מז:), ויליף מהכא דמוקצה דאורייתא: והכינו. והזמינו, כגון: מכאן אני אוכל למחר. דאי משום הכנה בידים, ולומר שיאפו ויבשלו מבעוד יום – בהדיא כתיב "את אשר תאפו אפו", אלא הזמנה בפה קאמר. וכתיב "ביום הששי" וסתם ששי חול הוא, ואחשבה רחמנא לסעודת שבת שיזמיננה מבעוד יום, ובחול: ואין יום טוב מכין לשבת. ויום טוב נמי קרוי שבת, ובעיא סעודתו הזמנה, והזמנתה בחול. אבל סעודת חול – לא חשיבא, ולא שייכא בה הזמנה. הלכך, באחד בשבת בעלמא לית לן למיסר ביצה שנולדה בו משום דאתכן בידי שמים, דסעודת חול לא אצרכה רחמנא זמון מבעוד יום, דלא שייך בה מוקצה: יום טוב בעלמא. שאינו אחר שבת: שבת דעלמא. שאינו אחר יום טוב: תשתרי. לגמוע ביצה חיה שנולדה בו: ומי גזרינן. ומי אחמור רבנן בביצה למגזר היתרא משום איסורא: [והתניא וכו']. וא"ת: הויא לה גזרה לגזרה, דהנך דמתילדין ביומיהם נמי אינן אסורות אלא משום גזרה דיום טוב אחר השבת! תריץ: הא מצי לאוקומי ביום טוב אחר השבת, דהשתא איכא למיגזר אטו הנך דמתילדין ביומיהם, ואשמועינן הך מתני' דאפי' בי"ט אחר השבת מותרות, הואיל ואינם נולדות. ומשום הנך דמתילדן ליכא למגזר, דמילתא דלא שכיחא הוא, בשם רבינו. והא דאמרינן בכולי הש"ס שאין גוזרין גזרה לגזרה – מהאי קרא נפקא: "ושמרתם את משמרתי" – עשו משמרת, כלומר גזרה, "למשמרתי" – לתורתי, ולא משמרת למשמרת, שלא יעשו גזרה לגזרה: ואין י"ט מכין לחבירו לא גרסינן במלתיה דרבה, דהא קרא קא דריש. ושני ימים טובים של גלויות בתורה לא אשכחן, דמספיקא עבדינן להו: רב יוסף אמר. טעמא דביצה בתרנגולת העומדת לאכילה, וכדאוקימנא. ובית הלל דאסרי – משום פירות הנושרין מן האילן בשבת, וקא סלקא דעתך השתא גזרה היא משום פירות הנושרין דלא נכלינהו, דהא נמי לפירות הנושרין מן האילן דמיא, שאף זו פרי הנושר:

ויתלוש

עין משפט נר מצוה

[עיין בתוס' יבמות מב: ד"ה סתם]

ז א מיי' פ"ב מהלכות יו"ט הלכה יב סמג לאוין עה טוש"ע א"ח סי' תקא סעיף א:

שבת קנז. לקמן לא.

ח ב מיי' פ"א שם הל' יז סמג שם טוש"ע א"ח סי' תצה סעיף ד:

[לקמן לה:]

ט ג ד מיי' שם הל' יט סמג שם טוש"ע א"ח סי' תקג סעיף א וסי' תקיג סעיף ה וסי' תקכז סעיף א:

י ה מיי' שם טוש"ע א"ח סי' תקיג סעיף א:

יא ו מיי' שם טוש"ע א"ח סי' שכב סעיף א ב:

יב ז מיי' פכ"א מהלכות שבת הל' ז סמג לאוין סה טוש"ע שם סעיף ג:

רבינו חננאל

ופרקינן בתר סתמא אזלינן. בשבת דסתם לן תנא כר' שמעון דלית ליה מוקצה וקי"ל כוותיה דהלכתא כסתמא אוקימנא לב"ה כוותיה משום דקיי"ל הלכתא כסתם כי היכי דלא תקשי הלכתא אהלכתא ואקשינן נמי אהא מ"ט דרבי שסתם המשנה דסתם לן ביו"ט חילוף מה שסתם לנו בשבת ופרקינן יו"ט קיל להו לבני אדם דהא אופין ומבשלין בו ועושין בו כל צרכי אוכל נפש ואי שרית להו מוקצה אתו לזלזולי ב' לפיכך החמיר וסתם לן לחומרא אבל שבת דחמיר להו אע"ג דשרית להו מוקצה כגון חתיכת דלועין לפני בהמה וכגון נבלה לפני הכלבים וכיוצא בהן לא אתו לזלזולי בה ומשום הכי לא אחמר בה אלא שנאה בהלכה המסורה בידם. ואקשינן על רב נחמן במאי אוקימתא למתני' בתרנגולת העומדת לגדל ביצים ומשום מוקצה אדמפלגי בביצה נפלגי בתרנגולת גופה [דהיא] (דאי) עצמה מוקצה היא שלא היתה מוכנת מאתמול לאכילה אלא לגדל ביצים. אלא אמר רבה לעולם בתרנגולת העומדת לאכילה והכא ביו"ט שחל אחר השבת עסקינן ומשום הכנה וקסבר כל ביצה דמתילדה האידנא מאתמול גמרה לה ורבה לטעמיה [דאמר רבה] אמר קרא והכינו את אשר יביאו חול מכין לשבת וחול מכין ליו"ט ואין שבת מכינה ליו"ט ואין יו"ט מכין לשבת. אי הכי יו"ט לחודיה תשתרי גזירה כו'. ופשוטה היא. רב יוסף אמר גזירה ביצה שנולדה ביו"ט משום פירות שנשרו מן האילן

מסורת הש"ס

[עיין לקמן לח: בתוס' ד"ה ונפחת]

[ברכות ס. וש"נ]

עירובין לח: [וע"ש בתוס' ד"ה אמר רבה]

לקמן ו: [תוספת' פ"א]

[עירובין סג: וש"נ]

[שם לט:]

[ועי' תוספות עירובין לח: ד"ה ואין ופסחים קטז. ד"ה מה]

הגהות הב"ח

(א) רש"י ד"ה ומשום הכנה הוא דאסרי: (ב) תום' ד"ה והיה וכו' בידי שמים דהיינו ביצה:

גליון הש"ס

גמ' וביו"ט לאחר שבת עסקינן. היינו דמשום גזירה אטו י"ט אחר שבת. רשב"א בשבת דף קמט ע"א ד"ה הכא במראה של מתכת: **תום'** ד"ה גבי שבת וכו' והלכתא כרבים. עיין יבמות דף מב ע"ב תוס' ד"ה סתם ודף (מז) [מל] ע"א תוס' ד"ה ולמא:

– גְּזֵרָה, שֶׁמָּא יַעֲלֶה וְיִתְלוֹשׁ, *הִיא גּוּפָהּ גְּזֵרָה, וַאֲנַן נֵיקוּם וְנִגְזוֹר גְּזֵרָה לִגְזֵרָה?! כּוּלָּהּ חֲדָא גְּזֵרָה הִיא. ר' יִצְחָק אָמַר: גְּזֵרָה *מִשּׁוּם מַשְׁקִין שֶׁזָּבוּ. אֲמַר לֵיהּ אַבָּיֵי: אמַשְׁקִין שֶׁזָּבוּ טַעְמָא מַאי – גְּזֵרָה שֶׁמָּא יִסְחוֹט, הִיא גּוּפָהּ גְּזֵרָה וַאֲנַן נֵיקוּם וְנִגְזוֹר גְּזֵרָה לִגְזֵרָה?! כּוּלָּהּ חֲדָא גְּזֵרָה הִיא. כּוּלְּהוּ כְּרַב נַחְמָן לָא אָמְרִי – כִּי קוּשְׁיַין. כְּרַבָּה נַמִי לָא אָמְרִי הֲכָנָה לֵית לְהוּ. אֶלָּא, רַב יוֹסֵף מַאי טַעְמָא לָא אֲמַר כְּר' יִצְחָק? אֲמַר לָךְ: בֵּיצָה אוּכְלָא, וּפֵירוֹת אוּכְלָא, לְאַפּוּקֵי מַשְׁקִין דְּלָאו אוּכְלָא. וְרַבִּי יִצְחָק מַאי טַעְמָא לָא אֲמַר כְּרַב יוֹסֵף? אֲמַר לָךְ: בֵּיצָה בְּלוּעָה וּמַשְׁקִין בְּלוּעִין, לְאַפּוּקֵי פֵּירוֹת דְּמִגְלוּ וְקַיְימוּ. וְאַף רַבִּי יוֹחָנָן סָבַר גְּזֵרָה מִשּׁוּם מַשְׁקִין שֶׁזָּבוּ. דְּרַבִּי יוֹחָנָן רָמֵי דְּרַבִּי יְהוּדָה אַדְּר' יְהוּדָה, וּמְשַׁנֵּי; תְּנַן: *באֵין סוֹחֲטִין אֶת הַפֵּירוֹת לְהוֹצִיא מֵהֶן מַשְׁקִין, וְאִם יָצְאוּ מֵעַצְמָן – אֲסוּרִין. רַבִּי יְהוּדָה אוֹמֵר: אִם לְאוֹכָלִין – הַיּוֹצֵא מֵהֶן מוּתָּר, וְאִם לְמַשְׁקִין הַיּוֹצֵא מֵהֶן אָסוּר. אַלְמָא: כָּל אוֹכָלִין לְרַבִּי יְהוּדָה אוּכְלָא דְּאִפְּרַת הוּא, וּרְמִינְהוּ, וְעוֹד אָמַר רַבִּי יְהוּדָה: *מַתְנֶה אָדָם עַל כַּלְכָּלָה שֶׁל פֵּירוֹת בְּיוֹם טוֹב רִאשׁוֹן וְאוֹכְלָהּ בַּשֵּׁנִי, וְכֵן גבֵּיצָה שֶׁנּוֹלְדָה בָּרִאשׁוֹן תֵּאָכֵל בַּשֵּׁנִי. בַּשֵּׁנִי – אִין, בָּרִאשׁוֹן – לָא! וּמְשַׁנֵּי רַבִּי יוֹחָנָן: **מוּחְלֶפֶת הַשִּׁיטָה. וּמִדְּקָא מְרַמֵּי לְהוּ אַהֲדָדֵי – שְׁמַע מִינָּהּ חַד טַעְמָא הוּא.
רָבִינָא

רש"י

וְיִתְלוֹשׁ. דְּהָוֵה אִיסּוּרָא דְּאוֹרַיְיתָא, דְּהַיְינוּ קוֹצֵר, שֶׁהוּא אַב מְלָאכָה: חֲדָא גְּזֵרָה הִיא. לֹא שֶׁתְּהֵא זוֹ גְּזֵרָה דְּלָא לֵיתֵי לִידֵי פֵּירוֹת הַנּוֹשְׁרִין, אֶלָּא כְּשֶׁנִּמְנוּ וְגָזְרוּ עַל פֵּירוֹת הַנּוֹשְׁרִין – אַף בֵּיצָה הָיְתָה בְּמַשְׁמַע. וְאַע"ג דְּלֵית בָּהּ מִשּׁוּם תְּלִישָׁה, מִיהוּ מִכְּלַל גְּזֵרַת חֲכָמִים הָיְתָה, שֶׁאַף הִיא פְּרִי הַנּוֹשֵׁר: מִשּׁוּם מַשְׁקִין שֶׁזָּבוּ. דְּקִי"ל אֲסוּרִין לְבוֹ בַּיּוֹם, כִּדְתְנַן: וְאִם יָצְאוּ מֵעַצְמָן – אֲסוּרִים (שבת דף קמג:). וּבֵיצָה נַמִי דָּמְיָא לְהוּ, שֶׁזָּבָה וְיָצְאת מִמָּקוֹם שֶׁהָיְתָה בְּלוּעָה: שֶׁמָּא יִסְחוֹט. וּסְחִיטַת פֵּירוֹת תּוֹלָדָה דְּדָשׁ הִיא, שֶׁמְּפָרְקָן מִתּוֹךְ זָג שֶׁלָּהֶן, כִּמְפָרֵק תְּבוּאָה מִקַּשׁ שֶׁלָּהּ: חֲדָא גְּזֵרָה הִיא. כִּדְפָרִישִׁית: כְּשֶׁגָּזְרוּ עַל מַשְׁקִין שֶׁזָּבוּ, אַף בֵּיצָה הָיְתָה בְּמַשְׁמַע: כּוּלְּהוּ. רַבָּה דְּאוֹקֵי מַתְנִי' מִשּׁוּם הֲכָנָה, וְרַב יוֹסֵף וְרַבִּי יִצְחָק דְּאוֹקְמוּהָ מִשּׁוּם גְּזֵרָה: כְּרַב נַחְמָן לָא אָמְרִי. מִשּׁוּם מוּקְצֶה: כִּי קוּשְׁיַין. כִּדְפָרְכִינַן לְעֵיל: לִיפְלְגוּ בְּתַרְוַיְיהוּ: וּמַשְׁקִין לָאו אוּכְלָא. הִלְכָּךְ, כְּשֶׁגָּזְרוּ עַל מַשְׁקִין שֶׁזָּבוּ – לֹא הָיְתָה בֵּיצָה בְּמַשְׁמַע, שֶׁהֲרֵי אֵינָהּ מַשְׁקֶה, אֲבָל בִּכְלַל פֵּירוֹת הַנּוֹשְׁרִין הָיְתָה: בְּלוּעָה. בְּתוֹךְ הַתַּרְנְגוֹלֶת וְזָבָה לַחוּץ: וּמַשְׁקִין בְּלוּעִין. בַּחַרְצָן, וְזָבִין לַחוּץ: לְאַפּוּקֵי פֵּירוֹת דְּמִגְלוּ וְקַיְימוּ. הִלְכָּךְ, נְשִׁירַת הַבֵּיצָה לָאו בִּכְלַל נְשִׁירַת הַפֵּירוֹת: וְאִם יָצְאוּ מֵעַצְמָן אֲסוּרִין. בּוֹ בַּיּוֹם, גְּזֵרָה שֶׁמָּא יִסְחוֹט: אִם לְאוֹכָלִין. הֵן מְכוּנָּסִין הַפֵּירוֹת הַלָּלוּ – הַיּוֹצֵא מֵהֶן מוּתָּר בּוֹ בַּיּוֹם, דְּכֵיוָן דְּלָא נִיחָא לֵיהּ בְּהָנֵי מַשְׁקִין – לֵיכָּא לְמִגְזַר שֶׁמָּא יִסְחוֹט: אַלְמָא. מִדְּקָאָמַר אִם לְאוֹכָלִין הַיּוֹצֵא מֵהֶן מוּתָּר – כָּל לְאוֹכָלִין אָמַר, בְּדָבָר הַיּוֹצֵא מֵהֶן אוּכְלָא דְּאִפְּרַת הוּא, וְאֵינוֹ בִּכְלַל גְּזֵרַת מַשְׁקִין שֶׁזָּבוּ: וְעוֹד אָמַר ר' יְהוּדָה. לְעֵיל מִינֵּיהּ תְּנַן בְּמַסֶּכֶת עֵרוּבִין. רֹאשׁ הַשָּׁנָה, שֶׁהָיָה יָרֵא שֶׁמָּא תִּתְעַבֵּר וְיִהְיוּ שְׁנֵי יָמִים טוֹבִים, מְעָרֵב אָדָם שְׁנֵי עֵרוּבִין כו'. דְּקָסָבַר: שְׁתֵּי קְדוּשּׁוֹת הֵן, אֶחָד חוֹל וְאֶחָד יוֹם טוֹב, וְלָא יָדְעִינַן הֵי חוֹל וְהֵי יוֹם טוֹב: מַתְנֶה אָדָם עַל הַכַּלְכָּלָה. לְהָא מִלְּתָא(א) הָוֵי שְׁתֵּי קְדוּשּׁוֹת. הָיְתָה לוֹ כַּלְכָּלָה שֶׁל פֵּירוֹת טֶבֶל, וְשָׁכַח וְלֹא עִישֵּׂר מֵעֶרֶב יוֹם טוֹב, וּתְנַן: *אֵין מַגְבִּיהִין תְּרוּמוֹת וּמַעַשְׂרוֹת בְּיו"ט, מְעַשֵּׂר בְּיו"ט בִּתְנַאי, וְאוֹמֵר: אִם הַיּוֹם חוֹל וּלְמָחָר קֹדֶשׁ – יִהְיוּ אֵלּוּ תְּרוּמָה וּמַעַשְׂרוֹת עַל אֵלּוּ, וְאִם הַיּוֹם קֹדֶשׁ – אֵין בִּדְבָרַי כְּלוּם; וְנוֹתֵן בָּהֶן סִימָן, וּלְמָחֳרָת חוֹזֵר וְאוֹמֵר כֵּן: אִם הַיּוֹם חוֹל וְאֶתְמוֹל קֹדֶשׁ – יִהְיוּ אֵלּוּ תְּרוּמָה עַל הַשְּׁאָר, וְאִם הַיּוֹם קֹדֶשׁ וְאֶתְמוֹל חוֹל – הֲרֵי נַעֲשָׂה תְּרוּמָה מֵאֶתְמוֹל. וּמִמַּה נַּפְשָׁךְ נִתְקְנוּ: וְאוֹכְלָהּ בַּשֵּׁנִי. אֲבָל לֹא בָּרִאשׁוֹן, דְּשֶׁמָּא קֹדֶשׁ הוּא, וְאֵין בִּדְבָרָיו כְּלוּם: וְכֵן לְגַבֵּי בֵּיצָה. הָווּ שְׁתֵּי קְדוּשּׁוֹת, הָאֶחָד חוֹל וְהָאֶחָד יו"ט, וְהַנּוֹלְדָה בָּרִאשׁוֹן מוּתֶּרֶת בַּשֵּׁנִי: בַּשֵּׁנִי אִין בָּרִאשׁוֹן לָא. אַלְמָא: כָּל מִידֵי דְּזָב מִמְּקוֹמוֹ בְּיו"ט, וַאֲפִילּוּ אוּכְלָא – אָסוּר: וּמְשַׁנֵּי רַבִּי יוֹחָנָן מוּחְלֶפֶת הַשִּׁיטָה. שִׁיטַת הַמִּשְׁנָה דְּאֵין סוֹחֲטִין, וְאֵיפוֹךְ דְּרַבִּי יְהוּדָה לְרַבָּנַן: וּמִדְּקָא מְרַמֵּי. רַבִּי יוֹחָנָן מַשְׁקִין שֶׁזָּבוּ וּבֵיצָה אַהֲדָדֵי: שְׁמַע מִינָּהּ חַד טַעְמָא הוּא. וּמַאן דְּאָסַר בְּהָא – אָסַר בְּהָא, וּדְשָׁרֵי בְּהָא – שָׁרֵי בְּהָא:
רָבִינָא

תוספות

גזרה שמא יעלה ויתלוש. ותימה: ל"ל האי טעמא? דלקמן (דף כד:) גבי גוי שהביא דורון, אם יש במינו במחובר אסור, פי' רש"י: דכיון דאתקצאי לבין השמשות – אתקצאי לכולי יומא. וכן משמע דטעמא משום מוקצה, מדמייתי לה גבי ספק מוכן. והשתא תרי טעמי למה ליה? וי"ל: דטעמא דהכא אתיא אליבא דר' שמעון, דלית ליה מוקצה, ולקמן אתיא אליבא דרבי יהודה. ותימה: דהא פירש רש"י גופיה לקמן גוי שהביא דורון כו' אסור, הואיל ולא לקטינהו מאתמול – אקצינהו, והוי כמוקצה דגרוגרות וצמוקים, דאפי' ר' שמעון מודה. א"כ אתיא נמי כר' שמעון! ע"כ י"ל דמיירי הכא כגון בחצר, דהוי מוכן לעורבים, ומוכן לעורבים הוי מוכן לאדם, לכך צריך האי טעמא. וא"ת: הא אמרי' (שבת דף קכב.) מעמיד אדם בהמתו על המחובר, אבל לא על המוקצה. פירוש: עשבים שנתלשו היום. ואמאי? הא הוי מוכן לבהמה, דאי בעי אכלה מנפשה! וי"ל: דמיירי בתרי עברי דנהרא. עוד יש לומר: דלא שייך מוכן לעורבים רק בפירות האילן שרגילין להשיר מעצמן, והוא מצפה לכך. אבל תימה: אם כן, כיון דאמר האי טעמא, למה לי טעמא דלקמן? ויש לומר: *דלקמן מיירי בדבר דבעי מרא וחצינא, כגון לפת וצנון, דלא שייך שמא יעלה ויתלוש, דאדכורי מדכר הואיל ואין יכול בקל לתולשו. וראיה לדבר – הא דתנן במסכת שבת (דף קכב. ושם): גוי שהדליק הנר בשביל ישראל – אסור להשתמש לאורו, אבל בשביל הגוי – מותר. ואמאי לא חיישינן שמא ידליקנו ישראל עצמו? אלא, אדכורי מדכר. ומטעם זה אכל רבינו אליעזר ממי"ץ מליח (ב) שצלאו גוי מעצמו בשבת. דלמאי ניחוש? הרי לא צלאו בשבילו. וכי תימא שמא יצלה הוא עצמו – הואיל ואיכא טרחא בדבר אדכורי מדכר. ואי משום מוקצה – חזי לכוס. ולא נהירא, דאמרינן במסכת שבת (ג"ז שם) בהדיא: אם הביא גוי מים – אסור, שמא ירבה בשבילו. ואין לחלק ולומר דדוקא גבי מים שייך שמא ירבה בשבילו, אבל כאן הגוי צלאו כבר – ולא שייך האי טעמא, דהא איכא בתוספתא (דשבת פי"ג) בהדיא: במכירו – אסור, מפני שמרגילו לשבת הבאה. ועוד י"ל: דדוקא בפירות וענבים שייך שמא יעלה ויתלוש ושמא יסחוט, לפי שאדם מתאוה להם ובעודו בכפו יבלענו. אך תימה: מאי שמא יעלה ויתלוש? הא אפי' לכתחילה מותר לתלוש, דהא אוכל נפש מותר! וגם קשה; לקמן (דף כג: ושם) תנן אין צדין דגים מן הביברין ביו"ט, ואמאי? הא אוכל נפש הוא! ואין לומר דכל דבר שיכול לעשותו מערב יו"ט אסור לעשותו ביו"ט עצמו, כי לא אתעביד ליה מערב יו"ט, דהא אמרי' (לקמן כח:): הוא ולא מכשיריו, פירוש: אוכל נפש ולא מכשיריו, כגון לתקן שפוד. רבי יהודה אומר: לכם – לכל צרכיכם ו"הוא לבדו" איצטריך לאסור מכשירין שאפשר לתקן מערב יום טוב. אלמא: דוקא במכשירין יש חילוק בין אפשר לעשותן מערב יו"ט בין אי אפשר, אבל באוכל נפש – כ"ע מודו דאפילו אפשר לעשותן מערב יו"ט מותר לעשותן ביו"ט! וי"א: דלכך אין צדין – שמא יצוד דגים טמאים שאינם צורך. ולא נהירא, דאם כן – הוי מלאכה שאינה צריכה לגופה, דמותרת. על כן פירש רבינו נתנאל מקינו"ן, דבירושלמי יש: "אך אשר יאכל לכל נפש" וסמיך ליה "ושמרתם את המצות" – אותם מלאכות שמשימור ואילך הם מותרות, דהיינו מלישה ואילך. אבל שאר מלאכות דמקודם לכן – אסורין. ועוד, דבירושלמי *יש מיעוט אחר: "אך", שלא לקצור. [ועי' תוספות שבת לה. ד"ה והרודה]

רבי יוחנן אמר מוחלפת השיטה. פירש רש"י: מוחלפת ההיא דאין סוחטין, ויפה פירש, דעל כרחך צריך לפרש. הכי דאין לפרש איפוך ההיא דכלכלה, דאם כן כ"ש דקשה מדרבי יהודה לדר"י שיאסור ביו"ט שני, דהא רבנן דפליגי עליה אמרי קדושה אחת היא, וא"כ, אי אמרינן איפוך – אסור אפילו ביו"ט שני. ותימה: דהא ר' יוחנן גופה פסיק בפרק "חבית" (שבת דף קמג: ושם) דהלכה כרבי יהודה, (דקאמר רבי יוחנן הלכה כרבי יהודה) בשאר פירות, אבל זיתים וענבים – לא. אלמא דלא סבירא ליה דמוחלפת השיטה! וי"ל: דרבי יוחנן קאמר לפי דברי אותם האמוראים דלא סברי מוחלפת השיטה: לדבריכם הכי הוא. והכי נראה לי כמדומה. ובשיטת מאיבר"א תירץ דמוחלפת השיטה היא אותה דכלכלה, ורבי יהודה לדבריהם דרבנן קאמר להו: לדידי – אפילו ביום הראשון מותרין, דאוכלא דאפרת הוא, ולדידכו, דאסריתו נולד – בההיא דאין סוחטין אפילו ביום טוב השני אסור. ואם תאמר: אם כן, דלדבריהם קאמר להו – אמאי קא מחליף השיטה? לימא לדבריהם קאמר להו, ולא מוחלפת השיטה, כרבינא! ויש לומר: דזה נראה לו דוחק לומר לדבריהם קאמר להו, כדלא מוקמינן מוחלפת כו', דהואיל ועדיין לא דברו חכמים כלל מתחילה קודם רבי יהודה – לא שייך למימר לדבריהם. ורבינא אינו חושש לזה:
אבל

רבינו חננאל

מותרין א"ל אביי ופירות שנשרו מן האילן משום מאי אסורין גזירה שמא יעלה ויתלוש מן הפירות היא גופה גזירה ואנן ניקום ונגזור ביצה שנולדה ביום טוב משום פירות שנשרו שהן גופן אין בהן איסור אלא משום גזרה אסרום נגזור גזרה לגזרה כו'. ר' יצחק אמר גזירה ביצה שנולדה ביו"ט משום משקין שזבו כגון ענבים שזב מהן יין ביו"ט. הרואה שהתרנו לו ביצה יבא להתיר משקין שזבו ואמרינן משקין שזבו עצמן אין אסורין אלא גזרה גזרנו עליהן שלא יבא לסוחטן כו' כולהו (כרבה) [רבה] ורב יוסף ורבי יצחק לא אמרי כרב נחמן דאמר משום מוקצה דעלתה בקושיא דאמרי ליה ונפלגו בתרנגולת העומדת לגדל ביצים היא וביצתה בש"א תאכל כו'. ולא מצא פירוק לדבריו. ומש"ה לא אמרינן כוותיה. כרבה נמי לא אמרינן הכנה לית להו אלא רב יוסף כו'. ואף ר' יוחנן סבר ביצה שנולדה ביו"ט גזרה משום משקין שזבו ביו"ט. מדחזינן ליה דרמי דרבי יהודה אדרבי יהודה (הכי תנן) [דתנן] אין סוחטין פירות להוציא מהן משקין ואם יצאו מעצמן אסורין. רבי יהודה אומר המשקין הללו שיצאו מן הפירות מעצמן אם לאוכלין עומדים הפירות הללו היוצא מותר מ"ט זה המשקה שיצא חשוב הוא כמו שנפרד מקצת מן האוכל הזה והכל בין הנפרד בין הנשאר כמו אוכל הוא ומותר. ואמר אינו והאמר ר' יהודה בפ' בכל מערבין מתנה אדם על הכלכלה של פירות ביו"ט ראשון ואוכלה ביו"ט שני וכן ביצה שנולדה ביו"ט ראשון תאכל בשני ולא הודו לו חכמים בשני אין בראשון לא מכלל שהמשקין שזבו כביצה שנולדה הן וא"ר יוחנן מוחלפת השיטה כלומר כך היא הצעה של משנה אין סוחטין את הפירות להוציא מהן משקין ואם יצאו מעצמן אסורין דברי רבי יהודה וחכמים אומרים כו' מדקא רמי מביצה לפירות שמע מינה חדא טעמא היא ומפורש בעירובין כיצד מתנה היו לפניו ב' כלכלות של טבל אומר אם היום חול תהא זו תרומה על זו ואם היום קודש אין בדברי כלום ולמחר אומר אם היום חול תהא כלכלה שאמרתי אתמול תרומה על זו ואם היום קודש תקנתיה מאתמול ואוכלה ביו"ט שני מכל מקום.
רבינא

עין משפט נר מצוה

יג א ב מיי' פכ"א מהלכות שבת הלכה יב ופו טוש"ע א"ח סי' שכ סעיף ח:
יד ג מיי' פ"א מהלכות יו"ט הלכה כג סמג לאוין סה טור וש"ע א"ח סי' תקיג סעיף ה:

מסורת הש"ס

[שבת יח. כח. עירובין ז: לט: יומא יח. מד: סוכה י: יבמות כח. קטו. ע"ז כח. חולין פה: קד. נדה סז:]
שבת קמג. חולין יד:
עירובין לט.
[ברכות יז: מט: עירובין לט. פסחים מט: נה. לקמן ט: יוד.]
[לקמן לו:]
[עירובין לט:]
[לקמן על מתני' הבורר קטניות]
רש"ל מוחק זה

יש גורסים הכא וי"ל דדוקא בפירות וענבים שייך שמא יעלה ויתלוש ושמא יסחוט לפי שאדם מתאוה להן ובעודו בכפו יבלענו ולקמן מיירי. מהרש"א

הגהות הב"ח

(א) רש"י ד"ה מתנה וכו' להא מילתא נמי הוו שתי: (ב) תוס' ד"ה גזירה וכו' ר' אליעזר ממיץ לא מליח שצלאתו שפחתו בשבילה בשבת:

גליון הש"ס

גמ' מוחלפת השיטה. לקמן דף ט ע"ב דף י ע"א ברכות דף יז ע"ב לקמן ט ע"א פסחים דף מט ודף נה ע"א עירובין דף לט ע"א ופרש"י שם:

רָבִינָא אֲמַר: לְעוֹלָם לָא תֵּיפוֹךְ, וְרַבִּי יְהוּדָה לְדִבְרֵיהֶם דְּרַבָּנַן קָאָמַר לְהוּ: לְדִידִי אֲפִילּוּ בָּרִאשׁוֹן נַמִי שַׁרְיָא, דְּאוּכְלָא דְּאִפְרַת הוּא, אֶלָּא לְדִידְכוּ אוֹדוּ לִי מִיהַת דְּבַשֵּׁנִי שַׁרְיָא, דִּשְׁתֵּי קְדוּשּׁוֹת הֵן, וְאָמְרִי לֵיהּ רַבָּנַן: לָא, קְדוּשָּׁה אַחַת הִיא. רָבִינָא בְּרֵיהּ דְּרַב עוּלָּא אֲמַר: הָכָא בְּתַרְנְגוֹלֶת הָעוֹמֶדֶת לְגַדֵּל בֵּיצִים, וְר' יְהוּדָה לְטַעְמֵיהּ, דְּאִית לֵיהּ מוּקְצֶה. מֵיתִיבֵי: *אאֶחָד בֵּיצָה שֶׁנּוֹלְדָה בְּשַׁבָּת וְאֶחָד בֵּיצָה שֶׁנּוֹלְדָה בְּיו"ט אֵין מְטַלְטְלִין אוֹתָהּ לֹא לְכַסּוֹת בָּהּ אֶת הַכְּלִי, וְלֹא לִסְמוֹךְ בָּהּ כַּרְעֵי הַמִּטָּה. באֲבָל כּוֹפֶה עָלֶיהָ אֶת הַכְּלִי בִּשְׁבִיל שֶׁלֹּא תִּשָּׁבֵר. גוּסְפֵיקָא אֲסוּרָה. דוְאִם נִתְעָרְבָה בְּאֶלֶף – כּוּלָּן אֲסוּרוֹת. בִּשְׁלָמָא לְרַבָּה דְּאָמַר מִשּׁוּם הֲכָנָה – הָוֵי סְפֵיקָא דְּאוֹרַיְיתָא, וְכָל סְפֵיקָא דְּאוֹרַיְיתָא לְחוּמְרָא. אֶלָּא *לְרַב יוֹסֵף וּלְר' יִצְחָק, דְּאָמְרִי מִשּׁוּם גְּזֵרָה, סְפֵיקָא דְּרַבָּנַן הִיא, *וְכָל סְפֵיקָא דְּרַבָּנַן לְקוּלָּא! (*א"ל) סֵיפָא אֲתָאן לִסְפֵק טְרֵפָה. אִי הָכִי, אֵימָא סֵיפָא: נִתְעָרְבָה בְּאֶלֶף – כּוּלָּן אֲסוּרוֹת. אִי אָמְרַתְּ בִּשְׁלָמָא סָפֵק יו"ט סָפֵק חוֹל – הָוֵי *דָּבָר שֶׁיֵּשׁ לוֹ מַתִּירִין, הוְכָל דָּבָר שֶׁיֵּשׁ לוֹ מַתִּירִין אֲפִילּוּ בְּאֶלֶף לָא בָּטֵיל. אֶלָּא אִי אָמְרַתְּ סְפֵק טְרֵפָה – דָּבָר שֶׁאֵין לוֹ מַתִּירִין, הִיא וְתִבָּטֵל בְּרוּבָּא! וְכִי תֵּימָא: בֵּיצָה חֲשׁוּבָה וְלָא בָּטְלָה, הָנִיחָא לְמ"ד *"כָּל שֶׁדַּרְכּוֹ לִימָּנוֹת" שָׁנִינוּ, אֶלָּא לְמ"ד "אֶת שֶׁדַּרְכּוֹ לִימָּנוֹת" שָׁנִינוּ, מַאי אִיכָּא לְמֵימַר? דִּתְנַן: *מִי שֶׁהָיוּ לוֹ חֲבִילֵי תִלְתָּן שֶׁל כִּלְאֵי הַכֶּרֶם – יִדָּלְקוּ. נִתְעָרְבוּ בַּאֲחֵרוֹת, וַאֲחֵרוֹת בַּאֲחֵרוֹת – כּוּלָּן יִדָּלְקוּ, דִּבְרֵי ר' מֵאִיר, וַחֲכָמִים אוֹמְרִים: ויַעֲלוּ בְּאַחַת וּמָאתַיִם. שֶׁהָיָה ר' מֵאִיר אוֹמֵר: אֶת שֶׁדַּרְכּוֹ לִמָּנוֹת מְקַדֵּשׁ, וַחֲכָמִים אוֹמְרִים: אֵינוֹ מְקַדֵּשׁ אֶלָּא שִׁשָּׁה דְּבָרִים בִּלְבַד. ר' עֲקִיבָא אוֹמֵר: זשִׁבְעָה. וְאֵלּוּ הֵן: אֱגוֹזֵי פֶּרֶךְ, וְרִמּוֹנֵי בָאדָן, וְחָבִיּוֹת סְתוּמוֹת, וְחִלְפֵי תְרָדִין, וְקִלְחֵי כְּרוּב, וּדְלַעַת יְוָנִית. *ר' עֲקִיבָא מוֹסִיף אַף כִּכָּרוֹת שֶׁל בַּעַל הַבַּיִת. *הָרָאוּי לְעָרְלָה – עָרְלָה, הָרָאוּי לְכִלְאֵי הַכֶּרֶם – כִּלְאֵי הַכֶּרֶם. וְאִתְּמַר *עֲלָהּ, רַבִּי יוֹחָנָן אָמַר: "אֶת שֶׁדַּרְכּוֹ לִמָּנוֹת" שָׁנִינוּ, וְר' שִׁמְעוֹן בֶּן לָקִישׁ אָמַר: "כָּל שֶׁדַּרְכּוֹ לִמָּנוֹת" שָׁנִינוּ. הָנִיחָא לְר' שִׁמְעוֹן בֶּן לָקִישׁ, אֶלָּא לְרַבִּי יוֹחָנָן מַאי אִיכָּא לְמֵימַר? אֲמַר רַב פַּפָּא: הַאי תַּנָּא – תַּנָּא דְּלִיטְרָא קְצִיעוֹת הוּא, דְּאָמַר: כָּל דָּבָר שֶׁבְּמִנְיָן, אֲפִי' בִּדְרַבָּנַן לָא בָּטֵיל, וְכָל שֶׁכֵּן בִּדְאוֹרַיְיתָא. *דִּתְנַן: *לִיטְרָא קְצִיעוֹת שֶׁדְּרָסָהּ עַל פִּי עִגּוּל, וְאֵינוֹ יוֹדֵעַ בְּאֵיזֶה עִגּוּל דְּרָסָהּ; עַל פִּי חָבִית, וְאֵינוֹ יוֹדֵעַ בְּאֵיזוֹ חָבִית דְּרָסָהּ; עַל פִּי כַּוֶּרֶת, וְאֵינוֹ יוֹדֵעַ בְּאֵיזוֹ כַּוֶּרֶת דְּרָסָהּ. ר' מֵאִיר אוֹמֵר: ר' אֱלִיעֶזֶר אוֹמֵר:

רש"י

רָבִינָא אֲמַר. הָא דְּקָאָמַר ר' יוֹחָנָן מוּחְלֶפֶת הַשִּׁיטָה – לָא תֵּיפוֹךְ: אוּכְלָא דְּאִפְרַת הוּא. וְכֵיוָן דְּמִשּׁוּם סְחִיטָה לֵיכָּא – מִשּׁוּם מַשְׁקִין שֶׁזָּבוּ נַמִי לֵיכָּא, בְּעוֹמֶדֶת לַאֲכִילָה: לְדִידְכוּ. דַּאֲסַרִיתוּ לָהּ אַף בַּשֵּׁנִי, נְהִי נַמִי דְּאִית לְכוּ בְּבֵיצָה גְּזֵירַת מַשְׁקִין שֶׁזָּבוּ, וַאֲפִילּוּ בְּתַרְנְגוֹלֶת הָעוֹמֶדֶת לַאֲכִילָה: אוֹדוּ לִי מִיהַת דְּבַשֵּׁנִי שַׁרְיָא. דְּחַד מִינַּיְיהוּ חוֹל הוּא: קְדוּשָּׁה אַחַת הִיא. וְלָא דָּמוּ לִשְׁאָר יָמִים טוֹבִים, דְּהָנָךְ לָאו מִשּׁוּם סְפֵקָא אִתְקוּן, דְּאַף בִּזְמַן ב"ד הָיוּ עוֹשִׂין אוֹתָם שְׁנֵי יָמִים אִם בָּאוּ עֵדִים מִן הַמִּנְחָה וּלְמַעְלָה, כִּדְאָמְרִינַן בְּר"ה (דף ל:): רָבִינָא בְּרֵי' דְּרַב עוּלָּא אֲמַר. רַבִּי יְהוּדָה אַדְּר' יְהוּדָה מֵעִיקָּרָא לָא תִּקְשֵׁי. דְּהָא דְּקָאָמַר בַּשֵּׁנִי אִין בָּרִאשׁוֹן לָא – בְּעוֹמֶדֶת לְבֵיצִים קָאָמַר, וּמִשּׁוּם מוּקְצֶה, וְלָא מִשּׁוּם מַשְׁקִין שֶׁזָּבוּ: מֵיתִיבֵי. אַהָנָךְ אֲמוֹרָאֵי קַמָּאֵי דְּאִפְלוּג בְּטַעְמָא דְּבֵית הִלֵּל דְּמַתְנִי': לְכַסּוֹת בָּהּ אֶת הַכְּלִי. פִּי' צְלוֹחִית: לִסְמוֹךְ בָּהּ. זוֹקְפָהּ כְּנֶגֶד חוּדָהּ, וְסוֹמֵךְ בָּהּ: אֲבָל כּוֹפֶה עָלֶיהָ כו'. וְאַע"ג דְּהִיא אֵינָהּ נִיטֶּלֶת – מְטַלְטְלִין אֶת הַכְּלִי לְצוֹרְכָּהּ. וּלְאַפּוּקֵי מִדְּר' יִצְחָק, דְּאָמַר (שבת דף מג.): אֵין כְּלִי נִיטָּל אֶלָּא לְדָבָר הַנִּיטָּל בְּשַׁבָּת, וְאִיהוּ מוֹקֵי לָהּ בְּצָרִיךְ לִמְקוֹמוֹ שֶׁל כְּלִי: וּסְפֵקָא. שֶׁל זוֹ אֲסוּרָה. קָא סָלְקָא דַּעְתָּךְ: סָפֵק נוֹלְדָה בְּיו"ט סָפֵק בְּחוֹל – אֲסוּרָה בְּיו"ט: סָפֵק דְּרַבָּנַן הִיא. דַּאֲפִי' וַדַּאי מִשּׁוּם גְּזֵרָה הוּא דְּאִתְסַר, וְכִי הָוְיָא לָהּ סְפֵיקָא – הָוֵי סָפֵק בְּמִידֵי דְּאָסוּר מִדְּרַבָּנַן: לִסְפֵק טְרֵיפָה. סָפֵק נוֹלְדָה מִתַּרְנְגוֹלֶת טְרֵפָה, וְלָאו בְּיו"ט קָאֵי. וְאַיְּידֵי דְּאַיְירֵי בְּאִיסּוּר בֵּיצָה – אַיְירֵי נַמִי בְּהָא: שֶׁיֵּשׁ לוֹ מַתִּירִין. שֶׁיָּכוֹל לְאָכְלוֹ אַחַר יו"ט בְּהֶיתֵּר גָּמוּר: אֲפִילּוּ בְּאֶלֶף לָא בָּטֵיל. וְאַע"ג דִּמְדְּאוֹרַיְיתָא חַד בִּתְרֵי בָּטֵיל, דִּכְתִיב (שמות כג) "אַחֲרֵי רַבִּים לְהַטּוֹת" – אַחְמוּר רַבָּנַן, הוֹאִיל וְיֵשׁ לוֹ מַתִּירִין לְאַחַר זְמַן – לֹא יֹאכְלֶנּוּ בְּאִיסּוּר עַל יְדֵי בִּיטּוּל: הָנִיחָא לְמ"ד. לְקַמָּן: כָּל שֶׁדַּרְכּוֹ לִמָּנוֹת שָׁנִינוּ. בְּמִשְׁנַת עָרְלָה, כִּדְלְקַמָּן דְּלָא בָּטֵיל. מַשְׁמַע: כָּל דָּבָר שֶׁיֵּשׁ בְּנֵי אָדָם הַמַּקְפִּידִין עָלָיו מִפְּנֵי חֲשִׁיבוּתוֹ לְמוֹכְרוֹ בְּמִנְיָן. בֵּיצָה נַמִי, הַרְבֵּה מוֹכְרִין אוֹתָהּ בְּמִנְיָן: אֶלָּא לְמַאן דְּאָמַר אֶת שֶׁדַּרְכּוֹ. דְּמַשְׁמַע: אֶת הַמְיוּחָד לְכָךְ, שֶׁאֵין אָדָם מוֹכְרוֹ בְּאוֹמֶד: מַאי אִיכָּא לְמֵימַר. הֲרֵי בֵּיצָה, הַרְבֵּה (א) נִמְכֶּרֶת בְּאוֹמֶד בְּלֹא מִנְיָן: תִּלְתָּן. מִין קִטְנִית (ב) לְמַתֵּק קְדֵירָה, פִּילוּג"ר בְּלַעַ"ז: יִדָּלְקוּ. כְּדִין כִּלְאֵי הַכֶּרֶם, שֶׁנֶּאֱמַר (דברים כב) "פֶּן תּוּקְדַּשׁ" – תּוּקַד אֵשׁ, דַּאֲסִירֵי בַּהֲנָאָה: יַעֲלוּ בְּאַחַת וּמָאתַיִם. אִם נִתְעָרֵב אֶחָד מֵהֶן בְּמָאתַיִם שֶׁל הֶיתֵּר – יַעֲלֶה *אֶחָד מֵהֶן וְיִדָּלֵק, וְהַשְּׁאָר מוּתָּרִין. וְזֶה שִׁיעוּר בִּיטּוּל כִּלְאַיִם וְעָרְלָה בְּאֶחָד וּמָאתַיִם: שֶׁהָיָה ר' מֵאִיר אוֹמֵר. כְּלוֹמַר, לְהָכִי אָמַר ר' מֵאִיר כּוּלָּן יִדָּלְקוּ וְלֵית לְהוּ בִּיטּוּל, שֶׁהָיָה ר' מֵאִיר אוֹמֵר: הוֹאִיל וְדַרְכָּן לִימָּנוֹת – אֵין בְּטֵלִין, וּמְקַדְּשִׁין לֶאֱסוֹר כָּל הַמִּתְעָרְבִין בָּהֶן: וַחֲכָמִים אוֹמְרִים. כָּל פֵּירוֹת שֶׁבָּעוֹלָם בְּטֵלִים, חוּץ מִשִּׁשָּׁה דְּבָרִים הַלָּלוּ הַמְּנוּיִין כָּאן, שֶׁהֵן חֲשׁוּבִין מְאֹד: פֶּרֶךְ וּבָאדָן. מְקוֹמוֹת הֵן: קוֹלְחֵי. קִלְחֵי כְּרוּבִין גְּדוֹלִים עִם עָלִין שֶׁלָּהֶן, וּכְרוּב שֶׁל א"י הָיָה גָּדוֹל כְּאִילָן, כִּדְאָמְרִינַן בִּכְתוּבּוֹת (דף קיא:): הָרָאוּי לְעָרְלָה עָרְלָה. אוֹתָן שֶׁהֵן מִין אִילָן, וְעָרְלָה נוֹהֶגֶת בָּהֶן – מְקַדְּשִׁין אֶת עֵירוּבֵיהֶן מִשּׁוּם עָרְלָה: וְהָרָאוּי לְכִלְאֵי הַכֶּרֶם. כְּגוֹן חִלְפֵי תְרָדִין וְקוֹלְחֵי כְּרוּב וְכִכָּרוֹת, שֶׁאֵינָן מִין אִילָן – מְקַדְּשִׁין עֵירוּבֵיהֶן בְּאִיסּוּר כִּלְאֵי הַכֶּרֶם: אֶת שֶׁדַּרְכּוֹ לִימָּנוֹת שָׁנִינוּ. בְּמִילְּתֵיהּ דְּר' מֵאִיר: הָנִיחָא לְר' שִׁמְעוֹן בֶּן לָקִישׁ. אִיכָּא לְאוֹקְמָא לְבָרַיְיתָא דִּלְעֵיל דְּקָתָנֵי בֵּיצָה לָא בָּטְלָה – כְּר' מֵאִיר: הַאי תַּנָּא. דִּלְעֵיל: תַּנָּא. דְּאַיְירֵי גַּבֵּי לִיטְרָא קְצִיעוֹת הוּא, דְּאָמַר: כָּל דָּבָר שֶׁיֵּשׁ בּוֹ מִנְיָן, אֲפִילּוּ בְּמִידֵי דְּרַבָּנַן כְּגוֹן לִיטְרָא קְצִיעוֹת, דְּאַיְירֵי בִּתְרוּמַת פֵּירוֹת דְּרַבָּנַן – לָא בָּטֵיל, כִּדְמְפָרֵשׁ לְקַמֵּיהּ: וְכ"שׁ. בֵּיצָה טְרֵפָה: לִיטְרָא קְצִיעוֹת. תְּאֵנִים שֶׁנִּתְיַיבְּשׁוּ בַּשָּׂדֶה וְקוֹצְצָן בְּמַקְצוּעַ, וְהוּא שֵׁם כְּלִי הֶעָשׂוּי לְכָךְ, וְחוֹתְכִין בּוֹ עוּקְצֵי הַתְּאֵנִים וְאַחַר כָּךְ דּוֹרְסִין אוֹתָם בִּכְלִי עָגוֹל, וְהֵן נִדְבָּקִין יַחַד וְנַעֲשִׂין כִּגְבִינָה, וְהוּא נִקְרָא עִגּוּלֵי דְּבֵילָה. וּכְשֶׁבָּאִין לְמוֹכְרָן מַפְרִידָן בְּמַגְרֵיפָה, וּמוֹכְרָן בְּמִשְׁקַל לִיטְרָא: שֶׁדְּרָסָהּ ע"פ כְּלִי. שֶׁשְּׁמוֹ עִגּוּל, שֶׁבּוֹ עוֹשִׂין הָעִגּוּלִין: וְאֵינוֹ יוֹדֵעַ בְּאֵיזֶה עִגּוּל. אֲבָל יוֹדֵעַ שֶׁעַל פִּיו הוּא, וְלֹא בְּתוֹכוֹ: רַבִּי מֵאִיר אוֹמֵר. כֵּן נֶחְלְקוּ ר' אֱלִיעֶזֶר וְר' יְהוֹשֻׁעַ בְּדָבָר זֶה: ר' אֱלִיעֶזֶר אוֹמֵר אַף עַל פִּי שֶׁאֵין לִיטְרוֹת תַּחְתּוֹנוֹת בִּסְפֵק דְּמוּעַ – מִצְטָרְפוֹת הַתַּחְתּוֹנוֹת אֶל הַפּוּמִין שֶׁל כָּל הָעִגּוּלִין הַלָּלוּ:
רוֹאִין

תוספות

אבל כופה עליה כלי. פירש רש"י: דמהך ברייתא פריך התם לר' יצחק, דאמר דאין כלי ניטל אלא לדבר הניטל. והוא תירץ בצריך למקומו. ומכאן פוסקין דהא דקי"ל דדבר שמלאכתו לאיסור אסור – (ג) אינו אלא דוקא שאינו לצורך גופו או לצורך מקומו, אבל לצורך גופו או לצורך מקומו – שרי. ואם התחיל לטלטלו בשביל שצריך לגופו או למקומו – מותר להוליכו אפילו בחדרו אם ירצה, דהא חזינא הכא דהואיל וצריך למקומו או לגוף הכלי – כופהו על הבילה:

*__לדידי__ אפי' בראשון נמי שריא. ותימה: ר' יהודה דאמר כבית שמאי, וכי שביק ב"ה ועביד כב"ש? וי"ל: דר' יהודה היה אומר לא נחלקו ב"ש וב"ה בדבר זה מעולם:

ואחרות באחרות וכו'. תימה: דאם כן אוסר ספק ספיקא, וב"התערובות" (זבחים דף עד. ושם) (ד) *דקאמר: מי איכא דאסר ספק ספיקא באסורי הנאה, אמאי לא פשיט ליה מהכא דאסרינן אע"ג דאיכא ספק ספיקא! בשלמא ההיא דלעיל, דאמר וספיקא אסורה, נתערבה באלף כולן אסורות, נוכל לפרש כדפירש ר"ת: נתערב' באלף – אאיסור עצמו קאי. א"נ: הא דלעיל ברייתא היא, ומאי אולמא דהך ברייתא דהכא מהך ברייתא דהתם. אבל (*מברייתא קשיא למשנה)! ע"כ לא גרים ר"ת ואחרות באחרות. ורבינו יצחק ב"ר ברוך אומר: דגרס ליה שפיר, וה"פ: שנתערב גם האיסור, דסד"א שמותר, הואיל ואיכא כעין תרי רובי, קא משמע לן. ועוד תירץ הר"ר יצחק: דגרס ליה שפיר, ואעפ"כ לא מצי למיפשט מהכא. דקים לן כל דבר שיש לו חשיבות אינו בטל אלא בתרי רובי, לכך אינו בטל הכא, אבל התם מוכיח ליה מתרי רובי, דקאמר אם נתערב רובא בתוך רובא, והתניא וכו'. אבל הכא אין כאן תרי רובי, שהתערובת הראשון היה שוה, ובפרק "הערל" (יבמות דף פא. ושם בד"ה נתערבו) פירשתי:
נימא

הגהות הב"ח

(א) רש"י ד"ה מאי איכא למימ' הרי בילה הרבה פעמים נמכרת: (ב) ד"ה תלתן מין קטנית. נ"ב וכן פי' רש"י במחובה דף פא וכמס' ר"ה דף יב פרש"י שהוא מין תבלין: (ג) תוד"ה אבל וכו' אסור לטלטל אינו אלא דוקא: (ד) ד"ה ואחרות וכו' וכהתערובות דקא מתמה אשמואל דקאמר ספק ספיקא:

גליון הש"ס

גמ' סיפא אתאן לספק טרפה. עי' חולין דף סד ע"א תוד"ה שאם ריקמה ובסיט' מקובל' בב"ק דף מז ע"א ד"ה מאי טעמא:

רבינו חננאל

רבינא אמר לעולם לא תיפוך ור' יהודה לדבריהם דרבנן קאמר להו לדידי אפילו ביו"ט ראשון שריא ואוכלא דאפרת הוא כו'. רבינא בריה דרב עולא אמר (לעולם) [הכא] בעומדת לגדל ביצים ור' יהודה לטעמיה דאית ליה מוקצה ולא דמיא ביצה לפירות. מיתיבי אחת ביצה שנולדה בשבת ואחת שנולדה ביו"ט אין מטלטלין אותה לא לכסות בה כלי ולא לסמוך בה כרעי המטה אבל כופה עליה כלי שלא תשבר וספיקא אסורה. ואם נתערבה באלף כולם אסורות. בשלמא לרבה דאמר משום הכנה כיון דהכנה מדאורייתא היא הוי ספיקא דאורייתא וספיקא דאורייתא לחומרא. אלא לרב יוסף ולר' יצחק דאמרי גזרה משום פירות הנושרים ומשום משקין שזבו כל ספיקא דרבנן לקולא הוא. אמאי ביצה זו אסורה. ופריק רב אידי סיפא דקתני וספק' אסורה אינה ביצה שנולדה ספק ביו"ט ספק בחול אלא כגון שהיתה שם תרנגולת טרפה ואחרת שלמה ונמצאת בקן ביצה זו ואין יודעין אם הטרפה ילדה או השלמה ילדה אותה שהיא אסורה. ואקשינן בשלמא ספק יו"ט ספק חול הוי דבר שיש לו מתירין כלומר ביצה זו ביו"ט אסורה אבל למחר מותרת וכל דבר שיש לו מתירין אפי' באלף לא בטיל. לפיכך תני ואם נתערבה באלף כולן אסורות. אלא ספק טרפה דבר שאין לו מתירין לעולם הוא ונבטיל ברובא. וכי תימא ביצה חשובה וכל דבר שהוא חשוב לא בטיל אפי' באלף הניחא לריש לקיש דאמר כל שדרכו לימנות שנינו. כלומר זה שכתוב במשנה את שדרכו לימנות שנינו מקדש היה ר"ל שונה כל שדרכו לימנות מקדש. וכיון ששונה במשנתנו כל שדרכו שמעינן מינה ואפי' ביצה בכללם שדרכה לימנות אחת אחת אלא לר' יוחנן דאמר את שדרכו שנינו שאין בטלין אפי' באלף [והיינו] אלו השנויין במשנתנו בלבד. והן עשרה דברים. ראשכחן בירושלמי במסכת ערלה דר' יוחנן וריש לקיש חד אמר דברי ר"מ עשרה דברים מקדשין וחד אמר דברי ר"מ כל הדברים מקדשין. ש"מ דאליביה דר' מאיר חולקין ר' יוחנן ור"ל. ואלו הן עשרה השנויין במשנה. ראשון בגד שצבעו בקליפי ערלה ונתערב באחרים כולן ידלקו דברי ר' מאיר. וחכמים אומרים יעלו באחד ומאתים. שני האורג מלא הסיט הצבוע בקליפי ערלה וארגו בבגד ונתערב באחרים ואין ידוע איזו היא ר' מאיר אומר הבגד כולו ידלק. וחכמים אומרים יעלו באחד ומאתים. שלישי חבילי תלתן של כלאי הכרם שנתערבו באחרים כולם ידלקו דברי ר' מאיר. וחכמים אומרים יעלו באחד ומאתים. באלו הג' חלקו. והודו לו על השאר. ועל זה שנינו שהיה ר' מאיר אומר את שדרכו לימנות מקדש. וחכמים אומרים אינו מקדש אלא ששה דברים בלבד ואלו הן אגוזי פרך ורמוני באדן. חביות סתומות. חליפות תרדין. קולסי כרוב. ודלעת יוונית. ר"ע מוסיף אף ככרות של בעל הבית. פירוש מפני שהן גדולין. ואינן (במנין) [נמכרין] אלא אחד אחד. הראוי לערלה ערלה. פי' כל מי שהוא מין אילן. כגון אגוזי פרך ורמוני באדן וחביות של יין או של שמן איסורן משום ערלה שנאמר ונטעתם כל עץ מאכל וערלתם ערלתו את פריו. אבל חליפות תרדין וקולסי כרוב ודלעת יוונית שהן ירקות אין איסורן אלא משום כלאים. אבל איסור ערלה אין בהן. וזה ששנינו כי אין בטלין לעולם בזמן שהן שלמים. אבל אם נתפצעו האגוזים או נתפרדו הרמונים וכן כל כיוצא בהן לא הוו ממי שדרכו לימנות אלא עולין באחד ומאתים וראינו רבותינו שחשבו תשלום העשרה שהזכירו בתלמוד א"י כל הזבחים שנתערבו בחטאות מתות כו' והא דביצה וחתיכה של נבלה שנתבשלה עם החתיכות כו'. ומפרש בגמרא [יבמות פ"ג זבחים ע"ג] דבכל שדרכו לימנות ובאת שדרכו לימנות פליגי. (אלא) [ולא] סמכנו על זה החזונא בה פרכא *) ולא השבנו על זה הפירוש שאין משיבין את הארי שלא בפניו. וחזרנו בעניינו לפרש שמועה זו. הניחא לר"ל דאמר כל שדרכו לימנות מקדש שנינו אליבא דר' מאיר איכא לרבויי אפי' ביצה דהא קתני ביה כל. אלא לר' יוחנן דאמר את שדרכו אפילו לר' מאיר [והיינו] אלו העשרה שפירשנו מאין לנו לרבות ביצה ועמדה הקושיא אליבא דר' יוחנן ופריק רב פפא הכי זה התנא ששנה אחת ביצה שנולדה בשבת כו'. תנא דלטרא קציעות הוא. דסבר **) כל דבר שאין לו מתירין כגון תרומה וכיוצא בה שלא יתכן להיות מותרת לזר לעולם אפילו בדרבנן לא בטיל דתניא ליטרא קציעות שדרסה על פי עיגול ואינו יודע כו':

*) אולי הפרכא הוא דהא בירושלמי מבואר דאף לר"י דאת שדרכו למנות שנינו לר"מ מ"מ י' דברים מקדשין וליכא למימר דהתחיסת מזבחים שנתערבו בכלל הג' דהא מבואר בגמ' שם דהם אינו בכלל דאת שדרכו למנות ע"ש. **) אולי צ"ל דסבר כל דבר שבמנין אפי' בדבר שאין לו מתירין וכו'.

אומר *רואין את העליונות כאילו הן פרודות, והתחתונות מעלות את העליונות. ר' יהושע אומר: [א]אם יש שם מאה פומין יעלו, ואם לאו [ב]הפומין אסורין, והשולים מותרין. ר' יהודה אומר: ר' אליעזר אומר: אם יש שם מאה פומין יעלו, ואם לאו – הפומין אסורין והשולים מותרין. ר' יהושע אומר: אפילו יש שם שלש מאות פומין לא יעלו. דרסה בעגול ואינו יודע באיזה עגול דרסה – דברי הכל יעלו. דברי הכל? היינו פלוגתייהו! אמר רב פפא: הכי קאמר: [ג]דרסה בעגול ואינו יודע באיזה מקום עגול דרסה, אי לצפונה אי לדרומה – דברי הכל יעלו. רב אשי אמר: [ד]לעולם ספק יום טוב ספק חול הוי דבר שיש לו מתירין, וכל דבר שיש לו מתירין – אפילו בדרבנן לא בטיל תניא, *אחרים אומרים משום רבי אליעזר: ביצה תאכל היא ואמה. במאי עסקינן? אילימא בתרנגולת העומדת לאכילה – פשיטה דהיא ואמה שריא. אלא בתרנגולת העומדת לגדל ביצים – היא ואמה אסורה! א"ר זירא: תאכל אגב אמה. היכי דמי? *אמר אביי: כגון שלקחה סתם, נשחטה – הוברר דלאכילה עומדת, לא נשחטה – הוברר דלגדל ביצים עומדת. רב מרי אמר: גוזמא קתני. דתניא, *אחרים אומרים משום רבי אליעזר: ביצה תאכל היא ואמה, ואפרוח וקליפתו. מאי קליפתו? אילימא קליפה ממש – קליפה בת אכילה היא?! אלא: אפרוח בקליפתו, עד כאן לא פליגי *רבנן עליה דרבי אליעזר בן יעקב אלא היכא דיצא לאויר העולם, אבל היכא דלא יצא לאויר העולם – לא פליגי. אלא: אפרוח וקליפתו – גוזמא, הכא נמי: תאכל היא ואמה – גוזמא. אתמר, *שבת ויום טוב, רב אמר: [ה]נולדה בזה אסורה בזה, ור' יוחנן אמר: נולדה בזה מותרת בזה. נימא קסבר רב קדושה אחת היא? *והאמר רב: הלכה כארבעה זקנים, ואליבא דרבי אליעזר, [ו]דאמר: שתי קדושות הן! אלא הכא בהכנה דרבה קמיפלגי, רב אית ליה הכנה דרבה, ורבי יוחנן לית ליה הכנה דרבה. כתנאי, *נולדה בשבת – תאכל ביו"ט, ביום טוב, – תאכל בשבת. ר' יהודה אומר משום ר' אליעזר: עדיין היא מחלוקת שב"ש אומרים: תאכל, וב"ה אומרים: לא תאכל. אושפיזכניה דרב אדא בר אהבה הוו ליה הנך ביצים מיו"ט לשבת, אתא לקמיה, אמר ליה: מאי לאטווינהו האידנא וניכלינהו למחר? א"ל מאי דעתיך – רב ור' יוחנן – הלכה כר' יוחנן, אפילו ר' יוחנן לא קא שרי אלא לגומעה למחר, אבל ביומיה – לא. והתניא: *אחת ביצה שנולדה בשבת ואחת ביצה שנולדה ביו"ט – אין מטלטלין אותה לא לכסות בה את הכלי, ולא לסמוך בה כרעי המטה. אושפיזכניה דרב פפא, ואמרי לה ההוא גברא דאתא לקמיה דרב פפא, הוו ליה הנך ביצים משבת ליום טוב. אתא לקמיה, א"ל: מהו למכלינהו למחר? אמר ליה: זיל האידנא ותא למחר, *דרב לא מוקי אמורא עלויה מיומא טבא לחבריה משום שכרות. כי אתא למחר אמר ליה: איכו

שבת מו: עירובין לח:

רש"י

רואין אותן כאילו הן פרודות. אם אין כאן מאה פומין של היתר, שיהא בהן כדי להעלות פי האיסור באחד ומאה, רואין כאילו ליטרות של כל הפומין פרודות מעל הפומין, ומעורבות בשל שולים, ונמצאו כולם בספק הדמוע, ומצטרפות התחתונות להעלות את ליטרא שעל הפה, דהואיל ותרומת פירות דרבנן – מקילים בהעלאתם: ור' יהושע אומר אם יש שם מאה פומין. של היתר, לבד פומין של איסור – מעלין אותן באחד ומאה, ואם לאו – הפומין אסורין, ואין השולים מועילין לבטל הפומין, הואיל ואינן בספק הדמוע: רבי יהודה אומר. לא כן נחלקו ר' אליעזר ור' יהושע, אלא כן נחלקו: ר' אליעזר אומר כו': ר' יהושע אומר אפילו יש שם שלש מאות פומין. וכולן בכלל הספק – אין מעלין את היחיד, הואיל ופומי הכלי דבר שיש בו מנין הוא – לא בטלי, ואפילו בדרבנן. אבל דרסה בעגול כו': הכי קאמר דרסה בתוך העגול. דעכשיו אינן ניכרות, שהרי מדובקות ואינו יודע היכן היא, אם בצפונו של עגול או בדרומו, הואיל והשתא לאו בת מנין היא, ולא מנכרא – דברי הכל יעלו. ותנא דלעיל ר' יהודה, ואליבא דרבי יהושע היא: רב אשי אמר לעולם. הא דקתני וספקה אסור – ספק יום טוב ספק חול קאמר, ודקשיא לך לרב יוסף ולרבי יצחק ספק דרבנן הוא, ולקולא – הכא אזלינן לחומרא, הואיל ויש לו מתירין למחר: אפילו בדרבנן. כגון ביצה, דגזרת פירות הנושרין היא – לא בטלה בתערובתה, וכי היכי דבבטולה מחמרינן מהאי טעמא – בספקה נמי מחמרינן מהאי טעמא: ביצה תאכל. אם נולדה ביום טוב: פשיטא דהיא ואמה שריא. כלומר: אם בא לומר כבית שמאי – לשמעינן ביצה, אמה למה לי? פשיטא דשריא: היא ואמה אסורה. דשמעינן לר' אליעזר דאית ליה מוקצה, דתנן בפרק "המביא" (לקמן דף לד.) ר' אליעזר אומר: עומד אדם על המוקצה כו'. אלמא: הכנה בעי: אגב אמה. אם אוכלין את אמה היום – תאכל אף היא: שלקחה סתם. תרנגולת זו קנאה סתם: גוזמא קתני. כאדם שרוצה להחזיק דבריו מדבר יתר, ובעומדת לאכילה קאמר, ונחלק על בית הלל האוסרים, ואמה לא אילטריכא ליה, אלא גוזם ואמר מילתא יתירא: הכל יאכל, גם את האב *גם את האם: דר' אליעזר בן יעקב. אוסר אפרוחים שלא נפתחו עיניהם. ופליגי רבנן עליה, ולקמן מייתי לה בגמרא: גוזמא. אע"פ דלא אפשר – גזים ואמר מילתא דטופיינא. גוזמא – דבר שנוי שאינו מתקבל: שבת ויום טוב. הסמוכין, והוא הדין ליום טוב ושבת: קדושה אחת היא. הרי הן כיום אחד ארוך: ארבעה זקנים אליבא דר' אליעזר. בערובין בפ' "בכל מערבין" (דף לח:): דאמר שתי קדושות הן. ומערב ליום א' למזרח ולשני למערב: הכנה דרבה. דאמר: הכנה בידי שמים מתפרא מיום טוב לשבת, דסעודת שבת בעיא הזמנה מיום חול מגזרת הכתוב: עדיין היא מחלוקת. ב"ש וב"ה בזה, כשם שנחלקו בו ביום: מיו"ט לשבת. בעל הבית: אושפיזכניה. היום נולדו, והיה רוצה לאכלן למחר בשבת: לאטווינהו. לצלותן האידנא, מי אסירי בטלטול בו ביום, או לא? מאי דעתיך. דפשיטא לך דלמחר מיהא שרו – משום דקיימא לן רב ור' יוחנן הלכה כר' יוחנן, מיהו, בטלטול האידנא אסירי. דאפילו ר' יוחנן לא שרי לצלותה היום אלא לגומעה למחר, אם היה יו"ט קודם לשבת, אבל ביומיה – לא, ואפילו בטלטול: והתניא. סייעתא: דרב לא מוקי אמורא עלויה. לא היה מעמיד מתורגמן לפניו לדרוש דרשה לרבים: מיומא טבא לחבריה. כלומר, משעשה היום יום טוב דהיינו לאחר סעודה, עד מחר: משום שכרות. דרב אורויי היה מורי בדרשה שלו, כדאמרינן בכריתות, ושכור אסור להורות, דכתיב "יין ושכר אל תשת" (ויקרא י) וכתיב "להורות את בני ישראל" (שם): איכו

תוספות

נימא קסבר רב קדושה אחת הן. תימה: לימא דקסבר שתי קדושות הן, אלא הטעם הוי: מגו דאתקצאי לבין השמשות, דשמא יום שבת הוא, אתקצאי לכולי יומא דיום שני! וי"ל: דלא אמרינן מגו משום יום שהוא לשעבר, דדוקא להכא אמרינן הכי, כגון בין השמשות דתחילת יום טוב או בין השמשות דשבת שמא שבת הוא. ותימא: דהא בסוכה (דף י.) אמרינן: נויי סוכה אסורין עד מוצאי יום טוב האחרון של חג שהוא יום תשיעי, שהוא ספק יום שמיני. ועל כרחיך טעמא משום דאתקצאי בין השמשות דשמא יום שמיני הוא, והיינו לשעבר! וי"ל: דמוקצה מחמת מצוה שאני, כדמפרש טעמא התם: דילמא מתרמיא ליה סעודה ואכיל בגוה. והתם אמרינן אפילו לשעבר. אבל הכא, מוקצה דמחמת אסור – לא אמרינן הכי:

אלא בהכנה דרבה קמפלגי. ותימה: דהא אמרינן *כל היכא דמתילדא האידנא – מאתמול גמרה לה, ואם כן כשחל יום טוב לאחר השבת והביצה נולדה בשבת – היא נגמרת ביום שהוא חול, ואם כן מאי הכנה איכא? וי"ל: דמכל מקום כשנולדה בשבת הרי זו הכנה, דגם בשעת לידה שייך הכנה. ועוד יש לומר: דכיון דאם נולדה ביו"ט הרי זו אסורה, אם נאמר כשנולדה בשבת הרי היא מותרת, בשביל אותה לידה דשבת – אם כן הוי שבת מכין ליום טוב:

רבי יהודה אומר משום ר' אליעזר עדיין היא מחלוקת. ואע"ג דפירשתי לעיל דר' יהודה סבירא ליה דלא נחלקו ב"ש וב"ה בדבר זה, מ"מ לא קשיא מהכא, דהא דידיה והא דרביה: ותנן

[לעיל ב:]

רבינו חננאל

עד ר' יהושע אמר אפילו יש שם ג' מאות לא יעלו ש"מ כיון דלא בטיל ברוב רבנן הוא דאחמרו עלה. ועלה אמר ר' יהושע אפי' יש שם ג' מאות פומין לא יעלו. דסבר ר' יהושע אפילו מדרבנן לא בטיל וכן ביצת טרפה. דרסה בעיגול ואינו יודע באיזה עיגול דרסה. אוקמה רב פפא בספק ספיקא. ולפיכך קתני דברי הכל יעלו: ירושלמי א"ר בון וצריך להיות בכל עיגול ב' לטרין ועוד קציעות כדי לבטל בכל מקום שהיא אותה ליטרא של תרומה בליטרא ועוד של חולין. ועוד אמרו בתלמוד א"י במס' תרומות הא דתני ר' מאיר משום ר' יהושע אפילו היו שם ג' מאות פומין לא תעלה הדא אמרה פומין עשאום כדרך שדרכו להימנות הדא מסייעא לר' יוחנן [דו] אמר תניין אינון הדא מסייעא למ"ד דברי ר' מאיר כל הדברים מקדשין מסייע למ"ד דלעת אפילו אחת ממאה אוסר. ובא רב אשי ופירק פירוק אחר לעולם ספק יו"ט ספק חול היא מתני' דא ודקאמרת אמאי ספיק' אסורה הא קיי"ל כל ספיקא דרבנן לקולא משום דהוי דבר שמחר (ומחרתים) הוא עצמו מותר. וכל כי האי גוונא אפילו בדרבנן לא בטיל. והא דתניא ביצה תאכל היא ואמה ואפרוח וקליפתו גוזמא. כלומר אינן דברים נכונים דקליפה לאו בת אכילה היא. ודברי הכל אפרוח בקליפתו קודם שיצא לאויר העולם אסור. יו"ט הסמוך בין מלפניה בין מלאחריה. קיי"ל כרב דאמר נולדה בשבת אסורה ביו"ט וכן נולדה ביו"ט אסורה בשבת. ואקשינן לימא קסבר רב קדושה אחת. והאמר רב הלכה כד' זקנים הללו והן רשב"ג ור' ישמעאל ב"ר יוחנן בן ברוקה. ור' אלעזר בן שמוע. ור' יוסי ב"ר יהודה. אליבא דר' אליעזר דאמר ב' קדושות הן. ומפורש בפרק בכל מערבין. ופרקינן לעולם קסבר רב ב' קדושות הן והכא סבר לה כרבה דא' והיה ביום הששי והכינו חול מכין לשבת וליו"ט. ואין שבת מכין ליו"ט. ואין יו"ט מכין לשבת. ור' אליעזר מוקים להו לב"ה כרב דאוסר. ור' יהודה משום ר' אליעזר מוקים להו לב"ה כרב דאוסר. ואע"ג דר' יוחנן הוא בר פלוגתיה דרב הא רב אדא בר אהבה ורב פפא עבדו כרב. אמר רבא הלכתא כוותיה דרב בהני תלת בין לקולא בין לחומרא. חדא הא דאמרן ואידך ב' י"ט של ר"ה רב אמר נולדה בראשון אסורה אפילו בשני. ואידך ב' י"ט של גליות רב אמר נולדה בראשון מותרת בשני. ורב אסי מספקא ליה והוה עביד לחומרא מבדיל מיומא טבא לחבריה שמא יו"ט שני חול הוא ומקדש שמא אתמול היה חול ועכשיו ביום שני יו"ט. אמר רבה כוותיה דרב אסי מסתברא כו'. והאמר אביי ואמר כרב מסתברא דתנן בראשונה כו'. ואסיקנא והאידנא דידעינן בקביעא דירחא מ"ט עבדינן בגולה תרי יומי משום דשלחו מא"י הזהרו לעשות שני יו"ט כמנהג אבותיכם

עין משפט נר מצוה

כב א ב ג מיי' פי"ד מהלכות תרומות הלכה ו ז:
כג ד מיי' פ"א מהלכות יו"ט הלכה כ ופ"ב הלכה ו טוש"ע א"ח סי' תקי"ג סעיף א וטוש"ע י"ד סי' קב סעיף א:
כד ה מיי' פ"א שם הלכה יט סמג לאוין סא עה טוש"ע א"ח סי' שכב סעיף ה וסי' תקיג סעיף ה:
כה ו מיי' פ"ח מהלכות עירובין הלכה ה סמג עשין א טוש"ע א"ח סי' תט"ז סעיף ב:

מסורת הש"ס

השתא משמע דבטל ולעיל גבי תלתן קאמ' ר"מ כל שדרכו למנות לרשב"ל נ"ל הא דידיה הא דרביה. תוס' ישנים

[תוס' דמכלתין פ"א ודעדיות פ"ב]

[תוספ' עדיות פ"ב]

[לקמן ו:]

[עירובין לח:]

שם

[תוספתא פ"א]

ס"א גם את הבן. רש"ל

כריתות יג: זבחים יח. [מס' סופרים פי"ח סוף הלכה ז]

גליון הש"ס

גמ' אמר אביי כגון שלקחה סתם. עי' חולין דף יד ע"א תוס' ד"ה בהמה לר"י:

אִיכּוּ הָשְׁתָּא אִשְׁתְּלַאי, וַאֲמַרִי לָךְ: רַב וְרַבִּי יוֹחָנָן – הֲלָכָה כְּר' יוֹחָנָן. הָא אֲמַר רָבָא *הִלְכְתָא כְּוָתֵיהּ דְּרַב בְּהָנֵי תְּלָת. בֵּין לְקוּלָּא בֵּין לְחוּמְרָא. אָמַר ר' יוֹחָנָן: [א]עֵצִים שֶׁנָּשְׁרוּ מִן הַדֶּקֶל בְּשַׁבָּת אָסוּר לְהַסִּיקָן בְּיוֹם טוֹב, וְאַל תְּשִׁיבֵנִי בֵּיצָה. מ"ט? בֵּיצָה מִשּׁוּם דְּבְיוֹמָא נַמִי חַזְיָא לְגוּמְעָהּ, וְלָא קָא שָׁרֵי לָהּ עַד לְמָחָר – מֵידַע יְדִיעַ דְּבַת יוֹמָא אֲסָרוּהָ. עֵצִים, דְּלָא חֲזוּ לְיוֹמַיְיהוּ, אִי שָׁרֵי לְהוּ לְמָחָר – אָתֵי לְמֵימַר: בְּיוֹמַיְיהוּ נַמִי שְׁרוּ, וְאֶתְמוֹל מִשּׁוּם שַׁבָּת הוּא דְּלָא חֲזוּ לְהַסָּקָה. *אָמַר רַב מַתְּנָה: [ב]עֵצִים שֶׁנָּשְׁרוּ מִן הַדֶּקֶל לְתוֹךְ הַתַּנּוּר בְּיו"ט – מַרְבֶּה עֲלֵיהֶם עֵצִים מוּכָנִים וּמַסִּיקָן. וְהָא קָא מְהַפֵּךְ בְּאִיסּוּרָא! כֵּיוָן דְּרוּבָּא דְּהֶיתֵּרָא נִינְהוּ, כִּי קָא מְהַפֵּךְ בְּהֶיתֵּרָא קָא מְהַפֵּךְ. וְהָא קָא מְבַטֵּל אִיסּוּרָא לְכַתְּחִלָּה, וּתְנַן: *[ג]אֵין מְבַטְּלִין אִיסּוּר לְכַתְּחִלָּה! [ד]הָנֵי מִילֵּי בִּדְאוֹרָיְיתָא, אֲבָל בִּדְרַבָּנַן מְבַטְּלִין. וּלְרַב אַשִׁי, דְּאָמַר: כָּל דָּבָר שֶׁיֵּשׁ לוֹ מַתִּירִין, אֲפִילּוּ בִּדְרַבָּנַן לָא בָּטֵיל, מַאי אִיכָּא לְמֵימַר? [ה]הָנֵי מִילֵּי הֵיכָא דְּאִיתֵיהּ לְאִיסּוּרָא בְּעֵינֵיהּ, הָכָא מִקְלָא קְלֵי אִיסּוּרָא. אִתְּמַר, שְׁנֵי יָמִים טוֹבִים שֶׁל גָּלֻיּוֹת, רַב אָמַר: [ו]נוֹלְדָה בָּזֶה מוּתֶּרֶת בָּזֶה, וְרַב אַסִּי אָמַר: נוֹלְדָה בָּזֶה אֲסוּרָה בָּזֶה. לֵימָא קָא סָבַר רַב אַסִּי קְדוּשָּׁה אַחַת הִיא? וְהָא °רַב אַסִּי מַבְדִּיל מִיּוֹמָא טָבָא לְחַבְרֵיהּ! רַב אַסִּי סַפּוּקֵי מְסַפְּקָא לֵיהּ, וְעָבֵיד הָכָא לְחוּמְרָא וְהָכָא לְחוּמְרָא. אָמַר ר' זֵירָא: כְּוָתֵיהּ דְּרַב אַסִּי מִסְתַּבְּרָא, דְּהָאִידָּנָא יָדְעִינַן בִּקְבִיעָא דְּיַרְחָא וְקָא עָבְדִינַן תְּרֵי יוֹמֵי. אָמַר אַבַּיֵי: כְּוָתֵיהּ דְּרַב מִסְתַּבְּרָא. *דִּתְנַן: [ז]בָּרִאשׁוֹנָה הָיוּ מַשִּׂיאִין מַשּׂוּאוֹת, מִשֶּׁקִּלְקְלוּ הַכּוּתִים הִתְקִינוּ שֶׁיְּהוּ שְׁלוּחִין יוֹצְאִין. וְאִילּוּ בָּטְלוּ כּוּתִים עָבְדִינַן חַד יוֹמָא, וְהֵיכָא דְּמָטוּ שְׁלוּחִין עָבְדִינַן חַד יוֹמָא. וְהָשְׁתָּא דְּיָדְעִינַן בִּקְבִיעָא דְּיַרְחָא מַאי טַעְמָא עָבְדִינַן תְּרֵי יוֹמֵי? מִשּׁוּם דְּשָׁלְחוּ מִתָּם: [ח]הִזָּהֲרוּ בְּמִנְהַג אֲבוֹתֵיכֶם בִּידֵיכֶם, זִמְנִין דְּגָזְרוּ הַמַּלְכוּת גְּזֵרָה וְאָתֵי לְאִקַּלְקוּלֵי. אִתְּמַר, שְׁנֵי יָמִים טוֹבִים שֶׁל ר"ה, רַב וּשְׁמוּאֵל דְּאָמְרִי תַּרְוַיְיהוּ: [ט]נוֹלְדָה בָּזֶה אֲסוּרָה בָּזֶה. דִּתְנַן: *[י]בָּרִאשׁוֹנָה הָיוּ מְקַבְּלִין עֵדוּת הַחֹדֶשׁ כָּל הַיּוֹם (*כּוּלּוֹ) פַּעַם אַחַת נִשְׁתַּהוּ הָעֵדִים לָבֹא

וְנִתְקַלְקְלוּ

רש"י

איכו השתא. אם הוריתי לך אתמול בשכרותי: אשתלאי. שכחתי ושגגתי, והייתי מורה בו היתר. משום דקיימא לן בשאר דוכתי: רב ור' יוחנן – הלכה כר' יוחנן. עכשיו יפה הוריתיך עד היום, ונזכרתי: הא אמר רבא. לקמן (דף ה:): הלכתא כוותיה דרב בהני תלת. שאמר לענין ביצה זו משבת ויום טוב, ולקמיה בשני ימים טובים של גליות נחלק להקל, והשלישי בשני ימים טובים של ראש השנה נחלק להחמיר: מן הדקל. שנשבר בשבת: אסור להסיקן ביום טוב. הסמוך לו: ואל תשיבני ביצה. שאמרתי בה: נולדה בזה מותרת בזה, דהכא שייך למיסר טפי: ומאי טעמא ביצה כיון דביומא. אי לאו דאסירא משום דנולדה בשבת, הוה חזיא לגומעה חיה, שיש בני אדם גומעין כן: ולא שרי ליה (מר) עד למחר מידע ידיע. כי שרית ליה למחר ואתמול לא שרית – דבת יומא אסירא. אבל עצים דשבת, כיון דביומייהו בלאו איסור מוקצה נמי לא חזו, שאין מבערין אש בשבת: אי שרי להו (מר) למחר אתי למימר. אם נפלו בו ביום נמי שרו, ואתמול שלא בערנום – משום דשבת לא חזי להסקה: והא קא מהפך באיסורא. כשמוליכן בתנור מזוית לזוית: בהיתרא מהפך. שהאיסור בטל ברוב: והא קמבטל איסור בידים. ותנן: אין מבטלין איסור לכתחלה. דאע"ג דאיסורא בטיל ברובא – הני מילי היכא דאיערב ממילא, אבל לערובי ולבטולי בידים – אסור, דהכי תנן במס' תרומות (פ"ה מ"ט): סאה תרומה שנפלה לתוך תשעים ותשעה, וחזרה ונפלה סאה של חולין, אם שוגג – מותר; ואם מזיד הפילה לאותה סאה אחרונה, כדי להשלים מאה חולין להעלות את התרומה – אסור: בדאורייתא. כגון תרומה: אבל בדרבנן. כגון מוקצה דהכא: של גליות. שאין עושין אותו אלא בני גליות הרחוקים מבית דין, ואין השלוחין יכולין להגיע אצלם מראש חדש עד יו"ט, להודיעם באיזה יום נקבע החודש, אם ביום שלשים אם ביום שלשים ואחד, ועושין ב' ימים יו"ט מספק. ומדאורייתא ביום הראשון שבתון וביום השביעי שבתון, ותו לא: מותרת בזה. דחד מינייהו חול הוא, וממה נפשך שריא: אסורה בזה. כדמפרש ואזיל: לימא קסבר רב אסי קדושה אחת היא. חכמים קבעום על בני גולה לעשותם לדורות מחמת ספק זה, והטילום עליהם כחומר יום ארוך: והא רב אסי מבדיל. ומברך "המבדיל בין קדש לחול", דקסבר: קים לן בקביעא דירחא, ויו"ט שני חול גמור הוא, משום מנהג אבותינו שלא ידעו בקביעת החדש כמונו ועשאום מספק מאליהן, אנחנו עושין אותם: ספוקי מספקא ליה. אם חק חכמים הוא שהוטל על הגליות לדורות, ואפילו ירבו בהם חכמים יודעי העתים יהיו עושין אותן שנים – א"כ הרי הוא מדברי סופרים כיום ארוך, או אם הן עשאום מאליהן מספק, וחד מינייהו חול. ולמאן דקים ליה בקביעא דירחא – בעי אבדולי: כוותיה דרב אסי מסתברא. דאסיר: קים לן בקביעא דירחא. על ידי חשבון שמחשבין תולדותיו אנו למדים אם נראה ביום שלשים אם לאו: ועבדינן תרי יומי. אלמא: חק קבוע הוא מתקנת חכמים על ישראל הרחוקים לעשותן, ואפילו בלא ספק, הלכך כחד יומא אריכא שוינהו: כוותיה דרב מסתברא. שאינו חק, אלא מדאגת הספק החמירום עליהם הגליות: בראשונה. קודם שקלקלו הכותים והשיאו הם משואות ביום שלא קבעו בו החודש, כדי להטעות את ישראל: משיאין משואות. כמו "להעלותם משאת העשן מן העיר" (שופטים כ) – (סימן) תבערה. וב"ראש השנה" מפרש להו. ובהן היו יודעין כל בני הגליות הקרובים והרחוקים את קביעת החודש, ולא היו עושין אלא יו"ט אחד בכל מקום: שיהו שלוחים יוצאים. ועד מקום שיכול להגיע בתוך חמשה עשר ימים – הם מודיעים ועושין יום אחד, והשאר עושין שני ימים: ואילו בטלו הכותים. הדרינן ועבדינן משואות בראש ההרים, וידעו הכל: ועבדי חד יומא. בכל דוכתא, והאידנא נמי, היכא דמטו שלוחין קודם יו"ט – עבדי חד יומא. שמע מינה: לא קבעום עליהם בתקנה לדורות: דגזרי המלכות גזרה. שלא יתעסקו בתורה, וישתכח סוד העיבור מכם ותעבדו נמי חד יומא, ואתי לקלקולי ולעשות חסר מלא ומלא חסר, ותאכלו חמץ בפסח: אסורה בזה. שהם ודאי חוק קבוע להיות כיום ארוך מדרבנן, שמתחילה לא מחמת ספק התחילו לעשותן: כל היום. יום שלשים של אלול. ומבערב היו אסורין במלאכה שמא יתקדש החודש למחר, ונמצא שהלילה הזה יו"ט, שכן כל היום מצפין לעדות רואי הלבנה אולי יבואו, וכל שעה שבאין עד שתחשך – היו מקבלין עדותן, ומקדשין החודש בו ביום:

ונתקלקלו

תוספות

ותנן אין מבטלין איסור לכתחילה. ואע"ג דמדאורייתא חד בתרי בטיל – היינו היכא דמיערב ממילא, אבל למערבינהו בידים לבטולי – אסור. דהכי תנן במס' תרומות (פ"ה מ"ט): סאה של תרומה שנפלה לתוך תשעים ותשעה של חולין, וחזרה ונפלה לתוכן סאה של חולין ורבה עליהן, בשוגג – מותר, במזיד – אסור, דאין מבטלין איסור לכתחילה. ומשני: הני מילי – בדאורייתא, אבל בדרבנן – מבטלין. ומש"ה הפילה אסור, דאין מבטלין איסור לכתחילה. אבל הכא לא אמרינן הכי, דשפיר מבטלין לכתחילה. ואם תאמר: לעיל (ג:) גבי עגול דהוי תרומה דרבנן, יוסיף עליו ויבטלו! וי"ל: דהא דאמר בדרבנן מבטלין – °היינו בדבר שעיקרו מדרבנן, כגון מוקצה, דעיקרו אינו אלא מדרבנן. אבל בדבר שעיקרו מדאורייתא, כגון תרומה, דאיכא שום דבר דאורייתא כגון דגן תירוש ויצהר, אפילו במקום שאינו אלא מדרבנן כגון בשאר פירות – אין מבטלין. וכן משמע פ' "גיד הנשה" (חולין לח.) גבי ההיא פלגא דזיתא דתרבא דנפל בדקולא, סר מר בר רב אשי לשערינהו בתלתין פלגי דזיתא. א"ל אבוה: אל תזלזל בשיעורי כו', ואין מבטלין. ואמאי לא הוסיף עליהן עד [*ששים] כדי לבטל אותם? אלא שמע מינה: כיון דעיקר איסורו דאורייתא, כגון היכא דאיכא כזית – *הכי נמי דליכא כזית, וליכא אלא איסור דרבנן – אין מבטלין:

ונתקלקלו

עין משפט נר מצוה

כו א ב מיי' פ"ב מהל' יו"ט הלכה יא סמג לאוין סה טוש"ע א"ח סי' תקז סעיף ב:

כז ג מיי' פט"ו מהל' מא"ס הל' כה סמג לאוין קמא טוש"ע י"ד סי' צט סעיף ה:

כח ד מיי' שם הלכה כו טוש"ע שם סעיף ו:

כט ה (מיי' פ"ב מהל' יו"ט הי"א) טוש"ע י"ד סי' קב ס"ד בהג"ה עיין טור א"ח סי' תקיג:

ל ו מיי' פ"א מהלכות יו"ט הלכה כא סמג לאוין עה טוש"ע א"ח סי' תקיג סעיף ה:

לא ז מיי' פ"ג מהלכות קידוש החדש הלכה ח:

לב ח מיי' שם פ"ה הל"ה ופ"א מהל' יו"ט הלכה כא:

לג ט מיי' פ"א מהלכות יו"ט הלכה כד סמג לאוין מה טוש"ע שם:

לד י מיי' פ"ג מהלכות קידוש החדש הלכה ה:

מאה. רש"ל

הכי נמי היכא דליכא כצ"ל

רבינו חננאל

אבותיכם. דחיישינן שמא יגזרו גזרה וישכחו חשבון הקביעות ויבואו לידי קלקול. א"ר יוחנן עצים שנשרו מן הדקל בשבת אסור להסיקן ביו"ט ואל תשיבני ביצה כלומר אל תקשה עלי. ומפני מה [אני] מתיר בביצה שנולדה בשבת כי מותר לאוכלה ביו"ט כו'. ופשוטה היא. והלכתא כוותיה בעצים ולא בביצה. אמר רב מתנה עצים שנשרו מן הדקל לתנור ביו"ט מרבה עליהן עצים מוכנין ומסיקן דקיי"ל איסור עצים כי האי גוונא גזרה היא מדרבנן שמא יעלה ויתלוש ואע"ג דקיי"ל אין מבטלין איסור לכתחלה א) ביו"ט הני מילי בדאורייתא אבל האי דמדרבנן אסור אפילו לכתחלה שרי. ואפילו לרב אשי דאמר כל דבר שיש לו מתירין כגון הני עצים דלמחר שרו לא בטיל הני מילי היכא דאיתא בעיניה. אבל הני עצים כבר נשרפו. ולפיכך בטלי ושרי למיפא ב) בתנור. והאי דאמרי רב ושמואל בב' יו"ט של ר"ה נולדה בזה אסורה בזה דתנן בראשונה היו מקבלין

א) אינו מובן לבטל איסור לכתחילה אפילו בחול אסור וצ"ע.

ב) ומשמע דאי לא בטלי אסור לאפות (ועי' תוס' פסחים ד' כ"ז ע"ב ד"ה חדש וצ"ע).

מסורת הש"ס

[לקמן ה:]

שבת כט. ע"ש

[עי' ר"ש פ"ה דתרומות]

ר"ה כב:

שם ל:

[במשנה דר"ה ליתא]

גליון הש"ס

גמ' והא רב אסי מבדיל. עיין ריטב"א סוכה דף מו ע"א ד"ה והלכתא: תוס' ד"ה ותנן וכו' היינו בדבר שעיקרו. עי' פסחים דף ל ע"א תוס' ד"ה לשהינהו:

ונתקלקלו הלוים בשיר. תמיד של בין הערבים, שאמרו בו שירה של חול, שהיו סבורים שלא יבאו עוד, והיום חול. וכשבאו, נמצא שהוא קדש. ובשל שחר אין טעות, דבתמיד של שחר אפילו הוקדש החדש קודם הקרבתו – שיר של חול היו אומרים, לפי שברוב השנים אין העדים ממהרים לבא כל כך: **עד** המנחה. עד הקרבת תמיד של בין הערבים. אבל לאחר מכאן – אותו היום הרי הוא מעובר, ומונין מיום המחרת ליום הכפורים וסוכות. ואם באו עדים מן המנחה ולמעלה, אע"פ שאין מונין למועדות מהיום, לא מזלזלינן ביה בהאי שלשים, אלא גומרין אותו באיסורו, כאשר הוזהרו עד המנחה ממלאכה – כן נוהגין וגומרין אותו בקדושתו. אלמא: תחילת עשייה שני ימים לראש השנה אפילו בבית דין הוה, ולא מספק, שהרי ודאי שיום טוב למחר, ואעפ"כ תקנו לעשותו. שמע מינה: חק חכמים ומנותן היה לעשותן כבאו עדים אחר המנחה. והרחוקים יש עליהם לעשותן בכל שנה, שמא יבאו עדים אחר המנחה והרי קדושתו אחת. ואין כאן לומר ממה נפשך חד מינייהו חול – דשמא אין כאן חול, אלא שניהם קדש: **אמר** רבה גו': מתקנת רבן יוחנן בן זכאי. שהחזיר הדבר ליושנו, לקבל עדותן כל היום ולקדש היום – נמצא שאין בית דין עושין שני ימים, והרחוקים העושים שני ימים – אינו אלא מספק, שאין יודעין אם נתקדש ביום שלשים אם בשלשים ואחד, והרי הן כשאר י"ט של גליות, וביצה שנולדה בזה מותרת בזה ממה נפשך, דחד מינייהו חול: **ולרב** ושמואל קשיא מתניתין. דקתני דחזר הדבר ליושנו: **הא** לן והא להו. לבני א"י שעושין יום אחד – מותרת, אבל לדידן בני גולה – אסורה, שהרי עדיין אנו עושין שני ימים, ועודנו כבתחילה מפני אותה תקנה ראשונה, לא מפני ספק. הלכך, הואיל ולא פסקו מאגלנו משהתחלנו – אין להקל ולומר אין מנהגנו זה מפני תקנה ראשונה אלא מפני הספק, וביצה מותרת – הא לא אמרינן, דכיון דלא פסקה אותה תקנה מאגלנו שנה אחת לעשות יום אחד – עדיין באיסורנו הראשונה עמדנו, להיותם כיום ארוך: **הוי** דבר שבמנין. ביצה זו נאסרת בקבוץ חכמים, שנמנו וגמרו לעשותן שני ימים קדושה אחת אם לא באו עדים לפני המנחה, וכל העושין שני ימים – מחמת כן עשו, שמא לא באו עדים לבית דין קודם המנחה: **צריך** מנין אחר. שימנו לך ויתירוהו. ולקמן פרכינן: ביצה מי אתסרא במנין? והלא לא נמנו אלא על קבלת עדות, ובההוא חזר בו רבן יוחנן והתירו: **מנא** אמינא לה. דכל דבר הנאסר במנין צריך מנין אחר להתירו, ואפילו אירע דבר שאתה יכול להורות בו היתר, ולומר: אין תקנת מנין הראשון עומדת, כי הכא – אפילו הכי אסור עד שיתירוהו בפירוש בקבוץ חכמים: **לך** אמור להם. לקמן מפרש לה היכי יליף: **ואומר** במשוך היובל. לקמן מפרש: **ותניא**. נמי דצריך מנין אחר להתירו: **כרם** רבעי. שאמרה תורה "קדש הלולים" (ויקרא יט) וגמרינן "קדש" "קדש" ממעשר שני, דכתיב ביה "קדש" – "וכל מעשר הארץ מזרע הארץ מפרי העץ" וגו' (שם כז) – שצריך להעלות הפירות לירושלים, או לפדותן ולהעלות הדמים לירושלים. ותקנו חכמים במהלך יום אחד לכל צד שלא יפדוהו, אלא הפירות עצמן יעלם ויאכלם שם, כדמפרש לקמן: כדי לעטר שוקי ירושלים בפירות: **במזרח** לוד. היינו בין לוד לירושלים בתוך מהלך יום. דהא אמרינן לוד בתוך מהלך יום מן המערב, נמצא מזרחה בין לוד לירושלים. ב"כיצד מברכין" (ברכות דף לה.) יש פלוגתא: חד תני נטע רבעי, וחד תני כרם רבעי: **להפקירו**

עד תורה אור

וְנִתְקַלְקְלוּ הַלְוִיִּם בַּשִּׁיר. הִתְקִינוּ שֶׁלֹּא יְהוּ מְקַבְּלִים אֶת הָעֵדִים אֶלָּא עַד הַמִּנְחָה. [א]וְאִם בָּאוּ עֵדִים מִן הַמִּנְחָה וּלְמַעְלָה – נוֹהֲגִין אוֹתוֹ הַיּוֹם קֹדֶשׁ, וּלְמָחָר קֹדֶשׁ. אָמַר רַבָּה: מִתַּקָּנַת רַבָּן יוֹחָנָן בֶּן זַכַּאי וְאֵילָךְ בֵּיצָה מוּתֶּרֶת. דִּתְנַן: *[ב]מִשֶּׁחָרַב בֵּית הַמִּקְדָּשׁ הִתְקִין רַבָּן יוֹחָנָן בֶּן זַכַּאי שֶׁיְּהוּ מְקַבְּלִין עֵדוּת הַחֹדֶשׁ כָּל הַיּוֹם. א"ל אַבַּיֵי: וְהָא רַב וּשְׁמוּאֵל דְּאָמְרִי תַּרְוַיְיהוּ בֵּיצָה אֲסוּרָה! א"ל: אָמִינָא לָךְ אֲנָא רַבָּן יוֹחָנָן בֶּן זַכַּאי וְאַתְּ אָמְרַתְּ לִי רַב וּשְׁמוּאֵל? וּלְרַב וּשְׁמוּאֵל קַשְׁיָא מַתְנִיתִין! לָא קַשְׁיָא, *הָא לָן, וְהָא לְהוּ. וְרַב יוֹסֵף אָמַר: אַף מִתַּקָּנַת רַבָּן יוֹחָנָן בֶּן זַכַּאי וְאֵילָךְ בֵּיצָה אֲסוּרָה. מ"ט? הָוֵי דָּבָר שֶׁבְּמִנְיָן, *[ג]וְכָל דָּבָר שֶׁבְּמִנְיָן צָרִיךְ מִנְיָן אַחֵר לְהַתִּירוֹ. אָמַר רַב יוֹסֵף: מְנָא אָמִינָא לַהּ – דִּכְתִיב °"לֵךְ אֱמוֹר לָהֶם שׁוּבוּ לָכֶם לְאָהֳלֵיכֶם", וְאוֹמֵר: °"בִּמְשֹׁךְ הַיֹּבֵל הֵמָּה יַעֲלוּ בָהָר". (*וְתַנְיָא) *[ד]כֶּרֶם רְבָעִי הָיָה עוֹלֶה לִירוּשָׁלַיִם מַהֲלַךְ יוֹם אֶחָד לְכָל צַד, וְזוֹ הִיא תְּחוּמָהּ: (*עֵלַת) מִן *(הַצָּפוֹן) וַעֲקְרַבַּת מִן (*הַדָּרוֹם) לוֹד מִן הַמַּעֲרָב, וְיַרְדֵּן מִן הַמִּזְרָח. וְאָמַר עוּלָּא וְאִיתֵּימָא רַבָּה בַּר בַּר חָנָה א"ר יוֹחָנָן: מַה טַּעַם? כְּדֵי לְעַטֵּר שׁוּקֵי יְרוּשָׁלַיִם בְּפֵירוֹת. וְתַנְיָא: [ה]כֶּרֶם רְבָעִי הָיָה לוֹ לְרַ' אֱלִיעֶזֶר בְּמִזְרַח לוֹד בְּצַד כְּפַר טָבִי, וּבִקֵּשׁ

דברים ה | שמות יט

ונתקלקלו הלוים בשיר. בשיר של בין הערבים איירי שאמרו שיר של חול, שלא היו סבורים שיבאו עדים אותו יום ונהגו אותו יום חול, וכשבאו לאחר המנחה נמצא שהוא קדש. אבל אינו אומר בשיר של שחרית שאמרו של חול בתמיד של שחרית, שהרי אפילו באו קודם הקרבת תמיד של שחרית היו אומרים שיר של חול, כדאמרינן בר"ה (דף ל: ושם) לפי שרוב השנים לא היו ממהרין כל כך לבא. והקשה ר' פרץ: והאיכא קלקול גבי מוספין, ואמאי לא חשו אלא על עבודת התמיד? דכשבאו עדים מן המנחה ולמעלה כבר הקריבו התמיד, א]וא"כ אינן יכולין להקריב המוספין, דכתיב "והקטיר עליה חלבי השלמים" ודרשינן (יומא דף לג.): עליה השלם כל הקרבנות כולן, שאין קרבן קרב לאחריה! ותירץ: דאפילו לא באו עד לאחר הקרבת התמיד, מכל מקום המוספין קרבין, דהיכא דלא אפשר – שאני, מידי דהוי אמחוסר כפורים בע"פ שמביא כפרתו לאחר הקרבת התמיד של בין הערבים ואוכל פסחו בערב. והכי אמרינן בפ' "תמיד נשחט" (פסחים נט. ושם). *ועוד י"ל: דאתי עשה דרבים ודחי עשה דהשלמה, משום דאלים טפי. דהכי אמרינן ב"תמיד נשחט" (ג"ז שם): דאתי עשה דפסח דענוש כרת, ודחי עשה דהשלמה דאינו ענוש כרת. ויש מפרשי' דמעיקרא אייתו התמיד ומתנו: אם לא יבאו עדים – יהא תמיד, ואם יבאו – יהא מן המוספין, ואח"כ יביאו את התמיד ושאר קרבנות. ולא נהירא, דאיכא בהדיא התם דאמרו שיר של חול עם תמיד של בין הערבים: **הא** לן והא להו. פי' בקונטרס: בני א"י שמקדשין החדש על פי הראייה, ואין עושין אלא יום אחד, ופעמים עושין שנים כשבאו עדים מן המנחה ולמעלה. ואשתני בשביל תקנת רבן יוחנן בן זכאי, ואין עושין אלא יום אחד אף כשבאו עדים מן המנחה ולמעלה. ואפילו כשהיו עושין שני ימים כגון שלא באו עדים – הרי הוא מחמת ספק, והרי הן שתי קדושות, לפי שאין זה מחמת המנהג, לפיכך היתה מותרת להן. אבל לבני חוצה לארץ – אסור, שהרי עדיין הם עושין שני ימים כבתחילה, ואם כן לא אשתני להן מפני התקנה, הואיל והתחילו לעשות שני ימים ולא פסקו בשום פעם לעשות יום אחד – עדיין הם עומדים באיסורן להיותן כיום ארוך, דלא נימא דמחמת ספק הן עושין, דאין יודעין אם באו עדים אם לאו – אלא מחמת המנהג הן עושין, כיון דלא נשתנה להן המנהג. וא"ת: לר' יוסי דאמר בעירובין (דף לט. ושם) גבי שני ימים של ר"ה: נולדה בראשון – אסורה בשני, והא ר' יוסי בא"י הוה לאחר חורבן, וא"כ שתי קדושות הן, ואמאי ביצה אסורה? ואין לומר דהיינו קודם חורבן, דהוו קדושה אחת – דא"כ מאי נפקא מינה? מאי דהוה הוה! וכי תימא דהיינו לאחר חורבן, והא דביצה אסורה היינו לבני בבל, דלדידהו קדושה אחת הן – זה אינו, דר' יוסי מא"י ונקט מילתא בשביל בבל? וי"ל: דלעולם ר' יוסי מקודם חורבן קאמר, ואין להקשות מאי דהוה הוה, הואיל ואשמועינן פסק דגם עתה שייך, לאחר חורבן, לבני בבל: **כל** דבר שבמנין צריך מנין אחר להתירו. יש שהיו רוצין לומר: מכאן דאותן חרמות שעושין לזמן, עד פסח או עד זמן אחר, דכי יגיע הזמן – צריך מנין להתיר את החרם, אע"פ שעבר הזמן, דהא הרי הכא, דהקב"ה אסר להם תשמיש בשביל מתן תורה, וממילא ידעינן דלאחר שלשה ימים דנתנה תורה דמותרין, ואעפ"כ התיר להם. ולא היא, דהכא אין כאן שום זמן, דקרא ד"היו נכונים לשלשת ימים וגו'" (שמות יט) – הזמינו עצמכם לדבר שיהיה לסוף שלשת ימים. דאם כתיב "היו נכונים שלשת ימים" בלא למ"ד של "לשלשת ימים" – הייתי מוכיח שפיר, דכי היכי דצריך להתיר תשמיש צריך נמי להתיר החרם. ומדלא כתיב הכי – שמע מינה גבי תשמיש צריך להתיר, משום דכתיב "אל תגשו אל אשה וגו'" דמשמע עולמית, כי היכי דאסר להם קודם מתן תורה שלשת ימים. אבל חרמות שמשימין לזמן, מכי עבר הזמן – ממילא עבר, ואין צריך היתר: [ועי' תוספות סנהדרין נט: ד"ה לכל דבר]:

ובקש

לה א ב מיי' פ"ג מהל' קידוש החדש הלכה ו:
לו ג מיי' פ"ב מהלכות ממרים הלכה ב:
לז ד ה מיי' פ"ט מהל' מעשר שני הלכה ה סמג עשין רל:

ר"ה ל:
[ברכות ה: וש"נ]
[סנהדרין נט:]
[נ"ל ותנן]
ר"ה לא: מעשר שני פ"ה [מ"כ]
[נ"ל הדרום]

[עי' מהרש"א]
[נ"ל אילת]
[נ"ל הצפון כך איתא במשנה]

הגהות מהר"ב רנשבורג

א] בתוס' ד"ה ונתקלקלו וכו' וא"כ אין יכולין להקריב המוספין. נ"ב עי' ראב"ן סי' קח דף נט ריש ע"ב בד"ה שאלני וכו':

רבינו חננאל

עדות כו'. ש"מ מדקתני סיפא אם באו מן המנחה ולמעלה נוהגים אותו היום קדש ולמחר קדש דקדושה אחת היא. פי' שכיון שבבית הועד פעמים היו עושין ר"ה ב' ימים לפיכך החמירו בהן ועשאום קדושה אחת. אמר רבה מתקנה שהתקין ריב"ז שיהו מקבלין עדות החדש כל היום ביצה מותרת דהא כב' קדושות הן. ואסיקנא ל"ק הא לן והא להו. כלומר לבני א"י שהתקין להן ריב"ז להיות מקבלין עדות החדש כל היום כולו הרי הן ב' קדושו'. *) הביצה אסורה מ"ט מפני שלא נמנו עליה ב"ד והתירוה להן דקיי"ל כל דבר שנמנו באיסור' צריך מנין אחר להתירו מדכתיב היו נכונים וגו' הלא ידענו שאחר ג' ימים מותר למה כתב לנו לך אמור להם שובו לכם לאהליכם אלא ללמד שכל דבר שנאסר ע"פ ב"ד אינו מותר עד שיותר בפני ב"ד. ואם תאמר לא בא מקרא זה שובו לכם לאהליכם אלא ללמד קביעות עונה. כלומר שחייב לתת לה עונתה הנה פסוק אחר כתיב השמרו לכם עלות בהר וגו' וכתיב בלוחות האחרונות ואיש לא יעלה עמך וגם איש אל ירא וגו' לאו מכלל שמותר היה לעלות בהר משעה שנסתלקה השכינה ממנו. במשוך היובל המה יעלו בהר למה לי אלא להתיר עליית ההר ע"פ האוסרה וא"ת איסור ביצה מדרבנן היא ולא בעינן כולי האי. הרי כרם שאיסור פדיונו חוץ לירושלים תקנה דרבנן היא.

ואמרו

*) נראה דחסר כאן וצ"ל ב' קדושות והביצה מותרת והא להו לבני בבל הביצה אסורה ורב יוסף אמר אף וכו' ביצה אסורה מ"ט מפני וכו':

וּבִקֵּשׁ לְהַפְקִירוֹ לַעֲנִיִּים. אָמְרוּ לוֹ תַּלְמִידָיו: רַבִּי! כְּבָר נִמְנוּ עָלֶיךָ חֲבֵרֶיךָ וְהִתִּירוּהוּ. *מַאן חֲבֵרֶיךָ – רַבָּן יוֹחָנָן בֶּן זַכַּאי. טַעְמָא – דְּנִמְנוּ, הָא לֹא נִמְנוּ – לָא. מַאי "וְאוֹמֵר"? ה"ק: מִכְּדִי כְּתִיב °"הֱיוּ נְכוֹנִים לִשְׁלֹשֶׁת יָמִים אַל תִּגְּשׁוּ אֶל אִשָּׁה" – °"לֵךְ אֱמוֹר לָהֶם שׁוּבוּ לָכֶם לְאׇהֳלֵיכֶם" לָמָּה לִי? שְׁמַע מִינָּהּ: כׇּל דָּבָר שֶׁבְּמִנְיָן צָרִיךְ מִנְיָן אַחֵר לְהַתִּירוֹ. וְכִי תֵּימָא: לְמִצְוַת עוֹנָה הוּא דַּאֲתָא – ת"ש °"בִּמְשֹׁךְ הַיֹּבֵל הֵמָּה יַעֲלוּ בָהָר", מִכְּדִי כְּתִיב °"גַּם הַצֹּאן וְהַבָּקָר אַל יִרְעוּ אֶל מוּל הָהָר הַהוּא", "בִּמְשֹׁךְ הַיֹּבֵל" לָמָּה לִי? שְׁמַע מִינָּהּ: דָּבָר שֶׁבְּמִנְיָן צָרִיךְ מִנְיָן אַחֵר לְהַתִּירוֹ. וְכִי תֵּימָא: הָנֵי מִילֵּי – בִּדְאוֹרַיְיתָא, אֲבָל בִּדְרַבָּנַן לָא – ת"ש: כֶּרֶם רְבָעִי. וְהָא כֶּרֶם רְבָעִי דְּרַבָּנַן וְקָאָמְרִי לֵיהּ: כְּבָר נִמְנוּ עָלֶיךָ חֲבֵרֶיךָ וְהִתִּירוּהוּ. וְכִי תֵּימָא: בֵּיצָה נַמִי אִמְנוּ עֲלַהּ רַבָּן יוֹחָנָן בֶּן זַכַּאי וְשַׁרְיוּהָ, כִּי אִמְנוּ – אַעֵדוּת, אַבֵּיצָה – לָא אִמְנוּ. א"ל אַבַּיֵי: אַטּוּ בֵּיצָה בְּמִנְיָן מִי הֲוַאי? בֵּיצָה בְּעֵדוּת תַּלְיָא מִלְּתָא, אִתְּסַר עֵדוּת אִתְּסַר בֵּיצָה, אִשְׁתְּרִי עֵדוּת אִשְׁתְּרִי בֵּיצָה. רַב אַדָּא וְרַב שַׁלְמָן, תַּרְוַיְיהוּ מִבֵּי כְּלוֹחִית, אָמְרִי: אַף מִתַּקָּנַת רַבָּן יוֹחָנָן בֶּן זַכַּאי וְאֵילָךְ בֵּיצָה אֲסוּרָה. מ"ט מְהֵרָה יִבָּנֶה בֵּית הַמִּקְדָּשׁ, וְיֹאמְרוּ: אֶשְׁתָּקַד מִי לָא אָכַלְנוּ בֵּיצָה בְּיוֹם טוֹב שֵׁנִי, הָשְׁתָּא נַמִי נֵיכוֹל. וְלָא יָדְעִי דְּאֶשְׁתָּקַד שְׁתֵּי קְדוּשׁוֹת הֵן, וְהָשְׁתָּא קְדוּשָּׁה אַחַת הִיא. אִי הָכִי, עֵדוּת נַמִי לָא נְקַבֵּל, מ"ט – מְהֵרָה יִבָּנֶה בֵּית הַמִּקְדָּשׁ, וְיֹאמְרוּ: אֶשְׁתָּקַד מִי לֹא קִבַּלְנוּ עֵדוּת הַחֹדֶשׁ כׇּל הַיּוֹם כּוּלּוֹ, הָשְׁתָּא נַמִי נְקַבֵּל. הָכִי הָשְׁתָּא?! הָתָם *עֵדוּת מְסוּרָה לְב"ד, בֵּיצָה לַכֹּל מְסוּרָה. רָבָא אָמַר: אַף מִתַּקָּנַת רַבָּן יוֹחָנָן בֶּן זַכַּאי וְאֵילָךְ בֵּיצָה אֲסוּרָה. מִי לֹא מוֹדֶה רַבָּן יוֹחָנָן בֶּן זַכַּאי שֶׁאִם בָּאוּ עֵדִים מִן הַמִּנְחָה וּלְמַעְלָה *שֶׁנּוֹהֲגִין אוֹתוֹ הַיּוֹם קֹדֶשׁ וּלְמָחָר קֹדֶשׁ? וַאֲמַר רָבָא: *הִלְכְתָא כְּוָותֵיהּ דְּרַב בְּהָנֵי תְּלָת, בֵּין לְקוּלָּא בֵּין לְחוּמְרָא.

אָמַר

תורה אור: שמות יט; דברים ה; שמות יט; שם לד

[ר"ה לא:] [יבמות כב.] עירובין לט. [לעיל ז:]

לְהַפְקִירוֹ לַעֲנִיִּים. שֶׁיִּלְקְטוּהוּ הֵם, וְיַעֲלוּהוּ לִירוּשָׁלַיִם וְיֹאכְלוּהוּ שָׁם, שֶׁהָיָה עָלָיו טוֹרַח לְהַעֲלוֹת שָׁם הַפֵּירוֹת: כְּבָר נִמְנוּ עָלֶיךָ חֲבֵרֶיךָ וְהִתִּירוּהוּ. לִפְדּוֹתוֹ וּלְהַעֲלוֹת דָּמָיו. וְאע"ג דִּלְאַחַר חוּרְבָּן הֲוָה – קָסָבְרִי: קְדוּשָּׁה רִאשׁוֹנָה קִדְּשָׁהּ לְשַׁעְתָּהּ וְקִדְּשָׁהּ לֶעָתִיד לָבֹא, וְצָרִיךְ לְהַעֲלוֹת הַפֵּירוֹת אוֹ הַדָּמִים: טַעְמָא דְּנִמְנוּ הָא לֹא נִמְנוּ לָא. וְאע"ג דְּמִמֵּילָא לֵיתָא לְתַקַּנְתָּא קַמַּיְיתָא, דְּהָא כְּדֵי לְעַטֵּר שׁוּקֵי יְרוּשָׁלַיִם הוּא דַּהֲוָה, וְכֵיוָן דְּחָרְבָה – מַה לָּנוּ לְעַטְּרָהּ לְצוֹרֶךְ הַגּוֹיִם? וַאֲפִילּוּ הָכִי צָרִיךְ מִנְיָן: מַאי וְאוֹמֵר. כְּלוֹמַר: כֵּיצַד אָנוּ לְמֵדִין מִן הַמִּקְרָא הָרִאשׁוֹן, וְלָמָּה נֶאֶמְרוּ שְׁנַיִם: ה"ק. כָּךְ לָמַד מִן הָרִאשׁוֹן: מִכְּדִי כְּתִיב "הֱיוּ נְכוֹנִים לִשְׁלֹשֶׁת יָמִים אַל תִּגְּשׁוּ אֶל אִשָּׁה", וּמִמֵּילָא אִישְׁתְּרוּ בְּתַשְׁמִישׁ לְאַחַר שְׁלֹשָׁה יָמִים שֶׁקִּבְּלוּ אֶת הַתּוֹרָה, לָמָּה לֵיהּ לְמֶהְדַּר וּלְמֵיתַן לְהוּ רְשׁוּת לָשׁוּב לְאׇהֳלֵיהֶם, דְּהַיְינוּ תַּשְׁמִישׁ? ש"מ. הוֹאִיל וְקוּדְשָׁא בְּרִיךְ הוּא אֲסַר – בָּעֵי לְמִשְׁרְיֵיהּ הוּא גּוּפֵיהּ בְּהֶדְיָא. וְה"ה לְכׇל דָּבָר שֶׁבְּמִנְיָן: וְכִי תֵּימָא. כְּלוֹמַר: וּקְרָא דְּ"בִמְשֹׁךְ הַיֹּבֵל" דְּיָלֵיף תַּנָּא מִינֵּיהּ – לְהָכִי הֲדַר בֵּיהּ וְיָלֵיף מֵהָתָם, דְּהָכִי קָאָמַר לָךְ: וְכִי תֵּימָא דְּהַאי "שׁוּבוּ לָכֶם" לָאו לְמִשְׁרֵי תַּשְׁמִישׁ, דְּהָא מִמֵּילָא מִשְׁתְּרִי, אֶלָּא לְצַוּוֹתָן לָשׁוּב בְּמִצְוַת הַמֶּלֶךְ עַל כׇּרְחָן, שֶׁלֹּא לִגְרוֹעַ עוֹנַת נְשׁוֹתֵיהֶן: ת"ש. מֵהָכָא: "בִּמְשֹׁךְ הַיֹּבֵל" – שֶׁיִּמְשׁוֹךְ בְּהִסְתַּלֵּק שְׁכִינָה מִן הָהָר, וְיַאֲרִיךְ הַתּוֹקֵעַ אֶת קוֹלוֹ כְּמִנְהַג הַתּוֹקֵעַ בָּאַחֲרוֹנָה. לָשׁוֹן אַחֵר: "בִּמְשֹׁךְ הַיֹּבֵל" – שֶׁיִּמְשׁוֹךְ הַתּוֹקֵעַ מִלִּתְקוֹעַ. וְהָכִי מְפָרֵשׁ לָהּ בַּמְּכִילְתָּא: "בִּמְשֹׁךְ הַיֹּבֵל" – בְּפָסוּק הַיֹּבֵל: מִכְּדִי כְּתִיב. בַּלּוּחוֹת הָאַחֲרוֹנוֹת "וְאִישׁ לֹא יַעֲלֶה עִמָּךְ" וגו' (שמות לד) מִסֵּיפֵיהּ דִּקְרָא יָלֵיף "אֶל מוּל הָהָר הַהוּא" – כׇּל זְמַן שֶׁהוּא בַּהֲוָיַית קְדוּשָּׁתוֹ, שֶׁהַשְּׁכִינָה עָלָיו – אָסוּר, אֲבָל נִסְתַּלֵּק שְׁכִינָה – מוּתָּר, שֶׁמַּעְיַן מִמֵּילָא. לָמָּה לֵיהּ לְאַדְכּוּרֵי שָׁרְיוּתָא בְּהֶדְיָא בַּלּוּחוֹת הָרִאשׁוֹנוֹת, וּלְמֵימַר נִסְתַּלְּקָה שְׁכִינָה – הֵמָּה יַעֲלוּ, וַהֲלֹא לֹא נִסְתַּלְּקָה שְׁכִינָה מִמֶּנּוּ מִיּוֹם מַתַּן תּוֹרָה עַד אֶחָד בַּחֹדֶשׁ שֶׁהוּקַם הַמִּשְׁכָּן, וְעַד בְּעֶשְׂרִים בְּאִיָּיר שֶׁנַּעֲלָה הֶעָנָן. וְהָיָה לוֹ לִלְמוֹד הֶיתֵּר כְּשֶׁמִּסְתַּלֵּק מֵ"אֶל מוּל הָהָר הַהוּא". וּבְמַסֶּכֶת תַּעֲנִית (דף כא:) נַמִי מֵהַהוּא קְרָא יָלְפִינַן, דְּתַנְיָא, רַבִּי יוֹסֵי אוֹמֵר: לֹא מְקוֹמוֹ שֶׁל אָדָם מְכַבְּדוֹ, אֶלָּא הוּא מְכַבֵּד מְקוֹמוֹ, שֶׁכׇּל זְמַן שֶׁהַשְּׁכִינָה הָיְתָה בָּהָר אָמְרָה תּוֹרָה "גַּם הַצֹּאן וְהַבָּקָר אַל יִרְעוּ" וגו', נִסְתַּלְּקָה שְׁכִינָה – אָמְרָה תּוֹרָה: "בִּמְשֹׁךְ הַיֹּבֵל הֵמָּה יַעֲלוּ בָהָר". הִלְכָּךְ, לָמָּה לֵיהּ לִכְתּוֹב בְּהֶדְיָא "הֵמָּה יַעֲלוּ" וְלָא אִישְׁתְּרֵי מִמֵּילָא מִדְּדוּקְיָא דְּ"הָהָר הַהוּא"? ש"מ: צָרִיךְ מִנְיָן אַחֵר לְהַתִּירוֹ כו': הָנֵי מִילֵּי בִּדְאוֹרַיְיתָא. בְּאִיסּוּר שֶׁיָּצָא מִפִּי הַגְּבוּרָה הוּצְרְכוּ לִשְׁמוֹעַ הֶיתֵּר מִפִּיו, אֲבָל בְּמִנְיָן דְּרַבָּנַן – לָא בָּעֵינַן שָׁרְיוּתָא בְּהֶדְיָא, אֶלָּא מִכְּלָלָא: ת"ש כֶּרֶם רְבָעִי. דְּהָא דְּהוּצְרַךְ לְהַעֲלוֹת פֵּירוֹת עַצְמָן בִּמְהַלַּךְ יוֹם דְּרַבָּנַן הוּא, וְקָא בָּעֵי מִנְיָן, וְאע"ג דְּאִיכָּא לְמִשְׁרְיֵיהּ מִכְּלָל: וְכ"ת בֵּיצָה נַמִי וכו'. הָשְׁתָּא הֲדַר רַב יוֹסֵף לְאוֹקְמֵי מִלְּתָא, דַּאֲמַר אַף מִתַּקָּנַת רַבָּן יוֹחָנָן בֶּן זַכַּאי וְאֵילָךְ בֵּיצָה אֲסוּרָה: בֵּיצָה בְּמִנְיָן מִי הֲוַאי. כְּלוּם הוּזְכְּרָה בְּמִנְיָן הָרִאשׁוֹן לְאׇסְרָהּ? מְהֵרָה יִבָּנֶה בֵּית הַמִּקְדָּשׁ. וְתַחֲזוֹר תַּקָּנָה רִאשׁוֹנָה, שֶׁלֹּא לְקַבֵּל עֵדוּת אֶלָּא עַד הַמִּנְחָה: מְסוּרָה לְב"ד. אֵין נִזְקָקִין לָהֶם אֶלָּא ב"ד, וְהֵם יוֹדְעִין טַעְמוֹ שֶׁל דָּבָר, וְלֹא יִטְעוּ: לַכֹּל מְסוּרָה. לְיַד הַכֹּל הִיא בָּאָה, וְאֵין הַכֹּל בָּאִין לִישָּׁאֵל, וְסוֹמְכִין עַל מִנְהָגָן: מִי לֹא מוֹדֶה כו'. אע"ג דְּתִקֵּן לְקַבֵּל עֵדוּת הַחֹדֶשׁ כׇּל הַיּוֹם לִהְיוֹת מוֹנִין לַמּוֹעֲדוֹת מִן הָרִאשׁוֹן, וַאֲפִילּוּ בָּאוּ עֵדִים לְאַחַר הַמִּנְחָה, אֲבָל מִלַּעֲשׂוֹת י"ט שֵׁנִי – לֹא נֶעֶקְרָה תַּקָּנָה רִאשׁוֹנָה מִמְּקוֹמָהּ:

אָמַר

ובקש ר' אליעזר להפקירו לעניים. וא"ת: אי קסבר קדושה ראשונה קדשה לשעתה ולא קדשה לעתיד לבא – א"כ מה הרויחו עניים בזה? הא היו לריכין לפדותו קודם אכילה, שהרי לא היה חומה לירושלים, ולא היו יכולין לאכלו בשום מקום רק לפדותו קודם אכילה? וי"ל: לפרש"י ניחא, דפי' קדושה ראשונה אליבא דרבי אליעזר קדשה לעתיד לבא – א"כ יכולין העניים להביא פירות לירושלים ולאכלן שם בלא פדייה. אי נמי: אפילו ס"ל לא קדשה לעתיד לבא – מ"מ היו מרויחין העניים, דהא הקדש שוה מנה שחללו על שוה פרוטה מחולל, ואפילו לכתחילה, בזמן הזה, כדאי' בערכין (דף כט.*):

מכדי כתיב גם הצאן והבקר אל ירעו וגו'. פירוש: מכדי כתיב "אל מול ההר הוא" דמשמע: כל זמן שהוא בהוייתו, בקדושה, ששכינה שרויה עליו דוקא – אסור, אבל נסתלקה שכינה – מותר. וא"כ "במשוך היובל" למה לי? וא"ת: והא "אל מול ההר ההוא" בלוחות אחרונות כתיב, "ובמשוך היובל" נאמר קודם לכן, בלוחות הראשונות. ואי לא במשוך היובל – לא שמעינן שריותא בלוחות הראשונות? ופירש בקונטרס: שלא נסתלקה שכינה ממנו מיום מתן תורה עד יום שהוקם המשכן, ועד בעשרים באייר בשנה השנית שנעלה הענן. וא"כ שריותא ד"במשוך היובל" לא הוי עד שנה שניה, ואז נאמר כבר "אל מול ההר ההוא" דמשמע מינה שריותא, כדפי'. כך שיטת הקונטרס. ודוחק הוא, דהא "במשוך היובל" משמע שגם בו ביום דמתן תורה הותרו לעלות כשימשוך היובל, שלא היו קולות רק בלוחות הראשונות בסיון. וא"כ, ליכא למימר שריותא ד"במשוך היובל" לא היה עד השנה שניה. ועוד: כיון דמההוא משתמע היתר בהדיא כדפרי', א"כ אין לריך מנין אחר להתירו, מידי דהוה אחרמות לאחר הזמן, כדפרישית לעיל. לכן נראה לי ה"פ: ת"ש במשוך היובל וכו' למה לי? והלא בלאו הכי יש להתיר מסברא, דהא לא אסר להם לעלות אלא משום שכינה, וא"כ ממילא משתריין כשנסתלקה השכינה. והא דקאמר מכדי כו' – זהו שלא תאמר דבמשוך היובל אתי למשרי כשיפסקו הקולות, אע"פ שלא נסתלקה שכינה עדיין, והאי התירא לא הוה שמעינן ממילא מסברא, והשתא לא תפשוט מידי – הא לא אפשר לומר, דמכדי כתיב "גם הצאן והבקר אל ירעו" בלוחות האחרונות, אע"פ שלא היה שם קולות – ומסתמא ה"ה נמי בדברות הראשונות, שנאסרו כל זמן ששכינה בהר אפילו כשיפסקו הקולות כמו באחרונות. א"כ "במשוך היובל" לא בא להתיר (אלא) כשיפסקו הקולות, (*שנסתלקה) שכינה. והאי התירא שמעינן ממילא מסברא, אלא שמע מינה שצריך מנין אחר להתירו:

מי לא מודה רבן יוחנן בן זכאי כו' דהיום קדש ולמחר קדש. וא"ת: והא הוא עצמו תקן לקבל עדות החדש כל היום! ופי' הקונטרס: הני מילי לענין שמונין המועדות מיום הראשון, ואפילו באו לאחר המנחה. אבל מלעשות יום שני קדש – לא נעקרה תקנה ראשונה ממקומה. וקשה: דמנין ליה הך סברא דתקינו לענין מועדות לחוד, הא לענין יום טוב הוי יום שני נמי קדוש, וא"כ תהא הבילה אסורה? ואימא: כיון שהתקין שיהו מקבלין כל היום – א"כ כשהיו עושין שני ימים הם מספק, ושתי קדושות נינהו, וביצה מותרת! לכך נראה כפירוש ר"ח, דגרס: מי לא מודה שאם לא באו כו'. ומ"מ קשה: דכיון שלא באו – א"כ היו שני ימים מספק, וא"כ שתי קדושות נינהו וביצה מותרת! וי"ל דה"פ: שאם לא באו עדים עד סמוך לחשכה, ומיד התשיך, ולא היה שהות ביום כדי לקבל עדותם, ומ"מ היו יכולין לעשות מעט מלאכה ולא היו עושין – אלמא דקדושה אחת נינהו. והא דאמר התקינו שיהו מקבלין עדותן כל היום – היינו היכא דבאו עדים ביום או קודם המנחה או לאחר מיד. והשתא דאתית להכי אין למחוק גרסת הספרים אם באו עדים וכו' כדפי'. ומ"מ יש ליישב *פרש"י, ודקשיא לך מנא ליה הך סברא, ה"פ: מי לא מודה רבן יוחנן בן זכאי וכו' כגון קודם חורבן, דהוי קדושה אחת. ואם כן, גם לאחר חורבן נמי, כשהיו עושין שני ימים כמו קודם חורבן – הם קדושה אחת:

מימות

[וע"ע תוס' ר"ה לא: ד"ה ובקש ותוס' מגילה י. ד"ה דכ"ע ותוס' שבועות טז. ד"ה דכ"ע ותוס' חגיגה ג: ד"ה עמון]

[נ"ל אלא כשנסתלקה]

ס"א יש ליישב פר"ח דגרים אם לא באו כו' ור"ל אם לא באו כלל ביום שלשים ודקשיא לך א"כ היה שני ימים מספק ה"פ מי לא מודה כו'

רבינו חננאל

ואמרו לו תלמידיו לר' אליעזר כבר נמנו חבריך והתירו לפדותן בכל מקום. טעמא דנמנו הא לא נמנו לעולם באיסורו עומד ואע"ג דהיא תקנה דרבנן כו'. רב אדא ורב שלמן. וכן אמר רבא אף מתקנת ריב"ז [ואילך ביצה אסור' *)מי לא מודי שאם לא באו עדים עד הערב שנוהגין אותו היום קדש ולמחר קדש. הנה תמצא לריב"ז] נמי ב' י"ט כי האי גוונא כי הן קדושה אחת ש"מ שאפילו בני א"י צריכין להיות עושין ר"ה ב' ימים. אמר רבא הלכתא כרב בהני תלת בין לקולא בין לחומרא כבר פירשנוהו למעלה:

*) עי' בתוס' כאן ד"ה מי לא מודה מה שהקשו על פי' רבינו בזה.

*אָמַר רָבָא: אמֵת בְּיוֹם טוֹב רִאשׁוֹן – הִיתְעַסְּקוּ בּוֹ עֲמָמִים,(א) במֵת בְּיו"ט שֵׁנִי – יִתְעַסְּקוּ בּוֹ יִשְׂרָאֵל, וַאֲפִילּוּ בִּשְׁנֵי יָמִים טוֹבִים שֶׁל ר"ה, מַה שֶּׁאֵין כֵּן בְּבֵיצָה. נְהַרְדְּעֵי אָמְרִי: אַף בְּבֵיצָה, דְּמַה דַּעְתִּיךְ – דִּלְמָא מְעַבְּרִי לֵיהּ לֶאֱלוּל, הָא אָמַר רַב חִינָּנָא בַּר כָּהֲנָא אָמַר רַב: *מִימוֹת עֶזְרָא וְאֵילָךְ לֹא מָצִינוּ אֱלוּל מְעוּבָּר. אֲמַר מָר זוּטְרָא: לֹא אֲמַרַן אֶלָּא דְּאִשְׁתַּהִי, אֲבָל לָא אִשְׁתַּהִי – מַשְׁהִינַן לֵיהּ. רַב אַשִׁי אֲמַר: גאע"ג דְּלָא אִשְׁתַּהִי נַמִי לָא מַשְׁהִינַן לֵיהּ. מ"ט? יוֹם טוֹב שֵׁנִי לְגַבֵּי מֵת – כְּחוֹל שַׁוְיוּהּ רַבָּנַן, דאֲפִילּוּ *לְמֵיגַז לֵיהּ גְּלִימָא וּלְמֵיגַז לֵיהּ אָסָא. אֲמַר רָבִינָא: וְהָאִידָּנָא דְּאִיכָּא חַבָרֵי – חָיְישִׁינַן. רָבִינָא הֲוָה יָתֵיב קַמֵּיהּ דְּרַב (*אַסִי) בִּשְׁנֵי יָמִים טוֹבִים שֶׁל רֹאשׁ הַשָּׁנָה, חַזְיֵיהּ דַּהֲוָה עָצִיב, אֲמַר לֵיהּ: אַמַּאי עָצִיב מָר? א"ל: דְּלָא אוֹתִיבִי עֵירוּבֵי תַבְשִׁילִין. אֲמַר לֵיהּ: וְלוֹתִיב מָר הָאִידָּנָא, מִי לָא *אֲמַר רָבָא: המַנִּיחַ אָדָם עֵירוּבֵי תַבְשִׁילִין מִיו"ט לַחֲבֵירוֹ וּמַתְנֶה! אֲמַר לֵיהּ: ואֵימַר דַּאֲמַר רָבָא בִּשְׁנֵי יָמִים טוֹבִים שֶׁל גָּלֻיּוֹת, בִּשְׁנֵי יָמִים טוֹבִים שֶׁל רֹאשׁ הַשָּׁנָה מִי אֲמַר? וְהָא *אָמְרִי נְהַרְדְּעֵי: אַף בֵּיצָה מוּתֶּרֶת. אֲמַר לֵיהּ רַב מָרְדְּכַי: בְּפֵירוּשׁ אֲמַר לִי מָר דְּלָא סָבַר לְהָא דִּנְהַרְדְּעֵי. אִתְּמַר: זאֶפְרוֹחַ שֶׁנּוֹלַד בְּיוֹם טוֹב, רַב אָמַר: אָסוּר, וּשְׁמוּאֵל וְאִיתֵימָא ר' יוֹחָנָן אָמַר: מוּתָּר. רַב אָמַר: אָסוּר, מוּקְצֶה הוּא. וּשְׁמוּאֵל וְאִיתֵימָא ר' יוֹחָנָן אָמַר: מוּתָּר, הוֹאִיל וּמַתִּיר עַצְמוֹ בִּשְׁחִיטָה. אָמְרִי לֵיהּ רַב כָּהֲנָא וְרַב אַסִי לְרַב: וְכִי מַה בֵּין זֶה לְעֵגֶל שֶׁנּוֹלַד בְּיוֹם טוֹב? אֲמַר לְהוּ: הוֹאִיל וּמוּכָן אַגַּב אִמּוֹ בִּשְׁחִיטָה. וּמַה בֵּין זֶה זלְעֵגֶל שֶׁנּוֹלַד מִן הַטְּרֵפָה? שָׁתֵיק רַב. אֲמַר רַבָּה וְאִיתֵימָא רַב יוֹסֵף: מ"ט **שָׁתֵיק רַב? לֵימָא לְהוּ: הוֹאִיל וּמוּכָן אַגַּב אִמּוֹ לִכְלָבִים! אֲמַר לֵיהּ אַבַּיֵי: הָשְׁתָּא

רש"י

אָמַר רָבָא מֵת בְּי"ט רִאשׁוֹן כו'. אֶת הַמּוּטָּל לִקְבּוֹר, אִם י"ט רִאשׁוֹן הוּא וכו': משא"כ בְּבֵיצָה. לְעִנְיַן בֵּיצָה לֹא הֵקֵלּוּ בְּי"ט שֵׁנִי דְּרֹאשׁ הַשָּׁנָה לְהַשְׁווֹת לְשֶׁל גָּלֻיּוֹת, דְּאִלּוּ ר"ה – נוֹלְדָה בָּזֶה אֲסוּרָה בָּזֶה: אַף בְּבֵיצָה. נוֹלְדָה בָּזֶה מוּתֶּרֶת בָּזֶה: דְּמַאי דַּעְתִּיךְ. לְאָסְרָהּ בַּשֵּׁנִי לְרָחוֹקִי' מִנ"ד: דִּילְמָא מְעַבְּרִי לֵיהּ לֶאֱלוּל. כְּתַקָּנָה הָרִאשׁוֹנָה, לִמְנוֹת מִיּוֹם שֵׁנִי וְלַעֲשׂוֹת שְׁנֵי יָמִים, כְּגוֹן שֶׁלֹּא בָּאוּ עַד יוֹם שְׁלֹשִׁים וְאֶחָד: מִימוֹת עֶזְרָא וְאֵילָךְ וכו'. וְאַע"פ שֶׁתִּקְּנוּ, לֹא אֵירַע שֶׁבָּאוּ עֵדִים מִן הַמִּנְחָה וּלְמַעְלָה חוּץ מֵאוֹתָהּ הַפַּעַם, וַעֲדַיִין לֹא נִתְקְנָה. הַאי דְּנָקַט מִימוֹת עֶזְרָא – מִשּׁוּם דְּבְיָמָיו עִבְּרוּהוּ, דִּכְתִיב בְּעֶזְרָא (נחמיה ח) "וּבַיּוֹם הַשֵּׁנִי", וּבְרֹאשׁ הַשָּׁנָה מִשְׁתָּעֵי: לָא אֲמַרַן. דְּיִתְעַסְּקוּ בּוֹ יִשְׂרָאֵל: אֶלָּא דְּאִשְׁתַּהִי. וּמִתְיָרֵא שֶׁלֹּא יַסְרִיחַ: אָסָא. הֲדַס הָיוּ מַנִּיחִין עַל מִטַּת מֵת, לִכְבוֹדוֹ: דְּאִיכָּא חַבָרֵי. אוּמָּה רְשָׁעָה שֶׁהָיוּ בִּימֵי פַּרְסִיִּים, וְכוֹפִין אֶת יִשְׂרָאֵל לַעֲשׂוֹת מְלַאכְתָּן. וּבְי"ט הָיוּ נִדְחִין מֵהֶן ע"י שֶׁאוֹמְרִים לָהֶם: י"ט הוּא. וְאִם יִרְאוּ אוֹתָם מְקַבְּרִין מֵתֵיהֶם – יָכוֹפוּ אוֹתָם לִמְלָאכָה. וְהַאי גְּלִימָא דְּאָמְרִינַן לְעֵיל – אֵינוֹ נוֹרֶךְ הַמֵּת, שֶׁהֲרֵי יֵשׁ לוֹ תַּכְרִיכִין אֲחֵרִים כָּל צָרְכּוֹ. שֶׁאִם צָרִיךְ לוֹ – מַאי אֲפִילּוּ דְּקָאָמַר? הָא אָמְרִינַן בְּי"ט שֵׁנִי יִתְעַסְּקוּ בּוֹ יִשְׂרָאֵל, וְעֵסֶק זֶה חֲלִיבַת קִבְרוֹ וְתִפּוּר תַּכְרִיכִין, הִלְכָּךְ עַל כָּרְחָךְ בִּגְלִימָא שֶׁאֵינוֹ צָרִיךְ לוֹ מַיְירֵי, דּוּמְיָא דְּאָסָא דִּשְׁרֵי לְמִגְזְיֵיהּ, וְקמ"ל דְּאַע"ג דְּטִרְחָא דְּלָא צָרִיךְ הוּא, אֶלָּא מִשּׁוּם כְּבוֹדוֹ עוֹשִׂין לוֹ יוֹתֵר מִדַּאי – מוּתָּר לַעֲשׂוֹת לוֹ, כֵּיוָן דִּלְגַבֵּי מֵת כְּחוֹל שַׁוְיוּהּ רַבָּנַן: חַזְיֵיהּ. רָבִינָא לְרַב אַשִׁי דַּהֲוָה עָצִיב: ה"ג: אַמַּאי עָצִיב מָר: א"ל דְּלָא אוֹתִיבִי עֵרוּבֵי תַבְשִׁילִין. לֹא הוֹשַׁבְתִּי, כְּלוֹמַר: לֹא הֵכַנְתִּי לִי עֵרוּבֵי תַבְשִׁילִין, לֶאֱפוֹת וּלְבַשֵּׁל מִי"ט לַשַּׁבָּת. דִּתְנַן לְקַמָּן (דף טו:): עוֹשֶׂה אָדָם תַּבְשִׁיל מֵעֶרֶב י"ט לְשֵׁם עֵרוּב: הָאִידָּנָא. בְּי"ט רִאשׁוֹן, וְהוּא חֲמִישִׁי בַּשַּׁבָּת, וְעַל תְּנַאי הוּא אוֹמֵר: אִם הַיּוֹם הוּא חוֹל וּלְמָחָר קֹדֶשׁ – יְהֵא עֵרוּב, וְאִם הַיּוֹם קֹדֶשׁ וּלְמָחָר חוֹל – אֵינִי צָרִיךְ לְכָךְ: מִי אֲמַר. וַהֲרֵי הֵם כְּיוֹם אָרוֹךְ, וּשְׁנֵיהֶם קֹדֶשׁ: א"ל רַב מָרְדְּכַי. לְרָבִינָא: מִנְּהַרְדְּעֵי לָא תּוֹתְבֵיהּ לְמָר, בְּפֵירוּשׁ שְׁמִיעַ לֵיהּ מִינֵּיהּ דְּלָא סָבַר לִנְהַרְדְּעֵי. רַב מָרְדְּכַי תַּלְמִידוֹ שֶׁל רַב אַשִׁי הָיָה, כִּדְאָמְרִינַן בְּסוֹטָה (דף מו:) גַּבֵּי לְוָיָה לְרַבּוֹ עַד פַּרְסָה: רַב מָרְדְּכַי אַלְוְיֵיהּ לְרַב אַשִׁי כו': הוֹאִיל וּמַתִּיר עַצְמוֹ. בְּלֵידָתוֹ לִהְיוֹת נִשְׁחָט, מַה שֶּׁלֹּא הָיָה לִפְנֵי לֵידָתוֹ. אַף מוּקְצֶה הִתִּיר אֶת עַצְמוֹ בְּלֵידָתוֹ, דְּמִגּוֹ דְּאִתְּתַקַּן לְהָא אִתְקַן לְהָא: לְעֵגֶל שֶׁנּוֹלַד בְּי"ט. דְּתַנְיָא לְקַמָּן שֶׁמּוּתָּר בּוֹ בַּיּוֹם לְדִבְרֵי הַכֹּל: מוּכָן אַגַּב אִמּוֹ. בְּעוֹדוֹ בְּתוֹךְ מֵעֶיהָ, אִם נִשְׁחֲטָה הָאֵם הָיָה נֶאֱכָל: הַטְּרֵפָה. בְּנָהּ אָסוּר אִם נִמְצָא בְּתוֹכָהּ א], דְּעוּבָּר יֶרֶךְ אִמּוֹ הוּא. הוֹאִיל וּבִשְׁחִיטַת אִמּוֹ אַתָּה בָּא לְאָכְלוֹ, וְכִי נוֹלַד בְּיו"ט מִן הַטְּרֵפָה – לֵיכָּא לְמֵימַר הוֹאִיל וּמוּכָן אַגַּב אִמּוֹ, וְאַפ"ה בִּשְׁחִיטַת עַצְמוֹ מוּתָּר לְשָׁחֲטוֹ וּלְאָכְלוֹ, דְּלָא אַשְׁכַּחַן מַאן דְּאָסֵיר: לִכְלָבִים. דְּבֵין הַשְּׁמָשׁוֹת הָיְתָה אִמּוֹ עוֹמֶדֶת לְכָךְ. אֲבָל אֶפְרוֹחַ שֶׁבַּקְּלִיפָּה – אֵינוֹ עוֹמֵד לַאֲכִילַת כְּלָבִים, וְאַף לֹא הָיָה רָאוּי, הִלְכָּךְ: נוֹלָד הוּא: מוּכָן

תוספות

מימות עזרא ואילך לא מצינו אלול מעובר. וא"ת: והאמרינן בערובין (דף לט. ושם) דרבי יוסי אוסר הבילה שנולדה [בראשון ביום] השני, וא"כ היכי פליגי נהרדעי אר' יוסי שהוא תנא? י"ל: דלרבי יוסי אסור אי אתרמי, ונהרדעי אמרי דלא אתרמי:

יום טוב שני לגבי מת כחול שויוה רבנן אפילו למיגז ליה גלימא ואפילו למיגז ליה אסא. ותימה: דבמועד קטן (דף ח: ושם) אמרינן אין חופרין כוכין במועד, והכא משמע דאין זו מלאכה! וי"ל כפי' ר"ת, דפירש: שהיו רגילין לחפור הרבה ביחד כדי שיהיו מזומנות כשיבאו מתים, ועל זה קאמר דאין חופרין במועד לצורך אחר המועד: **והאידנא** דאיכא חברי חיישינן. פרש"י: שכופין לישראל לעשות מלאכה, וכשהוא י"ט מניחין אותם, ואם היו רואין שיקברו מתיהם – יכופו אותם לעשות מלאכה. והשתא בזמן הזה שאין חברי – מותר. ואין לומר שצריך מנין אחר להתירו, דכיון דזה הטעם משום חששא, ועברה החששא – עבר הטעם. וה"נ אמרינן גבי מים מגולין דאסורין שמא נחש שתה מהן, ועכשיו שאין נחשים מצויין בינינו – אנו שותין מהן אפילו לכתחילה, אע"פ שהוא דבר שבמנין. ומ"מ, ר"ת היה אוסר. ומעשה שהיה במלאו"ן שמת אדם אחד בי"ט שני ורצו להתעסק בו לקברו, וגער בהן ר"ת, ושלח להם: בני בשכר אינן בני תורה, ואתם בני תורה? כדאיתא בשבת (דף קלט: ושם) שלא לקבור מת בי"ט שני משום דלאו בני תורה נינהו, ואתי לזלזולי ביה. אבל הר"י אמר דאין זה דמיון, דהא לענין הרבה דברים אשכחנא דאינן בני תורה, כדאי' ביבמות (דף מו. ושם) חזנהו דקא אכלי תורמוס דשלקי גוים ואסר להם, ופרכינן: והא נאכל כמו שהוא חי, וכל שהוא נאכל כמו שהוא חי – אין בו משום בשולי גוים, ומשני: שלא היו בני תורה. ואנו אין אנו חוששין בדבר זה, דקיימא לן דכל שהוא נאכל כמו שהוא חי – אין בו משום בשולי גוים. והר"ר יחיאל אומר דלא דמי, דשאני הכא דבצנעה הוא אוכל בביתו, ולא אוושא מלתא, אבל לקבור מתים בפרהסיא – אוושא מלתא, ואין נכון להתיר. ועוד אמר רבינו תם: דבזמן הזה נמי יש יהודים שהן משועבדים למלכות לעשות מלאכה, כגון לקבל המס ולהתעסק בצרכיהם. הלכך, אם יראו שיתעסקו לעשות מלאכה במת – יכופו אותם לעשות מלאכה למלכות:

אפרוח שנולד בי"ט וכו'. נראה לומר דאתרמי שנפתחו עיניו היום, דאי לא נפתחו עיניו – קי"ל דאפילו בחול אסור:

הואיל ומתיר עצמו בשחיטה. פירש רש"י: מתיר עצמו בלידתו להיות נשחט, אבל קודם לידתו היה אסור, וכיון דאתקן לשחיטה – אתקן נמי לענין מוקצה. ותימה: למה להו לשמואל ור' יוחנן הך טעמא? תיפוק ליה משום דלית להו מוקצה, כדאמרינן פרק "מי שהחשיך" (שבת דף קנו:) דשמואל וזעירי ור' יוחנן כר' שמעון סבירא להו! וי"ל: דהכא קאמר טעמא אפילו לרבי יהודה דאית ליה מוקצה שרי מהאי טעמא, ולכך צריך האי טעמא. אי נמי: איצטריך אפילו לרבי שמעון דלית ליה מוקצה, דמודה בהאי מוקצה דהכא, דהוי כגרוגרות וצמוקין. ב]והכי מוכח בשבת (דף מה:): **וכי** מה בין זה לעגל שנולד מן הטרפה. דהתם לא מצי למימר הואיל ומוכן אגב אמו, דהא אמו טרפה והוא מותר. ותימה: והא מוכן הוא דאמרינן בחולין (דף עה.), דבן פקועה ניתר בארבעה סימנין בשחיטת אמו או בדידיה, ואם כן יכול להושיט ידו במעי אמו וישחטנו, ויהיה מוכן כהאי גוונא! וי"ל: דקאמר גמרא אליבא דרבי הושעיא, דקמבעיא ליה התם בחולין (דף עד.) אם ניתר בן פקועה בארבעה סימנין. אי נמי, י"ל: הואיל ולכתחילה אין לו לשחטו כי האי גוונא שאינו יכול לראות, מידי דהוה אשוחט בלילה (שם דף יג:) דאסור לכתחילה – לא מיקרי מוכן. ועוד יש לומר: דהתם מיירי דאירע שכלו לו חדשיו עד היום, והכא מיירי בלא כלו לו חדשיו, וא"כ לא הוי מוכן היום, הואיל ובין השמשות לא הוה חזי: השתא

עין משפט נר מצוה

לח א מיי' פ"א מהלכות י"ט הלכה כג סמג לאוין עה טוש"ע א"ח סי' תצו סעיף ב וסי' תקכו סעיף א:
לט ב מיי' שם טוש"ע שם סעיף ד:
מ ג ד מיי' שם טוש"ע שם סעי' א וסעיף ד:
מא ה ו מיי' פ"ו מהל' יו"ט הלכה יא יג סמג לאוין עה טוש"ע א"ח סי' תקכז סעיף כב:
מב ז מיי' פ"ה מהלכות מא"ס הלכה טו טוש"ע י"ד סי' יג סעיף ג [וסי' עט סעיף ג]:

רבינו חננאל

ולגבי מת אע"ג דמת ביו"ט שני דלא אישתהי כלל לא משהינן ליה דקיי"ל כרב אשי דהוא בתרא דאמר יו"ט שני לגבי מת כחול שוויה רבנן. ואפילו ביו"ט שני של ר"ה. אמר רבינא והאידנא דאיכא חברי שאומרים לישראל כיון שאתם קוברים המת שלכם תקברו המת שלנו ביו"ט שלכם חיישינן ומשהינן למחר. והאי דאמר מימות עזרא ואילך לא מצינו אלול מעובר שמעינן מינה מכלל דבימות עזרא עיברוהו מנהני מילי שנאמר ויגע החדש השביעי (וכל) [ובני] ישראל בעריהן. *) ולגבי עירובי תבשילין מניח אדם מיו"ט הראשון שחל פסח או סוכות חמישי וששי בשבת מניח עירובו ביום חמישי. ואומר אם היום יו"ט מחר חול הוא ומותר לבשל לשבת בלא עירוב ואם יום ששי (כגון) הוא יו"ט היום הוא עיו"ט והריני מערב מעיו"ט והני מילי בב' יו"ט של גליות אבל בב' יו"ט של ר"ה לא. אפרוח שנולד ביו"ט רב אסר כי מוקצה הוא אבל עגל שנולד ביו"ט מותר שהיה מוכן מאתמול על גב אמו שהפרה מוכנת היא. ובלבד בידוע שכלו לו חדשיו ואם אינו ידוע אסור עד שמונה ימים. ואפילו בחול. ומפורש בפרק ר' אליעזר במס' שבת.

*) עי' היטב תוס' ר"ה דף יט ע"ב ד"ה מימות עזרא ע"ש.

מסורת הש"ס

לקמן כב. שבת קלט:
לקמן כב: ר"ה יט: לב.
[למיגד פי' לחתוך וי"א לספור. ערוך]
[אשי כצ"ל וכ"ה ברי"ף והרא"ש]
לקמן יז.
[לקמן כב:]
[עי' תוספ' כ"ב סב. ד"ה ומודה]

הגהות הב"ח

(א) גמ' עממים ביו"ט שני כצ"ל ותיבת מת נמחק:

גליון הש"ס

גמ' אפרוח שנולד ביו"ט. עי' תוי"ט פרק ד' משנה ב' דעדיות: שם שתק רב. וכן לקמן דף לו ע"ב סוכה דף ז ע"א וש"נ:

הגהות מהר"ב רנשבורג א] רש"י ד"ה הטרפה וכו' דעובר ירך אמו הוא. נ"ב ר"ל לענין זה הוי עובר ירך אמו דלא ניתר בשחיטת אמו דטרפה היא אבל בנולד מן הטרפה אדרבה לאו ירך אמו הוא ומותר בשחיטת עצמו כדקיי"ל בי"ד ס"ס ע"ט וכמ"ש תוס' סנהדרין דף פ ע"ב ד"ה עובר וכו' יעוש"ה ודו"ק: ב] תוס' דה הואיל וכו' והכי מוכח בשבת. נ"ב דף מה ע"ב בתוס' ד"ה אית ביה בילת אפרות יעוש"ה:

עין משפט נר מצוה

מג א מיי' פ"ב מהלכות יו"ט הלכה א סמג לאוין עה טוש"ע א"ח סי' תלא סעיף ה:

מד ב מיי' שם סמג שם טוש"ע א"ח סי' תקיג סעיף ח:

[מדב מיי' פ"ג מהל' מא"ם הלכה י טוש"ע י"ד סי' טו סעיף א וברב אלפס פ' אלו טרפות דלא כר"א ב"י]:

מה ג מיי' פ"ט מהל' מא"ם הלכה ה סמג לאוין קלב טוש"ע י"ד סי' פ"ז סעיף ה [רב אלפס ורא"ש כאן וחולין פ"ח רלז. וברא"ש שם סי' ג]:

מו ד מיי' פ"א מהלכות י"ט הלכה כ סמג לאוין סה טוש"ע א"ח סי' תקיג סעיף ו:

השתא מוכן לאדם לא הוי מוכן לכלבים, דתנן: *מחתכין את הדלועין לפני הבהמה, ואת הנבלה לפני הכלבים, רבי יהודה אומר: אם לא היתה נבלה מערב שבת – אסורה, לפי שאינה מן המוכן. מוכן לכלבים הוי מוכן לאדם?! אמר ליה: *אין, מוכן לאדם – לא הוי מוכן לכלבים, דמאי דחזי ליה לאיניש לא שדי ליה לכלבים. מוכן לכלבים – הוי מוכן לאדם, דדעתיה דאיניש אכל מידי דחזי ליה. תניא כותיה דרב, תניא כותיה דשמואל ואיתימא ר' יוחנן. תניא כותיה דרב, א עגל שנולד ביו"ט – מותר, ב אפרוח שנולד ביום טוב – אסור. ומה הפרש בין זה לזה? זה – מוכן אגב אמו בשחיטה, וזה – אינו מוכן אגב אמו. תניא כותיה דשמואל ואיתימא רבי יוחנן: *עגל שנולד ביום טוב – מותר, *ואפרוח שנולד ביו"ט – מותר. מאי טעמא – זה מוכן אגב אמו וזה מתיר עצמו בשחיטה. תנו רבנן: אפרוח שנולד ביום טוב – אסור. *רבי אליעזר בן יעקב אומר: [ב] אף בחול אסור, לפי שלא נתפתחו עיניו. כמאן אזלא הא דתניא:* °"לכל השרץ השורץ על הארץ" – לרבות אפרוחים שלא נתפתחו עיניהם. כמאן – כר' אליעזר בן יעקב. אמר רב הונא אמר רב: ביצה עם יציאתה נגמרה. מאי עם יציאתה נגמרה? אילימא עם יציאתה נגמרה ומותרת לאכלה בחלב, הא במעי אמה אסורה לאכלה בחלב? והתניא: ג השוחט את התרנגולת ומצא בה ביצים גמורות – מותרות לאכלן בחלב! אלא: עם יציאתה נגמרה ומותרת לאוכלה ביום טוב. הא במעי אמה אסורה לאכלה ביום טוב? והא תניא: *ד השוחט את התרנגולת ומצא בה ביצים גמורות – מותרות לאכלן ביום טוב! וכי תימא: קמ"ל בברייתא מאי דלא אשמעינן במתניתין – הא נמי תנינא: ביצה שנולדה ביו"ט, ב"ש אומרים: תאכל, וב"ה אומרים: לא תאכל. ועד כאן לא פליגי ב"ש וב"ה אלא בנולדה, אבל במעי אמן – דברי הכל שריין. וכי תימא: בית הלל אפילו במעי אמן נמי אסרי, והאי דקתני נולדה – להודיעך כחן דב"ש דאפילו נולדה נמי שרו, אלא הא דתניא: השוחט את התרנגולת ומצא בה ביצים גמורות – מותרות לאכלן ביום טוב, מני? לא ב"ש ולא ב"ה! אלא: עם יציאתה נגמרה – ומגדלת אפרוחים, במעי אמה – אינה מגדלת אפרוחים. למאי נפקא מינה – למקח וממכר. כי ההוא דאמר להו: ביעי דפחיא

תורה אור: ויקרא יא

רש"י

מוכן לאדם לא הוי מוכן לכלבים. למאן דאית ליה מוקצה, דהא נתנבלה בשבת לר' יהודה אתמול בין השמשות היתה עומדת לאדם, וקא חשיב ליה מוקצה* (א) בהא לגבי כלבים: אבל מידי דחזי ליה. ועובר שבמעי טרפה – ראוי לו לכשיולד, הלכך: מאתמול דעתיה עלויה, אם יולד – יאכלנו: לפי שלא נתפתחו עיניו. ואתרבי לאסורא מ"כל השרץ השורץ על הארץ" כדלקמן: עם יציאתה נגמרה. כשיצאה נגמרה בריותה, אבל מקמי הכי – לא חשיבא ביצה גמורה. ולקמיה מפרש ואזיל למאי הלכתא: לאכלה בחלב. דהשתא הוה ביצה ולא בשר. אבל הנמצאת במעי אמה – אינה ביצה, ואסורה לאכלה בחלב: ביצים גמורות. ואפילו בלא קליפה לבנה, אלא שהחלמון לבדו גמור. ואע"פ שמעורה עדיין בגידין – שריא, כדלקמן מדפליג ר' יעקב עליה, ואמר: אם היו מעורות בגידין – אסורות: בי"ט. וה"ק: ילתה ודאי מבעוד יום מותר, כי ודאי הוא דנגמרה בחול. אבל לא ילתה – לא נגמרה בחול, ואסורה משום הכנה דרבה: וכי תימא. אין הלכה כברייתא זו, דאשמועינן בה מאי דלא אשמעינן במתני', ובשום משנה לא סתם לן רבי הכי, ואם רבי לא שנה רבי חייא מנין לו: אלא הא דתניא כו'. הך ברייתא דלעיל, מאן קתני לה? לא בית שמאי ולא ב"ה. לא ב"ש – דמאי איריא במעי אמה? אפילו נולדה בי"ט שריא. ולא ב"ה – דאפילו במעי אמן אסירי: ומגדלת אפרוחים. ולענין דין מקח וממכר אתמר, דאם נולדה – נגמר בשולה, וראויה לגדל ממנה אפרוחים. אבל נמצאת במעי אמה – אינה מגדלת אפרוחים. ואם תבעוהו למכור ביצים לגדל אפרוחים, אם מכר אלו – הוי מקח טעות, ובטל מקח: דפחיא

תוספות

השתא מוכן לאדם לא הוי מוכן(ג) לבהמה דתנן מחתכין וכו' ר' יהודה כו' לפי שאינו מוכן. ותימה: היכי הוי מוכן לאדם? אדרבה, לא הוי מוכן לאדם. דבין השמשות לא מלי שחיט לה – דשמא הוא שבת, והיכא מוכח מהכא דמוכן לאדם לא הוי מוכן לכלבים? על כן נראה להרר"י דגרס: אם לא היתה נבלה מעיו"ט. ולא נראה, דהא בהדיא אמרינן לעיל דגבי שבת מתניא, דקאמר *גבי שבת דסתם לן תנא כר"ש וכו', ומייתי הך משנה. וי"ל: דשפיר איירי בשבת, ומייתי מן היתור. דאי לא אשמועינן כי אם גבי שבת – לתני: רבי יהודה אומר אם לא היתה נבלה מערב שבת אסורה, ותו לא. והייתי יודע דאסורה משום מוקצה. ואמאי היה צריך למיתני לפי שאינו מן המוכן? אם אינו ענין לשבת, דהא שמעינן ליה – תנהו ענין ליו"ט, ואפילו הכי אסור. ואע"ג דהוה מוכן לאדם בין השמשות, משום דמוכן לאדם לא הוי מוכן לכלבים. ותימה: הא דתנן בשבת (דף מב: ושם): אין נותנין כלי תחת הנר בשבת לקבל בו שמן, ואם נתנו מבעוד יום – מותר, ואין נאותין הימנו לפי שאינו מן המוכן. והתם מאי דרשינן מן היתור, ולא שייך לרבות י"ט? וי"ל: דהתם נמי מרבי' מן היתור, אע"פ שכבה הנר כבר – אסור אחרי כן, לפי שאינו מן המוכן. והר"ר יעקב מקורביי"ל תירץ: דשפיר איירי דוקא לענין שבת, ואעפ"כ מוכח שפיר דמוכן לאדם לא הוי מוכן לכלבים. דאי ס"ד מוכן לאדם הוי מוכן לכלבים – א"כ בע"ש מבעוד יום, אם היה מוכן לאדם – היה כמו כן מוכן לכלבים, לפי דבריו דמוכן לאדם הוי מוכן לכלבים. א"כ כשהחשיך וקדש היום, אע"ג דנסתלקה הכנה דאדם, שאינה ראויה לאדם עכשיו – מ"מ היתה מוכנת לכלבים מבעוד יום, וכיון שהיתה מוכנת להם – ההכנה לא נסתלקה בקדוש היום:

מוכן לכלבים הוי מוכן לאדם דדעתיה דאיניש אכל מידי דחזי ליה. וקשה: דא"כ אפרוח נמי יהא מותר, שמוכן לכלבים! וי"ל: דבעינן מוכן ועומד, וזה אינו עומד לכלבים:

עגל שנולד בי"ט מותר. ותימה: מ"מ הוי אסור משום נולד, כמו ביצה! וי"ל: דהא דאמר דשייך למיסר נולד – היינו דוקא בדבר מאכל, דומיא דפירות הנושרין ומשקין שזבו, אבל בעלי חיים – לא:

ביצים גמורות מותרות לאכלן בחלב. וקשה: דהא אמרינן בעדיות (פ"ה מ"א): בילת נבילה, כל *שכמוה נמכרת בשוק – ב"ש מתירין וב"ה אוסרין. והכא היכי מותר לאכלן בחלב? וי"ל: דטעמא משום דבשר עוף בחלב מדרבנן, ואפילו ב"ה מודו. וקשה: דאמרינן בעירובין (דף סב: ושם) אפילו ביעתא בכותחא לא לשרי איניש במקום רביה, מאי קמ"ל? פשיטא! והאיכא בסמוך ר' יעקב דאסר! וי"ל: דכ"ע מודו דבילים *גמורות מותרות לאכלן בחלב, וטעמא דב"ה דאסרי בילת נבלה – היינו משום דגזרינן אטו בילת טרפה, כדאמרינן בעדיות: ומודים בבילת טרפה שהיא אסורה, °מפני שהיא גדילה באיסור: [וע"ע תוס' עירובין סב: ד"ה אפילו ובכתובות ס: ד"ה אפילו ובב"ק מז. ד"ה מ"ט ובחולין נח. ד"ה ושוין]:

וכי תימא קא משמע לן בברייתא מאי דלא אשמעינן במשנה. פירש רש"י: וגילה לנו רבי, הואיל ולא סתם לן במשנה הכי, דהברייתא משובשת. דרבי לא שנאה ר' חייא מנין ליה. ותימה: אם כן מאי פריך הא נולדה אסורה, לא בית שמאי ולא ב"ה? ואמאי דחיק נפשיה לאוקומה אליבא דתנאי, הואיל ומשובשת היא? על כן נראה לפרש הכי: וכי תימא קא משמע לן בברייתא מאי דלא אשמעינן במתניתין, כלומר, מאי שסייר במתני' קתני הברייתא, דאי לא תנא אלא מתניתין – הייתי אומר שמתירין בית שמאי דוקא כשנולדה, אבל במעי אמה היו מודים לאסור. *ופריך: תנינא, דאדרבה, נולדה חמורה יותר מבמעי אמה, ואתיא נמי כבית הלל וכו' דבמעי אמה דברי הכל שריא: מני לא כב"ש ולא כב"ה. ואינו יכול לפרש דקתני בברייתא מה שסייר במתניתין, דהא ס"ד עכשיו שנולדה חמורה מבמעי אמה: ומלא

רבינו חננאל

תניא כשמואל ואיתימא ר' יוחנן עגל שנולד ביו"ט מותר מפני שמוכן על גב אמו. אפרוח שנולד ביו"ט מותר מפני שמתיר עצמו בשחיטה: ת"ר אפרוח שנולד ביו"ט אסור. ר' אליעזר אומר [אפי'] בחול אסור לפי שלא נתפתחו עיניו תניא אידך כל השרץ השורץ לרבות אפרוחים שלא נתפתחו עיניהם. סוגיא דשמעתא עגל שכלו לו חדשיו מותר אבל אפרוח שנולד בו ביום אסור. אמר רב הונא אמר רב ביצה עם יציאתה נגמרה ואסיקנא עם יציאתה נגמרת ומגדלת אפרוחים אבל במעי אמן לא למאי נפקא מינה למקח וממכר.

גליון הש"ס

תוס' ד"ה בילים וכו' מפני שהיא גדילה באיסור. עי' שיטה מקובצת ב"ק מז ע"א ד"ה מ"ט:

מסורת הש"ס

ס"א מוקצה הבאה לגבי

לעיל ב. לקמן כז: חולין יז. שבת קנו: פסחים נו:

[שם]

שבת קלו. חולין נח:

[תוספתא פ"א]

[לעיל ז.]

חולין סד.

[לעיל ב:]

[לעיל ב.]

דהייט שקליפתה קשה

גמורות שאינם מטורות

עיין ברש"ל ורש"א

הגהות הב"ח

(א) רש"י ד"ה מוכן וכו' מוקצה לגבי כלבים כצ"ל ותיבת בהא נמחק: (ב) תוס' ד"ה השתא וכו' מוכן לכלבים דתנן מחתכין:

דפחיא למאן! יהבו ליה ביעי דשחוטה. אתא לקמיה דרבי אמי, אמר להו: מקח טעות הוא, והדר. פשיטא! מהו דתימא: האי לאכילה קא בעי להו, והאי דקאמר דפחיא – משום דצריבן. למאי נפקא מינה – למיתבה ליה ביני ביני, קמ"ל. ההוא דאמר להו: ביעי דדכרא למאן, ביעי דדכרא למאן! יהבו ליה ביעי דספנא מארעא. אתא לקמיה דרבי אמי. אמר להו: מקח טעות הוא, והדר. פשיטא! מהו דתימא: האי לאכילה קא בעי להו, והאי דקאמר דדכרא – משום דשמינן טפי. למאי נפקא מינה – למיתבא ליה ביני ביני, קמ"ל. ואי בעית אימא: מאי "עם יציאתה נגמרה" – עם יציאת רובה נגמרה, וכדרבי יוחנן. דא"ר יוחנן: * [א]ביצה שיצאה רובה מערב יום טוב וחזרה – מותרת לאכלה ביום טוב. ואיכא דאמר: מאי "עם יציאתה נגמרה" עם יציאת כולה נגמרה, עם יציאת כולה – אין, אבל רובה – לא, ולאפוקי מדר' יוחנן. גופא, השוחט את התרנגולת ומצא בה ביצים גמורות – מותרות לאכלן בחלב. ר' יעקב אומר: אם היו מעורות בגידין – אסורות. מאן תנא להא, דת"ר: [ב]האוכל מנבלת עוף טהור, °מן השלל של ביצים, מן העצמות, ומן הגידין, ומן הבשר שנתלש מן החי – טהור. מן האשכול של ביצים, מן הקורקבן ובני מעיין, או שהמחה את החלב וגמעו – טמא. מאן תנא מן השלל של ביצים טהור? אמר רב יוסף: דלא כרבי יעקב. דאי כר' יעקב – האמר: אם היו מעורות בגידין אסורות! אמר ליה אביי: ממאי? דלמא עד כאן לא קאמר רבי יעקב התם אלא לענין איסורא, אבל לענין טומאה – לא. וכי תימא: לענין טומאה נמי נגזור – אפושי טומאה הוא, ואפושי טומאה מדרבנן לא מפשינן. ואיכא דאמרי: מאן תנא מן האשכול של ביצים טמא? אמר רב יוסף: ר' יעקב היא, דאמר אם היו מעורות בגידין – אסורות. א"ל אביי: ממאי דאשכול מהנך דתליא באשכול? דלמא אשכול גופיה! וכי תימא: אשכול גופיה מאי למימרא? מידי דהוה אקורקבן ובני מעיין, דאע"ג דבשר נינהו, כיון דאיכא אינשי דלא אכלי – איצטריך לאשמועינן. הכא נמי, כיון דאיכא אינשי דלא אכלי – איצטריך לאשמועינן. *ת"ר: כל שתשמישו ביום – *נולד ביום, כל שתשמישו בלילה – נולד בלילה, כל שתשמישו בין ביום ובין בלילה – נולד בין ביום ובין בלילה. כל שתשמישו ביום – נולד ביום, זו תרנגולת, כל שתשמישו בלילה נולד בלילה – זו עטלף כל שתשמישו בין ביום ובין בלילה – אדם וכל דדמי ליה. אמר מר: כל שתשמישו ביום נולד ביום – זו תרנגולת. למאי נפקא מינה? לכדרב מרי בריה דרב כהנא. דאמר רב מרי בריה דרב כהנא: [ג]בדק בקנה של תרנגולין מערב יום טוב ולא מצא בה ביצה, ולמחר השכים ומצא בה ביצה – מותרת. והלא בדק! אימר: לא בדק יפה יפה. ואפילו בדק יפה – אימר: יצתה רובה וחזרה הואי, וכדר' יוחנן. איני? והא אמר ר' יוסי בן שאול אמר רב: בדק בקנה של תרנגולת מערב יו"ט ולא מצא בה ביצה, ולמחר השכים ומצא בה ביצה – אסורה! התם בדספנא מארעא. אי הכי, דרב מרי נמי אימא מארעא ספנא! בדאיכא זכר בהדה. בדאיכא זכר נמי, אימא מארעא ספנא! אמר רבינא: גמירי, כל היכא דאיכא זכר – לא ספנא מארעא. ועד כמה? אמר רב גמדא משמיה° *דרב: כל היכא דשמעה

רש"י

דפחיא. כמו דפעיא. הנולדים מן התרנגולת חיה, שפועה בלידתה: **פשיטא.** דמקח טעות הוא, דהא בהדיא אמר ליה דפחיא: **דצריבן.** לשון מבושלות כל צרכן, כמו "צרבת" (ויקרא יג) – כויה, שבשול: **ונפקא מינה.** בין מאן דבעי להו לאכילה, בין מאן דבעי להו לאפרוחים: **למיתבא ליה דביני ביני.** להחזיר לו דמי מעלה שבין ביעי דפחיא לביעי דשחוטה. ואי בעי להו לאכילה – אין המקח בטל, דהא בני אכילה נינהו, אלא שאלו יפים מהם – ויחזיר לו דמי מעליותן: **קא משמע לן.** רבי אמי, דסתם מאן דבעי ביעא דפחיא – לאפרוחים בעי להו, ואין אלו שוין לו כלום: **דדכרא.** שילדתן תרנגולת מתרנגול, ולא נתחממה מן הקרקע לקולטן בלא זכר: **דספנא מארעא.** מתחממת בקרקע ויולדת ביצים, ואותן ביצים אין מגדלות אפרוחים: **ספנא.** קולטת ביצים כשמתעפרת בקרקע. ובסמוך לקמן אמר: כל היכא דאיכא זכר – לא ספנא מארעא. כלומר, אינה קולטת ביצים מן הקרקע אלא מן הזכר. ואינו אלא לשון "שפוני טמוני חול" (דברים לג): **עם יציאת רובה נגמרה.** ולענין י"ט אתמר, דאם יצתה רובה מערב י"ט וחזרה בתוך מעיה, וילדתה בלילה – מותרת, דהויא ליה כאילו נולדה מאתמול: **כדרבי יוחנן.** דאמר לקמן הכי: **ואי בעית אימא.** רב לאפוקי מדר' יוחנן אתא, ועם יציאתה דקאמר – עם יציאת כולה, ולמעוטי יציאת רובה: **מעורות.** מחוברות: **נבלת עוף טהור.** מטמאה האוכלה לטמא בגדים שהוא לבוש בשעת בליעתה, ואין לה טומאת מגע ומשא. ובמסכת נדה (דף מא.) ילפינן לה. **והאוכל אחד מן הדברים הללו ממנה: מן השלל של ביצים.** כשהן כבושין ושלולין וקבועין בשדרה. כלומר, האוכל אותם ביצים בעודן מעורין בגידין: **מן הגידין.** וקסבר: אין בגידין בנותן טעם: **שלל.** בשט"א, כמו שלל של כובסין (שבת דף מח:): **בשר שנתלש מן החי.** לאו נבלה היא: **מן האשכול.** מבשר השדרה שהביצים אדוקים שם: **שהמחה את החלב.** התיך את השומן וגמעו – טמא. וב"העור והרוטב" (חולין דף קכ.) פרכינן: והא אכילה כתיבה ביה! ואמר רבי שמעון בן לקיש: הנפש – לרבות את השותה. והכא כתיב "ונפש אשר תאכל נבלה", ובנבלת עוף טהור מתוקם, בת"כ: **מאן תנא מן השלל של ביצים טהור.** אלמא לאו בשר הוא, דלא כר' יעקב: **אלא לענין איסורא.** דאע"ג דלאו בשר נינהו – אסר לה מדרבנן, הואיל וקרובים להיות בשר, ואיכא למגזר משום בשר בחלב. אבל לענין טומאה – לא, דלאו בשר נינהו דלטמאו: **וכי תימא לענין טומאה**(א) **נגזור.** דלטמאו מדרבנן, כי היכא דגזרינן לענין אסורא: **אפושי טומאה הוא.** דאיכא הפסד טהרות: **ואפושי טומאה מדרבנן לא מפשינן.** ואע"פ שגזרו בטומאות במקומות הרבה, ליכא למימר הכא נמי נגזר, דלא ניחא לן דלפשו בטומאות: **ואיכא דאמרי.** דאשכול דסיפא הוה משמע ליה לרב יוסף ביצים המעורות בגידין, ושלל הוה משמע ליה שאינן מעורות כל כך כמו אותן הגמורות, קרובות לצאת בהן קליפה הלבנה, שאינם דבקות יפה אלא מעט: **מאשכול גופיה.** בשר הדבוק בשדרה, והביצים אדוקין בו: **נולד ביום.** נקבותיו יולדות ביום: **עטלף.** קלב"א סורי"ץ בלע"ז: **מערב יום טוב.** בין השמשות, דשוב לא ילדה אלא בלילה: **השכים.** קודם עלות השחר. והאי דנקט בדק – רבותא קמ"ל, דאע"ג דבדק ולא מצא, דליכא למתלייה בנולדה בחול – אפילו הכי מותרת, דסמכינן אברייתא דקתני: כל שתשמישו ביום נולד ביום, והא ודאי לא ילדתו בלילה: **אימר יצתה רובה וחזרה הואי.** ואע"ג דמילתא דלא שכיחא היא, מגו דפשיטא לן דאינה יולדת בלילה תלינן בה: **בדספנא מארעא.** והיא יולדת אף בלילה: **אי הכי.** דרב מרי. היכי שריא? אימא מארעא ספנה, וילדה בליל יום טוב:

תוספות

ומצא בה ביצים גמורות וכו' ר' יעקב אומר אם היו מעורות בגידין אסורות. תימה: כיון דגמורות, כילד היו מעורות? ופירש הקונטרס: דגמורות קאי אחלמון, אבל לא נתקשה עדיין הקליפה מבחוץ, רק הקרום, על כן קאי רבי יעקב וקאמר אם היו מעורות. ולפי הספרים דלא גרסי גמורות ניחא, והכי גרסינן: ומצא בה ביצים – מותרות לאכלן בחלב, רבי יעקב אומר כו':
דשמעה

רבינו חננאל

כי ההוא דאמר ביעי דפעיא למאן והבו ליה ביעי דשחוטה. ואמר ר' אמי מקח טעות הוא והדר. ואמרינן פשיטא מהו דתימא האי לאכילה בעי להו והאי דקאמר דפעיא משום דצריבן טפי למאי נפקא מינה למיתבא ליה דביני ביני קמ"ל. ההוא דאמר ביעי דדיכרא למאן יהבו ליה ביעי דספנא מארעא. וא"ר אמי מקח טעות הוא והדר. איכא דאמרי מאי עם יציאתה נגמרה עם יציאת כולה אין עם יציאת רובה לא ולאפוקי מדר' יוחנן דאמר ביצה שיצאתה רובה מעיו"ט וחזרה מותרת לאוכלה ביו"ט. תניא השוחט תרנגולת ומצא בה ביצים גמורות מותרות לאוכלה ביו"ט. גופא השוחט את התרנגולת ומצא בה ביצים גמורות מותרות לאוכלן בחלב. ר' יעקב אומר אם היו מעורות בגידין אסורות פי' כלומר בשר הן. והתניא האוכל מנבלת עוף טהור מן השלל של ביצים מן העצמות ומן הגידים ומן הבשר שנתלש מן החי טהור. הנה השלל של ביצים אע"פ שהוא מעורה בגידים טהור. כלומר אינו בשר. ואוקימנא דלא כר' יעקב. אבל האוכל מן האשכול של ביצים ומן הקרקבן ומבני מעים או שהמחה את החלב וגמעו טמא. ופשוטה היא. ת"ר כל שתשמישו ביום יולד ביום תרנגולת. תשמישו בלילה יולד בלילה עטלף. תשמישו בין ביום בין בלילה. אדם וכל מילי. למאי נ"מ לכדרב מארי דאמר בדק בקינה של תרנגולת מעיו"ט ולא מצא בה ביצים. ובשחר השכים ומצא בה ביצים מותרות. אימר יצתה רובה וחזרה הואי. וכר' יוחנן

עין משפט נר מצוה

מז א טוש"ע או"ח סי' תקיג סעיף ו:
מח ב מיי' פ"ג מהל' שאר אבות הטומאה הלכה ז:
מט ג טוש"ע או"ח סי' תקיג סעיף ו:

מסורת הש"ס

[תוספתא פ"א]
בכורות ח.
[ובבכורות איתא יולד וכן בכל נולד דהכא איתא שם יולד]
[נ"ל רבא עיין בב"ק עב ע"א וכן הגיה בעל סדה"ד]

הגהות הב"ח

(א) רש"י ד"ה וכי תימא לענין טומאה נמי נגזור:

גליון הש"ס

גמ' מן השלל של ביצים. עיין מנחות דף ע ע"א תוס' ד"ה ביצי נבילות: **שם** אמר רב גמדא משמי' דרב. נ"ל רבא סדר הדורו' בהקדמ' אות ד':

דִּשְׁמְעָה קָלֵיהּ בִּימָמָא. עֲבַד רַב מָרִי עוֹבָדָא [א]עַד שְׁתִּין בָּתֵּי. וְאִי אִיכָּא נַהֲרָא – לָא עָבְרָא, וְאִי אִיכָּא מַבְרָא – עָבְרָא. וְאִי אִיכָּא מֵיצְרָא – לָא עָבְרָא. הֲוָה עוֹבָדָא וְעָבְרָא אַמֵּיצְרָא. בְּמַאי אוֹקִימְתָּא – בִּדְסָפְנָא מֵאַרְעָא, מַאי אִירְיָא בָּדַק? כִּי לֹא בָּדַק נַמִי! כִּי [ב]לֹא בָּדַק – אֵימָא מֵאֶתְמוֹל הֲוַאי. אִי הָכִי, כִּי בָּדַק נַמִי, אֵימָא יָצְתָה רוֹבָה וְחָזְרָה הִיא, וְכִדְר' יוֹחָנָן! דְּרַבִּי יוֹחָנָן לָא שְׁכִיחַ. וְאָמַר רַבִּי יוֹסֵי בֶּן שָׁאוּל אָמַר רַב: [ג]הַאי תּוּמָא שְׁחִיקָא סַכַּנְתָּא לְגִלּוּיָא. § "בֵּית שַׁמַּאי אוֹמְרִים שְׂאוֹר בְּכַזַּיִת". § *מַאי טַעֲמַיְיהוּ דְּב"ש? א"כ לִכְתּוֹב רַחֲמָנָא חָמֵץ, וְלָא בָּעֵי שְׂאוֹר, וַאֲנָא אָמֵינָא: וּמַה חָמֵץ שֶׁאֵין חִמּוּצוֹ קָשֶׁה – בְּכַזַּיִת, שְׂאוֹר שֶׁחִמּוּצוֹ קָשֶׁה לֹא כָּל שֶׁכֵּן? שְׂאוֹר דִּכְתַב רַחֲמָנָא לָמָּה לִי? לוֹמַר לְךָ: שִׁיעוּרוֹ שֶׁל זֶה לֹא כְּשִׁיעוּרוֹ שֶׁל זֶה. וּבֵית הִלֵּל: צְרִיכִי; דְּאִי כָּתַב רַחֲמָנָא שְׂאוֹר, הֲוָה אָמֵינָא: מִשּׁוּם דְּחִמּוּצוֹ קָשֶׁה, אֲבָל חָמֵץ דְּאֵין חִמּוּצוֹ קָשֶׁה – אֵימָא לָא, צְרִיכָא. וְאִי כָּתַב רַחֲמָנָא חָמֵץ – מִשּׁוּם דְּרָאוּי לַאֲכִילָה, אֲבָל שְׂאוֹר שֶׁאֵין רָאוּי לַאֲכִילָה אֵימָא לָא, צְרִיכָא. וּבֵית שַׁמַּאי לֵית לְהוּ דְּרַבִּי זֵירָא? דְּאָמַר רַבִּי זֵירָא: פָּתַח הַכָּתוּב בִּשְׂאוֹר וְסִיֵּים בְּחָמֵץ, לוֹמַר לְךָ: זֶהוּ שְׂאוֹר זֶהוּ חָמֵץ! לְעִנְיַן אֲכִילָה כּוּלֵּי עָלְמָא לָא פְּלִיגִי, כִּי פְּלִיגִי – לְעִנְיַן בִּיעוּר. בֵּית שַׁמַּאי סָבְרִי: לָא יָלְפִינַן בִּיעוּר מֵאֲכִילָה, וּבֵית הִלֵּל סָבְרִי: יָלְפִינַן בִּיעוּר מֵאֲכִילָה. אִתְּמַר נַמִי, א"ר יוֹסֵי בַּר חֲנִינָא: מַחֲלוֹקֶת לְעִנְיַן בִּיעוּר, אֲבָל לְעִנְיַן אֲכִילָה – דִּבְרֵי הַכֹּל זֶה וָזֶה בְּכַזַּיִת. תַּנְיָא נַמִי הָכִי: °"וְלֹא יֵרָאֶה לְךָ (*שְׂאוֹר) וְלֹא יֵרָאֶה לְךָ (*חָמֵץ)" זֶהוּ מַחֲלוֹקֶת שֶׁבֵּין בֵּית שַׁמַּאי וּב"ה, שֶׁב"ש אוֹמְרִים: שְׂאוֹר בְּכַזַּיִת וְחָמֵץ בְּכַכּוֹתֶבֶת, וּב"ה אוֹמְרִים: זֶה וָזֶה בְּכַזַּיִת. § "הַשּׁוֹחֵט חַיָּה וָעוֹף בְּיו"ט וכו'". § "הַשּׁוֹחֵט" דִּיעֲבַד – אִין, לְכַתְּחִלָּה – לָא, אֵימָא סֵיפָא: וּב"ה אוֹמְרִים: לֹא יִשְׁחוֹט, מִכְּלָל דְּת"ק סָבַר יִשְׁחוֹט! הָא לָא קַשְׁיָא; לֹא יִשְׁחוֹט וִיכַסֶּה קָאָמַר. אֵימָא סֵיפָא: וּמוֹדִים שֶׁאִם שָׁחַט שֶׁיַּחְפּוֹר בְּדֶקֶר וִיכַסֶּה, מִכְּלָל, דְּרֵישָׁא לָאו דִּיעֲבַד הוּא! אָמַר רַבָּה: הָכִי קָאָמַר: הַשּׁוֹחֵט שֶׁבָּא לִימָּלֵךְ, כֵּיצַד אוֹמֵר לוֹ? ב"ש אוֹמְרִים, אוֹמֵר לוֹ: שְׁחוֹט, חֲפוֹר, וְכַסֵּה. וּבֵית הִלֵּל אוֹמְרִים: לֹא יִשְׁחוֹט אא"כ הָיָה לוֹ עָפָר מוּכָן מִבְּעוֹד יוֹם. רַב יוֹסֵף אָמַר, ה"ק: הַשּׁוֹחֵט שֶׁבָּא לְהִמָּלֵךְ כֵּיצַד אוֹמֵר לוֹ? ב"ש אוֹמְרִים, אוֹמֵר לוֹ: לֵךְ חֲפוֹר שְׁחוֹט וְכַסֵּה, וּב"ה אוֹמְרִים: לֹא יִשְׁחוֹט אא"כ הָיָה לוֹ עָפָר מוּכָן מִבְּעוֹד יוֹם. א"ל אַבַּיֵי לְרַב יוֹסֵף: לֵימָא, מָר וְרַבָּה בִּדְרַבִּי זֵירָא אָמַר רַב קָא מִפַּלְגִיתוּ? דְּא"ר זֵירָא אָמַר רַב: *[ד]הַשּׁוֹחֵט צָרִיךְ שֶׁיִּתֵּן עָפָר לְמַטָּה וְעָפָר לְמַעְלָה, שֶׁנֶּאֱמַר °"וְשָׁפַךְ אֶת דָּמוֹ וְכִסָּהוּ בֶּעָפָר", "עָפָר" לֹא נֶאֱמַר, אֶלָּא "בֶּעָפָר", מְלַמֵּד שֶׁהַשּׁוֹחֵט צָרִיךְ שֶׁיִּתֵּן עָפָר לְמַטָּה וְעָפָר לְמַעְלָה, דְּמָר אִית לֵיהּ דְּרַבִּי זֵירָא, וְרַבָּה לֵית לֵיהּ דְּרַבִּי זֵירָא? א"ל: בֵּין לְדִידִי בֵּין לְרַבָּה אִית לָן דְּרַבִּי זֵירָא, וְהָכָא בְּהָא קָא מִפַּלְגִינַן: רַבָּה סָבַר, אִי אִיכָּא עָפָר לְמַטָּה – אִין, אִי לָא, לָא, חָיְישִׁינַן דִּלְמָא מִמְלִיךְ וְלָא שָׁחֵיט. וּלְדִידִי (*אַדְּרַבָּה) הָא עֲדִיפָא, דְּאִי לָא שָׁרֵית לֵיהּ אָתֵי לְאִמְנוּעֵי מִשִּׂמְחַת יוֹם טוֹב. § "וּמוֹדִים שֶׁאִם שָׁחַט שֶׁיַּחְפּוֹר בְּדֶקֶר וִיכַסֶּה". § אָמַר רַבִּי זְרִיקָא אָמַר רַב יְהוּדָה: [ה]וְהוּא שֶׁיֵּשׁ לוֹ דֶּקֶר נָעוּץ מִבְּעוֹד יוֹם. וְהָא קָא עָבֵיד כְּתִישָׁה! אָמַר רַב חִיָּיא בַּר אַשִׁי אָמַר רַב: בְּעָפָר

בעפר

תוספות

דשמעה קליה בימטא. ובלילה משמיעין קולם למרחוק יותר מביום, ולא נקט בלילה – משום דתשמישו ביום:

כי לא בדק אימר מאתמול הואי. וא"ת: והא ביצה דבר שיש לו מתירין, (א) א"כ ספקא לחומרא! וי"ל: דשאני הכא משום דגם כי ספנא מארעא שכיח דיולדת ביום יותר מבלילה:

לומר לך שיעורו של זה לא כשיעורו של זה. פירש רש"י: דאי לא כתב שאור הייתי אומר דיו לבא מן הדין להיות כנדון, ודוקא בככותבת. וא"ת: מנלן דשיעור חמץ בככותבת? אימא כביצה, או כשיעור אחר! ופ"ה: דהלכתא גמירי לה דהוי ככותבת. ולא נהירא, דא"כ – קרא למה לי? ע"כ נראה פירוש (*אחר): הואיל וידענא דשיעורו של זה לא כשיעורו של זה – נוקים ליה שיעורו כדאשכחנא בעלמא גבי יום כפור (יומא דף עט. ושם) דהוי בככותבת*:

דאמר רבי זירא פתח הכתוב בשאור וסיים בחמץ וכו' ובית הלל סברי ילפינן ביעור מאכילה. ואם תאמר: למה ליה לריכותא דלעיל? הא ידענא שפיר [דחמץ] בכזית מהכא! וי"ל: שלא תטעה לומר הואיל וחלקן הכתוב בשני לאוין, ולא יראה לך (*שאור) ולא יראה לך (*חמץ) ודאי אין שיעורן שוה, דזה בככותבת וזה בכזית, קמ"ל הצריכתות. וא"ת: הואיל ואית להו הצריכתות, למה להו דר' זירא? י"ל: לא הייתי מחייב כרת אלא בחמץ, דכתיב ביה כרת:

רש"י

דִּשְׁמְעָה קָלֵיהּ בִּימָמָא. שֶׁהַקּוֹל אֵינוֹ נִשְׁמָע בַּיּוֹם כְּבַלַּיְלָה: עוֹבָדָא. דְּבָדַק מֵעי"ט וְלֹא מָצָא, וְהִשְׁכִּים וּמָצָא. וְלֹא הָיָה תַּרְנְגוֹל זָכָר עַד שִׁשִּׁים בָּתִּים, וְסָמַךְ רַב מָרִי עַל הַתַּרְנְגוֹל, וְהִתִּיר אֶת הַבֵּיצָה: מַבְרָא. גֶּשֶׁר: מֵיצְרָא. חֶבֶל קָשׁוּר בְּרָאשֵׁי שְׁתֵּי יְתֵדוֹת, אַחַת תְּקוּעָה בִּשְׂפַת הַנָּהָר מִזֶּה וְאַחַת תְּקוּעָה בִּשְׂפַת הַנָּהָר מִזֶּה, וְעֵץ קָצָר מוּטָּל לְרוֹחַב הַנָּהָר, וְעוֹבְרִין בּוֹ בְּדוֹחֵק עַל יְדֵי שֶׁאוֹחֲזִין בַּחֶבֶל וְעוֹבְרִין: בְּמַאי אוֹקִימְתָּא. לִדְרַבִּי יוֹסֵי ב"ר שָׁאוּל: אֵימָא מֵאֶתְמוֹל הֲוַאי. דְּכֵיוָן דְּרוּבָּא בִּימָמָא יָלְדָן, אִי לֹא בָּדַק – תָּלֵינַן בִּימָמָא: דְּרַבִּי יוֹחָנָן לָא שְׁכִיחָא. הִלְכָּךְ, בִּדְאִיכָּא זָכָר, כֵּיוָן דְּקִים לָן דְּאֵינָהּ יוֹלֶדֶת בַּלַּיְלָה – תָּלֵינַן כְּרַבִּי יוֹחָנָן. אֲבָל בִּדְסָפְנָא מֵאַרְעָא – לֵילֵד בַּלַּיְלָה שְׁכִיחַ טְפֵי מִדְּנָתֵהּ רוּבָּהּ: תּוּמָא שְׁחִיקָא. שׁוּמִין שְׁחוּקִין: לְגִלּוּיָא. הַנָּחָשׁ שׁוֹתֶה מִמֶּנּוּ אִם מוּנָּח מְגוּלֶּה, וּמֵטִיל בּוֹ אֶרֶס: אִם כֵּן. דְּחַד שִׁיעוּרָא לְתַרְוַיְיהוּ: שִׁיעוּרוֹ שֶׁל זֶה כו'. לְהָכִי לָא יָלֵיף שְׂאוֹר מֵחָמֵץ, מִשּׁוּם דְּחָמֵץ בְּכַכּוֹתֶבֶת. [ו]דְּלָא תֵּימָא דַּיּוֹ לָבֹא מִן הַדִּין לִהְיוֹת כַּנִּדּוֹן, וּשְׂאוֹר נַמִי בְּכַכּוֹתֶבֶת – לְהָכִי כְּתָבֵיהּ בְּהֶדְיָא, לְשַׁעוּרֵי בְּשִׁיעוּרָא זוּטָא וְשִׁיעוּרָא רַבָּה. וּלְהָכִי נָקַט כּוֹתֶבֶת, דְּבְהָכִי הָוֵי יִתּוּבֵי דַּעְתָּא, כִּדְמְפָרֵשׁ טַעְמָא בְּיוֹמָא (דף עט.). אִי נַמִי: שִׁיעוּרִין הֲלָכָה לְמֹשֶׁה מִסִּינַי: לֵית לְהוּ דְּרַבִּי זֵירָא. בִּתְמִיָּה: וְהָא קְרָא בְּהֶדְיָא כְּתִיב! פָּתַח הַכָּתוּב בִּשְׂאוֹר. "שְׂאוֹר לֹא יִמָּצֵא בְּבָתֵּיכֶם" (שמות יב): וְסִיֵּים בְּחָמֵץ. "כִּי כָּל אוֹכֵל [מַחְמֶצֶת]", וַהֲוָה לֵיהּ לְמִכְתַּב כִּי כָּל אוֹכֵל שְׂאוֹר כו', דְּהָא אָתְיָא עוֹנְשׁוֹ עִם אַזְהָרָתוֹ! זֶהוּ שְׂאוֹר וכו'. כָּזֶה כֵּן זֶה: לְעִנְיַן אֲכִילָה כּוּלֵּי עָלְמָא לָא פְּלִיגֵי. דַּאֲפִילּוּ ב"ש מוֹדוּ דְּחָמֵץ חַיָּיב בְּכַזַּיִת כִּשְׂאוֹר בַּאֲכִילָתוֹ, וְכִדְר' זֵירָא. אֲבָל לְבִיעוּר לְב"ש לֹא הָשְׁווּ, מִדְּאִיצְטְרִיךְ קְרָא לְמִכְתְּבִינְהוּ לְתַרְוַיְיהוּ "לֹא יֵרָאֶה לְךָ חָמֵץ וְלֹא יֵרָאֶה לְךָ שְׂאוֹר" – לָא יָלְפִינַן לְמֵימַר כִּי הֵיכִי דְּבַאֲכִילָה הִשְׁוָה הַכָּתוּב אֲכִילַת חָמֵץ לְבִיעוּר שְׂאוֹר, אַף לְבִיעוּרוֹ הִשְׁוָה לוֹ. דְּמִדְּאִיצְטְרִיךְ לְמִכְתְּבִינְהוּ – יֵשׁ חִלּוּק בְּשִׁיעוּרָן: תַּנְיָא נַמִי הָכִי. דְּבְבִיעוּר הוּא דִּפְלִיגֵי, וְלֹא בַּאֲכִילָה: הַשּׁוֹחֵט דִּיעֲבַד. דְּאִי שָׁחַט מַשְׁמַע, אֲבָל לְכַתְּחִילָּה – לָא שָׁרֵי לֵיהּ בֵּית שַׁמַּאי לִשְׁחוֹט, אא"כ יֵשׁ לוֹ עָפָר מוּכָן תִּיחוּחַ: מִכְּלָל דְּת"ק סָבַר יִשְׁחוֹט. בִּתְמִיָּה: וְהָא "הַשּׁוֹחֵט" קָאָמַר! הָא לָא קַשְׁיָא. לֹא יִשְׁחוֹט דְּב"ה אַכִּסּוּי לְחוּדֵיהּ קָא מַהְדְּרִי, וְהָכִי קָאָמַר: לֹא יִגְמוֹר מַעֲשֵׂה הַשְּׁחִיטָה, דְּהַיְינוּ הַכִּסּוּי: לֹא יִשְׁחוֹט וִיכַסֶּה. אַף עַל פִּי שֶׁשָּׁחַט – לֹא יִגְמוֹר: הַשּׁוֹחֵט שֶׁבָּא לִימָּלֵךְ. אע"ג דְּ"הַשּׁוֹחֵט" דְּעָלְמָא דִּיעֲבַד, עַל כָּרְחָךְ הָכָא לְכַתְּחִלָּה: הַשּׁוֹחֵט שֶׁבָּא לִשְׁחוֹט (בְּהֵמָה) וּבָא לִימָּלֵךְ לָנוּ מַה יַּעֲשֶׂה, אִם יִשְׁחוֹט אִם לָאו, הוֹאִיל וְאֵין לוֹ עָפָר תִּיחוּחַ, ב"ש אוֹמְרִים כו': רַב יוֹסֵף אָמַר כו'. וּלְקַמֵּיהּ מְפָרֵשׁ בְּמַאי קָמִפַּלְגֵי רַבָּה וְרַב יוֹסֵף אַלִּיבָּא דְּב"ש: בֶּעָפָר. מַשְׁמַע שֶׁהוּא גָּלוּל וְטָמוּן בֶּעָפָר קוֹדֶם הַכִּסּוּי: וְכִסָּהוּ עָפָר. הָוֵי מַשְׁמַע דְּלָא קָפִיד אֶלָּא אַכִּסּוּי: אִית לָן דְּרַבִּי זֵירָא. וּבָעֵינַן עָפָר לְמַטָּה. וְהָכִי קָאָמַר: רַבָּה אִם יְכוֹלִין לוֹמַר לוֹ שְׁחוֹט מִיָּד, שֶׁיֵּשׁ לוֹ כְּבָר עָפָר לְמַטָּה – שָׁרֵינַן לֵיהּ; אֲבָל אִם אָנוּ צְרִיכִין לוֹמַר לוֹ חֲפוֹר תְּחִלָּה – לֹא נַתִּיר לוֹ: דִּלְמָא. לְאַחַר חֲפִירָה מִמְלִיךְ וְלָא שָׁחֵיט, נִמְצָא שֶׁחוֹפֵר בְּחִנָּם: הָא עֲדִיפָא. דְּלָא תִּגְזוֹר הָכִי: וְהָא קָא עָבֵיד כְּתִישָׁה. לְרַב יְהוּדָה פָּרֵיךְ, דְּאָמַר: וְהוּא שֶׁיֵּשׁ לוֹ דֶּקֶר נָעוּץ. אַלְמָא דְּטַעְמָא דְּמַתְנִיתִין לָאו מִשּׁוּם דְּאָתֵי עֲשֵׂה דִּ"וְכִסָּהוּ בֶּעָפָר" וְדָחֵי אֶת "לֹא תַעֲשֶׂה כָּל מְלָאכָה", אֶלָּא מִשּׁוּם דִּכְבָר חָפוּר וְעוֹמֵד הוּא. וְהָא קָא עָבֵיד כְּתִישָׁה, שֶׁעֲדַיִין רְגָבִים מְדוּבָּקִים הֵם, וְאֵינָן רְאוּיִן לְכִסּוּי אֶלָּא אִם כֵּן כּוֹתְשָׁן, וְכוֹתֵשׁ תּוֹלָדָה דְּטוֹחֵן הוּא, וּמְלָאכָה הִיא:

וְהָא

תורה אור: שמות יג; ויקרא יז

רבינו חננאל

יוחנן. איני והאמר ר' יוסי בן שאול אמר רב בדק בקנה של תרנגולת מעיו"ט ולא מצא בה ביצים ובשחר השכים ומצא בה ביצים אסורות ואוקימנא התם בדספנא בארעא. אמר רבינא גמירי כל היכא דאיכא זכר ואפילו בחצר אחרת ושמעה קליה בימטא לא ספנא מארעא. עבד רב מארי עובדא עד שיתין בתי ואי איכא נהרא לא עברא כו'. א"ר יוסי בן שאול אמר רבי האי תומא שחיקא סכנתא לגילויא. בש"א שאור בכזית וחמץ ככותבת ובה"א זה וזה בכזית. תוספתא איזהו שאור המחמיץ אחרים ואיזהו חמץ שנתחמץ מאחרים. מאימתי קרוי שאור משיפסל מלאכול לכלב: **מתני'** השוחט חיה או עוף ביו"ט כו'. ואקשינן וכי ב"ש ישחוט לכתחילה קאמרי דקתני בה"א לא ישחוט ופרקינן הא דקתני לא ישחוט לא יכסה הוא. וכך היא הצעה של משנה אמרו ב"ש אם שחט דאיעבד יכסה לכתחלה ואמרי בית הלל לא יכסה. ודחינן להאי פירוקא מדקתני סיפא ומודים שאם שחט שיחפור בדקר ויכסה. מכלל דרישא לכתחלה הוא. ופריק רבה פירוק אחר דהאי דקאמר השוחט כלומר הרוצה לשחוט שבא לימלך כיצד אומרים לו. בש"א אומרים לו שחוט מקודם ואח"כ חפור וכסה. ובה"א לא ישחוט כו'. ואסיקנא דכ"ע אית להו דר' זירא דאמר בשחיטת חולין השוחט צריך שיתן עפר למטה וישחוט עליו ואח"כ יכסהו בעפר מלמעלה ובהא פליגי רבה סבר אי איכא עפר מוכן מאתמול למטה ישחוט ואם לאו לא יחפור ויתן עפר למטה כדי שישחוט עליו. חיישינן דלמא ממליך ולא שחיט ואתי למיעבר. ורב יוסף אמר הא עדיפא דאי לא שרית ליה למיחפר זמנין דלית ליה עפר ואתי לאימנועי משמחת יו"ט וקיי"ל כב"ה דאמר לא ישחוט אא"כ היה לו עפר מוכן וכרבה. ומודים שאם שחט שיחפור בדקר ויכסה. פי' דקר כמן יתד וכמן נגר. ואוקמה רב יהודה והוא שיש לו דקר נעוץ מאתמול. ואקשינן והא עביד כתישה כלומר כשסומך על הדקר מכתש את העפר כדכתיב אם תכתוש את האויל במכתש. ואמר רב

בעפר

עין משפט נר מצוה

נ א ב טוש"ע א"ח סי' תקיג סעיף ו:

נא ג מיי' פ"א מהל' חמץ הלכה ח טור י"ד סי' קיו וכל הלכתם ע"ז פ"ב שם. וכרא"ש שם סי' יג:

נב ד מיי' פ"א מהל' שחיטה הלכה יד סמג עשין סד טוש"ע יו"ד סי' כח סעיף ה:

נג ה מיי' פ"ב מהלכות י"ט הלכה יח סמג לאוין עה טוש"ע א"ח סי' תצח סעיף יד:

הגהות הב"ח

(א) תוס' ד"ה כי לא וכו' מתירין הוא אם כן:

גליון הש"ס

רש"י ד"ה שיעורו של זה כו' דלא תימא דיו. וכעין זה כ' רש"י בב"מ דף לב ע"א ד"ה לומר לך:

מסורת הש"ס

[יומא עט:] [ע"ל ראשון] [ועי' תוס' יומא עט: ד"ה לומר] [נ"ל חמץ] [נ"ל שאור] [נ"ל שאור] [נ"ל חמץ] חולין [פג.] [פח.] רש"ל מ"ז

אבְּעָפָר תִּיחוּחַ. וְהָא קָא עָבֵיד גּוּמָּא! כִּדְר' אַבָּא, *דְּאָמַר ר' אַבָּא: בהַחוֹפֵר גּוּמָּא בְּשַׁבָּת וְאֵינוֹ צָרִיךְ אֶלָּא לַעֲפָרָהּ – פָּטוּר עָלֶיהָ. § "שֶׁאֵפֶר כִּירָה מוּכָן הוּא". § אֵפֶר כִּירָה מַאן דְּכַר שְׁמֵיהּ?! אָמַר רַבָּה: הָכִי קָאָמַר: וְאֵפֶר כִּירָה מוּכָן הוּא. אָמַר רַב יְהוּדָה אָמַר רַב: גלֹא שָׁנוּ אֶלָּא שֶׁהוּסַּק מֵעֶרֶב יו"ט, אֲבָל הוּסַּק בְּיוֹם טוֹב – אָסוּר. וְאִם רָאוּי לִצְלוֹת בּוֹ בֵּיצָה – מוּתָּר. תַּנְיָא נַמִי הָכִי: כְּשֶׁאָמְרוּ אֵפֶר כִּירָה מוּכָן הוּא, לֹא אָמְרוּ אֶלָּא שֶׁהוּסַּק מֵעֶרֶב יו"ט, אֲבָל הוּסַּק בְּיוֹם טוֹב – אָסוּר, וְאִם רָאוּי לִצְלוֹת בּוֹ בֵּיצָה – מוּתָּר. דהִכְנִיס עָפָר לְגִנָּתוֹ וּלְחוּרְבָּתוֹ – מוּתָּר לְכַסּוֹת בּוֹ. *וְאָמַר רַב יְהוּדָה: המְכַנֵּס אָדָם מְלֹא קוּפָּתוֹ עָפָר וְעוֹשֶׂה בָּהּ כָּל צְרָכָיו. דָּרֵשׁ מָר זוּטְרָא מִשְּׁמֵיהּ דְּמָר זוּטְרָא רַבָּה: ווְהוּא שֶׁיִּחֵד לוֹ קֶרֶן זָוִית. מֵיתִיבֵי: *זכּוֹי אֵין שׁוֹחֲטִין אוֹתוֹ בְּיו"ט, וְאִם שְׁחָטוֹ – אֵין מְכַסִּין אֶת דָּמוֹ. וְאִי אִיתָא – לְכַסְּיֵיהּ כִּדְרַב יְהוּדָה! וּלְטַעְמֵיךְ, לְכַסְּיֵיהּ בְּאֵפֶר כִּירָה אוֹ בְּדֶקֶר נָעוּץ! אֶלָּא – דְּלֵית לֵיהּ, הָכָא נַמִי – דְּלֵית לֵיהּ. אִי הָכִי, מַאי אִירְיָא סָפֵק? אֲפִילּוּ וַדַּאי נַמִי לָא! לָא מִבַּעְיָא קָאָמַר; לָא מִבַּעְיָא וַדַּאי דְּלָא לִשְׁחוֹט, אֲבָל סָפֵק – אֵימָא מִשּׁוּם שִׂמְחַת יו"ט לִשְׁחוֹט, וְלָא לְכַסְּיֵיהּ – קמ"ל.

וְהָא

רש"י

וְהָא קָא עָבֵיד גּוּמָּא. וְחַיָּיב מִשּׁוּם בִּנְיָן: פָּטוּר עָלֶיהָ. כִּדְמְפָרֵשׁ טַעְמָא בְּפ"ק דַּחֲגִיגָה: דְּכֵיוָן דְּאֵינוֹ צָרִיךְ אֶלָּא לַעֲפָרָהּ וְלֹא לַגּוּמָּא – אֵינוֹ בּוֹנֶה וְלֹא חוֹרֵשׁ אֶלָּא מְקַלְקֵל, וְכָל הַמְקַלְקְלִים פְּטוּרִים: מַאן דְּכַר שְׁמֵיהּ. דְּקָאָמַר שֶׁאֵפֶר כו', דְּמַשְׁמַע דְּיָהֵיב טַעְמָא לְמִילְּתֵיהּ לְעֵיל: שֶׁהוּסַּק מֵעֶרֶב י"ט. מֵאֶתְמוֹל דַּעְתֵּיהּ עִלָּוֵיהּ לְכָל מִילֵּי: אֲבָל הוּסַּק בְּיו"ט. דְּלֵיכָּא לְמֵימַר דַּעְתֵּיהּ עִלָּוֵיהּ מֵאֶתְמוֹל – אָסוּר: וְאִם רָאוּי לִצְלוֹת בּוֹ בֵּיצָה. שֶׁיֵּשׁ עֲדַיִין רֶמֶץ חַם: מוּתָּר. דְּמֵאֶתְמוֹל בְּעוֹדָם עֵצִים הָיוּ מוּכָנִים לְהָסֵק וּלְבַשֵּׁל וְלִצְלוֹת, וְעוֹדֵנּוּ בְּתַשְׁמִישׁוֹ זֶה. וְאַיְּידֵי דַּחֲזֵי לְהַפּוֹכֵי בֵּיהּ מִידֵּי לִצְלִיַּית בֵּיצָה – שָׁקֵיל לֵיהּ נַמִי וּמַנַּח לֵיהּ עַל הַדָּם: הִכְנִיס עָפָר. הַרְבֵּה בְּמָקוֹם אֶחָד לְצוֹרֶךְ גִּנָּתוֹ, אוֹ לְצוֹרֶךְ חוּרְבָּתוֹ, לְשׁוֹטְחָן בָּהֶן – מוּתָּר לְכַסּוֹת בּוֹ. דְּכָל זְמַן שֶׁהוּא צָבוּר – דַּעְתֵּיהּ עִלָּוֵיהּ לְכָל צְרָכָיו: מְכַנֵּס אָדָם מְלֹא קוּפָּתוֹ עָפָר. בִּסְתָם, וְנוֹתְנוֹ בְּמָקוֹם אֶחָד וְעוֹשֶׂה בָּהּ כָּל צְרָכָיו. וְלָא אָמְרִינַן בָּטְלָה לָהּ לְגַבֵּי קַרְקַע הַבַּיִת חַיְּידֵי דְּזוּטְרָה: וְהוּא שֶׁיִּחֵד לָהּ כו'. וְלָא שְׁטָחָהּ, דְּמוֹכְחָא מִילְּתָא דִּלְצְרָכָיו קָא בָּעֵי לָהּ. וּבְעָפָר תִּיחוּחַ קָאָמַר, שֶׁאֵינוֹ מְחוּסָּר לֹא חֲפִירָה וְלֹא כְּתִישָׁה אֶלָּא הֲכָנָה: כּוֹי. סָפֵק חַיָּה סָפֵק בְּהֵמָה: אֵין שׁוֹחֲטִין אוֹתוֹ בְּיו"ט. מִשּׁוּם דְּשֶׁמָּא חַיָּה הוּא וְצָרִיךְ כִּסּוּי, וְהוּא אֵינוֹ יָכוֹל לְכַסּוֹתוֹ בְּיו"ט, כִּדְקָתָנֵי: וְאִם שְׁחָטוֹ אֵין מְכַסִּין אֶת דָּמוֹ. דְּשֶׁמָּא בְּהֵמָה הוּא, וְאֵין בּוֹ מִצְוַת כִּסּוּי, וְאֵין מְטַלְטְלִין הֶעָפָר לְכָךְ: וְאִם אִיתָא. דְּיֵשׁ עָפָר שֶׁמּוּכָן לְכָל צָרְכֵי אָדָם – אֲפִי' הוּא בְּהֵמָה לְכַסְּיֵיהּ: כִּדְרַב יְהוּדָה. אִם הִכְנִיס קוּפַּת עָפָר: ה"ג: וּלְטַעְמֵיךְ לְכַסְּיֵיהּ בְּדֶקֶר נָעוּץ אוֹ בְּאֵפֶר כִּירָה. דְּהָא בְּהֶדְיָא תְּנַן בְּמַתְנִי' דְּמוּכָן הוּא: אֲפִילּוּ וַדַּאי נַמִי. דְּהָא כְּב"ה קי"ל דְּאָסְרֵי, וַאֲפִילּוּ דִּיעֲבַד, בְּלֹא דֶּקֶר נָעוּץ: לָא מִבַּעְיָא קָאָמַר. הָא דְּקָתָנֵי כּוֹי אֵין שׁוֹחֲטִין – כָּל שֶׁכֵּן חַיָּה גְּמוּרָה הַטְּעוּנָה כִּסּוּי וְהוּא אֵינוֹ יָכוֹל, וְלִרְבוּתָא אַשְׁמְעִינַן כּוֹי, וְלָא מִיבַּעְיָא וַדַּאי:

וְהָא

תוספות

בעפר תיחוח והא קא עביד גומא. תימה: דמשמע דשייך גומא אף בעפר תיחוח, ובשבת פרק "כירה" (דף לט. ושם) אמרי': אין טומנין בילה בחול, (*רב) אמר: גזרה שמא יטמין ברמץ, (*ור' זירא) אמר: גזרה שמא יזיז עפר ממקומו*. מאי בינייהו? איכא בינייהו עפר תיחוח. פירוש, למ"ד שמא יטמין ברמץ – איכא למגזר, אבל למ"ד שמא יזיז – אין כאן משום שמא יזיז! וי"ל: דהתם איירי שכל המקום סביב עפר תיחוח, וכשמגביה הבילה – אז נופל הקרקע, ואין ניכר כאן שיש גומא, אבל הכא איירי שהוא קשה סביב, והעפר תיחוח באמצע, וא"כ כשמגביה(א) (*הבילה) ניכרת הגומא: **ואינו** צריך אלא לעפרה פטור. משום *דהוי מלאכה שאינה צריכה לגופה ופטור עליה. ותימה: דא"כ פטור אבל אסור לכתחלה! וי"ל: דמשום שמחת י"ט מותר אפילו לכתחלה. וא"ת: אם כן למה לי דקר נעוץ? וי"ל: דמ"מ בעינן שיהא מוכן מערב יום טוב: **הכי** קאמר ואפר כירה מוכן הוא. ותימה: דאמרי' בפרק "כסוי הדם" (חולין דף פח: ושם): ב"ש אומרים אין מכסין באפר, דאפר לא מקרי עפר, והיכי *קאמר הכא דאפר מוכן הוא לעשות כסוי לכ"ע? דהא קתני ליה גבי ושוין במתני'! וי"ל: דמלתא דהכא באפי נפשה קאמר רבה, כלומר: ואפר הכירה מוכן הוא לענין טלטול שאר דברים, כגון לכסות בו צואה וכיוצא בו, אבל לא קאי אכסוי דלעיל כלל. א"נ, י"ל: דהתם איירי באפר אוכלין, דאינו מגדל צמחין. הלכך, הואיל ואינו מגדל צמחין – אין מכסין בו, אבל הכא איירי באפר עצים, דמגדל צמחין. ואע"פ דלא מקרי עפר – מכסין בו, דקאמר: דבר המגדל צמחין אע"ג דלא אקרי עפר, ואי אקרי עפר בשום מקום – אע"ג דלא מגדל צמחין מכסין בו. דתניא: היה הולך במדבר ואין לו עפר לכסות – שוחק דינר זהב ומכסה בו, היה הולך בספינה ואין לו עפר לכסות – שורף טליתו ומכסה בו. ופריך: אשכחן אפר דמקרי עפר, שנאמר "ולקחו לטמא מעפר שרפת החטאת" ולכך שורף טליתו ומכסה בו, אלא דינר זהב מנא ליה? ומשני: דכתיב "ועפרות זהב לו" (איוב כח). ועל כרחך עפרות זהב ושריפת טלית לא מגדלי צמחים, ולכך הוצרך הפסוק לומר דמקרו עפר. דכל דבר המגדל צמחים מרבינן התם מקרא ד"וכסהו" (ויקרא יז), אע"ג דלא אקרו עפר, כגון נסורת של חרשים דקה, ונעורת של פשתן דקה, ושחיקת כלי מתכות. וא"כ, אפר הכירה וחול הדק ונעורת של פשתן וסיד ומגופה שכתשן – מותר לכסות: **אמר** רב יהודה לא שנו אלא שהוסק מערב י"ט וכו'. נראה דהכי הלכתא, דהא מייתי ליה סייעתא מברייתא. ועוד: דליכא מאן דפליג, דאפי' ר"ש מודה דהאי דהוסק בי"ט דהוי נולד גמור, דמעיקרא עצים והשתא אפר, והויא כמיא בעיבא מבלע בליעי (עירובין דף מה:*) דמודה ר"ש. וא"ת: ואנו היאך אנו מסלקין אפר הכירה בי"ט לאפות הפשטיד"ף אע"ג שאין ראוי לצלות בו בילה? ואומר הר"ר יצחק: דמוקצה אינו אסור לטלטל בי"ט בשביל אוכל נפש ושמחת י"ט, וראיה מדלקמן פרק "אין צדין" (דף כח:*). ובירושלמי מפרש דהכא איירי בשלא שחט, אבל שחט – שרי, אע"ג שהוסק בי"ט, שלא לעקור מצות כסוי: **ואמר** רב יהודה מכנים אדם מלא קופתו עפר וכו'. וא"ת: מה בא להוסיף על הברייתא, דקתני: אפי' הכניס לגנתו או לחורבתו, וכ"ש מלא קופתו! וי"ל: דלפי' רש"י ניחא, דכשהכניס עפר לגנתו איירי שהכניס הרבה ביחד, וכל זמן שהוא צבור – דעתו עליו לכל צרכו ואינו בטל אגב קרקע, אבל הכא איירי שלא הכניס הרבה, רק מלא קופתו מעט (מפני) עפר, וס"ד דיבטל אגב קרקע. א"נ, י"ל: דהתם לא איירי רק לכסות בו, אבל שאר צרכיו – לא, והכא אשמועינן דהואיל ומלא קופתו עפר – עביד בו כל צרכו: **ואי** איתא לכסייה כדרב יהודה. משמע דקאי אסיפא, וכן פי' רש"י בסמוך בהדיא דקאי אסיפא. ועל כרחך צ"ל דקאי אסיפא, דאי קאי ארישא – מאי פריך לכסייה בדקר נעוץ? הא ב"ה סבירא להו דלכתחילה לא ישחוט וכו'. וכי פריך הש"ס ולעביד כב"ש?! אבל תימה: מדפריך בסמוך והא סיפא וכו' – מכלל דעד השתא איירי ברישא! וי"ל: דלעולם קאי ארישא, ולא גרסינן בדקר נעוץ, אלא גרס: לכסייה באפר כירה. עוד י"ל: דלמה שפירש ר"ת לקמן (דף ט: ד"ה אמר ר"י) ניחא, דפירש שמוחלפת השיטה דבית הלל אומרים יחפור בדקר ויכסה וב"ש אומרים לא ישחוט. והשתא פריך אליבא דבית הלל: **אי** הכי מאי איריא ספק אפי' ודאי נמי. תימה: מאי אי אמרת בשלמא שייך הכא? *אפי' כי ליתא דרב יהודה שייך להקשות הכא לכסייה בדקר נעוץ וכו', וצריך לשנויי דלית ליה! וי"ל: דהכי פי': אי אמרת בשלמא דלית ליה דרב יהודה – לא קשיא ליה אברייתא, דאיכא למימר דלית ליה דקר נעוץ ואפר כירה, דבני אדם לא שכיחי שיש להם דקר נעוץ ואפר כירה שהוסק מערב י"ט. ודרב יהודה אית ליה, שיש לו עפר מזומן, דשכיח הוא טפי. ומ"מ אין לכסות כדרב יהודה בעפר, דליתא לדרב יהודה, ואין הלכה כרב יהודה. ואין להקשות: מאי איריא ספק וכו' – הואיל וליתא לדרב יהודה, ודקר נעוץ לית ליה, דהא ודאי איתא לדרב יהודה לענין שמכסה בו כשהוא ודאי חיה או עוף. אבל מה שאמר רב יהודה ועושה בו כל צרכו – לא סבירא לן כותיה, ולא שרי לכסויי בו כו', אבל כיון דאיתא לדרב יהודה – צריך ליה לשנויי דלית ליה כל הני, ואפי' עפר מזומן אין לו, ואם כן – אפי' ודאי נמי:

והא

עין משפט נר מצוה

נד א מיי' פ"ב מהל' יו"ט הלכה יח סמג לאוין עה טוש"ע א"ח סי' תלח סעיף יב:

נה ב מיי' פ"א מהל' שבת הלכה יז:

נו ג מיי' פ"ב מהלכות יו"ט הלכה יח סמג שם טוש"ע שם סעיף טו:

נז ד טוש"ע שם סעיף טז:

נח ה ו מיי' שם ופ' כ"ה מהלכות שבת הלכה כב טוש"ע א"ח שם סעיף יז וסי' שח סעיף לח:

נט ז מיי' פ"ג מהלכות יו"ט הלכה א טוש"ע שם סי' תלח סעיף יח:

[נ"ל רבה]

ופרש"י שם משום דקא עביד גומא

[הדקר כל"ל]

[ועי' תוס' פסחים מז: ד"ה כתיש ביו"ט]

והיכי קאמר רבה הכא כנ"ל

[ועי' תוס' שבת קכ: ד"ה א"ה]

רבינו חננאל

בעפר תיחוח כלומר עפר מת שאינו מכתש. והא עביד גומא. כלומר משיתלוש הדקר נעשית גומא. ופרקינן מתני' כר' אבא דאמר בחגיגה פרק ראשון החופר גומא ואין צריך אלא לעפרה פטור עליה: **פיסקא** ואפר הכירה מוכן הוא. תניא כשאמרו אפר כירה מוכן לא אמרו אלא שהוסק מעיו"ט אבל אם הוסק ביו"ט אסור. ואם ראוי לצלות בו ביצה מותר. הכניס עפר לגנתו ולחורבתו מותר לכסות בו אמר רב יהודה מכנים אדם מלא קופתו עפר ועושה בו כל צרכיו. ואסיקנא והוא שייחד לו קרן זוית ואותבינן עליה מיהא כוי אין שוחטין אותו ביו"ט ואם שחט אין מכסין את דמו. ואם איתא ליכסייה כדרב יהודה כלומר בעפר שהכנים. ודחינן ולטעמיך ליכסייה בדקר נעוץ או באפר הכירה אלא דלית ליה אחד מהן לא עפר ולא דקר נעוץ ולא אפר הכירה. אי הכי אפילו צבי או עוף ודאי לא ישחוט שאין לו במה לכסות את

מסורת הש"ס

שבת עג: חגיגה י.

שבת נ.

חולין עט: פג: [בכורים פ"ב מ"ט]

[ועי' תוס' שם מו. ד"ה כ"ש] [ושם בד"ה גריפת. ועי' תוס' לקמן לג: ד"ה אמר ר' זירא]

הגהות הב"ח

(א) תוס' ד"ה בעפר וכו' כשמגביה העפר ניכרת הגומא:

ם א מיי' פ"א מהלכות יו"ט הלכה ב סמג עשין לג לח עד:
סא ב מיי' פ"ג שם הלכה א טוש"ע א"ח סי' תלח סעיף יח:
סב ג ד מיי' שם הל' ב טוש"ע שם סעיף יט:
סג ה מיי' שם טוש"ע שם סעיף כ:

והא מדקתני סיפא: ואם שחטו – אין מכסין את דמו, מכלל (דרישא) בדאית ליה עסקינן! (ס"א ל"ג) אלא אמר *רבה: אפר כירה מוכן לודאי ואין מוכן לספק. לספק מאי טעמא לא – דקא עביד גומא, ודאי נמי קא עביד גומא! אלא כדר' אבא – הכא נמי כדר' אבא! אלא: ספק מאי טעמא – דלמא עביד כתישה. ודאי נמי – נגזור משום כתישה! ודאי כי קא עביד כתישה – אתי עשה ודחי את לא תעשה. אימר דאמרינן *"אתי עשה ודחי את לא תעשה" כגון מילה בצרעת, א"נ סדין בציצית, דבעידנא דקא מעקר לאו – קא מוקים לעשה, הכא, בעידנא דקא מעקר לאו – לא מוקים עשה! הא לא קשיא; דבהדי דכתיש קא מכסי. סוף סוף, *יום טוב [א]עשה ולא תעשה הוא, ואין עשה דוחה את לא תעשה ועשה! אלא אמר רבא: אפר כירה דעתו לודאי, ואין דעתו לספק. ואזדא רבא לטעמיה, דאמר רבא: הכניס עפר לכסות בו צואה – מותר לכסות בו דם צפור, דם צפור – אסור לכסות בו צואה. נהרבלאי אמרי: אפילו הכנים עפר לכסות בו דם צפור – מותר לכסות בו צואה. אמרי במערבא: פליגי בה ר' יוסי בר חמא ור' זירא, ואמרי לה: רבא בריה דרב יוסף בר חמא ור' זירא. חד אמר: כוי הרי הוא כצואה, וחד אמר: כוי אינו כצואה. תסתיים דרבא הוא דאמר כוי הרי הוא כצואה, דאמר רבא: הכנים עפר לכסות בו צואה – מותר לכסות בו דם צפור, דם צפור – אסור לכסות בו צואה, תסתיים. רמי בריה דרב ייבא אמר: [ב]כוי היינו טעמא דלא מכסינן – גזירה משום התרת חלבו. אי הכי, אפילו בחול נמי! בחול אמרי: לנקר חצרו הוא צריך. שחט באשפה מאי איכא למימר? בא לימלך מאי איכא למימר? אלא: בחול [אי נמי] מספקא – אמרי (ס"א) ליה רבנן: זיל טרח וכסי. ביום טוב, אי מספקא – מי אמרי ליה רבנן זיל טרח וכסי? תני רבי זירא: [ג]לא כוי בלבד אמרו, אלא אפילו שחט בהמה חיה ועוף ונתערבו דמן זה בזה – אסור לכסותו ביום טוב. אמר רבי יוסי בר יאסיניאה: [ד]לא שנו אלא שאין יכול לכסותו בדקירה אחת, אבל יכול לכסותו בדקירה אחת – מותר. פשיטא! מהו דתימא: נגזור דקירה אחת אטו שתי דקירות, קמ"ל. אמר *)רבה: [ה]שחט צפור מערב יום טוב – אין מכסין אותו ביו"ט,

*) [יש ספרים דגרסי רב עי' ברא"ש]

גלגל

והא מדקתני סיפא ואם שחטו וכו'. ואם תאמר: אמאי לא פריך; אי לית ליה – פשיטא דאין שוחטין, דבמאי יכול לכסות! ופירש הקונט': דאי קאי ארישא הוה אמינא דלשחוט ולא לכסייה, משום שמחת י"ט. אלא אסיפא, דקתני אין מכסין, אי דלית ליה חדא מהני אילטריך למימר אין מכסין אותו. השתא ודאי אין אנו מכסין כב"ה דאסרי אפי' דיעבד, בלא דקר נעוץ, ספק מבעיא? אלא שמע מינה בדאית ליה, דודאי – מכסין, אבל ספק – לא. והדר קושיא לדוכתין: לכסייה כדרב יהודה, או באפר כירה: סוף סוף יו"ט עשה ולא תעשה אלא אמר רבא וכו'. ותימה: דהכא משמע לרבא דאית ליה עשה ולא תעשה, מדדחיק נפשיה לשנויי. ובפרק "במה מדליקין" (שבת דף כד: ושם) אמר רבא: "הוא" – ולא מכשיריו, "לבדו" – ולא מילה שלא בזמנה. ורב אשי אמר: יום טוב עשה ולא תעשה וכו'. משמע דרבא לית ליה ההוא טעמא! וי"ל דגמרא דחיק נפשיה לאוקומי מילתא דרבא אליבא דהלכתא די"ט עשה ולא תעשה, אע"ג דרבא עצמו לית ליה האי סברא*:

[עי' תוס' שבת כד: כד"ה ולא]

תני ר' זירא לא כוי בלבד אמרו וכו'. וא"ת: וכי יש כח ביד חכמים לעקור דבר שהוא מן התורה? דהא כסוי דאורייתא, דכתיב "וכסהו בעפר"! וי"ל: דאין הכי נמי, דשב ואל תעשה יש כח בידם*:

[כדאיתא ביבמות ז.]

גלגל

והא מדקתני סיפא כו'. כלומר: בשלמא אין שוחטין דרישא – איצטריך כדקאמרת, דלא תימא נשחוט משום כבוד יום טוב בלא כסוי. אלא סיפא, דקתני אין מכסין, אי דלית ליה חדא מהני לכסות, מאי איצטריך לאשמועינן? השתא ודאי אין מכסין, ספק מבעיא? אלא שמע מינה בדאית ליה, דלגבי ודאי – מכסין, ואשמועינן דספק לא. וקשיא לן: אמאי אין מכסין? אי כדרב יהודה אי באפר הכירה: מוכן לודאי ואין מוכן לספק. (נ"א רבא) קא ס"ד דהכי קאמר: אע"ג דדעתיה לכל מילי – הכנסתו מועלת לודאי ואינה מועלת לספק. ופרכינן: וכיון דדעתיה עלויה, ומשום דאקלה ליכא ספק – מ"ט לא מכסינן? משום דקא עביד גומא?! בתמיה: אלא כדר' אבא. ודאי מ"ט שרית – כדר' אבא, דאמר לעיל: מקלקל הוא ופטור (שבת קלב: כתובות מ.) עליה: דלמא קא עביד כתישה. גרסינן, שמא יהו שם רגבים ויכתישם: ודאי נמי נגזור משום כתישה. ומשני: כיון דרוב פעמים אין צריך לכתוש – לא גזור רבנן משום כתישה, דאי נמי אתו לידי כך – לאו איסורא דאורייתא (ושבת כה.) איכא, דאתי עשה ד"וכסהו בעפר" ודחי "לא תעשה מלאכה", דקיימא לן בפרק קמא דיבמות (דף ז.): עשה דוחה את לא תעשה: מילה בצרעת. דכתיב (דברים כד) "השמר בנגע הצרעת", ותניא: בקוצץ בהרתו הכתוב מדבר, ותניא בגמרא, ד"אם לא הביא כלי" במסכת שבת (דף קלב:): "ימול בשר ערלתו" – אפילו במקום בהרת יקוץ: אי נמי ציצית בכלאים. דכתיב (דברים כב) "לא תלבש שעטנז", וסמיך ליה "גדילים תעשה לך" – דבשעת מילה או בשעת לבישת הטלית מעקר לאו ומקיים עשה. אבל עשה זה, כשהוא כותש – עובר בלאו, והעשה אינו מקיים עד שיכסה: עשה ולא תעשה הוא. דכתיב (ויקרא כג) "ביום הראשון שבתון" דמשמע: שבות: ואין דעתו לספק. הלכך, איסור מוקצה איכא. והוא הדין לדרב יהודה: ואזדא רבא לטעמיה. דאמר: מי שדעתו לודאי – לא רמי אנפשיה לאזמוני למידי דספק: הכנים עפר לכסות בו צואה. ביום טוב, שיש לו תינוק וירא שמא יטיל רעי ביו"ט לפניו: מותר *לכסות דם (ולכסות בו כו' כו') צפור. שיש לו לשחוט ביום טוב. דכיון שהזמינו לספק, כל שכן לודאי: אסור לכסות בו צואה. אם יש לו תינוק קטן והטיל צואה ביום טוב. מאי טעמא? דם צפור – ודאי היה לו שישחטנו ויהא צריך כסוי, אבל הצואה – ספק הוא אם יארע במקום המאוס לו, ודעתו לודאי ולא לספק: מותר לכסות בו צואה. כיון דאזמניה – אזמניה, דהא נמי קרוב לודאי: נהרבלאי אמרי. בסנהדרין (דף יז:) מפרש דהוא רמי בר *ברבי: (ס"א ברוזי וכ"ה גי' הערוך) כוי הרי הוא כצואה. המכנים עפר לכסות בו צואה – מותר לכסות בו דם כוי, דזה וזה ספק: וחד אמר אינו כצואה. והמכנים עפר לכסות צואה – אסור לכסות בו דם כוי, דכוי לגבי צואה כספק לגבי ודאי. דצואת תינוק שכיחא, וקרובה לודאי: תסתיים דרבא הוא דאמר. צואה כספק, וכוי מותר בהזמנת צואה: דאמר רבא הכנים עפר לכסות בו צואה מותר לכסות בו דם צפור, דם צפור אסור לכסות בו צואה. אלמא ספק הוא: משום התרת חלבו. דאי שרית לכסוייה – אתי למימר: חיה הוא: בחול אמרי לנקר חצרו כו'. הרואה אומר לא מפני שטעון כסוי, אלא כדי לנקר חצרו מכסהו: לא גרסינן ולטעמיך, אלא הכי גרסינן בא לימלך מאי איכא למימר. מי שיש לו כוי, ובא לימלך לחכמים אם צריך לכסותו ובחול, והם מורים לו שצריך כסוי: מאי איכא למימר. איהו גופיה אתי למימר חיה הוא, דהא מצרכו ליה כסוי: אלא. לא גרסינן: בחול אי נמי ספקא הוא כו'. כלומר: בחול, זה שהורוהו לכסות לא מחזיק ליה בחיה ודאית, דמימר אמר: אי נמי מספקא להו לרבנן אי חיה אי בהמה – אמרי ליה: זיל טרח וכסי כו'. אמרי ליה גרסינן: לא כוי בלבד אמרו. דאין מכסין ביום טוב, דדין הוא שלא יכסוהו שמא בהמה היא, וטרח טרחא דלא מצוה, ואפילו באפר הכירה: אלא אפילו שחט כו'. דאיכא חד דטעון כסוי – אפילו הכי אין מכסין, משום דקא טרח נמי בשל בהמה: פשיטא. דהא לא טרח בשביל בהמה מידי: אין מכסין אותו ביו"ט. דהיה לו לכסות מבעוד יום, ומשום אמנועי משום שמחת יום טוב – ליכא, דמשום דלא מכסי דם לא מתסר לפור באכילה:

גלגל

רבינו חננאל

הדם *) ודייקינן מסיפא מדקתני אם שחטו אין מכסין את דמו מכלל דאית ליה במה לכסות. ופריק רבה אפר כירה מוכן הוא לכסות בו דם של ודאי ולא דם של כוי שהוא ספק חיה. מ"ט דלמא אתי למעבד כתישה אי הכי ודאי נמי נגזור דלמא אתי למיעבד כתישה ודחינן ודאי אפילו אי עבד כתישה שרי. מ"ט אתי עשה דושמחת בחגך ודחי את לא תעשה כל מלאכה. ואקשינן אימור דאמרינן אתי עשה ודחי לא תעשה כגון מילה בצרעת או סדין בציצית דבעידנא דמיעקר לאו מקיים עשה. לאו בצרעת מנין דכתיב השמר בנגע כו' וכל השמר לאו הוא ובקציצת הצרעת בערלה מתקיימת המילה וביום השמיני ימול בשר ערלתו שהוא עשה אבל הכא בעידנא דעקר ליה לאו דלא תעשה כל מלאכה וכתישה היא מלאכה בעצמה לא מקיים עשה דכיסוי. ופרקינן הא ל"ק בהדי דכתיש מכסה כלומר שוחט וכותת והדם שותת סביבות הדקר ואקשינן עוד מכדי י"ט עשה ולא תעשה הוא כלומר עשה שבתון ולאו כל מלאכת עבודה לא תעשו **) ושמחת יו"ט עשה בלבד הוא ואין עשה דוחה את לא תעשה ועשה ופרקינן אלא אמר רבא לעולם כשיש לו אפר כירה וכיוצא בה מיהו הני מוכנין הן לודאי מ"ט דדעתו לודאי ולו הכינן ואין דעתו לספק לפיכך אין מכסין בו דם הכוי באפר הכירה ואזדא רבא לטעמא דכל מידי דדעתיה עליה ולו הכינו שרי. דאמר רבא הכנים עפר לכסות בו צואה מותר לכסות בו דם צפור. מ"ט דהא לנקות חצרו בעי כ"ש הכא דאינון תרתי ניקוי ומצות כסוי. בו דם צפור אסור לכסות בו צואה נהרבלאי אמרי כו' ופשוטה היא. רמי בריה דרב ייבא אמר כוי היינו טעמא דלא מכסין גזרו גזירה מפני הרואה שאם תתיר לו לכסות דם הכוי ביו"ט חיה היא ויתיר חלבו. וא"ת בחול נמי בחול ליכא למיחש בהאי מלתא דאמרי ספק הוא ומפני הספק אמרו רבנן טרח וכסה אבל ביו"ט מספק לא אמרו טרח וכסה שמצוה הבאה בעבירה היא הלכך לא גזרינן כסוי דם הכוי בחול. תני ר' חייא לא כוי בלבד אמרו אלא שחט בהמה חיה ועוף ונתערב דמן אסור לכסותו ביו"ט ואם יכול לכסות כל הדם של אלו בדקירה אחת אטו ב' דקירות. אמר רבה שחט צפור מעיו"ט ופשע ולא כסהו אין מכסהו ביו"ט. שכל דבר שאפשר לו לעשותו מערב יום טוב ולא עשאו אינו דוחה את יום טוב.

גלגל

*) [illegible] **) [illegible]

גִּלְגֵּל עִיסָּה מֵעֶרֶב יו"ט – מַפְרִישׁ מִמֶּנָּה חַלָּתָהּ בְּיוֹם טוֹב. אֲבוּהּ דִּשְׁמוּאֵל אָמַר: אֲפִילּוּ גִּלְגֵּל עִיסָּה מֵעֶרֶב יוֹם טוֹב – [א]אֵין מַפְרִישׁ מִמֶּנָּה חַלָּתָהּ בְּיו"ט. לֵימָא פְּלִיגָא דִּשְׁמוּאֵל אַדַּאֲבוּהּ (דִּשְׁמוּאֵל) דְּאָמַר שְׁמוּאֵל: *[ב]חַלַּת (א) חוּצָה לָאָרֶץ אוֹכֵל וְהוֹלֵךְ וְאח"כ מַפְרִישׁ! אֲמַר רָבָא: מִי לָא מוֹדֶה שְׁמוּאֵל שֶׁאִם קָרָא עָלֶיהָ שֵׁם שֶׁאֲסוּרָה לְזָרִים?§ **מתני'** ב"ש אוֹמְרִים: אֵין מוֹלִיכִין אֶת הַסּוּלָּם מִשּׁוֹבָךְ לְשׁוֹבָךְ, אֲבָל מַטֵּהוּ מֵחַלּוֹן לְחַלּוֹן, וּב"ה מַתִּירִין.§ **גמ'** אָמַר רַב חָנָן בַּר אַמִי: [ג]מַחֲלוֹקֶת בִּרְשׁוּת הָרַבִּים, דְּב"ש סָבְרִי: הָרוֹאֶה אוֹמֵר: לְהָטִיחַ גַּגּוֹ הוּא צָרִיךְ, וּב"ה סָבְרִי: [ד]שׁוֹבָכוֹ מוֹכִיחַ עָלָיו. אֲבָל בִּרְשׁוּת הַיָּחִיד – דִּבְרֵי הַכֹּל מוּתָּר. אִינִי? וְהָא *אָמַר רַב יְהוּדָה אָמַר רַב: [ה]כָּל מָקוֹם שֶׁאָסְרוּ חֲכָמִים מִפְּנֵי מַרְאִית הָעַיִן – אֲפִילּוּ בְּחַדְרֵי חֲדָרִים אָסוּר! תַּנָּאֵי הִיא, דְּתַנְיָא: *שׁוֹטְחָן בַּחַמָּה אֲבָל לֹא כְּנֶגֶד הָעָם, ר' (*אֱלִיעֶזֶר) וְר' שִׁמְעוֹן [ו]אוֹסְרִין. אִיכָּא דְּאָמְרִי, אָמַר רַב חָנָן בַּר אַמִי: מַחֲלוֹקֶת בִּרְשׁוּת הַיָּחִיד, דְּב"ש אִית לְהוּ דְּרַב יְהוּדָה אָמַר רַב, וּב"ה לֵית לְהוּ דְּרַב יְהוּדָה אָמַר רַב. אֲבָל בִּרְשׁוּת הָרַבִּים – דִּבְרֵי הַכֹּל אָסוּר. לֵימָא רַב דְּאָמַר כְּב"ש? תַּנָּאֵי הִיא; דְּתַנְיָא: שׁוֹטְחָן בַּחַמָּה אֲבָל לֹא כְּנֶגֶד הָעָם, רַבִּי (*אֱלִיעֶזֶר) וְר"ש אוֹסְרִין.

מַתְנִיתִין

גִּלְגֵּל עִיסָּה מֵעֶרֶב י"ט מַפְרִישׁ מִמֶּנָּה חַלָּתָהּ בְּי"ט. וְאע"ג דִּתְנַן לְקַמָּן (דף לו:): אֵלּוּ הֵן מִשּׁוּם שְׁבוּת: אֵין מַגְבִּיהִין תְּרוּמוֹת וּמַעַשְׂרוֹת בְּי"ט, וְהָא נַמִי כִּתְרוּמַת דָּגָן דָּמְיָא, שֶׁהָיָה יָכוֹל לְהַפְרִישָׁהּ מֵעֶרֶב י"ט – אֲפִילּוּ הָכִי מַפְרִישׁ, שֶׁלֹּא גָּזְרוּ עַל תְּרוּמַת עִיסָּה, שֶׁהֲרֵי מוּתָּר לְגַלְגְּלָהּ בְּי"ט וְלַאֲפוֹתָהּ, כְּדֵי לֶאֱכוֹל פַּת חַמָּה: אֵין מַפְרִישׁ הֵימֶנָּה. דְּלֹא הִתִּירוּ לְהַפְרִישׁ חַלָּה אֶלָּא בְּעִיסָּה שֶׁנִּתְגַּלְגְּלָה בְּי"ט, אֲבָל זוֹ – הָיָה לוֹ לְהַפְרִישׁ מֵעֶרֶב יו"ט, כִּתְרוּמַת דָּגָן וּפֵירוֹת: (ב) חַלַּת [ח"ל]. חַלָּה = טורטי"ל, חַלָּה שֶׁמְּרִימִין מִן הָעִיסָּה שֶׁבְּחוּצָה לָאָרֶץ, הוֹאִיל וְאֵינָהּ מִן הַתּוֹרָה, כִּדְקַיְימָא לָן בְּקִדּוּשִׁין (דף לו:): כָּל מִצְוָה הַתְּלוּיָה בַּפֵּירוֹת הַגְּדֵלִים בָּאָרֶץ – אֵינוֹ נוֹהֵג אֶלָּא בָּאָרֶץ: אוֹכֵל וְהוֹלֵךְ. כָּל הַפַּת, וּמְשַׁיֵּיר כְּדֵי חַלָּה, וּמַפְרִישָׁהּ בָּאַחֲרוֹנָה. אַלְמָא: הַפְרָשָׁתָהּ שֶׁלֹּא לְצוֹרֶךְ הִיא, וְלָא הָוְיָא הַפְרָשָׁה, וְהַמַּפְרִישׁ בְּי"ט – אֵינוֹ כִּמְתַקֵּן, דְּלִתַּסַּר כִּשְׁאָר הַגְבָּהַת תְּרוּמָה דִּגְזוּר בָּהּ רַבָּנַן מִפְּנֵי שֶׁנִּרְאֶה כִּמְתַקֵּן: מִי לָא מוֹדֶה שְׁמוּאֵל. אע"פ שֶׁאֵינוֹ צָרִיךְ לְהַפְרִישָׁהּ, שֶׁאִם קָרָא עָלֶיהָ שֵׁם – שֶׁחָל עָלֶיהָ שֵׁם חַלָּה, וַאֲסוּרָה לְזָרִים. אַלְמָא: שֵׁם תְּרוּמָה עָלֶיהָ, וְאִיתָא בִּכְלַל אֵין מַגְבִּיהִין תְּרוּמוֹת וּמַעַשְׂרוֹת בְּיו"ט: **מתני'** אֵין מוֹלִיכִין אֶת הַסּוּלָּם. קס"ד: סוּלָּם הַמְיוּחָד לְכָךְ, וְנִיכָּר שֶׁהוּא שֶׁל שׁוֹבָךְ. וְטַעְמָא דְּב"ש (ג) מְפָרֵשׁ בַּגְּמָרָא, דְּאָסְרִי וְאע"פ שֶׁהוּא בָּא לִיטּוֹל גּוֹזָלוֹת לְשִׂמְחַת יוֹם טוֹב: מֵחַלּוֹן לְחַלּוֹן. בְּאוֹתוֹ שׁוֹבָךְ עַצְמוֹ, שֶׁכֵּן דֶּרֶךְ שׁוֹבָךְ לִהְיוֹת בּוֹ מְחִיצּוֹת הַרְבֵּה, קֵן לְכָל זוּג וְזוּג, וְחַלּוֹן לְכָל קֵן וָקֵן: **גמ'** הָרוֹאֶה. שֶׁהוּא מוֹלִיכוֹ, אוֹמֵר: לְהָטִיחַ גַּגּוֹ הוּא צָרִיךְ, וַהֲרֵי הוּא עוֹשֶׂה מְלָאכָה בְּיוֹם טוֹב: לְהָטִיחַ. שֶׁהָיוּ טָחִין גַּגּוֹתֵיהֶן בְּטִיט. לְפִי שֶׁלֹּא הָיוּ מְשׁוּפָּעִין, אֶלָּא עֲשׂוּיִין כְּמִין תִּקְרַת עֲלִיָּיה, וּמִשְׁתַּמְּשִׁין בָּהֶן. לְפִיכָךְ טָחִין אוֹתָן, וּמְשַׁפְּעִין הַטִּיחַ לְצַד הַכְּתָלִים, שֶׁיָּזוּבוּ מֵימָיו: שׁוֹבָכוֹ מוֹכִיחַ עָלָיו. שׁוֹבָכוֹ שֶׁל סוּלָּם מוֹכִיחַ, שֶׁהוּא נִיכָּר שֶׁהוּא שֶׁל שׁוֹבָךְ: מוּתָּר. שֶׁהֲרֵי אֵין אָדָם רוֹאֵהוּ: וְהָאָמַר רַב יְהוּדָה אָמַר רַב כו'. וְקַשְׁיָא דְּרַב אַדְּרַב חָנָן. וְאע"ג דְּרַב אָמוֹרָא הוּא – מַקְשֵׁי מִינֵּיהּ, מִפְּנֵי שֶׁרַבָּן שֶׁל כָּל בְּנֵי הַגּוֹלָה הָיָה בְּדוֹרוֹ, חוּץ מִשְּׁמוּאֵל: תַּנָּאֵי הִיא. אִיכָּא תַּנָּא דְּקָאֵי כְּווֹתֵיהּ: שׁוֹטְחָן בַּחַמָּה. מִי שֶׁנִּשְׁרוּ כֵּלָיו בַּדֶּרֶךְ בְּמֵי גְשָׁמִים – שׁוֹטְחָן בַּחַמָּה, וְהֵן נוֹגְבִין מֵאֲלֵיהֶן: אֲבָל לֹא כְּנֶגֶד הָעָם. שֶׁלֹּא יֹאמְרוּ כִּבְּסָן בַּשַּׁבָּת. אַלְמָא: מִידֵּי דְּמִשּׁוּם מַרְאִית הָעַיִן מוּתָּר בְּמָקוֹם צָנוּעַ: לֵימָא רַב דְּאָמַר כְּב"ש. לְרַב חָנָן קָא פָּרֵיךְ, דְּאוֹקֵי לָהּ בֵּית הִלֵּל בִּרה"ר אָסְרִי וּבִרְשׁוּת הַיָּחִיד שָׁרוּ, א"כ לְרַב חָנָן רַב דְּאָמַר כָּל מָקוֹם שֶׁאָסְרוּ כו' – דְּאָמַר כְּב"ש? בִּתְמִיָּה. הָא וַדַּאי לָא שָׁבֵיק ב"ה וְעָבֵיד כְּב"ש. וְעַל כָּרְחָךְ לְבֵית הִלֵּל אֲפִי' בִּרְשׁוּת הָרַבִּים מוּתָּר, מִשּׁוּם דְּשׁוֹבָכוֹ מוֹכִיחַ עָלָיו. דְּאִי בִּרה"ר אָסוּר וּבִרְשׁוּת הַיָּחִיד שָׁרֵי – לָא הֲוָה אָמַר רַב לְהָא שְׁמַעְתָּא: תַּנָּאֵי הִיא. כְּלוֹמַר, אָמַר לָךְ רַב חָנָן: וַדַּאי רַב סָבַר דְּבֵית הִלֵּל אֲפִילּוּ בִּרה"ר שָׁרוּ, וּפָלֵיג עָלַי. וַאֲנָא דַּאֲמַרִי כִּי הַאי תַּנָּא, דְּאָמַר: שׁוֹטְחָן בַּחַמָּה, דְּלֵית לֵיהּ דְּרַב. וְהַהוּא תַּנָּא מוֹקֵי בֵּית הִלֵּל כְּוָותֵיהּ, דְּלָא הִתִּירוּ אֶלָּא בִּרְשׁוּת הַיָּחִיד. וְרַבִּי אֱלִיעֶזֶר וְר"ש דִּסְבִירָא לְהוּ כְּרַב מוֹקְמֵי שָׁרְיוּתָא דְּבֵית הִלֵּל דְּמַתְנִיתִין וַאֲפִי' בִּרה"ר, דְּקָא סָבְרִי שׁוֹבָכוֹ מוֹכִיחַ עָלָיו, וּב"ש לֵית לְהוּ שׁוֹבָכוֹ מוֹכִיחַ עָלָיו, וְאָסְרִי אֲפִי' בְּחַדְרֵי חֲדָרִים. י"מ דִּלְרַב קָא פָּרֵיךְ, וְאָמַר לָךְ רַב: תַּנָּאֵי הִיא. וְלָאו מִלְּתָא הִיא, דְּמַאי רְבוּתַיְיהוּ דְּרַבִּי אֱלִיעֶזֶר וְר' שִׁמְעוֹן בִּמְקוֹם בֵּית הִלֵּל? הָא ב"ש נַמִי טוּבָא הָווּ, וְאֵין הֲלָכָה כְּמוֹתָן:

גלגל עיסה מערב י"ט מפריש חלה בי"ט. פרש"י: דאע"ג דאין מגביהין תרומות ומעשרות די"ט, והא נמי כתרומת גורן דמיא, שהוא היה יכול להפריש מעי"ט, דהא מאתמול התחיל זמנה להפריש, דתנן (חלה פ"ג): מאימתי חיוב חלה – משגלגל, אפילו הכי מפרישין לה, שלא גזרו על תרומת עיסה, שהרי מותר לגלגל די"ט ולאפות כדי לאכול פת חמה – ואז מותר להפריש ממנה חלה, כיון שבי"ט נלושה, א"כ לא היה הפרשת חלה בכלל איסור הגבהת תרומה, ואפי' כשגלגלה מבעוד יום. עי"ל: דלפי הירושלמי ניחא, דקמיירי שלא גמר הלישה מעי"ט. ואע"ג דסוף סוף היה יכול להפריש מבעוד יום משעת גלגול, מכל מקום, אחר שנגמרה הלישה די"ט – הוה ליה כאילו נעשית כל הלישה די"ט, שרגילות שלא להפריש חלה עד גמר הלישה. ולעולם הפרשת חלה הוי בכלל הגבהת תרומה, היכא דהיה לו להפריש מאתמול. אבל לא מצי למימר דלהכי מחלק בין כסוי, משום דגבי כסוי לא ממנע משמחת י"ט, דאין הכסוי מעכב האכילה, אבל הפרשת חלה – מעכב אכילה, דזה אינו. דהא מיירי הכא בחוצה לארץ, כדאמר בסמוך, וא"כ אוכל ואחר כך מפריש, דמשמע דליכא מאן דפליג בזה. ובתוספתא פי': דטעמא דרבה דמיירי בחוצה לארץ, ולא מחזי כמתקן כיון שבלאו הכי יוכל לאכול. אבל בא"י – מודה רבה. ואין נראה, דמשמע בסמוך דלא שייך כלל לומר זה הטעם, דקאמר: מי לא מודה שמואל שאם קרא וכו'. א"כ, כיון דשם חלה עליה – מיחזי כמתקן. ומשמע לפי הלשון דסברא זו פשוטה. ולכך נראה עיקר כדפי' לעיל, דאפי' בא"י מתיר רבה, ואבוה דשמואל אסר אפי' בחו"ל. ותדע, דהא ודאי הירושלמי מיירי בא"י, ואפילו הכי לא קא אסר אלא היכא דלש, אבל ערס – שרי דהיינו גלגל. ונראה דהלכה כרבה, דהוא בתראה. ודוקא גלגל, שלא נגמרה לישתה לגמרי, דאי נגמרה לגמרי – אפילו רבה מודה דאין מפרישין אותה בי"ט. והכי (ד) נמי איתא בירושלמי: כל הלש עיסה מעי"ט – אין מפרישין חלתה בי"ט. וקאמר: לש – אין, ערס – לא, וה"פ: דוקא לש, דנגמרה מערב י"ט – אין מפרישין, אבל ערס – לא, דלא נגמרה הלישה מערב י"ט – מפריש. והכא נמי מיירי בגלגל, שהוא כמו ערס. והיכא דשכח ולא הפריש מן הפת מעי"ט – קי"ל דחלת חו"ל אוכל והולך ואח"כ מפריש. וא"כ ישייר מן הפת מכל אחד ואחד, ואוכל השאר, ולמחר יפריש חלה. וצריך שתהא גדולה כדי שיהיה לה הכירא אחר הפרשה, דכתיב (במדבר טו) "ראשית" דבעינן שיהיו שיריה ניכרין. והיכא דאפה עריבה מלאה עיסה מערב י"ט, ושכח ולא הפריש חלה מערב י"ט – ישייר פת אחת בשביל כולם עד למחר, מפני שנבלן כאחד. אבל במצות בערב הפסח, אם שכח ולא הפריש – צריך לשייר מכל אחת ואחת, מפני שגיבולן כל אחת ואחת בפני עצמה, ולמחר יניח כל החתיכות בסל אחד, ומצרפן לחלה, ויפריש מן כולם אחת. ומיהו, אם ירצה לעשות דבר קל – יעשה מצה אחת, ויאפה אותה, ויצרפם ויפריש [מאחת על] כל האחרות אגב אותה, מפני שחיובה בא עכשיו:

אין מוליכין הסולם. תימה: אפי' הכין אותם מאתמול, מ"מ אית בהו משום צידה, כדאמרינן לקמן (דף כד.): הצד יוני שובך [ויוני עליה] חייב! וי"ל: דמיירי בקטנים שלא פרחו*:

והאמר רב יהודה אמר רב. אף על גב דרב היה אמורא – מ"מ פריך שפיר, כיון דרב גדול היה בדורו וראש ישיבה לישראל חוץ משמואל, אין סברא דרב חנן פליג עליה: **ורב** כבית שמאי. פרש"י: ומקשה לרב חנן דמוקי דבית הלל לית להו דרב וברה"ר דברי הכל אסור ואפילו ב"ה אסרי וברשות היחיד שרו (ואדרבה) רב לא יאמר הכי, דלא יאמר דלא כהלכתא, אלא יאמר דב"ה שרו אפילו ברה"ר, דשובכו מוכיח עליו, ודלא כוותך, ומשני: תנאי היא, כלומר: רב חנן אמר לך: אין הכי נמי דרב סבר דבית הלל שרו ברה"ר, ופליג עלי, ואנא דאמרי כי ההוא תנא דשוטחן, דלית ליה דרב. וההוא תנא מוקי לה בית הלל כוותיה, דלא התירו אלא ברשות היחיד. וי"מ: דלרב קא פריך, ואמר לך רב תנאי היא דסבירא להו כב"ש, ואנא סבירא לי כהני תנאי. ולא נראה, דמאי אולמייהו דרבי אליעזר ור"ש לגבי בית הלל? הא ב"ש טובא תנאי הוו, ואע"פ כן אין הלכה כמותם:

ולא

רבינו חננאל

גלגל עיסה מערב יו"ט מפריש ממנה חלתה ביו"ט אבוה דשמואל אוסר להפריש חלה ביום טוב מן העיסה שגלגלה מעיו"ט מ"ט שהיה לו להפריש חלתה בעת שגלגל. כדתנן אוכלין עראי מן העיסה עד שתגלגל בחטים ותטמטם בשעורים גלגלה בחטים ותמטמ' בשעורים האוכל ממנה חייב מיתה כיון שנותנת המים מגבהת חלתה. וכבר אמרנו כל שאפשר לו לעשותו מערב יו"ט אינו דוחה את יו"ט ופליגא עליה שמעתא דשמואל בריה דאמר במסכת בכורות פרק עד כמה ישראל חייבין כו'. אמר שמואל תרומת מת חוצה לארץ אוכל והולך ואח"כ מפריש והנה כיון שיש לו עדיין רשות לאכול בלא הפרשת חלה כאלו לא נתחייב ומתמהינן מי לא מודי שמואל שאם הפריש חלה וקרא עליה שם חלה קודם שיאכל חלה אסורה לזרים. וכיון שאילו עשה כך היתה חלתו חלה אפשר לעשותו מערב יו"ט קרינא ביה ולפיכך אין מפרישין אותה ביו"ט: **ירושלמי** תיפתר בעיסה טמאה שאינו יכול להפריש חלתה אלא [לבסוף: **מתני'** בש"א אין מוליכין את הסולם משובך לשובך כו'. עד וב"ה מתירין. אמר רב חנן מחלוקת ברה"ר אבל ברשות] היחיד דברי הכל מותר *). ואקשינן לימא רב דאמר כל מקום שאמרו חכמים מפני מראית העין אסור כגון זה שהרואה אותו מוליך הסולם ברה"ר אומר להטיח גגו הוא צריך אפילו בחדרי חדרים ברה"י אסור כב"ש אמרה לשמעתיה דהא ב"ה ברה"ר אסרי אבל ברה"י שרו ובית שמאי הוא דאסרי ברה"י. ופרקינן תנאי היא. כלומר לא אמר רב על כל החכמים אלא על אותן שאוסרין משום **) מראית העין א' שאוסרין אפילו בחדרי חדרים ועל זולתם לא אמר דתניא שוטחן בחמה הבגדים שנשרו

*) ל' רבינו בזה לאמר ואקשינן קאי אליבא בתרא דברה"י פליגי אבל ברה"ר דברי הכל אסור.

**) פי' רבינו הוא הי"מ שברש"י ותוס'.

עין משפט נר מצוה

סד א מיי' פ"ג מהל' יו"ט הלכה ח סמג לאוין עה טוש"ע א"ח סי' תקו סעיף ג:

סה ב מיי' פ"ה מהלכות בכורים הלכה יב טוש"ע י"ד סי' שכג:

סו ג ד מיי' פרק ה מהל' יו"ט הלכה ד טוש"ע א"ח סי' תקיח סעיף ד:

סז ה ו מיי' פכ"ב מהלכות שבת הל' כ ופ"ה מהלכות יו"ט שם סמג לאוין סה טוש"ע א"ח סי' שא סעיף מה:

מסורת הש"ס

[בכורות כז. ע"ש]

[שבת סד: קמו:] ע"ז יב.

שבת סה. קמו:

[נ"ל אלעזר]

[נ"ל אלעזר]

הגהות הב"ח

(א) גמ' דאמר שמואל חלת תרומה בחוצה לארץ: (ב) רש"י ד"ה חלת תרומה חלה: (ג) ד"ה אין מוליכין וכו' וטעמא דב"ש דאסרי מפרש בגמרא ואע"פ שהוא כצ"ל: (ד) תום' ד"ה גלגל וכו' והכי איתא בירושלמי כצ"ל ותיבת נמי נמחק:

גליון הש"ס

תום' ד"ה והאמר רב יהודה אמר רב וכו' דרב חנן פליג עליה. עי' בב"מ דף מו ע"ב תוס' ד"ה פרי נמי:

[וע"ע תוס' עירובין פח: ד"ה ה"ג וכו']

סח א מיי' פכ"ו מהל' שבת הלכה ז ופ"ה מהל' יו"ט הל' ז טוש"ע א"ח סי' תקיח סעיף ז:

מתניתין דלא כי האי תנא. דתניא, *אמר רבי שמעון בן אלעזר: מודים ב"ש וב"ה שמוליכין את הסולם משובך לשובך. לא נחלקו אלא להחזיר; שב"ש אומרים: אין מחזירין, וב"ה אומרים: אף מחזירין. אמר רבי יהודה: במה דברים אמורים – בסולם של שובך, [א]אבל בסולם של עליה דברי הכל אסור. ר' דוסא אומר: מטהו מחלון לחלון. אחרים אומרים משום רבי דוסא: אף מדדין בו. *בני רבי חייא נפוק לקרייתא. כי אתו אמר להו אבוהון: כלום מעשה בא לידכם? אמרו לו: סולם בא לידינו, והתרנוהו. אמר להם: צאו ואסרו מה שהתרתם. אינהו סבור: מדקא אמר רבי יהודה בסולם של עליה לא פליגי – מכלל דתנא קמא סבר פליגי. ולא היא, רבי יהודה טעמיה דתנא קמא קא מפרש. ממאי – מדקתני: מוליכין את הסולם משובך לשובך, ואי סלקא דעתך בסולם של עליה פליגי, האי "מוליכין את הסולם משובך לשובך"?! "מוליכין את הסולם לשובך" מבעי ליה! אלא לאו הכי קאמר: של שובך – אין, של עליה – לא. ואידך: מי קתני "סולם של שובך"? "משובך לשובך" קתני, ואפי' לכמה שובכין. איכא דאמרי: אמרו לו: הטוי סולם של עליה בא לידינו, והתרנוהו. אמר להם: צאו ואסרו מה שהתרתם. אינהו סבור: מאי דקא אסר תנא קמא – קא שרי רבי דוסא. ולא היא, מאי דקא שרי תנא קמא – קא אסר רבי דוסא. § "אבל מטהו מחלון לחלון וכו'". § אלמא, גבי שמחת יו"ט ב"ש לחומרא וב"ה לקולא. ורמינהי: *השוחט חיה ועוף ביום טוב, ב"ש אומרים: יחפור בדקר ויכסה, וב"ה אומרים: לא ישחוט אא"כ היה לו עפר מוכן מבעוד יום! אמר רבי יוחנן: מוחלפת השיטה. ממאי? דלמא עד כאן לא קאמרי ב"ש התם אלא היכא דאיכא דקר נעוץ, אבל היכא דליכא דקר נעוץ – לא. ואי נמי: עד כאן לא קאמרי בית הלל הכא אלא דשובכו מוכיח עליו, אבל התם לא! אלא, אי קשיא הא קשיא: בית שמאי אומרים: *לא יטול אלא אם כן נענע מבעוד יום, וב"ה אומרים: עומד ואומר זה וזה אני נוטל. אלמא: גבי שמחת יו"ט ב"ש לחומרא וב"ה לקולא, ורמינהי: השוחט חיה ועוף ביו"ט! אמר רבי יוחנן: מוחלפת השיטה. ודלמא לא היא; עד כאן לא אמרי ב"ש אלא היכא דאיכא דקר נעוץ, אבל

מתניתין. דקתני בהולכת סולם פליגי – לאו כי האי תנא, דקתני בהולכה מודו, מפני שצורך י"ט היא: אבל של עליה אסור. דההוא ודאי אמרי: להטיח גגו הוא צריך: מדדין בו. אם החלון רחוק, בא בהטיה – מדדין רגליו של סולם מעט מעט: לקרייתא. לכפרים, לראות שדותיהן: סולם בא לידינו. הולכת סולם של עליה לשובך: מכלל דת"ק סבר. בשל עליה פליגי בחזרה, ומודים בהולכה: טעמיה דת"ק קא מפרש. ובשל עליה ליכא למאן דשרי: ממאי מדקתני. במלתיה דת"ק "משובך לשובך", אלמא: בסולם המיוחד לשובכין קאי: מי קתני סולם של שובך. דנהוי משמע דבשל שובך קאי: משובך לשובך קתני. ולעולם בשל עליה, ורבותא אשמועינן: דיוליכנו מעליה לשובך ראשון, וממנו לכמה שובכין: הטוי סולם של עליה. והוליכו לשובך מבעוד יום, ועכשיו בא להטותו מחלון לחלון: מאי דקא אסר ת"ק. דרבי דוסא, דהוא ר' יהודה, דאמר: בסולם של עליה אסור להוליך – קא שרי רבי דוסא מיהא להטות: ולא היא מאי דקא שרי ת"ק. דהיינו של שובך להוליך – קא אסר ר' דוסא. ואתא למימר: הולכה – אסור, הטיה – שרי, ובשל עליה לא איירי כלל: מוחלפת השיטה. כאן הוחלפה שיטתן, וצריך להפוך דבריהם: וממאי דמוחלפת. ומאי קשיא ליה לר' יוחנן? דלמא טעמייהו דב"ש התם משום דאיכא דקר נעוץ, וליכא צד איסור: אבל היכא דליכא דקר נעוץ. דאיכא צד רמז חפירה – לא שרו, ואפילו בעפר תיחוח, שהוא כחפור ועומד. והכא נמי לא שנא, דהא איכא חשדא דלהטיח גגו: אבל התם לא. דגזרי משום כתישה, דלמא זמנין דבעי כתישה: אלא אי קשיא. מתניתין אהדדי, שהוצרך רבי יוחנן להחליף שיטתן וצריך להפוך דבריהם: הא קשיא. (ב) על זו החליפה: לא יטול. מן הגוזלות בי"ט: אא"כ נענע מבעוד יום. ולא סגי בהכנה בדבור בעלמא, כדמפרש לקמן טעמא: דלמא למחר כי שקיל להו, חיים עלייהו וממליך:

אבל

ולא היא דר"י טעמא דת"ק מפרש. וא"ת: והא כל מקום דתני "במה" לחלוק! וי"ל: דהיינו במשנה, אבל לא בברייתא*:

מאי דקא שרי ת"ק קא אסר רבי דוסא. דאפי' בשאר סולמות לא שרי אלא הטוי. ותימה: רבי דוסא דאמר כמאן? דלכ"ע שרי הולכה בשאר סולמות! וי"ל: דר' דוסא יאמר דלא נחלקו ב"ש וב"ה בדבר זה. משמע דקי"ל כר' דוסא, ותימה: דאמר בעירובין פרק "חלון" (דף עז: ושם): מטלטלין את הסולם, ובכולי שמעתין משמע דאסור לטלטל סולם של עליה, ור' דוסא אוסר אפי' סולם של שובך! וי"ל: דשני מיני סולמות הן, וכן משמע בהדיא פרק "חלון" (שם דף עז:). והתם מיירי בקטנים, *והכא מיירי בגדולים. והר"ר אברהם מבורגו"ל פירש: דהתם מיירי בשבת, דמאי טעמא אסרי לטלטל הסולם – משום דמחזי דלהטיח גגו הוא צריך, ובשבת ליכא חששא, שאסור להוציאו לחוץ. אבל הכא מיירי ביום טוב, דמותר להוציאו לחוץ, וא"כ איכא הך חששא. ולפי זה אסור לטלטל הסולם שלנו בי"ט, ואפילו בביתו, דשמא הלכה כרבי דוסא. ול"ע:

אלמא גבי שמחת י"ט ב"ש לחומרא וכו'. וא"ת: אמאי לא פריך מביצה שנולדה? ופי' הקונט': משום דגבי ביצה לא שייך שמחה, שאין בה שמחת י"ט כ"כ. ומה שמתירין ב"ש – היינו מטעם דלית להו הכנה, ומטעם דלא דמי לפירות הנושרים ולמשקין שזבו:

אמר ר' יוחנן מוחלפת השיטה. פירוש: ההיא דתריסין, דב"ה סברי אין מסלקין התריסין בי"ט. וכל הנך משניות דמייתי – מחליף, ואותה ד"השוחט" כדקאי קאי. וקשה טובא להאי פי', דא"כ מתוקמא לפי המסקנא כל הני שנויי דחיקי דלעיל דמייתי, הואיל ולא מחליף בשום פנים אותה דהשוחט! ועוד קשה: מאי קאמר גבי עור משום דמחזי למזגא עליה, הא מפרש טעמא לקמן (דף יא:) דהתירו סופן משום תחלתן! וע"ק: דא"כ דאותה דהשוחט נשארת במקומה, א"כ רבה ורב יוסף שקלו וטרו (לעיל דף ז:) אליבא דב"ש, וזהו דוחק גדול! ועוד קשה: כיון דמוחלפת ההיא דתריסין – סבירא להו לב"ה דאין מסלקין משום דיש בנין וסתירה בכלים, ובריש פרק "כל הכלים" (שבת דף קכב: ושם) סתים לן תנא דאין בנין וסתירה בכלים! לכך פר"ת: דמוחלפת השיטה – היינו ההיא דהשוחט, דב"ה סברי יחפור בדקר ויכסה וכו', והשתא ניחא הכל, ואומר ר"ת: תמיה אני על מה הצריכו העולם הכנה, וזכור אני דבימי נערותי לא הוי מצריכין כלל, אך עתה לפי מה שטעו דסבורים דמוחלפת לא קאי אהשוחט וכו', וב"ה לחומרא, לפיכך מצריכין הכנה. ומיהו, זה אינו, דלפי פירושו נמי לכל הספחות סברי ב"ה מאי דסברי ב"ש מעיקרא, וב"ש בעו דקר נעוץ, ואפי' בעפר תיחוח בעו הכנה, מדקאמר הכא: עד כאן לא קאמרי ב"ש התם אלא דאיכא דקר נעוץ, משמע אפילו בעפר תיחוח בעו ב"ש דקר נעוץ מבעוד יום משום הכנה, כדפ"ה. ותדע, דאל"כ, הא דקאמר רב יהודה לעיל והוא שיש לו דקר נעוץ – לאו אליבא דב"ה הוא לפי המסקנא, דאמרי ב"ה שיחפור בדקר לכתחלה וישחוט. ואע"ג דמייתי מלתיה דרב יהודה גבי ומודים, מכל מקום קאי אכולה מתניתין כדפרישית. וסברא היא דלא פליגי ב"ש וב"ה אלא בהא. דבכה"ג דשרו ב"ש בדיעבד שרו ב"ה לכתחילה, ולעולם בעו דקר נעוץ משום הכנה. ועוד ראיה: מדקאמר רב יהודה גופיה לעיל (דף ח.) *ממלא קופתו ועושה בה כל צרכו – משמע דבעינן הכנה לפי האמת. ואע"פ שיש לפרש דבשאר צרכים מיירי, כגון לכסות בו צואה, אבל לכסוי דם לא בעינן הכנה – לא משמע הכי לעיל לפי המסקנא. וגם עתה דאמר מוחלפת השיטה אין להחליף פירוש דברי האמוראין. וא"כ, יפה נהגו העולם שלא לכסות רק בעפר מוכן שהוא תיחוח, כגון מגבור של אפר או שראוי לצלות בו ביצה, ולא מעפר תיחוח שע"ג קרקע שהוא בטל אגב קרקע, ולא מאפר הכירה שהוסקה בי"ט, אם אינו ראוי לצלות בו ביצה. ותימה: א"כ, דמוחלפת קאי אההיא דהשוחט, ובית שמאי לחומרא, היכי מונה לה במסכת עדיות גבי הנך דב"ש לקולא ובית הלל לחומרא? וי"ל: דמונה לה לפי הטעות דנשנית קודם דמוחלפת השיטה:

בית

וכגון סולמות של בית

רבינו חננאל

אבל לא כנגד העם דאתי למימר היום רחצם ר' אלעזר ור' שמעון אוסרין ורב לדברי אלו קאמר. ומתני' דמפרש דבמוליכין פליגי ב"ש וב"ה דלא כר' שמעון בן אלעזר דתני דבמוליכין את הסולם משובך לשובך לא פליגי אלא דברי הכל שרי. כי פליגי להחזיר הסולם ממקום שלקחו ממנו שב"ש אוסרין וב"ה מתירין. בד"א שחולקין בסולם של שובך אפילו ב"ה שמתירין משום דשובכו מוכיח עליו אבל בסולם של עלייה דברי הכל אסור. רבי דוסא אומר מטהו מחלון לחלון. דקו בני ר' חייא מדקתני ר' יהודה אומר בסולם של עלייה לא פליגי אלא דברי הכל אסור מכלל דרבי שמעון בן אלעזר סבר דאפילו בסולם של עליי' חולקין להוליכו לשובך וב"ה מתירין והורו להוליך סולם של עלייה לשובך כב"ה אליבא דר' שמעון בן אלעזר דהוא ת"ק דר' יהודה ואמר להן ר' חייא אביהן צאו ואסרו מה שהתרתם שטעיתם ולא דקדקתם יפה. פי' ר' יהודה שדקדקתם שחולק על ר' שמעון בן אלעזר בסולם של עלייה אינו חולק עליו אלא אדרבה איכא למידק הכי מדלא קתני מוליכין את הסולם לשובך סתם דאיכא למימר מ"מ בין מן השובך ובין מן העלייה מן הכל ב"ה מתירין אלא קתני במה דברים אמורים דמוליכין את הסולם משובך לשובך בסולם של שובך אבל בסולם של עלייה דברי הכל אסור שמעינן מינה דר' יהודה מפרש דברי ר' שמעון בן אלעזר. איכא דאמרי לא הורו אלא להטות סולם של עלייה מחלון לחלון דקדקו ואמרינן מאי דאסר ת"ק והיא הולכת הסולם ואפילו הטיית סולם של עלייה. וא"ר דוסא אע"פ שאין מוליכין מותר להטות והורו כר' דוסא. ואמר להם אביהם טעיתם לא כי כי ר' דוסא אינו חולק על ר' יהודה בסולם של עלייה כלל. אלא בסולם של שובך שמתיר ר' יהודה להוליכו. אוסר ר' דוסא בהולכה ואינו מתיר אלא בהיטוי. מדקתני מחלון לחלון ש"מ לא שרי ר' דוסא אלא היטוי מחלון לחלון באותו שובך. אבל משובך לשובך להוליכו לא וכ"ש של עלייה: דייקינן ממתני' דקתני ב"ש אומרים אין מוליכין וב"ה אומרים מוליכין אלמא בשמחת יו"ט ב"ש לחומרא וב"ה לקולא ורמינהו השוחט חיה ועוף ב"ש

[תוספתא פ"א]

[נדה כד. כע"ז מו. כ' רש"י ד"ה בני ר' חייא יהודה וחזקיה שמן]

לעיל ב.

לקמן י.

[ממלא קופתו עפר ועושה כל"ל]

הגהות הב"ח

(א) רש"י ד"ה מדדין וכו' שם בהטיה כצ"ל ותיבת בה נמחק: (ב) ד"ה הא קשיא זו החליפה כצ"ל ותיבת על נמחק:

אֲבָל הֵיכָא דְּלֵיכָּא דֶּקֶר נָעוּץ – לָא, אִי נַמִּי: עַד כָּאן לָא קָאָמְרִי ב"ה הָכָא אֶלָּא כֵּיוָן דְּמוּקְצֶה הוּא, בְּעוֹמֵד וְאוֹמֵר זֶה וְזֶה אֲנִי נוֹטֵל סַגִּי, אֲבָל הָתָם – לָא. אֶלָּא, אִי קַשְׁיָא הָא קַשְׁיָא: *ב"ש אוֹמְרִים: אֵין נוֹטְלִין אֶת הָעֱלִי לְקַצֵּב עָלָיו בָּשָׂר, וּב"ה מַתִּירִין. אַלְמָא: גַּבֵּי שִׂמְחַת יו"ט ב"ש לְחוּמְרָא וּב"ה לְקוּלָּא, וּרְמִינְהִי: הַשּׁוֹחֵט חַיָּה וָעוֹף ב"ש וכו'! אָמַר רַבִּי יוֹחָנָן: מוּחְלֶפֶת הַשִּׁיטָּה. מִמַּאי? דִּלְמָא לָא הִיא; עַד כָּאן לָא קָאָמְרִי ב"ש הָתָם אֶלָּא הֵיכָא דְּאִיכָּא דֶּקֶר נָעוּץ, אֲבָל הֵיכָא דְּלֵיכָּא דֶּקֶר נָעוּץ – לָא. אִי נַמִּי: עַד כָּאן לָא קָאָמְרִי ב"ה הָכָא אֶלָּא דְּאִיכָּא תּוֹרַת כְּלִי עָלָיו, אֲבָל הָתָם – לָא. אֶלָּא, אִי קַשְׁיָא הָא קַשְׁיָא: *ב"ש אוֹמְרִים: אֵין נוֹתְנִין אֶת הָעוֹר לִפְנֵי הַדּוֹרְסָן, וְלֹא יַגְבִּיהֶנּוּ אֶלָּא אִם כֵּן יֵשׁ עָלָיו כַּזַּיִת בָּשָׂר, וּב"ה מַתִּירִין. אַלְמָא: גַּבֵּי שִׂמְחַת יוֹם טוֹב ב"ש לְחוּמְרָא וּב"ה לְקוּלָּא, וּרְמִינְהִי: הַשּׁוֹחֵט חַיָּה וָעוֹף בְּיוֹם טוֹב! וכו' אָמַר רַבִּי יוֹחָנָן: מוּחְלֶפֶת הַשִּׁיטָּה. מִמַּאי? דִּלְמָא לָא הִיא; עַד כָּאן לָא קָאָמְרִי ב"ש הָתָם אֶלָּא הֵיכָא דְּאִיכָּא דֶּקֶר נָעוּץ, אֲבָל הֵיכָא דְּלֵיכָּא דֶּקֶר נָעוּץ – לָא. אִי נַמִּי: עַד כָּאן לָא קָאָמְרִי ב"ה הָכָא אֶלָּא *דַּחֲזֵי לְמִזְגָּא עִלָּוֵיהּ, אֲבָל הָתָם – לָא. אֶלָּא, אִי קַשְׁיָא הָא קַשְׁיָא: ב"ש אוֹמְרִים: *אֵין מְסַלְּקִין אֶת הַתְּרִיסִין בְּיוֹם טוֹב וּב"ה מַתִּירִין אַף לְהַחֲזִיר, אַלְמָא: גַּבֵּי שִׂמְחַת יו"ט ב"ש לְחוּמְרָא וּב"ה לְקוּלָּא, וּרְמִינְהִי: הַשּׁוֹחֵט חַיָּה וָעוֹף בְּיו"ט וכו'! בִּשְׁלָמָא ב"ש אַבֵּית שַׁמַּאי לָא קַשְׁיָא, הָתָם – דְּאִיכָּא דֶּקֶר נָעוּץ, הָכָא – לֵיכָּא דֶּקֶר נָעוּץ. אֶלָּא ב"ה אַבֵּית הִלֵּל קַשְׁיָא! אָמַר רַבִּי יוֹחָנָן: מוּחְלֶפֶת הַשִּׁיטָּה. (*אִי נַמִּי) עַד כָּאן לָא קָאָמְרִי בֵּית הִלֵּל הָכָא אֶלָּא מִשּׁוּם *דְּאֵין בִּנְיָן בְּכֵלִים וְאֵין סְתִירָה בְּכֵלִים, אֲבָל הָתָם – לָא.§ **מתני'** ב"ש אוֹמְרִים: א)לֹא יִטּוֹל אא"כ נִעֲנַע מִבְּעוֹד יוֹם, וּב"ה אוֹמְרִים: ב)אעוֹמֵד וְאוֹמֵר "זֶה וְזֶה אֲנִי נוֹטֵל".§ **גמ'** אָמַר רַב חָנָן בַּר אַמִּי: מַחֲלוֹקֶת בִּבְרֵיכָה רִאשׁוֹנָה, דְּב"ש סָבְרִי: גָּזְרִינַן דִּלְמָא אָתֵי לְאִמְלוֹכֵי, וּב"ה סָבְרִי: לָא גָּזְרִינַן. אֲבָל בִּבְרֵיכָה שְׁנִיָּה – דִּבְרֵי הַכֹּל בְּעוֹמֵד וְאוֹמֵר "זֶה וָזֶה אֲנִי נוֹטֵל" סַגְיָא. וּב"ה, לָמָּה לֵיהּ לְמֵימַר "זֶה וָזֶה אֲנִי נוֹטֵל"? לֵימָא "מִכָּאן אֲנִי נוֹטֵל לְמָחָר"! וְכִי תֵּימָא: ב"ה לֵית לְהוּ בְּרֵירָה, *וְהָתְנַן: גהַמֵּת בַּבַּיִת וְלוֹ פְּתָחִים הַרְבֵּה – כּוּלָּן טְמֵאִים, נִפְתַּח אֶחָד מֵהֶן – הוּא טָמֵא וְכוּלָּן טְהוֹרִין. חִשֵּׁב לְהוֹצִיאוֹ בְּאֶחָד מֵהֶן, אוֹ בַּחַלּוֹן שֶׁיֵּשׁ בּוֹ אַרְבָּעָה עַל אַרְבָּעָה – מַצֶּלֶת עַל כָּל הַפְּתָחִים כּוּלָּן. ב"ש אוֹמְרִים: וְהוּא שֶׁחִשֵּׁב לְהוֹצִיאוֹ עַד שֶׁלֹּא יָמוּת הַמֵּת, וּבֵית הִלֵּל אוֹמְרִים: גאַף מִשֶּׁיָּמוּת הַמֵּת. הָא אִתְּמַר עֲלָהּ, אָמַר רַבָּה: לְטַהֵר אֶת הַפְּתָחִים מִכָּאן וּלְהַבָּא. וְכֵן אָמַר רַבִּי *אוֹשַׁעְיָא: לְטַהֵר אֶת הַפְּתָחִים מִכָּאן וּלְהַבָּא. מִכָּאן וּלְהַבָּא – אִין. לְמַפְרֵעַ – לָא. רָבָא אָמַר: לְעוֹלָם לְמַפְרֵעַ, וְהָכָא הַיְינוּ טַעְמָא: דִּלְמָא מְטַלְטֵל וְשָׁבֵיק, מְטַלְטֵל וְשָׁבֵיק, וְקָא מְטַלְטֵל מִידֵי דְּלָא חֲזֵי לֵיהּ. וְהָא אָמְרַתְּ "בְּעוֹמֵד וְאוֹמֵר זֶה וָזֶה אֲנִי נוֹטֵל סַגְיָא"! דהָנֵי מִילֵּי מֵעֶרֶב יו"ט, אֲבָל

א) [לעיל ט:] ב) [חולין קמב.]

אֲבָל הֵיכָא דְּלֵיכָּא דֶּקֶר נָעוּץ **לָא.** וְהָא נַמִּי לְהָא דָּמְיָא, דִּלְמָא מִמְלִיךְ, וְאִשְׁתַּכַּח דְּטִלְטְלָהּ בִּכְדִי, דְּכֵיוָן דְּמַמְלִיךְ – בָּטְלָה לָהּ הַזְמָנָה לְמַפְרֵעַ: **אֶלָּא כֵּיוָן דְּמוּקְצֶה הוּא.** כֵּיוָן דְּאֵינוֹ אָסוּר אֶלָּא מִשּׁוּם מוּקְצֶה, בְּהַזְמָנָה בְּעָלְמָא סַגִּי: **אֶת הָעֱלִי.** דַּף עָב וְכָבֵד, וְכוֹתְשִׁין בּוֹ חִטִּים לְטַרְגִּים וְטִיסָנֵי, וַהֲוֵי מְלַאכְתּוֹ לְאִיסּוּר. וְקָא סָבְרִי ב"ש: אָסוּר לְטַלְטְלוֹ וַאֲפִי' לְצוֹרֶךְ גּוּפוֹ, שֶׁצָּרִיךְ לְגוּף הַכְּלִי לִמְלָאכָה הַמּוּתֶּרֶת הַיּוֹם: **תּוֹרַת כְּלִי עָלָיו.** וְאַף עַל פִּי שֶׁמְּלַאכְתּוֹ לְאִיסּוּר – מוּתָּר לְטַלְטְלוֹ לְצוֹרֶךְ גּוּפוֹ: **אֵין נוֹתְנִין אֶת הָעוֹר.** שֶׁהוּפְשַׁט בְּיוֹם טוֹב: **לִפְנֵי הַדּוֹרְסָן.** לֹא יַשְׁטִחֶנּוּ בִּמְקוֹם דְּרִיסַת הָרַגְלַיִם, שֶׁזֶּהוּ צוֹרֶךְ עִבּוּד, שֶׁמִּתְעַבֵּד ע"י הַדְּרִיסָה: **וּב"ה מַתִּירִין.** קס"ד מִשּׁוּם שִׂמְחַת יוֹם טוֹב, דְּאִי לָא שָׁרֵית לֵיהּ – לָא שָׁחֵיט: **לְמִזְגָּא עִלָּוֵיהּ.** כֵּן הָיְתָה יְשִׁיבָתָם: שׁוֹטְחִין בְּגָדִים עַל גַּבֵּי הַקַּרְקַע, וְנִסְמָכִין וְיוֹשְׁבִין עַל בִּרְכֵּיהֶן כְּפוּפִין, כִּדְאָמְרִינַן בִּפְסָחִים (דף קח.): הֲוָה זָגֵינַן אַבִּרְכֵּי דַּהֲדָדֵי, וּמְלַאכְתּוֹ שְׁטִיחָתוֹ צוֹרֶךְ יו"ט: **תְּרִיסִין.** דַּלְתוֹת הַחַלּוֹנוֹת שֶׁל חֲנוּיוֹת, שֶׁסּוֹגְרִין בָּהֶן הַחַלּוֹנוֹת בַּלַּיְלָה, וּמְסַלְּקִין אוֹתָם בַּיּוֹם. וְנוֹתְנִין אוֹתָן לִפְנֵיהֶם, וְשׁוֹטְחִין עֲלֵיהֶן תַּבְלִין לִמְכּוֹר לָרַבִּים. וּבְיו"ט מוּתָּר לִיקַּח מֵחֶנְוָנִי הַמַּכִּיר אוֹתוֹ, וּבִלְבַד שֶׁלֹּא יַזְכִּיר סְכוּם מִקָּח: **אַף לְהַחֲזִיר.** וְלִסְגּוֹר בָּהֶן. וַחֲזָרָה וַדַּאי שֶׁלֹּא לְצוֹרֶךְ הִיא, וַאֲפִילּוּ דְּאָמְרִינַן אֵין בִּנְיָן בְּכֵלִים – טִרְחָא דְּלָאו צוֹרֶךְ מִיהָא הָוֵה, וְקָא שָׁרֵינַן לֵיהּ מִשּׁוּם תַּחֲלָתָן, כִּדִלְקַמָּן. **אַלְמָא:** מִשּׁוּם שִׂמְחַת יו"ט מְקִילִינַן, וְקַשְׁיָא ב"ה דְּכִסּוּי: **הָכָא לֵיכָּא** דֶּקֶר נָעוּץ. כְּלוֹמַר, לֵיכָּא טַעְמָא לְהֶתֵּירָא, דְּקָא סָבְרִי: יֵשׁ בִּנְיָן בְּכֵלִים: **מתני'** עוֹמֵד וְאוֹמֵר. מִבְּעוֹד יוֹם: **גמ'** בִּבְרֵיכָה רִאשׁוֹנָה. דֶּרֶךְ מְגַדְּלֵי יוֹנִים לְהַנִּיחַ בְּרֵיכָה רִאשׁוֹנָה שֶׁל כָּל שָׁנָה, לִהְיוֹת לָוֵות לְאִמָּהּ: גָּזְרִינַן. כִּי שָׁקֵיל לְהוּ לְמָחָר אָתֵי לְאִמְלוֹכֵי, וְחָיֵיס עֲלַיְיהוּ, וַהֲוֵי לֵיהּ טִלְטוּל שֶׁלֹּא לְצוֹרֶךְ, וּמִשֶּׁנִּעֲנַע וּמְשַׁמֵּשׁ בָּהֶן מִבְּעוֹד יוֹם לִשְׁחִיטָה וְלָא חַס עֲלַיְיהוּ – תּוּ לָא חָיְישִׁינַן דְּחָיֵיס: **בְּרֵיכָה.** קוּבִי"ד בְּלַעַ"ז. שֶׁהַיּוֹנִים יוֹלְדִים בְּרֵיכָה בְּכָל חֹדֶשׁ וָחֹדֶשׁ, וְהֵן שְׁנֵי גוֹזָלוֹת זָכָר וּנְקֵבָה, וּמַפְסִיקִין בִּתְקוּפַת טֵבֵת, וְחוֹזְרִים וְיוֹלְדִים בְּנִיסָן: **לֵית לְהוּ בְּרֵירָה.** וְכִי שָׁקֵיל לְמָחָר – דִּלְמָא לָא הָנֵי אַזְמִין, וְהוּא לֹא הִזְמִין אֶת כּוּלָּם, אֶלָּא כְּדֵי צָרְכּוֹ: **וְלוֹ פְּתָחִים הַרְבֵּה.** כּוּלָּם פְּתוּחִים אוֹ כּוּלָּם סְגוּרִים: **כּוּלָּם טְמֵאִים.** כָּל כֵּלִים הַמּוּנָּחִים בַּחֲלַל הַפְּתָחִים תַּחַת עוֹבִי הַתִּקְרָה שֶׁל פֶּתַח – טְמֵאִים, וְאע"פ שֶׁאֵינוֹ תַּחַת הַגַּג הַמַּאֲהִיל עַל הַמֵּת]. שֶׁגָּזְרוּ חֲכָמִים טוּמְאָה עַל מָקוֹם שֶׁהוּא דֶּרֶךְ יְצִיאַת הַטּוּמְאָה, שֶׁסּוֹפוֹ לָצֵאת דֶּרֶךְ שָׁם. וְכָאן אֵין אָנוּ יוֹדְעִים בְּאֵיזֶה יוֹצִיאֶנּוּ, הִלְכָּךְ כּוּלָּם טְמֵאִים: **נִפְתַּח אֶחָד מֵהֶם.** לְאַחַר מִיתַת הַמֵּת: **הוּא טָמֵא.** בֵּין כֵּלִים דִּמְעִיקָּרָא, בֵּין כֵּלִים דִּלְבַסּוֹף הַמּוּבָאִין לוֹ מִבַּחוּץ: **וְכוּלָּן טְהוֹרִים.** לְדִבְרֵי הַכֹּל מוֹקְמִינַן לְהוּ, דְּמוֹדוּ הַכֹּל מִכָּאן וּלְהַבָּא בְּכֵלִים הַמּוּבָאִים לְתוֹכָן אַחֲרֵי כֵן מִבַּחוּץ, דְּוַדַּאי בְּהַהוּא דְּנִפְתַּח מַפֵּיק לֵיהּ: **אַרְבָּעָה עַל אַרְבָּעָה.** דְּבָךְ שִׁעֲרוּהוּ שֶׁרָאוּי לְהוֹצָאַת מֵתִים: **מַצֶּלֶת עַל כָּל הַפְּתָחִים.** מִלְּטַמֵּא כְּאִילּוּ נִפְתַּח: **אַף מִשֶּׁיָּמוּת הַמֵּת.** וְקס"ד דִּבְבְרֵירָה פְּלִיגִי, וּבְכֵלִים שֶׁהָיוּ בָּהֶם בֵּין מִיתָה לְמַחֲשָׁבָה. ב"ש סָבְרִי: לָא אָמְרִי' הוּבְרַר דִּמְעִיקָּרָא דַּעְתֵּיהּ לְהָכִי הֲוָאִי, וְלֹא יָרְדָה הַטּוּמְאָה לִשְׁאָר הַפְּתָחִים. וּב"ה סָבְרִי: הוּבְרַר. וּלְמַאי דְּס"ד הַשְׁתָּא סְבִירָא לָן דִּבְנִפְתַּח אֶחָד מֵהֶם נַמִּי הֲוֵי פְּלִיגֵי בְּכֵלִים דִּמְעִיקָּרָא, וּטְהוֹרִין דְּקָא תָּנֵי לְעֵיל לְדִבְרֵי הַכֹּל – בְּכֵלִים דְּמִכָּאן וּלְהַבָּא: **הָא אִתְּמַר עֲלָהּ כו'.** וַאֲפִי' ב"ה לֵית לְהוּ הוּבְרַר, וְאֵין מְטַהֲרִין אֶלָּא כֵּלִים דִּלְבַסּוֹף, דִּלְאַחַר מַחֲשָׁבָה, אֲבָל הָרִאשׁוֹנִים – טְמֵאִים. וּב"ש מְטַמְּאִין אַף הָאַחֲרוֹנִים, דְּקָא סָבְרִי: מִשֶּׁיָּרְדָה תּוֹרַת טוּמְאָה לַפְּתָחִים לִפְנֵי מַחֲשָׁבָה, בְּמִיתַת הַמֵּת – שׁוּב אֵינוֹ עוֹלֶה מֵהֶם אֶלָּא עַל יְדֵי מַעֲשֶׂה, כְּגוֹן נִפְתַּח, וּבְנִפְתַּח אֶחָד מֵהֶם לָא פְּלִיגֵי מִידֵי: **רָבָא אָמַר לְעוֹלָם לְמַפְרֵעַ.** נַמִּי מְטַהֲרִין ב"ה, דְּאִית לְהוּ בְּרֵירָה. וְהָכָא בְּמַתְנִיתִין הַיְינוּ טַעְמָא: דְּצָרִיךְ לְבָרֵר וְלוֹמַר: אֵלּוּ אֲנִי נוֹטֵל. דִּלְמָא לְמָחָר מְטַלְטֵל וּבוֹדֵק הַשְּׁמֵנִים, וְשָׁבֵיק הָא וְשָׁקֵיל אִידָךְ, נִמְצָא מְטַלְטֵל מַה שֶּׁלֹּא הִזְמִין. שֶׁהֲרֵי לֹא הָיָה דַּעְתּוֹ אֶלָּא בִּכְדֵי צָרְכּוֹ, הִלְכָּךְ אוֹמֵר: זֶה וְזֶה אֲנִי נוֹטֵל, וּלְמָחָר עַל כָּרְחֵיהּ הָנֵי מִילֵּי דְּשָׁקֵיל: **וְהָא אָמְרַתְּ בְּעוֹמֵד.** מֵרָחוֹק וְאֵין מְנַעְנֵעַ סַגְיָא, אַלְמָא לֹא בָּדַק מֵאֶתְמוֹל הַכְּחוּשִׁים וְהַשְּׁמֵנִים, וְאַכַּתִּי אִיכָּא לְמֵיחַשׁ: **ה"מ מֵעֶרֶב י"ט.** כְּלוֹמַר: הֵיכָא דְּיָדַע מֵעֶרֶב י"ט דְּהָנֵי הוּא דְּאַזְמִינַן, דְּתוּ בֵּין שֶׁהֵן כְּחוּשִׁין בֵּין שֶׁהֵן שְׁמֵנִים – לָא שָׁקֵיל אַחֲרִינֵי, שֶׁהֲרֵי יוֹדֵעַ שֶׁמּוּקְצִין הֵם, שֶׁלֹּא זִמְנָן: אֲבָל

ב"ש אומרים והוא שחשב עליו וכו' וב"ה **אומרים אף** משימות המת. וקא סלקא דעתך דמיירי בכלים דלמפרע. וה"ה דפליגי כשנפתח אחד מהם, ובכלים דלמפרע. והא דקאמר לעיל נפתח אחד מהם הוא טמא והן טהורין, ולא פליגי ב"ש – מיירי בכלים הבאים אחר כן שם. ותימה: אדפליגי בחשב, ליפלגו בנפתח ובכלים דלמפרע! וי"ל: דנקט חשב משום רבותא דב"ה, דאפי' במחשבה דעלמא פליגי, דמועיל להציל כל הפתחים אחרים. אבל תימה: לב"ה, דאית להו ברירה, היכי משכחת כשמת בבית ולו פתחים הרבה דכולן טמאים? הא איכא למימר: לבסוף, כשמוליאין בההוא פתח – הוברר הדבר מתחלה דסופו לצאת דרך שם! וי"ל: כגון שעשאו פתח חדש והוליאו המת, דלא שייך ברירה. (א) א"נ: מיירי דנשאר המת במקומו:

איכא

סט א מיי' פ"ב מהל' יו"ט הלכה ה טוש"ע א"ח סי' תנז סעיף י:

ע ב ג מיי' פ"ז מהל' טומאת מת הלכה ב סמג עשין רלח:

עא ד מיי' פ"ב מהל' יו"ט הלכ' ה טוש"ע א"ח סי' תנז סעיף י:

רבינו חננאל

ב"ש אומר' (דאמר) יחפור בדקר ויכסה. וב"ה אוסרין ופריק ר' יוחנן מוחלפת השיטה כלומר הפוך דברי ב"ש לב"ה ודברי ב"ה לב"ש. ודחינן ודלמא שאני התם דאיכא דקר נעוץ וכו'. על זה הדרך השמועה כלה ופשוטה היא: **פיסקא** בש"א לא יטול אלא א"כ נענע מבע"י כו'. אוקמה רב חנן בבריכה ראשונה. פירוש באפרוחין חדשין שלא הולידו בזה השובך אלא בריכה אחת והן הן שבשובך. ואין שם אפרוחין זולתן. ב"ש סברי אם לא יכנס בשובכו מעיו"ט ויעמד עליו חיישינן שמא כשיבא ביו"ט ליטול האפרוחין יראה השובך שאין בו יונים הרבה ויתירא ליטול מהם שמא כיון שלא ימצאו במי יצטוותו יברחו הנשארים ואם לא ינענע מקרי ואמר זה וזה אני נוטל ומתנחם ולא יטול ונמצא בטל בשמחת יו"ט אלא אם יבא ויראה וינענע ויעשה מעשה ודאי ביו"ט אינו מתנחם. וב"ה כולי האי לא חיישינן אלא באומר זה וזה אני נוטל. *)אע"פ שלא עיין האפרוחים אלא אמר מעיו"ט מזה השובך אני נוטל מחר אותם שיטול ביו"ט נתברר הדבר כי הן הן שהזכיר מעיו"ט. וכי תימא ב"ה לית להו ברירה והתנן באהלות פ"ז המת בבית ולו פתחין הרבה כולן טמאין. נפתח אחד מהן הוא טמא וכולן טהורין חישב להוציאו באחד מהן כו'. עד ובה"א אף משימות המת פירוש אלו הפתחים יש מהן שלהן **) כגון זיזין מבחוץ והמת בבית ומאהילין הזיזין שהן מחוץ הפתח על בני אדם או על כלים כולן טמאין שאין לך פתח [שאינו עשוי] לבא ולצאת וקיי"ל שכל פתח העומד להפתח כפתוח דמי. ואינו חוצץ בפני הטומאה אלא דבר הסותם לגמרי ותנן בפרק כיצד צולין מן האגף ולפנים כלפנים מן האגף ולחוץ כלחוץ. ואסיקנא אגף עצמו בשערי עזרה כלפנים בשערי ירושלים כלחוץ מפני שמצורעין מגינין תחתיהן בחמה ובגשמים ואם נפתח אחד מהם נשארה סתימת הפתחים האחרים סתימה לגמרי וחוצצת וכל מי שתחת הזיזין שלהם טהור הוא. ולא תימא דלא מטהרי שאר פתחין עד שפתח אחד מהן אלא אפילו לא פתח אלא חישב לפותחו בלבד טהרו שאר הפתחין. מיהו בש"א צריך לחשוב קודם שימות המת. ובה"א אף משימות המת אם יחשוב דיו דייקינן מינה כיון דאמרי' ב"ה אף משימות המת דיו כלומר משעה שמת המת בבית כל מה שהיה תחת הזיזין ותחת האגף שעל כל הפתחין בין אדם ובין כלים טהורין דכיון דחישב עכשיו לפתוח הפתח פלוני הוא טמא וכולן טהורין. ונתברר אחר שהסכים עכשיו לפותחו כאלו הוי פתוח מקודם לכן. והנה יש לב"ה ברירה. ופרקינן לעולם לית להו ברירה ומשנתנו זו האתמר עלה אמר רבה לטהר את כל הבא תחת האגף ותחת הזיז שעל הפתחין מאחרי שחישב אבל מה שהיה למפרע לא אלא כל מה שהיה מקודם תחת האגף ותחת כל הפתחין טמאין ואע"ג דלענין שבת שנינו איסקופה משמשת ב' רשויות בזמן שהפתח פתוח לפנים נעול כלחוץ הכא לענין טומאה לא אלא כיון שעומד ליפתח כפתוח דמי ר' אבא אמר למפרע ואית ליה ברירה. והכא היינו טעמא דב"ה שצריך לומר זה וזה. שאם תאמר לו במיכן אני נוטל למחר

*) נראה דחסר כאן וצ"ל אני נוטל סגי ופרכינן למה לי למימר זה וזה אני נוטל אע"פ שלא עיין וכו'. **) אולי צ"ל שלהן אוהל כגון זיזין וכו'.

לקמן יא. [שבת קכג.]

ג"ז שם

[לקמן יא:]

ג"ז שם

נ"א דילמא לא היא

[לקמן יא: כב. שבת קכב: עירובין לה.]

עירובין סח. לקמן לז: ע"ש אהלות פ"ז מ"ג

[לקמן לז: ע"ש עי' תוס' עירובין סח. ד"ה אמר]

הגהות הב"ח

(א) תוס' ד"ה ב"ש וכו' א"נ מיירי דנשאר נ"ב ס"א דנשרף:

הגהות מהר"ב רנשבורג

א] רש"י ד"ה כולם טמאים וכו' שגזרו חכמים טומאה וכו'. נ"ב עיין לקמן דף ל"ח ע"א רש"י ד"ה בלאורייתא וכו' פי' דהוא הלכה למשה מסיני ועיין שיטה מקובלת כאן הרגיש בזה. ועיין מ"ש בספר דרך אניה בלב ים ודו"ק. וע"ע בתוי"ט פ"ז דאהלות מ"ש בזה ובפ"י כאן:

נִינְהוּ, וְחַד מִנַּיְיהוּ אֲזַל לְעָלְמָא. לֵימָא מַתְנִי' רַבִּי הִיא וְלָא רַבָּנַן, *דְּתַנְיָא: הִנִּיחַ מָנֶה וּמָצָא מָאתַיִם – חוּלִּין וּמַעֲשֵׂר שֵׁנִי מְעוֹרָבִין זֶה בָּזֶה, דִּבְרֵי רַבִּי. וַחכ"א: הַכֹּל חוּלִּין. הִנִּיחַ מָאתַיִם וּמָצָא מָנֶה – מָנֶה מוּנָּח וּמָנֶה מוּטָּל, דִּבְרֵי רַבִּי. וַחכ"א: הַכֹּל חוּלִּין. אֲפִילּוּ תֵּימָא רַבָּנַן, הָא אִתְּמַר עֲלָהּ, ר' יוֹחָנָן וְר"א דְּאָמְרִי תַּרְוַיְיהוּ: שָׁאנֵי גּוֹזָלוֹת הוֹאִיל וַעֲשׂוּיִין לְדַדּוֹת. וְלָמָּה לִי לְשַׁנּוּיֵי עֲלָהּ שָׁאנֵי גּוֹזָלוֹת הוֹאִיל וַעֲשׂוּיִין לְדַדּוֹת? וְהָא אִתְּמַר עֲלָהּ דְּהַהִיא דְּרַבִּי יוֹחָנָן וְר' אֶלְעָזָר; חַד אָמַר: בִּשְׁנֵי כִּיסִין מַחֲלוֹקֶת, אֲבָל בְּכִיס אֶחָד – דִּבְרֵי הַכֹּל חוּלִּין. וְחַד אָמַר: בְּכִיס אֶחָד מַחֲלוֹקֶת, אֲבָל בִּשְׁנֵי כִיסִין – דִּבְרֵי הַכֹּל מָנֶה מוּנָּח וּמָנֶה מוּטָּל. בִּשְׁלָמָא לְמ"ד בִּשְׁנֵי כִיסִין מַחֲלוֹקֶת – הַיְינוּ דְּאִיצְטְרִיךְ לְשַׁנּוּיֵי הָכָא שָׁאנֵי גּוֹזָלוֹת הוֹאִיל וַעֲשׂוּיִין לְדַדּוֹת. אֶלָּא לְמ"ד בְּכִיס אֶחָד מַחֲלוֹקֶת, אֲבָל בִּשְׁנֵי כִיסִין – דִּבְרֵי הַכֹּל מָנֶה מוּנָּח וּמָנֶה מוּטָּל, הַשְׁתָּא לָמָּה לִי לְשַׁנּוּיֵי עֲלָהּ? הָא אָמַרְתְּ בִּשְׁנֵי כִיסִין לָא פְּלִיגִי! אָמַר רַב אַשִׁי: הָכָא בְּגוֹזָלוֹת מְקוּשָּׁרִים *וְכִיסִים מְקוּשָּׁרִים עָסְקִינַן. גּוֹזָלוֹת – מְנַתְּחִי אַהֲדָדֵי, כִּיסִין – לָא מְנַתְּחִי אַהֲדָדֵי. וְרַבִּי אָמַר לָךְ: כִּיסִין נַמִּי, זִמְנִין דְּמִתְעַכֵּל

רש"י

אֲבָל בְּיוֹם טוֹב אָסוּר, דְּזִימְנִין דְּמִשְׁתַּכְּחִי שְׁמֵנִים כְּחוּשִׁים, וּכְחוּשִׁים שְׁמֵנִים, וְקָמְטַלְטֵל מִידֵי דְּלָא חֲזֵי לֵיהּ. אִי נַמִּי זִימְנִין דְּמִשְׁתַּכְּחִי כֻּלְּהוּ כְּחוּשִׁים, וְשָׁבֵיק לְהוּ, וְאָתֵי לְאִמְנוּעֵי מִשִּׂמְחַת יוֹם טוֹב.§ **מתני'** זִמֵּן שְׁחוֹרִים וּמָצָא לְבָנִים, לְבָנִים וּמָצָא שְׁחוֹרִים, שְׁנַיִם וּמָצָא שְׁלֹשָׁה – אֲסוּרִים. שְׁלֹשָׁה וּמָצָא שְׁנַיִם – מוּתָּרִים. בְּתוֹךְ הַקֵּן וּמָצָא לִפְנֵי הַקֵּן – אֲסוּרִין, וְאִם אֵין שָׁם אֶלָּא הֵם – הֲרֵי אֵלּוּ מוּתָּרִים.§ **גמ'** פְּשִׁיטָא! אֲמַר רַבָּה: הָכָא בְּמַאי עָסְקִינַן – [א]כְּגוֹן שֶׁזִּמֵּן שְׁחוֹרִים וּלְבָנִים, וְהִשְׁכִּים וּמָצָא שְׁחוֹרִים בִּמְקוֹם לְבָנִים, וּלְבָנִים בִּמְקוֹם שְׁחוֹרִים. מַהוּ דְּתֵימָא: הָנֵי אִינְהוּ נִינְהוּ, וְאִתְהַפּוּכֵי אִתְהַפּוּךְ, קמ"ל: הָנָךְ אָזְדוּ לְעָלְמָא, וְהָנֵי אַחֲרִינֵי נִינְהוּ. לֵימָא מְסַיֵּיעַ לֵיהּ לְר' חֲנִינָא, דְּאָמַר ר' חֲנִינָא: *[ב]רוֹב וְקָרוֹב – הַלֵּךְ אַחַר הָרוֹב. כִּדְאָמַר אַבַּיֵי: *בְּדַף, הָכָא נַמִּי בְּדַף.§ [ג]"שְׁנַיִם וּמָצָא שְׁלֹשָׁה אֲסוּרִין".§ מַה נַּפְשָׁךְ, אִי אַחֲרִינֵי נִינְהוּ – הָא אַחֲרִינֵי נִינְהוּ, וְאִי לָא אַחֲרִינֵי נִינְהוּ – הָא אִיכָּא חַד דְּמְעָרַב בְּהוּ.§ [ד]"שְׁלֹשָׁה וּמָצָא שְׁנַיִם מוּתָּרִין".§ מ"ט? הָנֵי אִינְהוּ

אֲבָל בְּי"ט. כְּשֶׁבָּא לְבָרְרָן בְּי"ט, כְּלוֹמַר שֶׁלֹּא בֵּרֵר דְּבָרָיו מִבְּעוֹד יוֹם, וְסוֹמֵךְ עַל בְּדִיקַת מָחָר שֶׁיִּבְדּוֹק אֶת כּוּלָּן: דְּזִימְנִין דְּמִשְׁתַּכְּחִי שְׁמֵנִים כְּחוּשִׁין וּכְחוּשִׁין שְׁמֵנִים. אוֹתָם הַנִּרְאִים שְׁמֵנִים לְמַרְאֵה עֵינָיו נִמְצָאִים כְּחוּשִׁין בְּמִשְׁמוּשָׁן, וְהַכְּחוּשִׁים נִמְצָאִים שְׁמֵנִים: מִידֵי דְּלָא חֲזֵי לֵיהּ. כָּל אוֹתָן שֶׁטִּלְטֵל יוֹתֵר עַל צָרְכּוֹ – מוּקְצִים הָיוּ: אִי נַמִּי גָּרְסִינַן. אִי נַמִּי זִימְנִין דְּמִשְׁתַּכְּחִי כֻּלְּהוּ כְּחוּשִׁין. וְקָא מִמְנַע מִשִּׂמְחַת י"ט. וְכָל זֶה עַל יְדֵי שֶׁלֹּא בֵּרֵר אֶתְמוֹל דְּבָרָיו, לְפִיכָךְ סָמַךְ עַל שֶׁקֶר, לוֹמַר: אִי אֶפְשָׁר שֶׁלֹּא יְהוּ שְׁנַיִם אוֹ שְׁלֹשָׁה טוֹבִים, וּלְמָחָר נִמְצְאוּ כּוּלָּם רָעִים. אֲבָל כְּשֶׁאַתָּה מַזְקִיקוֹ לְבָרֵר – שׁוּב אֵינוֹ סוֹמֵךְ אֶלָּא עַל אֵלּוּ, בֵּין הָיוּ שְׁמֵנִים אוֹ כְּחוּשִׁין, וּלְדַעַת כֵּן זִמְּנָן, וּבָא וְנוֹטְלָן, וְלָא מִמְנַע: **מתני'** זִמֵּן שְׁחוֹרִים. וְלֹא הָיָה שָׁם עוֹד, וּלְמָחָר מָצָא הַכֹּל לְבָנִים – וַדַּאי הַמְזוּמָּנִים הָלְכוּ לָהֶם, וְאֵלּוּ אֲחֵרִים דַּאֲתוּ לְהוּ מֵעָלְמָא לַשּׁוֹבָךְ. וְכֵן שְׁנַיִם וּמָצָא שְׁלֹשָׁה, וְאֵינוֹ מַכִּיר אֶת הַמּוּכָנִים – כּוּלָּם אֲסוּרִים: שְׁלֹשָׁה וּמָצָא שְׁנַיִם מוּתָּרִים. הָאֶחָד הָלַךְ וְהַשְּׁנַיִם נִשְׁאֲרוּ, וְלָא אָמְרִינַן: הוֹאִיל וְהָאֶחָד הָלַךְ – כֵּן הָלְכוּ כּוּלָּם, וְאֵלּוּ אֲחֵרִים הֵם: זִמֵּן בְּתוֹךְ הַקֵּן וּמָצָא לִפְנֵי הַקֵּן. וּבְתוֹךְ הַקֵּן לֹא מָצָא כְּלוּם, הֲרֵי אֵלּוּ אֲסוּרִים. וּבַגְּמָרָא מְפָרֵשׁ לָהּ: **גמ'** כְּגוֹן שֶׁזִּמֵּן שְׁחוֹרִים וּלְבָנִים. בִּשְׁנֵי קִנִּין. וְכָל הַקִּנִּין מוּבְדָּלִין בִּמְחִיצּוֹת וַעֲלִיּוֹת, כְּדֶרֶךְ כָּל שׁוֹבָכִין עֲשׂוּיִין עֲלִיּוֹת הַרְבֵּה, וְכָל עֲלִיָּה יֵשׁ בָּהּ מְחִיצּוֹת הַרְבֵּה: הִשְׁכִּים וּמָצָא כו'. וְהָכִי קָאָמַר: זִמֵּן שְׁחוֹרִים בְּקֵן זֶה וּמָצָא בּוֹ לְבָנִים, וּלְבָנִים זִמֵּן בַּשֵּׁנִי וּמָצָא בּוֹ שְׁחוֹרִים: דְּרַבִּי חֲנִינָא. בְּבָבָא בַּתְרָא בְּ"לֹא יַחְפּוֹר": רוֹב וְקָרוֹב. אִם בָּא מַעֲשֶׂה לְפָנֵינוּ, וְיֵשׁ לִתְלוֹתוֹ בְּדָבָר הַקָּרוֹב לוֹ לְהַתִּיר אוֹ לֶאֱסוֹר, וְיֵשׁ לִתְלוֹתוֹ אַחַר הָרוֹב לְעִנְיָן אַחֵר, חִלּוּף הַקָּרוֹב – הַלֵּךְ אַחַר הָרוֹב. וּמַתְנִי' נַמִּי הָכִי אָמַר, דְּהָא אִיכָּא לְמִתְלִינְהוּ לְהָנָךְ שְׁחוֹרִים בְּאוֹתָם שֶׁהָיוּ אֶתְמוֹל בַּקֵּן שֶׁבְּצִדּוֹ, וְכֵן הַלְּבָנִים, וְלוֹמַר נֶהֶפְכוּ. וְלָא תָּלֵינַן, אֶלָּא אָמְרִינַן מֵעָלְמָא אָתוּ וּמְרוּבָּא פֵּירְשׁוּ: כִּדְאָמַר אַבַּיֵי. לְקַמָּן: בְּדַף. שֶׁיֵּשׁ דַּף לִפְנֵי הַשּׁוֹבָךְ, בּוֹלֵט וְיוֹצֵא מִמֶּנּוּ, וְשָׁם בָּאִים וְיוֹשְׁבִין יוֹנִים דְּמֵעָלְמָא תָּדִיר. שֶׁיְּרֵאִים לִיכָּנֵס לַקֵּן, מִפְּנֵי שֶׁאוֹתָן שֶׁבַּקֵּן מְגָרְשִׁים אֶת כָּל הַבָּא אֲלֵיהֶן. וּכְשֶׁיּוֹצְאִין מִשּׁוֹבָךְ – אֵלּוּ נִכְנָסִין. הִלְכָּךְ, חָיְישִׁינַן שֶׁמָּא מִן הַדַּף בָּאוּ לַקִּנִּין, הִלְכָּךְ אֲסוּרִים. דְּהָווּ לְהוּ כֻּלְּהוּ קְרוֹבִים, שֶׁבַּדַּף וְשֶׁבַּקֵּן, הִלְכָּךְ זִיל בָּתַר רוּבָּא: מַה נַּפְשָׁךְ כו'. פֵּירוּשָׁא דְּמַתְנִיתִין הִיא. כְּלוֹמַר: לְהָכִי אֲסוּרִים, דְּמַה נַּפְשָׁךְ לְהַתִּירָם: [*לֵימָא מַתְנִיתִין רַבִּי הִיא. הָא מַתְנִיתִין סְתָמָא הִיא, וַהֲלָכָה כִּסְתָם מִשְׁנָה. וְתַנְיָא קי"ל (*כתובות כא.): הֲלָכָה כְּרַבִּי מֵחֲבֵירוֹ וְלֹא מֵחֲבֵירָיו]: הִנִּיחַ מָנֶה. מִמָּעוֹת מַעֲשֵׂר שֵׁנִי בַּתֵּיבָה: חוּלִּין וּמַעֲשֵׂר שֵׁנִי מְעוֹרָבִין זֶה בָּזֶה. הָאֶחָד חוּלִּין, וְאֵינוֹ יוֹדֵעַ אֵיזֶהוּ, וְנוֹטֵל הַיָּפֶה שֶׁבָּהֶן וְאוֹמֵר: אִם (*הִיא זוֹ) שֶׁל מַעֲשֵׂר – הֲרֵי יָפֶה, וְאִם חוּלִּין הִיא – תְּהֵא חֲבֶרְתָּהּ מְחוּלֶּלֶת עָלֶיהָ: הַכֹּל חוּלִּין. הוֹאִיל וְלֹא מָצָא כְּמוֹ שֶׁהִנִּיחַ – חוּלִּין לְהָקֵל, וְלוֹמַר: נָטַל אֶת הָרִאשׁוֹן וְהִנִּיחוֹ בְּמָקוֹם אַחֵר, וְהִנִּיחַ שׁוּב אֶת אֵלּוּ וְשָׁכַח. שֶׁאֵין אָדָם מַנִּיחַ מָעוֹת חוּלִּין וּמָעוֹת מַעֲשֵׂר בְּיַחַד: מָנֶה מוּטָּל. וְנִשְׁאַר הָךְ מָנֶה מִמַּעֲשֵׂר: הַכֹּל חוּלִּין. הוֹאִיל וְלֹא הֶעֱלָהוּ לִירוּשָׁלַיִם – לֹא הִפְרִידָן זֶה מִזֶּה, וּשְׁנֵיהֶם נְטָלָן וְהִנִּיחָם בְּמָקוֹם אַחֵר. וְזֶה חוּלִּין הוּא, שֶׁהִנִּיחַ הַלּוֹס אַחֲרֵי כֵן, וְשָׁכַח: שָׁאנֵי גּוֹזָלוֹת. לְהָכִי אִיכָּא לְמֵימַר הָאֶחָד הָלַךְ וַחֲבֵרָיו נִשְׁאֲרוּ: הוֹאִיל וַעֲשׂוּיִין. רְגִילִים הֵן לִהְיוֹת מְדַדִּין אֶחָד אֶחָד, וְיוֹצְאִין וְנִכְנָסִין. אֲבָל מָנֶה לֹא הָלַךְ מֵאֵלָיו אֶלָּא נְטָלוֹ, וּכְשֶׁנָּטַל – נָטַל שְׁנֵיהֶם: וְלָמָּה לִי לְשַׁנּוּיֵי עֲלָהּ. רַבִּי יוֹחָנָן וְרַבִּי אֶלְעָזָר מַה דּוֹחֲקִין לִתְלוֹת טַעַם מִשְׁנָתֵנוּ בִּמְדַדִּים? הָא לְדִידְהוּ מִתּוֹקְמַת שַׁפִּיר כְּרַבָּנַן בְּלָאו הַאי טַעְמָא, דְּהָא אִינְהוּ אַפְלִיגוּ בְּהַהִיא דְּמַעֲשֵׂר. חַד אָמַר: מַחֲלוֹקֶת בְּמוּנָּחִין שְׁנֵי הַמָּנִין בְּכִיס אֶחָד, בְּהַהוּא הוּא דְּקָאָמְרִי רַבָּנַן דִּכְשֶׁנָּטַל – כָּל הַכִּיס נָטַל. אֲבָל בִּשְׁנֵי כִיסִים – מוֹדוּ דְּהָאֶחָד נָטַל וְהִנִּיחַ הַשֵּׁנִי. וְחַד אָמַר: מַחֲלוֹקֶת בִּשְׁנֵי כִיסִין, בְּהַהוּא הוּא דְּקָאָמַר רַבִּי מָנֶה מוּנָּח וּמָנֶה מוּטָּל: הַאי מַאי לָא גָּרְסִינַן: בִּשְׁלָמָא לְמ"ד כו'. הַמַּקְשֶׁה סִיּוּמֵי מְסַיֵּים לְמִילְּתֵיהּ, וּמְפָרֵשׁ קוּשְׁיָיתוֹ: בִּשְׁלָמָא מַאן דְּמוֹקֵי פְּלוּגְתַּיְיהוּ בְּב' כִּיסִין, דְּהַיְינוּ כְּדוּמְיָא דְּמַתְנִי' דְּהָווּ שְׁנֵי גּוֹזָלוֹת – צָרִיךְ לְשַׁנּוּיֵי דְּתֵיקוּם מַתְנִיתִין כְּרַבָּנַן מֵהַאי טַעְמָא הוֹאִיל וַעֲשׂוּיִין לְדַדּוֹת. אֶלָּא לְמ"ד בִּשְׁנֵי כִיסִין מוֹדוּ רַבָּנַן – הַשְׁתָּא לָמָּה לִי לְשַׁנּוּיֵי מִשּׁוּם דַּעֲשׂוּיִין לְדַדּוֹת? הָא בִּשְׁנֵי כִיסִים נַמִּי הָכִי קָאָמְרִינַן: הַשְׁתָּא וּמַה כו' לָא גָּרְסִינַן, אֶלָּא ה"ג: אֶלָּא לְמ"ד בְּכִיס אֶחָד מַחֲלוֹקֶת אֲבָל בִּשְׁנֵי כִיסִים דִּבְרֵי הַכֹּל מָנֶה מוּנָּח וּמָנֶה מוּטָּל הַשְׁתָּא לָמָּה לִי לְשַׁנּוּיֵי עֲלָהּ הָאָמַר בִּשְׁנֵי כִיסִים לָא פְּלִיגֵי. וְחַד מֵהָנֵי רַבָּנַן אוֹ רַבִּי יוֹחָנָן אוֹ רַבִּי אֶלְעָזָר אוֹקְמָהּ הָכִי, וּלְעֵיל אַמַּאי שַׁנּוּ תַּרְוַיְיהוּ הוֹאִיל וַעֲשׂוּיִין לְדַדּוֹת? אֲמַר רַב אַשִׁי הָכָא בְּגוֹזָלוֹת כו'. מ"ד בְּכִיס אֶחָד מַחֲלוֹקֶת – בִּשְׁנֵי כִיסִין כְּעֵין כִּיס אֶחָד קָאָמַר, דְּהַיְינוּ שְׁנֵי כִיסִין מְקוּשָּׁרִין. וּדְקָאָמַר אֲבָל בִּשְׁנֵי כִיסִין דִּבְרֵי הַכֹּל מָנֶה מוּנָּח וּמָנֶה מוּטָּל – בְּשֶׁאֵין מְקוּשָּׁרִין, וּמַתְנִיתִין אֲפִי' בְּגוֹזָלוֹת מְקוּשָּׁרִין מַשְׁמַע, דְּהַמּוּתָּרִין מוּתָּרִין, וְלָא אָמְרִינַן אוֹתָן שֶׁזִּמֵּן נִטְּלוּ כּוּלָּם וְאֵלּוּ אֲחֵרִים. הִלְכָּךְ, אִי לָאו דְּשָׁאנֵי גּוֹזָלוֹת הוֹאִיל וַעֲשׂוּיִין לְדַדּוֹת – לֹא הֲוָה מִתּוֹקְמָא כְּרַבָּנַן, וְהַשְׁתָּא אַגַּב הַאי שִׁנּוּיָא מִתּוֹקְמָא שַׁפִּיר כְּרַבָּנַן, דְּהָא בְּכִיסִים מְקוּשָּׁרִין אָמְרִי רַבָּנַן הַכֹּל חוּלִּין. דְּגוֹזָלוֹת דִּמְדַדִּין מִנַּתְּחִי אַהֲדָדֵי, וְאִיכָּא לְמִתְלֵי לְקוּלָּא דְּחַד מִנַּיְיהוּ הוּא דַּאֲזַל לֵיהּ. אֲבָל כִּיסִים – לָא מִנַּתְּחִי, וְאָדָם בָּא וּנְטָלָן, וְכֵיוָן דִּמְקוּשָּׁרִים הֵם – שְׁנֵיהֶם נָטַל: דְּמִתְעַכֵּל

תוספות

איכא חד דמערב בהו. וא"ת: ולבטיל ברובא! וי"ל: דבעלי חיים לא בטלי, דחשיבי. אי נמי: ה"ל דבר שיש לו מתירין לאחר יו"ט, וכל דבר שיש לו מתירין – אפי' באלף לא בטיל:

חד מנייהו אזל לעלמא. וא"ת: וכי תלינן לקולא בדבר שיש לו מתירין? ויש לומר: דהואיל ונשארו שנים במקומם – ודאי בכה"ג תלינן לקולא:

חולין ומעשר שני מעורבין זה בזה. פ"ה: בורר מנה היפה שבשניהם, ויאמר: אם זה של מעשר – מוטב, ואם האחר של מעשר – הרי זה מחולל על זה. ותימה: דמפרש בפרק "הזהב" (ב"מ דף מה.) דאין מחללין כסף על כסף, ולא מעות על מעות! לכך נראה: דמחלל בתחלה המנה של מעשר על פרוטות של נחשת, ואח"כ מחללו על מנה היפה שבשניהם*:

הכל חולין. שאני אומר הוא לקח מעות של מעשר שני, והני אחריני נינהו. ותימה: דהא לא אמרי' "שאני אומר" להקל אלא כשהוא מדרבנן, כדאיתא בפסחים (דף י.) דקאמר: שאני תרומה דרבנן, לפיכך אני תולה להקל לומר "שאני אומר" וכו'! וי"ל: דכיון שאין אדם מניח חולין אצל מעשר – תלינן שפיר לקולא, ואמרי': ודאי לקח אלו מעם ושכח, ואחר כך הניח אלו שם:

פשיטא

רבינו חננאל

למחר סגיא יאמר בדעתו כל השובך היכנתי לי ומותר לי ליטול איזה שאברור וחיישינן דלמא מטלטל ושביק כדי לבחור לו השמנים אי נמי משתכחי כולהו כחושים כו': [מתני'] זימן שחורים ומצא לבנים כו'. אוקמא רבא כגון שזימן שחורים בצד מזרחי ולבנים בצד מערבי ובא ביו"ט ומצא לבנים במזרח ושחורים במערב וכגון דאיכא בדף ההוא אחרים הרבה שחורים ולבנים שלא זימן אותן דחיישינן שמא מאותן שלא זימן מהן שהן רוב ואין עוד בדף אחר עמהן שהן קרובין נמצאו האסורין מרובין וקרובין לפיכך גם הן אסורים. ג' ומצא ב' הרי אלו מותרים ואוקימנא דסבר האי תנא חד מינייהו אזל לעלמא ואשתיירו תרי והן הן שזימן ואמרינן מתני' רבי היא דתניא הניח מאתים זוז ממעות מעשר שני ומצא מנה מנה מונח ומנה נוטל. כלומר מי שנטל לא רצה ליטול הכל ונטל מנה והניח מנה וזה המנה מעשר שני הן וחכמים אומרים הכל חולין. כלומר מעות מעשר שני כולן ניטלין ואלו אחרים הן ופריק רב אשי לעולם משנתנו אפילו לרבנן והכא בג' גוזלין מקושרין קמפלגי זימן וכן הניח ב' כיסין מקושרין בכל כיס מנה גוזלין עבידי דמנתחי ואפילו רבנן מודו דחד מינייהו ניתח ועריק ואשתיירו הני תרי והן הן ולפיכך מותרים. אבל כיסין דלא מנתחי ליכא למימר הכי לפיכך מי שלקח הכל לקח. ואלו אחרים הן ורבי אמר לך כיסין נמי זמנין

עין משפט נר מצוה

עב א מיי' פ"ב מהל' יו"ט הלכה ו טוש"ע א"ח סי' תצז סעיף יב:
עג ב מיי' פט"ו מהל' גזילה הל' יח טוש"ע חו"מ סי' רס סעיף ח:
עד ג מיי' פ"ב מהל' יו"ט הלכה ו טוש"ע א"ח סי' תצז סעיף יב:
עה ד מיי' שם טוש"ע שם סעיף יג:

מסורת הש"ס

[ועי' רש"י ותוס' פסחים ו: ד"ה חולין וכו' החליפו שיטתם]
ב"ב כג.
[לקמן יא.]
פסחים י. [תוספתא מ"ש פ"ה]
[גיטין נח.]
גי' רש"ל
[עירובין מו: פסחים כז.]
[נ"ל זו היא]

דְּמִתְעַבֵּל קִטְרַיְיהוּ.§ א"בְּתוֹךְ הַקֵּן וּמָצָא לִפְנֵי הַקֵּן אֲסוּרִין".§ לֵימָא מְסַיַּיע לֵיהּ לְר' חֲנִינָא, דְּאָמַר רַבִּי חֲנִינָא: *רוֹב וְקָרוֹב – הַלֵּךְ אַחַר הָרוֹב. אָמַר אַבַּיֵי: בְּדַף. °רָבָא אָמַר: בִּשְׁנֵי קִנִּין זוֹ לְמַעְלָה מִזּוֹ עָסְקִינַן. וְלָא מִבַּעְיָא זִמֵּן בַּתַּחְתּוֹנָה וְלֹא זִמֵּן בָּעֶלְיוֹנָה, וּמָצָא בַּתַּחְתּוֹנָה וְלֹא מָצָא בָּעֶלְיוֹנָה – דַּאֲסִירָן, דְּאָמְרִינַן: הָנָךְ אָזְלוּ לְעָלְמָא, וְהָנָךְ אִשְׁתַּרְבּוּבֵי אִשְׁתַּרְבּוּב וּנְחוּת. אֶלָּא אֲפִילּוּ זִמֵּן בָּעֶלְיוֹנָה וְלֹא זִמֵּן בַּתַּחְתּוֹנָה, וּבָא וּמָצָא בָּעֶלְיוֹנָה וְלֹא מָצָא בַּתַּחְתּוֹנָה – הָנָךְ נַמִי אֲסִירִי, דְּאָמְרִינַן: הָנָךְ אָזְלוּ לְעָלְמָא, וְהָנָךְ סְרוּכֵי סָרֵיךְ (מעריס) וּסְלִיקוּ.§ ב"וְאִם אֵין שָׁם אֶלָּא הֵן הֲרֵי אֵלּוּ מוּתָּרִין".§ הֵיכִי דָּמֵי? אִילֵימָא בִּמְפוֹרָחִין, אִיכָּא לְמֵימַר: הָנָךְ אָזְלוּ לְעָלְמָא וְהָנֵי אַחְרִינֵי נִינְהוּ! אֶלָּא גבִּמְדַדִּין. אִי דְּאִיכָּא קֵן בְּתוֹךְ חֲמִשִּׁים אַמָּה – אַדְּדוּיֵי אַדַּדוּ, וְאִי דְּלֵיכָּא קֵן בְּתוֹךְ חֲמִשִּׁים אַמָּה – פְּשִׁיטָא דְּמוּתָּרִין, דְּאָמַר מָר עוּקְבָא בַּר חָמָא: דכָּל *הַמְדַדֶּה – אֵין מְדַדֶּה יוֹתֵר מֵחֲמִשִּׁים אַמָּה! הלְעוֹלָם דְּאִיכָּא קֵן בְּתוֹךְ חֲמִשִּׁים אַמָּה, וּכְגוֹן דְּקַיְימָא *בְּקֶרֶן זָוִית. מַהוּ דְּתֵימָא: אַדְּדוּיֵי אַדַּדוּ, קמ"ל: כָּל הֵיכָא דִּמְדַדֶּה וַהֲדַר חָזֵי לְקִנֵּיהּ – מְדַדֶּה, וְאִי לָא – לָא מְדַדֶּה.§

מתני' *ב"ש אוֹמְרִים: אֵין נוֹטְלִים אֶת הָעֱלִי לְקַצֵּב עָלָיו בָּשָׂר, ווּב"ה מַתִּירִין. בֵּית שַׁמַּאי אוֹמְרִים: אֵין נוֹתְנִין אֶת הָעוֹר לִפְנֵי הַדּוֹרְסָן, וְלֹא יַגְבִּיהֶנּוּ, אֶלָּא אִם כֵּן יֵשׁ עִמּוֹ *כַּזַּיִת בָּשָׂר. זוּבֵית הִלֵּל מַתִּירִין.§

גמ' תָּנָא: *חוְשָׁוִין שֶׁאִם קִצֵּב עָלָיו בָּשָׂר – שֶׁאָסוּר לְטַלְטְלוֹ. אָמַר אַבַּיֵי: מַחֲלוֹקֶת בֶּעֱלִי, אֲבָל בְּתַבָּרָא גַּרְמֵי – דִּבְרֵי הַכֹּל מוּתָּר. פְּשִׁיטָא, עֱלִי תְּנַן! מַהוּ דְּתֵימָא: הוּא הַדִּין דַּאֲפִי' תַּבָּרָא גַּרְמֵי נַמִי, וְהַאי דְּקָתְנֵי עֱלִי – לְהוֹדִיעֲךָ כֹּחָן דְּב"ה, דַּאֲפִי' דָּבָר שֶׁמְּלַאכְתּוֹ לְאִיסּוּר נַמִי שָׁרוּ, קמ"ל. אִיכָּא דְּאָמְרִי, אָמַר אַבַּיֵי: לָא נִצְרְכָא אֶלָּא אֲפִילּוּ תַּבָּרָא גַּרְמֵי חֲדַתִּי. מַהוּ דְּתֵימָא: מִמְלַךְ וְלָא תָּבַר עֲלֵהּ, קמ"ל. וּב"ש לָא חָיְישִׁי לְאִמְּלוּכֵי? וְהָתַנְיָא, *בֵּית שַׁמַּאי אוֹמְרִים: *אֵין מוֹלִיכִין *טַבָּח וְסַכִּין אֵצֶל בְּהֵמָה, וְלֹא בְּהֵמָה אֵצֶל טַבָּח וְסַכִּין, וּבֵית הִלֵּל אוֹמְרִים: טמוֹלִיכִין זֶה אֵצֶל זֶה. בֵּית שַׁמַּאי אוֹמְרִים: אֵין מוֹלִיכִין תְּבָלִין וּמָדוֹךְ אֵצֶל מְדוֹכָה, וְלֹא מְדוֹכָה אֵצֶל תְּבָלִין וּמָדוֹךְ. וּב"ה אוֹמְרִים: ימוֹלִיכִין זֶה אֵצֶל זֶה! הָכִי הָשְׁתָּא?! בִּשְׁלָמָא בְּהֵמָה – אָתֵי לְאִמְּלוּכֵי, דְּאָמַר: נִשְׁבַּק הַאי בְּהֵמָה כְּחוּשָׁה, וּמַיְיתִינָא בְּהֵמָה אַחֲרִיתִי דִּשְׁמֵינָה מִינַּהּ. קְדֵרָה נַמִי אָתֵי לְאִימְּלוּכֵי, דְּאָמַר: נִשְׁבַּק הַאי קְדֵרָה דְּבָעְיָא תְּבָלִין, וּמַיְיתִינָא אַחֲרִיתִי דְּלָא בָּעְיָא תְּבָלִין. הָכָא מַאי אִיכָּא לְמֵימַר – מִמְלַךְ וְלָא תָּבַר? כֵּיוָן דִּשְׁחָטָהּ – לְתַבְרָא קַיְימָא.§ "בֵּית שַׁמַּאי אוֹמְרִים אֵין נוֹתְנִין אֶת הָעוֹר".§ תָּנָא: *כוְשָׁוִין שֶׁמּוֹלְחִין עָלָיו בָּשָׂר לְצָלִי. אָמַר אַבַּיֵי: לֹא שָׁנוּ אֶלָּא לְצָלִי, אֲבָל לִקְדֵרָה – לָא. פְּשִׁיטָא, לְצָלִי תְּנַן! הָא קמ"ל: לדַּאֲפִי' לְצָלִי כְּעֵין קְדֵרָה אָסוּר. ת"ר: מאֵין מוֹלְחִין אֶת הַחֲלָבִים וְאֵין מְהַפְּכִין בָּהֶן. מִשּׁוּם ר' יְהוֹשֻׁעַ אָמְרוּ: שׁוֹטְחָן בָּרוּחַ ע"ג יְתֵדוֹת, אָמַר רַב מַתָּנָה: הֲלָכָה כְּר' יְהוֹשֻׁעַ. אִיכָּא דְּאָמְרִי, אָמַר רַב מַתָּנָה: נאֵין הֲלָכָה כְּר' יְהוֹשֻׁעַ. בִּשְׁלָמָא לְמ"ד הֲלָכָה כְּר' יְהוֹשֻׁעַ – אִצְטְרִיךְ, סד"א: יָחִיד וְרַבִּים הֲלָכָה כְּרַבִּים – קמ"ל: הֲלָכָה כְּיָחִיד. אֶלָּא לְמ"ד אֵין הֲלָכָה, פְּשִׁיטָא! *יָחִיד וְרַבִּים הֲלָכָה כְּרַבִּים! מַהוּ דְּתֵימָא: מִסְתַּבֵּר טַעְמֵיהּ דְּר' יְהוֹשֻׁעַ, דְּאִי לָא שָׁרֵית לֵיהּ מִמְּנַע וְלָא שָׁחֵיט, קָא מַשְׁמַע לָן. וּמ"ש מֵעוֹר לִפְנֵי הַדּוֹרְסָן? הָתָם

[גיטין ע"ט:] [ב"מ ע"ט: ע"ב]

רש"י

דְּמִתְעַבֵּל קִטְרַיְיהוּ. נִיתַּר הַקֶּשֶׁר שֶׁלָּהֶם וּמִתְפָּרֵק מֵאֵלָיו. וְהַבָּא וְנָטַל – שֶׁמָּא לֹא מְקוּשָּׁרִין מָצָאָם, וְחָטַף הָאֶחָד וְהָלַךְ לוֹ: *לִפְנֵי הַקֵּן. דֶּרֶךְ כָּל שׁוֹבָכִין לִהְיוֹת מְעַט מִן דַּף הָעֲלִיָּיה בּוֹלֵט חוּץ לַמְּחִיצָּה שֶׁל כָּל קֵן וְקֵן, וְשָׁם הַיּוֹנִים יוֹצְאִים לָאֲוִיר וְנוֹחִים שָׁם כִּרְצוֹנָם, וְחוֹזְרִים לַקֵּן: הַלֵּךְ אַחַר הָרוֹב. כִּי הָכָא, דְּלָא אָמְרִי' אֵלּוּ אוֹתָן שֶׁזִּימֵּן בְּתוֹךְ הַקֵּן שֶׁהוּא קָרוֹב לְלִפְנֵי הַקֵּן, אֶלָּא אָמְרִינַן מֵעָלְמָא אָתוּ: בְּדַף. דְּכוּלְּהוּ קָרוֹב נִינְהוּ, הִלְכָּךְ הַלֵּךְ אַחַר הָרוֹב, דְּאִיכָּא תַּרְתֵּי: רָבָא אָמַר. הָא לָא אִצְטְרִיךְ לְאַשְׁמוּעִינַן. אֶלָּא בִּשְׁנֵי קִנִּין זוֹ לְמַעְלָה מִזּוֹ, וּבִשְׁנֵיהֶם גּוֹזָלוֹת, וְזִימֵּן אֶת שֶׁבָּזוֹ, וְלֹא זִימֵּן אֶת שֶׁבָּזוֹ, וּלְמָחָר בָּא וְלֹא מָצָא בְּתוֹךְ הַקֵּן שֶׁזִּימֵּן אֶלָּא לְפָנָיו, וּבְאוֹתוֹ שֶׁלֹּא זִימֵּן לֹא מָצָא לֹא לְפָנָיו וְלֹא לְתוֹכוֹ. הִלְכָּךְ אֲסִירִי, וְלָא מִשּׁוּם חֲשָׁשָׁא דְּיוֹנֵי דְּעָלְמָא. אֶלָּא מֵאַחַר שֶׁלֹּא מְצָאָן בִּמְקוֹמָן, וְעוֹד שֶׁבַּקֵּן הָאַחֵר הַמּוּקְצֶה לֹא מָצָא כְּלוּם – יֵשׁ לָחוּשׁ שֶׁמָּא אֵלּוּ שֶׁמָּצָא לִפְנֵי הַקֵּן הַמּוּכָן – לֹא מִתּוֹכוֹ יָצְאוּ, אֶלָּא מִתּוֹךְ הַמּוּקְצֶה: וְלָא מִיבַּעְיָא קָאָמַר לָא גָּרְסִינַן, אֶלָּא ה"ג: וְלָא מִיבַּעְיָא זִמֵּן בַּתַּחְתּוֹנָה וְלֹא זִמֵּן בָּעֶלְיוֹנָה כו'. כְּלוֹמַר, וְתַנָּא דְּאִצְטְרִיךְ לְאַשְׁמוּעִינַן אֲסוּרִים – לָאו כְּשֶׁזִּימֵּן אֶת שֶׁל תַּחְתּוֹנָה וּלְמָחָר מָצָא בַּתַּחְתּוֹנָה לְפָנֶיהָ וְלֹא בְּתוֹכָהּ, וְלֹא מָצָא בָּעֶלְיוֹנָה כְּלוּם אִצְטְרִיךְ לְמֵימַר דַּאֲסִירֵי, דְּחָיְישִׁינַן דִּלְמָא הָנֵי דְּאַזְמִין אָזְדוּ לְהוּ, וְהָנָךְ שֶׁמָּצָא לְפָנֶיהָ מִשֶּׁל עֶלְיוֹנָה בָּאוּ, וְאִשְׁתַּרְבּוּבֵי אִשְׁתַּרְבּוּב לְמַטָּה וּנְחִיתוּ – הָא לָא אִצְטְרִיךְ, דַּאֲפִילּוּ זִמֵּן בָּעֶלְיוֹנָה בְּתוֹכָהּ, וְלֹא זִמֵּן אֶת שֶׁל תַּחְתּוֹנָה, וּלְמָחָר מָצָא בָּעֶלְיוֹנָה לְפָנֶיהָ וְלֹא בְּתוֹכָהּ, וְלֹא מָצָא בַּתַּחְתּוֹנָה כְּלָל – אֲסִירִי, וְלָא תֵּימָא לָאו אוֹרְחַיְיהוּ לְמִסְרַךְ וּמֵיסַק בְּעוֹדָן קְטַנִּים, אֶלָּא אָמְרִינַן סְרוּכֵי סְרוּךְ מִן הַתַּחְתּוֹנָה הַמּוּקְצָה, וּסְלִיקוּ לִפְנֵי הָעֶלְיוֹנָה: א) וְאִם אֵין שָׁם אֶלָּא הֵן. אִם אֵין סְבִיבוֹתֵיהֶם אֶתְמוֹל אֶלָּא הֵן: ב) הֲרֵי אֵלּוּ מוּתָּרִים. דְּוַדַּאי אֵלּוּ הֵן שֶׁהִזְמִין בְּתוֹךְ הַקֵּן וּבָאוּ לְפָנֶיהָ: מְפוֹרָחִים. גְּדוֹלִים, וּפוֹרְחִים לְמֵרָחוֹק: אַדְּדוּיֵי אַדַּדוּ. מֵאוֹתוֹ קֵן וַאֲתוּ לְהָכָא. כִּדְמִתְפָּרֵשׁ וְאָזֵיל, דְּעַד חֲמִשִּׁים אַמָּה מְדַדֶּה: בְּקֶרֶן זָוִית. שֶׁזָּוִית הַבַּיִת בּוֹלֵט לְהַלָּאָה מִן הַשּׁוֹבָךְ, וְקֵן זֶה שֶׁזִּימֵּן בּוֹ עוֹמֵד לְגַבֵּי הַזָּוִית, דְּאִי הֲוָה אָתֵי לְהָכָא – לָא הֲוָה חָזֵי לְקִנֵּיהּ, שֶׁהַזָּוִית שֶׁל בַּיִת עוֹמֶדֶת לְפָנָיו:

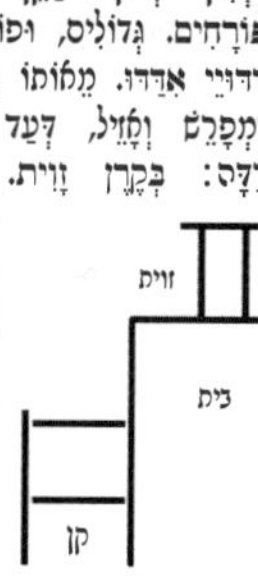

מתני' עֱלִי. מְלַאכְתּוֹ לְאִיסּוּר, לִכְתּוֹשׁ בַּמַּכְתֶּשֶׁת, מִשּׁוּם הָכִי אָסְרִי לֵיהּ בֵּית שַׁמַּאי: **גמ'** שֶׁאָסוּר לְטַלְטְלוֹ. דְּאִתְעֲבִיד לֵיהּ צוֹרֶךְ י"ט: בְּתַבָּרָא גַּרְמֵי. הַמְיוּחֶדֶת לְקַצֵּב עָלֶיהָ בָּשָׂר: מַהוּ דְּתֵימָא. הוּא הַדִּין דַּאֲפִילּוּ תַּבָּרָא גַּרְמֵי אָסְרִי ב"ש, דִּלְמָא בָּתַר דְּטִלְטְלָהּ מִמְלִיךְ וְלָא תָּבַר, וְאִשְׁתַּכַּח דְּטָרַח בִּכְדִי: אִיכָּא דְּאָמְרִי אָמַר אַבַּיֵי כו'. כִּי אוֹתְבִינֵיהּ פְּשִׁיטָא עֱלִי תְּנַן, שַׁנֵּי אַבַּיֵי גּוּפֵיהּ הָכִי: לָא נִצְרְכָא הָא דְּקָאָמְרִינַן "אֲבָל תַּבָּרָא גַּרְמֵי דִּבְרֵי הַכֹּל מוּתָּר", אֶלָּא לְתַבָּרָא גַּרְמֵי חֲדַתִּי, שֶׁלֹּא קִצֵּב עָלֶיהָ מֵעוֹלָם, דְּאִיכָּא לְמֵיחַשׁ דְּקָיֵים עֲלָהּ וּמִמְלַךְ: לָא חָיְישִׁי לְאִמְּלוּכֵי. בִּתְמִיָּה, וּפָרֵיךְ לְאַבַּיֵי: אֵין מוֹלִיכִין טַבָּח וְסַכִּין וכו'. אִם הָיוּ רְחוֹקִים זֶה מִזֶּה, דִּלְמָא [בָּתַר] דְּטָרֵיחַ מִמְלִיךְ: מָדוֹךְ. בּוּכְנָא שֶׁדּוֹכִין בּוֹ תְּבָלִין בַּמְּדוֹכָה: נִשְׁבַּק הַאי קְדֵרָה. מִין תַּבְשִׁיל זֶה שֶׁיְּהֵא צָרִיךְ תַּבְלִין, כְּגוֹן בָּשָׂר וּבְצָלִים: וְאַעֲבֵד קְדֵרָה דְּלָא בָּעְיָא תַּבְלִין. כְּגוֹן כְּרוּב וְלֶפֶת: מַאי אִיכָּא לְמֵימַר גָּרְסִי' קמ"ל לָא גָּרְסִינַן: שֶׁמּוֹלְחִין עָלָיו. וְאע"פ שֶׁהַמֶּלַח מוֹעִיל לָעִבּוּד: לְצָלִי. דְּאֵין מוֹלְחִין אוֹתוֹ יָפֶה: הָא קָא מַשְׁמַע לָן דַּאֲפִילּוּ לְצָלִי כְּעֵין קְדֵרָה אָסוּר. הַאי אֲבָל לִקְדֵרָה דְּקָאָמַר אַבַּיֵי – צָלִי כְּעֵין קְדֵרָה קָאָמַר, כְּגוֹן אָדָם הַמּוֹלֵחַ צָלִי יָפֶה יָפֶה קָרוֹב לִמְלִיחַת בָּשָׂר שֶׁלְּצוֹרֶךְ קְדֵרָה, דְּלָא תֵּימָא כָּל צָלִי שָׁרֵי: אֵין מוֹלְחִין אֶת הַחֲלָבִים. בְּיוֹ"ט כְּדֵי שֶׁלֹּא יַסְרִיחוּ, וַאֲפִי' נִשְׁחֲטָה הַבְּהֵמָה בְּיוֹ"ט: וּמַאי שְׁנָא מֵעוֹר לִפְנֵי הַדּוֹרְסָן. דְּשָׁרוּ בֵּית הִלֵּל, מִשּׁוּם דְּאִי לָא שָׁרֵית לֵיהּ מִמְּנַע וְלָא שָׁחֵיט: הָתָם

א) [שייך למשנה לעיל י:] ב) [גם זה שם]

תוספות

*)פשיטא דמותרין דאמר מר עוקבא כל המדדה וכו'. וקשה: וכי מייתי ראיה ממר עוקבא שהוא אמורא? וי"ל: דע"כ אנו צריכין לומר כדמר עוקבא, דאם לא כן לא מתוקמא מתניתין ד"לא יתפור" (ב"ב דף כג:): **אין** נוטלין העלי. ותימה: הא צריך לגופה, וכל כלי שצריך לגופו או למקומו – אפילו מלאכתו לאסור נוטלין אותו ביום טוב! וי"ל: דבפרק "כל הכלים" (שבת דף קכג. ושם) מוקמינן ליה במוקצה שיש בו חסרון כיס, דכ"ע מודו דאסור, כגון סיכי זירי ומזורי דקפיד עלייהו. וב"ה שמתירין – היינו דוקא משום שמחת י"ט, כדמפרש בגמרא: ושוין שמולחין עליו בשר לצלי. לאו משום דצריך מליחה לצלי, כדמפ' בחולין (דף קיג.), אלא משום שנהגו למלחו כדי ליתן טעם [ועי' תוספות חולין יד. ד"ה ונסבין]:

ולהחזירם כדי לסגור: פי' העלי בוכנא שכותש בו הדיסא והפואה וכיוצא בה באסיתא. [והוא] מלאכת החול ואינו עומד לכתוש בו מיני מאכל. לפיכך אמרו כי זה העלי הוא דבר שמלאכתו לאיסור ואעפ"כ ב"ה מתירין לטלטלן ולקצב עליו בשר ולשבר עצמות. וכן תברא גרמא שהיא חתיכה של קורה שהתקינה לשבר עליה עצמות והיא עדיין חדשה מותרת וכ"ש ישנה וכן להוליך תבלין אצל מדוכה ומדוכה אצל תבלין אלו כולן ב"ה מתירין **) להגביה עור של בהמה ששחטה ביום טוב ולשוטחו ולדורסו בני אדם וב"ה מתירין ושוין ב"ש וב"ה שמולחין ע"ג העור בשר לצלי שאין צריך מלח הרבה אבל בשר לתבשיל שצריך מלח הרבה לא שנמצא מולח את העור: **ת"ר** אין מולחין את החלבים ביו"ט ולא מהפכין בהן משום ר' יהושע אמרו שוטחן ברוח ע"ג יתידות. אמר רב מתנה הלכתא כר' יהושע איכא דאמרי אין הלכה כו' אמר

*) נראה דלפני רבינו הי' הגי' כאן בש"א אין מסלקין את התרסין וכו' קודם דין דאין נוטלים את העלי. **) נראה דחסר כאן וצ"ל וכן אוסר ב"ש להגביה וכו'.

עין משפט נר מצוה

*) [אמר אביי בדף. תימה דלא אמר לעיל אריפא] ת"י כ"י:

עו א ב ג מיי' פ"ב מהלכות יו"ט הל' ו טוש"ע א"ח סי' תצז סעיף יד:

עז ד מיי' שם ופט"ז מהל' גזילה הל' יח טוש"ע שם וטוש"ע ח"מ סי' רס סעיף ח:

עח ה מיי' פ"ב מהל' יו"ט הלכה ו טוש"ע א"ח שם סעיף יד:

עט ו טוש"ע א"ח סי' תקט סעיף ה:

פ ז מיי' פ"ג מהלכות יו"ט הל' ד סמג לאוין עה טוש"ע שם סעיף ג:

פא ח טוש"ע שם סעיף ה:

פב ט טוש"ע א"ח סי' תקא סעיף ב:

פג י טוש"ע א"ח סי' תקד סעיף ב:

פד כ ל מיי' פ"ג שם הלכה ד טוש"ע א"ח סי' תקט סעיף ג:

פה מ נ מיי' שם הל' ה טוש"ע שם סעיף ד:

[בקרן זוית מאי אמרת אדדויי אדדו כל היכא דמדדה והדר כו' כצ"ל מהר"ס]

בירושל' ל"ג תיבת כזית

[תוספת' פ"א]

[ענין טבח דנקט עמ"ש הב"י א"ח סי' תקא ד"ה ויכול להוליך]

רבינו חננאל

דמתעכל קטריהן ומיפרדי מהדדי ולקח אחד ונשאר אחד. פי' אשתרבובי כמין ירידה הוא וסריכה כמו תפיסה כדכתיב שממית בידים תתפש: ואם אין שם אלא הן מותרין. אוקימנא במדדין ולא במפריחין כלומר אין בהן כח לפרוח. ומתמהינן אי הכי פשיטא ודאי הן הן. ואמרינן כגון דאיכא קן אחד בתוך נ' אמה שיש שם אפרוחים שלא זימן מהן וקאי בקרן זוית מהו דתימא ניחוש דלמא מן הקן ההוא באו קמ"ל אע"ג דקיי"ל כמר עוקבא דאמר בפ' לא יחפור כל המדדה אין מדדה יותר מחמשים אמה כיון דקאי האי קן בקרן זוית (דלפי) [דאי] מדדה לא יכול למיהדר ומחזי לקניה לא מדדה הלכך ליכא למיחש להכי ושרי: *) פי' תרסין הקרשין שנועלין בהן פתחי החנויות וב"ה מתירין לסלקם ולפתוח

מסורת הש"ס

[שייך למשנה לעיל יוד:]

[לעיל יוד: ב"ב כג:]

ב"ב כג:

שבת קכג. [לעיל יוד.]

[שבת קכג. קכד. תוספתא פ"א]

[בתוספתא אי' בש"א מוליכין טבח וסכין אצל בהמה אבל אין מוליכין בהמה אצל טבחו סכין וכ"ה ברא"ש דהכא סימן יז ודע שהרב אלפס לא הביא כל זה אבל הר"ן כתב גרסינן בגמרא בש"א אין מוליכין וכו' וע"ש פירושו שכתב לב"ה לאמרי מוליכין ועי' פרש"י ד"ה אין מוליכין וכו' ואולי איתרמי טעות בתוספ' וכן בהרא"ש וצ"ל אין מוליכין וכו']

גליון הש"ס

גמ' רבא אמר בשני קינין. עיין לקמן דף כה ע"א רש"י ד"ה ומנא:

מערים ומלח גרמא גרמא. וכן רגילין העולם, שמערימין (ג) ואוכלין מעט מן התרנגולת, ואוכלין הכבד. ומיהו, ה"ר שמואל היה אומר: היינו דוקא קודם אכילה, אבל אחר אכילה – לא*:

[וע"ע תוספות לקמן יז: ד"ה ובלבד]

אמר רחבא אמר ר' יהודה. פי' רש"י: יש מפרשים דלהכי קאמר האי לישנא, משום שהיה מסופק אם שמע שמועה זאת מרבי יהודה הנשיא או מרב יהודה. ולא נהירא: דרחבא היה בפומבדיתא ולא מצינו שעלה לא"י. ועוד: מצינו בפסחים (דף נב:) דדייק וגמר שמעתתא מפומיה דרביה כרחבא דפומבדיתא כו'. ואם כן, שהיה מסופק ממי שמע שמועה, היה לו לומר דאפילו ספיקי דגברי גריס, כדאמר בחולין (דף יח:) בשמעתין דמוגרמת! לכך נראה לי דלכך אמר רבי יהודה – משום שהיה רבו מובהק. והא דקאמר וגמר שמעתתא מפומיה – (ד) קאי אהא דקאמר סטיו לפנים מסטיו, ולא קאמר *אסטונית, דאותו לשון שמע מרבו, ולא רצה לשנותו:

נ"א אצטבא

מהו דתימא טעמייהו דב"ה דאין בנין וסתירה כו'. דקי"ל: אין בנין וסתירה כשהוא מהדק ומפרק, כי אם בעושה כלי, שהוא חייב משום מכה בפטיש, או בבונה על גבי קרקע. כדאמרינן בשבת (דף קב:): הבונה כל שהוא חייב, קמ"ל. ותימה: הא קיימא לן אין בנין וסתירה בכלים! י"ל: מ"מ אסור (ה) שמא יתקע:

הָתָם לָא מוֹכְחָא מִלְּתָא, *מִשּׁוּם דַּחֲזֵי לְמִזְגָּא עֲלֵיהּ. הָכָא אָתֵי לְמֵימַר: מ"ט שָׁרוּ לִי רַבָּנַן – כִּי הֵיכִי דְּלָא לִסְרַח, מַה לִּי לְמִשְׁטַחִינְהוּ מַה לִּי לְמִמְלַחִינְהוּ. אָמַר רַב יְהוּדָה אָמַר שְׁמוּאֵל: [א]מוֹלֵחַ אָדָם כַּמָּה חֲתִיכוֹת בָּשָׂר בְּבַת אַחַת, אע"פ שֶׁאֵינוֹ צָרִיךְ אֶלָּא לַחֲתִיכָה אַחַת. רַב אַדָּא בַּר אַהֲבָה מַעֲרִים וּמָלַח גַּרְמָא גַּרְמָא.§

[שם] **מתני'** ב"ש אוֹמְרִים: *אֵין מְסַלְּקִין אֶת הַתְּרִיסִין בְּיוֹם טוֹב, וּב"ה [ב]מַתִּירִין אַף לְהַחֲזִיר.§

גמ' מַאי תְּרִיסִין? אָמַר עוּלָּא: תְּרִיסֵי חֲנוּיוֹת. וְאָמַר עוּלָּא: *שְׁלֹשָׁה דְּבָרִים הִתִּירוּ סוֹפָן מִשּׁוּם תְּחִלָּתָן, וְאֵלּוּ הֵן: עוֹר לִפְנֵי הַדּוֹרְסָן, וּתְרִיסֵי חֲנוּיוֹת, וַחֲזָרַת רְטִיָּה בַּמִּקְדָּשׁ. וְרַחֲבָא אָמַר רַבִּי יְהוּדָה: אַף הַפּוֹתֵחַ חָבִיתוֹ וּמַתְחִיל בְּעִיסָּתוֹ עַל גַּב הָרֶגֶל, וְאַלִּיבָּא דְּרַבִּי יְהוּדָה דְּאָמַר יִגְמוֹר. עוֹר לִפְנֵי הַדּוֹרְסָן תָּנֵינָא! מַהוּ דְּתֵימָא: טַעֲמַיְיהוּ דְּב"ה מִשּׁוּם דַּחֲזֵי לְמִזְגָּא עֲלַיְיהוּ, וַאֲפִילּוּ מֵעֶרֶב יוֹם טוֹב נַמִי, קמ"ל: [ג]הִתִּירוּ סוֹפָן מִשּׁוּם תְּחִלָּתָן; דְּיוֹם טוֹב – אִין, דְּעֶרֶב י"ט – לָא. תְּרִיסֵי חֲנוּיוֹת נַמִי תָּנֵינָא: [וּב"ה מַתִּירִין אַף לְהַחֲזִיר] מַהוּ דְּתֵימָא: טַעֲמַיְיהוּ דְּב"ה מִשּׁוּם *דְּאֵין בִּנְיָן בְּכֵלִים וְאֵין סְתִירָה בְּכֵלִים, וַאֲפִילּוּ דְּבָתִּים נַמִי, קמ"ל: [ד]הִתִּירוּ סוֹפָן מִשּׁוּם תְּחִלָּתָן, דַּחֲנוּיוֹת – אִין, דְּבָתִּים – לָא. חֲזָרַת רְטִיָּה בַּמִּקְדָּשׁ נַמִי תָּנֵינָא:* [ה]מַחֲזִירִין רְטִיָּה בַּמִּקְדָּשׁ אֲבָל לֹא בַּמְּדִינָה! מַהוּ דְּתֵימָא: טַעֲמָא מַאי – מִשּׁוּם דְּאֵין שְׁבוּת בַּמִּקְדָּשׁ, אֲפִילּוּ כֹּהֵן דְּלָאו בַּר עֲבוֹדָה הוּא, קמ"ל: הִתִּירוּ סוֹפָן מִשּׁוּם תְּחִלָּתָן; דְּבַר עֲבוֹדָה – אִין, דְּלָאו בַּר עֲבוֹדָה – לָא. פּוֹתֵחַ אֶת חָבִיתוֹ נַמִי *תָּנֵינָא: הַפּוֹתֵחַ אֶת חָבִיתוֹ וּמַתְחִיל בְּעִיסָּתוֹ עַל גַּב הָרֶגֶל, ר' יְהוּדָה אוֹמֵר: יִגְמוֹר, וַחֲכָמִים אוֹמְרִים: [ו]לֹא יִגְמוֹר! מַהוּ דְּתֵימָא: טוּמְאַת עַם הָאָרֶץ בָּרֶגֶל כְּטָהֳרָה שַׁוְיוּהָ רַבָּנַן, וְאע"ג דְּלָא הִתְחִיל נַמִי, קמ"ל: הִתִּירוּ סוֹפָן מִשּׁוּם תְּחִלָּתָן, הִתְחִיל – אִין, לָא הִתְחִיל – לָא. וְעוּלָּא מַאי טַעְמָא לָא אָמַר הָא? בִּפְלוּגְתָּא לָא קָא מַיְירֵי. הָנָךְ נַמִי פְּלוּגְתָּא נִינְהוּ! *בֵּית שַׁמַּאי בִּמְקוֹם בֵּית הִלֵּל אֵינָהּ מִשְׁנָה. מַתְנִיתִין דְּלָא כִּי הַאי תַּנָּא, דְּתַנְיָא, *אָמַר רַבִּי שִׁמְעוֹן בֶּן אֶלְעָזָר: מוֹדִים בֵּית שַׁמַּאי וּבֵית הִלֵּל שֶׁמְּסַלְּקִין אֶת הַתְּרִיסִין בְּיוֹם טוֹב, לֹא נֶחְלְקוּ אֶלָּא לְהַחֲזִיר. שֶׁבֵּית שַׁמַּאי אוֹמְרִים: אֵין מַחֲזִירִין, וּבֵית הִלֵּל אוֹמְרִים: אַף מַחֲזִירִין. בַּמֶּה דְּבָרִים אֲמוּרִים – בְּשֶׁיֵּשׁ לָהֶן צִיר, אֲבָל אֵין לָהֶן צִיר – דִּבְרֵי הַכֹּל מוּתָּר. וְהָתַנְיָא: בד"א – בְּשֶׁאֵין לָהֶן צִיר, אֲבָל יֵשׁ לָהֶן צִיר – דִּבְרֵי הַכֹּל אָסוּר! אָמַר אַבָּיֵי: [ז]בְּשֶׁיֵּשׁ לָהֶן צִיר מִן הַצַּד – דִּבְרֵי הַכֹּל אָסוּר, אֵין לָהֶן צִיר כָּל עִיקָּר – דִּבְרֵי הַכֹּל מוּתָּר, כִּי פְּלִיגֵי – בְּשֶׁיֵּשׁ לָהֶן צִיר בָּאֶמְצַע.

מָר

הָתָם לָא מוֹכְחָא מִילְּתָא. שֶׁתְּהֵא שְׁחִיטָתוֹ לְצוֹרֶךְ עִבּוּד, דְּמֵימַר אָמַר: הַאי דְּשָׁרוּ לֵיהּ רַבָּנַן לִתְּתוֹ לִפְנֵי הַדְּרִיסָה – מִפְּנֵי צוֹרֶךְ יוֹם טוֹב הִתִּירוּ, שֶׁאַף שְׁחִיטָתוֹ צוֹרֶךְ י"ט דַּחֲזֵי לְמִזְגָּא עֲלֵיהּ. אֲבָל הָכָא גַּבֵּי חֲלָבִים, כִּי שָׁרֵית לְשׁוֹטְחָן – מוֹכְחָא מִלְּתָא שֶׁלְּתִקּוּן הַחֲלָבִים הִתַּרְתּוֹ, וְאָתֵי נַמִי לְמִמְלְחִינְהוּ. וּמְלִיחָה מֵאֲבוֹת מְלָאכוֹת הִיא בְּדָבָר שֶׁיֵּשׁ בּוֹ עִבּוּד, דִּתְנַן (שבת דף עג.): וְהַמּוֹלְחוֹ וְהַמְעַבְּדוֹ: [לעיל יוד.] בְּבַת אַחַת. דְּחַד טִרְחָא לְכוּלְּהוּ: מַעֲרִים. לְאַחַר שֶׁמָּלַח זוֹ לַאֲכִילַת הַיּוֹם, אוֹמֵר: חֲבֶרְתָּהּ עֲרֵבָה עָלַי לַאֲכִילַת הַיּוֹם, וְחוֹזֵר וּמוֹלְחָהּ: חֲנוּיוֹת. כְּמוֹ תֵּיבוֹת הֵן, וְעוֹמְדוֹת בַּשּׁוּק, וְאֵינָן מְחוּבָּרוֹת לַקַּרְקַע: תְּרִיסִין. דַּלְתוֹת פִּתְחֵיהֶן: [שם] הִתִּירוּ סוֹפָן. שֶׁאֵינוֹ לְצוֹרֶךְ יוֹם טוֹב: מִשּׁוּם תְּחִלָּתָן. שֶׁהוּא לְצוֹרֶךְ יוֹם טוֹב. וְאִי לָא שָׁרֵית סוֹפָן – לָא עָבֵיד תְּחִלָּתָן: עוֹר לִפְנֵי הַדּוֹרְסָן. הוּתְּרָה שְׁטִיחָתָן מִשּׁוּם שְׁחִיטָתָן: תְּרִיסֵי חֲנוּיוֹת. הוּתְּרָה חֲזָרָתָן מִשּׁוּם סִלּוּקָן: (א) וַחֲזָרַת רְטִיָּה. בְּשַׁבָּת פֶּרֶק "כְּלָל גָּדוֹל" (דף עה:) אָמְרוּ: הַמְמָרֵחַ רְטִיָּה בַּשַּׁבָּת – חַיָּיב מִשּׁוּם מְמַחֵק: בַּמִּקְדָּשׁ. לְכֹהֵן שֶׁלָּקָה בְּיָדוֹ, וְצָרִיךְ לַעֲבוֹד עֲבוֹדָה וְלִיטּוֹל רְטִיָּה מֵעַל יָדוֹ, שֶׁלֹּא תְּהֵא חֲצִיצָה בֵּין יָדוֹ לָעֲבוֹדָה – מַחֲזִיר הָרְטִיָּה לְאַחַר עֲבוֹדָה. דְּאִי לָא שָׁרֵית לֵיהּ לְהַחֲזִירָהּ – לָא שָׁקֵיל לֵיהּ מֵעִיקָּרָא: וְרַחֲבָא אָמַר רַבִּי יְהוּדָה. י"מ: סָפֵק מִשְּׁמֵיהּ דְּרַבִּי יְהוּדָה נְשִׂיאָה סָפֵק מִשְּׁמֵיהּ דְּרַב יְהוּדָה. [שם וש"נ] וַאֲנִי אוֹמֵר: לֹא רָאָה רַחֲבָא אֶת רַבִּי יְהוּדָה נְשִׂיאָה, דְּהָא מִפּוּמְבְּדִיתָא הֲוָה, וְלֹא מָצִינוּ שֶׁעָלָה לְא"י. וְעוֹד: כִּי [עירובין קב:] אָמְרִי' בְּעָלְמָא *דְּדָיֵיק וְגָמַר שְׁמַעְתְּתָא' [ברכות לג:] מִפּוּמֵּיהּ דְּרַבֵּיהּ כְּרַחֲבָא דְּפוּמְבְּדִיתָא – הֲוָה לָן לְמֵימַר דַּאֲפִילּוּ סְפֵיקֵי דְּגַבְרֵי גָּרֵיס, [חגיגה כו.] כִּדְאָמְרִינַן בִּדְרַב יְהוּדָה בְּ"הַכֹּל שׁוֹחֲטִין" (חולין יח:). וְנִרְאֶה בְּעֵינַי: מִשּׁוּם דְּרַבּוֹ מוּבְהָק הָיָה, וְלֹא הָיָה לוֹמֵד מֵרַב אַחֵר, הֲוָה קָרֵי לֵיהּ "רַבִּי", דְּלָא נִסְפְּקֵיהּ בִּדְרַב יְהוּדָה אַחֲרִינָא: אַף הַפּוֹתֵחַ אֶת חֲבִיתוֹ. [ברכות לו: יבמות טו:] חָבֵר כְּשֶׁהִתְחִיל לִמְכּוֹר יֵינוֹ אוֹ כִּכָּרוֹ לְעוֹלֵי רְגָלִים [תוספ' פ"א] בָּרֶגֶל, וּמְמַשְׁמְשִׁי בָּהּ יַד הַכֹּל. וְטוּמְאַת עַם הָאָרֶץ בָּרֶגֶל טְהוֹרָה כָּל יְמוֹת הָרֶגֶל. וּבְמַה שֶּׁנִּשְׁאָר לְאַחַר הָרֶגֶל נֶחְלְקוּ רַבִּי יְהוּדָה וַחֲכָמִים בְּפֶרֶק "חוֹמֶר בַּקֹּדֶשׁ" (חגיגה דף כו.). רַבִּי יְהוּדָה אוֹמֵר: יִגְמוֹר וְיִמְכְּרֶנָּה לַחֲבֵרִים וּלְכָל אָדָם, וְיִזָּהֵר שֶׁלֹּא יִגַּע עַם הָאָרֶץ עוֹד. וַחֲכָמִים אוֹמְרִים: לֹא יִגְמוֹר וְלֹא יִמְכְּרֶנָּה עוֹד, מִשּׁוּם דְּנִטְמְאַת בָּרֶגֶל בְּמַגַּע עַם הָאָרֶץ. וְנְהִי דְּכָל יְמוֹת הָרֶגֶל אִשְׁתְּרַאי, שֶׁלֹּא לְבַיְּישָׁם – מִיהוּ לְאַחַר הָרֶגֶל חָלָה לְמַפְרֵעַ. וְאַשְׁמְעִינַן רַחֲבָא, דְּרַבִּי יְהוּדָה לֹא אָמַר יִגְמוֹר אֶלָּא מִשּׁוּם תְּחִילָּתָן, דְּאִי לָא שָׁרֵית לֵיהּ – לָא פָּתַח לֵיהּ מֵעִיקָּרָא: תָּנֵינָא. בְּמַתְנִיתִין: וּבֵית הִלֵּל מַתִּירִין, וּמֵעוּלָּא מַאי נָפְקָא לָן: וַאֲפִילּוּ מֵעי"ט. שֶׁהוּפְשַׁט מִבְּעוֹד יוֹם: דְּעֶרֶב יוֹם טוֹב לֹא. דְּלֵיכָּא לְמֵיגְזַר מִשּׁוּם תְּחִילָּתָן, דְּאִי נַמִי לָא שָׁרֵית לֵיהּ – אֵינוֹ נִמְנָע מִלְּשׁוֹחְטוֹ מֵעי"ט, (ב) דְּהָא יָכוֹל לְשׁוֹחְטוֹ מִבְּעוֹד יוֹם: תָּנֵינָא. בְּמַתְנִיתִין: וּב"ה מַתִּירִין אַף לְהַחֲזִיר גָּרְסִינַן: דְּאֵין בִּנְיָן בְּכֵלִים. אֵין אִיסּוּר בִּנְיָן וּסְתִירָה בְּכֵלִים, אֶלָּא בְּבָתִּים דְּמִחַיֵּיב בְּבִנְיָן כָּל דְּהוּ. וְהָעוֹשֶׂה כְּלִי אוֹ גּוֹמְרוֹ בְּי"ט אוֹ בְּשַׁבָּת – מִשּׁוּם מַכֶּה בַּפַּטִּישׁ הוּא דְּמִחַיֵּיב, שֶׁהוּא חִיּוּב לְכָל גְּמַר מְלָאכָה. אוֹ אִם הוּא דָּבָר שֶׁהוּא מַחֲלִיקוֹ – חַיָּיב מִשּׁוּם מְמַחֵק, וְאִם צָרִיךְ קִיּוּעַ – חַיָּיב מִשּׁוּם מְחַתֵּךְ, וְכֵן אוֹרֵג אוֹ מֵסֵךְ אוֹ תּוֹפֵר. אֲבָל בִּנְיָן וּסְתִירָה – לָא שַׁיָּיךְ בְּהוּ לְאַחְיוּבֵי בְּסִלּוּק וַחֲזָרָה. דְּהָא דִּתְנַן (שבת דף קב:): הַבּוֹנֶה כָּל שֶׁהוּא – בְּבָתִּים תְּנַן. וְהִלְכָּךְ, בֵּית הִלֵּל אֲפִילּוּ בְּתֵיבוֹת הַבַּיִת שָׁרוּ לְסַלֵּק דַּלְתוֹתֵיהֶן וּלְהַחֲזִיר, וְאע"ג דְּלָאו לְשִׂמְחַת י"ט, קמ"ל עוּלָּא דְּאע"ג דְּאֵין בִּנְיָן וּסְתִירָה בְּכֵלִים – קָאָסְרֵי לֵיהּ ב"ה מִדְּרַבָּנַן, אִי לָאו מִשּׁוּם תְּחִלָּתָן. דַּחֲנוּיוֹת שֶׁהֵן צָרְכֵי רַבִּים – אִין, אֲבָל תְּרִיסֵי כְּלֵי הַבַּיִת – לָא: תָּנֵינָא. בְּעֵירוּבִין: מַחֲזִירִין רְטִיָּה בַּמִּקְדָּשׁ אֲבָל לֹא בַּמְּדִינָה: מַהוּ דְּתֵימָא טַעְמָא. דְּהֶתֵּירָא מִשּׁוּם דְּלֹא גָּזְרוּ עַל הַשְּׁבוּת שֶׁבַּמִּקְדָּשׁ, וְלִקְשׁוֹר רְטִיָּה וְכֵן כָּל דְּבַר רְפוּאָה, שֶׁאֵין מְלָאכָה אֶלָּא שְׁבוּת, הוּא שֶׁגָּזְרוּ חֲכָמִים בְּכָל רְפוּאוֹת גְּזֵירָה מִשּׁוּם שְׁחִיקַת סַמָּנִין: תָּנֵינָא. בַּחֲגִיגָה: כְּטָהֳרָה שַׁוְיֵהּ רַבָּנַן. דְּאַסְמְכוּהָ אַקְּרָא "כְּאִישׁ אֶחָד חֲבֵרִים" (שופטים כ). וְטַעְמָא דְּרַבִּי יְהוּדָה – מִשּׁוּם דְּלָא הָדְרָה חָיְילָא, וְאַף עַל גַּב דְּלֹא הִתְחִיל עַל גַּב הָרֶגֶל לְמוֹכְרָהּ, וְאֵירַע שֶׁנָּגַע בָּהּ עַם הָאָרֶץ בָּרֶגֶל – קָאָמַר נַמִי רַבִּי יְהוּדָה דְּאֵין מַגָּעוֹ מְטַמְּאָהּ, וַאֲפִילּוּ לְאַחַר הָרֶגֶל, קָא מַשְׁמַע לָן רַחֲבָא דְּמִשּׁוּם תְּחִלָּתָן הוּא: בִּפְלוּגְתָּא לָא קָא מַיְירֵי. וְהָא פְּלִיגֵי רַבָּנַן עֲלָהּ: מַתְנִיתִין. דְּקָתָנֵי בְּסִלּוּק נַמִי פְּלִיגֵי, לָאו כִּי הַאי תַּנָּא: בְּשֶׁיֵּשׁ לָהֶן צִיר. יָדוֹת לִשְׁנֵי רָאשִׁין, דּוֹמוֹת לְבִנְיָן: וְהָתַנְיָא. בְּשֶׁאֵין לָהֶן צִיר הוּא דְּשָׁרֵי בֵּית הִלֵּל, אֲבָל בְּשֶׁיֵּשׁ כו': אָמַר אַבָּיֵי. דְּכוּלֵּי עָלְמָא, תַּרְוַיְיהוּ הָנָךְ תַּנָּאֵי דִּבְרַיְיתָא, דְּפָרְשִׁי לָן פְּלוּגְתָּא דְּב"ש וּב"ה: *דִּבְרֵי הַכֹּל אָסוּר. וּבְשֶׁאֵין לָהֶן צִיר כָּל עִיקָּר – דִּבְרֵי הַכֹּל, ב"ש וּב"ה: בְּשֶׁיֵּשׁ לָהֶן צִיר בָּאֶמְצַע. כְּעֵין פליט"א, וְתוֹחֲבִין אוֹתוֹ בַּחוֹר שֶׁבָּאֶמְצַע דּוֹפֶן פֶּתַח הַתֵּיבָה:

מַר

[ר"ל הך ד"ה אסור וכן בשאין להם ציר ד"ה מותר קאי אב"ש וב"ה]

פו א מיי' פ"א מהלכות יו"ט הל' יוד סמג לאוין עה טוש"ע א"ח סי' תק סעיף ה:
פז ב מיי' שם פ"ד הל' יב סמג שם טוש"ע א"ח סי' תקיט סעיף א:
פח ג מיי' פ"ג שם הלכה ד:
פט ד מיי' שם פ"ד הלכה יב טוש"ע שם:
צ ה מיי' פכ"א מהלכות שבת הלכה כז סג לאוין שה טוש"ע א"ח סי' שכח סעיף כה:
צא ו מיי' פי"א מהל' מטמאי משכב ומושב הלכה י:
צב ז מיי' פ"ד מהלכות יו"ט הל' יב טוש"ע א"ח סי' תקיט סעיף א:

רבינו חננאל

אמר רב יהודה אמר שמואל מולח אדם כמה חתיכות כאחת אע"פ שאינו צריך אלא לחתיכה אחת. ורב אדא בר אהבה מערים ומלח ליה גרמא גרמא כגון דמלח האי חתיכה ואימלך ואמר לא בעינא האי אחריתי בעינא: **ירושלמי** מערים ומלח הכא עד דמלח כולה. כלומר היה ממלח ע"ג העור מעט מעט. וישאל מאי תריסין אמר עולא תריסי חנויות. והני מילי חנויות אבל בתים לא. ג' דברים התירו סופן משום תחלתן ואלו הן תריסי חנויות משום להוציא תבלין ומיני מאכל התירו לו. ואם תאמר לו אסור לסגור בהן כי יש בנין בכלים מתחלה לא יפתח. וכן עור לפני הדריסה. אם לא תתיר לו להניחו במקומו שטוח לא ישחוט תחלה. וכן החזרת רטיה במקדש כמפורש בסוף עירובין ורב יהודה אמר אף עם הארץ הפותח חביתו ברגל והמתחיל עיסתו ברגל יגמור לאחר הרגל כר' יהודה. ואע"ג דקיי"ל מגע ע"ה בחזקת טומאה הוא הכא אם לא תטהר לו לא אתי למיעבד לכתחלה ושקלינן וטרינן בענין תריסי חנויות ואסקה אביי בשיש לה ציר מן הצד דברי הכל אסור. כדתנן מחזירין ציר התחתון במקדש אבל לא במדינה. בשאין לה ציר כל עיקר דברי הכל מותר. כי פליגי בשיש לה ציר באמצע

הגהות הב"ח

(א) רש"י ד"ה (וחזרת רטיה וכו' משום ממחק במקדש) תא"מ ונ"ב ס"א וחזרת רטיה בשבת במקדש לכהן כו': (ב) ד"ה דערב יום טוב וכו' דהא יכול לשוחטו מבעוד יום: (ג) תוס' ד"ה מעריס וכו' שמערימין ונוטלין ואוכלין מעט מן התרנגולת כמו הכבד: (ד) ד"ה אמר וכו' מפומיה דרביה קאי אהא: (ה) ד"ה מהו וכו' מ"מ אסור דחיישינן שמא יתקע:

גליון הש"ם

גמ' שלשה דברים התירו סופן. עיין ר"ה דף כג ע"ב תוס' ד"ה שיהו מהלכים ועיין יומא דף עז ע"ב ומו"ק דף ז ע"א:

מַר סָבַר. בֵּית שַׁמַּאי: וּמָר סָבַר. בֵּית הִלֵּל. וְהָךְ מַתְנִיתָא לָא אִפְלוּג, אֶלָּא מַר אַשְׁמְעִינַן חֲדָא וּמַר אַשְׁמְעִינַן חֲדָא וְלָא פְּלִיגִי, מַתְנִיתָא קַמָּיְיתָא הָכִי קָאָמַר: בַּמֶּה דְּבָרִים אֲמוּרִים – בְּשֶׁיֵּשׁ לָהֶן צִיר בָּאֶמְצַע, אֲבָל אֵין לָהֶם צִיר כָּל עִיקָּר – דִּבְרֵי הַכֹּל מוּתָּר. וְתַנָּא בַּתְרָא ה"ק: בַּמֶּה דְּבָרִים אֲמוּרִים דְּנֶחְלְקוּ – כְּשֶׁאֵין לָהֶם צִיר מִן הַצַּד, אֲבָל תורה אור

מָר סָבַר: גָּזְרִינַן צִיר בָּאֶמְצַע אַטּוּ צִיר מִן הַצַּד, וּמָר סָבַר: לָא גָּזְרִינַן.§ **מתני'** *בֵּית שַׁמַּאי אוֹמְרִים: אֵין מוֹצִיאִין לֹא אֶת הַקָּטָן, וְלֹא אֶת הַלּוּלָב, וְלֹא אֶת סֵפֶר תּוֹרָה לִרְשׁוּת הָרַבִּים. וּבֵית הִלֵּל [א]מַתִּירִין.§ **גמ'** תָּנֵי תַּנָּא קַמֵּיהּ דְּרַבִּי יִצְחָק בַּר אַבְדִּימִי: הַשּׁוֹחֵט עוֹלַת נְדָבָה בְּיו"ט לוֹקֶה. א"ל: דְּאָמַר לָךְ מַנִּי – בֵּית שַׁמַּאי הִיא, *דְּאָמְרִי: לָא אָמְרִינַן מִתּוֹךְ שֶׁהוּתְּרָה הוֹצָאָה לְצוֹרֶךְ – הוּתְּרָה נַמִי שֶׁלֹּא לְצוֹרֶךְ. דְּאִי בֵּית הִלֵּל – [ב]הָא אָמְרִי: מִתּוֹךְ שֶׁהוּתְּרָה הוֹצָאָה לְצוֹרֶךְ – הוּתְּרָה נַמִי שֶׁלֹּא לְצוֹרֶךְ. הָכָא נַמִי, מִתּוֹךְ שֶׁהוּתְּרָה שְׁחִיטָה לְצוֹרֶךְ – הוּתְּרָה נַמִי שֶׁלֹּא לְצוֹרֶךְ. מַתְקִיף לָהּ רַבָּה: מִמַּאי דְּב"ש וּבֵית הִלֵּל בְּהָא פְּלִיגִי? דִּלְמָא בְּעֵרוּב וְהוֹצָאָה לְשַׁבָּת וְאֵין עֵרוּב וְהוֹצָאָה לְיו"ט קָא מִיפַּלְגִי? מ"ס: *עֵרוּב הוֹצָאָה לְשַׁבָּת וְעֵרוּב הוֹצָאָה לְיו"ט, וּמָר סָבַר: [ג]עֵרוּב הוֹצָאָה לְשַׁבָּת, וְאֵין עֵרוּב הוֹצָאָה לְיו"ט, כְּדִכְתִיב °"וְלֹא תוֹצִיאוּ מַשָּׂא מִבָּתֵּיכֶם בְּיוֹם הַשַּׁבָּת" (ירמיה יז) בְּשַׁבָּת – אִין, בְּיו"ט – לָא. מַתְקִיף לָהּ רַב יוֹסֵף: אֶלָּא מֵעַתָּה לִיפְלְגוּ בַּאֲבָנִים! אֶלָּא, מִדְּלָא מִפַּלְגִי בַּאֲבָנִים, שְׁמַע מִינַּהּ: בְּהוֹצָאָה שֶׁלֹּא לְצוֹרֶךְ פְּלִיגִי. וְאַף ר' יוֹחָנָן סָבַר: בְּמִתּוֹךְ שֶׁהוּתְּרָה הוֹצָאָה לְצוֹרֶךְ הוּתְּרָה נַמִי שֶׁלֹּא לְצוֹרֶךְ פְּלִיגִי. דְּתָנֵי תַּנָּא קַמֵּיהּ דְּר' יוֹחָנָן: *הַמְבַשֵּׁל גִּיד הַנָּשֶׁה בְּחָלָב בְּיו"ט וַאֲכָלוֹ – לוֹקֶה חָמֵשׁ. לוֹקֶה מִשּׁוּם *מְבַשֵּׁל גִּיד, וְלוֹקֶה מִשּׁוּם אוֹכֵל גִּיד, וְלוֹקֶה מִשּׁוּם מְבַשֵּׁל בָּשָׂר בְּחָלָב, וְלוֹקֶה מִשּׁוּם אוֹכֵל בָּשָׂר בְּחָלָב, וְלוֹקֶה מִשּׁוּם

רש"י

כְּשֶׁיֵּשׁ לָהֶם צִיר מִן הַצַּד – דִּבְרֵי הַכֹּל אָסוּר: **מתני'** לֹא אֶת הַקָּטָן. כָּל מִילֵּי דְּלָאו צוֹרֶךְ אֲכִילָה: **גמ'** עוֹלַת נְדָבָה. דְּאִילּוּ עוֹלַת חוֹבַת הַיּוֹם רַחֲמָנָא שַׁרְיָא, אֲבָל זוֹ – יֵשׁ לְהַקְרִיבָהּ לְאַחַר יוֹם טוֹב: לוֹקֶה. מִשּׁוּם (*"לֹא תַעֲשֶׂה כָל מְלָאכָה") (שמות כ): לְצוֹרֶךְ. "אַךְ אֲשֶׁר יֵאָכֵל לְכָל נֶפֶשׁ": בְּעֵרוּב הוֹצָאָה. אִם נֶאֶסְרָה הוֹצָאָה בְּיו"ט, וְנִתְקְנוּ הִלְכוֹת עֵרוּבֵי חֲצֵירוֹת לְיו"ט, אִם לָאו: וְאֵין עֵרוּב וְהוֹצָאָה כו'. וְאַע"ג דְּעִיקַּר הוֹצָאָה מִ"וַּיַּעֲבִירוּ קוֹל בַּמַּחֲנֶה" נָפְקָא לָן (שבת דף צו:), בָּא יִרְמְיָה וּפֵירֵשׁ שֶׁלֹּא נֶאֶסְרָה אֶלָּא בְּשַׁבָּת – מִשּׁוּם הָכִי קָא שָׁרוּ. אֲבָל שְׁחִיטָה, שֶׁהִיא אַב מְלָאכָה, וּבִכְלַל "לֹא תַעֲשֶׂה כָל מְלָאכָה" הִיא, אֵימָא לָךְ: אֲפִילּוּ לְבֵ"ה, אִם הוּתְּרָה לְצוֹרֶךְ – לֹא הוּתְּרָה שֶׁלֹּא לְצוֹרֶךְ. וְהָךְ מַתְנִיתִין אֲפִילּוּ ב"ה: מַתְקִיף לָהּ רַב יוֹסֵף. אַהָךְ אַתְקַפְתָּא דְּרַבָּה: אֶלָּא מֵעַתָּה. דִּסְבִירָא לְהוּ לְבֵ"ה אֵין אִסּוּר הוֹצָאָה לְיו"ט: לִיפְלְגוּ בַּאֲבָנִים. אִי אֵין אִסּוּר הוֹצָאָה – אֵין אִסּוּר טִלְטוּל, שֶׁלֹּא נֶאֱסַר טִלְטוּל אֶלָּא מִשּׁוּם הוֹצָאָה. וּמַה שֶּׁלֹּא גָּזְרוּ עַל כָּל טִלְטוּלִים, אֲפִילּוּ עַל אוֹכָלִים וְכֵלִים – מִשּׁוּם דְּאֵין גּוֹזְרִין גְּזֵרָה עַל הַצִּבּוּר אא"כ רוֹב צִבּוּר יְכוֹלִין לַעֲמוֹד בָּהּ: **אֶלָּא מִדְּלָא אִפְלוּג בַּאֲבָנִים.** ש"מ דִּלְכוּלֵּי עָלְמָא יֵשׁ הוֹצָאָה לְיו"ט, אֶלָּא שֶׁמִּן הַתּוֹרָה הוּתְּרָה לְצוֹרֶךְ. וּבֵ"ה אִית לְהוּ, כֵּיוָן דְּהוּתְּרָה לְצוֹרֶךְ הוּתְּרָה מִן הַתּוֹרָה לְגַמְרֵי, אֶלָּא רַבָּנַן גְּזוּר בְּמִידֵי דְּהָוֵי טִרְחָא דְּלָא צְרִיךְ, כְּגוֹן אֲבָנִים. אֲבָל בְּקָטָן וְסֵפֶר תּוֹרָה, דִּצְרִיכִינַן לְהוּ בְּיו"ט – לָא גְּזוּר! וּבֵית שַׁמַּאי לֵית לְהוּ מִיגּוֹ, וּמִידֵי דְּצוֹרֶךְ אֲכִילָה שֶׁהַתּוֹרָה הִתִּירָתוֹ – הוּתַּר, וְשֶׁאֵינוֹ צוֹרֶךְ אֲכִילָה – בְּאִסּוּרוֹ עוֹמֵד מִן הַתּוֹרָה: וְאַף ר' יוֹחָנָן סָבַר בְּמִתּוֹךְ גָּרְסִינַן: פְּלִיגִי. ב"ש וּבֵ"ה, וּדְכוּלֵּי עָלְמָא יֵשׁ אִסּוּר הוֹצָאָה לְיו"ט מִ"וַּיַּעֲבִירוּ קוֹל בַּמַּחֲנֶה", דְּיֶשְׁנָהּ בִּשְׁאָר מְלָאכוֹת, וְיִרְמְיָה הָיָה מַזְהִירָן עַל הַשַּׁבָּתוֹת שֶׁהֵן חֲמוּרִין, וְהַלְוַאי יִשְׁמְעוּ: לוֹקֶה מִשּׁוּם מְבַשֵּׁל גִּיד. שֶׁהַבִּשּׁוּל אַב מְלָאכָה הוּא, וּבִשּׁוּל גִּיד דָּבָר הָאָסוּר וְאֵינוֹ רָאוּי לַאֲכִילָה, וְעוֹמֵד בְּאִסּוּר "לֹא תַעֲשֶׂה כָל מְלָאכָה", דְּלֹא הוּתַּר אֶלָּא לְצוֹרֶךְ: וְלוֹקֶה מִשּׁוּם מְבַשֵּׁל בָּשָׂר בְּחָלָב. לָאו מִשּׁוּם יו"ט, דְּמַלְקוֹת דְּבִשּׁוּל יוֹם טוֹב הָא תָּנָא לֵיהּ, אֶלָּא אֲפִילּוּ הוּא חוֹל לוֹקֶה מִשּׁוּם מְבַשֵּׁל בָּשָׂר בְּחָלָב, דִּכְתִיב "לֹא תְבַשֵּׁל גְּדִי בַּחֲלֵב" שָׁלֹשׁ פְּעָמִים, אֶחָד לְאִסּוּר אֲכִילָה, וְאֶחָד לְאִסּוּר הֲנָאָה, וְאֶחָד לְאִסּוּר בִּשּׁוּל: מִשּׁוּם

תוספות

השוחט עולת נדבה ביום טוב לוקה וכו'. וה"ה דמלי למימר ר"ע היא *דלית ליה מתוך. אלא ניחא ליה למנקט ב"ש, דסבירא להו הכי בהדיא טפי. ותימה: הואיל ומוקמינן לה אליבא דב"ש, אם כן לימא השוחט עולת חובה בי"ט לוקה, דהא ב"ש אית להו לקמן (דף יט.) על עולת ראייה דלוקה, דדרשינן "וחגותם" חגיגה – אין, עולת ראייה – לא! וי"ל: משום דיוקא נקטיה, דאי הוה נקט עולת חובה – הוה אמינא: עולת חובה מחייבי, אבל שלמי חובה כיולא בו – פטור, הואיל והם חובה, וגם יש בהן לורך האדם. אבל שלמי נדבה – חייב, הואיל והיה יכול להקריבן למחר והשתא דנקט עולת נדבה אשמעינן רבותא, דדוקא עולת נדבה חייב – דכולה כליל, אבל שלמי נדבה – פטור. אע"ג שאינו חייב בהן, והיה יכול להמתין עד למחר – הואיל ויש בהן לורך הדיוט. וא"ת: והא אפילו ב"ה מודו דלוקה, דסבירא להו לקמן (שם) דנדרים ונדבות אין קרבים בי"ט, ואמאי מוקים לה אליבא דב"ש? וי"ל: דמהיכא אית ליה דנדרים ונדבות אין קרבים בי"ט – מ"לכם" ולא לגבוה, וא"כ הוי לאו הבא מכלל עשה, דאין לוקין עליו. וא"ת: כיון דאהדריה – אהדריה לאסורא קמא, דהא אמרי'* גבי גוזז פסולי המוקדשין דלוקה, אע"ג דלא ידעינן אסור גזיזה רק מדכתיב (דברים יב) "תזבח" ולא גיזה, דהיינו לאו הבא מכלל עשה, דאין לוקין. אלא ש"מ: כיון דאהדריה – אהדריה לאסורא קמא, כלומר ללאו שהיה בו קודם שנפסל. וגם גבי נדרים ונדבות נימא הכי, דאהדריה לאסורא קמא, ולוקה! וי"ל: דשאני גיזה שלא הותרה בפסולי המוקדשין כלל בהדיא. וא"כ, הואיל ואשתכח סמך בהו לאסורא – מוקמינן ליה באיסורא קמא. אבל הכא, גבי יו"ט דאוכל נפש הותר דכתיב "אשר יאכל" וגו' (שמות יב) וה"ה בנדרים ונדבות, מתוך שהותרה וכו'. וא"כ אשכחנא דהותרו בהדיא, וכיון דאשכחנא דהותרו בהדיא – לא אמרי' אהדרי' לאסור' קמא, אלא: למאי דאהדריה – אהדריה, ולמאי דלא אהדריה – לא אהדריה, וקאי דוקא בעשה:

דלמא בערוב והוצאה קמפלגי. פי' רש"י: ערובי חצרות, וקשה: מאי צריך עירובי חצרות גבי י"ט? הא בלאו הכי מותר לטלטל מחצר לחצר לצורך! לכ"נ להר"ר חיים כהן דגרסינן "ערוב הוצאה" בלא וי"ו, *והכי פירושו: אם אסור הוצאה מעורב בו בין שאר מלאכות, אע"ג שהיא מלאכה גרועה, ואם שייכא אסור הוצאה אם לא קמפלגי. ומיהו, יש ליישב דגרסינן שפיר ערוב והוצאה, דצריך ערוב שיוכל להוציא דברים שאינן לצורך יו"ט כלל, (*ואין ערוב והוצאה ליו"ט – דשאני הוצאה דגרועה היא מכל שאר מלאכות. ויש ספרים דגר' קרא דירמיה "ולא תוציאו משא מבתיכם ביום השבת" בשבת – אין, ביו"ט – לא, דממעט לה בהדיא מטעם דהוצאה גרועה היא):

ה"ג רש"י: אלא מעתה לפלגו באבנים, ומדלא מיפלגי באבנים ש"מ וכו'. והכי פירושו: אלא מעתה דב"ה לית להו אסור הוצאה – לפלגו בטלטול אבנים, ולשמעינן רבותא דלית להו בהן אסור הוצאה, דהא לא נאסר בשום דבר טלטול, אפי' דבר שמלאכתו לאסור וגם אינו צורך י"ט כלל, אלא גזרה שמא יוציא, כדאיתא בהדיא פרק "כל הכלים" (שבת דף קכד:), ואפי' דבר שהוא צורך יו"ט, כגון כלי הצריך לו – היה ראוי לאסור גזירה שמא יוציא, אלא שאין גוזרין גזירה על הצבור אא"כ רוב הצבור יכולין לעמוד בה, ומדלא קמפלגי באבנים – שמע מינה בהוצאה וכו', דב"ה סברי מתוך. וא"ת: כיון דב"ה אית להו מתוך, אמאי אין מתירין אפי' טלטול אבנים וכל דבר, אפילו אינו צורך יום טוב? ויש לומר: דודאי אין ה"נ, דמדאורייתא הואיל והותרה – הותרה לגמרי, אלא רבנן גזור על דבר שאינו צורך יו"ט, דכיון דעיקר הוצאה נאסרה – יש לאסור בדבר שאין לצורך יום טוב כלל ע"כ פי' רש"י, ולא רלה לגרוס כמו שיש בספרים "אלא מעתה הוציא אבנים, לב"ה, ה"נ דלא מחייב מלקות" – דא"כ הוה מסיק לפי' זה הוציא אבנים לב"ה דחייב, ורש"י קים ליה דב"ה סבירא להו הואיל והותרה – הותרה לגמרי, אלא רבנן הוא דגזור בדבר שאינו צורך יו"ט כלל. וקשה, חדא: דאמרי' בפסחים (דף מו:): האופה מיו"ט לחול – לוקה, ולא אמרינן מתוך וכו' ואפילו לרבה דלא לקי – היינו מטעם הואיל ואי אתרמי ליה אורחים, אבל מטעם מתוך – לא קאמר, ועוד: דמוחק גירסת הספרים. לכן נראה לפר': דגרסי' כגירסת הספרים: אלא מעתה הוציא אבנים לב"ה ה"נ דלא מחייב, פי' מדאורייתא, מלקות. וכ"ת ה"נ – א"כ לפלגו באבנים אלא ודאי מדלא קמפלגי וכו'. ודוקא בהוצאה שיש בה צורך יו"ט קצת אמרינן מתוך שהותרה לצורך יו"ט, דכל אוכל נפש מותר – הותרה נמי שלא לצורך אוכל נפש, הואיל ואיכא צורך מקצת, (א) שיש צורך יו"ט, אבל שלא לצורך יו"ט כלל – ודאי דאסור מן התורה, כגון אופה מיו"ט לחול ומוציא אבנים, דליכא לא צורך נפש ולא שמחת יו"ט – חייב מדאורייתא. וכי פליגי ב"ש וב"ה – בדברים שאינן לצורך אוכל נפש, ואיכא בהן צורך יו"ט קצת, כגון קטן למולו, דהמלוה נקראת צורך יום טוב, ולולב לצאת בו, וס"ת לקרות בו. וכן פי' רבינו חננאל. אבל *ליתא פירושן, דלאו דוקא קטן למולו – דה"ה שלא למולו דשרי גם (ב) טיול, דהא אשכחן נמי דמשחקין בכדור שקורין פלוט"א בלע"ז ביו"ט ברה"ר, אע"ג דליכא אלא טיול. וא"ת: השוחט עולה מה צורך יש לו בה? יש לומר: דהכא נמי איכא שמחת יו"ט, שלא יהא שלחנך מלא ושלחן רבך ריקן, כדמוכח לקמן (דף כ:): הכא

רבינו חננאל

ב"ה סברי לא גזרינן ומותר להחזיר: [מתני'] בש"א אין מוציאין לא את הקטן כו'. נקטינן לולב למצותו וקטן למולו וס"ת לקרות בו. וב"ה מתירין להוציאן אפילו לרה"ר. ומשום הכי אמרי' בגמרא הא דתני השוחט עולת נדבה ביו"ט לוקה. ואע"פ שעושה מצוה. ב"ש היא ולא ב"ה דשמעינן להו לב"ה דאמרי מתוך שהותרה הוצאה לצורך שנאמר אך אשר יאכל וגו' הותרה נמי הוצאת לולב וס"ת שאינן לצורך אכילה. הכא נמי כיון שהותרה השחיטה לצורך אכילה הותרה נמי שלא לצורך. אלא מתני' מני ב"ש היא. ודחינן להאי סברא ממאי דבהאי טעמא פליגי ב"ש וב"ה דלמא בעירוב והוצאה פליגי ב"ש [סברי] יו"ט בדברים שאינן לצורך אוכל נפש כשבת. מה שבת אין מוציאין מרשות לרשות אלא ע"י עירוב כך ביו"ט. ומה שבת אין מוציאין בה [לר"ה] כך שבת אין מוציאין. וב"ה סברי אין עירוב והוצאה ליו"ט. דכי כתיב ולא תוציאו משא מבתיכם ביום השבת הוא דכתיב ולפיכך הוצאה ביו"ט שרי. אבל לשחיטה שלא לצורך אפילו ב"ה אסרי ודחי רב יוסף אי הכי שאין הוצאה אסורה ביו"ט לדברי ב"ה אם יוציא אבנים לרה"ר פטור הוא. אלא מדלא תנינן דפליגי באבנים אלא בדברים שיש בהן צד מצוה. ש"מ במתוך שהותרה לצורך אכילה הותרה נמי שלא לצורך אכילה. וכן נמי מדחזינן לר' יוחנן דאמר לתנא דהוה תני קמיה. המבשל גיד הנשה בחלב ואכלו לוקה ה' לוקה משום אוכל גיד ומשום מבשל גיד. שבישל ביו"ט דבר שאינו בר אכילה. וה"ה למבשל בשר בחלב כו' וא"ל

מסורת הש"ס

שבת ד' קכד. לקמן לז.

[כל מלאכה לא יעשה בהם שמות יב]

*גי' רש"ל דאסרי ולא

[ז"ל הערוך ערך ערב מר סבר עירוב הוצאה לשבת ועירוב הוצאה ליו"ט פי' יש לדברים שאינן צורך אוכל כשבת מה שבת אין מוציאין מרשות לרשות אלא ע"י עירוב כך ביו"ט]

מכות כא. פסחים מז.

[מבשל גיד ביו"ט כצ"ל]

הגהות הב"ח

(א) תום' ד"ה ה"ג רש"י וכו' ואיכא צורך מקצת אבל שלא לצורך כלל ואיכא שיש צורך יו"ט נמחק: (ב) בא"ד דשרי גם בשביל טיול:

עין משפט נר מצוה

[פסחים ה:]

צג א ב מיי' פ"א מהל' י"ט הל' ד ופ"ה הלכה א סמג לאוין עה טוש"ע א"ח סי' תקיח סעיף א:

צד ג מיי' פ"א מהל' עירובין הלכה ד סמג לאוין עה טוש"ע א"ח סי' תקכח סעיף א:

[עי' תוס' חולין לח: ותוס' ע"ז סז: סד"ה אמר ר' יוחנן]

[וע' תוספות כריתות יד. ד"ה עירוב]

רש"ל מוחק כל זה

רש"ל גורס ליתא להאי פירושא וי"ג אבל ר"ת פירש

צה א מיי' פ"א מהל' י"ט הל' ד ופ"ד הל' ב סמג לאוין עה טוש"ע א"ח סימן תנה סעיף א:

צו ב ג ד מיי' פ"ד מהל' י"ט הלכה כו טוש"ע א"ח סימן תקו סעיף ג:

צז ה מיי' שם הל' טו סמג לאוין עה טוש"ע א"ח סי' תקי סעיף א:

צח ו מיי' פכ"א מהל' שבת הל' יד ויז סמג לאוין סה טוש"ע א"ח סי' שיט סעיף ז:

צט ז ח מיי' פ"ג מהל' יו"ט הלכה טו סמג לאוין עה טוש"ע א"ח סי' תקי סעיף א:

משום הבערה. א"ל: **פוק תני לברא! הבערה ובשול אינה משנה. ואם תמצא לומר משנה – ב"ש היא, דאמרי: לא אמרינן מתוך שהותרה הוצאה לצורך – הותרה נמי שלא לצורך, ה"נ לא אמרינן מתוך שהותרה הבערה לצורך – הותרה נמי שלא לצורך. דאי ב"ה, כיון דאמרי מתוך שהותרה הוצאה לצורך – הותרה נמי שלא לצורך, [א]הכא נמי, *מתוך שהותרה הבערה לצורך – הותרה נמי שלא לצורך.§

מתני' בש"א: אין מוליכין חלה ומתנות לכהן ביום טוב, בין שהורמו מאמש בין שהורמו מהיום. וב"ה [ב]מתירין. אמרו להם ב"ש: גזרה שוה: חלה ומתנות – מתנה לכהן, ותרומה – מתנה לכהן, כשם שאין מוליכין את התרומה – כך אין מוליכין את המתנות. אמרו להם ב"ה: לא, אם אמרתם בתרומה – [ג]שאינו זכאי בהרמתה, תאמרו במתנות שזכאי בהרמתן?§

גמ' קא סלקא דעתך: שהורמו מהיום ושנשחטו מהיום, ושהורמו מאמש ושנשחטו מאמש. מני מתני'? לא רבי יוסי, ולא ר' יהודה, אלא אחרים. דתניא, *אמר רבי יהודה: לא נחלקו בית שמאי ובית הלל על המתנות שהורמו מערב יו"ט שמוליכין עם המתנות שהורמו מהיום ושנשחטו מהיום. לא נחלקו אלא להוליכן בפני עצמן, שב"ש אומרים: אין מוליכין, ובית הלל אומרים: מוליכין. וכך היו בית שמאי דנין: חלה ומתנות מתנה לכהן ותרומה מתנה לכהן, כשם שאין מוליכין את התרומה – כך אין מוליכין את המתנות. אמרו להם ב"ה: לא, אם אמרתם בתרומה שאינו זכאי בהרמתה, תאמרו במתנות שזכאי בהרמתן? אמר רבי יוסי: לא נחלקו ב"ש וב"ה על המתנות שמוליכין, לא נחלקו אלא על התרומה, שב"ש אומרים: אין מוליכין, וב"ה אומרים: מוליכין. וכך היו ב"ה דנין: חלה ומתנות מתנה לכהן, ותרומה מתנה לכהן. כשם שמוליכין את המתנות – כך מוליכין את התרומה. אמרו להם ב"ש: לא, אם אמרתם במתנות – שזכאי בהרמתן, תאמרו בתרומה שאין זכאי בהרמתה? אחרים אומרים: לא נחלקו ב"ש וב"ה על התרומה שאין מוליכין, לא נחלקו אלא על המתנות. שב"ש אומרים: אין מוליכין, ובית הלל אומרים: מוליכין. לימא אחרים היא ולא רבי יהודה! אמר רבא: מי קתני "שהורמו מהיום ושנשחטו מהיום"? "שהורמו" קתני, ולעולם שחיטתן מאמש. לימא רבי יהודה היא ולא אחרים? אפילו תימא אחרים, ובהנך דנשחטו מאמש. אי הכי היינו רבי יהודה! איכא בינייהו טפלה.§ אמר רב יהודה אמר שמואל: [ד]הלכה כרבי יוסי. רב טובי בריה דרב נחמיה הוה ליה גרבא דחמרא דתרומה. אתא לקמיה דרב יוסף, אמר ליה: מהו לאמטויי לכהן האידנא? א"ל: הכי אמר רב יהודה אמר שמואל: הלכה כרבי יוסי. אושפזיכניה דרבא בר רב חנן הוה ליה אסורייתא דחרדלא, א"ל: מהו לפרוכי ומיכל מנייהו ביו"ט? לא הוה בידיה, אתא לקמיה דרבא. אמר ליה: [ה]מוללין מלילות ומפרכין קטניות ביו"ט. איתיביה אביי: *[ו]המולל מלילות מע"ש, למחר מנפח מיד ליד ואוכל, אבל לא בקנון ולא בתמחוי. [ז]המולל מלילות מערב יו"ט, למחר מנפח על יד על יד ואוכל, אפילו בקנון ואפי' בתמחוי, אבל לא בטבלא ולא בנפה ולא בכברה. מערב יו"ט – אין, ביו"ט – לא! אפילו תימא [ח]ביו"ט, ואיידי דתנא רישא מע"ש – תנא סיפא נמי מערב יו"ט? א"כ מצינו תרומה שזכאי בהרמתה, ותנן: לא, אם אמרתם בתרומה שאינו זכאי בהרמתה וכו'! לא קשיא: הא

משום הבערה. שהיא מלאכה לעצמה. קא סבר: יש חלוק מלאכות ליום טוב ללקות שתים על שתי מלאכות משום יום טוב: הבערה ובשול. דיום טוב, אינה משנה ללקות עליהן. דמתוך שהותרו לצורך – הותרו נמי שלא לצורך מן התורה: אינה משנה. לא נשנית מעולם בבית המדרש: ואם תמצא לומר משנה. אם יאמרו תנאים שנשנית – ודאי בית שמאי שנאוה: **מתני'** אין מוליכין חלה. אע"פ שמותר בהפרשתה, לא שרו ליה הולכתה, אלא תקון לתקן עיסתו התירו לו ולא יותר: מתנות. הזרוע והלחיים והקיבה, אף הן, הרמתן הותרה לו, שהרי נלטוה להרימן, והיאך יאכל שאר הבשר? ואע"פ שאין טובלין כשאר טבל, לאסור הבשר באכילה, מיהו אם לא פירש שאר הבשר מהן – הרי הוא אוכלן ועובר בעשה. הלכך, הרמתן – התירו, ולא הולכתן. וכולן משום גזרה דאין מגביהין (א) אותם: גזרה שוה. לאו דוקא, דכולה מדרבנן גזור, אלא דומיא דגזרה שוה בדרבנן: מתנה לכהן. מעשרים וארבע מתנות כהונה הן: כשם שאין מוליכין. דהא מודיתו לן, שהרי מאתמול הוגבהה: שאינו זכאי. רשאי. לא נתנו חכמים לאדם כח וזכות בהפרשתה: **גמ'** לא ר' יוסי ולא רבי יהודה אלא אחרים. גרסינן: שמוליכין אותן כו'. ומתניתין קתני בין שהורמו מהיום, וקס"ד דבנשחטו היום קא מיירי, ואסר: על המתנות שמוליכין. הואיל וזכאי בהרמתן, והוא הדין לחלה, וחד מינייהו נקט: אלא על המתנות. ואפילו נשחטו מהיום, משמע כי מתניתין: לימא אחרים היא ולא ר' יהודה. כלומר, כר' יוסי ודאי לא אפשר לאוקמא. כרבי יהודה מאי? מי מצינן למימר דמתניתין נמי דוקא בשל אמש קאמר, ומתוקם אליביה, או נזקק על כרחנו לומר דלא כרבי יהודה: מי קתני. מתניתין בין שהורמו *ונשחטו מהיום, ולעולם שחיטתן מאמש אבל בהנך דנשחטו ביום טוב מודו: לימא רבי יהודה היא ולא אחרים. כיון דמתניתין דוקא בדשל אמש קאי, מדלא קתני נשחטו היום – נימא דלא כאחרים, דהא אחרים על המתנות קאמרי: בהנך דנשחטו מאמש. על המתנות דקאמרי אחרים בשל אמש קמיירי: טפלה. ר' יהודה מתיר לטפל ולהוליך של אמש עם של היום, ואחרים סברי דאפי' לטפל נמי אסרי ב"ש. ומתני' דלא איירי בטפלה כלל – איכא למימר כרבי יהודה, ואיכא למימר כאחרים: הלכה כרבי יוסי. ואליבא דב"ה, דאפילו תרומה נמי מותר להוליך: אסורייתא. חבילות של חרדל בשרביטין, והזרע בתוכן: מהו לפרוכי. השרביטין, ולהוציא הזרע ביום טוב. מי שרי בי"ט כשחיטה וכבישול, או דלמא כיון דאפשר מערב יו"ט – לא, דתולדת דישה הוא: מוללין מלילות. דדש כלאחר יד הוא. ואפילו בשבת – לאו דאורייתא הוא, אלא מדרבנן, וביום טוב לא גזור: מלילות. של חטין, שמולל בידיו כשהן רכים: גבי שבת גרסי' מיד ליד וגבי יום טוב גרסי' על יד על יד: מיד ליד. שלא כדרך חול: קנון. כלי הוא, ראשו אחד רחב והשני עשוי כעין מרזב קצר, ונותן הקטניות בתוך הרחב ומנענע, והאוכל מתגלגל דרך המרזב, והפסולת נשאר בכלי: תמחוי. קערה גדולה: על יד על יד. מעט מעט: אבל לא בטבלא כו'. דמחזי כמאן דעביד לצורך מחר, שאין דרך לעשות בכלים הללו אלא הרבה: מערב יו"ט אין. המולל מערב יום טוב קתני, ולא קתני המולל ביו"ט: אם כן. דמוללין מלילות ביו"ט, מצינו תרומה שזכאי בהרמתה. דהא שבלין לא מפרישין תרומה עד שיעשו דגן, והמוללן ביו"ט לאכלן – מפריש מהן תרומה על כרחו: הא

הכא נמי כיון שהותרה הבערה לצורך וכו'. וא"ת: ומה צורך איכא במבשל גיד, כיון שהוא אסור? יש לומר: כיון שהיה בדעתו של זה לאכלו – היינו צורך יום טוב:

אין מוליכין חלה ומתנות לכהן כו'. פי': לאו דוקא מוליכין, דה"ה אם יבא הכהן לביתו לא יתנם לו. וכן משמע בירושלמי דדמאי פרק "הלוקח פירות" בהדיא; דקאמר התם: מי שקרא שם לתרומת מעשר דמאי, ולמעשר עני של ודאי – לא יטלם בשבת. אבל אם כהן ועני (ג) רגילים לאכול אצלו – באין ואוכלין, ובלבד שיודיעם. פי': מאתמול. וקאמר עלה דההוא דקאמר לא יטלם – היינו מתניתין לא יתנם. ומייתי מהך דהכא אין מוליכין וכו', ומסיק: ילפי' הוא מהיא והיא ילפינן מהוא. הוא ילפינן מהיא, הוא יו"ט היא שבת. פי': ה"ק דהיא דבשבת ילפינן מההוא דאין מוליכין, דמיירי ביו"ט. והוא ילפינן מהיא – דוקא מה שמתירין ב"ה, היינו דוקא כשרגילין לאכול אצלו. ואותה של ירושלמי קרי היא, אלמא דאם אין למדין לאכול אצלו – לא יתנם, אפי' אם יבא הכהן לביתו, משום דלא סלקא אדעתא דבר אינש למיכל פיסתיה בביתא דחבריה, ויסברו העולם שהוא תרם אותם ביום טוב, ולכך הוא אוכל בביתו:
הא

רבינו חננאל

וא"ל ר' יוחנן לתנא הבערה ובישול אינה משנה כלומר אינו חייב בהן אליבא דב"ה דמתוך שהותרה הבערה לצורך כו': **מתני'** בש"א אין מוליכין חלה ומתנות לכהן ביו"ט כו' וב"ה מתירין. קס"ד הורמו מאמש. שנשחטו מאמש ושהורמו היום דקתני במתני' שנשחטו היום. נמצא חלוקתם אפילו נשחטו היום והורמו היום. ב"ש אוסרים וב"ה מתירים. מני מתני' לא ר' יהודה ולא ר' יוסי אלא אחרים. ר' יהודה לא דהא שמעינן ליה דתני לא נחלקו אלא להוליך המתנות ששחטו מאמש ושהורמו מאמש להוליכן בפ"ע ב"ש אוסרין אבל לעשות טפילה ולהוליכן עם המתנות שנשחטו היום והורמו היום שמותר ומתני' קתני הללו והללו דב"ש אוסרין. וכך ב"ש דנין כו'. אי ר' יוסי האמר כל מתנות שאפילו הורמו מאמש מותר להוליכן בפני עצמן. כ"ש אותן שהורמו היום. לא נחלקו אלא על התרומה כו'. ואלא לאחרים דתני לא נחלקו אלא על המתנות סתם כלומר כל מתנות ב"ש אוסרין וב"ה מתירין. ובא רבינא לאוקומא למתני' אפילו לר' יהודה דמי קתני בפירוש במתני' שנשחטו מהיום. אתה הוספתה שנשחטו מהיו'. מתנות שהורמו מהיום קתני. ולעולם בבהמה שנשחטה מאמש ולא הורמו מתנותיה אתמול והורמו היום הן שאוסרין ב"ש ומתירין ב"ה אבל בבהמה שנשחטה היום ביו"ט. והורמו מתנותיה ביו"ט דברי הכל מוליכין ואפילו אותן שהורמו אמש עושין אותן טפלה לאלו שנשחטו היום. וכיון שהעמדנו משנתנו על זה הדרך מקשינן אי הכי לימא מתני' דלא כאחרים. ופשוטה היא. ופרקינן הא דאמרי אחרים סתם כי על המתנות נחלקו ב"ש אוסרין וב"ה מתירין באותן שנשחטו מאמש. אבל באותן שנשחטו היום דברי הכל מוליכין. אי הכי היינו דר' יהודה ומה אחרים באו ללמדנו. ופרקינן איכא בינייהו טפלה. פי' ר' יהודה סבר שנשחטו מאמש אין מוליכין [בפ"ע אבל טפלה שרי]. ואחרים אומרים לא בפ"ע ולא טפלה. ולדברי הכל תרומה אינו זכאי בהרמתה. אמר רב יהודה אמר שמואל הלכה כר' יוסי דאמר על המתנות לא נחלקו אלא דברי הכל מוליכין ולא נחלקו אלא על התרומה שאע"פ שאינו זכאי בהרמתה מותר לו להוליכה לכהן וכן הורה רב טובי לאשפזיכניה להוליך לכהן גרבא דחמרא דתרומה בי"ט כר' יוסי. וכן התיר רבא לפרוכי מאסורייתא דחרדלא ביו"ט מיהא מוללין ומפרכין קטנית בי"ט ומותיב עליה אביי המולל מלילות מע"ש למחר מנפח על יד ועל יד ואוכל. וכן המולל מלילות מעיו"ט למחר מנפח על יד ועל יד ואוכל וכו'. ומקשינן מעיו"ט אין ביו"ט לא. ומשני אפילו ביו"ט שרי למלל מלילות. ואיידי דתנא רישא מע"ש דבשבת ודאי אסור. תנא סיפא נמי מעיו"ט. ואקשינן אם מוללין מלילות ביו"ט ודאי לא יתירו לו למלול ביו"ט אלא שיאכל מהן ביו"ט. וכיון דטבילי אי אפשר לאכול מהן בלא תרומה והנה מצינו שזכאי בהרמת תרומה ביו"ט. ואנו שנינן לדברי הכל אין זכאי בהרמתה ופרקינן

[שבת קו. וש"נ]

[פסחים ה: כתובות ז.]

[תוספתא פ"א]

ונשחטו מהיום שהורמו מהיום קתני ולעולם שחיטתן מאמש כצ"ל

[תוספתא שם]

הגהות הב"ח

(א) רש"י ד"ה אין מוליכין וכו' דאין מגביהין תרומה הס"ד: (ב) תוס' ד"ה אין וכו' ועני רגילים לאכול:

גליון הש"ס

גמ' פוק תני לברא. שבת דף קו ע"א עירובין דף ע ע"א יומא דף מג ע"ב יבמות דף עז ע"ב:

הָא – רַבִּי, הָא – ר' יוֹסֵי בְּר' יְהוּדָה. דְּתַנְיָא: [א]הִכְנִיס שִׁבֳּלִין לַעֲשׂוֹת מֵהֶן עִיסָּה – [ב]אוֹכֵל מֵהֶן עֲרַאי וּפָטוּר, [ג]לְמוֹלְלָן בִּמְלִילוֹת – רַבִּי מְחַיֵּיב וְר' יוֹסֵי בְּרַבִּי יְהוּדָה פּוֹטֵר. וּלְרַבִּי יוֹסֵי בְּרַבִּי יְהוּדָה נַמִּי מַשְׁכַּחַתְּ לָהּ, כְּגוֹן שֶׁהִכְנִיס שִׁבֳּלִין לַעֲשׂוֹת מֵהֶן עִיסָּה, וְנִמְלַךְ עֲלֵיהֶן לְמוֹלְלָן בְּיוֹם טוֹב, דְּטָבְלָא בְּיוֹמֵיהּ. אֶלָּא מַאי תְּרוּמָה – רוֹב תְּרוּמָה. אֲמַר אַבַּיֵי: מַחֲלוֹקֶת בְּשִׁבֳּלִין. אֲבָל בְּקִטְנִיּוֹת – דִּבְרֵי הַכֹּל אִסּוּרְיָיתָא טָבְלָא. לֵימָא מְסַיַּיע לֵיהּ: *[ג]מִי שֶׁהָיוּ לוֹ חֲבִילֵי תִּלְתָּן שֶׁל טֶבֶל – הֲרֵי זֶה כּוֹתֵשׁ, וּמְחַשֵּׁב כַּמָּה זֶרַע יֵשׁ בָּהֶם, וּמַפְרִישׁ עַל הַזֶּרַע וְאֵינוֹ מַפְרִישׁ עַל הָעֵץ. מַאי לָאו רַבִּי יוֹסֵי בְּר' יְהוּדָה הִיא, דְּאָמַר הָתָם לָא טָבְלָא, הָכָא טָבְלָא – לָא, רַבִּי הִיא. אִי רַבִּי הִיא, מַאי אִירְיָא תִּלְתָּן? אֲפִי' שִׁבֳּלִין נַמִּי! אֶלָּא מַאי – רַבִּי יוֹסֵי בְּרַבִּי יְהוּדָה, לַשְׁמְעִינַן שְׁאָר מִינֵי קִטְנִיּוֹת וְכ"ש תִּלְתָּן! אֶלָּא, תִּלְתָּן אִצְטְרִיכָא לֵיהּ, סד"א: הוֹאִיל וְטַעַם עֵצוֹ וּפִרְיוֹ שָׁוֶה לִפְרוֹשׁ נַמִּי אַעֵצוֹ, קמ"ל. אִיכָּא דְּאָמְרִי, אֲמַר אַבַּיֵי: [ד]מַחֲלוֹקֶת בְּשִׁבֳּלִין, אֲבָל בְּקִטְנִיּוֹת – דִּבְרֵי הַכֹּל אִסּוּרְיָיתָא לָא טָבְלָא. מֵיתִיבֵי: מִי שֶׁהָיוּ לוֹ חֲבִילֵי תִּלְתָּן שֶׁל טֶבֶל הֲרֵי זֶה כּוֹתֵשׁ וּמְחַשֵּׁב כַּמָּה זֶרַע יֵשׁ בָּהֶן, וּמַפְרִישׁ עַל הַזֶּרַע וְאֵינוֹ מַפְרִישׁ עַל הָעֵץ. מַאי לָאו – טֶבֶל טָבוּל שֶׁל תְּרוּמָה! [ה]לָא, טֶבֶל טָבוּל שֶׁל תְּרוּמַת מַעֲשֵׂר, וּכְדְר' אַבָּהוּ א"ר שִׁמְעוֹן בֶּן לָקִישׁ. דְּאָמַר רַבִּי אַבָּהוּ אָמַר רַבִּי שִׁמְעוֹן בֶּן לָקִישׁ: מַעֲשֵׂר רִאשׁוֹן שֶׁהִקְדִּימוֹ בְּשִׁבֳּלִין – [ו]שְׁמוֹ טוֹבְלוֹ לִתְרוּמַת מַעֲשֵׂר. כּוֹתֵשׁ לָמָּה לִי? לֵימָא לֵיהּ: כִּי הֵיכִי דִּיהֲבוּ לִי – הָכִי יָהֵיבְנָא לָךְ! אָמַר רָבָא: [ז]קְנָסָא. תַּנְיָא נַמִּי הָכִי: בֶּן לֵוִי שֶׁנָּתְנוּ לוֹ שִׁבֳּלִין בְּמַעַשְׂרוֹתָיו – עוֹשֶׂה אוֹתָן גּוֹרֶן, עֲנָבִים – עוֹשֶׂה אוֹתָן יַיִן, זֵיתִים – עוֹשֶׂה אוֹתָן שֶׁמֶן וּמַפְרִישׁ עֲלֵיהֶם תְּרוּמַת מַעֲשֵׂר, וְנוֹתְנָן לַכֹּהֵן. שֶׁכְּשֵׁם שֶׁתְּרוּמָה גְּדוֹלָה אֵינָהּ נִיטֶּלֶת

אֶלָּא

רש"י

הא רבי הא ר' יוסי ברבי יהודה. לעולם מוללין מלילות לדברי הכל, ודקשיא לן אם כן מצינו תרומה שזכאי בהרמתה – אין, ודאי מצינו אליבא דרבי דאמר יש תרומה במלילות. ומתניתין דקתני לא מצינו – ר' יוסי ברבי יהודה היא, דאמר: אין תרומה במלילות: אוכל מהן עראי. כל זמן שלא דשן ומרחן בכרי – לא נגמרה מלאכתן לתרומה: למוללן במלילות. הכניסן לאכלן מעט מעט, ע"י מלילות: רבי מחייב. בתרומה, שלא יאכל מהן עראי עד שיפריש. לפי שהכנסתן בשבלין היא גמר מלאכתן, שאין סופן לבא לידי גורן אחר, וזהו גרנן: ורבי יוסי בר' יהודה פוטר. "דגנך" כתיב, והיינו מרוח. דאין דגון אלא קבוץ בכרי. ופרכינן: לרבא דאמר מוללן לר' יוסי ברבי יהודה נמי, אי שרית למוללן ביו"ט, משכחת לה על כרחיך שזכאי בהרמתה במלילות, שהכניסן לעשות עיסה בדישה ומרוח, ונמלך עליהן למוללן להניען כולן למלילות – דעל כרחיך מודה בהו רבי יוסי דטבלן ביום שנמלך עליהן, דכיון דהכניסן לשם גורן גמור – ירדה להן תורת תרומות ומעשרות, וכשנמלך למוללן – נעשית הכנסתו גורן, והמוללן ביו"ט על כרחו (א) קדים תרומתן: אלא מאי תרומה רוב תרומה גרסינן. ולא גרס אלא מאי אית לך למימר אלא לא תימא הא רבי הא רבי יוסי, דבין לרבי בין לרבי יוסי מתוקמא, ומאי תרומה דתנן מתניתין "אינו זכאי בהרמתה" – ברוב תרומות קאמר, שישנן על ידי דישה ומרוח, והן מערב יום טוב: מחלוקת בשבלין. בהנהו הוא דפטר ר' יוסי, דרובן לדישה, ואין גרנן אלא במרוח: אבל קטניות. יש בני אדם הרבה שאין חובטין אותן יחד אלא כדי קדרתן, לפיכך הכנסתן בחבילין זהו גרנן: תלתן. מין קטנית הוא, ומעט נותנין בקדרה ליתן טעם: כותש. זהו דרך דישתן: ומחשב. מאומד: ואין מפריש על העץ. אין צריך להפריש מן הקשים. ואף על פי שטעם עצו ופריו שוה – לא חייבוהו חכמים במעשרות, מדקתני חבילין של טבל, אלמא אסורייתא טבלא: לשמעינן שאר מיני קטניות. דטבלו בחבילי, ואף על פי שהרבה עושין מהן כרי ומרוח. וכל שכן תלתן, שהוא נותנו מעט מעט בקדרה למתק, ונותנו בעצו: אלא תלתן אצטריכא ליה גרסינן. ולעולם רבי היא. וה"ה לשבלין, ולא תסייעיה מהכא: איכא דאמרי אמר אביי מחלוקת בשבלין. בהנהו מחייב רבי, לפי שהרבה כונסין אותן למלילות וקליות שהן גרנן, אבל בקטניות – סתם הכנסתם למרוח, ואסורייתא לא טבלא: מאי לאו בטבל טבול לתרומה. כלומר: מאי לאו גבי ישראל קרי ליה טבל, ועדיין לא נקרא עליו שם בפה, ומסתמא קרוי טבל, וחייב בתרומה שהיא תחלה לכל המעשרות, דכתיב בה "ראשית": לא בטבל טבול לתרומת מעשר. לעולם אין חבילין גמר מלאכה, ואילו גבי ישראל הוא – לא הוה מקרי טבל. אלא בבן לוי קאי, שקדם והלך אצל ישראל ונטל מעשר ראשון ממנו בחבילין, והואיל וחל על חבילין הללו שם מעשר – נעשו טבל אצלו להפריש מהם תרומת מעשר מן המעשר, שעל הלוי להפריש והיא במיתה, וכל תורת תרומה עליה, דתרומה קרייה רחמנא: שהקדימו בשבלין. שהקדימו לתרומה גדולה: שמו טובלו. שם מעשר שנקרא עליו טובלו, ואוסרו באכילת עראי ובמיתה כדין טבל, עד שיריס תרומת מעשר שלו. ולקמיה יהיב טעמא: כותש למה לי. אי בבן לוי מוקמינן ליה, למה מוטל עליו לעשותו דגן? אי אמרת בשלמא בישראל קאי, ואסורייתא טבלא – שפיר תנא כותש, דכתיב "דגנך", ודרבנן דומיא דאורייתא תקון: קנסא. על שהקדים, וגרס להעריס לעבור על דברי תורה. שהמשנה סדר המעשרות עובר בלאו, "מלאתך ודמעך לא תאחר" (שמות כג), דהכי קאמר: לא תאחר תרומה, להקדים לה מעשר: יעשה אותו גורן גרסינן:

אלא

תוספות

הא רבי יוסי. פרש"י: ומה (ג) מצינו דזכאי בהרמתה – היינו אליבא דרבי, דאמר יש תרומה במלילות. דסבר דהכנסתן דמלילות היינו גרנן, וגמר מלאכה. אבל מתני' דקתני לא מצינו – היינו ר' יוסי ברבי יהודה, דאמר אין תרומה במלילות. דאדגן קפיד רחמנא, ואין זה אלא קבוץ בעלמא. ובסמוך גרסינן: ולרבי יוסי בר' יהודה נמי משכחת לה וכו' משמע לפי', דלר' יוסי אפי' אכילת קבע יכול לאכול בלא מעשר. דאם היה מחייב באכילת קבע – משכחת לה לר' יוסי בר' יהודה דזכאי בהרמתה באכילת קבע. ותימה: דהלשון לא משמע כן, דהא קאי על אכילת עראי הכנים שבלין לעשות מהן עיסה – אוכל מהן עראי ופטור, ועלה מסיק: למוללן במלילות רבי מחייב מעראי, ור' יוסי בר' יהודה פוטר מעראי. וע"ק: לרבי נמי, היכי מצינו (הוא) שזכאי בהרמתה ביו"ט? הואיל דאית ליה דהכנסתן למלילות זהו גרנן וגמר מלאכתן – אם כן נתחייבו מאתמול מעיו"ט, ואם כן אין יכול להפריש ביו"ט! לכן נ"ל דהא דקאמר דכהן זכאי בהרמתה – אתיא אליבא דר' יוסי ברבי יהודה דפוטר, דכיון דסבר דהכנסתן לאו זהו גרנן. ואם כן כי מללן ביו"ט – *בא לו חיוב השתא, וא"כ זכאי בהרמתה. והא דאמר דאינו זכאי בהרמתה – אתי אליבא דרבי, דס"ל דהכנסתן זו היא גרנן, והיה להם לתרום מאתמול, וא"כ אינו זכאי בהרמתה. ובסמוך גרסי' ולרבי משכחת לה וכו': **איכא** דאמרי מחלוקת בשבלים אבל בקטניות ד"ה לא טבלא. והקשה הר"ר שמשון מקוצי: דבכל התלמוד לא מצינו איכא דאמרי כה"ג, שהוא להפך מן הראשון. דודאי מצינו בשאר מקומות לישנא קמא דברי הכל, ואיכא דאמרי בהא נמי פליגי. או איכא דאמרי בהא פליגי ובהא דלישנא קמא דברי הכל. אבל כה"ג – לא, דכל הפחות הוה לי' למימר דבקטניות מחלוקת, אבל בשבלין כ"ע מודו. ותירץ דה"ק לישנא קמא: מחלוקת בשבלין, היכא שפירש בהדיא שהכניסן לשבלין, אבל בקטנית שפירש למוללן ד"ה טבלא, וה"ה דפליגי בקטניות סתם ובשבלין סתם. ולאיכא דאמרי ה"ק: מחלוקת בשבלין סתם שלא פירש למוללן, אבל בקטניות סתמא – כ"ע מודו דלא טבלו. וה"ה בקטניות שהכניסן למוללן פליגי. וכן בשבלין פליגי. והשתא ניחא, דלא הוי להיפך לגמרי. דהא דקאמר לישנא קמא דפליגי – מסיק הכא בדאיכא דאמרי ד"ה [לא] טבלא. וא"ת: והא לא איירי כלל בפלוגתיה רק במפרש שהכניסן לשבלים! יש לומר: דמה דקתני סיפא למוללן במלילות – משום דמסתמא כמו למוללן במלילות, דכל שלא פיר' דהוו לעשות מהן עיסה – הוי כמו למוללן במלילות בשבלים. אבל תימה להאי פירושא: דמקשה בסמוך מאי לאו בטבל וכו', מאי פריך? לשני ליה דמיירי בדמפרש, והכא מיירי בסתם! ויש לומר: דמשמע דמיירי בכל ענין, אפילו בסתמא. ועוד: דבעי (ג) אליבא דכלהו תנאי:

כשם

[פי' לאכול קבע רש"ל]

עין משפט נר מצוה

ק א מיי' פ"ג מהל' מעשר הל' ה:

קא ב מיי' שם ופ"ה מהל' תרומות הל' ה:

קב ג מיי' פ"ג מהלכות תרומות הל' יד סמג עשין קלד טור י"ד סי' שלא:

קג ד מיי' פ"ג מהל' מעשר הל' ה:

קד ה מיי' פ"ג מהל' תרומות הל' יד סמג עשין קלד טור י"ד סי' שלא:

קה ו מיי' פ"ג מהלכות מעשר הלכה יט טוש"ע י"ד סי' שלא סעיף קי וסעיף קנ:

קו ז מיי' פ"ג מהל' תרומות הל' יד סמג עשין קלד טור י"ד סי' שלא:

רבינו חננאל

ופרקינן לא קשיא הא דתני מוללין ומפרכין ביו"ט לר' יוסי בר' יהודה שפוטר המלילות מן התרומה והא דתני המולל מלילות מעיו"ט ואמרינן מעיו"ט אין ביו"ט לא. לר' דתניא הכנים שבלין לעשות מהן עיסה אוכל מהן עראי ופטור למוללן במלילות רבי מחייב ור' יוסי בר' יהודה פוטר. ר' סבר כיון שחישב עליהן למוללן הוקבעו למעשר ולתרומה וכיון שהיה לו לעשר מאתמול ולא עישר מוקצה הוא ואסור למוללן ביו"ט ור' יוסי בר' יהודה סבר אין חייב אא"כ עשאן כעין גורן. אבל המכנים למלילות פטור הוא בחול כ"ש בי"ט לפיכך מוללין ביו"ט. ואמרינן ולר' *) נמי משכחת לה הא דתניא. ואוקימנא ר' יוסי ב"ר יהודה דמחייב ביו"ט במלתא דלא הוה אפשר לו לעשותו מעיו"ט. וכל מלאכה [שהוא] צורך אוכל [נפש] שאי אפשר לעשותה מעיו"ט מותר לעשותה ביו"ט. והוא כגון הלש עיסה מעיו"ט אין מפריש ממנה חלתה ביו"ט. והלש ביו"ט מפריש חלתה ביו"ט. הכא נמי כגון שהכנים שבלין לעשות עיסה דאפילו ר' מתיר לאכול מהן עראי בין בחול בין ביו"ט. ונכנס ביו"ט ואח"כ נמלך עליהן ואמר איני עושה מהן עיסה אלא מלילות אני עושה אותן כולן שנמצאו היום ביו"ט מתחייבין ולא היה בהן חיוב מאתמול כגון האי הכי נמי דאיבעי כו' למיכל מינייהו אסור אלא

מאי אית לך למימר מתקן ואוכל: **ירושלמי** מטלטלין את האיסתנוסין דר' ירמיה הורי לבר גירונטי אסיא מטעיניה בסדינה מיעול מבקרא בישיא בשובתא. מיישא בר בריה דריב"ל מטען בסדיניה מיעול מדרש בציבורא בשבתא לא סוף דבר שצורך הרבים בו. אלא שמא יצטרכו לו רבים. תני לא את המפתח וב"ה מתירין. הדא דמתירין ב"ה מפתח של אוכלין אבל מפתח של כלים לא שרא. והא ר' אבהו הוה יתיב ומתני ומפתחא של פלמטירין בידיה פלפלין הוה ליה בגווה. תני הלש עיסה ביו"ט מפריש חלה ביו"ט מעיו"ט ושכח ולא הפריש חלתה אסור לטלטלה כו'. תיפתר בעיסה טמאה שאינו יכול להפריש חלתה אלא לבסוף. ובדין הוה בעיסה טהורה שלא יפרישנה אלא בסוף תקנה תקנו להפרישה בתחלה שלא תטמא את העיסה. והא דתנן אין זכאי בהרמתה רוב תרומה היא ולא כל התרומה ויתבו **) לפרקי' שיזדמן כגון זו ויש לו להרים התרומה ביו"ט אם צריך לאכול מהן כגון אפייה ובישול שהן מותרין וכגון הלש עיסה ביו"ט מפריש ממנה חלתה ביו"ט הכא נמי אפילו לר' יוסי בר' יהודה מאי תרומה דתנינן לא אם אמרתם בתרומה שאינו זכאי בהרמתה רוב תרומה. אמר אביי מחלוקת ר' ור' יוסי בר' יהודה בשבלין של תבואה אבל בקטניות דברי הכל איסורייתא טבלא לימא מיסייעא מי שהיו לו חבילי תלתן של טבל כו'. איכא דאמרי אמר אביי מחלוקת בשבלין אבל בקטניות דברי הכל איסורייתא לא טבלא. ומותבינן עליה מהא דתנן בתרומות פ"ט מי שהיו לו חבילי תלתן של טבל הרי זה כותש ומחשב כמה זרע יש בהן ומפריש על הזרע ואין מפריש על העץ מאי לאו תרומה היא זו דקתני ומפריש על הזרע. והנה מצינו כי נתחייב בחבילות שהן איסורייתא להפריש מהן תרומה. ואיך [אמר] איסורייתא דברי הכל לא טבלי. כלומר אין חייבין עד שיפרשו ודחה לא זה ששנינו ומפריש תרומת מעשר היא ולא תרומה גדולה. פי' כגון שיש לו לבעל הבית אלף חבילי תלתן ונתן מאה מהן מעשר ללוי. חייב הלוי לכתש עשר חבילות מהן שהן מעשר מן המעשר.

וזהו

מסורת הש"ס

תרומות פ"י מ"ו

הגהות הב"ח

(א) רש"י ד"ה ופרכינן וכו' על כרחו מריס תרומתן הס"ד: (ב) תוס' ד"ה הא וכו' ומה שמצינו וכו' דהא דקאמר דכהן נמחק: (ג) ד"ה איכא וכו' ועוד דבעי לאוקמא אליבא:

גליון הש"ס

גמ' אוכל מהן עראי. עיין מנחות קט ע"ב תוס' ד"ה כדי שתהא:

תורה אור

אֶלָּא מִן הַגּוֹרֶן וּמִן הַיֶּקֶב, כָּךְ תְּרוּמַת מַעֲשֵׂר אֵינָהּ נִיטֶּלֶת אֶלָּא מִן הַגּוֹרֶן וּמִן הַיֶּקֶב. מְחַשֵּׁב?! הָא מְדִידָה בָּעֵי! הָא מַנִּי – אַבָּא אֶלְעָזָר בֶּן גִּימֶל הִיא. דְּתַנְיָא, *אַבָּא אֶלְעָזָר בֶּן גִּימֶל אוֹמֵר: °"וְנֶחְשַׁב לָכֶם תְּרוּמַתְכֶם" (במדבר יח) – בִּשְׁתֵּי תְרוּמוֹת הַכָּתוּב מְדַבֵּר, אַחַת תְּרוּמָה גְּדוֹלָה וְאַחַת תְּרוּמַת מַעֲשֵׂר. כְּשֵׁם [א]שֶׁתְּרוּמָה גְּדוֹלָה נִיטֶּלֶת בְּאוֹמֶד וּבְמַחֲשָׁבָה – כָּךְ תְּרוּמַת מַעֲשֵׂר נִיטֶּלֶת בְּאוֹמֶד וּבְמַחֲשָׁבָה. גּוּפָא, א"ר אַבָּהוּ א"ר שִׁמְעוֹן בֶּן לָקִישׁ: מַעֲשֵׂר רִאשׁוֹן שֶׁהִקְדִּימוֹ בְּשִׁבֳּלִין – שְׁמוֹ טוֹבְלוֹ לִתְרוּמַת מַעֲשֵׂר. מַאי טַעְמָא? אָמַר רָבָא: הוֹאִיל וְיָצָא עָלָיו שֵׁם מַעֲשֵׂר.§ *אָמַר ר"ש בֶּן לָקִישׁ: [ב]מַעֲשֵׂר רִאשׁוֹן שֶׁהִקְדִּימוֹ בְּשִׁבֳּלִין – פָּטוּר מִתְּרוּמָה גְּדוֹלָה, שֶׁנֶּאֱ' °"וַהֲרֵמוֹתֶם מִמֶּנּוּ תְּרוּמַת ה' מַעֲשֵׂר מִן הַמַּעֲשֵׂר" (שם) מַעֲשֵׂר מִן הַמַּעֲשֵׂר אָמַרְתִּי לְךָ, וְלֹא תְּרוּמָה גְּדוֹלָה וּתְרוּמַת מַעֲשֵׂר מִן הַמַּעֲשֵׂר. *א"ל, רַב פַּפָּא לְאַבַּיֵי: אִי הָכִי, אֲפִילּוּ הִקְדִּימוֹ בִּכְרִי נַמִּי! אֲמַר לֵיהּ: עָלֶיךָ אָמַר קְרָא °"מִכֹּל (*מַעְשְׂרוֹתֵיכֶם) (שם) תָּרִימוּ אֵת כָּל תְּרוּמַת ה'". וּמָה רָאִיתָ? הַאי אִדְּגַן, וְהַאי לָא אִדְּגַן.§ *תְּנַן הָתָם: [ג]הַמְקַלֵּף שְׂעוֹרִין מְקַלֵּף אַחַת אַחַת וְאוֹכֵל, וְאִם קִלֵּף וְנָתַן לְתוֹךְ יָדוֹ – חַיָּיב. אָמַר רַבִּי אֶלְעָזָר: וְכֵן לְשַׁבָּת. אִינִי? וְהָא רַב מְקַלְּפָא לֵיהּ דְּבֵיתְהוּ כָּסֵי, כָּסֵי, וְר' חִיָּיא מְקַלְּפָא לֵיהּ דְּבֵיתְהוּ כָּסֵי, כָּסֵי! אֶלָּא, אִי אִתְּמַר אַסֵּיפָא אִתְּמַר: *[ד]הַמּוֹלֵל מְלִילוֹת שֶׁל חִטִּים – מְנַפֵּחַ עַל, יַד עַל יַד, וְאוֹכֵל, וְאִם נִפַּח וְנָתַן לְתוֹךְ חֵיקוֹ – חַיָּיב. אָמַר רַבִּי אֶלְעָזָר: [ה]וְכֵן לְשַׁבָּת. מַתְקִיף לָהּ רַבִּי אַבָּא בַּר מָמֶל: וְרֵישָׁא, לְמַעֲשֵׂר – אִין, לְשַׁבָּת לָא? וּמִי אִיכָּא מִידֵי דִּלְעִנְיַן שַׁבָּת לָא הָוֵי גְּמַר מְלָאכָה, וּלְמַעֲשֵׂר הָוֵי גְּמַר מְלָאכָה?! מַתְקִיף לָהּ רַב שֵׁשֶׁת בְּרֵיהּ דְּרַב אִידִי: וְלָא? וְהָא גָּרְנָן לְמַעֲשֵׂר, דִּתְנַן: *[ו]אֵיזֶהוּ גָּרְנָן לְמַעֲשֵׂר? הַקִּשּׁוּאִין וְהַדִּלּוּעִין מִשֶּׁיְּפַקְּסוּ, וְשֶׁלֹּא פִּקְּסוּ – מִשֶּׁיַּעֲמִיד עֲרֵמָה. וּתְנַן נַמִּי גַּבֵּי בְּצָלִים: *[ז]מִשֶּׁיַּעֲמִיד עֲרֵמָה. וְאִילּוּ גַּבֵּי שַׁבָּת – הַעֲמָדַת עֲרֵמָה פָּטוּר! אֶלָּא מַאי אִית לָךְ לְמֵימַר – *[ח]מְלֶאכֶת מַחֲשֶׁבֶת אָסְרָה תּוֹרָה, הָכָא נַמִּי: מְלֶאכֶת מַחֲשֶׁבֶת אָסְרָה תּוֹרָה.§ כֵּיצַד מוֹלֵל? אַבַּיֵי מִשְּׁמֵיהּ דְּרַב יוֹסֵף אָמַר: חֲדָא אַחֲדָא, וְרַב אָוְיָא מִשְּׁמֵיהּ דְּרַב יוֹסֵף אָמַר: חֲדָא אַתַּרְתֵּי. רָבָא אָמַר: [ט]כֵּיוָן דִּמְשַׁנֵּי – אֲפִילּוּ חֲדָא אַכּוּלְּהוּ נַמִּי. כֵּיצַד מְנַפֵּחַ? אָמַר רַב אַדָּא בַּר אַהֲבָה אָמַר רַב: מְנַפֵּחַ מִקִּשְׁרֵי

רש"י

אֶלָּא מִן הַגּוֹרֶן וּמִן הַיֶּקֶב. שֶׁנִּגְמַר כּוּלָּהּ, דִּכְתִיב "דָּגָן תִּירוֹשׁ וְיִצְהָר" (במדבר יח): מְחַשֵּׁב הָא מְדִידָה בָּעֵי. בִּשְׁלָמָא אִי בְּיִשְׂרָאֵל מוֹקְמַתְּ לָהּ, וּבִתְרוּמָה גְּדוֹלָה – אִיכָּא לְמִיתְנֵי מְחַשֵּׁב, דְּנִיטֶּלֶת בְּאוֹמֶד. שֶׁתְּרוּמָה גְּדוֹלָה לֹא נָתְנָה בָּהּ הַתּוֹרָה שִׁיעוּר, דִּכְתִיב "רֵאשִׁית דְּגָנְךָ" (דברים יח). וְרַבָּנַן הוּא דְּאָמְרֵי שִׁיעוּר עַיִן יָפָה וּבֵינוֹנִית וְרָעָה. הִלְכָּךְ, בְּאוֹמֶד סַגִּי. דְּאִי נַמִּי לָא יָהֵיב כְּשִׁיעוּר – חִטָּה אַחַת פּוֹטֶרֶת כָּל הַכְּרִי. אֲבָל גַּבֵּי לֵוִי "מַעֲשֵׂר מִן הַמַּעֲשֵׂר" כְּתִיב (במדבר יח), וְצָרִיךְ לְמְדוֹד: אַבָּא אֶלְעָזָר בֶּן גִּימֶל גָּרְסִי': וְנֶחְשַׁב לָכֶם תְּרוּמַתְכֶם. בַּלְוִיִּם כְּתִיב: בִּשְׁתֵּי תְרוּמוֹת הַכָּתוּב מְדַבֵּר. דִּכְתִיב "כַּדָּגָן מִן הַגּוֹרֶן" – זוֹ תְּרוּמָה גְּדוֹלָה, "תְּרוּמַתְכֶם" – זוֹ תְּרוּמַת מַעֲשֵׂר: מַה תְּרוּמָה גְּדוֹלָה נִטֶּלֶת בְּאוֹמֶד. כְּדְפָרֵישִׁית דְּלָא כְּתִיב בָּהּ שִׁיעוּר: וּבְמַחֲשָׁבָה. נוֹתֵן עֵינָיו בְּצַד זֶה וְאוֹכֵל בְּצַד אַחֵר, דִּכְתִיב "וְנֶחְשַׁב", וְאַתַּרְוַיְיהוּ קָאֵי, וְהָא דְּקָא יָלֵיף לָהּ מִתְּרוּמָה גְּדוֹלָה – מִשּׁוּם אוֹמֶד נָקַט לָהּ: הוֹאִיל וְיָצָא עָלָיו שֵׁם מַעֲשֵׂר. וְרַחֲמָנָא אָמַר "וַהֲרֵמוֹתֶם מִמֶּנּוּ מַעֲשֵׂר מִן הַמַּעֲשֵׂר" – מִשֶּׁנִּקְרָא מַעֲשֵׂר הִזְקִיקָם לִתְרוּמָתוֹ: פָּטוּר מִתְּרוּמָה גְּדוֹלָה. שֶׁהָיָה לוֹ לַכֹּהֵן לִיטּוֹל תְּרוּמָה גְּדוֹלָה תְּחִלָּה, שֶׁהֲרֵי קְרוּיָה "רֵאשִׁית", וְהַלֵּוִי אַחֲרָיו מַעֲשֵׂר בְּמַה שֶּׁמְּשַׁיֵּיר. וְזֶה שֶׁנָּטַל מַעֲשֵׂר תְּחִלָּה, וְנִמְצָא שֶׁלֹּא הוּרְמָה תְּרוּמָה גְּדוֹלָה מִמַּעַשְׂרוֹ, וְיִשְׂרָאֵל לֹא יִתֵּן לַכֹּהֵן אֶלָּא אֶחָד מֵחֲמִשִּׁים בְּמַה שֶּׁשִּׁיֵּיר – נִמְצָא כֹּהֵן מַפְסִיד, פָּטוּר הַלֵּוִי מִתְּרוּמָה גְּדוֹלָה שֶׁבְּמַעֲשֵׂר זֶה, שֶׁנֶּאֱמַר "וַהֲרֵמוֹתֶם מִמֶּנּוּ תְּרוּמַת ה'", וּפֵירֵשׁ: וּמַה הִיא הַתְּרוּמָה – "מַעֲשֵׂר מִן הַמַּעֲשֵׂר": אֲפִילּוּ הִקְדִּימוֹ. לִתְרוּמָה בִּכְרִי מִשֶּׁנִּתְמָרַח, נִפְטַר לֵוִי, מֵהַאי קְרָא: עָלֶיךָ אָמַר קְרָא. כְּדֵי שֶׁלֹּא תֹּאמַר כֵּן: מִכֹּל (*מעשרותיכם) תָּרִימוּ אֵת כָּל תְּרוּמַת ה'. וּבַלְוִיִּם כְּתִיב, וּלְהָכִי כְּתִיב "כֹּל", לְמֵימַר דְּכָל צַד תְּרוּמָה הַמּוּטֶּלֶת בּוֹ – יִתֵּן: וּמָה רָאִיתָ. דְּהַאי "כָּל" דְּמְרַבֵּי שְׁדֵית לֵיהּ אַהִקְדִּימוֹ בִּכְרִי, וְאִידָךְ אַהִקְדִּימוֹ בְּשִׁבֳּלִים, אֵימָא אִיפְּכָא! הַאי אִדְּגַן. הִקְדִּימוֹ בִּכְרִי – כְּבָר נַעֲשָׂה דָּגָן, וּמִשֶּׁבָּא לִכְלַל דָּגָן חָלָה עָלָיו חוֹבַת כֹּהֵן, דִּכְתִיב "רֵאשִׁית דְּגָנְךָ". הִלְכָּךְ, מִסְתַּבְּרָא דְּהַאי קְרָא דִּזְכוּתָא דְּכֹהֵן – אַכְּרִי תִּשְׁדְּיֵיהּ: הַמְקַלֵּף שְׂעוֹרִים. לְאוֹכְלָן קְלוּפִים חַיִּים: וְאוֹכֵל. וּפָטוּר מִן הַמַּעֲשֵׂר. דְּכִי הַאי גַּוְונָא אֲכִילַת עֲרַאי הִיא. וּבְשֶׁלֹּא נִתְמָרְחוּ קָאֵי, שֶׁמְּקַלְּפָן מִתּוֹךְ שִׁבּוֹלֶת שֶׁלָּהֶן: חַיָּיב. בְּמַעֲשֵׂר, דְּהָוֵה לֵיהּ קֶבַע: וְכֵן לְשַׁבָּת. אַחַת אַחַת לָא הָוֵי מְפָרֵק תּוֹלָדָה דְּדָשׁ, דִּכְלְאַחַר יָד הוּא. אֲבָל מְקַבְּצָן בְּיָדוֹ – הָוְיָא תּוֹלֶדֶת דִּישָׁה, וְחַיָּיב: כָּסֵי כָּסֵי. מְלֹא כּוֹסוֹת(א): וְאוֹכֵל. בְּלֹא מַעֲשֵׂר: לְתוֹךְ חֵיקוֹ. בְּשׁוּלֵי בְּגָדָיו, שֶׁקּוֹרִין פאנ"ץ: וַהֲרֵי גָּרְנוֹ שֶׁל מַעֲשֵׂר. כְּלוֹמַר: הַרְבֵּה מְלָאכוֹת שֶׁאָמְרוּ שֶׁהֵן קוֹבְעוֹת גּוֹרֶן לְמַעֲשֵׂר לְאָסְרוֹ בַּאֲכִילַת עֲרַאי, וּמוּתָּרוֹת בַּשַּׁבָּת: אֵיזֶהוּ גָּרְנָן לְמַעֲשֵׂר. לְעֵיל מִינָּהּ אַיְּירֵי בְּפֵירוֹת, וְקָאָמַר: אֵימָתַי גְּמַר מְלַאכְתָּן לִיקָּבַע לְמַעֲשֵׂר: מִשֶּׁיְּפַקְּסוּ. מִשֶּׁיִּנָּטֵל פִּקְס שֶׁלָּהֶן, וְהוּא כְּמִין פֶּרַח בְּרֹאשׁוֹ, כְּמוֹ שֶׁיֵּשׁ בַּתַּפּוּחִים וְנוֹפֵל מֵאֵלָיו כְּשֶׁמִּתְיַבֵּשׁ: וְשֶׁלֹּא פִּקְּסוּ מִשֶּׁיַּעֲמִיד עֲרֵמָה. כְּלוֹמַר וְאִם עַד שֶׁלֹּא פִּקְּסוּ הֶעֱמִיד עֲרֵמָה מֵהֶן, כְּמִין כְּרִי – הוּקְבְּעוּ. אַלְמָא: הַעֲמָדַת עֲרֵמָה הָוְיָא גְּמַר מְלָאכָה לְמַעֲשֵׂר. וּלְעִנְיַן שַׁבָּת, מִשֶּׁהֵבִיא בְּצָלִים לְבֵיתוֹ – אֵין הַעֲמָדַת עֲרֵמָה מְלָאכָה: אֶלָּא מַאי אִית לָךְ לְמֵימַר. אע"ג דִּלְמַעֲשֵׂר הָוְיָא מְלָאכָה, לְשַׁבָּת(ב) – מְלֶאכֶת מַחֲשֶׁבֶת שֶׁהִיא מְלֶאכֶת אוּמָּנוּת אָסְרָה תּוֹרָה, שֶׁנִּסְמְכָה פָּרָשַׁת שַׁבָּת לִמְלֶאכֶת הַמִּשְׁכָּן בְּ"וַיַּקְהֵל", וְהָתָם מְלֶאכֶת מַחֲשֶׁבֶת כְּתִיב: כֵּיצַד מוֹלֵל. בְּיוֹם טוֹב, דְּאָמְרַן לְעֵיל מוֹלְלִין מְלִילוֹת. וְהָא וַדַּאי שִׁינּוּי בָּעֵי מֵעוּבְדָּא דְחוֹל: חֲדָא אַחֲדָא. בֵּין גּוּדָל לְאֶצְבַּע: חֲדָא אַתַּרְתֵּי. בֵּין גּוּדָל לִשְׁתֵּי אֶצְבְּעוֹתָיו: כֵּיצַד מְנַפֵּחַ. דְּאָמְרִינַן לְעֵיל: לְמָחָר מְנַפֵּחַ מִיָּד לְיָד בַּשַּׁבָּת: מִקִּשְׁרֵי

תוספות

כשם שתרומה גדולה ניטלת וכו'. ואם תאמר: מה לריך למילף תרומת מעשר מתרומה גדולה דניטלת במחשבה? תיפוק ליה דבהדיא כתיב בה "ונחשב", דקאי אתרומת מעשר וכו'! ופ"ה: דלאו דוקא נקט מחשבה, אלא אומד דוקא נקט. ועי"ל: אי לאו דילפינן תרומת מעשר מתרומה גדולה – לא הייתי אומר דתרומת מעשר ניטלת במחשבה, דאי משום קרא ד"ונחשב" דכתיב גבי מעשר – מוקמינן לה בתרומה גדולה. דה"ק בירושלמי: כל התורה למדה ומלמדה, חוץ מתרומת מעשר דמלמדה ואינה למדה. דהא "ממנו" דכתיב גבי תרומת מעשר, דמיניה נפקא מוקף, דדרשינן ממנו – מן הסמוך לו, ומוקמינן לה בתרומה גדולה דבעינן מוקף, אבל בתרומת מעשר – מדאורייתא לא בעינן מוקף. אלמא: גבי ממנו דכתיב במעשר – מוקמינן ליה בתרומה גדולה, והכא נמי ונחשב, נימא כדפרישית:

ומה ראית האי אדגן והאי לא אדגן. ותימה: היכי אסיק אדעתיה דמקשה לומר אפכא, דבשבלין יהא חייב, ובהקדימן בכרי יהא פטור? אם הוא חייב בשבלים – כ"ש בכרי, שכל מה שאחרי כן יהא חייב! ואומר הרר"י דה"ק: מה ראית לחייב מכל לדדין הקדימו בכרי ופטור בשבלין, אימא דבין חיוב ובין פטור בהקדימו בכרי – פטור קודם ראיית פני הבית, וחיוב לאחר ראיית פני הבית. ומשני: האי אדגן, פירוש: בהקדימו בכרי, וא"כ דין הוא שיהא חייב מכל לד:

ואם קלף ונתן לתוך ידו חייב. פרש"י: ואם קלף מתוך השבלין. ותימה: היכי מקלפא לרב דביתהו כסי כסי? האמר לעיל דמולל מלילות מערב שבת וכו'. משמע: הא בשבת – אסור! ויש לומר: דהתם מיירי לתלוש מן השבלים, שהוא מפרק, וזהו תולדה דדש שהוא אב מלאכה, והכא מיירי בשכבר נתלשו מע"ש מן השבלין, אבל עוד הן בקליפתן החיצונה, ולכך שרי. ומה שפרש"י הכא דאם קלף ונתן לתוך ידו חייב מפני שהוא קבע – לא נהירא. דבסמוך משמע שהטעם מפני שהוא גמר מלאכה, הואיל והוא קולף הרבה ביחד, דהיינו דגונו:

כיצד מולל. פי': ביו"ט. ובשבת אסור למלול. וכילד מנפח – ר"ל בשבת, דביו"ט שרי אף בקנון ובתמחוי:

כיצד מנפח וקאמר בין קשרי אצבעותיו. ותימה דלעיל אמר המולל מלילות מע"ש למחר מנפח מיד ליד כו' אבל לא בקנון וכו'! ויש לומר: דלעיל הוי פירוש בין קשרי אצבעותיו, וקנון ותמחוי דנקט – משום י"ט נקט ליה:

בית

עין משפט נר מצוה

קז א מיי' פ"ג מהלכות תרומות הל' ד:
קח ב מיי' שם הלכה יג טור י"ד סי' שלא:
קט ג ד מיי' פ"ג מהל' מעשר הלכה יט טוש"ע י"ד סי' שלא סעיף פז:
קי ה מיי' פכ"א מהל' שבת הלכה יז טוש"ע א"ח סי' שיט סעיף ו:
קיא ו מיי' פ"ג מהל' מעשר הלכה ח:
קיב ז מיי' שם הלכה יב:
קיג ח מיי' פ"א מהל' שבת הלכה ט:
קיד ט מיי' פכ"א מהל' שבת הלכה יז טוש"ע א"ח סי' שיט סעיף ו:

רבינו חננאל

וזהו שנקרא תרומת מעשר כדכתי' והרמותם ממנו וגו'. ומחשב כלומר מחשב בדעתו של אילו החבילות יש בהן זרע עשרים סאה כותש מהן סאתים ונותן לכהן וזו הכתישה קנס קנסו ללוי שלא היה לו לקבל חבילות עד שיכתשם ישראל ויתקנ' וכריש לקיש דאמר שמו טובלן כלומר כיון שנקרא מעשר חייב להפריש ממנו תרומת מעשר. וזהו פי' שמו טובלן לתרומת מעשר ומחשב באומד דעתו כמה זרע יש בהן כמה שפירשנו ונותן לכהן תרומת מעשר כאבא אלעזר בן גימל דתני ונחשב לכם תרומתכם בב' תרומות הכתוב מדבר אחת תרומה גדולה ואחת תרומת מעשר. מה תרומה גדולה ניטלת באומד ובמחשבה כדכתיב ונחשב לכם כלומר אפילו בלא מדידה אלא במחשבה בלבד דיי כך תרומת מעשר. אמר ר"ל אם נתן ישראל ללוי מעשר ראשון שלו שבלין קודם שיפריש תרומה גדולה שהיא עין בינונית אחד מחמשים אין חייב בן לוי לתת לכהן אלא תרומת מעשר בלבד כאשר פירשנו אחד מי'. אבל תרומה גדולה שהיא אחד מחמשים פטור עליה מ"ט מעשר מן המעשר חייבה תורה לבן לוי ולא תרומה גדולה ותרומת מעשר. ואקשינן אי הכי למה אם הקדימו בשבלין בלבד הוא פטור אפילו הקדים מעשר של לוי על התרומה בכרי יהיה הלוי פטור מתרומה גדולה. ואסיקנא האי דבכרי אידגן ונתחייב ובנתינתו לבן לוי לא פקע חיוב תרומה מיניה לפיכך חייב לוי לתת לכהן אפילו תרומה גדולה אלא שבלין דלא אידגן ולא נתחייב פטור מתרומה גדולה:

תנן התם במעשרות פרק ד' המקלף שעורים מקלף אחת אחת ואוכל. ואם קילף ונתן לתוך ידו חייב. א"ר אלעזר וכן לשבת. איני והא רב ור' חייא מקלפי להו דביתהו כסי כסי. אלא לקלף כי האי גוונא אפילו כסי כסי שרי. וכי אתמר דר' אלעזר אסיפא אתמר. המולל מלילות של חטין מנפח על יד על יד ואוכל ואם ניפח ונתן לתוך חיקו חייב. א"ר אלעזר וכן לשבת. ואקשינן ארישא דהא מתני' מי איכא מידי דלגבי מעשר הוי גמר מלאכה ולגבי שבת שרי. ודחינן ולא והרי גרנן למעשר דתנן במעשרות פרק א' איזהו גרנן למעשרות הקשואין והדלועין כו'. הנה הפיקום בקשואין הוא גמר מלאכה למעשרות לגבי שבת שרי. דהא אנן מפקינן ואכלינן בשבת. אלא בשבת מלאכת מחשבת אסרה תורה ולא קא מכוון לפקוטי משום מלאכה אלא לאכשורי אוכלא. ואוקמה רבא למלילה אפילו אם מולל באצבעו הגדולה על

הגהות הב"ח

(א) רש"י ד"ה כסי כסי מלא כוסות בשבת ואוכל כצ"ל והד"א: (ב) ד"ה אלא וכו' לשבת לא הוי מלאכה דמלאכת מחשבת שהיא:

מסורת הש"ס

בכורות נח: ע"ש מנחות נד: ע"ש גיטין לא: ע"ש
שבת קכז: ע"ש עירובין לא. ע"ש פסחים לה: ע"ש
[תמורה ה:]
[נ"ל מתנותיכם]
מעשרות פ"ד מ"ה
ג"ז שם
[מתנותיכם]
ב"מ פח: מעשרות פ"א מ"ה
[מעשרות פ"א מ"ו]
[חגיגה יח: ב"ק כו: ס. סנהדרין סב: זבחים מז. כריתות יט:]

מִקְשְׁרֵי אֶצְבְּעוֹתָיו וּלְמַעְלָה. *מְחַכּוּ עֲלַהּ בְּמַעַרְבָא: כֵּיוָן דִּמְשַׁנֵּי – אֲפִי' בְּכוּלָּהּ יָדָא נַמִי. אֶלָּא א"ר אֶלְעָזָר: [א]מְנַפֵּחַ בְּיָדוֹ אַחַת וּבְכָל כֹּחוֹ.§ **מתני'** בֵּית שַׁמַּאי אוֹמְרִים: תְּבָלִין נִדּוֹכִין בְּמָדוֹךְ שֶׁל עֵץ, וְהַמֶּלַח בְּפַךְ וּבְעֵץ הַפָּרוּר. וּב"ה אוֹמְרִים: [ב]תְּבָלִין נִדּוֹכִין כְּדַרְכָּן בְּמָדוֹךְ שֶׁל אֶבֶן, וְהַמֶּלַח בְּמָדוֹךְ שֶׁל עֵץ.§ **גמ'** דְּכוּלֵּי עָלְמָא מִיהַת מֶלַח בַּעֲיָא שִׁנּוּי, מ"ט? רַב הוּנָא וְרַב חִסְדָּא; חַד אָמַר: כָּל הַקְּדֵרוֹת כּוּלָּן צְרִיכוֹת מֶלַח, וְאֵין כָּל הַקְּדֵרוֹת צְרִיכוֹת תְּבָלִין. וְחַד אָמַר: [ג]כָּל הַתְּבָלִין מְפִיגִין טַעֲמָן, וּמֶלַח אֵינָהּ מְפִיגָה טַעֲמָהּ. מַאי בֵּינַיְיהוּ? אִיכָּא בֵּינַיְיהוּ דְּיָדַע מַאי קְדֵרָה בָּעֵי לְבַשּׁוּלֵי, אִי נַמִי בְּמוֹרִיקָא. אָמַר רַב יְהוּדָה אָמַר שְׁמוּאֵל: כָּל הַנִּדּוֹכִין – נִדּוֹכִין כְּדַרְכָּן, וַאֲפִילּוּ מֶלַח. וְהָא אָמְרַתְּ מֶלַח בַּעֲיָא שִׁנּוּי! הוּא דְּאָמַר כִּי הַאי תַּנָּא. דְּתַנְיָא, אָמַר רַבִּי מֵאִיר: לֹא נֶחְלְקוּ בֵּית שַׁמַּאי וּב"ה עַל הַנִּדּוֹכִין – שֶׁנִּדּוֹכִין כְּדַרְכָּן וּמֶלַח עִמָּהֶן. לֹא נֶחְלְקוּ אֶלָּא לְדוֹכָהּ בִּפְנֵי עַצְמָהּ, שֶׁבֵּית שַׁמַּאי אוֹמְרִים: מֶלַח בְּפַךְ וּבְעֵץ הַפָּרוּר לְצָלִי, אֲבָל לֹא לִקְדֵרָה. וּב"ה אוֹמְרִים: בְּכָל דָּבָר. בְּכָל דָּבָר סָלְקָא דַּעְתָּךְ? אֶלָּא אֵימָא: לְכָל דָּבָר.(א) א"ל רַב אַחָא בַּרְדְּלָא לִבְרֵיהּ: [ד]כִּי דָיְיכַתְּ – אַצְלִי אַצְלוּיֵי וְדוּךְ. רַב שֵׁשֶׁת שְׁמַע קָל בּוּכְנָא, אֲמַר: הַאי לָאו מִגַּוֵּויהּ דְּבֵיתַאי הוּא. וְדִלְמָא אַצְלוּיֵי אַצְלֵי? דִּשְׁמַעֵיהּ דַּהֲוָה צְלִיל קָלֵיהּ. וְדִלְמָא תְּבָלִין הֲווּ? תְּבָלִין נַבּוּחֵי מְנַבַּח קָלַיְיהוּ. תָּנוּ רַבָּנַן: אֵין עוֹשִׂין טִיסָנֵי, וְאֵין כּוֹתְשִׁין בְּמַכְתֶּשֶׁת. תַּרְתֵּי?! הָכִי קָאָמַר: מַה טַּעַם אֵין עוֹשִׂין טִיסָנֵי – לְפִי שֶׁאֵין כּוֹתְשִׁין בְּמַכְתֶּשֶׁת. וְלֵימָא אֵין כּוֹתְשִׁין בְּמַכְתֶּשֶׁת! אִי תָּנֵי אֵין כּוֹתְשִׁין בְּמַכְתֶּשֶׁת – הֲוָה אֲמִינָא: ה"מ בְּמַכְתֶּשֶׁת גְּדוֹלָה, אֲבָל בְּמַכְתֶּשֶׁת קְטַנָּה – אֵימָא שַׁפִּיר דָּמֵי, קמ"ל. וְהָתַנְיָא: אֵין כּוֹתְשִׁין בְּמַכְתֶּשֶׁת גְּדוֹלָה, אֲבָל כּוֹתְשִׁין בְּמַכְתֶּשֶׁת קְטַנָּה. אָמַר אַבַּיֵי: כִּי תַּנְיָא נַמִי מַתְנִיתָא מַכְתֶּשֶׁת גְּדוֹלָה תַּנְיָא.

רָבָא

מִקְשְׁרֵי אֶצְבְּעוֹתָיו. וְלֹא בְּכַפּוֹ: **מתני'** מָדוֹךְ. הוּא בּוּכְנָא(ב), שֶׁמַּכִּין בּוֹ כְּדַרְכּוֹ וְאֵין צָרִיךְ *שִׁנּוּי. אֲבָל בְּמֶלַח, בְּמָקוֹם שֶׁיֵּשׁ מֶלַח גַּסָּה – בְּכַף שֶׁל חֶרֶס יְדוּכֶנּוּ, וְלֹא בִּמְדוֹכָה: אוֹ בְּעֵץ פָּרוּר. כַּף גְּדוֹלָה שֶׁקּוֹרִין פוקי"א. דְּמֶלַח בָּעֵי שִׁנּוּי. וּבַגְּמָרָא מְפָרֵשׁ טַעְמָא: וְהַמֶּלַח בְּמָדוֹךְ שֶׁל עֵץ. שִׁנּוּי בָּעֵי, אֲבָל סַגֵּי בְּהַאי שִׁנּוּי זוּטָא: **גמ'** כָּל הַקְּדֵרוֹת. כָּל מִינֵי תַּבְשִׁיל צְרִיכוֹת מֶלַח, הִלְכָּךְ מֵאֶתְמוֹל הֲוָה יָדַע דְּאִיבָּעֵי לֵיהּ לְדוּכָהּ: וְאֵין כָּל הַקְּדֵרוֹת צְרִיכוֹת תְּבָלִין. וְאָדָם אֵינוֹ יוֹדֵעַ מַה יַּעֲלֶה בְּלִבּוֹ לֶאֱכוֹל מָחָר: מְפִיגִין טַעְמָן. מְמִירִין טַעְמָן אִם יְדוּכָן מֵאֶתְמוֹל. "רֵיחוֹ לֹא נָמָר" (ירמיהו מח) מְתַרְגְּמִינַן: לָא פָג: דְּיָדַע מֵאֶתְמוֹל מַאי קְדֵרָה בָּעֵי בִּשּׁוּלֵי. לְלִישָּׁנָא קַמָּא בָּעֵי שִׁנּוּי, לְלִישָּׁנָא בַּתְרָא לָא בָּעֵי שִׁנּוּי: אִי נַמִי. תַּבְלִין שֶׁל מוֹרִיקָא אִיכָּא בֵּינַיְיהוּ. שֶׁיֵּשׁ קְדֵרָה שֶׁמְּתַבְּלִין אוֹתָהּ בְּכַרְכּוֹם, וְאֵינוֹ מֵפִיג טַעְמוֹ אִם נִדּוֹךְ מִבְּעוֹד יוֹם, וְהוּא לֹא הָיָה יוֹדֵעַ מַה יְּבַשֵּׁל מָחָר. לְלִישָּׁנָא בַּתְרָא בָּעֵי שִׁנּוּי, לְלִישָּׁנָא קַמָּא לָא בָּעֵי שִׁנּוּי: עִמָּהֶם. מֶלַח וְתַבְלִין *כְּאֶחָד: לֹא נֶחְלְקוּ אֶלָּא לְדוֹכָהּ בִּפְנֵי עַצְמָהּ. כְּדַרְכָּהּ כִּשְׁאָר תְּבָלִין: בְּפַךְ וּבְעֵץ הַפָּרוּר. עַל יְדֵי שִׁנּוּי, וְלֹא כְּדַרְכָּהּ. וְלַצְּלִי, דְּהַיְינוּ דָּבָר מוּעָט: בְּכָל דָּבָר סָלְקָא דַעְתָּךְ. וַאֲפִילּוּ בְּדָבָר שֶׁאֵין נִיטָּל בְּשַׁבָּת: לְכָל דָּבָר. וַאֲפִילּוּ לִקְדֵרָה, וְעַל כָּרְחָךְ כְּדַרְכָּהּ אָמְרִי, כְּכָל דֶּרֶךְ שִׁיטַּת הַשַּׁ"ס, דְּעַל מָה נֶחְלְקוּ דּוּמְיָא דְּלֹא נֶחְלְקוּ קָאָמַר, לֹא נֶחְלְקוּ עַל הַתַּבְלִין וּמֶלַח כְּאֶחָד שֶׁנִּדּוֹכִין כְּדַרְכָּן, עַל מָה נֶחְלְקוּ – לָדוּךְ כְּדַרְכָּהּ, עַל מֶלַח בִּפְנֵי עַצְמָהּ. שֶׁבַּ"שׁ אוֹמְרִים בְּפַךְ בְּשִׁנּוּי, וְעוֹד מַחְמִיר: לַצָּלִי וְלֹא לִקְדֵרָה. וּב"ה אוֹמְרִים: לְכָל דָּבָר נִדּוֹכֵית כְּדַרְכָּהּ, וְלֹא הוּצְרַךְ לְפָרֵשׁ, שֶׁכְּבָר פֵּירֵשׁ: כִּי דָיְיכַתְּ. מֶלַח: אַצְלִי אַצְלוּיֵי וְדוּךְ. הַטֵּה הַמְּדוֹכָה עַל צִדָּהּ. דְּסָבַר כִּשְׁמוּאֵל, דְּאָמַר: נִדּוֹכֵית כְּדַרְכָּהּ בְּמָדוֹךְ שֶׁל אֶבֶן, וּמִיהוּ שִׁנּוּי זוּטָא בָּעֵי לְשַׁנּוּיֵי: קָל בּוּכְנָא. בִּמְדוֹכַת מֶלַח: הַאי לָאו מִגַּוֵּויהּ דְּבֵיתַאי הוּא. יוֹדֵעַ אֲנִי שֶׁאֵין זֶה בְּתוֹךְ בֵּיתִי, שֶׁאָסַרְתִּי עֲלֵיהֶם לָדוּךְ בְּמָדוֹךְ שֶׁל אֶבֶן בְּלֹא שִׁנּוּי: דַּהֲוָה צְלִיל קָלֵיהּ. וְאִילּוּ מַכֶּה(ג) בְּהַשְׁמָטָה בַּאֲלַכְסוֹן לֹא הָיָה קוֹלוֹ צָלוּל: וְדִילְמָא תְּבָלִין הֲווּ. שֶׁאֵינָן צְרִיכִין שִׁנּוּי: נַבּוּחֵי מְנַבַּח.(ד) כְּשֶׁהֵן מְשַׁבְּרִין הַגַּרְעִינִים נִשְׁמָע קוֹלוֹ בַּמְּדוֹכָה כִּמְנַבְּחִים, קרויסנ"ט: אֵין עוֹשִׂין טִיסָנֵי. בְּיוֹ"ט, שֶׁטּוֹרַח גָּדוֹל הוּא, שֶׁכּוֹתֵשׁ הַחִטִּין עַד שֶׁנֶּחֱלָקִים א' לְאַרְבָּעָה, כִּדְאָמְרִי' בְּמוֹ"ק (ד' יג:): תַּרְתֵּי. שְׁנֵי דְבָרִים יֵשׁ כָּאן, לֹא זֶה דּוֹמֶה לָזֶה. קָתָנֵי: אֵין עוֹשִׂין טִיסָנֵי, הָא חִלְקָא וְדַיְיסָא – שַׁפִּיר דָּמֵי, דְּאֵין טָרְחָן מְרוּבֶּה. וַהֲדַר תָּנֵי: אֵין כּוֹתְשִׁין כְּלָל: וְלֵימָא אֵין כּוֹתְשִׁין. וַאֲנָא יָדַעְנָא דְּתוּ לָא מִתְעֲבִיד טִיסָנָא: סְתָם מַכְתֶּשֶׁת הַיְינוּ גְּדוֹלָה: אֲבָל קְטַנָּה אֵימָא שַׁפִּיר דָּמֵי. אֲפִילּוּ טִיסָנֵי: קָא מַשְׁמַע לָן. אֵין עוֹשִׂין טִיסָנֵי כְּלָל, לְפִי שֶׁאֵין כּוֹתְשִׁין שׁוּם כְּתִישָׁה בְּמַכְתֶּשֶׁת. וְהָךְ מַכְתֶּשֶׁת, עַל כָּרְחֵיךְ לָא שְׁנָא גְּדוֹלָה וְלָא שְׁנָא קְטַנָּה, מִדְּתָנֵי רֵישָׁא אֵין עוֹשִׂין טִיסָנֵי כְּלָל: אֲבָל כּוֹתְשָׁהּ בִּקְטַנָּה. דְּהָוֵי כִּלְאַחַר יָד, דְּאֵינָהּ אֶלָּא לְתַבְלִין: כִּי תַּנְיָא נַמִי מַתְנִיתָא. דִּלְעֵיל – מַכְתֶּשֶׁת גְּדוֹלָה תַּנְיָא. וְלָא תֵּימָא מַה טַּעַם קָאָמַר, אֶלָּא תַּרְתֵּי קָתָנֵי, וְה"ק: אֵין עוֹשִׂין טִיסָנֵי כְּלָל, אֲפִילּוּ בִּקְטַנָּה, וְאֵין כּוֹתְשִׁין שְׁאָר כְּתִישׁוֹת בַּמַּכְתֶּשֶׁת כְּגוֹן דַּיְיסָא, וּסְתָם מַכְתֶּשֶׁת בִּגְדוֹלָה קָא מַיְירֵי:

רָבָא

בית הלל אומרים תבלין נידוכין במדוך של אבן. ותימה: דמשמע הכא דתבלין מותר לדוך בלא שנוי, ובמסכת שבת (דף קמא. ושם) קאמר: פלפלין בקתא דסכינא, חדא חדא – שרי, תרי תרי – אסיר. וכי תימא דיש חילוק בין פלפלין לתבלין – זה אינו, דבהדיא קאמר בתוספתא עלה דהכא: פלפלין הרי הוא כתבלין! וי"ל: דהתם מיירי בשבת. ותדע דשמעתא דהתם מיירי בשבת[א], דאם רוצה לומר בי"ט – היה לו לפרש, *כדפירש ר"ת. והכא מיירי בי"ט, וא"כ שרי כדרכו ואפי' במדוך של אבן. אבל מלח של יש צריך שינוי, לדוך אותו גרעין גרעין. אבל *שליניו"ר – אין צריך שנוי, הואיל והוא עשוי בידי אדם:

איכא בינייהו דידע כו' בעי לבשולי. דללישנא קמא בעי שנוי, וללישנא בתרא לא בעי שנוי, אי נמי, בהאי שאינו מפיג טעמו, ולא ידע דללישנא בתרא צריך שנוי, וללישנא קמא לא צריך שנוי. ופסק ר"י שיש לאסור בכל ענין, דאזלינן לחומרא. אע"ג דבשל סופרים הלך אחר המיקל, הואיל ולכל אחד ואחד יש קולא וחומרא מכל צד – עבדינן לחומרא. ומיהו, שומין מותר לתקנם בי"ט בלא שנוי, מפני שמתקלקלין ביותר אם יעשה אותן מערב יו"ט. ועוד: דאמרינן *דרוח רעה שורה עליהן [נדה יז.] כשנטחנין בלילה. ומיהו, מהאי פיסקא לא נפיק לן מידי, דהא קי"ל כשמואל בסמוך דכל הנדוכין נדוכין כדרכן, וכדתניא דמייתי, בר ממלח שצרי' אצלויי, דרך שנוי מעט. וכן פסק רב אלפס דהואיל (ה) ואזלי וגררי אמוראי אליבא דהאי ברייתא, אע"ג דבמתני' פליגא עלה – קיימא לן כברייתא, וכן פסק רב יהודאי גאון בהלכות פסוקות וכן יש מנהג הלכה למעשה, דהך מלתא תליא בשלי רברבי. ומ"מ אסור לטחון פלפלין ברחים שלהם, משום דמחזי כעובדא דחול כשטוחנין ברחים שקורין מוליני"ט בלע"ז, כדאיתא בפ"ב (דף כג.). אבל במדוך של אבן – מותר לדוכן בלא שנוי. ואף [לעיל יב.] *לפירוש התוספות דאזלינן לחומרא, מכל מקום – שמא דפלפלין מותרין היכא דלא ידע מאי קדרה בעי לבשולי, לפי שהן מפיגין טעמן, ופלפלין נמי מפיג טעמן, מדלא קאמר איכא בינייהו פלפלין, אבל לפי מה שפירש בשם הגדולים דקי"ל דכל הנדוכין נדוכין כדרכן – יש להתיר אפי' כי ידע מאי קדרה בעי לבשולי, ואפילו לא מפיג טעמו. והמחמיר לדוכן מעי"ט הרבה ביחד – יתברך באלהים ובשם המיוחד:

בכל דבר ס"ד. פי': ואפילו בדבר שאין ניטל בשבת, כגון סיכי זיירי ומזורי, *דמודי בהו ר' שמעון, אלא אימא: לכל דבר, [שבת קכג.] ואפילו לקדרה. ואם תאמר: ואכתי מאי מייתי? דילמא לעולם בעי שנוי! וי"ל: כדפ"ה דשיטת התלמוד כך היא, דדומיא דלא נחלקו קאמר דנחלקו. וכי היכי דלא נחלקו על התבלין ומלח עמהן שנדוכין כדרכן ביחד, בלא שנוי – דומיא דהכי נחלקו בית שמאי וב"ה על מלח בפני עצמה, לדוכה כדרכה בלא שנוי:

תרתי. כלומר למה לי למימר תרתי דסתרי אהדדי: אין עושין טיסני – הא חלקא ודייסא שפיר דמי, דאין טרחא מרובה. והדר תני אין כותשין כלל, כדפ"ה: **כי** תניא נמי במתניתא במכתשת גדולה תניא. פירוש(ו): והשתא ניחא דתרתי קאמר, והכי קאמר: אין עושין טיסני כלל – אפי' במכתשת קטנה, ואין כותשין שאר דברים – בגדולה, אבל בקטנה כותשין הכל חוץ מטיסני, משום דהאי דליכא רק לתבלין הוי כתישה כלאחר יד:

רבא

קטו א מיי' פ"ג מהל' יו"ט הלכה ט"ו סמג לאוין עה טוש"ע א"ח סימן תקי סעיף א:
קטז ב ג ד מיי' שם הלכה יב סמג שם טוש"ע א"ח סימן תקד סעיף א:

[ודלא כפיר' רבינו חננאל כל"ל ועי' בתוס' שבת קמא. ד"ה הגי]

ס"א שלנו

רבינו חננאל

על שאר אצבעותיו שפיר דמי ור' אלעזר אומר מנפח בידו אחת ובכל כחו: **מתני'** בש"א תבלין נידוכין במדוך של עץ כו' אמר רב יהודה אמר שמואל הלכתא כל הנידוכין נידוכין כדרכן ואפילו מלח דקיי"ל כר' מאיר דאמר לא נחלקו על כל הנידוכין דנידוכין כדרכן ומלח עמהן לא נחלקו אלא לדוך המלח בפני עצמן שבש"א בפך ובעץ הפרור לצלי אבל לא לקדירה ובה"א נידוך בכל ולכל דבר. ואפי' לקדירה א"ל רב לרב אחא אצלי ודוך כלומר עשה שנוי הטה אסיתא על צדה ודוך. רב ששת שמע קל בוכנא דהוה ציל קליה ואמר כיון דציל קליה לא אצלו ודכו ותבלין מנבח קליהו והאי לא מנבח קליה לאו מביתי הוא: ת"ר אין עושין טיסני ואין כותשין במכתשת תרתי קתני אין עושין טיסני אבל במכתשת כותשין והדר תני אין כותשין במכתשת קשיין אהדדי ופרקינן הכי קתני אין עושין טיסני מ"ט לפי שאין כותשין במכתשת ופריק רבא ואמר הא דתניא אין כותשין במכתשת גדולה אבל כותשין במכתשת קטנה לדידן אבל לבני א"י אפילו במכתשת קטנה לא כדתניא אין עושין טיסני ואין כותשין במכתשת

ס"א אלא שנוי זוטא

[סנהדרין יז: וש"נ]

פי' ולא בבת אחת אלא בפעם אחת זה אחר זה. רש"ל

הגהות הב"ח

(א) גמ' אמר ליה רב אחא. נ"ב ס"א א"ל רב לרב אחא ברדלא כי דייכת כו': (ב) רש"י ד"ה מדוך הוא בוכנא ומכין בו במדוכה כדרכו: (ג) ד"ה דהוה צליל קליה. ואלו מכה בהטייה באלכסון: (ד) ד"ה נבוחי מנבח כשהגרעינין משתברין נשמע קולן כצ"ל: (ה) תום' ד"ה איכא בינייהו דידע מאי קדרה בעי לבשולי וכו' רב אלפס דהואיל דשקלו וטרו אמוראי אליבא וכו': (ו) ד"ה כי תניא וכו' והשתא ניחא דתרתי:

הגהות מהר"י לנדא

א] תום' ד"ה בית הלל וכו' דאם ר"ל בי"ט היה לו לפרש כדפירש ר"ת. נתהפכו התיבות ונ"ל דאם ר"ל ביו"ט כדפירש ר"ת היה לו לפרש:

עין משפט
נר מצוה

קיז א מיי' פ"ג מהל' יו"ט הלכה יג סמג לאוין ע"ה טוש"ע א"ח סימן תקד סעיף ג:
קיח ב ג מיי' פ"ג מהלכות יו"ט הלכה טו עז טוש"ע א"ח סימן תקי סעיף ב:
קיט ד מיי' פ"ה מהל' יו"ט הלכה ז סמג לאוין עה טוש"ע א"ח סימן תקטז סעיף א:
קכ ה ו ז מיי' שם הל' ח טוש"ע שם סעיף ב:
קכא ח טוש"ע שם סעיף ג:
קכב ט מיי' שם הלכה ו:
קכג י כ מיי' פ"י מהל' כלאים הלכה יב סמג לאוין רפג טוש"ע י"ד סימן שא סעיף א:

תורה אור

רָבָא אָמַר: [א]לָא קַשְׁיָא; הָא *לָן, וְהָא לְהוּ. רַב פַּפִּי אִקְלַע לְבֵי מָר שְׁמוּאֵל, אַיְיתִי לֵיהּ דַּיְיסָא וְלָא אֲכַל. וְדִלְמָא בְּמַכְתֶּשֶׁת קְטַנָּה עֲבַדוּהָ? דְּחַזְיֵיהּ דַּהֲוָה דַּיֵּיק טְפֵי. וְדִלְמָא מֵאֶתְמוֹל עֲבַדוּהָ? דְּחַזְיֵיהּ דַּהֲוָה קְלִיף צַהֲרֵיהּ. וְאִי בָּעֵית אֵימָא: שָׁאנֵי בֵּי מָר שְׁמוּאֵל, דְּאִיכָּא פְּרִיצוּתָא דְּעַבְדֵי.§ **מתני'** *הַבּוֹרֵר קִטְנִיּוֹת בְּיוֹם טוֹב, בֵּית שַׁמַּאי אוֹמְרִים: בּוֹרֵר אוֹכֶל וְאוֹכֵל, וּבֵית הִלֵּל אוֹמְרִים: [ב]בּוֹרֵר כְּדַרְכּוֹ, בְּחֵיקוֹ *בְּקָנוֹן וּבְתַמְחוּי, אֲבָל לֹא בְּטַבְלָא וְלֹא בְּנָפָה וְלֹא בִּכְבָרָה. רַבָּן גַּמְלִיאֵל אוֹמֵר אַף מֵדִיחַ וְשׁוֹלֶה.§ **גמ'** *תַּנְיָא, אָמַר *רַבָּן גַּמְלִיאֵל: [ג]בד"א – כְּשֶׁהָאוֹכֶל מְרוּבֶּה עַל הַפְּסוֹלֶת, אֲבָל פְּסוֹלֶת מְרוּבָּה עַל הָאוֹכֶל – דִּבְרֵי הַכֹּל נוֹטֵל אֶת הָאוֹכֶל וּמַנִּיחַ אֶת הַפְּסוֹלֶת. פְּסוֹלֶת מְרוּבָּה עַל הָאוֹכֶל מִי אִיכָּא מַאן דְּשָׁרֵי? לָא צְרִיכָא, *דְּנָפִישׁ בְּטִרְחָא וְזוּטָר בְּשִׁיעוּרָא.§ "רַבָּן גַּמְלִיאֵל אוֹמֵר אַף מֵדִיחַ וְשׁוֹלֶה".§ תַּנְיָא, *אָמַר רַבִּי אֶלְעָזָר בר' צָדוֹק: כָּךְ הָיָה מִנְהָגָן שֶׁל בֵּית ר"ג: שֶׁהָיוּ מְבִיאִין דְּלִי מָלֵא עֲדָשִׁים וּמְצִיפִין עָלָיו מַיִם, וְנִמְצָא אוֹכֶל לְמַטָּה וּפְסוֹלֶת לְמַעְלָה. וְהָתַנְיָא אִיפְּכָא! לָא קַשְׁיָא; הָא בְּעַפְרָא, הָא בְּגִילֵי.§ **מתני'** בֵּית שַׁמַּאי אוֹמְרִים: אֵין מְשַׁלְּחִין בְּיוֹם טוֹב אֶלָּא מָנוֹת, וּב"ה אוֹמְרִים: [ד]מְשַׁלְּחִין בְּהֵמָה חַיָּה וָעוֹף, בֵּין חַיִּין בֵּין שְׁחוּטִין. מְשַׁלְּחִין יֵינוֹת שְׁמָנִים, וּסְלָתוֹת, *וְקִטְנִיּוֹת, אֲבָל לֹא תְּבוּאָה. וְרַבִּי שִׁמְעוֹן מַתִּיר בִּתְבוּאָה.§ **גמ'** תָּנֵי רַב יְחִיאֵל: [ה]וּבִלְבַד שֶׁלֹּא יַעֲשֶׂנּוּ בְּשׁוּרָה. [ו]תָּנָא: אֵין שׁוּרָה פְּחוּתָה מִשְּׁלֹשָׁה בְּנֵי אָדָם. בָּעֵי רַב אַשִׁי: [ז]תְּלָתָא גַּבְרֵי וּתְלָתָא מִינֵי מַאי? תֵּיקוּ.§ "רַבִּי שִׁמְעוֹן מַתִּיר בִּתְבוּאָה".§ תַּנְיָא: *רַבִּי שִׁמְעוֹן מַתִּיר בִּתְבוּאָה, כְּגוֹן חִטִּין – לַעֲשׂוֹת מֵהֶן לוּדִיּוֹת, שְׂעוֹרִים – לִיתֵּן לִפְנֵי בְּהֶמְתּוֹ, עֲדָשִׁים – לַעֲשׂוֹת מֵהֶן רְסִיסִין.§ **מתני'** *[ח]מְשַׁלְּחִין כֵּלִים, בֵּין תְּפוּרִין בֵּין שֶׁאֵינָן תְּפוּרִין, וְאע"פ שֶׁיֵּשׁ בָּהֶן כִּלְאַיִם, *וְהֵן לְצוֹרֶךְ הַמּוֹעֵד. אֲבָל לֹא סַנְדָּל הַמְסוּמָּר, וְלֹא מִנְעָל שֶׁאֵינוֹ תָּפוּר. ר' יְהוּדָה אוֹמֵר: אַף לֹא מִנְעָל לָבָן, מִפְּנֵי שֶׁצָּרִיךְ אוּמָּן. [ט]זֶה הַכְּלָל: כָּל שֶׁנֵּאוֹתִין בּוֹ בְּיו"ט – מְשַׁלְּחִין אוֹתוֹ.§ **גמ'** בִּשְׁלָמָא תְּפוּרִין – חֲזוּ לְמַלְבּוּשׁ; שֶׁאֵין תְּפוּרִין נַמִי – חֲזוּ לְכַסּוּיֵי, אֶלָּא °כִּלְאַיִם לְמַאי חֲזוּ? וְכִי תֵּימָא: חֲזוּ לְמֵימַךְ תּוּתֵיהּ, *וְהָתַנְיָא: °"לֹא יַעֲלֶה עָלֶיךָ" – [י]אֲבָל אַתָּה יָכוֹל לְהַצִּיעוֹ תַּחְתֶּיךָ. אֲבָל אָמְרוּ חֲכָמִים: אָסוּר לַעֲשׂוֹת כֵּן, שֶׁמָּא תִּכָּרֵךְ לוֹ נִימָא עַל בְּשָׂרוֹ. וְכ"ת: דְּמַפְסִיק מִידֵּי בֵּינֵי בֵּינֵי, וְהָאָמַר ר' שִׁמְעוֹן בֶּן פַּזִּי א"ר יְהוֹשֻׁעַ בֶּן לֵוִי אָמַר ר' יוֹסֵי בֶּן שָׁאוּל אָמַר רַבִּי מִשּׁוּם קְהָלָא קַדִּישָׁא דְּבִירוּשְׁלַיִם: [כ]אֲפִי' עֶשֶׂר מַצָּעוֹת זוֹ עַל גַּבֵּי זוֹ וְכִלְאַיִם תַּחְתֵּיהֶן – אָסוּר לִישַׁן עֲלֵיהֶם, (*מִשּׁוּם שֶׁנֶּאֱמַר "לֹא יַעֲלֶה עָלֶיךָ") אֶלָּא בְּוִילוֹן. וְהָאָמַר עוּלָּא: מִפְּנֵי מָה אָמְרוּ וִילוֹן טָמֵא – מִפְּנֵי שֶׁהַשַּׁמָּשׁ מִתְחַמֵּם כְּנֶגְדּוֹ!
אֶלָּא

ויקרא יט

רש"י

רָבָא אָמַר. לְעוֹלָם מַה טַּעַם קָאָמַר, וּבִקְטַנָּה נַמִי קָאֵי, וְקָאָמַר: אֵין כּוֹתְשִׁין כְּלָל, וּדְרָמֵינַן עֲלָהּ אֲבָל כּוֹתְשִׁין כו': הָא לָן. דְּלֵית לָן עַבְדֵי דִּמְזַלְזְלֵי: הָא לְהוּ. דְּאִית לְהוּ עַבְדֵי דִּמְזַלְזְלֵי, וְעוֹשִׂין בִּגְדוֹלָה, וְאוֹמְרִים בִּקְטַנָּה עֲשִׂינוּ: קְלִיף צַהֲרֵיהּ. נוֹהַר מַרְאִיתוֹ הָיָה קָלוּף וְלָבָן: **מתני'** מֵדִיחַ. בְּמַיִם: וְשׁוֹלֶה. מְפָרֵשׁ בַּגְּמָרָא: שׁוֹלֶה הַפְּסוֹלֶת שֶׁצָּף לְמַעְלָה, כְּמוֹ "מַשְׁיְּלָה בַּחֲבִיּוֹת" (ע"ז דף נו.), דְּהַיְינוּ נַמִי שֶׁנּוֹטֵל חַרְצַנִּים הַצָּפִים ע"פ הֶחָבִיּוֹת: **גמ'** בד"א. דְּשָׁרוּ ב"ה לִיטּוֹל פְּסוֹלֶת מַמָּשׁ וּלְהַשְׁלִיךְ: מִי אִיכָּא מַאן דְּשָׁרֵי. וַאֲפִילּוּ לְטַלְטְלוֹ, וְהָא בְּטִילֵי לֵיהּ מִיעוּטָא לְגַבֵּי רוּבָּא, וַהֲוֵה לֵיהּ כְּכוּלֵּיהּ פְּסוֹלֶת וְלָא חֲזֵי: דְּנָפִישׁ בְּטִרְחָא. שֶׁיֶּשְׁנוֹ דַּק, וְהָכִי קָאָמַר: בד"א – בִּזְמַן שֶׁטּוֹרַח הָאוֹכֶל מְרוּבֶּה עַל שֶׁל פְּסוֹלֶת, הוּא דְּקָא אָמְרִי ב"ה נוֹטֵל פְּסוֹלֶת, דִּמְעוּטֵי בְּטִרְחָא עָדִיף. אֲבָל אִם טוֹרַח הַפְּסוֹלֶת מְרוּבֶּה עַל שֶׁל הָאוֹכֶל – דִּבְרֵי הַכֹּל כו': וּמְצִיפִין עָלָיו מַיִם. וְנוֹתְנִים בּוֹ מַיִם עַד שֶׁצָּפִים עַל הָאוֹכֶל: אִיפְּכָא. אוֹכֶל לְמַעְלָה וּפְסוֹלֶת לְמַטָּה: עַפְרָא. לְמַטָּה מִן הָאוֹכֶל: גִּילֵי. קַשׁ, לְמַעְלָה מִן הָאוֹכֶל: **מתני'** אֵין מְשַׁלְּחִין. דּוֹרוֹן אִישׁ לְרֵעֵהוּ: אֶלָּא מָנוֹת. דָּבָר הַמּוּכָן, וְאֵינוֹ עָשׂוּי לְהַנִּיחוֹ לְמָחָר, כְּגוֹן חֲתִיכוֹת בָּשָׂר חֲתוּכוֹת לִפְנֵי הָאוֹרְחִים, וְכֵן דָּגִים: אֲבָל לֹא אֶת הַתְּבוּאָה. שֶׁאֵינָהּ רְאוּיָה הַיּוֹם, שֶׁאֵין טוֹחֲנִים בְּיוֹם טוֹב, שֶׁהָיָה לוֹ לִטְחוֹן מֵאֶתְמוֹל וְלֹא תָּפִיג טַעְמָהּ: וְרַבִּי שִׁמְעוֹן מַתִּיר בִּתְבוּאָה. שֶׁמָּא יְבַשֵּׁל בִּקְדֵרָה וְיִכְתּוֹשׁ בְּמַכְתֶּשֶׁת קְטַנָּה: **גמ'** שֶׁלֹּא יַעֲשֶׂנּוּ בְּשׁוּרָה. לֹא יִשְׁלַח הַדּוֹרוֹן ע"י אֲנָשִׁים הַרְבֵּה, דַּחֲוְשָׁא מִלְּתָא, וְנִרְאִים כְּמוֹלִיכִים לִמְכּוֹר בַּשּׁוּק: תְּלָתָא גַּבְרֵי. שְׁלוּחִים עִם תְּלָתָא מִינֵי: מַאי. מִי אָזְלִינַן בָּתַר כָּל מִין וָמִין וְשָׁרֵי, כִּי הֵיכָא דְּיָכוֹל לִשְׁלוֹחַ אִישׁ אֶחָד עִם כָּל מִין זֶה בְּלֹא זֶה הַשְׁתָּא נַמִי שָׁרֵי, אוֹ דִּלְמָא הַשְׁתָּא מִיהָא חֲוְשָׁא מִלְּתָא: לוּדִיּוֹת. מַאֲכַל חִטִּין: רְסִיסִין. מַאֲכָל הֶעָשׂוּי מִן הָעֲדָשִׁים: **מתני'** מְשַׁלְּחִין כֵּלִים. בְּגָדִים: וְהֵן לְצוֹרֶךְ הַמּוֹעֵד. וּבַגְּמָרָא מְפָרֵשׁ לְמַאי חֲזוּ: אֲבָל לֹא סַנְדָּל. שֶׁל עֵץ מְלוּפֶּה עוֹר וּמַסְמְרוֹת קְבוּעִין בּוֹ, שֶׁגָּזְרוּ חֲכָמִים עָלָיו שֶׁלֹּא לְנָעֳלוֹ בְּשַׁבָּת וּבְיוֹם טוֹב, מִשּׁוּם מַעֲשֶׂה שֶׁהָיָה, שֶׁנֶּהֶרְגוּ הֲרוּגִים בְּשַׁבָּת עַל יָדָיו, בְּמַסֶּכֶת שַׁבָּת (דף ס.): וְלֹא מִנְעָל שֶׁאֵינוֹ תָּפוּר. דְּלָא חֲזֵי לְמִידֵי: אַף לֹא מִנְעָל לָבָן. שֶׁלֹּא הָיָה דַּרְכּוֹ לְנָעֳלוֹ: שֶׁצָּרִיךְ אוּמָּן. לְהַשְׁחִירוֹ: שֶׁנֵּאוֹתִין. מִתְקַשְּׁטִין: **גמ'** לְמֵימַךְ. לִכְפּוֹל: שֶׁמָּא תִּכָּרֵךְ לוֹ נִימָא. וְיֵשׁ נִימִים גְּדוֹלִין וְקָשִׁים, כְּגוֹן שֶׁל דְּלוֹפְקְרִין שֶׁקּוֹרִין קו"ט, וּמְחַמֶּמֶת בִּמְקוֹמָהּ, וְעוֹבֵר מִשּׁוּם "לֹא תִלְבַּשׁ שַׁעַטְנֵז". א"נ נִימָא בְּעָלְמָא, כֵּיוָן דְּעִיקַּר הַבֶּגֶד מְהַנֵּהוּ וּמְחַמְּמוֹ מִלְּמַטָּה – הָוְיָא לָהּ הָא לְבִישָׁה דְּאִית בַּהּ הֲנָאָה: דְּמַפְסִיק מִידֵּי. שֶׁנּוֹתֵן בֶּגֶד אַחֵר בֵּינֵיהֶם: אָסוּר לִישַׁן עֲלֵיהֶם. מִדְּרַבָּנַן: בְּוִילוֹן. שֶׁרָאוּי לְפָרְסוֹ כְּנֶגֶד הַפֶּתַח: מִפְּנֵי מָה אָמְרוּ וִילוֹן טָמֵא. מְקַבֵּל טוּמְאָה, וְלֹא עֲשָׂאוּהוּ כְּאֹ' מִמְּחִיצּוֹת הַבַּיִת שֶׁאֵינָן מְקַבְּלוֹת טוּמְאָה: מִפְּנֵי שֶׁהַשַּׁמָּשׁ מִתְחַמֵּם כְּנֶגְדּוֹ. מִתְעַטֵּף בְּשׁוּלָיו, לְפִיכָךְ יֵשׁ תּוֹרַת כְּלִי עָלָיו, וְכֵיוָן דְּמִתְחַמְּמִים כְּנֶגְדּוֹ – אָסוּר לַעֲשׂוֹתוֹ כִּלְאַיִם:
בְּקָנוֹן

תוספות

רבא אמר. לעולם מה טעם קאמר, ושום כתישה לא שריא, ואפילו בקטנה. ומיירי להו לבני א"י, שיש להם עבדים שמזלזלים בדבר. כך פירש הקונטרס:

הבורר קטניות ביו"ט בית שמאי אומרים בורר אוכל ואוכל. ולאו היינו ברירה וכו' ותימה: דבמסכת שבת (דף קלח.) קאמר: מה דרכו של בורר – נוטל האוכל ומניח הפסולת. והכא משמע שאין ברירה בכך, דקרי ליה שנוי! וי"ל: דהתם ה"פ: נוטל האוכל עצמו ומניח הפסולת – פירוש: יזרוק אותו, ומכל מקום פסולת מתוך האוכל הוי ברירה. אי נמי: התם שהפסולת מרובה על האוכל, ואז ודאי הוי אוכל מתוך הפסולת דרך ברירה, אבל הכא מיירי שהאוכל מרובה על הפסולת, דאז הוי פסולת מתוך האוכל דרך ברירה. ובגמ' דפריך דפסולת מרובה על האוכל מי איכא מאן דשרי, פי': אפי' בטלטול יהא אסור. היה יכול להקשות דזהו דרך בורר, אלא דעדיפא מניה פריך, *דאפילו טלטול יהא אסור, דבטל מעוטא לגבי רובא והוי ככוליה פסולת:

מפני מה אמרו וילון טמא מפני שהשמש מתחמם כנגדו. וא"ת: והא בפרכת המשכן אמר בפרק "גיד הנשה" (חולין דף צ: ושם) דמקבל טומאה, (*וקאמר) ושלש מאות כהנים וכו'. ואף על גב דהאי טעמא לא שייך בהו! ויש לומר: דשאני פרכת, הואיל דמיכף כייפי עלויה דארון הוי הוא אהל, ומטמא במת. ומ"מ קשה: דהיאך מטמאה בולד הטומאה, דאמר במסכת שקלים (דף יג:): פרכת שנטמאה בולד הטומאה, ומיירי במשקה דזב וזבה, דאי לאו הכי – לא מטמו כלי! וי"ל: כיון שנעשה אהל – יש להם תורת כלי, ומטמאים אף בולד הטומאה, ועוד אומר הר"ר שמואל מאייבר"א: כשהיו נושאים הפרכת ממקום למקום – נותן הכלים לתוכה, א"כ יש תורת כלי עליהם. ובה"ג *גרס: וילון אסור. ויש לפרש: אסור לעשותו מכלאים, מפני שהשמש מתחמם כנגדו. ול"נ, דלא אשכחנא בשום מקום לא בברייתא ולא במשנה דיהא אסור וילון מכלאים. *בשלמא טומאה – אשכחנא, כדתנן: סדין שהיה טמא מדרס ועשאו וילון – טהור מן המדרס אבל טמא מגע. (כלים פרק כ"ז מ"ט):

רבינו חננאל

רב פפי לא אכל דייסא בבית מר שמואל משום פריצותא דעבדי: **מתני'** הבורר קטניות ביום טוב. עד בה"א בורר כדרכו בחיקו ובתמחוי אבל לא בטבלא כו'. תניא רשבג"א מחלוקת בשהאוכל מרובה על הפסולת בזה בה"א בורר כדרכו אבל אם הפסולת מרובה על האוכל כגון דנפיש בטרחא וזוטר בשיעורא פי' פסולת כגון אבנים דקות והאוכל גסים אחד מן האוכל כנגד שנים מן הפסולת דברי הכל בזה בורר ונוטל האוכל ומניח הפסולת במקומו ר"ג אומר אף מדיח ושולה. וכך היו נוהגין מביאין דלי מלא עדשים ומציפין עליו מים אם הפסולת כגון תבן וכיוצא בו נמצא הפסולת צפה והאוכל למטה. ואם הוא עפר נמצא האוכל למעלה והעפר למטה: **ירושלמי הבורר** והטוחן ומרקיד בשבת נסקל ביו"ט סופג הארבעים והתנינן בורר כדרכו [ואוכל] ובתמחוי ההיא דר"ג היא דתני אף מדיח ושולה והתני שבית ר"ג שוחקין פלפלין ברחים שלהן מותר לשחוק ואסור לבור: [**מתני'**] בה"א משלחין ביו"ט בהמה וחיה ועוף *) ושוחטין יינות שמנים וסלתות וקטנית אבל לא תבואה תני ובלבד שלא יעשה בשורה ואין שורה פחותה מג' בני אדם. בעי רב אשי תלתא גברי בתלתא מיני מאי תיקו. תניא ר' שמעון מתיר בתבואה **) של חטין לעשות מהן עססיות שעורין לעשות מהן רסיסין: **מתני'** משלחין כלים בין תפורין כו'. ואמרינן תפורין חזו למלבוש שאין תפורין נמי חזו לכסויי אלא כלאים למאי חזו וכי תימא חזו להצניען וליישן עליהן. והתניא לא יעלה עליך אבל מותר להצניעו מתחתיו. אבל אמרו חכמים אסור לעשות כן שמא מיכרך לו נימא על בשרו וכי תימא דמפסיק מצע אחר בינו ובין מצע של כלאים והאמרינן אפילו עשר מצעות זו ע"ג זו וכלאים תחתיהן אסור לישן עליהם. אלא הכלאים שהתירו לשלחו ביו"ט הוא וילון פי' פרוכת. ואקשינן וכי מותר להשתמש בוילון של כלאים. והאמר עולא וילון טמא מפני שהשמש

*) נ"ל בין חיין בין שחוטין. **) כ"ה בתוספתא חטין לעשות מהן עסיסיות אבל בשעורים ליתא שם כגי' דילן בגמרא ליתן לפני בהמתו ואולי לרבינו היה לו גירסא אחרת.

מסורת הש"ס

(ברכות ה: וש"נ)
שבת קמב.
רשב"ג כצ"ל
[ע' תוס' שבת קמב: סד"ה שאוכל]
[תוספתא פ"א]
[תוספתא שם ע"ש]
[שבת ס.]
ואע"פ שאין לצורך המועד כן הגירסא במתני' בירו' (וע' ביאור הגר"א לא"ח סימן ל"א ס"ק ד')
יומא סט. תמיד כז:
[ליתא ביומא ובתמיד]
ירושלמי לפנינו איתא בקנון
ירושלמי וליתא לפנינו

ג"ז שם ע"ש
דלאפילו פסולת יהיה אסור כצ"ל
[דקאמר]
גרס מפני מה אמרו וילון אסור כצ"ל
וא"כ היאך אמרו מפני מה אמרו כו' כ"ה בחלופי גרסאות

גליון הש"ס

גמרא כלאים למאי חזו. ע' יבמות דף ד ע"א תוספות ד"ה דכתיב:

אֶלָּא [א]בְּקַשִּׁין, וְכִי הָא דַּאֲמַר רַב הוּנָא בְּרֵיהּ דְּרַב יְהוֹשֻׁעַ: *הַאי נַמְטָא גַּמְדָּא דְּנֶרֶשׁ שַׁרְיָא. אֲמַר רַב פַּפָּא: עַרְדָּלַיִן אֵין בָּהֶן מִשּׁוּם כִּלְאַיִם, אֲמַר רָבָא: הָנֵי צְרָרֵי דִּפְשִׁיטֵי אֵין בָּהֶם מִשּׁוּם כִּלְאַיִם, דִּבְזֻרְנֵי – יֵשׁ בָּהֶן מִשּׁוּם כִּלְאַיִם. רַב אַשִׁי אָמַר: [ב]אֶחָד זֶה וְאֶחָד זֶה אֵין בָּהֶן מִשּׁוּם כִּלְאַיִם, לְפִי שֶׁאֵין דֶּרֶךְ חִמּוּם בְּכָךְ.§ "אֲבָל לֹא סַנְדָּל הַמְסוּמָּר".§ סַנְדָּל הַמְסוּמָּר מ"ט לָא? מִשּׁוּם מַעֲשֶׂה שֶׁהָיָה. אֲמַר אַבַּיֵי: [ג]סַנְדָּל הַמְסוּמָּר אָסוּר לְנָעֲלוֹ, וּמוּתָּר לְטַלְטְלוֹ. אָסוּר לְנָעֲלוֹ מִשּׁוּם מַעֲשֶׂה שֶׁהָיָה, וּמוּתָּר לְטַלְטְלוֹ – מִדְּקָתָנֵי אֵין מְשַׁלְּחִין. דְּאִי ס"ד אָסוּר לְטַלְטְלוֹ – הַשְׁתָּא לְטַלְטוּלֵי אָסוּר, מְשַׁלְּחִין מִבָּעֲיָא?§ "וְלֹא מִנְעָל שֶׁאֵינוֹ תָּפוּר".§ פְּשִׁיטָא! לָא נִצְרְכָא דְּאע"ג דִּנְקִיט בְּסִיכֵּי.§ "ר' יְהוּדָה אוֹמֵר אַף לֹא מִנְעָל לָבָן".§ תַּנְיָא, **ר' יְהוּדָה מַתִּיר בְּשָׁחוֹר וְאוֹסֵר בְּלָבָן, מִפְּנֵי שֶׁצָּרִיךְ בֵּיצַת הַגִּיר. ר' יוֹסֵי אוֹסֵר בְּשָׁחוֹר, מִפְּנֵי שֶׁצָּרִיךְ לְצַחְצְחוֹ. וְלָא פְּלִיגִי, *מָר כִּי אַתְרֵיהּ וּמָר כִּי אַתְרֵיהּ. בְּאַתְרֵיהּ דְּמָר בִּשְׂרָא לְתַחַת, בְּאַתְרֵיהּ דְּמָר בִּשְׂרָא לְעֵיל.§ "זֶה הַכְּלָל כָּל שֶׁנֵּאוֹתִין בּוֹ בְּיוֹם טוֹב".§ רַב שֵׁשֶׁת [ד]שְׁרָא לְהוּ לְרַבָּנַן לְשַׁדּוּרֵי תְּפִלִּין בְּיוֹמָא טָבָא. אֲמַר לֵיהּ אַבַּיֵי: וְהָא אֲנַן תְּנַן: כָּל שֶׁנֵּאוֹתִין בּוֹ בְּיוֹם טוֹב מְשַׁלְּחִין אוֹתוֹ! הָכִי קָאָמַר: [ה]כָּל שֶׁנֵּאוֹתִין בּוֹ בְּחוֹל מְשַׁלְּחִין אוֹתוֹ בְּיוֹם טוֹב. אֲמַר אַבַּיֵי: תְּפִלִּין, הוֹאִיל וְאָתוּ לִידָן נֵימָא בְּהוּ מִילְּתָא: [ו]הָיָה בָּא בַּדֶּרֶךְ וּתְפִלִּין בְּרֹאשׁוֹ, וְשָׁקְעָה עָלָיו חַמָּה – מַנִּיחַ יָדוֹ עֲלֵיהֶם עַד שֶׁמַּגִּיעַ לְבֵיתוֹ. הָיָה יוֹשֵׁב בְּבֵית הַמִּדְרָשׁ וּתְפִלִּין בְּרֹאשׁוֹ, וְקָדַשׁ עָלָיו הַיּוֹם – מַנִּיחַ יָדוֹ עֲלֵיהֶן עַד שֶׁמַּגִּיעַ לְבֵיתוֹ, מְתִיב רַב הוּנָא בְּרֵיהּ דְּרַב אִיקָא: הָיָה בָּא בַּדֶּרֶךְ וּתְפִלִּין בְּרֹאשׁוֹ וְקָדַשׁ עָלָיו הַיּוֹם – מַנִּיחַ יָדוֹ עֲלֵיהֶן עַד שֶׁמַּגִּיעַ לַבַּיִת הַסָּמוּךְ לַחוֹמָה, הָיָה יוֹשֵׁב בְּבֵית הַמִּדְרָשׁ וְקָדַשׁ עָלָיו הַיּוֹם – מַנִּיחַ יָדוֹ עֲלֵיהֶן עַד שֶׁמַּגִּיעַ לַבַּיִת הַסָּמוּךְ לְבֵית הַמִּדְרָשׁ! [ז]לָא קַשְׁיָא; הָא – דְּמִנְטְרָא. הָא – דְּלָא מִנְטְרָא. אִי דְּלָא מִנְטְרָא, מַאי אִירְיָא בְּרֹאשׁוֹ? אֲפִילּוּ מַחְתָּן בְּאַרְעָא נַמִי! דְּהָא תְּנַן: *[ח]הַמּוֹצֵא תְּפִלִּין מַכְנִיסָן זוּג זוּג! לָא קַשְׁיָא; הָא – *דְּמִנְטְרָא מֵחֲמַת גַּנָּבֵי וּמֵחֲמַת כַּלְבֵי, הָא דְּמִנְטְרָא מֵחֲמַת כַּלְבֵי, וְלָא מִנְטְרָא מֵחֲמַת גַּנָּבֵי. מַהוּ דְּתֵימָא: *רוֹב לִסְטִים יִשְׂרָאֵל נִינְהוּ, וְלָא מְזַלְזְלִי בְּהוּ, קמ"ל.§

הדרן עלך ביצה

רש"י

בְּקַשִּׁין. בְּגָדִים קָשִׁין שֶׁאֵין מְחַמְּמִים – מוּתָּר לֵישֵׁב עֲלֵיהֶן: נַמְטָא. בֶּגֶד שֶׁקּוֹרִין פלטר"א בְּלַעַ"ז: גַּמְדָּא. קָשֶׁה, כְּמוֹ גָּמוּד מְסָאנֵי (פסחים דף קיא.), דָּבָר שֶׁהוּא כָּוּוּץ נַעֲשֶׂה קָשֶׁה: דְּנֶרֶשׁ. מָקוֹם: שַׁרְיָא. לִישִׁיבָה, שֶׁאֵינוֹ מְחַמֵּם: עַרְדִּילִין. רָאִיתִי בִּתְשׁוּ' הַגְּאוֹנִים, שֶׁרְגִילִין לְלָבְשָׁן תַּחַת מִנְעֲלֵיהֶן, (*וְתוֹלִים) עֲלֵיהֶם עוֹר שֶׁל תְּיָשִׁים מְעוּבָּדִין תַּחַת קַרְקָעִיתָן, וּכְנֶגֶד הֶעָקֵב שֶׁל רֶגֶל יֵשׁ עוֹשִׂין אוֹתָן שֶׁל צֶמֶר, וְקוֹרִין אוֹתָן (א) נַמְטֵי: אֵין בָּהֶם מִשּׁוּם כִּלְאַיִם. דְּקָשִׁין הֵן: צְרָרֵי דִּפְשִׁיטֵי אֵין בָּהֶן מִשּׁוּם כִּלְאַיִם. בֶּגֶד כִּלְאַיִם שֶׁצּוֹרְרִין בּוֹ מָעוֹת – מוּתָּר לִתְּנוֹ בְּחֵיקוֹ, שֶׁהַמָּעוֹת מַקְשִׁין אוֹתוֹ וְאֵינוֹ מְחַמֵּם: דִּבְזֻרְנֵי. שֶׁצָּרוּר בָּהֶם זְרָעִים: יֵשׁ בָּהֶם מִשּׁוּם כִּלְאַיִם. וְאָסוּר לִתְּנוֹ בְּתוֹךְ חֵיקוֹ: אָסוּר לְנָעֲלוֹ. בְּיו"ט: וּמוּתָּר לְטַלְטְלוֹ. דִּכְלִי הוּא: מַעֲשֶׂה שֶׁהָיָה. בְּמַסֶּכֶת שַׁבָּת, פֶּרֶק "בַּמֶּה אִשָּׁה יוֹצְאָה" (דף ס.): בְּסִיכֵּי. יְתֵדוֹת קְטַנּוֹת שֶׁל עֵץ. וְי"א: תּוֹפֵר שְׁתֵּי תְּפִירוֹת בְּאֶמְצָעוֹ, וּשְׁתַּיִם בְּרֹאשׁוֹ, וּשְׁתַּיִם בַּעֲקֵבוֹ: בֵּיצַת הַגִּיר. גִּיר מִין קַרְקַע הַמַּשְׁחִיר בֵּיצַת כָּל דָּבָר הַנִּלּוֹשׁ וְנַעֲשֶׂה עָב קָרוּי בֵּיצַת, מטונ"ש בְּלַעַ"ז: לְצַחְצְחוֹ. לְהַחֲלִיקוֹ. כִּדְמְפָרֵשׁ לְקַמֵּיהּ, שֶׁבִּמְקוֹמוֹ הָיוּ הוֹפְכִים מְקוֹם בָּשָׂר מִבַּחוּץ וּמְקוֹם שֵׂעָר מִבִּפְנִים, וְדֶרֶךְ מְקוֹם בָּשָׂר לִהְיוֹת בּוֹ מְרָטִים וּקְלִיפּוֹת קְלִיפּוֹת: בְּאַתְרֵיהּ דְּר' יְהוּדָה בִּשְׂרָא לְתַחַת. לִפְנִים, הִלְכָּךְ א"צ לְצַחְצְחוֹ: וְהָאֲנַן תְּנַן כו'. וּתְפִילִּין אֵין נֵאוֹתִין בָּהֶן בְּיו"ט, כִּדְאָמַר בְּעֵרוּבִין (דף צו.) יָצְאוּ שַׁבָּתוֹת וְיָמִים טוֹבִים שֶׁהֵן עַצְמָן אוֹת: כָּל שֶׁנֵּאוֹתִים בּוֹ בְּחוֹל. שֶׁהוּא מְתוּקָּן כָּל צָרְכּוֹ: מְשַׁלְּחִין אוֹתוֹ בְּיוֹם טוֹב. דְּאִי בְּיוֹם טוֹב דְּקָתָנֵי מַתְנִי' – לָאו אַנֵּאוֹתִין דִּלְקַמֵּיהּ קָאֵי, אֶלָּא אַמְשַׁלְּחִין דְּבַתְרֵיהּ, וּלְאֵתוּיֵי תְּפִילִּין אָתָא, דְּאִי נַמִי מָנַח לְהוּ בְּיו"ט – לֵיכָּא אִסּוּרָא. וּמִיהוּ, סַנְדָּל הַמְסוּמָּר – לָא, דְּלָא לֵימָא: מִדְּשָׁרוּ רַבָּנַן לְשַׁלְּחוֹ, ש"מ מוּתָּר לְנָעֲלוֹ: הָיָה בָּא בַּדֶּרֶךְ. בְּעֶ"שׁ: מַנִּיחַ יָדוֹ עֲלֵיהֶם. שֶׁלֹּא יֵרָאוּ. וַחֲכָמִים הִתִּירוּ לוֹ לְהַכְנִיסָם לָעִיר דֶּרֶךְ מַלְבּוּשׁ, דְּהִיא הַעֲבָרָה כִּלְאַחַר יָד, וּמִשּׁוּם בִּזָּיוֹן: בְּבֵית הַמִּדְרָשׁ. בַּשָּׂדֶה הָיָה וְאֵינוֹ מִשְׁתַּמֵּר: לַבַּיִת הַסָּמוּךְ לַחוֹמָה. מִשֶּׁנִּכְנָס לָעִיר יִתְּנֵם בַּבַּיִת הָרִאשׁוֹן, וְלֹא יוֹלִיכֵם עַד בֵּיתוֹ: הָא דְּמִנְטְרָא. בְּאוֹתוֹ בַּיִת הַסָּמוּךְ לְבהמ"ד, אִם נִשְׁמָרִים הֵם בּוֹ – יִתְּנֵם שָׁם: מַאי אִירְיָא בְּרֹאשׁוֹ. שֶׁכְּבָר הָיָה מְלוּבָּשׁ בָּהֶן מִבְּעוֹד יוֹם, דְּקָא נָקֵיט אַבַּיֵי: אֲפִילּוּ מַחְתָּן בְּאַרְעָא נַמִי. אֲפִילּוּ לְאַחַר שֶׁקָּדַשׁ הַיּוֹם מְלָאָן מוּנָּחִים בַּקַּרְקַע – הִתִּירוּ לוֹ חֲכָמִים לְהַנִּיחָן בְּרֹאשׁוֹ וּלְהַצְנִיעָן: הַמּוֹצֵא. גָּרַס וְלָא גָּרְסִינַן הַמּוֹלִיךְ: הַמּוֹצֵא תְּפִילִּין. בְּשַׁבָּת בַּשָּׂדֶה: מַכְנִיסָן. לָעִיר: זוּג זוּג. נוֹתֵן בְּרֹאשׁוֹ אֶחָד, וְאֶחָד בִּזְרוֹעוֹ, כְּדֶרֶךְ הֲנָחָתָן בְּחוֹל, וּמַכְנִיסָן, וְחוֹזֵר וְהוֹלֵךְ וְלוֹבֵשׁ זוּג אַחֵר וּמַכְנִיסָן: תְּפִילִּין שֶׁל רֹאשׁ וְשֶׁל זְרוֹעַ קָרֵי זוּג: וְלָא מִנְטְרָא מֵחֲמַת גַּנָּבֵי. וְאַשְׁמְעִינַן אַבַּיֵי, דְּהוֹאִיל וְלָא מִנְטְרָא מֵחֲמַת גַּנָּבֵי, מֵאַחַר שֶׁהֵן בְּרֹאשׁוֹ – יוֹלִיכֵם עַד בֵּיתוֹ; אֲבָל אִם מְלָאָן שָׁם בְּמָקוֹם שֶׁהֵן נִשְׁמָרִין מִן הַכְּלָבִים – לֹא יְזִיזֵם מִמְּקוֹמָן:

הדרן עלך ביצה

תוספות

אלא בקשין. משמע הכא דבדבר קשה אין בו משום כלאים. וכן משמע ביומא (דף סט. ושם) דקאמר: שהכהנים היו מקפלים בגדיהם תחת ראשיהם. ופריך: הא קא מתהנו מכלאים וכו'. וכללא דסוגיא איתא התם כדאיתא הכא, ואמר רב אשי: שאני בגדי כהונה דקשין הן. ותימה: דאמר בערכין (דף ג.): הכל חייבין בציצית כהנים לוים וישראלים. ופריך: פשיטא, משום דכהנים הן יהיו פטורים? ומשני: מהו דתימא הואיל וכתיב "לא תלבש שעטנז גדילים תעשה לך" אימא: כל שישנו ב"לא תלבש שעטנז" – ישנו בכלל "גדילים תעשה לך", והני כהני, הואיל ואשתרו כלאים לגבייהו – אימא לא לחייבו בציצית, קמ"ל דכהנים חייבין. והשתא תימה: מאי קאמר הואיל ואשתרו כלאים לגבייהו? דשאני בגדיהם שהיו קשין! לכ"נ: דדוקא להציע תחתיהם, דהואיל דברכים ליכא אלא איסור דרבנן להציע – בקשין לא גזור, ומייתי כי ההיא וכו' נמטא גמדא דנרש שריא. גמדא שמתקשה – מותר להציע תחתיו. כן פרש"י. אבל רכים – אסורים, כדאמר התם דלבדין אסורין מפני שהן שוע. ול"נ: דשריא משמע אפי' ללבוש. ויש לומר: דאה"נ דשריא אפילו ללבוש. ואם תאמר מאי מייתי מהא גמדא דנרש וכו'? והא פירש דקשין מותרין דוקא להציע תחתיו, אבל ללבוש אסורין! וי"ל: דגבי [*בגדי כהונה] איירי שהוא שוע טווי ונוז, ואז יש בו איסור כלאים מדאורייתא. וכיון שהן אסורין מן התורה – א"כ אפילו קשין אסורין בלבישה ובהעלאה, אבל גמדא – אינו אלא דרבנן, כדאמרינן בנדה (דף סא: ושם): דמדאורייתא בעינן שיהא שוע טווי ונוז. והא דקאמר הלבדים אסורים – איירי דוקא דרבנן. וכיון דרכים – ליכא אסורא אלא דרבנן, אפי' בלבישה – בקשין לא גזור. והני פורפוינטי"ש שקורין באשכנז דמזיל"ש שאנו לובשים, דפעמים שיש בהן צמר, יש לומר: הואיל ואם עושין קרע קטן מוליאין אותו דרך הקריעה, דהוי מסרך סריך לחבירו – שרי. אבל אם היו משימין בהן חתיכות קטנות של בגד צמר – ודאי (ב) שיהא אסור:

הכי קאמר כל שנאותין בחול וכו'. ואתי לאתויי תפלין, דמשלחין אותן. דהא אפילו אם מניח אותן ליכא אסורא. אבל לא תני לאתויי סנדל המסומר – דודאי יהא אסור לשלחו, דאי שרית לשלחו – אתי לנעלו, דאיכא איסורא בדבר זה*). אבל תפלין *(נהי דשבת ויום טוב לאו זמן תפילין הן), מכל מקום – ליכא איסורא *להניחן:

היה בא בדרך ותפילין בראשו ושקעה עליו חמה וכו' או יושב בבית המדרש וכו'. פרש"י: דתרוייהו איירי בערב שבת, דשבת לאו זמן תפילין, וכי בא בדרך ושקעה עליו חמה – התירו לו להביאם לעיר, הואיל ומביאם כלאחר יד. ולפ"ז קשה, דא"כ אמאי נקט גבי בא בדרך ושקעה, ולגבי יושב בבית המדרש וקדש היום? כיון דטעמא דתרוייהו שוין אמאי שני בלישניה? לכ"נ. ובא בדרך ושקעה – איירי בחול, והואיל ושקעה חמה יש לו לסלקן, וקמ"ל דלילה לאו זמן תפילין הוא. ואם תאמר: אי איירי בחול אמאי אינו מניח אותם בידו? וי"ל דלמא משתלפי ליה מידיה. והיא דיושב בבית המדרש נקט וקדש היום. דבע"ש איירי, וקמ"ל דשבת לאו זמן תפילין הוא:

*) [וע"ע תוס' שבת ס. ד"ה לא בסנדל]

הדרן עלך ביצה

רבינו חננאל

שהשמש מתחמם כנגדו ופרקינן אלא האי כלאים ששנינו שמותר לשלחם ביו"ט מצעות קשות הן וכדרב הונא דאמר נמטא דנרש שריא. פי' הלבדין שעושין בגרש. אע"פ שהן כלאים מותר להשתמש בהן מפני שהן חזקים. ואין נימא נמשכת מהן: וסוגיין ערדלין וצררי דפשיטי ודבזורני אין בהן משום כלאים לפי שאין דרך חימום בכך. אמר אביי סנדל המסומר אסור לנעלו משום מעשה שהיה ומפורש בשבת בפרק במה אשה ומותר לטלטלו מדתנינן אין משלחין אותו ביו"ט דאי ס"ד אסור לטלטלו שלוחי מיבעי למיסר. ולא מנעל שאינו תפור אע"ג דנקיט בסיכיה פי' תפוש ביתדות. תניא ר' יהודה אוסר (לנ"מ שלו שליחי מבעי"א) במנעל לבן כמנהג מקומו מפני שצריך ביצת הגיר ור' יוסי אוסר במנעל שחור כמנהג מקומו שהיו מצחצחין אותו באתריה דר' יוסי *) (בדבשהין) במקום השיער ואין צריך אלא צחצוח בלבד ובאתריה דר' יהודה בדבשרא וצריך ביצת הגיר ללבנו: **ירושלמי** תני אין מפרקין את המנעל מן האימום ביו"ט אבל מפרקין בחולו של מועד מהו להעמיד חלב אם אתה אומר אף הוא חולב ומעמיד מיו"ט לחול. תני ר' חלפתא בן שאול תכשיטין אסור לשלחן עד כדין תכשיטין של זהב ואפילו תכשיטין של כסף. **) א"ר חזקיה טליין דקיקין הוון מתרבין בדרתיה דרבי ירמיה אתא שאול לר' זעירא א"ל לא תיאסר ולא תשתרי זה הכלל כל שנאותין משלחין אותו ביו"ט רב ששת שרא להו לרבנן לשדורי להדדי תפלין ביו"ט ואמר כך פי' המשנה כל שנאותין בו בחול משלחין אותו ביו"ט. אמר אביי היה בא בדרך ותפלין בראשו ושקעה חמה מניח ידו עליהן עד שמגיע לביתו. היה יושב במדרש ותפלין בראשו וקידש עליו היום מניח ידו עליהן עד שמגיע לביתו מיתיבי היה בא בדרך ותפלין בראשו וקדש עליו [היום] מניח ידו עליהן עד שמגיע לבית הסמוך לחומה היה יושב במדרש ותפלין בראשו וקידש עליו היום [מניח ידו עליהן] עד שמגיע לבית הסמוך לבית המדרש. ופרקינן לא קשיא הא דתני עד שמגיע לבית הסמוך לחומה ולבית הסמוך לבית המדרש מקום שמשתמרין מחמת גנבי וכ"ש מפני כלבים. והא דאמר אביי עד שמגיע לביתו בשאין שם בית סמוך לבית המדרש אלא מקום שהוא בית שימור מפני הכלבים. אבל מפני הגנבים לא מהו דתימא גנבי גופייהו לא מזלזלי בתפלי יניחם לשם קמ"ל דלא: **הדרן עלך ביצה שנולדה ביום טוב**

*) בערוך ערך גר י"ב איתא באתריה דר"י בר ביסרא לתחת וכלפי שיער לחוץ והוי חלק בעצמו ואינו צריך לצחצחו באתריה דרבי יוסי בר ביסרא לעיל ולא הוי חלקו וצריך לצחצחו. **) בירושלמי איתא אמרין בשם ר' ירמיה אסור ואמרין משמיה דר' ירמיה מותר א"ר חזקי' אנא וכו' טליין דקיקין וכו'.

עין משפט נר מצוה

קכד א מיי' פ"י מהל' כלאים הלכה יג סמג לאוין רפג טוש"ע י"ד סי' שא סעיף א:
קכה ב מיי' שם הלכה יט וסמג שם טוש"ע שם סעיף יד:
קכו ג מיי' פי"ט מהל' שבת הלכה ב [לא מצאתי ברמב"ם דאסור לנעלו ועי' תוי"ט ד"ה סנדל]:
קכז ד ה מיי' פ"ה מהלכות יו"ט הל' ו סמג לאוין עה טוש"ע א"ח סי' תקטז סעיף ג:
קכח ו ז מיי' פי"ט מהלכות שבת הל' כו סמג לאוין סה טוש"ע א"ח סימן רסו סעיף י [רב אלפס הל' תפלין דף עד: וברא"ש שם סימן יז ועירובין פ"י דף קכב. וברא"ש שם סימן ב]:
קכט ח מיי' שם הלכה כג וסמג שם טוש"ע שם סימן שא סעיף מב:

ס"א וילון

ס"א הא דלא מנטרא מחמת גנבי ומחמת כלבי והא דמנטרא מחמת כלבי ולא מחמת גנבי [מהר"ס]

[וממתוך דברי התוי"ט ד"ה כל שנאותין וכו' נראה שאינו מוחק וכתב ע"ז פי' נכון ע"ש]

מסורת הש"ס

[וטולין] · יומא סט. · [תוספתא פ"א ע"ש] · [פסחים ג. וש"נ] · שבת סב. עירובין לה. · [ע"ז ע. ע"ש ועי' מ"ש תוס' ב"ב נה: ד"ה רבי אליעזר]

גליון הש"ס

גמרא רבי יהודה מתיר בשחור. עיין בב"ק דף נט ע"ב תוס' ד"ה דהוה סיים:

א א מיי' פ"ו מהלכות יו"ט הלכה א סמג לאוין ע"ה טוש"ע א"ח סימן תקכז סעיף א:
ב ב מיי' שם הלכה ג טוש"ע שם ס"ב:
ג ג מיי' שם הלכה ה טוש"ע שם סעיף טו:
ד ד מיי' שם הלכה א:
ה ה מיי' שם הלכה יט סמג שם טוש"ע א"ח סימן תקכט סעיף א:
ו ו טוש"ע שם סימן תקכז סעיף ז:

יוֹם טוֹב אֲשֶׁחָל לִהְיוֹת עֶרֶב שַׁבָּת לֹא יְבַשֵּׁל בַּתְּחִלָּה מִיּוֹם טוֹב לַשַּׁבָּת, אֲבָל מְבַשֵּׁל הוּא לְיוֹם טוֹב, וְאִם הוֹתִיר – הוֹתִיר לַשַּׁבָּת. וְעוֹשֶׂה תַּבְשִׁיל מֵעֶרֶב יו"ט וְסוֹמֵךְ עָלָיו לַשַּׁבָּת. בֵּית שַׁמַּאי אוֹמְרִים: שְׁנֵי תַּבְשִׁילִין, וּבֵית הִלֵּל אוֹמְרִים: בתַּבְשִׁיל אֶחָד. וְשָׁוִין בְּדָג וּבֵיצָה שֶׁעָלָיו שֶׁהֵן שְׁנֵי תַּבְשִׁילִין. גאֲכָלוֹ אוֹ שֶׁאָבַד – לֹא יְבַשֵּׁל עָלָיו בַּתְּחִלָּה, וְאִם שִׁיֵּיר מִמֶּנּוּ כָּל שֶׁהוּא – סוֹמֵךְ עָלָיו לַשַּׁבָּת.§ **גמ'** מנה"מ? אָמַר שְׁמוּאֵל: דְּאָמַר קְרָא °"זָכוֹר אֶת יוֹם הַשַּׁבָּת לְקַדְּשׁוֹ" – זָכְרֵהוּ מֵאַחֵר שֶׁבָּא לְהַשְׁכִּיחוֹ. מַאי טַעְמָא? אָמַר רָבָא: כְּדֵי שֶׁיִּבְרוֹר מָנָה יָפָה לַשַּׁבָּת, וּמָנָה יָפָה לְיוֹם טוֹב. רַב אַשִׁי אָמַר: דכְּדֵי שֶׁיֹּאמְרוּ: אֵין אוֹפִין מִיּוֹם טוֹב לַשַּׁבָּת, קַל וָחוֹמֶר מִיּוֹם טוֹב לְחוֹל. תְּנַן: עוֹשֶׂה תַּבְשִׁיל מֵעֶרֶב יוֹם טוֹב וְסוֹמֵךְ עָלָיו לַשַּׁבָּת. בִּשְׁלָמָא לְרַב אַשִׁי, דְּאָמַר: כְּדֵי שֶׁיֹּאמְרוּ אֵין אוֹפִין מִיּוֹם טוֹב לַשַּׁבָּת – הַיְינוּ דְּמֵעֶרֶב יוֹם טוֹב – אִין, בְּיוֹם טוֹב – לָא. אֶלָּא לְרָבָא, מַאי אִירְיָא מֵעֶרֶב יוֹם טוֹב? אֲפִילּוּ בְּיוֹם טוֹב נַמִּי! אִין הָכִי נַמִּי, אֶלָּא גְּזֵרָה שֶׁמָּא יִפְשַׁע. וְתַנָּא מַיְיתֵי לַהּ מֵהָכָא °"אֵת אֲשֶׁר תֹּאפוּ אֵפוּ וְאֵת אֲשֶׁר תְּבַשְּׁלוּ בַּשֵּׁלוּ" – מִכָּאן אָמַר ר' *אֱלִיעֶזֶר: אֵין אוֹפִין אֶלָּא עַל הָאָפוּי, וְאֵין מְבַשְּׁלִין אֶלָּא עַל הַמְבוּשָּׁל. מִכָּאן סָמְכוּ חֲכָמִים לְעֵרוּבֵי תַבְשִׁילִין מִן הַתּוֹרָה. ת"ר: מַעֲשֶׂה בְּרַבִּי אֱלִיעֶזֶר שֶׁהָיָה יוֹשֵׁב וְדוֹרֵשׁ כָּל הַיּוֹם כּוּלּוֹ בְּהִלְכוֹת יוֹם טוֹב. יָצְתָה כַּת רִאשׁוֹנָה, אָמַר: הַלָּלוּ בַּעֲלֵי פִּטָּסִין. כַּת שְׁנִיָּה, אָמַר: הַלָּלוּ בַּעֲלֵי חָבִיּוֹת. כַּת שְׁלִישִׁית, אָמַר: הַלָּלוּ בַּעֲלֵי כַדִּין. כַּת רְבִיעִית, אָמַר: הַלָּלוּ בַּעֲלֵי לְגִינִין. כַּת חֲמִישִׁית, אָמַר: הַלָּלוּ בַּעֲלֵי כוֹסוֹת. הִתְחִילוּ כַּת שִׁשִּׁית לָצֵאת, אָמַר: הַלָּלוּ *בַּעֲלֵי מְאֵרָה. נָתַן עֵינָיו בַּתַּלְמִידִים, הִתְחִילוּ פְּנֵיהֶם מִשְׁתַּנִּין. אָמַר לָהֶם: בָּנַי, לֹא לָכֶם אֲנִי אוֹמֵר אֶלָּא לְהַלָּלוּ שֶׁיָּצְאוּ, *שֶׁמַּנִּיחִים חַיֵּי עוֹלָם וְעוֹסְקִים בְּחַיֵּי שָׁעָה. בִּשְׁעַת פְּטִירָתָן אָמַר לָהֶם: °"לְכוּ אִכְלוּ מַשְׁמַנִּים וּשְׁתוּ מַמְתַקִּים וְשִׁלְחוּ מָנוֹת לְאֵין נָכוֹן לוֹ כִּי קָדוֹשׁ הַיּוֹם לַאֲדוֹנֵינוּ וְאַל תֵּעָצֵבוּ כִּי חֶדְוַת ה' הִיא מָעֻזְּכֶם". אָמַר מָר: "שֶׁמַּנִּיחִין חַיֵּי עוֹלָם וְעוֹסְקִין בְּחַיֵּי שָׁעָה", וְהָא שִׂמְחַת יוֹם טוֹב מִצְוָה הִיא! רַבִּי אֱלִיעֶזֶר לְטַעֲמֵיהּ, דְּאָמַר: שִׂמְחַת יוֹם טוֹב רְשׁוּת. דְּתַנְיָא, *רַבִּי אֱלִיעֶזֶר אוֹמֵר: אֵין לוֹ לְאָדָם בְּיוֹם טוֹב אֶלָּא: אוֹ אוֹכֵל וְשׁוֹתֶה אוֹ יוֹשֵׁב וְשׁוֹנֶה. ר' יְהוֹשֻׁעַ אוֹמֵר: החַלְּקֵהוּ – חֶצְיוֹ לַה' וְחֶצְיוֹ לָכֶם. אָמַר רַבִּי יוֹחָנָן: וּשְׁנֵיהֶם מִקְרָא אֶחָד דָּרְשׁוּ. כָּתוּב אֶחָד אוֹמֵר °"עֲצֶרֶת לַה' אֱלֹהֶיךָ" וְכָתוּב אֶחָד אוֹמֵר °"עֲצֶרֶת תִּהְיֶה לָכֶם" הָא כֵּיצַד? רַבִּי אֱלִיעֶזֶר סָבַר: אוֹ כּוּלּוֹ לַה' אוֹ כּוּלּוֹ לָכֶם, וְרַבִּי יְהוֹשֻׁעַ סָבַר: חַלְּקֵהוּ – חֶצְיוֹ לַה' וְחֶצְיוֹ לָכֶם. מַאי "לְאֵין נָכוֹן לוֹ"? אָמַר רַב חִסְדָּא: לְמִי שֶׁלֹּא הִנִּיחַ עֵירוּבֵי תַבְשִׁילִין. אִיכָּא דְּאָמְרִי: מִי שֶׁלֹּא הָיָה לוֹ לְהַנִּיחַ עֵירוּבֵי תַבְשִׁילִין, ואֲבָל מִי שֶׁהָיָה לוֹ לְהַנִּיחַ עֵירוּבֵי תַבְשִׁילִין וְלֹא הִנִּיחַ – פּוֹשֵׁעַ הוּא. מַאי "כִּי חֶדְוַת ה' הִיא מָעֻזְּכֶם"? אָמַר ר' יוֹחָנָן מִשּׁוּם ר' אֱלִיעֶזֶר בְּר' שִׁמְעוֹן: אָמַר לָהֶם הקב"ה לְיִשְׂרָאֵל: בָּנַי, לְווּ עָלַי וְקַדְּשׁוּ קְדוּשַּׁת הַיּוֹם, וְהַאֲמִינוּ בִּי וַאֲנִי פּוֹרֵעַ. וְאָמַר ר' יוֹחָנָן מִשּׁוּם ר' אֱלִיעֶזֶר בְּר' שִׁמְעוֹן: הָרוֹצֶה שֶׁיִּתְקַיְּימוּ נְכָסָיו יִטַּע בָּהֶן אֶדֶר, שֶׁנֶּאֱמַר *°"אַדִּיר בַּמָּרוֹם ה'". אִי נַמִּי: אַדְרָא כִּשְׁמֵיהּ, כִּדְאָמְרִי אֱינָשֵׁי: מַאי אַדְרָא – דְּקַיְימָא לְדָרֵי דָּרֵי. תַּנְיָא נַמִּי הָכִי: שָׂדֶה שֶׁיֵּשׁ בָּהּ אֶדֶר אֵינָהּ נִגְזֶלֶת, וְאֵינָהּ נֶחְמֶסֶת, וּפֵירוֹתֶיהָ מִשְׁתַּמְּרִין. תָּנֵי רַב תַּחְלִיפָא אֲחוּהּ דְּרַבְנַאי חוֹזָאָה: כָּל

שמות כ · שם טז · נחמיה ח · דברים טז · במדבר כט · תהלים צג

או אוכל ושותה או יושב ושונה. ואע"ג דלעיל קאמר לתלמידיו אכלו משמנים ושתו ממתקים – משום דסיים הדרשה הוא. דהא בשאר ימים נמי היו אוכלים אחר הדרשה. ומ"מ אמר להו אכלו משמנים ושתו ממתקים משום שמחת יום טוב: **לוו** עלי ואני פורע. והא דאמר (פסחים דף קיב.*) עשה שבתך חול ואל תצטרך לבריות – ה"מ כשאין* לו[א] לפרוע: כל

[קיב. קיג. ושבת קיח.]

כלומר אא"כ יטול מן הצדקה אבל הכא מיירי שיש לו משכנות כדי לפרוע ואין לו מעות לכך אמר לוו עלי. רש"ל

יום טוב · לא יבשל בתחלה. להיות תחלת בשולו ועיקרו לשם שבת, אלא לשם יו"ט יהא תחלת בשולו, והמשויר יהא לשבת, כדקתני ואזיל: אבל מבשל הוא ליו"ט, ובלא הערמה, כדקתני לקמן: עושה תבשיל. לשם ערוב: וביצה שעליו. שהיו טחין ביצה על הדג כשצולין אותו: אכלו או שאבד. קודם שבשל כל צרכי שבת: סומך עליו. לבשל בשבילו: **גמ'** מנא הני מילי. לאו דוקא מקראי יליף, דערובי תבשילין דרבנן, והכי קא מבעיא ליה: אהיכא אסמכוה רבנן? זכור. אין זכירה אלא בדבר המשתכח: זכרהו מאחר שבא להשכיחו. כשבא יו"ט בערב שבת – קרוב שבת להשתכח מחמת יו"ט, שמרבה בסעודת היום ואינו מניח לשבת כדי כבודו, והזהירך הכתוב לזכרו. וכשמערב ערובי תבשילין – נמצא שזוכרו, שהרי אינו עושה אלא מחמת שבת: מ"ט. למה תקנו ערוב. קרא ודאי לאו בערוב משתעי, ולאו ערוב משתמע מניה, ואסמכתא בעלמא הוא. וכי אתא קרא – לקדוש היום אתא כדתניא בפסחים (דף קו.): זכרהו על היין, וערוב מדרבנן, ומה ראו לתקן: אמר רבא כדי שיברור כו'. מתוך שמערב זוכר את השבת, ואינו מכלה את הכל ליו"ט, ובורר מנה לזה ומנה לזה: רב אשי אמר. לא לכבוד שבת תקנוהו, אלא לכבוד יום טוב: כדי שיאמרו אין אופין מיום טוב לשבת. אלא א"כ התחיל מבעוד יום, דאינו אלא כגומר והולך, אבל אתחולי – לא: ק"ו דמיום טוב לחול. לגמרי לא: בשלמא לרב אשי. דאמר לכבוד יו"ט תקנוהו, כדי שיאמרו אסור להתחיל בשולי שבת ביו"ט – היינו: דמערב יו"ט הוצרך לעשותו: אלא לרבא. דאמר כדי שיברור: אפי' ביו"ט. יעשהו לפני סעודת יו"ט, יש כאן זכירת שבת לברור מנותיו: שמא יפשע. ישכח ולא יערב, משום דטריד: ותנא מייתי לה מהכא. כן דרך שיטת התלמוד: כשמתחילין האמוראין להוציא טעם מן המקרא, ויש תנא של ברייתא למד אותו ממקום אחר – נקט הכי. כלומר: האמוראין למדוהו מכאן, והתנא למד מכאן: את אשר תאפו אפו. הוה ליה למכתב היום אפו ובשלו, אלא רמז הוא שיש לך יום ששי שאין אופין לצורך מחר: אלא על האפוי. בחמישי בשבת: אופין. פת: מבשלין. תבשיל: שהיה יושב ודורש. ביום טוב: יצתה כת ראשונה. לסעוד סעודת יום טוב, והניחוהו דורש: בעלי פטסין. חביות גדולות הכינו להם *באנומלין ומסך משתאות, לפיכך מהרו לצאת. כלומר, בעלי נפש הן, ואין יגיעין לשמוע תורה: הללו בעלי מארה. שהיה בית המדרש מתרוקן מאד, וגנאי הדבר, וקשה בעיניו: עד מתי הם יושבים ל"ג: התחילו פניהם משתנין. כסבורין שכועס על כת ששית מפני שאחרו לצאת, וכ"ש עלינו: חיי שעה. סעודה: אכלו משמנים. מקרא הוא בספר עזרא עד "כי חדות ה' היא מעוזכם": שלא היה לו להניח. כגון שאבדה לו חבדה מערב יו"ט, ומחזר כל היום אחריה: חדות ה'. שמחה שאתם עושים בשביל הקב"ה – הרי היא מעוזכם, היא תעזור אתכם לשלם הקפותיכם ומלוותיכם שתלוו בשבילה: שיתקיימו לו נכסיו. שלא יהא אדם תומסן, וגוזל שדות ממנו: יטע בהן אדר. אילן חשוב הוא, יש לו שם למרחוק, ואומרים: פלוני יש לו אדר בשדהו! ומתוך כך היא נקראת על שמו. ואם הולך למדינת הים, ובא אחר והחזיק בה – יש לו עדים הרבה שהיתה שלו, ואילו מכרה – היה הקול יוצא להיות נקראת על שמו של שני: שנאמר אדיר במרום. כלומר, שאדר לשון קיום וחוזק, ולכך נקרא אדר: כשמיה. כשמו, שמפרשין בני אדם את שמו: נחמסת. חמסן יהיב דמי, *אלא שלוקח בכח, ויש קול לדבר. והיום או מחר מזמינו לבית דין: ופירותיה משתמרין. לא ידענא מאי היא. י"מ שנוטעין אותו על הגבולים, ויש לו ענפים הרבה, והוא לשדה לגדר. ולי נראה שהוא מין עשב חשוב, וזרעו מתערב עם הפירות, ובשדה לבן קאמר. ומשתמרת התבואה מן הכנימה והתולעים, שריח אותו זרע מבריחן והורגן, כדאמר בחומטין שמשמר התבואה, במסכת שבת (דף לא.): כל

תורה אור

[נ"ל אליעזר וכ"מ בתוס' לקמן יז: ד"ה אמר רבא]

[הערוך בערך פט פי' בעלי מארה אין להם כלום לא קיימו שמחת יו"ט ולא מלות בית המדרש שכבר יצאו]

פסחים סח: ע"ש

פי' יין פלפלין ודבש

[לשון הערוך בערך אדר פירוש אדיר במרום ה' ויעשה מהן לדקה שהיא חשובה לפני ה' במרום כדכתיב אמת מארץ תצמח וצדק משמים נשקף]

[וכ"ק סב.]

הגהות הגר"א

[א] תוספות סד"ה לוו. כשאין לו ממי ללות. כנ"ל:

רבינו חננאל

יו"ט שחל כו' לא יבשל בתחלה מיו"ט לשבת כו'. מנא לן שעושה תבשיל וסומך עליו לשבת אמר שמואל מדכתיב זכור את יום השבת כלומר זכרהו מקודם יום טוב שבא להשכיחו. ואמר רבא כיון שיודע כי מחר צריך לבשל לשבת בפ"ע אף הוא מתכוין לברר מנה יפה לשבת שלא יבשל הכל ליו"ט. רב אשי אמר למה אין מבשלין מיו"ט לשבת אלא ע"י עירוב כדי שיאמרו אין אופין מיו"ט לשבת ק"ו מיו"ט לחול. ואקשינן עליה אי משום האי למה לי מעיו"ט אפילו ביו"ט נמי. ומשנינן אלא גזרה שמא יפשע ביו"ט ונמצא אופה ומבשל בלא עירובי תבשילין. ותנא מפרש טעמא דמתני' מהכא את אשר תאפו אפו ואת אשר תבשלו בשלו וגו' כלומר אם אפיתם מאתמול אפו גם עתה. וכן אם יש לכם כבר מבושל בשלו והאי אי אפשר לאוקמי בחול אלא מיו"ט לשבת ומפרש שאין אופין אלא על האפוי ואין מבשלין אלא על המבושל. מיכן סמכו לעירובי תבשילין מן התורה. פי' בעלי פטסין הם בעלי חביות גדולות כלומר יש להן הרבה ומשכימין שיספק להם היין עד הערב בעלי לגינין פחות מן הכדים הכוסות פחות מן הלגין *) בת השפויות. אמר להן [הללו] בעלי מארה כלומר אין להם כלום לא קיימו שמחת יו"ט ולא מצות ביהמ"ד שכבר יצאו. ואסיקנא כל מי שהיה יכול להניח עירובי תבשילין ולא עירב פושע הוא. מאי כי חדות ה' היא מעוזכם. אמר הקב"ה לישראל לוו עלי ושמחו היום וקדשוהו והאמינו בי ואני פורע כלומר קיימו מצות חדות ה' שאמר הקב"ה ושמחת בחגך. והאמינו אומין לכם ברכה במעשה ידיכם כדי שתפרעו מה שלקחתם בהלואה. וא"ר יוחנן הרוצה שיתקיימו נכסיו יטע בהן אדר שנאמר אדיר במרום ה'. כלומר יעשה מהן צדקה חשובה לפני ה' במרום. כדכתיב אמת מארץ תצמח וצדק משמים נשקף. ומפורש בפרק השותפין במעשה דמונבז המלך שאמר אני גנזתי למעלה כלומר הצדקה שפרשתי לעניים הנה היא גנוזה לי למעלה במרום כדכתיב מלוה ה' חונן דל. איכא דאמרי אדרא כשמיה והוא מאילני סרק והוא גדול ומשלח פארות וענפים הרבה. ואם **) מסיין בו הכרם אין חיה יכולה ליכנס לתוכו ומשתמר לעולם. תני כל

*) אולי צ"ל התחיל כת ששית לצאת. **) ואם מסייג בו הכרם וכו' וכ"ה בערוך ערך אדר.

כָּל מְזוֹנוֹתָיו שֶׁל אָדָם קְצוּבִים לוֹ מֵרֹאשׁ הַשָּׁנָה(א) וְעַד יוֹם הַכִּפּוּרִים חוּץ[א] מֵהוֹצָאַת שַׁבָּתוֹת וְהוֹצָאַת י"ט, וְהוֹצָאַת בָּנָיו לְתַלְמוּד תּוֹרָה. שֶׁאִם פָּחַת – פּוֹחֲתִין לוֹ, וְאִם הוֹסִיף – מוֹסִיפִין לוֹ. א"ר אַבָּהוּ: מַאי קְרָאָה – °"תִּקְעוּ בַחֹדֶשׁ שׁוֹפָר (*בַּכֶּסֶא) לְיוֹם חַגֵּנוּ" *אֵיזֶהוּ חַג שֶׁהַחֹדֶשׁ מִתְכַּסֶּה בּוֹ – הֱוֵי אוֹמֵר זֶה רֹאשׁ הַשָּׁנָה, וּכְתִיב °"כִּי חֹק לְיִשְׂרָאֵל הוּא מִשְׁפָּט לֵאלֹהֵי יַעֲקֹב". מַאי מַשְׁמַע דְּהַאי "חֹק" – לִישָּׁנָא דִּמְזוֹנֵי הוּא – דִּכְתִיב °"וְאָכְלוּ אֶת חֻקָּם אֲשֶׁר נָתַן לָהֶם פַּרְעֹה". מָר זוּטְרָא אֲמַר מֵהָכָא: °"הַטְרִיפֵנִי לֶחֶם חֻקִּי". תַּנְיָא, אָמְרוּ עָלָיו עַל שַׁמַּאי הַזָּקֵן, כָּל יָמָיו הָיָה אוֹכֵל לִכְבוֹד שַׁבָּת. מָצָא בְּהֵמָה נָאָה אוֹמֵר: זוֹ לְשַׁבָּת. מָצָא אַחֶרֶת נָאָה הֵימֶנָּה – מַנִּיחַ אֶת הַשְּׁנִיָּה וְאוֹכֵל אֶת הָרִאשׁוֹנָה. אֲבָל הִלֵּל הַזָּקֵן מִדָּה אַחֶרֶת הָיְתָה לוֹ, שֶׁכָּל מַעֲשָׂיו לְשֵׁם שָׁמַיִם. שֶׁנֶּאֱמַר °"בָּרוּךְ ה' יוֹם יוֹם". תַּנְיָא נַמִי הָכִי: בֵּית שַׁמַּאי אוֹמְרִים: מֵחַד שַׁבָּךְ לְשַׁבְּתָךְ, וּבֵית הִלֵּל אוֹמְרִים: "בָּרוּךְ ה' יוֹם יוֹם". *א"ר חָמָא בְּרַבִּי חֲנִינָא: הַנּוֹתֵן מַתָּנָה לַחֲבֵרוֹ אֵין צָרִיךְ לְהוֹדִיעוֹ, שֶׁנֶּאֱמַר °"וּמֹשֶׁה לֹא יָדַע כִּי קָרַן עוֹר פָּנָיו". מֵיתִיבִי: °"לָדַעַת כִּי אֲנִי ה' מְקַדִּשְׁכֶם", אָמַר לוֹ הקב"ה לְמֹשֶׁה: מֹשֶׁה, מַתָּנָה טוֹבָה יֵשׁ לִי בְּבֵית גְּנָזַי וְשַׁבָּת שְׁמָהּ, וַאֲנִי מְבַקֵּשׁ לִיתְּנָהּ לְיִשְׂרָאֵל, לֵךְ וְהוֹדִיעַ אוֹתָם. מִכָּאן אָמַר רַבָּן שִׁמְעוֹן בֶּן גַּמְלִיאֵל: הַנּוֹתֵן פַּת לְתִינוֹק צָרִיךְ לְהוֹדִיעַ לְאִמּוֹ! לָא קַשְׁיָא; הָא בְּמַתָּנָה דַּעֲבִידָא לְאִגַּלּוּיֵי, הָא בְּמַתָּנָה דְּלָא עֲבִידָא לְאִגַּלּוּיֵי. שַׁבָּת נַמִי מַתָּנָה דַּעֲבִידָא לְאִגַּלּוּיֵי? מַתַּן שְׂכָרָהּ לָא עֲבִידָא לְאִגַּלּוּיֵי.§ אָמַר מָר, מִכָּאן אָמַר רשב"ג: הַנּוֹתֵן פַּת לְתִינוֹק צָרִיךְ לְהוֹדִיעַ לְאִמּוֹ. *מַאי עָבֵיד לֵיהּ? שָׁיֵיף לֵיהּ מִשְׁחָא, וּמָלֵי לֵיהּ כּוּחְלָא. וְהָאִידָּנָא דְּחָיְישִׁינַן לִכְשָׁפִים מַאי? אֲמַר רַב פָּפָּא: שָׁיֵיף לֵיהּ מֵאוֹתוֹ הַמִּין. א"ר יוֹחָנָן מִשּׁוּם ר' שִׁמְעוֹן בֶּן יוֹחַי: כָּל מִצְוֹת שֶׁנָּתַן לָהֶם הקב"ה לְיִשְׂרָאֵל נָתַן לָהֶם בְּפַרְהֶסְיָא, חוּץ מִשַּׁבָּת שֶׁנָּתַן לָהֶם בְּצִנְעָא, שֶׁנֶּאֱמַר °"בֵּינִי וּבֵין בְּנֵי יִשְׂרָאֵל אוֹת הִיא לְעוֹלָם". אִי הָכִי לָא לִעַנְשׁוּ גּוֹיִם?! עֲלָהּ שַׁבָּת אוֹדוּעֵי אוֹדְעִינְהוּ, מַתַּן שְׂכָרָהּ לָא אוֹדְעִינְהוּ. וְאִי בָּעֵית אֵימָא: מַתַּן שְׂכָרָהּ נַמִי אוֹדְעִינְהוּ, נְשָׁמָה יְתֵירָה לָא אוֹדְעִינְהוּ. *דְּאָמַר רַבִּי שִׁמְעוֹן בֶּן לָקִישׁ: נְשָׁמָה יְתֵירָה נוֹתֵן הקב"ה בְּאָדָם עֶרֶב שַׁבָּת, וּלְמוֹצָאֵי שַׁבָּת נוֹטְלִין אוֹתָהּ הֵימֶנּוּ, שֶׁנֶּאֱמַר °"שָׁבַת וַיִּנָּפַשׁ" כֵּיוָן שֶׁשָּׁבַת וַוי אָבְדָה נֶפֶשׁ.§ "עוֹשֶׂה אָדָם תַּבְשִׁיל מֵעֶרֶב יוֹם טוֹב".§ אָמַר אַבַּיֵי: *לֹא שָׁנוּ אֶלָּא תַּבְשִׁיל, אֲבָל פַּת לֹא. מַאי שְׁנָא פַּת דְּלָא? אִילֵימָא מִידֵי דִּמְלַפֵּת בָּעֵינַן, וּפַת לָא מְלַפְּתָא – וְהָא דַּיְיסָא נַמִי, דְּלָא מְלַפְּתָא. דַּאֲמַר ר' זֵירָא: *הָנֵי בַּבְלָאֵי טִפְּשָׁאֵי דְּאָכְלֵי נַהֲמָא בְּנַהֲמָא. וְאָמַר רַב נְחוּמִי בַּר זְכַרְיָה מִשְּׁמֵיהּ דְּאַבַּיֵי: מְעָרְבִין בְּדַיְיסָא! אֶלָּא, מִידֵי דְּלָא שְׁכִיחַ בָּעֵינַן, וּפַת שְׁכִיחָא וְדַיְיסָא לָא שְׁכִיחָא. אִיכָּא דְּאָמְרִי, אֲמַר אַבַּיֵי: לֹא שָׁנוּ [א]אֶלָּא תַּבְשִׁיל, אֲבָל פַּת – לֹא. מַאי טַעְמָא? אִילֵימָא דְּמִידֵי דְּלָא שְׁכִיחַ בָּעֵינַן וּפַת שְׁכִיחָא, וְהָא דַּיְיסָא לָא שְׁכִיחָא, וְאָמַר רַב נְחוּמִי בַּר זְכַרְיָה מִשְּׁמֵיהּ דְּאַבַּיֵי: אֵין מְעָרְבִין בְּדַיְיסָא! אֶלָּא, [ב]מִידֵי דִּמְלַפֵּת בָּעֵינַן, וּפַת לָא מְלַפְּתָא. וְדַיְיסָא נַמִי לָא מְלַפְּתָא, דַּאֲמַר ר' זֵירָא: הָנֵי בַּבְלָאֵי טִפְּשָׁאֵי דְּאָכְלֵי נַהֲמָא בְּנַהֲמָא. תָּנֵי ר' חִיָּיא: [ג]עֲדָשִׁים שֶׁבְּשׁוּלֵי קְדֵרָה סוֹמֵךְ עֲלֵיהֶן מִשּׁוּם עֵרוּבֵי תַבְשִׁילִין. וְה"מ דְּאִית בְּהוּ כַּזַּיִת. אָמַר רַב יִצְחָק בְּרֵיהּ דְּרַב יְהוּדָה: [ד]שַׁמְנוּנִית שֶׁעַל גַּבֵּי הַסַּכִּין גּוֹרְרוֹ וְסוֹמֵךְ עָלָיו מִשּׁוּם עֵרוּבֵי תַבְשִׁילִין. וְהָנֵי מִילֵּי – דְּאִית בְּהוּ כַּזַּיִת. אָמַר רַב אַסִּי אָמַר רַב: *[ה]דָּגִים קְטַנִּים מְלוּחִים אֵין בָּהֶם מִשּׁוּם בִּשּׁוּלֵי גּוֹיִם. אָמַר רַב יוֹסֵף: [ו]וְאִם צְלָאָן גּוֹי – סוֹמֵךְ עֲלֵיהֶם מִשּׁוּם עֵרוּבֵי תַבְשִׁילִין, וְאִי עֲבַדִינְהוּ גּוֹי כָּסָא דְּהַרְסְנָא אָסוּר. פְּשִׁיטָא! מַהוּ דְּתֵימָא: הַרְסְנָא

תורה אור

רש"י: כָּל מְזוֹנוֹתָיו שֶׁל אָדָם. כָּל מַה שֶּׁעָתִיד לְהִשְׂתַּכֵּר בַּשָּׁנָה, שֶׁיְּהֵא נִזּוֹן מִשָּׁם – קָצוּב לוֹ, כָּךְ וְכָךְ יִשְׂתַּכֵּר בְּשָׁנָה זוֹ. וְיֵשׁ לוֹ לִיזָּהֵר מִלַּעֲשׂוֹת יְצִיאָה מְרוּבָּה – שֶׁלֹּא יוֹסִיפוּ לוֹ שָׂכָר לִמְזוֹנוֹת אֶלָּא מַה שֶּׁפָּסְקוּ לוֹ: חוּץ מֵהוֹצָאַת שַׁבָּתוֹת. אוֹתָהּ לֹא פָּסְקוּ לוֹ מַה יִּשְׂתַּכֵּר לְצָרְכָּהּ, וּמֵהֵיכָן תְּבוֹאֵהוּ. אֶלָּא לְפִי מַה שֶּׁרָגִיל מַמְצִיאִים לוֹ, לְשָׁעָה אוֹ לְאַחַר שָׁעָה: פּוֹחֲתִין לוֹ. כְּלוֹמַר: מַמְצִיאִין לוֹ שָׂכָר מוּעָט: מַאי קְרָאָה. שֶׁקּוֹצְבִין מְזוֹנוֹת בְּרֹאשׁ הַשָּׁנָה: שֶׁהַחֹדֶשׁ מִתְכַּסֶּה בּוֹ. שֶׁהַלְּבָנָה מִתְכַּסָּה בּוֹ, שֶׁאֵינָהּ נִרְאֵית לְכָל אָדָם, אֶלָּא שַׁחֲרִית לְיוֹשְׁבֵי מִזְרָח וְעַרְבִית לְיוֹשְׁבֵי מַעֲרָב, כִּדְאָמַר בְּר"ה (דף כ:): עֶשְׂרִים וְאַרְבַּע שָׁעוֹת מִתְכַּסָּה סִיהֲרָא: הֱוֵי אוֹמֵר זֶה ר"ה. דְּאִלּוּ שְׁאָר יו"ט כְּבָר נִתְמַלְּאָה הַלְּבָנָה בְּמִקְצָת, וְנִרְאֵית בְּכָל מָקוֹם: בַּכֶּסֶה לְיוֹם חַגֵּנוּ. הַ"בַּחֹדֶשׁ" קָאֵי" תִּקְעוּ בְּחִדּוּשׁ הַלְּבָנָה שׁוֹפָר, כְּשֶׁהוּא מִתְכַּסֶּה בְּיוֹם חַגֵּנוּ: וְאוֹכֵל אֶת הָרִאשׁוֹנָה. נִמְצָא אוֹכְלָהּ לָזוֹ, כְּדֵי שֶׁתְּהֵא הַיָּפָה נֶאֱכֶלֶת בַּשַּׁבָּת, דַּהֲוְיָא לָהּ אֲכִילָתָהּ שֶׁל הָרִאשׁוֹנָה לִכְבוֹד שַׁבָּת: לְשֵׁם שָׁמַיִם. בּוֹטֵחַ שֶׁתִּזְדַּמֵּן לוֹ נָאָה לְשַׁבָּת: מֵחַד שַׁבָּךְ לְשַׁבְּתָךְ. מֵאֶחָד בְּשַׁבָּת שֶׁלְּךָ תֵּן לִבְּךָ לְשַׁבָּת הַבָּאָה: יוֹם יוֹם. יַעֲמָס לָנוּ אֶת צְרָכֵינוּ וְעֶזְרָתֵנוּ: אֵינוֹ צָרִיךְ לְהוֹדִיעוֹ. לוֹמַר, שֶׁלֹּא יְהֵא זֶה יוֹשֵׁב וְתוֹהֶה: מֵהֵיכָן בָּא אֵלָיו דָּבָר זֶה? וּמֹשֶׁה לֹא יָדַע. אַלְמָא: נָתַן לוֹ הקב"ה קֵרוּן עוֹר פָּנִים וְלֹא הוֹדִיעוֹ: לָדַעַת כִּי אֲנִי ה' וגו'. רֵישֵׁיהּ דִּקְרָא – "אַךְ אֶת שַׁבְּתוֹתַי תִּשְׁמֹרוּ", וּמַאי "לָדַעַת"? – רוֹצֶה אֲנִי שֶׁתּוֹדִיעֵם מַה מַּתָּנָה חֲשׁוּבָה אֲנִי מְבַקֵּשׁ לִיתֵּן לָהֶם: צָרִיךְ לְהוֹדִיעַ אֶת אִמּוֹ. לַעֲשׂוֹת לוֹ אוֹת וְסִימָן, שֶׁאִם יֹאכְלֶנּוּ קוֹדֶם שֶׁיָּבֹא לְאִמּוֹ – תִּרְאֶה אֶת הָאוֹת, וְתִשְׁאָלֶנּוּ: מִי עָשָׂה לְךָ כָּךְ? וְהוּא יֹאמַר: פְּלוֹנִי, וְגַם נָתַן לִי פַּת. וּמִתּוֹךְ כָּךְ יֵדְעוּ אָבִיו וְאִמּוֹ שֶׁהוּא אוֹהֲבָם, וְתִרְבֶּה אַהֲבָה וְרֵעוּת בְּיִשְׂרָאֵל: דַּעֲבִידָא לְגִלּוּיֵי. כְּגוֹן קֵרוּן פָּנִים דְּמֹשֶׁה שֶׁהוֹדִיעוּהוּ הָרוֹאִין, לֹא צָרִיךְ הַנּוֹתֵן לְהוֹדִיעוֹ: וּמָלֵי לֵיהּ כּוּחְלָא. נוֹתֵן כְּחוֹל סְבִיבוֹת עֵינָיו: לֹא (*נֶעֶנְשׁוּ) גּוֹיִם עָלֶיהָ. וַאֲנַן אַשְׁכְּחַן* שֶׁחָזַר הקב"ה לְהַעֲנִישָׁן עַל הַתּוֹרָה וְעַל הַמִּצְוֹת, דִּכְתִיב "וְזָרַח מִשֵּׂעִיר לָמוֹ הוֹפִיעַ מֵהַר פָּארָן" (דברים לג), וּכְתִיב "אֱלוֹהַּ מִתֵּימָן יָבֹא" (חבקוק ג): נְשָׁמָה יְתֵירָה. רוֹחַב לֵב לִמְנוּחָה וּלְשִׂמְחָה, וְלִהְיוֹת פָּתוּחַ לִרְוָחָה, וְיֹאכַל וְיִשְׁתֶּה וְאֵין נַפְשׁוֹ קָצָה עָלָיו: וַיִּנָּפַשׁ. דָּרְשִׁינַן לֵיהּ: אוֹי עַל הַנֶּפֶשׁ שֶׁהָלְכָה לָהּ: לֹא שָׁנוּ. דַּהֲוֵי עֵרוּב: דִּמְלַפֵּת. לְפִתָּן בָּעֵינַן, דְּמוֹכְחָא מִלְּתָא שֶׁעָשׂוּי לְשַׁבָּת: וּפַת לָא מְלַפְּתָא. הִלְכָּךְ לָא מוֹכְחָא מִלְּתָא הִיא, שֶׁהֲרֵי בְּכָל יוֹם יֵשׁ לֶחֶם: שֶׁבְּשׁוּלֵי קְדֵרָה. שֶׁנִּשְׁאֲרוּ בְּלֹא מִתְכַּוֵּין: סוֹמֵךְ עֲלֵיהֶם. מֵעֶרֶב יוֹם טוֹב לְשֵׁם עֵרוּב, וְלָא אָמְרִינַן: לָא חֲשִׁיבֵי וּבָטְלֵי: גּוֹרְרוֹ. מֵעֶרֶב יוֹם טוֹב: אֵין בָּהֶם מִשּׁוּם בִּשּׁוּלֵי גּוֹיִם. שֶׁגָּזְרוּ חֲכָמִים בְּבִשּׁוּלֵי גּוֹיִם מִשּׁוּם חֲתָנוּת, וְעַל שֶׁנֶּאֱכָל כְּמוֹ שֶׁהוּא חַי לֹא גָּזְרוּ עַל בִּשּׁוּלוֹ, דְּכֵיוָן שֶׁנֶּאֱכָל כְּמוֹ שֶׁהוּא חַי – אֵינוֹ בִּשּׁוּל, דְּלָא אַהֲנֵי מִידֵּי. וְאִלּוּ נֶאֱכָלִין עַל יְדֵי מִלְחָן חַיִּים: סוֹמֵךְ יִשְׂרָאֵל עֲלֵיהֶן. דְּהָא שָׁרוּ בַּאֲכִילָה: כָּסָא דְּהַרְסְנָא. מְטוּגָּן בְּשׁוּמָּן קִרְבֵי דָּגִים וּבְקֶמַח: אֲסִירֵי. דְּקֶמַח אֵין נֶאֱכָל כְּמוֹ שֶׁהוּא חַי, לְפִיכָךְ יֵשׁ בּוֹ מִשּׁוּם בִּשּׁוּלֵי גּוֹיִם: הַרְסְנָא

תוספות: **כל** מזונותיו של אדם קצובים כו' והוצאת בניו לתלמוד תורה. פר"י: הכל נפקי מקראי דלעיל, מזונותיו דשבת – כדאמר לוו עלי ואני פורע, תורה – דכתיב "חדות" וחדות היא תורה, דכתיב "פקודי ה' ישרים משמחי לב" (תהלים יט):

איזהו חג שהחדש מתכסה בו וכו'. פרש"י: שהלבנה אינה נראית. וקשה לפי' זה: דהוה ליה למימר שהלבנה מתכסה! לכך *פר"ת: [שר"ת] מזדמן בו, כלומר שרגיל לבא בו. וכסא לשון זמן, כמו "ליום הכסא יבא ביתו" (משלי ז). ורבינו משולם פירש: מתכסה – שלא היה שעיר של ר"ח קרב בו. והקשה רבינו תם: דבתוספתא *קאמר דקאשיב (*ל"ו) שעירים בשנה, וקא חשיב י"ב שעירים דראשי חדשים, ולא מלינו י"ב אם לא היה שעיר דר"ח דר"ה! והשיב לו רבינו משולם דלא עלה על לבו לומר כן, אלא היתה דעתו דלא מפרש קרא בהדיא של ראש חדש. דראש השנה דכתיב בפינחס "מלבד עולת החדש", ושטאת לא הזכיר. וי"מ: מתכסה – שאין מזכירין אותו במוסף דראש השנה. ור"ת היה אומר: אדרבה, הואיל והיה קרב – מזכירין אותו במוסף דראש השנה, ותקן ר"ת לומר במוסף: מלבד עולת החדש וגו'. וכן תקן לומר שני שעירים כהלכתן וגו', שעיר אחד של ראש חדש ושעיר אחד של ר"ה*:

אמר

עין משפט נר מצוה:
ז א ב מיי' פ"ו מהל' יו"ט הלכה ג סמג לאוין עה טוש"ע א"ח סימן תקכז סעיף ד:
ח ג ד מיי' שם טוש"ע שם סעיף ה ו:
[ועי' תוס' ר"ה ח: ד"ה שהחדש]
ר"ה ח. סנהדרין יא: ע"ש
[ל"ב]
ט ה מיי' פי"ז מהל' מאכלות אסורות הלכה טז סג לאוין קח טוש"ע י"ד סין קיג סעיף יב:
י ו מיי' פ"ו מהלכות יו"ט הלכה ד סמג לאוין עה טוש"ע א"ח סימן תקכ"ז סעיף ה:
[וע"ע תוספות ערובין מ. ד"ה זכרון ותוספות ר"ה ח: ד"ה שהחדש ועוד שם בתוספות לה. ד"ה אילימא]
[עי' תוספות לקמן יז: ד"ה אמר רבא]

מסורת הש"ס:
נ"ל בכבסה
שבת י:
[שם ע"ש]
תענית כז:
[לענשו]
[ע"ז כ: ע"ש]
נדרים מט:
ע"ז לח.

מראי מקומות: תהלים פא; שם; בראשית מז; משלי ל; תהלים סח; שמות לד; שם לא; שם; שם

הגהות הב"ח
(א) גמ' קצובין לו מר"ה (ועד יום הכפורים). תא"מ ונ"ב ס"א ועד ראש השנה:

רבינו חננאל
כל מזונותיו של אדם של כל השנה קצובין לו מראש השנה חוץ מהוצאת שבתות והוצאת ימים טובים והוצאת בניו לת"ת שאם פיחת פוחתין לו ואם הוסיף מוסיפין לו. ואמרינן מהאי קרא תקעו בחדש וגו' כי חק לישראל הוא והאי חק מזונות הן כדכתיב הטריפני לחם חקי וכתיב ואכלו את חקם. שמאי הזקן היה אוכל כל ימיו לכבוד שבת. הלל הזקן מדה אחרת היתה בו שהיו כל מעשיו לשמים. ואומר ברוך ה' יום יום. תניא בש"א מחד שבא לשבתא. ובה"א ברוך ה' יום יום. הנותן מתנה לחבירו מלתא דעבידא לאיגלויי היא וא"צ להודיעו כדכתיב ומשה לא ידע כי קרן עור פניו ואע"ג דכתיב בשבת לדעת כי אני ה' מקדשכם משמע דהנותן צריך להודיעו משום דמתן שכרה לא עבידא לאיגלויי היא וכל מצוה נתנה בפרהסיא חוץ מן השבת שנתנה בצנעא שנאמר ביני ובין בני ישראל ואסיקנא השבת ומתן שכרה אודעינהו נשמה יתירה לא אודעינהו כדריש לקיש דאמר נשמה יתירה נותן הקב"ה באדם בע"ש שנאמר כי ששת ימים עשה ה' את השמים ואת הארץ וביום השביעי שבת וינפש כלומר כל שנבראו בעולם להתענג מהן נשמתן ביום השביעי נבראו ומתרווחות ומתגדלות בשבת וכיון ששבת ווי אבדה נפש כלומר נתמעטה הנשמה. והנותן פת לתינוק צריך להודיע לאמו כלומר שייף לו מאותו המין. זו ששנינו ועושה תבשיל מעיו"ט לא שנו אלא תבשיל דבעינן מידי דמלפת אבל פת ודייסא לא דלא מילפת דא"ר זירא בבלאי טיפשאי אכלי נהמי בדנהמא כלומר הדייסא פת היא. תני ר' חייא עדשין שבשולי קדרה סומך עליו משום עירובי תבשילין והוא דאית ביה כזית ושמנונית שע"ג הסכין. אם יש בה כזית גוררה וסומך עליה משום עירובי תבשילין וכזית שאמרו בין לאחד בין למאה והאי דתנינן תבשיל זה אפילו שלוק או צלי או מבושל ואפילו קוליים האספנין שנתן עליו חמין מעיו"ט ותחלתו וסופו אין לו שיעור. אוקימנא אין לו שיעור למטה אבל יש לו שיעור למעלה כלומר ביותר מכזית אפילו אלף ויותר אין לו שיעור שיאמר דיי. ואמרינן דגים קטנים מלוחים אין בהם משום בישולי נכרים כלומר מליחתם היא בישולם והגוי לא בשל כלום כי כבר מבושלין הן וקיי"ל כל שאינו עולה על שלחן מלכים ללפת בו את הפת וזה מפורש בפרק אין מעמידין וכן אם

הגהות מהר"ב רנשבורג א] גמרא מהוצאת שבתות והוצאת יו"ט. נ"ב עיין במדרש רבה פ' אמור ריש פ' ל' ושם נאמר גם ר"ח. והש"ס שלא הזכירו אולי כללו בהוצאת יו"ט דר"ח איקרי מועד כדאיתא בפסחים עז ע"א. ועיין בטור א"ח סימן (תמ"ט) [תיט] ובב"י ובב"ח ומג"א שם. ותמיהני שלא הזכירו המדרש הזה לדבריו אולא דחיית הרב"י וצ"ע:

הַרְסָנָא עִיקָּר, קמ"ל: קִמְחָא עִיקָּר. אָמַר ר' אַבָּא: [א]עֵרוּבֵי תַבְשִׁילִין צְרִיכִין כַּזַּיִת. אִיבַּעְיָא לְהוּ: כַּזַּיִת אֶחָד לְכֻלָּן, אוֹ דִלְמָא כַּזַּיִת לְכָל אֶחָד וְאֶחָד? ת"ש: דְּאָמַר רַבִּי אַבָּא אָמַר רַב: [ב]עֵרוּבֵי תַבְשִׁילִין צְרִיכִין כַּזַּיִת, בֵּין לְאֶחָד בֵּין לְמֵאָה.§ תְּנַן: אֲכָלוֹ אוֹ שֶׁאָבַד – לֹא יְבַשֵּׁל עָלָיו בַּתְּחִלָּה, שִׁיֵּיר מִמֶּנּוּ כָּל שֶׁהוּא – סוֹמֵךְ עָלָיו לַשַּׁבָּת. מַאי "כָּל שֶׁהוּא"? לָאו אע"ג דְּלֵיכָּא כַּזַּיִת! לָא, דְּאִית בֵּיהּ כַּזַּיִת.§ ת"ש: *[ג]תַּבְשִׁיל – זֶה צָלִי, וַאֲפִילּוּ כָּבוּשׁ, שָׁלוּק, וּמְבוּשָּׁל, וְקוּלְיָיס הָאִסְפְּנִין שֶׁנָּתַן עָלָיו חַמִּין מֵעֶרֶב יו"ט, תְּחִלָּתוֹ וְסוֹפוֹ אֵין לוֹ שִׁיעוּר. מַאי לָאו אֵין לוֹ שִׁיעוּר כְּלָל? לֹא, אֵין לוֹ שִׁיעוּר לְמַעְלָה, אֲבָל יֵשׁ לוֹ שִׁיעוּר לְמַטָּה. אָמַר רַב הוּנָא אָמַר רַב: [ד]עֵרוּבֵי תַבְשִׁילִין צְרִיכִין דַּעַת. פְּשִׁיטָא, דַּעַת מַנִּיחַ בָּעֵינַן, דַּעַת מִי שֶׁהִנִּיחוּ לוֹ בָּעֵינַן אוֹ לָא בָּעֵינַן? תָּא שְׁמַע: [ה]דַּאֲבוּהּ דִּשְׁמוּאֵל מְעָרֵב אַכּוּלָּהּ נְהַרְדְּעָא, רַבִּי אַמִּי וְרַבִּי אַסִּי מְעָרְבוּ אַכּוּלְּהוּ טְבֶרְיָא.§ [ו]מַכְרִיז רַבִּי יַעֲקֹב בַּר אִידִי: מִי שֶׁלֹּא הִנִּיחַ עֵרוּבֵי תַבְשִׁילִין – יָבֹא וְיִסְמוֹךְ עַל שֶׁלִּי. וְעַד כַּמָּה? אָמַר רַב נְחוּמִי בַּר זְכַרְיָה מִשְּׁמֵיהּ דְּאַבַּיֵּי: עַד תְּחוּם שַׁבָּת.§ הַהוּא סַמְיָא דַּהֲוָה מְסַדֵּר מַתְנִיתָא קַמֵּיהּ דְּמָר שְׁמוּאֵל, חַזְיֵיהּ דַּהֲוָה עָצִיב: אֲמַר לֵיהּ: אַמַּאי עֲצִיבַתְּ? אֲמַר לֵיהּ: דְּלָא אוֹתִיבִי עֵרוּבֵי תַבְשִׁילִין. אֲמַר לֵיהּ: סְמוֹךְ אַדִּידִי. לְשָׁנָה חַזְיֵיהּ דַּהֲוָה עָצִיב, אֲמַר לֵיהּ: אַמַּאי עֲצִיבַתְּ? אֲמַר לֵיהּ: דְּלָא אוֹתִיבִי עֵרוּבֵי תַבְשִׁילִין. אֲמַר לֵיהּ: פּוֹשֵׁעַ אַתְּ, לְכוּלֵּי עָלְמָא – שָׁרֵי, לְדִידָךְ – אָסוּר. ת"ר: *יוֹם טוֹב שֶׁחָל לִהְיוֹת בְּעֶרֶב שַׁבָּת – אֵין מְעָרְבִין לֹא עֵרוּבֵי תְחוּמִין, וְלֹא עֵרוּבֵי חֲצֵרוֹת. רַבִּי אוֹמֵר: מְעָרְבִין עֵרוּבֵי חֲצֵרוֹת, אֲבָל לֹא עֵרוּבֵי תְּחוּמִין. מִפְּנֵי שֶׁאַתָּה אוֹסְרוֹ בְּדָבָר הָאָסוּר לוֹ, וְאִי *אַתָּה אוֹסְרוֹ בְּדָבָר הַמּוּתָּר לוֹ. אִתְּמַר, רַב אָמַר: [ז]הֲלָכָה כְּתַנָּא קַמָּא, וּשְׁמוּאֵל אָמַר: הֲלָכָה כְּרַבִּי.§ אִיבַּעְיָא לְהוּ: הֲלָכָה כְּרַבִּי לְקוּלָּא אוֹ לְחוּמְרָא? פְּשִׁיטָא דִּלְקוּלָּא קָאָמַר! מִשּׁוּם דִּשְׁלַח רַבִּי אֶלְעָזָר לַגּוֹלָה: לֹא כְּשֶׁאַתֶּם שׁוֹנִין בְּבָבֶל רַבִּי מַתִּיר וַחֲכָמִים אוֹסְרִין, אֶלָּא: רַבִּי אוֹסֵר וַחֲכָמִים מַתִּירִין. מַאי? תָּא שְׁמַע, דְּרַב תַּחְלִיפָא בַּר אַבְדִּימִי עֲבַד עוֹבָדָא כְּוָתֵיהּ דִּשְׁמוּאֵל. וַאֲמַר רַב: תְּחִלַּת הוֹרָאָה דְּהַאי צוּרְבָא מֵרַבָּנַן לְקִלְקוּלָא. אִי אָמְרַתְּ בִּשְׁלָמָא לְקוּלָּא קָאָמַר – הַיְינוּ קִלְקוּלָא, אֶלָּא אִי אָמְרַתְּ לְחוּמְרָא – מַאי קִלְקוּלָא אִיכָּא? כֵּיוָן דְּמְקַלְקְלִי בָּהּ רַבִּים הַיְינוּ

רש"י

הַרְסָנָא עִיקָּר. שׁוּמַּן הַדָּגִים: בֵּין לְאֶחָד בֵּין לְמֵאָה. דַּי לָהֶם בִּכְזַיִת: לָא דְּאִית בֵּיהּ כַּזַּיִת. וּלְגַבֵּי כִּכָּר שָׁלֵם קָרֵי לֵיהּ כָּל שֶׁהוּא: תַּבְשִׁיל זֶה. שֶׁל עֵרוּב: כָּבוּשׁ. בְּחוֹמֶץ וּבְחַרְדָּל וּמִינֵי יְרָקוֹת: שָׁלוּק. מְבוּשָּׁל הַרְבֵּה מְאֹד: מְבוּשָּׁל. כְּהִלְכָתוֹ: קוּלְיָיס הָאִסְפְּנִין. דָּג מָלִיחַ הוּא, וְרַךְ, וְנֶאֱכָל כְּמוֹ שֶׁהוּא חַי. אֶלָּא שֶׁנּוֹתְנִין עָלָיו חַמִּין, וְזֶה בִּשּׁוּלוֹ, כִּדְתְנַן בְּמַסֶּכֶת שַׁבָּת (דף לט.*): שֶׁהֲדָחָתוֹ זוֹ הִיא גְּמַר מְלַאכְתּוֹ: שֶׁנְּתָנוּ עָלָיו חַמִּין. גָּרְסִינַן שֶׁעָשׂוּ לוֹ מֵעֶרֶב יו"ט בִּשּׁוּל הָרָאוּי לוֹ: תְּחִלָּתוֹ. כְּשֶׁעָשָׂה הַתַּבְשִׁיל, אֵין לוֹ שִׁיעוּר כַּמָּה יְהֵא בּוֹ: סוֹפוֹ. אֲכָלוֹ, אוֹ שֶׁאָבַד, וְשִׁיֵּיר מִמֶּנּוּ קְצָת: מַאי לָאו אֵין לוֹ שִׁיעוּר כְּלָל. לֹא לְרַב וְלֹא לִמְעַט: לֹא אֵין לוֹ שִׁיעוּר לְמַעְלָה. לוֹמַר שֶׁלֹּא יוֹסִיף בּוֹ עַל כָּךְ וְכָךְ: לְמַטָּה. לֹא יִפְחוֹת מִכַּזַּיִת: צְרִיכִים דַּעַת. שֶׁיֵּדְעוּ שֶׁלְּשֵׁם כָּךְ נַעֲשׂוּ. וְרַב הוּנָא לֹא פֵּירֵשׁ דַּעַת מִי. וּמְפָרְשִׁינַן לָהּ אֲנַן, וְאָמְרִינַן: הָא וַדַּאי פְּשִׁיטָא לָן דְּכִי אֲמַר רַב הוּנָא צְרִיכִים דַּעַת – דַּעְתּוֹ דְּמַנִּיחַ מִיהָא בָּעֵי, דְּאִיהוּ עָדִיף, שֶׁעוֹשֵׂהוּ לְשֵׁם כָּךְ. מִיהוּ, מִבַּעְיָא לָן דַּעַת מִי שֶׁהִנִּיחוּ לְצָרְכּוֹ, כְּגוֹן דְּעָשָׂהוּ זֶה לְצוֹרֶךְ חֲבֵרוֹ, כְּלוּם צָרִיךְ שֶׁיִּמָּלֵךְ בּוֹ תְּחִלָּה לַעֲשׂוֹתוֹ עַל פִּיו? עַד תְּחוּם שַׁבָּת. וְלָעוֹמְדִים חוּץ לַתְּחוּם לֹא הָיָה דַּעְתּוֹ שֶׁל מַנִּיחַ עֲלֵיהֶם, וְלֹא עָלוּ עַל לִבּוֹ לְזוֹכְרָן: מְסַדֵּר מַתְנִיתָא. שֶׁהָיָה יוֹדֵעַ מִשְׁנָיוֹת בִּגְרְסָא, וּמְחַזֵּר עֲלֵיהֶן לִפְנֵי מַר שְׁמוּאֵל, שֶׁיִּהְיוּ סְדוּרוֹת בְּפִיו כְּעִיקָּרָן: סְמוֹךְ אַדִּידִי. דִּמְעָרַבְנָא אַכּוּלָּהּ נְהַרְדְּעָא, שֶׁהִיא עִירוֹ: לְשָׁנָה. לְשָׁנָה אַחֶרֶת. [א]וְרֹאשׁ הַשָּׁנָה הָיָה, שֶׁאֵין יָכוֹל לְהַנִּיחַ וּלְהַתְנוֹת: לְדִידָךְ אָסוּר. שֶׁאֵין דַּעְתִּי עַל הַמְּזִידִין וְהַפּוֹשְׁעִים שֶׁאֵינָם חֲרֵדִים לְדִבְרֵי חֲכָמִים: לֹא עֵרוּבֵי חֲצֵרוֹת. לְטַלְטֵל מָחָר, דְּנִרְאֶה כִּמְתַקֵּן דָּבָר: שֶׁאַתָּה אוֹסְרוֹ בְּדָבָר הָאָסוּר לוֹ. כְּלוֹמַר יֵשׁ בְּיָדְךָ לֶאֱסוֹר עָלָיו מִלַּעֲשׂוֹת צוֹרֶךְ מָחָר דָּבָר שֶׁהוּא אָסוּר בּוֹ בַּיּוֹם, וְהַיְינוּ תְּחוּמִין, שֶׁאַף בְּיו"ט אָסוּר לָצֵאת מִן הַתְּחוּם: וְאִי אַתָּה אוֹסְרוֹ. אֵין כֹּחַ בְּיָדְךָ לֶאֱסוֹר לוֹ מִלְּתַקֵּן לְמָחָר דָּבָר שֶׁהוּא מוּתָּר בּוֹ בַּיּוֹם. וְאִיסּוּר טִלְטוּל חֲצֵרוֹת לֵיתֵיהּ בְּיוֹם טוֹב: מִשּׁוּם דִּשְׁלַח רַבִּי אֶלְעָזָר כו'. לְפִיכָךְ הוּצְרְכוּ לִשְׁאוֹל: לְקוּלָּא קָאָמַר שְׁמוּאֵל, אוֹ לְחוּמְרָא? מִשּׁוּם דִּשְׁלַח ר' אֶלְעָזָר לְחוּמְרָא, וְאָנוּ שׁוֹנִין דְּרַבִּי לְקוּלָּא, לְפִיכָךְ שׁוֹאֲלִים אָנוּ: שְׁמוּאֵל שֶׁקָּבַע הֲלָכָה כְּרַבִּי, הֵיכִי מַתְנֵי לִפְלוּגְתַּייהוּ? וַאֲמַר רַב תְּחִלַּת הוֹרָאָה וכו'. דְּרַב פָּלֵיג עֲלֵיהּ, וַאֲמַר הֲלָכָה כְּת"ק: כֵּיוָן דִּמְקַלְקְלִי בָּהּ רַבִּים. שֶׁשּׁוֹכְחִין וּמְטַלְטְלִין בְּלֹא עֵרוּב: הַיְינוּ

תוספות

אמר רבי אבא ערובי תבשילין צריך שיהא בהן כזית. וג' דיניס יש בהלכות ערוב: ערובי תחומין צריך שתי סעודות לכל אחד ואחד, והכי מסיק בהדיא בעירובין (דף פ:). ערובי חצרות – צריכין כגרוגרת לכל אחד ואחד, והכי מסיק בהדיא בעירובין (דף פג:): עד שיהא ב' סעודות. ואם יש שם מזון ב' סעודות – אינו צריך יותר, ואפילו מאה יכולין לסמוך עליו. ערובי תבשילין – בין לאחד בין למאה אינו צריך אלא כזית לכל מין ומין:

דגים [לעיל] קטנים מלוחים אין בהם משום בשולי גוים. דהא נאכלים כמו שהן חיין, הואיל ומלוחים, אבל אם לא היו מלוחים – יש בהם משום בשולי גוים. ותימה: דאמר במס' ע"ז פרק "אין מעמידין" (דף לח.): כל שאינו עולה על שלחן מלכים ללפת בו את הפת – אין בו איסור משום בשולי גוים. וקאמר עלה כגון דגים קטנים! וי"ל: דהתם בקטנים טפי איירי, והכא איירי בדגים שאין קטנים כל כך, שפעמים שהן עולין על שלחן מלכים ללפת בו את הפת:

קמ"ל קמחא עיקר. מכאן אנו סומכין ליקח מן הגוים פת הנלוש מן הביצים שקורין קנטויי"ש ואובליזא"ש. דמאי נחוש? אי משום פת עצמו – התירו חכמים, אי משום ביצים שנלקו בה – הא אמרינן קמחא עיקר. ואין לחלק ולומר דשאני הכא לחומרא, כלומר דקמחא שהוא מן סלקות שבלילתו רכה – אסור, אבל בעלמא שהוא עב, והוי מעשה תנור אף שהיתר עיקר – לא אזלינן לקולא. אי אפשר לומר כן, דהא קאמר הכא: מהו דתימא הרסנא עיקר, כלומר היה לנו להתיר. אלמא, היכא דהיתר עיקר – אזלינן בתריה אפי' לקולא, אי לאו דאסיק דקמחא עיקר. ואין לחוש שמא הביצים מעופות טמאים – דהא אינן מצויין בינינו. ושמא יש דם בביצים – רובם אין בהם דם. ומה שבודקים הביצים בשעה שמשימין אותם ברוטב אם יש בהן דם – זהו חומרא בעלמא, דהא אם לא נבדקו – מותרין, וגם אין לחוש משום ביצי נבלות או מטרפות – משום דאזלינן בתר הרוב. וא"ת: והא יש לחוש שמא נלושו בביצים טרופות, דאמר בחולין (דף סד. ושם) דאין לוקחין ביצים טרופות מן הגוי! וי"ל: ה"מ – בעינייהו, משום דאית בהו ריעותא דמוכחא מלתא ממה שהן טרופות, דמנבלות וטרפות אתו, וזבנוהו ישראל לגוי. אבל הכא שנלושו, דליכא שום ריעותא – לא חיישינן לשום דבר, ויש לומר שנלושו מביצים שלמות. ומיהו פסטי"ץ של דגים שאפאו גוי – אין להתיר, דיש בהם משום בשולי גוים, הואיל ונבלע שומן הדגים בתוך העיסה, והדגים אסורין משום בישולי גוים – א"כ אף העיסה שמבחוץ אסורה, ונעשה כולו בשולי גוים. אע"פ שהעיסה אין בה משום ב"נ, דהא התירו את הפת, וגם מה שנבלע בה אינו בעין, מ"מ קודם שנבלע בעיסה היה בעין, והיה נאסר. ונמצא שהעיסה *נלושה מן האיסור דרבנן, ויש (א) שמסירין השומן ואוכלים אותן בכה"ג. ואותן ניליי"ש, מדלא מברכין עלייהו ברכת המוציא – יש בהן משום ב"נ – ומיהו, אומר הר"ר יחיאל: דאין בהם משום ב"נ, כיון דלדרך אפיית פת עביד להו. ועוד: דאי קבע סעודתיה עלייהו מברך ברכת "המוציא" – אלמא פת נינהו*:

רבי אומר מערבין ערובי חצרות אבל לא ערובי תחומין. תימה: הא רבי ס"ל בפרק "בכל מערבין" (עירובין דף לח: ושם) דשבת ויו"ט קדושה אחת היא, וא"כ היכי מערבינן ערובי חצרות מי"ט לשבת? ויש לומר: דאדרבה, היינו טעמא הכא דרבי, דהא דאית ליה קדושה אחת הן – היינו בדבר האסור לעשות ביו"ט, כגון תחומין – אסור לעשותם ביו"ט בשביל שבת, דהא קדושה אחת הן, אבל בשביל שקדושה אחת היא לא אסרינן דבר המותר לעשות ביו"ט עצמו, כגון לטלטל בחצרו לעשות ערוב בשביל שבת:

אין

רבינו חננאל

אם צלאו גוי סומך עליהן משום עירובי תבשילין ואי עבדינהו גוי כסא דהרסנא כלומר בישל הדגים הללו עם הקמח אסור משום בישולי גוים מאי [טעמא] קמחא עיקר ולדברי הכל אינו נאכל כמות שהוא חי ועולה על שלחן [מלכים] לאכול בו פת ולא דמי לדייסא. אמר רב עירובי תבשילין צריכין דעת. אוקימנא ודאי המניח צריך לומר כי לפלוני ופלוני אני מערב כשמואל דהוה מערב אכולה נהרדעא ור' אמי ור' אסי מערבי אכולה טבריא. אבל דעת מי שהניחו א"צ להיות יודע בשעת עירוב אלא אפילו אח"כ ואפילו ביו"ט עצמו אם נודע לו שאחרים ערבו עליו מותר לו לבשל כר' יעקב בר אידי דהוה מערב ומזכיר הריני מערב זה על כל מי ששכח ולא עירב ואח"כ היה מכריז כל מי שלא עירב יבא ויסמוך על עירוב שלי ואמרינן עד כמה ואסיקנא עד כדי תחום שבת בא ושואלו וסומך עליו וכההוא סומא דאמר ליה מר שמואל ביו"ט קא סמוך אדידי בשנה אחרת נמי חזייה ביו"ט דהוה עציב. וא"ל פושע הוא לכ"ע שרי וליה אסור *)אוקימנ' להא מתניתא הכי: ת"ר יו"ט שחל בע"ש אין מערבין לא עירובי תחומין ולא עירובי חצרות דברי רבי וחכמים מתירין וכן שלח ר' אלעזר לגולה ואסיקנא הלכה כרבי דאמר שאין מערבין ולא חיישינן למאי דתנינן אין מערבין עירובי תחומין ביו"ט שאתה אוסרו בדבר האסור לו כו'. כלומר ביו"ט דאסור לצאת חוץ לתחום כן לערב ביו"ט לצאת בשבת חוץ לתחום אסור אבל טלטול בחצרות שמותר ביו"ט יש לו לערב ביו"ט כדי לטלטל בשבת אע"ג דמסתבר טעמיה לא חיישינן ליה והלכתא כרבי שאין מערבין לא לתחומין ולא לחצרות: **) ת"ר יו"ט שחל בשבת [וכו'] בה"א מתפלל ז' מתחיל בשל שבת ומסיים בשל שבת ואומר קדושת היום באמצע פי' מתפלל ג' ראשונות וג' אחרונות ואומר אתה בחרתנו באמצע מתחיל בשל שבת ואומר ותתן לנו ה' אלהינו את יום המנוח ומסיים בשל שבת בשמחה ובששון הנחלתנו ושבתות ומועדי קדשך. רבי אומר אף חותם בה מקדש ישראל והשבת והזמנים ותרציה רבינא הכי מקדש השבת וישראל והזמנים דשבת לאו ישראל מקדשי לה דהא מיקדשא וקיימא. אמר רב יוסף הלכתא כרבי דחותם בה וכדמתרץ רבינא ברוך מקדש השבת

*) "אוקימנא להא מתניתא הכי" שייך למטה אחר וחכמים מתירין. **) שייך לדף י"ז ע"א

עין משפט נר מצוה

יא א ב מיי' פ"ו מהל' יו"ט הלכה ג סמג לאוין עה טוש"ע א"ח סימן תקכז סעיף ג:

יב ג מיי' שם הלכה ד טוש"ע שם סעיף ה:

יג ד ה מיי' שם הלכה ז טוש"ע שם סעיף ט:

יד ו מיי' שם טוש"ע שם ס"ז:

טו ז מיי' פ"ו שם הלכה טו ופ"ח מהלכות עירובין הלכה יד סמג לאוין עה טוש"ע א"ח סימן תקכח ס"ב:

מסורת הש"ס

[ודף קמה:]

[תוספתא פ"ב]

[תוספתא שם]

[ועיין תוספו' כתובות ז. ד"ה מתוך]

נ"א בלועה ועיין רש"א

[ועי' תוספות ע"ז מ. ד"ה אמר רבא ותו' חולין סד. ד"ה סימנין]

הגהות הב"ח

(א) תוס' ד"ה קמ"ל וכו' ויש שמסירין השומן. נ"ב ס"א ויש שמתירין השומן:

גליון הש"ס

רש"י ד"ה לשנה. ור"ה היה. עיין תשובת ח"ס סימן ק"ל:

היינו קלקולא. אמר רבא אמר רב חסדא אמר רב הונא: הלכה כרבי ולאסור. תנו רבנן: *יום טוב שחל להיות בשבת, בית שמאי אומרים: מתפלל שמנה [ואומר] של שבת בפני עצמה ושל יו"ט בפני עצמה. וב"ה אומרים: מתפלל שבע, מתחיל בשל שבת ומסיים בשל שבת, ואומר קדושת היום באמצע. רבי אומר: אף חותם בה *"מקדש השבת ישראל והזמנים". תני תנא קמיה דרבינא: "מקדש ישראל והשבת והזמנים". אמר ליה: אטו שבת ישראל מקדשי ליה? והא שבת מקדשא וקיימא! אלא אימא: "מקדש השבת ישראל והזמנים". אמר רב יוסף: [א]הלכה כרבי, וכדתריץ רבינא. § *ת"ר: שבת *שחל להיות בר"ח או בחולו של מועד, [ב]ערבית ושחרית ומנחה – מתפלל שבע ואומר מעין המאורע בעבודה, [ג]ואם לא אמר – מחזירין אותו. רבי אליעזר אומר: בהודאה. [ד]ובמוספין מתחיל בשל שבת, ומסיים בשל שבת, ואומר קדושת היום באמצע. רשב"ג ורבי ישמעאל בנו של רבי יוחנן בן ברוקא אומרים: כל מקום שהוזקק לשבע מתחיל בשל שבת, ומסיים בשל שבת ואומר קדושת היום באמצע. אמר רב הונא: אין הלכה כאותו הזוג. אמר רב חייא בר אשי אמר רב: מניח אדם עירובי תחומין מיום טוב לחברו, ומתנה. אמר רבא: *[ה]מניח אדם עירובי תבשילין מיום טוב לחבירו, ומתנה. מאן דאמר עירובי תחומין – כל שכן עירובי תבשילין, ומאן דאמר עירובי תבשילין – [ו]אבל עירובי תחומין לא. מאי טעמא – דלמקני שביתה בשבתא לא. תנו רבנן: *[ז]אין אופין מיום טוב לחבירו. באמת אמרו: ממלאה אשה כל הקדרה בשר אע"פ שאינה צריכה אלא לחתיכה אחת, [ח]ממלא נחתום חבית של מים אע"פ שאינו צריך אלא לקיתון אחד, אבל לאפות אינו אופה אלא מה שצריך לו. ר' שמעון בן אלעזר אומר: *ממלאה אשה כל התנור פת, מפני שהפת נאפת יפה בזמן שהתנור מלא. אמר רבא: [ט]הלכה כרבי שמעון בן אלעזר. איבעיא להו: מי שלא הניח עירובי תבשילין הוא נאסר וקמחו נאסר, או דלמא הוא נאסר ואין קמחו נאסר? למאי נפקא מינה – לאקנויי קמחו לאחרים. אי אמרת הוא נאסר וקמחו נאסר – צריך לאקנויי קמחו לאחרים, ואי אמרת הוא נאסר ואין קמחו נאסר לא צריך לאקנויי קמחו לאחרים, מאי? תא שמע: [י]מי שלא הניח עירובי תבשילין, הרי זה לא יאפה ולא יבשל ולא יטמין, לא לו ולא לאחרים, ולא אחרים אופין ומבשלין לו. כיצד הוא עושה – מקנה קמחו לאחרים, ואופין לו ומבשלין לו. ש"מ: הוא נאסר וקמחו נאסר, ש"מ. איבעיא להו: [כ]עבר ואפה מאי? ת"ש: מי שלא הניח עירובי תבשילין, כיצד הוא עושה? מקנה קמחו לאחרים, ואחרים אופין לו ומבשלין לו.

ואי

רש"י

היינו קלקולא. אם היה מותר לערב אתמול והוא אסר: מתחיל בשל שבת. ברכה אחת לשניהם, ומתחיל להזכיר שבת תחלה: "ותתן לנו את יום המנוחה הזה ואת יום חג פלוני הזה": ומסיים. הברכה בשל שבת "מקדש השבת", ותו לא: ואומר קדושת היום באמצע. "ותתן לנו ה' אלהינו את יום המנוחה הזה ואת יום חג פלוני הזה": תני תנא קמיה דרבינא. במילתיה דרבי "מקדש ישראל והשבת והזמנים": אטו שבת ישראל מקדשי ליה. שמקדמת קדושת ישראל לשל שבת? בשלמא זמנים – צריך להקדים קדושת ישראל לקדושתן, שעל ידי קדושת ישראל נתקדשו הם. ואילו לא נתקדשו ישראל – לא היו קובעים חדשים וקוראין מועדים בבית דין: אלא שבת מקדשא וקיימא. מששת ימי בראשית, ואינה תלויה בקביעות דראש חדש: מתפלל שבע. כשאר שבתות. כי היכי דבחול אין לו למועד ברכה קבועה בשלש תפלות הללו, אף בשבת אין צריך לקבוע לו ברכה לבית שמאי, ולא לכללו לבית הלל: מעין המאורע. ראש חדש או מועד: בעבודה. כגון "יעלה ויבא" בברכת עבודה: בהודאה. כמו שאומר "על הנסים" בחנוכה ופורים: כל מקום שזקוק לשבע. ואפילו ערבית ושחרית ומנחה: אין הלכה כאותו הזוג גרסינן אלא כתנא קמא דאמר ערבית שחרית ומנחה מתפלל שבע ואומר מעין המאורע בעבודה. מיהו, לאו הלכתא כוותיה בהא דקאמר ובמוספין מתחיל כו', אלא בהא הלכתא כרבי דאמר: אף חותם בה מקדש השבת ישראל והזמנים או ראשי חדשים בראש חדש: מיום טוב לחבירו. אם נזכר ביום טוב ראשון, ואלו שני ימים טובים חמישי וערב שבת, ומתנה: אם היום חול ומחר קדש – עירובי עירוב, ואם חילוף – איני צריך לערב לתבשילין. ובתחומין יאמר: אם היום(א) קדש – אין בדברי כלום, ולמחר יאמר כמו כן בשל תחומין, ובאותה הפת עצמה, דממה נפשך הוי עירוב. אבל בשל תבשילין – אין צריך לשנות ולחזור את תנאו למחר: דלמקני שביתה בשבתא. לאו דוקא שבתא נקט, אלא יום טוב קרי שבתא. לא התירו לו לקנות שביתה ביום טוב ואפילו מספק, ואם התירו בעירובי תבשילין – התם משום כבוד שבת התירו: אין אופין. פת: ממלאה אשה כו'. דבחד טרחא סגי, וכן בנחתום לגבי מלוי: אבל לאפות. כל ככר וככר צריכה אפייה ורדייה לעצמה: בזמן שהתנור מלא. שתנורים קטנים היו, ומדביקין פת בדפנות, ומתוך שהוא מלא מתמעט חללו, ואין מקום לחמימותו להתפשט, והפת נאפת יפה: הוא נאסר. לאפות: וקמחו נאסר. שלא יהו אחרים אופין קמחו בעודו שלו: לאקנויי קמחו. אם צריך לתת במתנה את קמחו, שיהו אחרים מותרים לאפותו ולתת לו: בשלמא. לא גרס: ולא יטמין. כדרך שמטמינין תבשיל שבת: עבר ואפה מאי. מהו שיאכל בשבת:

ואי

תוספות

אין הלכה כאותו הזוג. וא"ת: אמאי לא קאמר הלכה כתנא קמא? וי"ל: דאי הוה אמר הלכה כתנא קמא הוה משמע אכל דבריו, אף ממה שאמר מסיים בשל שבת. והא ליתא, דהא קי"ל דהלכתא כרבי, דאמר: חותם "ברוך מקדש השבת ישראל והזמנים"*:

מאי טעמא למקני שביתה בשבתא לא. וא"ת: למה לי האי טעמא? האיכא טעמא דהכנה, כדאמרי' בפ' "בכל מערבין" (עירובין דף לח: ושם) מיו"ט לשבת מאי טעמא לא – משום הכנה! וי"ל: דאי לאו ההיא טעמא דמקני שביתה בשבתא, משום טעמא דקאמר משום הכנה – לא אסרינן, הואיל ויש שם ספק דשמא חול הוא לגמרי. מכל מקום קשה: דהתם בעירובין למה לי טעמא דהכנה? תיפוק ליה משום דמקני שביתה בשבתא לא! ויש לומר: דהתם מיירי בעירובי חצרות, ולא שייך למקני שביתה. ומכל מקום קשה מההוא דגטין פרק "הזורק" (דף עז:) גבי שכיב מרע, דקאמר: איהי תזיל ותחוד ותפתח, והתם מיירי בשבת, דשרי לעשות קנין, והכא אסר למקני שביתה אפי' ביו"ט! וי"ל: דשכיב מרע שאני, דהתירו עליו שלא תטרף דעתו. ותדע דיש חלוק בין שכיב מרע לאיש אחר, דהא התירו לו לגרש בשבת, ואין אנו מקדשין ואין מגרשין, ואע"ג דלא קאמר לקמן* אין מגרשין – מכל מקום למה יש לחלק בין קדושין לגרושין? ועוד: דבתוספתא אמרינן בהדיא אין מקדשין ואין מגרשין. ולי נראה: מדקאמר התם אי אתה מודה – משמע דלא פליג שום אדם עליה, והא פליג רבי עליה לעיל, דאמר מערבין עירובי חצרות – לכך נראה לפרש דטעמא דהכא יש לומר משום הכנה, וה"ק: אסור למקני שביתה בשבתא משום דהיינו הכנה, ואין מכינין מיום טוב לשבת. וא"ת: לרבי יוחנן, דאמר לעיל (דף ד.): נולדה בזה מותרת בזה, וקאמר טעמא לעיל משום דלית ליה הכנה, וכי פליג רבי יוחנן אכל הני תנאי ואמוראי דהכא? (ב) ויש לומר: דהתם מיירי בהכנה שנעשה בידים, כגון עירובי תחומין, ואפי' רבי יוחנן מודה. אבל מה שמתיר ר' יוחנן – היינו גבי ביצה, דהוי הכנה בידי שמים, שנעשית מאליה:

אי אמרת הוא נאסר וקמחו נאסר צריך לאקנויי קמחו לאחרים ואי אמרת אין קמחו נאסר אין צריך לאקנויי קמחו. ותימה: הואיל וקמחו נאסר, מה מועיל הקנייה לאחרים? מי יכול לסלק האיסור שבו כדי שיאכל הוא עצמו אחר (כך) שנאסר! ועוד קשה: כיון שהוא נאסר – מאיזה טעם יהא מותר שאחרים אופין (לשבת) בשבילו? וכי אחרים יכולים לעשות בשבילו מה שהוא עצמו אינו יכול לעשות בשביל עצמו? לכן נראה לי כגי' *דה"ג: אי אמרת הוא נאסר ואין קמחו נאסר – מצי לאקנויי קמחו לאחרים, ואז מועיל הקנין, ואי אמרת הוא נאסר וקמחו נאסר – לא מצי לאקנויי קמחו לאחרים, דהא לא מועיל הקנין, ובסמוך גרס: ש"מ הוא נאסר ואין קמחו נאסר:

ובלבד

עין משפט נר מצוה

טז א מיי' פ"ב מהלכות תפלה הלכה ה סמג עשין יט טוש"ע א"ח סי' תפז סעיף א:

[ועי' תוספות מנחות לו: ד"ה והא]

יז ב מיי' שם הלכה יא סמג שם טוש"ע א"ח סימן תכה סעיף א וסימן תל סעיף ט:

יח ג שם סימן תל סעיף ב:

יט ד מיי' שם טוש"ע שם וסימן תכה סעיף ג:

כ ה מיי' פ"ו מהלכות יו"ט הלכה יא סמג לאוין ע"ה טוש"ע א"ח סימן תקכז סעיף כב:

כא ו מיי' פ"ח מהל' עירובין הלכה יד טוש"ע א"ח סימן תקכח סעיף ב:

גבי יו"ט נקט איפכא יו"ט שחל להיות בשבת משום דביו"ט מתפלל כסדר של יו"ט אבל ר"ח מתפלל כסדר של שבת. מהרש"א בשם תוספות ישנים

[דף לו: ועי' תוספות שם ד"ה והא מגוה]

כב ז מיי' פ"א מהלכות יו"ט הלכה ט סמג שם טוש"ע א"ח סימן תקג סעיף א:

כג ח מיי' שם הלכה י טוש"ע שם סעיף ב:

[לעיל ו:]

כד ט מיי' וסמג שם טוש"ע א"ח סימן תקז סעיף ו:

כה י מיי' פ"ו שם הל' ט סמג שם טוש"ע או"ח סי' תקכז סעיף כ:

כו כ מיי' שם הלכה י טוש"ע שם סעי' כג:

מסורת הש"ס

[תוספ' ברכות פ"ג]

[ברכות מט.]

ערובין מ: [תוספ' ברכות פ"ג] ע"ש שיש שינוי בכרוי' ז

[תוספ' פ"ב]

[עי' תוספות פסחים מו. ד"ה עד שתאפה]

הגהות הב"ח

(א) רש"י ד"ה מיום טוב וכו' ובתחומין יאמר אם היום חול ומחר קדש יהא עירוב אם היום קדש: (ב) תום' ד"ה מאי טעמא וכו' תנאי ואמוראי דהכא ולהתם ויש לומר דהתם והכא מיירי:

גליון הש"ס

גמ' רשב"א אומר ממלאה אשה תנור פת. עיין לקמן דף כב ע"ב ברש"י ד"ה וב"ה מתירין ובתוס' שם:

רבינו חננאל

השבת וישראל והזמנים דישראל מקדשי להו לזמנים הלכך מקדמינן קדושתן דישראל דאינון מקדשי להו לזמנים: ת"ר שבת שחלה להיות בר"ח או בחולו של מועד. ערבית ושחרית ומנחה מתפלל שבע ואומר אלהינו ואלהי אבותינו יעלה ויבא וגו' ומזכיר מעין המאורע אם הוא ר"ח אומר של ר"ח ואם חולו של מועד אם פסח אומר של פסח ואם סוכות של סוכות. בעבודה והיא רצה ה' אלהינו בעמך ישראל וכו'. ואם לא אמר מחזירין אותו והכי הלכתא ובמוספין מתחיל בשל שבת ומסיים בשל שבת ואומר קידוש היום באמצע וחותם מקדש השבת וישראל והזמנים והכי הלכתא רשב"ג ור' ישמעאל בנו של רבי יוחנן בן ברוקה אומר לא במוספין בלבד אלא כל מקום שזקוק לשבע בין ערב בין שחרית בין מנחה מתחיל בשל שבת ומסיים בשל שבת ואומר קידוש היום באמצע. אמר רב הונא אין הלכה כאותו הזוג והן רשב"ג ור' ישמעאל בנו של ר' יוחנן בן ברוקה הללו. אמר רבא מניח אדם עירובי תחומין מיו"ט לחבירו ומתנה וכ"ש עירובי תבשילין ומשמיה דרב אמר מניח עירובי תבשילין מיו"ט לחבירו ומתנה אבל עירובי תחומין לא דלמקנא שביתה ביו"ט לא והני מילי בב' יו"ט של גליות שהן ב' קדושות שמתנה ואומר אם היום קדש ולמחר חול הוא אינו צריך לעירוב ואם מחר הוא יו"ט היום עיו"ט הנה אני מערב מעיו"ט ליו"ט וקיי"ל כרבא דהוא בתראה: ת"ר אין אופין מיו"ט לשבת ק"ו מיו"ט לחול. באמת אמרו ממלאה אשה קדרה בשר אפילו שאינה צריכה אלא לחתיכה אחת וכן נחתום ממלא ומחמם קומקומוס מים אע"פ שא"צ אלא לקיתון אחד כו'. ר' שמעון בן אלעזר אומר אף ממלאה אשה תנור פת מפני שהפת [נאפת] יפה בשעה שהתנור מלא. אמר רבא הלכה כר' שמעון בן אלעזר וקיי"ל מרבותינו ובלבד שלא יערים: איבעיא להו מי שלא הניח עירובי תבשילין הוא נאסר וקמחו נאסר. ואין לו תקנה אא"כ יקנה קמחו לאחרים אלא הוא שנאסר *) דכמה דלא מקני ליה לא הוא אפי ליה ולא אחרים אפי ליה או דלמא הוא נאסר אבל קמחו לא נאסר ולא צריך לאקנויי קמחו לאחרים אלא הוא שנאסר לא אפי אחריני אפו ליה. ופשטנא הוא נאסר וקמחו נאסר ואין לו תקנה אלא אם יקנה קמחו לאחרים ויופיסו להן נעשה בשלחן ומותר להן לאפות

*) נ"ל דצ"ל אלא הוא שנאסר לא אפי ליה אבל כל כמה דלא מקני כו'.

כז א מיי' פ"ו מהל' יו"ט הל' ה טוש"ע א"ח סי' תקכז סעיף טז:

[לעיל יח:]

כח ב מיי' שם הלכה י סמג לאוין עה טוש"ע או"ח סימן תקכז סעיף כד:

כט ג מיי' פכ"ג מהל' שבת הלכה טו טוש"ע או"ח סימן שלט סעיף ד:

ל ד מיי' שם הלכה ח סמג לאוין סה:

לא ה מיי' שם פ"ו הלכה כב טוש"ע או"ח סי' שית סעיף א:

לב ו מיי' פ"ו מהלכות יום טוב הלכה ה טוש"ע א"ח סימן תקכז סעיף יז:

[וכן הוא בתוספתא פ"ב]

לג ז מיי' פכ"ג מהל' שבת הלכה ח סמג לאוין סה פה:

לד ח מיי' וסמג שם טוש"ע או"ח סימן שכו סעיף ח:

[ג"ל ת"ש]

תרומות פ"ב מ"ג גיטין נג.

ב"ק עא. חולין טו. גיטין נג: תרומות פ"ב מ"ג עיין שם [שבת לח.] כתובות לד.

לה ט מיי' פ"ד מהל' יו"ט הלכה יז:

וְאִי אִיתָא לִיתְנֵי: עָבַר וְאָפָה – מוּתָּר. אָמַר רַב אַדָּא בַּר מַתָּנָה: תַּנָּא, תַּקַּנְתָּא דְּהֶיתֵּרָא – קָתָנֵי, תַּקַּנְתָּא דְּאִסּוּרָא – לָא קָתָנֵי. ת"ש: מִי שֶׁהִנִּיחַ עֵירוּבֵי תַבְשִׁילִין – הֲרֵי זֶה אוֹפֶה וּמְבַשֵּׁל וּמַטְמִין, [א]וְאִם רָצָה לֶאֱכוֹל אֶת עֵירוּבוֹ – הָרְשׁוּת בְּיָדוֹ. אֲכָלוֹ עַד שֶׁלֹּא אָפָה עַד(א) שֶׁלֹּא הִטְמִין – הֲרֵי זֶה לֹא יֹאפֶה וְלֹא יְבַשֵּׁל וְלֹא יַטְמִין, לֹא לוֹ וְלֹא לַאֲחֵרִים, וְלֹא אֲחֵרִים אוֹפִין וּמְבַשְּׁלִין לוֹ. אֲבָל מְבַשֵּׁל הוּא לְיו"ט, וְאִם הוֹתִיר – הוֹתִיר לַשַּׁבָּת, וּבִלְבַד שֶׁלֹּא יַעֲרִים. [ב]וְאִם הֶעֱרִים – אָסוּר. אָמַר רַב אַשִׁי: הַעֲרָמָה קָא אָמְרַתְּ, שָׁאנֵי הַעֲרָמָה דְּאַחְמִירוּ בָּהּ רַבָּנַן טְפֵי מִמֵּזִיד. רַב נַחְמָן בַּר יִצְחָק אָמַר: הָא מַנִּי – חֲנַנְיָה הִיא, וְאַלִּיבָּא דְּבֵית שַׁמַּאי. דְּתַנְיָא, *חֲנַנְיָה אוֹמֵר: בֵּית שַׁמַּאי אוֹמְרִים: אֵין אוֹפִין אֶלָּא אִם כֵּן עֵרַב בְּפַת, וְאֵין מְבַשְּׁלִין אא"כ עֵרַב בְּתַבְשִׁיל, וְאֵין טוֹמְנִין אֶלָּא אִם כֵּן הָיוּ חַמִּין טְמוּנִין מֵעֶרֶב יוֹם טוֹב. וּבֵית הִלֵּל אוֹמְרִים: מְעָרֵב בְּתַבְשִׁיל אֶחָד וְעוֹשֶׂה בּוֹ כָּל צְרָכוֹ. (*תְּנַן) *[ג]הַמְעַשֵּׂר פֵּירוֹתָיו בַּשַּׁבָּת, בְּשׁוֹגֵג – יֹאכַל, בְּמֵזִיד – לֹא יֹאכַל. לָא צְרִיכָא, דְּאִית לֵיהּ פֵּירֵי אַחֲרִינֵי. ת"ש: *[ד]הַמַּטְבִּיל כֵּלָיו בַּשַּׁבָּת, בְּשׁוֹגֵג – יִשְׁתַּמֵּשׁ בָּהֶן, בְּמֵזִיד – לֹא יִשְׁתַּמֵּשׁ בָּהֶן. לָא צְרִיכָא, דְּאִית לֵיהּ מָאנֵי אַחֲרִינֵי. א"נ אֶפְשָׁר בִּשְׁאֵלָה. ת"ש: *[ה]הַמְבַשֵּׁל בַּשַּׁבָּת, בְּשׁוֹגֵג – יֹאכַל, בְּמֵזִיד – לֹא יֹאכַל. אִסּוּרָא דְּשַׁבָּת שָׁאנֵי.§ "בֵּית שַׁמַּאי אוֹמְרִים שְׁנֵי תַבְשִׁילִין".§ מַתְנִיתִין דְּלָא כִּי הַאי תַּנָּא. דְּתַנְיָא, *אָמַר רַבִּי שִׁמְעוֹן בֶּן אֶלְעָזָר: מוֹדִים בֵּית שַׁמַּאי וּבֵית הִלֵּל עַל שְׁנֵי תַבְשִׁילִין שֶׁצָּרִיךְ, עַל מַה נֶּחְלְקוּ – עַל דָּג וּבֵיצָה שֶׁעָלָיו, שֶׁב"ש אוֹמְרִים: שְׁנֵי תַבְשִׁילִין, וּבֵית הִלֵּל אוֹמְרִים: תַּבְשִׁיל אֶחָד. וְשָׁוִין, שֶׁאִם פִּרְפֵּר בֵּיצָה וְנָתַן לְתוֹךְ הַדָּג, אוֹ שֶׁרִסֵּק קַפְלוֹטוֹת וְנָתַן לְתוֹךְ הַדָּג – שֶׁהֵן שְׁנֵי תַבְשִׁילִין. אָמַר רָבָא: הִלְכְתָא כְּתַנָּא דִּידַן, וְאַלִּיבָּא דְּב"ה.§ "אֲכָלוֹ אוֹ שֶׁאָבַד הֲרֵי זֶה לֹא יְבַשֵּׁל עָלָיו וכו'".§ אָמַר אַבַּיֵי: *[ו]נָקְטִינַן, הִתְחִיל בְּעִיסָּתוֹ וְנֶאֱכַל עֵירוּבוֹ – גּוֹמֵר.§ **מתני'** חָל לִהְיוֹת אַחַר הַשַּׁבָּת, בֵּית שַׁמַּאי אוֹמְרִים: מַטְבִּילִין אֶת הַכֹּל מִלִּפְנֵי הַשַּׁבָּת, וּב"ה אוֹמְרִים: [ז]כֵּלִים מִלִּפְנֵי הַשַּׁבָּת, [ח]וְאָדָם בַּשַּׁבָּת. וְשָׁוִין *שֶׁמַּשִּׁיקִין אֶת הַמַּיִם בִּכְלֵי אֶבֶן לְטַהֲרָן, אֲבָל לֹא מַטְבִּילִין. [ט]וּמַטְבִּילִין מִגַּב לְגַב וּמֵחֲבוּרָה לַחֲבוּרָה.§ **גמ'** דְּכוּלֵּי עָלְמָא מִיהַת כְּלִי בַּשַּׁבָּת לֹא, מַאי טַעְמָא? אָמַר רַבָּה: *גְּזֵרָה שֶׁמָּא

רש"י

וְאִי אִיתָא. דְּעָבַר וְאָפָה מוּתָּר, מִכְּדֵי תַּנָּא אַתַּקַּנְתָּא קָא מְהַדַּר – נִתְנֵי נַמִי הָךְ תַּקַּנְתָּא, בַּהֲדֵי הָךְ דְּמַקְנֶה קִמְחוֹ: תַּקַּנְתָּא דְּהֶיתֵּרָא. הָעֲשׂוּיָה בְּהֶיתֵּר: שֶׁלֹּא יַעֲרִים. לְאַחַר שֶׁבִּשֵּׁל לְצוֹרֶךְ(ב), לוֹמַר: עוֹד אֲנִי צָרִיךְ לְהַזְמִין אוֹרְחִים, וִיבַשֵּׁל תַּבְשִׁילִין אֲחֵרִים, וְיוֹתִירֵם לַשַּׁבָּת. אֲבָל בִּקְדֵרָה אַחַת, אִם יַרְבֶּה לַשַּׁבָּת – הָא אָמַר דַּאֲפִי' לְחוֹל שָׁרֵי, כִּדְלְעֵיל: מְמַלְּאָה אִשָּׁה קְדֵרָה בָּשָׂר, וְאע"פ שֶׁאֵינָהּ צְרִיכָה אֶלָּא לַחֲתִיכָה אַחַת: וְאִם הֶעֱרִים אָסוּר. לֶאֱכוֹל, דְּאַחְמוּר רַבָּנַן בְּהָא מִילְּתָא, שֶׁלֹּא לַעֲקוֹר תּוֹרַת עֵירוּב. וְלָא דָּמֵי לְהַעֲרָמָה *דְּרַב אַדָּא בַּר אַהֲבָה דְּמָלַח גַּרְמָא גַּרְמָא, דְּאֵין עִבּוּד בָּאוֹכָלִין. וְאִי מִשּׁוּם טִרְחָא – הָא עֲדִיפָא, דִּלְמָא חַס שֶׁלֹּא יַסְרִיחַ הַבָּשָׂר וּמִמְּנַע וְלָא שָׁחֵיט. וְקס"ד דְּהוּא הַדִּין לְעָבַר וְאָפָה: שָׁאנֵי הַעֲרָמָה כו'. לְעוֹלָם עָבַר וְאָפָה – מוּתָּר, וְהַעֲרָמָה אֵינָהּ רְאָיָה לְכָאן, דְּשָׁאנֵי הַעֲרָמָה מִמֵּזִיד, דְּאִיכָּא לְמֵימַר אַחְמוּר בָּהּ רַבָּנַן בְּהַעֲרָמָה טְפֵי מִמֵּזִיד, דְּאִלּוּ מֵזִיד – רָשָׁע הוּא לַעֲבוֹר עַל דִּבְרֵי חֲכָמִים, וְאֵין אֲחֵרִים לְמֵדִים הֵימֶנּוּ, וְהוּא עַצְמוֹ מֵשִׂים אֶל לִבּוֹ וְשָׁב, הִלְכָּךְ לָא מִעַקְּרָא תּוֹרַת עֵירוּב. אֲבָל מַעֲרִים – סָבוּר לַעֲשׂוֹת בְּהֶיתֵּר, הִלְכָּךְ לֹא יָשִׁיב אֶל לִבּוֹ לַחֲזוֹר בּוֹ, וַאֲחֵרִים לְמֵדִין הֵימֶנּוּ וּמִתְעַקְּרָא תּוֹרַת עֵירוּב – הִלְכָּךְ קְנָסוּהוּ רַבָּנַן: הָא מַנִּי. דְּקָתָנֵי אִם הֶעֱרִים אָסוּר: חֲנַנְיָה הִיא. דְּשָׁמְעִינַן לֵיהּ דְּמַחְמִיר בְּעֵירוּבֵי תַבְשִׁילִין, וְאַלִּיבָּא דְּבֵית שַׁמַּאי: בְּמֵזִיד לֹא יֹאכַל. שֶׁעָבַר עַל הַשְּׁבוּת דְּאֵין מַגְבִּיהִין תְּרוּמוֹת וּמַעַשְׂרוֹת בְּיוֹם טוֹב, אַלְמָא: אַחְמוּר רַבָּנַן בְּמִילְּתַיְיהוּ, וַאֲפִילּוּ גַּבֵּי עוֹנֶג שַׁבָּת: דְּאִית לֵיהּ פֵּירֵי אַחֲרִינֵי. לַשַּׁבָּת: הַמַּטְבִּיל כֵּלָיו. בְּמִקְוֶה שֶׁיֵּשׁ לוֹ בַּחֲצֵרוֹ, וְעָבַר אַדְּרַבָּנַן דְּאָמְרֵי בְּמַתְנִיתִין: מַטְבִּילִין כֵּלִים מִלִּפְנֵי הַשַּׁבָּת, דְּנִרְאֶה כִּמְתַקֵּן: יִשְׁתַּמֵּשׁ בָּהֶן. בּוֹ בַּיּוֹם: אֶפְשָׁר בִּשְׁאֵלָה. לִשְׁאוֹל כֵּלִים מֵחֲבֵרוֹ וּלְהִשְׁתַּמֵּשׁ: אִסּוּרָא דְּשַׁבָּת. בִּשּׁוּל שַׁבָּת מֵאֲבוֹת מְלָאכוֹת הוּא, וְאִיסּוּר סְקִילָה הוּא. הִלְכָּךְ קְנָסוּהּ רַבָּנַן לְמֵזִיד, אֲבָל עָבַר וְאָפָה בְּיוֹם טוֹב לַשַּׁבָּת – אִסּוּרָא דְּרַבָּנַן הוּא דַּעֲבַד: עַל מַה נֶּחְלְקוּ עַל דָּג וּבֵיצָה שֶׁעָלָיו שֶׁבֵּית שַׁמַּאי אוֹמְרִים שְׁנֵי תַבְשִׁילִין. צָרִיךְ, וְזֶה כְּתַבְשִׁיל אֶחָד, שֶׁמְּחוּבָּר בּוֹ וּבָטֵיל לְגַבֵּיהּ. וּב"ה אוֹמְרִים: דַּיּוֹ בְּתַבְשִׁיל אֶחָד כָּזֶה: וְשָׁוִין שֶׁאִם פִּרְפֵּר בֵּיצָה. מְבוּשֶּׁלֶת, וְנָתַן לְתוֹכוֹ, דִּלְחוּדֵיהּ קָאֵי, שֶׁהֵן שְׁנֵי תַבְשִׁילִין: שֶׁרִסֵּק. מינצ"ר בְּלַעַ"ז: קַפְלוֹטוֹת. כְּרֵתִי, פורי"ש בְּלַעַ"ז: כְּתַנָּא דִּידַן. דְּמַתְנִיתִין דְּקָתָנֵי ב"ה שָׁרוּ בְּתַבְשִׁיל אֶחָד: אִם הִתְחִיל בְּעִיסָּתוֹ. לְתַקְּנָהּ וְלַאֲפוֹתָהּ ע"י עֵירוּבוֹ: **מתני'** מַטְבִּילִין אֶת הַכֹּל. כָּל הַצָּרִיךְ טְבִילָה בֵּין אָדָם בֵּין כֵּלִים: מִלִּפְנֵי הַשַּׁבָּת. דְּקָ"ל בְּרֹ"ה (דף טז:): חַיָּיב אָדָם לְטַהֵר אֶת עַצְמוֹ בָּרֶגֶל, דִּכְתִיב "וּבְנִבְלָתָם לֹא תִגָּעוּ" (ויקרא יא). וּמוֹקִים לָהּ בָּרֶגֶל, הִלְכָּךְ יַטְבִּיל מֵעֶרֶב שַׁבָּת, דְּאָסוּר לְהַטְבִּיל בַּשַּׁבָּת וּבְיו"ט: וּבֵית הִלֵּל אוֹמְרִים כו'. וְהָא דְּנָקַט שַׁבָּת – רְבוּתָא אַשְׁמוּעִינַן לְב"ה, דַּאֲפִי' בַּשַּׁבָּת שָׁרוּ בְּאָדָם. וּבַגְּמָרָא מְפָרֵשׁ מַאי טַעְמָא דְּכֵלִים אֲסוּרִים: וְשָׁוִין שֶׁמַּשִּׁיקִין אֶת הַמַּיִם. מִי שֶׁיֵּשׁ לוֹ מַיִם יָפִין לִשְׁתּוֹת וְנִטְמְאוּ – מְמַלֵּא מֵהֶם כְּלִי אֶבֶן, וְנוֹתְנָם בְּמִקְוֶה מַיִם מְלוּחִים עַד שֶׁמַּשִּׁיק מַיִם לְמַיִם, וְנִמְצְאוּ אֵלּוּ זְרוּעִים וּמְחוּבָּרִים לְמֵי הַמִּקְוֶה, וּבָטְלֵי אַגַּבַּיְיהוּ, וְטָהֲרוּ. וְאֵין עוֹד טָהֳרָה בְּמִקְוֶה לְכָל אוֹכֶל וּמַשְׁקֶה אֶלָּא לְמַיִם, וְלֹא בְּתוֹרַת טְבִילָה אֶלָּא בְּתוֹרַת זְרִיעָה, כִּדְאָמְרִינַן בִּפְסָחִים בְּפֶרֶק "כָּל שָׁעָה" (דף לד:): אֲבָל לֹא מַטְבִּילִין. בַּגְּמָרָא מְפָרֵשׁ שֶׁאֵין נוֹתְנִין אוֹתָן בִּכְלֵי עֵץ טָמֵא הַצָּרִיךְ טְבִילָה לְהַשִּׁיקָן בּוֹ, כְּדֵי לְהַעֲלוֹת טְבִילָה לַכְּלִי אַגַּב הַשָּׁקַת הַמַּיִם: וּמַטְבִּילִין מִגַּב לְגַב. בְּיוֹם טוֹב: וּמֵחֲבוּרָה לַחֲבוּרָה. בַּגְּמָרָא מְפָרֵשׁ לָהּ: **גמ'** וְיַעֲבִירֶנּוּ

תוספות

ובלבד שלא יערים. פרש"י: בשתי קדרות, שיאמר: אני צריך להזמין אורחים, או יבאו לי אורחים, אבל בקדרה אחת – מותר להערים ולהרבות, דהא חזינן לעיל דאפי' מיום טוב לחברו שרי בכך. ואם תאמר: מאי שנא מההיא דרב אדא* דמעריס ומלח גרמא גרמא? וי"ל: דשאני התם, דהוי עבוד אוכלין בעלמא, ומשום שמחת יום טוב התירו. דאי לאו הכי – חייש שמא יסריח הבשר, וממנע ולא שחיט, אבל הכא מיירי בבשול, דחמור, וגם היה יכול לעשות תקנה על ידי עירובי תבשילין מבעוד יום:

על מה נחלקו על דג וביצה שעליו שב"ש אומרים שני תבשילין. ודג וביצה שעליו אינו חשוב אלא תבשיל אחד. וב"ה אומרים: תבשיל אחד, כלומר: תבשיל אחד כי האי גוונא כגון דג וביצה שעליו – חשוב שני תבשילין. וקשה: דלישנא לא משמע הכי! לכך נראה לי דגרס איפכא: *ב"ש אומרים תבשיל אחד, פירוש: דג וביצה שעליו אינו חשוב אלא תבשיל אחד, וצריך עוד תבשיל אחר. ובית הלל אומרים: שני תבשילין, פירוש: דג וביצה שעליו חשוב שני תבשילין:

אמר רבא הלכתא כתנא דידן ואליבא דב"ה. פירש רש"י: ואליבא דבית הלל דקאמר תבשיל אחד. ואר"ת: דלאפיה צריך לערב גם בפת, ואינו יכול לאפות על ערוב תבשיל (ג) אחד, דהא קיימא לן כרבי אליעזר דאמר: אין אופין אלא על האפוי, ואין מבשלין אלא על המבושל, מדקא מייתי סתמא דגמ' כוותיה לעיל* בריש פרקין. דקאמר: ותנא מייתי לה מהכא. והא דקאמרי ב"ה לעיל מניח אדם ערוב תבשיל אחד ועושה בו כל צרכו – קאי אמאי דקאמר בית שמאי: אין טומנין את החמין אלא אם כן היו לו חמין טמונין מבעוד יום וכו', וסברי דאפי' בשלשה תבשילין צריך שיהא לכל אחד ואחד כנגדו ועל זה קא מיירי ב"ה, ואמרי דעל תבשיל אחד עושה בו כל צרכו, כלומר: כל מיני תבשילין, כגון חמין וכיוצא בו, והא דקאמר אביי לא שנו אלא תבשיל אחד, אבל פת לא – היינו דווקא היכא דאינו רוצה לאפות, אבל אם היה רוצה לאפות – היה צריך פת. ולא נהירא להר"ר יצחק: חדא דמכל הני משמע דלא צריך אלא תבשיל אחד לכל דבר, בין לאפות בין לבשל, ומה שמביא התלמוד לעיל דר' אליעזר – לאו משום דהלכתא כותיה, אלא אסמכתא בעלמא מייתי על עירובי תבשילין, אלא אדרבה, קיימא לן כרבי יהושע לגבי דרבי אליעזר, משום דרבי אליעזר שמותי הוא. ורבי יהושע פליג עליה בירושלמי, ואמר: אופין ומבשלין על המבושל. ומ"מ אור"י: לא מלאני לבי לעבור על דברי דודי וצריך שני תבשילין, פת ותבשיל. וכן עמא דבר*:

*) [וע"ע תוספות ע"ז לז: ד"ה והשלקות]

רבינו חננאל

לאפות ולהאכילו. איבעיא להו זה שנאסר אם עבר ואפה מאי כלומר קנסינן ליה ומנעינן ליה לאכול מה שאפה אי לא. ת"ש מי שהניח עירובי תבשילין הרי זה אופה ומבשל ומטמין ואם רצה לאכול עירובו הרשות בידו אכלו עד שלא אפה ועד שלא בישל ועד שלא הטמין הרי זה לא יאפה ולא יבשל ולא יטמין ולא אחרים אופין ומבשלין לו. אבל מבשל ליו"ט ואם הותיר הותיר לשבת. ובלבד שלא יערים ואם הערים אסור. ודחה רב אשי ואמר אחמרו רבנן במערים טפי מבמזיד רב נחמן בר יצחק אמר הא מתני' לחנני' היא אליבא דב"ש. (דתנן) [דתניא] אין אופין אא"כ עירב בפת ואין מבשלין אא"כ עירב בתבשיל כו' ובה"א מניח אדם עירובי תבשילין ועושה בו כל צרכו כלומר אופה ומבשל ומטמין את החמין. ואתינן למפשטא לבעיין מן המעשר בשבת במזיד לא יאכל כלומר הנה זה עבר ועישר וקתני לא יאכל ש"מ עבר ואפה נמי לא יאכל. ודחינן התם לענין שבת משום דאפשר ליה להתענג בפרי אחריני. וכן בענין המטביל כליו במזיד בשבת לא ישתמש בהן. ודחינן שאני התם דאית ליה כלי אחריני. אפשר לו לשאל כלים ולהשתמש בהן. וכן המבשל בשבת במזיד לא יאכל הנה קנסינן ליה אם עבר ובישל ודחינן איסורא דשבת שאני: **מתני'** בש"א ב' תבשילין ובה"א תבשיל אחד ומודין ב"ש בדג וביצה שעליו שהן ב' תבשילין. אכלו או שאבד כו' מתני' דלא כי האי תנא דתניא אר"ש לא נחלקו בית שמאי ובית הלל על ב' תבשילין שצריך כו'. אמר רבא הלכתא כתנא דידן ואליבא דבית הלל דאמר תבשיל אחד. אכלו או שאבד לא יבשל עליו בתחלה. שייר הימנו כל שהוא סומך עליו לשבת. אמר אביי נקטינן התחיל בעיסתו ונאכל עירובו או שאבד הרי זה גומר. חל יום טוב להיות אחר השבת מטבילין כלים מלפני השבת ואדם בשבת. כלים דלאו בני סחיטה נינהו בשבת מאי טעמא דלא מטבילינן להו. אמר רבה אפילו מי שיש לו בור בחצרו גזרינן שלא יטבילן לכליו בחצרו גזרה שמא

[לעיל יח.]

[לקמן כב.]

תרומות פ"ב [מ"ג ע"ש גיטין נג. ועי' תוספות גיטין נג. ד"ה המעשר וכו' הניחו בתימה דפריך בריתא מההיא דהמעשר והוא שנויה שם בסוף]

[תוספת' פ"ב]

הגהות הב"ח

(א) גמ' אכלו עד שלא אפה עד שלא בשל עד שלא הטמין: (ב) רש"י ד"ה שלא יעריס וכו' לצורך יו"ט לא יעריס לומר עוד וכו' אם ירבה בשביל שבת: (ג) תוס' ד"ה אמר רבא וכו' על עירוב תבשיל דהא קיי"ל כצ"ל ותיבת אחד נמחק:

[עי' פרש"י דעירובין ה. ד"ה והאמר ר"נ נקטינן]

[עי' תוספו' לקמן יח: ד"ה ושוין]

[פסחים סט. ר"ה כט: סוכה מב: מגילה ד:]

גליון הש"ס

רש"י ד"ה ואם הערים. ואי משום טרחא. משמע דליכא שום איסור רק טרחא וקשה לי הא אף שאין עיבוד באוכלין מ"מ מדרבנן אסור כדאיתא בסוגיא דשבת וכדהוכיח הר"ן פ"ק דחולין בסוגיא דהשוחט בשבת:

שֶׁמָּא יִטְּלֶנּוּ בְּיָדוֹ וְיַעֲבִירֶנּוּ אַרְבַּע אַמּוֹת בִּרְשׁוּת הָרַבִּים. א"ל אַבַּיֵי: יֵשׁ לוֹ בּוֹר בַּחֲצֵירוֹ, מַאי אִיכָּא לְמֵימַר? א"ל: גְּזֵירָה בּוֹר בַּחֲצֵרוֹ אַטּוּ בּוֹר בִּרְשׁוּת הָרַבִּים. הָתֵינַח שַׁבָּת, בְּיו"ט מַאי אִיכָּא לְמֵימַר? גָּזְרוּ יו"ט אַטּוּ שַׁבָּת. וּמִי גָּזְרִינַן? וְהָא תְּנַן: וְשָׁוִין שֶׁמַּשִּׁיקִין אֶת הַמַּיִם בִּכְלֵי אֶבֶן לְטַהֲרָן, אֲבָל לֹא מַטְבִּילִין. וְאִי אִיתָא – נִגְזוֹר הַשָּׁקָה אַטּוּ הַטְבָּלָה! וְתִסְבְּרָא, אִי אִית לֵיהּ מַיִם יָפִים – הָנֵי לָמָּה לִי לְמֶעֱבַד לְהוּ הַשָּׁקָה? אֶלָּא – דְּלֵית לֵיהּ, וְכֵיוָן דְּלֵית לֵיהּ – מִזְהַר זָהִיר בְּהוּ. אֵיתִיבֵיהּ: [א]מַדְלִין בִּדְלִי טָמֵא, וְהוּא טָהוֹר. וְאִי אִיתָא – נִגְזוֹר דִּלְמָא אָתֵי לְאַטְבּוּלֵיהּ בְּעֵינֵיהּ! שָׁאנֵי הָתָם, מִתּוֹךְ שֶׁלֹּא הוּתְּרָה לוֹ אֶלָּא ע"י דָּלְיוֹ – זָכוּר הוּא. אֵיתִיבֵיהּ: [ב]כְּלִי שֶׁנִּטְמָא מֵעיו"ט – אֵין מַטְבִּילִין אוֹתוֹ בְּיו"ט, בְּיו"ט – מַטְבִּילִין אוֹתוֹ בְּיוֹם טוֹב. וְאִם אִיתָא – נִגְזוֹר דְּיוֹם טוֹב אַטּוּ דְּעֶרֶב יוֹם טוֹב! טוּמְאָה בְּיוֹם טוֹב מִלְּתָא דְּלָא שְׁכִיחָא הִיא, *וּמִלְּתָא דְּלָא שְׁכִיחָא – לָא גָּזְרוּ בָּהּ רַבָּנַן. אֵיתִיבֵיהּ: *כְּלִי שֶׁנִּטְמָא בְּאַב הַטּוּמְאָה – אֵין מַטְבִּילִין אוֹתוֹ בְּיוֹם טוֹב, [ג]בִּוְלַד הַטּוּמְאָה – מַטְבִּילִין אוֹתוֹ בְּיוֹם טוֹב. וְאִם אִיתָא, נִגְזוֹר הָא אַטּוּ הָא! וְלַד הַטּוּמְאָה הֵיכִי מַשְׁכַּחַתְּ לַהּ – גַּבֵּי כֹּהֲנִים, *כֹּהֲנִים זְרִיזִין הֵם. ת"ש, דְּאָמַר רַב חִיָּיא בַּר אַשִׁי אָמַר רַב: [ד]נִדָּה שֶׁאֵין לָהּ בְּגָדִים – מַעֲרֶמֶת וְטוֹבֶלֶת בִּבְגָדֶיהָ. וְאִם אִיתָא, נִגְזוֹר דִּלְמָא אָתֵי לְאַטְבּוּלֵי בְּעֵינַיְיהוּ! שָׁאנֵי הָתָם, מִתּוֹךְ שֶׁלֹּא הוּתְּרָה לָהּ אֶלָּא עַל יְדֵי מַלְבּוּשׁ – זְכוּרָה הִיא. רַב יוֹסֵף אָמַר: גְּזֵירָה מִשּׁוּם סְחִיטָה. אֲמַר לֵיהּ אַבַּיֵי: תֵּינַח כֵּלִים דִּבְנֵי סְחִיטָה נִינְהוּ, כֵּלִים דְּלָאו בְּנֵי סְחִיטָה נִינְהוּ מַאי אִיכָּא לְמֵימַר? א"ל: גְּזֵירָה הָנֵי אַטּוּ הָנֵי. אֵיתִיבֵיהּ כָּל הָנֵי תְּיוּבָתָא, וְשַׁנֵּי לֵיהּ כִּדְשַׁנֵּינַן. רַב בֵּיבָי אָמַר: [ה]גְּזֵירָה שֶׁמָּא יַשְׁהֶא. תַּנְיָא כְּוָותֵיהּ דְּרַב בֵּיבָי: כְּלִי שֶׁנִּטְמָא מֵעֶרֶב יוֹם טוֹב – אֵין מַטְבִּילִין אוֹתוֹ בְּיוֹם טוֹב, גְּזֵירָה שֶׁמָּא יַשְׁהֶא. רָבָא אָמַר: מִפְּנֵי שֶׁנִּרְאֶה כִּמְתַקֵּן כְּלִי. אִי הָכִי אָדָם נַמִי! *אָדָם [ו]נִרְאֶה כְּמֵיקֵר. הָא תֵּינַח מַיִם יָפִים, מַיִם רָעִים מַאי אִיכָּא לְמֵימַר? אָמַר רַב נַחְמָן בַּר יִצְחָק: פְּעָמִים שֶׁאָדָם בָּא בְּשָׁרָב

רש"י

וְיַעֲבִירֶנּוּ אַרְבַּע אַמּוֹת בִּרְשׁוּת הָרַבִּים. מִמְּקוֹמוֹ עַד הַמִּקְוֶה: וּמִי גָּזְרִינַן. וּמִי אַחְמוּר רַבָּנַן כּוּלֵּי הַאי דְּכַךְ תַּקַּנְתָּא דִּטְבִילַת כֵּלִים, לְמִגְזַר הֶתֵּירָא אַטּוּ אִסּוּרָא, וּגְזֵירָה לִגְזֵירָה? וְתִסְבְּרָא. דְּהָא קוּשְׁיָא הוּא: מִזְהַר זָהִיר בְּהוּ. שֶׁלֹּא יִטַּמְּאוּ, וְכֵיוָן דְּזָהִיר בְּהוּ – הָוְיָא לְהוּ טוּמְאָתָן מִלְּתָא דְּלָא שְׁכִיחָא, וְלָא גָּזְרוּ בָּהּ רַבָּנַן: מַדְלִין. מַיִם: בִּדְלִי טָמֵא וְהוּא טָהוֹר. מֵאֵלָיו. וְהָא לָא דָּמֵי לְמַטְבִּיל כְּלִי ע"ג מֵימָיו דְּמַתְנִי', דְּאָסוּר – דְּהָתָם כָּל עַצְמוֹ לֹא בָּא אֶלָּא לְטַהֵר, אֵין מַיִם בְּגוֹ כְּלִי, הִלְכָּךְ מוֹכְחָא מִילְּתָא דִּטְבִילָה. וְטַעְמָא דִּטְבִילָה אֲסוּרָה – מִשּׁוּם דְּנִרְאֶה כִּמְתַקֵּן כְּלִי, וְהַאי מֶחֱזֵי. אֲבָל הָכָא – אֵין הַכֹּל יוֹדְעִים שֶׁהַדְּלִי טָמֵא, וְהָרוֹאֶה אוֹמֵר לִשְׁאוֹב מַיִם הַלָּלוּ הָיָה צָרִיךְ: נִגְזוֹר דִּלְמָא אָתֵי לְאַטְבּוּלֵיהּ בְּעֵינֵיהּ. בְּלֹא שְׁאִיבַת מַיִם: מִתּוֹךְ שֶׁלֹּא הוּתְּרָה לוֹ. טְבִילָה זוֹ אֶלָּא ע"י דָּלְיוֹ בִּשְׁאִיבָתוֹ, שֶׁאֵין כֵּן דֶּרֶךְ שְׁאָר טְבִילוֹת: זָכוּר הוּא. שֶׁהַטְּבִילָה אֲסוּרָה בְּי"ט: כְּלִי שֶׁנִּטְמָא מֵעֶרֶב י"ט. וְאַב הַטּוּמְאָה, כִּדְלְקַמָּן: אֵין מַטְבִּילִין אוֹתוֹ בְּי"ט. הוֹאִיל וְהָיָה לוֹ לְהַטְבִּילָן מִבְּעוֹד יוֹם: בְּי"ט מַטְבִּילִין אוֹתוֹ בְּי"ט. וְיִשְׁתַּמֵּשׁ בּוֹ הַיּוֹם חוּלִּין, שֶׁאֵין צְרִיכִין הֶעֱרֵב שֶׁמֶשׁ: דְּלָא שְׁכִיחָא. שֶׁהֲרֵי הַכֹּל מִטַּהֲרִין בָּרֶגֶל, וְכָל שֶׁכֵּן שֶׁזְּהִירִין מִלְּהִטַּמֵּא: כְּלִי שֶׁנִּטְמָא בְּאַב הַטּוּמְאָה. מֵעֶרֶב י"ט, כִּדְלְעֵיל: אֵין מַטְבִּילִין אוֹתוֹ בְּי"ט. דְּכֵיוָן דְּטָמֵא מִן הַתּוֹרָה – הָוֵה לֵיהּ כִּמְתַקֵּן: בִּוְלַד הַטּוּמְאָה. אֵין כָּאן תִּקּוּן, דִּמְדְּאוֹרַיְיתָא טָהוֹר מְעַלְּיָא הוּא, שֶׁאֵין כְּלִי טָמֵא אֶלָּא בְּאַב הַטּוּמְאָה, כִּדְתַנְיָא (*בְּ"הַכֹּל שׁוֹחֲטִין") (דף כה.): אוֹכֶל וּמַשְׁקֶה מְטַמְּאִין מֵאֲוִיר כְּלִי חֶרֶס, וְאֵין כָּל הַכֵּלִים מְטַמְּאִין מֵאֲוִיר כְּלִי חֶרֶס. מִשּׁוּם דְּהָוֵה לֵיהּ וְלַד הַטּוּמְאָה, שֶׁמַּה שֶּׁבְּתוֹכוֹ אֵין מִיטַּמֵּא מֵחֲמַת הַשֶּׁרֶץ אֶלָּא מֵחֲמַת אֲוִיר כְּלִי. יֵשׁ מְפָרְשִׁים: כְּלִי שֶׁנִּטְמָא בְּאַב הַטּוּמְאָה, אֲפִילּוּ נִטְמָא בְּי"ט – אֵין מַטְבִּילִין אוֹתוֹ בְּי"ט, וְטַעְמָא – מִשּׁוּם דְּבָעֵי הֶעֱרֵב שֶׁמֶשׁ, דְּטוּמְאָה דְּאוֹרַיְיתָא צְרִיכָה הֶעֱרֵב שֶׁמֶשׁ. הִלְכָּךְ, הוֹאִיל וְאֵינוֹ רָאוּי הַיּוֹם לְתַשְׁמִישׁ – לֹא יַטְבִּילֶנּוּ. וְקַשְׁיָא לִי, הֲרֵי רָאוּי לְהִשְׁתַּמֵּשׁ בּוֹ חוּלִּין, שֶׁאֵין הֶעֱרֵב שֶׁמֶשׁ אֶלָּא לִתְרוּמָה וְקָדָשִׁים, כִּדְתְנַן: טָבַל וְעָלָה – אוֹכֵל בְּמַעֲשֵׂר, הֶעֱרִיב שִׁמְשׁוֹ – אוֹכֵל *בְּקָדָשִׁים (נגעים פרק יד מ"ג*): וְלַד הַטּוּמְאָה הֵיכִי מַשְׁכַּחַתְּ לַהּ. מִי הוּא הַצָּרִיךְ לְהַטְבִּילוֹ – אֵינוֹ אֶלָּא כֹּהֵן, דְּהָא וְלַד הַטּוּמְאָה רִאשׁוֹן, וּכְלִי שֶׁנִּטְמָא בּוֹ שֵׁנִי, וּמוּתָּר לְחוּלִּין. שֶׁאֵין שֵׁנִי עוֹשֶׂה שְׁלִישִׁי בְּחוּלִּין, וְא"צ לְהַטְבִּילוֹ אֶלָּא לִתְרוּמָה: זְרִיזִין הֵן. וְלָא אָתוּ לְמִשְׁרֵי דְּאַב הַטּוּמְאָה. אִי נַמִי, זְרִיזִין מִלְּבֹא טוּמְאָה לִכְלֵיהֶן, וְהָוְיָא מִלְּתָא דְּלָא שְׁכִיחָא: שֶׁאֵין לָהּ בְּגָדִים. טְהוֹרִים לְהַחֲלִיף וְלִלְבּוֹשׁ אַחַר טְבִילָתָהּ, וְהַיּוֹם י"ט, וְאֵינָהּ יְכוֹלָה לְהַטְבִּיל אֶת אֵלּוּ שֶׁעָלֶיהָ: מַעֲרֶמֶת וְטוֹבֶלֶת. כְּשֶׁהִיא לְבוּשָׁה, וְסָלְקָא לָהּ טְבִילָה אַף לְכֵלִים, וְלָא מוֹכְחָא מִלְּתָא שֶׁהִיא מְתַקֶּנֶת – דִּלְטְבִילַת עַצְמָהּ נִכְנְסָה, וְאָדָם מוּתָּר לִטְבּוֹל כָּ"כ, דְּנִרְאֶה כְּמֵיקֵר, כִּדְלְקַמָּן: רַב יוֹסֵף אָמַר. טַעְמָא דְּמַתְנִיתִין דִּטְבִילַת כֵּלִים בְּשַׁבָּת וְי"ט אֲסִירָא – מִשּׁוּם סְחִיטַת בְּגָדִים, שֶׁאַף הֵן בִּכְלַל כֵּלִים: שֶׁמָּא יַשְׁהֶא. אִי שָׁרֵית לֵיהּ לְאַטְבּוּלִינְהוּ בְּיו"ט – מַשְׁהֵי לְהוּ עַד י"ט, שֶׁהוּא פָּנוּי, וְאָתֵי בְּהוּ בְּתוֹךְ כָּךְ לִידֵי תַּקָּלָה לְהִשְׁתַּמֵּשׁ בָּהֶן תְּרוּמָה: רָבָא אָמַר. טַעְמָא דְּמַתְנִי' מִפְּנֵי שֶׁנִּרְאֶה כִּמְתַקֵּן כְּלִי, וְדָמְיָא לְתַקָּנַת מְלָאכָה, וּגְזוֹר עֲלָהּ מִדְּרַבָּנַן: תֵּינַח מַיִם יָפִין. שֶׁדֶּרֶךְ לִרְחוֹץ בָּהֶן:

בְּשָׁרָב

[עירובין סג: וש"נ] [תוספ' פ"ב] [שבת כ. וש"נ] [שבת קלח.] [שם נג:] [בתרומה הביאה כפרתו אוכל] [עי' בר"ש בהג"ה]

תוספות

שמא יעבירנו ארבע אמות ברשות הרבים. תימה: אמאי לא קאמר שמא יוליאנו מרשות היחיד לרשות הרבים? וי"ל: שיש היכרא בפתח ובגפופי החלר*:

גזרה י"ט אטו שבת. ולא הוי גזרה לגזרה, די"ט ושבת אחת היא:

נגזור השקה אטו הטבלה. וקשה, לפרוך: נגזור משום שמא יעבירנו ארבע אמות ברשות הרבים להשיקן! וי"ל: דגבי הטבלת כלי לריך למגזר שמא יעבירנו, לפי שלהוט להטבילו. אבל בהשקת מים – אין להוט כל כך להשיקן, דאפשר במים אחרים. וכן בסמוך בולד הטומאה לא פריך נגזור שמא יעבירנו – לפי שאינו להוט כל כך להטבילו, כיון דליכא אלא טומאה דרבנן:

מדלין בדלי טמא והוא טהור. מאליו – תימה: דבמתניתין אמר אין מטבילין כלי על גבי מימיו לטהרו! וי"ל: דהתם איירי שהוא מלא מים, ויש בו הוכחה דלאטבולי קבעי, ואסור להטביל כלי, דמחזי כמתקן. אבל הכא – אין הכל יודעין שהדלי טמא וא"כ הרואה יהא סבור דלשאוב הוא לריך:

כלי שנטמא באב הטומאה אין מטבילין אותו בולד הטומאה מטבילין אותו וכו'. פירש רש"י: דאיירי שנטמא מערב י"ט. דאי בי"ט – אפילו באב הטומאה מטבילין אותו. והא דאמרינן לעיל מערב י"ט אין מטבילין אותו בי"ט – איירי שנטמא באב הטומאה. וטעמא דאב הטומאה אין מטבילין אותו – משום דטומאה דאורייתא היא, דנראה כמתקן. אבל בטומאה שנטמא במשקין – אינו טמא כי אם מדרבנן, ולא מחזי כמתקן. ועוד פירש פירוש אחר: דאיירי שנטמא בי"ט עלמו, ובאב הטומאה, ומ"מ אין מטבילין אותו בי"ט – הואיל ולריך הערב שמש, ואין מטבילין ללורך חול. אבל בולד הטומאה אינו לריך הערב שמש ומטבילין אותו בי"ט. והא דאמרינן נטמא ביום טוב – מטבילין אותו בי"ט – איירי שנטמא בולד הטומאה ולא נהירא ליה לרש"י, דאכתי מ"מ הרי ראוי להשתמש בו חולין, שאינו לריך הערב שמש אלא תרומה! והר"י פי': דניחא לפי המסקנא דאיירי בתרומה! דשם לריך הערב שמש. ואינו נראה להר"ר ילחק: דאטו פסיקא ליה דכהנים לית להו חולין? ומיהו קשה: היאך הוא מותר להטביל כלי שנטמא בולד הטומאה? דאם רולה להשתמש בחולין ובמעשר – א"ל טבילה, ואי משום תרומה – הא בעי הערב שמש, וא"כ – ללורך חול הוא מטביל! ויש לומר: דלפירוש אחר שפירש רש"י ניחא, דבטבילה דרבנן כמו זו לא בעיא הערב שמש, *כדתנן במסכת פרה (פי"א משנה ה): כל הטעון ביאת מים מדברי חכמים – לאחר ביאתו מותר בכולן:

היכי משכחת לה בכהנים. וא"ת: בישראל נמי משכחת לה, דכל הפוסל תרומה מטמא משקין להיות תחלה! וי"ל: דמיירי בכלי שאינו ראוי להשתמש בתוכו מים, כגון כלי מנוקב:

מערמת וטובלת בבגדיה. תימה: היינו שרייה, ושרייה אסורה מפני שהוא מכבס ומלבן דאמרי' שרייתו זו היא כבוסו. וי"ל: דהואיל דהוי דרך טינוף – שרי. ותדע, דהאיך אנו מנגבים ידינו במפה בשבת? הא הוי שרייה ואסור, מפני שהוא מכבס ומלבן! אלא כיון דהוי דרך טינוף – שרי, הכא נמי נימא הכי*):

גזרה שמא ישהא. פי': עד י"ט, שהוא פנוי, ויבא לידי תקלה להשתמש בהן תרומה. אבל אדם אין משהא עצמו מלטבול. ועוד, לא שייך למיחש לידי תקלה כל כך:

הדר

*) [וע' תוס' שבת קיא. ד"ה האי ותו' זבחים לד. ד"ה מקנחה]

עין משפט נר מצוה

[ועי' תוס' ר"ה כט: ד"ה שמא וכתובה מג. ד"ה ויעבירנו ובמגילה ד: ד"ה ויעבירנו]

לו א מיי' פ"ד מהל' י"ט הל' יח:

לז ב מיי' שם הל' יז:

לח ג ד מיי' שם הל' יח:

לט ה מיי' שם הל' יז:

רבינו חננאל

שמא יטלם בחצר אחרת מי שאין לו בור בחצרו יעבירם ברה"ר וגזרינן נמי יו"ט להטביל הכלים אטו שבת. ומתמהינן ומי גזרינן והתנן ושוין שמשיקין את המים. פי' משקען כלי אבן זה שיש בו מים מתוקין שנטמאו משקען אותן במקוה הכלי כולו ובלבד שלא יצופו מן המקוה על הכלי אלא יהיה משוקע במלאו בכלי אבן לטהר אותן המים אבל לא מטבילין שיצופו המים ויעלו למעלה מן הכלי כדי שיהא הכלי ומימיו משוקעין במים אלא הכלי כולו צריך להיות משוקע במים ויהיו המים הטמאין שבתוך הכלי משיקן עם מי המקוה. ואי גזרינן נגזור השקה אטו הטבלה ונאמר הרואה שמשקין יטביל. ודחינן טומאת המים היפין בזמן שאין לו זולתם מיזהר זהיר בהו. וטומאתם מלתא דלא שכיח היא ומלתא דלא שכיח לא גזרו בה רבנן. ולמה בכלי אבן משום דלא מקבלי טומאה. כדקיי"ל כלי גללים כלי אבנים כלי אדמה לא מקבלי טומא'. ופירשנוה בתחלת יומא. ומותבינן עלה מדלין בדלי טמא. [כמו] וגם דלה דלה לנו. כלומר ממלאין בו מים מן הבור והוא טהור מאליו כלומר אמאי לא גזרינן דלמא אתי לאטבולינהו. ודחינן מתוך שלא הותרה לו אלא ע"י מילוי זכור הוא שאסור להטבילו ולא אתי לאטבוליה. וכן כלי שנטמא ביו"ט מטבילין אותו ביו"ט. ולא גזרינן דלמא אתי לאטבולי כלי שנטמא מעיו"ט. מ"ט ביו"ט מזהר זהירי אינשי בכלים שלהן וטומאת הכלים ביו"ט מלתא דלא שכיחא היא דהא זהירי בה. וכל מלתא דלא שכיח לא גזרו בה רבנן. ומותבינן עלה כלי שנטמא באב הטומאה כו'. ושנינן וולד הטומאה לא משכחת לה דצריך טבילה לטהוריה שלא יטמא אלא גבי כהנים דאכלי תרומה ושני עושה שלישי והן זריזין ולא אתי לאטבולי כלים שנטמאו באב הטומאה אבל וולד הטומאה אינו מטמא דאין שני עושה שלישי בחולין ואי משתמשי בכלי שנגע בוולד הטומאה *) שרי ליה דהא לא מטמא כדקי"ל אין שני עושה שלישי בחולין וכן נדה שאין לה בגדים ללבוש מערמת ביו"ט וטובלת בבגדיה ונמצאו בגדיה מוטהרין עמה. משנינן בה מתוך שלא היתרתיה לה להטביל כליה אלא ע"י מלבוש זכורה היא ולא אתיא לאטבולי בגדיה בפני עצמן. ורב יוסף אמר מתני' גזירה משום סחיטה כו' ופשוטה היא רב ביבי [אמר] גזירה שמא ישהא פי' כל כלים שנטמאו לו יאמר הנה ביו"ט שאין אני עושה מלאכה נטבילם עכשיו טרוד אני במלאכתי ונמצא משהא אותם ביו"ט. תניא כוותיה דרב ביבי כו' רבא אמר מפני שנראה כמתקן כלי פי' אתמול לא היה יכול להשתמש בו עכשיו ביו"ט משתמש בו נמצא כאילו היום תיקנו ואקשינן אי הכי אדם נמי נראה כמתקן עצמו שאתמול היה טמא ועכשיו ניזהר וניתקן ושנינן אדם נראה כמיקר פי' כיורד במים להצטנן בהן ולא להיתקן כו' ואקשינן התינח שבת דאיכא למימר מצטנן הוא דרחיצה בשבת שריא אלא יוה"כ שאסור ברחיצה מאי איכא למימר דליכא למימר נראה כמיקר למה טובל והא נראה כמתקן עצמו ומשני רבא הואיל ובשבת שרי ביוה"כ נמי שרי דליכא מידי דבשבת שרי

*) תרומה שרינן ליה לאטבולי ביו"ט דהא כו' כצ"ל

גליון הש"ס

גמ' נראה כמיקר. עיין יבמות קז מ"ע ע"ב תוס' ד"ה תקוני גברא:

בְּשָׂרָב וְרוֹחֵץ אֲפִילּוּ בְּמֵי מִשְׁרָה. תֵּינַח בִּימוֹת הַחַמָּה, בִּימוֹת הַגְּשָׁמִים מַאי אִיכָּא לְמֵימַר? אָמַר רַב נַחְמָן בַּר יִצְחָק: פְּעָמִים שֶׁאָדָם בָּא מִן הַשָּׂדֶה מְלוּכְלָךְ בְּטִיט וּבְצוֹאָה, וְרוֹחֵץ אֲפִילּוּ בִּימוֹת הַגְּשָׁמִים. תֵּינַח בְּשַׁבָּת, בְּיוה"כ מַאי אִיכָּא לְמֵימַר? אָמַר רָבָא: מִי אִיכָּא מִידֵי דִּבְשַׁבָּת שָׁרֵי וּבְיוה"כ אָסוּר? אֶלָּא, הוֹאִיל וּבְשַׁבָּת שָׁרֵי בְּיוה"כ נַמִי שָׁרֵי. וּמִי אִית לֵיהּ לְרָבָא "הוֹאִיל"? *וְהָתְנַן: הַחוֹשֵׁשׁ בְּשִׁינָּיו [א]לֹא יְגַמַּע בָּהֶן אֶת הַחוֹמֶץ, אֲבָל מְטַבֵּל הוּא כְּדַרְכּוֹ, וְאִם נִתְרַפֵּא – נִתְרַפֵּא. וְרָמֵינַן עֲלָהּ: *לֹא יְגַמַּע וּפוֹלֵט, אֲבָל מְגַמֵּעַ וּבוֹלֵעַ! וַאֲמַר אַבָּיֵי: [ב]כִּי תְּנַן נַמִי מַתְנִי' – מְגַמֵּעַ וּפוֹלֵט תְּנַן. וְרָבָא אֲמַר: אֲפִי' תֵּימָא מְגַמֵּעַ וּבוֹלֵעַ, וְלָא קַשְׁיָא; כָּאן – קוֹדֶם טִבּוּל, כָּאן – לְאַחַר טִבּוּל. וְאִם אִיתָא, נֵימָא: הוֹאִיל וְקוֹדֶם טִבּוּל שָׁרֵי – לְאַחַר טִבּוּל נַמִי שָׁרֵי! הֲדַר בֵּיהּ רָבָא מֵהַהִיא. וּמִמַּאי דְּמֵהַהִיא הֲדַר בֵּיהּ, דִּלְמָא מֵהָא הֲדַר בֵּיהּ? לָא סָלְקָא דַּעְתָּךְ. *דְּתַנְיָא: [ג]כָּל חַיָּיבֵי טְבִילוֹת טוֹבְלִין כְּדַרְכָּן, בֵּין בְּתִשְׁעָה בְּאָב בֵּין בְּיוֹם הַכִּיפּוּרִים.§ "וְשָׁוִין שֶׁמַּשִּׁיקִין אֶת הַמַּיִם בִּכְלֵי אֶבֶן וכו'".§ מַאי "אֲבָל לֹא מַטְבִּילִין"? אָמַר שְׁמוּאֵל: אֵין מַטְבִּילִין אֶת הַכְּלִי עַל גַּב מֵימָיו לְטַהֲרוֹ בְּיוֹם טוֹב. מַנִּי מַתְנִיתִין? לָא רַבִּי, וְלָא רַבָּנַן. דְּתַנְיָא: *אֵין מַטְבִּילִין אֶת הַכְּלִי עַל גַּב מֵימָיו לְטַהֲרוֹ, וְאֵין מַשִּׁיקִין אֶת הַמַּיִם בִּכְלֵי אֶבֶן לְטַהֲרָן, דִּבְרֵי רַבִּי. וַחֲכָמִים אוֹמְרִים: [ד]מַטְבִּילִין כְּלִי עַל גַּב מֵימָיו לְטַהֲרוֹ, וּמַשִּׁיקִין אֶת הַמַּיִם בִּכְלֵי אֶבֶן לְטַהֲרָן. מַנִּי? אִי רַבִּי – קַשְׁיָא הַשָּׁקָה, אִי רַבָּנַן – קַשְׁיָא הַטְבָּלָה! *אִיבָּעֵית אֵימָא רַבִּי, אִיבָּעֵית אֵימָא רַבָּנַן. אִי בָּעֵית אֵימָא רַבִּי: רֵישָׁא דְּבָרַיְיתָא בְּיוֹם טוֹב, וְסֵיפָא בְּשַׁבָּת, וְכוּלָּהּ מַתְנִיתִין בְּיו"ט. וְאִיבָּעֵית

רש"י

בְּשָׂרָב. חוֹם: מֵי הַמִּשְׁרָה. שֶׁשּׁוֹרִין הַפִּשְׁתָּן בָּהֶן: בְּיוֹם הַכִּפּוּרִים. שֶׁאָסוּר בִּרְחִיצָה מִשּׁוּם עִנּוּי, וּמוּתָּר בִּטְבִילַת מִצְוָה, כִּדְלְקַמָּן: מַאי אִיכָּא לְמֵימַר. הָא וַדַּאי מוֹכְחָא מִלְּתָא דְּלִטְבִילָה מִתְכַּוֵּין, וְלָא כְּמֵיקֵר: מִי אִיכָּא מִידֵי. דִּמְלָאכָה דְּבְשַׁבָּת שָׁרֵי, וְלֵיכָּא אִיסּוּר דְּרַבָּנַן מִשּׁוּם דְּדָמְיָא לִמְלָאכָה: וּבְיוֹם הַכִּפּוּרִים אָסוּר. מִשּׁוּם מְלָאכָה, כִּי הָא דְּבָעֵית לְמִסְרִי עֲלֵיהּ מִשּׁוּם דְּנִרְאֶה כִּמְתַקֵּן? כֵּיוָן דִּבְשַׁבָּת. דַּחֲמִירָא בִּמְלָאכָה, שָׁרֵי מִשּׁוּם טַעְמָא דְּמֵיקֵר: בְּיוֹם הַכִּפּוּרִים נַמִי שָׁרֵי. וְאע"ג דְּלָא נִרְאֶה כְּמֵיקֵר, שֶׁלֹּא תַּחְמִיר לְעִנְיַן מְלָאכָה בְּיוֹם הַכִּפּוּרִים מִשַּׁבָּת: וּמִי אִית לֵיהּ הוֹאִיל. בְּאִיסּוּרֵי שַׁבָּת כה"ג, מִשּׁוּם דְּשָׁרֵי בְּהָא לָא תִּשְׁרֵי בְּהָא: לֹא יְגַמַּע בָּהֶן אֶת הַחוֹמֶץ. לִרְפוּאָה. דְּכָל רְפוּאָה בְּשַׁבָּת גְּזוּר בָּהּ רַבָּנַן מִשּׁוּם שְׁחִיקַת סַמְמָנִין, שֶׁהִיא אַב מְלָאכָה טוֹחֵן: אֲבָל מְטַבֵּל הוּא. בּוֹ מַאֲכָלוֹ כְּדַרְכּוֹ: לֹא יְגַמַּע וּפוֹלֵט. דְּמוֹכְחָא מִלְּתָא דִּלִרְפוּאָה עָבֵיד: וַאֲמַר אַבַּיֵי. גָּרְסִינַן: וְרָבָא אֲמַר. גָּרְסִינַן: קוֹדֶם טִבּוּל. קוֹדֶם אֲכִילָה מְגַמֵּעַ וּבוֹלֵעַ, דְּלָא מוֹכְחָא מִלְּתָא דִּלִרְפוּאָה, דְּסָבְרִי: חוֹמֶץ אַהֲנֵי לֵיהּ לְמֵיכַל: לְאַחַר טִבּוּל. לְאַחַר אֲכִילָה, וְטָבַל מַאֲכָלוֹ בְּחוֹמֶץ, דְּמוֹכְחָא מִלְּתָא דְּלָאו חוֹמֶץ בָּעֵי לְמִטְעַם, אֶלָּא מִשּׁוּם רְפוּאָה, וְאַמַּאי? הֲרֵי קוֹדֶם אֲכִילַת שַׁבָּת הָיָה מוּתָּר, וּבַחֲצִי שַׁבָּת אַתָּה אוֹסְרוֹ וּבַחֲצִי שַׁבָּת אַתָּה מַתִּירוֹ! נֵימָא הוֹאִיל. וְקוֹדֶם אֲכִילָה שָׁרֵי, דְּנִרְאֶה כְּחָפֵץ בִּבְלִיעַת חוֹמֶץ – לְאַחַר אֲכִילָה נַמִי שָׁרֵי, שֶׁאֵין חִלּוּק בְּשִׁיעוּר שֶׁל שַׁבָּת: הֲדַר בֵּיהּ רָבָא מֵהַהִיא. דְּחוֹמֶץ, וְשַׁנְיֵיהּ כְּאַבַּיֵי. וְאֶת זוֹ דִּטְבִילָה דְּאִית לֵיהּ הוֹאִיל – אָמַר לְאַחַר חֲזָרָה: דִּלְמָא מֵהָא. דִּטְבִילָה דְּיוה"כ הֲדַר בֵּיהּ, וְשֶׁל חוֹמֶץ אָמַר בָּאַחֲרוֹנָה: לָא ס"ד. לְמֵיסַר טְבִילָה בְּיוה"כ: בֵּין בְּתִשְׁעָה בְּאָב בֵּין בְּיוֹם הַכִּפּוּרִים. וְאע"פ שֶׁאֲסוּרִין בִּרְחִיצָה: אֵין מַטְבִּילִין כְּלִי. הַצָּרִיךְ טְבִילָה עַל גַּב הַשָּׁקַת מֵימָיו לְטַהֲרוֹ: הָכִי גָּרְסִינַן: דְּתַנְיָא, אֵין מַטְבִּילִין אֶת הַכְּלִי עַל גַּב מֵימָיו לְטַהֲרוֹ, וְאֵין מַשִּׁיקִין אֶת הַמַּיִם בִּכְלֵי אֶבֶן לְטַהֲרָן, דִּבְרֵי רַבִּי. וַחֲכָמִים אוֹמְרִים, מַטְבִּילִין כְּלִי עַל גַּב מֵימָיו לְטַהֲרוֹ, וּמַשִּׁיקִין אֶת הַמַּיִם בִּכְלֵי אֶבֶן לְטַהֲרָן. מַנִּי, אִי רַבִּי – קַשְׁיָא הַשָּׁקָה, אִי רַבָּנַן – קַשְׁיָא הַטְבָּלָה. אִי בָּעֵית אֵימָא רַבִּי, אִי בָּעֵית אֵימָא רַבָּנַן. אִי בָּעֵית אֵימָא רַבִּי – מַתְנִיתָא רֵישָׁא בְּי"ט וְסֵיפָא בְּשַׁבָּת, וְכוּלָּהּ מַתְנִי' בְּי"ט. וְאִי בָּעֵית אֵימָא רַבָּנַן, וְכוּלָּהּ מַתְנִיתִין בְּשַׁבָּת. וה"פ: אִי רַבִּי – קַשְׁיָ' הַשָּׁקָה, דְּרַבִּי אָסַר, וּמַתְנִיתִין תְּנַן מַשִּׁיקִין. אִי רַבָּנַן – קַשְׁיָא הַטְבָּלָה, דְּאִינְהוּ שָׁרוּ לְהַטְבִּיל, וּמַתְנִיתִין קָתָנֵי אֵין מַטְבִּילִין. וּמְשַׁנֵּי: רֵישָׁא דְּמַתְנִיתָא, רֵישָׁא דְּמִלְּתָא דְּרַבִּי, דְּאַיְירֵי בְּהַטְבָּלָה לְאוֹסְרָהּ, הָא הַשָּׁקָה שַׁרְיָא – אַיְירֵי בְּי"ט. וְסֵיפָא דְּמִלְּתֵיהּ, דְּאָסַר אַף הַשָּׁקָה – אַיְירֵי בְּשַׁבָּת. וְכֵן רַבָּנַן נַמִי, רֵישָׁא אַיְירֵי בְּי"ט וְסֵיפָא אַיְירֵי בְּשַׁבָּת, וְהָכִי קָאָמַר: מַטְבִּילִין כְּלִי עַל גַּב מֵימָיו לְטַהֲרוֹ בְּי"ט, וְכָל שֶׁכֵּן דְּמַשִּׁיקִין. וּמַשִּׁיקִין אֶת הַמַּיִם בִּכְלֵי אֶבֶן בְּשַׁבָּת, הַשָּׁקָה – אִין, הַטְבָּלָה – לָא. וּבְתוֹסֶפְתָּא דְּבֵיצָה* וּדְשַׁבָּת* בְּהֶדְיָא תָּנֵי בָּהּ הָכִי: אֵין מַטְבִּילִין אֶת הַכְּלִי עַל גַּב מֵימָיו לְטַהֲרוֹ בְּי"ט, וְאֵין מַשִּׁיקִין אֶת הַמַּיִם בִּכְלֵי אֶבֶן לְטַהֲרָן בְּשַׁבָּת, דִּבְרֵי רַבִּי; וַחֲכָמִים אוֹמְרִים כו'. וְהַשְׁתָּא, דְּבָרַיְיתָא מִתּוֹקְמָא הָכִי – אִי בָּעֵית אֵימָא מַתְנִיתִין רַבָּנַן הִיא, וְכוּלָּהּ מַתְנִיתִין בְּשַׁבָּת, הִלְכָּךְ: הַטְבָּלָה אֲסִירָא וְהַשָּׁקָה שַׁרְיָא, כְּרַבָּנַן דְּאָמְרֵי מַשִּׁיקִין אֶת הַמַּיִם בִּכְלֵי אֶבֶן לְטַהֲרָן בְּשַׁבָּת. הַשָּׁקָה הוּא דִּשְׁרְיָא, הָא הַטְבָּלַת כֵּלִים – אֲסִירָא: וְאִי

תוספות

הדר ביה רבא מההיא. פי': מההיא שנויא דקא משני כאן קודם כו'. לא ס"ד דאמר כל חייבי טבילות כו'. ותימה: מנא ליה דרבא הדר ביה מההיא שנויא? לעולם אימא לך דהדר משנויא ד"הואיל". דמאי מזקיקו להבוא טעמא ד"הואיל" – דקמשני מתני' משום דנראה כמתקן, ואימא דהדר ביה מההיא שנויא והדר ביה נמי מההיא שנויא דהואיל. והא דכלים אסורים מההיא טעמא דשנויי אמוראי דלעיל, משום שמא יעבירנו, או ישהא או ישכוט. וי"ל: דסמי חדא מקמי תרתי, ההיא שנויא דהכא כאן קודם טבילה, מקמי תרתי שנויי דמשני משום מתקן כלי ו"הואיל". ולא נהירא: חדא, דהא בהא תליא, דהא מה דמשני רבא הואיל ושבת כו' היה כולו להעמיד שנויא משום דנראה כמתקן. ועוד: דהיה לו לפרש האי מקמי תרתי! לכך נראה לי דקים ליה לגמרא דלא היה יכול לעקור "מפני שנראה כמתקן", כיון דמתרץ ליה עלה דמתני'. אבל היה סבור לעקור שנויא דהואיל, ומהא נמי מייתי ראיה דאין יכול לעקור. [וע"ע תוס' שבת קיח. ד"ה לא]:

כל חייבי טבילות טובלין כדרכן בין בתשעה באב בין ביום הכפורים. היינו דוקא להני שטובלין טבילת מצוה בזמנה. אבל השתא, שכל טבילות שנשותינו טובלות היינו טבילה שלא בזמנה, דהן סופרות ז' נקיים מספק שהן זבות – אינן טובלות בט' באב וביוה"כ. ומיהו, יש לחלק, כדאמר ביומא (דף פח.): נדות ויולדות – טבילתן בלילה, זבין וזבות – טבילתן ביום, בעל קרי – טובל והולך עד המנחה, כדי שיתפלל תפלת המנחה בטהרה, אבל לאחר המנחה – לא יטבול. ומפרש התם טעמא, דאי משום תפלת נעילה – היה יכול להמתין עד הלילה ויטבול ויתפלל תפלת נעילה בלילה. ואמאי אינו טובל ביום – כדי שתהא הטבילה בזמנה. אלמא: ש"מ דקסבר ההוא תנא דטבילה בזמנה לאו מצוה היא, ואפילו הכי שריא ביוה"כ. ומיהו, בתשעה באב אין טובלין כר' חנינא בן אנטיגנוס, דאמר: *כדאי בית אלהינו לאבד טבילה אחת בשנה. וקאמר עלה בירושלמי: הורה ר' לוי כר' חנינא בן אנטיגנוס. ולית הלכתא כהך משנה, דקאמר כל חייבי טבילות וכו'. ועוד אומר ר"י: דבזמן הזה אין טובלין לא ביוה"כ ולא בט' באב. דדוקא הם שהיו עוסקין בטהרות היה צריך לטבול מיד, כדי שלא יטמאו הטהרות. אבל השתא, דהטבילה אינה באה אלא לטהרה לבעלה – יכולה היא לרחוץ ולחוף ערב יוה"כ, כדי שתסרוק שערה, ותופפת מעט למוצאי יום הכפורים, משום דצריך חפיפה סמוך לטבילה. וכן בט' באב, דהא אפי' תטבול ביום הכפורים ובט' באב אסורה *לבעלה:

*ושוין שמשיקין המים בכלי אבן לטהרן. אבל לא בכלי עץ, לפי שהוא מקבל טומאה מן המשקין, ונמצא שהוא מטביל כלי. וא"ת: אמאי אין מטבילין אותו? הא איכא תרתי לטיבותא: חדא – דנטמא בי"ט, ועוד – דלא נטמא כי אם בולד הטומאה, וכולי עלמא מודים דמטבילין לכל הפירושים דלעיל. ולמאן דמוקי מתניתין בשבת וכרבנן – ניחא. אבל למאן דמוקי לה בי"ט וכו' קשיא! וי"ל: דמ"מ אין לגרום הטומאה לכלי בידים כדי שיטבילנו, דדוקא כשנטמא כבר בולד הטומאה הוא דמטבילין אותו, אבל אסור לטמאותו על מנת להטבילו בי"ט:

אין מטבילין את הכלי על גבי מימיו לטהרו ואין משיקין וכו'. הכי גריס רש"י, הטבלה קודם השקה, בין בדברי רבי בין בדברי חכמים. ובספרים היה כתוב אפכא: השקה קודם הטבלה, והכל אחד, אלא שגרסת הספרים גרס רישא בשבת וסיפא בי"ט, ולגירסת רש"י רישא בי"ט וסיפא בשבת. ועל פי התוספתא הגיה רש"י הגירסא. ולפי מה שכתוב בספרים השקה קודם הטבלה – לא תוכל לפרש רישא בי"ט וסיפא בשבת, אלא אם כן תפרש שאמתניתין קאי דקתני משיקין אבל לא מטבילין, ושבוש הוא, כדפירש רש"י. אמר

עין משפט נר מצוה

מ א ב מיי' פכ"א מהל' שבת הל' כד סמג לאוין סה טור ש"ע א"ח סי' שכח סעיף לב:

מא ג מיי' פ"ג מהל' שביתת עשור הלכה ב טוש"ע א"ח סי' תקנד סעיף ח:

מב ד מיי' פ"ד מהלכות י"ט הל' יז:

מסורת הש"ס

שבת דף קיא. ע"ז דף כח.

[שבת שם]

שבת דף קיא. תענית דף יג. [יומא פח.]

[תוספתא פ"ב ותוספתא שבת פי"ז]

אבע"א רבי אבע"א רבנן מתניתא רישא ביו"ט וסיפא בשבת ואב"א רבנן וכולה מתניתין בשבת ואב"א רבי וכולה מתניתין בי"ט ת"ר וכו' כצ"ל וכן ברש"י. מהרש"ל

[פ"ב]

[תענית יג. וכס איתא ר' חנינא סגן הכהנים]

[וע"ע תוס' נדה סח. ד"ה הא לאפסקר]

[דיבור זה שייך אמשנה דלעיל יז: ולע"ק]

רבינו חננאל

שרי וביוה"כ אסור ומקשינן ומי אית ליה לרבא הואיל והתנן החושש בשניו לא יגמע בהן חומץ אבל מטבל כדרכו ואם נתרפא נתרפא ורמינן עלה והתניא אינו מגמע ופולט אבל מגמע ובולע. ואמר רבא ל"ק ואוקמה למתניתין לא יגמע ויבלע לאחר טיבול ומתניתא דקתני מגמע ובולע (לאחר) [קודם] טיבול ואם איתא דאית ליה לרבא הואיל מקודם טיבול שרי לאחר טיבול נמי שרי אלא ודאי לית ליה הואיל ופרקינן הדר ביה רבא לגבי אביי [מההיא] והודה דמתני' לא יגמע ויפלוט היא מהא דתניא כל חייבי טבילות טובלין כדרכן בין בט' באב בין ביוה"כ ש"מ דטובלין ביוה"כ ומפורש בפרק שמנה שרצים: **ירושלמי** תני כל חייבי טבילות טובלין כדרכן בין בט' באב בין ביוה"כ א"ר חנינא סגן הכהנים כדיי הוא בית אלהינו לאבד עליו הכהנים טבילה אחת דריש ר' לוי בר' חנינא סגן הכהנים ואדם בשבת שכן אדם טובל לקיריו בשבת ושוין שמשיקין את המים בכלי אבן דוקא של אבן שאינו מקבל טומאה אלא לטהר המים בלבד משיקין אבל לא מטבילין את הכלים ע"ג מימיהן לטהרם. ואמרי' מתניתין לא ר' היא ולא רבנן. ופרקינן איבעית אימא ר' היא וכולה מתניתין ביו"ט היא שנוייה שמשיקין אבל לא משיקין אותן בשבת ואע"פ שמשיקין את המים ביו"ט לטהרן אין מטבילין כלים ע"ג מימיהן לטהרן אפי' ביו"ט וכן דברי ר' מפורשים בלשון הזה בברייתא אבע"א רבנן היא וכולה מתניתין' בשבת והכי קתני ושוין שמשיקין את המים בכלי לטהרן בשבת אבל לא מטבילין כלי ע"ג מימיו לטהרן ביו"ט פי' ומשיקין מלשון ותשק ידי לפי וכן

וְאִי בָּעֵית אֵימָא רַבִּי קָתָנֵי לַהּ, וְכוּלַּהּ מַתְנִי' בְּיוֹ"ט, כִּדְאָמְרִינַן: אֵין מַטְבִּילִין אֶת הַכְּלִי עַל גַּב מֵימָיו לְטַהֲרוֹ בְּיוֹ"ט, הַטְבָּלָה הוּא דְּלָא, הָא הַשָּׁקָה בִּכְלֵי אֶבֶן – שַׁפִּיר דָּמֵי. וּבִסְפָרִים שֶׁלָּנוּ נֶחְלְפָה רֵישָׁא לְסֵיפָא וְסֵיפָא לְרֵישָׁא, דִּכְתִיב בְּהוּ בְּרֵישָׁא אֵין מַשִּׁיקִין, וַהֲדַר אֵין מַטְבִּילִין. וְעַל כֵּן רוֹב הַתַּלְמִידִים שָׁגוּ בְּפֵירוּשָׁהּ שֶׁל סוּגְיָא זוֹ, וְאֵין אָדָם יָכוֹל לְיַשְּׁבָהּ עַל כַּנָּהּ, וְגוֹרְסִין מִפְּנֵי דּוֹחַק: וּמְתָנִיתִין רֵישָׁא בְּיוֹ"ט וְסֵיפָא בְּשַׁבָּת, וּמְפָרְשִׁינַן רֵישָׁא דְּקָתָנֵי מַשִּׁיקִים – בְּיוֹ"ט קָאָמַר, וְתָנָא הַשָּׁקָה וְהוּא הַדִּין לְהַטְבָּלָה, וְסֵיפָא דְּקָתָנֵי אֲבָל לֹא מַטְבִּילִין – אַיְּירֵי בְּשַׁבָּת, וְתָנָא הַטְבָּלָה וְהוּא הַדִּין לְהַשָּׁקָה. וְאֵין רָאוּי לְפָרֵשׁ כֵּן לְדַרְדְּקֵי דְּבֵי רַב, דְּאִם כֵּן לִיתְנֵי קִילְּתָא וְשָׁמְעִינַן חֲמִירְתָּא; לַשְׁמָעִינַן הַטְבָּלָה דְּמוּתֶּרֶת בְּיוֹ"ט, וַאֲנָא אָמֵינָא דְּכָל שֶׁכֵּן הַשָּׁקָה. אֲבָל הַשְׁתָּא דְּאַשְׁמְעִינַן מַשִּׁיקִין, אִיכָּא לְמֵימַר דַּוְקָא קָתָנֵי, אֲבָל הַטְבָּלָה – לָא. וְכֵן לְעִנְיַן שַׁבָּת, דְּאַשְׁמְעִינַן אֲבָל לֹא מַטְבִּילִין – אִי הוּא הַדִּין לְהַשָּׁקָה סְבִירָא לֵיהּ, הֲוָה לֵיהּ לְאַשְׁמוּעִינַן אֵין מַשִּׁיקִין, וְשָׁמְעִינַן כָּל שֶׁכֵּן דְּאֵין מַטְבִּילִין. אֲבָל הַשְׁתָּא דְּאַשְׁמְעִינַן אֵין מַטְבִּילִין – אִיכָּא לְמֵימַר הָא הַשָּׁקָה שָׁרֵי. וּסְיָיג לִדְבָרַי – סֵפֶר הַתּוֹסֶפְתָּא, דְּכָךְ מָצִינוּ בּוֹ בְּמַסֶּכֶת שַׁבָּת וּבְמַסֶּכֶת בֵּיצָה: אֵין מַטְבִּילִין אוֹתוֹ בֵּין הַשְּׁמָשׁוֹת. מִפְּנֵי שֶׁהוּא סָפֵק לַיְלָה, וְנִמְצָא מַטְבִּיל בְּיוֹ"ט: אַף בַּחוֹל. אִם הָיוּ רוֹאִין אָדָם הַמַּטְבִּיל כְּלִי בֵּין הַשְּׁמָשׁוֹת, הָיוּ צְרִיכִין לְהַחֲזִירוֹ וְלִמְחוֹת בְּיָדוֹ, מִפְּנֵי שֶׁצָּרִיךְ הֶעֱרֵב שֶׁמֶשׁ, וְזֶה הַמַּטְבִּיל כְּלִי בַּלַּיְלָה – וַדַּאי דַּעְתּוֹ לְהִשְׁתַּמֵּשׁ בּוֹ מִיָּד, וְלֹא לְהַמְתִּין הֶעֱרֵב שֶׁמֶשׁ דִּלְמָחָר: וְתַנָּא קַמָּא לָא בָּעֵי כו'. בִּתְמִיָּה: אַשְׁכַּחְתִּינְהוּ לְרַבָּנַן דְּבֵי רַב. לַתַּלְמִידִים שֶׁבְּבֵית הַמִּדְרָשׁ: מַעֲשָׂיו. דְּקָא רָהֵיט בִּמְרוּצָה: מֵידַע יָדַע דְּבָעֵי הֶעֱרֵב שֶׁמֶשׁ. וְהַיְינוּ דְּרָהֵיט, כְּסָבוּר לְהַסְפִּיק קוֹדֶם יְצִיאַת הַיּוֹם. וּכְשֶׁיִּרְאֶה שֶׁלֹּא יַסְפִּיק, הוֹאִיל וּבָא לַמִּקְוֶה – גּוֹמֵר טְבִילָתוֹ, וּמַמְתִּין מִלְּהִשְׁתַּמֵּשׁ בּוֹ עַד שֶׁיַּעֲרִיב שִׁמְשׁוֹ לְמָחָר. הִלְכָּךְ, בֵּין הַשְּׁמָשׁוֹת דְּיוֹ"ט – אָסוּר, מִשּׁוּם דְּמַטְבִּיל בְּיוֹ"ט שֶׁלֹּא לְצוֹרֶךְ, אֲבָל בַּחוֹל – לָא מָחֵינַן בֵּיהּ, דְּמַחֲשַׁבְתּוֹ נִיכֶּרֶת שֶׁלְּהֶעֱרֵב שִׁמְשׁוֹ הוּא מִתְכַּוֵּין, מִתּוֹךְ מַעֲשָׂיו שֶׁל מְרוּצָתוֹ: דְּכוּלֵּי עָלְמָא לָא פְּלִיגֵי. דְּוַדַּאי נִיכֶּרֶת בְּאִינִישׁ דְּעָלְמָא. וְהַאי גַּבְרָא דְּאִפְלִיג בֵּיהּ רַבִּי שִׁמְעוֹן שְׁזוּרִי וַאֲמַר דְּלָא אָמְרִינַן בֵּיהּ מַחֲשַׁבְתּוֹ נִיכֶּרֶת מִתּוֹךְ מַעֲשָׂיו: כְּגוֹן דְּאִיטְמִי לֵיהּ. מָנָא אַחֲרִינָא בְּפָחוֹת מִכַּעֲדָשָׁה מִן הַשֶּׁרֶץ, וַאֲתָא לְשַׁיּוּלֵי וכו': הָא הוּא דְּלָא גְּמִיר. דְּלָא כְּתִיב בְּהֶדְיָא בְּכַעֲדָשָׁה. אֲבָל הֶעֱרֵב שֶׁמֶשׁ, דִּבְהֶדְיָא כְּתִיב – מִגְמַר גְּמִיר, וּבְכַהֲנָן עָסְקִינַן דְּמִשְׁתַּמֵּשׁ בּוֹ תְּרוּמָה: הָרוֹצֶה לַעֲשׂוֹת גִּתּוֹ עַל גַּב כַּדּוֹ. מִי שֶׁהָיוּ כֵּלָיו טְמֵאִין, וְהִטְבִּילָן לָדַעַת דְּרִיכַת זֵיתָיו, וְנִמְלַךְ לַעֲשׂוֹת גִּתּוֹ: עוֹשֶׂה. גִּתּוֹ עַל גַּב טְבִילָה זוֹ שֶׁהִטְבִּיל לְשֵׁם כַּדּוֹ, וְא"צ לַחֲזוֹר וּלְהַטְבִּיל לְשֵׁם גַּת. וְהַהִיא טְבִילָה שְׁנִיָּה – הַבָּא לְהַחְמִיר עַל עַצְמוֹ וּלְהַטְבִּיל, קָתָנֵי מַתְנִיתִין שֶׁהוּא מַטְבִּיל בְּיוֹ"ט. שֶׁאֵין כָּאן תִּקּוּן כְּלִי, וְאֵינָהּ טְבִילָה, שֶׁהֲרֵי אֵינָהּ צְרִיכָה: בַּחֲבוּרָה זוֹ. עַל פִּסְחוֹ, וְהָיָה טָמֵא אוֹ כֵּלָיו טְמֵאִין, וְטָבַל לָדַעַת כֵּן: הָרְשׁוּת בְּיָדוֹ. וְא"צ לַחֲזוֹר וְלִטְבּוֹל. וְקָאָמְרָה מַתְנִי', דְּאִם בָּא לְהַחְמִיר וּלְהַטְבִּיל כֵּלָיו לְשֵׁם חֲבוּרָה הָאַחֶרֶת – מַטְבִּיל בְּיוֹם טוֹב:

מתני' מְבִיאִין שְׁלָמִים. בְּיוֹ"ט, לְפִי שֶׁיֵּשׁ בָּהֶן אֲכִילַת אָדָם: וְאֵין סוֹמְכִין עֲלֵיהֶן. שֶׁהַסְּמִיכָה אֲסוּרָה מִשּׁוּם שְׁבוּת, שֶׁבְּכָל כֹּחוֹ הָיָה סוֹמֵךְ, וְהָוֵי לֵיהּ מִשְׁתַּמֵּשׁ בְּבַעֲלֵי חַיִּים, וּתְנַן: אֵין רוֹכְבִין עַל גַּבֵּי בְהֵמָה (לקמן דף לו:): אֲבָל לֹא עוֹלוֹת. אֵין מְבִיאִין עוֹלוֹת, חוּץ מִתְּמִידִין וּמוּסָפִין שֶׁהֵן קָרְבַּן צִבּוּר וּזְמַנָּן קָבוּעַ. אֲבָל עוֹלַת יָחִיד – לֹא יָבִיא, לְפִי שֶׁאֵין בָּהּ אֲכִילַת הֶדְיוֹט, וּכְתִיב (שמות יב) "יֵעָשֶׂה לָכֶם" – וְלֹא לַגָּבוֹהַּ:

גמ' מַחְלוֹקֶת בְּשַׁלְמֵי חֲגִיגָה לִסְמוֹךְ וְעוֹלַת רְאִיָּה לִיקָּרֵב. מַתְנִיתִין דְּמוֹדוּ תַּרְוַיְיהוּ בִּשְׁלָמִים לַהֲבִיא, וְלָא אִפְלוּג בְּהוּ אֶלָּא בִּסְמִיכָתָן. בְּשַׁלְמֵי חֲגִיגָה מוֹדוּ ב"ש בַּהֲבָאָתָן, מִפְּנֵי שֶׁהֵן חוֹבַת הַיּוֹם, כִּדְאָמְרִינַן בַּחֲגִיגָה (דף ט.) מִ"וְחַגּוֹתֶם אוֹתוֹ חַג". וְעוֹלָה שֶׁנֶּחְלְקוּ אַף בַּהֲבָאָתָן – בְּעוֹלַת רְאִיָּה נֶחְלְקוּ, וְהַהִיא הוּא דְּקָא שָׁרוּ ב"ה – מִפְּנֵי שֶׁהִיא שֶׁל יוֹם טוֹב, דְּנָפְקָא לָן מִ"וְלֹא יֵרָאוּ פָנַי רֵיקָם" (שמות כג): אֲבָל נְדָרִים וּנְדָבוֹת. הוֹאִיל וְאֵין זְמַנָּן הַיּוֹם כְּלָל – דִּבְרֵי הַכֹּל אֵין קְרֵבִין, וַאֲפִילּוּ שְׁלָמִים, וְכ"ש עוֹלוֹת, דְּיָכוֹל לַהֲבִיאָן לְאַחַר זְמַן. וְאַף עַל גַּב דַּחֲגִיגָה וּרְאִיָּה יֵשׁ לָהֶן תַּשְׁלוּמִין כָּל שִׁבְעָה – שָׁרוּ בָּהּ, שֶׁמָּא יֶאֱנֵס וְלֹא יַקְרִיבֶנָּה בִּשְׁאָר הַיָּמִים, וּתְנַן: עָבַר הָרֶגֶל וְלֹא חָג – אֵינוֹ חַיָּיב בְּאַחֲרָיוּתוֹ. וְהָכִי מְפָרֵשׁ בִּבְרַיְיתָא לְקַמָּן, *דְּמִשּׁוּם הַאי טַעְמָא שָׁרוּ לַהּ: שֶׁאֵינָהּ שֶׁל יוֹם טוֹב. כְּגוֹן נֶדֶר וּנְדָבָה: שֶׁאֵינָהּ קְרֵבָה. דְּאִית בָּהּ תַּרְתֵּי לְאִיסּוּרָא: אֵין בָּהּ אֲכִילַת אָדָם, וְאֶפְשָׁר לְאַחַר זְמַן: וְעַל שְׁלָמִים שֶׁהֵן שֶׁל י"ט. כְּגוֹן חֲגִיגָה וְשַׁלְמֵי שִׂמְחָה: שֶׁקְּרֵבִין. דְּאִיכָּא תַּרְתֵּי לְהֶיתֵּרָא. אֲכִילַת אָדָם, וְהֵן זְמַנָּן בָּרֶגֶל, וְאִם יַעֲבוֹר הָרֶגֶל – בָּטֵל קָרְבָּנוֹ: וְעַל שְׁלָמִים שֶׁאֵינָן וכו'. אַלְמָא שְׁלָמִים דִּנְדָרִים וּנְדָבוֹת לְבֵית הִלֵּל קְרֵבִין, וְקַשְׁיָא לְעוּלָּא: תַּנָּאֵי שָׁקְלַתְּ מֵעָלְמָא. וְכִי לָא מַשְׁכַּחַתְּ תַּנָּא דְּאָמַר כְּעוּלָּא, דְּתֵימָא עוּלָּא כִּי הַהוּא סְבִירָא לֵיהּ, דְּאִיצְטְרִיכָא לָךְ לְשַׁבּוּשָׁהּ לְהָךְ מַתְנִיתָא וּלְתָרוּצָהּ: תַּנָּאֵי הִיא. אַשְׁכַּחַן תַּנָּא אַחֲרִינָא דְּקָאֵי כְּעוּלָּא: מֵחֲמַת יוֹם טוֹב. חֲגִיגָה וְשִׂמְחָה:

אֲבָל

וְאִיבָּעֵית אֵימָא רַבָּנַן, וְכוּלָּהּ מַתְנִיתִין בְּשַׁבָּת.§ תָּנוּ רַבָּנַן: כְּלִי שֶׁנִּטְמָא מֵעֶרֶב יוֹם טוֹב – אֵין מַטְבִּילִין אוֹתוֹ בֵּין הַשְּׁמָשׁוֹת. רַבִּי שִׁמְעוֹן שְׁזוּרִי אוֹמֵר: אַף בַּחוֹל אֵין מַטְבִּילִין אוֹתוֹ, מִפְּנֵי שֶׁצָּרִיךְ הֶעֱרֵב שֶׁמֶשׁ. וְתַנָּא קַמָּא לָא בָּעֵי הֶעֱרֵב שֶׁמֶשׁ? אָמַר רָבָא: אַשְׁכַּחְתִּינְהוּ לְרַבָּנַן דְּבֵי רַב דְּיָתְבֵי וְקָא אָמְרֵי: *בְּמַחֲשַׁבְתּוֹ נִכֶּרֶת מִתּוֹךְ מַעֲשָׂיו קָמִפַּלְגִי. וְהֵיכִי דָּמֵי – כְּגוֹן דְּנָקֵיט מָנָא בִּידֵיהּ, וְרָהֵיט וְאָזֵיל בֵּין הַשְּׁמָשׁוֹת לְאַטְבּוּלֵיהּ. מָר סָבַר: הַאי דְּקָא רָהֵיט וְאָזֵיל – מֵידַע יָדַע דְּבָעֵי הֶעֱרֵב שֶׁמֶשׁ, וּמָר סָבַר: מֵחֲמַת מְלַאכְתּוֹ הוּא דְּקָרָהֵיט. וְאָמִינָא לְהוּ אֲנָא: בְּמַחֲשַׁבְתּוֹ נִכֶּרֶת מִתּוֹךְ מַעֲשָׂיו – דְּכוּלֵּי עָלְמָא לָא פְּלִיגִי, כִּי פְּלִיגִי – כְּגוֹן דְּאִיטְמִי בְּפָחוֹת מִכַּעֲדָשָׁה, וַאֲתָא לְקַמֵּיהּ דְּרַבָּנַן לְשַׁיּוּלֵי: בְּפָחוֹת מִכַּעֲדָשָׁה, אִיטְמִי אִי לָא? מָר סָבַר: מִדְּהָא לָא גְּמִיר, הֶעֱרֵב שֶׁמֶשׁ נַמִּי לָא גְּמִיר, וּמָר סָבַר: הָא הוּא דְּלָא גְּמִיר, הָא הֶעֱרֵב שֶׁמֶשׁ גְּמִיר.§ "וּמַטְבִּילִין מִגַּב לְגַב".§ *תָּנוּ רַבָּנַן: כֵּיצַד מִגַּב לְגַב? הָרוֹצֶה לַעֲשׂוֹת גִּתּוֹ עַל גַּב *כַּדּוֹ, וְכַדּוֹ עַל גַּב גִּתּוֹ – עוֹשֶׂה. כֵּיצַד מֵחֲבוּרָה לַחֲבוּרָה? הָיָה אוֹכֵל בַּחֲבוּרָה זוֹ וְרוֹצֶה לֶאֱכוֹל בַּחֲבוּרָה אַחֶרֶת – הָרְשׁוּת בְּיָדוֹ.§

מתני' *ב"ש אוֹמְרִים: מְבִיאִין שְׁלָמִים וְאֵין סוֹמְכִין עֲלֵיהֶן, אֲבָל לֹא עוֹלוֹת. וּבֵית הִלֵּל אוֹמְרִים: [א]מְבִיאִין שְׁלָמִים וְעוֹלוֹת, [ב]וְסוֹמְכִין עֲלֵיהֶן.§

גמ' אָמַר עוּלָּא: מַחְלוֹקֶת בְּשַׁלְמֵי חֲגִיגָה לִסְמוֹךְ, וְעוֹלַת רְאִיָּה לִיקָּרֵב. דְּבֵית שַׁמַּאי סָבְרִי: °"וְחַגּוֹתֶם אוֹתוֹ חַג לַה'" חֲגִיגָה – אִין, עוֹלַת רְאִיָּה – לָא. וּב"ה סָבְרִי: "לַה'" – *כָּל דְּלַה'. [ג]אֲבָל נְדָרִים וּנְדָבוֹת – דִּבְרֵי הַכֹּל אֵין קְרֵבִין בְּיוֹ"ט, וְכֵן אָמַר רַב אַדָּא בַּר אַהֲבָה: *נְדָרִים וּנְדָבוֹת אֵין קְרֵבִין בְּיוֹ"ט. מֵתִיבִי, אָמַר רַבִּי שִׁמְעוֹן בֶּן אֶלְעָזָר: לֹא נֶחְלְקוּ בֵּית שַׁמַּאי וּבֵית הִלֵּל עַל עוֹלָה שֶׁאֵינָהּ שֶׁל יוֹ"ט – שֶׁאֵינָהּ קְרֵבָה בְּיוֹם טוֹב, וְעַל שְׁלָמִים שֶׁהֵן שֶׁל יוֹם טוֹב – שֶׁקְּרֵבִין בְּיוֹ"ט. עַל מַה נֶּחְלְקוּ – עַל עוֹלָה שֶׁהִיא שֶׁל יוֹם טוֹב, וְעַל שְׁלָמִים שֶׁאֵינָן שֶׁל יוֹ"ט. שֶׁבֵּית שַׁמַּאי אוֹמְרִים: לֹא יָבִיא, וּבֵית הִלֵּל אוֹמְרִים: יָבִיא! תְּרֵיץ וְאֵימָא הָכִי: אָמַר ר' שִׁמְעוֹן בֶּן אֶלְעָזָר, לֹא נֶחְלְקוּ בֵּית שַׁמַּאי וּבֵית הִלֵּל עַל עוֹלָה וּשְׁלָמִים שֶׁאֵינָן שֶׁל יוֹ"ט – שֶׁאֵין קְרֵבִין בְּיוֹם טוֹב, וְעַל שְׁלָמִים שֶׁהֵן שֶׁל יוֹם טוֹב – שֶׁקְּרֵבִין בְּיוֹ"ט. עַל מַה נֶּחְלְקוּ – עַל עוֹלָה שֶׁהִיא שֶׁל יוֹ"ט, שֶׁבֵּית שַׁמַּאי אוֹמְרִים: לֹא יָבִיא, וּבֵית הִלֵּל אוֹמְרִים: יָבִיא. *רַב יוֹסֵף אָמַר: תַּנָּאֵי שָׁקְלַתְּ מֵעָלְמָא?! תַּנָּאֵי הִיא. דְּתַנְיָא: שְׁלָמִים הַבָּאִים מֵחֲמַת יוֹ"ט בְּיוֹם טוֹב, בֵּית שַׁמַּאי אוֹמְרִים: סוֹמֵךְ עֲלֵיהֶן מֵעֶרֶב יוֹ"ט וְשׁוֹחֲטָן בְּיוֹ"ט. וּבֵית הִלֵּל אוֹמְרִים: סוֹמֵךְ עֲלֵיהֶן בְּיוֹם טוֹב, וְשׁוֹחֲטָן בְּיוֹם טוֹב.

אֲבָל

אמר עולא מחלוקת כו'. וא"ת: לב"ש למה להו למימר טעמא משום "וחגותם"? הא קאמרינן לקמן משום "לכם" ולא לגבוה! וי"ל: משום דלא תטעה לומר "לה'" – כל דלה'. ומ"מ קשיא לב"ה: למה להו למימר כל דלה'? תיפוק ליה משום דאית להו לב"ה מתוך וכו', והוי שפיר לורך קלת, משום שלא יאמרו שלחן שלך מלא ושל רבך ריקן, כדפרישית לעיל פ"ק (ד' יב. סד"ה ה"ג)! וי"ל: משום שלא תטעה לומר "וחגותם חג" – חגיגה אין, עולה לא:

מג א מיי' פ"א מהל' חגיגה הל' ח:
מד ב מיי' שם הל' ט:
מה ג מיי' שם הלכה ח והלכה י:

[חולין יג.]
[תוספתא פ"ב]
חגיגה דף ז: ודף יז. מגילה דף ה.
[לקמן כ:]
סנהדרין לו. [לקמן כ: שבת קיז. פסחים נח. מנחות ק:]
[פסחים מה: וש"נ]
ויקרא כג
[דף כ:]

[בתוספתא' איתא בדו ובדו על גב גתו וכן איתא בערוך ערך גב ע"ש]:

רבינו חננאל

וכן והשיקו היקבים: ת"ר כלי שנטמא מעיו"ט אין מטבילין אותו בי"ט בין השמשות ר' שמעון שזורי אומר אף בחול אסור מפני שצריך הערב שמש אמרו רבנן דבי רב במחשבתו ניכרת מתוך מעשיו פליגי היכי דמי דנקיט מנא טמא בידיה בין השמשות ורהיט לאטבולי רבנן סברי מדרהיט ידע דבעי הערב שמש כלומר לא יטהר הכלי הטמא אלא עד שיעריב עליו השמש בתר טבילה ולפי' רהיט לאטבוליה קודם ביאת השמש ובחול שפיר דמי ובי"ט הוא דאסור שנמצא מתקן מנא בי"ט לחול כי בעת שיערב השמש ונטהר חול הוא ור' שמעון שזורי סבר האי דרהיט בין השמשות לאו משום דידע דלא מיטהר אלא בהערב השמש אלא משום דטרוד במלאכתו הוא ולפי' ממהר. ואמר להו רבא במחשבתו ניכרת מתוך מעשיו דברי הכל דלאו כלום הוא והכא בכלי שנגע בו כעדשה מן השרץ ואינו יודע אם כעדשה מטמא אי אינו מטמא ובא לשאל מן החכמים ואמרו לו טמא דקי"ל שכן החומט תחלת ברייתו בכעדשה. *)וחזינן ליה להאי גברא דאזיל לאטבולי לההוא מנא דאיטמי בכעדשה מן השרץ שאינו מפורש בתורה הוא שנסתפק לו אבל הערב שמש שכתב בפירוש בתורה ובא השמש וטהר מידע ידע ליה ור"ש שזורי סבר מדהא לא ידע הא נמי לא ידע: [פיסקא] ומטבילין מגב לגב ומחבורה לחבורה: ירושלמי כיצד מטבילין מגב לגב רצה לעשות עיסתו על גב גתו או ע"ג עיסתו מטביל את כליו. מחבורה לחבורה היה אוכל בחבורה זו **) וביקש עוד לאכול בחבורה אחרת שלמים וכיוצא בהן הרשות בידו והני מילי ביו"ט ***) אבל בחול לא כדתנן הטובל לתרומה והוחזק לתרומה אסור לקודש כיוצא גתו ובדו אחד מהן תרומה והשני קודש עושה בי"ט זו ע"ג זו: **מתני'** בש"א מביאין שלמים ואין סומכין עליהן אבל לא עולות ובה"א מביאין שלמים כו' אמר עולא מחלוקת בשלמי חגיגה לסמוך דבש"א מביאין חגיגה ואין סומכין עליהן ועולת ראיה אין מקריבין כל עיקר ביו"ט ובה"א מביאין שלמים וסומכין ומקריבין עולת ראיה דכתיב לא יראו פני ריקם אבל נדרים ונדבות דברי הכל אין קריבין בי"ט: ירושלמי בש"א הותרה סמיכה שלא כדרכה ובה"א לא הותרה איזו היא שלא כדרכה מאתמול א"ר זעירא הכל מודים באשם מצורע שסמך עליו מאתמול שלא יצא שלמי נדבה שסמך עליהן מאתמול יצא מה פליגי בשלמי חגיגה ב"ש עבדי לה כשלמי נדבה וב"ה עבדי לה כאשם מצורע אוקמה רב יוסף הא דתנינן נדרים [ונדבות] אין קרבין בי"ט תנאי היא ר"ש בן אלעזר תני שלמים שאינן של י"ט בש"א לא יביא ובה"א יביא והאי תנא תני שלמים הבאין מעי"ט בש"א סומך עליהן מעיו"ט ושוחטן ביו"ט

*) נ"ל דת"ק סבר דאף דחזינן ליה להאי גברא דאזיל לשיולי לההוא מנא וכו' מן השרץ אי מיטמא או לא הייתו משום שאינו מפורש. **) בחבורה זו תרומה וביקש עוד כו' כצ"ל וכ"ה בה"ה בפ"ד מהל' יו"ט בשם רבינו ז"ל. ***) דברי רבינו אינו מובן לכאורה דהא ע"י טבילה שנית אפי' בחול שרי ועי' בערוך ערך גב ב'.

מז א ב מיי' פ"ב מהל' חגיגה הל' י והלכה יג:
מז ג מיי' שם פ"א הלכה י:
מח ד מיי' פי"ד מהל' מעשה הקרבנות הלכה יג סמג לאוין שלא:
מט ה מיי' פ"ב מהל' חגיגה הלכה ח:

אֲבָל נְדָרִים וּנְדָבוֹת – דִּבְרֵי הַכֹּל אֵין קְרֵיבִין בְּיוֹם טוֹב. וְהָנֵי תַּנָּאֵי כִּי הָנֵי תַּנָּאֵי. *דְּתַנְיָא: אֵין מְבִיאִין תּוֹדָה בְּחַג הַמַּצּוֹת מִפְּנֵי חָמֵץ שֶׁבָּהּ, וְלֹא בַּעֲצֶרֶת מִפְּנֵי שֶׁהוּא יו"ט. אֲבָל מֵבִיא אָדָם תּוֹדָתוֹ בְּחַג הַסּוּכּוֹת. ר' שִׁמְעוֹן אוֹמֵר: הֲרֵי הוּא אוֹמֵר °"בְּחַג הַמַּצּוֹת וּבְחַג הַשָּׁבוּעוֹת וּבְחַג הַסֻּכּוֹת" (דברים טז) כָּל שֶׁבָּא בְּחַג הַמַּצּוֹת – בָּא בְּחַג הַשָּׁבוּעוֹת וּבְחַג הַסּוּכּוֹת, וְכָל שֶׁלֹּא בָּא בְּחַג הַמַּצּוֹת אֵינוֹ בָּא בְּחַג הַשָּׁבוּעוֹת וּבְחַג הַסּוּכּוֹת. ר"א בְּר"ש אוֹמֵר: אמֵבִיא אָדָם תּוֹדָתוֹ בְּחַג הַסּוּכּוֹת וְיוֹצֵא בָּהּ יְדֵי חוֹבָתוֹ מִשּׁוּם שִׂמְחָה, וְאֵין יוֹצֵא בָּהּ מִשּׁוּם חֲגִיגָה. אָמַר מָר: אֵין מְבִיאִין תּוֹדָה בְּחַג הַמַּצּוֹת מִפְּנֵי חָמֵץ שֶׁבָּהּ. פְּשִׁיטָא! *אָמַר רַב אַדָּא בְּרֵיהּ דְּרַב יִצְחָק, וְאָמְרִי לָהּ רַב שְׁמוּאֵל בַּר אַבָּא: בהָכָא בְּאַרְבָּעָה עָשָׂר עָסְקִינַן, וְקָסָבַר: *אֵין מְבִיאִין קָדָשִׁים לְבֵית הַפְּסוּל. "וְלֹא בַּעֲצֶרֶת מִפְּנֵי שֶׁהוּא יו"ט". קָסָבַר: נְדָרִים וּנְדָבוֹת אֵין קְרֵיבִין בְּיוֹם טוֹב. "אֲבָל מֵבִיא אָדָם תּוֹדָתוֹ בְּחַג הַסּוּכּוֹת". אֵימַת? אִילֵּימָא בְּיוֹם טוֹב עַצְמוֹ – וְהָא אָמְרַתְּ וְלֹא בַּעֲצֶרֶת מִפְּנֵי שֶׁהוּא יוֹם טוֹב! אֶלָּא בְּחוּלּוֹ שֶׁל מוֹעֵד. ר"ש אוֹמֵר: הֲרֵי הוּא אוֹמֵר "בְּחַג הַמַּצּוֹת וּבְחַג הַשָּׁבוּעוֹת וּבְחַג הַסּוּכּוֹת", כָּל שֶׁבָּא בְּחַג הַמַּצּוֹת – בָּא בְּחַג הַשָּׁבוּעוֹת וּבְחַג הַסּוּכּוֹת, וְכָל שֶׁלֹּא בָּא בְּחַג הַמַּצּוֹת – אֵינוֹ בָּא בְּחַג הַשָּׁבוּעוֹת וּבְחַג הַסּוּכּוֹת. מַתְקִיף לָהּ ר' זֵירָא: הָשְׁתָּא סָלוֹתֵי מְסַלְּתִינַן, נְדָרִים וּנְדָבוֹת מִבַּעְיָא? אָמַר אַבַּיֵי: גבְּהַקְרָבָה – כּוּלֵּי עָלְמָא לָא פְּלִיגֵי דְּשָׁרֵי, כִּי פְּלִיגֵי – לְמֵיקַם עֲלֵיהּ בְּ"בַל תְּאַחֵר". ת"ק סָבַר: דשָׁלֹשׁ רְגָלִים אָמַר רַחֲמָנָא, אֲפִילּוּ שֶׁלֹּא כְּסִדְרָן *וְר' שִׁמְעוֹן סָבַר כְּסִדְרָן – אִין, שֶׁלֹּא כְּסִדְרָן – לָא. רַבִּי אֶלְעָזָר בְּר' שִׁמְעוֹן אוֹמֵר: מֵבִיא אָדָם תּוֹדָתוֹ בְּחַג הַסּוּכּוֹת, אֵימַת? אִילֵּימָא בְּחוּלּוֹ שֶׁל מוֹעֵד – הַיְינוּ ת"ק. אֶלָּא בְּיו"ט, וְקָסָבַר: נְדָרִים וּנְדָבוֹת קְרֵיבִין בְּיו"ט. וּמַאי שְׁנָא חַג הַסּוּכּוֹת דְּנָקַט? רַבִּי אֶלְעָזָר בְּר' שִׁמְעוֹן לְטַעְמֵיהּ, דְּתַנְיָא* רַבִּי שִׁמְעוֹן אוֹמֵר: לֹא יֹאמַר "חַג הַסּוּכּוֹת" שֶׁבּוֹ הַכָּתוּב מְדַבֵּר, לָמָּה נֶאֱמַר – לוֹמַר שֶׁזֶּה אַחֲרוֹן. רַבִּי אֶלְעָזָר בְּרַבִּי שִׁמְעוֹן אוֹמֵר: לוֹמַר שֶׁזֶּה גּוֹרֵם.§ "וְיוֹצֵא בָּהּ מִשּׁוּם שִׂמְחָה וְאֵינוֹ יוֹצֵא בָּהּ מִשּׁוּם חֲגִיגָה".§ פְּשִׁיטָא! דָּבָר שֶׁבְּחוֹבָה הוּא, *הוְכָל דָּבָר שֶׁבְּחוֹבָה אֵינוֹ בָּא אֶלָּא מִן הַחוּלִּין! לָא צְרִיכָא, דְּאַף עַל גַּב דְּפָרֵישׁ. כִּדְבָעָא מִינֵּיהּ רַבִּי שִׁמְעוֹן בֶּן לָקִישׁ מֵר' יוֹחָנָן: הָאוֹמֵר "הֲרֵי עָלַי תּוֹדָה וְאֵצֵא בָּהּ יְדֵי חֲגִיגָה", "הֲרֵינִי נָזִיר וַאֲגַלַּח

אֲבָל נְדָרִים וּנְדָבוֹת כו'. וְעוּלָּא דְּקָאָמַר כִּי הַאי תַּנָּא: וְהָנֵי תַּנָּאֵי. דִּלְקַמָּן, פְּלִיגִי כִּי הָנֵי תַּנָּאֵי דִּלְעֵיל בִּנְדָרִים וּנְדָבוֹת: מִפְּנֵי חָמֵץ שֶׁבָּהּ. "עַל חַלּוֹת לֶחֶם חָמֵץ" וגו' (ויקרא ז): וְלֹא בָּעֲצֶרֶת מִפְּנֵי שֶׁהוּא יוֹם טוֹב. וְתוֹדָה נְדָרִים וּנְדָבוֹת הִיא: בְּחַג הַסּוּכּוֹת. בְּחוּלּוֹ שֶׁל מוֹעֵד: רַבִּי שִׁמְעוֹן אוֹמֵר כו'. לְקַמֵּיהּ מְפָרֵשׁ לָהּ: מֵבִיא אָדָם תּוֹדָתוֹ בְּחַג הַסּוּכּוֹת. לְקַמֵּיהּ מְפָרֵשׁ: אֲפִילּוּ בְּיוֹם טוֹב קָאָמַר, וְיוֹצֵא בָּהּ מִשּׁוּם שַׁלְמֵי שִׂמְחָה. וְאַף עַל פִּי שֶׁמְּחוּיָּב בְּתוֹדָה זוֹ וְעוֹמֵד, דְּתַנְיָא בְּמַסֶּכֶת חֲגִיגָה (דף ח.) "וְשָׂמַחְתָּ בְּחַגֶּךָ" – לְרַבּוֹת כָּל מִינֵי שְׂמָחוֹת שֶׁל בָּשָׂר לְשִׂמְחָה. מִדְּלָא כְּתִיב "וְהֵבֵאתָ שְׁלָמִים וְאָכַלְתָּ שָׁם וְשָׂמַחְתָּ". וּמִיהוּ, פְּשִׁיטָא לָן דְּכָל זְמַן שֶׁבֵּית הַמִּקְדָּשׁ קַיָּים אֵין שִׂמְחָה אֶלָּא בְּבָשָׂר, שֶׁנֶּאֱמַר (דברים כז) "וְזָבַחְתָּ שְׁלָמִים וְאָכַלְתָּ שָׁם וְשָׂמַחְתָּ". וְהַאי קְרָא בְּהַר גְּרִזִּים כְּתִיב, וְלָא בְּשַׁלְמֵי שִׂמְחַת י"ט כְּתִיב, דְּשִׂמְחַת י"ט אִם יֵשׁ לוֹ בְּכוֹרוֹת וּמַעֲשַׂר בְּהֵמָה – אֵין צָרִיךְ לְהָבִיא שְׁלָמִים: וְאֵין יוֹצֵא בָּהּ מִשּׁוּם חֲגִיגָה. דְּדָבָר שֶׁבְּחוֹבָה הוּא, וְכָל דָּבָר שֶׁבְּחוֹבָה אֵינוֹ בָּא אֶלָּא מִן הַחוּלִּין. וְתוֹדָה זוֹ כְּבָר מְחוּיָּב הוּא בָּהּ, וְאֵין זוֹ מִן הַחוּלִּין שֶׁיְּהֵא פּוֹטֵר בָּהּ חֲגִיגָתוֹ: אָמַר מָר. הָשְׁתָּא מְהַדַּר אַמִּילְּתֵיהּ, לְפָרוּשֵׁי מַאי דְּאָמַר לְעֵיל: בְּהַקְרָבַת נְדָרִים וּנְדָבוֹת פְּלִיגִי: לְבֵית הַפְּסוּל. שֶׁמְּמַעֵט זְמַן אֲכִילָתָן, שֶׁאֵינוֹ יָכוֹל לֶאֱכוֹל חָמֵץ אֶלָּא עַד אַרְבַּע שָׁעוֹת, וּמִתּוֹךְ כָּךְ חָמֵץ שֶׁבָּהּ בָּא לִידֵי נוֹתָר: ר"ש אוֹמֵר כו'. קס"ד: לְמֵיסַר נְדָרִים וּנְדָבוֹת בְּחוּלּוֹ שֶׁל מוֹעֵד אָתָא: הָשְׁתָּא. לְרַבִּי שִׁמְעוֹן דְּאָסַר הָנֵי: סָלוֹתֵי מְסַלְּתִינַן. לוֹקְטִין עֵצִים בַּשָּׂדֶה מִן הַמְחוּבָּר בְּחוּלּוֹ שֶׁל מוֹעֵד, דְּתַנְיָא בְּמוֹעֵד קָטָן (דף יב:): קוֹלְטִין עֵצִים מִן הַמְחוּבָּר בַּמּוֹעֵד לְצוֹרֶךְ הַמּוֹעֵד: **אָמַר אַבַּיֵי** בְּהַקְרָבָה כ"ע ל"פ דְּשָׁרֵי. בְּחוּלּוֹ שֶׁל מוֹעֵד: כִּי פְּלִיגִי לְמֵיקַם עֲלֵיהּ בְּבַל תְּאַחֵר. וְכוּלָּהּ הָךְ מַתְנִיתִין לְעִנְיַן בַּל תְּאַחֵר אַיְירֵי. תַּנָּא קַמָּא סָבַר: כָּל הַמְאַחֵר נִדְרוֹ שָׁלֹשׁ רְגָלִים, אֲפִילּוּ שֶׁלֹּא כְּסִדְרָן – עוֹבֵר בְּ"בַל תְּאַחֵר". וְטַעְמָא יָלֵיף בְּר"ה (דף ד:) מֵהַאי קְרָא "שָׁלֹשׁ פְּעָמִים בַּשָּׁנָה" וגו', לָמָּה לִי לְמִיכְתַּב "בְּחַג הַמַּצּוֹת וּבְחַג הַשָּׁבוּעוֹת וּבְחַג הַסּוּכּוֹת", כֵּיוָן דִּכְתִיב שָׁלֹשׁ פְּעָמִים פְּשִׁיטָא דְּהָנֵי נִינְהוּ, דְּהָא מִינַּיְיהוּ קָסָלֵיק, דִּלְעֵיל מִינֵּיהּ כְּתִיב "שָׁמוֹר אֶת חֹדֶשׁ הָאָבִיב, שִׁבְעָה שָׁבוּעוֹת תִּסְפּוֹר לָךְ, חַג הַסּוּכּוֹת תַּעֲשֶׂה לְךָ", ש"מ: לְבַל תְּאַחֵר, לוֹמַר: אֵלֶּה קָבַעְתִּי לְךָ לְתַשְׁלוּם מַתְּנוֹתֶיךָ וְנִדְרֶיךָ. וְהַיְינוּ דְּקָא אָתָא לְאַשְׁמוּעִינַן עֲלָהּ טוּבָא: כָּל מִי שֶׁיֵּשׁ עָלָיו תּוֹדָה – יְבִיאֶנָּה בְּחַג הַסּוּכּוֹת, וַאֲפִילּוּ הוּא רֶגֶל רִאשׁוֹן אַחַר נִדְרוֹ, שֶׁאִם לֹא יְבִיאֶנָּה עַכְשָׁיו – יִצְטָרֵךְ לָבֹא בִּשְׁבִילָהּ לִירוּשָׁלַיִם, שֶׁהֲרֵי בַּעֲלוֹתוֹ בָּרֶגֶל בַּפֶּסַח לֹא יְבִיאֶנָּה מִפְּנֵי חָמֵץ שֶׁבָּהּ, וְלֹא בָּעֲצֶרֶת – מִפְּנֵי שֶׁהוּא יוֹם טוֹב, נִמְצָא שֶׁאִיחֲרָהּ ג' רְגָלִים שֶׁלֹּא כְּסִדְרָן. וְאָתָא ר"ש לְמֵימַר: הֲרֵי הוּא אוֹמֵר כו', כְּסִדְרָן – אִין, שֶׁלֹּא כְּסִדְרָן – לָא. הִלְכָּךְ, הַנּוֹדְרָהּ לִפְנֵי סוּכּוֹת – יֵשׁ לוֹ שָׁהוּת עַד לְשָׁנָה הַבָּאָה. וה"ק: כָּל שֶׁבָּא בְּחַג הַמַּצּוֹת, כְּגוֹן שֶׁנָּדַר קוֹדֶם הַפֶּסַח, וְהָיָה עָלָיו לַהֲבִיאָהּ בְּחַג הַמַּצּוֹת – בָּא בְּחַג הַשָּׁבוּעוֹת שֶׁלְּאַחֲרָיו, אוֹ בְּחַג הַסּוּכּוֹת, וְאֵין לוֹ עוֹד שָׁהוּת. וְכָל שֶׁאֵינוֹ בָּא בְּחַג הַמַּצּוֹת, שֶׁלֹּא הָיְתָה עָלָיו לַהֲבִיאָהּ בַּפֶּסַח, כְּגוֹן שֶׁנָּדַר אַחַר הַפֶּסַח – אֵינוֹ בָּא, כְּלוֹמַר: אֵינוֹ צָרִיךְ לַהֲבִיאָהּ, לֹא בְּחַג הַשָּׁבוּעוֹת שֶׁלְּאַחֲרָיו, וְלֹא בְּחַג הַסּוּכּוֹת, שֶׁיֵּשׁ לוֹ שָׁהוּת עַד הַסּוּכּוֹת שֶׁל שָׁנָה הַבָּאָה, שֶׁעָבְרוּ שָׁלֹשׁ רְגָלִים כְּסִדְרָן: אֶלָּא בְּיוֹם טוֹב וְקָסָבַר כו'. וְהַיְינוּ תַּנָּאֵי: לֹא יֹאמַר חַג הַסּוּכּוֹת. כְּשֶׁהֶחֱזִיר הַכָּתוּב לְהַזְכִּירָן לְשָׁלֹשׁ רְגָלִים לְ"בַל תְּאַחֵר", לֹא הָיָה צָרִיךְ לִכְתּוֹב "וּבְחַג הַסּוּכּוֹת", כֵּיוָן שֶׁכָּתוּב "שָׁלֹשׁ פְּעָמִים בַּשָּׁנָה", וְכָתַב "בְּחַג הַמַּצּוֹת וּבְחַג הַשָּׁבוּעוֹת", דְּמִמֵּילָא יָדַעְנָא דְּבוֹ הָיָה הַכָּתוּב מְדַבֵּר, שֶׁבְּפָרָשַׁת סוּכּוֹת הוּא עָסוּק, וּבוֹ נִכְתַּב כָּתוּב זֶה: שֶׁזֶּה אַחֲרוֹן. דְּבָעֵינַן כְּסִדְרָן: שֶׁזֶּה גּוֹרֵם. אֶת בַּל תְּאַחֵר. שֶׁאֲפִילּוּ נָדַר לִפְנֵי הֶחָג, כֵּיוָן שֶׁעָבַר עָלָיו חַג הַסּוּכּוֹת – עוֹבֵר: דָּבָר שֶׁבְּחוֹבָה הוּא. דִּכְתִיב "וְחַגּוֹתֶם": מִן הַחוּלִּין. וְלֹא מִמָּעוֹת מַעֲשֵׂר שֵׁנִי, וְלֹא מִנְּדָרִים וּנְדָבוֹת שֶׁהוּא מְחוּיָּב וְעוֹמֵד בָּהֶן: דְּאַף עַל גַּב דְּפָרֵישׁ. דִּכְשֶׁנָּדַר הַתּוֹדָה פֵּירֵשׁ עַל מְנָת שֶׁיּוֹצֵא בָּהּ יְדֵי חֲגִיגָתוֹ: וַאֲגַלַּח

רבי שמעון אומר הרי הוא אומר בחג המצות וגו' כל שבא בחג המצות בא בחג השבועות ובחג הסוכות. כך משמע מתוך פירוש הקונטרס דלקמן דגריס הכי. וא"כ, לפירוש זה מעיקרא דס"ד שבא לומר דנדרים ונדבות אין קרבין בחול המועד, ה"פ: כל שאינו בא בחג המצות, כגון תודה וכיוצא בה, דאליבא דתנא קמא תודה אינה קרבה בחג המצות ואפי' בחול המועד. וזהו דוחק, דהיכי משמע ממלתיה דנדרים ונדבות חוץ מתודה אינן באין בחג המצות? וכי תימא כל שאינו בא בחג המצות ר"ל ביום טוב – אם כן לא הוי דומיא דחג הסוכות. ועוד: דאם כן אמאי כתב "בחג השבועות" לומר שאינן באין בחג השבועות? והא אף בחול המועד דסוכות אינן באין! ועוד: כי גם לפי המסקנא לא אתי שפיר, דקאמר דלענין "בל תאחר" קאמר, וה"ק: כל שראוי לבא בחג המצות, שנתחייב בו קודם חג המצות – בא בחג השבועות ובחג הסוכות, שלא יאחר מלהביאו או בעצרת או בסוכות. ועתה איך יביאנו? והלא אין בו חול המועד! וכי תימא דנדרים ונדבות קרבין בי"ט – הא משמע דבהני תנאי ליכא מאן דסבר קרבין בי"ט רק רבי אלעזר בר' שמעון! ודוחק הוא לפרש בא בחג השבועות – שכשיבא לרגל יביאנו או קודם לכן, ולאו בי"ט קאמר. על כן נראה דגרס הכי: כל הבא בחג המצות ובחג השבועות – בא בחג הסוכות וכו'. והשתא, מעיקרא סלקא דעתך כל שאינו בא בחג המצות – כגון תודה, וכן שאר נדרים ונדבות שאינן באין בחג השבועות כדקאמר תנא קמא בהדיא – אינן באין בחג הסוכות, ואפילו בחול המועד. ולפי המסקנא ה"ק: כל שבא בחג המצות ובחג השבועות, כלומר שראוי לבא בזמן שניהם, כלומר שעברו שני רגלים כסדרן – בא בחג הסוכות. פירוש: צריך שיביאנו בחול המועד של סוכות. וכל שאינו בא וכו' כלומר: שאינו ראוי לבא בשניהם, רק בעצרת ולא בחג המצות – אינו חייב להביאו בחג הסוכות זה. ורישא דוקא, פירוש: בא בחג הסוכות, כלומר: חובה להביאו משום בל תאחר". וסיפא לאו דוקא, פי': סיפא דאינו בא – ר"ל: אם לא ירצה, שהרי הוא יכול להמתין עד סוכות של שנה הבאה. אבל לעולם, אם ירצה – יקריב בחול המועד. וקל להבין:
נזיר

רבינו חננאל

ביו"ט ובה"א סומך עליהן בי"ט ושוחטן בי"ט אבל נדרים ונדבות דברי הכל אין קריבין ביו"ט והני תנאי כהני תנאי דתניא אין מביאין תודה בי"ד בניסן מפני חמץ שבה שאין מביאין קדשים לבית הפסול. כלומר שהן מרובין ונפסלין בלינה ואין מביאין קדשים לכתחלה ליפסל ולא בעצרת מביא תודה מפני שהוא יו"ט אבל מביא תודתו בחוש"מ בחג הסוכות ואם לא הביא עובר בבל תאחר. ור' שמעון אומר הרי הוא אומר בחג המצות ובחג כו' ואוקימנה לר' שמעון בחוש"מ סלותי מסלתינן כלומר *) עושה אדם מלאכה כגון סלין וכיוצא בהן הקרבה מיבעיא דודאי (אין) מקריבין כי פליגי למיקם בבל תאחר ת"ק סבר שלש רגלים אמר רחמנא אפי' שלא כסדרן כיון שעברו עליו ג' רגלים ולא הקריבו עובר במה שכתב כי תדור נדר לה' אלהיך לא תאחר לשלמו וגו' ור' שמעון סבר בעינן ג' רגלים כסדרן כדכתיבי באורייתא חג המצות חג השבועות וחג הסכות ר' שמעון לטעמיה דדייק **)חג המצות ואמר לא היה צריך לכתוב בפסוק חג המצות כאשר לא כתב בפרשת ראה אתה אומר אלי אלא הזכיר חג שבועות וחג האסיף ואמר שלש פעמים למה לא היה צריך מפני שבו פתח הכתוב תחלה וכתב שמור את חדש האביב ועשית פסח וגו' וכתיב בחג המצות לומר שזה ראשון לג' רגלים ואם הקדישו אחר הפסח אינו עובר עליו בבל תאחר עד שיעברו עליו אחר עצרת ואחר סוכות ג' רגלים כסדרן ור' אלעזר בר' שמעון אומר מביא אדם תודתו בחג הסכות ואוקימנה בי"ט עצמו ושמעינן מינה דקסבר נדרים ונדבות קרבין בי"ט ותוב ש"מ (דלא רבי) [דר'] אלעזר בר' שמעון [לטעמיה דס"ל] דחג הסכות לבדו הוא הגורם דאי ס"ד משום י"ט הוא ליתני עצרת מ"ט שביק עצרת ותני סוכות ללמד שזה גורם כלומר בין קודם הפסח הקדישו בין לאחר הפסח כיון שעבר עליו חג הסכות ולא הקריבו עובר עליו בבל תאחר ודייק מחג הסכות. ואמר לא יאמר בחג הסכות דמיניה סליק למה נאמר לומר שזה גורם: ויוצא בתודה זו שמקריבה משום שמחה. ואין יוצא בה משום חגיגה אע"פ שאמר בשעה שנדר הרי עלי תודה ואצא בה ידי חגיגה אסיקנ' המפריש בענין זה נדור ואינו יוצא כלומר נתחייב בנדרו וקידשה ושלמי חגיגה שהן עליו חובה שנאמר וחגותם אותו חג לה' ז' ימים אינן באין אלא מן החולין (וכיון) [וכמו] שאמר ר' יוחנן לר"ל האומר הרי עלי תודה ואצא בה ידי חגיגה הריני

*) עי' בערוך ערך סלת. **) עי' בתוס' ר"ה ד: ד"ה וא"ל לומר

פסחים יג: [תוספ' חגיגה פ"א]
[פסחים יג:]
[שם וש"נ]
[ר"ה ד:]
ר"ה ד:
[פסחים עא. וש"נ]

גליון הש"ס

רש"י ד"ה כי פליגי למיקם עליה בבל תאחר וכו' כלומר א"צ להביאה. עיין טורי אבן ר"ה בא"בני שהם סד"ה כיון שעבר ובתשובת ח"צ סי' י"ב:

גמרא

וַאֲגַלַּח מִמְּעוֹת מַעֲשֵׂר שֵׁנִי" מַהוּ? א"ל: [א]נָדוּר וְאֵינוֹ יוֹצֵא, [ב]נָזִיר וְאֵינוֹ מְגַלֵּחַ. § הַהוּא גַּבְרָא דַּאֲמַר לְהוּ: הֲבוּ לֵיהּ אַרְבַּע מְאָה זוּזֵי לִפְלוֹנִי, וְלִנְסֵיב בְּרַתִּי. אֲמַר רַב פַּפָּא: [ג]אַרְבַּע מְאָה – שָׁקֵיל, וּבְרַתֵּיהּ, אִי בָּעֵי – נָסֵיב, אִי בָּעֵי – לָא נָסֵיב. טַעְמָא דַּאֲמַר: הֲבוּ לֵיהּ וְלִנְסֵיב, אֲבָל אִי אֲמַר לִנְסֵיב וַהֲבוּ לֵיהּ, אִי נָסֵיב – שָׁקֵיל, וְאִי לָא נָסֵיב – לָא שָׁקֵיל. § יָתֵיב מָרֵימָר וְקָאָמַר לְהָא שְׁמַעְתָּא מִשְּׁמֵיהּ דְּנַפְשֵׁיהּ. א"ל רָבִינָא לְמָרֵימָר: אַתּוּן הָכִי מַתְנִיתוּ לָהּ, אֲנַן כִּדְבָעָא מִינֵּיהּ רֵישׁ לָקִישׁ מֵר' יוֹחָנָן מַתְנִינַן לָהּ. § *תָּנֵי תַּנָּא קַמֵּיהּ דְּר' יִצְחָק בַּר אַבָּא: "וַיַּקְרֵב אֶת הָעוֹלָה וַיַּעֲשֶׂהָ כַּמִּשְׁפָּט" (ויקרא ט) – כְּמִשְׁפַּט עוֹלַת נְדָבָה. לִמֵּד *[ד]עַל עוֹלַת חוֹבָה שֶׁטְּעוּנָה סְמִיכָה. א"ל: דַּאֲמַר לָךְ מַנִּי – בֵּית שַׁמַּאי הִיא, דְּלָא גָּמְרִי שַׁלְמֵי חוֹבָה מִשַּׁלְמֵי נְדָבָה. דְּאִי בֵּית הִלֵּל, כֵּיוָן דְּגָמְרִי שַׁלְמֵי חוֹבָה מִשַּׁלְמֵי נְדָבָה – עוֹלַת חוֹבָה נַמִי לָא תִּבָּעֵי קְרָא, דְּגָמְרִי מֵעוֹלַת נְדָבָה. וּמִמַּאי דְּבֵית הִלֵּל שַׁלְמֵי חוֹבָה מִשַּׁלְמֵי נְדָבָה גָּמְרִי? דִּלְמָא מֵעוֹלַת חוֹבָה גָּמְרִי, וְעוֹלַת חוֹבָה גּוּפָא בָּעֲיָא קְרָא! מַאי שְׁנָא מִשַּׁלְמֵי נְדָבָה דְּלָא גָּמְרִי – שֶׁכֵּן מְצוּיִין, מֵעוֹלַת חוֹבָה נַמִי לָא גָּמְרִי – שֶׁכֵּן כָּלִיל. (*אֶלָּא) אָתְיָא מִבֵּינַיָּיא. וְסָבְרִי בֵּית שַׁמַּאי שַׁלְמֵי חוֹבָה לָא בָּעוּ סְמִיכָה? וְהָתַנְיָא, אָמַר רַבִּי יוֹסֵי: [ה]לֹא נֶחְלְקוּ בֵּית שַׁמַּאי וּבֵית הִלֵּל עַל הַסְּמִיכָה עַצְמָהּ שֶׁצָּרִיךְ, עַל מַה נֶּחְלְקוּ – עַל *"תֵּכֶף לִסְמִיכָה שְׁחִיטָה". שֶׁבֵּית שַׁמַּאי אוֹמְרִים: אֵינוֹ צָרִיךְ, [ו]וּבֵית הִלֵּל אוֹמְרִים: צָרִיךְ – הוּא דַּאֲמַר כִּי הַאי תַּנָּא. דְּתַנְיָא, אָמַר רַבִּי יוֹסֵי בַּר' יְהוּדָה: לֹא נֶחְלְקוּ בֵּית שַׁמַּאי וּבֵית הִלֵּל עַל תֵּכֶף לִסְמִיכָה שְׁחִיטָה שֶׁצָּרִיךְ, עַל מַה נֶּחְלְקוּ – עַל הַסְּמִיכָה עַצְמָהּ, שֶׁבֵּית שַׁמַּאי אוֹמְרִים: אֵינוֹ צָרִיךְ, וּבֵית הִלֵּל אוֹמְרִים: צָרִיךְ. § ת"ר: *מַעֲשֶׂה בְּהִלֵּל הַזָּקֵן שֶׁהֵבִיא עוֹלָתוֹ לָעֲזָרָה לִסְמוֹךְ עָלֶיהָ בְּיו"ט. חָבְרוּ עָלָיו תַּלְמִידֵי שַׁמַּאי הַזָּקֵן, אָמְרוּ לוֹ: מַה טִּיבָהּ שֶׁל בְּהֵמָה זוֹ? אָמַר לָהֶם: נְקֵבָה הִיא, וּלְזִבְחֵי שְׁלָמִים הֲבֵאתִיהָ. כִּשְׁכֵּשׁ לָהֶם בִּזְנָבָהּ, וְהָלְכוּ לָהֶם. וְאוֹתוֹ הַיּוֹם גָּבְרָה יָדָם שֶׁל בֵּית שַׁמַּאי עַל בֵּית הִלֵּל, וּבִקְּשׁוּ לִקְבּוֹעַ הֲלָכָה כְּמוֹתָן. וְהָיָה שָׁם זָקֵן אֶחָד מִתַּלְמִידֵי שַׁמַּאי הַזָּקֵן, וּבָבָא בֶּן בּוּטָא שְׁמוֹ, שֶׁהָיָה יוֹדֵעַ שֶׁהֲלָכָה כְּבֵית הִלֵּל, וְשָׁלַח וְהֵבִיא

רש"י

ואגלח ממעות מעשר שני. קרבנות שגזר עליו הכתוב ביום תגלחתו, אקנה ממעות מעשר שני: נדור. על התודה, ואינו יוצא בה ידי חגיגה: נזיר ואינו מגלח. ממעות מעשר אלא מן החולין, דכיון דאמר "הרי עלי" – נתחייב, דאמירה לגבוה כמסירה להדיוט, וכי הדר אמר על מנת – לאו מילתא היא: ההוא גברא. מלוה מחמת מיתה הוה: להא שמעתא. דהאומר "הרי עלי תודה ואצא בה ידי חגיגה": משמיה דנפשיה. ולא אמר לה בלשון בעיא, אלא מאליו אמרה: האומר הרי עלי תודה ואצא בה ידי חגיגה, הריני נזיר ואגלח ממעות מעשר שני – נדור ואינו יוצא, נזיר ואינו מגלח: אתון הכי מתניתו לה. מאליה, ולא משמיה דר' יוחנן: אנן כדבעא מיניה ריש לקיש מר' יוחנן מתנינן לה. דאהדר ליה ר' יוחנן הכי: ויקרב את העולה. עולת יום שמיני של מלואים, שהטיל הכתוב על אהרן חובה ליום: "קח לך עגל בן בקר לחטאת ואיל לעולה תמימים" (ויקרא ט): ויעשה כמשפט. מה משפט האמור בעולת חובה – על כרחך כמשפט המפורש בעולת נדבה ב"ויקרא" קאמר, שכל משפטי עולה ושלמים שם נאמרו. ובשל נדבה דבר הכתוב, דכתיב "אדם כי יקריב מכם" – משמע: לכשירצה יקריב, וכתיב התם "וסמך ידו". ואתא האי "כמשפט" דכתיב בעולת חובה ללמד עליה שתטען סמיכה *כשאר משפטי נדבה: אמר ליה. ר' יצחק לתנא: דאמר לך מני. הא דאיצטריך קרא להכי, ולא גמר לה בבנין אב דמה מצינו בנדבה שהיא עולה וטעונה סמיכה – אף חובה שהיא עולה כמותה תטעון סמיכה: ב"ש היא. דאמר במתניתין: מביאין שלמים של י"ט שהן חובה, ואין סומכין עליהן. וטעמא מאי – משום דסמיכה ב"ויקרא" כתיב, בשלמי נדבה, "ואם זבח שלמים קרבנו וסמך ידו" וגו', וקא סברי: לא גמרינן חובה מנדבה. דפרכינן: מה לנדבה – שכן מצויה בכל שעה שירצה יתנדב ויביא, תאמר בחובה שאינה אלא לכשיתחייב, הלכך, לא דחיא סמיכה דידהו יום טוב. הלכך, עולת חובה נמי, אי לאו דפרט בה קרא "כמשפט" – לא הוה בעיא סמיכה, דחובה מנדבה לא גמרינן: וממאי דבית הלל כו'. דלמא לעולם חובה מנדבה לא גמרינן, אלא בית הלל חובה מחובה גמרי – שלמי חובה מעולת חובה. הלכך, עולת חובה בעיא האי קרא ד"כמשפט" להיות מפורש בה, ואי לא – לא הוה ידעינן סמיכה לא בעולה ולא בשלמים דחובה, והך מתניתא דברי הכל היא: אתיא מביניא. לעולם מתני' דתני תנא דברי הכל היא, ואפי' לב"ה בעיא קרא. ומאחר דקי"ל סמיכה בעולת חובה מהאי קרא, אתו להו שלמי חובה מתרווייהו, משלמי נדבה ומעולת חובה, במה מצינו בשלמי נדבה שטעונין סמיכה – אף שלמי חובה שהן שלמים כמותן יטענו סמיכה. וכי פרכת: מה לשלמי נדבה שהן מצויין – עולת חובה תוכיח, שאינה מצויה וטעונה סמיכה, אף אני אביא שלמי חובה, שאע"פ שאינן מצויין – יטענו סמיכה. וכי פרכת: מה לעולת חובה שכן כליל, תאמר בשלמי חובה שאינם כליל – שלמי נדבה יוכיחו, וחזר הדין, לא ראי זה כראי זה: לא ראי עולת חובה כראי שלמי נדבה לתלות טעם הסמיכה בראייה – שכן מצוין, דהך ראייה בעולת חובה ליתא. ולא ראי שלמי נדבה כראי עולת חובה לתלות טעם הסמיכה בראייה – שכן כליל, דהא ליתא בשלמי נדבה, וכתיב בהו סמיכה, הצד השוה שבהן – על כרחך תתלה טעם סמיכתן בטעם הצד השוה שבשניהם בעולת חובה ובשלמי נדבה, הצד השוה שבשניהם שקרבן יחיד הן וטעונין נסכים [וסמיכה], אף אני אביא כל הטעון נסכים והוא קרבן יחיד שיטעון סמיכה, ואתו להו שלמי חובה מהאי טעמא: לא נחלקו על הסמיכה. בשלמי חובה שצריך, אלא כך היו בית שמאי אומרים: סומך עליהן מערב יום טוב, ושוחטן ביום טוב, ולא אמרינן תכף לסמיכה שחיטה: הוא דאמר כי האי תנא כו' על תכף לסמיכה שחיטה שצריך. כדבר הטעון סמיכה, כדכתיב "וסמך ושחט": על הסמיכה עצמה. אם טעונין שלמי חובה סמיכה: נקבה היא. שאין עולה נקבה: ולזבחי שלמים הבאתיה. כדי להטעותן, שיהיו סבורים שהיא נקבה: כשכש להם בזנבה. מרוב ענוותנותו של הלל היה משנה מפני השלום:

תוספות

נזיר ואינו מגלח. ודוקא דקאמר הכי, אבל אם אמר אפכא על מנת שאצא משום חגיגה הרי עלי תודה – לא. וכן בנזיר, וכן משמע בסמוך, דקאמר: דטעמא דאמר הבו ליה ולנסיב כו'. וכן פי' בקונט', שפירש טעמא משום דכיון דאמר הרי עלי – נתחייב, דאמירה לגבוה כמסירתו להדיוט. וכי אמר ע"מ – לאו מילתא היא:

ויקרב את העולה וכו'. פירש רש"י דקאי אעולה של אהרן שנאמר בפ' שמיני – ולא נהירא, דהא קאי אעולת צבור, דהכתיב "שעיר העם" ומיד אח"כ כתיב "ויקרב את העולה". ועולה של אהרן מפורשת בפסוק אחר בפרשה. לכך נראה דאין הכי נמי, דקאי אעולה של צבור:

למד על עולת חובה שטעונה סמיכה. ותימה: דאמר התם דאין טעונין סמיכה בקרבנות צבור אלא בשתי קרבנות, וזו אינה מן המנין אלא (*פר) של ע"ז ופר של העלם דבר! ולפי' רש"י דפירש דהכא איירי בקרבן של אהרן שהוא קרבן יחיד – ניחא. וי"ל: דהא דקאמר דאין צריכין סמיכה אלא בב' קרבנות – היינו דוקא בקרבנות שהן לדורות, אבל הכא איירי בקרבן המלואים, שהיה לפי שעה. ומ"מ קשה: דהיכי ילפינן דורות משעה? דקא למד על עולת חובה שטעונה סמיכה! ועוד: היכי ילפינן יחיד מצבור? דהא פי' דקרא ד"ויעשה כמשפט" איירי בקרבן צבור, ולפי' רש"י ניחא. ועוד י"ל שנויא השוה לשניהם: הואיל וגלה לנו קרא ד"ויקרב את העולה" וגו' דילפינן שעה מדורות, וקרבן צבור מקרבן יחיד, דכתיב "אדם כי יקריב" לדורות – וה"ה דלילפי דורות משעה ויחיד מצבור. ועוד אמר הר"מ: דיש ליישב פי' רש"י, ולעולם פשטיה דקרא ד"ויקרב העולה" איירי בקרבן צבור, ואי קשיא הא אינה טעונה סמיכה, כדקאמר ב' סמיכות בצבור – י"ל: דאין ה"נ, אלא אם אינו ענין לקרבנות צבור, דהא קי"ל דאין טעונין סמיכה אלא בשתי קרבנות צבור, וזו אינה מן המנין – תנהו ענין לקרבנות אהרן שהוא קרבן יחיד:

דלא גמרי שלמי חובה כו'. השתא אית ליה לרבי יצחק בר אבא דטעמא דב"ש דאמרי אין סומכין היינו משום דאין טעונין סמיכה, ולא כרבי יוסי דקאמר בסמוך דפליגי בתכף כו', ורש"י פי' במתני' טעמא משום שבות, שמשתמש בבעלי חיים. ויפה פי"א], דבפ' "אין דורשין" (חגיגה דף טז:) משמע דבהכי פליגי לרבי יוחנן:

דלמא מעולת חובה גמרי. ואם תאמר: והא הוי דבר הבא מן ההיקש, דעולת חובה לא ידעינן אלא מנדבה ד"כמשפט", ודבר הלמד בהיקש אינו חוזר ומלמד בבנין אב! וי"ל: דבעיא היא בזבחים (דף נ.) אם חוזר ומלמד בבנין אב ואם לאו, והכא קאמר: אם תמצי לומר חוזרין ומלמדין בבנין אב דבר הלמד בהיקש – מעולת חובה גמירי לה, דחובה מחובה ילפינן:

עין משפט נר מצוה

נ א מיי' פ"ב מהל' חגיגה הלכה יד:

נא ב מיי' פ"ח מהל' נזירות הלכה יד:

נב ג מיי' פ"א מהל' זכיה הלכה כ סמג לאוין פב טוש"ע ח"מ סי' רנג סעיף יב [רב אלפס כ"ב פ"ט דף נג ע"ב]:

נג ד ה מיי' פ"ג מהל' מעשה הקרבנות הל' ו סמג עשין קפג:

נד ו מיי' שם הל' יב:

רבינו חננאל

הריני נזיר ואגלח ממעות מעשר שני נדור ואינו יוצא נזיר ואינו מגלח. הזכיר מעשה שדומה לו. ההוא דאמר הבו ת' זוז לפלוני ולינסוב ברתי אמר רב פפא ת' זוז שקיל דהא אמר הבו ליה ת' זוזי ברתיה אי בעי שקיל ואי בעי לא שקיל ודייקינן מינה טעמא הבו ליה ולינסיב אבל אי פריש ואמר לינסיב והבו ליה אי נסיב ברתיה שקול ואי לא נסיב לא שקיל. תני תנא קמיה דר' יצחק מאי דכתיב ויקרב את העולה ויעשה כמשפט כמשפט עולת נדבה מה עולת נדבה כתיב בה אם עולה קרבנו מן הבקר וגו' וכתיב בה וסמך ידו על ראש העולה כו' כך עולת חובה טעונה סמיכה א"ל זו לב"ש היא דאע"ג דכתיב סמיכה בשלמי נדבה שנאמר ואם זבח שלמים קרבנו וגו' וסמך ידו על ראש קרבנו כיון דבשלמי חובה לא כתיבא סמיכה לא ילפי הני מהני ולפיכך שנו ב"ש במשנתנו מביאין שלמים ואין סומכין דאי ב"ה כיון דגמרי שלמי חגיגה משלמי נדבה לפיכך שנו במשנתנו מביאין שלמים וסומכין עליהן בעולת חובה לב"ה לא היה צריך לכתוב כמשפט וללמוד הימנו סמיכה בעולת חובה אלא אפילו בלא פסוק יליף עולה מעולה כמה דילפי שלמי חובה משלמי נדבה ודחינן וממאי דב"ה זה ששנינו סמיכה בשלמי חובה משלמי נדבה למדו אותה דלמא חובה מחובה למדו שלמי חובה מעולת חובה למדה ועולת חובה גופה בעיא קרא מפורש שיש בה סמיכה ולפיכך אתא כמשפט לומר שעולת חובה טעונה סמיכ' ואמרי' מה ראית*) שלא ילמדו סמיכה לשלמי חובה משלמי נדבה דאיכא למיפרך מה לשלמי נדבה שכן מצויין בכל השנה כולה ולפיכך טעונין אבל שלמי חובה שאינן אלא בימים טובים בלבד לא עולת חובה נמי איכא למיפרך מה לעולה שכן בכליל תאמר בשלמי חובה שאין עולה מהן למזבח אלא דם וחלב בלבד ופרקינן אלא אתיא מבינייא כלומר אתיא משתיהן מעולת חובה ושלמי חובה. ושלמי חובה לב"ש לא בעי סמיכה והתניא א"ר יוסי לא נחלקו ב"ש וב"ה על שלמי חובה שטעונין כו': ת"ר מעשה בהלל שהביא עולה לעזרה לסמוך כו' תניא

*) אולי צ"ל ואמרינן דיש לדחות.

מסורת הש"ס

[מנחות נג:]

[עי' תוספות זבחים ג. ד"ה אם]

ס"א ושאר רש"ל מ"ז

[ברכות מב. זבחים לג. מנחות נג.]

[תוספתא דחגיגה פ"ב]

[illegible]

גליון הש"ס

גמ' אמר רב פפא ארבע מאה שקיל. עי' נדרים מח ע"א בר"ן ד"ה לא שנו: **רש"י** ד"ה ב"ש כו' לא דחיין סמיכה דידהו וק"ל לפי מה דקיימינן עתה דב"ש ל"ל סמיכה כלל בשלמי חובה גם בחול אסור דהוי עבודה בקדשים דהא גם ביו"ט לא מיקרי משתמש בבע"ח רק הוא סמיכה בכל כחו כמ"ש רש"י במתניתין וצ"ע:

הגהות מהר"ב רנשבורג

א] תוס' ד"ה דלא גמרי וכו' דבפ' אין דורשין משמע דבהכי פליגי לר"י. נ"ב עי' פסחים פ"ט ע"א תוס' ד"ה ואלו וכו':

וְהֵבִיא כָּל צֹאן קֵדָר שֶׁבִּירוּשָׁלַיִם וְהֶעֱמִידָן בָּעֲזָרָה, וְאָמַר כָּל מִי שֶׁרוֹצֶה לִסְמוֹךְ – יָבֹא וְיִסְמוֹךְ. וְאוֹתוֹ הַיּוֹם גָּבְרָה יָדָן שֶׁל בֵּית הִלֵּל וְקָבְעוּ הֲלָכָה כְּמוֹתָן, וְלֹא הָיָה שָׁם אָדָם שֶׁעִרְעֵר בַּדָּבָר כְּלוּם.§ שׁוּב מַעֲשֶׂה בְּתַלְמִיד אֶחָד מִתַּלְמִידֵי ב"ה שֶׁהֵבִיא עוֹלָתוֹ לָעֲזָרָה לִסְמוֹךְ עָלֶיהָ. מְצָאוֹ תַּלְמִיד אֶחָד מִתַּלְמִידֵי ב"ש. אָמַר לוֹ: *מַה זּוֹ סְמִיכָה? אָמַר לוֹ: מַה זּוֹ שְׁתִיקָה?! שִׁתְּקוֹ בִּנְזִיפָה, וְהָלַךְ לוֹ. אָמַר אַבַּיֵי: הִלְכָּךְ, הַאי צוּרְבָא מֵרַבָּנָן דַּאֲמַר לֵיהּ חַבְרֵיהּ מִלְּתָא – לָא לְהַדַר לֵיהּ מִלְּתָא טְפֵי מִמַּאי דַּאֲמַר לֵיהּ חַבְרֵיהּ, דְּאִיהוּ אֲמַר לֵיהּ "מַה זּוֹ סְמִיכָה" וְקָא מְהַדַּר לֵיהּ: "מַה זּוֹ שְׁתִיקָה".§ תַּנְיָא: *אָמְרוּ לָהֶם בֵּית הִלֵּל לְבֵית שַׁמַּאי: וּמַה בְּמָקוֹם שֶׁאָסוּר לַהֶדְיוֹט – מוּתָּר לַגָּבוֹהַּ, מָקוֹם שֶׁמּוּתָּר לַהֶדְיוֹט – אֵינוֹ דִּין שֶׁמּוּתָּר לַגָּבוֹהַּ? אָמְרוּ לָהֶם בֵּית שַׁמַּאי: נְדָרִים וּנְדָבוֹת יוֹכִיחוּ, שֶׁמּוּתָּר לַהֶדְיוֹט וְאָסוּר לַגָּבוֹהַּ! אָמְרוּ לָהֶם בֵּית הִלֵּל: מַה לִּנְדָרִים וּנְדָבוֹת – שֶׁאֵין קָבוּעַ לָהֶם זְמַן, תֹּאמַר בְּעוֹלַת רְאִיָּה – שֶׁקָּבוּעַ לָהּ זְמַן. אָמְרוּ לָהֶם בֵּית שַׁמַּאי: אַף זוֹ אֵין קָבוּעַ לָהּ זְמַן, דִּתְנַן: *[א]מִי שֶׁלֹּא חַג בְּיוֹם טוֹב רִאשׁוֹן שֶׁל חַג – חוֹגֵג וְהוֹלֵךְ כָּל הָרֶגֶל כּוּלּוֹ, וְיוֹם טוֹב הָאַחֲרוֹן שֶׁל חַג. אָמְרוּ לָהֶם בֵּית הִלֵּל: אַף זוֹ קָבוּעַ לָהּ זְמַן, דִּתְנַן: *[ב]עָבַר הָרֶגֶל וְלֹא חַג – אֵינוֹ חַיָּיב בְּאַחֲרָיוּתוֹ. אָמְרוּ לָהֶם בֵּית שַׁמַּאי: וַהֲלֹא כְּבָר נֶאֱמַר *"לָכֶם" – וְלֹא לַגָּבוֹהַּ! אָמְרוּ לָהֶם בֵּית הִלֵּל: וַהֲלֹא כְּבָר נֶאֱמַר "לַה'" – *כָּל דְּלַה'. אִם כֵּן מַה תַּלְמוּד לוֹמַר "לָכֶם" – *[ג]לָכֶם וְלֹא לְגוֹיִם, לָכֶם וְלֹא לִכְלָבִים.§ *אַבָּא שָׁאוּל אוֹמְרָהּ בְּלָשׁוֹן אַחֶרֶת: וּמַה בְּמָקוֹם שֶׁכִּירָתְךָ סְתוּמָה כִּירַת רַבְּךָ פְּתוּחָה, בְּמָקוֹם שֶׁכִּירָתְךָ פְּתוּחָה – אֵינוֹ דִּין שֶׁכִּירַת רַבְּךָ פְּתוּחָה? וְכֵן בַּדִּין *שֶׁלֹּא יְהֵא שׁוּלְחָנְךָ מָלֵא וְשׁוּלְחַן רַבְּךָ רֵיקָן. בְּמַאי קָא מִפַּלְגִי? מָר סָבַר: נְדָרִים וּנְדָבוֹת קְרֵבִין בְּיוֹם טוֹב, וּמָר סָבַר: *[ד]אֵין קְרֵבִין בְּיוֹם טוֹב. אָמַר רַב הוּנָא: *לְדִבְרֵי הָאוֹמֵר נְדָרִים וּנְדָבוֹת אֵין קְרֵבִין בְּיוֹם טוֹב[א] לָא תֵּימָא מִדְּאוֹרַיְיתָא מֶחֱזָא חֲזוּ, וְרַבָּנַן הוּא דִּגְזַרִי בְּהוּ, גְּזֵירָה שֶׁמָּא יִשְׁהֶה. אֶלָּא אֲפִילּוּ מִדְּאוֹרַיְיתָא נַמִי לָא חֲזוּ. *דְּהָא שְׁתֵּי הַלֶּחֶם דְּחוֹבַת הַיּוֹם נִינְהוּ, וְלֵיכָּא לְמִגְזַר שֶׁמָּא יַשְׁהֶה, [ה]וְאֵינוֹ דּוֹחֶה לֹא אֶת הַשַּׁבָּת וְלֹא אֶת יו"ט.§ אִיבַּעְיָא לְהוּ: לְדִבְרֵי הָאוֹמֵר נְדָרִים וּנְדָבוֹת אֵין קְרֵבִין בְּיו"ט, עָבַר [ו]וְשָׁחַט מַאי? רָבָא אָמַר: זוֹרֵק אֶת הַדָּם עַל מְנָת לְהַתִּיר בָּשָׂר בַּאֲכִילָה. רַבָּה בַּר רַב הוּנָא אָמַר: זוֹרֵק אֶת הַדָּם עַל מְנָת לְהַקְטִיר אֵימוּרִין לָעֶרֶב. מַאי בֵּינַיְיהוּ? אִיכָּא בֵּינַיְיהוּ נִטְמָא בָּשָׂר אוֹ שֶׁאָבַד. לְרָבָא לָא זָרֵיק, לְרַבָּה בַּר רַב הוּנָא זָרֵיק. מֵיתִיבֵי: *[ז]כִּבְשֵׂי עֲצֶרֶת שֶׁשְּׁחָטָן שֶׁלֹּא לִשְׁמָן, אוֹ שֶׁשְּׁחָטָן בֵּין לִפְנֵי זְמַנָּן בֵּין לְאַחַר זְמַנָּן – הַדָּם יִזָּרֵק וְהַבָּשָׂר יֵאָכֵל. וְאִם הָיְתָה שַׁבָּת – לֹא יִזְרוֹק, וְאִם זָרַק – הוּרְצָה,

תוספות

והביא כל צאן קדר בעזרה. ותימה: הא *אין מביאין חולין בעזרה! ויש לומר: דלאו דוקא בעזרה, אלא בהר הבית:

***שכירתך** פתוחה. פ"ה: לשון כירה ממש ונראה דר"ל כמו ויכרה להם כירה גדולה (מלכים ב ו):

נדרים ונדבות יוכיחו. פ"ה שמותר להדיוט במקום שמותרים להדיוט לעשות כל צרכו כגון ביום טוב – אסורין ליקרב לגבוה אפילו שלמים, וכל שכן עולות. במאי קא מפלגי? (א) מר סבר: נדרים ונדבות אין קרבין. פרש"י: ת"ק דאמר נדרים ונדבות יוכיחו, ומר סבר, אבא שאול, נדרים ונדבות קרבין בי"ט, מדלא קאמר נדרים ונדבות יוכיחו. והר"ר שמואל היה מפרש פירוש אחר: נדרים ונדבות יוכיחו – במקום שיש חלק להדיוט כגון שלמים, ואסורי' לגבוה כגון עולות. במאי קמפלגי? ת"ק סבר נדרים ונדבות קרבין ביום טוב, מדקאמר במקום שמותר להדיוט כגון שלמים דהוו נדרים ונדבות, אלמא דס"ל לת"ק דנדרים ונדבות קרבין ביו"ט, ואסורין לגבוה – כגון עולה. אבל אבא שאול, *דאמר ומה במקום שכירתך סתומה כו' – משמע אפילו דשלמים. אלמא דס"ל דנדרים ונדבות אין קרבין בי"ט. וקשה להאי פי': דבפ' "אלו עוברין" (פסחים דף מז. ושם) אמר בהדיא: וסבר לה כאבא שאול, דאמר: "לכם" ולא לגוים. משמע: אבל נדרים ונדבות – קרבין בי"ט. מדלא מוקי ליה לומר, "לכם" – ולא לגבוה. אלמא דסבירא ליה לאבא שאול דנדרים ונדבות קרבין בי"ט. לכ"נ כפי' ראשון:

לכם ולא לגוים. ב"ה נמי דרשי "לכם" ולא לגבוה למעוטי נדרים ונדבות, כדפי' בפ"ק (דף יב. בד"ה "השוחט") אלא נקט גוים וכלבים דפסיקא ליה:

מאי בינייהו כגון שנטמא. וא"ת: נימא דאיכא בינייהו כגון שנטמאו אימורים או שנאבדו, דלרבא זריק – הואיל ואיכא בשר, ולרבה בר רב הונא – לא זריק כיון שנטמאו האימורין. ותי' הר"ר שמשון מקוצ"י: דרבה בר רב הונא מודה להא דרבא דזורק את הדם על מנת להתיר (ג) באכילה, דהוי צורך אוכל נפש ושמחת יום טוב. אבל הוא מוסיף עליה, דקאמר אפילו נטמא בשר – זורק את הדם ע"מ להקטיר אימורין לערב. אבל קשה: היאך יהא הבשר מותר באכילה? הא אמר *התם: אימורין כל כמה דלא מקטרי בשר לא מתאכיל, דהא דהקטרת אימורין לא מעכבא – ה"מ היכא דליתנהו, שנטמאו או נאבדו. אבל היכא דאיתנהו – מעכבי! ויש מתרצים: דהכא מיירי שנטמאו או נאבדו. ולא נהירא, דאם כן לימא דאיכא בינייהו דהכל קיים, דלרבא לא זרק ולרבה זריק. ועוד: דבסמוך משמע אע"ג דאיתנהו, דקאמר כבשי עצרת וכו' הדם יזרק והבשר יאכל, ואם היתה שבת – לא יזרוק. ואם זרק הורצה, ע"מ להקטיר וכו'. אלמא דמיירי דאיתנהו, ואעפ"כ בי"ט הדם יזרק והבשר יאכל! וי"ל: דהכא, הואיל ואין יכול להקטיר האימורין מבעוד יום – הוי כאילו נאבדו או נטמאו: אבל

[פסחים נט:]

רש"י

צאן קדר. מעולים היו: שוב מעשה כו'. לאחר המעשה הזה היה מעשה בתלמיד אחד כו': מה זו סמיכה. שאתה רוצה לסמוך ולעבור על דברי ב"ש? והלא אנו חלוקין עליכם! אמר לו מה זו שתיקה. שהיה לך לשתוק, ואיך שותק: שתקו בנזיפה. בגערה: מקום שאסור להדיוט. שבת שאסור לעשות להדיוט כלום, מותר לגבוה – תמידין ומוספין: מקום שמותר להדיוט. י"ט, דכתיב (שמות יב) "הוא לבדו יעשה לכם", כל צד צרכי אכילה: אינו דין שמותר לגבוה. כל צרכי אכילת מזבח, ואפילו עולת ראייה: נדרים ונדבות יוכיחו. שי"ט מקום המותר להדיוט הוא, ואתם מודים לנו שאסורים להקריב, והן צרכי גבוה: אף זו קבוע לה זמן כו'. ויש לחוש שמא יפשע או יאנס בשאר ימי המועד, ולא יביא: והלא כבר נאמר לה'. "וחגותם אותו חג לה'": אומרה בלשון אחרת. להאי קל וחומר דבית הלל, דלעיל: כירה. יש לה בית קבול לקבל שתי קדרות, ושייך למימר בה סתומה ופתוחה: במאי קמפלגי. אבא שאול ותנא קמא. אבא שאול דלא אמר אמרו להם בית שמאי נדרים ונדבות יוכיחו – סבירא ליה: נדרים ונדבות קרבין לבית הלל: לא תימא מדאורייתא מחזא חזו. ד"לה'" משמע כל דלה', אפילו נדרים ונדבות: שמא ישהה. עד המועד, שיהא לו בשר מלוי ברגל. ושמא כשיבא המועד יארע לו אונס, ונמצא מאחר נדרו: מדאורייתא נמי. סבירא ליה דאסור, דכי כתיב "לה'" – דומיא ד"וחגותם" קאמר: עולות הדומות לחגיגה, זמן קבוע ברגל כמותה: דהא שתי הלחם. דעצרת, דחובת היום הן, ואינן ראויין לבא קודם לכן דלגזר בהו שמא ישהה, הואיל ויכול לאפותן מערב י"ט – אמור רבנן במסכת מנחות (דף לה:) דאין דוחין לא שבת כו' באפייתן, דלאו דומיא דחגיגה הוא, שזמן שחיטתה קבוע ברגל ואינו יכול להקדים ולאחר: עבר ושחט מאי. מהו שיזרוק את הדם: על מנת להתיר בשר באכילה. כלומר: אם הבשר קיים, שתהא זריקתו צורך יו"ט, שיאכל הבשר היום – זורק, ואם לאו – אינו זורק: על מנת להקטיר אימורין לערב. אפילו אין כאן אלא לצורך הכשר קרבן, להכשיר קרבן שאין יכול לזרוק בלילה. והקטרת האימורין כשרה כל הלילה, וממתין עד שתחשך, ויקטירם: לרבא לא זריק. אף על גב דלאו מלאכה היא – גזור בה משום שבות: כבשי עצרת. הבאים עם שתי הלחם, כדכתיב בפרשת "שור או כשב" באמור: "ועשיתם שעיר עזים אחד לחטאת, ושני כבשים" וגו' (ויקרא כג): שלא לשמן. שצריך לשחטן לשם שלמי צבור, ושחטן לשם עולה: לפני זמנן. קודם עצרת, והם הופרשו לשם כבשי עצרת: הדם יזרק והבשר יאכל. דקיימא לן: כל הזבחים שנזבחו שלא לשמן – כשרים ליקרב, ונאכלין, אלא שלא עלו לבעלים לשם חובה: ואם היתה שבת לא יזרוק. שהרי אסור לבשל ולצלות היום, ולא יאכל מן הבשר: ואם זרק. ולא נמלך: הורצה

רבינו חננאל

תניא אמרו ב"ה לב"ש ומה בעת שאסור להדיוט בשבת מותר לגבוה שנאמר וביום השבת שני כבשים וגו' בעת שמותר להדיוט ביו"ט שנאמר אך אשר יאכל לכל נפש וגו' אינו דין שמותר לגבוה כו' אמר רבינא לדברי האומר נדרים ונדבות אין קרבין ביו"ט ולא תימא דמדאורייתא חזו לאיקרובי ביו"ט ורבנן הוא דגזרו בהו גזירה שמא ישהה אותן כלומר יאמר בשאר ימות השנה אני טרוד במלאכה איני יכול לעלות ולהקריב קרבן הנה כשאעלה לחוג ביו"ט אקריב נדרי לפיכך גזרו שלא יקרבו נדרים ונדבות ביו"ט אלא אפי' מדאורייתא נמי לא חזו דהא שתי הלחם חובת היום הן וליכא למגזר שמא ישהה ואין עשייתו דוחה לא שבת ולא יו"ט ומיבעיא לן לדברי האומר אין קרבן ביו"ט עבר ושחט נדרים ונדבות ביום טוב מאי רבה אמר זורק את הדם להתיר בשר לאכילה ואם נטמא הבשר או שאבד אינו זורק רבה בר רב הונא אמר זורק הדם להקטיר אמורין לערב ואע"פ שנטמא הבשר זורק ואותבינן עליה מהא כבשי עצרת ששחטן שלא לשמן שהן שלמי צבור כדכתיב ושני כבשים לזבח שלמים או שחטן לשמן קודם עצרת או לאחר עצרת הדם יזרוק והבשר יאכל ואם היתה שבת לא יזרוק ואם זרק הורצה ע"מ

הגהות מהר"ב רנשבורג

א] גמ' אמר ר"ה וכו' לא תימא מדאורייתא מחזא חזו. נ"ב עיין מהרש"א ומ"ש עליו בשער המלך פ"א מהל' חגיגה הלכה ח דף סד ע"א בד"ה ודע:

הגהות הב"ח

(א) תוס' ד"ה נדרים וכו' במאי קא מיפלגי פרש"י דמר סבר ת"ק לאמר נדרים ונדבות יוכיחו נדרים ונדבות אין קריבין ומר סבר אבא שאול כצ"ל: (ב) ד"ה מאי וכו' להתיר הבשר באכילה דהוי צורך:

עין משפט נר מצוה

[עי' תוס' פסחים דף סו: ד"ה מביאה]

שייך לקמן קודם ד"ה מאי

נה א מיי' פ"א מהל' חגיגה הלכה ז:

נו ב מיי' שם הלכה ו:

נז ג מיי' פ"א מהלכות י"ט הלכה יג סמג לאוין עה טוש"ע א"ח סי' תקיב סעיף א' וסעיף ג:

נח ד מיי' פ"א מהלכות חגיגה הלכה ח:

נט ה מיי' פ"ח מהל' תמידין ומוספין הלכה ח:

ס ו מיי' פ"ב מהל' שגגות הלכה יד וע"ש בכ"מ:

סא ז מיי' פט"ו מהל' פסולי המוקדשין הלכה יט:

וב"ש אהדרו ליה נדרים ונדבות יוכיחו שכירתך פתוחה וכירת רבך סתומה משמע אפילו דשלמים. מהר"מ

[תוספתא חגיגה פ"ב]

מסורת הש"ס

[הא שלא שאל מה זו עולה עי' תוס' חגיגה ז: ד"ה מביאין]

[תוספתא חגיגה פ"ב]

חגיגה ט. ר"ה ה: יומא ג. מגילה ה:

ג"ז שם

[פסחים מז.]

[לעיל יט.]

[פסחים מז. לקמן כא: כח: מגילה ז:]

[חגיגה ז.]

[לעיל יט. וש"נ]

[מנחות ק: ע"ש]

מנחות ק:

נזיר כח: ע"ש מנחות מח. ע"ש

הוֹרְצָה, עַל מְנָת לְהַקְטִיר אֵימוּרִין לָעֶרֶב. "אִם זָרַק", דִּיעֲבַד – אִין, לְכַתְחִלָּה – לָא. בִּשְׁלָמָא לְרָבָא – נִיחָא, אֶלָּא לְרַבָּה בַּר רַב הוּנָא קַשְׁיָא! קַשְׁיָא. וְאִיבָּעֵית אֵימָא: שָׁאנֵי שְׁבוּת שַׁבָּת מִשְּׁבוּת י"ט.§ בְּעָא מִינֵּיהּ רַב אָוְיָא סָבָא מֵרַב הוּנָא: בְּהֵמָה, חֶצְיָהּ שֶׁל גּוֹי וְחֶצְיָהּ שֶׁל יִשְׂרָאֵל, מַהוּ לְשָׁחֲטָהּ בְּי"ט אֲמַר לֵיהּ: [א]מוּתָּר. *אֲמַר לֵיהּ: וְכִי מַה בֵּין זֶה לִנְדָרִים וּנְדָבוֹת? אֲמַר לֵיהּ: *עוּרְבָא פָּרַח. כִּי נְפַק, אֲמַר לֵיהּ רַבָּה בְּרֵיהּ: לָאו הַיְינוּ רַב אָוְיָא סָבָא דְּמִשְׁתַּבַּח לֵיהּ מָר בְּגַוֵּיהּ, דְּגַבְרָא רַבָּה הוּא? אֲמַר לֵיהּ: וּמָה אַעֲבֵיד לֵיהּ, *אֲנִי הַיּוֹם °"סַמְּכוּנִי בָּאֲשִׁישׁוֹת רַפְּדוּנִי בַּתַּפּוּחִים" שיר ב וּבְעָא מִינַּאי מִלְּתָא דִּבְעָיָא טַעְמָא. וְטַעְמָא מַאי? בְּהֵמָה חֶצְיָהּ שֶׁל גּוֹי וְחֶצְיָהּ שֶׁל יִשְׂרָאֵל מוּתָּר לְשָׁחֲטָהּ בְּי"ט – דְּאִי אֶפְשָׁר לִכְזַיִת בָּשָׂר בְּלֹא שְׁחִיטָה, אֲבָל נְדָרִים וּנְדָבוֹת – אָסוּר לְשָׁחֲטָן בְּי"ט דְּכֹהֲנִים *כִּי קָא זָכוּ – מִשֻּׁלְחַן גָּבוֹהַּ קָא זָכוּ.§ אֲמַר רַב חִסְדָּא: בְּהֵמָה חֶצְיָהּ שֶׁל גּוֹי וְחֶצְיָהּ שֶׁל יִשְׂרָאֵל – מוּתָּר לְשָׁחֲטָהּ בְּיוֹם טוֹב, דְּאִי אֶפְשָׁר לִכְזַיִת בָּשָׂר בְּלֹא שְׁחִיטָה, [ב]עִיסָּה, חֶצְיָהּ שֶׁל גּוֹי וְחֶצְיָהּ שֶׁל יִשְׂרָאֵל – אָסוּר לַאֲפוֹתָהּ בְּי"ט, דְּהָא אֶפְשָׁר לֵיהּ לְמִפְלְגַהּ בְּלִישָׁה. מְתִיב רַב חָנָא בַּר חֲנִילַאי: *[ג]עִיסַּת כְּלָבִים, בִּזְמַן שֶׁהָרוֹעִין אוֹכְלִין מִמֶּנָּה – חַיֶּיבֶת בְּחַלָּה, וּמְעָרְבִין בָּהּ, וּמִשְׁתַּתְּפִין בָּהּ, וּמְבָרְכִין עָלֶיהָ, וּמְזַמְּנִין עָלֶיהָ, [ד]וְנֶאֱפֵית בְּי"ט [ה]וְאָדָם יוֹצֵא בָּהּ יְדֵי חוֹבָתוֹ בְּפֶסַח. וְאַמַּאי? וְהָא אֶפְשָׁר לֵיהּ לְמִפְלְגַהּ בְּלִישָׁה! שָׁאנֵי עִיסַּת כְּלָבִים, הוֹאִיל וְאֶפְשָׁר לְפַיְּיסָן בִּנְבֵלָה. וּמִי אִית לֵיהּ לְרַב חִסְדָּא "הוֹאִיל"? וְהָא אִתְּמַר: *הָאוֹפֶה מִי"ט לְחוֹל, רַב חִסְדָּא אָמַר: לוֹקֶה, רַבָּה אָמַר: [ו]אֵינוֹ לוֹקֶה. רַב חִסְדָּא אָמַר: לוֹקֶה, לָא אָמְרִינַן: הוֹאִיל וּמִקַּלְעִי לֵיהּ אוֹרְחִים חֲזֵי לֵיהּ – הַשְׁתָּא נַמִי חֲזֵי לֵיהּ. רַבָּה אָמַר: אֵינוֹ לוֹקֶה, [ז]אָמְרִי' "הוֹאִיל"! אֶלָּא, לָא תֵּימָא "הוֹאִיל וְאֶפְשָׁר", אֶלָּא: כְּגוֹן דְּאִית לֵיהּ נְבֵלָה, דְּוַדַּאי אֶפְשָׁר לְפַיְּיסָן בִּנְבֵלָה.§ בָּעוּ מִינֵּיהּ מֵרַב הוּנָא: הָנֵי בְּנֵי בָאגָא דְּרָמוּ עֲלַיְיהוּ קִמְחָא דִּבְנֵי חֵילָא, מַהוּ לַאֲפוֹתָהּ בְּי"ט אֲמַר (*לֵיהּ) [ח]חֲזֵינָא, אִי יָהֲבֵי לֵיהּ רִפְתָּא לִינוּקָא וְלָא קָפְדִי – כָּל חֲדָא וַחֲדָא חַזְיָא לִינוּקָא, וְשָׁרֵי. וְאִי לָאו – אָסוּר. וְהָתַנְיָא: *מַעֲשֶׂה בְּשִׁמְעוֹן הַתִּימְנִי שֶׁלֹּא בָּא אֶמֶשׁ לְבֵית הַמִּדְרָשׁ, בְּשַׁחֲרִית מְצָאוֹ [ר'] יְהוּדָה בֶּן בָּבָא, אָמַר לוֹ: מִפְּנֵי מָה לֹא בָּאתָ אֶמֶשׁ לְבֵית הַמִּדְרָשׁ? אָמַר לוֹ: בַּלֶּשֶׁת בָּאָה לְעִירֵנוּ וּבִקְּשָׁה לַחֲטוֹף אֶת כָּל הָעִיר, וְשָׁחַטְנוּ לָהֶם עֵגֶל וְהֶאֱכַלְנוּם, וּפְטַרְנוּם לְשָׁלוֹם. אָמַר לוֹ: תָּמֵהַּ אֲנִי אִם לֹא יָצָא שְׂכַרְכֶם בְּהֶפְסֵדְכֶם, שֶׁהֲרֵי אָמְרָה תּוֹרָה *"לָכֶם" וְלֹא לְגוֹיִם. וְאַמַּאי? הָא חֲזֵי לְמֵיכַל מִינֵּיהּ! אֲמַר רַב יוֹסֵף: עֵגֶל טְרֵפָה הֲוַאי. וְהָא חֲזֵי לִכְלָבִים! שמות יב תַּנָּאֵי הִיא, דְּתַנְיָא: °"אַךְ אֲשֶׁר יֵאָכֵל לְכָל נֶפֶשׁ הוּא לְבַדּוֹ יֵעָשֶׂה לָכֶם" – *שׁוֹמֵעַ אֲנִי אֲפִילּוּ נֶפֶשׁ בְּהֵמָה בְּמַשְׁמָע, מִמַּשְׁמָע שֶׁנֶּאֱמַר "לְכָל נֶפֶשׁ" ויקרא כד כְּעִנְיָן שֶׁנֶּאֱמַר °"וּמַכֵּה נֶפֶשׁ בְּהֵמָה יְשַׁלְּמֶנָּה", תַּלְמוּד לוֹמַר "לָכֶם" "לָכֶם"

רש"י

הוּרְצָה עַל מְנָת לְהַקְטִיר כו'. כְּלוֹמַר: וְיַקְטִיר אֵימוּרִין לָעֶרֶב, וְלֹא יַקְטִירֵם הַיּוֹם: לְכַתְּחִלָּה לָא. הוֹאִיל וְלֹא יֹאכַל בָּשָׂר הַיּוֹם: שָׁאנֵי שְׁבוּת שַׁבָּת. הֶחְמִירוּ חֲכָמִים בְּדִבְרֵיהֶם בְּשַׁבָּת מִבְּיוֹם טוֹב: מַה בֵּין זֶה לְנֶדֶר וּנְדָבָה. שֶׁחֶלְקָן לוֹ וְחֶלְקָן לַגָּבוֹהַּ, וְאָסוּר לְשׁוֹחְטָן מִפְּנֵי חֵלֶק גָּבוֹהַּ: עוּרְבָא פָּרַח. עוֹרֵב הַפּוֹרֵחַ לְמַעְלָה. הִשִּׂיאוֹ לְדָבָר אַחֵר: כִּי נְפַק. רַב אָוְיָא: אֲמַר לֵיהּ רַבָּה בְּרֵיהּ. דְּרַב הוּנָא לַאֲבוּהּ: לָאו הַיְינוּ כו'. וְלָמָּה דְּחִיתוֹ וְהָלַךְ לוֹ בִּכְלִימָה? אֲנִי הַיּוֹם סַמְּכוּנִי בָּאֲשִׁישׁוֹת. י"ט הוּא, וְדָרַשְׁתִּי לָרַבִּים, וְחָלִיתִי מִטּוֹרַח הַדְּרָשָׁה, וְקוֹרֵא אֲנִי עָלַי "סַמְּכוּנִי בָּאֲשִׁישׁוֹת" – הֲבִיאוּ לִי סְעוּדָה וְאֶסְעוֹד: דִּבְעָיָא טַעְמָא. וְצָרִיךְ אֲנִי לְהַרְהֵר וּלְעַיֵּין בָּהּ: וְטַעְמָא מַאי. סוּגְיָא דִּגְמָרָא הוּא: כֹּהֲנִים מִשֻּׁלְחַן גָּבוֹהַּ קָא זָכוּ. בְּחָזֶה וְשׁוֹק, וְה"ה לַבְּעָלִים בִּשְׁאָר הַבָּשָׂר, כְּעֶבֶד הַנּוֹטֵל פְּרָס מִבֵּית רַבּוֹ, נִמְצֵאת כָּל הַשְּׁחִיטָה לְשֵׁם גָּבוֹהַּ: חַיֶּיבֶת בְּחַלָּה. דְּלֶחֶם קָרֵינָא בֵּיהּ: וּמְעָרְבִין בָּהּ. עֵרוּבֵי חֲצֵרוֹת, לְהוֹצִיא מִבָּתִּים לֶחָצֵר. שֶׁהַבָּתִּים רְשׁוּת לְכָל יָחִיד וְיָחִיד, וְהֶחָצֵר רְשׁוּת כּוּלָּן, וּצְרִיכִים עֵרוּב לְהוֹצִיא כָּל אֶחָד מִבֵּיתוֹ לֶחָצֵר: וּמִשְׁתַּתְּפִים בָּהּ. שִׁתּוּף קָרֵי בְּמָבוֹי שֶׁחֲצֵירוֹת הַרְבֵּה פְּתוּחִין לוֹ, וְכָל חֲצֵרוֹת שֶׁבַּשַּׁ"ס לִפְנֵי הַבָּתִּים, וְיוֹצְאִים דֶּרֶךְ חָצֵר לִרְשׁוּת הָרַבִּים אוֹ לְמָבוֹי: וּמְבָרְכִין עָלֶיהָ. "הַמּוֹצִיא": וּמְזַמְּנִים עָלֶיהָ. שְׁלֹשָׁה שֶׁאָכְלוּ כְּאַחַת: וְנֶאֱפֵית בְּי"ט. מִשּׁוּם חֵלֶק הָרוֹעִים: וְאָדָם יוֹצֵא בָּהּ יְדֵי חוֹבָתוֹ בְּפֶסַח. לַיְלָה הָרִאשׁוֹן שֶׁל פֶּסַח, שֶׁהוּא מִצְוָה לֶאֱכוֹל מַצָּה, דִּכְתִיב "בָּעֶרֶב תֹּאכְלוּ מַצּוֹת" (שמות יב). וּשְׁאָר הַיָּמִים, אִם רָצָה לֶאֱכוֹל שְׁאָר דְּבָרִים בְּלֹא לֶחֶם – הָרְשׁוּת בְּיָדוֹ: לְפַיְּיסָן בִּנְבֵלָה. וְנִמְצֵאת כּוּלָּהּ נֶאֱכֶלֶת לְאָדָם: וּמִי אִית לֵיהּ הוֹאִיל. סוֹף סוֹף מְפַרְנֵס הַכְּלָבִים מִמֶּנָּה, שֶׁהֲרֵי אֵין לוֹ נְבֵלָה, וּמִשּׁוּם אַסְמַכְתָּא דְּהוֹאִיל וְאִילּוּ הָיָה לוֹ נְבֵלָה קָא שָׁרֵית לֵיהּ: מִי"ט לַחוֹל. לְאַחַר שֶׁסָּעַד אָפָה, דְּהָא וַדַּאי לַחוֹל הוּא: בְּנֵי בָאגָא. יִשְׂרָאֵל הַדָּרִים בַּכְּפָרִים: דְּרָמוּ עֲלַיְיהוּ קִמְחָא דִּבְנֵי חֵילָא. הַמֶּלֶךְ הֵטִיל עֲלֵיהֶם לֶאֱפוֹת וּלְבַשֵּׁל לִבְנֵי חֵילוֹ, אַנְשֵׁי מִלְחַמְתּוֹ: כָּל חֲדָא וַחֲדָא כו'. וּפָלֵיג רַב הוּנָא אַדְּרַב חִסְדָּא, דְּאָמַר חֶצְיָהּ שֶׁל גּוֹי וְחֶצְיָהּ שֶׁל יִשְׂרָאֵל אָסוּר לַאֲפוֹתָהּ: הַתִּימְנִי. מִתִּמְנַת הָיָה, כִּדְכְתִיב (שופטים טו) "שִׁמְשׁוֹן חֲתַן הַתִּמְנִי" – מִתִּמְנַת: אֶמֶשׁ. כְּלוֹמַר: בֵּין הָעַרְבַּיִם שֶׁל יו"ט: בַּלֶּשֶׁת. חַיִל גָּדוֹל שֶׁל גְּדוּדֵי גוֹיִם, שֶׁמְּחַפְּשִׂים וְדוֹלְשִׁין לִשְׁלוֹל שָׁלָל: יָצָא שְׂכַרְכֶם. שֶׁנִּשְׂתַּכַּרְתֶּם בְּמָמוֹן, יָצָא וְאָבַד בִּשְׁבִיל הֶפְסֵד עוֹנֶשׁ שֶׁתֵּעָנְשׁוּ עַל חִילּוּל י"ט: וְלֹא לִכְלָבִים. לָא גָּרְסִינַן: וְהָא חֲזֵי לְמֵיכַל מִינֵּיהּ. וְלֹא יַקְפִּידוּ, שֶׁהֲרֵי מִשֶּׁלָּהֶן הָיָה: הַיְינוּ דְּקָאָמַר לֵיהּ. כו' לָא גָּרַס. וְהָכִי גָּרַס: וְהָא חֲזֵי לִכְלָבִים: תַּנָּאֵי הִיא. דְּאִיכָּא תַּנָּא דְּאָסַר לִכְלָבִים: לְכָל נֶפֶשׁ. "אַךְ אֲשֶׁר יֵאָכֵל לְכָל נֶפֶשׁ": הָנֵי

תוספות

אבל נדרים ונדבות כי קא זכו משלחן גבוה קא זכו. כהנים בחזה ושוק, והישראל בבשר, משלחן גבוה – כעבד שנוטל פרס מרבו, כן פרש"י, ואפי' לרבי יוסי הגלילי, דקאמר: קדשים קלים ממון בעלים הן, בב"ק (דף יב:). ואפי' לאחר *זריקה קאמר דממון בעלים הם רק במתנות כהונה – מ"מ אותו ממון זכה משלחן גבוה, דהא עיקר הקרבן בשביל גבוה. והלכך, נהי דהוי ממונו לקדש בו את האשה – מ"מ כל העבודות לצורך גבוה הם עושים:

עיסה חציה של גוי וחציה של ישראל. ואם תאמר: והאמר לעיל* רבי שמעון בן אלעזר אומר: ממלאה אשה תנור פת, ואע"פ שאינה צריכה אלא לפת אחת – מפני שהפת נאפית יפה בזמן שהתנור מלא, ושרי לאפות בי"ט אפי' לכתחילה. וכי תימא דאתיא לת"ק – והא הלכתא כר' שמעון דמתיר! *ויש לומר: דשאני התם, דכל הפת של ישראל, שהרשות בידו לאכול כל אחד ואחד או זה או זה. ועוד: דלמא מקלעי ליה אורחים. אבל הכא, דחציה של גוי – אסור לאפותה בי"ט:

חזינן אי יהבינן (א) **לינוקא ולא** קפדי כל חדא וחדא וכו'. פרש"י: ופליגא אההיא דלעיל דרב חסדא דקאמר עיסה חציה של גוי וכו' דאפשר למפלגה בלישה. ואומר ר"י: דלא פליגי, דשאני עיסה דחציה של גוי וחציה של ישראל דישראל מצי למפלגה ולאפות חלקו. אבל הכא מיירי שהיה הקמח לבני חילא, אלא שטורח אפייה הוה רמי אבני באגא – הלכך לא היו יכולין ליקח כלל מן הקמח קודם האפייה לאפותו לצורך התינוק. אבל אח"כ, שאפו בשביל החיל – אז לא קפדי. וכן בעגל דבסמוך – לא שייך אפשר למפלגיה, שנתנו משלהם. ומש"ה, אם היו לוקחין ממנו – היו מקפידין, אם לא ע"י טורח הבשול, כדרך מבשלים שאוכלין מעט מן הבשול. להכי פריך אדרב הונא מהכא:

הואיל ומקלעי אורחים וכו'. ותימה: הא אמר בשבת פרק "המצניע" (דף צה. ושם) הרודה חלות דבש ביום טוב סופג ארבעים. ואמאי לוקה לרבה, דאמר הכא: הואיל וכו'. התם נמי נימא: הואיל דמקלעי אורחים וכו'! ואין לומר דשאני התם דאפשר לעשותו מעי"ט, דלענין אוכל נפש אין לחלק בין אפשר ללא אפשר, כדפרישית בריש מכילתין (דף ג.) גבי רב יוסף דאמר משום פירות הנושרין! ויש לומר: דמיירי שהדביש הדבש ואינו ראוי לאכילה אלא לכתישה דגמלי. א"נ שתלש חלות דבש סמוך לחשכה, ולא היה שהות, אפי' באו אורחים, לאכלן: לכס

רבינו חננאל

ע"מ להקטיר אימורין לערב דייקינן מינה דאי עבד אין דקתני אם זרק הורצה אבל לכתחלה לא בשלמא לרבה דאמר זורק הדם כדי להתיר בשר לאכילה כיון דבשבת לאו בר אכילה הוא לפיכך אינו זורק לכתחלה אלא לרבה בר רב הונא דאמר זורק הדם כדי להקטיר אימורין לערב אמאי אינו זורק לכתחלה הלא יקטיר אימורין לערב ועלתה לו בקושיא איבעית אימא אמר לך רבה בר רב הונא כי קאמינא בשבות דיו"ט שהוא קל לפיכך זורק אפילו לכתחלה אבל שבות דשבת דחמירא לא. עורבא פרח לשון גנאי ופחיתות היא כלומר דעת זו דעת נערים ששוחקין בעורבין. היום סמכוני באשישות כלומר היום סמכו אותי בישיבה. ואסיקנא לדברי רב חסדא בהמה חציה של גוי וחציה של ישראל מותר לשוחטה ביו"ט דאי אפשר לאכול ממנה כזית בלא שחיטה ולא דמיא לנדרים ונדבות דהני משלחן גבוה זכו. אבל עיסה חציה של גוי וחציה של ישראל אסור לאפותה ביו"ט מ"ט אפשר דפלגו לה בליש' ומותבינן עליה מהא עיסת כלבים בזמן שהרועים אוכלין ממנה חייבין בחלה ומערבין ומשתתפין בה ומברכין ומזמנין עליה ונאפת ביו"ט ואדם יוצא בה י"ח בפסח ואמאי נאפת אותה עיסה חלק הכלבים ביו"ט הא אפשר לחלק העיסה וליטול מנת הרועים ולהניח מנת הכלבים ופריק רב חסדא שאני כלבים הואיל אם נזדמנה לו נבילה אפשר להאכילם ונמצאת כל העיסה לרועים בלבד ואקשינן ומי אית ליה לרב חסדא הואיל והא איתמר האופה מיו"ט לחול רב חסדא אמר לוקה לא אמרינן הואיל ואי מיקלעי ליה אורחין חזו ליה האי נהמא כוליה ורבה אמר אינו לוקה אמרינן הואיל ופרקינן לא שריא הדא מתניתין אלא בדאית ליה נבילה מוטלת דוודאי מפיים להו לכלבים בה שנמצאת העיסה כולה לרועים: **בעו** מיניה מרב אי שדו בני החיילות של גוים קמח על היהודים לאפות אותו ביו"ט להם מותר או אסור ואמר להם אם כשיתנו מאותה הפת לתינוקות של יהודים לא קפדי עליהן הני בני חיילא כל חדא וחדא חזיא לינוקא ושרי אבל אי קפדי נמצאו כי לגוים עושין ואסור ומותבינן עליה מהא דתניא שאמר שמעון התימני לר' יהודה בן בבא בולשת באה לעירנו לילי יו"ט ובקשו לחטוף את כל העיר ושחטנו להן עגל והאכלנום וא"ל ר' יהודה בן בבא והרי אמר' התורה לכם ולא לעובדי כוכבים לכם ולא לכלבים מכלל שלא עשו כהלכה אמאי והא עגל זה ראוי היה שיאכלו גם הם ממנו חתיכה והגוים אין ממחין ולא קפדי כי של ישראל היה ופריק רב יוסף עגל טריפה הואי דלא חזי לישראל כלל: לכם ולא לכלבים תנאי היא יש תנא דהוא ר"ע שאומר מותר ביו"ט לעשות

עין משפט נר מצוה

סב א מיי' פ"א מהל' י"ט הלכה יד סמג לאוין עה טוש"ע א"ח סי' תצח סעיף יא:

נ"ל שחיטה. מהרש"א

סג ב מיי' שם סמג שם טוש"ע א"ח סי' תקו סעיף ו:

סד ג מיי' פ"ו מהלכות בכורים הלכה ח טוש"ע י"ד סי' של סעיף ט:

[דף יז.]

סה ד מיי' פ"א מהל' י"ט הלכה יד סמג שם טוש"ע א"ח סי' תקיב סעיף ג:

סו ה מיי' פ"ו מהלכות מצה הל' ה טוש"ע א"ח סי' תנד סעיף ב:

[ועי' תוס' פסחים מו. סד"ה עד שתאפה וכו' יתיישב קושית תוספות דהכא]

סז ו ז מיי' פ"א מהל' י"ט הלכה טו:

סח ח מיי' שם הל' יד טוש"ע א"ח סי' תקיב סעיף ב:

מסורת הש"ס

[עי' תוס' חולין קכב: ד"ה עור וכו'] [חולין קכב:]

[פי' אותו היום סמכוהו בישיבה והושיבוהו בראש. ערוך ערך סמך]

[קידושין נב: ב"ק יב: יג. ערכין כח: חולין קל.]

חלה פ"א מ"ח

פסחים מו: סב.

[נ"ל להו]

[תוספת' פ"ב]

לעיל כ: וש"נ

הגהות הב"ח

(א) תוס' ד"ה חזינן אי יהבינן רפתא לינוקא:

גליון הש"ס

גמ' שומע אני אפי' נפש בהמה. עיין נזיר דף מ"ח ע"א ועיין בר"ש פרק יא מ"ט דתרומות וצ"ע:

א*"לָכֶם" – וְלֹא לִכְלָבִים, דִּבְרֵי רַבִּי יוֹסֵי הַגְּלִילִי. ר"ע אוֹמֵר: אֲפִילּוּ נֶפֶשׁ בְּהֵמָה בְּמַשְׁמַע, אִם כֵּן, מַה תַּלְמוּד לוֹמַר "לָכֶם" – *לָכֶם וְלֹא לְגוֹיִם. וּמָה רָאִית לְרַבּוֹת אֶת הַכְּלָבִים וּלְהוֹצִיא אֶת הַגּוֹיִם – מְרַבֶּה אֲנִי אֶת הַכְּלָבִים שֶׁמְּזוֹנוֹתָן עָלֶיךָ. וּמוֹצִיא אֲנִי אֶת הַגּוֹיִם – שֶׁאֵין מְזוֹנוֹתָן עָלֶיךָ.§ אֲמַר לֵיהּ אַבַּיֵי לְרַב יוֹסֵף: וּלְרַבִּי יוֹסֵי הַגְּלִילִי דְּאָמַר "לָכֶם" וְלֹא לִכְלָבִים, הָנֵי סוּפְלֵי לְחֵיוָתָא הֵיכִי שָׁדֵינַן לְהוּ בְּיוֹם טוֹב? אֲמַר לֵיהּ: הוֹאִיל וַחֲזוּ לְהַסָּקָה. תֵּינַח בְּיַבִּישְׁתָּא, בִּרְטִיבְתָּא מַאי אִיכָּא לְמֵימַר? אֲמַר לֵיהּ: חֲזוּ לְהֶיסֵּק גָּדוֹל. תֵּינַח בְּיוֹ"ט בַּשַּׁבָּת מַאי אִיכָּא לְמֵימַר? מְטַלְטְלִינַן לְהוּ אַגַּב רִיפְתָּא, כִּדְשְׁמוּאֵל. *דְּאָמַר שְׁמוּאֵל: בעוֹשֶׂה אָדָם כָּל צְרָכוֹ בְּפַת. וּפְלִיגָא דְּרַבִּי יְהוֹשֻׁעַ בֶּן לֵוִי, דְּאָמַר רַבִּי יְהוֹשֻׁעַ בֶּן לֵוִי: *גמְזַמְּנִין אֶת הַגּוֹי בַּשַּׁבָּת, דוְאֵין מְזַמְּנִין אֶת הַגּוֹי בְּיוֹם טוֹב, גְּזֵרָה שֶׁמָּא יַרְבֶּה בִּשְׁבִילוֹ. רַב אַחָא בַּר יַעֲקֹב אֲמַר: אֲפִילּוּ בַּשַּׁבָּת נַמִי לָא, מִשּׁוּם שִׁיּוּרֵי כּוֹסוֹת. אִי הָכִי דִּידָן נַמִי! דִּידָן חֲזוּ לְתַרְנְגוֹלִין. דִּידְהוּ נַמִי חֲזוּ לְתַרְנְגוֹלִין! דִּידְהוּ אִיסּוּרֵי הֲנָאָה נִינְהוּ. וּלְטַלְטְלִינְהוּ אַגַּב כָּסָא, מִי לָא אֲמַר רָבָא: *המְטַלְטְלִין כַּנּוּנָא אַגַּב קִטְמֵיהּ, אע"ג דְּאִיכָּא עֲלֵיהּ שִׁבְרֵי עֵצִים! הָתָם לָאו אִיסּוּרֵי הֲנָאָה, נִינְהוּ הָכָא אִיסּוּרֵי הֲנָאָה נִינְהוּ.§ אֲמַר לֵיהּ רַב אַחָא מִדִּפְתִּי לְרָבִינָא: וְלֶהֱוֵי כִּגְרָף שֶׁל רְעִי! אֲמַר לֵיהּ: *ווְכִי עוֹשִׂין גְּרָף שֶׁל רְעִי לְכַתְּחִלָּה?§ *אַדְבְּרֵיהּ רָבָא לְמָר שְׁמוּאֵל וְדָרַשׁ: מְזַמְּנִין אֶת הַגּוֹי בַּשַּׁבָּת, וְאֵין מְזַמְּנִין אֶת הַגּוֹי בְּיוֹ"ט גְּזֵרָה שֶׁמָּא יַרְבֶּה בִּשְׁבִילוֹ.§ מָרֵימָר וּמָר זוּטְרָא כִּי הֲוָה מִקְלַע לְהוּ גּוֹי בְּיוֹ"ט זאֲמַרוּ לֵיהּ: אִי נִיחָא לָךְ בְּמַאי דְּטְרִיחָא לָן – מוּטָב, וְאִי לָא – טִרְחָא יְתֵירָא אַדַּעְתָּא דִּידָךְ לָא טָרְחִינַן.§ **מתני'** *ב"ש אוֹמְרִים: לֹא יָחֵם אָדָם חַמִּין לְרַגְלָיו אֶלָּא אִם כֵּן רְאוּיִין לִשְׁתִיָּה, וּב"ה חמַתִּירִין. טעוֹשֶׂה אָדָם מְדוּרָה וּמִתְחַמֵּם כְּנֶגְדָּהּ.§ **גמ'** אִיבַּעְיָא לְהוּ: הַאי מְדוּרָה מַאן קָתָנֵי לַהּ? דִּבְרֵי הַכֹּל הִיא, וְשָׁנֵי לְהוּ לְבֵית שַׁמַּאי בֵּין הֲנָאַת כָּל גּוּפוֹ לַהֲנָאַת אֵבֶר אֶחָד, אוֹ דִּלְמָא ב"ה קָתָנֵי לַהּ, אֲבָל ב"ש לָא שָׁנֵי לְהוּ? ת"ש: ב"ש אוֹמְרִים: לֹא יַעֲשֶׂה אָדָם מְדוּרָה וְיִתְחַמֵּם כְּנֶגְדָּהּ, וּב"ה מַתִּירִין.§ **מתני'** *שְׁלֹשָׁה *)דְּבָרִים רַבָּן גַּמְלִיאֵל מַחְמִיר כְּדִבְרֵי ב"ש: אֵין טוֹמְנִין אֶת הַחַמִּין *לְכַתְּחִלָּה בְּיוֹם טוֹב, וְאֵין זוֹקְפִין אֶת הַמְּנוֹרָה בְּיוֹם טוֹב, וְאֵין אוֹפִין פִּתִּין גְּרִיצִין אֶלָּא רְקִיקִין. אָמַר רַבָּן גַּמְלִיאֵל: מִימֵיהֶן שֶׁל בֵּית אַבָּא לֹא הָיוּ אוֹפִין פִּתִּין גְּרִיצִין אֶלָּא רְקִיקִין. אָמְרוּ לוֹ: מַה נַּעֲשֶׂה לְבֵית אָבִיךָ, שֶׁהָיוּ מַחְמִירִין עַל עַצְמָן וּמְקִילִין לְכָל יִשְׂרָאֵל לִהְיוֹת אוֹפִין פִּתִּין גְּרִיצִין וַחֲרָרִין.§ **גמ'** הֵיכִי דָּמֵי? אִי דְּאַנַּח עֵירוּבֵי תַבְשִׁילִין – מַאי טַעְמָא דְּב"ש? וְאִי דְּלָא אַנַּח עֵירוּבֵי תַבְשִׁילִין – מַאי טַעְמָא דְּב"ה? אֲמַר רַב הוּנָא: לְעוֹלָם אֵימָא לָךְ שֶׁלֹּא הִנִּיחַ עֵירוּבֵי תַבְשִׁילִין, וּכְדֵי חַיָּיו שָׁרוּ לֵיהּ רַבָּנַן. וְרַב הוּנָא לְטַעְמֵיהּ, דְּאָמַר רַב הוּנָא: ימִי שֶׁלֹּא הִנִּיחַ עֵירוּבֵי תַבְשִׁילִין אוֹפִין לוֹ פַּת(א) אַחַת, וּמְבַשְּׁלִין לוֹ קְדֵרָה אַחַת, וּמַדְלִיקִין

*) [עי' תוס' ע"ז כה: ד"ה מ"ט]

רש"י

הָנֵי סוּפְלֵי. גַּרְעִינֵי תְמָרִין: הֵיכִי שָׁדֵינַן לְהוּ. כֵּיוָן דִּלְאָדָם לָא חֲזוּ, וּמַאֲכָל לִבְהֵמָה לָא מִשְׁתְּרֵי – אֲסִירֵי בְּטִלְטוּל: עוֹשֶׂה אָדָם כָּל צְרָכוֹ בְּפַת. וּמְטַלְטֵל ע"י הַפַּת, וְלָא חָיְישִׁינַן לְבִזָּיוֹן דְּאוֹכָלִין: וּפְלִיגָא דְּרַבִּי יְהוֹשֻׁעַ בֶּן לֵוִי. הָא דְּרַב הוּנָא דִּלְעֵיל, דַּאֲמַר אִי כִּי יָהֲבִינַן רִפְתָּא לְיָנוּקָא כו': שִׁיּוּרֵי כּוֹסוֹת. שֶׁל יַיִן, שֶׁשָּׁרָה בָּהֶן פִּיו, וּמְטַלְטְלָן הַשַּׁמָּשׁ לְהַצְנִיעַ הַכּוֹס: דִּידָן נַמִי. הָא לָא חֲזוּ, דִּמְאִיסִי: כַּנּוּנָא. כְּלִי שֶׁמְּשִׂימִים בּוֹ הַגֶּחָלִים: אַגַּב קִטְמֵיהּ. שֶׁהָיִינוּ צְרִיכִין לְאֶפְרוֹ, וְהוּכַן מֵעֶ"שׁ לְכַסּוֹת רוֹק אוֹ צוֹאָה: וְאע"ג דְּאִיכָּא עֲלֵיהּ שִׁבְרֵי עֵצִים. דְּלָא חֲזוּ, מְטַלְטֵל לְהוּ עִם כַּנּוּנָא: הָכָא אִיסּוּרֵי הֲנָאָה נִינְהוּ. וּמוּקְלֵי טְפֵי: וְלֶהֱוֵי כִּגְרָף שֶׁל רְעִי. שֶׁמּוּתָּר לְטַלְטְלוֹ וּלְפַנּוֹתוֹ לָאַשְׁפָּה מֵחֲמַת מָאוּס, כִּדְאָמְרִינַן בְּפֶרֶק בַּתְרָא (דף לו:): וְכִי עוֹשִׂין גְּרָף שֶׁל רְעִי לְכַתְּחִילָּה. נְהִי דְּכִי אִיתֵיהּ קַמָּן מְסַלְּקִינַן לֵיהּ, אֲבָל לְאַתּוּיֵי קַמָּן, אוֹ לְמֵיזַל אֲנַן לְגַבֵּיהּ כִּי הֵיכִי דְּנִמְאַס עֲלַן וְנִסַלְּקֵיהּ – מִי שָׁרֵי? **מתני'** לֹא יָחֵם אָדָם חַמִּין. לִרְחוֹץ רַגְלָיו. אוֹכֶל נֶפֶשׁ הִתִּיר הַכָּתוּב, וְלֹא לְהַבְעִיר אוּר בִּשְׁבִיל רְחִיצָה: מְדוּרָה. הֶיסֵּק גָּדוֹל: **גמ'** הֲנָאַת כָּל גּוּפוֹ. דָּמְיָא לְאוֹכֶל נֶפֶשׁ: **מתני'** ג' דְּבָרִים כו'. מְפָרֵשׁ טַעְמָא בַּגְּמָרָא: אֵין זוֹקְפִין. מַשְׁמַע: אִם נָפְלָה מְנוֹרָה שֶׁל מַתֶּכֶת – אֵין זוֹקְפִין וּמַשִּׁיבִין אוֹתָהּ: פִּתִּין גְּרִיצִין. כִּכָּרוֹת עָבִים, מִשּׁוּם טִרְחָא: חֲרָרִין. שֶׁאוֹפִים עַל הַגֶּחָלִים: **גמ'** שֶׁעֵרֵב

תוספות

לכם ולא לכלבים דברי ר' יוסי הגלילי. אומר הר"ר שמואל מאייבר"א בשם אחיו הר"ר משה דהלכה כר' יוסי הגלילי, ואף ע"ג דקיימא לן* דהלכה כרבי עקיבא מחברו – דהא אשכחנא סתמא דמשנה כותיה במס' חלה (פ"א מ"ח) בההיא דמייתי לעיל: עיסת כלבים בזמן שהרועים אוכלין ממנה נאפית ביום טוב. ודוקא בזמן שהרועים אוכלין ממנה, הא לאו הכי – לא. והכי איתא (*בספרי) בהדיא: אבל אין הרועים אוכלין ממנה – אין אופין אותה בי"ט: **הני** סופלי לחיותא היכי שדינן. ואם תאמר: מאי מספקא ליה, דמאי היה לו לאסור? אי משום טרחא – מהא לא משני מידי, דמה בכך משום דחזיא להסקה? והאיכא טרחא יתירא! ואי בעי לאסרו משום מוקצה, דאית להו דמאכל לבהמה מוקצה הוא – לא היא, דאם כן תיקשי היאך אנו נותנין תבן לבהמה! ועוד תנן*: מטלטלין שער של אפונים הואיל שהוא ראוי למאכל בהמה! ועוד דאמר*: בשר תפוח מטלטלים אותו, מפני שהוא ראוי למאכל כלבים. ויש לומר: דהני גרעיני תמרה אינן ראויין לבהמה אלא על ידי תקון גדול* לחתכן, ומדרבנן הויא מלאכה. ומ"מ ראויין כמו שהם על ידי הדחק. והואיל ואינן ראויין להיות עיקר מאכל בהמה אלא על ידי תקון גדול, היכי שדינן להו, למאן דדריש "לכם" ולא לכלבים, משום דהויא מלאכה? ומשני: דמותרין לטלטל ליתנם לחיות, מפני דחזו להסקה:

עושה אדם כל צרכו בפת. ותימה: דאמר בשבת (דף קמג:) דלא אמרו היתר ככר או תינוק אלא למת בלבד! ויש לומר: בדבר שיכול לעשות מבעוד יום אמר התם דלא אמר היתר אלא למת בלבד, אבל הני סופלי – לא היה יכול לעשותם מערב יו"ט:

כנונא אגב קטמיה אף על גב דאיכא עליה שברי עצים. וא"ת: מאי מייתי מהכא? דלמא שאני הכא שיש בו דבר המטלטל, כגון קטמא שראוי לכסות בו צואה או רוק, אבל בלא קטמא – לא שרי, משום דהוי בסיס לדבר האסור. וא"כ הכא, בכוס שיש בו דבר שאסור לטלטלו – לא! ויש לומר: דה"נ מדמה שבכל אחד יש בו חדא לטיבותא וחדא לריעותא, והכא הכוס שרי לטלטל, ומה שיש בתוכו אסור. וגבי כנונא – יש בתוכו דבר המותר, והכנונא עצמו אסור לטלטל, דמלאכתו לאיסור. וה"פ: כי היכי דמטלטל כנונא אגב קטמא – הכי הוה לן לטלטל השיורין עם הכוס. ואין נראה, דלפום רהיטא משמע דהא דקאמר מטלטלין כנונא אגב קטמיה – לאו מכח הקטמא, אלא היינו לצורך גופו ולצורך מקומו ולא דמי לכוס. ואם כן, אף כי הוי מלאכתו לאיסור – שרי לטלטל. אלא נראה דטיבותא דכוס הוי משום דשיורי כוסות גריעי טפי, וראויין להתבטל אגב הכוס, כמו שברי עצים אגב קטמא. ור"ת פי': דלא מקרי בסיס לדבר מועט שאינו נקבע, כגון שברי עצים ושיורי כוסות. ודאמרינן דבעינן קטמא – היינו משום שמטלטל שברי עצים תוך הכנונא, והיה לו לנערם, אבל אי איכא קטמא – לא היה יכול לנערם שלא יפול הקטמא. וכ"ש שיורי כוסות, אף על גב דליכא היתר עמהן – מ"מ שרו לטלטל אגב כסא, לפי שאי אפשר לנערם:

לא יחם אדם חמין אא"כ ראויין לשתיה. וא"ת: מאיזה טעם שרו ב"ש, ואפילו ראויין לשתיה? הא לית להו מתוך*! וי"ל: דמיירי כגון ששותה, ומרבה לרחוץ רגליו. והכי איתא בהדיא בירושלמי, דלב"ש צריך לשתות מהן, וב"ה מתירין. ודוקא לרגליו, אבל לכל גופו – מודה דאסור, דדבר השוה לכל נפש בעינן, וזה אינו ראוי אלא לבני אדם מעונגין. אבל ידיו ורגליו – שוה לכל נפש: ומדליקין

רבינו חננאל

לעשות מלאכה לכלבים דכתיב לכל נפש ואפי' נפש בהמה במשמע ור' יוסי הגלילי אוסר שנא' לכם ולא לגוים ולא לכלבים ואמרי' לר' יוסי הגלילי סופלי פי' גרעינין איך מטלטלין אותן ומשליכין אותן לפני בהמות ביו"ט והלא אמר לכם ולא לכלבים ופריק משום דאפילו רטיבתא חזיין להסקה גדולה אבל בשבת לא מטלטלינן להו אלא אגב ריפתא כשמואל דאמר עושה אדם כל צרכיו בפת. והא דאמר רב כל מידי דחזי ליה לישראל שרי ליה למיעבדיה לגוים פליגא עליה הא דריב"ל דאמר מזמנין גוי בשבת ואין מזמנין גוי ביו"ט גזירה שמא ירבה בשבילו ופשוטה היא רב אחא בר יעקב אמר אפי' בשבת אסור לזמוני לגוי משום שיורי כוסות גזירה שמא ישתה וישייר מן היין בכוס ונעשה יין נסך והוא מאיסורי הנאה ואסור לטלטלו בשבת וא"ת ליהוי כגרף של רעי ק"ל אסור לעשות גרף של רעי לכתחלה בשבת ולא דמי נמי לכנונא דמטלטל אגב קיטמיה ואע"ג דאיכא עליה שברי עצים דכנונא לאו איסורי הנאה היא. מרימר ומר זוטרא כי הוו מיקלעי להו גוי ביו"ט הוו אמרין ליה אי ניחא לך במאי דטריח לן מוטב ואי לא טרחא יתירא מדעתא דידך לא טרחינן וקיימא לן כוותייהו דבתרא' נינהו וקיימי כריב"ל ונדחת שמועה דרב: [מתני'] ב"ה מתירין להחם חמין לרגליו אע"פ שאינן ראויין לשתיה וכן אם צריך להתחמם עושה מדורה ביו"ט ומתחמם כנגדה ובית שמאי אוסרין: **מתני'** שלשה דברים ר"ג מחמיר כדברי ב"ש אין טומנין את החמין מיום טוב לשבת פירשה

עין משפט נר מצוה

סט א מיי' פ"א מהל' י"ט הל' יג טוש"ע א"ח סי' תקיב סעיף ג:

[עירובין מו:]

ע ב טוש"ע א"ח סי' קעא סעיף א:

עא ג מיי' פ"א מהל' י"ט הל' יב טוש"ע א"ח סי' שכה סעיף א:

[נ"ל בסיפא]

עב ד מיי' שם טוש"ע א"ח סי' תקיב סעיף א:

עג ה מיי' פכ"ו מהל' שבת הלכה יג טוש"ע א"ח סי' שי סעיף ח:

עד ו מיי' שם ופכ"ה הלכה כד טוש"ע א"ח סי' שח סעיף לו וסי' שלח סעי' ח:

עה ז מיי' פ"א מהל' י"ט הל' טו טוש"ע א"ח סי' תקיב סעיף א:

[שבת קמג.]

[שם קכח: ע"ש ובתוספות ד"ה בשר תפוח וכו' וקל"ע]

לחתכן ולרככן דהוי מלאכה. מהר"מ

עו ח מיי' שם הל' טז סמג לאוין עה טוש"ע א"ח סי' תקיא סעיף ב:

עז ט מיי' שם הל' ד טוש"ע שם סעיף א:

עח י טוש"ע א"ח סימן תקכז סעיף כ:

מסורת הש"ס

לעיל כ: מגילה ז:

[לעיל כ: וש"נ]

[ברכות כ:] שבת נ: קמג.

שבת מז. ע"ש

לקמן לו.

[שבת קמג.] [עי' פרש"י לקמן כט. ד"ה אדבריה]

שבת לט:

עדיות פ"ג מ"י ע"ש

[ובמשנה שבמשניות ליתא ע"ש]

[לעיל יב.]

הגהות הב"ח

(א) בגמ' אופין לו פת אחת וטומנין לו קדרה:

גליון הש"ס

גמ' מזמנין עליך. עיין שבת דף יט ע"א תוס' ד"ה נותנין: שם מזמנין את הנכרי. עיין כרן פ"ק דשבת בדף הספר ז' ע"ב:

וּמַדְלִיקִין לוֹ אֶת הַנֵּר. מִשּׁוּם רַבִּי יִצְחָק אָמְרוּ: אַף צוֹלִין לוֹ דָּג קָטָן. תַּנְיָא נַמִּי הָכִי: מִי שֶׁלֹּא הִנִּיחַ עֵירוּבֵי תַבְשִׁילִין אוֹפִין לוֹ פַּת אַחַת, וְטוֹמְנִין לוֹ קְדֵרָה אַחַת, וּמַדְלִיקִין לוֹ אֶת הַנֵּר, וּמְחַמִּין לוֹ קִיתוֹן אֶחָד, וְיֵשׁ אוֹמְרִים: אַף צוֹלִין לוֹ דָּג קָטָן. רָבָא אָמַר: לְעוֹלָם שֶׁהִנִּיחַ, וְשָׁאנֵי הַטְמָנָה דְּמוֹכְחָא מִלְּתָא דְּאַדַּעְתָּא דְּשַׁבְּתָא קָעָבֵיד. אֵיתִיבֵיהּ אַבַּיֵי: *חֲנַנְיָה אוֹמֵר, בֵּית שַׁמַּאי אוֹמְרִים: אֵין אוֹפִין אֶלָּא אִם כֵּן עֵרַב בְּפַת, וְאֵין מְבַשְּׁלִין אֶלָּא א"כ עֵרַב בְּתַבְשִׁיל, וְאֵין טוֹמְנִין אֶלָּא אִם כֵּן הָיוּ לוֹ חַמִּין טְמוּנִין מֵעֶרֶב יו"ט. הָא הָיוּ לוֹ חַמִּין טְמוּנִין – מִיהָא עָבֵיד, וְאע"ג דְּמוֹכְחָא מִלְּתָא דְּאַדַּעְתָּא דְּשַׁבָּת קָעָבֵיד! אֶלָּא אָמַר אַבַּיֵי: כְּגוֹן שֶׁעֵרַב לָזֶה וְלֹא עֵרַב לָזֶה, וַחֲנַנְיָה הִיא, וְאַלִּיבָּא דְּב"שׁ. § "וְאֵין זוֹקְפִין אֶת הַמְּנוֹרָה". § מַאי קָא עָבֵיד? אָמַר רַב חִינָּנָא בַּר בִּיסְנָא: הָכָא בִּמְנוֹרָה שֶׁל חֻלְיוֹת עָסְקִינַן, דְּמֶחֱזֵי כְּבוֹנֶה. דְּב"שׁ סָבְרִי: יֵשׁ בִּנְיָן בְּכֵלִים, (א) וּב"ה סָבְרִי: *[א]אֵין בִּנְיָן בְּכֵלִים וְאֵין סְתִירָה בְּכֵלִים. עוּלָּא אִיקְּלַע לְבֵי רַב יְהוּדָה, קָם שַׁמָּעֵיהּ זְקַף לָהּ לִשְׁרָגָא. אֵיתִיבֵיהּ רַב יְהוּדָה לְעוּלָּא: [ב]הַנּוֹתֵן שֶׁמֶן בַּנֵּר חַיָּיב מִשּׁוּם מַבְעִיר, וְהַמִּסְתַּפֵּק מִמֶּנּוּ חַיָּיב מִשּׁוּם מְכַבֶּה! א"ל: *[ג]לָאו אַדַּעְתַּאי. § אָמַר *)רַב: *קַנְבָּא [ד]שָׁרֵי. § בְּעָא מִינֵּיהּ אַבָּא בַּר מָרְתָא מֵאַבַּיֵי: מַהוּ לְכַבּוֹת אֶת הַנֵּר מִפְּנֵי דָּבָר אַחֵר? אָמַר לוֹ: [ה]אֶפְשָׁר בְּבַיִת אַחֵר. אֵין לוֹ בַּיִת אַחֵר מַאי? אֶפְשָׁר לַעֲשׂוֹת לוֹ מְחִיצָה. אֵין לוֹ לַעֲשׂוֹת מְחִיצָה מַאי? אֶפְשָׁר לִכְפּוֹת עָלָיו אֶת הַכְּלִי. אֵין לוֹ כְּלִי מַאי? אָמַר לֵיהּ: *[ו]אָסוּר. אֵיתִיבֵיהּ: *)אֵין מְכַבִּין אֶת הַבְּקַעַת כְּדֵי לָחוּם עָלֶיהָ, וְאִם בִּשְׁבִיל שֶׁלֹּא יִתְעַשֵּׁן הַבַּיִת אוֹ הַקְּדֵרָה – מוּתָּר! אָמַר לֵיהּ: הַהִיא רַבִּי יְהוּדָה הִיא, כִּי קָאָמִינָא אֲנָא – לְרַבָּנַן. בְּעָא מִינֵּיהּ אַבַּיֵי מֵרַבָּה: מַהוּ לְכַבּוֹת אֶת הַדְּלֵקָה בְּיו"ט הֵיכָא דְּאִיכָּא סַכָּנַת נְפָשׁוֹת לָא קָא מִבַּעְיָא לִי, דַּאֲפִילּוּ בְּשַׁבָּת שָׁרֵי. כִּי קָמִבַּעְיָא לִי – מִשּׁוּם אִבּוּד מָמוֹן, מַאי? א"ל: אָסוּר. אֵיתִיבֵיהּ: אֵין מְכַבִּין אֶת הַבְּקַעַת כְּדֵי לָחוּם עָלֶיהָ, וְאִם בִּשְׁבִיל שֶׁלֹּא יִתְעַשֵּׁן הַבַּיִת אוֹ הַקְּדֵרָה – מוּתָּר. הַהִיא רַבִּי יְהוּדָה הִיא, כִּי קָאָמִינָא אֲנָא – לְרַבָּנַן. בְּעָא מִינֵּיהּ רַב אַשִׁי מֵאַמֵּימַר: מַהוּ לִכְחוֹל אֶת הָעַיִן בְּיו"ט הֵיכָא דְּאִיכָּא סַכָּנָה, *כְּגוֹן רִירָא, דִּיצָא, דְּמָא, דִּמְעָתָא, וְקַדַּחְתָּא, וּתְחִלַּת אוּכְלָא – לָא מִבַּעְיָא לִי, [ז]דַּאֲפִי' בְּשַׁבָּת שָׁרֵי. כִּי קָמִבַּעְיָא לִי – סוֹף אוּכְלָא, וּפַצּוּחֵי עֵינָא, מַאי? א"ל: [ח]אָסוּר. אֵיתִיבֵיהּ: אֵין מְכַבִּין אֶת הַבְּקַעַת! וְשַׁנֵּי לֵיהּ כִּדְשַׁנִּין. אַמֵּימַר [ט]שָׁרֵי לְמִכְחַל עֵינָא מִגּוֹי בְּשַׁבְּתָא. אִיכָּא דְּאָמְרִי: *אַמֵּימַר גּוּפֵיהּ כְּחַל עֵינָא מִגּוֹי בְּשַׁבְּתָא. אָמַר לֵיהּ רַב אַשִׁי לְאַמֵּימַר, מַאי דַּעְתִּיךְ – *דְּאָמַר עוּלָּא בְּרֵיהּ דְּרַב עִילָּאֵי: כָּל צָרְכֵי חוֹלֶה עוֹשִׂין ע"י גּוֹי בְּשַׁבָּת, וְאָמַר רַב הַמְנוּנָא: *[י]כָּל דָּבָר שֶׁאֵין בּוֹ סַכָּנָה – *אוֹמֵר לְגוֹי וְעוֹשֶׂה. הָנֵי מִילֵּי – הֵיכָא דְּלָא מְסַיֵּיעַ בַּהֲדֵיהּ, אֲבָל מָר – קָא מְסַיֵּיעַ בַּהֲדֵיהּ, דְּקָא עָמֵיץ וּפָתַח! אָמַר לֵיהּ: *אִיכָּא רַב זְבִיד דְּקָאֵי כְּוָתָךְ, וְשַׁנֵּי לֵיהּ: *)[כ]מְסַיֵּיעַ אֵין בּוֹ מַמָּשׁ. [ל]אַמֵּימַר שְׁרָא לְמִכְחַל עֵינָא בְּיו"ט שֵׁנִי שֶׁל רֹאשׁ הַשָּׁנָה. אָמַר לֵיהּ רַב אַשִׁי לְאַמֵּימַר: **)וְהָאָמַר רָבָא: מֵת בְּיוֹם טוֹב רִאשׁוֹן – יִתְעַסְּקוּ בּוֹ עֲמָמִין, בְּיוֹם טוֹב שֵׁנִי – יִתְעַסְּקוּ בּוֹ יִשְׂרָאֵל, וַאֲפִילּוּ בִּשְׁנֵי יָמִים טוֹבִים שֶׁל רֹאשׁ הַשָּׁנָה. מַה

*) שבת נג. **) לעיל ו. שבת קלט:

[רש"י]

שֶׁעֵרַב לָזֶה וְלֹא עֵרַב לָזֶה. אָפָה וּבִשֵּׁל מִבְּעוֹד יוֹם לְשֵׁם עֵרוּב, וְלֹא טָמַן חַמִּין: בִּמְנוֹרָה שֶׁל חֻלְיוֹת. וּכְשֶׁנָּפְלָה נִפְרְדוּ חֻלְיוֹתֶיהָ: יֵשׁ תּוֹרַת בִּנְיָן בְּכֵלִים. וּבוֹנֶה חַיָּיב בְּכָל שֶׁהוּא: אֵין תּוֹרַת בִּנְיָן בְּכֵלִים. וְאֵינוֹ חַיָּיב אֶלָּא אִם כֵּן עָשָׂה בּוֹ מְלָאכָה, כְּגוֹן מְמַחֵק אוֹ מְחַתֵּךְ אוֹ אוֹרֵג אוֹ תּוֹפֵר שֶׁהֵן אָבוֹת מְלָאכוֹת לְעַצְמָם. אֲבָל חֲזָרַת חֻלְיוֹת, שֶׁאֵין בָּהּ אֶלָּא מִשּׁוּם בִּנְיָן – אֵין בּוֹנֶה אֶלָּא בְּבָתִּים וְאֹהָלִים: קָם שַׁמָּעֵיהּ. דְּעוּלָּא: זָקַף לִשְׁרָגָא. שֶׁהָיָה רוֹצֶה שֶׁיִּסְתַּלֵּק הַשֶּׁמֶן לַאֲחוֹרָיו, וְלֹא יִמָּשֵׁךְ אַחַר הַפְּתִילָה, וְתִכְבֶּה: שְׁרָגָא. נֵר שֶׁל חֶרֶס, קרויזו"ל בְּלַעַ"ז: הַנּוֹתֵן שֶׁמֶן בַּנֵּר. בְּשַׁבָּת: הַמִּסְתַּפֵּק. הַנּוֹטֵל מִמֶּנּוּ וְאוֹכֵל: חַיָּיב מִשּׁוּם מְכַבֶּה. וְכִבּוּי בְּי"ט לָא אִשְׁתְּרִי: לָאו אַדַּעְתַּאי. עָשָׂה הַשַּׁמָּשׁ מַה שֶּׁעָשָׂה: קַנְבָּא. לִמְחוֹט (ב) רֹאשׁ הַפְּתִילָה שֶׁנַּעֲשָׂה פֶּחָם, שֶׁקּוֹרִין מוקיי"ר בְּלַעַ"ז: מִפְּנֵי דָּבָר אַחֵר. לְשַׁמֵּשׁ מִטָּתוֹ: לַעֲשׂוֹת מְחִיצָה. בְּסָדִין: בְּקַעַת. אישטיל"א: כְּדֵי לָחוּם עָלֶיהָ. שֶׁאֵין כִּבּוּי זֶה צוֹרֶךְ י"ט. וַאֲנִי שָׁמַעְתִּי, דְּהָוֵי לֵיהּ סוֹתֵר ע"מ לִבְנוֹת בִּמְקוֹמוֹ: מוּתָּר. אַלְמָא, לְצוֹרֶךְ יוֹם טוֹב שֶׁיֵּהָנֶה הַיּוֹם – שָׁרֵי: רַבִּי יְהוּדָה. דְּאָמַר לְקַמָּן*: מַכְשִׁירֵי אוֹכֶל נֶפֶשׁ שָׁרוּ, וְדָרֵישׁ: "יֵעָשֶׂה לָכֶם" – לְכָל צָרְכֵיכֶם. וְהַאי נַמִּי צָרְכֵיכֶם הוּא, וְכֵן תַּשְׁמִישׁ. וְרַבָּנַן דְּאָסְרָנָא – כְּרַבָּנַן דְּדָרְשֵׁי "הוּא לְבַדּוֹ": אֵיתִיבֵיהּ כו'. וְאֵין לְךָ עִשּׁוּן בַּיִת גָּדוֹל מִן הַדְּלֵקָה, וּלְצוֹרֶךְ י"ט הוּא לְכַבּוֹתָהּ, שֶׁלֹּא יִצְטָרֵךְ לֵישֵׁב בַּשָּׁרָב וּבַגְּשָׁמִים: לְמִכְחַל עֵינָא. לָשׂוּם בּוֹ כָּחוֹל לִרְפוּאָה: רִירָא. שֶׁעוֹשֶׂה רִיר, דיב"א, וְהוּא שֶׁקּוֹרִין קליד"ה בְּלַעַ"ז, שֶׁהוּא עוֹשֶׂה רִיר *שֶׁמַּגְלִיד תָּמִיד: דִּיצָא. פֵּירוּשׁ: שֶׁנּוֹקֵב כְּמוֹ מַחַט, כְּמוֹ: דָּץ בֵּיהּ מִידֵי (חולין דף נג.): דְּמָא. סנקנ"ר: דִּמְעָתָא. מְדַמַּעַת תָּמִיד: קַדַּחְתָּא. לְשׁוֹן "קָדְחָה בְּאַפִּי" (דברים לב) – שׂוֹרֶפֶת, וְהוּא שֶׁקּוֹרִין איתקלפייסו"ן: תְּחִלַּת אוּכְלָא. תְּחִלַּת הַחוֹלִי שֶׁל כָּל אֵלּוּ: דַּאֲפִילּוּ בְּשַׁבָּת שָׁרֵי. כִּדְאָמְרִינַן בְּמַסֶּכֶת ע"ז (דף כח:): שׁוּרַיְינֵי דְּעֵינָא בְּאוּבְנְתָא דְּלִבָּא תָּלוּ: סוֹף אוּכְלָא וּפַצּוּחֵי עֵינָא. שֶׁקָּרוֹב לְהִתְרַפְּאוֹת הוּא, וְאֵינוֹ כּוֹחֵל אֶלָּא לְהַגִּיהַּ מְאוֹרוֹ: אֵיתִיבֵיהּ בְּקַעַת. שֶׁמּוּתָּר לַהֲנָאַת הַגּוּף שֶׁלֹּא יִתְעַשֵּׁן: כִּדְשַׁנִּין. רַבִּי יְהוּדָה הִיא, דְּאָמַר: לְכָל צָרְכֵיכֶם: עָמֵיץ וּפָתַח. סוֹגֵר וּפוֹתֵחַ רִיסֵי עֵינָיו, לְהַכְנִיס הַכָּחוֹל: אִיכָּא רַב זְבִיד. שֶׁהָיָה מַקְשֶׁה לִי כְּמוֹתְךָ: וְשַׁנֵּי לֵיהּ. וּפֵרַקְתִּי לוֹ: מְסַיֵּיעַ אֵין בּוֹ מַמָּשׁ. מִי שֶׁאֵינוֹ עוֹשֶׂה מְלָאכָה מַמָּשׁ, אֶלָּא מְסַיֵּיעַ מְעַט כִּי הַאי, וּבְלָאו הוּא מִתְעַבְדָא – אֵין בּוֹ מַמָּשׁ, וְהָכִי אָמַר בְּמַסֶּכֶת שַׁבָּת בְּ"הַמַּצְנִיעַ" (דף נג.), גַּבֵּי זֶה יָכוֹל וְזֶה אֵינוֹ יָכוֹל: יָכוֹל – חַיָּיב, וְשֶׁאֵינוֹ יָכוֹל – פָּטוּר; וְאע"ג דְּקָמְסַיֵּיעַ בַּהֲדֵיהּ – מְסַיֵּיעַ אֵין בּוֹ מַמָּשׁ: מַה

[תוספות]

ומדליקין לו נר. מכאן משמע שצריך להזכיר בברכת עירובי תבשילין: יהא שרי לבשולי ולאפויי ולאדלוקי וכו'. ואם בשביל הדלקה לא התנה – משמע הכא דיהא אסור להדליק לו רק נר א', מדחזינן דהוצרך להזכיר אדלוקי הנר, משמע דאסור למי שלא הניח להדליק לו רק נר אחד:

ובית הלל סברי אין בנין וסתירה בכלים. וא"ת: והא בשבת (דף מו.) במנורה של חליות, כ"ע לא פליגי דאסור! וי"ל: דהתם איירי בשבת, והכא איירי בי"ט, ולא החמירו חכמים הואיל ואין בנין בכלים. אי נמי י"ל, דהתם איירי שכולה של חליות, ומפרקין אותה אברים אברים, אבל הכא איירי שאין חסר כאן רק להקימה קצת, ואינה בעלת אברים, דכולה מחוברת היא*:

והמסתפק ממנו חייב משום מכבה. אינו ר"ל מפני שממהר כבוי דלא הוי אלא גרם כבוי, וגרם כבוי ביום טוב שרי, אע"פ שממהר כבויה. ובשבת נמי אינו חייב. אלא היינו טעמא: הואיל דבאותה שעה שהוא מסתפק ממנה מכבה קצת, ומכהה אורו דלא יכול לאנהורי כולי האי, כי איכא שמן מועט בנר, ולכך נראה ככבוי. ומכאן יש להתיר קנדיל"א של שעוה גדולה לחתוך למטה ממנה, כיון דבשעה שחותך אותה אינו מכחיש מאור שלה כלל, אע"ג שהוא גורם לגרום כבויה – שרי. ודוקא לחתוך אותה באור, אבל בסכין אסור אליבא דכולי עלמא, דאמר לקמן במתני' (דף לג.): חותכה באור בפי שתי נרות:

קנבא שרי. פי' רש"י: מוקיי"ר בלעז, למחוט ראש הפתילה, ועושה פחם. ולא נהירא: דלקמן פרק "המביא" (דף לג:) קרי ליה מוחטין את הנר, מאי מוחטין – עדויי חושכא ולא קאמר הכא כי ההיא לישנא דהתם. לכ"נ דתרי חטויי יש: אחד – בשעה שדולק, והיינו ההוא דלקמן, ויש אחד לאחר שכבה – שמתקנין אותה כדי שידליק מהר, ומסיר הפחם שבראש הפתילה ובכך נוחה כשידליק אותה. והיינו ההוא דהכא דשרי:

אין מכבין את הבקעת וכו'. מכאן יש למחות את הנשים שרגילות להסיר הפתילה מתוך השמן כשהיא דולקת, ומשימין אותה על הקרקע. וכן שלא לכסות את האור. ומה שנהגו העולם להדליק הנר מי"ט לחברו, ואין מדקדקין אם הוא לילה, ולעיל פירשתי דהוי הכנה, ואין י"ט מכין לחבירו – י"ל: דאע"ג שאינו לילה, מ"מ הוא סמוך לחשיכה ואף באותו יום צורך הוא אותה הדלקה:

ההיא רבי יהודה היא. דאית ליה לכל צרכיכם, ואנן עבדינן כרבנן. ואם תאמר: והא אנן פסקינן לקמן הלכה כר' יהודה! וי"ל: דמסיק עליה: ואין מורין כן. אי נמי, י"ל: דהא דשרינן מדרשה ד"לכם" – היינו דוקא בדבר שהוא אוכל נפש, אבל בדבר שאינו אלא לתשמיש בעלמא, וכן שלא תתעשן הקדרה – אסור: דנפישא

עט א מיי' פ"ד מהלכות יו"ט הל' יג ופכ"ב מהלכות שבת הלכה כו סמג לאוין עה טוש"ע א"ח סי' תקיט סעיף ב וסי' שיד סעיף א:
פ ב מיי' פי"ב מהלכות שבת הלכה ב' סמג לאוין סה טוש"ע א"ח סי' רס"ה סעיף א:
פא ג מיי' פ"ד מהל' יו"ט הלכה ג סמג לאוין עה טוש"ע א"ח סי' תקיד סעיף ב:
פב ד מיי' שם טוש"ע א"ח סי' תקיד ס"ד:
פג ה ו מיי' שם הל' ד טוש"ע שם סעיף א:
[ועי' תוס' שבת מו. ד"ה לחוליות]
פד ז מיי' פ"ב מהלכות שבת הלכה ד סמג לאוין סה טור ש"ע א"ח סי' שכח סעיף ט:
פה ח מיי' שם טוש"ע א"ח סי' תצו סעיף ב:
פו ט מיי' שם הל' י:
פז י מיי' שם טוש"ע שם סי' שכח סעיף יז:
פח כ מיי' פ"א שם הל' טז טוש"ע א"ח שם בהג"ה:
פט ל מיי' פ"א מהל' יו"ט הלכה כד טור ש"ע א"ח סי' תצו סעיף ב:

רבינו חננאל

פירשה אביי הא דתנן [דאין טומנין את החמין] כדברי ב"ש אליבא דחנניה היא דתני בש"א אין אופין אא"כ עירב בפת ואין מבשלין אא"כ עירב בתבשיל ואין טומנין חמין אא"כ היו חמין טמונין מעיו"ט וכגון שעירב לאפייה ולבישול ולא היו לו חמין טמונין היה ר"ג אוסר להטמין כב"ש וכדתני חנניה משמו. ואין זוקפין המנורה אוקימנא במנורה של חוליות משום דמחזי כבונה וב"ש לטעמייהו דאמרי יש בנין וסתירה בכלים ובה"א אין בנין בכלים ואין סתירה בכלים (נמי) וקי"ל כב"ה ותנא [בתוספתא פ"ב] של בית ר"ג לא היו זוקפין המנורה ביו"ט ומעשה שנפלה המנורה בלילי יו"ט ברומי בפני ר"ג והזקנים ועמד ר' עקיבא וזקפה א"ל ר"ג עקיבא מה לך שאתה מכניס ראשך בין המחלוקות א"ל למדתנו רבינו אחרי רבים להטות אע"פ שאתה אוסר הן מתירין והלכה כמרובים. א"ר יהודה משום ר"ג מטלטלין מנורה ביו"ט אבל לא זוקפין: עולא איקלע לבי רב יהודה בלילי יו"ט קם שמעיה זקף שרגא כלומר זקפה ונתקבץ השמן לאחוריה כדי שתכבה מהרה וישאר השמן ונמצא כאילו מכבה ביו"ט. אותיב רב יהודה לעולא מהא דתניא בשבת הנותן שמן בנר חייב משום מבעיר והמסתפק ממנו חייב משום מכבה נמצא שמעת שזוקף הנר וקיבץ השמן אחורי הנר כאילו נסתפק ממנו וחייב משום מכבה וכיון דבשבת חייב פשטינן מינה דביו"ט נמי הזוקף כמסתפק הוא והמסתפק אסור משום מכבה וכיבוי אפי' ביו"ט אסור א"ל עולא לאו אדעתאי כלומר לא עשה השמש דבר זה על דעתי. וכן אמר אביי אסור לכבות הנר ביו"ט אפילו אם צריך לשמש מטתו ואין לו בית אחר ולא דבר לעשות לו מחיצה ולא כלי לכפותו על הנר ומותבינן עליה אין מכבין הבקעת בשביל לחום עליה ואם בשביל שלא יתעשן הבית או קדירה מותר ופריק ההיא ר' יהודה דתני יעשה לכם לכל צרכיכם כי קאמינא דאסור אליבא דרבנן דאסרי. וכן א"ל רבה לאביי אין מכבין דליקה ביו"ט [משום] איבוד ממון אבל אם הוא סכנת נפשות מכבין בשבת וכ"ש ביו"ט איתיביה אין מכבין את כו' ופריק האי ר' יהודה כי קאמינא לרבנן אמר רב יהודה *) וקנינא שרי פי' יש מי שאומר כגון אבוקה שהיא עשויה מחתיכות עצים קטנים אם נוטל ביו"ט מאותן העצים שלא אחזה בהן האור שרי: בעא מיניה רב אשי מאמימר מהו לכחול עין ביו"ט. כגון ריריא דיצא דמא דמעתא קדחא ותחלת אוכלא לא מבעיא לי דאפילו בשבת שרי כי קא מיבעיא לי סוף אוכלא (דפכוחי) [ופתוחי] ינא מאי א"ל אסור איתיביה בקעת כו' ושני ליה האי ר' יהודה היא כי קאמינא אסורא ליבא דרבנן ומצאנו חלוקת ר' יהודה ורבנן ביוה"כ רבנן הוו אמרי אם היה כ"ג זקן או איספנים מחמין לו חמין ומטילין לתוך הצונן כדי שתפוג צינתן ותניא ר' יהודה אומר עששיות של ברזל היו מרתיחין מערב יוה"כ ומטילין בצונן כדי שתפוג צינתן אמר רב ביבי שלא הגיע לצירוף אביי אמר אפילו תימא הגיע לצירוף לר' יהודה דבר שאין מתכוין מותר ומי אמר אביי הכי והא אמר אביי כו' אמימר כחל מגוי בשבת א"ל רב אשי מאי דעתיך אי משום דאמר עולא צורכי חולה נעשין ע"י גוי בשבת ואמר רב המנונא כל דבר שאין בו סכנה אומר לגוי ועושהו הני מילי היכא דלא מסייע בהדיה הכא מסייע עמיץ ופתח א"ל רב זביד כוותיך ושני ליה מסייע אין בו ממש אמימר שרא למיכחל עינא

*) נ"ל קנסה וכ"ה הגי' ברי"ף [illegible]

לעיל יז:

[דף כח:]

[לעיל יוד. יח: שבת קכב: עירובין לה.]

[ברכות סו. וש"נ]

*) [גרס' הרי"ף והרא"ש א"ר יהודה]

[עי' תוספות כתובות ז. ד"ה אמר]

*) [תוספתא פ"ג]

[ע"ז כח:]

[עי' תוס' שבת נג. ד"ה א"ר זביד] שבת קכט.

[עי' רש"י גיטין ח: ד"ה כלאמר]

[עי' תוס' שבת נג. ד"ה אמר רב זביד]

הגהות הב"ח

(א) גמ' יש בנין בכלים ויש סתירה בכלים וב"ה סברי: (ב) רש"י ד"ה קנבא למחוט. נ"ב כדאיתא בדף לב ע"ב:

גליון הש"ס

גמ' מהו לכבות את הנר. עיין כתובות דף ז ע"א תוס' ד"ה אמר ליה:

צ א מיי' פכ"א מהל' שבת הל' ג ופ"ד מהל' יו"ט ופ"ח מהל' חמץ הל' יא טוש"ע א"ח סי' שלא סעיף ב וסי' תקכ וסי' תקיא סעיף ד וסי' תעו סעיף א:

צא ב ג מיי' פ"ד מהל' יו"ט הל' ו טוש"ע א"ח סי' תקיא סעיף ד:

מַה שֶּׁאֵין כֵּן בְּבֵיצָה. אֲמַר לֵיהּ: אֲנָא כִּנְהַרְדְּעֵי סְבִירָא לִי, דַּאֲמַרֵי אַף בְּבֵיצָה.(א) וּמַאי דַּעְתִּיךְ – דִּלְמָא מְעַבְּרִי לֵיהּ לֶאֱלוּל, *הָאָמַר רַב חִינָּנָא בַּר כָּהֲנָא: מִימוֹת עֶזְרָא וְאֵילָךְ לֹא מָצִינוּ אֱלוּל מְעוּבָּר.§ "וְאֵין אוֹפִין פִּתִּין גְּרִיצִין אֶלָּא רְקִיקִין".§ *תָּנוּ רַבָּנַן: ב"ש אוֹמְרִים: אֵין אוֹפִין פַּת עָבָה בְּפֶסַח, וּב"ה מַתִּירִין. *וְכַמָּה פַּת עָבָה? אָמַר רַב הוּנָא: טֶפַח, שֶׁכֵּן מָצִינוּ בְּלֶחֶם הַפָּנִים טֶפַח. מַתְקִיף לָהּ רַב יוֹסֵף: אִם אָמְרוּ בִּזְרִיזִין – יֹאמְרוּ בְּשֶׁאֵינָן זְרִיזִין? אִם אָמְרוּ בְּפַת עֲמֵלָה – יֹאמְרוּ בְּפַת שֶׁאֵינָהּ עֲמֵלָה? אִם אָמְרוּ בְּעֵצִים יְבֵשִׁים – יֹאמְרוּ בְּעֵצִים לַחִים? אִם אָמְרוּ בְּתַנּוּר חַם יֹאמְרוּ בְּתַנּוּר צוֹנֵן? אִם אָמְרוּ בְּתַנּוּר שֶׁל מַתֶּכֶת – יֹאמְרוּ בְּתַנּוּר שֶׁל חֶרֶס? אָמַר רַב יִרְמְיָה בַּר אַבָּא: שָׁאַלְתִּי אֶת רַבִּי בְּיִחוּד, וּמַנּוּ – רַב: מַאי פַּת עָבָה? פַּת מְרוּבָּה. אִיכָּא דְּאָמְרִי, אָמַר רַב יִרְמְיָה בַּר אַבָּא אָמַר רַב: שָׁאַלְתִּי אֶת רַבִּי בְּיִחוּד, וּמַנּוּ – רַבֵּינוּ הַקָּדוֹשׁ: מַאי פַּת עָבָה? פַּת מְרוּבָּה. וְאַמַּאי קָרוּ לֵיהּ פַּת עָבָה – מִשּׁוּם דִּנְפִישָׁא בְּלִישָׁה אִי נַמִּי, בְּאַתְרֵיהּ דְּהַאי תַּנָּא פַּת מְרוּבָּה "פַּת עָבָה" קָרוּ לֵיהּ. מִכְּדִי, מִשּׁוּם דְּקָטָרַח טִרְחָא דְּלָא צְרִיךְ הוּא, מַאי אִרְיָא פֶּסַח? אֲפִי' בִּשְׁאָר יָמִים טוֹבִים נַמִּי! אִין הָכִי נַמִּי, וְתַנָּא בְּיו"ט דְּפֶסַח קָאֵי. תַּנְיָא נַמִּי הָכִי, ב"ש אוֹמְרִים: אֵין אוֹפִין פַּת *מְרוּבָּה בְּיוֹם טוֹב, וּב"ה מַתִּירִין.§

מתני' *אַף הוּא אָמַר שְׁלֹשָׁה דְּבָרִים לְהָקֵל: מְכַבְּדִין בֵּית הַמִּטּוֹת, וּמַנִּיחִין אֶת הַמּוּגְמָר בְּיו"ט וְעוֹשִׂין גְּדִי מְקוּלָּס בְּלֵילֵי פְּסָחִים. [א]וַחֲכָמִים אוֹסְרִין.§

גמ' אָמַר רַב אַסִּי: מַחֲלוֹקֶת לְגַמֵּר, אֲבָל לְהָרִיחַ – דִּבְרֵי הַכֹּל מוּתָּר. מֵיתִיבֵי: אֵין מְכַבְּדִין בֵּית הַמִּטּוֹת בְּיוֹם טוֹב, *וְשֶׁל בֵּית רַבָּן גַּמְלִיאֵל מְכַבְּדִין. [תוספתא פ"ב] אָמַר רַבִּי אֱלִיעֶזֶר בַּר צָדוֹק: פְּעָמִים הַרְבֵּה נִכְנַסְתִּי אַחַר אַבָּא לְבֵית רַבָּן גַּמְלִיאֵל, וְלֹא הָיוּ מְכַבְּדִין בֵּית הַמִּטּוֹת בְּיוֹם טוֹב, אֶלָּא מְכַבְּדִין אוֹתָן מֵעֶרֶב יוֹם טוֹב, וּפוֹרְסִין עֲלֵיהֶם סְדִינִין. לְמָחָר, כְּשֶׁאוֹרְחִים נִכְנָסִין – מְסַלְּקִין אֶת הַסְּדִינִין. וְנִמְצָא הַבַּיִת מִתְכַּבֵּד מֵאֵלָיו. אָמְרוּ לוֹ: אִם כֵּן – אַף בַּשַּׁבָּת מוּתָּר לַעֲשׂוֹת כֵּן. וְאֵין מַנִּיחִין אֶת הַמּוּגְמָר בְּיו"ט וְשֶׁל בֵּית רַבָּן גַּמְלִיאֵל מַנִּיחִין. אָמַר רַבִּי אֱלִיעֶזֶר בַּר צָדוֹק: פְּעָמִים הַרְבֵּה נִכְנַסְתִּי אַחַר אַבָּא לְבֵית רַבָּן גַּמְלִיאֵל, וְלֹא הָיוּ מַנִּיחִין אֶת הַמּוּגְמָר בְּיוֹם טוֹב, אֶלָּא מְבִיאִין עֲרַדְסְקָאוֹת שֶׁל בַּרְזֶל וּמְעַשְּׁנִין אוֹתָן מֵעֶרֶב יוֹם טוֹב, וּפוֹקְקִין נִקְבֵיהֶן מֵעֶרֶב יוֹם טוֹב. לְמָחָר, כְּשֶׁאוֹרְחִים נִכְנָסִין – פּוֹתְחִין אֶת נִקְבֵיהֶן, וְנִמְצָא הַבַּיִת מִתְגַּמֵּר מֵאֵלָיו. אָמְרוּ לוֹ: א"כ – אַף בַּשַּׁבָּת מוּתָּר לַעֲשׂוֹת כֵּן! אֶלָּא, אִי אִתְּמַר הָכִי אִתְּמַר: אָמַר רַב אַסִּי: [ב]מַחֲלוֹקֶת לְהָרִיחַ, אֲבָל לְגַמֵּר – אָסוּר. אִיבַּעְיָא לְהוּ: מַהוּ לְעַשֵּׁן? רַב יִרְמְיָה בַּר אַבָּא אָמַר רַב: אָסוּר, וּשְׁמוּאֵל אָמַר: [ג]מוּתָּר. רַב הוּנָא אָמַר אָסוּר, מִפְּנֵי שֶׁמְּכַבֶּה. אֲמַר לֵיהּ רַב נַחְמָן: וְנֵימָא מָר מִפְּנֵי שֶׁמַּבְעִיר! א"ל: תְּחִלָּתוֹ מְכַבֶּה וְסוֹפוֹ מַבְעִיר. א"ר יְהוּדָה: עַל גַּבֵּי גַּחֶלֶת – אָסוּר,

עַל

רש"י

מַה שֶּׁאֵין כֵּן בְּבֵיצָה. דִּקְדוּשָּׁה אַחַת הֵן, וְלֹא הֵקֵלּוּ בְּי"ט שֵׁנִי שֶׁל רֹאשׁ הַשָּׁנָה אֶלָּא לְעִנְיַן מֵת בִּלְבָד: בְּפֶסַח. קָא סָלְקָא דַּעְתָּךְ שֶׁאֵינוֹ יָכוֹל לְשָׁמְרָהּ מֵהַחְמִיץ: וְכַמָּה פַּת עָבָה. שֶׁהִתִּירוּ בֵּית הִלֵּל: שֶׁכֵּן מָצִינוּ בְּלֶחֶם הַפָּנִים. שֶׁהוּא מַצָּה, כִּדְאָמְרִינַן בְּ"כָל הַמְּנָחוֹת בָּאוֹת מַצָּה" (מנחות דף נז.), וְעָבְיוֹ טֶפַח, כִּשְׁמוֹ לֶחֶם הַפָּנִים – יֵשׁ לוֹ פָּנִים וְאֵין פָּנִים פְּחוּתִין מִטֶּפַח*: בִּזְרִיזִין. שֶׁל בֵּית גַּרְמוּ, שֶׁהָיוּ אוּמָנִים וּזְרִיזִים בַּדָּבָר: פַּת עֲמֵלָה. ברייאה בְּלַעַ"ז, שֶׁהָיָה טָעוּן ג' מֵאוֹת שִׁיפָה – שִׁפְשׁוּף בְּיָדוֹ, וְחָמֵשׁ מֵאוֹת בְּעִיטָה – בְּאֶגְרוֹף. שָׁף אַחַת בּוֹעֵט שְׁתַּיִם, שָׁף שְׁתַּיִם בּוֹעֵט שָׁלֹשׁ, בִּמְנָחוֹת (דף עו.): עֵצִים יְבֵשִׁים. מִט"ו בְּאָב הָיוּ פּוֹסְקִין מִלִּכְרוֹת עֵצִים לַמַּעֲרָכָה, בְּמַסֶּכֶת תַּעֲנִית (דף לא.), וּמֵעֲצֵי לִשְׁכַּת הָעֵצִים הָיוּ אוֹפִין וּמְבַשְּׁלִים כָּל צָרְכֵי מִקְדָּשׁ: בְּתַנּוּר חַם. שֶׁמַּסִּיקִין אוֹתוֹ בְּכָל יוֹם, הֵן לִמְנָחוֹת הֵן לְנָלֵי: מַתֶּכֶת. בְּמַסֶּכֶת זְבָחִים (דף נה:) אָמְרִינַן: תַּנּוּר שֶׁל מִקְדָּשׁ שֶׁל מַתֶּכֶת הָיָה, מִשּׁוּם שְׁתֵּי הַלֶּחֶם וְלֶחֶם הַפָּנִים שֶׁאֲפִיָּיתָן וּקְדוּשָּׁתָן בְּתַנּוּר הָוֵה לֵיהּ כְּלִי שָׁרֵת, וּכְלִי שָׁרֵת דְּחֶרֶס לָא עָבְדִינַן: בְּיִחוּד. בֵּינִי לְבֵינוֹ: וְאִיכָּא דְּאָמְרִי. רַב גּוּפֵיהּ אֲמַר: שָׁאַלְתִּי אֶת רַבִּי בְּיִחוּד: וּמַנּוּ. רַבּוֹ דְּרַב – רַבֵּינוּ הַקָּדוֹשׁ. לָשׁוֹן אַחֵר: בְּיִחוּד – בְּבֵרוּר, כִּדְתְנַן בִּשְׁקָלִים (פ"ו מ"ב): וְיָדְעוּ בְּיִחוּד שֶׁשָּׁם אָרוֹן נִגְנַז: פַּת מְרוּבָּה. וְלָאו מִשּׁוּם חִמּוּץ הוּא, אֶלָּא מִשּׁוּם דְּטָרַח טִרְחָא יְתֵירָא לְמָחָר וּלְיוֹם אַחֵר: וּב"ה מַתִּירִין. כִּדְאָמְרִינַן* שֶׁהַפַּת נֶאֱפֵה יָפֶה כְּשֶׁהַתַּנּוּר מָלֵא: תַּנְיָא נַמִּי הָכִי. דִּבִשְׁאָר יוֹם טוֹב נַמִּי נֶחְלְקוּ: **מתני'** מְכַבְּדִין בֵּית הַמִּטּוֹת. בֵּית הַמְּסִיבָּה שֶׁאוֹכְלִין שָׁם, שֶׁהָיוּ מְסוּבִּין וְאוֹכְלִין עַל גַּבֵּי הַמִּטּוֹת: מוּגְמָר. לְבוֹנָה עַל גַּבֵּי גֶחָלִים: מְקוּלָּס. כְּרָעָיו וּבְנֵי מֵעָיו תְּלוּיִין חוּצָה לוֹ בְּלָדוֹ כְּשֶׁצּוֹלֵהוּ. וְהָיוּ עוֹשִׂין זֵכֶר לַמִּקְדָּשׁ, שֶׁכָּתוּב בּוֹ "עַל כְּרָעָיו וְעַל קִרְבּוֹ". וּמְקוּלָּס לְשׁוֹן גִּבּוֹר מְזוּיָּין שֶׁכְּלֵי זֵיינוֹ תְּלוּיִין לוֹ בְּלָדוֹ, כִּדְמְתַרְגְּמִינַן "וְכוֹבַע נְחֹשֶׁת" – וְקוּלְסָא דִּנְחָשָׁא (שמואל א יז): וַחֲכָמִים אוֹסְרִין. בִּשְׁלָשְׁתָּן בְּכִבּוּד מִשּׁוּם אַשְׁווּיֵי גּוּמּוֹת, וּבְמוּגְמָר – מִשּׁוּם דְּלָאו צוֹרֶךְ כָּל נֶפֶשׁ הוּא, וּמֵהַאי טַעְמָא אָסְרִינַן לֵיהּ בִּכְתוּבּוֹת בְּפֶרֶק רִאשׁוֹן (דף ז.): "אֲשֶׁר יֵאָכֵל לְכָל נֶפֶשׁ" – דָּבָר הַשָּׁוֶה לְכָל נֶפֶשׁ, וְזֶה אֵינוֹ אֶלָּא לִמְפוּנָּקִים, אוֹ לְמִי שֶׁרֵיחוֹ רַע. וּבִגְדִי מְקוּלָּס – מִפְּנֵי שֶׁדּוֹמֶה לְקָדָשִׁים, וְיֹאמְרוּ: מוּתָּר לְהַקְדִּישׁ וְלֶאֱכוֹל קָדָשִׁים בַּחוּץ: **גמ'** מַחֲלוֹקֶת לְגַמֵּר. כְּשֶׁאָסְרוּ חֲכָמִים, לֹא אָסְרוּ אֶלָּא כְּשֶׁמַּנִּיחוֹ כְּדֵי לְגַמֵּר בּוֹ כֵּלִים, שֶׁנּוֹתֵן הַמַּחְתָּה עִם הַלְּבוֹנָה וְהַגֶּחָלִים תַּחַת הַבְּגָדִים לְהַכְנִיס בָּהֶן רֵיחַ, דְּלָאו לַהֲנָאַת הַגּוּף הוּא, אֶלָּא לְהַכְשִׁיר כֵּלִים. אֲבָל מַנִּיחַ לְבוֹנָה עַל גַּבֵּי גֶחָלִים לְהָרִיחַ רֵיחַ – מוּתָּר, שֶׁהֲנָאַת הַגּוּף הוּא, וּלְאוֹכֶל נֶפֶשׁ דָּמֵי. וְהַשְׁתָּא לְמַאי דְּקָאָמַר רַב אַסִּי, לָא הָוֵי טַעְמָא דְּרַבָּנַן מִשּׁוּם דָּבָר הַשָּׁוֶה לְכָל נֶפֶשׁ כִּדְפָרֵישִׁית לְעֵיל, אֶלָּא מִשּׁוּם דִּלְקִשּׁוּט כֵּלִים הוּא מְכַוֵּין, וּלְקַמָּן הָדַר בֵּיהּ מֵחֲמַת קוּשְׁיָא: כְּשֶׁאוֹרְחִים נִכְנָסִין. שֶׁהֵן קְרוּיִין לִסְעוּדַּת הַנָּשִׂיא לִכְבוֹד יוֹם טוֹב: עֲרַדְסְקִיאוֹת. אנגלייר"ש, וְהֵם נְקוּבִים וּמְנוּקָּבִים: וּפוֹקְקִין נִקְבֵיהֶן. לִשְׁמוֹר הֶעָשָׁן וְהָרֵיחַ שֶׁלֹּא יֵצֵא: אִם כֵּן. לֹא הָיוּ חֲבֵירָיו חֲלוּקִין עָלָיו, דְּאַף בַּשַּׁבָּת מוּתָּר לַעֲשׂוֹת כֵּן. אֶלָּא וַדַּאי בְּיוֹם טוֹב הָיוּ מַנִּיחִים, לְפִיכָךְ נֶחְלְקוּ עָלָיו. מִכָּל מָקוֹם גָּמְרִינַן מִינַּהּ דְּלָאו לְגַמֵּר הֲוָה אֶלָּא לְהָרִיחַ, וְלִכְבוֹד הָאוֹרְחִין, וְאִפְלוּג רַבָּנַן עֲלֵיהּ לְמֵיסַר לְהַנִּיחוֹ בְּיוֹם טוֹב אַלִּיבָּא דְּתַנָּא קַמָּא, וּלְר"א בַּר צָדוֹק אֲפִי' רַבָּן גַּמְלִיאֵל לֹא הִתִּיר, וְאַתְּ אָמְרַתְּ דִּבְרֵי הַכֹּל מוּתָּר! מַחֲלוֹקֶת לְהָרִיחַ. הָתָם הוּא דְּשָׁרֵי רַבָּן גַּמְלִיאֵל לְהַנִּיחַ בְּיוֹם טוֹב כְּדֵי לְהָרִיחַ, כְּתַנָּא קַמָּא דְּרַבִּי אֱלִיעֶזֶר בַּר צָדוֹק, וְרַבָּנַן אָסְרֵי, דְּבָעֵינַן דָּבָר הַשָּׁוֶה לְכָל נֶפֶשׁ: מַהוּ לְעַשֵּׁן. פֵּירוֹת בְּעָשָׁן בְּשָׂמִים, לִקְלוֹט טַעַם הַבּוֹשֶׂם: אָסוּר. דְּתַפְנוּק יְתֵירָא הוּא, וְאֵין שָׁוֶה לְכָל נֶפֶשׁ אֶלָּא לְאִיסְטְנִיס. וּבְהַאי עָשָׁן אִיכָּא אַב מְלָאכָה, כִּדְמְפָרֵשׁ רַב הוּנָא טַעְמֵיהּ דְּרַב, מִפְּנֵי שֶׁהוּא מְכַבֶּה הַגֶּחָלִים כְּשֶׁנּוֹתֵן אַבְקַת הַבְּשָׂמִים עֲלֵיהֶן: וּשְׁמוּאֵל אָמַר מוּתָּר. דְּאוֹכֶל נֶפֶשׁ הוּא וְרָאוּי אַף לַעֲנִיִּים אֶלָּא שֶׁאֵינוֹ מָצוּי לָהֶם, וְדָמֵי לְנִזְדַּמֵּן לוֹ צְבִי בְּי"ט, כִּדְאָמְרִינַן בִּכְתוּבּוֹת (שם): מִפְּנֵי שֶׁמְּכַבֶּה. כִּדְפָרֵישִׁית, אֵינוֹ שָׁוֶה לְכָל נֶפֶשׁ, לְפִיכָךְ אָסוּר לַעֲשׂוֹת אַב מְלָאכָה בִּשְׁבִילָהּ: וְנֵימָא מָר מִפְּנֵי שֶׁמַּבְעִיר. הַבְּשָׂמִים, שֶׁגַּם זֶה אַב מְלָאכָה: אֲמַר לֵיהּ תְּחִילָּתוֹ מְכַבֶּה וְסוֹפוֹ מַבְעִיר. וְתַרְוַיְיהוּ הָווּ בֵּיהּ, וַאֲנָא קַמָּא קַמָּא נָקְטִי: עַל גַּבֵּי גַּחֶלֶת אָסוּר. דְּאִיכָּא מְכַבֶּה וּמַבְעִיר:

עַל

תוספות

דנפישא בלישה. פירש רש"י: וב"ה מתירין משום דאמר ר"ש בן אלעזר* ממלאה אשה תנור פת וכו'. ולא נהירא: חדא, דאס כן ה"ל לאתויי הא דר' שמעון בן אלעזר, כיון דפלוגתייהו בהכי. ועוד: דלא דמי כלל לפתין גרילין, ולמאי אייתינהו הכא? לכן נראה לי דפת מרובה *דקאמר – היינו פתים גדולים ביותר ועושה לצורך חול, הואיל ואין בו טורח כל כך. והכי משמע בירושלמי: מתוך שאתה מיגעו – ממנע ואין עושה אלא כדי צרכו. דפת קטן יש בו טורח יותר בעריסת כל אחד ואחד, ובין גרילין ובין רקיקין – היינו כדי צרכו בלבד. וגם הן שוין בעביין, אלא דגרילין היינו גדולות, ורקיקין קטנות. והא דקאמר בסמוך משום דקא טרח טרחא דלא צריך – הכי קאמר: מתוך שעושה ככרות גדולות אתי למעבד יותר מצורך י"ט:

[ועי' תוספות פסחים לז. ד"ה וב"ה]:

על

[לעיל יז.]

דפת מרובה דקאמר לאו ביותר מכדי צרכו קאמר אלא היינו פתים כצ"ל רש"ל

[סוכה ה.]

לעיל ו. ע"ש ר"ה יט: ע"ש לב. ע"ש

פסחים לז.

[שם]

[בפסחים אי' עבה]

[עדיות פ"ג מי"א]

[לעיל יז.]

הגהות הב"ח

(א) גמ' דמאי דעתיך:

גליון הש"ס

רש"י ד"ה מקולס. ובני מעיו חולה לו. עיין ברש"י פסחים נג ע"א ד"ה מקולס וכדף עד ע"א ד"ה מקולס:

רבינו חננאל

עינא ע"י ישראל ביו"ט שני ואפי' בב' יו"ט של ר"ה א"ל רב אשי והא אמר רבא מת ביו"ט ראשון יתעסקו בו עממין ביו"ט שני יתעסקו בו ישראל מה שאין כן בביצה א"ל כנהרדעי סבירא לי דאמרי אף ביצה מותרת. מאי איכא למיחש דלמא עברוה לאלול הא אמר [רב חיננא בר כהנא] משמיה דר' מימות עזרא לא מצינו אלול מעובר. ואין אופין פתין גריצות אלא רקיקין מ"ט כיון דרקיקין נפיש טרחייהו אף הוא אינו אופה אלא כדי מה שיאכל ביו"ט בלבד וכך מפורש בירושלמי: **ת"ר** בש"א אין אופין פת עבה בפסח וב"ה מתירין ואוקמה כמה פת עבה טפח שכן מצינו בעובי לחם הפנים טפח ואתקיף לה רב יוסף אם התירו עובי טפח בלחם הפנים שכן עשייתן ע"י כהנים שזריזין הן ואין מניחין אותו להחמיץ והן פת עמילה בשיפה ובבעיטה ונעשים בתנור של מתכת בעצים יבישין ובתנור חם יאמרו בפת של הדיוט שאין בה אחת מכל אלו. משום רבינו הקדוש אמרו מאי פת עבה פת מרובה כלומר נפישא בלישה ומשום טירחא יתירא אמרו ב"ש ולא תימא בפסח בלבד אלא בכל יו"ט כדתניא בש"א אין אופין פת עבה ביו"ט וב"ה מתירין: **מתני'** אף הוא אמר ג' דברים להקל מכבדין המטות. תניא אין מכבדין את המטות. של בית ר"ג היו מכבדין א"ר אלעזר ב"ר צדוק פעמים הרבה נכנסתי אחר אבא לבית ר"ג ולא היו מכבדין ביו"ט אלא מכבדין מעיו"ט ופורסין עליהן סדין ולמחר כשאורחין נכנסין היו מסלקים את הסדינים ונמצא הבית מתכבד אמרו לו זה אף בשבת מותרין לעשות כן. אין מניחין את המוגמר ביו"ט של בית ר"ג היו מניחין א"ר אלעזר בר' צדוק לא היו מניחין מוגמר אלא עדיסקות של ברזל היו מעשנין מעיו"ט ופוקקים נקבים שלהן ולמחר כשאורחים נכנסים היו פותחין נקביהן ונמצא הבית מתגמר מאיליו אמרו לו זה אף בשבת מותר לעשות כן א"ר אסי מחלוקת לגמר הבית אבל לגמר להריח דברי הכל מותר יש נוסחא אחרינא דברי הכל להריח אסור איבעיא להו מהו לעשן פי' לעשן פירות שהוא מכשירי אוכל נפש ר' ירמיה אמר רב אסור מפני שתחלתו מכבה וסופו מבעיר אמר רב יהודה על גבי גחלת אסור שהוא מכבה ומבעיר אוכל נפש.

ר'

עַל גַּבֵּי חֶרֶס – מוּתָּר. וְרַבָּה אָמַר: עַל גַּבֵּי חֶרֶס נַמִי אָסוּר, מִשּׁוּם דְּקָא מוֹלִיד רֵיחָא. רַבָּה וְרַב יוֹסֵף דְּאָמְרִי תַּרְוַיְיהוּ: [א]סְחוּפֵי כָּסָא אַשִּׁירָאֵי בְּיוֹמָא טָבָא – אָסוּר. מ"ט – מִשּׁוּם דְּקָמוֹלִיד רֵיחָא. ומ"ש מִמּוּלְלוֹ וּמֵרִיחַ בּוֹ, וְקוֹטְמוֹ וּמֵרִיחַ בּוֹ? הָתָם – רֵיחָא מִיהָא אִיתָא, וְאוֹסוּפֵי הוּא דְּקָא מוֹסִיף רֵיחָא. הָכָא – אוֹלוּדֵי הוּא דְּקָמוֹלִיד רֵיחָא. רָבָא אָמַר: [ב]עַל גַּבֵּי גַּחֶלֶת נַמִי מוּתָּר, מִידֵּי דַּהֲוָה אַבִּשְׂרָא אַגּוּמְרֵי. דָּרַשׁ רַב גְּבִיהָא מִבֵּי כָּתִיל אַפִּתְחָא דְּבֵי רֵישׁ גָּלוּתָא: קְטוּרָא שָׁרֵי. א"ל אַמֵימַר: מַאי קְטוּרָא? אִי *קְטוּרָא בִּיְדֵי – מַעֲשֵׂה אוּמָּן הוּא, וְאִי לְעַשֵּׁן – אָסוּר, דְּהָא קָא מְכַבֶּה. אָמַר לֵיהּ רַב אַשִׁי: לְעוֹלָם לְעַשֵּׁן, *מִידֵּי דַּהֲוָה אַבִּשְׂרָא אַגּוּמְרֵי. אִיכָּא דְּאָמְרִי, א"ל אַמֵימַר: מַאי קְטוּרָא? אִי קְטוּרָא בִּיְדֵי – [ג]מַעֲשֵׂה אוּמָּן הוּא, אִי לְעַשֵּׁן – אָסוּר, דְּקָא מוֹלִיד רֵיחָא. אָמַר רַב אַשִׁי: אֲנָא אֲמַרִיתָהּ נְהֲלֵיהּ, וּמִשְּׁמֵיהּ דְּגַבְרָא רַבָּה אֲמַרִיתָהּ נְהֲלֵיהּ: לְעוֹלָם לְעַשֵּׁן, וּמִידֵּי דַּהֲוָה אַבִּשְׂרָא אַגּוּמְרֵי.§ "וְעוֹשִׂין גְּדִי מְקוּלָּס".§ תַּנְיָא, רַבִּי יוֹסֵי אוֹמֵר: *תּוֹדוֹס אִישׁ רוֹמִי הִנְהִיג אֶת בְּנֵי רוֹמִי לֶאֱכוֹל גְּדִי מְקוּלָּס בְּלֵילֵי פְסָחִים. שָׁלְחוּ לֵיהּ: אִלְמָלֵא תּוֹדוֹס אַתָּה גּוֹזְרֵנוּ עָלֶיךָ נִדּוּי, שֶׁאַתָּה מַאֲכִיל אֶת בְּנֵי יִשְׂרָאֵל קָדָשִׁים בַּחוּץ. קָדָשִׁים סָלְקָא דַּעְתָּךְ?! אֶלָּא אֵימָא: כְּעֵין קָדָשִׁים.§

מתני' *שְׁלֹשָׁה דְּבָרִים רַבִּי אֶלְעָזָר בֶּן עֲזַרְיָה מַתִּיר וַחֲכָמִים אוֹסְרִים: *פָּרָתוֹ יוֹצְאָה בִּרְצוּעָה שֶׁבֵּין קַרְנֶיהָ, [ד]וּמְקָרְדִין אֶת הַבְּהֵמָה בְּיו"ט [ה]וְשׁוֹחֲקִין אֶת הַפִּלְפְּלִין בָּרֵחַיִם שֶׁלָּהֶן. *רַבִּי יְהוּדָה אוֹמֵר: אֵין מְקָרְדִין אֶת הַבְּהֵמָה בְּיוֹם טוֹב, מִפְּנֵי שֶׁעוֹשֶׂה חַבּוּרָה, [ו]אֲבָל מְקָרְצְפִין. וַחֲכָמִים אוֹמְרִים: אֵין מְקָרְדִין, אַף לֹא מְקָרְצְפִין.§

גמ' *לְמֵימְרָא דְּר' אֶלְעָזָר בֶּן עֲזַרְיָה חֲדָא פָּרָה הֲוְיָא לֵיהּ?! וְהָאָמַר רַב, וְאָמְרִי לָהּ אָמַר רַב יְהוּדָה אָמַר רַב: תְּלֵיסַר אַלְפֵי עִגְלֵי הֲוָה מְעַשֵּׂר רַבִּי אֶלְעָזָר בֶּן עֲזַרְיָה מֵעֶדְרֵיהּ כָּל שַׁתָּא וְשַׁתָּא! תָּנָא: לֹא שֶׁלּוֹ הָיְתָה, אֶלָּא שֶׁל שְׁכֶנְתּוֹ הָיְתָה, וּמִתּוֹךְ שֶׁלֹּא מִיחָה בָּהּ – נִקְרֵאת עַל שְׁמוֹ.§ "וּמְקָרְדִין אֶת הַבְּהֵמָה בְּיו"ט".§ תָּנוּ רַבָּנַן: *אֵיזֶהוּ קֵרוּד וְאֵיזֶהוּ קִרְצוּף? קֵרוּד – קְטַנִּים וְעוֹשִׂין חַבּוּרָה, קִרְצוּף – גְּדוֹלִים, וְאֵין עוֹשִׂין חַבּוּרָה. *וְג' מַחֲלוֹקוֹת בַּדָּבָר: רַבִּי יְהוּדָה סָבַר: *דָּבָר שֶׁאֵינוֹ מִתְכַּוֵּין – אָסוּר. מִיהוּ, קֵרוּד – קְטַנִּים וְעוֹשִׂין חַבּוּרָה, קִרְצוּף – גְּדוֹלִים, וְאֵין עוֹשִׂין חַבּוּרָה, וְלֹא גָּזְרִינַן קִרְצוּף אַטּוּ קֵרוּד. וְרַבָּנַן סָבְרִי נַמִי כְּר' יְהוּדָה דָּבָר שֶׁאֵינוֹ מִתְכַּוֵּין אָסוּר, וְגָזְרִינַן קִרְצוּף אַטּוּ קֵרוּד. וְר' אֶלְעָזָר בֶּן עֲזַרְיָה סָבַר לָהּ כְּר' שִׁמְעוֹן, דְּאָמַר: *דָּבָר שֶׁאֵינוֹ מִתְכַּוֵּין מוּתָּר, וּבֵין קֵרוּד וּבֵין קִרְצוּף שָׁרֵי. אָמַר רָבָא אָמַר רַב נַחְמָן אָמַר שְׁמוּאֵל, וְאָמְרִי לָהּ אָמַר רַב נַחְמָן לְחוּדֵיהּ: [ז]הֲלָכָה כְּר' שִׁמְעוֹן, שֶׁהֲרֵי רַבִּי אֶלְעָזָר בֶּן עֲזַרְיָה מוֹדֶה לוֹ. אָמַר לֵיהּ רָבָא לְרַב נַחְמָן: וְלֵימָא מָר הֲלָכָה כְּר' יְהוּדָה, שֶׁהֲרֵי חֲכָמִים מוֹדִים לוֹ! א"ל: אֲנָא כְּר' שִׁמְעוֹן ס"ל וְעוֹד: שֶׁהֲרֵי רַבִּי אֶלְעָזָר בֶּן עֲזַרְיָה מוֹדֶה לוֹ.§ מַתְנִי'

*) [וע"ע תוס' שבת נד: ד"ה הוה וכו' ומש"כ שם על הגליון]

רש"י

עַל גַּבֵּי חֶרֶס. שֶׁהִסִּיקוֹ: מוּתָּר. דְּכִבּוּי לֵיכָּא, וְהַבְעָרָה נַמִי עַל יְדֵי שִׁינּוּי הִיא כִּלְאַחַר יָד, וְלֵיכָּא אִיסּוּרָא דְּאוֹרַיְיתָא: דְּקָמוֹלִיד רֵיחָא. שֶׁנִּכְנָס בַּחֶרֶס, שֶׁלֹּא הָיָה בּוֹ רֵיחַ, וְאָסוּר מִדְּרַבָּנַן. שֶׁהַמּוֹלִיד דָּבָר חָדָשׁ קָרוֹב הוּא לְעוֹשֶׂה מְלָאכָה חֲדָשָׁה: סְחוּפֵי כָּסָא אַשִּׁירָאֵי. לִכְפּוֹת כּוֹס מְבוּשָּׂם עַל הַשִּׁירָאִים שֶׁל מַלְבּוּשׁ, לְהַכְנִיס בָּהֶן רֵיחַ הַבּוֹשֶׂם שֶׁבַּכּוֹס: אָסוּר. דְּקָא מוֹלִיד רֵיחַ בַּשִּׁירָאִים: מַאי שְׁנָא מִמּוֹלְלוֹ וּמֵרִיחַ בּוֹ. דְּתַנְיָא (*בְּ"מַשִּׁילִין") גַּבֵּי עֲלֵי בְשָׂמִים: מוֹלְלוֹ בֵּין אֶצְבְּעוֹתָיו כְּדֵי לְהוֹצִיא רֵיחוֹ, אוֹ קוֹטְמוֹ שֶׁיְּהֵא מְקוֹם הַקְּטִימָה לַח וְנוֹתֵן רֵיחַ. וּבִתְלוּשִׁין קָמַיְירֵי: רָבָא אָמַר עַל גַּבֵּי גַחֶלֶת נַמִי מוּתָּר. כִּשְׁמוּאֵל, דְּאוֹכֶל נֶפֶשׁ הוּא עִשּׁוּן פֵּירוֹת זֶה, וְשָׁוֶה לְכָל נֶפֶשׁ. וְאִי מִשּׁוּם כִּבּוּי וְהַבְעָרָה וְאוֹלוּדֵי רֵיחָא – מִידֵּי דַּהֲוָה אַבִּשְׂרָא אַגּוּמְרֵי, דְּאִיכָּא כָּל הָנֵי, וְשָׁרֵי: קְטוּרָא שָׁרֵי. כֵּן דָּרַשׁ לָהֶם, וְלֹא פֵּירֵשׁ דְּבָרָיו: אִי קְטוּרָא בִּיְדֵי. שֶׁעוֹשִׂין לְבָתֵּי שׁוֹקַיִם וּלְבָתֵּי יָדַיִם שֶׁל חֲלוּקֵי הַנָּשִׁים, שֶׁמְּקַמְּטִין אוֹתָן עַל עֵץ חָלָק אוֹ עַל אֲגוּדָּה שֶׁל קַשִּׁים, וְקוֹרִין אופרונצי"ר – מַעֲשֵׂה אוּמָּן הוּא וְאָסִיר, וּקְטוּרָא לְשׁוֹן קֶשֶׁר: וְאִי קְטוּרָא. לְשׁוֹן "קִיטוֹר הַכִּבְשָׁן", דְּהַיְינוּ לְעַשֵּׁן: אָסוּר מִשּׁוּם דְּמוֹלִיד רֵיחַ. וְהֵיכִי דָּרֵישׁ דְּשָׁרֵי? בִּשְׂרָא אַגּוּמְרֵי. מוֹלִיד נַמִי רֵיחַ בַּפֶּחָמִין: אִלְמָלֵא תּוֹדוֹס אַתָּה. אָדָם גָּדוֹל וְנִכְבָּד: קָדָשִׁים סָלְקָא דַעְתָּךְ. מַאי קָרוֹב לְהַאֲכִיל קָדָשִׁים אִיכָּא? הֵיאָךְ יְכוֹלִין לִהְיוֹת קָדָשִׁים, וְאֵין אָדָם מַקְדִּישָׁן: אֵימָא כְּעֵין קָדָשִׁים. וְהָכִי שָׁלְחוּ לֵיהּ: שֶׁאַתָּה מַאֲכִיל אֶת יִשְׂרָאֵל כְּעֵין קָדָשִׁים, וְהָרוֹאֶה אוֹמֵר הוּקְדְּשׁוּ לְפֶסַח: **מתני'** פָּרָתוֹ יוֹצְאָה. בְּשַׁבָּת: בִּרְצוּעָה שֶׁבֵּין קַרְנֶיהָ. לְנוֹי, וַאֲמוּר רַבָּנַן: מַשּׂוֹי הוּא, וְאֵינוֹ תַּכְשִׁיט לָהּ: וּמְקָרְדִין. אישטריליי"ר, בְּמַגְרֶדֶת שֶׁל בַּרְזֶל שֶׁשִּׁינֶּיהָ דַּקּוֹת וְאע"ג דְּעָבֵיד חַבּוּרָה: בָּרֵחַיִם שֶׁלָּהֶן. כְּעֵין אוֹתָם שֶׁלָּנוּ: מְקָרְצְפִים. בְּמַגְרֶדֶת שֶׁל עֵץ שֶׁשִּׁינֶּיהָ גַּסּוֹת, וְאֵין עוֹשָׂה חַבּוּרָה: **גמ'** בְּמַאי קָא מִיפַּלְגִי. כּוּלָּהּ לִישָּׁנָא לָא גָּרְסִינַן. וְה"ג: וְשָׁלֹשׁ מַחֲלוֹקוֹת בַּדָּבָר, ר' יְהוּדָה סָבַר דָּבָר שֶׁאֵין מִתְכַּוֵּין אָסוּר מִיהוּ קֵרוּד קְטַנִּים וְעוֹשִׂין חַבּוּרָה קִרְצוּף גְּדוֹלִים וְאֵין עוֹשִׂין חַבּוּרָה וְלָא גָּזְרִינַן קִרְצוּף אַטּוּ קֵרוּד וְרַבָּנַן סָבְרִי לָהּ כְּרַבִּי יְהוּדָה דְּאָמַר דָּבָר שֶׁאֵינוֹ מִתְכַּוֵּין אָסוּר וְגָזְרִינַן קִרְצוּף אַטּוּ קֵרוּד וְר' אֶלְעָזָר בֶּן עֲזַרְיָה סָבַר דָּבָר שֶׁאֵין מִתְכַּוֵּין מוּתָּר. וּפֵירֵשׁ: ר' יְהוּדָה סָבַר חַבּוּרָה אע"פ שֶׁאֵין מִתְכַּוֵּין לָהּ אָסוּר. מִיהוּ, הָךְ חֲשָׁשָׁא – בְּקֵרוּד אִיתָא, הִלְכָּךְ אֵין מְקָרְדִין. אֲבָל בְּקִרְצוּף – לֵיכָּא לְמֵיחַשׁ מִשּׁוּם חַבּוּרָה: וְרַבָּנַן סָבְרִי נַמִי כְּר' יְהוּדָה דָּבָר שֶׁאֵין מִתְכַּוֵּין אָסוּר. וְאֵין מְקָרְדִין, וּמַחְמִירִי מִינֵּיהּ – דְּגָזְרִי קִרְצוּף אַטּוּ קֵרוּד: וְר' אֶלְעָזָר סָבַר. הוֹאִיל וְאֵין מִתְכַּוֵּין לְחַבּוּרָה, אַף עַל גַּב דִּזְמְנִין דְּמִתְרַמֵּי – שָׁרֵי. הִלְכָּךְ, אֲפִילּוּ קֵרוּד שָׁרֵי: הֲלָכָה כְּרַבִּי שִׁמְעוֹן. דְּאָמַר (שבת כב. מו:): גּוֹרֵר אָדָם מִטָּה כִּסֵּא וְסַפְסָל, דְּדָבָר שֶׁאֵינוֹ מִתְכַּוֵּין מוּתָּר:
מתני'

תוספות

על גבי חרס מותר. פי' רש"י: שאין כאן כבוי, ואי משום הבערה – הוי הבערה כלאחר יד, ושרי לעשותה ביום טוב. והר"ר יצחק פירש: דשפיר הוי הבערה כדרכה, ומ"מ שריא – דקסבר דהבערה שלא לצורך שרי לעשותה ביום טוב. וכן משמע בירושלמי ["דמשילין"] מהו לאדלוקי נר של בטלה ביום טוב? ר' יוסי אסר, ורבנן שרו. והטעם: מאן דאסר סבר, דהבערה לחלק יצאת, והוי מלאכה, ואסור לעשותה בי"ט, ומאן דשרי סבר: דללאו יצאת, (א) והבערה שלא לצורך מותר לעשותה בי"ט, ולא הוי אב מלאכה. ומיהו התם קאמר: לא תאסור ולא תשרי. ומכאן יש ליזהר מלעשות הבערה שלא לצורך, כדקאמרינן בירושלמי: לא תאסור ולא תשרי. ומכל מקום, על גבי גחלת – אסור, לפי שיש כבוי עם הבערה, דלכולי עלמא האי לא שרי, הואיל דאין זה דבר השוה לכל נפש. ואפי' למאן דשרי הבערה שלא לצורך כלל בירושלמי – היינו לפי שישנו פעמים לצורך אוכל נפש, אבל כבוי, דלעולם אינו לצורך תקון אוכל נפש – ודאי אסור לכולי עלמא בי"ט. ורבא דשרי אף על גבי גחלת – היינו משום דחשיב ליה דבר השוה לכל נפש, דאם היו עשירים – צריכין הן לכך:

תליסר אלפי עגלי הוה מעשר רבי אלעזר בן עזריה וכו'. ותימה: והא ר' אלעזר בן עזריה היה אחר חורבן הבית טובא, דהא רבן גמליאל היה נשיא קודם ר' אלעזר בן עזריה, ורבן גמליאל היה לאחר חורבן הבית. דהא רבן יוחנן בן זכאי היה עושה תקנות מיד לאחר חורבן הבית, משום דרבן גמליאל לא הגיעו ימיו להיות נשיא, כדאמר: משחרב בית המקדש התקין רבן יוחנן בן זכאי, ואח"כ רבן גמליאל ואחר כך ר' אלעזר. ור' אלעזר לא היה כי אם בן שמנה עשרה שנה כשהיה נשיא, ונשיאותו לאחר חורבן. ואמרינן בבכורות (דף נג.): דלאחר חורבן נתבטל כל מעשר בהמה! ויש לומר: דלא נתבטל לאלתר, כי אם לאחר זמן. אי נמי: אפטרופוס של רבי אלעזר בן עזריה שהיה בימי הבית היה מעשר. אי נמי: לאו דוקא מעשר, אלא שהיה נותן למלך בכל שנה העשירית*):

ושלש מחלוקות בדבר מר סבר גזרינן קרצוף וכו'. פירש ר"י: דהלכה כר' שמעון שמתיר, ודוקא במגררת של עץ, דאין עושה חבורה. אבל במגררת שלנו, שהן של ברזל – כ"ע מודו דאסור, דפסיק רישיה ולא ימות הוא, שתולש שערות:

משום

עין משפט נר מצוה

צב א מיי' פ"ד מהל' יו"ט הל' ו טוש"ע א"ח סי' תקיא סעיף ד בהג"ה:

צג ב מיי' שם טוש"ע שם:

צד ג מיי' פ"ח מהל' יו"ט הל' יד טוש"ע א"ח סי' תקיט סעיף ה וסי' תקמא סעיף ג:

צה ד מיי' פ"ד מהלכות י"ט הלכה טז סמג לאוין עה טוש"ע א"ח סי' תקכג סעיף א:

צו ה מיי' שם פ"ג הל' יב טוש"ע א"ח סי' תקד סעיף א:

צז ו מיי' פ"א מהל' שבת הלכה ה סמג לאוין סה טוש"ע א"ח סי' שלז סעיף א:

רבינו חננאל

ר' ירמיה אמר ע"ג חרס מותר רבה ורב יוסף אמרי אפילו ע"ג חרס אסור משום דמוליד ריחא וכן סחופי כסא אשיראי ואקשינן עלייהו מ"ש מהדם דתניא מוללו ומריח בו קוטמו ומריח בו ופרקינן גבי הדם ריחא מיהא איתא ואוספי מוסיף עלה הכא מוליד ריחא. רבא אמר ע"ג גחלת לעשן פירות מותר מידי דהוה אצליית בשר ע"ג גחלים שאע"פ שתחלתו מכבה וסופו מבעיר שרי. דרש בר גביהא קיטורא שרי ואמר אמימר אי קיטורא בידי מעשה אומן היא ואסור אי לעשן פירות הא מוליד ריחא ואסור. ואסיקנא אמר רב אשי אנא אמריתה ניהליה לרב גביהא ומשמא דגברא רבא אמריתה ניהליה והוא רבא דאמר לעשן שרי מידי דהוה בישרא אגומרי. ומסקנא דשמעתא לגמר את הבית ר"ג מתיר וחכמים אוסרין וקי"ל כחכמים ולעשות מוגמר להריח ולגמר כלים לא איתפריש דשרי והלכתא בכולהי אסור בר מעישון הפירות שהוא מותר. ועושין גדי מקולס בלילי פסחים וחכמים אוסרין: **ירושלמי** תנא אי זהו גדי מקולס כולו צלי ראשו על כרעיו ועל קרבו מקצתו שלוק מקצתו צלי או מבושל אין זה גדי מקולס לילי יו"ט של פסח עושין עגל מקולס לילי עצרת ולילי סכות עושין גדי מקולס תודוס איש רומי הנהיג את ישראל לאכול גדי מקולס לילי פסחים. שלחו לו חכמים אילולי לאו תודוס אתה גזרנו עליך נידוי: **תוספתא** שהיו קורין אותן פסחים ואמרו לו שהמאכיל לישראל כעין קדשים בחוץ בר נידוי הוא: [מתני'] ג' דברים ר' אלעזר בן עזריה מתיר חכמים אוסרין פרתו היתה יוצאה ברצועה שבין קרניה: **ירושלמי** רב ושמואל דאמרי תרוויהו אפי' להמשך בה חכמים אוסרין תנא ר' יונה בן פזי דברדיליה אמרו לו או העבר רצועה מפרתך או עמוד מבינותינו אמר רב יוסי ב"ר בון שהיה מתרים כנגדן א"ר חנינא פעם אחת יצאת והשחירו שיניו מפני הצומות. תנא לא היתה שלו של שכינתו היתה וכי נענש אדם על שכינתו א"ר קירים ללמדך שכל מי שספק בידו למחות ולא מוחה קלקלה תלויה בו ומקרדין את הבהמה ביו"ט ת"ר איזהו קירוד כינים של בהמה כגון תולעים קטנים תפוסין בעור הבהמה שאי אפשר להסירם אלא בחבורה קרצוף גדולים ואין עושין חבורה וג' מחלוקות בדבר ת"ק דהוא ר' אלעזר בן עזריה סבר דבר שאין מתכוין מותר וקירוד דעביד חבורה כיון דלא מתכוין הוא שרי כ"ש קרצוף דלא עביד חבורה ור' יהודה סבר דבר שאין מתכוין אסור כו' ורבנן דאמרי אין מקרדין אף לא מקרצפין

מסורת הש"ס

[לקמן בהמביא דף לג:]

[מו"ק יג: ע"ש תוס' ד"ה קיטורי לגרסי בירי בר"ש]

[שבת קלד.]

פסחים נג. ברכות יט. [תוספת' פ"ב ע"ש]

[עדיות פ"ג מי"ב]

שבת נב:

[פסחים יח:]

שבת נב:

[פסחים יח: תוספ' פ"ב]

[עירובין עה. וש"נ]

[שבת מח: וש"נ]

[שם וש"נ]

גליון הש"ס

מתני' אבל מקרצפין. עי' שבת דף נג ע"א תוס' ד"ה מהו ליתן ומו"ק דף י ע"ב תוס' ד"ה ואין מוגנין:

הגהות הב"ח

(א) תוס' ד"ה על גבי וכו' ומאן דשרי סבר דללאו יצאה ולא הוי אב מלאכה והבערה שלא לצורך מותר לעשות ביום טוב ומיהו:

עין משפט נר מצוה

צח א ב מיי' פ"י מהל' כלים הלכה ז:

צט ג מיי' פכ"ה מהל' כלים הלכה טז:

ק ד מיי' פ"א מהלכות שבת הלכה ה סמג לאוין סה טוש"ע א"ח סי' שלז סעיף א:

מתני' [א]הָרֵחַיִם שֶׁל פִּלְפְּלִין טְמֵאָה מִשּׁוּם שְׁלֹשָׁה כֵּלִים: מִשּׁוּם כְּלִי קִבּוּל, וּמִשּׁוּם כְּלִי מַתֶּכֶת, וּמִשּׁוּם כְּלִי כְּבָרָה.§ **גמ'** [ב]תָּנָא: תַּחְתּוֹנָה – מִשּׁוּם כְּלִי קִבּוּל, אֶמְצָעִית – מִשּׁוּם כְּלִי כְּבָרָה, עֶלְיוֹנָה – מִשּׁוּם כְּלִי מַתֶּכֶת.§

מתני' *[ג]עֲגָלָה שֶׁל קָטָן טְמֵאָה מִדְרָס, וְנִטֶּלֶת בַּשַּׁבָּת, [ד]וְאֵינָהּ נִגְרֶרֶת אֶלָּא עַל גַּבֵּי כֵּלִים. ר' יְהוּדָה אוֹמֵר: כָּל הַכֵּלִים אֵין נִגְרָרִין, חוּץ מִן הָעֲגָלָה, מִפְּנֵי שֶׁהִיא כּוֹבֶשֶׁת.§ **גמ'** עֲגָלָה שֶׁל קָטָן טְמֵאָה מִדְרָס – דְּהָא סָמֵיךְ עִלָּוֵיהּ. "וְנִטֶּלֶת בַּשַּׁבָּת" – מִשּׁוּם דְּאִיכָּא תּוֹרַת כְּלִי עֲלָהּ. "וְאֵינָהּ נִגְרֶרֶת אֶלָּא עַל גַּבֵּי כֵּלִים". עַל גַּבֵּי כֵּלִים – אִין, עַל גַּבֵּי קַרְקַע – לָא, מַאי טַעְמָא – דְּקָא עָבֵיד חָרִיץ. מַנִּי – ר' יְהוּדָה הִיא, דְּאָמַר: *דָּבָר שֶׁאֵין מִתְכַּוֵּין אָסוּר. דְּאִי ר' שִׁמְעוֹן – הָאָמַר: *דָּבָר שֶׁאֵין מִתְכַּוֵּין מוּתָּר. (*דִּתְנַן) [אמרנן] *רַבִּי שִׁמְעוֹן אוֹמֵר: [ה]גּוֹרֵר אָדָם מִטָּה כִּסֵּא וְסַפְסָל, וּבִלְבַד שֶׁלֹּא יִתְכַּוֵּין לַעֲשׂוֹת חָרִיץ. אֵימָא סֵיפָא, ר' יְהוּדָה אוֹמֵר: אֵין הַכֹּל נִגְרָרִין בַּשַּׁבָּת חוּץ מִן הָעֲגָלָה מִפְּנֵי שֶׁהִיא כּוֹבֶשֶׁת, מִפְּנֵי שֶׁכּוֹבֶשֶׁת – אִין, אֲבָל חָרִיץ – לָא עָבְדָא! תְּרֵי תַּנָּאֵי וְאַלִּיבָּא דְּרַבִּי יְהוּדָה.§

הדרן עלך יום טוב

מתני' טְמֵאָה מִשּׁוּם שְׁלֹשָׁה כֵּלִים. מְקַבֶּלֶת טוּמְאָה עַל שֵׁם שְׁלֹשָׁה כֵּלִים. נָפְקָא מִינָּהּ, דְּאִי נַמִי אֲזַל חַד שְׁמָא מִינָּהּ – טְמֵאָה מִשּׁוּם אִידָךְ. וּבַגְּמָרָא מְפָרֵשׁ לָהּ: **גמ'** תַּחְתּוֹנָה. שֶׁמְּקַבֶּלֶת אֲבַק הַפִּלְפְּלִין כְּשֶׁנּוֹפֵל דֶּרֶךְ נִקְבֵי הַמְּכַבֵּר: מִשּׁוּם כְּלִי קִבּוּל. שֶׁכְּלִי עֵץ שֶׁיֵּשׁ לוֹ בֵּית קִבּוּל הוּא: **אֶמְצָעִית**. שֶׁהִיא מַקֶּפֶת אֶת הַמְּכַבֵּר, מִשּׁוּם כְּלִי עֵץ לֹא מִטַּמְּאָה – דְּאֵין קִבּוּלָהּ קִבּוּל, אֶלָּא חֲכָמִים גָּזְרוּ טוּמְאָה עַל הַכְּבָרָה מִשּׁוּם אָרוּג, וַאֲפִילּוּ אֵין הַמְּכַבֵּר שֶׁל מַתֶּכֶת מִטַּמְּאָה מִשּׁוּם כְּלִי כְּבָרָה. וְשֶׁלָּנוּ שֶׁהִיא שֶׁל מַתֶּכֶת – וַדַּאי טְמֵאָה מִשּׁוּם פְּשׁוּטֵי כְּלֵי מַתָּכוֹת: וְעֶלְיוֹנָה. שֶׁמְּכַתְּשִׁין וְשׁוֹחֲקִין בָּהּ הַפִּלְפְּלִין – טְמֵאָה מִשּׁוּם כְּלֵי מַתָּכוֹת. דְּמִשּׁוּם כְּלִי עֵץ לֵיכָּא לְטַמּוּיָהּ, דִּפְשׁוּטֵיהֶן טְהוֹרִין. אֶלָּא מִשּׁוּם צִפּוּי הַמַּתֶּכֶת שֶׁהוּא עִיקָּר, וְהָעֵץ בָּטֵל אֶצְלוֹ: **מתני'** עֲגָלָה שֶׁל קָטָן. שֶׁעוֹשִׂין לוֹ לִשְׂחוֹק, וְיוֹשֵׁב עָלֶיהָ וּמְטַלְטְלִין אוֹתוֹ עָלֶיהָ: **טְמֵאָה מִדְרָס**. אִם הַתִּינוֹק זָב – נַעֲשֵׂית הָעֲגָלָה אַב הַטּוּמְאָה, דִּמְיוּחֶדֶת לִישִׁיבָה הִיא, דְּהָא סוֹמֵךְ קָטָן עָלֶיהָ, נִמְצֵאת שֶׁהִיא מְיוּחֶדֶת לוֹ לִישִׁיבָה, וְאֵין אוֹמְרִים לוֹ "עֲמוֹד וְנַעֲשֶׂה מְלַאכְתֵּנוּ". דְּאִילּוּ לֹא מְיַחֲדָא לְהָכִי, לָא הָוְיָא אַב הַטּוּמְאָה, כִּדְתַנְיָא: יָכוֹל כָּפָה סְאָה וְיָשַׁב עָלֶיהָ כו' (שבת דף נט.): **וְנִטֶּלֶת בַּשַּׁבָּת**. דְּתוֹרַת כְּלִי עָלֶיהָ: **וְאֵינָהּ נִגְרֶרֶת**. בַּשַּׁבָּת: **אֶלָּא עַל גַּבֵּי כֵּלִים**. עַל גַּבֵּי בְּגָדִים, מִפְּנֵי שֶׁעוֹשָׂה חָרִיץ בַּקַּרְקַע, וְחוֹפֵר חַיָּיב מִשּׁוּם חוֹרֵשׁ: **מִפְּנֵי שֶׁכּוֹבֶשֶׁת**. חָרִיץ הַנִּרְאֶה בְּהִלּוּכָהּ – לֹא עַל יְדֵי חֲפִירָה הוּא, אֶלָּא כּוֹבֶשֶׁת וְדוֹרֶסֶת הַקַּרְקַע, וְנִדּוֹשׁ תַּחְתֶּיהָ וְנַעֲשֶׂה מְקוֹמָהּ נָמוּךְ, אֲבָל אֵינוֹ זָז עָפָר מִמְּקוֹמָהּ: **גמ'** לַעֲשׂוֹת חָרִיץ גָּרְסִינַן: **כּוֹבֶשֶׁת אִין**. כּוֹבֶשֶׁת הָוֵי, אֲבָל חָרִיץ לָא עָבְדָא: **תְּרֵי תַּנָּאֵי וְאַלִּיבָּא דְּרַבִּי יְהוּדָה**. חַד סָבַר: הָעֲגָלָה נַמִי כִּשְׁאָר כֵּלִים, דְּעוֹשָׂה חָרִיץ בִּגְרִירָתָהּ, שֶׁפְּעָמִים שֶׁאֵין הָאוֹפָן מִתְגַּלְגֵּל וְהוּא נִגְרָר וְחוֹפֵר. וְאִידָךְ סָבַר: לָא שְׁכִיחַ הָכִי, וְאֵינָהּ אֶלָּא כּוֹבֶשֶׁת תַּחַת גַּלְגּוּלָהּ:

הדרן עלך יום טוב

משום שלשה כלים. פי' ואם נטמא זה – לא נטמא זה, אפי' בשעת מלאכה, שהן כולן יחד. הואיל וכל אחד ראוי למלאכה בלבדו. ולא דמי למספרים של פרקים ואזמל של רהיטני*, דהתם הם מחוברים יותר בשעת מלאכה: **משום** כלי כברה. פירש רש"י: אע"ג שהיא של עץ, ואין לה בית קיבול, שאין נשאר בה כלל – מכל מקום גזרו עליה משום ארוג. ולא נראה, דלא שייך ארוג במעשה של עץ כי אם [בנמר ופשתים. ונראה לפרש] בכברה של סלתות, דקאמר בירושלמי: כברות של סלתות, טמאה משום שיש עליה תורת כלי, שמקבלת הסובין שאינן יכולין לצאת דרך נקבים. והא דקאמר משום כלי כברה ולא קאמר משום בית קיבול – ה"ק: משום תורת קבול כלי כברה, דחשיב קבול שלה כדפי': **עגלה** של קטן. פירש הקונטרס: שהקטן יושב בתוכה. ולא נהירא, דמאי קא משמע לן? פשיטא, הא אין לך כלי מיוחד גדול מזה! לכך נראה לי, דהיינו כלי שעושין לקטנים להתלמד להלוך, והיא עומדת על שלשה אופנים, ואוחז בה בידיו והיא מתגלגלת לפניו תמיד:

הדרן עלך יום טוב

רבינו חננאל

מקרצפין סברי לה כר' יהודה ומחמרי ואסיקנא אמר רב נחמן הלכה כר"ש דסבר דבר שאין מתכוין מותר שהרי ר' אלעזר בן עזריה מודי לו: [**מתני'**] הרחיים של פלפלין טמאה משום שלשה כו'. *)פי' כלי עץ חקוק ובאמצעיתו טס של ברזל קבוע במסמרים עומדים מלמטה והוא נקוב נקבים דקים כמין כברה והעליון משופה ליכנס בתוך התחתון ומצופה ראשו של עליון ברזל עשוי כמין פטפוטין בלוטין קטנים קטנים. ונותן הפלפלין באותו ברזל המתוח באמצע החקוק לאורכו הנקוב ככברה ושוחקין בעליון שראשו מצופה ברזל כמין פטפוטין קטנים גסין יותר מעט מן הנקבים ונותן הפלפלין על הברזל העשוי ככברה וטוחן בעליון וכששחק יורד מן הנקבים למטה ויש בקרקעות התחתון נקב גדול סתום כשרוצה פותח ונוטל הפלפלין השחוקין ומפורש בגמ' שלנו וגם כן בירושלמי התחתון כלי קיבול העליון משום כלי מתכות אמצעי משום כברה: [**מתני'**] עגלה של קטן טמאה מדרס דהא קסמיך עלה וניטלת בשבת משום דאיכא תורת כלי עליה ואינה נגררת אלא ע"ג כלים אבל על הקרקע לא דעביד חריץ ומשום דאמר דבר שאין מתכוין אסור וסיפא דהא מתניתין תנא אחר אליבא דר' יהודה שהוא שונה כל הכלים אין נגררין חוץ מן העגלה מפני שאינה עושה חריץ אלא כובשת ור' שמעון תני גורר אדם מטה וכסא וספסל בשבת ובלבד שלא יתכוין לעשות חריץ וא"צ לומר ביו"ט. **) דלת הנגררת ומחצלת הנגררת וקנקליה הגורר פותחין ונועלין בהן בשבת וא"צ לומר ביו"ט: **הדרן עלך יום טוב**

*) עי' בערוך ערך ריהיס. **) הוא בתוספתא סוכה.

מסורת הש"ס

[שבת מח:]

שבת מו.

[שבת מח: וש"נ]

[שם וש"נ]

שם כב. כט: מו: [תוספתא פ"ב פסחי' קא. מנחות מח:]

גליון הש"ס

מתני' ואינה נגררת. עיין שבת דף פא ע"ב תוס' ד"ה והאר"י:

Koren Talmud Bavli
THE NOÉ EDITION

BEITZA

Steinsaltz
Center

KOREN

תלמוד בבלי

KOREN TALMUD BAVLI

THE NOÉ EDITION

ביצה

BEITZA

Daf 2a through Daf 23b

COMMENTARY BY

Rabbi Adin Even-Israel Steinsaltz

EDITOR-IN-CHIEF

Rabbi Dr Tzvi Hersh Weinreb

SENIOR CONTENT EDITOR

Rabbi Dr Shalom Z Berger

EXECUTIVE EDITOR

Rabbi Joshua Schreier

•

STEINSALTZ CENTER

KOREN PUBLISHERS JERUSALEM

Supported by the Matanel Foundation

Koren Talmud Bavli, The Noe Edition
Vol. 8a: Tractate Beitza, Daf 2a through Daf 23b
Paperback, ISBN, 978-965-7765-52-4

First Hebrew/English paperback edition, 2021

Koren Publishers Jerusalem Ltd.
PO Box 4044, Jerusalem 91040, ISRAEL
PO Box 8531, New Milford, CT 06776, USA
www.korenpub.com

Steinsaltz Center

Steinsaltz Center is the parent organization of institutions established by Rabbi Adin Even-Israel Steinsaltz

PO Box 45187, Jerusalem 91450 ISRAEL
Telephone: +972 2 646 0900, Fax +972 2 624 9454
www.steinsaltz-center.org

This book was published in cooperation with the Israel Institute for Talmudic Publications.

הִנֵּה יָמִים בָּאִים, נְאֻם אֲדֹנָי יֱהֹוִה, וְהִשְׁלַחְתִּי רָעָב בָּאָרֶץ,
לֹא־רָעָב לַלֶּחֶם וְלֹא־צָמָא לַמַּיִם, כִּי אִם־לִשְׁמֹעַ אֵת דִּבְרֵי יהוה.

Behold, days are coming – says the Lord God – I will send a hunger to the land, not a hunger for bread nor a thirst for water, but to hear the words of the Lord. (AMOS 8:11)

The Noé edition of the Koren Talmud Bavli
with the commentary of Rabbi Adin Even-Israel Steinsaltz
is dedicated to all those who open its covers
to quench their thirst for Jewish Knowledge,
in our generation of Torah renaissance.

This beautiful edition is for the young, the aged,
the novice and the savant alike,
as it unites the depth of Torah knowledge
with the best of academic scholarship.

Within its exquisite and vibrant pages,
words become worlds.

It will claim its place in the library of classics,
in the bookcases of the Beit Midrash,
the classrooms of our schools,
and in the offices of professionals and business people
who carve out precious time to grapple with its timeless wisdom.

For the Student and the Scholar

DEDICATED BY LEO AND SUE NOÉ

Steinsaltz Center

Executive Director, Steinsaltz Center

Rabbi Meni Even-Israel

Managing Editor

Rabbi Jason Rappoport

Senior Content Editor

Rabbi Dr. Shalom Z. Berger

Editors

Rabbi Joshua Amaru, *Coordinating Editor*
Tal Avrahami
Aryeh Bernstein
Menucha Chwat
Rabbi Yoel Domb
Rabbi Yehoshua Duker
Rabbi Dov Foxbrunner
Rabbi Yonatan Shai Freedman
Raphael Friedman
Rabbi Uri Goldstein
Nechama Greenberg
Rabbi Alan Haber
Raz Hartman
Rabbi David Hojda
Rabbi Tzvi Chaim Kaye
Rabbi Yonatan Kohn
Rabbi Adin Krohn
Catriel Lev
Sholom Licht
Elisha Loewenstern
Adina Luber
Rabbi Avishai Magence, *Content Curator*
Sally Mayer
Rabbi Jonathan Mishkin
Sarit Nagus
Yedidya Naveh
Rabbi Eli Ozarowski
Rabbi David Sedley
Shira Shmidman
Rabbi Michael Siev
Avi Steinhart
Rabbi David Strauss
Rabbi Yitzchak Twersky
Rabbi Binyamin Zimmerman

Copy Editors

Aliza Israel, *Coordinator*
Bracha Hermon
Ita Olesker
Debbie Ismailoff
Shira Finson
Ilana Sobel
Deena Nataf
Eliana Kurlantzick Yorav
Nava Wieder

Language Consultants

Dr. Stephanie E. Binder, *Greek & Latin*
Rabbi Yaakov Hoffman, *Arabic*
Dr. Shai Secunda, *Persian*
Shira Shmidman, *Aramaic*

KOREN

Design & Typesetting

Raphaël Freeman, *Design & Typography*
Dena Landowne Bailey, *Typesetting*
Rina Ben Gal, *Typesetting*
Tani Bayer, *Jacket Design*

Images

Eliahu Misgav, *Illustration*
Yehudit Cohen, *Image Acquisition*

Introduction by the Publisher

The Talmud has sustained and inspired Jews for thousands of years. Throughout Jewish history, an elite cadre of scholars has absorbed its learning and passed it on to succeeding generations. The Talmud has been the fundamental text of our people.

Beginning in the 1960s, Rabbi Adin Even-Israel Steinsaltz שליט״א created a revolution in the history of Talmud study. His translation of the Talmud, first into modern Hebrew and then into other languages, as well the practical learning aids he added to the text, have enabled millions of people around the world to access and master the complexity and context of the world of Talmud.

It is thus a privilege to present the *Koren Talmud Bavli*, an English translation of the talmudic text with the brilliant elucidation of Rabbi Steinsaltz. The depth and breadth of his knowledge are unique in our time. His rootedness in the tradition and his reach into the world beyond it are inspirational.

Working with Rabbi Steinsaltz on this remarkable project has been not only an honor, but a great pleasure. Never shy to express an opinion, with wisdom and humor, Rabbi Steinsaltz sparkles in conversation, demonstrating his knowledge (both sacred and worldly), sharing his wide-ranging interests, and, above all, radiating his passion. I am grateful for the unique opportunity to work closely with him, and I wish him many more years of writing and teaching.

Our intentions in publishing this new edition of the Talmud are threefold. First, we seek to fully clarify the talmudic page to the reader – textually, intellectually, and graphically. Second, we seek to utilize today's most sophisticated technologies, both in print and electronic formats, to provide the reader with a comprehensive set of study tools. And third, we seek to help readers advance in their process of Talmud study.

To achieve these goals, the *Koren Talmud Bavli* is unique in a number of ways:

- The classic *tzurat hadaf* of Vilna, used by scholars since the 1800s, has been reset for great clarity, and opens from the Hebrew "front" of the book. Full *nikkud* has been added to both the talmudic text and Rashi's commentary, allowing for a more fluent reading with the correct pronunciation; the commentaries of *Tosafot* have been punctuated. Upon the advice of many English-speaking teachers of Talmud, we have separated these core pages from the translation, thereby enabling the advanced student to approach the text without the distraction of the translation. This also reduces the number of volumes in the set. At the bottom of each *daf*, there is a reference to the corresponding English pages. In addition, the Vilna edition was read against other manuscripts and older print editions, so that texts which had been removed by non-Jewish censors have been restored to their rightful place.
- The English translation, which starts on the English "front" of the book, reproduces the *menukad* Talmud text alongside the English translation (in bold) and commentary and explanation (in a lighter font). The Hebrew and Aramaic text is presented in logical paragraphs. This allows for a fluent reading of the text for the non-Hebrew or non-Aramaic reader. It also allows for the Hebrew reader to refer easily to the text alongside. Where the original text features dialogue or poetry, the English text is laid out in a manner appropriate to the genre. Each page refers to the relevant *daf*.

- Critical contextual tools surround the text and translation: personality notes, providing short biographies of the Sages; language notes, explaining foreign terms borrowed from Greek, Latin, Persian, or Arabic; and background notes, giving information essential to the understanding of the text, including history, geography, botany, archaeology, zoology, astronomy, and aspects of daily life in the talmudic era.
- Halakhic summaries provide references to the authoritative legal decisions made over the centuries by the rabbis. They explain the reasons behind each halakhic decision as well as the ruling's close connection to the Talmud and its various interpreters.
- Photographs, drawings, and other illustrations have been added throughout the text – in full color in the Standard and Electronic editions, and in black and white in the Daf Yomi edition – to visually elucidate the text.

This is not an exhaustive list of features of this edition, it merely presents an overview for the English-speaking reader who may not be familiar with the "total approach" to Talmud pioneered by Rabbi Steinsaltz.

Several professionals have helped bring this vast collaborative project to fruition. My many colleagues are noted on the Acknowledgments page, and the leadership of this project has been exceptional.

RABBI MENACHEM EVEN-ISRAEL, DIRECTOR OF THE STEINSALTZ CENTER, was the driving force behind this enterprise. With enthusiasm and energy, he formed the happy alliance with Koren and established close relationships among all involved in the work.

RABBI DR. TZVI HERSH WEINREB שליט״א, EDITOR-IN-CHIEF, brought to this project his profound knowledge of Torah, intellectual literacy of Talmud, and erudition of Western literature. It is to him that the text owes its very high standard, both in form and content, and the logical manner in which the beauty of the Talmud is presented.

RABBI JOSHUA SCHREIER, EXECUTIVE EDITOR, assembled an outstanding group of scholars, translators, editors, and proofreaders, whose standards and discipline enabled this project to proceed in a timely and highly professional manner.

RABBI MEIR HANEGBI, EDITOR OF THE HEBREW EDITION OF THE STEINSALTZ TALMUD, lent his invaluable assistance throughout the work process, supervising the reproduction of the Vilna pages.

RAPHAËL FREEMAN, EXECUTIVE EDITOR OF KOREN, created this Talmud's unique typographic design which, true to the Koren approach, is both elegant and user friendly.

It has been an enriching experience for all of us at Koren Publishers Jerusalem to work with the Steinsaltz Center to develop and produce the *Koren Talmud Bavli*. We pray that this publication will be a source of great learning and, ultimately, greater *avodat Hashem* for all Jews.

Matthew Miller, Publisher
Koren Publishers Jerusalem
Jerusalem 5772

Contents

For the vocalized Vilna Shas layout, please open as a Hebrew book.

Introduction to **Beitza**

Tractate *Yom Tov*, better known as *Beitza* after its first word, deals with the general *halakhot* of Festivals. Whereas other tractates in *Seder Mo'ed* address the laws of Shabbat and the mitzvot that are specific to each of the major Festivals, this tractate deals with the laws common to all Festivals. These *halakhot* include the commandment to rest from work, in the form of positive and negative mitzvot that apply to all Festivals. They are derived from the verses "It shall be a solemn rest unto you, a memorial proclaimed with the blast of *shofarot*, a sacred convocation" (Leviticus 23:24) and "You shall do no manner of servile work" (Leviticus 23:7, 8).

There is no difference between Shabbat and Festivals with regard to the basic definition of prohibited labor. On Festivals, as on Shabbat, the definition of labor is any action that entails creative work, performed intentionally. The details of the *halakhot* of prohibited labor on Festivals, and the decrees and enactments of the Sages to safeguard people from transgression and to emphasize the sanctity of the day, are very similar to the *halakhot* and enactments for the mitzva of rest and the prohibition against labor on Shabbat. Therefore, the main topics in this tractate can also be found in the tractates that deal with the laws of Shabbat, i.e., *Shabbat* and *Eiruvin*. Indeed, in terms of structure and content, tractate *Beitza* can be seen as a kind of addendum to *Shabbat*, not only in terms of the fundamental concepts but also with regard to the details of its *halakhot*. Consequently, this tractate addresses neither the sources of its *halakhot* nor the basic definitions of prohibited labor and the mitzva of rest. Its main focus is the elucidation of the differences between Shabbat and Festivals.

The differences between prohibited labor on Shabbat and that on Festivals come to the fore in two main areas. The first distinction concerns the severity of the sin. The prohibition against performing labor on Shabbat is one of the most severe transgressions in the Torah, as it states: "Everyone who profanes it shall surely be put to death" (Exodus 31:14). Conversely, the prohibition against performing labor on a Festival is not as severe; rather, it is a regular negative commandment, punishable by lashes. Furthermore, the scope of the prohibition is different. All labor is prohibited on Shabbat, as the verse states: "Six days shall work be done, but on the seventh day is a Shabbat of solemn rest, a holy convocation; you shall do no manner of work; it is Shabbat to the Lord in all your dwellings" (Leviticus 23:3). On Festivals, the prohibition is limited to servile labor: "A holy convocation; ye shall do no manner of servile work." (Leviticus 23:7). The Sages explained the difference based on a different verse that refers to the festival of Passover: "No manner of work shall be done in them, save that which every man must eat, that only may be done by you" (Exodus 12:16). Accordingly, on Festivals the Torah permits labor that is for the purpose of sustenance, i.e., labor related to the preparation of food. The central topic of tractate *Beitza* is the elaboration and explication of this more limited prohibition against performing labor.

It was clear to the Sages that not all acts of labor involved in the preparation of food are included in this leniency. The early authorities debate whether the exclusion of certain labors is a rabbinic decree to safeguard the Festival, or if its source is from the Torah itself. There is a fundamental distinction between labors that merely prepare items that can be processed into food, e.g., hunting, harvesting, and similar actions, and labors that actually prepare food for eating, such as cooking and baking.

The significance of the different categories of labor is discussed at length by the early authorities. One possibility is that only those labors whose prohibition would prevent the consumption of the food or enable its spoilage on the Festival itself are permitted. Alternatively, only labors usually performed on the day the food will be eaten are allowed on Festivals, whereas labors usually done beforehand are prohibited, even for the sake of the Festival. Likewise, there is some doubt as to whether certain labors are prohibited solely on Shabbat and not at all on a Festival, as they are not labors in the full sense of the term. This debate applies primarily to the labors of carrying out from one domain to another and kindling fire, which are certainly permitted on Festivals. The question is whether these prohibitions are waived only for the sake of food preparation on the Festival, or if they are never applied to Festivals at all.

Although the Torah permitted labor for the purpose of sustenance on Festivals, the Sages deemed it necessary to create limits and restrictions on this *halakha*, both so that the sanctity of the Festivals would be preserved and to prevent a Festival from turning into a regular workday, albeit with a few restrictions. Consequently, the Sages established many enactments and safeguards to limit the performance of labor to essential actions that are necessary for the Festival. They also sought to avoid the appearance of industrial labor or commercial transactions. Furthermore, in several areas the Sages were stricter with regard to Festivals than Shabbat, as the less severe punishments and the permission to perform certain labors are liable to cause people to disparage the Festivals.

The concerns that led the Sages to limit the scope of permitted actions on a Festival, however, are counterbalanced by another consideration: On Festivals there is a special mitzva to be joyful, as stated in the Torah: "And you shall rejoice in your Festival… and you shall be altogether joyful" (Deuteronomy 16:14–15). This joy, as evident from the context of this passage and its interpretation by the Sages, is expressed and actualized by means of eating, drinking, and wearing beautiful clothing, among other activities (*Pesaḥim* 109a and elsewhere). Therefore, one must ensure that the restrictions on labor are not so great that they negate the joy of the Festival. Indeed, the appropriate balance between these two considerations, the honor of the Festival as a day of rest on the one hand and a day of joy on the other, is one of the central dilemmas that arise in many discussions in this tractate.

The relationship between Shabbat and Festivals concerns not only the halakhic comparisons between them but also the problems that arise when a Festival immediately follows or, especially, precedes Shabbat. The Sages established several enactments for this situation, primarily the joining of cooked foods [*eiruv tavshilin*], both to make it possible to prepare food on the Festival for Shabbat and to ensure that this preparation does not lead one to show disrespect for or neglect the Festival due to the approaching day of rest.

Another issue that is specific to the *halakhot* of Festivals is the ancient enactment that people living outside Eretz Yisrael must observe the second Festival day of the Diaspora, in addition to the single day observed in Eretz Yisrael. Initially, this *halakha* was

established due to problems and difficulties in communication between Eretz Yisrael and distant places in the Diaspora. Since the New Moon was declared in Eretz Yisrael, and the dates of the Festivals were determined by the first of the month, inhabitants of distant places would not always know the correct day when the Festival began. The Sages therefore decreed that residents of the Diaspora celebrate two Festival days, one of which would certainly be correct. However, aside from this technical difficulty, many other considerations also motivated this enactment. Consequently, those living outside Eretz Yisrael celebrate two Festival days even in modern times, when the dates of the Festival are established by a fixed calendar.

Tractate *Beitza* consists of five chapters. Although the topics of these chapters are interrelated, each focuses on a particular central issue.

Chapter One mainly discusses the *halakhot* of set-aside [*muktze*] and preparation, and the related issue of moving and carrying out objects.

Chapter Two deals with the issue of an *eiruv tavshilin*, and the manner of sacrificing offerings that may be brought on a Festival.

Chapter Three addresses the *halakhot* of hunting, slaughtering, and other matters connected with the preparation of meat on and for the sake of a Festival.

Chapter Four analyzes the *halakha* of transferring objects from one place to another on a Festival. It also discusses other limitations, whether from the Torah or from the Sages, imposed on the performance of permitted labors on a Festival.

Chapter Five deals with the general definitions of permitted and prohibited acts on a Festival, and with the *halakhot* of the joining of borders [*eiruvei teḥumin*] on a Festival.

Introduction to **Perek I**

One of the restrictions the Sages added to the prohibition of labor on Shabbat and Festivals is the proscription against moving set-aside [*muktze*] objects. A set-aside item, as the name indicates, is something that one has removed from his mind and does not plan to use on Shabbat. This setting aside can be performed intentionally, or it can be dictated by circumstance. The main reason for the prohibition of *muktze* is to safeguard against the performance of prohibited labor on the day of rest.

Although there is a general definition of *muktze*, there are many different opinions with regard to the details of this concept. One disputed issue is the definition of an article removed from one's mind, whether this categorization is established by his thoughts or based on a general definition.

Furthermore, there are several different types of *muktze*. One general category includes raw materials that are not fit for use on a day of rest. An object of this kind is called *muktze* because of itself. Certain processed items are included in other categories of *muktze*: *Muktze* due to a prohibition, in the case of utensils whose function is prohibited; *muktze* because of repulsiveness; and *muktze* because of monetary loss, in the case of an important and expensive item that people would not use for anything other than its designated purpose. In addition, there are items that are actively set aside by a person who decides that he will not utilize them for a period of time because they are currently unfit for use. Another, stricter category of *muktze* is an item that came into being on the day of rest. Not all the Sages agree on these definitions of *muktze*, and there any many disputes among the *tanna'im* on this matter.

These differences of opinion, which already existed between Beit Hillel and Beit Shammai, were continued by later *tanna'im*. Some were strict with regard to the *halakhot* of *muktze* and even added further categories, whereas others, like Rabbi Shimon and his son, were lenient and classified only special cases as *muktze*. These dilemmas, which are addressed mainly in tractate *Shabbat*, feature in *Beitza* with regard to the *halakhot* of Festivals. The pertinent questions derive from the essential differences between Shabbat and Festivals: Since certain labors are permitted on the Festival, there is apparently no reason to prohibit as *muktze* anything connected to those activities. However, there is a concern that if the Sages are too lenient concerning Festivals, people might show disrespect for the holy day. Consequently, many authorities maintain that the *halakhot* of *muktze* are actually stricter on Festivals than on Shabbat. With that said, one must be careful that the extra stringencies of the Festival *halakhot* should not minimize the joy of the Festival, which is a Torah obligation. These considerations form the main issues of this chapter, although many other problems arise in connection with these fundamental dilemmas.

מתני׳ בֵּיצָה שֶׁנּוֹלְדָה בְּיוֹם טוֹב, בֵּית שַׁמַּאי אוֹמְרִים: תֵּאָכֵל, וּבֵית הִלֵּל אוֹמְרִים: לֹא תֵּאָכֵל. בֵּית שַׁמַּאי אוֹמְרִים: שְׂאוֹר בִּכְזַיִת, וְחָמֵץ בְּכַכּוֹתֶבֶת, וּבֵית הִלֵּל אוֹמְרִים: זֶה וָזֶה בִּכְזַיִת.

MISHNA With regard to **an egg that was laid**[N] **on a Festival** (*Eduyyot* 4:1), **Beit Shammai say: It may be eaten**[N] even on that day, **and Beit Hillel say: It may not be eaten,** as the Gemara will explain at length. Apropos this exceptional case, in which Beit Shammai are lenient and Beit Hillel are strict, the mishna cites additional *halakhot* of the Festivals in which this unusual phenomenon occurs (*Yoma* 79b). **Beit Shammai say: Leaven,** i.e., dough that has leavened to such an extent that it is no longer used as food but as a leavening agent for other dough, is prohibited on Passover in the measure **of an olive-bulk.**[BN] However, the measure for edible **leavened bread** is greater, that **of a large date-bulk.**[B] **And Beit Hillel say:** For both **this and that,** the measure is that **of an olive-bulk.**[H]

הַשּׁוֹחֵט חַיָּה וָעוֹף בְּיוֹם טוֹב, בֵּית שַׁמַּאי אוֹמְרִים: יַחְפּוֹר בְּדֶקֶר וִיכַסֶּה, וּבֵית הִלֵּל אוֹמְרִים: לֹא יִשְׁחוֹט אֶלָּא אִם כֵּן הָיָה לוֹ עָפָר מוּכָן מִבְּעוֹד יוֹם. וּמוֹדִים, שֶׁאִם שָׁחַט – שֶׁיַּחְפּוֹר בְּדֶקֶר וִיכַסֶּה, שֶׁאֵפֶר כִּירָה מוּכָן הוּא.

Furthermore, with regard to **one who slaughters an undomesticated animal or a bird on a Festival** (*Eduyyot* 4:2), in which case there is a mitzva from the Torah to cover the blood after slaughtering (Leviticus 17:13), **Beit Shammai say: He digs** earth **with a shovel and covers** the blood with that earth *ab initio*. **And Beit Hillel say: He may not slaughter** *ab initio*, **unless he had earth prepared** for that purpose **while it was still day. But** even Beit Hillel **concede that if one** already **slaughtered** the animal or the bird, **then he should dig with a shovel and cover** the blood.[H] Additionally, they agree **that the ashes of a stove are** considered **prepared** for the use of covering blood, as will be explained by the Gemara.

גמ׳ בְּמַאי עָסְקִינַן? אִילֵימָא בְּתַרְנְגוֹלֶת הָעוֹמֶדֶת לַאֲכִילָה – מַאי טַעְמַיְיהוּ דְּבֵית הִלֵּל? אוּכְלָא דְּאִפְּרַת הוּא.

GEMARA The Gemara inquires: **With what** case **are we dealing** in this mishna? **If we say** that the mishna is referring **to a chicken that is designated for eating,** i.e., one planned to slaughter and eat a chicken that laid an egg, **what is the reason that Beit Hillel** prohibit eating the egg? **It is food that has been separated** [*de'ifrat*].[NL] The entire chicken is considered food, as it is designated for eating, and this egg is simply a part that became detached. Just as one may partake of the chicken itself on a Festival, its egg should likewise be fit for consumption.

BACKGROUND

Olive-bulk – כְּזַיִת: This is one of the most fundamental halakhic units of volume. By Torah law, eating is defined as swallowing one olive-bulk, and virtually every *halakha* that commands or prohibits eating refers to this quantity. The measure is defined in terms of the water displacement of a particular strain of olive, and the precise size of this measurement is not clear. One talmudic passage indicates that an olive-bulk is almost half the size of an egg, whereas it can be inferred from another discussion that it is less than a third of the size of an egg. As there is a wide range of views about the size of an egg, there are also multiple opinions about the size of an olive-bulk, ranging from 15–50 cc.

Large date-bulk – כַּכּוֹתֶבֶת: This unit is larger than an olive-bulk but smaller than an egg. One is liable to receive *karet* if on Yom Kippur he eats an amount of food that is at least the volume of a large date-bulk.

HALAKHA

The measures of leavened bread and leaven – שִׁיעוּר חָמֵץ וּשְׂאוֹר: An olive-bulk is the minimum measure for both leavened bread and leaven, in terms of both the obligation to remove them as well as the prohibition against consuming them, in accordance with the opinion of Beit Hillel (*Shulḥan Arukh*, *Oraḥ Ḥayyim* 442:7).

Slaughtering and covering blood on a Festival – שְׁחִיטָה וְכִיסּוּי בְּיוֹם טוֹב: One may slaughter an undomesticated animal or bird on a Festival only if he has earth with which to cover the blood. According to one opinion, this earth must be loose (*Mishna Berura*). In a case where one slaughtered the undomesticated animal or bird without preparing earth beforehand, he may cover the blood only if he had a shovel stuck in the ground from the day before. If not, he must wait until nightfall to cover it, in accordance with the opinion of Beit Hillel (*Shulḥan Arukh*, *Oraḥ Ḥayyim* 498:14).

LANGUAGE

That has been separated [*de'ifrat*] – דְּאִפְּרַת: From the Aramaic *perat*, which is similar to the Hebrew *paras* and *parash*, meaning cut or separate.

NOTES

An egg that was laid – בֵּיצָה שֶׁנּוֹלְדָה: As is often the case, the tractate does not begin with the main *halakhot* of the Festival, but with a unique *halakha* that has interesting and novel features, in order to pique the interest of the students.

It may be eaten – תֵּאָכֵל: *Tosafot* ask why the mishna doesn't use the standard terms of prohibited and permitted. Some explain, along the lines suggested by *Tosafot*, that the mishna sought to underscore the extent of Beit Shammai's lenient ruling: Not only did they permit the egg to be handled, but they even allowed it to be eaten (*Shitta Mekubbetzet*). Other commentaries state that the phrase: It may not be eaten, would indicate that it is prohibited only on that day, but not afterward. Although the term prohibited is also used in instances where the object is prohibited only on that day, this caveat is always stated explicitly in those cases (*Meiri*). Yet others maintain that no conclusions can be drawn from this inference, as the Mishna uses both expressions interchangeably (Rashba).

Leaven of an olive-bulk, etc. – שְׂאוֹר בִּכְזַיִת וכו׳: Rashi explains that these three *halakhot*, all of which deal with a Festival, are cited in the same mishna because they share the unusual feature that Beit Hillel's opinion is more stringent than that of Beit Shammai. Furthermore, they appear together in tractate *Eduyyot*, where there is an extensive list of those disputes in which the opinion of Beit Hillel is the stringent one. Although the *halakhot* of leaven on Passover are not in effect on the other Festivals, Passover is a Festival (Rabbi Aharon HaLevi). Some note that even this *halakha* of leaven has ramifications that apply to the *halakhot* of Festivals in general: If a certain amount of leaven is prohibited, it must be eliminated when it is discovered, even if it is discovered on a Festival. However, if the leaven discovered is less than that measure, the prohibition is not in effect, and one who burns that leaven performs a prohibited labor on the Festival (*Hatam Sofer*).

Food that has been separated – אוּכְלָא דְּאִפְּרַת: In this case, the egg cannot be considered to be an object that came into being on that day, because, as the Gemara states (see 2b), the egg was completely formed the day before. Since the entire chicken was designated as food, anything inside it is also considered to be food (Rid; see *Tosafot*). Merely emerging from the chicken is not considered coming into being. Only if there was a change in the object itself is it considered *nolad* (Rabbi Aharon HaLevi).

אֶלָּא בְּתַרְנְגוֹלֶת הָעוֹמֶדֶת לְגַדֵּל בֵּיצִים –

Rather, the mishna must be referring to the case **of a chicken designated for laying eggs.** Since the owner of this chicken decided not to eat it on the Festival, it is classified as set-aside [*muktze*], and *muktze* items may not even be moved, let alone eaten. Since the chicken itself is *muktze,* its egg is *muktze* as well.

מַאי טַעְמַיְיהוּ דְּבֵית שַׁמַּאי? מוּקְצֶה הִיא! וּמַאי קוּשְׁיָא? דִּלְמָא בֵּית שַׁמַּאי לֵית לְהוּ מוּקְצֶה?

The Gemara asks: If so, **what is the reason of Beit Shammai** for permitting one to eat the egg? After all, **it is *muktze.*** The Gemara expresses surprise at this question: **And what is the difficulty? Perhaps Beit Shammai do not hold** that there is a prohibition of ***muktze*?**[N] There are different opinions with regard to the scope of the prohibition of *muktze.* It is possible that Beit Shammai, like other *tanna'im,* maintain that there is no prohibition of this type of *muktze.* Perhaps this is the subject of their dispute with Beit Hillel.

קָא סָלְקָא דַּעְתִּין: אֲפִילּוּ מַאן דְּשָׁרֵי בְּמוּקְצֶה – בְּנוֹלָד אָסַר, מַאי טַעְמַיְיהוּ דְּבֵית שַׁמַּאי?

Before stating its proposed solutions for this difficulty, the Gemara notes: **It enters our mind** to say that **even one who permits** moving an item that was **set aside** by its owners on a Festival or Shabbat **prohibits** the owners from doing so **with** an object that **came into being** [***nolad***][N] on a Festival. One may not move an object that came into being on a Festival or Shabbat, since the owner never entertained the notion that he would be able to use it. This egg is certainly an object that came into being on the Festival. **What,** then, **is the reason of Beit Shammai?**

אָמַר רַב נַחְמָן: לְעוֹלָם בְּתַרְנְגוֹלֶת הָעוֹמֶדֶת לְגַדֵּל בֵּיצִים, וּדְאִית לֵיהּ מוּקְצֶה אִית לֵיהּ נוֹלָד, וּדְלֵית לֵיהּ מוּקְצֶה לֵית לֵיהּ נוֹלָד, בֵּית שַׁמַּאי כְּרַבִּי שִׁמְעוֹן וּבֵית הִלֵּל כְּרַבִּי יְהוּדָה.

Rav Naḥman said: Actually, the mishna is referring **to a chicken designated for laying eggs.**[N] However, our previous assumption was mistaken, as the Sage **who holds** that there is a prohibition of ***muktze*** in general also **holds** that there is a prohibition of objects that **came into being,**[N] while one **who does not hold** that there is a prohibition of ***muktze*** likewise **does not hold** that there is a prohibition of objects that **came into being** (*Shabbat* 45b). Consequently, the dispute can be summed up as follows: **Beit Shammai** hold **in accordance with** the opinion of **Rabbi Shimon,** who maintains that there is no prohibition of *muktze;* **and Beit Hillel** hold **in accordance with** the opinion of **Rabbi Yehuda,** who rules that there is a prohibition of *muktze.*

וּמִי אָמַר רַב נַחְמָן הָכִי? וְהָתְנַן: בֵּית שַׁמַּאי אוֹמְרִים: מַגְבִּיהִין מֵעַל הַשֻּׁלְחָן עֲצָמוֹת וּקְלִיפִּין, וּבֵית הִלֵּל אוֹמְרִים: מְסַלֵּק אֶת הַטַּבְלָא כּוּלָּהּ וּמְנַעֲרָהּ.

The Gemara is puzzled by this explanation: **And did Rav Naḥman** actually **say that** Beit Hillel hold in accordance with the opinion of Rabbi Yehuda? **But didn't we learn** in a mishna (*Shabbat* 143a) that **Beit Shammai say: One** may **remove bones**[N] **and shells**[H] left from the meal **from the table,** despite the fact that they are inedible and are *muktze.* **And Beit Hillel say:** It is prohibited to do so; rather, **one** may **remove the entire board** [***tavla***][L] that is the table surface, which is a vessel that may be carried, **and shake it** all at once. By moving the table, which is not *muktze,* one is able to shake off the bones and shells, but he may not move the items themselves.

וְאָמַר רַב נַחְמָן: אָנוּ אֵין לָנוּ אֶלָּא בֵּית שַׁמַּאי כְּרַבִּי יְהוּדָה, וּבֵית הִלֵּל כְּרַבִּי שִׁמְעוֹן.

And Rav Naḥman said: That version of the mishna is not in accordance with the *halakha;* rather, the opinions should be reversed, as **we** have **nothing other**[N] than the following version of this dispute: **Beit Shammai** hold **in accordance with** the opinion of **Rabbi Yehuda,** who maintains that the prohibition of *muktze* applies, while **Beit Hillel** hold **in accordance with** the opinion of **Rabbi Shimon,** who maintains that the *halakha* of *muktze* does not apply. Why, then, does Rav Naḥman explain that the ruling of Beit Hillel in the case of the egg in the mishna is based on the opinion of Rabbi Yehuda, who holds that there actually is a prohibition of *muktze?*

NOTES

Perhaps Beit Shammai do not hold that there is a prohibition of *muktze* – דִּלְמָא בֵּית שַׁמַּאי לֵית לְהוּ מוּקְצֶה: *Tosafot* ask: Isn't it clear from the mishna concerning dovecotes (see 10a) that Beit Shammai hold the prohibition of *muktze*. Some explain that in this particular case Beit Shammai hold the prohibition of *muktze* due to the mitzva to rejoice on a Festival. If one failed to designate the dovecote in advance, he might find the doves in a weakened state or discover that the dovecote is destroyed, which could spoil his enjoyment of the festive meal (Rabbi Zeraḥya HaLevi). Alternatively, some reverse the opinions of Beit Shammai and Beit Hillel in that mishna (Rashba).

Muktze and came into being [*nolad*] – מוּקְצֶה וְנוֹלָד: There are many categories of *muktze*, most of which are subject to tannaitic dispute. All are based on the assumption that one sets aside these items because he does not plan on using them on Shabbat or a Festival, or because he explicitly set them aside for a different purpose. However, *nolad* refers to an object that is not dependent on the individual, as it is an item that did not previously exist in its current state and therefore everyone agrees that it is *muktze* (see *Meiri*).

A chicken designated for laying eggs – תַּרְנְגוֹלֶת הָעוֹמֶדֶת לְגַדֵּל בֵּיצִים: If an animal is designated for milking, milk produced on the Festival is permitted, provided that the animal was milked in a halakhically permitted manner. However, the difference between milk and eggs is that an animal provides milk every day, whereas a chicken does not necessarily lay an egg on a daily basis (Rid). Some commentaries maintain that if a chicken has been designated for laying eggs, its eggs are actually permitted, as they were labeled for that use. However, not all eggs are eaten; some eggs are designated for hatching, and it is those eggs that are classified as *muktze* (Rabbi Zeraḥya HaLevi, see Rabbi Aharon HaLevi).

The Sage who holds that there is a prohibition of *muktze* also holds that there is a prohibition of objects that came into being – וּדְאִית לֵיהּ מוּקְצֶה אִית לֵיהּ נוֹלָד: Several commentaries ask why the Gemara accepts this conclusion. After all, it is possible that Beit Shammai do not accept the prohibition of *muktze* and yet they nevertheless maintain that there is a prohibition of *nolad*. Some explain that were the Gemara to make that distinction, a difficulty would arise with regard to the opinion of Rav Naḥman that Beit Hillel hold in accordance with the opinion of Rabbi Shimon. The result would be that the opinion of Rabbi Yehuda, who holds that there is a prohibition of *muktze*, would correspond with neither the ruling of Beit Hillel nor that of Beit Shammai (*Mishḥat Aharon*). See the Maharsha, whose opinion is discussed by the later commentaries at length.

One may remove bones, etc. – מַגְבִּיהִין...עֲצָמוֹת וכו׳: See *Tosafot*, who ask why the board is not considered the base of a prohibited object, which itself may not be moved, in accordance with the prohibitions associated with *muktze*. Some explain that the prohibition with regard to a base of a prohibited object applies only to a case where one specifically intended to place the object on that surface (Rabbeinu Peretz). Alternatively, this principle does not apply to an item of minimal importance (*Meiri*; *Shitta Mekubbetzet*).

We have nothing other – אָנוּ אֵין לָנוּ אֶלָּא: Rashi explains that this does not mean that Rav Naḥman's teachers taught him directly that the attribution of opinions in the mishna must be reversed. Rather, because Rav Naḥman learned from his teacher that Rabbi Shimon's opinion is in accordance with that of Beit Hillel, there was no choice other than to emend the text (Maharam; Maharsha).

LANGUAGE

Board [*tavla*] – טַבְלָא: From the Latin tabula or the Greek τάβλα, *tabla*, meaning a board, plank, or tablet.

HALAKHA

One may remove bones and shells – מַגְבִּיהִין...עֲצָמוֹת וּקְלִיפִּין: With regard to bones and shells remaining on a table after a meal: If they are fit for animal consumption, they may be carried on Shabbat by hand; if not, they may be removed by means of another object or by shaking the table, which may be handled due to the bread left on it. If a sizable amount of objectionable waste accumulates on the table, one is permitted to remove it even by hand, in accordance with the opinion of Rav Naḥman, who ruled in accordance with Beit Hillel (*Shulḥan Arukh, Oraḥ Ḥayyim* 308:27).

אָמַר לָךְ רַב נַחְמָן: גַּבֵּי שַׁבָּת, דִּסְתַם לָן תַּנָּא כְּרַבִּי שִׁמְעוֹן, דִּתְנַן: מְחַתְּכִין אֶת הַדְּלוּעִין לִפְנֵי הַבְּהֵמָה, וְאֶת הַנְּבֵלָה לִפְנֵי הַכְּלָבִים –

The Gemara answers that Rav Naḥman could have **said to you** in reply: **With regard to Shabbat,** this is a case **where the** ***tanna*** **taught us an unattributed** mishna, which is generally accepted as the *halakha*, **in accordance with** the opinion of **Rabbi Shimon, as we learned** in a mishna (*Shabbat* 156b): **One** may **cut pumpkins**[N] **before an animal** to facilitate their consumption, **and** likewise one may cut up **an animal carcass**[H] **before dogs,** even if the animal died on Shabbat, to enable them to consume it. Although that carcass is classified as *muktze*, it may be moved on Shabbat.

מוֹקִים לָהּ לְבֵית הִלֵּל כְּרַבִּי שִׁמְעוֹן. אֲבָל

The Gemara concludes: That unattributed mishna in tractate *Shabbat* is in accordance with the opinion of Rabbi Shimon. For this reason, Rav Naḥman **establishes** that the dispute between Beit Hillel and Beit Shammai should be understood to mean **that Beit Hillel** hold **in accordance with** the opinion of **Rabbi Shimon,** whom the *halakha* apparently follows, as there is a principle that the *halakha* is always in accordance with Beit Hillel's opinion. **However,**

NOTES

Pumpkins – דְּלוּעִין: Some commentaries add that one might have thought this is prohibited due to the great effort required to slice up pumpkins.

HALAKHA

One may cut pumpkins…and an animal carcass – מְחַתְּכִין אֶת הַדְּלוּעִין...וְאֶת הַנְּבֵלָה: It is permitted to cut hard pumpkins on Shabbat to feed them to an animal. Similarly, one may cut up an animal carcass to feed to his dogs, even if the animal died that day (*Shulḥan Arukh, Oraḥ Ḥayyim* 324:6–7).

Perek **I**
Daf **2** Amud **b**

גַּבֵּי יוֹם טוֹב דִּסְתַם לָן תַּנָּא כְּרַבִּי יְהוּדָה, דִּתְנַן: אֵין מְבַקְּעִין עֵצִים מִן הַקּוֹרוֹת וְלֹא מִן הַקּוֹרָה שֶׁנִּשְׁבְּרָה בְּיוֹם טוֹב, מוֹקִים לָהּ לְבֵית הִלֵּל כְּרַבִּי יְהוּדָה.

with regard to a Festival, the ***tanna*** **taught us an unattributed** mishna **in accordance with** the opinion of **Rabbi Yehuda** (*Shabbat* 156b), **as we learned** in a mishna in this tractate: **One** may **not chop wood**[H] on a Festival **from beams** prepared for use in construction work, **nor** may one chop kindling wood **from a beam that broke on a Festival.** As the beams were not prepared for this use when the Festival began, they are classified as *muktze*; this demonstrates that an unattributed mishna prohibits *muktze* on a Festival. Consequently, Rav Naḥman **establishes** the opinion **of Beit Hillel in accordance with** the opinion of **Rabbi Yehuda,** who prohibits *muktze*. He does so by asserting that the mishna is referring to the case of a chicken designated for laying eggs, which is *muktze*. This concludes the Gemara's explanation of Rav Naḥman's rendering of the tannaitic dispute.

מִכְּדִי, מַאן סְתָמֵיהּ לְמַתְנִיתִין – רַבִּי, מַאי שְׁנָא בְּשַׁבָּת דִּסְתַם לָן כְּרַבִּי שִׁמְעוֹן, וּמַאי שְׁנָא בְּיוֹם טוֹב דִּסְתַם לָן כְּרַבִּי יְהוּדָה?

The Gemara asks: **Now since,** i.e., consider the following: **Who is the one who** wrote and edited the Mishna, and arranged **the unattributed** ***mishnayot***? It was **Rabbi** Yehuda HaNasi. Since the same Sage formulated the statements in both tractates, the question arises: **What is different** with regard **to** the *halakhot* of **Shabbat, that** he **stated the unattributed opinion**[N] and ruled **for us in accordance with** the opinion of **Rabbi Shimon, and what is different** with regard **to** the *halakhot* of **a Festival, that** he **stated the unattributed opinion** and ruled **for us in accordance with** the opinion of **Rabbi Yehuda?**

אָמְרִי: שַׁבָּת דַּחֲמִירָא וְלָא אָתֵי לְזַלְזוֹלֵי בָּהּ – סָתַם לָן כְּרַבִּי שִׁמְעוֹן דְּמֵיקֵל, יוֹם טוֹב דְּקִיל וְאָתֵי לְזַלְזוֹלֵי בֵּיהּ – סָתַם לָן כְּרַבִּי יְהוּדָה דְּמַחְמִיר.

They answer and **say:** In the case of **Shabbat, which is stringent**[NH] with regard to its punishments (see 35b), **and** therefore people **will not come to treat it with contempt,** Rabbi Yehuda HaNasi **taught us the unattributed** mishna **in accordance with** the opinion of **Rabbi Shimon, who rules leniently.** Conversely, with regard to **a Festival, which is lenient,** as certain labors may be performed on a Festival, **and** therefore people **will** be more likely to **come to treat it with contempt,** he **stated the unattributed opinion for us in accordance with** the opinion of **Rabbi Yehuda, who rules stringently.**

NOTES

What is different…that he stated the unattributed opinion – מַאי שְׁנָא...דִּסְתַם: Some commentaries explain that the *tanna'im* themselves did not differentiate between Shabbat and a Festival. Rather, anyone who prohibits *muktze* on Shabbat also prohibits it on a Festival; and, likewise, anyone who permits it, does so in all cases. However, Rabbi Yehuda HaNasi stringently applies this decree to a Festival but not to Shabbat (Rashba). Several early commentaries register surprise at this: How can the *halakha* of a Festival be more stringent than that of Shabbat? One explanation is that the *halakhot* of *muktze* with regard to Festivals deal only with cases that are not applicable to Shabbat, as they involve prohibited labor on Shabbat (Rabbi Zeraḥya HaLevi).

Shabbat, which is stringent, etc. – שַׁבָּת דַּחֲמִירָא וכו׳: Unlike other Festivals, with regard to Yom Kippur the ruling is lenient and *muktze* does not apply, because the prohibitions of Yom Kippur are as severe as those of Shabbat.

The Rambam explains why people may come to treat the Festivals with contempt: Because labor required for the preparation of food is permitted on a Festival and many labors of this kind are performed to enhance rejoicing on the Festival, this might lead people to take liberties with other actions that are actually prohibited. This explains why Rabbi Yehuda HaNasi and Beit Hillel distinguish between Shabbat and a Festival. One can suggest that Beit Shammai accept the opposite logic: They add stringencies and prohibitions to Shabbat due to its inherent severity, whereas they exempt Festival prohibitions from their decrees due to their lighter status (Maharam; *Mishḥat Aharon*).

HALAKHA

One may not chop wood – אֵין מְבַקְּעִין עֵצִים: On a Festival, it is prohibited to chop wood for kindling from beams that have been set aside for construction work, as they are set aside due to monetary loss. Furthermore, one may not utilize for this purpose a beam that broke on a Festival, as it was set aside at twilight (*Shulḥan Arukh, Oraḥ Ḥayyim* 501:1).

Shabbat, which is stringent – שַׁבָּת דַּחֲמִירָא: An object that was not prepared the day before is considered *muktze* and prohibited on a Festival, despite the fact that it is permitted on Shabbat, as the Sages were more stringent with regard to a Festival to prevent people from treating it with contempt. Some authorities maintain that any *muktze* articles that are permitted on Shabbat are permitted on a Festival as well (*Tur*, based on *Ba'al Halakhot Gedolot*; *Tosafot*; *Shulḥan Arukh, Oraḥ Ḥayyim* 495:4, and in the comment of Rema).

בְּמַאי אוֹקִימְתָּא – בְּתַרְנְגוֹלֶת הָעוֹמֶדֶת לְגַדֵּל בֵּיצִים וּמִשּׁוּם מוּקְצֶה, אִי הָכִי אַדְּמִפַּלְגִי בְּבֵיצָה לִפַלְגוּ בְּתַרְנְגוֹלֶת.

The Gemara asks: **In what** manner **did you** ultimately **establish** the mishna? It was established as referring **to a chicken designated for laying eggs, and** the prohibition is **due to** ***muktze*****. If so, rather than disputing with regard to an egg** laid on a Festival, **let them dispute with regard to** the **chicken** itself. Instead of considering the secondary detail of an egg, Beit Shammai and Beit Hillel could discuss whether or not the chicken itself may be slaughtered on a Festival.

לְהוֹדִיעֲךָ כֹּחָן דְּבֵית שַׁמַּאי דִּבְנוֹלָד שָׁרֵי.

The Gemara answers: Beit Shammai and Beit Hillel also disagree with regard to the chicken, but the dispute was phrased in this manner **to convey the far-reaching nature**[N] of the opinion **of Beit Shammai.** The formulation of the mishna emphasizes the extent of Beit Shammai's lenient opinion, **that** even **in the case of** an egg, which is not a regular *muktze* item but an item that **came into being,** an especially stringent type of *muktze*, Beit Shammai nevertheless **permit** it. By stating the dispute with regard to an egg, the mishna stresses Beit Shammai's lenient opinion.

וְלִפְלוֹגִי בְּתַרְנְגוֹלֶת לְהוֹדִיעֲךָ כֹּחָן דְּבֵית הִלֵּל דִּבְמוּקְצֶה אָסְרִי. וְכִי תֵּימָא כֹּחַ דְּהֶתֵּירָא עָדִיף – וְנִפְלוֹג בְּתַרְוַיְיהוּ:

The Gemara raises an objection: **And let them disagree with regard to a chicken,** rather than an egg, **to convey the far-reaching nature** of the opinion **of Beit Hillel, who prohibit** its use **even** in the more lenient case **of** ***muktze*****. And if you say** it is better to present the dispute as in the mishna, so as to clarify the more lenient opinion, as **the strength of leniency is preferable** (*Berakhot* 60a),[N] there is another option: **And let them disagree with regard to both of** these cases.[N]

תַּרְנְגוֹלֶת הָעוֹמֶדֶת לְגַדֵּל בֵּיצִים, הִיא וּבֵיצָתָהּ, בֵּית שַׁמַּאי אוֹמְרִים: תֵּאָכֵל, וּבֵית הִלֵּל אוֹמְרִים: לֹא תֵּאָכֵל.

The mishna could have said: With regard to **a chicken designated for laying eggs, it and its eggs, Beit Shammai say: It may be eaten, and Beit Hillel say: It may not be eaten.** In this manner, the mishna could have referred to all aspects of the dispute, without the need for any lengthy addition. Consequently, Rav Naḥman's explanation of the mishna is inadequate.

אֶלָּא אָמַר רַבָּה: לְעוֹלָם בְּתַרְנְגוֹלֶת הָעוֹמֶדֶת לַאֲכִילָה, וּבְיוֹם טוֹב שֶׁחָל לִהְיוֹת אַחַר הַשַּׁבָּת עָסְקִינַן, וּמִשּׁוּם הֲכָנָה,

Rather, Rabba said: Actually, the above explanation should be rejected. **We are dealing with a chicken designated for food and we are dealing with** an egg that was laid **on a Festival**[H] **that occurs after Shabbat,** i.e., on a Sunday. **And** the relevant issue is not the *halakhot* of *muktze*; rather, one may not eat the egg **due to** the prohibition against **preparation** from Shabbat to a Festival.

וְקָסָבַר רַבָּה: כׇּל בֵּיצָה דְּמִתְיַלְּדָא הָאִידָּנָא – מֵאֶתְמוֹל גָּמְרָה לָהּ.

And in this regard, **Rabba holds** that **any egg**[N] **laid now was** already **fully developed**[B] **yesterday,**[N] and merely emerged from the chicken today. Consequently, an egg laid on a Festival that occurred on a Sunday may not be eaten, as it was prepared on Shabbat, despite the fact that it was prepared naturally, by Heaven, rather than by man.

HALAKHA

An egg that was laid on a Festival – בֵּיצָה שֶׁנּוֹלְדָה בְּיוֹם טוֹב: An egg that is laid on a Festival that occurs immediately after Shabbat, or on a Shabbat that occurs after a Festival, is prohibited until nightfall, even if the chicken was designated for food. Due to the prohibition against making preparations on Shabbat or a Festival for the following day, the Sages decreed that this egg is likewise prohibited on every Festival and Shabbat, due to those cases when one holy day follows another (Rambam *Sefer Zemanim, Hilkhot Yom Tov* 1:19).

BACKGROUND

A fully developed egg – גְּמַר הַבֵּיצָה: The halakhic definition of a fully developed egg is not entirely clear. From a biological perspective, it takes twenty-four hours from the time the egg leaves the ovary until it completes the stages of fertilization and the growth of a shell. In other words, the preparation of an egg occurs the day before it is laid, as stated by Rabba.

When an egg is released from the ovary, it descends down the oviduct. This process is usually one-directional, and the egg is laid soon after it reaches the lower part of the oviduct. Fully developed eggs, i.e., eggs covered with shells, are in the lower part of the oviduct for a relatively short time, which is why it is rare to discover eggs of this kind inside a slaughtered chicken.

Chicken eggs at various stages of development

NOTES

To convey the far-reaching nature – לְהוֹדִיעֲךָ כֹּחָן: It is a general principle in the Talmud that *tanna'im* phrase their opinions in the shortest possible manner. They do not list all the cases relevant to their dispute, but only the example that presents their opinion at its most extreme. It is assumed that students will apply the same logic to simpler cases.

The strength of leniency is preferable – כֹּחַ דְּהֶתֵּירָא עָדִיף: Rashi explains that no special analysis is required to issue a prohibition, whereas a Sage must be convinced of his opinion before he can rule that a certain action or object is permitted. Therefore, it is preferable to state an extreme case involving a leniency rather than one that entails a stringent ruling. The *Tziyyun LeNefesh Ḥayya* suggests an alternative explanation: If there is nothing stated explicitly with regard to a certain issue, one would act stringently due to the uncertainty; therefore, it is more important to teach the extent of the lenient opinion. According to this interpretation, the principle that the strength of leniency is preferable applies only to prohibitions that are by Torah law, as in cases involving Torah law the ruling is stringent in situations of uncertainty. This whole issue is the subject of much analysis on the part of the later commentaries.

And let them disagree with regard to both of these cases – וְנִפְלוֹג בְּתַרְוַיְיהוּ: According to *Tosafot*, if this suggestion is accepted, the principle that one should state the more lenient ruling would never be applied in practice, as one could always contend that both the lenient and the stringent opinions should be mentioned. One explanation is that when each of the two cases, the stringent case and the lenient case, requires a separate discussion, one case is cited, and the lenient one is preferred. In this case, though, where it is possible to discuss both scenarios together; both should be mentioned (Rabbeinu Tam in *Sefer HaYashar*). Others suggest that here this is a unique situation, as the opinion of Beit Hillel, which is the accepted *halakha*, must be fully elucidated; therefore, the Gemara suggested analyzing the dispute in both cases (Rid; Rav Yitzḥak Abuhav).

And Rabba holds that any egg, etc. – וְקָסָבַר רַבָּה כׇּל בֵּיצָה וכו׳: According to the *Meiri*, it is necessary for the Gemara to explain Rabba's opinion on this manner, as one might otherwise say that the egg was completed and prepared on the Festival for the Festival itself, which is not prohibited. Many authorities, however, do not accept this interpretation.

Was fully developed yesterday – מֵאֶתְמוֹל גָּמְרָה לָהּ: A manuscript version of *Tosefot HaRosh* cites a tradition that an egg is usually fully developed twenty-four hours before it is laid.

וְרַבָּה לְטַעְמֵיהּ, דְּאָמַר רַבָּה: מַאי דִּכְתִיב "וְהָיָה בַּיּוֹם הַשִּׁשִּׁי וְהֵכִינוּ אֵת אֲשֶׁר יָבִיאוּ" – חוֹל מֵכִין לְשַׁבָּת, וְחוֹל מֵכִין לְיוֹם טוֹב. וְאֵין יוֹם טוֹב מֵכִין לְשַׁבָּת, וְאֵין שַׁבָּת מְכִינָה לְיוֹם טוֹב.

The Gemara comments: **And Rabba,** who prohibits one to derive benefit even from something that was not prepared by man, conforms **to his** standard line of **reasoning. As Rabba said: What is** the meaning of that **which is written**[N] with regard to the manna: **"And it shall come to pass on the sixth day, that they shall prepare that which they bring in"** (Exodus 16:5)? According to Rabba, it can be inferred from this verse that on an ordinary **weekday,** "the sixth day," **one** may **prepare** what is needed **for Shabbat, and** similarly, on an ordinary **weekday one** may **prepare** what is needed **for a Festival.** However, on **a Festival one may not prepare for Shabbat, and** likewise **on Shabbat one may not prepare for a Festival.**[N]

אֲמַר לֵיהּ אַבַּיֵי: אֶלָּא מֵעַתָּה, יוֹם טוֹב בְּעָלְמָא תִּשְׁתְּרֵי! גְּזֵרָה מִשּׁוּם יוֹם טוֹב אַחַר הַשַּׁבָּת. שַׁבָּת דְּעָלְמָא תִּשְׁתְּרֵי. גְּזֵרָה מִשּׁוּם שַׁבָּת אַחַר יוֹם טוֹב.

Abaye said to Rabba: **However, if** that is **so,** and the concern is only due to preparation, **let** an egg laid on **a regular Festival,** one that does not occur on a Sunday, **be permitted.**[N] Rabba responded: That egg is not prohibited by Torah law, but by rabbinic **decree, due to** the case of **a Festival** that occurs **after Shabbat.** Abaye asked: On **a regular Shabbat,** one that does not occur after a Festival, **let it be permitted**[N] to eat an egg that was laid on that day, provided that one does not cook it. Rabba similarly answered: It is **a decree due to a Shabbat** that occurs **after a Festival.**

וּמִי גָּזְרִינַן? וְהָא תַּנְיָא: הַשּׁוֹחֵט אֶת הַתַּרְנְגוֹלֶת וּמָצָא בָּהּ בֵּיצִים גְּמוּרוֹת – מוּתָּרוֹת לְאָכְלָן בְּיוֹם טוֹב. וְאִם אִיתָא, לִיגְזַר מִשּׁוּם הָנָךְ דְּמִתְיַלְּדָן בְּיוֹמֵיהֶן.

Abaye further asked: **And do we issue a decree** of this kind? **But isn't it taught** in a *baraita* (see 6b): In the case of **one who slaughters a chicken** on a Festival **and finds inside it fully developed eggs** with their shells, **it is permitted to eat them on the Festival. And if it is so,** that that the aforementioned decree is in effect, **let him issue a decree** and prohibit these eggs found inside the chicken, **due to those that are laid on that day.**

אֲמַר לֵיהּ: בֵּיצִים גְּמוּרוֹת בִּמְעֵי אִמָּן מִילְּתָא דְּלָא שְׁכִיחָא הִיא, וּמִילְּתָא דְּלָא שְׁכִיחָא – לָא גְּזוּרוּ בָּהּ רַבָּנַן.

Rabba **said to him:** This is not difficult, as the case of **fully developed eggs**[H] found **inside their mother is an uncommon matter, and** in a case of **an uncommon matter the Sages did not issue a decree** as a preventive measure (*Eiruvin* 63b). The Sages issued their decrees only for usual situations, in which people might err, but they did not apply them to rare cases. This concludes the Gemara's discussion of Rabba's explanation.

רַב יוֹסֵף אָמַר: גְּזֵרָה מִשּׁוּם פֵּירוֹת הַנּוֹשְׁרִין.

The Gemara proceeds to explain other interpretations of the mishna. **Rav Yosef said:** An egg laid by a chicken designated for food is prohibited for a different reason: It is **a decree due to fruits that fall**[H] from a tree (*Eiruvin* 39b). Fruits that fall from a tree on Shabbat or a Festival may not be eaten, and the same applies to eggs that emerge from a chicken.

אֲמַר לֵיהּ אַבַּיֵי: פֵּירוֹת הַנּוֹשְׁרִין טַעְמָא מַאי?

Abaye said to Rav Yosef: With regard to **fruits that fall, what** in fact **is the reason** that the Sages prohibited them?

HALAKHA

Fully developed eggs in a chicken – בֵּיצִים גְּמוּרוֹת בְּתַרְנְגוֹלֶת: One who slaughters a chicken on a Festival and discovers fully developed eggs inside it may eat the eggs immediately, as the Sages did not apply their decrees to uncommon cases (*Shulḥan Arukh, Oraḥ Ḥayyim* 513:7).

Fruits that fall – פֵּירוֹת הַנּוֹשְׁרִין: Fruits that fall from a tree on Shabbat or a Festival may not be eaten on that day. This prohibition applies even to fruit with regard to which there is uncertainty whether it fell that day (Jerusalem Talmud; *Shulḥan Arukh, Oraḥ Ḥayyim* 322:3).

NOTES

As Rabba said, what is that which is written – דְּאָמַר רַבָּה מַאי דִּכְתִיב: This interpretation actually appears in a *baraita* in tractate *Eiruvin* (38b), and is not a statement of Rabba himself. However, as it presents a matter of dispute among *tanna'im*, the statement is attributed to Rabba, who consistently follows this opinion (*Shitta Mekubbetzet*).

Preparation according to the opinion of Rabba – הֲכָנָה דְּרַבָּה: The early commentaries disagree with regard to Rabba's opinion on this issue. Rashi explains that Rabba derives from the verse that the prohibition of *muktze* applies to both Shabbat and Festivals. Others, however, question this interpretation, as even Rabba apparently concurs that the prohibition of *muktze* is rabbinic rather than from the Torah. Most commentaries maintain that the phrase "they shall prepare," is cited as a mere support, as the prohibition is actually by rabbinic law (see Rid the Younger; Rashba). Yet others state that Rabba holds that the Torah does not prohibit one from benefitting from preparation performed on a Festival for Shabbat. He holds that the Torah prohibited only befitting from preparation that occurs on its own, e.g., the descent of the manna, or items that emerge on their own (Rashba). This explanation also resolves the question that *Tosafot* ask: If preparing on a Festival for Shabbat is prohibited by Torah law, how can it be permitted by preparing a joining of cooked foods?

Let a regular Festival be permitted – יוֹם טוֹב בְּעָלְמָא תִּשְׁתְּרֵי: Some commentaries explain that Abaye bases his objection on the fact that the mishna does not specify a particular case. Others maintain that his question stems from his observation that in practice we do treat eggs laid on a regular Festival as prohibited (*Shitta Mekubbetzet*; see *Tziyyun LeNefesh Ḥayya*).

On a regular Shabbat let it be permitted – שַׁבָּת דְּעָלְמָא תִּשְׁתְּרֵי: The Maharam Schiff asks: How can Abaye entertain this possibility? If the chicken itself may not be eaten on Shabbat, why should its egg be permitted? See the *Etz Yosef*, who cites three resolutions to this difficulty by the early commentaries. Others pose the following question: Since Abaye already knew Rabba's answer with regard to a regular Festival, why did he find it necessary to inquire concerning Shabbat as well? One answer is that because this egg can only be eaten raw on Shabbat, which is not the normal way to eat an egg, it might be thought that this is one of those uncommon occurrences to which the Sages did not apply their decrees (*Tziyyun LeNefesh Ḥayya*; see *Ḥatam Sofer*).

גזרה שמא יעלה ויתלוש, היא גופה גזרה, ואנן ניקום ונגזור גזרה לגזרה? כולה חדא גזרה היא.

It is a **decree lest** one **climb** the tree **and pick**[N] the fruit, as this would constitute the prohibited labor of harvesting. If so, the prohibition against eating fruit **is itself** due to **a decree. And will we arise and issue a decree to** prevent violation of another **decree?**[N] Rav Yosef responded: That is not so; rather, when the Sages issued the initial decree, they enacted the prohibitions against both fruit that fall and a laid egg, as **all** the prohibitions **are** components of **one decree.** In other words, the similar cases of the fruit and the egg were both included in the original decree.

רבי יצחק אמר: גזרה משום משקין שזבו.

Rabbi Yitzḥak said a different reason: An egg that was laid on a Festival is prohibited as **a decree due to liquids that seeped**[H] from the fruit (*Eiruvin* 39b), which is prohibited on that day. The legal status of an egg that was laid on a Festival is like that of liquids that seeped from a fruit on a Festival.

אמר ליה אביי: משקין שזבו טעמא מאי – גזרה שמא יסחוט, היא גופה גזרה ואנן ניקום ונגזור גזרה לגזרה? כולה חדא גזרה היא.

Abaye said to him: With regard to **liquid that seeped** from fruit, **what is the reason** that the Sages prohibited it? It is **a decree lest one** purposely **squeeze** the fruit, and thereby perform the prohibited labor of threshing. However, the prohibition against consuming this juice **is itself** a rabbinic **decree. And will we arise and issue a decree to** prevent violation of another **decree?** Rabbi Yitzḥak replied: **All** the prohibitions **are** components of **one decree.** When the Sages prohibited this juice, they banned the eating of an egg laid on a Festival for the same reason, as the actions are similar.

כולהו כרב נחמן לא אמרי – כי קושיין. כרבה נמי לא אמרי – הכנה לית להו.

As various explanations have been offered for this mishna, the Gemara seeks to clarify why each Sage was dissatisfied with the other explanations and suggested an alternative. The Gemara says: **All of them,** Rabba, Rav Yosef, and Rabbi Yitzḥak, **did not state** their explanations **in accordance with** the opinion of **Rav Naḥman, as** stated in **our** previously stated **objection** to Rav Naḥman's explanation. The other Sages **also did not state** their explanations **in accordance with** the opinion of **Rabba,** as they **do not** accept that there is a Torah prohibition of using items whose **preparation**[N] was from Shabbat to a Festival or from a Festival to Shabbat.

אלא, רב יוסף מאי טעמא לא אמר כרבי יצחק? אמר לך: ביצה אוכלא, ופירות אוכלא, לאפוקי משקין דלאו אוכלא.

However, the following question arises: Since **Rav Yosef** provides an explanation that is similar to that of Rabbi Yitzḥak, **what is the reason** that he **did not state** his explanation **in accordance with** the opinion of **Rabbi Yitzḥak?** The Gemara answers that Rav Yosef could have **said to you: An egg is food, and fruit is food,** i.e., an egg is comparable to fruits that fall. This observation would serve **to exclude juice, which is not food** but drink. Consequently, an egg is not comparable to juice and would not be included in the same decree.

ורבי יצחק מאי טעמא לא אמר כרב יוסף? אמר לך: ביצה בלועה ומשקין בלועין, לאפוקי פירות דמגלו וקיימו.

The Gemara asks the reverse question: **And** with regard to **Rabbi Yitzḥak, what is the reason**[N] that he **did not state** his explanation **in accordance with** the opinion of **Rav Yosef?** The Gemara answers: He could have **said to you** that the case of an egg is more similar to juices that seep from fruit. How so? **An egg is enclosed** inside a chicken before it is laid, and likewise **juice is enclosed** inside the fruit. This observation serves **to exclude fruits** that fall from a tree, **which are standing exposed** on the tree. Therefore, the comparison between fruits that fall and an egg is weaker than the comparison between liquid that seeped from fruit and an egg.

ואף רבי יוחנן סבר גזרה משום משקין שזבו. דרבי יוחנן רמי דרבי יהודה אדרבי יהודה, ומשני;

§ The Gemara notes: **And Rabbi Yoḥanan also holds** that the prohibition against eating an egg laid on a Festival is **a decree due to liquid that seeped** from fruit. What proof can be cited for this? It is proven **as Rabbi Yoḥanan raised a contradiction** between one statement **of Rabbi Yehuda** and a different statement **of Rabbi Yehuda, and he resolved** the apparent contradiction in a manner that indicates his own opinion.

NOTES

A decree lest one climb and pick – גזירה שמא יעלה ויתלוש: *Tosafot* ask: Why is picking produce prohibited on a Festival? If one does it for the purpose of food preparation, it should be permitted, just as labors such as kindling and cooking are permitted. See the passage in the Jerusalem Talmud cited in *Tosafot*, where it is explained that the Sages permitted only certain labors on a Festival, those that are closer to the preparation of the food itself.

Many authorities rule that this prohibition applies by rabbinic decree, not Torah law. One explanation is that the Sages prohibited picking fruit lest one pick more than he requires, or lest he sever leaves inadvertently (Rabbeinu Peretz). Another difficulty is raised from a different angle: Why isn't this fruit prohibited as *muktze*, as it certainly wasn't on his mind before the Festival?

Several answers have been offered for this: The Gemara is not referring to attached fruit. Rather, it is referring to fruits that have already been picked and prepared for domesticated birds; or it is referring to fruits that have fallen off and are balanced on the branches (Ra'avad); or it is referring to fruits that are very ripe, and, therefore, he had the intention to eat them after they would fall (*Meiri*). Some commentaries claim that the prohibition of *muktze* is not discussed here because, as mentioned in the Gemara, the Sages did not apply one prohibition of *muktze* as a preventive decree due to a different case of *muktze* (see Rashba).

Decree to prevent violation of another decree – גזרה לגזרה: The main reason for this principle is that the Sages derived the requirement to issue decrees from the verse: "And you shall safeguard My observances" (Leviticus 18:30), from which it is derived: Establish a safeguard for My observances, and it is inferred: Do not establish a safeguard for a safeguard. It has been noted that in certain cases, when the Torah prohibition is particularly severe, the Sages did in fact impose a decree to a decree (see Rabbi Shlomo Eiger).

Do not accept that there is a Torah prohibition of preparation – הכנה לית להו: Although Rabba relied on a *baraita*, this matter is subject to a dispute of *tanna'im* (*Shitta Mekubbetzet*). Furthermore, the Gemara does not mean that, according to these Sages, there is no prohibition against using items that were not prepared the previous day. Rather, they do not accept Rabba's version of preparation, that one may not even use items that were prepared on their own (*Meiri*).

And Rabbi Yitzḥak, what is the reason, etc. – ורבי יצחק מאי טעמא וכו׳: In this case, the Gemara does not state: All of them did not say, as it did earlier, because Rav Naḥman's and Rabba's opinions were supported by *baraitot*, whereas Rabbi Yitzḥak and Rav Yosef stated their explanations based on their own reasoning (Rabbeinu Peretz). Additionally, it is possible that other Sages did not accept the rationale for either decree. Furthermore, Rabba and Rav Naḥman considered the decrees of Rabbi Yitzḥak and Rav Yosef as relating to uncommon cases and therefore illegitimate (*Meiri*). That is probably why the authorities rejected the interpretations of Rabbi Yitzḥak and Rav Yosef (Rosh).

HALAKHA

Liquids that seeped – משקין שזבו: Liquids that seeped on their own from fruits whose primary use is for juice, e.g., olives and grapes, or from fruits that are typically although not exclusively squeezed for juice, e.g., oranges, is prohibited on a Festival. However, it is permitted to use liquids that seeped on their own from fruits typically used for food (*Shulḥan Arukh*, *Oraḥ Ḥayyim* 320:1).

תְּנַן: אֵין סוֹחֲטִין אֶת הַפֵּירוֹת לְהוֹצִיא מֵהֶן מַשְׁקִין, וְאִם יָצְאוּ מֵעַצְמָן – אֲסוּרִין. רַבִּי יְהוּדָה אוֹמֵר: אִם לָאוֹכָלִין – הַיּוֹצֵא מֵהֶן מוּתָּר, וְאִם לְמַשְׁקִין – הַיּוֹצֵא מֵהֶן אָסוּר.

The Gemara elaborates on the previous statement. **We learned** in a mishna (*Shabbat* 143b): **One may not squeeze fruits**[H] **to extract liquids from them** on Shabbat, **and if** the liquids **seeped out on their own, it is prohibited** to use them on Shabbat, lest he come to squeeze fruits intentionally. **Rabbi Yehuda says: If** the fruit is designated **for eating,** e.g., apples, the liquid **that seeps from them is permitted.** Since there is no concern that one might squeeze the fruit, there is no reason to prohibit its liquid. **And if** the fruit was originally designated **for liquids,** such as grapes for wine, there are grounds for concern that one might squeeze them, and therefore the liquid **that seeps from them is prohibited.**

אַלְמָא: כָּל אוֹכָלִין לְרַבִּי יְהוּדָה אוֹכְלָא דְּאִפְּרַת הוּא,

From the fact that Rabbi Yehuda said that liquid from fruit intended for eating is permitted, one can infer that, **apparently, all food** that comes out of another food **is** classified as **food that was separated, according to** the opinion of **Rabbi Yehuda.** Food that was separated is not considered a new food, but part of the food that previously existed.

וּרְמִינְהוּ, וְעוֹד אָמַר רַבִּי יְהוּדָה: מַתְנֶה אָדָם עַל כַּלְכָּלָה שֶׁל פֵּירוֹת בְּיוֹם טוֹב רִאשׁוֹן

And the Gemara **raises a contradiction** against this from a different source: **And Rabbi Yehuda said further,** concerning untithed fruit, which may not be rendered fit to be eaten on a Festival by separating *teruma* and tithes from it (*Eiruvin* 39a): **A person may stipulate a condition with regard to a basket**[H] **of** untithed **fruit**[B] **on the first day of a Festival,** and say: If today is the true Festival day, the second Festival day is actually a weekday. Therefore, this fruit is permitted, once I separate tithes from it, as on any other weekday. And vice versa: If today is, in fact, a weekday, and tomorrow is the Festival, I hereby separate its tithes today.

וְאוֹכְלָהּ בַּשֵּׁנִי, וְכֵן בֵּיצָה שֶׁנּוֹלְדָה בָּרִאשׁוֹן תֵּאָכֵל בַּשֵּׁנִי.

Likewise, on the following day, he should again stipulate: If today is a weekday and yesterday was holy, I hereby separate tithes from the fruit now; if today is holy and yesterday was a weekday, separating the tithes yesterday was sufficient. **And he** may then **eat** the produce **on the second** Festival day, as in either case no prohibition is involved. **And similarly, an egg**[N] **laid on the first** Festival day may **be eaten on the second**[H] day, regardless of which day is the actual Festival.

בַּשֵּׁנִי – אִין, בָּרִאשׁוֹן – לָא. וּמְשַׁנֵּי רַבִּי יוֹחָנָן: מוּחְלֶפֶת הַשִּׁיטָה.

Rabbi Yehuda's statement indicates that **on the second** day, **yes,** it is permitted to partake of the egg; but if the egg was laid **on the first** day, **no,** one may not eat it. If so, Rabbi Yehuda apparently contradicts himself, as he said previously that liquid from food prepared for eating has the same status as the food itself, and that its emergence is considered to be nothing more than the separation of two foods from each other. **And Rabbi Yoḥanan resolves** the difficulty: **The** attribution of the **opinions** with regard to the second day of the Festival **is reversed** (*Berakhot* 17b),[N] so that Rabbi Yehuda's opinion corresponds with his ruling above.

וּמִדְּקָא מְרַמֵּי לְהוּ אַהֲדָדֵי – שְׁמַע מִינַּהּ חַד טַעְמָא הוּא.

The significance of Rabbi Yoḥanan's statement for the issue at hand is as follows: Since Rabbi Yoḥanan **raised a contradiction between** the cases of an egg and liquid that oozed, one may **conclude from this that it is the same reason** in both cases, i.e., an egg is prohibited on a Festival due to the rabbinic decree against liquid that oozed from fruit.

NOTES

And similarly an egg, etc. – וְכֵן בֵּיצָה וכו׳: Many commentaries ask why Rabbi Yoḥanan explained Rabbi Yehuda's ruling with regard to an egg as a decree due to liquid that oozed from fruit. Since Rabbi Yehuda accepts the prohibition of *muktze*, it would appear to be more reasonable to explain that the mishna is referring to a *muktze* chicken, as stated by Ravina bar Ulla. One answer is that, if his ruling were due to the prohibition of *muktze*, Rabbi Yehuda should have stated his opinion with regard to the chicken itself, rather than the egg (Maharsha; see Maharam Schiff; *Tziyyun LeNefesh Ḥayya*).

The attribution of the opinions is reversed – מוּחְלֶפֶת הַשִּׁיטָה: This answer, which appears in several places in the Talmud, essentially states that the opinions of the Sages in a mishna or *baraita* were switched, leading to an apparent contradiction between their respective rulings. In this case, Rashi explains that the dispute which should be reversed is the first one, concerning squeezing fruits (see *Tosafot*).

The *Tziyyun LeNefesh Ḥayya* adds a perceptive observation: The opinion of the Sages is not mentioned explicitly in the second *halakha*, and therefore it is impossible to reverse the opinions in that case. However, some commentaries do accept the second explanation in *Tosafot*, which suggests that it is the opinions concerning the basket that must be reversed (see *Shitta Mekubbetzet*).

One commentary writes that if the first mishna specifically was the one that had to be adjusted, Rabbi Yoḥanan would have said: Reverse, or something similar, whereas the phrase: The attribution is reversed, is merely a general statement that the contradiction must be resolved by changing one of the sources (Rabbeinu Peretz).

HALAKHA

Squeezing fruit – סְחִיטַת פֵּירוֹת: It is prohibited to squeeze juice from olives and grapes on Shabbat. Likewise, one may not squeeze juice from any fruit that is typically squeezed for that purpose. However, it is permitted to squeeze juice from fruit that is typically used for food. If there are places where those fruits are squeezed for juice, some authorities prohibit squeezing them only in those places (Rema; *Magen Avraham*), and others prohibit doing so everywhere (*Beit Yosef*). The *halakha* is in accordance with the opinion of Rabbi Yehuda as per Rabbi Yoḥanan's directive to reverse the opinions, which means that this opinion is that of an unattributed mishna (*Shulḥan Arukh*, *Oraḥ Ḥayyim* 320:1).

Stipulate a condition with regard to a basket – מַתְנֶה...עַל כַּלְכָּלָה: If one has two baskets of untithed fruit in front of him, then on the first Festival day, he designates specific fruits and says: If today is a weekday, the fruit in this basket is *teruma* for the fruit in the other basket; and if today is holy, my statement is meaningless. On the second Festival day, he says: If today is a weekday, the fruit in this basket is *teruma* for the fruit in the other basket. He then leaves aside the basket that he has separated as *teruma* and partakes of the other one. The *halakha* is in accordance with the opinion of Rabbi Yehuda, as per Rabbi Yoḥanan's reversal of the opinions (Rambam *Sefer Zemanim*, *Hilkhot Yom Tov* 6:12).

An egg laid on the first may be eaten on the second – בֵּיצָה שֶׁנּוֹלְדָה בָּרִאשׁוֹן תֵּאָכֵל בַּשֵּׁנִי: On the second Festival day, it is permitted to eat an egg laid on the first Festival day. This is not the case on Rosh HaShana, on which both days are considered a single sanctity (*Shulḥan Arukh*, *Oraḥ Ḥayyim* 513:5).

BACKGROUND

A basket of fruit – כַּלְכָּלָה שֶׁל פֵּירוֹת: This refers to a woven basket that was ordinarily made from willow or palm branches, but occasionally made from other materials. The basket had a wide opening on top and raised sides, although it was not overly deep. It was used for soft fruits, such as dates, grapes and so forth.

Floor mosaic from the first century depicting a fruit basket, fish, and birds, National Museum of Rome

רָבִינָא אָמַר: לְעוֹלָם לָא תֵּיפוֹךְ, וְרַבִּי יְהוּדָה לְדִבְרֵיהֶם דְּרַבָּנַן קָאָמַר לְהוּ:

With regard to the contradiction presented by Rabbi Yoḥanan, which led him to suggest that the opinions should be reversed, **Ravina said** that this is not the only possible resolution: **Actually, do not reverse**[N] the opinions. Rather, in the case of the two Festival days, one could claim that **Rabbi Yehuda spoke to them in accordance with the statement of the Rabbis,** rather than presenting his own opinion.

לְדִידִי אֲפִילּוּ בָּרִאשׁוֹן נַמִּי שַׁרְיָא, דְּאוּכְלָא דְּאִפְּרַת הוּא, אֶלָּא לְדִידְכוּ אוֹדוּ לִי מִיהַת דְּבַשֵּׁנִי שַׁרְיָא, דִּשְׁתֵּי קְדוּשּׁוֹת הֵן, וְאָמְרִי לֵיהּ רַבָּנַן: לָא, קְדוּשָּׁה אַחַת הִיא.

If so, Rabbi Yehuda's statement should be understood as follows: **In my opinion, even on the first** Festival day, the egg is **also permitted, as it is food that was separated. However, according to your** opinion, which is that you prohibit liquid that comes from food, **at least agree with me that it is permitted on the second day, as they are two sanctities.** The first and second days of Rosh HaShana are not one unit, but two separate entities. Therefore, it is possible that the first day is sacred, while the second is a weekday. Consequently, an item prohibited on the first day might be permitted on the second. **And the Rabbis said to him: No,** the two days **are one sanctity,** i.e., they are viewed as a single continuous unit. The uncertainty applies equally to both of them.

רָבִינָא בְּרֵיהּ דְּרַב עוּלָּא אָמַר: הָכָא בְּתַרְנְגוֹלֶת הָעוֹמֶדֶת לְגַדֵּל בֵּיצִים, וְרַבִּי יְהוּדָה לְטַעְמֵיהּ, דְּאִית לֵיהּ מוּקְצֶה.

Ravina, son of Rav Ulla, said: There is an alternative resolution to the contradiction raised by Rabbi Yoḥanan. **Here,** in the case of the egg laid on a Festival, Rabbi Yehuda prohibited eating the egg since it is not from a chicken designated for food, whose legal status is that of food. Rather, the case refers **to a chicken designated for laying eggs, and Rabbi Yehuda** conforms **to his** standard line of **reasoning, as he holds** that there is a prohibition of ***muktze***. Since the egg is produced by something *muktze*, it is certainly *muktze* itself, which means that the *halakha* of food that was separated is inapplicable to this case.

מֵיתִיבֵי: אֶחָד בֵּיצָה שֶׁנּוֹלְדָה בְּשַׁבָּת וְאֶחָד בֵּיצָה שֶׁנּוֹלְדָה בְּיוֹם טוֹב אֵין מְטַלְטְלִין אוֹתָהּ לֹא לְכַסּוֹת בָּהּ אֶת הַכְּלִי, וְלֹא לִסְמוֹךְ בָּהּ כַּרְעֵי הַמִּטָּה.

§ The Gemara **raises an objection** from a *baraita*, which clarifies the issue differently: **Both an egg that was laid on Shabbat and an egg that was laid on a Festival** are considered to be *muktze*, and therefore in both cases, **one may not move** the egg, neither for the sake of food nor for any other purpose: **Not to cover a vessel with it, nor to support the legs of a bed with it.**[B]

אֲבָל כּוֹפֶה עָלֶיהָ אֶת הַכְּלִי בִּשְׁבִיל שֶׁלֹּא תִּשָּׁבֵר. וּסְפֵיקָא אֲסוּרָה. וְאִם נִתְעָרְבָה בְּאֶלֶף – כּוּלָּן אֲסוּרוֹת.

However, if one wishes, he may **cover** the egg **with a vessel,** without handling the egg itself, **so that it does not break** from being accidentally trodden upon. Although it is prohibited to move the egg itself, it is nevertheless permitted to move a vessel for its sake.[H] **And** even if there is **uncertainty** with regard to whether this egg was laid on a Festival, it **is prohibited**[N] to move it. **And,** furthermore, **if it became intermingled with a thousand** permitted eggs, they are **all prohibited.**[H]

בִּשְׁלָמָא לְרַבָּה דְּאָמַר מִשּׁוּם הֲכָנָה – הָוֵי סְפֵיקָא דְּאוֹרַיְיתָא, וְכׇל סְפֵיקָא דְּאוֹרַיְיתָא לְחוּמְרָא.

The Gemara notes: **Granted, according to** the opinion of **Rabba, who said** that an egg is prohibited **due to** the lack of **preparation,** this case involves **an uncertainty** with regard to the legal status of an item prohibited **by Torah law;**[N] **and** in **any** case of **an uncertainty** with regard to the legal status of an item prohibited **by Torah law,** the ruling **is stringent.** Therefore, the egg is prohibited even if there is uncertainty whether it was laid on a Festival.

NOTES

Ravina said…do not reverse – רָבִינָא אָמַר...לָא תֵּיפוֹךְ: According to one interpretation, this does not mean that Ravina agrees with Rabbi Yoḥanan that the reason for the decree in the case of egg is due to liquid that seeped from fruit. Rather, Ravina is attempting to resolve the difficulty presented by the *baraitot* according to Rabbi Yoḥanan's opinion, despite the fact that he himself holds otherwise (Rashba).

And if there is uncertainty it is prohibited – וּסְפֵיקָא אֲסוּרָה: The halakhic ramifications of this uncertainty are discussed at great length by the early authorities. The main difficulty is that if an egg with regard to which there is uncertainty whether it was laid on a Festival became intermingled with other eggs, this is apparently a compound uncertainty; and the *halakha* is generally lenient in a case that involves more than one uncertainty. Some commentaries explain that the first uncertainty differs fundamentally from the second, as the uncertainty is not with regard to a mixture. Rather, it concerns the incident itself, as it is unclear whether the egg was laid on the Festival or beforehand (Rabbeinu Peretz).

Granted, according to Rabba…it involves an uncertainty by Torah law – בִּשְׁלָמָא לְרַבָּה...סְפֵיקָה דְּאוֹרַיְיתָא: According to some commentaries, this *baraita* refers to a Festival that occurred on a Sunday. Consequently, Rabba maintains that it is prohibited by Torah law to prepare for that Festival the day before. Even Rabba agrees that the prohibition of an egg applies by rabbinic law when the Festival occurs on another day of the week (Rashba; see Maharsha).

HALAKHA

Moving an egg that was laid – טִלְטוּל בֵּיצָה שֶׁנּוֹלְדָה: It is prohibited to move an egg laid on a Shabbat or Festival. It may not even be touched, as its circular shape renders it very likely to move by mere touching (*Beit Yosef*). However, it is permitted to cover it with a vessel to ensure that it does not break (*Shulḥan Arukh, Oraḥ Ḥayyim* 322:1, 513:1,4).

An egg laid on Shabbat or a Festival in a mixture – תַּעֲרֹבֶת בֵּיצָה שֶׁנּוֹלְדָה: If it is uncertain whether an egg was laid on Shabbat or a Festival, the egg is prohibited. It is likewise prohibited even if it was mingled with other eggs, although some authorities permit this mixture (*Beit Yosef*, citing the Rashba). With regard to a rabbinic prohibition, i.e., when it is not a day that occurred after either Shabbat or a Festival, if there is a pressing need, or if a loss would be incurred, one may rely on the lenient ruling (*Magen Avraham*; *Mishna Berura*). If the egg of uncertain legal status became intermingled with other eggs, and that mixture subsequently became intermingled with other eggs, some authorities prohibit that mixture (*Shakh*), while others permit it (*Taz*). If the egg became mingled with objects of a different type, it is nullified if the mixture contains sixty parts of permitted food. However, according to the Rema, if one purposely added it to the food with the aim of permitting the egg, it is not nullified (*Shulḥan Arukh, Oraḥ Ḥayyim* 513:2 and *Yoreh De'a* 102:1).

BACKGROUND

To support the legs of a bed with it – לִסְמוֹךְ בָּהּ כַּרְעֵי הַמִּטָּה: The early authorities are puzzled as to how a large and heavy object such as a bed can be supported by means of an egg. Although from a purely mechanical perspective the structure of an egg is strong enough to enable it to withstand great pressure, notwithstanding the thinness of its shell, this use remains impractical without special means of support.

Consequently, the explanation of the *Meiri* appears the most likely: This does not refer to a bed upon which people lie, but to a kind of vessel placed on a table, which requires support due to its particular shape. Some say that it is similar to a kind of small boat. An egg is well suited to support a vessel of that sort. This term also appears in the Mishna (*Ma'asrot* 1:7), and many commentaries explain it as referring to a small earthenware vessel that is occasionally placed on a table. See the Rambam's Commentary on the Mishna.

אֶלָּא לְרַב יוֹסֵף וּלְרַבִּי יִצְחָק, דְּאָמְרִי מִשּׁוּם גְּזֵירָה, סְפֵיקָא דְּרַבָּנַן הִיא, וְכָל סְפֵיקָא דְּרַבָּנַן לְקוּלָּא.

However, according to the opinions of **Rav Yosef**[N] **and Rabbi Yitzḥak, who say** that an egg is prohibited **due to a decree,** this case involves **an uncertainty** with regard to the legal status of an item prohibited **by rabbinic law, and** in **any** case of **an uncertainty** with regard to the legal status of an item prohibited **by rabbinic law,** the ruling **is lenient.**

(אֲמַר לֵיהּ): סֵיפָא אֲתָאן לִסְפֵק טְרֵפָה.

The Gemara answers: In **the latter clause** of the *baraita*, **we have arrived at** a different case. The case does not involve the prohibition of an egg laid on a Festival; the case involves an egg laid by a chicken with regard to which there is **uncertainty** whether it is **an animal with a condition that will cause it to die within twelve months** [*tereifa*], which is prohibited by Torah law. The uncertainty with regard to the legal status of the chicken is relevant to the egg.

אִי הָכִי, אֵימָא סֵיפָא: נִתְעָרְבָה בְּאֶלֶף – כּוּלָּן אֲסוּרוֹת. אִי אָמְרַתְּ בִּשְׁלָמָא סְפֵק יוֹם טוֹב סְפֵק חוֹל – הָוֵי דָּבָר שֶׁיֵּשׁ לוֹ מַתִּירִין, וְכָל דָּבָר שֶׁיֵּשׁ לוֹ מַתִּירִין – אֲפִילּוּ בְּאֶלֶף לָא בְּטִיל.

The Gemara raises a difficulty with this response: **If so, say the latter clause** of that same *baraita*: If it **became intermingled with a thousand** other eggs, they are **all prohibited. Granted, if you say** that there is **uncertainty** whether the egg was laid on **a Festival** and **uncertainty** whether it was laid on **a weekday,** then **it is an object whose prohibition is temporary,** as the egg will be permitted on the following day, and the principle is: **Any object whose prohibition is temporary is not nullified, even by a thousand** permitted items. Since its prohibition will lapse on its own, there is no need to make use of the option of nullification.

אֶלָּא אִי אָמְרַתְּ סְפֵק טְרֵפָה – דָּבָר שֶׁאֵין לוֹ מַתִּירִין הִיא וְתִבָּטֵל בְּרוּבָּא!

However, if you say that the egg referred to in the *baraita* is **an uncertain** *tereifa*, **it is an object whose prohibition is not temporary,** as there is no way to permit the prohibition of *tereifa*, **and it should** therefore **be nullified by** a simple **majority.**

וְכִי תֵּימָא: בֵּיצָה חֲשׁוּבָה וְלֹא בְּטֵלָה, הָנִיחָא לְמַאן דְּאָמַר "כָּל שֶׁדַּרְכּוֹ לִימָּנוֹת" שָׁנִינוּ,

The Gemara adds: **And if you say** that **an egg is significant and is not nullified,** as nullification applies only to items that have no intrinsic significance, while a significant object cannot be nullified, **that** works out **well according to the one who said** that **we learned: Any** item **whose manner is** also **to be counted,**[N] i.e., that is sometimes sold by unit, rather than by weight or volume, is considered significant. An egg falls into that category, as it is sometimes sold by unit.

אֶלָּא לְמַאן דְּאָמַר "אֶת שֶׁדַּרְכּוֹ לִימָּנוֹת" שָׁנִינוּ, מַאי אִיכָּא לְמֵימַר?

However, according to the one who said that **we learned: That** item **whose manner is** exclusively **to be counted,** i.e., that is always sold by unit, is considered significant, **what can be said?** Although eggs are often sold by unit, they are also often sold by weight or volume.

דִּתְנַן: מִי שֶׁהָיוּ לוֹ חֲבִילֵי תִּלְתָּן שֶׁל כִּלְאֵי הַכֶּרֶם – יִדָּלְקוּ. נִתְעָרְבוּ בַּאֲחֵרוֹת, וַאֲחֵרוֹת בַּאֲחֵרוֹת – כּוּלָּן יִדָּלְקוּ, דִּבְרֵי רַבִּי מֵאִיר, וַחֲכָמִים אוֹמְרִים: יַעֲלוּ בְּאַחַת וּמָאתַיִם.

The Gemara cites the mishna where the dispute cited above appears. **As we learned** (*Orla* 3:6–7): With regard to **one who had bundles of clover,** a type of legume, that were **diverse kinds** of food crops that grew **in a vineyard,**[HN] from which it is prohibited to derive benefit, those bundles **must be burned.** If the bundles **were intermingled with others, and** those **others** were intermingled **with others, they must all be burned.** This is **the statement of Rabbi Meir. And the Rabbis say: They may be nullified by one** part in **two hundred**[N] similar parts. When the prohibited portion is less than one-half of one percent of the permitted portion, the prohibition is nullified.

HALAKHA

Clover of diverse kinds in a vineyard – תִּלְתָּן שֶׁל כִּלְאֵי הַכֶּרֶם: With regard to bundles of clover that are prohibited food crops in a vineyard, and likewise other vegetables that are prohibited food crops in a vineyard, if they become mingled with a permitted substance two hundred times their size, they are permitted, in accordance with the opinion of the Rabbis (Rambam *Sefer Kedusha*, *Hilkhot Ma'akhalot Assurot* 16:8).

NOTES

However, according to Rav Yosef, etc. – אֶלָּא לְרַב יוֹסֵף וכו׳: The early commentaries ask: Why doesn't the Gemara also raise this difficulty against the opinion of Rav Naḥman, who maintains that the egg is prohibited due to the rabbinic prohibition of *muktze*? One suggestion is that Rav Naḥman accepts Rabba's opinion in principle, despite the fact that he explains the mishna differently (see *Shitta Mekubbetzet*, *Tziyyun LeNefesh Ḥayya*, and *Ḥatam Sofer*). Alternatively, the prohibition of *muktze* is so severe that it has the status of a Torah prohibition (*Tosefot Yom Tov*). The later authorities discuss this latter opinion at great length. Others add that Rav Naḥman maintains that the Sages were particularly stringent with regard to a Festival, as they were worried that people might treat its prohibitions with contempt (*Mishḥat Aharon*). A far simpler solution is that, as Rav Naḥman's statement has already been declared problematic, the Gemara did not go to the trouble of raising further difficulties against it (Rabbeinu Peretz; Rashba; see Maharam Schiff).

Whose manner is to be counted – שֶׁדַּרְכּוֹ לִימָּנוֹת: An object that is counted is included in the category of an important item that cannot be nullified in any mixture. This category is defined as anything that is not usually divided into parts or dismantled, but remains a whole unit that is counted alongside others (Rav Yitzḥak Abuhav).

Diverse kinds in a vineyard – כִּלְאֵי הַכֶּרֶם: The *halakhot* of diverse kinds [*kilayim*] in a vineyard are stated briefly in the Torah: "You shall not sow your vineyard with diverse kinds of seed, lest fullness of the seed that you have sown be forfeited, together with the increase of the vineyard" (Deuteronomy 22:9). The Sages explained that if one plants food crops in a vineyard, all of the produce is forbidden for consumption and benefit, and must be burned. The details of these *halakhot* are discussed at length in tractate *Kilayim*.

They may be nullified by one in two hundred – יַעֲלוּ בְּאַחַת וּמָאתַיִם: Rashi explains that an amount of this proportion is removed from the mixture and destroyed. The rest of the mixture is subsequently permitted, as it is assumed that the removed portion was the prohibited substance. Most early commentaries, however, disagree and maintain that this method of removal applies only to objects subject to a monetary claim, either of a private individual or of a group, as is the case with *teruma*. In such instances, the individual concerned receives part of the mixture. However, with regard to mixtures of prohibited foods, the prohibited part is considered entirely nullified, and when the Gemara states that it can be nullified, it means that it is negated by the overall amount of produce (Rabbeinu Peretz; Rashba).

שֶׁהָיָה רַבִּי מֵאִיר אוֹמֵר: אֶת שֶׁדַּרְכּוֹ לִמָּנוֹת מְקַדֵּשׁ, וַחֲכָמִים אוֹמְרִים: אֵינוֹ מְקַדֵּשׁ אֶלָּא שִׁשָּׁה דְּבָרִים בִּלְבַד. רַבִּי עֲקִיבָא אוֹמֵר: שִׁבְעָה. וְאֵלּוּ הֵן: אֱגוֹזֵי פֶּרֶךְ, וְרִמּוֹנֵי בָאדָן, וְחָבִיּוֹת סְתוּמוֹת, וְחִלְפֵי תְּרָדִין, וְקִלְחֵי כְּרוּב, וּדְלַעַת יְוָנִית. רַבִּי עֲקִיבָא מוֹסִיף אַף כִּכָּרוֹת שֶׁל בַּעַל הַבַּיִת.

The mishna continues: Rabbi Meir says that they must all be burned, as **Rabbi Meir would say: That whose manner is** exclusively **to be counted,** is considered significant and cannot be nullified. Therefore, it **renders** the entire mixture **forbidden,** and it must be burned. **And the Rabbis say: Only six items** are sufficiently significant to **render** the entire mixture **forbidden. Rabbi Akiva says:** There are **seven. And they are:** High-quality **nuts** from **Perekh, and pomegranates** from **Badan,**[B] **and sealed barrels** of wine, **and branches of spinach,**[N] **and cabbage stalks,**[N] **and Greek pumpkin. Rabbi Akiva adds: Even loaves of a homeowner.**

הָרָאוּי לְעָרְלָה – עָרְלָה, הָרָאוּי לְכִלְאֵי הַכֶּרֶם – כִּלְאֵי הַכֶּרֶם. וְאִתְּמַר עֲלָהּ, רַבִּי יוֹחָנָן אָמַר: ״אֶת שֶׁדַּרְכּוֹ לִמָּנוֹת״ שָׁנִינוּ, וְרַבִּי שִׁמְעוֹן בֶּן לָקִישׁ אָמַר: ״כָּל שֶׁדַּרְכּוֹ לִמָּנוֹת״ שָׁנִינוּ.

Different prohibitions apply to these seven items. **That which is fit** to be forbidden due **to *orla*,**[N] fruit that grows during the first three years after a tree is planted, is forbidden due to ***orla*. That which is fit** to be forbidden due **to diverse kinds** of food crops that grew **in a vineyard** is forbidden due to **diverse kinds in a vineyard** (*Avoda Zara* 74a). **And it was stated about** the wording of this mishna that there is an amoraic dispute. **Rabbi Yoḥanan said** that **we learned:** Only **that whose manner is** exclusively **to be counted** is significant and cannot be nullified, and it is therefore prohibited by Rabbi Meir. **And Rabbi Shimon ben Lakish said** that **we learned: Any** item **whose manner is** also **to be counted,** is significant and cannot be nullified.[H]

הָנִיחָא לְרַבִּי שִׁמְעוֹן בֶּן לָקִישׁ, אֶלָּא לְרַבִּי יוֹחָנָן מַאי אִיכָּא לְמֵימַר?

Returning to the matter of the egg, the Gemara reprises its question: This works out **well according to** the opinion of **Rabbi Shimon ben Lakish, but according to Rabbi Yoḥanan, what can be said?** Since an egg is not sold exclusively by unit, it is not significant. Therefore, the egg of a *tereifa* should be nullified by a simple majority.

אָמַר רַב פַּפָּא: הַאי תַּנָּא – תַּנָּא דְּלִיטְרָא קְצִיעוֹת הוּא, דְּאָמַר: כָּל דָּבָר שֶׁבְּמִנְיָן, אֲפִילּוּ בִּדְרַבָּנַן לָא בְּטִיל, וְכָל שֶׁכֵּן בִּדְאוֹרַיְיתָא.

Rav Pappa said: According to Rabbi Yoḥanan, **this *tanna*,** who said that an egg cannot be nullified, **is the *tanna* of** the *halakha* concerning **a *litra***[L] **of dried figs, who,** based on his statement, **said: Any item that is counted, even** if it is prohibited **by rabbinic law, cannot be nullified, and all the more so** items prohibited **by Torah law,** e.g., the egg of a *tereifa*.

דִּתְנַן: לִיטְרָא קְצִיעוֹת שֶׁדְּרָסָהּ עַל פִּי עִגּוּל, וְאֵינוֹ יוֹדֵעַ בְּאֵיזֶה עִגּוּל דְּרָסָהּ; עַל פִּי חָבִית, וְאֵינוֹ יוֹדֵעַ בְּאֵיזוֹ חָבִית דְּרָסָהּ; עַל פִּי כַּוֶּרֶת, וְאֵינוֹ יוֹדֵעַ בְּאֵיזוֹ כַּוֶּרֶת דְּרָסָהּ. רַבִּי מֵאִיר אוֹמֵר: רַבִּי אֱלִיעֶזֶר

As we learned in a mishna: With regard to **a *litra* of dried figs,** whose stems were removed, and were dried and pressed in different vessels and shaped into circles, the obligation to tithe fruits is by rabbinic law. If one forgot to tithe the figs, and later remembered that he placed the figs into a barrel, and during the process of producing a circle **he pressed** the figs **onto the mouth** of one of the **circular** vessels[N] in which the circles are formed, **and does not know into which circular** vessel **he pressed it;** or, if he recalls that he pressed it **on the mouth of a barrel, but does not know in which barrel he pressed it,** or if he recalls that he pressed it **on the mouth of a** straw **receptacle, but does not know in which receptacle he pressed it, Rabbi Meir says** that in all these cases there is a dispute between the *tanna'im* of the previous generation: **Rabbi Eliezer**

אוֹמֵר: רוֹאִין אֶת הָעֶלְיוֹנוֹת כְּאִלּוּ הֵן פְּרוּדוֹת, וְהַתַּחְתּוֹנוֹת מַעֲלוֹת אֶת הָעֶלְיוֹנוֹת.

says: One considers the upper circles[N] of dried figs **as though they are separate** pieces, rather than one unit. **And the lower ones,** which were there beforehand and have certainly been tithed, **nullify the upper ones,** as there are enough circles of figs in the entire barrel to nullify the upper *litra*.

BACKGROUND

Badan – בָּאדָן: This place is associated with the modern Ḥorvat Parveh in Wadi Badan, a few kilometers northwest of Shechem.

NOTES

Branches of spinach – חִלְפֵי תְּרָדִין: Some commentaries explain that this refers to a particular type of spinach, tougher than the regular kind, which is somewhat similar to *ḥilfa*, eragrostis, a tough grass that is a species of rush (*Meiri*).

Cabbage stalks – קִלְחֵי כְּרוּב: This does not refers to regular cabbage leaves, nor to the type of cabbage that generally grows in the shape of leaves, but to a special type of high quality cabbage with large, distinctive stalks. The term here is *kilḥei*, but there is a variant reading, *kolsei*.

That which is fit to *orla*, etc. – הָרָאוּי לְעָרְלָה וכו׳: The Jerusalem Talmud asks in tractate *Orla* why *teruma* is omitted from this list. The answer given there is that *teruma* applies to all items, which is not true of *orla* and of diverse kinds. Others suggest that because *teruma* is nullified by one part in a hundred, the *tanna* did not list it alongside those prohibitions that are nullified by one part in two hundred (Rabbeinu Peretz).

A *litra*…that he pressed onto the mouth of one of the circular vessels – לִיטְרָא...שֶׁדְּרָסָהּ עַל פִּי עִגּוּל: The method of preparing figs was as follows: After the figs were pressed, they would be cut with a special knife into pieces, each weighing one *litra*, and preserved in circular shapes. These circular shapes would be placed in a larger vessel for storage, although each would remain separate (*Meiri*).

HALAKHA

Items that cannot be nullified – דְּבָרִים שֶׁאֵינָם מִתְבַּטְּלִים: An important prohibited object cannot be nullified, even by one in a thousand. The seven items the Sages listed, as well as living creatures, can never be nullified. Other items, however, can be nullified. The *halakha* is in accordance with the opinion of Rabbi Akiva, as his ruling is stated anonymously before the dispute.

Some authorities maintain that any object that is occasionally counted by units cannot be nullified (*Baḥ*), while others hold that this principle applies only to objects that are invariably sold by unit (Rema). If there is uncertainty whether or not an item is significant, it can be nullified, as it is uncertainty with regard to a prohibition by rabbinic law (Rema). The general principle is that any object that is significant in a particular place is prohibited and cannot be nullified in that place (*Shulḥan Arukh, Yoreh De'a* 110:1).

LANGUAGE

Litra – לִיטְרָא: From the Greek λίτρα, *litra*; or in Latin, libra. The modern pound is descended from this measure of weight, and the abbreviation lb for pound is short for libra.

NOTES

One considers the upper circles, etc. – רוֹאִין אֶת הָעֶלְיוֹנוֹת וכו׳: All these opinions are based on the principle that, by Torah law, all objects can be nullified by a majority, even by a proportion of one to two. The requirement for one-sixtieth or one-hundredth, although based on a supporting verse [*asmakhta*], is rabbinic. Consequently, the Sages are lenient with regard to the nullification of the *litra*, despite the fact that it is not a full-fledged mixture (*Shitta Mekubbetzet*).

רַבִּי יְהוֹשֻׁעַ אוֹמֵר: אִם יֵשׁ שָׁם מֵאָה פּוּמִּין יַעֲלוּ, וְאִם לָאו הַפּוּמִּין אֲסוּרִין, וְהַשּׁוּלַיִם מוּתָּרִין.

In contrast, **Rabbi Yehoshua says: If there are one hundred mouths** of different barrels or circular vessels **there,**[N] the prohibited *litra* of untithed figs on the mouth of one of the vessels **is nullified** by a ratio of one part of prohibited figs to one hundred parts of similar, permitted figs. **And if not,** all of **the** circles of figs at the **mouths** of the barrels or circular vessels **are prohibited,** as one of them clearly contains a prohibited *litra* that has not been nullified. **And the** figs on the **insides** of the vessels **are permitted,** as the prohibited figs certainly did not reach there. This is Rabbi Meir's version of the dispute.[H]

רַבִּי יְהוּדָה אוֹמֵר: רַבִּי אֱלִיעֶזֶר אוֹמֵר: אִם יֵשׁ שָׁם מֵאָה פּוּמִּין יַעֲלוּ, וְאִם לָאו – הַפּוּמִּין אֲסוּרִין וְהַשּׁוּלַיִם מוּתָּרִין. רַבִּי יְהוֹשֻׁעַ אוֹמֵר: אֲפִילּוּ יֵשׁ שָׁם שְׁלֹשׁ מֵאוֹת פּוּמִּין לֹא יַעֲלוּ.

Rabbi Yehuda says a different version of the dispute. **Rabbi Eliezer says: If there are one hundred mouths** of vessels with permitted figs present **there,** in addition to the prohibited one, **it is nullified** by the one hundred permitted mouths. **And if not, the** figs at the **mouths are prohibited and** those at **the bottom are permitted. Rabbi Yehoshua says: Even if there are three hundred mouths** present **there, they are not nullified,** as this *litra* cannot be nullified in any manner. Rav Pappa was referring to this opinion when he said that there is a *tanna*, meaning Rabbi Yehoshua in Rabbi Yehuda's version, who maintains that even an item occasionally sold by unit, e.g., a circle of dried figs, can never be nullified.

דְּרָסָהּ בְּעִגּוּל וְאֵינוֹ יוֹדֵעַ בְּאֵיזֶה עִגּוּל דְּרָסָהּ – דִּבְרֵי הַכֹּל יַעֲלוּ. דִּבְרֵי הַכֹּל? הַיְינוּ פְּלוּגְתַּיְיהוּ.

The same mishna further states: If **one pressed** the *litra* of figs **into a circular vessel but he does not know into which circular** vessel **he pressed it, everyone agrees** that the prohibited fig cakes[B] **are nullified.** The Gemara expresses surprise at this statement: **Everyone agrees? This is** the very matter of **their dispute,** whether or not the *litra* is nullified.

אָמַר רַב פָּפָּא: הָכִי קָאָמַר: דְּרָסָהּ בְּעִגּוּל וְאֵינוֹ יוֹדֵעַ בְּאֵיזֶה מָקוֹם עִגּוּל דְּרָסָהּ, אִי לִצְפוֹנָהּ אִי לִדְרוֹמָהּ – דִּבְרֵי הַכֹּל יַעֲלוּ.

Rav Pappa said: This is what the *tanna* **said,** i.e., he meant the following: **One pressed it onto a circular** vessel but **does not know onto which place,** which side of the **circular** vessel **he pressed it, whether on its north or on its south** side. In this case, as the prohibited *litra* is not located in a specific place and it cannot be distinguished from the others, it certainly cannot be considered an object of significance, and **everyone agrees** that **it is nullified.**

רַב אַשִׁי אָמַר: לְעוֹלָם סְפֵק יוֹם טוֹב סְפֵק חוֹל הָוֵי דָּבָר שֶׁיֵּשׁ לוֹ מַתִּירִין, וְכָל דָּבָר שֶׁיֵּשׁ לוֹ מַתִּירִין – אֲפִילּוּ בִּדְרַבָּנַן לָא בָּטֵיל.

The Gemara explained why the egg mentioned in the *baraita*, an egg laid by a chicken that is a *tereifa*, cannot be nullified even if it is mingled with a thousand permitted eggs. However, **Rav Ashi said: Actually,**[N] the *baraita* can be explained as referring to a case where there is **uncertainty** whether it is **a Festival or a weekday.** While it is true that according to most opinions this is a rabbinic prohibition, and the *halakha* is generally lenient with regard to uncertainties involving rabbinic law, **it is an object whose prohibition is temporary. And** with regard to **any object whose prohibition is temporary, even** if it involves a **rabbinic** prohibition, it **cannot be nullified.**

תַּנְיָא, אֲחֵרִים אוֹמְרִים מִשּׁוּם רַבִּי אֱלִיעֶזֶר: בֵּיצָה תֵּאָכֵל הִיא וְאִמָּהּ. בְּמַאי עָסְקִינַן? אִילֵימָא בְּתַרְנְגוֹלֶת הָעוֹמֶדֶת לַאֲכִילָה – פְּשִׁיטָא דְּהִיא וְאִמָּהּ שָׁרְיָא. אֶלָּא בְּתַרְנְגוֹלֶת הָעוֹמֶדֶת לְגַדֵּל בֵּיצִים – הִיא וְאִמָּהּ אֲסוּרָה. אָמַר רַבִּי זֵירָא: תֵּאָכֵל אַגַּב אִמָּהּ.

§ It **is taught** in a *baraita*: ***Aḥerim* say in the name of Rabbi Eliezer:** With regard to **an egg** laid on a Festival, **it and its mother may be eaten.** The Gemara asks: **With what** case **are we dealing? If we say** that this is dealing **with a chicken designated for food,** it is **obvious**[N] that **it and its mother are permitted. Rather,** say that this is dealing **with a chicken designated for laying eggs,** but in that case **it and its mother are** both **prohibited. Rabbi Zeira said** that the *baraita* should be understood as follows: The egg may **be eaten on account of its mother;** if the chicken is eaten on the Festival, the egg may also be eaten.

HALAKHA

A *litra* of dried figs – לִיטְרָא קְצִיעוֹת: In one case, one had jugs full of tithed figs, and pressed a *litra* of dried figs that were *teruma* onto the mouth of a jug, but does not know which jug. If there were one hundred and one jugs in total, the *litra* is nullified. He should sell one jug to a priest, and subtract the price of that *litra*, which is *teruma*. If there were fewer than one hundred and one jugs in total, all of the fruits at the mouths of the jugs are considered to be a mixture that contains *teruma*, which is prohibited, whereas the fruits in the other parts of the jugs are permitted.

In another case, one pressed the *litra* onto a circular vessel or a jug but is not sure exactly where he pressed it. If altogether there are one hundred parts more than the *litra*, the *litra* is nullified. According to the *Kesef Mishne*, the *halakha* is in accordance with the opinion of Rabbi Yehoshua and contrary to that of Rabbi Eliezer, as Rabbi Yehoshua's ruling is stated in the form of an unattributed mishna (Rambam *Sefer Zera'im*, *Hilkhot Terumot* 14:6-7).

BACKGROUND

Fig cakes – עִיגּוּלֵי דְּבֵילָה: In talmudic times, most figs were not eaten fresh but rather dried in various ways. Typically, after picking the fruit, the stems were removed and the figs were placed to dry in the sun. At that stage, the fruit is called *ketzi'ot*. Those figs that are placed to dry and are not processed any further are called *gerogarot*. Sometimes, these dried figs were stored in barrels or strung on a cord. A significant proportion of *ketzi'ot* would be processed further and pressed in barrels or circular vessels. At that stage, the fig is called *deveila*. After final pressing and drying, the circular fig cakes were removed from the vessels and slices would be cut from the cakes for consumption.

Figs strung on a cord

NOTES

If there are one hundred mouths there – אִם יֵשׁ שָׁם מֵאָה פּוּמִּין: Although these mouths are not mingled, since they are all subject to the uncertainty with regard to the legal status of the figs, they are considered a single unit to which the *halakha* of nullification applies (Rashba).

Rav Ashi said, actually, etc. – רַב אַשִׁי אָמַר לְעוֹלָם וכו׳: Rashi explains that just as the *halakha* rules stringently with regard to a mixture, it likewise rules stringently in cases of uncertainty. Many commentaries note that according to this explanation, the key point of the resolution is missing from the text, as Rav Ashi refers solely to a mixture and does not mention cases of uncertainty. However, it is possible that Rav Ashi wanted to emphasize the fundamental reasoning concerning an object whose prohibition is temporary, which applies equally to a case of uncertainty: Just as it is permitted to eat a mixture on the following day, the same is true in cases of uncertainty. See the *Tziyyun LeNefesh Ḥayya*, which has a lengthy explanation of the opinion of the Ran, who holds that something whose prohibition is temporary is comparable to a mixture of one kind with its own kind.

Rav Yitzḥak Abuhav suggests that the differences of opinion here stem from a basic dispute. He claims that the question is derived from the opinion that an object whose prohibition will eventually lapse is never fully prohibited even at the outset. Therefore, it is puzzling why a case involving uncertainty should be prohibited. Rav Ashi, in contrast, maintains that an object whose prohibition will lapse is nevertheless completely prohibited until that lapse. Therefore, even in a case involving uncertainty is prohibited.

If we say…for food, it is obvious – אִילֵימָא...לַאֲכִילָה פְּשִׁיטָא: Didn't the Gemara earlier raise the opposite objection against Rav Naḥman, i.e., that the mishna should have specified both a chicken and its egg? One answer to this question is that earlier, when it was not clear whether the mishna is dealing with a chicken designated as food or a chicken designated for its eggs, it was necessary to state the *halakha* with regard to both the chicken and its egg. However, if the mishna is discussing the case of a chicken designated for food, there is no need to mention both (Rashba).

הֵיכִי דָּמֵי? אָמַר אַבַּיֵי: כְּגוֹן שֶׁלְּקָחָהּ סְתָם, נִשְׁחֲטָה – הוּבְרְרָה דִּלַאֲכִילָה עוֹמֶדֶת, לֹא נִשְׁחֲטָה – הוּבְרְרָה דִּלְגַדֵּל בֵּיצִים עוֹמֶדֶת.

The Gemara asks: **What are the circumstances?** In which case is it necessary to apply this ruling? **Abaye said:** It is referring to a case **where** one **bought** this chicken **without specifying** whether he intended to eat it or use it for its eggs. In that case, if the chicken **was slaughtered** on a Festival, **it has been** retroactively **clarified that** it was **intended for food,** and the eggs it lays are, therefore, permitted. If it was **not slaughtered, it has been** retroactively **clarified that it** was **intended for laying eggs,** and the eggs it lays are prohibited.

רַב מָרִי אָמַר: גּוּזְמָא קָתָנֵי. דְּתַנְיָא, אֲחֵרִים אוֹמְרִים מִשּׁוּם רַבִּי אֱלִיעֶזֶר: בֵּיצָה תֵּאָכֵל הִיא וְאִמָּהּ, וְאֶפְרוֹחַ וּקְלִיפָּתוֹ.

Rav Mari said that the phrase: It and its mother may be eaten, should not be taken literally. Rather, the *tanna* **is teaching**[N] **an exaggeration [*guzma*],**[N] for extra emphasis, **as it is taught** in another *baraita*: ***Aḥerim* say in the name of Rabbi Eliezer:** An **egg** may **be eaten, it and its mother, and a chick and its shell.**

מַאי קְלִיפָּתוֹ? אִילֵּימָא קְלִיפָּה מַמָּשׁ – קְלִיפָּה בַּת אֲכִילָה הִיא? אֶלָּא: אֶפְרוֹחַ בִּקְלִיפָּתוֹ, עַד כָּאן לָא פְּלִיגִי רַבָּנַן עֲלֵיהּ דְּרַבִּי אֱלִיעֶזֶר בֶּן יַעֲקֹב אֶלָּא הֵיכָא דְּיָצָא לַאֲוִיר הָעוֹלָם, אֲבָל הֵיכָא דְּלֹא יָצָא לַאֲוִיר הָעוֹלָם – לָא פְּלִיגִי.

The Gemara clarifies: **What is** the meaning of this addition: **Its shell? If we say** it is referring to **an actual shell, is a shell edible? Rather,** the *baraita* must be referring to the consumption of **a chick** that is still **in its shell.** This explanation is problematic, as **the Rabbis disagree with Rabbi Eliezer ben Ya'akov only** in permitting the eating of a chick immediately after it hatches, **when it has** already **entered the world. However, when it has not** yet **entered the world,** i.e., if the chick is still in its shell, **they do not disagree.** Even the Rabbis accept that this chick has the status of a creeping animal and may not be eaten.

אֶלָּא: אֶפְרוֹחַ וּקְלִיפָּתוֹ – גּוּזְמָא, הָכָא נַמִי: תֵּאָכֵל הִיא וְאִמָּהּ – גּוּזְמָא.

Rather, evidently the expression: **A chick and its shell,** should not be understood literally, as it is **an exaggeration.**[N] **Here, too,** the phrase: **It and its mother may be eaten,** is **an exaggeration.** It does not mean literally that the chick and its mother may be eaten, but is merely a statement of emphasis that the egg is undoubtedly permitted.

אִתְּמַר, שַׁבָּת וְיוֹם טוֹב, רַב אָמַר: נוֹלְדָה בָּזֶה אֲסוּרָה בָּזֶה, וְרַבִּי יוֹחָנָן אָמַר: נוֹלְדָה בָּזֶה מוּתֶּרֶת בָּזֶה. נֵימָא קָסָבַר רַב קְדוּשָּׁה אַחַת הִיא?

§ **It was stated** that *amora'im* disputed the following issue (*Eiruvin* 38b): If **Shabbat and a Festival** occur on consecutive days, **Rav said:** An egg **laid on this one is prohibited on that one,**[H] **and Rabbi Yoḥanan said:** An egg **laid on this one is permitted on that one.** The Gemara asks: **Let us say** that **Rav holds** that when Shabbat and a Festival occur on consecutive days, **it is** considered **one** continuous **sanctity,**[N] i.e., a single, indivisible day.

וְהָאָמַר רַב: הֲלָכָה כְּאַרְבָּעָה זְקֵנִים, וְאַלִּיבָּא דְּרַבִּי אֱלִיעֶזֶר, דְּאָמַר: שְׁתֵּי קְדוּשּׁוֹת הֵן.

But didn't Rav say: The *halakha* is in accordance with the opinion **of four elders,** who ruled **in accordance with** the opinion of **Rabbi Eliezer, who said:** When a Shabbat and a Festival occur consecutively, **they are two sanctities** rather than one long day; therefore, a joining of Shabbat boundaries need not be placed on a weekday, but may be placed on the first of the holy days to allow going beyond the Shabbat boundary on the second. Evidently, this issue cannot be the basis of their dispute.

אֶלָּא הָכָא בַּהֲכָנָה דְּרַבָּה קָמִיפַּלְגִי, רַב אִית לֵיהּ הֲכָנָה דְּרַבָּה, וְרַבִּי יוֹחָנָן לֵית לֵיהּ הֲכָנָה דְּרַבָּה.

Rather, here they disagree with regard to Rabba's preparation, i.e., an item that was prepared on its own from one day to the other, whose use Rabba prohibits. **Rav holds** that items prepared by means of **Rabba's preparation** are prohibited,[N] whereas **Rabbi Yoḥanan does not hold** that items prepared by means of **Rabba's preparation** are prohibited.[N]

כְּתַנָּאֵי, נוֹלְדָה בְּשַׁבָּת – תֵּאָכֵל בְּיוֹם טוֹב, בְּיוֹם טוֹב – תֵּאָכֵל בְּשַׁבָּת. רַבִּי יְהוּדָה אוֹמֵר מִשּׁוּם רַבִּי אֱלִיעֶזֶר: עֲדַיִין הִיא מַחֲלוֹקֶת שֶׁבֵּית שַׁמַּאי אוֹמְרִים: תֵּאָכֵל, וּבֵית הִלֵּל אוֹמְרִים: לֹא תֵּאָכֵל.

The Gemara comments: This dispute is **like** a dispute between *tanna'im*: An egg **laid on Shabbat may be eaten on a Festival;** if it was laid **on a Festival, it may be eaten on Shabbat. Rabbi Yehuda says in the name of Rabbi Eliezer:** This opinion is not unanimous; rather, **it is still** a matter of **dispute, as Beit Shammai say it may be eaten, and Beit Hillel say it may not be eaten,** just as they disagreed about whether an egg is permitted on the day on which it was laid.

אוּשְׁפִּיזְכְנֵיהּ דְּרַב אַדָּא בַּר אַהֲבָה הֲווּ לֵיהּ הָנָךְ בֵּיצִים מִיּוֹם טוֹב לְשַׁבָּת, אֲתָא לְקַמֵּיהּ, אֲמַר לֵיהּ: מַאי לְאַטְווֹיִנְהוּ הָאִידָּנָא וְנֵיכְלִינְהוּ לְמָחָר?

The Gemara relates: **Rav Adda bar Ahava's host [*ushpizikhnei*]**[L] **had these eggs** that were laid on a Festival that occurred on a Friday, and the host was unsure whether eggs laid on the Festival were permitted **from the Festival for** use on **Shabbat. He came before** his guest, Rav Adda, and **said to him: What is** the *halakha* with regard **to roasting** these eggs **now,** on the Festival, although eating them today is prohibited due to *nolad*, **and let us eat them tomorrow,** as they will be no longer be prohibited due to *nolad*?

NOTES

Rav Mari said the *tanna* is teaching – רַב מָרִי אָמַר...קָתָנֵי: Some commentaries state that Rav Mari considered the first explanation to be difficult because it invokes the principle of retroactive designation [*bereira*]; and it is well known that Beit Shammai, whose opinion was followed by Rabbi Eliezer, do not accept retroactive designation at all. For this reason, Rav Mari preferred a different explanation (*Ḥatam Sofer*, 2nd ed.).

Exaggeration [*guzma*] – גּוּזְמָא: Something overstated or spoken in an exaggerated manner, which should not be understood literally. The word's derivation is not clear. It is possible that it developed from *gazam*, meaning cut, which is used, in turn, by the Sages to mean threat or intimidation. From there, perhaps, it came to refer to anything stated merely to make an impression, and which is not intended to being taken literally.

A chick and its shell, an exaggeration – אֶפְרוֹחַ וּקְלִיפָּתוֹ גּוּזְמָא: Essentially, this statement means that if it were possible to eat the chick in its shell, it would be permitted to do so. The same applies to the clause: It and its mother (Rav Yitzḥak Abuhav).

Let us say that Rav holds it is one sanctity – נֵימָא קָסָבַר רַב קְדוּשָּׁה אַחַת הִיא: In the Jerusalem Talmud, a similar dispute is cited with regard to whether or not the remnants of lamps and wicks that were extinguished on Shabbat may be used on a Festival and applies the dispute between Rav and Rabbi Yoḥanan to that case. According to the halakhic authorities, the Jerusalem Talmud maintains that the *amora'im* disagree with regard to whether the days are considered one sanctity or two, which is why it compared the two cases. According to the Babylonian Talmud, however, the *amora'im* differ with regard to the *halakha* of preparation; and, therefore, everyone agrees that the remnants of lamps are permitted. (*Sefer HaTerumot*).

Rav holds that items by Rabba's preparation are prohibited – רַב אִית לֵיהּ הֲכָנָה דְּרַבָּה: See *Tosafot* for the novel suggestion that the laying of an egg can itself be considered preparation. Both the early and later authorities analyze this opinion at length. Some commentaries, however, hold that even according to Rav, this does not relate to the Torah prohibition of preparation, but to a decree that the Sages applied to every Shabbat and Festival due to those that occur after another holy day (Rashba). Some ask the following question: If Rav holds in accordance with the opinion of Rabba, why didn't the Gemara state this earlier, just as it said that Rabbi Yoḥanan holds in accordance with the opinion of Rabbi Yitzḥak? The answer given is that the proof from Rav's statement, although it is a clever inference, remains inconclusive. Furthermore, it is possible to explain Rav's statement in other ways (*Kehal Yeuda*).

Rabbi Yoḥanan does not hold that items by Rabba's preparation are prohibited – רַבִּי יוֹחָנָן לֵית לֵיהּ הֲכָנָה דְּרַבָּה: As the Gemara stated earlier, Rabbi Yoḥanan maintains that this egg is prohibited due to the decree concerning liquids that oozed (Rashba).

HALAKHA

Laid on this one is prohibited on that one – נוֹלְדָה בָּזֶה אֲסוּרָה בָּזֶה: An egg laid on a Shabbat is prohibited on a Festival that occurs the following Sunday. Likewise, an egg laid on a Festival that occurs on a Friday is prohibited on the subsequent Shabbat, in accordance with the opinion of Rav (*Shulḥan Arukh, Oraḥ Ḥayyim* 322:5; 513:5).

LANGUAGE

Host [*ushpizikhnei*] – אוּשְׁפִּיזְכְנֵיהּ: From the Middle Persian aspinj, meaning hotel or hospitality. The ending corresponds to the Persian suffix ag, signifying agency, or one who carries out an action. Hence, the term means host.

אמר ליה מאי דעתיך - רב ורבי יוחנן - הלכה כרבי יוחנן, אפילו רבי יוחנן לא קא שרי אלא לגומעה למחר, אבל ביומיה - לא.

Rav Adda **said to him: What is your opinion**[N] that led you to pose this question? You evidently assume that in the dispute between **Rav and Rabbi Yoḥanan, the *halakha* is in accordance with** the opinion of **Rabbi Yoḥanan,** and therefore an egg laid on one day will be permitted on the following day. However, **even Rabbi Yoḥanan permitted** one **to swallow it only** raw, **on the next day,** when it is no longer prohibited; **but on the same day** that it was laid, he did **not** permit one even to move it, and certainly not to roast it.

והתניא: אחת ביצה שנולדה בשבת ואחת ביצה שנולדה ביום טוב - אין מטלטלין אותה לא לכסות בה את הכלי, ולא לסמוך בה כרעי המטה.

And it is taught likewise in a *baraita*: With regard to **both an egg that was laid on Shabbat and an egg that was laid on a Festival, one may not move it, neither to cover a vessel with it nor to support the legs of a bed with it.**

אושפיזכניה דרב פפא, ואמרי לה ההוא גברא דאתא לקמיה דרב פפא, הוו ליה הנך ביצים משבת ליום טוב. אתא לקמיה, אמר ליה: מהו למכלינהו למחר? אמר ליה: זיל האידנא ותא למחר, דרב לא מוקי אמורא עלויה מיומא טבא לחבריה משום שכרות.

The Gemara relates a similar incident: **Rav Pappa's host, and some say** it was **a certain man who came before Rav Pappa, had these eggs** that were laid on **a Shabbat that** occurred before **a Festival. He came before him** and **said to him: What is** the *halakha* with regard to whether it is permitted **to eat** these eggs **tomorrow,** on the Festival? Rav Pappa **said to him: Go** away from me **now, and come** back **tomorrow.** He said this because **Rav** would **not place a disseminator**[B] **before him** to explain his lectures, **from one Festival** day **until** the end of the **other,** the second Festival day, **due to drunkenness.** Since it was customary in those times to drink a great deal of wine during Festival meals, Rav was concerned that his mind would not be sufficiently clear to issue a public ruling.

כי אתא למחר אמר ליה:

When that man **came** back **on the following day,** Rav Pappa **said to him:**

NOTES

What is your opinion, etc. – מאי דעתיך וכו׳: Rav Adda replied to his host in this manner because he maintains that the *halakha* is in fact not in accordance with the opinion of Rabbi Yoḥanan. However, even according to one who holds that the *halakha* is in accordance with the opinion of Rabbi Yoḥanan, the eggs would be prohibited. The reason for this prohibition, according to Rabbi Yoḥanan's opinion, is the subject of much debate. Some say that even Rabbi Yoḥanan prohibits one to move an egg on the day that it was laid; while others explain that, as it is prohibited until nightfall, the egg remains *muktze* even the following day.

BACKGROUND

Disseminator [*amora*] – אמורא: Originally meaning a person who speaks out loud, *amora* is the common word used for a translator; or more specifically for the individual who stood alongside a Sage during his lecture. The Sage would say a few short words, typically in Hebrew, and the *amora* would repeat them loudly in the vernacular. In their humility, the talmudic Sages chose to call themselves *amora'im*, as if to imply that they are merely the disseminators of the statements of *tanna'im*.

Perek **I**
Daf **4** Amud **b**

איכו השתא אשתלאי, ואמרי לך: רב ורבי יוחנן - הלכה כרבי יוחנן. הא אמר רבא הלכתא כותיה דרב בהני תלת. בין לקולא בין לחומרא.

Had I issued a ruling for you **then, I would have forgotten** the correct response, **and I would have said to you,** based on the accepted principle that in the case of a dispute between **Rav and Rabbi Yoḥanan, the *halakha* is in accordance with** the opinion of **Rabbi Yoḥanan,** that the eggs are permitted. However, **Rava said: The *halakha* is in accordance with** the opinion of **Rav with regard to these three** issues, in connection to the sanctity of Festivals and Shabbat, **whether** his ruling is **lenient, or whether** it is **stringent.** This is one of those three cases in which the *halakha* is in accordance with the opinion of Rav.

אמר רבי יוחנן: עצים שנשרו מן הדקל בשבת אסור להסיקן ביום טוב, ואל תשיבני ביצה. מאי טעמא? ביצה משום דביומא נמי חזיא לגומעה, ולא קא שרי לה עד למחר - מידע ידיע דבת יומא אסורה. עצים, דלא חזו ליומייהו, אי שרי להו למחר - אתי למימר: ביומייהו נמי שרו, ואתמול משום שבת הוא דלא חזו להסקה.

§ **Rabbi Yoḥanan said:** With regard to **branches that fell from a palm tree**[NH] **on Shabbat, it is prohibited to kindle them on a Festival** that occurs the next day. **And do not reply to me** by asking why I permit **an egg** to be eaten on the following day. **What is the reason** for the distinction between the two cases? In the case of **an egg, because on** the **day** of Shabbat **itself it is also fit to be swallowed** raw **and** nevertheless **it is permitted** to be eaten **only the following day, one knows** that an egg **is prohibited on the day** it was laid. In contrast, with regard to **branches, which are not fit** for kindling **on the day** of Shabbat, as kindling a fire is prohibited, **if you permit them** to kindle the wood on the Festival that occurs on **the following day they will** mistakenly **come to say** that **on the day** that **they** fell off the tree **they are also permitted. And** as for the reason the branches were not kindled **yesterday** when they fell from the tree, **it was due** only **to Shabbat, as they were not fit for kindling** then.

NOTES

Branches that fell from a palm tree – עצים שנשרו מן הדקל: According to the opinion of Rabbi Yoḥanan, the prohibition is either due to the absence of preparation or it is due to a decree lest one climb up and sever the branches (Rif). That is the reason for the prohibition, despite the fact that Rabbi Yoḥanan does not accept the principle of preparation with regard to an egg, since it can be claimed that the case of an egg is not true preparation, as it is prepared on its own and the Festival prepares for itself. However, Rabbi Yoḥanan does accept the decree against preparation in the case of branches (*Kerem Shlomo*). Others maintain that this refers to branches that were detached the day before and were left hanging on the boughs of the tree, or which were only loosely attached (*Meiri*; see *Tosafot*).

HALAKHA

Branches that fell from a palm tree – עצים שנשרו מן הדקל: If branches fall from a palm tree on a Festival, or on a Shabbat that immediately precedes a Festival, it is prohibited to use them to kindle a fire on the Festival, in accordance with the opinion of Rabbi Yoḥanan. If the branches fell into an oven that already contained other wood, one may add to the permitted wood and thereby nullify the prohibited branches by a majority (*Magen Avraham*, citing Ran). This must be performed in a manner that the result would be that the prohibited wood is indistinguishable (*Shulḥan Arukh, Oraḥ Ḥayyim* 507:2).

אָמַר רַב מַתָּנָה: עֵצִים שֶׁנָּשְׁרוּ מִן הַדֶּקֶל לְתוֹךְ הַתַּנּוּר בְּיוֹם טוֹב – מַרְבֶּה עֲלֵיהֶם עֵצִים מוּכָנִים וּמַסִּיקָן. וְהָא קָא מְהַפֵּךְ בְּאִיסּוּרָא. כֵּיוָן דְּרוּבָּא דְּהֶיתֵּרָא נִינְהוּ, כִּי קָא מְהַפֵּךְ בְּהֶיתֵּרָא קָא מְהַפֵּךְ.

Rav Mattana said: With regard to **branches that fell from a palm tree** directly **into an oven on a Festival, one** may **add to** those branches **wood prepared**[N] from the previous day, which may be used for kindling, **and kindle them** all together. The Gemara asks: **But doesn't he turn over** and move **the prohibited** wood in the course of the cooking process? The Gemara answers: **Since most** of the wood **is permitted, when he turns** it **over, he turns over permitted** wood, as the prohibited part is nullified by the majority.

וְהָא קָא מְבַטֵּל אִיסּוּרָא לְכַתְּחִלָּה, וּתְנַן: אֵין מְבַטְּלִין אִסּוּר לְכַתְּחִלָּה. הָנֵי מִילֵּי בִּדְאוֹרַיְיתָא, אֲבָל בִּדְרַבָּנַן מְבַטְּלִין.

The Gemara challenges this: **But doesn't he** thereby **nullify**[N] **a prohibited** item ***ab initio***, by adding permitted wood to the pieces of wood that fell into the oven, which are prohibited? **And we learned** in a mishna (see *Terumot* 5:9): **One may not nullify a prohibited item**[N] ***ab initio***.[H] The Gemara answers: **That** principle **applies only to** items prohibited **by Torah law; but with regard to** items prohibited **by rabbinic law,** as in this case involving the prohibition of *muktze*, **one** may **nullify**[N] the prohibition *ab initio*.

וּלְרַב אַשִׁי, דְּאָמַר: כָּל דָּבָר שֶׁיֵּשׁ לוֹ מַתִּירִין, אֲפִילּוּ בִּדְרַבָּנַן לָא בְּטִיל, מַאי אִיכָּא לְמֵימַר? הָנֵי מִילֵּי הֵיכָא דְּאִיתֵיהּ לְאִיסּוּרָא בְּעֵינֵיהּ, הָכָא מִקְלָא קָלֵי אִיסּוּרָא.

The Gemara asks: **And according to** the opinion of **Rav Ashi,**[N] **who said: Any object whose prohibition is temporary, even** if the prohibition applies **by rabbinic law,** it **cannot be nullified, what is there to say?** Doesn't Rav Ashi agree that it is permitted to kindle the wood after the Festival? The Gemara answers: **That** principle **applies only where the prohibited** item **remains intact; here,** however, **the prohibited** item **is burned,** as the wood is turned over when it has already become charcoal. Therefore, one does not perform any action with prohibited items.

אִתְּמַר, שְׁנֵי יָמִים טוֹבִים שֶׁל גָּלֻיּוֹת, רַב אָמַר: נוֹלְדָה בָּזֶה מוּתֶּרֶת בָּזֶה, וְרַב אַסִי אָמַר: נוֹלְדָה בָּזֶה אֲסוּרָה בָּזֶה.

§ **It was stated** that there is a dispute between *amora'im* with regard to the *halakha* for the **two Festival days** observed **in the Diaspora.**[N] **Rav said:** An egg that **was laid on this** day **is permitted on that** one,[H] **and Rav Asi said:** An egg that **was laid on this** day **is prohibited on that** one.

לֵימָא קָא סָבַר רַב אַסִי קְדוּשָּׁה אַחַת הִיא? וְהָא רַב אַסִי מַבְדִּיל מִיּוֹמָא טָבָא לְחַבְרֵיהּ.

The Gemara asks: **Let us say that Rav Asi holds** that the two days **are one sanctity. But didn't Rav Asi** himself **recite *havdala*,** the prayer of distinction at the end of a holy day, **from** one **Festival** day of the Diaspora **to the other?**[N] This shows that, in his opinion, the first day is the true Festival, while the second day is considered a weekday. In earlier generations, they observed the second day of the Diaspora because they were unaware when the court sanctified the New Moon to mark the beginning of the month. Today, that determination is accomplished by means of calculations known to all, and the second day is observed as the custom of our fathers, not due to any uncertainty.

HALAKHA

Nullifying a prohibition *ab initio* – בִּיטּוּל אִיסּוּר מִלְּכַתְּחִלָּה: It is prohibited to nullify a prohibited item *ab initio*. Even if a prohibited item falls into a permitted substance that is not large enough to nullify it, one may not add more permitted material for this purpose. If one inadvertently increases the amount of the permitted substance, the mixture is permitted. However, if he does so intentionally, it is prohibited to him as well as to the one on whose behalf he does so, when the latter finds out and is pleased by his actions, although it is permitted to others (*Baḥ*). In the case of a rabbinic prohibition, it is prohibited to actively mix a prohibited substance with a permitted substance in order to nullify it, and if one does so intentionally, the mixture is prohibited. However, if it falls on its own into a permitted substance, one may increase the amount of the permitted substance, thereby nullifying the prohibited substance. Some authorities maintain that one may not nullify a substance in any manner, even in the case of a rabbinic prohibition, and this is the accepted custom (*Shulḥan Arukh, Yoreh De'a* 99:5–6, and in the comment of Rema).

An egg on the two Festival days of the Diaspora – בֵּיצָה בִּשְׁנֵי יָמִים טוֹבִים שֶׁל גָּלֻיּוֹת: An egg laid on the first Festival day of the Diaspora is permitted on the second Festival day. This is in accordance with the opinion of Rav, as the *halakha* follows his ruling, rather than that of his disciple Rav Asi (*Shulḥan Arukh, Oraḥ Ḥayyim* 513:5).

NOTES

One may add to those branches wood prepared – מַרְבֶּה עֲלֵיהֶם עֵצִים: Some authorities hold that this refers to a case where the oven already contained wood that was prepared and consequently permitted (Ran; *Magen Avraham*). According to this interpretation, the term: Add, means that the branches are added to the wood already present.

But doesn't he turn over…but doesn't he nullify – וְהָא קָא מְהַפֵּךְ...וְהָא קָא מְבַטֵּל: The commentaries discuss why these questions are not posed in logical order. The issue of nullifying prohibited items is apparently the more straightforward of the two, whereas turning over the wood is an action that can be avoided. Some explain that had the Gemara offered a different resolution to the first question, i.e., that the wood is not, in fact, prohibited, and had the Sages issued a decree only against actually picking it up, the second question would not have arisen at all (Rav Yitzḥak Abuhav; see Maharam Schiff).

And we learned in a mishna, one may not nullify a prohibited item – וּתְנַן אֵין מְבַטְּלִין אִסּוּר: Rabbi Shimshon of Saens notes in his commentary on tractate *Terumot* that no such mishna exists. Rather, the relevant mishna there states that if one purposely nullifies a prohibited item, it is prohibited; from this *halakha* it can be inferred that a prohibited item may not be nullified *ab initio*.

With regard to items prohibited by rabbinic law, one may nullify – בִּדְרַבָּנַן מְבַטְּלִין: Most early authorities agree that this leniency applies only to a prohibition that is entirely rabbinic, e.g., *muktze*, but that one may not nullify an item whose prohibition is based on Torah law (Rid the Younger). Some commentaries state that when the second reason, i.e., that the prohibited item itself has essentially been burnt, is combined with this one, the result is that nothing substantial has, in fact, been nullified (Rashba).

And according to Rav Ashi – וּלְרַב אַשִׁי: Some commentaries maintain that this does not refer to Rav Ashi's earlier statement concerning an egg, but to his comments on 39a, where he explicitly rules in accordance with this opinion (*Tziyyun LeNefesh Ḥayya*; see *Bigdei Yom Tov*).

The two Festival days in the Diaspora – שְׁנֵי יָמִים טוֹבִים שֶׁל גָּלֻיּוֹת: The early authorities discuss the second Festival day and its legal status at great length. Rav Sa'adia Gaon writes that the fundamental idea of observing two Festival days outside Eretz Yisrael originated in the Torah. Rav Hai Gaon claims that Rav Sa'adia Gaon wrote this only as a reply to apostates, as the second day of the Diaspora is actually an ordinance instituted due to uncertainty. It is, however, a practice that dates back to the prophets, as that uncertainty is the result of the distance of various places from Eretz Yisrael. The determination of the dates of Festivals, based on eyewitness testimony, is a *halakha* transmitted to Moses at Sinai. However, this procedure can be performed only when there is a suitable court active in Eretz Yisrael.

The Rambam states in *Sefer HaMitzvot* that the fixing of the Festivals by calendar was established by the Sages of the Sanhedrin, who determined and sanctified future dates and years at the time of Hillel the second. The Ra'avan writes, in accordance with the opinion of the Sages of Mainz, that the two Festival days are not an ordinance instituted due to uncertainty, but an ordinance instituted by the Sages that the sanctity of the Festival should continue an additional day. This explains why one repeats all the blessings on the mitzvot of the Festival on the second day.

In this regard, the *Ḥatam Sofer* writes that when one recites on the second day: Who sanctified us with His mitzvot and commanded us, etc., it is possible that this does not refer to that specific day, but to the basic mitzva of the Festival, as suggested by several earlier authorities. A different opinion is that the original institution was not due only to temporary uncertainties and problems, but was established as a decree for all generations. Even in the era of the redemption, there will be no way of letting everyone know the correct dates in time, as Jews might still be found all over the world. Furthermore, the start and end of the Festivals follow local time throughout the world, even when the Festival has already finished in Eretz Yisrael (see *Ḥatam Sofer*, 2nd ed.).

Recite *havdala* from one Festival day to the other – מַבְדִּיל מִיּוֹמָא טָבָא לְחַבְרֵיהּ: Rav Hai Gaon explains that Rav Asi would recite *havdala* only on Rosh HaShana, and not on any other Festival. Since the two days of the pilgrim Festivals are considered two separate sanctities, some commentaries ask: Why is *havdala* not in fact recited between the first and second days? One answer is that one who recites *havdala* while at the same time observing the Festival customs is, essentially, contradicting himself (*Tziyyun LeNefesh Ḥayya*; see Rashba). The early authorities write that it would be inappropriate to recite *havdala* between a day whose sanctity is by Torah law and one whose sanctity is by rabbinic law, as ultimately both days are holy (Rabbi Aharon HaLevi). Alternatively, the performance of *havdala* might lead people to treat the second Festival day with contempt, as *havdala* creates the impression that it is actually a weekday.

רַב אַסִי סְפוּקֵי מְסַפְּקָא לֵיהּ, וְעָבֵיד הָכָא לְחוּמְרָא וְהָכָא לְחוּמְרָא.

The Gemara answers: **Rav Asi was uncertain** whether the Sages' ordinance that the second day is to be observed as a Festival was a fixed ordinance that applies even when the calculations determining the New Moon are known to all; or whether the ordinance was based strictly on the uncertainty stemming from their lack of awareness. Today, when everyone is aware of the beginning of the month, the second day is a weekday. **And** therefore **he acted stringently here,** and prohibited eating an egg on the second day that had been laid on the first day. **And** he also acted **stringently here,** and recited *havdala* between the two days.

אָמַר רַבִּי זֵירָא: כְּוָתֵיהּ דְּרַב אַסִי מִסְתַּבְּרָא, דְּהָאִידָּנָא יָדְעִינַן בִּקְבִיעָא דְּיַרְחָא וְקָא עָבְדִינַן תְּרֵי יוֹמֵי.

Rabbi Zeira said: It is **reasonable** to say **in accordance with** the opinion of **Rav Asi** that the Sages considered the two days as one and it is not a practice instituted due to uncertainty, **as today we know the determination of the** first day of the new **month**[B] based on a fixed calendar and the precise dates of the Festivals are known by all, **and** nevertheless **we observe** the **two** Festival **days** of the Diaspora.

אֲמַר אַבַּיֵי: כְּוָתֵיהּ דְּרַב מִסְתַּבְּרָא. דִּתְנַן: בָּרִאשׁוֹנָה הָיוּ מַשִּׂיאִין מַשּׂוּאוֹת, מִשֶּׁקִּלְקְלוּ הַכּוּתִים הִתְקִינוּ שֶׁיְּהוּ שְׁלוּחִין יוֹצְאִין.

Abaye said: On the contrary, It is **reasonable** to say **in accordance with** the opinion of **Rav** that the second day is observed as a Festival due to uncertainty, **as we learned** in a mishna (*Rosh HaShana* 22b): **Initially,** after the court sanctified the new month, **they would light torches** on the mountain tops, from one peak to another, to signal that the New Moon had been sanctified. **After the Samaritans** [*Kutim*] **disrupted** this method by lighting torches at the wrong times, the Sages **instituted that messengers should depart** to inform the people of the start of the month. Since the messengers could not reach all Diaspora communities before the beginning of the Festival, the Sages instituted that an additional Festival day should be observed there, due to the resultant uncertainty with regard to which day was the actual Festival day.

וְאִילּוּ בָּטְלוּ כּוּתִים עָבְדִינַן חַד יוֹמָא, וְהֵיכָא דְּמָטוּ שְׁלוּחִין עָבְדִינַן חַד יוֹמָא.

Abaye continues his argument: **And** this indicates that **if** the **Samaritans had desisted**[N] from their interference, the Sages would have restored the earlier custom and **we would observe** only **one day. And,** similarly, in a place **where** the **messengers arrived** from Jerusalem on time, **we observe** only **one** Festival **day.**

וְהָשְׁתָּא דְּיָדְעִינַן בִּקְבִיעָא דְּיַרְחָא מַאי טַעְמָא עָבְדִינַן תְּרֵי יוֹמֵי? מִשּׁוּם דְּשָׁלְחוּ מִתָּם: הִזָּהֲרוּ בְּמִנְהַג אֲבוֹתֵיכֶם בִּידֵיכֶם, זִמְנִין דְּגָזְרוּ הַמַּלְכוּת גְּזֵרָה וְאָתֵי לְאִקַּלְקוּלֵי.

The Gemara asks: **And now that we know the determination of the** first day of the new **month, what is the reason** that **we observe two** Festival **days** in the Diaspora?[H] **Because they sent** a warning **from there,** from Eretz Yisrael: Although now there is a fixed calendar and there is no uncertainty, **be careful to** observe **the custom of your fathers** that **you received,** because **at times the monarchy** will **issue decrees** of persecution restricting Torah study and the fixed calendar may be forgotten. **And** the people will **come to** have their proper observance of the Festivals **be disrupted** again. However, the fundamental *halakha* is that the observance of two Festival days is based on uncertainty.

אִתְּמַר, שְׁנֵי יָמִים טוֹבִים שֶׁל רֹאשׁ הַשָּׁנָה, רַב וּשְׁמוּאֵל דְּאָמְרִי תַּרְוַיְיהוּ: נוֹלְדָה בָּזֶה אֲסוּרָה בָּזֶה. דִּתְנַן: בָּרִאשׁוֹנָה הָיוּ מְקַבְּלִין עֵדוּת הַחֹדֶשׁ כׇּל הַיּוֹם (כּוּלּוֹ), פַּעַם אַחַת נִשְׁתַּהוּ הָעֵדִים לָבֹא

§ **It was** further **stated** that the *amora'im* discussed a similar problem, with regard to the **two Festival days of Rosh HaShana. Rav and Shmuel both said:** An egg **laid on this** day **is prohibited on that one,** as the two days of Rosh HaShana have a special status.[H] **As we learned** in a mishna (*Rosh HaShana* 30b): **Initially,** the court **would accept testimony of** witnesses who saw the new moon to establish the first day of **the** new **month.** This system would also be used for the first of Tishrei, which is Rosh HaShana, and the court would accept this testimony on **the entire** thirtieth **day**[N] of the month of Elul. **Once, the witnesses tarried** and managed **to arrive** only when the hour was late,

BACKGROUND

The determination of the first day of the new month – בִּקְבִיעָא דְּיַרְחָא: During a long period in antiquity, the Hebrew calendar was established by the court based on the testimony of witnesses who had seen the new moon, and the number of days in any given month was determined by their testimony. If the moon was sighted on the night after the twenty-ninth day of the month, the following day was the first day of the next month. If, however, the moon was not seen that night, or if witnesses did not appear in Jerusalem to testify on the following day, an extra day was added to the previous month, making that month thirty days long. It was uncertainty stemming from the inability to inform the Jewish community in the Diaspora of that decision before the start of the Festival that led to the institution of an additional Festival day.

Although the Jewish calendar has operated on the basis of a fixed astronomical system since the fourth century CE, in which months of twenty-nine days generally alternate with those of thirty, the additional Festival days remain in force.

HALAKHA

Observing the Festival days of the Diaspora – שְׁמִירַת יָמִים טוֹבִים שֶׁל גָּלֻיּוֹת: Two Festival days are observed outside of Eretz Yisrael, the second of which applies by rabbinic law. Although today the months are calculated ahead of time in accordance with the established calendar, the Sages decreed that Jews living outside of Eretz Yisrael should uphold the custom of their fathers (Rambam *Sefer Zemanim, Hilkhot Yom Tov* 1:21 and *Hilkhot Kiddush HaHodesh* 5:5).

An egg laid on Rosh HaShana – בֵּיצָה שֶׁנּוֹלְדָה בְּרֹאשׁ הַשָּׁנָה: An egg laid on the first day of Rosh HaShana is prohibited on the second day as well, as the two days are considered a single sanctity, in accordance with the opinion of both Rav and Shmuel (*Shulhan Arukh, Orah Hayyim* 513:5).

NOTES

If the Samaritans had desisted – אִילּוּ בָּטְלוּ כּוּתִים: The commentaries note that no proof is provided for this assumption. Some suggest that this idea is indicated by the very fact that the mishna mentions the custom of lighting torches, as had the institution of the messengers been a permanent one, there would have been no need to mention the earlier custom. Evidently, the institution of the messengers was merely a temporary replacement for the torches, and it would be annulled if the Samaritans desisted from their interference (Rashash).

They would accept testimony…the entire day – מְקַבְּלִין עֵדוּת...כׇּל הַיּוֹם: Since it was very rare for the month of Elul to contain a full thirty days, the court assumed that witnesses would arrive on time to testify that the new moon had been seen that night, which would render that day Rosh HaShana. However, this method caused problems on one occasion (*Shitta Mekubbetzet*).

The *Meiri* discusses the question of whether the people would merely refrain from engaging in prohibited labor on the second day, or if they would actually recite the Festival prayers.

וְנִתְקַלְקְלוּ הַלְוִיִּם בַּשִּׁיר. הִתְקִינוּ שֶׁלֹּא יְהוּ מְקַבְּלִים אֶת הָעֵדִים אֶלָּא עַד הַמִּנְחָה.

and the Levites erred in the song.[N] They were unsure whether to sing the weekday song or that of Rosh HaShana during the sacrifice of the afternoon daily offering, as it was unclear whether or not witnesses would arrive that day. From that point on, the court **instituted that they would accept witnesses** who came to testify that that day was Rosh HaShana **only up to *minḥa*** time, i.e., when the daily afternoon offering was sacrificed. If witnesses had not arrived by then, they would declare Elul a thirty-day month and calculate the dates of the Festivals accordingly.

וְאִם בָּאוּ עֵדִים מִן הַמִּנְחָה וּלְמַעְלָה – נוֹהֲגִין אוֹתוֹ הַיּוֹם קֹדֶשׁ, וּלְמָחָר קֹדֶשׁ.

And if witnesses came from *minḥa* time **onward,** although the calculations for the dates of the Festivals began only from the following day, the people would nevertheless **observe that day** on which the witnesses arrived as **sacred, and** they would also observe **the following day** as **sacred.** On the second day, they observed Rosh HaShana in full, both by sacrificing its offerings as well as calculating the upcoming Festivals from that date. It is evident that the observance of two days of Rosh HaShana did not stem from uncertainty in the Diaspora as to when the Festival began. Rather, the Sages instituted that the two days of Rosh HaShana are one unit due to the inherent difficulty in determining the date of a Festival that is celebrated on the first of the month.[H]

אָמַר רַבָּה: מִתַּקָּנַת רַבָּן יוֹחָנָן בֶּן זַכַּאי וְאֵילָךְ בֵּיצָה מוּתֶּרֶת. דִּתְנַן: מִשֶּׁחָרַב בֵּית הַמִּקְדָּשׁ הִתְקִין רַבָּן יוֹחָנָן בֶּן זַכַּאי שֶׁיְּהוּ מְקַבְּלִין עֵדוּת הַחֹדֶשׁ כָּל הַיּוֹם.

Rabba said: From the time **of the ordinance of Rabban Yoḥanan ben Zakkai**[P] **onward, an egg** laid on one day of Rosh HaShana **is permitted** on the other. **As we learned** in a mishna (*Rosh HaShana* 30b): **After the Temple was destroyed, Rabban Yoḥanan ben Zakkai instituted that** the court **should** once again **accept testimony** to determine the start of **the month all day.** Since the concern about errors was no longer relevant, they reverted to the original custom. As the court was aware of the exact date based on the testimony of the witnesses, those in proximity to the court kept only one day of Rosh HaShana. Those who lived far from the court observed two days merely due to uncertainty, and as one of those days was certainly a weekday, an egg laid on the first day was permitted on the second.

אֲמַר לֵיהּ אַבַּיֵי: וְהָא רַב וּשְׁמוּאֵל דְּאָמְרִי תַּרְוַיְיהוּ בֵּיצָה אֲסוּרָה. אֲמַר לֵיהּ: אָמִינָא לָךְ אֲנָא רַבָּן יוֹחָנָן בֶּן זַכַּאי וְאַתְּ אָמְרַתְּ לִי רַב וּשְׁמוּאֵל?

Abaye said to him: But didn't Rav and Shmuel both say that **an egg is prohibited?** Rabba **said to him:** Your question is out of place; **I say to you** a statement in the name of the distinguished *tanna* **Rabban Yoḥanan ben Zakkai, and you say to me** a ruling of the *amora'im* **Rav and Shmuel?**

PERSONALITIES

Rabban Yoḥanan ben Zakkai – רַבָּן יוֹחָנָן בֶּן זַכַּאי: Rabban Yoḥanan ben Zakkai was *Nasi* of the Sanhedrin after the destruction of the Second Temple. He was one of the greatest leaders of the Jewish people in all generations.

Rabban Yoḥanan ben Zakkai was the youngest of Hillel the Elder's students. He lived to an advanced age and served as the leader of the Jewish people for many years. It is stated about him that he did not neglect a single area of Torah (*Sukka* 28a). His greatness notwithstanding, he was a modest individual who greeted everyone he met, including gentiles he met in the marketplace.

Even before the destruction of the Temple, Rabban Yoḥanan ben Zakkai was acknowledged as a leading scholar, and most of the Sages of that generation were his disciples. When some Jews of the time revolted against the Romans, Rabban Yoḥanan took a strong stand against their actions, and attempted to bring the rebellion to a peaceful close.

As a leading resident of a besieged Jerusalem, he realized that the city would soon fall, and he successfully escaped with several of his students. Appearing before Vespasian, he was warmly received, and when his prediction that Vespasian would be appointed Caesar came to pass, Vespasian rewarded him by allowing him to establish a new center of Jewish leadership and Torah study in Yavne. He took this opportunity to save the life of Rabban Gamliel as well (see *Gittin* 56a–b).

In Yavne, Rabban Yoḥanan succeeded in instituting a wide range of ordinances that offered hope for Jewish continuity in the absence of the Temple, even as they served to memorialize the Temple and promised the possibility of its ultimate rebuilding. His success in this endeavor is felt to this day in religious practice.

His students taught Torah throughout Eretz Yisrael following the destruction of the Temple, and he served as a mentor for Rabban Gamliel of Yavne, who took over his position as *Nasi*.

NOTES

And the Levites erred in the song – וְנִתְקַלְקְלוּ הַלְוִיִּם בַּשִּׁיר: A special psalm was recited on Rosh HaShana in honor of the Festival (Psalms 81) instead of the regular song for that day. See *Tosafot*, who cite Rabbeinu Peretz's question as to why the Gemara doesn't simply state that they were unable to sacrifice the additional Festival offerings. *Tosafot* answer that the additional burnt-offerings could have been sacrificed conditionally, by means of the following stipulation: If it is a Festival, these should count as the additional Festival offerings, and if not, they should be gift-offerings, the so-called summer fruits of the altar, which were sacrificed so that the altar would not be left empty. The goat for the sin-offering could have been slaughtered beforehand, or delayed until after the daily offering, with its portions for the altar left to burn overnight (Rid; Rabbeinu Tam; Rabbeinu Peretz).

Some commentaries suggest that there is a difference between the failure to sacrifice the additional offerings, which would not cause people to treat the Festival with contempt, and the rendition of the weekday song, which would lead those who hear it to disparage the sanctity of the day and treat it like a weekday (*Bigdei Yom Tov*). However, the Rambam writes that the problem caused by the late arrival of the witnesses was due to the failure to sacrifice the additional offerings. This puzzles many commentators, as the Gemara does not mention this factor. One possible way of reconciling the different opinions is that even the Rambam agrees that they certainly sacrificed the offerings conditionally, but their singing of the weekday song indicated retroactively that the offerings were voluntary. If so, it is the problem of the song that caused the neglect of the additional offerings (*Ḥatam Sofer*, 2nd ed.).

HALAKHA

The acceptance of testimony for the new month – קַבָּלַת עֵדוּת הַחֹדֶשׁ: The Sages decreed that no testimony for the beginning of the new month should be accepted from *minḥa* time onward. If witnesses arrived after that hour, both days were observed, and the additional offerings were sacrificed on the second day. After the destruction of the Temple, Rabban Yoḥanan ben Zakkai instituted that testimony for the new month should be accepted all day, in accordance with the original custom (Rambam *Sefer Zemanim*, *Hilkhot Kiddush HaḤodesh* 3:5–6).

וּלְרַב וּשְׁמוּאֵל קַשְׁיָא מַתְנִיתִין. לָא קַשְׁיָא, הָא לַן, וְהָא לְהוּ.

The Gemara asks: **And according to** the opinion of **Rav and Shmuel,** isn't it true that **the mishna is difficult,** as it indicates that the special status of Rosh HaShana has been revoked? The Gemara answers that this is **not difficult: This** ruling **is for us,** those who live outside of Eretz Yisrael, who have kept the ancient custom of observing two Festival days, and therefore Rosh HaShana is still considered one long day and constitute a single sanctity. Conversely, **that** ruling of the mishna **is for them,**[N] the inhabitants of Eretz Yisrael. Since Rabban Yoḥanan ben Zakkai instituted that the court should once again accept testimony all day concerning the new moon, then even if circumstances dictate that Rosh HaShana would be observed for two days, each day is considered an independent sanctity.

וְרַב יוֹסֵף אָמַר: אַף מִתַּקָּנַת רַבָּן יוֹחָנָן בֶּן זַכַּאי וְאֵילָךְ בֵּיצָה אֲסוּרָה. מַאי טַעְמָא? הָוֵי דָּבָר שֶׁבְּמִנְיָן, וְכׇל דָּבָר שֶׁבְּמִנְיָן צָרִיךְ מִנְיָן אַחֵר לְהַתִּירוֹ.

And Rav Yosef said: Even from the time of the **ordinance of Rabban Yoḥanan ben Zakkai onward, an egg** remains **prohibited.** The Gemara explains: **What is the reason** for the opinion of Rav Yosef? It is that the decree prohibiting an egg laid on the first day of Rosh HaShana on the second day of Rosh HaShana **is a matter that** was established **by a vote**[H] of the Sanhedrin, after that occasion on which the witnesses failed to arrive on time, **and any matter that** was established **by a vote requires another vote to permit it.**[N] A new vote must be taken to render the prohibited item permitted, as the prohibition does not lapse even if the reason for the decree no longer applies.

אָמַר רַב יוֹסֵף: מְנָא אָמֵינָא לַהּ – דִּכְתִיב ״לֵךְ אֱמוֹר לָהֶם שׁוּבוּ לָכֶם לְאׇהֳלֵיכֶם״, וְאוֹמֵר: ״בִּמְשׁוֹךְ הַיֹּבֵל הֵמָּה יַעֲלוּ בָהָר״.

Rav Yosef said: From where do I say my opinion? **As it is written,** after the Jews received the Torah: **"Go, say to them: Return to your tents"** (Deuteronomy 5:26), where "your tents" is referring to your wives. **And it says,** before the revelation at Sinai: **"When the ram's horn sounds long, they may come up to the mount"** (Exodus 19:13). And it is stated: "Be ready for the third day, do not come near a woman" (Exodus 19:15). In other words, although the original prohibition served a particular purpose, in this case the giving of the Torah, it was nevertheless necessary to explicitly render the prohibition permitted.

(וְתַנְיָא): כֶּרֶם רְבָעִי הָיָה עוֹלֶה לִירוּשָׁלַיִם מַהֲלַךְ יוֹם אֶחָד לְכׇל צַד, וְזוֹ הִיא תְּחוּמָהּ: (עֵלַת) מִן (הַצָּפוֹן), וַעֲקְרַבַּת מִן (הַדָּרוֹם), לוֹד מִן הַמַּעֲרָב, וְיַרְדֵּן מִן הַמִּזְרָח.

And this idea **was** likewise **taught** in a *baraita*: The fruit of a **fourth-year grapevine** have the status of second-tithe fruits, and therefore their owner **would ascend to Jerusalem** and eat them there. If he was unable to do so, due to the distance involved or the weight of the load, he could redeem the fruits with money where he was, and later redeem that money for other fruits in Jerusalem. However, the Sages decreed that fruit from the environs of Jerusalem[H] should not be redeemed, but that the owners should bring the fruit itself to Jerusalem. The environs of Jerusalem for this purpose were defined as **a day's walk in each direction. And this is its boundary: Eilat to the north; Akrabat to the south; Lod to the west; and the Jordan to the east.**[B]

וְאָמַר עוּלָּא וְאִיתֵּימָא רַבָּה בַּר בַּר חָנָה אָמַר רַבִּי יוֹחָנָן: מָה טַעַם? כְּדֵי לְעַטֵּר שׁוּקֵי יְרוּשָׁלַיִם בְּפֵירוֹת.

And Ulla said, and some say Rabba bar bar Ḥana said that **Rabbi Yoḥanan said:** For **what reason** did the Sages institute this ordinance, that someone who lived near Jerusalem must bring his fruit there? **In order to adorn the markets of Jerusalem**[N] **with fruit,** as this decree ensured that there was always an abundance of fruit in Jerusalem for people to eat.

NOTES

This is for us and that is for them – הָא לַן וְהָא לְהוּ: It can be inferred from here that the residents of Eretz Yisrael would observe only one day of Rosh HaShana (see Rashi). The early authorities dispute this issue, as the *ge'onim* of Babylonia stated that two days should be observed in Eretz Yisrael as well (Rav Hai Gaon, in a letter to Rav Nissim Gaon). See the opinion stated in the Gemara that even Rabban Yoḥanan did not annul the two days of Rosh HaShana, a ruling accepted as *halakha* by the Rif and others. However, Rabbeinu Efrayim, the Ramban, and others hold that only one day of Rosh HaShana is observed in Eretz Yisrael. They add that although the observance of one day applies only in the locale of the Sanhedrin and its environs, because all of Eretz Yisrael is worthy of this privilege, and as there is a standard calendar today, one day alone is observed. There is some evidence that this was indeed the custom in Eretz Yisrael until the Sages of Provence arrived and changed it. In any case, the first opinion has been accepted as *halakha*, and nowadays two days of Rosh HaShana are observed in Eretz Yisrael.

Requires another vote to permit it – צָרִיךְ מִנְיָן אַחֵר לְהַתִּירוֹ: Rav Yitzḥak Abuhav explains that once the court has prohibited something, it remains prohibited by force of their decree until they explicitly permit it. Most authorities agree that although the permission of a court is required for a decree whose justification has lapsed, there is no requirement that it be granted by a court greater than the previous one in wisdom and number. Rather, any court can annul the decree, as it is considered to be acting on behalf of the original court (Rabbi Aharon HaLevi; *Meiri*). Some later authorities maintain that this is the Rambam's opinion as well.

To adorn the markets of Jerusalem – לְעַטֵּר שׁוּקֵי יְרוּשָׁלַיִם: Since second-tithe fruits may not be sold but must be eaten by their owner, and fourth-year fruits have the status of second-tithe fruits, it was actually the extra fruit brought by merchants that adorned the marketplaces of Jerusalem. However, it was due to the requirement to bring the fourth-year fruits to the capital that the fruit owners ascended to Jerusalem and brought with them their non-sacred fruit to be sold in the market (Rabbeinu Peretz). A different explanation is offered in the Jerusalem Talmud: Fruit was brought to Jerusalem to ensure that ritually pure fruit would be readily available so it could be used for the libations. See the later authorities, who point out that this interpretation accords with the opinion that the ordinance applied only to fourth-year grapes, not to all fourth-year fruits.

BACKGROUND

The boundary of a fourth-year grapevine – תְּחוּם כֶּרֶם רְבָעִי: Only two of these stated boundaries are clearly identified: The city of Lod and the Jordan River. According to a variant reading: Eilat to the south, Akrabat to the north, Eilat is probably a small village near Hebron, and Akrabat is a more substantial city, located near Shechem. According to the standard version: Akrabat to the south, this could be referring to a place in southern Judea mentioned in the books of the Hasmoneans.

The identity of the village of Tavi is also unclear; the context indicates that it refers to a village adjacent to Lod.

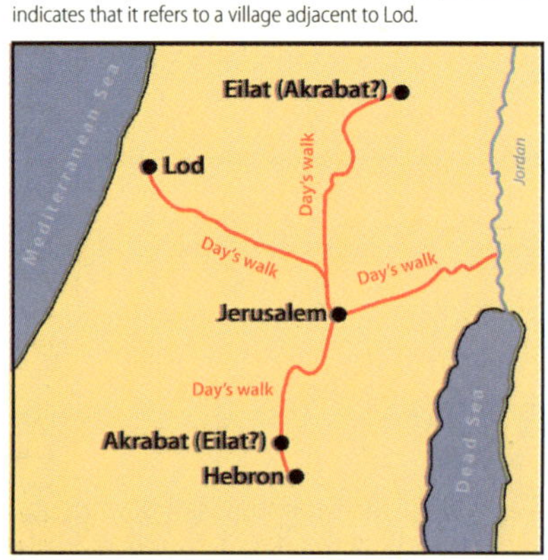

Environs of Jerusalem for bringing fourth-year grapes

HALAKHA

A matter that was established by a vote – דָּבָר שֶׁבְּמִנְיָן: If a court enacted a decree or an ordinance that was accepted by the Jewish people, a later court may annul the decree, ordinance, or prevailing custom only if that court is greater than the first one in wisdom and in number. Even if the original reason for the ordinance is no longer applicable, the prohibition itself is not automatically annulled. Rather, the same court, or another court qualified to do so, must vote to annul it (Rambam *Sefer Shofetim*, *Hilkhot Mamrim* 2:2).

A fourth-year grapevine in the environs of Jerusalem – כֶּרֶם רְבָעִי סְבִיב יְרוּשָׁלַיִם: The Sages instituted that the grapes of a fourth-year grapevine within a day's walk of Jerusalem should not be redeemed but must be brought up to the capital, to decorate its markets with fruit. After the destruction of the Temple, they permitted one to redeem even grapes that sprouted close to the city walls. One may redeem all other fruit even when the Temple is standing (Rambam *Sefer Zera'im*, *Hilkhot Ma'aser Sheni* 9:5).

וְתַנְיָא: כֶּרֶם רְבָעִי הָיָה לוֹ לְרַבִּי אֱלִיעֶזֶר בְּמִזְרַח לוֹד בְּצַד כְּפַר טָבִי,

And it was further **taught** in a *baraita*: **Rabbi Eliezer** ben Hyrcanus, a student of Rabban Yoḥanan ben Zakkai, **had a fourth-year grapevine** located between Lod and Jerusalem, **to the east of Lod alongside the village of Tavi.** The grapevine was within the environs of Jerusalem for the purpose of this *halakha*. Rabbi Eliezer could not bring the fruit to the Temple, as it had been destroyed,

Perek **I**
Daf **5** Amud **b**

וּבִקֵּשׁ לְהַפְקִירוֹ לַעֲנִיִּים. אָמְרוּ לוֹ תַּלְמִידָיו: רַבִּי! כְּבָר נִמְנוּ עָלֶיךָ חֲבֵרֶיךָ וְהִתִּירוּהוּ. מַאן חֲבֵרֶיךָ – רַבָּן יוֹחָנָן בֶּן זַכַּאי.

and he sought to render the fruit **ownerless** in favor **of the poor,** for whom it would be worth the effort to bring the fruit to Jerusalem. **His students said to him: Rabbi,** there is no need to do so, as **your colleagues have already voted** for you **and permitted it.** The members of the Sanhedrin have already taken a vote and permitted the redemption of the fruit of a fourth-year grapevine even near Jerusalem. The reason is that after the destruction of the Temple there is no need to adorn the markets of Jerusalem. The Gemara explains: **Who are: Your colleagues?** This is referring to **Rabban Yoḥanan ben Zakkai.**[N]

טַעְמָא – דְּנִמְנוּ, הָא לָא נִמְנוּ – לָא.

The Gemara infers from the *baraita*: **The reason is that they** explicitly **voted** to annul the decree, which indicates that if **they had not voted,** the ordinance would **not** have lapsed on its own, despite the fact that its justification was no longer applicable. Similarly, the prohibition of a laid egg is not nullified, as it was never explicitly permitted.

מַאי ״וְאוֹמֵר״? הָכִי קָאָמַר: מִכְּדִי כְּתִיב ״הֱיוּ נְכוֹנִים לִשְׁלֹשֶׁת יָמִים אַל תִּגְּשׁוּ אֶל אִשָּׁה״ – ״לֵךְ אֱמוֹר לָהֶם שׁוּבוּ לָכֶם לְאׇהֳלֵיכֶם״ לָמָּה לִי? שְׁמַע מִינָּהּ: כׇּל דָּבָר שֶׁבְּמִנְיָן צָרִיךְ מִנְיָן אַחֵר לְהַתִּירוֹ.

The Gemara to seeks to clarify why Rav Yosef cited two verses as proof. The Gemara asks: **What is** the reason for: **And it says?**[N] Why does Rav Yosef find it necessary to quote a second verse? The Gemara explains that **this is** what he **is saying. Now since it is written: "Be ready for the third day,**[N] **do not come near a woman"** (Exodus 19:15), **why do I** need the verse **"Go, say to them: Return to your tents"** (Deuteronomy 5:26)? After three days the prohibition would lapse in any case. **Conclude from this** that **any matter** established by **a vote requires another vote to permit it.**

וְכִי תֵּימָא: לְמִצְוַת עוֹנָה הוּא דַּאֲתָא – תָּא שְׁמַע ״בִּמְשֹׁךְ הַיֹּבֵל הֵמָּה יַעֲלוּ בָהָר״,

And if you say an alternative explanation, that the instruction to "return to your tents" was not given to permit the men to return home to their wives, but rather **it came** as a special command **to fulfill the mitzva of conjugal rights,** i.e., the obligation of a man to engage in periodic marital relations with his wife, then it was to refute this possibility that Rav Yosef continued: **Come** and **hear** a different proof from another verse: **"When the ram's horn sounds long, they may come up to the mount"** (Exodus 19:13).

NOTES

Your colleagues, Rabban Yoḥanan ben Zakkai – חֲבֵרֶיךָ רַבָּן יוֹחָנָן בֶּן זַכַּאי: The Gemara in tractate *Rosh HaShana* expresses surprise at this statement, as Rabbi Eliezer was Rabban Yoḥanan's student, not his colleague. They answer that since Rabbi Eliezer's disciples were speaking, it would have been inappropriate for them to have said: Your teacher, to their own teacher. They therefore referred to Rabban Yoḥanan ben Zakkai as: Your colleagues.

What is, and it says – מַאי וְאוֹמֵר: The phrase: What is: And it says, is generally an inquiry as to why two verses are necessary when a single one appears to offer sufficient proof. Here, however, it apparently includes two questions, as it is also an inquiry with regard to the meaning of the proof itself (*Shitta Mekubbetzet*; see Rashi).

Be ready for the third day – הֱיוּ נְכוֹנִים לִשְׁלֹשֶׁת יָמִים: Most commentaries explain that the proof is based on the context of the first verse: Since the prohibition against approaching a woman was stated with regard to the giving of the Torah at Sinai, it is evident that afterward the husbands were permitted to go back to their wives. According to this interpretation, the verse actually includes two statements. It first establishes a time frame, to "be ready for the third day," and subsequently issues a mitzva whose duration is unspecified: "Do not come near a woman" (see *Tosafot* on 5a and Rabbeinu Peretz). Others suggest that the people initially thought the prohibition was meant to apply throughout the forty days Moses spent on Mount Sinai receiving the Torah (*Simḥat Yom Tov*).

However, a different explanation is also possible: Although the prohibition was originally supposed to last only three days, it nevertheless did not lapse on its own without an explicit statement of permission. Apparently, the explanation attributed to Rashi by *Tosafot* and other early authorities is based on this opinion. According to this interpretation, a decree of excommunication or an ordinance that includes a specific time frame still requires an explicit announcement to annul it, even after its time has passed. However, most commentaries and authorities do not accept this opinion and prefer the first explanation. The Ra'avan apparently concurs with the second interpretation, although he does not accept its implications for *halakha*. He claims that in this particular case the prohibition did not lapse automatically due to the severity of the decree, and because it was issued by God Himself. Other ordinances and decrees of excommunication, however, do cease automatically after the set time period has ended.

מִכְּדִי כְּתִיב ״גַּם הַצֹּאן וְהַבָּקָר אַל יִרְעוּ אֶל מוּל הָהָר הַהוּא״, ״בִּמְשֹׁךְ הַיֹּבֵל״ לָמָּה לִי? שְׁמַע מִינָּהּ: דָּבָר שֶׁבְּמִנְיָן צָרִיךְ מִנְיָן אַחֵר לְהַתִּירוֹ.

Now since it is written: "Neither shall the flocks[N] nor the herds feed before that mount" (Exodus 34:3), this indicates that the prohibition applies only when the Divine Presence is revealed on the mountain, and it is permitted immediately afterward. If so, **why do I** need the verse **"When the ram's horn sounds long"?** Why is a special signal required? **Conclude from this** that **any matter** established by **a vote requires another vote to permit it.**

וְכִי תֵּימָא: הָנֵי מִילֵּי – בִּדְאוֹרַיְיתָא, אֲבָל בִּדְרַבָּנַן לָא – תָּא שְׁמַע: כֶּרֶם רְבָעִי. וְהָא כֶּרֶם רְבָעִי דְּרַבָּנַן וְקָאָמְרִי לֵיהּ: כְּבָר נִמְנוּ עָלֶיךָ חֲבֵרֶיךָ וְהִתִּירוּהוּ.

And if you say: That statement, that a specific vote is necessary, **applies** only **to** matters prohibited **by Torah law, but** in the case of a matter prohibited **by rabbinic law, no,** this *halakha* does not apply, **come and hear** the *baraita* concerning **a fourth-year grapevine.** The *halakha* that the fruit of **a fourth-year grapevine** must be brought to Jerusalem and may not be redeemed **is by rabbinic law, and they** nevertheless **said** to Rabbi Eliezer: **Your colleagues have already voted** for **you and permitted it.** This indicates that without a vote, the prohibition would not be abrogated.

וְכִי תֵּימָא: בֵּיצָה נַמִּי אִמְנוּ עֲלָהּ רַבָּן יוֹחָנָן בֶּן זַכַּאי וְשַׁרְיוּהָ, כִּי אִמְנוּ – אַעֵדוּת, אַבֵּיצָה – לָא אִמְנוּ.

And if you say: In the case of the prohibition of **an egg also, Rabban Yoḥanan ben Zakkai took a vote on it and permitted it;** the Gemara answers: **When they took a vote,** it was with regard **to testimony** to determine the start of the month; **they did not take a vote to** annul the prohibition of **an egg.**

אֲמַר לֵיהּ אַבַּיֵי: אַטּוּ בֵּיצָה בְּמִנְיָן מִי הֲוַאי? בֵּיצָה בְּעֵדוּת תַּלְיָא מִלְּתָא, אִתְּסַר עֵדוּת אִתְּסַר בֵּיצָה, אִשְׁתְּרִי עֵדוּת אִשְׁתְּרִי בֵּיצָה.

Abaye said to Rav Yosef: **Is that to say** that **an egg was** prohibited **by a vote?**[N] Did the court take a special vote to render prohibited an egg laid on Rosh HaShana? Isn't the *halakha* of **an egg dependent on** the matter of **testimony?** When **testimony** in the late afternoon **was prohibited,** the eating of **an egg** laid on Rosh HaShana **was** thereby **prohibited** as well, and when this **testimony was permitted,** the eating of **an egg was** automatically **permitted.** Rav Yosef's observation is therefore incorrect.

רַב אַדָּא וְרַב שַׁלְמָן, תַּרְוַיְיהוּ מִבֵּי כְּלוֹחִית, אָמְרִי: אַף מִתַּקָּנַת רַבָּן יוֹחָנָן בֶּן זַכַּאי וְאֵילָךְ בֵּיצָה אֲסוּרָה. מַאי טַעְמָא מְהֵרָה יִבָּנֶה בֵּית הַמִּקְדָּשׁ, וְיֹאמְרוּ: אֶשְׁתָּקַד מִי לָא אָכַלְנוּ בֵּיצָה בְּיוֹם טוֹב שֵׁנִי, הָשְׁתָּא נַמִּי נֵיכוּל. וְלָא יָדְעִי דְּאֶשְׁתָּקַד שְׁתֵּי קְדוּשׁוֹת הֵן, וְהָשְׁתָּא קְדוּשָּׁה אַחַת הִיא.

Rav Adda and Rav Shalman, who **both** came **from Bei Keloḥit, said: Even from the** time of the **ordinance of Rabban Yoḥanan ben Zakkai and onward, an egg** remains **prohibited. What is the reason? May the Temple speedily be built,** and the ordinance that testimony is accepted only until *minḥa* time will be restored, **and** people **will say: Last year, didn't we eat an egg** laid on the first day of Rosh HaShana **on the** following day, **the second Festival** day of Rosh HaShana? **Now, too, we will eat** it, like last year. **And they will not know** the significant difference in *halakha* between the two cases, as **last year** the two days of Rosh HaShana were **two sanctities, and now they are one** long **sanctity.**

אִי הָכִי, עֵדוּת נַמִּי לָא נְקַבֵּל, מַאי טַעְמָא – מְהֵרָה יִבָּנֶה בֵּית הַמִּקְדָּשׁ, וְיֹאמְרוּ: אֶשְׁתָּקַד מִי לֹא קִבַּלְנוּ עֵדוּת הַחֹדֶשׁ כָּל הַיּוֹם כּוּלּוֹ, הָשְׁתָּא נַמִּי נְקַבֵּל.

The Gemara challenges this: **If so,** that this is the concern, **we also should not accept testimony** nowadays. **What is the reason? May the Temple speedily be built, and** the people **will say: Last year, didn't we accept testimony** to determine the start of **the month all day? Now, too, we will accept** the testimony of witnesses even after *minḥa* time.

הָכִי הָשְׁתָּא? הָתָם עֵדוּת מְסוּרָה לְבֵית דִּין, בֵּיצָה לַכֹּל מְסוּרָה.

The Gemara rejects this challenge: **How can** these cases **be compared? There,** with regard to witnesses, **testimony is entrusted to the court,** and the court is capable of distinguishing between the reasons for decrees. **An egg,** however, is **entrusted to all,** and as not all people will consult a Sage about the status of their eggs, there is a legitimate concern about error.

רָבָא אָמַר: אַף מִתַּקָּנַת רַבָּן יוֹחָנָן בֶּן זַכַּאי וְאֵילָךְ בֵּיצָה אֲסוּרָה. מִי לֹא מוֹדֶה רַבָּן יוֹחָנָן בֶּן זַכַּאי שֶׁאִם בָּאוּ עֵדִים מִן הַמִּנְחָה וּלְמַעְלָה שֶׁנּוֹהֲגִין אוֹתוֹ הַיּוֹם קֹדֶשׁ וּלְמָחָר קֹדֶשׁ?

Rava said: Even from the time of the **ordinance of Rabban Yoḥanan ben Zakkai and onward, an egg** remains **prohibited.** Rava explained his reasoning: **Doesn't Rabban Yoḥanan ben Zakkai concede**[N] **that if witnesses came from** *minḥa* time **and onward,** even after the destruction of the Temple, **then one observes that day** as a **holy** day **and** also **the following day** as a **holy** day? The only difference is that during the time of the Temple any testimony delivered on the first day was not taken into account at all, which meant the second day was considered the first of the new year, whereas during the time of Rabban Yoḥanan ben Zakkai the new year was counted from the first day.

NOTES

Now since it is written, neither shall the flocks, etc. – **מִכְּדִי כְּתִיב גַּם הַצֹּאן וכו׳:** *Tosafot* question the proofs provided by the Gemara, as the verse "Neither shall the flocks nor the herds" was stated not at the time of the giving of the Torah during the month of Sivan, but at a later stage, when Moses ascended the mountain to receive the second tablets (see Rashi).

Rabbeinu Peretz explains that the wording of the verse: "Neither shall the flocks," indicates that this command depends on the giving of the Torah; when that reason no longer applies, the prohibition lapses as well. The Rashba writes that the phrase: "Neither shall the flocks nor the herds feed before that mount" (Exodus 34:3) indicates that the prohibition should remain in effect as long as the mountain serves its current purpose. Other commentaries propose a novel explanation: The fact that the Torah prohibited once again the grazing of cattle when the second tablets were given indicates that the initial prohibition had automatically lapsed after the giving of the Torah (*Simḥat Yom Tov*).

Is that to say that an egg was prohibited by a vote, etc. – **אַטּוּ בֵּיצָה בְּמִנְיָן וכו׳:** The early authorities note that Abaye's question is both obvious and persuasive. How, then, could it not have occurred to Rav Yosef? They answer that Rav Yosef does not accept the idea that the annulment of part of a decree annuls the entire decree. If that were the case, Rabban Yoḥanan ben Zakkai's statement would have been entirely superfluous, as the removal of the justification would have led to the cancellation of the two-day sanctity as well. Rather, it must be that each aspect of an enactment stands on its own (Rashba).

Alternately, there is a difference between the two Festival days and the *halakha* of an egg. The ordinance of observing two days was instituted for the purpose of counting the Festivals, and when this changed, the Sages were not concerned about the ensuing leniencies. By contrast, the case of an egg necessitated rendering a prohibited object permitted (Ritva).

Doesn't Rabban Yoḥanan ben Zakkai concede – **מִי לֹא מוֹדֶה רַבָּן יוֹחָנָן בֶּן זַכַּאי:** The Rambam holds that Rabban Yoḥanan canceled the sanctity of the second Festival day of Rosh HaShana. However, Rashi maintains that not even Rabban Yoḥanan ben Zakkai annulled the second Festival day of Rosh HaShana. Rather, his decree concerned which day is the first of the month, an issue that affects the dates of the other Festivals (see Rashi and *Tosafot*). Some say that he did not have the authority to repeal a prohibition decreed by earlier generations (Rid). Alternately, he did not revoke the ordinance of the second day because the Temple will be speedily rebuilt, and the concern is that people will perform prohibited labor on the second day when the Temple is rebuilt, just as they had done in previous years (Rabbi Aharon HaLevi).

Another possibility is that it is inappropriate to annul the sanctity of the second day because the sanctity of the first day is established only in the afternoon (*Meiri*). The Rashba writes that if witnesses did not arrive on the first day at all, the second day is certainly observed as a holy day, even if they arrived in the evening and testified that they had seen the new moon the previous night. He adds that this explanation applies especially according to the opinion of the Rambam (see Rabbeinu Ḥananel).

ואמר רבא: הלכתא כוותיה דרב בהני תלת, בין לקולא בין לחומרא.

As far as the sanctity of the Festival is concerned, however, the second day was also treated as sacred, which proves that when two days were observed in Eretz Yisrael, they were considered a single sanctity rather than two. **And Rava said** in summary: **The *halakha* is in accordance with** the opinion of **Rav in these three** cases, **whether** the ruling is **lenient, or whether** the ruling is **stringent.**

Perek **I**
Daf **6** Amud **a**

PERSONALITIES

The Sages of Neharde'a – נהרדעי: The Gemara in tractate *Sanhedrin* explains that this is a reference to Rav Ḥama, a fourth-generation Babylonian *amora*. He apparently lived a long life, as his discussions with Sages of the previous generation are recorded in the Talmud. Since he served for over twenty years as head of the yeshiva in Neharde'a, his *halakhot* are attributed to the Sages of Neharde'a.

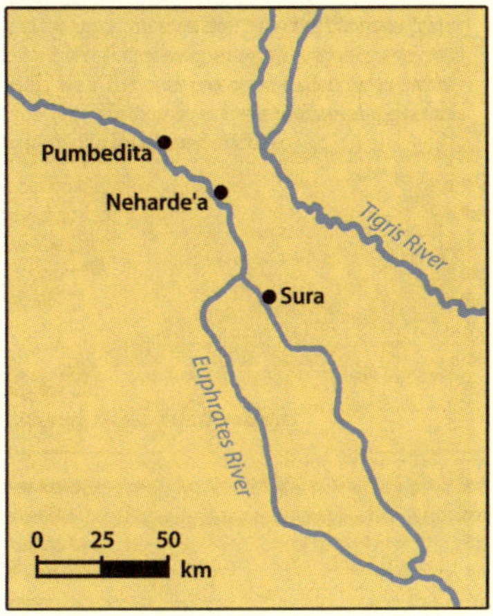

Neharde'a and the surrounding area

אמר רבא: מת ביום טוב ראשון – יתעסקו בו עממים, מת ביום טוב שני – יתעסקו בו ישראל, ואפילו בשני ימים טובים של ראש השנה, מה שאין כן בביצה.

§ **Rava said:** If one **died on the first day of a Festival,**[H] **gentiles should attend to his** burial. If he **died on the second day of a Festival,**[N] **Jews should attend to his** burial.[N] **And even with regard to the two Festival days of Rosh HaShana,** the *halakha* is that the legal status of the two days is like that of the two days of the Festivals; however, **that is not so with regard to an egg** that was laid on the first day of Rosh HaShana, as it remains prohibited on the second day.

נהרדעי אמרי: אף בביצה, דמה דעתיך – דלמא מעברי ליה לאלול, הא אמר רב חיננא בר כהנא אמר רב: מימות עזרא ואילך לא מצינו אלול מעובר.

The Sages of **Neharde'a**[P] **say: Even with regard to an egg,** Rosh HaShana is no different from other Festivals, as an egg laid on the first day is permitted on the second. **As what do you think** i.e., what is your concern; **perhaps** witnesses will fail to arrive, and the court **will proclaim** the month of **Elul full,** i.e., thirty days long, and begin counting the year only from the following day? In that case, both days are kept as sacred *ab initio*. **Didn't Rav Ḥinnana bar Kahana say** that **Rav** already **said** in this regard: **From the days of Ezra and onward we have not found** that the month of **Elul was full,**[N] as the Sages employed various methods to ensure that there would be no need to add a thirtieth day. Consequently, Rosh HaShana would always occur on the thirtieth day after the beginning of Elul.

אמר מר זוטרא: לא אמרן אלא דאשתהי, אבל לא אשתהי – משהינן ליה.

Mar Zutra said: We said that Jews should attend to the dead on the second day of Rosh HaShana **only when** the burial of the corpse **has** already **been delayed**[N] and for some reason the burial was not on the day that he died. In that case, the body might begin to decay, and the dignity of the dead is at stake. **However,** if the burial **has not been delayed,** and there is no concern for the dignity of the corpse, its burial may not be attended to on the Festival; rather, **we delay it** until the Festival has ended.

NOTES

The first and second Festival days – יום טוב ראשון ושני: Several sources indicate that the practice of sending out messengers to announce the New Moon ended during Rava's lifetime, when the Sages began to determine the Festivals solely by means of the calendar. From that point on, it was clear that only the first day was by Torah law, while the second was observed as a custom. Therefore, Rava sought to differentiate between the two days with regard to burying the dead (see *Tziyyun LeNefesh Ḥayya*).

Died on the second day of a Festival, Jews should attend to his burial – מת ביום טוב שני יתעסקו בו ישראל: The reason for these leniencies is that the burial of the dead is considered a matter of human dignity for both the dead and the living. The Sages say that human dignity is so important that it overrides the command: "You shall not deviate" (Deuteronomy 17:11) from the instructions of the Sages (*Berakhot* 19b). In other words, the Sages overrode several rabbinic decrees due to human dignity. With regard to the first Festival day, the decree against instructing a gentile to perform prohibited labor on behalf of a Jew was overruled for this reason. The sanctity of the second day, which is rabbinic, is overruled entirely for the sake of human dignity, as Jews express this value by burying their dead (*Yam Shel Shlomo*). Some commentaries ask why the Sages didn't allow Jews to ask gentiles to bury the dead on Shabbat and Yom Kippur as well. It is suggested that due to the special sanctity of those days, the Sages elevated their decrees to the status of Torah prohibitions (*Meiri*).

We have not found Elul full – לא מצינו אלול מעובר: The Ra'avan explains at length that when the people observed two days of Rosh HaShana in the times of Ezra, (see Nehemiah 8:13), they did not do so in the manner of the later decree. Rather, on that occasion they observed two days because witnesses actually testified that the second day was the New Year, while the first day was observed as a Festival only due to uncertainty.

Throughout the Second Temple period, although the months were determined by eyewitness testimony, the Sages would calculate the precise moment of the appearance of each month's new moon ahead of time and do everything possible to ensure that Elul was never full. This is clearly stated in tractate *Rosh HaShana* and explained at length by the Rambam in *Hilkhot Kiddush HaḤodesh*. The Sages likewise ordained that Yom Kippur must not be allowed to occur on a Friday or Sunday. Some commentaries ask: Didn't the Gemara mention a situation in which Elul was once a full month, when the witnesses were late in arriving? It is suggested that even in that case they did not make the month full; rather, the incident had the appearance of a mistake and the Sages still considered the first day as the New Year for the calculation of the other Festivals (*Meiri*).

Delayed – אשתהי: There would be a delay in a case where a Festival occurred on a Sunday and someone died the day before, on Shabbat, so they could not tend to his burial until the Festival (Rashba).

HALAKHA

Died on…a Festival – מת ביום טוב: A corpse that is to be buried on the first Festival day should be attended to by gentiles rather than Jews, even if this could be left until the next day without demeaning the dead. This *halakha* applies to digging the grave and preparing a coffin and shrouds. However, the ritual washing and cleansing, including the heating of water for this purpose, and the removal and actual burial of the corpse, may be performed by Jews as well.

If one dies on the second day of the Festival, including the second day of Rosh HaShana, Jews should attend to the corpse and tend to all of its needs. If it is necessary to remove the body outside the city for burial, that is permitted, as with regard to the dead the second Festival day is considered a weekday. Even if it can be arranged for gentiles to care for the dead, it is preferable for Jews to do so. However, the Ashkenazic custom is to have all labors prohibited by Torah law performed by gentiles whenever possible, with Jews doing the rest. A Torah prohibition may be performed by Jews only if it cannot be done by gentiles (Rema).

All this applies only to cases where the decision is made to bury him that day. If, however, for some reason the decision is not to bury him on that day, nothing prohibited may be performed on his behalf, even by gentiles (*Shulḥan Arukh, Oraḥ Ḥayyim* 526:1, 4).

רַב אַשִׁי אֲמַר: אַף עַל גַּב דְּלָא אִשְׁתַּהִי נַמִי לָא מַשְׁהִינַן לֵיהּ. מַאי טַעְמָא? יוֹם טוֹב שֵׁנִי לְגַבֵּי מֵת – כְּחוֹל שַׁוְּיוּהּ רַבָּנַן, אֲפִילּוּ לְמֵיגַז לֵיהּ גְּלִימָא וּלְמֵיגַז לֵיהּ אָסָא.

Rav Ashi said: Even though the burial **was not delayed,** but it is the day that he died, **we still do not delay** the burial. **What is the reason** for this? **With regard to the dead, the Sages equated** the legal status of **the second Festival day with** that of **a weekday.** This is true to such an extent that on a Festival it is permitted **even to cut** material to fashion **a cloak for** the deceased.[N] **And** similarly, it is permitted **to cut myrtles for** the deceased, to be placed on the bier in their honor.

אֲמַר רָבִינָא: וְהָאִידָּנָא דְּאִיכָּא חַבָּרֵי – חָיְישִׁינַן.

Ravina said: And nowadays, when there are *ḥabarei*,[B] this practice must be adjusted. The *ḥabarei* were Persian priests who made false accusations against Jews in Babylonia. They cited the fact that Jews were burying their dead on the second Festival day as proof that the day was not holy, and they forced them to work on that day. Since **we are concerned** about this possibility, we do not bury the dead on the second day.

רָבִינָא הֲוָה יָתֵיב קַמֵּיהּ דְּרַב (אַסִּי) בִּשְׁנֵי יָמִים טוֹבִים שֶׁל רֹאשׁ הַשָּׁנָה, חַזְיֵיהּ דַּהֲוָה עָצִיב, אֲמַר לֵיהּ: אַמַּאי עֲצִיב מָר? אֲמַר לֵיהּ: דְּלָא אוֹתִיבִי עֵירוּבֵי תַבְשִׁילִין.

The Gemara relates: **Ravina**[P] **sat before Rav Ashi on the two Festival days of Rosh HaShana,** which occurred that year on Thursday and Friday. Ravina **observed that** Rav Ashi **was sad. He said to him: Why is the Master sad? He said to him:** Because **I did not prepare a joining of cooked foods,** and therefore I cannot prepare food or light a candle on Rosh HaShana for the upcoming Shabbat. When a Festival immediately precedes Shabbat, a joining of cooked foods is prepared before the Festival with ready-to-eat food. It is kept until Shabbat, symbolically indicating that any food prepared on the Festival for Shabbat is merely a continuation of that initial preparation.

אֲמַר לֵיהּ: וְלוֹתִיב מָר הָאִידָּנָא, מִי לָא אֲמַר רָבָא: מַנִּיחַ אָדָם עֵירוּבֵי תַבְשִׁילִין מִיּוֹם טוֹב לַחֲבֵירוֹ וּמַתְנֶה!

Ravina **said to him: And let the Master prepare a joining of cooked foods now,** on the first day of Rosh HaShana, a Thursday. **Didn't Rava say: A person may prepare a joining of cooked foods from** one **Festival day** of the Diaspora **to another, by stipulating**[H] the following condition: If today is a weekday and tomorrow is holy, this shall be my joining of cooked foods, by means of which I may prepare food tomorrow for Shabbat; if today is holy and tomorrow a weekday, it is permitted to prepare food tomorrow as it is on any regular weekday, and a joining of cooked foods in not needed.

אֲמַר לֵיהּ: אֵימַר דַּאֲמַר רָבָא בִּשְׁנֵי יָמִים טוֹבִים שֶׁל גָּלֻיּוֹת, בִּשְׁנֵי יָמִים טוֹבִים שֶׁל רֹאשׁ הַשָּׁנָה מִי אֲמַר?

Rav Ashi **said to him:** You can **say that Rava stated** this *halakha* with regard to the regular **two Festival days of the Diaspora;** but **did he** actually **say so with regard to the two Festival days of Rosh HaShana?** The two days of Rosh HaShana are considered one long day, and they are both equally holy.

וְהָא אָמְרִי נְהַרְדְּעֵי: אַף בֵּיצָה מוּתֶּרֶת. אֲמַר לֵיהּ רַב מָרְדְּכַי: בְּפֵירוּשׁ אֲמַר לִי מָר דְּלָא סְבַר לְהָא דִּנְהַרְדְּעֵי.

Ravina replied: **Didn't** the Sages of **Neharde'a say** that **even an egg is permitted** on the two days of Rosh HaShana, which are treated exactly the same as other Festival days in the Diaspora? The same ruling should apply to a joining of cooked foods. **Rav Mordekhai said to** Ravina: This does not resolve Rav Ashi's difficulty, as **the Master,** Rav Ashi, **explicitly said to me that he does not hold** in accordance **with this** opinion of the Sages of **Neharde'a.** Rather, he maintains that Rosh HaShana differs from other Festivals, and in this case there is no way to make up for failure to prepare a joining of cooked foods.

NOTES

Even to cut a cloak for the deceased – אֲפִילּוּ לְמֵיגַז לֵיהּ גְּלִימָא: One explanation is that the Gemara mentions these specific types of prohibited labor because most activities performed on behalf of the dead are prohibited by rabbinic law, whereas sewing a garment and cutting a plant attached to the ground are prohibited by Torah law (Rashba). Others claim that these tasks are mentioned because they are not absolutely necessary: The use of myrtles is merely a custom, to ensure that the smell of the dead is not noticeable. Likewise, the cutting of a garment does not refer to the preparation of shrouds, which is certainly one of the central requirements of the dead; rather, it refers to a special garment in addition to the shrouds (Rabbeinu Peretz). With regard to the *halakha* itself, the later authorities discuss the extent of this license to perform prohibited labors for the sake of the dead on the second Festival day.

BACKGROUND

***Ḥabarei* – חַבָּרֵי:** *Ḥabarei* is a talmudic term for the priests of the Persian religion, Zoroastrianism. These priests are also known as Magi, or *amgushei*. Apparently the members of a Median tribe were granted priestly functions, and they also engaged extensively in witchcraft. The use of the term *ḥabarei* as a reference to magicians in general can be attributed to this explanation.

When the Sassanid dynasty gained control of the Persian Empire at the beginning of the amoraic period in Babylonia, the *ḥabarei* attained powerful social status, and at various times they would harass and persecute members of other religions. Throughout this period, their relationship with Jews was characterized by flashpoints of tension, one of which was the burial of the dead, which was prohibited by the ancient Persian religion. As a result, the Sages made every effort not to provide the *ḥabarei* with any pretext for their accusations and harassment.

PERSONALITIES

Ravina – רָבִינָא: Ravina was a sixth-generation Babylonian Sage whose major undertaking was assisting Rav Ashi in editing the Babylonian Talmud. In his youth, he studied under the direction of Rava. Ravina passed away c. 422 CE. Ravina and Rav Ashi discuss matters of *halakha* in many places throughout the Talmud.

The expression: Rav Ashi and Ravina mark the end of halakhic rulings (*Bava Metzia* 86a), credits them both with the editing of the Talmud. Ravina and Rav Ashi were not the first to edit the oral traditions, as there are many discussions in the Talmud whose language and style indicate that they were prepared long beforehand. Rather, these two Sages arranged the materials they had received from previous generations, which had emanated from different academies and were written in different styles, to produce an organized and uniform Talmud.

HALAKHA

A joining of cooked foods by stipulation – עֵירוּב תַּבְשִׁילִין בִּתְנַאי: If one forgets to prepare a joining of cooked foods before a Festival that immediately precedes Shabbat, he may do so on the first Festival day by means of a stipulation. He takes a loaf of bread and a cooked food suitable for this purpose, and says: If today is holy, I do not need to make a joining of cooked foods; if tomorrow is holy, this is the joining of cooked foods by means of which I can bake and cook for Shabbat. Some say that no blessing is recited over this joining of cooked foods (Vilna Gaon; Rabbi Akiva Eiger; *Mishna Berura*). Some authorities say it is preferable to rely on the joining of cooked foods placed by the most prominent Torah scholar in the city on behalf of everyone, rather than on one's own stipulation, but others hold the opposite (see *Biur Halakha*). All this applies only to regular Festivals, but on Rosh HaShana this condition is of no effect, as stated by Ravina (*Shulḥan Arukh*, *Oraḥ Ḥayyim* 527:22).

אִתְּמַר: אֶפְרוֹחַ שֶׁנּוֹלַד בְּיוֹם טוֹב, רַב אָמַר: אָסוּר, וּשְׁמוּאֵל וְאִיתֵימָא רַבִּי יוֹחָנָן אָמַר: מוּתָּר. רַב אָמַר: אָסוּר, מוּקְצֶה הוּא. וּשְׁמוּאֵל וְאִיתֵימָא רַבִּי יוֹחָנָן אָמַר: מוּתָּר, הוֹאִיל וּמַתִּיר עַצְמוֹ בִּשְׁחִיטָה.

§ **It was stated** that *amora'im* disputed the following case: With regard to **a chick that hatched on a Festival, Rav said: It is prohibited. And Shmuel, and some say Rabbi Yoḥanan, said: It is permitted.** The Gemara explains the reasoning for their respective opinions. **Rav said: It is prohibited** because **it is *muktze*. And Shmuel, and some say Rabbi Yoḥanan said: It is permitted, since it itself is rendered permitted through slaughter.**[N] The slaughter of the chicken, which renders it fit to be eaten, is made possible by its hatching. Consequently, hatching likewise removes the prohibition of *muktze.*

אָמְרִי לֵיהּ רַב כָּהֲנָא וְרַב אַסִי לְרַב: וְכִי מַה בֵּין זֶה לְעֵגֶל שֶׁנּוֹלַד בְּיוֹם טוֹב? אֲמַר לְהוּ: הוֹאִיל וּמוּכָן אַגַּב אִמּוֹ בִּשְׁחִיטָה.

Rav Kahana and Rav Asi[P] **said to Rav: And what is the difference between this** case **and** that of **a calf born on a Festival,** since you agree that a calf may be slaughtered on that day? **He said to them:** There is a difference. **Since** a calf inside its mother is considered **prepared on account of its mother, by slaughter,** the *halakha* is as follows: If a cow is slaughtered, the calf inside its womb is also permitted. Therefore, that calf never had the status of *muktze,* whereas the chick was considered *muktze* before it hatched.

וּמַה בֵּין זֶה לְעֵגֶל שֶׁנּוֹלַד מִן הַטְּרֵפָה? שָׁתֵיק רַב.

Rav Kahana and Rav Ashi further challenged Rav: **And what is the difference between this** case **and** that of **a *tereifa*?** If the mother has a condition that will cause it to die within twelve months, neither it nor the calf inside it may be eaten. Nevertheless, after it is born the calf may be slaughtered on a Festival and it is permitted. **Rav was silent** and did not offer an answer, as though he did not know how to respond to the question.

אֲמַר רַבָּה וְאִיתֵימָא רַב יוֹסֵף: מַאי טַעְמָא שָׁתֵיק רַב? לֵימָא לְהוּ: הוֹאִיל וּמוּכָן אַגַּב אִמּוֹ לִכְלָבִים.

Rabba said, and some say it was **Rav Yosef: What is the reason** that **Rav was silent?**[N] **Let him say to them:** Even a calf born to a *tereifa* mother is not considered fully *muktze,* **since it is prepared on account of its mother** to be fed **to dogs.**[N] On a Festival, it is permitted to slaughter a *tereifa* and give it to dogs as food, and therefore the calf is not fully *muktze* even before it is born. By contrast, a chick in its shell is not intended as food for dogs, and therefore a chick that hatched on a Festival was unfit for use when the Festival began. Consequently, it was considered *muktze* and it is now *nolad,* an object that came into being on Shabbat or a Festival, and it is therefore prohibited.

אֲמַר לֵיהּ אַבַּיֵי:

Abaye said to him:

NOTES

It itself is rendered permitted through slaughter – מַתִּיר עַצְמוֹ בִּשְׁחִיטָה: The logic of this idea is as follows: The chick was previously forbidden by Torah law as a creeping animal. Since its emergence from the shell serves to permit this prohibition, it similarly releases all prohibitions that apply to it, especially those that apply by rabbinic law (see Rabbi Zeraḥya HaLevi; *Meiri*; *Shitta Mekubbetzet*).

The question arises: If Rabbi Yoḥanan and Shmuel do not accept the prohibition of *muktze*, why do they require this reason at all? One answer is that even those who permit *muktze* on Shabbat prohibit it on a Festival, in accordance with the opinion of Rav Naḥman, as stated at the beginning of the tractate (see *Tosafot* and Ramban).

What is the reason that Rav was silent – מַאי טַעְמָא שָׁתֵיק רַב: Although a silent response is sometimes an indication that the question is unworthy of an answer, this cannot be the case here, as Rav already answered the first question, and the second one was certainly more problematic than the first (*Petaḥ Einayim*).

Since it is prepared…to be fed to dogs – הוֹאִיל וּמוּכָן...לִכְלָבִים: Although it is prohibited to slaughter animals to feed to dogs on a Festival, it is possible that Rabba holds in accordance with the opinion of Rabbi Akiva, who permits the performance of a prohibited labor on a Festival even for one's animal. Furthermore, one can give the live *tereifa* to his dogs, and after the dogs kill the animal, be can cut the carcass for them (Rabbi Aharon HaLevi). Rav did not suggest the response provided by Rabba because his is not an irrefutable answer, as it entails several difficulties (see *Tosafot*).

PERSONALITIES

Rav Kahana and Rav Asi – רַב כָּהֲנָא וְרַב אַסִי: Rav Kahana and Rav Asi were two of Rav's greatest students. Despite their youth, they were considered great Sages. It was said about them that although they had to avail themselves of the traditions of *halakha* possessed by Rav, they had no need of his acumen. Consequently, Rav treated them with great respect. Although they were on intimate terms with him, and one tradition of the *ge'onim* even identifies Rav Kahana as Rav's stepson, they attended him as loyal and devoted disciples. Nevertheless, they did not refrain from challenging their rabbi's opinion, and on more than one occasion Rav's response was to remain silent rather than to attempt to resolve their difficult questions.

Perek **I**
Daf **6** Amud **b**

הַשְׁתָּא מוּכָן לְאָדָם לָא הָוֵי מוּכָן לִכְלָבִים, דִּתְנַן: מְחַתְּכִין אֶת הַדִּלּוּעִין לִפְנֵי הַבְּהֵמָה, וְאֶת הַנְּבֵלָה לִפְנֵי הַכְּלָבִים, רַבִּי יְהוּדָה אוֹמֵר: אִם לֹא הָיְתָה נְבֵלָה מֵעֶרֶב שַׁבָּת – אֲסוּרָה, לְפִי שֶׁאֵינָהּ מִן הַמּוּכָן. מוּכָן לִכְלָבִים הָוֵי מוּכָן לְאָדָם?

Now, we know that food **prepared,** i.e., fit, **for human** consumption that became spoiled **is not** automatically considered **prepared for dogs,**[N] **as we learned** in a mishna (see 2a): **One may cut pumpkins before an animal** to facilitate their consumption, **and** likewise one may cut up an **animal carcass,** even of an animal that died on Shabbat, **before dogs. Rabbi Yehuda says: If** the animal **was not** already **a carcass,** i.e., it was not dead and fit for dogs, **prior to Shabbat, it is prohibited, because it is not in the** category of items considered **prepared** for use on Shabbat. This shows that although this animal was fit for human consumption while alive, it does not automatically become prepared for dogs once it dies. If so, can food **prepared for dogs** be considered **prepared for humans?**

NOTES

Food prepared for human consumption is not prepared for dogs – מוּכָן לְאָדָם לָא הָוֵי מוּכָן לִכְלָבִים: Some commentaries note there is an opinion in the Gemara that it is prohibited to throw to dogs any food that fit for human consumption (*Ta'anit* 20b). Rabba here is saying that if an item is edible, one does not consider using it for any other purpose. If the object is removed from one's mind, e.g., if the animal died, the carcass is rendered entirely *muktze*, as he did not have any other use in mind. However, with regard to an item intended for any other regular use, one certainly does not remove his mind from deriving benefit from it or its contents (*Meiri*).

אֲמַר לֵיהּ: אִין, מוּכָן לְאָדָם – לָא הָוֵי מוּכָן לִכְלָבִים, דְּמַאי דַּחֲזֵי לֵיהּ לְאִינִישׁ לָא שָׁדֵי לֵיהּ לִכְלָבִים. מוּכָן לִכְלָבִים – הָוֵי מוּכָן לְאָדָם, דְּדַעְתֵּיהּ דְּאִינִישׁ אַכָּל מִידֵי דַּחֲזֵי לֵיהּ.

He said to him: Yes. It is not surprising that something **prepared** and fit **for humans is not** considered fit and **prepared for dogs, as that which is fit for a person, one does not throw it to dogs,** and he has therefore removed that animal from his mind. However, something **that is prepared for dogs** is also considered fit and **prepared for humans, as a person's mind is on anything fit to** be eaten by **him.** One does not completely remove from his mind even food meant for dogs, if it is kosher and edible. Consequently, one has in mind the possibility that he might eat the calf of a cow that is a *tereifa* once it is born, since at that point it will be kosher and edible.

תַּנְיָא כְּוָתֵיהּ דְּרַב, תַּנְיָא כְּוָתֵיהּ דִּשְׁמוּאֵל וְאִיתֵימָא רַבִּי יוֹחָנָן.

With regard to the dispute itself, the Gemara comments: **It is taught** in a *baraita* **in accordance with** the opinion of **Rav; and it is taught** in another *baraita* **in accordance with** the opinion of **Shmuel, and some say** in accordance with the opinion of **Rabbi Yoḥanan.**

תַּנְיָא כְּוָתֵיהּ דְּרַב, עֵגֶל שֶׁנּוֹלַד בְּיוֹם טוֹב – מוּתָּר, אֶפְרוֹחַ שֶׁנּוֹלַד בְּיוֹם טוֹב – אָסוּר. וּמַה הֶפְרֵשׁ בֵּין זֶה לָזֶה? זֶה – מוּכָן אַגַּב אִמּוֹ בִּשְׁחִיטָה, וְזֶה – אֵינוֹ מוּכָן אַגַּב אִמּוֹ.

The Gemara elaborates: **It is taught** in a *baraita* **in accordance with** the opinion of **Rav: A calf born on a Festival is permitted; a chick born on a Festival is prohibited. And what is the difference between this case and that one? This one,** the calf, **is prepared on account of its mother by slaughter; and that one,** the chick, **is not prepared on account of its mother.**

תַּנְיָא כְּוָתֵיהּ דִּשְׁמוּאֵל וְאִיתֵימָא רַבִּי יוֹחָנָן: עֵגֶל שֶׁנּוֹלַד בְּיוֹם טוֹב – מוּתָּר, וְאֶפְרוֹחַ שֶׁנּוֹלַד בְּיוֹם טוֹב – מוּתָּר. מַאי טַעְמָא – זֶה מוּכָן אַגַּב אִמּוֹ וְזֶה מַתִּיר עַצְמוֹ בִּשְׁחִיטָה.

The Gemara further explains: **It is taught** in a *baraita* **in accordance with** the opinion of **Shmuel, and some say** it is the opinion of **Rabbi Yoḥanan: A calf born on a Festival**[H] **is permitted, and a chick born on a Festival is** likewise **permitted. What is the reason? This one,** the calf, **is prepared on account of its mother; and that one,** the chick, **is itself rendered permitted through slaughter.**

תָּנוּ רַבָּנַן: אֶפְרוֹחַ שֶׁנּוֹלַד בְּיוֹם טוֹב – אָסוּר. רַבִּי אֱלִיעֶזֶר בֶּן יַעֲקֹב אוֹמֵר: אַף בְּחוֹל אָסוּר, לְפִי שֶׁלֹּא נִתְפַּתְּחוּ עֵינָיו.

The Sages taught in a *baraita*: **A chick born on a Festival**[H] **is prohibited. Rabbi Eliezer ben Ya'akov says: Even on a weekday,** the chick **is prohibited** on the day it hatched **because its eyes have not** yet **opened.**[N] A small chick of this kind is not yet considered a bird fit for consumption; rather, it is similar to a creeping animal.[H]

כְּמַאן אָזְלָא הָא דְּתַנְיָא: ״לְכָל הַשֶּׁרֶץ הַשֹּׁרֵץ עַל הָאָרֶץ״ – לְרַבּוֹת אֶפְרוֹחִים שֶׁלֹּא נִתְפַּתְּחוּ עֵינֵיהֶם. כְּמַאן – כְּרַבִּי אֱלִיעֶזֶר בֶּן יַעֲקֹב.

The Gemara comments: **In accordance with whose** opinion **is that which is taught:** The verse that states: **"Even all creeping animals that creep upon the earth,** you shall not eat them, for they are a detestable thing" (Leviticus 11:42) comes **to include** in the list of prohibited creeping animals even **chicks that have not** yet **opened their eyes. In accordance with whose** opinion is this *baraita*? It is **in accordance with** the opinion of **Rabbi Eliezer ben Ya'akov.**

NOTES

A chick…its eyes have not opened – אֶפְרוֹחַ...שֶׁלֹּא נִתְפַּתְּחוּ עֵינָיו: It is written in the Jerusalem Talmud that the key factor is the size of the feathers and wings: A chick is classified as a bird only after its feathers have grown. Some authorities are stringent in accordance with this opinion. The question whether the *halakha* is in accordance with the opinion of Rabbi Eliezer ben Ya'akov depends on the relationship between his statement and the previous discussion. The principle is that the *halakha* is always in accordance with the opinion of Rabbi Eliezer ben Ya'akov. However, some commentaries hold that this principle applies even when his opinion is opposed by many Sages, while others maintain that it applies only when he disagrees with a single Sage. The key issue is the relationship between Rabbi Eliezer ben Ya'akov's statement and the dispute between Rav and Shmuel. Some authorities rule in accordance with the opinion of Rav because Rabbi Eliezer ben Ya'akov provides support for him, which is in turn a reason for ruling in accordance with the opinion of Rabbi Eliezer ben Ya'akov himself (Rosh; see Ra'avan). Conversely, others infer from the dispute between Rav and Shmuel that Shmuel certainly does not agree with the opinion of Rabbi Eliezer ben Ya'akov, and that even Rav probably does not agree with him, as otherwise he himself could have cited this as a reason for prohibiting the chick (Rid). Most authorities accept this claim.

HALAKHA

A calf born on a Festival – עֵגֶל שֶׁנּוֹלַד בְּיוֹם טוֹב: With regard to a calf born on a Festival, if its mother was designated for food it is permitted to slaughter it on the Festival itself, provided that it was carried to term. Some commentaries maintain that it must also spread its legs on the ground (Rema), although others hold that this is not necessary (*Taz*). Some permit one to slaughter the calf even if the mother was not designated for food (*Magen Avraham*). Nowadays, we lack the expertise to determine whether or not the fetus was carried to term (*Magen Avraham*). The *halakha* is in accordance with the opinion of Rav (*Shulḥan Arukh, Oraḥ Ḥayyim* 498:5).

A chick born on a Festival – אֶפְרוֹחַ שֶׁנּוֹלַד בְּיוֹם טוֹב: If a chick is born on a Festival, it is prohibited to eat it until nightfall, when the Festival concludes. Furthermore, it may not be moved, as it is *muktze* (*Shulḥan Arukh HaRav; Mishna Berura*). If it was born on a Shabbat immediately preceding a Festival, it is similarly prohibited. Conversely, if it was born on a Festival that occurs on Friday, it is prohibited on that Shabbat, in accordance with the opinion of Rav (*Shulḥan Arukh, Oraḥ Ḥayyim* 513:8).

Eating a newly born chick – אֲכִילַת אֶפְרוֹחַ שֶׁנּוֹלַד: It is prohibited to eat a chick that has yet to hatch from its shell. Once it has hatched, it is immediately permitted, even if it has not yet opened its eyes. However, the custom is not to eat a chick until the large feathers that cover its body have grown (*Magen Avraham*), although some authorities permit its consumption even before this stage (*Taz; Shulḥan Arukh, Yoreh De'a* 15:1).

אָמַר רַב הוּנָא אָמַר רַב: בֵּיצָה עִם יְצִיאָתָהּ נִגְמְרָה. מַאי עִם יְצִיאָתָהּ נִגְמְרָה? אִילֵימָא עִם יְצִיאָתָהּ נִגְמְרָה וּמוּתֶּרֶת לְאׇכְלָהּ בְּחָלָב, הָא בִּמְעֵי אִמָּהּ אֲסוּרָה לְאׇכְלָהּ בְּחָלָב? וְהָתַנְיָא: הַשּׁוֹחֵט אֶת הַתַּרְנְגוֹלֶת וּמָצָא בָּהּ בֵּיצִים גְּמוּרוֹת – מוּתָּרוֹת לְאׇכְלָן בְּחָלָב.

§ **Rav Huna said** that **Rav said: An egg is fully** formed **upon its emergence;**[B] i.e., it is not considered an egg until it is laid. The Gemara inquires: **What is** the meaning of the statement: **An egg is fully formed upon its emergence?** To which issue is Rava referring? **If we say** he meant an egg **is fully formed** and called an egg only **upon its emergence, and** at this stage **it is permitted to eat it with milk,**[N] this indicates that while an egg is still **inside its mother,** even if it is fully formed, it is considered meat and it is **prohibited to eat it with milk. But isn't it taught** in a *baraita*: With regard to **one who slaughters a chicken and finds fully** formed **eggs inside it, it is permitted to eat them with milk?**[H]

אֶלָּא: עִם יְצִיאָתָהּ נִגְמְרָה וּמוּתֶּרֶת לְאוֹכְלָהּ בְּיוֹם טוֹב. הָא בִּמְעֵי אִמָּהּ אֲסוּרָה לְאׇכְלָהּ בְּיוֹם טוֹב? וְהָא תַּנְיָא: הַשּׁוֹחֵט אֶת הַתַּרְנְגוֹלֶת וּמָצָא בָּהּ בֵּיצִים גְּמוּרוֹת – מוּתָּרוֹת לְאׇכְלָן בְּיוֹם טוֹב.

Rather, Rav's statement should be explained as follows: An egg **is fully formed upon its emergence** in that it is **permitted to eat it on a Festival** only if the entire egg emerged on a weekday. The Gemara expresses surprise at this claim: This indicates that if an egg is found **inside its mother, it is prohibited to eat it on a Festival. But isn't it taught:** With regard to **one who slaughters a chicken and finds fully** formed **eggs inside it, it is permitted to eat them on a Festival?**

וְכִי תֵּימָא: קָא מַשְׁמַע לַן בְּבָרַיְיתָא מַאי דְּלָא אַשְׁמְעִינַן בְּמַתְנִיתִין – הָא נַמִי תָּנֵינָא: בֵּיצָה שֶׁנּוֹלְדָה בְּיוֹם טוֹב, בֵּית שַׁמַּאי אוֹמְרִים: תֵּאָכֵל, וּבֵית הִלֵּל אוֹמְרִים: לֹא תֵּאָכֵל. וְעַד כָּאן לָא פְּלִיגִי בֵּית שַׁמַּאי וּבֵית הִלֵּל אֶלָּא בְּנוֹלְדָה, אֲבָל בִּמְעֵי אִמָּן – דִּבְרֵי הַכֹּל שַׁרְיָין.

And if you say: The *baraita* **teaches us**[N] **that which the mishna did not** explicitly **teach us,** and Rav stated the *halakha* accordingly; however, **this we** already **learned** in the mishna here, as it says in the mishna: With regard to **an egg laid on a Festival, Beit Shammai say it may be eaten, and Beit Hillel say it may not be eaten. And Beit Shammai and Beit Hillel disagree only with regard to** an egg that was already **laid, but** concerning eggs **inside their mothers, all agree** that they **are permitted.**

וְכִי תֵּימָא: בֵּית הִלֵּל אֲפִילּוּ בִּמְעֵי אִמָּן נַמִי אָסְרִי, וְהַאי דְּקָתָנֵי נוֹלְדָה – לְהוֹדִיעֲךָ כֹּחָן דְּבֵית שַׁמַּאי דַּאֲפִילּוּ נוֹלְדָה נַמִי שָׁרוּ, אֶלָּא הָא דְּתַנְיָא: הַשּׁוֹחֵט אֶת הַתַּרְנְגוֹלֶת וּמָצָא בָּהּ בֵּיצִים גְּמוּרוֹת – מוּתָּרוֹת לְאׇכְלָן בְּיוֹם טוֹב, מַנִּי? לֹא בֵּית שַׁמַּאי וְלֹא בֵּית הִלֵּל.

And if you say that the mishna should be explained in the opposite manner, as **Beit Hillel also prohibit** eggs **inside their mothers, and** the fact **that** the mishna **teaches: Laid,** is **to convey the far-reaching nature of** the opinion of **Beit Shammai,** that **they permit even** an egg that **was laid. However,** consider **that which is taught** in the aforementioned *baraita*: With regard to **one who slaughters a chicken and finds inside it fully formed eggs, it is permitted to eat them on a Festival.** In accordance with **whose** opinion is this *baraita*? It is the opinion **neither of Beit Shammai nor of Beit Hillel.**

אֶלָּא: עִם יְצִיאָתָהּ נִגְמְרָה – וּמְגַדֶּלֶת אֶפְרוֹחִים, בִּמְעֵי אִמָּהּ – אֵינָהּ מְגַדֶּלֶת אֶפְרוֹחִים. לְמַאי נַפְקָא מִינָּהּ – לְמִקָּח וּמִמְכָּר. כִּי הַהוּא דַּאֲמַר לְהוּ: בֵּיעֵי

Rather, Rav certainly did not prohibit an egg that has not yet been laid. Instead, his statement should be explained as follows: An egg **is fully formed upon its emergence, and it produces chicks,** i.e., an egg laid in the regular manner can be incubated and a chick will hatch from it. By contrast, an egg that remained **inside its mother cannot produce chicks.** The Gemara asks: **What is the practical** halakhic **difference** of this observation? The Gemara answers: It is relevant **for buying and selling.** In other words, the difference between the types of eggs has ramifications for terms of commerce. This is **like** that incident involving **a certain** individual **who would say to** the general public: **Eggs**

BACKGROUND

An egg is fully formed upon its emergence – בֵּיצָה עִם יְצִיאָתָהּ נִגְמְרָה: The formation of an egg takes roughly twenty-four hours, during which the egg passes through various developmental stages. In the first stages, there is a yolk and no albumen; later there is albumen but no shell or a very thin shell. Eggs discovered inside a slaughtered chicken during these phases will not hatch chicks, even if they are fertilized. Even when the eggs appear to be fully formed, if they have not developed the thin covering of the outer shell membrane, they will fail to develop into viable chicks, as their liquids will evaporate due to the heat of the incubation.

HALAKHA

Eating fully formed eggs with milk – אֲכִילַת בֵּיצִים גְּמוּרוֹת בְּחָלָב: In the case of an egg discovered inside a slaughtered chicken, if it is fully formed, i.e., it has a yolk and albumen, it is considered an egg for all purposes, and it is permitted to eat it with milk. This is the *halakha* even if the egg is still attached by sinews to the chicken.

If the egg consists only of yolk, one may not eat it with milk. Some say that milk products may be eaten immediately after it is eaten (*Shakh*), although others prohibit this (*Be'er Heitev*). In fact, Jewish women adopted the custom to be stringent and not eat any egg discovered inside the mother, even if it has a hard outer shell, with milk. Instead, they salt them separately. This stringency need be followed only *ab initio* (*Taz*), and only in a place where that is the custom (*Shakh*). Some say that if an egg is attached to the mother by sinews, even if the albumen has formed, it may not be eaten with milk. If it will result in significant loss, one may be lenient even if only the yolk has formed (*Shakh*), although others disagree (*Be'er Heitev*; *Peri Ḥadash*; *Shulḥan Arukh*, *Yoreh De'a* 87:5).

NOTES

Fully formed…and it is permitted to eat it with milk – נִגְמְרָה וּמוּתֶּרֶת לְאׇכְלָהּ בְּחָלָב: *Tosafot* ask: Why isn't the egg in this case considered part of the chicken's flesh, whereas an egg found inside a bird carcass assumes the legal status of the carcass and is prohibited? They answer, and the *ge'onim* likewise write, that the *halakha* is stringent with regard to a bird carcass because it is prohibited by Torah law. However, according to most *tanna'im* and the accepted *halakha*, mixing the meat of a bird with milk is prohibited by rabbinic law. Indeed, it can be inferred from the *Sifra* that the legal status of the egg of a bird carcass is not like that of the carcass either.

Some commentaries distinguish between the two cases differently: Since it is permitted to mix an egg with meat or milk, then even after it has been cooked with milk, there is room for leniency. The egg of a bird carcass, though, is from a prohibited source. Others explain that the egg of an animal carcass is imbued with a forbidden flavor. Conversely, in the case of the prohibition against mixing meat and milk, the egg contains the taste of meat, while the milk absorbs the taste of the egg. It is a case of flavor that was absorbed by one substance being transferred to another substance, and it is permitted (Rabbeinu Peretz).

And if you say, the ***baraita*** **teaches us, etc. – וְכִי תֵּימָא קָא מַשְׁמַע לַן בְּבָרַיְיתָא וכו׳:** Rashi and many other commentaries understand this question as an attempt to prove that this *baraita* is not authoritative, as there is no hint of this *halakha* in the mishna, and therefore they apply the following principle to this case: If Rabbi Yehuda HaNasi did not teach it in a mishna, from where would his student, Rabbi Ḥiyya, who together with Rabbi Oshaya compiled the authoritative *baraitot*, learn it in a *baraita*? Some explain that Rashi is saying: It is well known that a *baraita* will often add to and explain the statements of a mishna. However, in the *mishnayot* of tractate *Beitza* the *halakhot* of an egg are discussed in great detail, so the omission of this particular *halakha* indicates that he rejected that opinion (Ritva; *Shitta Mekubbetzet*).

דְּפַחְיָא לְמַאן! יְהַבוּ לֵיהּ בֵּיעֵי דִּשְׁחוּטָה. אֲתָא לְקַמֵּיהּ דְּרַבִּי אַמִּי, אֲמַר לְהוּ: מִקַּח טָעוּת הוּא, וְהָדָר.

of a live chicken, **who has?** He sought to purchase eggs of this kind. **They gave him eggs of a slaughtered** chicken. **He came before Rabbi Ami,** claiming he had been cheated. Rabbi Ami **said to the** sellers: This **is a mistaken transaction,**[B] **and it is rescinded;** the sale is void.

פְּשִׁיטָא. מַהוּ דְּתֵימָא: הַאי לַאֲכִילָה קָא בָּעֵי לְהוּ, וְהַאי דְּקָאָמַר דְּפַחְיָא – מִשּׁוּם דִּצְרִיבַן. לְמַאי נָפְקָא מִינָּהּ – לְמִיתְבָה לֵיהּ בֵּינֵי בֵּינֵי, קָא מַשְׁמַע לַן.

The Gemara asks: It is **obvious**[N] that the transaction is void, as he specified exactly what he wanted. The Gemara answers: The ruling is necessary, **lest you say** that **this** individual **wants them for food** rather than for chicks, **and that which he said,** that he is looking for eggs **of a live** chicken, he said only **because they are hard-shelled,** mature eggs. **What is the practical difference,** i.e., what is this man claiming from the seller according to this rejected interpretation? He is merely demanding **to refund him the difference** in value **between the two**[N] types of eggs. Rabbi Ami therefore **teaches us** that the sale involved a fundamental error, as the eggs of a slaughtered chicken are unfit for incubation. The transaction is therefore void.

הַהוּא דַּאֲמַר לְהוּ: בֵּיעֵי דִּדְכָרָא לְמַאן, בֵּיעֵי דִּדְכָרָא לְמַאן! יְהַבוּ לֵיהּ בֵּיעֵי דְּסָפְנָא מֵאַרְעָא. אֲתָא לְקַמֵּיהּ דְּרַבִּי אַמִּי. אֲמַר לְהוּ: מִקַּח טָעוּת הוּא, וְהָדָר.

The Gemara relates a similar incident: **A certain person said to** vendors: Does **anyone** have **eggs of** a chicken that has had relations with a **rooster?** Does **anyone** have **eggs of a rooster? They gave him eggs** that a hen had **absorbed from the ground,** i.e., which had not been fertilized by a rooster. **He came before Rabbi Ami** claiming that he had been cheated. Rabbi Ami **said to them:** This **is a mistaken transaction, and it is rescinded.**

פְּשִׁיטָא. מַהוּ דְּתֵימָא: הַאי לַאֲכִילָה קָא בָּעֵי לְהוּ, וְהַאי דְּקָאָמַר דִּדְכָרָא – מִשּׁוּם דִּשְׁמִינַן טְפֵי. לְמַאי נָפְקָא מִינָּהּ – לְמֵיתְבָא לֵיהּ בֵּינֵי בֵּינֵי, קָא מַשְׁמַע לַן.

The Gemara again asks: It is **obvious** that this is the case. The Gemara explains: The ruling is necessary, **lest you say** that **this** person **wants** the eggs **for food, and that which he said,** that he wants eggs **of a rooster,** he said only **because they are fatter. What is the practical difference;** i.e., what is this man claiming from the seller according to this rejected interpretation? He is merely demanding **that they should refund him the difference** in value **between the two** types. Rav Ami therefore **teaches us** that this is not the case; rather, the sale is void.

וְאִי בָּעֵית אֵימָא: מַאי "עִם יְצִיאָתָהּ נִגְמְרָה" – עִם יְצִיאַת רוּבָּהּ נִגְמְרָה, וְכִדְרַבִּי יוֹחָנָן. דְּאָמַר רַבִּי יוֹחָנָן: בֵּיצָה שֶׁיָּצְאָה רוּבָּהּ מֵעֶרֶב יוֹם טוֹב וְחָזְרָה – מוּתֶּרֶת לְאׇכְלָהּ בְּיוֹם טוֹב.

The Gemara suggests another explanation of Rav's statement. **And if you wish, say** instead: **What is** the meaning of the claim: **An egg is fully formed upon its emergence?** It means that **it is fully formed with the emergence of most of it, in accordance with** the statement of **Rabbi Yoḥanan. As Rabbi Yoḥanan said:** It is taught in a *baraita* that in the case of **an egg, most of which emerged** from the chicken **on a Festival eve, and** the egg **returned**[B] inside the mother and was finally laid on the Festival itself, it **is permitted to eat** this egg **on the Festival.** Since most of the egg had emerged before the Festival began, it is considered to have been laid the day before.

וְאִיכָּא דְּאָמַר: מַאי "עִם יְצִיאָתָהּ נִגְמְרָה" עִם יְצִיאַת כּוּלָּהּ נִגְמְרָה, עִם יְצִיאַת כּוּלָּהּ – אִין, אֲבָל רוּבָּהּ – לָא, וּלְאַפּוּקֵי מִדְּרַבִּי יוֹחָנָן.

And some say the following explanation: **What is** the meaning of the expression: **Fully formed upon its emergence?** It means that **it is fully formed upon the emergence of all of it.** The Gemara infers: **Upon the emergence of all of it, yes,** it is fully formed at this stage; **however,** if only **most of it** came out the day before, **no,** it is not considered fully formed. **And** this reading serves **to exclude** the statement **of Rabbi Yoḥanan.** In any case, Rav's statement can correspond to this statement of Rabbi Yoḥanan.

גּוּפָא, הַשּׁוֹחֵט אֶת הַתַּרְנְגוֹלֶת וּמָצָא בָּהּ בֵּיצִים גְּמוּרוֹת – מוּתָּרוֹת לְאׇכְלָן בְּחָלָב. רַבִּי יַעֲקֹב אוֹמֵר: אִם הָיוּ מְעוֹרוֹת בַּגִּידִין – אֲסוּרוֹת.

§ Apropos the halakhic status of eggs found inside a slaughtered chicken, the Gemara discusses **the matter itself:** In the case of **one who slaughters a chicken and finds inside it fully formed eggs, it is permitted to eat** these eggs **with milk. Rabbi Ya'akov says:** If the eggs **were** still **attached by sinews, it is prohibited** to eat them with milk, as they are considered meat.

BACKGROUND

A mistaken transaction – מִקַּח טָעוּת: A mistaken transaction is one in which one of the participants was under a false impression with regard to its terms. This transaction is considered a mistake, and it can be invalidated by the injured party. For example, if someone buys an animal and discovers it is diseased, he can invalidate the sale. A related concept is the nullification of a transaction. If an object is overpriced or underpriced by more than one-sixth, the sale is invalid and either party can retract.

An egg, most of which emerged on a Festival eve, and it returned – בֵּיצָה שֶׁיָּצְאָה רוּבָּהּ מֵעֶרֶב יוֹם טוֹב וְחָזְרָה: Occasionally, an egg about to be laid can return to the oviduct due to muscle spasms. The practical question of whether or not this egg is fully formed depends on many factors, as sometimes an additional shell is formed creating a phenomenon of an egg within an egg.

NOTES

It is obvious – פְּשִׁיטָא: The early authorities are puzzled by this question: How can an incident that actually occurred be criticized as obvious? Some explain that the question is referring to the vendor's agreement to go to court, as he was clearly going to lose his case (see Rashba). Others explain that the question is why Rabbi Ami provided a reason for his apparently self-evident ruling (*Shitta Mekubbetzet*). Yet another suggestion is that the question is directed at the Gemara itself: Why cite this incident, when its ruling appears obvious (Rashba; Rav Yitzḥak Abuhav)?

To refund him the difference between the two – לְמִיתְבָה לֵיהּ בֵּינֵי בֵּינֵי: There are several opinions with regard to the voiding a sale of this kind, based on the *halakhot* of fraud and the return of purchased items in general. Some explain that Rabbi Ami ruled that the buyer must return the eggs of the slaughtered chicken to the seller, while the seller must refund him his money, in accordance with the *halakha* of a voided sale (*Meiri*). However, most authorities contend that it is the buyer's attempts to incubate the eggs that causes them to become inedible, and that the buyer is claiming his money back while offering to return him the same eggs, which are now useless (Rosh). The logic of the buyer's claim is that since the seller sold him something he did not ask for and which served no purpose, the seller bears responsibility for the loss (*Shitta Mekubbetzet*; see Ran).

NOTES

The unslaughtered carcass of a kosher bird – נִבְלַת עוֹף טָהוֹר: Several unique *halakhot* that differ from those of all other types of ritual impurity apply to the impurity conferred by the unslaughtered carcass of a kosher bird. The carcass of a kosher bird confers ritual impurity by being eaten but not by touch or being carried. This type of impurity is known as the impurity of the throat.

And we do not proliferate impurity that is by rabbinic law – וְאַפּוּשֵׁי טוּמְאָה מִדְּרַבָּנַן לָא מַפְּשִׁינַן: Rashi questions this statement: Since a great number of ritual impurities are entirely rabbinic, how can it be said that *halakha* does not increase impurity that applies by rabbinic law? Some explain that the ritual impurity of a carcass of a kosher bird is considered a novel issue because of its unique *halakhot*, and the Sages did not apply their decrees to cases of this kind (Rabbeinu Peretz). Others suggest that this ritual impurity is rare because it can be contracted only by eating, and therefore the principle that the Sages do not decree with regard to an uncommon occurrence applies to this case (Ritva; Rav Yitzhak Abuhav). The later authorities note that this principle that one seeks to prevent proliferation of ritual impurity applies to other cases as well. Each instance must be considered on an individual basis to determine why the Sages were reluctant to add to ritual impurity in that particular circumstance.

BACKGROUND

Ovary of its eggs – אֶשְׁכּוֹל שֶׁל בֵּיצִים:

Cluster of eggs connected to chicken ovary

מַאן תְּנָא לְהָא, דְּתָנוּ רַבָּנַן: הָאוֹכֵל מִנִּבְלַת עוֹף טָהוֹר, מִן הַשָּׁלָל שֶׁל בֵּיצִים, מִן הָעֲצָמוֹת, וּמִן הַגִּידִין, וּמִן הַבָּשָׂר שֶׁנִּתְלַשׁ מִן הַחַי – טָהוֹר.

The Gemara asks: **Who is the *tanna*** who taught **this *halakha* that the Sages taught** in a *baraita*: **One who eats** one of the following parts **of the unslaughtered carcass of a kosher bird,**[NH] **or from a cluster of eggs** that are still attached to it by sinews, or **from** its **bones, or from the sinews, or from meat that has been detached from a live** animal, he is **ritually pure** because none of these are considered part of the meat of the bird, and therefore they do not impart the ritual impurity of an animal carcass.

מִן הָאֶשְׁכּוֹל שֶׁל בֵּיצִים, מִן הַקּוּרְקְבָן וּבְנֵי מֵעַיִין, אוֹ שֶׁהִמְחָה אֶת הַחֵלֶב וּגְמָעוֹ – טָמֵא.

However, if one ate **from the ovary of** its **eggs,**[B] which contains very small eggs that do not possess any of the regular characteristics of eggs, or if he took a piece **of the craw or the intestines, or if he melted the fat** of a dead bird **and swallowed it,** he is **ritually impure** from the impurity imparted by the unslaughtered carcass of a bird.

מַאן תְּנָא מִן הַשָּׁלָל שֶׁל בֵּיצִים טָהוֹר? אֲמַר רַב יוֹסֵף: דְּלָא כְּרַבִּי יַעֲקֹב. דְּאִי כְּרַבִּי יַעֲקֹב – הָאָמַר: אִם הָיוּ מְעוֹרוֹת בְּגִידִין אֲסוּרוֹת.

Who is the *tanna* who **taught** that if one ate **from a cluster of eggs he is pure,** which indicates that eggs still attached by sinews to the chicken are not considered part of the meat of the bird? **Rav Yosef said:** This ruling is **not in accordance with** the opinion of **Rabbi Ya'akov. For if** you say it is **in accordance with** the opinion of **Rabbi Ya'akov, didn't he say: If** the eggs **were attached by sinews** it is **prohibited** to eat them with milk, indicating that he considers these eggs meat of the chicken.

אֲמַר לֵיהּ אַבַּיֵי: מִמַּאי? דִּלְמָא עַד כָּאן לָא קָאָמַר רַבִּי יַעֲקֹב הָתָם אֶלָּא לְעִנְיַן אִיסּוּרָא, אֲבָל לְעִנְיַן טוּמְאָה – לָא.

Abaye said to Rav Yosef: **From where** do you draw this conclusion? **Perhaps Rabbi Ya'akov stated** that these eggs are part of the chicken **only there, with regard to** the **prohibition** against eating the eggs with milk; **however,** perhaps **with regard to ritual impurity** he did **not** say that these eggs are considered part of the chicken.

וְכִי תֵּימָא: לְעִנְיַן טוּמְאָה נַמִי נִגְזוֹר – אַפּוּשֵׁי טוּמְאָה הוּא, וְאַפּוּשֵׁי טוּמְאָה מִדְּרַבָּנַן לָא מַפְּשִׁינַן.

And if you say that **with regard to** ritual **impurity let us also issue a decree** and be stringent in a case of uncertainty and therefore rule that these attached eggs should be considered part of the chicken, **this** would serve to **proliferate impurity, and we do not proliferate impurity** that is **by rabbinic law.**[N] One does not declare an item ritually impure by rabbinic law merely because uncertainty has arisen with regard to its status.

וְאִיכָּא דְּאָמְרִי: מַאן תְּנָא מִן הָאֶשְׁכּוֹל שֶׁל בֵּיצִים טָמֵא? אָמַר רַב יוֹסֵף: רַבִּי יַעֲקֹב הִיא, דְּאָמַר אִם הָיוּ מְעוֹרוֹת בְּגִידִין – אֲסוּרוֹת. אֲמַר לֵיהּ אַבַּיֵי: מִמַּאי דְּאֶשְׁכּוֹל מֵהָנָךְ דְּתַלְיָא בְּאֶשְׁכּוֹל? דִּלְמָא אֶשְׁכּוֹל גּוּפֵיהּ.

And some say a different version of this discussion, according to which the question is: **Who is the *tanna*** who **taught** that if one eats **from the ovary** of its **eggs he is ritually impure? Rav Yosef said: It is Rabbi Ya'akov, who said:** If the eggs **were attached by sinews, they are prohibited. Abaye said to him: From where** do you know **that** the term **ovary** means: **From these** eggs **that are hanging from the ovary; perhaps** it is referring to **the ovary itself,** the part of the flesh of the bird where the eggs develop?

וְכִי תֵּימָא: אֶשְׁכּוֹל גּוּפֵיהּ מַאי לְמֵימְרָא? מִידֵּי דַּהֲוָה אַקּוּרְקְבָן וּבְנֵי מֵעַיִין, דְּאַף עַל גַּב דְּבָשָׂר נִינְהוּ, כֵּיוָן דְּאִיכָּא אֱינָשֵׁי דְּלָא אָכְלִי – אִיצְטְרִיךְ לְאַשְׁמוֹעִינַן. הָכָא נַמִי, כֵּיוָן דְּאִיכָּא אֱינָשֵׁי דְּלָא אָכְלִי – אִיצְטְרִיךְ לְאַשְׁמוֹעִינַן.

And if you say: If it is referring to **the ovary itself, what** is the purpose **of stating** this? It is obvious that the ovary itself is meat. One can answer as follows: **Just as it is in** the case of **the craw and the intestines, that even though they are meat** according to all opinions, **since there are people who do not eat** them, **it was necessary to teach us** that they have the status of meat; **here, too,** with regard to an ovary, **since there are people who do not eat** it, **it was necessary to teach us** that it may not be eaten with milk. Therefore, this argument does not prove that this version of the discussion is incorrect.

HALAKHA

One who eats from the unslaughtered carcass of a kosher bird – הָאוֹכֵל מִנִּבְלַת עוֹף טָהוֹר: If one partakes of the unslaughtered carcass of a kosher bird by eating a part of it that is not proper meat or that is not usually eaten, he remains ritually pure. This is the case if one eats the bones, sinews, eggs from the cluster, the blood, or a limb from a living creature. However, if one eats the craw, intestines, or ovaries, he is impure. If one consumed non-kosher fat that was melted by fire, he is ritually impure, as drinking is considered like eating. If one consumed non-kosher fat melted in the sun, he is ritually pure, as the fat must certainly have turned putrid, and this is not the regular manner of eating (Rambam *Sefer Tahara, Hilkhot She'ar Avot HaTumot* 3:10).

תָּנוּ רַבָּנַן: כׇּל שֶׁתַּשְׁמִישׁוֹ בַּיּוֹם – נוֹלָד בַּיּוֹם, כׇּל שֶׁתַּשְׁמִישׁוֹ בַּלַּיְלָה – נוֹלָד בַּלַּיְלָה, כׇּל שֶׁתַּשְׁמִישׁוֹ בֵּין בַּיּוֹם וּבֵין בַּלַּיְלָה – נוֹלָד בֵּין בַּיּוֹם וּבֵין בַּלַּיְלָה. כׇּל שֶׁתַּשְׁמִישׁוֹ בַּיּוֹם – נוֹלָד בַּיּוֹם, זוֹ תַּרְנְגוֹלֶת, כׇּל שֶׁתַּשְׁמִישׁוֹ בַּלַּיְלָה נוֹלָד בַּלַּיְלָה – זוֹ עֲטַלֵּף כׇּל שֶׁתַּשְׁמִישׁוֹ בֵּין בַּיּוֹם וּבֵין בַּלַּיְלָה – אָדָם וְכׇל דְּדָמֵי לֵיהּ.

§ The Sages taught in a *baraita*: **Any** species **whose intercourse** occurs only **in the** hours of the **day** is **born** only **by day;** any species **whose intercourse occurs** only **at night is born** only **by night; any** species **whose intercourse occurs either by day or by night is born either by day or by night.** The Gemara elaborates: **Any** species **whose intercourse occurs by day is born by day, this** is referring to **a chicken.**[B] **Any** species **whose intercourse occurs by night is born by night, this is a bat. Any** species **whose intercourse occurs either by day or by night,** this means **a human** being **and all that are similar to him.**[N]

אָמַר מָר: כׇּל שֶׁתַּשְׁמִישׁוֹ בַּיּוֹם נוֹלָד בַּיּוֹם – זוֹ תַּרְנְגוֹלֶת. לְמַאי נָפְקָא מִינַּהּ? לְכִדְרַב מָרִי בְּרֵיהּ דְּרַב כָּהֲנָא. דְּאָמַר רַב מָרִי בְּרֵיהּ דְּרַב כָּהֲנָא: בָּדַק בְּקִנָּהּ שֶׁל תַּרְנְגוֹלִין מֵעֶרֶב יוֹם טוֹב וְלֹא מָצָא בָּהּ בֵּיצָה, וּלְמָחָר הִשְׁכִּים וּמָצָא בָּהּ בֵּיצָה – מוּתֶּרֶת.

The Master said: Any species **whose intercourse occurs by day is born by day, this is a chicken.** The Gemara asks: **What** is the **practical** halakhic **difference** of this statement? The Gemara answers: The halakhic difference is with regard **to that which Rav Mari,**[N] **son of Rav Kahana** said, **as Rav Mari, son of Rav Kahana said:** If one **examined a chicken's nest on a Festival eve and did not find an egg in it, and the following day,** on the Festival, **he rose early and found an egg in it,** the egg is **permitted,** as it can be assumed it was not laid that night.

וַהֲלֹא בָּדַק. אֵימַר: לֹא בָּדַק יָפֶה יָפֶה. וַאֲפִילּוּ בָּדַק יָפֶה – אֵימַר: יָצְתָה רוּבָּהּ וְחָזְרָה הֲוַאי, וְכִדְרַבִּי יוֹחָנָן.

The Gemara asks: **But didn't he examine** the nest before the Festival and fail to find an egg there? If so, the egg must have been laid on the Festival. The Gemara answers: **Say** that **he did not examine very carefully. And even if he did examine carefully,** you can **say** that **most of** the egg **emerged**[H] on the eve of the Festival **and returned** inside its mother, and this ruling is **in accordance with** the opinion of **Rabbi Yoḥanan.** This *baraita* shows that the *halakha* does not take into account the possibility that a chicken could lay an egg at night.

אִינִי? וְהָא אָמַר רַבִּי יוֹסֵי בֶּן שָׁאוּל אָמַר רַב: בָּדַק בְּקִנָּהּ שֶׁל תַּרְנְגוֹלֶת מֵעֶרֶב יוֹם טוֹב וְלֹא מָצָא בָּהּ בֵּיצָה, וּלְמָחָר הִשְׁכִּים וּמָצָא בָּהּ בֵּיצָה – אֲסוּרָה! הָתָם בִּדְסַפְנָא מֵאַרְעָא.

The Gemara asks: **Is that so? But didn't Rabbi Yosei ben Shaul say** that **Rav said:** If **one examined a chicken's nest on a Festival eve and did not find an egg in it, and the following day he rose early and found an egg in it, it is prohibited?** This indicates that a chicken might indeed lay an egg at night. The Gemara answers: **There** it is referring **to** an egg **that** the chicken **absorbed from the earth,** i.e., one that was not formed by male fertilization. An egg that is not produced by intercourse can be laid at night as well.

אִי הָכִי, דְּרַב מָרִי נַמִי אֵימָא מֵאַרְעָא סַפְנָא. בִּדְאִיכָּא זָכָר בַּהֲדָהּ. בִּדְאִיכָּא זָכָר נַמִי, אֵימָא מֵאַרְעָא סַפְנָא. אָמַר רָבִינָא: גְּמִירִי, כׇּל הֵיכָא דְּאִיכָּא זָכָר – לָא סַפְנָא מֵאַרְעָא.

The Gemara challenges this: **If so,** in **Rav Mari's** case **too,** you can **say that** the chicken **absorbed from the earth** and laid the egg during the night of the Festival. How, then, could Rav Mari permit the egg? The Gemara answers: There it is referring **to** a case **where there is a male with it.** The Gemara asks: Even **where there is a male with it,** one can **also say that it absorbed from the earth** rather than from the male. The Gemara answers that **Ravina said:** It is **learned** as a tradition that **anywhere that a male is present,** a chicken **does not absorb from the earth.**

וְעַד כַּמָּה? אָמַר רַב גַּמְדָּא מִשְּׁמֵיהּ דְּרַב: כׇּל הֵיכָא

The Gemara asks: **Until where** exactly is it considered to have a male with it? How near must a rooster be for this principle to come into effect? **Rav Gamda said in the name of Rav:** The male must be **any place**

BACKGROUND

Born by day, this is a chicken – נוֹלָד בַּיּוֹם, זוֹ תַּרְנְגוֹלֶת: Under natural conditions, a chicken lays eggs only during the day. The laying of an egg at night is a highly rare occurrence. The same applies to other domestic birds; they have intercourse and lay eggs during the day.

HALAKHA

Most of the egg emerged – בֵּיצָה שֶׁיָּצְאָה רוּבָּהּ: If most of an egg emerged on the eve of a Festival and then returned inside the chicken, it may be eaten on the Festival. Even if one examined the chicken coop on the eve of the Festival just before nightfall, failed to find an egg, and subsequently found one the following morning before daybreak, it nevertheless may be eaten, as we assume that most of it emerged the day before. This applies only if there is a male rooster nearby, i.e., within sixty houses, and there is no river lacking a bridge situated between the two creatures. If one did not examine carefully at night, arose early in the morning, and found an egg there, it may be eaten even if no male was present, as most eggs are laid by day, in accordance with the opinion of Rabbi Yoḥanan and Rav Mari (*Shulḥan Arukh, Oraḥ Ḥayyim* 513:6).

NOTES

And all that are similar to him – וְכׇל דְּדָמֵי לֵיהּ: This *baraita* indeed explains the significance of a creature born during the day, but for what reason were bats and humans mentioned? One can suggest that it is relevant for the case of a child born at twilight: Although the uncertainty of whether the child was born during the day or at night entails several halakhic complications, one should consider it equally likely that the baby was born during the day or at night.

What is the practical halakhic difference, it is with regard to that which Rav Mari – לְמַאי נָפְקָא מִינַּהּ, לְכִדְרַב מָרִי: Why doesn't the Gemara suggest the far simpler case of an egg discovered on the night of a Festival? If an egg can be laid only by day, it must have been laid before the Festival commenced, and therefore it should be permitted. The answer is that it is obvious that in that case that the egg was laid during the day and there is no need to mention it. Instead, the Gemara teaches that even if the egg was not discovered that night but only early the next morning, the principle that an egg is not laid at night is so reliable that it can be assumed this egg was laid during the day.

דְּשָׁמְעָה קָלֵיהּ בִּימָמָא.

where the hen can **hear its voice by day,** when sounds cannot be heard as easily as at night. If the chicken is close enough to hear the rooster's call by day, the rooster is considered close enough to the chicken that the latter will produce eggs only through fertilization by the male.

עֲבַד רַב מָרִי עוֹבָדָא עַד שִׁתִּין בָּתֵּי.

The Gemara relates: **Rav Mari took action** in accordance with this opinion, when he found an egg on a Festival morning after he had looked in the nest the day before and failed to find an egg there. He examined **up to** a distance of **sixty houses** from the chicken, and although he did not find a rooster within this area, he assumed there was one further away and permitted the egg.

וְאִי אִיכָּא נַהֲרָא – לָא עָבְרָא, וְאִי אִיכָּא מַבְרָא – עָבְרָא. וְאִי אִיכָּא מֵיצְרָא – לָא עָבְרָא. הֲוָה עוֹבָדָא וְעָבְרָא אַמֵּיצְרָא.

The Gemara comments: **And if** there is **a river** between the rooster and the chicken, the chicken **does not cross** the river; **but if there is a bridge, it crosses** the river. **And if there is** only **a rope bridge** suspended across the river, the chicken will **not cross** on the rope. The Gemara comments: Nevertheless, **an incident** occurred in which a chicken **crossed over on a rope bridge.** However, one may not rely on this possibility.

בְּמַאי אוֹקִימְתָּא – בִּדְסָפְנָא מֵאַרְעָא, מַאי אִירְיָא בָּדַק? כִּי לָא בָּדַק נָמֵי.

The Gemara further asks: **In what** manner **did you establish** this *halakha* of Rabbi Yosei ben Shaul, who prohibits eating an egg discovered in a nest on a Festival morning after the previous day's examination revealed nothing? You said that it is referring to a case **in** which the chicken **absorbed from the earth.** If so, **why** discuss **specifically** a situation in which **one examined** the nest the evening before? The same *halakha* should apply **even when one did not examine** the nest beforehand.

כִּי לָא בָּדַק – אֵימָא מֵאֶתְמוֹל הֲוַאי. אִי הָכִי, כִּי בָּדַק נָמֵי, אֵימָא יָצְתָה רוּבָּהּ וְחָזְרָה הִיא, וְכִדְרַבִּי יוֹחָנָן. דְּרַבִּי יוֹחָנָן לָא שְׁכִיחַ.

The Gemara answers: In a case **where he did not examine** the nest, one could **say** that the egg **was** laid **yesterday,**[N] and there is no reason to prohibit its use. Rabbi Yosei ben Shaul therefore specified that he checked the day before and is certain that the egg was not laid prior to the Festival. The Gemara challenges this: **If so, when he examined** the nest **as well, say:** Perhaps this **is** a case in which **most of** the egg **emerged and returned, and** the *halakha* is **in accordance with** the opinion of **Rabbi Yoḥanan?** The Gemara answers: The case discussed **by Rabbi Yoḥanan,** where most of the egg emerged from the chicken and returned, **is uncommon,** and therefore it is assumed not to have occurred.

וְאָמַר רַבִּי יוֹסֵי בֶּן שָׁאוּל אָמַר רַב: הַאי תּוּמָא שְׁחִיקָא סַכַּנְתָּא לְגִלּוּיָא.

Apropos one statement of Rabbi Yosei ben Shaul in the name of Rav, the Gemara cites another ruling that **Rabbi Yosei ben Shaul said** that **Rav said: This crushed garlic** poses the **danger of exposure.**[H] If mashed garlic is not properly covered, there is concern that a snake might have tasted from it and thereby injected its venom into the food. This garlic is consequently prohibited as a health risk.

״בֵּית שַׁמַּאי אוֹמְרִים שְׂאוֹר בִּכְזַיִת״.

§ The mishna states that **Beit Shammai say:** The measure that determines liability for **leaven is an olive-bulk.**[H] However, the measure for leavened bread is greater, a large date-bulk. According to Beit Hillel, the measure in both cases is an olive-bulk.

מַאי טַעְמַיְיהוּ דְּבֵית שַׁמַּאי? אִם כֵּן לִכְתּוֹב רַחֲמָנָא חָמֵץ, וְלָא בָּעֵי שְׂאוֹר, וַאֲנָא אָמֵינָא: וּמָה חָמֵץ שֶׁאֵין חִימּוּצוֹ קָשֶׁה – בִּכְזַיִת, שְׂאוֹר שֶׁחִימּוּצוֹ קָשֶׁה לֹא כׇּל שֶׁכֵּן? שְׂאוֹר דִּכְתַב רַחֲמָנָא לָמָּה לִי? לוֹמַר לָךְ: שִׁיעוּרוֹ שֶׁל זֶה לֹא כְּשִׁיעוּרוֹ שֶׁל זֶה.

The Gemara asks: **What is the reason** for the opinion **of Beit Shammai?** The Gemara explains: **If** it is **so** that the measures are equal, **let the Merciful One write** only the prohibition of **leavened bread, and it would not be necessary** to write **leaven, and I would say** an *a fortiori* inference: **If** the measure that determines liability for **leavened bread, whose leavening is not** as **extensive,** is **an olive-bulk,** then **leaven, whose leavening is extensive, all the more so**[N] should the measure that determines liability be an olive-bulk. If so, **why do I need** the explicit reference to **leaven that the Merciful One wrote** in the verse: "Seven days there shall be no leaven found in your houses" (Exodus 12:19)? It must be **to tell you** that **the measure of this,** leavened bread, **is not equal to the measure of that,**[N] leaven. Rather, the measure that determines liability for leaven is smaller.

NOTES

Where he did not examine, say it was yesterday – כִּי לָא בָּדַק, אֵימָא מֵאֶתְמוֹל הֲוַאי: *Tosafot* ask: This object is temporarily prohibited. Why, then, isn't the ruling stringent in a case of uncertainty? Some authorities answer that the *halakha* is stringent in the case of an object whose prohibition is temporary only if the existence of the prohibition was definitely established at some point (Rashba). If not, the ruling is lenient with regard to an uncertainty involving a rabbinic prohibition, even if the prohibition is temporary (*Ḥatam Sofer*; *Kerem Shlomo*).

Leaven…all the more so – שְׂאוֹר...כׇּל שֶׁכֵּן: Many commentaries ask the following question: Since it is a principle that neither warnings nor punishments can be derived by means of an *a fortiori* inference, how can this measure that determines liability be learned in this manner here? They answer that because leaven is clearly a subcategory of leavened bread, it is not actually a derivation of a novel case (*Pe'at Yam*). Others add: The issue at hand is the measure that determines liability, not the essential nature of the object in question. Therefore, this inference can be seen as merely revealing the matter and not an actual derivation (*Shitta Mekubbetzet*). Alternatively, the later authorities suggest that the prohibition "And no leavened bread shall be seen with you" (Exodus 13:7) does not entail lashes; therefore, this is not a case of a punishment derived from an *a fortiori* argument at all (see *Tziyyun LeNefesh Ḥayya* and *Ḥatam Sofer*).

Is not equal to the measure of that – לֹא כְּשִׁיעוּרוֹ שֶׁל זֶה: How did the Sages arrive at the particular measure of a large date-bulk, of all possible sizes larger than an olive-bulk? Some commentaries further emphasize this question by noting that the measure of a dried fig, which is larger than an olive but smaller than a date, is employed with regard to the measures that determine liability with regard to the labors prohibited on Shabbat. Some suggest that as the basic prohibition of leavened bread involves eating, it is proper to compare it to the prohibitions of Yom Kippur, where the measure is a large date-bulk. The prohibitions of Shabbat, by contrast, concern the *halakhot* of carrying, which is a different issue (Rabbi Aharon HaLevi; *Shitta Mekubbetzet*).

HALAKHA

Exposure with regard to crushed garlic – גִּילּוּי בְּשׁוּם שָׁחוּק: The Sages prohibited the consumption of liquids and certain foods that have been left uncovered, in case a poisonous snake tasted them and injected its venom. One of these items is mashed garlic, as stated by Rabbi Yosei ben Shaul (Rambam *Sefer Nezikim*, *Hilkhot Rotze'aḥ UShmirat HaNefesh* 11:8). Nowadays, most communities are not particular about the *halakhot* of uncovered items, as snakes are rare. Some, however, are stringent (*Shenei Luḥot HaBerit*; Vilna Gaon; see *Pitḥei Teshuva*). In any case, it is better not to leave things uncovered, due to mystical concerns (*Shulḥan Arukh*, *Yoreh De'a* 116:1).

The measure for leaven is an olive-bulk – שְׂאוֹר בִּכְזַיִת: The obligation to remove leavened bread applies to leavened bread and leaven by the measure of an olive-bulk, in accordance with the opinion of Beit Hillel (Rambam *Sefer Zemanim*, *Hilkhot Ḥametz UMatza* 1:2).

וּבֵית הִלֵּל: צְרִיכִי; דְּאִי כָּתַב רַחֲמָנָא שְׂאוֹר, הֲוָה אָמֵינָא: מִשּׁוּם דְּחִמּוּצוֹ קָשֶׁה, אֲבָל חָמֵץ דְּאֵין חִמּוּצוֹ קָשֶׁה – אֵימָא לָא, צְרִיכָא.

The Gemara asks: **And Beit Hillel** maintain that both the mention of both leaven and leavened bread **are necessary. As if the Merciful One had written** only **leaven, I would have said** its measure that determines liability is an olive-bulk **because its leavening is extensive. However,** with regard to **leavened bread,** whose **leavening is not extensive, say no,** that is not the measure. Therefore, it is **necessary** to mention leavened bread as well.

וְאִי כָּתַב רַחֲמָנָא חָמֵץ – מִשּׁוּם דְּרָאוּי לַאֲכִילָה, אֲבָל שְׂאוֹר שֶׁאֵין רָאוּי לַאֲכִילָה אֵימָא לָא, צְרִיכָא.

And conversely, **if the Merciful One had written** only **leavened bread,** I would have said that the measure that determines liability for leavened bread is an olive-bulk, **because it is fit for consumption** on its own; **however, leaven, which is not fit for consumption** on its own but only when used as a leavening agent for dough, **say no,** its measure is not like that of leavened bread. Therefore, it is **necessary** to mention both cases.

וּבֵית שַׁמַּאי לֵית לְהוּ דְּרַבִּי זֵירָא? דְּאָמַר רַבִּי זֵירָא: פָּתַח הַכָּתוּב בִּשְׂאוֹר וְסִיֵּים בְּחָמֵץ, לוֹמַר לָךְ: זֶהוּ שְׂאוֹר זֶהוּ חָמֵץ.

The Gemara asks: **And Beit Shammai, don't they hold** in accordance with **Rabbi Zeira's** opinion? **As Rabbi Zeira said,** the verse states: "Seven days there shall be no leaven found in your houses, for whoever eats that which is leavened, that soul shall be cut off from the assembly of Israel" (Exodus 12:19). **The verse begins with leaven and ends with leavened bread to say to you** that **leaven is equivalent to leavened bread.** How, then, can Beit Shammai maintain that the two are prohibited by different measures?

לְעִנְיַן אֲכִילָה כּוּלֵּי עָלְמָא לָא פְּלִיגִי, כִּי פְּלִיגִי – לְעִנְיַן בִּיעוּר. בֵּית שַׁמַּאי סָבְרִי: לָא יָלְפִינַן בִּיעוּר מֵאֲכִילָה, וּבֵית הִלֵּל סָבְרִי: יָלְפִינַן בִּיעוּר מֵאֲכִילָה.

The Gemara answers: Indeed, **with regard to** the measure that determines liability for **eating, everyone agrees** that the same measure applies to leavened bread and leaven. **When they disagree** it is **with regard to** the **removal** of leavened bread from one's house. **Beit Shammai hold** that **we do not derive** the *halakha* of **removal from** that of **eating.** Rather, with regard to the obligation of removal, different measures apply to leavened bread and leaven. **And Beit Hillel hold** that **we derive** the *halakha* of **removal from** the measure that determines liability for **eating.**

אִתְּמַר נָמֵי, אָמַר רַבִּי יוֹסֵי בַּר חֲנִינָא: מַחְלוֹקֶת לְעִנְיַן בִּיעוּר, אֲבָל לְעִנְיַן אֲכִילָה – דִּבְרֵי הַכֹּל זֶה וָזֶה בִּכְזַיִת.

The Gemara comments: This idea **was also stated** explicitly by *amora'im*. **Rabbi Yosei bar Ḥanina said:** The **dispute** between Beit Shammai and Beit Hillel was stated **with regard to** the **removal** of leavened bread; however, **with regard to** the measure that determines liability for **eating, everyone agrees** that the measure for both **this and that** is **an olive-bulk.**

תַּנְיָא נָמֵי הָכִי: "וְלֹא יֵרָאֶה לְךָ (שְׂאוֹר) וְלֹא יֵרָאֶה לְךָ (חָמֵץ)", זֶהוּ מַחְלוֹקֶת שֶׁבֵּין בֵּית שַׁמַּאי וּבֵית הִלֵּל, שֶׁבֵּית שַׁמַּאי אוֹמְרִים: שְׂאוֹר בִּכְזַיִת וְחָמֵץ בְּכַכּוֹתֶבֶת, וּבֵית הִלֵּל אוֹמְרִים: זֶה וָזֶה בִּכְזַיִת.

That opinion **is also taught** in a *baraita*. The verse states: **"And no leavened bread shall be seen with you, and no leaven shall be found in all your borders"** (Exodus 13:7). **This** obligation to remove leavened bread **is** subject to **a dispute between Beit Shammai and Beit Hillel, as Beit Shammai say:** The measure that determines liability for removal of **leaven** is **an olive-bulk, and** the measure for leavened bread is **a large date-bulk, and Beit Hillel say:** The measure for **both this and that** is **an olive-bulk.** This *baraita* indicates that the dispute between Beit Shammai and Beit Hillel is with regard to the obligation to remove leavened bread, not liability for eating it.

"הַשּׁוֹחֵט חַיָּה וָעוֹף בְּיוֹ"ט" וכו'.

§ The mishna states that Beit Shammai and Beit Hillel also dispute whether or not **one who slaughters an undomesticated animal or a bird on a Festival,** without having prepared earth the day before with which to cover the blood after the slaughter, may dig out earth on the Festival itself to cover the blood.

"הַשּׁוֹחֵט" דִּיעֲבַד – אִין, לְכַתְּחִלָּה – לָא, אֵימָא סֵיפָא: וּבֵית הִלֵּל אוֹמְרִים: לֹא יִשְׁחוֹט, מִכְּלָל דְּתַנָּא קַמָּא סָבַר יִשְׁחוֹט!

The Gemara analyzes the wording of the mishna: **One who slaughters** an animal; this indicates that **after the fact,**[N] **yes,** one may dig out dirt, but ***ab initio*, no,** even Beit Shammai agree that one may not slaughter an undomesticated animal or a bird if there is no prepared dirt. Otherwise, the mishna would have said: One may slaughter an undomesticated animal or a bird on a Festival. **Say the latter clause** of the mishna: **And Beit Hillel say** that one **may not slaughter** it. This proves **by inference that the first *tanna*,** Beit Shammai, **holds** that one **may slaughter** it even *ab initio*.

NOTES

One who slaughters an animal, after the fact – הַשּׁוֹחֵט דִּיעֲבַד: Although the phrase: One who slaughters an animal, can mean that one slaughters an animal *ab initio*, since this case involves a transgression, it can be assumed that had the *tanna* of the mishna intended that one may do so *ab initio*, he would have said so in clearer terms (Rabbeinu Peretz).

BACKGROUND

Shovel [*deker*] – דֶּקֶר: The meaning of the term *deker* is disputed by the early authorities. Some hold that it refers to a type of shovel. Others explain that it is a sharpened metal stake, from the Hebrew term *dakar*, meaning stab or pierce.

Roman shovel

HALAKHA

Slaughter and covering the blood on a Festival – שְׁחִיטָה וְכִיסּוּי הַדָּם בְּיוֹם טוֹב: One may slaughter an undomesticated animal or a bird on a Festival only if he has prepared loose earth the day before for the purpose of covering its blood. If someone transgresses and slaughters an animal, he may dig with a shovel and cover the blood if he had embedded the shovel in loose earth before the onset of the Festival. If not, he must cover the blood after the Festival (*Shulḥan Arukh, Oraḥ Ḥayyim* 498:14).

The manner of covering the blood – דֶּרֶךְ כִּיסּוּי הַדָּם: The mitzva of covering the blood is performed by placing earth beneath the blood and covering the blood with another layer of dirt. One should prepare earth for this purpose ahead of time *ab initio* (*Shakh*; *Be'er Heitev*; *Shulḥan Arukh, Yoreh De'a* 28:5).

הָא לָא קַשְׁיָא; לֹא יִשְׁחוֹט וִיכַסֶּה קָאָמַר.

The Gemara answers: **This is not difficult,** as Beit Hillel **said** and meant the following: **One may not slaughter** an animal **and cover** the blood. They are emphasizing that one may not cover the blood even if he slaughtered an animal, whereas Beit Shammai maintain that if one slaughtered he may cover the blood *ab initio*.

אֵימָא סֵיפָא: וּמוֹדִים שֶׁאִם שָׁחַט שֶׁיַּחְפּוֹר בְּדֶקֶר וִיכַסֶּה, מִכְּלָל, דְּרֵישָׁא לָאו דִּיעֲבַד הוּא.

The Gemara challenges this explanation: **Say the latter clause** of the mishna: **And** Beit Hillel **concede that if he** already **slaughtered, then he may dig with a shovel**[B] **and cover** the blood, which indicates that Beit Hillel were not emphasizing the covering of the blood. This proves **by inference that** the **first clause** of the mishna **is not** referring to one's action **after the fact,**[N] but to the *halakha ab initio*.

אֲמַר רַבָּה: הָכִי קָאָמַר: הַשּׁוֹחֵט שֶׁבָּא לִימָּלֵךְ, כֵּיצַד אוֹמֵר לוֹ? בֵּית שַׁמַּאי אוֹמְרִים, אוֹמֵר לוֹ: שְׁחוֹט, חֲפוֹר, וְכַסֵּה. וּבֵית הִלֵּל אוֹמְרִים: לֹא יִשְׁחוֹט אֶלָּא אִם כֵּן הָיָה לוֹ עָפָר מוּכָן מִבְּעוֹד יוֹם.

Rabba said that **this is what** the mishna **is saying.** The phrase: One who slaughters an animal, is not a broad directive on how to act, but rather it means: If there is **one who slaughters** animals **who comes to consult** a Sage on how to proceed, **what** should the Sage **say to him? Beit Shammai say** that the Sage **says to him: Slaughter** it *ab initio*, **dig, and cover** the blood. **And Beit Hillel say: He may slaughter** the animal **only if he had earth** that was **prepared while it was still day.**

רַב יוֹסֵף אֲמַר, הָכִי קָאָמַר: הַשּׁוֹחֵט שֶׁבָּא לְהִמָּלֵךְ כֵּיצַד אוֹמֵר לוֹ? בֵּית שַׁמַּאי אוֹמְרִים, אוֹמֵר לוֹ: לֵךְ חֲפוֹר שְׁחוֹט וְכַסֵּה, וּבֵית הִלֵּל אוֹמְרִים: לֹא יִשְׁחוֹט אֶלָּא אִם כֵּן הָיָה לוֹ עָפָר מוּכָן מִבְּעוֹד יוֹם.

Rav Yosef provided a slightly different explanation of the mishna and **said** that **this is what** the mishna **is saying:** With regard to **one who slaughters animals who comes to consult, what does** the Sage **say to him? Beit Shammai say** that **he says to him: Go dig, slaughter** the animal, **and cover** the blood. **And Beit Hillel say: He may slaughter** the animal, **only if he had earth** that was **prepared while it was still day.**[HN]

אֲמַר לֵיהּ אַבַּיֵי לְרַב יוֹסֵף: לֵימָא, מָר וְרַבָּה בִּדְרַבִּי זֵירָא אָמַר רַב קָא מִפַּלְגִיתוּ? דְּאָמַר רַבִּי זֵירָא אָמַר רַב: הַשּׁוֹחֵט צָרִיךְ שֶׁיִּתֵּן עָפָר לְמַטָּה וְעָפָר לְמַעְלָה, שֶׁנֶּאֱמַר ״וְשָׁפַךְ אֶת דָּמוֹ וְכִסָּהוּ בֶּעָפָר״, ״עָפָר״ לֹא נֶאֱמַר, אֶלָּא ״בֶּעָפָר״, מְלַמֵּד שֶׁהַשּׁוֹחֵט צָרִיךְ שֶׁיִּתֵּן עָפָר לְמַטָּה וְעָפָר לְמַעְלָה,

Abaye said to Rav Yosef: Let us say that **the Master,** i.e., Rav Yosef, **and Rabba dispute** the following statement **that Rabbi Zeira** said that **Rav said,** as **Rabbi Zeira said** that **Rav said: One who slaughters** an undomesticated animal or bird is obligated to perform the mitzva of covering the blood, and therefore **he must place earth beneath** the blood **and earth above** it, **as it is stated: "And he shall pour out its blood and cover it in earth"** (Leviticus 17:13).[N] It **is not stated:** Cover it with **earth, but "in earth,"** indicating that the blood must be concealed inside the earth. The verse thereby **teaches that one who slaughters** an animal **must place earth beneath and earth above** the blood.[H]

דְּמָר אִית לֵיהּ דְּרַבִּי זֵירָא, וְרַבָּה לֵית לֵיהּ דְּרַבִּי זֵירָא?

Abaye is suggesting **that the Master is of** the opinion that the ruling is in accordance with the opinion **of Rabbi Zeira,** and therefore he requires one to dig first and only afterward slaughter the animal and have the blood flow onto that earth and then cover it with additional earth, **and** that **Rabba is of** the opinion that the ruling is **not** in accordance with the opinion **of Rabbi Zeira.**

NOTES

By inference that the first clause is not referring to after the fact – מִכְּלָל, דְּרֵישָׁא לָאו דִּיעֲבַד הוּא: Why does the Gemara need to infer in this manner? Since it is clearly stated that Beit Hillel were lenient after the fact, the dispute must concern the *ab initio* case. One explanation is that the Gemara is analyzing the language of the mishna, not the disagreement between Beit Shammai and Beit Hillel, as it wishes to clarify the meaning of the phrase: One who slaughters (Rashba).

The dispute between Rabba and Rav Yosef – מַחֲלוֹקֶת רַבָּה וְרַב יוֹסֵף: The early authorities ask: Why is it necessary to delve into the specifics of Beit Shammai's opinion, which is not accepted as *halakha*? Some indeed cite this discussion as proof that when the Gemara later states: The attribution of the opinions is reversed (9b), it is referring to this mishna. Accordingly, the opinion attributed to Beit Shammai is actually that of Beit Hillel, and the dispute between Rabba and Rav Yosef is in fact relevant for *halakha* (*Tosafot*; *Meiri*).

Most authorities, however, do not reverse the opinions here. Some state that this is not a difficult question, as the opinion of Beit Shammai is also important, and it merits discussion and clarification like any other ruling rejected as *halakha* (Ritva). The Ramban, however, explains that this discussion of Beit Shammai's opinion has ramifications for Beit Hillel's opinion as well: If Rav Yosef's opinion is accepted, it can be claimed that Beit Hillel agree that if one has some earth ready he may slaughter an animal, dig more, and cover the blood. According to Rabba, by contrast, there would be no such option according to the opinion of Beit Hillel (see *Tziyyun LeNefesh Ḥayya* and *Ḥatam Sofer*).

And cover it in earth – וְכִסָּהוּ בֶּעָפָר: The use of the definite article in the phrase: In the earth, indicates particular earth, designated for that purpose. This teaches that even before the act of slaughter, there must be earth prepared below (*Meiri*).

אֲמַר לֵיהּ: בֵּין לְדִידִי בֵּין לְרַבָּה אִית לַן דְּרַבִּי זֵירָא, וְהָכָא בְּהָא קָא מִפַּלְגִינַן: רַבָּה סָבַר, אִי אִיכָּא עָפָר לְמַטָּה – אִין, אִי לָא – לָא, חָיְישִׁינַן דִּלְמָא מִמְּלִיךְ וְלָא שָׁחֵיט. וּלְדִידִי (אַדְּרַבָּה), הָא עֲדִיפָא, דְּאִי לָא שָׁרֵית לֵיהּ אָתֵי לְאִמְנוּעֵי מִשִּׂמְחַת יוֹם טוֹב.

Rav Yosef **said to** Abaye: This is not so; rather, **both** according **to me** and according **to Rabba we are** of the opinion that the ruling is in accordance with the opinion **of Rabbi Zeira, and here we disagree with regard to this** matter: **Rabba holds** that **if there is** prepared **earth beneath, yes,** in that case one may slaughter an animal, but **if there is no** earth prepared beneath, **no,** he may not slaughter it at all. Why not? Rabba says: **We are concerned** that **perhaps one will reconsider and not slaughter** it at all, and he will have dug a hole on a Festival unnecessarily. **And according to my** opinion, **on the contrary: This** situation, in which he is permitted to dig first, **is preferable, since if you do not permit him** to dig in all cases for the purpose of slaughter, **he will** be unable to eat meat and will **refrain from rejoicing on the Festival.**

"וּמוֹדִים שֶׁאִם שָׁחַט שֶׁיַּחְפּוֹר בְּדֶקֶר וִיכַסֶּה". אָמַר רַבִּי זְרִיקָא אָמַר רַב יְהוּדָה: וְהוּא שֶׁיֵּשׁ לוֹ דֶּקֶר נָעוּץ מִבְּעוֹד יוֹם. וְהָא קָא עָבֵיד כְּתִישָׁה! אָמַר רַב חִיָּיא בַּר אָשֵׁי אָמַר רַב:

§ That mishna states: **And** Beit Hillel **concede that if one** transgressed and **slaughtered an** animal, **then he digs with a shovel**[N] **and covers** the blood. **Rabbi Zerika said** that **Rav Yehuda said: And that is the** *halakha* specifically **when one has a shovel** already **embedded**[N] in the ground **while it was still day,** before the onset of the Festival. The Gemara asks: **But** what purpose does an embedded shovel serve; **doesn't he** still **perform** the act of **crushing,**[N] as one must crush the lumps of earth to make the soil fit for covering? **Rav Ḥiyya bar Ashi said** that **Rav said:**

NOTES

Then he digs with a shovel – שֶׁיַּחְפּוֹר בְּדֶקֶר: Apparently, the conclusion is that Beit Shammai and Beit Hillel disagree over whether regular earth in a courtyard is *muktze* or whether it is considered prepared and may be carried and used for covering (Rid). It is permitted to use the earth after the fact, as the positive mitzva by Torah law to cover the blood overrides the rabbinic prohibition against moving *muktze* objects (*Shitta Mekubbetzet*).

And that is when one has a shovel embedded – וְהוּא שֶׁיֵּשׁ לוֹ דֶּקֶר נָעוּץ: The mishna alludes to this *halakha*, as it does not simply state: He digs and covers the blood, but rather: He digs with a shovel, which indicates that there is a shovel ready for this purpose (*Ḥatam Sofer*, 2nd ed.). An embedded shovel is permitted because to a certain extent it can be considered prepared for this purpose (Rabbi Aharon HaLevi).

But doesn't he perform crushing – וְהָא קָא עָבֵיד כְּתִישָׁה: Some commentaries explain that this does not refer to the crushing performed afterward, but to the crushing of the earth that occurs when one removes the shovel from the ground (Rabbeinu Ḥananel; see *Meiri*).

Perek **I**
Daf **8** Amud **a**

בְּעָפָר תִּיחוּחַ.

Here it is referring **to loose earth** that does not require further crushing.

וְהָא קָא עָבֵיד גּוּמָּא! כִּדְרַבִּי אַבָּא, דְּאָמַר רַבִּי אַבָּא: הַחוֹפֵר גּוּמָּא בְּשַׁבָּת וְאֵינוֹ צָרִיךְ אֶלָּא לַעֲפָרָהּ – פָּטוּר עָלֶיהָ.

The Gemara challenges this: **But** even in the case of loose earth, **one makes a hole**[N] by the very act of removing the earth or the shovel from that place. The Gemara answers: This ruling is **in accordance with** the opinion of **Rabbi Abba, as Rabbi Abba said: One who digs a hole on Shabbat,** but he **needs only its earth**[HN] and has no interest in forming a pit, **is exempt for** that act. Since he has no interest in the hole, he is considered to have performed a destructive act, and the *halakha* is that one who commits a destructive act is not liable for the performance of prohibited labor on Shabbat and Festivals.

"שֶׁאֵפֶר כִּירָה מוּכָן הוּא". אֵפֶר כִּירָה מַאן דְּכַר שְׁמֵיהּ? אָמַר רַבָּה: הָכִי קָאָמַר: וְאֵפֶר כִּירָה מוּכָן הוּא.

§ The mishna states: **That the ashes of a stove are prepared.** The Gemara express puzzlement at this statement: **The ashes of a stove, who mentioned anything about it?**[N] Why does the mishna suddenly speak about the ashes of a stove when it had not previously discussed or even mentioned them? **Rabba said: This is what the** *tanna* **said: And the ashes**[N] **of a stove are prepared.**[HN] In other words, everyone agrees that in addition to prepared earth, the ashes of a stove are also considered prepared, and one may cover the blood with them. It is not necessary to prepare these ashes especially for this purpose the day before.

HALAKHA

One who digs a hole…but he needs only its earth – הַחוֹפֵר גּוּמָּא...וְאֵינוֹ צָרִיךְ אֶלָּא לַעֲפָרָהּ: One who digs a hole on Shabbat only for its earth is exempt by Torah law, as he is considered to have committed a destructive act (Rambam *Sefer Zemanim*, *Hilkhot Shabbat* 1:17).

The ashes of a stove are prepared – אֵפֶר כִּירָה מוּכָן הוּא: The ashes from a stove that was ignited on the eve of a Festival are considered prepared for covering the blood, and it is permitted to rely on them and slaughter animals on the Festival. If the stove was ignited on the Festival itself, its ashes are prohibited, unless they are warm enough to be used for minimal cooking, e.g., to roast an egg with them, or even to take the chill off a cold drink (*Peri Megadim*). If one transgresses and slaughters an animal, it is permitted to cover its blood with these ashes even if they have cooled off completely. Some authorities, such as the Rema and the *Taz*, maintain that in that case it is preferable to use an embedded shovel, if one is available. Others, such as the *Magen Avraham* and the Vilna Gaon, disagree (*Shulḥan Arukh*, *Oraḥ Ḥayyim* 498:15).

NOTES

But one makes a hole – וְהָא קָא עָבֵיד גּוּמָּא: Digging a hole inside a house constitutes the prohibited labor of building; doing so in a field constitutes the prohibited labor of plowing (*Meiri*).

Needs only its earth – אֵינוֹ צָרִיךְ אֶלָּא לַעֲפָרָהּ: This *halakha* concerning digging a hole is an example of the broader topic of prohibited labor performed not for its own sake, which is a case where one performs a prohibited labor for a purpose other than its primary objective. In that case, Rabbi Shimon rules that one is exempt, and Rabbi Yehuda deems him liable. However, in this case Rabbi Yehuda would agree that he is exempt because he performed a destructive act.

Although the principle with regard to the prohibitions of Shabbat is that exempt means exempt by Torah law but the act is prohibited by rabbinic law, according to Rabbi Shimon this would be permitted because it is a prohibition based on two rabbinic decrees, as it is a labor performed not for its own sake and it is also a destructive act, which is permitted when it is for the purpose of fulfilling a mitzva (*Tziyyun LeNefesh Ḥayya*). *Tosafot* claim that even according to Rabbi Yehuda, it is permitted in this case, due to the mitzva of rejoicing on the Festival. Others explain that the ruling here is exempt and permitted because there is a shovel already embedded in the ground (Rid). Some commentaries combine these arguments.

Who mentioned anything about it – מַאן דְּכַר שְׁמֵיהּ: Some commentaries explain that this cannot refer back to the mishna's earlier statement, as it was already stated that everyone agrees that one who slaughtered an animal should cover its blood. Since no previous dispute was recorded with regard to the ashes of a stove, the Gemara asks how it can be said that Beit Shammai and Beit Hillel agree in that case as well (Rav Yitzḥak Abuhav).

This is what he said, and the ashes – הָכִי קָאָמַר, וְאֵפֶר: This explanation should not be understood as a proposed change to the text of the mishna. Rather, Rabba is saying that sometimes the term: That, i.e., the prefix letter *shin*, does not signify an explanation, but adds to the previous statement, like a *vav*, which means: And (see *Etz Yosef*).

And the ashes of a stove are prepared – וְאֵפֶר כִּירָה מוּכָן הוּא: *Tosafot* ask: But according to the opinion of Beit Shammai, one may not cover blood with ashes even on a weekday. Consequently, they explain that the statement that the ashes of a stove are considered prepared for all of one's needs means that the ashes do not have the status of *muktze*; it does not refer to the mitzva of the covering of the blood at all. The *Piskei HaRid* states likewise. Others, however, explain this statement as follows: Beit Hillel agree that the ashes of a stove are considered prepared for covering blood, and therefore if one has ashes of a stove available he may slaughter an animal even *ab initio* (Rashba).

אָמַר רַב יְהוּדָה אָמַר רַב: לֹא שָׁנוּ אֶלָּא שֶׁהוּסַּק מֵעֶרֶב יוֹם טוֹב, אֲבָל הוּסַּק בְּיוֹם טוֹב – אָסוּר. וְאִם רָאוּי לִצְלוֹת בּוֹ בֵּיצָה – מוּתָּר.

Rav Yehuda said that **Rav said: They only taught** that the ashes of a stove are considered prepared if the stove **was ignited on the Festival eve,** so that the ashes had already formed at the start of the Festival. **However,** if **it was ignited on the Festival** itself, the ashes are **prohibited.**[N] **And if** the ashes are still hot and **fit to roast an egg in them,**[N] they are not considered *muktze*, and therefore it is **permitted** to use them for covering as well.

תַּנְיָא נַמִּי הָכִי: כְּשֶׁאָמְרוּ אֵפֶר כִּירָה מוּכָן הוּא, לֹא אָמְרוּ אֶלָּא שֶׁהוּסַּק מֵעֶרֶב יוֹם טוֹב, אֲבָל הוּסַּק בְּיוֹם טוֹב – אָסוּר, וְאִם רָאוּי לִצְלוֹת בּוֹ בֵּיצָה – מוּתָּר.

The Gemara comments: **That** opinion **is also taught** in a *baraita*: **When they said** that **the ashes of a stove are prepared, they said** so **only when it was ignited on the Festival eve; however,** if **it was ignited on the Festival,** they are **prohibited. And if** the ashes are still hot and **fit to roast an egg in them,** they are **permitted.**

הִכְנִיס עָפָר לְגִנָּתוֹ וּלְחוּרְבָּתוֹ – מוּתָּר לְכַסּוֹת בּוֹ. וְאָמַר רַב יְהוּדָה: מַכְנִיס אָדָם מְלֹא קוּפָּתוֹ עָפָר וְעוֹשֶׂה בָּהּ כׇּל צְרָכוֹ.

The Gemara further states: If before the Festival **one brought earth into his garden**[H] **or his ruin** to use for various needs, **it is permitted to cover** blood **with it. And Rav Yehuda** likewise **said: A person may bring in a basketful of earth**[H] the day before the Festival **and use** both the basket and the earth it contains **for all his needs** on the Festival.

דָּרַשׁ מָר זוּטְרָא מִשְּׁמֵיהּ דְּמָר זוּטְרָא רַבָּה: וְהוּא שֶׁיִּיחֵד לוֹ קֶרֶן זָוִית.

With regard to this case, **Mar Zutra** added and **taught** in public **in the name of Mar Zutra the Great** that the application of this *halakha* is limited: **And that is** the case only **if one designated a corner for this** earth, thereby demonstrating that he intends to use it for all his requirements, rather than merely bringing earth in to scatter over the floor of the house. In that case, the dirt is nullified. It is considered part of the floor, which means that it is once again classified as *muktze*.

מֵיתִיבֵי: כּוֹי אֵין שׁוֹחֲטִין אוֹתוֹ בְּיוֹם טוֹב, וְאִם שְׁחָטוֹ – אֵין מְכַסִּין אֶת דָּמוֹ. וְאִי אִיתָא – לְכַסְּיֵיהּ כִּדְרַב יְהוּדָה!

The Gemara **raises an objection** against this from a mishna (*Bikkurim* 4:9): In the case of a ***koy***,[B] a kosher animal with characteristics of both domesticated and non-domesticated animals, **one may not slaughter it on a Festival,**[N] as it is uncertain whether or not its blood requires covering. **And if one did slaughter it, he may not cover its blood. And if it is so,** that one may use his basket of earth as he wishes, as claimed by Rav Yehuda, even if a *koy* is definitely a domesticated animal, **let him cover it, in accordance with** the opinion of **Rav Yehuda.**[H]

וּלְטַעֲמִיךְ, לְכַסְּיֵיהּ בְּאֵפֶר כִּירָה אוֹ בְּדֶקֶר נָעוּץ! אֶלָּא – דְּלֵית לֵיהּ, הָכָא נַמִּי – דְּלֵית לֵיהּ.

The Gemara expresses surprise at this objection: **And according to your reasoning,** one could equally suggest: **Let him cover** the blood of the *koy* **with ashes of a stove or with** earth dug up with **an embedded shovel.**[N] **Rather,** this mishna must be referring to a situation **where one does not have** prepared earth to use for covering the blood; **here too,** one can say **that he does not have** a basket of earth ready for all his needs.

BACKGROUND

Koy – **כּוֹי**: Many problems arise in trying to identify the *koy*. It is mentioned numerous times in the Mishna and the Gemara, not because it is a common animal, but rather because it is useful in discussions that explore the parameters and limits of the laws of domestic animals versus wild animals. As early as the mishnaic period, the Sages disagreed on the identification of the *koy*. Some maintain that it is a hybrid born to a deer or another kosher wild animal and a goat.

According to many researchers, the *koy* is identified as the water buffalo. There are allusions to this identification in some medieval rabbinic sources. Others reject this idea and claim that water buffalo did not live in Eretz Yisrael during the time of the Mishna, when the *koy* was first mentioned. Others maintain that the *koy* is the mouflon, a subspecies of wild sheep, although there are a number of opinions as to the specific subspecies of mouflon it may be. There is also uncertainty with regard to both the origin of the term *koy* and its proper vocalization.

Mouflon

Water buffalo

NOTES

If it was ignited on the Festival they are prohibited – הוּסַּק בְּיוֹם טוֹב, אָסוּר: Some commentaries explain that Rav, who issued this statement, clearly holds in accordance with the opinion of Rabbi Yehuda, who accepts the prohibition of *muktze*, and therefore he holds that the ashes are prohibited (Rashba). Others claim that even Rabbi Shimon, who does not accept the prohibition of *muktze*, agrees that in this case the ashes are prohibited, as they came into being [*nolad*] on the Festival (Rabbi Aharon HaLevi; Rid). In the Jerusalem Talmud, it is stated that if one slaughtered an animal, it is preferable to cover the blood with ashes from a fire ignited on that day, rather than cover it by means of an embedded shovel.

Fit to roast…in them – רָאוּי לִצְלוֹת בּוֹ: How can this be if there is a *halakha* that for covering blood one must use a substance fit for growing plants, which is not true of hot ashes? One answer is that ashes are suitable for this purpose after they cool down. Furthermore, ashes consist of a suitable type of matter, and therefore it makes no difference that in this particular instance the substance cannot be used for growing plants (Meiri).

One may not slaughter it on a Festival – אֵין שׁוֹחֲטִין אוֹתוֹ בְּיוֹם טוֹב: The early commentaries ask: Why does the Gemara pose the question from the *koy* to Rav Yehuda rather than question the *baraita* itself, which apparently states the same *halakha*? They suggest several answers: One can understand the *baraita* as referring only to cases after the fact, where one already slaughtered the animal, but not *ab initio*. Alternatively, the *halakha* of the *baraita* applies to cases where covering is certainly required by Torah law, whereas Rav Yehuda says that one may use the earth for all one's needs, which includes even uncertain cases (Rav Yitzḥak Abuhav). Others suggest that the *baraita* is referring to the rare case in which one brought a large quantity of earth into his garden. It is, however, not unusual for one to have a basket of earth at hand in one's house for covering filth on the floor. Therefore, it is appropriate to ask why one may not use this earth for covering the blood of a *koy* as well (*Shitta Mekubbetzet*).

Let him cover it with ashes of a stove or with an embedded shovel – לְכַסְּיֵיהּ בְּאֵפֶר כִּירָה אוֹ בְּדֶקֶר נָעוּץ: *Tosafot* ask why the Gemara cites the example of an embedded shovel, as this method is available only according to the opinion of Beit Shammai. Some explain that the main difficulty is indeed based on the case of the ashes of a stove, and an embedded shovel is mentioned only incidentally (Rabbi Aharon HaLevi). Alternatively, the question is posed to Beit Hillel with regard to the ashes of a stove, and it is posed to Beit Shammai concerning an embedded shovel (Rashba). Another possibility is that since one has already slaughtered the *koy*, perhaps it should be considered a situation after the fact, in which case he should be permitted to use an embedded shovel, even according to the opinion of Beit Hillel (Rav Yitzḥak Abuhav).

HALAKHA

Brought earth into his garden – הִכְנִיס עָפָר לְגִנָּתוֹ: If one brings loose earth into his garden and piles it up in one spot, it is permitted to use it to cover the blood, as he intended that this earth serve all his needs. However, if one brings only a small quantity, it is nullified and considered part of the earth of the garden. Some commentaries say that if one brings earth into his house, he may use it even if it is a small amount (*Shulḥan Arukh HaRav*). Others claim that the Sages permitted use of this earth only for a mitzva, e.g., covering blood, and only after the fact. Using it for any other purpose is certainly prohibited (*Peri Ḥadash*; Vilna Gaon). According to the *Mishna Berura*, it is appropriate to act stringently in this regard, unless one's Festival joy will be adversely affected (*Shulḥan Arukh, Oraḥ Ḥayyim* 498:16).

Bring in a basketful of earth – מַכְנִיס...מְלֹא קוּפָּתוֹ עָפָר: One who brings a basketful of earth into his house before the Festival begins may use it for all of his needs on the Festival (*Shulḥan Arukh, Oraḥ Ḥayyim* 498:17).

Slaughter of a *koy* on a Festival – שְׁחִיטַת כּוֹי בְּיוֹם טוֹב: A *koy*, whose status as a domesticated or undomesticated animal is uncertain, may not be slaughtered on a Festival. If one does slaughter it, its blood may not be covered, so that people will not think its prohibited fats are permitted, like those of an undomesticated animal. However, if the blood is located in a place where it disturbs people, one may cover it (*Shulḥan Arukh, Oraḥ Ḥayyim* 498:18).

אִי הָכִי, מַאי אִירְיָא סָפֵק? אֲפִילּוּ וַדַּאי נַמִי לָא!

The Gemara asks: **If so,** if the mishna is referring to a situation where one does not have prepared earth, **why** discuss **specifically** the case of a *koy*, where there is **uncertainty** whether there is a mitzva to cover its blood? **Even** in the case of an undomesticated animal, whose blood must **certainly** be covered, slaughter should **also not** be permitted, as the *halakha* is in accordance with the opinion of Beit Hillel that one may not slaughter if he does not have prepared earth.

לָא מִבָּעְיָא קָאָמַר; לָא מִבָּעְיָא וַדַּאי דְּלָא לִשְׁחוֹט, אֲבָל סָפֵק – אֵימָא מִשּׁוּם שִׂמְחַת יוֹם טוֹב לִשְׁחוֹט, וְלֹא לְכַסְּיֵיהּ – קָא מַשְׁמַע לָן.

The Gemara explains that this *baraita* **is speaking** utilizing the style of: **It is not necessary,** as follows: **It is not necessary** to state the *halakha* with regard to **definite** undomesticated animals and birds, **that** it is **not** permitted **to slaughter** them; **however,** with regard to **an uncertainty,** one might **say: Due to the joy of the Festival let one slaughter** it **and not cover** its blood, as there is **uncertainty** whether there is a mitzva to cover its blood, and therefore it is overridden by the mitzva to rejoice on a Festival. The *baraita* therefore **teaches us** that one should not slaughter it *ab initio* if he does not have something prepared with which to cover the blood.

Perek **I**
Daf **8** Amud **b**

וְהָא מִדְּקָתָנֵי סֵיפָא: וְאִם שְׁחָטוֹ – אֵין מְכַסִּין אֶת דָּמוֹ, מִכְּלָל (דְּרֵישָׁא) בְּדְאִית לֵיהּ עָסְקִינַן.

The Gemara challenges this: **From** the fact **that the latter clause teaches: And if he slaughtered it one may not cover its blood, it may be inferred that in the first clause we are dealing with** a situation **where he does have** something with which to cover the blood. If he does not have anything he can use, why is it necessary to state that one may not cover it? And consequently, if he does in fact have material with which to cover the blood, why may he not do so, either with his basket of earth, in accordance with the opinion of Rabbi Yehuda, or with the ashes of a stove?

אֶלָּא אָמַר רַבָּה: אֵפֶר כִּירָה מוּכָן לְוַדַּאי וְאֵין מוּכָן לְסָפֵק.

Rather, Rabba said that **the ashes of a stove,** which the mishna stated are prepared, are **prepared** only **for** covering the blood in a case of **a definite** obligation, but they **are not** considered **prepared for** a case of **uncertainty.**[N] Although his intention was to use these ashes to cover the blood of any animal he slaughters, whether in a definite or an uncertain case, they are nevertheless not considered prepared for an uncertain case.

לְסָפֵק מַאי טַעְמָא לָא – דְּקָא עָבֵיד גּוּמָא, וַדַּאי נַמִי קָא עָבֵיד גּוּמָא. אֶלָּא כִּדְרַבִּי אַבָּא – הָכָא נַמִי כִּדְרַבִּי אַבָּא.

The Gemara inquires: In a case **of uncertainty, what is the reason** that the ashes are not considered prepared? If the reason is **that one makes a hole** in the mound of ashes when he removes part of it for covering, in **a definite** case **he also makes a hole.** If it is prohibited to make a hole, that prohibition applies in all cases. **Rather,** one must say, **in accordance with** the opinion of **Rabbi Abba,** that the making of this hole is not considered prohibited labor, as he is merely performing a destructive act. If so, **here too,** in a case of uncertainty, there should be no cause for concern, **in accordance with** the opinion of **Rabbi Abba.**

אֶלָּא: סָפֵק מַאי טַעְמָא – דִּלְמָא עָבֵיד כְּתִישָׁה. וַדַּאי נַמִי – נִגְזוֹר מִשּׁוּם כְּתִישָׁה! וַדַּאי כִּי קָא עָבֵיד כְּתִישָׁה – אָתֵי עֲשֵׂה וְדָחֵי אֶת לֹא תַעֲשֶׂה.

Rather, the Gemara retracts from the previous suggestion and offers an alternative: With regard to a case of **uncertainty, what is the reason** that it is prohibited? The reason is that **perhaps one** will forget and **perform crushing** with this earth, to ready it for covering. However, the same problem arises as before: If so, **we should also decree** against covering the blood in **a definite** case, **because** he might **crush** the earth. The Gemara answers: This presents no difficulty, as when one fulfills the mitzva of covering the blood in **a definite** case, even **if he performs crushing,** the **positive** mitzva of covering the blood **comes and overrides** the **prohibition** concerning the desecration of a Festival.[N]

NOTES

Prepared for a definite obligation, but they are not prepared for a case of uncertainty – מוּכָן לְוַדַּאי וְאֵין מוּכָן לְסָפֵק: The Gemara originally understands Rabba as saying that one cannot prepare for a case of uncertainty at all, which means that even if one were to try to do so, his intention is disregarded (Rabbi Aharon HaLevi). The Gemara proceeds to question why preparation should be ineffective in a case of uncertainty. If it is due to the prohibition of *muktze*, his preparation before the Festival should preclude that concern. The answer is that not even preparation can alleviate the concern for prohibitions performed during the act of covering. These concerns are overridden by a definite mitzva, but not by a case of uncertainty (Rashba).

The positive mitzva comes and overrides the prohibition – אָתֵי עֲשֵׂה וְדָחֵי אֶת לֹא תַעֲשֶׂה: Some commentaries ask: Since the positive mitzva of covering can be performed later, why should it override a prohibition? The answer given is that the mitzva should be performed in the proper fashion *ab initio*, as otherwise the obligation is fulfilled in an incomplete manner (Rashba; see later authorities).

HALAKHA

Cloak on which ritual fringes are placed – סָדִין בְּצִיצִית: By Torah law, it is permitted to place woolen ritual fringes on a linen garment, as the positive mitzva of ritual fringes overrides the prohibition against wearing a mixture of diverse kinds. In practice, linen ritual fringes are used for a linen garment, to fulfill the positive mitzva without transgressing a prohibition. However, during those periods when the practice was to use a string of a sky blue dye, which can be used only on woolen thread, this woolen thread was placed on a linen garment as well (Rambam *Sefer Ahava*, *Hilkhot Tzitzit* 3:6).

A Festival includes the positive mitzva and the prohibition – יוֹם טוֹב עֲשֵׂה וְלֹא תַעֲשֶׂה: One who performs prohibited labor on a Festival transgresses both the positive mitzva to rest and the prohibition itself (Rambam *Sefer Zemanim*, *Hilkhot Yom Tov* 1:2).

NOTES

Rather, Rava said – אֶלָּא אָמַר רָבָא: It is evident from other sources that Rava does not accept the claim that the observance of Festivals involves both a positive mitzva and a prohibition. If so, why does this question pose a problem for Rava here? One suggestion, based on *Tosafot*, is that Rava maintains that labor that merely facilitates food preparation is not permitted on a Festival, and covering the blood is included in this category (Rashba).

Brought in earth to cover…the blood of a bird, etc. – הִכְנִיס עָפָר לְכַסּוֹת בּוֹ...דַּם צִפּוֹר וכו׳: Some commentaries explain Rava's opinion, which also appears in the parallel discussion in the Jerusalem Talmud, to include the explanation offered later in the Gemara. They say as follows: There are two reasons for permitting the covering of the blood. First, because the action itself constitutes the performance of a mitzva; and second, because it looks like he is cleaning his courtyard (Ra'avan).

The Sages of Neharbela said, etc. – נְהַרְבְּלָאֵי אָמְרִי וכו׳: The case of a *koy* does not present a difficulty to their opinion, as they agree with Rami, son of Rav Yeiva, that a *koy* is prohibited for a different reason (Rid; Jerusalem Talmud).

A *koy* is not similar to excrement – כּוֹי אֵינוֹ כְּצוֹאָה: The difference between the two cases is that he had some intention with regard to excrement, as this is a likely occurrence, whereas he had no similar intention with regard to a *koy* (see Rashi). According to Rashi's explanation, the Gemara should be understood as follows: Can the issues be compared, in which case it would also be permitted to cover the blood of a *koy*, or are they not comparable (see Jerusalem Talmud)?

אֵימַר דְּאָמְרִינַן ״אָתֵי עֲשֵׂה וְדָחֵי אֶת לֹא תַעֲשֶׂה״ כְּגוֹן מִילָה בְּצָרַעַת, אִי נַמִּי סָדִין בְּצִיצִית,

The Gemara challenges this: **Say that we said** the following principle: **A positive** mitzva **comes and overrides a prohibition** in a case **such as the circumcision of** a child who has **leprosy.** Cutting off a leprous blemish is a violation of a prohibition. However, if a baby's foreskin is leprous, it is permitted to cut it off by circumcision. **Alternatively,** the principle applies to a case of a linen **cloak on** which woolen **ritual fringes** are placed,[H] despite the prohibition against wearing diverse kinds, i.e., a mixture of wool and linen.

דִּבְעִידָּנָא דְּקָא מְעַקַּר לָאו – קָא מוֹקֵים לַעֲשֵׂה, הָכָא, בְּעִידָּנָא דְּקָא מְעַקַּר לָאו – לָא מוֹקֵים עֲשֵׂה! הָא לָא קַשְׁיָא; דִּבַהֲדֵי דְּכָתֵישׁ קָא מְכַסֵּי.

The Gemara explains the difference between those *halakhot* and the issue at hand. In those cases, **at the time that one uproots** the **prohibition, he fulfills** the **positive** mitzva with the same act. However, **here,** in the case of covering blood, two separate actions are involved, as **at the time that one uproots** the **prohibition,** when he crushes the earth, he **does not fulfill** the **positive** mitzva of covering the blood. The Gemara answers: **This is not difficult,** as it is possible to say **that when one crushes** the earth, **he covers** the blood with it; he fulfills the positive mitzva by means of the same action through which he uproots the prohibition.

סוֹף סוֹף, יוֹם טוֹב עֲשֵׂה וְלֹא תַעֲשֶׂה הוּא, וְאֵין עֲשֵׂה דּוֹחֶה אֶת לֹא תַעֲשֶׂה וַעֲשֵׂה!

The Gemara challenges this explanation from a different perspective: **Ultimately, a Festival is** a mitzva that includes both the **positive** mitzva of rest **and** also the **prohibition**[H] against performing prohibited labor, **and** there is a principle that **a positive** mitzva by itself **does not override a prohibition and a positive** mitzva together.

אֶלָּא אָמַר רָבָא: אֵפֶר כִּירָה דַּעְתּוֹ לְוַדַּאי, וְאֵין דַּעְתּוֹ לְסָפֵק.

Rather, the Gemara rejects the previous explanation, in favor of the following. **Rava said:**[N] One's initial **intention** is to use **the ashes of a stove for** a mitzva that is **definite, and he does not have** this **intention for** cases of **uncertainty.** One may not use an article on a Festival for a purpose which he did not have in mind beforehand.

וְאָזְדָא רָבָא לְטַעְמֵיהּ, דְּאָמַר רָבָא: הִכְנִיס עָפָר לְכַסּוֹת בּוֹ צוֹאָה – מוּתָּר לְכַסּוֹת בּוֹ דַּם צִפּוֹר, דַּם צִפּוֹר – אָסוּר לְכַסּוֹת בּוֹ צוֹאָה.

The Gemara comments: **And Rava follows his** regular line of **reasoning** in this regard, **as Rava said:** If one **brought in earth** in order **to cover** a baby's **excrement with it** on a Festival, **it is** likewise **permitted to cover with it the blood of** a slaughtered **bird.** Since he prepared this earth for a case of uncertainty, as it is possible that the baby will not soil the house, he certainly intended to use it for covering the blood of a bird prepared before the Festival for slaughter. If, however, one prepared the earth at the outset to cover **the blood of a bird,**[N] **it is prohibited to cover excrement with it,** as he did not know in advance that he would require the earth for this purpose. He had only definite uses in mind, not possible ones such as covering excrement.

נְהַרְבְּלָאֵי אָמְרִי: אֲפִילּוּ הִכְנִיס עָפָר לְכַסּוֹת בּוֹ דַּם צִפּוֹר – מוּתָּר לְכַסּוֹת בּוֹ צוֹאָה.

The Sages **of Neharbela**[B] **said:**[N] **Even if one brought in earth to cover the blood of a bird with it, it is permitted to cover excrement with it,** as it cannot be said that he did not intend this usage.

אָמְרִי בְּמַעְרְבָא: פְּלִיגִי בָּהּ רַבִּי יוֹסֵי בַּר חָמָא וְרַבִּי זֵירָא, וְאָמְרִי לַהּ: רָבָא בְּרֵיהּ דְּרַב יוֹסֵף בַּר חָמָא וְרַבִּי זֵירָא. חַד אָמַר: כּוֹי הֲרֵי הוּא כְּצוֹאָה, וְחַד אָמַר: כּוֹי אֵינוֹ כְּצוֹאָה.

They say in the West,[B] Eretz Yisrael, that **Rabbi Yosei bar Ḥama and Rabbi Zeira disagree with regard to** this issue, **and some say** it was disputed by **Rava, son of Rav Yosef bar Ḥama,** commonly mentioned in the Babylonian Talmud as Rava, without the patronymic, **and Rabbi Zeira.** The Gemara elaborates: **One** of them **said** that **a** ***koy*** **is similar to excrement** in this regard. Just as one may cover the blood of a bird with earth brought in for the purpose of covering excrement, he may likewise use it for covering the blood of a *koy*, as both the case of excrement and the case of the *koy* are cases of uncertainty. **And** the other **one said: A** ***koy*** **is not similar to excrement.**[N] Since the covering of excrement is common, it is regarded as a definite purpose in comparison to a *koy*, which is by definition an uncertain case. It is therefore prohibited to cover the blood of a *koy* with earth prepared for the sake of covering excrement.

BACKGROUND

Sages of Neharbela – נְהַרְבְּלָאֵי: The city of Neharbela was likely to have been located on a river, or in Hebrew, *nahar*. This river has been identified as the Baal River, or possibly the Bel or Bil River, in Babylonia.

It is explained in tractate *Sanhedrin* that the head Sage of that city was known as Rami bar Berukhi or Rav Ami bar Berukhi, and the phrase: The Sages of Neharbela teach, refers primarily to him. Other than the fact that he was from Neharbela, nothing is known about this scholar.

In the West – בְּמַעְרְבָא: In the Babylonian Talmud, Eretz Yisrael is referred to as the West, as it is southwest of Babylonia. In later periods, the customs of Eretz Yisrael were referred to as Western ones, as opposed to the Eastern customs of Babylonia.

תִּסְתַּיֵּים דְּרָבָא הוּא דְּאָמַר כּוֹי הֲרֵי הוּא כְּצוֹאָה, דְּאָמַר רָבָא: הִכְנִיס עָפָר לְכַסּוֹת בּוֹ צוֹאָה – מוּתָּר לְכַסּוֹת בּוֹ דַּם צִפּוֹר, דַּם צִפּוֹר – אָסוּר לְכַסּוֹת בּוֹ צוֹאָה, תִּסְתַּיֵּים.

The Gemara comments: **Conclude**[N] **that Rava is the one who said**[N] that a ***koy*** **is similar to excrement, as Rava said:** If one **brought in earth to cover excrement with it, it is permitted to cover the blood of a bird with it;** if he did bring in earth to cover **the blood of a bird, it is prohibited to cover excrement with it.** One intends to use the earth for the definite rather than the uncertain purpose, and likewise in the case of a *koy*. The Gemara summarizes: Indeed, **conclude** that this is the correct version of the opinions in the dispute.

רָמִי בְּרֵיהּ דְּרַב יֵיבָא אֲמַר: כּוֹי הַיְינוּ טַעְמָא דְּלָא מְכַסֵּינַן – גְּזֵירָה מִשּׁוּם הַתָּרַת חֶלְבּוֹ.

§ **Rami, son of Rav Yeiva, said** a different reason: In the case of a ***koy*, this is the reasoning** for the *halakha* **that one may not cover** its blood: It is not because this action would constitute prohibited labor; rather, **it is** a rabbinic **decree due to the permission of its** prohibited **fat.** If one were to cover its blood, people might think that a *koy* is definitely an undomesticated animal, and it is well known that the fats of an undomesticated animal may be eaten, whereas those of a domesticated animal are prohibited.

אִי הָכִי, אֲפִילּוּ בַּחוֹל נַמִי. בַּחוֹל אָמְרִי: לְנַקֵּר חֲצֵרוֹ הוּא צָרִיךְ.

The Gemara challenges this: **If so, even on a weekday as well,** the blood of a *koy* should not be covered, due to this concern. The Gemara answers: **On a weekday,** people will **say** that **he needs to clean his courtyard,** and that he is covering the blood merely to keep his courtyard presentable, rather than to fulfill the mitzva of covering blood.

שָׁחַט בְּאַשְׁפָּה מַאי אִיכָּא לְמֵימַר? בָּא לִימָּלֵךְ מַאי אִיכָּא לְמֵימַר?

The Gemara asks: And if **he slaughtered** *a koy* **in a dunghill,** a place used for the disposal of refuse, **what is there to say?** It will be evident that he is not concerned about its cleanliness, and that he is attempting to perform the mitzva of covering blood. Alternatively, if **he comes to consult** a Sage concerning whether or not he should cover the blood of a *koy* on a weekday, **what is there to say?** If the owner of the *koy* is instructed to cover the blood, would he not come to the erroneous conclusion that its fats are permitted?

אֶלָּא: בַּחוֹל [אִי נַמִי] מְסַפְּקָא – אָמְרִי לֵיהּ רַבָּנַן: זִיל טְרַח וְכַסֵּי. בְּיוֹם טוֹב, אִי מְסַפְּקָא – מִי אָמְרִי לֵיהּ רַבָּנַן זִיל טְרַח וְכַסֵּי?

Rather, the Gemara answers: **On a weekday, even if** the matter **is uncertain, the Sages** nevertheless **say to him: Go** and **take the trouble and cover** it, as it involves the possible fulfillment of a mitzva. **On a Festival,** however, **if** there is **uncertainty, would the Sages say to him: Go** and **take the trouble and cover** it? If one was told to cover the blood on a Festival, this would indicate that a *koy* is definitely an undomesticated animal.

תָּנֵי רַבִּי זֵירָא: לֹא כּוֹי בִּלְבַד אָמְרוּ, אֶלָּא אֲפִילּוּ שָׁחַט בְּהֵמָה חַיָּה וָעוֹף וְנִתְעָרְבוּ דָּמָן זֶה בָּזֶה – אָסוּר לְכַסּוֹתוֹ בְּיוֹם טוֹב.

Rabbi Zeira teaches the following *baraita*: **Not only did** the Sages **say** that the blood of **a** ***koy***[N] should not be covered on a Festival, **but even if one slaughtered a domesticated animal,** whose blood need not be covered, and also slaughtered **an undomesticated animal or a fowl,** whose blood must be covered, **and their bloods became mingled together,** it is **prohibited to cover** the mixture of blood[N] **on a Festival.**

אָמַר רַבִּי יוֹסֵי בַּר יַאסִינְיָאָה: לֹא שָׁנוּ אֶלָּא שֶׁאֵין יָכוֹל לְכַסּוֹתוֹ בִּדְקִירָה אַחַת, אֲבָל יָכוֹל לְכַסּוֹתוֹ בִּדְקִירָה אַחַת – מוּתָּר.

Rabbi Yosei bar Yasinia[L] **said: They taught** this *halakha* **only** in a case **where one cannot cover** the entire mixture **by one thrust** of a shovel. **However,** if **he can cover it with one thrust, it is permitted.** Since the entire amount of blood can be covered with a single action, it does not matter if one unnecessarily covers the blood of a domesticated animal while performing the mitzva of covering the blood of a fowl or an undomesticated animal.[H]

פְּשִׁיטָא. מַהוּ דְּתֵימָא: נִגְזוֹר דְּקִירָה אַחַת אַטּוּ שְׁתֵּי דְּקִירוֹת, קָא מַשְׁמַע לָן.

The Gemara comments: It is **obvious** that this is the case; since he covers all the blood in a single action, clearly he performs a mitzva. The Gemara answers: This ruling is nevertheless necessary, **lest you say** that **we should decree** and prohibit even **one thrust, due to** the possibility that he might perform **two thrusts.** Therefore, **Rabbi Yosei bar Yasinia teaches us** that this concern is not taken into account.

אָמַר רַבָּה: שָׁחַט צִפּוֹר מֵעֶרֶב יוֹם טוֹב – אֵין מְכַסִּין אוֹתוֹ בְּיוֹם טוֹב,

§ **Rabba said:** If one **slaughtered a bird on the eve of a Festival, one may not cover** its blood **on the Festival** itself.[H]

NOTES

Conclude – תִּסְתַּיֵּים: This expression is used when the Gemara is determining the precise author of each opinion in a dispute, when there is a tradition that two Sages disagree about an issue.

Conclude that Rava is the one who said – תִּסְתַּיֵּים דְּרָבָא הוּא דְּאָמַר: This should be understood as follows: The one who holds that the Sages permit covering excrement with earth brought in for the purpose of covering the blood of a bird maintains the following: Since the possibility that one would need to cover excrement is a case of only mild uncertainty, it is distinct from the case of a *koy*. It can be understood from the fact that Rava holds that one is not permitted to cover excrement with earth brought in for the purpose of covering the blood of a bird that he regards covering excrement to be a full-fledged case of uncertainty. Therefore, the same *halakha* that applies to excrement applies to a *koy* as well.

Not only did they say a *koy* – לֹא כּוֹי בִּלְבַד אָמְרוּ: The prohibition against covering a mixture of blood apparently provides a more novel ruling than the case of a *koy*, as the obligation to cover the blood of a *koy* is a matter of uncertainty, whereas the mixture certainly contains some blood that must be covered. If so, why doesn't the first *baraita* state this novel *halakha*? One explanation is that the case of a *koy* provides a different novel ruling, as due to the uncertainty it may not be slaughtered *ab initio*, which is not the case with regard to other animals (Rav Yitzḥak Abuhav; see *Ḥatam Sofer*, 2nd ed.).

It is prohibited to cover it – אָסוּר לְכַסּוֹתוֹ: How could the Sages uproot a positive mitzva from the Torah? One answer is that the mitzva of covering the blood can be performed later, albeit not *ab initio*, by covering the mark left by the blood, after the conclusion of the Festival. Therefore, the Sages could postpone its fulfillment temporarily.

LANGUAGE

Yasinia – יַאסִינְיָאָה: From the Greek name Ἰασών, *Yason*, or Ἰασιών, *yasion*, which means: Just. It is similar in meaning to the Hebrew name Zedekiah.

HALAKHA

Covering the blood of a mixture – כִּסּוּי דַּם תַּעֲרֹבֶת: On a Festival, if one slaughtered a domesticated animal, whose blood need not be covered, together with an undomesticated animal or a fowl, whose blood must be covered, and the blood of both animals became mingled together, the *halakha* of the blood of a *koy* applies. In a case where the blood of the undomesticated animal or fowl is greater, and one has earth ready, if he can cover it all with one shovelful, such that he does not add any effort for the purposes of covering the blood of the domesticated animal, he should do so; otherwise, he should not cover the blood, in accordance with the opinion of Rabbi Zeira and Rabbi Yosef ben Yasinia (*Shulḥan Arukh*, *Oraḥ Ḥayyim* 498:19).

Covering blood from yesterday – כִּסּוּי דָּם שֶׁל אֶתְמוֹל: If one slaughtered fowl on the eve of a Festival without covering its blood, he may not cover the blood on the Festival, even with prepared earth (*Shulḥan Arukh*, *Oraḥ Ḥayyim* 498:20).

HALAKHA

Separating *ḥalla* on a Festival – הַפְרָשַׁת חַלָּה בְּיוֹם טוֹב: It is prohibited to separate *ḥalla* from dough on Shabbat. On a Festival, it is permitted to separate *ḥalla* from dough that was prepared on the Festival, as this is part of the process of preparing food. However, it is prohibited to separate *ḥalla* from dough kneaded on the eve of a Festival.

If one is outside of Eretz Yisrael, one may bake the dough and eat the bread, as long as he leaves over a portion of the bread and separates *ḥalla* from it on the next day. The same practice is permitted on Shabbat, with regard to bread that was accidentally baked without separating ḥalla. If Shabbat falls on the day before Passover, it is prohibited to leave it for the next day since it is leavened; and if one has no other bread to eat on that Shabbat besides bread from which ḥalla has not been separated, some authorities permit one to separate the *ḥalla* on Shabbat, but only outside of Eretz Yisrael (*Mishna Berura*).

If one forgot to separate *ḥalla* from dough kneaded on the eve of the Festival, an alternative resolution is as follows: One may knead new dough on the Festival and place it in the same utensil as the dough that was prepared before the Festival. Then, one may separate *ḥalla* from the new dough on behalf of yesterday's dough, as well. Some are lenient and permit this even if the second batch of dough is not of sufficient size to require the taking of *ḥalla* (*Shulḥan Arukh HaRav*; see *Mishna Berura*). This is permitted in Eretz Yisrael, as well (Ramban; Rashba; *Shulḥan Arukh, Oraḥ Ḥayyim* 506:3).

***Ḥalla* from outside of Eretz Yisrael – חַלַּת חוּצָה לָאָרֶץ:** In the case of a loaf of bread outside of Eretz Yisrael, where *ḥalla* is a rabbinic obligation, one may first eat the bread and later separate *ḥalla* from the rest. This ruling is in accordance with the opinion of Shmuel (*Shulḥan Arukh, Yoreh De'a* 323:1).

גִּלְגֵּל עִיסָּה מֵעֶרֶב יוֹם טוֹב – מַפְרִישׁ מִמֶּנָּה חַלָּתָהּ בְּיוֹם טוֹב. אֲבוּהּ דִּשְׁמוּאֵל אָמַר: אֲפִילּוּ גִּלְגֵּל עִיסָּה מֵעֶרֶב יוֹם טוֹב – אֵין מַפְרִישׁ מִמֶּנָּה חַלָּתָהּ בְּיוֹם טוֹב.

If one kneaded dough[N] **on a Festival eve,** i.e., the day before the Festival, **he may separate its *ḥalla* on the Festival.**[N] In general, one may not separate *teruma* and tithes on a Festival. However, since it is permitted bake bread on the Festival for the requirements of the day, and because bread may not be eaten unless *ḥalla* has first been separated from it, separating *ḥalla* is considered a necessary stage in the preparation of bread, and the Sages permitted it. **Shmuel's father said: Even if one kneaded dough on a Festival eve, he may not separate**[N] **its *ḥalla* on the Festival,** as he should have separated *ḥalla* then. The mitzva of separating *ḥalla* goes into effect at the time of the kneading of the dough.[H]

לֵימָא פְּלִיגָא דִּשְׁמוּאֵל אַדַּאֲבוּהּ (דִּשְׁמוּאֵל)? דְּאָמַר שְׁמוּאֵל: חַלַּת חוּצָה לָאָרֶץ אוֹכֵל וְהוֹלֵךְ וְאַחַר כָּךְ מַפְרִישׁ!

The Gemara comments: **Let us say that Shmuel disagrees with his father, as Shmuel said:** With regard **to *ḥalla* from outside of Eretz** Yisrael,[H] where the separation of *ḥalla* is a rabbinic obligation, **one may proceed to eat** the bread **and afterward separate** the *ḥalla* from the remainder of the dough. This statement indicates that the separation of *ḥalla* outside of Eretz Yisrael is not required to render the bread permitted, in contrast to the separation of *teruma* and tithes from produce. Consequently, separating *ḥalla* is permitted on a Festival, as it does not involve a significant change. This contradicts the opinion of Shmuel's father, who prohibited separating *ḥalla* that could have been separated before the Festival.

אֲמַר רָבָא: מִי לָא מוֹדֶה שְׁמוּאֵל שֶׁאִם קָרָא עָלֶיהָ שֵׁם שֶׁאֲסוּרָה לְזָרִים?

Rava said: This is not necessarily the case. **Doesn't Shmuel concede that if one designated** a piece of dough **as** *ḥalla* outside of Eretz Yisrael, **it is prohibited to non-priests?** This proves that even Shmuel admits that a certain measure of sanctity applies to the *ḥalla*. Therefore, he might also agree with his father that it is prohibited to separate *ḥalla* on a Festival even outside of Eretz Yisrael.

מתני׳ בֵּית שַׁמַּאי אוֹמְרִים: אֵין מוֹלִיכִין אֶת הַסּוּלָּם מִשּׁוֹבָךְ לְשׁוֹבָךְ, אֲבָל מַטֵּהוּ מֵחַלּוֹן לְחַלּוֹן, וּבֵית הִלֵּל מַתִּירִין.

MISHNA **Beit Shammai say: One may not carry a ladder,** which was used for reaching doves, **from one dovecote to another. However,** one may move it slightly so that **he tilts it from one window to another** in the same dovecote. **And Beit Hillel permit** even carrying a ladder from one dovecote to another.

גמ׳ אָמַר רַב חָנָן בַּר אַמִי: מַחֲלוֹקֶת בִּרְשׁוּת הָרַבִּים, דְּבֵית שַׁמַּאי סָבְרִי: הָרוֹאֶה אוֹמֵר: לְהָטִיחַ גַּגּוֹ הוּא צָרִיךְ, וּבֵית הִלֵּל סָבְרִי: שׁוֹבָכוֹ מוֹכִיחַ עָלָיו. אֲבָל בִּרְשׁוּת הַיָּחִיד – דִּבְרֵי הַכֹּל מוּתָּר.

GEMARA **Rav Ḥanan bar Ami said:** This **dispute** applies only in a case where one moves the ladder **in the public domain,**[N] **as Beit Shammai hold** that **one who sees** someone carrying his ladder will **say** to himself: **He** must **need** the ladder **to plaster his roof,** to prevent rainwater from dripping into his house. In other words, an onlooker will suspect him of performing prohibited labor on the Festival. **And Beit Hillel hold** that **his dovecote proves about him**[N] that he is not moving the ladder for the purpose of a transgression, as it is evident that he is placing the ladder alongside the second dovecote, and everyone will understand his intention. **However, in the private domain,** where one will not be observed by strangers, **everyone agrees** that **it is permitted.**

NOTES

Kneaded dough – גִּלְגֵּל עִיסָּה: *Tosafot* point out that this term does not refer to the completion of kneading the dough but to mixing the flour with water and the beginning of the kneading.

Covering the blood and the separation of *ḥalla* on a Festival – כִּיסּוּי דָּם וְהַפְרָשַׁת חַלָּה בְּיוֹם טוֹב: Several possibilities have been suggested to explain why covering the blood is prohibited on a Festival while separating *ḥalla* is permitted. Some say that the *halakha* depends on the question of whether or not the action could have been performed beforehand (see the *Meiri*). Other commentaries explain that the key factor is whether it is permitted to eat the food in question: A bird may be eaten whether or not its blood has been covered, whereas bread may not be eaten if *ḥalla* has not been separated from it (Rid; Ra'avan). Yet others suggest that, according to Rashi, the distinction is that covering blood involves effort, and any unnecessary effort is prohibited on a Festival, whereas the separation of *ḥalla* entails no extra effort at all (*Kikkayon DeYona*).

Even if one kneaded…he may not separate – אֲפִילּוּ גִּלְגֵּל...אֵין מַפְרִישׁ: Some commentaries explain that even Rabba permitted the separation of *ḥalla* on a Festival only outside of Eretz Yisrael. Separation of this *ḥalla* is not a Torah obligation, and therefore its performance on a Festival is not prohibited by rabbinic law. Shmuel's father, however, maintains that as the sanctity of *ḥalla* applies to the separated piece, the rabbinic prohibition against separating *teruma* and tithes goes into effect (see *Shitta Mekubbetzet* and *Meiri*). The Jerusalem Talmud differentiates between ritually pure dough, from which *ḥalla* may be separated beforehand, and impure dough, whose *ḥalla* may be separated only after it has been fully kneaded.

The dispute applies in the public domain, etc. – מַחֲלוֹקֶת בִּרְשׁוּת הָרַבִּים וכו׳: As pointed out by the early authorities, the language of the Gemara indicates that Rav Ḥanan analyzes only the opinion of Beit Shammai. This is an unusual occurrence that requires justification. Some say that Rav Ḥanan's explanation of the opinion of Beit Shammai sheds light on the entire dispute, as the argument is explained differently in the alternative version of his statement, which affects the ruling of Beit Hillel as well (Rav Yitzḥak Abuhav).

His dovecote proves about him – שׁוֹבָכוֹ מוֹכִיחַ עָלָיו: Two different explanations have been suggested for this statement (see Rashi). Either it is evident that the ladder is being used for the dovecote because of its position (*Meiri*; Jerusalem Talmud), or the mishna is referring to a special dovecote ladder, which attests to its purpose (Rabbi Aharon HaLevi).

איני? וְהָא אָמַר רַב יְהוּדָה אָמַר רַב: כׇּל מָקוֹם שֶׁאָסְרוּ חֲכָמִים מִפְּנֵי מַרְאִית הָעַיִן – אֲפִילּוּ בְּחַדְרֵי חֲדָרִים אָסוּר! תַּנָּאֵי הִיא, דְּתַנְיָא: שׁוֹטְחָן בַּחַמָּה אֲבָל לֹא כְּנֶגֶד הָעָם, רַבִּי (אֱלִיעֶזֶר) וְרַבִּי שִׁמְעוֹן אוֹסְרִין.

The Gemara asks: **Is that so? But didn't Rav Yehuda say** that **Rav said:**[N] **Wherever the Sages prohibited** an action **due to the appearance**[N] of prohibition, **even** if one performs the act **in his innermost chamber,** where no one will see it, it is **prohibited.** The Gemara answers: This **is** a dispute between ***tanna'im*****,**[N] **as it is taught** in a *baraita*: One whose clothes fell into water on Shabbat or a Festival **may spread them out** to dry **in the sun, but he may not** do so **opposite the masses,** i.e., in a place where people can see him, lest they suspect him of laundering on Shabbat. However, **Rabbi Eliezer and Rabbi Shimon prohibit** doing so even in private.[H]

אִיכָּא דְּאָמְרִי, אָמַר רַב חָנָן בַּר אַמִי: מַחְלוֹקֶת בִּרְשׁוּת הַיָּחִיד, דְּבֵית שַׁמַּאי אִית לְהוּ דְּרַב יְהוּדָה אָמַר רַב, וּבֵית הִלֵּל לֵית לְהוּ דְּרַב יְהוּדָה אָמַר רַב. אֲבָל בִּרְשׁוּת הָרַבִּים – דִּבְרֵי הַכֹּל אָסוּר.

Some say a different version of this discussion. **Rav Ḥanan bar Ami said:** The **dispute** applies **to the private domain, as Beit Shammai are of** the opinion that the *halakha* is in accordance with that which **Rav Yehuda** said that **Rav said,** and therefore Beit Shammai apply the decree to the private domain. **And Beit Hillel,** by contrast, **are of** the opinion that the *halakha* is **not** in accordance with that which **Rav Yehuda** said that **Rav said. However, in the public domain, everyone agrees** that it is **prohibited** to move the ladder.

לֵימָא רַב דְּאָמַר כְּבֵית שַׁמַּאי?

The Gemara challenges this interpretation: **Should we say** that Rav **stated** his opinion **in accordance with** that of **Beit Shammai?** According to Rav Ḥanan bar Ami, only Beit Shammai maintains that anything prohibited by the Sages due to appearances may not be performed even in private.[N]

תַּנָּאֵי הִיא, דְּתַנְיָא: שׁוֹטְחָן בַּחַמָּה אֲבָל לֹא כְּנֶגֶד הָעָם, רַבִּי (אֱלִיעֶזֶר) וְרַבִּי שִׁמְעוֹן אוֹסְרִין.

The Gemara rejects this suggestion: No, **it is** a dispute between ***tanna'im*****, as it is taught** in a *baraita*: If clothes fell into water on Shabbat or a Festival, **one may spread them out in the sun but not opposite the masses. Rabbi Eliezer and Rabbi Shimon prohibit** doing so. Rav Ḥanan bar Ami accepts the opinion of the first *tanna* in the *baraita*, who rejects Rav's principle. According to the opinion of that *tanna*, it can be claimed that Beit Hillel also rejected Rav's principle, and they permitted moving the ladder in private but not in public. Rav, on the other hand, follows the opinion of Rabbi Eliezer and Rabbi Shimon in interpreting the opinion of Beit Hillel.

HALAKHA

In public and in private – **בְּפַרְהֶסְיָא וּבִצְנְעָא**: Wherever the Sages prohibited an action due to the appearance of a prohibition, one is prohibited to perform the action even in his innermost chamber. Consequently, if one's clothes fell into water on Shabbat, he may not spread them out in the sun to dry them, as this has the appearance of laundering; it is likewise prohibited to do so in private. One need not, however, remove items from where they were placed to dry on Friday (*Mishna Berura*; *Shulḥan Arukh*, *Oraḥ Ḥayyim* 301:45).

NOTES

Is that so, but didn't Rav Yehuda say that Rav said – **אִינִי וְהָא אָמַר רַב יְהוּדָה אָמַר רַב**: Why does the statement of Rav present a difficulty for Rav Ḥanan bar Ami? Since both he and Rav are *amoraim*, why not simply say that he disagrees with Rav? Rashi and *Tosafot* explain that since Rav, alongside Shmuel, was the greatest Sage of his generation, his opinion is considered authoritative for a later and lesser Sage like Rav Ḥanan bar Ami. Rabbi Tzvi Hirsch Chajes adds a point mentioned by other later authorities. Rav, as a student of Rabbi Yehuda HaNasi, straddles the gap between *tanna'im* and *amora'im*. The Talmud often states that Rav is a *tanna* and, as such, has the authority to dispute the opinion of another *tanna*. For the same reason, a statement of his can be regarded as authoritative for a different *amora*. Others contend that there is no difficulty here at all, as the Gemara often questions one *amora* by citing the statement of another (Rabbi Aharon HaLevi).

The appearance – **מַרְאִית הָעַיִן**: The Jerusalem Talmud questions Rav based on numerous *mishnayot* that distinguish between an act performed in public and one done in private (*Kilayim* 9:1). The Rashba explains how each of those sources does not present a difficulty for Rav's principle. One of the distinctions he draws is between two types of situations in which the Sages prohibited an action in public. At times, people may conclude that a person performing some action is doing so in order to violate a prohibition. An example of this would be the case here, where people will believe that one is moving the ladder in order to plaster one's roof. In such cases, Rav's principle applies and the action is prohibited in private as well. However, there are also cases in which a person's public actions are thought to be prohibited, when they are in fact permitted. In such cases, the Sages instructed that a particular action should be performed in private rather than in public.

The Rambam rules in accordance with Rav that something prohibited due to appearances is prohibited even in one's innermost chamber. However, he maintains that the case of the mishna is an exception to the rule, as the Sages were lenient due to the joy of the Festival. The Ra'avad disagrees, since the joy of the Festival is not mentioned in the Gemara as relevant to this case. He argues that as the *halakha* is in accordance with Rav, one must reject the second version of Rav Ḥanan bar Ami's reading of the mishna and rule in accordance with the first version, i.e., that Beit Hillel permit moving the ladder even in public.

This is a dispute between *tanna'im* – **תַּנָּאֵי הִיא**: Some commentaries explain that in this case even Rav holds, in accordance with the opinion of Beit Hillel, that there is no prohibition due to appearances in the case of moving the ladder, as one's dovecote is indicative of his intention. However, in other places, where the Sages prohibited some matter due to appearances, there is a dispute between *tanna'im* as to whether it extends to the private sphere as well (Rashba; see Rav Yitzḥak Abuhav).

Should we say that Rav stated his opinion in accordance with Beit Shammai – **לֵימָא רַב דְּאָמַר כְּבֵית שַׁמַּאי**: The commentary in the text follows Rashi's explanation that the difficulty is raised against the opinion of Rav Ḥanan, who appears to establish Rav's statement in accordance with the opinion of Beit Shammai. Conversely, many commentaries maintain that the difficulty is raised against the opinion of Rav himself, an interpretation explicitly rejected by Rashi. They explain that Rav does not, in fact, hold in accordance with Beit Shammai, as Rav maintains that the Sages were lenient only in this specific case, due to the joy of the Festival (see Rambam, *Meiri*, *Shitta Mekubbetzet*, and *Petaḥ Einayim*).

BACKGROUND

Dovecote and attic ladders – סוּלָּם שׁוֹבָךְ וַעֲלִיָּה: The exact design of these two types of ladders is unknown. Apparently, the dovecote ladder was light, similar to present-day ladders, by contrast to the heavier attic ladder. Furthermore, the attic ladder had wide, stair-like boards for rungs, as it served a similar function to modern stairs, for ascending from the house to the second-floor loft. An attic ladder was sometimes fixed in place, but when it was needed for work that required frequent and steady climbing, e.g., fixing a roof, it would be carried from one place to another.

Replica of Roman ladders:
(A) attic ladder, resembling a staircase
(B) dovecote ladder

PERSONALITIES

Rabbi Ḥiyya – רַבִּי חִיָּיא: Rabbi Ḥiyya, son of Abba, from the Babylonian city of Kafri, was one of the last of the *tanna'im*, and a contemporary of Rabbi Yehuda HaNasi.

Rabbi Ḥiyya was born to an important family that traced its roots back to King David and included many important Jewish Sages. Rabbi Ḥiyya was recognized as a leading Torah scholar even when he lived in Babylonia. Upon moving to Eretz Yisrael, he became a close friend and colleague of Rabbi Yehuda HaNasi. He also developed ties with Rabbi Yehuda HaNasi's son, Rabbi Shimon, who became his partner in trade. A powerful force in his generation, Rabbi Ḥiyya also worked closely with Rav, who learned Torah from Rabbi Ḥiyya despite the fact that Rav was the recognized leader of the Jewish people.

Rabbi Ḥiyya's greatest work was his compilation of oral traditions that were not included in the Mishna of Rabbi Yehuda HaNasi. This collection of *baraitot*, which was assembled with the assistance of Rabbi Ḥiyya's student-colleague, Rabbi Oshaya, was viewed as authoritative, to the extent that the Sages said that any *baraita* that is not found in his work should not be discussed in the study hall. Some maintain that Rabbi Ḥiyya edited the *Tosefta* that is in our possession today.

Although Rabbi Ḥiyya apparently received financial support when he first came to Eretz Yisrael, he ultimately became a successful merchant who dealt in international business ventures, particularly the silk trade. He had twin daughters, Pazi and Tavi, as well as twin sons, Yehuda and Ḥizkiya, who were leading Sages in the generation between the *tanna'im* and *amora'im*. They took over the leadership of his academy in Tiberias after his passing.

מַתְנִיתִין דְּלָא כִּי הַאי תַּנָּא. דְּתַנְיָא, אָמַר רַבִּי שִׁמְעוֹן בֶּן אֶלְעָזָר: מוֹדִים בֵּית שַׁמַּאי וּבֵית הִלֵּל שֶׁמּוֹלִיכִין אֶת הַסּוּלָּם מִשּׁוֹבָךְ לְשׁוֹבָךְ. לֹא נֶחְלְקוּ אֶלָּא לְהַחֲזִיר; שֶׁבֵּית שַׁמַּאי אוֹמְרִים: אֵין מַחֲזִירִין, וּבֵית הִלֵּל אוֹמְרִים: אַף מַחֲזִירִין.

§ With regard to the mishna itself, the Gemara comments: **The mishna is not in accordance with** the opinion of **this** ***tanna*****, as it is taught** in a *baraita*: **Rabbi Shimon ben Elazar said** that **Beit Shammai and Beit Hillel agree that one may carry a ladder from one dovecote to another** to take doves; **they disagree only** after one has finished at the second dovecote, whether it is permitted **to replace**[N] the ladder to its original spot at the first dovecote, **as Beit Shammai say: One may not replace** the ladder, **and Beit Hillel say: One may even replace** it.

אָמַר רַבִּי יְהוּדָה: בַּמֶּה דְּבָרִים אֲמוּרִים – בְּסוּלָּם שֶׁל שׁוֹבָךְ, אֲבָל בְּסוּלָּם שֶׁל עֲלִיָּה דִּבְרֵי הַכֹּל אָסוּר. רַבִּי דּוֹסָא אוֹמֵר: מַטֵּהוּ מֵחַלּוֹן לְחַלּוֹן. אֲחֵרִים אוֹמְרִים מִשּׁוּם רַבִּי דּוֹסָא: אַף מְדַדִּין בּוֹ.

Rabbi Yehuda said: In what case **is this statement said? With regard to a dovecote ladder,** which clearly serves the purpose of taking doves. **However,** in the case **of an attic ladder,**[B] which has a variety of uses, **everyone agrees** that it is **prohibited,** as this will raise suspicions. **Rabbi Dosa says: One may tilt it from one window to another** in the same dovecote. ***Aḥerim*** **say in the name of Rabbi Dosa: One may even shift**[N] the ladder from one place to another by shuffling its legs.

בְּנֵי רַבִּי חִיָּיא נְפוּק לְקוּרְיָיתָא. כִּי אָתוּ אֲמַר לְהוּ אֲבוּהוֹן: כְּלוּם מַעֲשֶׂה בָּא לְיֶדְכֶם? אָמְרוּ לוֹ: סוּלָּם בָּא לְיָדֵינוּ, וְהִתַּרְנוּהוּ. אֲמַר לָהֶם: צְאוּ וְאִסְרוּ מַה שֶּׁהִתַּרְתֶּם.

The Gemara relates: **The sons of Rabbi Ḥiyya**[P] **went out to the villages** to attend to their business. **When they came** back, **their father said to them: Did any incident** requiring a ruling of *halakha* **come to your** notice? **They said to him:** The issue of carrying an attic **ladder** to a dovecote **came to our** notice, **and we permitted it.** Rabbi Ḥiyya **said to them: Go out and prohibit**[N] **that which you permitted.**

אִינְהוּ סְבוּר: מִדְּקָא אָמַר רַבִּי יְהוּדָה בְּסוּלָּם שֶׁל עֲלִיָּה לָא פְּלִיגִי – מִכְּלָל דְּתַנָּא קַמָּא סָבַר פְּלִיגִי. וְלָא הִיא, רַבִּי יְהוּדָה טַעֲמֵיהּ דְּתַנָּא קַמָּא קָא מְפָרֵשׁ.

The Gemara explains: Rabbi Ḥiyya's sons **thought** that **from** the fact **that Rabbi Yehuda said** that Beit Shammai and Beit Hillel **do not disagree with regard to an attic ladder,** this proves **by inference that** the **first** ***tanna*** **holds** that **they** do **disagree.** Consequently, Rabbi Ḥiyya's sons thought that according to the first *tanna*, Beit Hillel permit even the use of a loft ladder, and they ruled in accordance with this opinion. **But that is not so,** as **Rabbi Yehuda** does not disagree with him, but rather **he explains the reason of the first** ***tanna*****.**[NH]

מִמַּאי – מִדְּקָתָנֵי: מוֹלִיכִין אֶת הַסּוּלָּם מִשּׁוֹבָךְ לְשׁוֹבָךְ, וְאִי סָלְקָא דַּעְתָּךְ בְּסוּלָּם שֶׁל עֲלִיָּה פְּלִיגִי, הַאי ״מוֹלִיכִין אֶת הַסּוּלָּם מִשּׁוֹבָךְ לְשׁוֹבָךְ״?! ״מוֹלִיכִין אֶת הַסּוּלָּם לְשׁוֹבָךְ״ מִבָּעֵי לֵיהּ! אֶלָּא לָאו הָכִי קָאָמַר: שֶׁל שׁוֹבָךְ – אִין, שֶׁל עֲלִיָּה – לָא.

From where can this be inferred? **From** the fact **that** the first *tanna* **teaches: One may carry a ladder from one dovecote to another. And if it enters your mind** to say that Beit Shammai and Beit Hillel **disagree with regard to an attic ladder,** if so, **this** phrase: **One may carry a ladder from one dovecote to another,** is inexact, as he **should** have said: **One may carry a ladder to a dovecote. Rather, isn't this what** the *tanna* **said:** With regard to **a dovecote** ladder, **yes,** it is permitted to move it; however, in the case of **an attic** ladder, **no,** one may not use it.

NOTES

They disagree only to replace – לֹא נֶחְלְקוּ אֶלָּא לְהַחֲזִיר: The ruling that one may replace the ladder can be explained in accordance with the opinion that, in certain cases, the Sages permitted the final stages of an action due to its initial stage. If people were not permitted to replace their ladders, they would not carry them to take doves at all, which would hamper the joy of the Festival (*Meiri*; see 10a).

One may even shift ***[medadin]*** – אַף מְדַדִּין: Some texts read *medarin*, which is related to the Aramaic *dara*, meaning carried. According to this version, it is even permitted to pick up the ladder and transport it to another place entirely (*Meiri*).

Go out and prohibit, etc. – צְאוּ וְאִסְרוּ וכו׳: This story is also related in the Jerusalem Talmud, with minor variations. In that account, Rabbi Ḥiyya instructs a Sage to issue a public ruling prohibiting what his sons had permitted.

He explains the reason of the first ***tanna*** – טַעֲמֵיהּ דְּתַנָּא קַמָּא קָא מְפָרֵשׁ: *Tosafot* ask: How can the Gemara conclude that Rabbi Yehuda is merely explaining the opinion of the first *tanna*? Doesn't that conflict with Rabbi Yoḥanan's opinion in tractate *Sanhedrin* (25a) that whenever Rabbi Yehuda says: In what case is this statement said, he is taking issue with the previous approach? They explain that Rabbi Yoḥanan's principle is limited to cases where Rabbi Yehuda states that qualification in the Mishna, and here it is a *baraita*. There is also an alternative opinion cited in *Sanhedrin* that claims that when Rabbi Yehuda uses the phrase: In what case is this statement said, he seeks to explain rather than dispute the previous claim. One could argue that Rabbi Ḥiyya follows that opinion.

HALAKHA

Carrying a dovecote ladder on a Festival – הוֹלָכַת סוּלָּם שֶׁל שׁוֹבָךְ בְּיוֹם טוֹב: It is permitted to carry a dovecote ladder on a Festival from one dovecote to another to take fledglings for the Festival, even in the public domain, and even it could have been done the day before. However, it is prohibited to carry an attic ladder. With regard to a house ladder, some authorities prohibit it entirely (*Yam Shel Shlomo*), others permit it inside the house (*Magen Avraham*; *Shulḥan Arukh HaRav*), and some permit it to be carried even outside (*Mishna Berura*, citing *Eliya Rabba*). It is permitted in all cases to climb a ladder without moving it (*Shulḥan Arukh HaRav*; *Mishna Berura*). The *halakha* follows Rabbi Ḥiyya's ruling in accordance with the opinion of Rabbi Yehuda and Beit Hillel (*Shulḥan Arukh*, *Oraḥ Ḥayyim* 518:4).

וְאִידָךְ: מִי קָתָנֵי ״סוּלָּם שֶׁל שׁוֹבָךְ״? ״מִשּׁוֹבָךְ לְשׁוֹבָךְ״ קָתָנֵי, וַאֲפִילּוּ לְכַמָּה שׁוֹבָכִין.

The Gemara asks: **And the others,** Rabbi Ḥiyya's sons, what is their reasoning? The Gemara answers that they would reply: **Is it taught** in the *baraita*: **A dovecote ladder?** It **teaches: From one dovecote to another, and** this simply means that it is permitted to do so **even** with regard **to several dovecotes.**

אִיכָּא דְּאָמְרִי: אָמְרוּ לוֹ: הִטּוּי סוּלָּם שֶׁל עֲלִיָּיה בָּא לְיָדֵינוּ, וְהִתַּרְנוּהוּ. אָמַר לָהֶם: צְאוּ וְאִסְרוּ מַה שֶּׁהִתַּרְתֶּם. אִינְהוּ סְבוּר: מַאי דְּקָא אָסַר תַּנָּא קַמָּא – קָא שָׁרֵי רַבִּי דּוֹסָא. וְלָא הִיא, מַאי דְּקָא שָׁרֵי תַּנָּא קַמָּא – קָא אָסַר רַבִּי דּוֹסָא.

Some say a slightly different version of this incident. Rabbi Ḥiyya's sons **said to him: The tilting of an attic ladder came to our** notice, **and we permitted it.** We were asked whether an attic ladder positioned near a dovecote before the Festival may be moved from one window to another in the same dovecote, and we allowed it. Rabbi Ḥiyya **said to them: Go out and prohibit that which you permitted.** The Gemara explains that **they thought:**[N] **That which the first *tanna* prohibits,** i.e., moving an attic ladder, **Rabbi Dosa permits,** i.e. Rabbi Dosa is more lenient than the first *tanna* and permits moving even an attic ladder from one window to another. **And that is not so.** Rather, **that which the first *tanna* permits,** moving a dovecote ladder, **Rabbi Dosa prohibits.** He is more stringent and maintains that even a dovecote ladder may be moved only by tilting rather than in the usual manner.

״אֲבָל מַטֵּהוּ מֵחַלּוֹן לְחַלּוֹן״ וכו׳. אַלְמָא, גַּבֵּי שִׂמְחַת יוֹם טוֹב בֵּית שַׁמַּאי לְחוּמְרָא וּבֵית הִלֵּל לְקוּלָּא.

§ The mishna taught: **However,** everyone agrees that **one may tilt** a dovecote ladder **from one window to another** in the same dovecote. The Gemara infers: **Apparently, with regard to rejoicing on the Festival,**[N] the opinion of **Beit Shammai is stringent, and** that of **Beit Hillel is lenient.**

וּרְמִינְהִי: הַשּׁוֹחֵט חַיָּה וָעוֹף בְּיוֹם טוֹב, בֵּית שַׁמַּאי אוֹמְרִים: יַחְפּוֹר בְּדֶקֶר וִיכַסֶּה, וּבֵית הִלֵּל אוֹמְרִים: לֹא יִשְׁחוֹט אֶלָּא אִם כֵּן הָיָה לוֹ עָפָר מוּכָן מִבְּעוֹד יוֹם.

And the Gemara **raises a contradiction** from the first mishna of the tractate (2a): With regard to **one who slaughters**[N] **an undomesticated animal or a fowl on a Festival, Beit Shammai say: He may dig** earth **with a shovel and cover** the blood, **and Beit Hillel say: He may not slaughter** an undomesticated animal or a fowl, **unless he had earth prepared** for that purpose **while it was still day.** This indicates that it is Beit Shammai who are concerned for the honor and joy of the Festival, and they are therefore lenient with regard to covering the blood; whereas Beit Hillel do not share the same concern and are stringent about covering the blood, despite the fact that their ruling might adversely affect the joy of the Festival.

אָמַר רַבִּי יוֹחָנָן: מוּחְלֶפֶת הַשִּׁיטָה. מִמַּאי? דִּלְמָא עַד כָּאן לָא קָאָמְרִי בֵּית שַׁמַּאי הָתָם אֶלָּא הֵיכָא דְּאִיכָּא דֶּקֶר נָעוּץ, אֲבָל הֵיכָא דְּלֵיכָּא דֶּקֶר נָעוּץ – לָא.

Rabbi Yoḥanan said: The attribution of the **opinions** of the *tanna'im* **is reversed.**[N] The opinion attributed to Beit Hillel is actually that of Beit Shammai, and vice versa. The Gemara rejects Rabbi Yoḥanan's answer: **From where** do you infer that this extreme conclusion is necessarily the case? A different explanation is possible: **Perhaps Beit Shammai say** their opinion, that it is permitted to cover the blood, **only there, where there is** already **a shovel embedded** in the earth ready for this purpose, and therefore there are grounds for a lenient ruling. **However, where there is no embedded shovel,** they did **not** permit it.

וְאִי נַמִי: עַד כָּאן לָא קָאָמְרִי בֵּית הִלֵּל הָכָא אֶלָּא דְּשׁוֹבָכוֹ מוֹכִיחַ עָלָיו, אֲבָל הָתָם לָא.

Alternatively, it is possible to say that **Beit Hillel say** their opinion, that an act is permitted for the sake of the joy of the Festival, **only here, where his dovecote,** the place where he ultimately positions the ladder, **proves** with regard **to him** that he intended to use his ladder for a permitted purpose; **but there,** where there is no equivalent proof, they were **not** lenient. This shows that there is no clear contradiction between the rulings in the two cases.

אֶלָּא, אִי קַשְׁיָא הָא קַשְׁיָא: בֵּית שַׁמַּאי אוֹמְרִים: לֹא יִטּוֹל אֶלָּא אִם כֵּן נִעְנַע מִבְּעוֹד יוֹם, וּבֵית הִלֵּל אוֹמְרִים: עוֹמֵד וְאוֹמֵר זֶה וָזֶה אֲנִי נוֹטֵל.

Rather, the Gemara retracts the previous version and suggests that Rabbi Yoḥanan issued his statement with regard to a different issue: **If** the dispute between Beit Shammai and Beit Hillel **is difficult, this is** what is **difficult:** It was taught in a different mishna (10a): **Beit Shammai say: One may not take** fledgling doves on a Festival **unless he shook** them, as an act of preparation, **while it was still day. And Beit Hillel say:** It is indeed necessary to perform some act of preparation to permit the taking of fledglings on a Festival, but this does not have to be done by shaking them. Rather, it is enough if one **stands** the day before **and says:** I will **take this** dove **and that** one.

NOTES

They thought, etc. – אִינְהוּ סְבוּר וכו׳: The question arises: Even according to the reasoning of Rabbi Ḥiyya's sons, why did they rule in accordance with the minority opinion of Rabbi Dosa, against the more stringent views of the first *tanna* and Rabbi Yehuda? One suggestion is that they thought that Rabbi Yehuda and Rabbi Dosa dispute the meaning of the opinion of the first *tanna*, which means that if Rabbi Dosa's ruling is accepted, his is no longer a minority opinion (*Petaḥ Einayim*).

With regard to rejoicing on the Festival, etc. – גַּבֵּי שִׂמְחַת יוֹם טוֹב וכו׳: Clearly, Beit Shammai and Beit Hillel do not dispute the general requirement to rejoice on the Festivals. Rather, they disagree over whether this requirement justifies a lenient ruling in the case of a possible prohibition (*Meiri*).

And the Gemara raises a contradiction, one who slaughters, etc. – וּרְמִינְהִי, הַשּׁוֹחֵט וכו׳: *Tosafot* ask why the Gemara doesn't raise an objection from the case of an egg laid on a Festival. Some suggest that as people generally use eggs laid the day before, the prohibition of an egg laid on that day doesn't affect the joy of the Festival to a great extent (*Ḥatam Sofer*). Others explain simply that the Gemara prefers to raise its objections from adjacent *halakhot* (Rashba).

The attribution of the opinions of the *tanna'im* is reversed – מוּחְלֶפֶת הַשִּׁיטָה: *Tosafot* understand Rashi as saying that Rabbi Yoḥanan sought to reverse the opinions of Beit Hillel and Beit Shammai in all of the *mishnayot* cited below, in the Gemara, to render them consistent with the mishna about slaughtering fowl and undomesticated animals. In contrast, *Tosafot* suggest that the opinions in the mishna concerning slaughtering should be reversed. Rabbeinu Peretz points out that although Rashi's explanation is supported by the fact that the mishna about slaughtering appears in its current form in tractate *Eduyyot*, there is no choice but to reverse the opinions in that mishna. If the opinions in a different mishna were to be reversed, Beit Shammai's opinion would be the lenient one, which would be an irregularity, as Beit Shammai are generally more stringent than Beit Hillel. In that case, it should have been listed in tractate *Eduyyot* alongside the other irregular *mishnayot*. Some commentaries say that not even Rashi holds that Rabbi Yoḥanan is suggesting that the opinions be reversed in all of the other *mishnayot*; rather, he merely states in general terms that the opinions must be reversed, without specifying which one (*Shitta Mekubbetzet*; *Tziyyun LeNefesh Ḥayya*).

An entirely different understanding of this discussion is based on the idea that the statement: The attribution of opinions is reversed, does not mean, in this case, that the opposing opinions must be reversed. Rather, it indicates that the opinions of Beit Shammai and Beit Hillel are not fixed and that they adjusted their rulings in different cases, sometimes ruling leniently due to the needs of the public or for some other reason, while at other times they ruled stringently (*Ittur*; see Rashba and Rosh). This opinion fits in well with those authorities who rule in accordance with the opinion of Beit Hillel in all of these *mishnayot*, without reversing the opinions at all.

אַלְמָא: גַּבֵּי שִׂמְחַת יוֹם טוֹב בֵּית שַׁמַּאי לְחוּמְרָא וּבֵית הִלֵּל לְקוּלָּא, וּרְמִינְהִי: הַשּׁוֹחֵט חַיָּה וָעוֹף בְּיוֹם טוֹב. אָמַר רַבִּי יוֹחָנָן: מוּחְלֶפֶת הַשִּׁיטָּה.

Apparently, with regard to rejoicing on the Festival, the opinion of **Beit Shammai is stringent and** that of **Beit Hillel is lenient. And** the Gemara **raises a contradiction** as above: With regard to **one who slaughters an undomesticated animal or a fowl on a Festival,** Beit Shammai are lenient and allow one to dig with a shovel to cover the blood, due to the joy of the Festival, whereas Beit Hillel do not permit one to slaughtering at all, unless there was a shovel ready from the day before. It was with regard to this contradiction that **Rabbi Yoḥanan said: The** attribution of **the opinions is reversed.**

וְדִלְמָא לָא הִיא; עַד כָּאן לָא אָמְרִי בֵּית שַׁמַּאי אֶלָּא הֵיכָא דְּאִיכָּא דֶּקֶר נָעוּץ,

The Gemara challenges this explanation: **But perhaps that is not so,** as a different explanation is possible: **Beit Shammai only state** their lenient opinion, that it is permitted to cover the blood, **where there is an embedded shovel.**

Perek **I**
Daf **10** Amud **a**

NOTES

Alternatively, they say only here, etc. – **אִי נַמִּי עַד כָּאן וכו׳**: This whole section, until the mishna, in which the Gemara repeatedly points out inconsistencies between the mishna about slaughtering fowl or undomesticated animals on Festivals and other *mishnayot*, appears in several versions of the Talmud. However, there are many texts that omit the entire passage, with significant ramifications. If the section is included, Rabbi Yoḥanan's statement is ultimately rejected and the opinions are not reversed, which means that the rulings in all the *mishnayot* remain as they are. Even without this section, apparently some Sages decided that these *mishnayot* should not be adjusted based on logic alone, as they also appear in tractate *Eduyyot*, and it is better to accept some sort of interpretation rather than change all the texts (see Rif and Rambam). However, Rashi, *Tosafot* and many others did not include this section and fundamentally accept the claim that the opinions should be reversed, and they rule likewise in practice.

אֲבָל הֵיכָא דְּלֵיכָּא דֶּקֶר נָעוּץ – לָא, אִי נַמִּי: עַד כָּאן לָא קָאָמְרִי בֵּית הִלֵּל הָכָא אֶלָּא כֵּיוָן דְּמוּקְצֶה הוּא, בְּעוֹמֵד וְאוֹמֵר זֶה וְזֶה אֲנִי נוֹטֵל סַגִּי, אֲבָל הָתָם – לָא.

However, where there is no embedded shovel, even Beit Shammai did **not** permit it. **Alternatively,** it is possible that **Beit Hillel say** their opinion **only here,**[N] **since** a dove **is** *muktze*, which is prohibited by rabbinic law, and therefore **when he stands and says: I will take this and that,** it **is enough. However there,** where the prohibition applies by Torah law, they did **not** say so.

אֶלָּא, אִי קַשְׁיָא הָא קַשְׁיָא: בֵּית שַׁמַּאי אוֹמְרִים: אֵין נוֹטְלִין אֶת הָעֱלִי לְקַצֵּב עָלָיו בָּשָׂר, וּבֵית הִלֵּל מַתִּירִין. אַלְמָא: גַּבֵּי שִׂמְחַת יוֹם טוֹב בֵּית שַׁמַּאי לְחוּמְרָא וּבֵית הִלֵּל לְקוּלָּא, וּרְמִינְהִי: הַשּׁוֹחֵט חַיָּה וָעוֹף בֵּית שַׁמַּאי וכו׳. אָמַר רַבִּי יוֹחָנָן: מוּחְלֶפֶת הַשִּׁיטָּה.

Rather, if there is a difficulty involving a contradiction, **this is the difficulty,** from a different mishna (11a): **Beit Shammai say: One may not take a large pestle** from a mortar, which is normally used for crushing wheat in the preparation of porridge, for any other purpose on a Festival, e.g., **to cut meat on it; and Beit Hillel permit** it. **Apparently, with regard to rejoicing on the Festival,** the opinion of **Beit Shammai is stringent, and** that of **Beit Hillel is lenient. And** the Gemara **raises a contradiction:** With regard to **one who slaughters an undomesticated animal or a fowl on a Festival, Beit Shammai** say: He may dig earth with a shovel and cover the blood, and Beit Hillel say: He may not slaughter an undomesticated animal or a fowl, unless he had earth prepared for that purpose while it was still day. It was in this regard that **Rabbi Yoḥanan said: The** attribution of the **opinions is reversed.**

מִמַּאי? דִּלְמָא לָא הִיא; עַד כָּאן לָא קָאָמְרִי בֵּית שַׁמַּאי הָתָם אֶלָּא הֵיכָא דְּאִיכָּא דֶּקֶר נָעוּץ, אֲבָל הֵיכָא דְּלֵיכָּא דֶּקֶר נָעוּץ – לָא. אִי נַמִּי: עַד כָּאן לָא קָאָמְרִי בֵּית הִלֵּל הָכָא אֶלָּא דְּאִיכָּא תּוֹרַת כְּלִי עָלָיו, אֲבָל הָתָם – לָא.

The Gemara rejects this: **From where** do you know this? **Perhaps it is not so.** Rather, **Beit Shammai say** their opinion **only there, where there is a shovel embedded** and prepared the day before, **but where there is no embedded shovel,** they did **not** rule leniently. **Alternatively,** one can say that **Beit Hillel say** their opinion **only here,** with regard to a pestle, **which** at least **has the status of a vessel,** and therefore it is not completely *muktze*. **However, there,** in the case of slaughtering, Beit Hillel did **not** issue a lenient ruling.

אֶלָּא, אִי קַשְׁיָא הָא קַשְׁיָא: בֵּית שַׁמַּאי אוֹמְרִים: אֵין נוֹתְנִין אֶת הָעוֹר לִפְנֵי הַדּוֹרְסָן, וְלֹא יַגְבִּיהֶנּוּ אֶלָּא אִם כֵּן יֵשׁ עָלָיו כַּזַּיִת בָּשָׂר, וּבֵית הִלֵּל מַתִּירִין.

Rather, if there is a difficulty, this is the difficulty: It is taught in a mishna (11a): **Beit Shammai say: One may not place** an unprocessed **hide before those who will tread on it,** as this is an instance of the prohibited labor of tanning on a Festival. **And one may not lift** the hide from its spot, as it is considered *muktze*, **unless there is an olive-bulk of meat on it,** in which case it may be carried on account of its meat. **And Beit Hillel permit** one to place a hide before those who will tread upon it.

אַלְמָא: גַּבֵּי שִׂמְחַת יוֹם טוֹב בֵּית שַׁמַּאי לְחוּמְרָא וּבֵית הִלֵּל לְקוּלָּא, וּרְמִינְהִי: הַשּׁוֹחֵט חַיָּה וָעוֹף בְּיוֹם טוֹב, וכו׳. אָמַר רַבִּי יוֹחָנָן: מוּחְלֶפֶת הַשִּׁיטָּה.

Once again the Gemara states: **Apparently, with regard to rejoicing on the Festival,** the opinion of **Beit Shammai is stringent, and** that of **Beit Hillel is lenient. And** the Gemara **raises a contradiction:** With regard to **one who slaughters an undomesticated animal or a fowl on a Festival,** Beit Shammai say, **etc.** Concerning this case, **Rabbi Yoḥanan said: The** attribution of the **opinions is reversed.**

מִמַּאי? דִּלְמָא לָא הִיא; עַד כָּאן לָא קָאָמְרִי בֵּית שַׁמַּאי הָתָם אֶלָּא הֵיכָא דְּאִיכָּא דֶּקֶר נָעוּץ, אֲבָל הֵיכָא דְּלֵיכָּא דֶּקֶר נָעוּץ – לָא. אִי נַמִי: עַד כָּאן לָא קָאָמְרִי בֵּית הִלֵּל הָכָא אֶלָּא דַּחֲזֵי לְמִזְגָּא עִלָּוֵיהּ, אֲבָל הָתָם – לָא.

Here too, the Gemara rejects this: **From where** do you know this? **Perhaps that is not so.** Rather, **Beit Shammai say** their opinion **only there, where there is a shovel embedded** and prepared the day before, **but where there is no embedded shovel,** they did **not** rule leniently. **Alternatively, Beit Hillel say** their opinion **only here,** with regard to a hide, **which is suitable** for people **to recline upon,** and therefore it is not completely *muktze*. **However, there,** in the case of slaughtering, they were **not** lenient.

אֶלָּא, אִי קַשְׁיָא הָא קַשְׁיָא: בֵּית שַׁמַּאי אוֹמְרִים: אֵין מְסַלְּקִין אֶת הַתְּרִיסִין בְּיוֹם טוֹב וּבֵית הִלֵּל מַתִּירִין אַף לְהַחֲזִיר, אַלְמָא: גַּבֵּי שִׂמְחַת יוֹם טוֹב בֵּית שַׁמַּאי לְחוּמְרָא וּבֵית הִלֵּל לְקוּלָּא, וּרְמִינְהִי: הַשּׁוֹחֵט חַיָּה וָעוֹף בְּיוֹם טוֹב וכו׳!

Rather, if there is a difficulty, this is the difficulty, as it is taught (11a): **Beit Shammai say: One may not remove** the **shutters** of a store **on a Festival,** to open the store by raising them, due to the prohibition against building and demolishing on a Festival; **and Beit Hillel permit** not only to open the shutters, but **even to replace** them. **Apparently, with regard to rejoicing on the Festival,** the opinion of **Beit Shammai is stringent,** and that of **Beit Hillel is lenient. And** the Gemara **raises a contradiction:** With regard to **one who slaughters an undomesticated animal or a fowl on a Festival,** Beit Shammai say, **etc.**

בִּשְׁלָמָא בֵּית שַׁמַּאי אַבֵּית שַׁמַּאי לָא קַשְׁיָא, הָתָם – דְּאִיכָּא דֶּקֶר נָעוּץ, הָכָא – לֵיכָּא דֶּקֶר נָעוּץ. אֶלָּא בֵּית הִלֵּל אַבֵּית הִלֵּל קַשְׁיָא!

Granted, the contradiction between one statement of **Beit Shammai** and the other statement of **Beit Shammai is not difficult,** as it can be explained as follows: **There,** in the slaughtering case, it is referring to a situation **where there is a shovel embedded** and prepared the day before; **here, there is no embedded shovel,** and therefore Beit Shammai are stringent. **However,** the contradiction between one statement of **Beit Hillel** and the other statement of **Beit Hillel** is **difficult.**

אָמַר רַבִּי יוֹחָנָן: מוּחְלֶפֶת הַשִּׁיטָה. (אִי נַמִי): עַד כָּאן לָא קָאָמְרִי בֵּית הִלֵּל הָכָא אֶלָּא מִשּׁוּם דְּאֵין בִּנְיָן בְּכֵלִים וְאֵין סְתִירָה בְּכֵלִים, אֲבָל הָתָם – לָא.

It is with regard to this contradiction that **Rabbi Yoḥanan said: The** attribution of **the opinions is reversed.** The Gemara comments: **Alternatively,** one can suggest a different answer without reversing the opinions: **Beit Hillel say** their lenient opinion **only here,**[N] in the case of the shutters, **because** they maintain **that there is no** prohibition against **building with regard to vessels and there is no** prohibition against **dismantling with regard to vessels,** which means that no Torah prohibition is violated in removing the shutters. **However, there,** in the case of slaughtering, where there are no extenuating circumstances, Beit Hillel did **not** permit it. Consequently, there is no contradiction that necessitates a reversal of the opinions.

מתני׳ בֵּית שַׁמַּאי אוֹמְרִים: לֹא יִטּוֹל אֶלָּא אִם כֵּן נִעְנַע מִבְּעוֹד יוֹם, וּבֵית הִלֵּל אוֹמְרִים: עוֹמֵד וְאוֹמֵר ״זֶה וָזֶה אֲנִי נוֹטֵל״.

MISHNA **Beit Shammai say: One may not take** fledgling doves from a dovecote on a Festival, **unless he shook**[N] the ones he wished to take **while it was still day,** thereby preparing them. **And Beit Hillel say:** It is not necessary to shake; rather, it is sufficient if one **stands** the day before **and says:** I will **take this** fledgling **and that** one.[NH]

גמ׳ אָמַר רַב חָנָן בַּר אַמֵּי: מַחְלוֹקֶת בִּבְרִיכָה רִאשׁוֹנָה, דְּבֵית שַׁמַּאי סָבְרִי: גָּזְרִינַן דִּלְמָא אָתֵי לְאִמְּלוֹכֵי,

GEMARA **Rav Ḥanan bar Ami said:** The **dispute** between Beit Shammai and Beit Hillel applies **to the first brood,**[B] the first pair of fledglings hatched in the first month of the year from a pair of doves. Those fledglings are usually left in the nest and are not used for food. **As Beit Shammai hold: We issue a decree** prohibiting taking them, as **perhaps**[N] on the Festival **he will come to reconsider**[N] after handling them and decide to leave them in their place, in which case he has moved them unnecessarily. However, once he has already shaken them, there is no further concern that he might change his mind on the Festival itself.

וּבֵית הִלֵּל סָבְרִי: לָא גָּזְרִינַן. אֲבָל בִּבְרִיכָה שְׁנִיָּה – דִּבְרֵי הַכֹּל בְּעוֹמֵד וְאוֹמֵר ״זֶה וָזֶה אֲנִי נוֹטֵל״ סַגְיָא.

And Beit Hillel hold: We do not issue a decree, as there is no concern that one might change his mind, and therefore a verbal commitment is sufficient. **However, with regard to the second brood,** the fledglings born on the second cycle in the following month, **everyone agrees** that it is **enough** for one **to stand and say:** I will **take this** one **and that** one.

NOTES

Alternatively, they say only here, etc. – אִי נַמִי עַד כָּאן וכו׳: This whole section, until the mishna, in which the Gemara repeatedly points out inconsistencies between the mishna about slaughtering fowl or undomesticated animals on Festivals and other *mishnayot*, appears in several versions of the Talmud. However, there are many texts that omit the entire passage, with significant ramifications. If the section is included, Rabbi Yoḥanan's statement is ultimately rejected and the opinions are not reversed, which means that the rulings in all the *mishnayot* remain as they are. Even without this section, apparently some Sages decided that these *mishnayot* should not be adjusted based on logic alone, as they also appear in tractate *Eduyyot*, and it is better to accept some sort of interpretation rather than change all the texts (see Rif and Rambam). However, Rashi, *Tosafot* and many others did not include this section and fundamentally accept the claim that the opinions should be reversed, and they rule likewise in practice.

Unless he shook – אֶלָּא אִם כֵּן נִעְנַע: In the Jerusalem Talmud, it is noted that in this case both Beit Shammai and Beit Hillel are concerned about *muktze*. The Gemara there explains there is more reason to deem animals *muktze* than other types of objects. The *muktze* status of animals has been compared to that of figs that have been set aside to dry, where even Rabbi Shimon is stringent (*ge'onim*; see 40a–b).

I will take this and that – זֶה וָזֶה אֲנִי נוֹטֵל: Both the act of shaking and oral designation are effective only in the case of small fledgling doves that cannot yet fly. It is prohibited to take doves that can fly, due to the prohibition against trapping animals. The subsequent mishna should be explained in a similar manner (Rabbeinu Peretz and others).

We issue a decree, as perhaps – גָּזְרִינַן דִּלְמָא: Some commentaries point out that the term decree is inappropriate here, as a decree prohibits one action due to a similar action that is prohibited by the Torah. To be more precise, the Gemara should have stated: We are concerned, etc. (Rabbi Aharon HaLevi).

Perhaps he will come to reconsider – דִּלְמָא אָתֵי לְאִמְּלוֹכֵי: According to Rashi and others, the concern is that one might reconsider the choice of fledglings on the Festival itself, and consequently the handling of the fledglings would have been for no purpose. The Rambam, in his Commentary on the Mishna, explains that the concern is that one might reconsider on the eve of the Festival, rendering all the birds *muktze*, which means that he may not handle or use any of them on the Festival.

HALAKHA

I will take this and that – זֶה וָזֶה אֲנִי נוֹטֵל: The doves of a dovecote and a loft are considered *muktze*. The same applies to birds nesting in rafters and the like. One must designate them the day before the Festival by saying: I will take this one and that one. In addition, one must either leave a sign on them or remember a distinguishing feature. One may do so even by means of a nonverbal declaration (*Shulḥan Arukh HaRav*). It is not necessary to shake them.

However, it is not enough merely to say: I will take a pair of doves from here. All of these *halakhot* are in accordance with the opinion of Beit Hillel (*Shulḥan Arukh*, *Oraḥ Ḥayyim* 497:10).

BACKGROUND

First brood – בְּרִיכָה רִאשׁוֹנָה: Domestic doves, and wild doves that have been domesticated, lay eggs and incubate eggs virtually throughout the year, one pair of eggs at a time.

It is possible that the custom to leave at least the first pair with the parents is to gauge the quality of the offspring of the pair, to determine whether they should be slaughtered or cultivated.

וּבֵית הִלֵּל, לָמָּה לֵיהּ לְמֵימַר ״זֶה וָזֶה אֲנִי נוֹטֵל״? לֵימָא ״מִכָּאן אֲנִי נוֹטֵל לְמָחָר״.

The Gemara asks: **And** according to the opinion of **Beit Hillel, why does one need to say: I will take this** one **and that** one? **Let him say: From here,** this dovecote, **I will take tomorrow.** Why does one have to specify exactly which fledglings he plans to remove from the dovecote?

וְכִי תֵּימָא: בֵּית הִלֵּל לֵית לְהוּ בְּרֵירָה, וְהָתְנַן: הַמֵּת בַּבַּיִת וְלוֹ פְּתָחִים הַרְבֵּה – כּוּלָּן טְמֵאִים,

And if you say that **Beit Hillel do not accept** the principle of retroactive **designation,** i.e., they reject the idea that a person's original intention can be clarified retroactively, and therefore it cannot be said that the fledglings one takes on the Festival were the ones he had in mind beforehand, **but didn't we learn** in a mishna (*Ohalot* 7:3): If **a corpse** is located **in a house, and** the house **has many entrances,** whether they are open or closed, not only is the inside of the house ritually impure as a tent of the dead, but **all** the entrances **are** likewise **ritually impure** and impart impurity to the vessels they contain? The reason is that the corpse might be removed via any of the entrances, and therefore they all contract impurity.

נִפְתַּח אֶחָד מֵהֶן – הוּא טָמֵא וְכוּלָּן טְהוֹרִין. חִישֵּׁב לְהוֹצִיאוֹ בְּאֶחָד מֵהֶן, אוֹ בְּחַלּוֹן שֶׁיֵּשׁ בּוֹ אַרְבָּעָה עַל אַרְבָּעָה – מַצֶּלֶת עַל כָּל הַפְּתָחִים כּוּלָּן.

If only **one of** the entrances **was open** after the person died, that entrance alone **is ritually impure,** as the corpse will certainly be removed through it, **and all** the other entrances remain **ritually pure.** The same applies if **one decided** from the outset **to remove** the corpse **through one of** the entrances, **or** to carry it out **through a window that is four by four** handbreadths in size, which is large enough for a corpse. This intention **spares all the** other **entrances** from ritual impurity, as it is clear that the corpse will not be removed through them.

בֵּית שַׁמַּאי אוֹמְרִים: וְהוּא שֶׁחִישֵּׁב לְהוֹצִיאוֹ עַד שֶׁלֹּא יָמוּת הַמֵּת, וּבֵית הִלֵּל אוֹמְרִים: אַף מִשֶּׁיָּמוּת הַמֵּת.

With regard to this case, **Beit Shammai say: This** *halakha* applies only **if one had decided to remove** the corpse by a particular entrance **before the person died,** so that the entrance through which the body would be removed was already determined at the time of death. **And Beit Hillel say:** This *halakha* applies **even after the person died,** as the principle of retroactive designation is invoked, which means that the entrance through which the deceased will be removed is retroactively designated. This indicates that Beit Hillel do accept the principle of retroactive designation.[NH]

הָא אִתְּמַר עֲלָהּ, אָמַר רַבָּה: לְטַהֵר אֶת הַפְּתָחִים מִכָּאן וּלְהַבָּא. וְכֵן אָמַר רַבִּי אוֹשַׁעְיָא: לְטַהֵר אֶת הַפְּתָחִים מִכָּאן וּלְהַבָּא. מִכָּאן וּלְהַבָּא – אִין. לְמַפְרֵעַ – לָא.

The Gemara refutes this proof: **Wasn't it stated** by *amora'im* **with regard to this** mishna **that Rabba said:** In this case, Beit Hillel referred only **to purifying the entrances from that point forward.** In other words, after one has decided on an entrance that he will use to remove the dead, any vessels in the space of the other entrances do not become ritually impure. However, vessels that were located inside the space of the other entrances before the decision was made remain impure. According to these *amora'im*, Beit Hillel do not accept the principle of retroactive designation. **And, so too, Rav Oshaya said:** This *halakha* is referring **to purifying the entrances from that point forward,** which indicates: **From here onward, yes,** the entrances are ritually pure; **retroactively, no,** they are not considered pure.

רָבָא אָמַר: לְעוֹלָם לְמַפְרֵעַ, וְהָכָא הַיְינוּ טַעֲמָא: דִּלְמָא מְטַלְטֵל וְשָׁבֵיק, מְטַלְטֵל וְשָׁבֵיק, וְקָא מְטַלְטֵל מִידֵי דְּלָא חֲזֵי לֵיהּ.

Rava said that there is a different way to resolve the conflicting rulings of Beit Hillel: **Actually,** in the case of ritual impurity, Beit Hillel maintain that all the entrances are ritually pure **retroactively. And here,** with regard to fledglings, **this is the reason** why Beit Hillel insist that one designate which particular fledglings one plans to take on the Festival: **Perhaps one will move** fledglings, **and put** them **down,**[N] and again **move** them, **and put** them **down** until he finds the pair he wants, thereby **moving an object that is not suitable for him,** i.e., which is *muktze*.

וְהָא אָמְרַתְּ ״בְּעוֹמֵד וְאוֹמֵר זֶה וָזֶה אֲנִי נוֹטֵל סַגְיָא״. הָנֵי מִילֵּי מֵעֶרֶב יוֹם טוֹב,

The Gemara raises an objection: **But** if this is indeed the concern, **didn't you say** that **it is enough** if **one stands and says: I will take this** one **and that** one. In this case, too, he does not touch them. It is therefore possible that he may reconsider his choice of fledglings on the Festival after he handles them. The Gemara answers: **This applies only** when one made his choice **on the eve of the Festival.** Since he knows that he may not alter his decision on the Festival itself even if he does not like the ones he chose, he definitively decides to take those fledglings and will not handle others.

NOTES

The ritual impurity of entrances – **טוּמְאַת הַפְּתָחִים:** The Ramban holds that this case must be referring to entrances that were barred or closed up, as the *halakha* is that all open entrances leading out from a room that contains a corpse become ritually impure immediately, not because the dead might be brought out through them but by a Torah law. By contrast, the ritual impurity of closed entrances discussed here is a separate issue. It is a *halakha* transmitted to Moses at Sinai that as long as it is possible for the corpse to be removed via any entrance, all of them are ritually impure. The final conclusion is apparently that this is a not a rabbinic decree but a Torah law, albeit one not detailed in the verses themselves. The commentaries explain that this must be the case, as an entrance would not be declared ritually impure merely due to uncertainty.

Perhaps one will move and put down – **דִּלְמָא מְטַלְטֵל וְשָׁבֵיק:** Many early authorities point out that one may not declare the entire dovecote prepared for the Festival and later choose only the doves he desires, as certainly he does not intend to remove all of the fledglings from his dovecote but actually has only one in mind (Rabbeinu Peretz; Rabbeinu Yeruḥam; see *Shitta Mekubbetzet*). Other commentaries, however, are not convinced, and maintain that if one did designate an entire dovecote, there is no longer any need to select one particular pair of doves (Rashba).

HALAKHA

The ritual impurity of entrances – **טוּמְאַת הַפְּתָחִים:** If there is a corpse in a house that has many entrances, all of which are locked, they are all ritually impure, and anyone sitting under an entrance is rendered impure with ritual impurity imparted by a corpse. If one of the entrances is opened, or if a decision has been made to remove the corpse through one of the entrances, including a window four by four handbreadths in size, this spares all the other entrances from ritual impurity, even if the decision was made after the person died. This ruling is in accordance with the opinion of Beit Hillel (Rambam, *Sefer Tahara, Hilkhot Tumat HaMet* 7:2).

אֲבָל בְּיוֹם טוֹב אָסוּר, דְּזִימְנִין דְּמִשְׁתַּכְּחִי שְׁמֵנִים כְּחוּשִׁים, וּכְחוּשִׁים שְׁמֵנִים, וְקָמְטַלְטֵל מִידֵי דְּלָא חֲזֵי לֵיהּ. אִי נַמִי זִימְנִין דְּמִשְׁתַּכְּחִי כּוּלְּהוּ כְּחוּשִׁים, וְשָׁבֵיק לְהוּ, וְאָתֵי לְאִמְנוּעֵי מִשִּׂמְחַת יוֹם טוֹב.

However, on the Festival it is **prohibited, as sometimes** those that seemed to him to be **fat ones will be found**[N] to be **thin, and thin ones** will be found to be **fat, and he** will **move an object that is not suitable for him,** thereby transgressing the prohibition against moving *muktze* objects. **Alternatively, sometimes they will all be found** to be **thin, and he will leave them** all, **and he will come to neglect the rejoicing of the Festival.** If, however, one announces the day before: I will take this one and that one, he will indeed take only those fledglings, thereby enhancing his Festival joy.

מתני׳ זִימֵּן שְׁחוֹרִים וּמָצָא לְבָנִים, לְבָנִים וּמָצָא שְׁחוֹרִים, שְׁנַיִם וּמָצָא שְׁלֹשָׁה – אֲסוּרִים. שְׁלֹשָׁה וּמָצָא שְׁנַיִם – מוּתָּרִים.

MISHNA If, on the eve of a Festival, one **designated black** fledglings to be slaughtered, **and** on the following day **found white** ones in the dovecote, rather than the birds he had designated, or if one designated **white** ones to be slaughtered **and found black** ones, or if one designated **two** fledglings to be slaughtered **and found three, they are prohibited,** as these are not the same fledglings he had designated earlier. If, however, one designated **three** to be slaughtered **and found** only **two, they are permitted,** as it is presumed that one of the fledglings escaped.[H]

בְּתוֹךְ הַקֵּן וּמָצָא לִפְנֵי הַקֵּן – אֲסוּרִין, וְאִם אֵין שָׁם אֶלָּא הֵם – הֲרֵי אֵלּוּ מוּתָּרִים.

If one designated them **inside the nest** and the next day he cannot find them there, **and he found** fledglings **before the nest, they are prohibited,** as they might be fledglings other than the ones he designated and left inside the nest. **But if there are only those** fledglings in the immediate vicinity, **they are permitted,** as it can be assumed that these are the ones he designated inside the nest.

גמ׳ פְּשִׁיטָא. אֲמַר רַבָּה: הָכָא בְּמַאי עָסְקִינַן – כְּגוֹן שֶׁזִּימֵּן שְׁחוֹרִים וּלְבָנִים, וְהִשְׁכִּים וּמָצָא שְׁחוֹרִים בִּמְקוֹם לְבָנִים, וּלְבָנִים בִּמְקוֹם שְׁחוֹרִים. מַהוּ דְּתֵימָא: הָנֵי אִינְהוּ נִינְהוּ, וְאִתְהַפּוֹכֵי אִתְהַפּוּךְ, קָא מַשְׁמַע לַן: הָנָךְ אָזְדוּ לְעָלְמָא, וְהָנֵי אַחֲרִינֵי נִינְהוּ.

GEMARA The Gemara asks: But it is **obvious** that if one designated black ones to be slaughtered and found white ones, they are not the same birds. **Rabba said: With what are we dealing here?**[N] The mishna is referring to a case **where one designated** both **black and white** ones to be slaughtered, **and he arose and found**[N] **black ones in the place** where the **white ones** had been, **and white ones in** the **place** of the **black ones. Lest you say: These are those** same fledglings **and** they simply **exchanged** places, the mishna **teaches us** that this claim is not accepted. Instead, it is assumed that **these** ones that he designated **have gone to the** outside **world, and these** ones that he found **are others** that have come from elsewhere.

לֵימָא מְסַיַּיע לֵיהּ לְרַבִּי חֲנִינָא, דְּאָמַר רַבִּי חֲנִינָא: רוֹב וְקָרוֹב – הַלֵּךְ אַחַר הָרוֹב.

The Gemara suggests: **Let us say that** this mishna **supports Rabbi Ḥanina, as Rabbi Ḥanina said:** When resolving an uncertainty with regard to the identity of an item, if the **majority** indicates one ruling but the item in question is **proximate**[HN] to a source that indicates otherwise, one **follows the majority.** In this case, the majority of fledglings are prohibited, as they were not designated for use on the Festival. Consequently, the found fledglings are prohibited, despite the fact that the nearest fledglings are the designated ones.

HALAKHA

Designated black ones and found white ones – זִימֵּן שְׁחוֹרִים וּמָצָא לְבָנִים: If one designated black fledglings on the eve of a Festival and discovered white ones in their place when he came to take them on the Festival, they are prohibited. However, the *halakha* is different if one designated two fledglings and found three; if one designated three and found two; or if one designated black ones next to white ones and found the black ones in the place of the white ones. In all of these cases, the ruling is as follows: If he recognizes the ones he designated, he may take them; if not, they are all prohibited. This applies in a case where either there are other dovecotes within fifty cubits or the fledglings can fly a little, as stated by the mishna and in accordance with the opinion of Rabba (*Shulḥan Arukh, Oraḥ Ḥayyim* 497:12).

A majority but the item is proximate – רוֹב וְקָרוֹב: If there is a conflict between a majority and an object that is near, one follows the majority, in accordance with the opinion of Rabbi Ḥanina. Consequently, in a case where one finds a fledgling that can hop but cannot yet fly, the ruling is as follows: If it is found within fifty cubits of its dovecote, it belongs to the owner of the dovecote; if it is found beyond that range, it is the property of the finder; if it is found between several dovecotes, it belongs to the nearest one; and if it is midway between two, the two owners must share it. This applies in a case where the various dovecotes contain the same number of doves. However, if there are more doves in one particular dovecote, one follows the majority although it is farther away (*Shulḥan Arukh, Ḥoshen Mishpat* 260:8).

NOTES

Sometimes fat ones will be found, etc. – זִימְנִין דְּמִשְׁתַּכְּחִי שְׁמֵנִין וכו׳: It is not necessary to designate chickens, geese, and the like before the Festival. However, doves must be designated because they are usually kept in a dovecote for breeding purposes rather than as ready food. Furthermore, one is generally reluctant to take fledglings, due to the risk of spoiling the dovecote (Rabbi Aharon HaLevi). Also, chickens and geese are always at hand, which means one regularly comes into contact with them and knows which are the fat ones; this is not the case with doves (*Shitta Mekubbetzet*). Other commentaries follow the opinion of several early authorities that one should be stringent and designate even chickens and geese before the Festival (*Yam Shel Shlomo*).

With what are we dealing here, etc. – הָכָא בְּמַאי עָסְקִינַן וכו׳: Some commentaries explain that Rabba was troubled by the wording of the mishna: Black ones and found white ones; white ones and found black ones. The second clause is apparently superfluous. He therefore explains that it is referring to a case where one designated both black and white ones (*Tziyyun LeNefesh Ḥayya*).

He arose and found – הִשְׁכִּים וּמָצָא: Because doves do not usually stray from their nest during the dark, the Gemara emphasizes: Arose. One might cite this as a reason to conclude that the doves did not come from outside this dovecote. The Gemara teaches that this possibility is nevertheless taken into account (*Ḥatam Sofer*).

A majority but the item is proximate – רוֹב וְקָרוֹב: The Gemara could have cited other *mishnayot* to support the claim that one generally follows the majority. However, the proof from this case is particularly convincing. It involves a visibly proximate source, which one would think would be the deciding factor, and yet the principle to follow the majority is still applied (Rabbeinu Peretz).

BACKGROUND

Ledge – דַּף: In the mishnaic period, as today, a ledge was affixed to the entrance of dovecotes. The doves perch on the ledge when entering and exiting.

Dovecote with ledges

Second tithe – מַעֲשֵׂר שֵׁנִי: The second tithe is separated from produce after *teruma* has been given to a priest and the first tithe to a Levite. Second tithe was given during the first, second, fourth, and fifth years of the Sabbatical cycle. After second tithe was separated, it was brought to Jerusalem and eaten there by its owner. If the journey to Jerusalem was too long, which made it difficult to carry all of the second-tithe produce there, or if the produce became ritually impure, it could be redeemed for an equivalent sum of money. This redemption money was brought to Jerusalem, where it was spent on food (see Deuteronomy 14:25). Second tithe may be redeemed only with minted coins bearing an imprint; unstamped coins and promissory notes may not be used. Today, the second tithe is still redeemed, but only for a nominal sum, as it is no longer brought to Jerusalem. The *halakhot* of second tithe are discussed in tractate *Ma'aser Sheni*.

כְּדַאֲמַר אַבַּיֵי: בְּדַף, הָכָא נַמִי בְּדַף.

The Gemara refutes this suggestion: Perhaps it is **as Abaye said** with regard to a different issue: We are dealing with fledglings located **on a ledge,**[B] a flat piece of wood protruding from the dovecote, around which many doves congregate. **Here too,** the mishna is referring **to a ledge.** Since other doves are regularly found there, the principle that one follows the majority rather than the proximate source does not apply, as both the majority of doves and the proximate source of doves are not the original ones, and therefore all the fledglings are prohibited.

״שְׁנַיִם וּמָצָא שְׁלֹשָׁה אֲסוּרִין״. מַה נַּפְשָׁךְ, אִי אַחֲרִינֵי נִינְהוּ – הָא אַחֲרִינֵי נִינְהוּ, וְאִי לָא אַחֲרִינֵי נִינְהוּ – הָא אִיכָּא חַד דִּמְעָרַב בְּהוּ.

The mishna taught that if one designated **two and found three, they are prohibited.** The Gemara explains: **Whichever** way **you** look at this matter, the fledglings are prohibited. **If these are others, they are others**[N] that have not been designated. **And if they are not others,** i.e., two of the fledglings that one designated are still there, nevertheless **there is one** that he certainly did not designate and **that is mingled with them,** which renders the others prohibited as well.

״שְׁלֹשָׁה וּמָצָא שְׁנַיִם מוּתָּרִין״. מַאי טַעְמָא? הָנֵי אִינְהוּ נִינְהוּ, וְחַד מִנַּיְיהוּ אֲזַל לְעָלְמָא.

§ The mishna taught that if one designated **three and found two,**[H] **they are permitted.** The Gemara asks: **What is the reason** for this? The Gemara explains: **These are the same ones, and one of them has gone to the** outside **world,**[N] leaving two behind.

לֵימָא מַתְנִיתִין רַבִּי הִיא וְלָא רַבָּנַן, דְּתַנְיָא: הִנִּיחַ מָנֶה וּמָצָא מָאתַיִם – חוּלִּין וּמַעֲשֵׂר שֵׁנִי מְעוֹרָבִין זֶה בָּזֶה, דִּבְרֵי רַבִּי. וַחֲכָמִים אוֹמְרִים: הַכֹּל חוּלִּין.

The Gemara suggests: **Let us say that the mishna is** in accordance with the opinion of **Rabbi** Yehuda HaNasi, **and not** that of **the Rabbis, as it is taught** in a *baraita*: If one **placed one hundred dinars** of tithe money in a safe place **and found two hundred**[H] there, it is assumed that this is **non-sacred** money **and second-tithe**[B] money **mingled together.** Someone must have come and added another hundred to his tithe money. Therefore, he separates one dinars from the total and states: Whatever part of this is the tithe, is fine; whatever part of it is non-tithe money, let it be used to redeem the tithe money, and this should be sanctified as tithe money in its place. This is **the statement of Rabbi** Yehuda HaNasi. **And the Rabbis say: It is all non-sacred**[N] money. Since the money is not as he left it, the assumption is that someone took the original one hundred dinars; and he, or someone else, replaced it with two hundred dinars of regular money.

הִנִּיחַ מָאתַיִם וּמָצָא מָנֶה – מָנֶה מוּנָּח וּמָנֶה מוּטָּל, דִּבְרֵי רַבִּי. וַחֲכָמִים אוֹמְרִים: הַכֹּל חוּלִּין.

Conversely, if one **placed two hundred** dinars **and found one hundred dinars,** it is presumed that **one hundred dinars has been left** in its place and is tithe money, **and one hundred dinars** was **removed.** This is **the statement of Rabbi** Yehuda HaNasi. **And the Rabbis say: It is all non-sacred** money. It is assumed that someone removed all the money, and the one hundred dinars he found must have been placed there by someone else, and is not connected to the money he left. The *halakha* with regard to the case of fledglings apparently follows Rabbi Yehuda HaNasi's opinion in the case of second-tithe money.

אֲפִילּוּ תֵּימָא רַבָּנַן, הָא אִתְּמַר עֲלָהּ, רַבִּי יוֹחָנָן וְרַבִּי אֶלְעָזָר דְּאָמְרִי תַּרְוַיְיהוּ: שָׁאנֵי גּוֹזָלוֹת הוֹאִיל וַעֲשׂוּיִין לְדַדּוֹת.

The Gemara refutes this claim: **Even if you say** that the mishna is in accordance with the opinion of **the Rabbis,** it can be explained, as **it was stated with regard to this** mishna that **Rabbi Yoḥanan and Rabbi Elazar both say: Fledglings are different, since they typically hop** from place to place. Therefore, it is possible that one of them escaped. By contrast, a money pouch cannot move of its own accord and must have been taken by someone.

NOTES

They are others, etc. – הָא אַחֲרִינֵי נִינְהוּ וכו׳: According to the Rambam, the mishna rules as it does because this is a case of uncertain preparation, which is prohibited on a Festival. Apparently, the Rambam rules in accordance with the opinion of Rabbi Ḥanina, despite the Gemara's rejection of his opinion (see *Maggid Mishne* and other later authorities).

One of them has gone to the outside world – חַד מִנַּיְיהוּ אֲזַל לְעָלְמָא: *Tosafot* who explain that since two fledglings are still there, and no harm seems to have befallen them, one can be lenient and assume that they are the same birds (*Meiri*).

It is all non-sacred – הַכֹּל חוּלִּין: This case involves uncertainty pertaining to a Torah prohibition; as such, how can the money be entirely permitted? The commentaries suggest two answers: Either this is a case of a tithe by rabbinic law, in which case the uncertainty pertains to a rabbinic prohibition, or, alternatively, since the money has evidently changed from its previous state, one can certainly assume that it is non-sacred money (Rashba).

HALAKHA

Three and found two – שְׁלֹשָׁה וּמָצָא שְׁנַיִם: If one designated three doves and found two, they are permitted, even if all three were initially tied together (Rema; *Shulḥan Arukh HaRav*). Some authorities hold that whenever the doves are found in a different state from the way one left them, they are prohibited (*Taz*; *Shulḥan Arukh, Oraḥ Ḥayyim* 497:13).

Placed one hundred dinars and found two hundred – הִנִּיחַ מָנֶה וּמָצָא מָאתַיִם: If one left one hundred dinars of second-tithe money and found two hundred in its place, or if one left two hundred dinars and discovered one hundred, all the money is non-sacred. The *halakha* is in accordance with the opinion of the Rabbis (Rambam *Sefer Zera'im, Hilkhot Ma'aser Sheni* 6:3).

וְלָמָּה לִי לְשַׁנּוּיֵי עֲלַהּ שָׁאנֵי גּוֹזָלוֹת הוֹאִיל וַעֲשׂוּיִין לְדַדּוֹת? וְהָא אִתְּמַר עֲלַהּ דְּהַהִיא דְּרַבִּי יוֹחָנָן וְרַבִּי אֶלְעָזָר; חַד אָמַר: בִּשְׁנֵי כִּיסִין מַחְלוֹקֶת, אֲבָל בְּכִיס אֶחָד – דִּבְרֵי הַכֹּל חוּלִּין. וְחַד אָמַר: בְּכִיס אֶחָד מַחְלוֹקֶת, אֲבָל בִּשְׁנֵי כִּיסִין – דִּבְרֵי הַכֹּל מָנֶה מוּנָּח וּמָנֶה מוּטָּל.

The Gemara asks: **And why do I** need **to answer with regard to it: Fledglings are different, since they typically hop? But wasn't it stated with regard to that** mishna, which deals with a money pouch, **that Rabbi Yoḥanan and Rabbi Elazar** disagree over it: **One** of them **said:** The **dispute** applies only **to** a case of **two pouches,** with one hundred dinars in each pouch. **However,** if all of the money was **in a single pouch, everyone agrees** that it is **non-sacred** money, as it is unlikely that only half of the money was removed while the other half was left in its place. **And** the other **one** of them **said:** The **dispute** applies only **to one pouch, but with regard to two pouches, everyone agrees** that **one hundred dinars** of tithe **is left and one hundred dinars** has been **removed.**[B]

בִּשְׁלָמָא לְמַאן דְּאָמַר בִּשְׁנֵי כִּיסִין מַחְלוֹקֶת – הַיְינוּ דְּאִיצְטְרִיךְ לְשַׁנּוּיֵי הָכָא שָׁאנֵי גּוֹזָלוֹת הוֹאִיל וַעֲשׂוּיִין לְדַדּוֹת. אֶלָּא לְמַאן דְּאָמַר בְּכִיס אֶחָד מַחְלוֹקֶת, אֲבָל בִּשְׁנֵי כִּיסִין – דִּבְרֵי הַכֹּל מָנֶה מוּנָּח וּמָנֶה מוּטָּל, הָשְׁתָּא לָמָּה לִי לְשַׁנּוּיֵי עֲלַהּ? הָא אָמְרַתְּ בִּשְׁנֵי כִּיסִין לָא פְּלִיגִי.

The Gemara explains: **Granted, according to the one who said** that the **dispute** deals with a case **of two pouches, this is why** it **was necessary to answer here: Fledglings are different, since they typically hop. However, according to the one who says** that the **dispute** involves a case **of one pouch, but with regard to two pouches everyone agrees** that **one hundred dinars** of tithe **is left and one hundred dinars** has been **removed, now** consider: **Why do I** need **to answer, with regard to it,** that there is a difference between that *halakha* and the case of fledglings? **You said** that **they do not disagree** even **with regard to two** separate **pouches,** and therefore they certainly do not disagree in the case of fledglings.

אָמַר רַב אָשֵׁי: הָכָא בְּגוֹזָלוֹת מְקוּשָּׁרִים וְכִיסִים מְקוּשָּׁרִים עָסְקִינַן. גּוֹזָלוֹת – מְנַתְּחֵי אַהֲדָדֵי, כִּיסִין – לָא מְנַתְּחֵי אַהֲדָדֵי.

Rav Ashi said: Here we are dealing with fledglings tied together **and** with money **pouches tied** together. In other words, when it is stated that the dispute applies to one pouch, this refers to two pouches that are tied together, as well. Rabbi Yehuda HaNasi and the rabbis agree only with regard to two pouches that are entirely separate. Consequently, it is necessary to explain that there is a difference between pouches tied together and fledglings tied together: **Fledglings** can **release themselves**[N] **from each other,** and therefore it is possible that only one of them escaped, whereas **pouches cannot release themselves from each other.** Therefore, it is evident that someone must have taken them. Since they were tied together, he certainly took both of them.

וְרַבִּי אָמַר לָךְ: כִּיסִין נַמִי, זִמְנִין

The Gemara asks: **But** if that is indeed the case, and it is obvious that someone came and took the money, what is Rabbi Yehuda HaNasi's reasoning? The Gemara explains: **And Rabbi** Yehuda HaNasi could have **said to you: Pouches, too, sometimes**

BACKGROUND

Money pouch – כִּיס כֶּסֶף:

Leather money pouch from the Roman period

NOTES

Fledglings can release themselves, etc. – גּוֹזָלוֹת מְנַתְּחֵי וכו׳: This discussion also appears in the Jerusalem Talmud, with several variations. One opinion cited there is that this *halakha* applies not merely to fledglings but to eggs as well, and the Gemara therefore concludes that this mishna is certainly in accordance with the opinion of Rabbi Yehuda HaNasi.

Perek **I**
Daf **11** Amud **a**

דְּמִתְעַבֵּל קִטְרַיְיהוּ.

their knot becomes worn and untied. Consequently, it is possible that someone took only one of the two pouches.

״בְּתוֹךְ הַקֵּן וּמָצָא לִפְנֵי הַקֵּן אֲסוּרִין״. לֵימָא מְסַיַּיע לֵיהּ לְרַבִּי חֲנִינָא, דְּאָמַר רַבִּי חֲנִינָא: רוֹב וְקָרוֹב – הַלֵּךְ אַחַר הָרוֹב.

§ The mishna taught that if one designated fledglings **inside the nest and found** them **before the nest,**[H] **they are prohibited.** The Gemara comments: **Let us say that this supports** the opinion of **Rabbi Ḥanina, as Rabbi Ḥanina said:** In a case involving **a majority and** an item that is **near,** one **follows the majority.** Since doves from the outside world are more numerous than those that one designated, the assumption is that these fledglings are from the majority, and therefore they are prohibited.

HALAKHA

Inside the nest and found before the nest – בְּתוֹךְ הַקֵּן וּמָצָא לִפְנֵי הַקֵּן: If one designated fledglings inside a nest and found them at the entrance to the nest, they are permitted. If one found them before the nest, they are prohibited. However, if there is no other nest in the vicinity, i.e., within fifty cubits (*Magen Avraham*), they are permitted. In a case where there is another nest nearby, if the fledgling cannot see it, e.g., it is around a corner, they are permitted. All this applies only if the fledglings are able to move merely by hopping; if they are able to fly, they are prohibited (*Shulḥan Arukh, Oraḥ Ḥayyim* 497:14).

אֲמַר אַבַּיֵי: בְּדַף. רָבָא אֲמַר: בִּשְׁנֵי קִנִּין זוֹ לְמַעְלָה מִזּוֹ עָסְקִינַן. וְלָא מִבַּעְיָא זִמֵּן בַּתַּחְתּוֹנָה וְלֹא זִמֵּן בָּעֶלְיוֹנָה, וּמָצָא בַּתַּחְתּוֹנָה וְלֹא מָצָא בָּעֶלְיוֹנָה – דַּאֲסִירָן, דְּאָמְרִינַן: הָנָךְ אָזְלוּ לְעָלְמָא, וְהָנָךְ אִשְׁתַּרְבּוּבֵי אִשְׁתַּרְבּוּב וּנְחוּת.

Abaye said, in refutation of this claim: Here we are dealing with a **ledge**[N] affixed to the front of the nest, where all the doves gather. Therefore, the principle pertaining to a majority and an item that is near does not apply to this case. **Rava said:** Here **we are dealing with two nests, one above the other,** i.e., adjacent nests rather than any two nests. **And it is not necessary** to state that in the case of **one** who **designated** the fledglings **in the lower** nest **and did not designate** those **in the upper one, and he found** fledglings **in the lower one and he did not find** fledglings **in the upper one, that** the fledglings **are** all **prohibited.** The reason is **that we say: These** that were in the lower nest **went to the** outside **world, while these** still present **have dragged themselves and come down.**

אֶלָּא אֲפִילּוּ זִמֵּן בָּעֶלְיוֹנָה וְלֹא זִמֵּן בַּתַּחְתּוֹנָה, וּבָא וּמָצָא בָּעֶלְיוֹנָה וְלֹא מָצָא בַּתַּחְתּוֹנָה – הָנָךְ נַמִי אֲסִירִי, דְּאָמְרִינַן: הָנָךְ אָזְלוּ לְעָלְמָא, וְהָנָךְ סְרוּכֵי סָרֵיךְ וּסְלִיקוּ.

Rather, even if one **designated** fledglings **in the upper** nest **and did not designate** fledglings **in the lower** one, **and he came and found** fledglings **in the upper one and did not find** fledglings **in the lower one, those** in the upper nest **are also prohibited, as we say: Those** that he originally designated **went to the** outside **world, and those** in the lower nest **have clutched and climbed.** Therefore, there is cause for concern in both of these cases.

״וְאִם אֵין שָׁם אֶלָּא הֵן הֲרֵי אֵלּוּ מוּתָּרִין״. הֵיכִי דָּמֵי? אִילֵימָא בְּמְפוֹרָחִין, אִיכָּא לְמֵימַר: הָנָךְ אָזְלוּ לְעָלְמָא וְהָנֵי אַחֲרִינֵי נִינְהוּ.

The mishna states that **if there are no others there apart from them, they are permitted.** The Gemara asks: **What are the circumstances? If we say** that the mishna is dealing **with** fledglings that **are** already **able to fly,**[N] **it** is possible **to say** that **those** that he designated **went to the** outside **world, and the ones** that are present **are other ones.**

אֶלָּא בִּמְדַדִּין. אִי דְּאִיכָּא קֵן בְּתוֹךְ חֲמִשִּׁים אַמָּה – אִדַּדּוּיֵי אִדַּדּוּ, וְאִי דְּלֵיכָּא קֵן בְּתוֹךְ חֲמִשִּׁים אַמָּה – פְּשִׁיטָא דְּמוּתָּרִין, דְּאָמַר מָר עוּקְבָא בַּר חָמָא: כָּל הַמְדַדֶּה – אֵין מְדַדֶּה יוֹתֵר מֵחֲמִשִּׁים אַמָּה.

Rather, the mishna must be referring **to** fledglings that can only **hop** from one place to another. However, **if** it deals with a case **where there is** another dove **nest within fifty cubits,** the fledglings might have **jumped** and come from that nest; **and if there is no nest within fifty cubits,** it is **obvious** that **they are permitted,** for from where could they have come? **As Mar Ukva bar Ḥama said:** With regard to **any** creature **that hops, it does not hop more than fifty cubits.**[H]

לְעוֹלָם דְּאִיכָּא קֵן בְּתוֹךְ חֲמִשִּׁים אַמָּה, וּכְגוֹן דְּקַיְימָא בְּקֶרֶן זָוִית. מַהוּ דְּתֵימָא: אִדַּדּוּיֵי אִדַּדּוּ, קָא מַשְׁמַע לָן: כָּל הֵיכָא דִּמְדַדֶּה וַהֲדַר חָזֵי לְקִנֵּיהּ – מְדַדֶּה, וְאִי לָא – לָא מְדַדֶּה.

The Gemara answers: **Actually,** it is referring to a case **where there is** another **nest within fifty cubits, and** it deals with a situation **where** the additional nest **is situated around a corner**[B] from the first nest, rather than in a straight line from it. **Lest you say:** The fledglings **jumped** from one nest to the other, the mishna therefore **teaches us** that **anywhere that** a fledgling **hops and turns and sees its nest, it will** continue to **hop. But if** it can **no** longer see its original nest, **it will not hop** any farther.[B]

מתני׳ בֵּית שַׁמַּאי אוֹמְרִים: אֵין נוֹטְלִים אֶת הָעֱלִי לְקַצֵּב עָלָיו בָּשָׂר, וּבֵית הִלֵּל מַתִּירִין. בֵּית שַׁמַּאי אוֹמְרִים: אֵין נוֹתְנִין אֶת הָעוֹר לִפְנֵי הַדּוֹרְסָן, וְלֹא יַגְבִּיהֶנּוּ, אֶלָּא אִם כֵּן יֵשׁ עִמּוֹ כַּזַּיִת בָּשָׂר. וּבֵית הִלֵּל מַתִּירִין.

MISHNA Beit Shammai say: One may not take a large pestle[N] from a mortar, which is normally used for crushing wheat in the preparation of porridge, for any other purpose on a Festival, e.g., **to cut meat on it; and Beit Hillel permit** it.[H] Likewise, **Beit Shammai say: One may not place** an unprocessed **hide before those who will tread on it,**[H] as this constitutes the prohibited labor of tanning on a Festival. **And one may not lift**[N] the hide from its place, as it is considered *muktze*, **unless there is an olive-bulk of meat on it,** in which case it may be carried on account of its meat; **and Beit Hillel permit** it in both cases.

HALAKHA

Hops fifty cubits – מְדַדֶּה חֲמִשִּׁים אַמָּה: A fledgling does not hop farther than fifty cubits. Consequently, if a fledgling that can only hope is discovered within fifty cubits of a nest, it belongs to the owner of that nest. If it is found farther away, it is the property of the finder (*Shulḥan Arukh*, *Ḥoshen Mishpat* 260:8).

Carrying a pestle – טִלְטוּל עֱלִי: A large, heavy pestle used for crushing wheat for porridge is considered a vessel whose primary function is a prohibited use. It may be handled for a permitted purpose, e.g., for slicing meat upon it, as the *halakha* is in accordance with the opinion of Beit Hillel (*Shulḥan Arukh*, *Oraḥ Ḥayyim* 499:5).

A hide before those who will tread on it – עוֹר לִפְנֵי הַדּוֹרְסָן: It is permitted to remove the hide of an animal slaughtered on a Festival and leave it in a place where people will tread on it, even if there is no meat on it at all, in accordance with the opinion of Beit Hillel (*Shulḥan Arukh*, *Oraḥ Ḥayyim* 499:3).

BACKGROUND

Corner – קֶרֶן זָוִית:

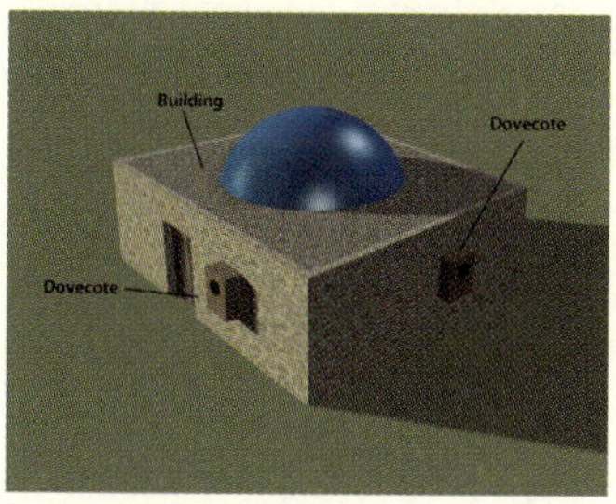

Two dovecotes around the corner from each other

Fledgling doves and their dovecotes – גּוֹזְלֵי הַיּוֹנִים וְשׁוֹבְכֵיהֶם: In general, doves have a highly developed sense of their surroundings, which allows them to return to their nests from a great distance. This ability does, however, require a certain amount of familiarity and practice, which is why young fledglings can lose their way. The sense of sight is especially important in this regard. A fledgling that cannot fly can recognize its dovecote only while it remains visible. If the dovecote is around a corner, the young bird will no longer be able to see it, and will not know how to return to it.

NOTES

Abaye said, with a ledge – אֲמַר אַבַּיֵי בְּדַף: *Tosafot Yeshanim* ask: Earlier, the Gemara cited Abaye's statement in explanation of the first part of the mishna. Why didn't Abaye himself refer to that section? The difficulty concerning the first part of the mishna stemmed from Rabba's explanation rather than the mishna itself, which is not the case with regard to the last clause. Therefore, Abaye preferred to issue his observation in relation to the mishna itself, as opposed to a particular interpretation of it (*Petaḥ Einayim*).

If we say that the mishna is dealing with fledglings that are able to fly – אִילֵימָא בִּמְפוֹרָחִין: In addition to the prohibition of *muktze*, this case also entails the prohibited labor of trapping. However, the Gemara omits this issue, as the issue of *muktze* is sufficient to prohibit these fledglings (Rabbi Aharon HaLevi; see *Simḥat Yom Tov*). According to other commentaries, this mishna is not referring to fledglings that can actually fly, but to ones that can fly a little; the prohibited labor of trapping does not apply to them (Ran).

One may not take a large pestle – אֵין נוֹטְלִין אֶת הָעֱלִי: *Tosafot* raise the question: Why is a pestle entirely prohibited? Shouldn't one be allowed to use it for permitted purposes, despite the fact that its usual function is prohibited? The same question was raised in the Jerusalem Talmud. *Tosafot* explain that the large pestle is *muktze* due to monetary loss. It is therefore prohibited to use it even for permitted purposes. Alternatively, it falls into the category of a large vessel that has a fixed location and is not used for any other purpose (Rid). Other commentaries suggest that handling a pestle is not prohibited due to *muktze* at all, but because it has the appearance of a weekday activity (*Meiri*).

And one may not lift – וְלֹא יַגְבִּיהֶנּוּ: There are two separate issues here: First, Beit Shammai prohibit carrying a hide unless it has meat on it; second, even if it did have meat on it, one may not place the hide before those who will tread on it (*Meiri*).

גמ׳ תָּנָא: וְשָׁוִין שֶׁאִם קָצַב עָלָיו בָּשָׂר – שֶׁאָסוּר לְטַלְטְלוֹ.

GEMARA The Sages **taught** in a *baraita*: And Beit Shammai and Beit Hillel **agree that if one** already **cut**[N] the **meat** he needs for the Festival **on** the pestle, **it is prohibited to move** the pestle farther on the Festival. The reason is that the vessel is *muktze* as a utensil whose primary function is a prohibited use, and therefore it is permitted to handle it only when one requires it.[H]

אָמַר אַבַּיֵּי: מַחְלוֹקֶת בְּעֱלִי, אֲבָל בְּתַבְרָא גַּרְמֵי – דִּבְרֵי הַכֹּל מוּתָּר. פְּשִׁיטָא, עֱלִי תְּנַן!

Abaye said: This **dispute** applies specifically **in** the case of **a pestle;**[N] **however, in** the case of a wooden anvil used **for breaking bones, everyone agrees** that **it is permitted.** The Gemara asks: This is **obvious; we learned** in the mishna: **A pestle.**[N] Why would one think that an object not even mentioned in the mishna is prohibited?

מַהוּ דְּתֵימָא: הוּא הַדִּין דַּאֲפִילּוּ תַּבְרָא גַּרְמֵי נַמִי, וְהַאי דְּקָתָנֵי עֱלִי – לְהוֹדִיעֲךָ כֹּחָן דְּבֵית הִלֵּל, דַּאֲפִילּוּ דָּבָר שֶׁמְּלַאכְתּוֹ לְאִיסּוּר נַמִי שָׁרוּ, קָא מַשְׁמַע לָן.

The Gemara answers: Abaye's statement is necessary, **lest you say: The same is true,** i.e., Beit Shammai and Beit Hillel disagree, **even** with regard to a wooden anvil used **for breaking bones; and that which** the mishna specifically **teaches: A pestle,** is **to convey the far-reaching nature of** the opinion of **Beit Hillel,** that **they permit**ted moving **even an object whose** primary **function** is **for a prohibited** use. Abaye therefore **teaches us** that Beit Shammai and Beit Hillel did not disagree with regard to a wooden anvil used for breaking bones.

אִיכָּא דְּאָמְרִי, אָמַר אַבַּיֵּי: לָא נִצְרְכָא אֶלָּא אֲפִילּוּ תַּבְרָא גַּרְמֵי חֲדַתִּי. מַהוּ דְּתֵימָא: מִמְלַךְ וְלָא תָּבַר עֲלַהּ, קָא מַשְׁמַע לָן.

Some say a different version of the previous discussion. **Abaye said: It is necessary** to say **only: Even a new** wooden anvil used **for breaking bones** is also permitted. **Lest you say:** Perhaps **one will reconsider and not break** bones **on it,** but rather set it aside for a different purpose, Abaye therefore **teaches us** that this is not a concern.

וּבֵית שַׁמַּאי לָא חָיְישִׁי לְאִמְּלוּכֵי? וְהָתַנְיָא, בֵּית שַׁמַּאי אוֹמְרִים: אֵין מוֹלִיכִין טַבָּח וְסַכִּין אֵצֶל בְּהֵמָה, וְלֹא בְּהֵמָה אֵצֶל טַבָּח וְסַכִּין, וּבֵית הִלֵּל אוֹמְרִים: מוֹלִיכִין זֶה אֵצֶל זֶה.

The Gemara asks: **And** is that so? **Are Beit Shammai not concerned** about the possibility **that** one might **reconsider? But isn't it taught** (*Tosefta, Beitza* 1:13): **Beit Shammai say:** On a Festival, **one may not lead a butcher with a knife** in hand **to an animal** located far from him, so that he can slaughter it; **nor** may one lead **an animal to a butcher with a knife,** lest he reconsider, in which case he will have handled the knife unnecessarily, which is prohibited; **and Beit Hillel say: One may lead** them **from one to the other,** as they are not concerned about unnecessary use of the knife.[H]

בֵּית שַׁמַּאי אוֹמְרִים: אֵין מוֹלִיכִין תְּבָלִין וּמָדוֹךְ אֵצֶל מְדוֹכָה, וְלֹא מְדוֹכָה אֵצֶל תְּבָלִין וּמָדוֹךְ. וּבֵית הִלֵּל אוֹמְרִים: מוֹלִיכִין זֶה אֵצֶל זֶה.

By the same reasoning, **Beit Shammai say: One may not bring spices or a pestle to a mortar, nor a mortar to spices and a pestle,**[B] as he might change his mind and will have handled these utensils on the Festival for no purpose. **And Beit Hillel say: One may bring one to the other,** as there is no concern that he may reconsider. This shows that Beit Shammai are, in general, concerned that one might reconsider, as they prohibit one to handle items for this reason.

BACKGROUND

Mortar…pestle – מְדוֹכָה...מָדוֹךְ: Since antiquity, mortar and pestle have been used as a device for milling, by pounding. It is the first known means of grinding grain. The grain was placed in the mortar, which is a shallow depression in a stone, and pounded with the pestle, which is a rod-like stone. Due to the relatively sizeable amount of the substance usually processed at one time, rather large mortars were often used. Smaller ones served for processing herbs and spices. For the sake of convenience, larger mortars were often attached to the ground by means of clay. Occasionally, they were hewn out of natural rock. Refined versions of the mortar and pestle continue to be used in kitchens to prepare pastes and other finely ground elements of cuisine. They are also used in pharmacies and chemical laboratories.

Mortar and pestle, with dried peppers ready for grinding

Large mortar and pestle

NOTES

And they agree that if one cut, etc. – וְשָׁוִין שֶׁאִם קָצַב וכו׳: The authorities disagree over whether it is entirely prohibited to carry the pestle or whether it is only prohibited to carry it from the sun into the shade, i.e. in order to preserve it from damage.

The dispute applies in the case of a pestle, etc. – מַחְלוֹקֶת בְּעֱלִי וכו׳: Why would Abaye suggest an explanation that has relevance only to the opinion of Beit Shammai? It can be claimed that this statement teaches a *halakha* with regard to Beit Hillel's approach as well. Not only do they allow one to carry a wooden anvil for the purpose of breaking bones, but they even permit him to return it to its place (*Kikkayon DeYona*; *Rishon LeTziyyon*).

Pestle – עֱלִי: Some commentaries describe a pestle as a large beam with an iron piece attached to its end. They explain that this pestle was not used for cutting. Rather, one would insert a knife or cleaver into the meat, and then strike the knife with the pestle to break the bones. An alternative explanation is that a pestle is a board used for crushing wheat grits (*Meiri*).

HALAKHA

A pestle upon which one cuts meat – עֱלִי שֶׁקָּצַב עָלָיו בָּשָׂר: If a pestle has already been used on the Festival for the permitted purpose of cutting meat, it may subsequently be moved from that spot to be used again for a permitted use or if its place is required. However, it may not be moved for the purpose of safekeeping (*Shulḥan Arukh, Oraḥ Ḥayyim* 499:5).

A butcher, knife, and animal – טַבָּח סַכִּין וּבְהֵמָה: It is permitted to bring an animal or a knife to a butcher. One is even permitted to carry an animal on one's shoulders in order to bring it to the butcher. A butcher is permitted to carry a knife to a place where there is an animal to be slaughtered, even if it could have been slaughtered on the eve of the Festival. This ruling is in accordance with the opinion of Beit Hillel (*Shulḥan Arukh, Oraḥ Ḥayyim* 498:2).

HALAKHA

Salting a hide – מְלִיחַת עוֹר: It is permitted to lightly salt meat for roasting while it is placed on the hide of an animal that has been slaughtered on a Festival. One may even salt meat on various spots on the hide in this manner, in order that the salt should fall on the hide and preserve it, as stated in the *baraita* (*Shulḥan Arukh, Oraḥ Ḥayyim* 499:3).

Salting fats – מְלִיחַת חֲלָבִים: It is prohibited to salt the fats of an animal slaughtered on a Festival, nor may one turn them over or spread them out on pegs in the wind. However, it is permitted to remove the fats from the place of the slaughter (*Taz*, citing *Haggahot Ashrei*; *Shulḥan Arukh, Oraḥ Ḥayyim* 499:4).

NOTES

And one may not turn them over – וְאֵין מְהַפְּכִין בָּהֶן: This is not prohibited due to *muktze*, as the fats are suitable as food for dogs. Rather, the Sages prohibited turning fats over to prevent one from salting them (*Meiri*).

הָכִי הָשְׁתָּא?! בִּשְׁלָמָא בְּהֵמָה – אָתֵי לְאִמְלוּכֵי, דְּאָמַר: נִשְׁבַּק הַאי בְּהֵמָה כְּחוּשָׁה, וּמַיְיתִינָא בְּהֵמָה אַחֲרִיתִי דִּשְׁמֵינָה מִינָּהּ. קְדֵרָה נַמִי אָתֵי לְאִימְלוּכֵי, דְּאָמַר: נִשְׁבַּק הַאי קְדֵרָה דְּבָעֲיָא תַּבְלִין, וּמַיְיתִינָא אַחֲרִיתִי דְּלָא בָּעֲיָא תַּבְלִין. הָכָא מַאי אִיכָּא לְמֵימַר – מִמְלַךְ וְלָא תָּבַר? כֵּיוָן דִּשְׁחָטָהּ – לִתְבִירָא קַיְימָא.

The Gemara refutes this: **How can** these cases **be compared? Granted,** in the case of **an animal,** one is liable to **come to reconsider, as** he might **say: Let us leave** aside **this animal,** as it is **thin, and we will bring a different animal, fatter than it.** With regard to **a pot, too,** one is liable **to come to reconsider, as** he might **say: Let us leave** aside **this pot** of cooked food, **as it requires spices** and would take great effort to prepare, **and I will bring a different one that does not require spices** and can be cooked as it is. However, **here,** with regard to a wooden anvil used for breaking bones, **what is there to say?** Will one **reconsider and not break** the bones? **Since he has slaughtered** an animal, it **stands** ready for its bones **to be broken,** as it cannot be eaten in any other way.

"בֵּית שַׁמַּאי אוֹמְרִים אֵין נוֹתְנִין אֶת הָעוֹר". תָּנָא: וְשָׁוִין שֶׁמּוֹלְחִין עָלָיו בָּשָׂר לְצָלִי. אָמַר אַבָּיֵי: לֹא שָׁנוּ אֶלָּא לְצָלִי, אֲבָל לִקְדֵרָה – לָא.

§ It was taught in the mishna that **Beit Shammai say: One may not place** an unprocessed **hide** before the one who will tread on it. The Sage **taught** (*Tosefta, Beitza* 1:13): **And** Beit Shammai and Beit Hillel **agree that one may salt meat for roasting on** this hide, and there is no concern that some of the salt will fall on the hide, which would be similar to tanning the hide by salting.[H] **Abaye said: They taught** that one may salt meat **only for roasting,** in which case it is not salted a great deal. **However,** in the case of meat **for a pot,** i.e., for cooking, the Sages did **not** say that one may salt it on the hide, as meat must be well-salted on all sides before cooking, and a large amount of salt will inevitably spill onto the hide.

פְּשִׁיטָא, לְצָלִי תְּנַן! הָא קָא מַשְׁמַע לָן: דַּאֲפִילּוּ לְצָלִי כְּעֵין קְדֵרָה אָסוּר.

The Gemara asks: It is **obvious** the one may not salt meat **for** cooking in a pot, as **we** explicitly **learned** in the *Tosefta* just cited: **For roasting,** and not for cooking. The Gemara answers: **This** comes to **teach us that even** the permission to salt meat **for roasting** applies only if one does so in the usual manner. However, if one salts it **in a manner of** meat salted to be cooked in **a pot,** which requires more salt than is necessary for roasting, it is **prohibited.**

תָּנוּ רַבָּנַן: אֵין מוֹלְחִין אֶת הַחֲלָבִים וְאֵין מְהַפְּכִין בָּהֶן. מִשּׁוּם רַבִּי יְהוֹשֻׁעַ אָמְרוּ: שׁוֹטְחָן בָּרוּחַ עַל גַּבֵּי יְתֵדוֹת,

The Sages taught: On a Festival, **one may not salt the fats** of an animal, which is done so that they will not decompose and emit a foul odor. This is true even if the animal was slaughtered on the Festival. **And one may not turn them over.**[N] The fats are unfit for use on the Festival, and therefore they are *muktze*. **They said in the name of Rabbi Yehoshua: One may spread** the fats **out in the wind on pegs** to prevent them from decaying.[H]

אָמַר רַב מַתָּנָה: הֲלָכָה כְּרַבִּי יְהוֹשֻׁעַ. אִיכָּא דְּאָמְרִי, אָמַר רַב מַתָּנָה: אֵין הֲלָכָה כְּרַבִּי יְהוֹשֻׁעַ. בִּשְׁלָמָא לְמַאן דְּאָמַר הֲלָכָה כְּרַבִּי יְהוֹשֻׁעַ – אִצְטְרִיךְ, סָלְקָא דַּעְתָּךְ אָמִינָא: יָחִיד וְרַבִּים הֲלָכָה כְּרַבִּים – קָא מַשְׁמַע לָן: הֲלָכָה כְּיָחִיד.

Rav Mattana said: The *halakha* is in accordance with the opinion of **Rabbi Yehoshua. Some say** that **Rav Mattana said: The *halakha* is not in accordance with** the opinion of **Rabbi Yehoshua.** The Gemara asks: **Granted, according to the one who said** that **the *halakha* is in accordance with** the opinion of **Rabbi Yehoshua,** this statement **is necessary.** Otherwise, **it might enter your mind to say** that since this is a dispute between **an individual and** the **many,** one should apply the principal that the ***halakha* is in accordance with** the opinion of the **many.** Rav Mattana therefore **teaches us** that, in this case, the ***halakha* is in accordance with** the opinion of **the individual.**

אֶלָּא לְמַאן דְּאָמַר אֵין הֲלָכָה, פְּשִׁיטָא! יָחִיד וְרַבִּים הֲלָכָה כְּרַבִּים! מַהוּ דְּתֵימָא: מִסְתַּבֵּר טַעֲמֵיהּ דְּרַבִּי יְהוֹשֻׁעַ, דְּאִי לָא שָׁרֵית לֵיהּ מִמְּנַע וְלָא שָׁחֵיט, קָא מַשְׁמַע לָן.

However, according to the one who said that the ***halakha* is not in accordance with** the opinion of Rabbi Yehoshua, this is **obvious.** In a case involving **an individual and the many, the *halakha* is in accordance with** the **many.** The Gemara answers: This ruling is nevertheless necessary, **lest you say: Rabbi Yehoshua's opinion** is more **reasonable, for if you do not permit him** to air out the fats, **he will refrain and not slaughter** an animal at all. Rav Mattana therefore **teaches us** that this factor is not taken into consideration.

וּמַאי שְׁנָא מֵעוֹר לִפְנֵי הַדּוֹרְסָן?

The Gemara asks: **And** in **what** way **is** this case **different from** placing **a hide before those who will tread on it,** which Beit Hillel, whose ruling is accepted as *halakha*, permit for the very reason that, if one is not allowed to do so, he will refrain from slaughtering animals?

הָתָם לָא מוֹכְחָא מִלְּתָא, מִשּׁוּם דַּחֲזֵי לְמִזְגָּא עֲלֵיהּ. הָכָא אָתֵי לְמֵימַר: מַאי טַעְמָא שָׁרוּ לִי רַבָּנַן – כִּי הֵיכִי דְּלָא לִסְרַח, מַה לִּי לְמִשְׁטְחִינְהוּ מַה לִּי לְמִמְלְחִינְהוּ.

The Gemara answers: **There,** in the case of spreading out the hide, **the matter is not** so **evident**[N] that it is spread out for tanning **because** in its current state, **it is fit to recline on,** and therefore it can be said that one placed it for this purpose. However, **here,** with regard to fats, he himself might **come to say: What is the reason** that **the Sages permitted** it **to me? So that it will not emit a foul odor.** If so, **what** is the difference **to me** if I **spread them out,** and **what** is the difference **to me** if I **salt them?** This reasoning will lead one to salt hides, which is a prohibited labor.

אָמַר רַב יְהוּדָה אָמַר שְׁמוּאֵל: מוֹלֵחַ אָדָם כַּמָּה חֲתִיכוֹת בָּשָׂר בְּבַת אַחַת, אַף עַל פִּי שֶׁאֵינוֹ צָרִיךְ אֶלָּא לַחֲתִיכָה אַחַת. רַב אַדָּא בַּר אַהֲבָה מַעֲרִים וּמָלַח גַּרְמָא גַּרְמָא.

Rav Yehuda said that **Shmuel said: A person may salt** on a Festival **several pieces**[NH] **of** meat **at one time, although he requires** only **one piece,** as it is all one act of salting. **Rav Adda bar Ahava** would **employ artifice**[N] **and salt bone** by **bone.** After salting one bone, he would say: I prefer this one instead, and would thereby salt all the meat in his possession.

מַתְנִי׳ בֵּית שַׁמַּאי אוֹמְרִים: אֵין מְסַלְּקִין אֶת הַתְּרִיסִין בְּיוֹם טוֹב, וּבֵית הִלֵּל מַתִּירִין אַף לְהַחֲזִיר.

MISHNA **Beit Shammai say: One may not remove** the **shutters** [*terisin*][L] of a store **on a Festival,** due to the prohibition against building and demolishing. **And Beit Hillel permit** one not only to open the shutters, but **even to replace** them.[H]

גמ׳ מַאי תְּרִיסִין? אָמַר עוּלָּא: תְּרִיסֵי חֲנוּיוֹת.

GEMARA The Gemara asks: **What are these shutters? Ulla said:** This is referring to **shutters of shops.**[N] The marketplace shops or stalls were large crates or wagons, not buildings. They were closed at night with shutters. The shopkeepers would open the shutters on the Festival so that people who did not manage to finish all of their Festival preparations before the Festival could take the articles they required and settle accounts with the storekeeper later. Beit Shammai and Beit Hillel disputed whether the shutters may be opened and closed on the Festival itself.

וְאָמַר עוּלָּא: שְׁלֹשָׁה דְּבָרִים הִתִּירוּ סוֹפָן מִשּׁוּם תְּחִלָּתָן, וְאֵלּוּ הֵן: עוֹר לִפְנֵי הַדּוֹרְסָן, וּתְרִיסֵי חֲנוּיוֹת,

And Ulla said: With regard to **three matters,** the Sages **permitted** an action **whose result** is undesirable **in order** to encourage a desirable **initial** action. **And these are** the three matters: First, they permitted spreading out the **hide** of an animal slaughtered on a Festival **before those** who will **tread on it,** a stage in its tanning. This was permitted because the Sages wish to encourage slaughtering the animal to enable celebration on the Festival. **And** second, the Sages permitted the replacement of **shutters of shops** on a Festival, so that storeowners could supply the Festival requirements for those in need.

HALAKHA

A person may salt several pieces – מוֹלֵחַ כַּמָּה חֲתִיכוֹת: It is permitted to salt several slices of meat at one time, even if one requires only one of them, in accordance with the opinion of Shmuel. If one is certain that the meat will spoil, he may salt one piece after the other, even after the meal, by employing artifice, as stated by Rav Adda bar Ahava (*Shulḥan Arukh HaRav; Mishna Berura*). It is permitted to salt meat even when one could have done so before the Festival (Rema), although some prohibit this (*Ba'al HaTurim*, citing *Yam Shel Shlomo*). If no loss is involved, one should act in accordance with the stringent opinion (*Mishna Berura; Shulḥan Arukh, Oraḥ Ḥayyim* 500:5).

The removal and replacement of shutters – סִלּוּק וַהֲחָזֶרֶת תְּרִיסִים: It is permitted to remove shutters that are not attached to the ground to take spices and other items required for the joy of a Festival from shops. These shutters may even be replaced on a Festival, in accordance with the opinion of Beit Hillel (*Shulḥan Arukh, Oraḥ Ḥayyim* 519:1).

LANGUAGE

Shutters [*terisin*] – תְּרִיסִין: From the Greek θυρεός, *thureos*, a stone or board placed by a door in order to keep it locked. Alternatively, it is related to θύρα, *thura*, meaning door.

NOTES

There the matter is not evident, etc. – הָתָם לָא מוֹכְחָא מִלְּתָא וכו׳: This answer applies only to one who acts of his own accord. What should a Sage say to someone who comes to inquire how to proceed? Some commentaries answer that he say that it is permitted to place the hides; and if they are trodden upon, so be it (Rashba).

A person may salt several pieces – מוֹלֵחַ אָדָם כַּמָּה חֲתִיכוֹת: Some explain that Shmuel permitted only one act of salting, so that the maximum amount of meat that may be salted is whatever quantity can be salted at once. According to this explanation, Shmuel's ruling is more stringent, as Rav Adda permitted salting one bone at a time (Meiri). However, other commentaries explain the rulings in the opposite manner: Shmuel permitted one to salt as much meat as he wishes, provided he does so all at once, whereas Rav Adda was stringent and allowed this practice only by means of artifice (Rid; see *Petaḥ Einayim*). Yet others maintain that this leniency does not apply to salting meat by itself, but to the salting of meat on a hide, which causes the hide to be salted as well (*Shitta Mekubbetzet*, citing Rabbeinu Ḥananel). A similar opinion is stated in the Jerusalem Talmud.

Artifice – הַעֲרָמָה: This term refers to a situation where one intends to perform an act prohibited by the Sages but seeks to do so in a permitted manner by stating that he has a different intention in mind. The early authorities point out that in several instances the Sages penalized one who unlawfully employed artifice for taking liberties with the *halakha*. In this case, the Sages allowed artifice in order to encourage celebration on the Festival (Rashba). Alternatively, they prohibited only the kind of circumvention that is obvious to all observers, but not something that does not have the appearance of a transgression (*Meiri*). Yet others maintain that the entire need for artifice in this case is merely a stringency.

Shutters of shops – תְּרִיסֵי חֲנוּיוֹת: Most commentaries accept Rashi's explanation that these shops were similar to wooden boxes detached from the ground and could therefore be considered vessels. Some, however, maintain that they were actually attached to the ground, but as their shutters were designed with various functions in mind and were continually detached and reinserted, the shutters themselves were regarded as vessels (*Meiri; Shitta Mekubbetzet*).

וַחֲזָרַת רְטִיָּה בַּמִּקְדָּשׁ.

And the third permitted action is **the replacement of a bandage**[H] **in the Temple.** If a priest had an injury on his hand, he would have to remove the bandage while performing the Temple service, as it is prohibited for any item to interpose between his hand and whatever he must handle as part of the rite. After concluding his Temple service, he was allowed to replace the bandage on Shabbat, despite the fact that this is ordinarily prohibited, so as not to discourage him from engaging in Temple service.

וְרַחֲבָא אָמַר רַבִּי יְהוּדָה: אַף הַפּוֹתֵחַ חָבִיתוֹ וּמַתְחִיל בְּעִיסָּתוֹ עַל גַּב הָרֶגֶל,

And Raḥava said that **Rabbi Yehuda said:** There is **also** one other matter, i.e., another instance where the Sages permitted an action whose result was undesirable in order to encourage a desirable initial action. This concerns a *ḥaver*, a member of a group that is meticulous with regard to the *halakhot* of ritual impurity, **who opens his barrel** of wine or prepares **and begins** to sell **his dough** to pilgrims **for the sake of the Festival.**

וְאַלִּיבָּא דְּרַבִּי יְהוּדָה דְּאָמַר יִגְמוֹר.

And this is **according to** the opinion of **Rabbi Yehuda, who said: He may finish** selling all the bread made from that dough and all the wine in the barrel. Wine or dough sold to the general public is usually classified as ritually impure, as it might have been touched by an *am ha'aretz*, one who is not careful with regard to the *halakhot* of ritual impurity. During a Festival, however, the Sages decreed that all wine and dough sold in Jerusalem is ritually pure, so as not to embarrass ignorant people, and they may therefore be bought even by a *ḥaver*. Rabbi Yehuda adds that even if a large quantity of wine or dough remains after the Festival, it retains its status as ritually pure and one may continue to sell it to a *ḥaver*. This is a case of permitting an action whose result is undesirable for the sake of an initial action, in that the Sages maintained the wine and dough's status as ritually pure after the Festival in order to encourage people to sell wine and dough on the Festival.

עוֹר לִפְנֵי הַדּוֹרְסָן תְּנֵינָא! מַהוּ דְּתֵימָא: טַעֲמַיְיהוּ דְּבֵית הִלֵּל מִשּׁוּם דַּחֲזֵי לְמִזְגָּא עֲלַיְיהוּ, וַאֲפִילּוּ מֵעֶרֶב יוֹם טוֹב נַמִי, קָא מַשְׁמַע לָן: הִתִּירוּ סוֹפָן מִשּׁוּם תְּחִלָּתָן; דְּיוֹם טוֹב – אִין, דְּעֶרֶב יוֹם טוֹב – לָא.

With regard to Ulla's statement, the Gemara asks: **We** already **learned** the *halakha* that one may spread out an animal's **hide before those** who will **tread on it.** Why did Ulla find it necessary to restate an explicit teaching of a mishna? The Gemara explains: **Lest you say** that **the reason of Beit Hillel** is **because** the hide **is fit for reclining on it, and** therefore **even** if the animal was slaughtered **on the eve of the Festival,** it would **also** be permitted to spread out its hide on the Festival. Ulla therefore **teaches us** that the reason for the leniency is that the Sages **permitted** an action **whose result** was undesirable **in order** to encourage a desirable **initial** action. Consequently, in the case of an animal slaughtered **on a Festival, yes,** this *halakha* applies; but with regard to one that was slaughtered **on the eve of a Festival, no,** one may not spread out its hide.

תְּרִיסֵי חֲנוּיוֹת נַמִי תְּנֵינָא: [וּבֵית הִלֵּל מַתִּירִין אַף לְהַחֲזִיר]. מַהוּ דְּתֵימָא: טַעֲמַיְיהוּ דְּבֵית הִלֵּל מִשּׁוּם דְּאֵין בִּנְיָן בְּכֵלִים וְאֵין סְתִירָה בְּכֵלִים, וַאֲפִילּוּ דְּבָתִּים נַמִי, קָא מַשְׁמַע לָן: הִתִּירוּ סוֹפָן מִשּׁוּם תְּחִלָּתָן, דַּחֲנוּיוֹת – אִין, דְּבָתִּים – לָא.

The Gemara further asks: **We** already **learned** the *halakha* of the **shutters of shops as well,** as the mishna states that **Beit Hillel permit** one **even to replace them.** The Gemara explains: This, too, is necessary. **Lest you say: Beit Hillel's reason** for being lenient **is that there is no** prohibition of **building** with regard **to vessels and no** prohibition of **dismantling** with regard **to vessels.** Since these shops are not attached to the ground, they are vessels rather than houses, and it is therefore permitted to replace their shutters; **and** as a result, the dismantlement and replacement of shutters of large vessels, **even of** those found in **houses,** should **also**[N] be permitted. To counter this logic, Ulla therefore **teaches us** that the reason the Sages allowed the replacement of shutters of shops on a Festival is because they **permitted** an action **whose result** is undesirable **in order** to encourage a desirable **initial** action. Consequently, in the case of the shutters **of shops, yes,** they permitted their replacement; in the case of those **of houses, no,** they did not allow it.

חֲזָרַת רְטִיָּה בַּמִּקְדָּשׁ נַמִי תְּנֵינָא: מַחֲזִירִין רְטִיָּה בַּמִּקְדָּשׁ אֲבָל לֹא בַּמְּדִינָה. מַהוּ דְּתֵימָא: טַעֲמָא מַאי – מִשּׁוּם דְּאֵין שְׁבוּת בַּמִּקְדָּשׁ, אֲפִילּוּ כֹּהֵן דְּלָאו בַּר עֲבוֹדָה הוּא, קָא מַשְׁמַע לָן: הִתִּירוּ סוֹפָן מִשּׁוּם תְּחִלָּתָן; דְּבַר עֲבוֹדָה – אִין, דְּלָאו בַּר עֲבוֹדָה – לָא.

The Gemara further asks: **We** already **learned** the *halakha* **of the replacement of a bandage in the Temple as well: One may replace a bandage in the Temple but not in** the rest of **the country.** The Gemara explains that this *halakha* is necessary. **Lest you say: What is the reason** that a bandage may be replaced? It is **because rabbinic decrees prohibiting labor** do **not** apply **in the Temple.**[N] Since the prohibition against applying a bandage is by rabbinic law, this leniency should apply to all who are in the Temple, **even to a priest who is not a candidate** to perform the Temple **service.** Ulla **teaches us** that this is not the case; rather, it is an instance where the Sages **permitted a result for the sake of an initial action: If one is a candidate for service, yes,** he may replace his bandage; **if one is not a candidate for service, no,** he may not replace his bandage.

HALAKHA

The replacement of a bandage – חֲזָרַת רְטִיָּה: If a bandage came off of a wound and fell onto the ground on Shabbat, one may not replace it on Shabbat. If it fell onto a vessel, one may replace it, but not if he removed it purposely (*Magen Avraham*), although some permit this in a case where one removed the bandage in order to fix it. These *halakhot* apply everywhere but the Temple. However, in the Temple, one may even place a bandage *ab initio*, as the Sages did not apply rabbinic decrees pertaining to prohibited labor in the Temple (Rambam *Sefer Zemanim*, *Hilkhot Shabbat* 21:27; *Shulḥan Arukh*, *Oraḥ Ḥayyim* 328:25).

NOTES

And even of houses also – וַאֲפִילּוּ דְּבָתִּים נַמִי: Some explain that this is referring to shops inside houses, not to vessels. The removal of shutters from these shops is necessary for the Festival, but their replacement is prohibited, as there is no concern that items might be stolen from a shop located inside a home (*Meiri*).

Rabbinic decrees prohibiting labor do not apply in the Temple – אֵין שְׁבוּת בַּמִּקְדָּשׁ: The prohibitions of *shevut* are all rabbinic stringencies concerning various types of labor on Shabbat. These types of labor were prohibited either because they might lead to the performance of a prohibited labor, or because they have the appearance of weekday activities, or for some similar reason. These decrees were never applied to the Temple, both due to the fact that all work performed there was in the honor of God and because priests are diligent and scrupulous in their observance of mitzvot. The early authorities and later authorities discuss the details of these *halakhot* at length, as it is clear from the mishna that not all cases of *shevut* are permitted in the Temple. In this case, the Rambam apparently rejects the statement of the Gemara, as he permits placing a bandage on a wound in the Temple without any qualification. It is an application of the principle that labor prohibited by rabbinic decree does not apply in the Temple (Rambam *Sefer Zemanim*, *Hilkhot Shabbat* 21:27; Maharsha).

פותח את חביתו נמי תנינא: הפותח את חביתו ומתחיל בעיסתו על גב הרגל, רבי יהודה אומר: יגמור, וחכמים אומרים: לא יגמור.

The Gemara asks a similar question with regard to Raḥava's addition: We already **learned** the *halakha* of **one who opens his barrel** of wine, **as well:** In the case of **one who opens his barrel**[H] to sell its wine, and similarly in the case of one who **begins** selling **his dough for the sake of the Festival,** the substance is ritually pure. If some is left over, the *tanna'im* disputed whether it retains its presumed status as ritually pure after the Festival and one may continue to sell it to a *ḥaver*. **Rabbi Yehuda says: He may finish** selling the wine or dough, **and the Rabbis say: He may not finish.** What is added by including it in the list of matters where a result is permitted for the sake of an initial action?

מהו דתימא: טומאת עם הארץ ברגל כטהרה שויוה רבנן, ואף על גב דלא התחיל נמי, קא משמע לן: התירו סופן משום תחלתן, התחיל – אין, לא התחיל – לא.

The Gemara explains: Raḥava's statement is necessary. **Lest you say:** It is permitted to finish selling the wine or dough because **the Sages rendered the ritual impurity of an *am ha'aretz*[N] on a Festival as ritually pure, and although one did not begin** to sell this wine or dough on the Festival but at an earlier stage, he should **likewise** be permitted to finish, as items do not contract ritual impurity on a Festival. To counter this logic, Raḥava therefore **teaches us:** In this case, too, the Sages **permitted** an action **whose result** is undesirable **in order** to encourage a desirable **initial** action. **If one had begun, yes,** he may finish selling; **if one had not begun, no,** he may not do so.

ועולא מאי טעמא לא אמר הא? בפלוגתא לא קא מיירי. הנך נמי פלוגתא נינהו! בית שמאי במקום בית הלל אינה משנה.

The Gemara asks: **And Ulla, what is the reason that he did he not state this** *halakha* alongside the other cases he listed? The Gemara answers: **He is not dealing with** a case that is a matter of **dispute.**[N] He listed only cases where the ruling is unanimous. The Gemara challenges this: **These** other three matters **are also** subject to **dispute,** as they all involve a disagreement between Beit Shammai and Beit Hillel. The Gemara answers: When **Beit Shammai** express an opinion **where Beit Hillel** disagree, Beit Shammai's opinion is not considered a legitimate opinion in the **Mishna,** and it is completely disregarded. Since everyone knows that Beit Shammai's opinion is entirely rejected by *halakha*, it is not taken into consideration. Therefore, those cases are not viewed as disputes at all.

מתניתין דלא כי האי תנא, דתניא, אמר רבי שמעון בן אלעזר: מודים בית שמאי ובית הלל שמסלקין את התריסין ביום טוב, לא נחלקו אלא להחזיר. שבית שמאי אומרים: אין מחזירין, ובית הלל אומרים: אף מחזירין. במה דברים אמורים – בשיש להן ציר, אבל אין להן ציר – דברי הכל מותר.

§ The Gemara comments: **The mishna is not in accordance with** the opinion of **this *tanna*,**[N] **as it is taught: Rabbi Shimon ben Elazar said: Beit Shammai and Beit Hillel agree that one may remove shutters on a Festival. They disagree only** as to whether it is permitted **to replace**[N] them, as well, **as Beit Shammai say: One may not replace** them, **and Beit Hillel say: One may even replace** them. **And in what** case **is this statement said? When** these shutters **have a hinge**[B] that can be inserted into a slot in the side of the vessel. **However,** if **they do not have a hinge, everyone agrees** that **it is permitted,** as this is merely replacement of a board, and it is not similar to building.

HALAKHA

Opening a barrel on a Festival – פתיחת חבית ברגל: If one opened a barrel of wine for selling during the Festival period or began preparing dough, these items remain ritually pure throughout the Festival, even if they were touched by an *am ha'aretz*. However, anything left over after the Festival is considered ritually impure, in accordance with the opinion of the Rabbis (Rambam *Sefer Tahara, Hilkhot Metamei Mishkav UMoshav* 11:10).

BACKGROUND

Shutters and hinges – תריסים וצירים: When a shop was closed, the owner would insert the hinge or hinges into the side of the door and bolt it shut. Upon opening the store, the shutter was used as a counter on which the merchandise was placed.

Hinge on the side

Hinge in the middle

NOTES

The ritual impurity of an *am ha'aretz* – טומאת עם הארץ: The Sages decreed that an *am ha'aretz*, who is not careful about observing mitzvot and is not particular with regard to ritual impurity, should be considered ritually impure. An *am ha'aretz* confers ritual impurity to anything he touches. However, the Sages did not apply this decree to all cases. With regard to consecrated objects, they were aware that even an *am ha'aretz* is careful to handle them in a state of ritual purity. Likewise, during a Festival, the Sages wanted all Jews to be united on these special days and suspended the decree that an *am ha'aretz* is presumed ritually impure.

He is not dealing with a dispute – בפלוגתא לא קא מיירי: Why didn't Abaye also cite the case of retrieving a ladder from a dovecote, which is similarly permitted due to its beginning? Some commentaries answer that he listed only things that appear in a mishna, not rulings from a *baraita* (Rabbeinu Peretz). He likewise did not list the situations in which the Sages permitted a midwife or an army that set out to rescue Jews to return on Shabbat, because in those cases the reason for the lenient ruling is clear, and no addition of Ulla's was necessary (Rashba; see *Shitta Mekubbetzet*).

The mishna is not in accordance with the opinion of this *tanna* – מתניתין דלא כי האי תנא: Some commentaries connect this discussion to Ulla's statement. Were it not for Ulla, one might have thought that there is no dispute here at all, as one source is referring to shutters of houses while the other is dealing with shop shutters (*Tziyyun LeNefesh Ḥayya*).

They disagree only as to whether it is permitted to replace, etc. – לא נחלקו אלא להחזיר וכו׳: This is difficult, as the Gemara is apparently clarifying the opinion of Beit Shammai alone, which is not generally done. Some explain that this teaches a novel element according to the opinion of Beit Hillel, as well. One would otherwise assume that the removal of shutters also involves a prohibition, and that it was permitted only where it can be justified due to the joy of the Festival (*Bigdei Yom Tov*).

HALAKHA

The hinges of shutters – צִירֵי הַתְּרִיסִים: The Sages permitted the removal and replacement of shop shutters only if their hinges are in the middle of the board. If they are on the side, it is prohibited. If the shutter has no hinges at all, their removal and replacement is permitted in all cases, in accordance with the opinion of Abaye (*Shulḥan Arukh*, *Oraḥ Ḥayyim* 519:1).

וְהָתַנְיָא: בַּמֶּה דְּבָרִים אֲמוּרִים – בְּשֶׁאֵין לָהֶן צִיר, אֲבָל יֵשׁ לָהֶן צִיר – דִּבְרֵי הַכֹּל אָסוּר. אָמַר אַבַּיֵי: בְּשֶׁיֵּשׁ לָהֶן צִיר מִן הַצַּד – דִּבְרֵי הַכֹּל אָסוּר, אֵין לָהֶן צִיר כְּלָל עִיקָּר – דִּבְרֵי הַכֹּל מוּתָּר, כִּי פְּלִיגִי – בְּשֶׁיֵּשׁ לָהֶן צִיר בְּאֶמְצַע.

The Gemara challenges this claim: **But isn't it taught** in a *baraita*: **In what case is this statement said?** What is the situation in which Beit Shammai and Beit Hillel disagree? They disagree **when** the shutters **do not have a hinge; however, if they have a hinge, everyone agrees** that it is **prohibited. Abaye said** that the two sources can be reconciled: **When they have a hinge on the side, everyone agrees** that it is **prohibited,** as the placement of a hinge in the side is a complicated endeavor that resembles building. If **they have no hinge at all, everyone agrees** that **it is permitted,** as it is considered merely the replacement of a board. **When they disagree,** it is with regard to a case **where they have a hinge in the middle** rather than on the side.[H]

Perek **I**
Daf **12** Amud **a**

מָר סָבַר: גָּזְרִינַן צִיר בְּאֶמְצַע אַטּוּ צִיר מִן הַצַּד, וּמָר סָבַר: לָא גָּזְרִינַן.

One Sage, Beit Shammai, **holds** that **we issue a decree** and prohibit **a hinge in the middle due to a hinge on the side; and one Sage,** Beit Hillel, **holds** that **we do not issue** this **decree.** Since placing a hinge of this type does not constitute the prohibited labor of building, it is permitted.

מתני׳ בֵּית שַׁמַּאי אוֹמְרִים: אֵין מוֹצִיאִין לֹא אֶת הַקָּטָן, וְלֹא אֶת הַלּוּלָב, וְלֹא אֶת סֵפֶר תּוֹרָה לִרְשׁוּת הָרַבִּים. וּבֵית הִלֵּל מַתִּירִין.

MISHNA **Beit Shammai say: One may carry out** on a Festival **neither a minor** child,[N] **nor a** ***lulav*****, nor a Torah Scroll into the public domain,** as none of these are required for the preparation of food; **and Beit Hillel permit** it.[H]

גמ׳ תָּנֵי תַּנָּא קַמֵּיהּ דְּרַבִּי יִצְחָק בַּר אַבְדִּימִי: הַשּׁוֹחֵט עוֹלַת נְדָבָה בְּיוֹם טוֹב לוֹקֶה.

GEMARA **The** ***tanna*** who reviews *mishnayot* **teaches** a *baraita* **before Rav Yitzḥak bar Avdimi: One who slaughters a gift offering**[N] **on a Festival is flogged** for transgressing the prohibition: "No manner of work shall be done on them" (Exodus 12:16). Since this slaughtering was not performed for the purpose of eating, the action constitutes a prohibited labor on a Festival.

NOTES

One may carry out neither a minor – אֵין מוֹצִיאִין...אֶת הַקָּטָן: In the Jerusalem Talmud, it is stated that the same dispute applies to carrying out adults as well, and the mishna mentioned a minor only to convey the far-reaching nature of the stringent opinion of Beit Shammai. With regard to the basic approach of the mishna, Rabbeinu Ḥananel explains that it mentions only those objects that are carried for the purpose of a mitzva rather than for themselves. A minor is carried for his circumcision; a *lulav* is taken out for the mitzva to shake it; and a Torah Scroll is transferred to read from it. This clarifies the Gemara's comments concerning the slaughter of a burnt-offering on a Festival: Beit Shammai prohibit this despite the fact that it involves a mitzva. Conversely, Rashi and most commentaries maintain that the mishna merely cites examples that serve some sort of purpose, not necessarily that of a mitzva.

One who slaughters a gift offering, etc. – הַשּׁוֹחֵט עוֹלַת נְדָבָה וכו׳: Some say that Beit Shammai prohibit not only a gift-offering, but also the burnt-offering of appearance, which is brought to the Temple by pilgrims on the three Pilgrim Festivals. They prohibit the slaughter of this offering, despite the fact that it is an obligation of the Festival. However, as the Gemara originally thought that this mishna is also in accordance with the opinion of Beit Hillel, it did not raise the issue of the burnt-offering of appearance (Rabbi Aharon HaLevi). *Tosafot* and many later authorities analyze Beit Hillel's opinion at length. Some commentaries do not agree that Beit Hillel indeed permit the sacrifice of a gift-offering on a Festival (see *Kerem Shlomo*). Some maintain that the key point is not the prohibition itself, but the claim that one is liable to receive lashes for it; even if Beit Hillel prohibit the offering, they do not concur that the transgressor is flogged for this act (*Meiri*). Certain later authorities suggest that although the positive mitzva of the Festival remains in place, according to the opinion of Beit Hillel, the prohibition does not apply to this case.

HALAKHA

Carrying out on a Festival – הוֹצָאָה בְּיוֹם טוֹב: The *halakha* is in accordance with the opinion of Beit Hillel. Since carrying out is permitted for the requirements of food preparation, it is also permitted for other purposes. Consequently, it is permitted to carry out a child, a Torah Scroll, or vessels to the public domain. Some authorities say that it is proper to refrain from removing items that serve no purpose of the Festival at all (*Taz*; *Mishna Berura*; *Shulḥan Arukh*, *Oraḥ Ḥayyim* 518:1).

אֲמַר לֵיהּ: דַּאֲמַר לָךְ מַנִּי – בֵּית שַׁמַּאי הִיא, דְּאָמְרִי: לָא אָמְרִינַן מִתּוֹךְ שֶׁהוּתְּרָה הוֹצָאָה לְצוֹרֶךְ – הוּתְּרָה נַמִּי שֶׁלֹּא לְצוֹרֶךְ. דְּאִי בֵּית הִלֵּל – הָא אָמְרִי: מִתּוֹךְ שֶׁהוּתְּרָה הוֹצָאָה לְצוֹרֶךְ – הוּתְּרָה נַמִּי שֶׁלֹּא לְצוֹרֶךְ. הָכָא נַמִּי, מִתּוֹךְ שֶׁהוּתְּרָה שְׁחִיטָה לְצוֹרֶךְ – הוּתְּרָה נַמִּי שֶׁלֹּא לְצוֹרֶךְ.

Rav Yitzḥak bar Avdimi **said to** that *tanna*: **Who** could have **said** this *baraita* **to you? It is** evidently in accordance with the opinion of **Beit Shammai, who say** that **we do not say: Since carrying out was permitted** on a Festival **for the purpose** of food preparation, it **was also permitted not for that purpose.**[N] **For if** you say the *baraita* is accordance with the opinion of **Beit Hillel, they say: Since carrying out was permitted for the requirements** of food preparation, **it was also permitted not for** these **requirements. Here, too,** with regard to the prohibited labor of slaughtering, **since slaughter was permitted for the requirements** of food preparation, **it was also permitted not for** these **requirements.** It was permitted for any purpose that benefits people, whether directly or indirectly.

מַתְקִיף לַהּ רַבָּה: מִמַּאי דְּבֵית שַׁמַּאי וּבֵית הִלֵּל בְּהָא פְּלִיגִי? דִּלְמָא בְּעֵרוּב וְהוֹצָאָה לְשַׁבָּת וְאֵין עֵרוּב וְהוֹצָאָה לְיוֹם טוֹב קָא מִיפַּלְגִי?

Rabba strongly objects to this reasoning: **From where** do you infer **that Beit Shammai and Beit Hillel disagree over this** issue? **Perhaps they disagree** about the following: The *halakhot* of *eiruv* **and** the prohibition against **carrying out** apply **to Shabbat,** but **there are no** *halakhot* of *eiruv* **nor** a prohibition against **carrying out** on a Festival.[HN]

מָר סָבַר: עֵרוּב הוֹצָאָה לְשַׁבָּת וְעֵרוּב הוֹצָאָה לְיוֹם טוֹב,

The Gemara clarifies the dispute according to this explanation: One **Sage,** Beit Shammai, **holds** that the *halakhot* of *eiruv* and the prohibition against **carrying out** apply **to Shabbat, and** similarly the *halakhot* of *eiruv* and **carrying out** apply **to a Festival.** The only difference is that, on a Festival, carrying, like other types of prohibited labor, is permitted for the sake of food preparation.

וּמָר סָבַר: עֵרוּב הוֹצָאָה לְשַׁבָּת, וְאֵין עֵרוּב הוֹצָאָה לְיוֹם טוֹב, כִּדְכְתִיב "וְלֹא תוֹצִיאוּ מַשָּׂא מִבָּתֵּיכֶם בְּיוֹם הַשַּׁבָּת." בְּשַׁבָּת – אִין, בְּיוֹם טוֹב – לָא.

And one **Sage,** Beit Hillel, **holds** that the *halakhot* of *eiruv* and the prohibition against **carrying out** apply **to Shabbat,** but **there are no** *halakhot* of *eiruv* nor a prohibition against **carrying out on a Festival, as it is written: "Neither carry forth a burden out of your houses on the Shabbat day"** (Jeremiah 17:22), from which Beit Hillel inferred: **On Shabbat, yes,** carrying from one domain to another is indeed prohibited; **on a Festival, no,** it is not prohibited. According to this explanation, Beit Shammai and Beit Hillel did not disagree about whether a prohibited labor that is permitted for the purpose of food preparation on a Festival is also permitted when it does not serve that purpose.

מַתְקִיף לַהּ רַב יוֹסֵף: אֶלָּא מֵעַתָּה לִיפְלְגוּ בַּאֲבָנִים. אֶלָּא, מִדְּלָא מִפַּלְגִי בַּאֲבָנִים, שְׁמַע מִינַּהּ:

Rav Yosef strongly objects to this explanation of Rabba: **However, if** that **is so,** that the dispute is whether the prohibition against carrying out applies on a Festival, Beit Hillel should permit one to move *muktze* objects, as the prohibition of handling *muktze* is an extension of the prohibition against carrying out. Consequently, **let them differ with regard to** whether or not it is permitted to carry out **stones** on a Festival. **Rather, from** the fact that Beit Shammai and Beit Hillel **do not disagree with regard to stones** but concerning objects that serve some sort of purpose, **conclude from this:** Everyone agrees that carrying out is prohibited on a Festival, and the Torah permitted it only when it is necessary for sustenance.

בְּהוֹצָאָה שֶׁלֹּא לְצוֹרֶךְ פְּלִיגִי.

Instead, Beit Shammai and Beit Hillel **disagree with regard to carrying out** that is **not for the purpose** of food preparation. According to the opinion of Beit Hillel, since carrying out is permitted for the sake of sustenance, it is entirely permitted. According to Beit Shammai, the Sages permitted only labor that serves the purpose of food preparation.

HALAKHA

There are no *halakhot* of *eiruv*... on a Festival – אֵין עֵירוּב...לְיוֹם טוֹב: It is not necessary to join courtyards or merge alleyways on a Festival. However, one must establish a joining of borders. When joining courtyards and merging alleyways for the entire year, one should have in mind that he is doing so for the Festivals as well, *ab initio* (*Taz*, citing Rav Shlomo Luria; *Shulḥan Arukh, Oraḥ Ḥayyim* 528:1).

NOTES

Permitted not for that purpose – הוּתְּרָה...שֶׁלֹּא לְצוֹרֶךְ: On a Festival, labors necessary for the preparation of food are explicitly permitted by the Torah. The Gemara states the principle that an action that is permitted for the purpose of food preparation is permitted even when it is being performed for a different purpose. Both early and later authorities discuss at length the question of whether this principle is to be understood as blanket permission. One opinion is that there is no difference between a Festival and a weekday with regard to these labors. When the Sages did not apply this principle, but rather prohibited certain actions, they did so as a safeguard for Torah prohibitions. Another opinion is that the prohibition remains in place, and it is merely overruled by the needs of the celebration of the Festival. Consequently, it remains in force when there is no reason to permit it (see Rashi and *Tosafot*). Rabbeinu Tam accepts the latter understanding. However, he maintains that it is permitted to carry a child because not doing so will cause suffering. It may be suggested that the justification for the permission to sacrifice a gift-offering can be derived from the statement on 20b: So that your table should not be full while that of your Master is empty. This means that one should not satisfy his needs while the altar is neglected; rather, the Festival is fully joyful when offerings are sacrificed on the altar.

There are no *halakhot* of *eiruv* nor carrying out on a Festival – אֵין עֵרוּב וְהוֹצָאָה לְיוֹם טוֹב: Some commentaries, following the understanding that prohibitions remain in place on the Festival and are suspended only because of the need to celebrate, maintain that the *halakhot* of an *eiruv* do apply on a Festival. An *eiruv* is required for carrying out items that are not needed for food, for a mitzva, or for the joy of the Festival (Rashba). One opinion, cited by several authorities, maintains that when the Shabbat *eiruv* boundaries are placed for the entire year, they should be established with the Festivals in mind as well (*Yam Shel Shlomo*).

BACKGROUND

The sciatic nerve – **גִּיד הַנָּשֶׁה**: The sciatic nerve is the *nervus ischiadicus*, which runs down the back of the hind leg of an animal. It is one of the parts of a kosher animal, domestic or non-domestic, that may not be eaten by Torah law (Genesis 32:33).

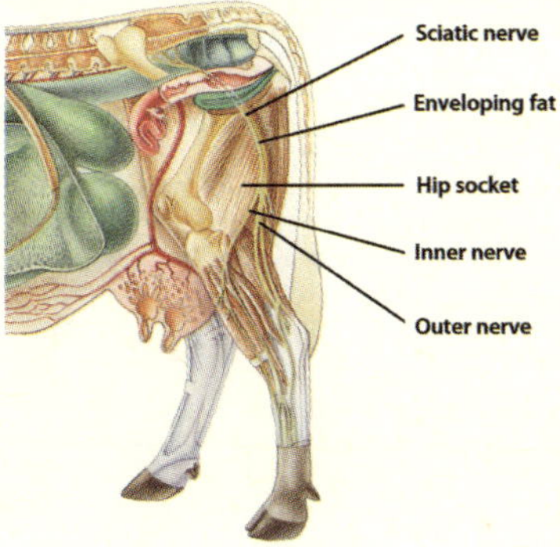

Hindquarter with sciatic nerve

וְאַף רַבִּי יוֹחָנָן סָבַר: בְּמִתּוֹךְ שֶׁהוּתְּרָה הוֹצָאָה לְצוֹרֶךְ הוּתְּרָה נַמִּי שֶׁלֹּא לְצוֹרֶךְ פְּלִיגִי. דְּתָנֵי תַּנָּא קַמֵּיהּ דְּרַבִּי יוֹחָנָן: הַמְבַשֵּׁל גִּיד הַנָּשֶׁה בְּחָלָב בְּיוֹם טוֹב וַאֲכָלוֹ – לוֹקֶה חָמֵשׁ.

The Gemara comments: **And Rabbi Yoḥanan also holds** that Beit Shammai and Beit Hillel **disagree with regard to** the principle: **Since carrying out is permitted** on a Festival **for the purpose** of food preparation, it **was also permitted not for** this **purpose,** as **the** *tanna* **teaches** a *baraita* **before Rabbi Yoḥanan: One who cooks the sciatic nerve**[B] **in milk on a Festival and eats it is flogged** for violating **five** distinct prohibitions.[N]

לוֹקֶה מִשּׁוּם מְבַשֵּׁל גִּיד, וְלוֹקֶה מִשּׁוּם אוֹכֵל גִּיד, וְלוֹקֶה מִשּׁוּם מְבַשֵּׁל בָּשָׂר בְּחָלָב, וְלוֹקֶה מִשּׁוּם אוֹכֵל בָּשָׂר בְּחָלָב, וְלוֹקֶה

How so? (1) **He is flogged due to** the prohibition of **cooking** the sciatic **nerve,** which is prohibited because the sciatic nerve is unfit for consumption; (2) **and he is flogged due to** the prohibition of **eating** the sciatic **nerve,** which is explicitly prohibited by the Torah; (3) **and he is flogged due to** the prohibition of **cooking meat in milk;** (4) **and he is flogged due to** the prohibition of **eating meat** cooked **in milk;** (5) **and** lastly, **he is flogged**

NOTES

He is flogged for five prohibitions – **לוֹקֶה חָמֵשׁ**: In several places, the Sages describe a single action, or several closely related actions, whose performance entails numerous prohibitions. Usually, these lists of prohibitions are instructive, in that one can extract novel insights from the lists with regard to the prohibitions themselves. In the case of the sciatic nerve, since there is an opinion that it is not edible, one might have thought that it does not have the status of meat that may not be cooked in milk. The *baraita,* therefore, informs us otherwise.

Perek **I**
Daf **12** Amud **b**

מִשּׁוּם הַבְעָרָה.

due to the prohibition of **kindling**[N] a fire on a Festival.

אֲמַר לֵיהּ: פּוֹק תְּנֵי לְבָרָא. הַבְעָרָה וּבִשּׁוּל אֵינָהּ מִשְׁנָה. וְאִם תִּמְצָא לוֹמַר מִשְׁנָה – בֵּית שַׁמַּאי הִיא, דְּאָמְרִי: לָא אָמְרִינַן מִתּוֹךְ שֶׁהוּתְּרָה הוֹצָאָה לְצוֹרֶךְ – הוּתְּרָה נַמִּי שֶׁלֹּא לְצוֹרֶךְ, הָכָא נַמִּי לָא אָמְרִינַן מִתּוֹךְ שֶׁהוּתְּרָה הַבְעָרָה לְצוֹרֶךְ – הוּתְּרָה נַמִּי שֶׁלֹּא לְצוֹרֶךְ.

Rabbi Yoḥanan **said to** that *tanna*: **Leave and teach it outside,**[N] i.e., this *baraita* is not fit for discussion in the study hall. The opinion that there is a prohibition against **kindling and cooking**[N] on a Festival **is not a mishna** worthy of serious consideration. **And if you say** that **it is a mishna** rather than an error, this statement is still not in accordance with the *halakha*, as **it is** following the opinion of **Beit Shammai, who say: We do not say: Since carrying out was permitted** on a Festival **for the purposes** of food preparation, it **was also permitted** when performed **not for** these **purposes. Here, too,** we do **not say: Since kindling was permitted**[N] on a Festival **for the purposes** of food preparation, **it was also permitted** when performed **not for** these **purposes.**

דְּאִי בֵּית הִלֵּל, כֵּיוָן דְּאָמְרִי מִתּוֹךְ שֶׁהוּתְּרָה הוֹצָאָה לְצוֹרֶךְ – הוּתְּרָה נַמִּי שֶׁלֹּא לְצוֹרֶךְ, הָכָא נַמִּי, מִתּוֹךְ שֶׁהוּתְּרָה הַבְעָרָה לְצוֹרֶךְ – הוּתְּרָה נַמִּי שֶׁלֹּא לְצוֹרֶךְ.

The Gemara explains why the *baraita* cannot be attributed to Beit Hillel. **If** one were to suggest that this *baraita* follows the opinion of **Beit Hillel,** this cannot be the case, **as they say: Since carrying out was permitted for the purposes** of food preparation, **it was also permitted** when performed **not for these purposes. Here, too, since kindling was permitted for** the **purposes** of food preparation, **it was also permitted** when performed **not for these purposes.**[H] Therefore, according to the opinion of Beit Hillel, kindling cannot be included amongst those prohibitions for which one is liable on a Festival.

NOTES

Due to kindling – **מִשּׁוּם הַבְעָרָה**: Kindling is the last prohibited labor mentioned, as the case is referring to someone who first placed the pot on burning coals and only afterward stoked them alight (Rabbi Aharon HaLevi).

Leave and teach it outside – **פּוֹק תְּנֵי לְבָרָא**: This expression makes sense in light of the study practices of the talmudic period. A large proportion of classes began with a citation of *baraitot* relevant to the topic at hand and a discussion of their relationship to the mishna. Since there was a great variety of *baraitot*, some of which had fallen prey to errors over the course of time, not every *baraita* was worthy of quotation and discussion in the study hall. This is the meaning of Rabbi Yoḥanan's comment: Go out and teach it outside, i.e., this *baraita* is unworthy of analysis inside the study hall.

Kindling and cooking – **הַבְעָרָה וּבִישּׁוּל**: Many later authorities discuss this issue from a different perspective. According to the accepted *halakha*, there is no division of types of prohibited labor on a Festival, i.e., one is not punished separately for each category of labor. Rather, lashes are administered for prohibited labor in general, even if one performed many different types of labor. If so, the distinction between kindling and cooking certainly has no ramifications for the *halakha* (*Tziyyun LeNefesh Ḥayya*; Rabbi Akiva Eiger).

Since kindling was permitted – **מִתּוֹךְ שֶׁהוּתְּרָה הַבְעָרָה**: Some commentaries claim that the Torah itself alludes to this halakha, as it states: "You shall kindle no fire throughout your habitations on the Shabbat day" (Exodus 35:3), which indicates that it is permitted to do so on a Festival (Rishon LeTziyyon; Torat Ḥayyim, based on Rambam). It has been noted that the source of this statement is the Jerusalem Talmud.

HALAKHA

Kindling not for these purposes – **הַבְעָרָה שֶׁלֹּא לְצוֹרֶךְ**: It is permitted to use fire on a Festival, even when this does not serve the purposes of food preparation. Some authorities are stringent with regard to an action that can easily be performed before the Festival without any detriment. They maintain that this action should be performed only in an unusual manner (see Rema and *Magen Avraham*, citing *Shenei Luḥot HaBrit*; *Shulḥan Arukh*, *Oraḥ Ḥayyim* 495:1).

מתני׳ בֵּית שַׁמַּאי אוֹמְרִים: אֵין מוֹלִיכִין חַלָּה וּמַתָּנוֹת לַכֹּהֵן בְּיוֹם טוֹב, בֵּין שֶׁהוּרְמוּ מֵאֶמֶשׁ בֵּין שֶׁהוּרְמוּ מֵהַיּוֹם. וּבֵית הִלֵּל מַתִּירִין.

MISHNA The separation of *ḥalla* is permitted on a Festival, as one is permitted to prepare dough and bake it on a Festival, and bread may not be eaten without first separating *ḥalla*. **Beit Shammai say: One may not bring** separated ***ḥalla***[BN] **or** any of the other priestly **gifts,**[B] i.e., the foreleg, the jaw, and the maw of a slaughtered animal, **to a priest on a Festival,** though it is permitted to separate them from an animal slaughtered on a Festival. This is prohibited regardless of **whether they were separated last evening,** i.e., before the Festival, **or whether they were separated today. And Beit Hillel permit it.**[H]

אָמְרוּ לָהֶם בֵּית שַׁמַּאי: גְּזֵרָה שָׁוָה: חַלָּה וּמַתָּנוֹת – מַתָּנָה לַכֹּהֵן, וּתְרוּמָה – מַתָּנָה לַכֹּהֵן, כְּשֵׁם שֶׁאֵין מוֹלִיכִין אֶת הַתְּרוּמָה – כָּךְ אֵין מוֹלִיכִין אֶת הַמַּתָּנוֹת.

Beit Shammai said to Beit Hillel: This *halakha* can be derived by **an analogy: *Ḥalla* and** the other **gifts** are both considered **a gift to the priest, and** likewise ***teruma*** separated from produce is also **a gift to the priest. Just as** you agree **that one may not bring *teruma*** to a priest on a Festival, **so too, one may not bring the** other **gifts.**

אָמְרוּ לָהֶם בֵּית הִלֵּל: לֹא, אִם אֲמַרְתֶּם בִּתְרוּמָה – שֶׁאֵינוֹ זַכַּאי בַּהֲרָמָתָהּ, תֹּאמְרוּ בְּמַתָּנוֹת שֶׁזַּכַּאי בַּהֲרָמָתָן?

Beit Hillel said to them: No, this analogy is incorrect. **If you said** that you derive the halakha from ***teruma***, where **its separation is not allowed** on the Festival, how **will you say** the same **with regard to the gifts** from an animal or *ḥalla*, concerning **which their separation is allowed** on the Festival? Since it is not prohibited to separate these gifts, they may likewise be brought to a priest.

גמ׳ קָא סָלְקָא דַּעְתָּךְ: שֶׁהוּרְמוּ מֵהַיּוֹם וְשֶׁנִּשְׁחֲטוּ מֵהַיּוֹם, וְשֶׁהוּרְמוּ מֵאֶמֶשׁ וְשֶׁנִּשְׁחֲטוּ מֵאֶמֶשׁ. מַנִּי מַתְנִיתִין? לָא רַבִּי יוֹסֵי, וְלָא רַבִּי יְהוּדָה, אֶלָּא אֲחֵרִים. דְּתַנְיָא, אָמַר רַבִּי יְהוּדָה: לֹא נֶחְלְקוּ בֵּית שַׁמַּאי וּבֵית הִלֵּל עַל הַמַּתָּנוֹת שֶׁהוּרְמוּ מֵעֶרֶב יוֹם טוֹב שֶׁמּוֹלִיכִין עִם הַמַּתָּנוֹת שֶׁהוּרְמוּ מֵהַיּוֹם וְשֶׁנִּשְׁחֲטוּ מֵהַיּוֹם. לֹא נֶחְלְקוּ אֶלָּא לְהוֹלִיכָן בִּפְנֵי עַצְמָן, שֶׁבֵּית שַׁמַּאי אוֹמְרִים: אֵין מוֹלִיכִין, וּבֵית הִלֵּל אוֹמְרִים: מוֹלִיכִין.

GEMARA It enters your mind to explain **that** when the mishna states: **They were separated today,** it means: From animals **slaughtered today. And** the phrase: **They were separated last evening,**[N] is referring to animals **slaughtered last evening.** The Gemara asks: If so, **whose opinion is** expressed in **the mishna?** It is **not Rabbi Yosei nor Rabbi Yehuda,** but the opinion of ***Aḥerim*, as it is taught** in the *Tosefta* that **Rabbi Yehuda said: Beit Shammai and Beit Hillel did not dispute with regard to gifts separated on the eve of a Festival, that one may bring** them to a priest on a Festival day itself along **with gifts separated that day and** from **those** animals **slaughtered that day. They disputed only** the *halakha* **of bringing** gifts separated the day before **by themselves, as Beit Shammai say: One may not bring** these gifts by themselves, **and Beit Hillel say: One may bring** them.

וְכָךְ הָיוּ בֵּית שַׁמַּאי דָּנִין: חַלָּה וּמַתָּנוֹת מַתָּנָה לַכֹּהֵן וּתְרוּמָה מַתָּנָה לַכֹּהֵן, כְּשֵׁם שֶׁאֵין מוֹלִיכִין אֶת הַתְּרוּמָה – כָּךְ אֵין מוֹלִיכִין אֶת הַמַּתָּנוֹת. אָמְרוּ לָהֶם בֵּית הִלֵּל: לֹא, אִם אֲמַרְתֶּם בִּתְרוּמָה שֶׁאֵינוֹ זַכַּאי בַּהֲרָמָתָהּ, תֹּאמְרוּ בְּמַתָּנוֹת שֶׁזַּכַּאי בַּהֲרָמָתָן?

And Beit Shammai would reason as follows: *Ḥalla* and gifts from a slaughtered animal are **a gift to the priest, and *teruma*** is **a gift to the priest. Just as one may not bring *teruma*** to a priest on a Festival, **so too, one may not bring the** other **gifts. Beit Hillel said to them: No,** granted, **if you said** so **with regard to *teruma*,** the reason is **that separation is not allowed** on a Festival, but how **will you say** the same **with regard to the** other **gifts,** concerning **which separation is allowed** on the Festival? It is therefore permitted to bring these gifts to a priest as well. This is Rabbi Yehuda's interpretation of the dispute between Beit Shammai and Beit Hillel, according to which Beit Shammai prohibit bringing even gifts separated on the Festival itself.

BACKGROUND

Ḥalla – חַלָּה: The Torah commands the giving of a portion of dough to the priests (Numbers 15:20). This portion is called *ḥalla* and is governed by all the rules pertaining to *teruma*, the priests' portion of the crop. The Torah does not specify a measure for *ḥalla*. The Sages required a private person to give one twenty-fourth of his dough and a commercial baker to give one forty-eighth. *Ḥalla* must be taken from all dough made from any one of the five types of grain, provided that the quantity of flour is at least one-tenth of an ephah in volume. If *ḥalla* is not separated, the dough is considered untithed and may not be eaten. Today, as all Jews are considered ritually impure, *ḥalla* is governed by the same *halakhot* as ritually impure *teruma* and must be burned. Accordingly, the measures mentioned no longer apply; instead, a small portion is separated from the dough and burned, after which the rest of the dough may be used.

Priestly gifts – מַתָּנוֹת: As noted, in this context the priestly gifts refer to the foreleg, the jaw, and the maw. The Torah commands that these portions be given to a priest when non-sacrificial animals, e.g., cattle, sheep, and goats used for consumption, are slaughtered (Deuteronomy 18:3). No sanctity is attached to these gifts; therefore, once they have been given to a priest, the priest may give or sell them to a non-priest.

HALAKHA

Bringing *ḥalla* and gifts on a Festival – הוֹלָכַת חַלָּה וּמַתָּנוֹת בְּיוֹם טוֹב: *Terumot* and tithes separated on the eve of a Festival, and, all the more so, *ḥalla* or the foreleg, the jaw, and the maw that had been separated on the Festival itself, may be brought to a priest on the Festival. The *halakha* is in accordance with the opinion of Beit Hillel, as explained by Rabbi Yosei. If one is in a place where no priest is available or where the custom is to burn *ḥalla*, he may still separate *ḥalla* from dough that was kneaded on a Festival (Rambam *Sefer Zemanim*, *Hilkhot Yom Tov* 4:26; *Shulḥan Arukh*, *Oraḥ Ḥayyim* 506:3).

NOTES

One may not bring *ḥalla*, etc. – אֵין מוֹלִיכִין חַלָּה וכו׳: Several reasons have been suggested for Beit Shammai's stringent ruling. Some say the main concern is the transportation via the public domain of an item that is not required for the Festival. Others reject this explanation and claim that it is a decree to prevent one from separating *teruma*, as there is similarity between the separation of these gifts and of *teruma* (Rashba). Some commentaries add that it is also a decree due to appearances, as people will suspect one of separating *teruma* at an inappropriate time (*Meiri*). Yet others note that the separation of *teruma* and *ḥalla* is not concluded by the act of separation itself, as one can, at least according to the opinion of Beit Hillel, rescind the separation by having it dissolved by a halakhic authority. However, once the *teruma* has been given to a priest, it may no longer be rescinded. Therefore, the consecration of *teruma* is in practice fully completed only when one hands it over to a priest (*Tziyyun LeNefesh Ḥayya*).

They were separated last evening – הוּרְמוּ מֵאֶמֶשׁ: Separating these gifts is permitted both because one may eat from an animal without separating the gift and because the precise identity of the parts donated to the priest is fixed. This means that there is no actual separation in this case, as the gifts have already been designated by the Torah (Rabbi Aharon HaLevi).

אמר רבי יוסי: לא נחלקו בית שמאי ובית הלל על המתנות שמוליכין, לא נחלקו אלא על התרומה, שבית שמאי אומרים: אין מוליכין, ובית הלל אומרים: מוליכין. וכך היו בית הלל דנין: חלה ומתנות מתנה לכהן, ותרומה מתנה לכהן. כשם שמוליכין את המתנות – כך מוליכין את התרומה. אמרו להם בית שמאי: לא, אם אמרתם במתנות – שזכאי בהרמתן, תאמרו בתרומה שאין זכאי בהרמתה?

Rabbi Yosei said: That is not the correct record of the dispute, as **Beit Shammai and Beit Hillel did not dispute about** the fact **that one may bring the gifts** from an animal to a priest on a Festival. **They disputed only with regard to *teruma*,** as **Beit Shammai say: One may not bring** it, **and Beit Hillel say: One may** even **bring** *teruma*. **And Beit Hillel would reason** as follows: ***Ḥalla* and gifts** are **a gift to the priest, and *teruma* is a gift to the priest. Just as one may bring the** other **gifts** on a Festival, **so too, one may bring *teruma*. Beit Shammai said to them: No; if you said** so **with regard to the** other **gifts,** concerning **which their separation is allowed** on the Festival, **will you say** the same **with regard to *teruma*, whose separation is not allowed?**

אחרים אומרים: לא נחלקו בית שמאי ובית הלל על התרומה שאין מוליכין, לא נחלקו אלא על המתנות. שבית שמאי אומרים: אין מוליכין, ובית הלל אומרים: מוליכין. לימא אחרים היא ולא רבי יהודה.

Aḥerim say that the dispute was as follows: **Beit Shammai and Beit Hillel did not dispute with regard to *teruma*, that one may not bring** it to a priest on a Festival. **They disputed only** the case **of the** other **gifts, as Beit Shammai say: One may not bring** the other gifts, **and Beit Hillel say: One may bring** them. The Gemara proposes: **Let us say** that the mishna **is** only in accordance with the opinion of ***Aḥerim*, and not in accordance with** the opinion of **Rabbi Yehuda.** The Gemara does not even suggest that the mishna might be in accordance with the opinion of Rabbi Yosei, as it is clear that it cannot be reconciled with his explanation.

אמר רבא: מי קתני "שהורמו מהיום ושנשחטו מהיום"? "שהורמו" קתני, ולעולם שחיטתן מאמש. לימא רבי יהודה היא ולא אחרים? אפילו תימא אחרים, ובהנך דנשחטו מאמש.

Rava said: Is it taught in the mishna: **They were separated that day and were slaughtered that day?** No; **it teaches: They were separated, and actually** the mishna should be explained as follows: **They were slaughtered last evening** and separated today, which is exactly what Rabbi Yehuda said. The Gemara asks: If so, **let us say** that the mishna **is** in accordance with the opinion of **Rabbi Yehuda and not** in accordance with the opinion of ***Aḥerim*?** The Gemara rejects this: **Even if you say** that the mishna is in accordance with the opinion of ***Aḥerim*,** it can still be claimed that, in their opinion, Beit Shammai and Beit Hillel disputed the case **of these** animals that **were slaughtered last evening,** not those slaughtered on the Festival.

אי הכי היינו רבי יהודה! איכא בינייהו טפלה.

The Gemara asks: **If so, this is** the same opinion as that of **Rabbi Yehuda.** What, then, is the difference between the opinions of Rabbi Yehuda and *Aḥerim*? The Gemara answers: The practical difference **between them** is with regard to **secondary** gifts. If one has gifts separated before a Festival, is he permitted to join them as secondary gifts along with others separated on the Festival and transport them together to a priest? Rabbi Yehuda maintains that secondary gifts may be brought to a priest, according to the opinion of Beit Hillel, whereas *Aḥerim* prohibit it.

אמר רב יהודה אמר שמואל: הלכה כרבי יוסי. רב טובי בריה דרב נחמיה הוה ליה גרבא דחמרא דתרומה. אתא לקמיה דרב יוסף, אמר ליה: מהו לאמטויי לכהן האידנא? אמר ליה: הכי אמר רב יהודה אמר שמואל: הלכה כרבי יוסי.

With regard to the dispute cited in the *Tosefta*, **Rav Yehuda said** that **Shmuel said:** The ***halakha* is in accordance with** the opinion of **Rabbi Yosei.** The Gemara relates: **Rav Tovi, son of Rabbi Neḥemya, had a bottle of** *teruma* **wine.**[N] **He came before Rav Yosef** and **said to him: What is** the *halakha* with regard to **bringing** this wine **to a priest now,** on a Festival? Rav Yosef **said to him: That is what Rav Yehuda said** that **Shmuel said:** The ***halakha* is in accordance with** the opinion of **Rabbi Yosei,**[N] who maintains that Beit Hillel permit one to bring *teruma* to a priest on a Festival, and the *halakha* is in accordance with their opinion.

אושפיזכניה דרבא בר רב חנן הוה ליה אסורייתא דחרדלא, אמר ליה: מהו לפרוכי ומיכל מנייהו ביום טוב? לא הוה בידיה, אתא לקמיה דרבא. אמר ליה: מוללין מלילות ומפרכין קטניות ביום טוב.

§ The Gemara relates: **The host of Rava, son of Rav Ḥanan, had bundles of** unprocessed **mustard,** whose seeds remained in their stems. **He said** to his guest, the Sage: **What is** the *halakha* with regard **to crushing** these mustard stalks **and eating from them on a Festival?** Rava, son of Rav Ḥanan, **did not have** an answer readily available, so he **came before Rava** to ask his opinion. Rava **said to him** that it was taught: **One may husk kernels**[H] by rubbing them between one's fingers, **and one may** likewise **crush legumes on a Festival.** This statement indicates that it is permitted to crush mustard stalks.

NOTES

Had a bottle of wine – הוה ליה גרבא דחמרא: The early authorities ask: How could Rav Tovi, son of Rabbi Neḥemya, be in possession of *teruma* outside of Eretz Yisrael? Like all mitzvot tied to the land, the mitzva of *teruma* applies only inside Eretz Yisrael. Most early authorities answer that people would separate *terumot* in the lands adjacent to Eretz Yisrael, either due to a rabbinic decree or by custom (Rid; Rashba). The *ge'onim* write that it was a pious custom to separate *terumot* and observe the *halakhot* of ritual purity outside of Eretz Yisrael, despite the fact that it was unnecessary to do so by Torah law. Some commentaries, however, explain that this is referring to wine imported from Eretz Yisrael, in which case its *teruma* was a Torah obligation (Rabbi Aharon HaLevi).

The *halakha* is in accordance with the opinion of Rabbi Yosei – הלכה כרבי יוסי: Although the *halakha* is generally ruled in accordance with the opinion of Rabbi Yosei, in opposition to the opinion of a single colleague, it was necessary to reiterate it in this case, as the mishna certainly does not follow Rabbi Yosei's opinion. Shmuel's ruling is in accordance with the *baraita* rather than the mishna, which he viewed in this case as reflecting a minority opinion (*Petaḥ Einayim*).

HALAKHA

One may husk kernels – מוללים מלילות: It is permitted to husk kernels of grain by hand on a Festival. Some authorities maintain that one should be stringent and do so in an unusual manner (*Magen Avraham*, citing Ran), while others are lenient (*Taz*; Vilna Gaon). Where possible, it is preferable to perform this action in an unusual manner (*Shulḥan Arukh HaRav*). Legumes may be crushed in the usual manner on a Festival. One may crush them a little at a time and eat them, even by means of a tray, but not by means a winnow or a sieve, as the *halakha* is in accordance with the opinion of Rava (*Shulḥan Arukh*, *Oraḥ Ḥayyim* 510:1).

אֵיתִיבֵיהּ אַבָּיֵי: הַמּוֹלֵל מְלִילוֹת מֵעֶרֶב שַׁבָּת, לְמָחָר מְנַפֵּחַ מִיָּד לְיָד וְאוֹכֵל, אֲבָל לֹא בְּקָנוֹן וְלֹא בְּתַמְחוּי.

Abaye raised an objection to Rava from a *baraita*: In the case of **one who husks kernels** of grain **on Shabbat eve, on the following day,** on Shabbat itself, **he may winnow**[N] the chaff in an irregular manner by passing the kernels **from hand to hand and** then **eat** them. **However, one may not** do so, **neither by** means of **a tray** [*kanon*][L] that is occasionally used for sorting and separating the chaff **nor with a large vessel.**[H]

הַמּוֹלֵל מְלִילוֹת מֵעֶרֶב יוֹם טוֹב, לְמָחָר מְנַפֵּחַ עַל יָד עַל יָד וְאוֹכֵל, אֲפִילּוּ בְּקָנוֹן וַאֲפִילּוּ בְּתַמְחוּי, אֲבָל לֹא בְּטַבְלָא וְלֹא בְּנָפָה וְלֹא בִּכְבָרָה. מֵעֶרֶב יוֹם טוֹב – אִין, בְּיוֹם טוֹב – לָא.

With regard to **one who husks kernels** of grain **on a Festival eve, on the following day, he may winnow a little** grain **at a time**[N] **and eat, even with a tray or a large vessel. However, he may not** do so **with a tablet, nor with a winnow, nor with a sieve.** Since these vessels are designed for winnowing, they are used only for large quantities, and therefore it will appear as though he were preparing for after the Festival, which is certainly prohibited. In any case, the wording of the *baraita* indicates: **On a Festival eve, yes,** one may husk or crush legumes; **on the Festival** itself, **no,** it is prohibited to do so.

אֲפִילּוּ תֵּימָא בְּיוֹם טוֹב, וְאַיְּידֵי דִּתְנָא רֵישָׁא מֵעֶרֶב שַׁבָּת – תְּנָא סֵיפָא נַמִי מֵעֶרֶב יוֹם טוֹב.

The Gemara refutes this: **Even** if **you say** that it is permitted **on a Festival,** the *baraita* can be understood. The reason is as follows: **Since he taught** in **the first clause** of the *baraita*: **On Shabbat eve,** as husking grain may not be performed on Shabbat itself, for it might lead to a prohibited labor on Shabbat, **he also taught in the latter clause: On a Festival eve.** However, this does not mean that rubbing or crushing legumes is prohibited on the Festival itself.

אִם כֵּן מָצִינוּ תְּרוּמָה שֶׁזַּכַּאי בַּהֲרָמָתָהּ, וּתְנַן: לֹא, אִם אֲמַרְתֶּם בִּתְרוּמָה שֶׁאֵינוֹ זַכַּאי בַּהֲרָמָתָהּ וכו׳.

Abaye raises a difficulty against the opinion of Rava from a different angle: **If** you say **so, we** have thereby **found** a case of ***teruma***[N] **for which separation is allowed** on a Festival. Before being rubbed, the grains of wheat were certainly not fit to be eaten, and therefore there was no obligation to separate *teruma* from them. Now that one has prepared them as food by rubbing them, he is obligated to separate *teruma* from them, and if one is permitted to eat them, he must be permitted to separate *teruma* from them first. **And we learned** explicitly in the mishna: **No, if you said** that you derive the halakha from ***teruma,*** where **its separation is not allowed** on the Festival. This statement indicates that even Beit Hillel agree that one may not separate *teruma* of any kind on a Festival.

לָא קַשְׁיָא:

The Gemara refutes this challenge: This is **not difficult.**

Perek **I**
Daf **13** Amud **a**

הָא – רַבִּי, הָא – רַבִּי יוֹסֵי בְּרַבִּי יְהוּדָה. דְּתַנְיָא: הַכְּנִיס שִׁבֳּלִין לַעֲשׂוֹת מֵהֶן עִיסָּה – אוֹכֵל מֵהֶן עֲרַאי וּפָטוּר,

This source, the *baraita,* is in accordance with the opinion of **Rabbi** Yehuda HaNasi, who holds that one must separate *teruma* from kernels of grain on the stalk, and one may separate *terumot* on a Festival. **That** source, the mishna, is in accordance with the opinion of **Rabbi Yosei, son of Rabbi Yehuda,**[N] who maintains that there is no need to separate *teruma* from kernels of grain on the stalk, **as it is taught** in a *baraita*: If one **brought inside** his house **stalks** of grain in order to grind them into flour and **to make dough from them, he may eat from them, as a snack,** before they are ground, **and he is exempt** from *teruma.* Provided that the grain has not yet been fully processed, the obligation to separate *teruma* does not apply. The Sages decreed that such produce may only be consumed casually and not as part of a regular meal.

NOTES

Winnow – מְנַפֵּחַ: Although winnowing is itself a form of selecting, since the food was basically prepared and ready before the Festival, this action was not considered significant enough for the Sages to prohibit it (Rid).

A little at a time – עַל יָד עַל יָד: This phrase literally means: One hand at a time. Rashi and the *Meiri* maintain that in the case of Shabbat the correct version is: From hand to hand, i.e., it is permitted to rub the grains together only by passing them from one hand to another.

If so, we have found *teruma*, etc. – אִם כֵּן מָצִינוּ תְּרוּמָה וכו׳: Some ask: Why didn't the Gemara pose this question earlier, as the *baraita* itself apparently contradicts the mishna? They answer that it might have been thought that the *halakha* of rubbing grain is referring only to a small quantity, for which one is not obligated to separate *teruma.* After clarifying the *baraita*, the question is more appropriate (Rav Yitzhak Abuhav). For an alternative answer, see the *Mishḥat Aharon.*

LANGUAGE

Tray [*kanon*] – קָנוֹן: From the Greek κανοῦν, *kanoun,* which means a basket, primarily a bread basket. These baskets were probably woven and came in various sizes, and they were also used for winnowing grain.

HALAKHA

Winnowing kernels of grain – נִיפּוּי מְלִילוֹת: If one husked kernels of grain before Shabbat, he may not winnow them with a tray or a large vessel, nor may he do so with both hands. However, he may use one hand (*Shulḥan Arukh, Oraḥ Ḥayyim* 319:7).

NOTES

This is Rabbi Yehuda HaNasi and that is Rabbi Yosei, son of Rabbi Yehuda – הָא רַבִּי הָא רַבִּי יוֹסֵי בְּרַבִּי יְהוּדָה: The later authorities are puzzled by this terminology, as the Gemara is not trying to resolve a contradiction between two *mishnayot* or *baraitot* in this case, but is merely attempting to find a source for Rava's opinion. Some relate this to the general question of whether the opinions of Beit Hillel and Beit Shammai should be reversed in these *mishnayot,* in which case an answer must be sought for both opinions (see *Sefat Emet*). *Tziyyun LeNefesh Ḥayya* writes that since the opinions of Rabbi Yehuda HaNasi and Rabbi Yosei, son of Rabbi Yehuda, are not entirely clear, as indicated below, the Gemara wishes to state that Rava's opinion fits in with at least one opinion.

לְמוֹלְלָן בִּמְלִילוֹת – רַבִּי מְחַיֵּיב וְרַבִּי יוֹסֵי בְּרַבִּי יְהוּדָה פּוֹטֵר.

However, if from the outset one brought in the stalks of grain not to grind them but **to husk the kernels** and eat them a little at a time, **Rabbi** Yehuda HaNasi **obligates** him to separate *teruma* from them and prohibits him from partaking of the grain until he has done so. **And Rabbi Yosei, son of Rabbi Yehuda,**[N] **exempts** him from the obligation of *teruma*. He maintains that not even this intention renders one obligated to separate *teruma*, as the obligation for *teruma* applies only to fully processed grain.

וּלְרַבִּי יוֹסֵי בְּרַבִּי יְהוּדָה נַמִי מַשְׁכַּחַתְּ לַהּ, כְּגוֹן שֶׁהִכְנִיס שִׁבֳּלִין לַעֲשׂוֹת מֵהֶן עִיסָּה, וְנִמְלַךְ עֲלֵיהֶן לְמוֹלְלָן בְּיוֹם טוֹב, דְּטָבְלָא בְּיוֹמֵיהּ.

The Gemara challenges this: **And according to** the opinion of **Rabbi Yosei, son of Rabbi Yehuda,** you can **also find** a case when one must separate *teruma* from grain that has not been fully processed. How so? **For example, if one brought inside** his house **stalks of grain to make dough from them,** thereby rendering himself obligated to separate *teruma* from them, **and he reconsidered** and decided **to husk them** in order to eat the kernels **on a Festival.** In **that** case, the prohibition of **untithed** produce takes effect **on that day** and one is obligated to separate *teruma*, only afterward is he permitted to eat the kernels.

אֶלָּא מַאי תְּרוּמָה – רוֹב תְּרוּמָה.

Rather, one must say: **What is the** ***teruma***[B] that Beit Shammai and Beit Hillel agree may not be separated on a Festival? It is referring to **most** ***teruma***, e.g., grain that has been threshed and gathered into piles on the eve of the Festival. They do, however, admit that there are exceptional cases in which one may separate *teruma* on a Festival.

אָמַר אַבָּיֵי: מַחְלוֹקֶת בְּשִׁבֳּלִין. אֲבָל בְּקִטְנִיּוֹת – דִּבְרֵי הַכֹּל אִסּוּרָיְיתָא טִבְלָא.

Abaye said: This **dispute,** concerning when the obligation to separate *teruma* and the prohibition of untithed produce takes effect, is referring only **to stalks** of grain, which are typically brought into a granary, where they are processed in a standard manner. Until that point, the grain is not prohibited as untithed produce. **However,** with regard to **legumes, everyone agrees** that the **bundles** are already regarded as **untithed produce,** and *teruma* must be separated from them at that stage.[H]

לֵימָא מְסַיֵּיע לֵיהּ: מִי שֶׁהָיוּ לוֹ חֲבִילֵי תִלְתָּן שֶׁל טֶבֶל – הֲרֵי זֶה כּוֹתֵשׁ, וּמְחַשֵּׁב כַּמָּה זֶרַע יֵשׁ בָּהֶם, וּמַפְרִישׁ עַל הַזֶּרַע וְאֵינוֹ מַפְרִישׁ עַל הָעֵץ. מַאי לָאו רַבִּי יוֹסֵי בְּרַבִּי יְהוּדָה הִיא, דְּאָמַר הָתָם לָא טִבְלָא, הָכָא טִבְלָא –

The Gemara suggests: **Let us say that** the following mishna **supports him** (*Terumot* 10:6): With regard to **one who had bundles of fenugreek,**[B] a type of legume, **of untithed produce,**[B] **he may pound** these bundles to remove the seeds from them. **And he calculates**[N] **how many seeds** the bundles **contain and separates** ***teruma*** based **on the** quantity of **seeds, but** he **does not** calculate and **separate** *teruma* based **on the** quantity of **stalks.** Although the stalks and leaves are also used for cooking, it is not necessary to separate *teruma* from them. **What, is it not** the case that this *halakha* **is** in accordance with the opinion of **Rabbi Yosei, son of Rabbi Yehuda, who said: There,** with regard to stalks of grain, it is **not** yet ready to be tithed, and therefore not prohibited as **untithed produce,** whereas **here,** i.e., with regard to the bundles of fenugreek, it is ready to be tithed and therefore prohibited as **untithed produce?**

NOTES

Rabbi Yehuda HaNasi…and Rabbi Yosei, son of Rabbi Yehuda – רַבִּי...וְרַבִּי יוֹסֵי בְּרַבִּי יְהוּדָה: Rashi and *Tosafot*, along with Rabbeinu Ḥananel and others, dispute whether this mishna is in accordance with the opinion of Rabbi Yehuda HaNasi or that of Rabbi Yosei, son of Rabbi Yehuda. According to Rashi, Rabbi Yehuda HaNasi maintains that one is obligated to separate *teruma* from stalks of grain, and therefore it is necessary to separate *teruma* from them on that day. *Tosafot* hold that as Rabbi Yehuda HaNasi obligates one to separate *teruma* when he brings the stalks into the house to rub and eat as grain, the obligation came into effect on the eve of the Festival, and consequently it is prohibited to separate *teruma* from them on the Festival itself. Apparently, there were different versions of this discussion, and the text in the printed Gemara: And according to the opinion of Rabbi Yosei, son of Rabbi Yehuda, you can also find, is in accordance with Rashi's explanation. *Tosafot*, Rabbeinu Ḥananel, and others read: And according to the opinion of Rabbi Yehuda HaNasi you can also find.

Pound and…calculates – כּוֹתֵשׁ וּמְחַשֵּׁב: It is clear from the continuation of the discussion that this pounding must be performed as a penalty. The early authorities are puzzled by this, as one apparently benefits from his actions, since beforehand he was obligated to separate the gift from all the produce, including the stalks, whereas after he has pounded he need take only the seeds into account. Therefore, some commentaries explain that this penalty does not refer to pounding in particular, but to the general principle that the Levite must provide the priest with a finished product. Consequently, if he received grapes he must turn them into wine; likewise, he must turn olives into oil (Rabbeinu Peretz). Others explain that were it not for the penalty, the Levite could choose the state from which he wishes to separate the *teruma* of the tithe, but the Sages decreed that he must pound the produce, whether he wishes to do so or not (Rashba).

BACKGROUND

Teruma – **תְּרוּמָה:** Whenever the term *teruma* appears without qualification, it refers to *teruma gedola*. The Torah commands that "the first fruit of your grain, of your wine, and of your oil" be given to the priest (Deuteronomy 18:4; see Numbers 18:12). The Sages extended the scope of this mitzva to include all produce grown in Eretz Yisrael. *Teruma* is sacred and may be eaten only by a priest and his household while they are in a state of ritual purity (see Leviticus 22:9–15). The Torah does not specify the amount of *teruma* that must be given; theoretically, one may fulfill his obligation with even a single kernel of grain from an entire crop. However, the Sages established particular measures: One-fortieth for a generous gift, one-fiftieth for an average gift, and one-sixtieth for a miserly gift. Today, since *teruma* cannot be eaten because there is no way to ensure that the priest who eats it is ritually pure, the halakha reverts to Torah law; and, in practice, only a minimal portion of the produce is separated.

One should not separate the other tithes until he has set aside *teruma*. Today, *teruma* is not given to priests, as they have no definite proof of their priestly lineage. Nevertheless, there remains an obligation to separate it, alongside the obligation to separate tithes; and the consumption of produce from which *teruma* and tithes have not been separated is prohibited.

Fenugreek [*tiltan*] – תִּלְתָּן: In the language of the Sages, *tiltan* refers to what is today called fenugreek, *Trigonella foenum-graecum*, a plant less than 1 m in height from the legume family. Its stalks are hollow and furry, with triangular, light-green leaves and white flowers. The fruit is contained in thin pods, up to 15 cm in size, which contain flat seeds of roughly 5 mm. Fenugreek is usually cultivated for its seeds, which are eaten and used in the preparation of many seasonings. Its young stalks are also used as seasoning. It originates from the Mediterranean, but is now cultivated in many places. In previous eras, it was also used medicinally as a cure for various illnesses; today, it is used in this fashion mainly for animals. In various countries, fenugreek is used as fodder as well as fertilizer. It is typically a cultivated plant that is grown in heavy soil, although a wild strain has also developed in certain regions.

Fenugreek leaves, seeds, and pods

Untithed produce – טֶבֶל: This refers to produce from which the priestly dues of *teruma* and other tithes have not been separated, or dough from which *ḥalla* has not been separated. The Torah prohibits the consumption of untithed produce. However, once tithes have been separated, even if they have not yet been given to those for whom they are designated, the produce is no longer classified as untithed, and it may be eaten.

לָא, רַבִּי הִיא. אִי רַבִּי הִיא, מַאי אִירְיָא תִּלְתָּן? אֲפִילּוּ שִׁבֳּלִין נַמִּי.

The Gemara rejects this contention: **No,** this is no proof, as it can be claimed that the mishna dealing with fenugreek **is** in accordance with the opinion of **Rabbi** Yehuda HaNasi, who obligates one to separate *teruma* in the case of stalks of grain. The Gemara challenges this: **If it is** in accordance with the opinion of **Rabbi** Yehuda HaNasi, what novel element does the mishna provide? **Why specifically** discuss **fenugreek?** According to Rabbi Yehuda HaNasi, the same *halakha* applies **even to stalks** of grain **as well.**

אֶלָּא מַאי – רַבִּי יוֹסֵי בְּרַבִּי יְהוּדָה, לַשְׁמַעִינַן שְׁאָר מִינֵי קִטְנִיּוֹת וְכׇל שֶׁכֵּן תִּלְתָּן.

The Gemara rejects this: **Rather, what** then? Is the mishna in accordance with the opinion of **Rabbi Yosei, son of Rabbi Yehuda?** If so, **let him teach us** this *halakha* with regard to **other types of legumes,** i.e., that they have the status of untithed produce when placed in bundles. **And all the more so** this would apply to **fenugreek,** which is eaten only in small quantities and is not processed in the manner of grain.

אֶלָּא, תִּלְתָּן אִצְטְרִיכָא לֵיהּ, סָלְקָא דַּעְתָּךְ אָמִינָא: הוֹאִיל וְטַעַם עֵצוֹ וּפִרְיוֹ שָׁוֶה לִפְרוֹשׁ נַמִּי אַעֵצוֹ, קָא מַשְׁמַע לַן.

Rather, it cannot be proven that the mishna follows either the opinion of Rabbi Yosei, son of Rabbi Yehuda, or that of Rabbi Yehuda HaNasi, as it **was necessary** for the *tanna* to state the case of **fenugreek** for a different reason: It could **enter your mind to say: Since** in the case of fenugreek **the taste of its stalk and its fruit** are **identical,** as the branches of the fenugreek add flavor to a dish, perhaps one should **also separate** *teruma* based **on** the quantity of fenugreek **stalks,** as well. The *tanna* of the mishna therefore **teaches us** that there is no obligation to do so, and this is the novel element of his statement.

אִיכָּא דְּאָמְרִי, אָמַר אַבַּיֵי: מַחֲלוֹקֶת בְּשִׁבֳּלִין, אֲבָל בְּקִטְנִיּוֹת – דִּבְרֵי הַכֹּל אִסּוּרְיָיתָא לָא טַבְלָא. מֵיתִיבֵי: מִי שֶׁהָיוּ לוֹ חֲבִילֵי תִּלְתָּן שֶׁל טֶבֶל הֲרֵי זֶה כּוֹתֵשׁ וּמְחַשֵּׁב כַּמָּה זֶרַע יֵשׁ בָּהֶן, וּמַפְרִישׁ עַל הַזֶּרַע וְאֵינוֹ מַפְרִישׁ עַל הָעֵץ. מַאי לָאו – טֶבֶל טָבוּל שֶׁל תְּרוּמָה!

Some say[N] that **Abaye said** the following: This **dispute** between Rabbi Yosei, son of Rabbi Yehuda, and Rabbi Yehuda HaNasi is referring **to stalks** of grain; **however,** with regard to **legumes, everyone agrees** that the **bundles** are not yet ready to be tithed and are therefore **not** prohibited as **untithed produce.** The Gemara **raises an objection** to this: With regard to **one who had bundles of fenugreek of untithed produce,**[H] **he may pound** them **and calculate**[N] **how many seeds they contain and separate** *teruma* based **on the** quantity of **seeds, but he does not separate** based **on the** quantity of **stalks. What, is this not** referring to the normal case of **untithed produce of** ***teruma,*** i.e., produce from which the regular *teruma,* the initial portion taken from produce as the priests' portion, must be separated?

לֹא, טֶבֶל טָבוּל שֶׁל תְּרוּמַת מַעֲשֵׂר,

The Gemara rejects this: **No,** it is referring to a different case, that of first tithe that is still regarded as **untithed produce,** because **of** ***teruma*** **of the tithe**[B] that must still be separated from it. First tithe is given to the Levites, who must separate ten percent as *teruma* of the tithe, to give to the priests. Before *teruma* of the tithe is separated, the first tithe may not be eaten.

וּכְדְרַבִּי אַבָּהוּ אָמַר רַבִּי שִׁמְעוֹן בֶּן לָקִישׁ. דְּאָמַר רַבִּי אַבָּהוּ אָמַר רַבִּי שִׁמְעוֹן בֶּן לָקִישׁ: מַעֲשֵׂר רִאשׁוֹן שֶׁהִקְדִּימוֹ בְּשִׁבֳּלִין –

And this statement is **in accordance with** the opinion **that Rabbi Abbahu** said that **Rabbi Shimon ben Lakish said, as Rabbi Abbahu said** that **Rabbi Shimon ben Lakish said:** It can occur that a Levite might take the **first tithe before** the *teruma* is separated, **while** the grain is still **on the stalks.** The correct procedure is: After collecting the grain in a pile in the granary, one first separates *teruma,* and only afterward separates first tithe to give to the Levites.

שְׁמוֹ טוֹבְלוֹ לִתְרוּמַת מַעֲשֵׂר.

If this order was not followed, and the first tithe was separated first while the grain was still attached to the stalks, Rabbi Shimon ben Lakish maintains that the following *halakha* applies: **Its name,** i.e., the fact that it has been designated first tithe, **renders it** ready to be tithed and therefore prohibited as **untithed produce,**[H] as pertains **to** ***teruma*** **of the tithe** that must still be separated from it. This shows that there can be a separation of a type of *teruma,* specifically the *teruma* of the tithe, even before work on the produce has been completed, and this is the case to which the previously quoted mishna is referring.

NOTES

Some say – אִיכָּא דְּאָמְרִי: *Tosafot* are puzzled by this expression, as the two different versions of the same discussion do not usually differ so widely. Others add that the discussion also poses logical difficulties, as the two versions apparently disagree over the factual question of whether it is customary to bring in stalks of grain before threshing. Arguments of this kind are rare in the Gemara (Rabbeinu Peretz).

Pound and calculate – כּוֹתֵשׁ וּמְחַשֵּׁב: It is clear from the continuation of the discussion that this pounding must be performed as a penalty. The early authorities are puzzled by this, as one apparently benefits from his actions, since beforehand he was obligated to separate the gift from all the produce, including the stalks, whereas after he has pounded he need take only the seeds into account. Therefore, some commentaries explain that this penalty does not refer to pounding in particular, but to the general principle that the Levite must provide the priest with a finished product. Consequently, if he received grapes he must turn them into wine; likewise, he must turn olives into oil (Rabbeinu Peretz). Others explain that were it not for the penalty, the Levite could choose the state from which he wishes to separate the *teruma* of the tithe, but the Sages decreed that he must pound the produce, whether he wishes to do so or not (Rashba).

HALAKHA

Bundles of fenugreek of untithed produce – חֲבִילֵי תִּלְתָּן שֶׁל טֶבֶל: If one separates the first tithe while the produce is still stalks of grain, before one could separate *teruma*, the tithing is effective and *teruma gedola* is not separated from that grain. However, the Sages penalize one who does this by prohibiting him from separating the *teruma* of the tithe in its current state. Instead, he must thresh and winnow it and separate the *teruma* of the tithe from the grain. In that case, he is not required to give the priest any of the stalks or chaff. If one violated this ruling and separated *teruma* of the tithe from the stalks, he must pound the stalks and then give the priest both the grain and the stalks or, in the case of legumes like fenugreek, the seeds and the stalks. The *halakha* is in accordance with the *baraita*, as explained by the Gemara (Rambam *Sefer Zera'im, Hilkhot Terumot* 3:14).

Its name renders it untithed produce – שְׁמוֹ טוֹבְלוֹ: If one separated the first tithe while it was still stalks of grain, he may not partake of it before separating *teruma* of the tithe (Rambam *Sefer Zera'im, Hilkhot Ma'asrot* 3:19).

BACKGROUND

Teruma of the tithe – תְּרוּמַת מַעֲשֵׂר: The Levites are commanded to separate one-tenth of the tithe they receive and to give it to the priests (Numbers 18:26–32). All the *halakhot* that apply to *teruma* apply equally to *teruma* of the tithe. Even today, *teruma* of the tithe must be separated from produce, although it cannot be used, as it is in a state of ritual impurity.

NOTES

Penalty – קנסא: The Rambam, in his Commentary on the Mishna, explains that the Levite is penalized because his early separation causes the priest to forfeit the *teruma gedola* that would have been taken from the separated portion. Since he has caused the priest a loss, the Levite is required to process the separated portion.

כותש למה לי? לימא ליה: כי היכי דיהבו לי – הכי יהיבנא לך. אמר רבא: קנסא.

The Gemara challenges this interpretation: If first tithe is considered untithed produce when it is named, **why do I** need the act of **pounding? Let** the Levite **say to** the priest: **As they gave to me** stalks of grain, or unprepared bundles, **so I am giving** them **to you** in the same state. **Rava said:** It is **a penalty.**[N] In other words, the Levite should indeed be entitled to issue this claim; however, as he acted improperly by taking his tithe prematurely, the Sages decreed that he may not separate the priest's portion in its current state, but must first improve it.

תניא נמי הכי; בן לוי שנתנו לו שבלין במעשרותיו – עושה אותן גורן, ענבים – עושה אותן יין, זיתים – עושה אותן שמן ומפריש עליהם תרומת מעשר, ונותנן לכהן. שכשם שתרומה גדולה אינה ניטלת

The Gemara comments: **That** opinion **is also taught** in a *baraita*. With regard to **a Levite who was given stalks** of grain **as his tithes, he renders them** into **a granary,** i.e., he must thresh and process them in the usual manner. Similarly, if he was given **grapes, he renders them wine;** if he was given **olives, he renders them oil; and** afterward he **separates** *teruma* **of the tithe for them and gives them to a priest. For just as** *teruma gedola*, i.e., standard *teruma*, **is not separated** from unprocessed produce,

Perek **I**
Daf **13** Amud **b**

PERSONALITIES

Abba Elazar ben Gimmel – אבא אלעזר בן גימל: This is the only *halakha* attributed to this Sage, although it is cited in several places due to its importance. Ben Gimmel is a rare rendering. Some versions read ben Gommel or ben Gamla. These are all apparently variations of a kind of nickname, shortened forms of ben Gamliel, as he is called in the *Sifrei*. A Sage by this name is depicted as arguing with the *tanna* Rabbi Yishmael, a younger contemporary of Rabbi Akiva, which indicates that Abba Elazar ben Gimmel lived during the same period. This is also indicated by the term Abba, an honorific bestowed upon several early Sages.

HALAKHA

Teruma gedola **is separated by estimation – תרומה גדולה ניטלת באומד:** One may not separate *teruma gedola* by measurement, weight, or number. Rather, one must estimate the size of the portion he wishes to give and separate it (Rambam *Sefer Zera'im*, *Hilkhot Terumot* 3:4).

אלא מן הגורן ומן היקב, כך תרומת מעשר אינה ניטלת אלא מן הגורן ומן היקב.

but only from the granary and the winepress, so too, *teruma* **of the tithe is separated only from the granary and the winepress.**

מחשב? הא מדידה בעי.

The Gemara asks: If the mishna is referring to produce from which *teruma gedola* has not been separated, it is appropriate to use the term: Calculates. However, according to the suggestion that it is referring to a first tithe, from which *teruma* of the tithe must be separated, why does the mishna state: **Calculates?** The *tanna* of the mishna **should have said: Measures.**[N] The amount of *teruma gedola* to be separated is calculated by estimation, as there is no fixed amount for this *teruma* according to Torah law. With regard to the *teruma* separated from first tithe, however, the Torah established the fixed amount of one-tenth, and one is required to measure precisely.

הא מני – אבא אלעזר בן גימל היא. דתניא, אבא אלעזר בן גימל אומר: "ונחשב לכם תרומתכם" – בשתי תרומות הכתוב מדבר, אחת תרומה גדולה ואחת תרומת מעשר. כשם שתרומה גדולה ניטלת באומד ובמחשבה – כך תרומת מעשר ניטלת באומד ובמחשבה.

The Gemara explains: In accordance with **whose** opinion **is this** mishna? It is in accordance with the opinion of **Abba Elazar ben Gimmel,**[P] **as it is taught** in a *baraita*: **Abba Elazar ben Gimmel says:** The verse states: **"And your** *teruma* shall be reckoned to you as though it were the corn of the granary and as the fullness of the winepress" (Numbers 18:27). **The verse speaks of two** *terumot*. **One** is *teruma gedola*, and the other **one is** *teruma* **of the tithe. Just as** *teruma gedola* **is separated by estimation**[H] and is not measured exactly, **and** it is enough to separate it **by thought,**[N] as the word "reckoned" implies that the mere intention to separate a particular portion serves to remove the rest of the produce from its untithed state, **so too,** *teruma* **of the tithe**[N] can also **be separated by estimation and by thought.**

NOTES

Should have said, measures – מדידה בעי: In the Jerusalem Talmud, it is stated: One who counts, i.e., separates tithes by the number of sheaves or bundles, is praiseworthy; one who measures by volume is more praiseworthy; and one who weighs is the most praiseworthy of all.

Is separated by estimation and by thought – ניטלת באומד ובמחשבה: Some commentaries explain that this phrase is actually a single expression, meaning: One may make an estimate by calculating (Rid). Others, however, claim that there is a distinction between the two. By estimation means without precise measurement; whereas by thought is referring to the *halakha* that one does not have to separate the portion in practice, as it is sufficient if one makes an internal decision that a certain portion is considered *teruma* (Rashba).

The Rambam rules in accordance with the opinion of Abba Elazar ben Gimmel that this is not merely an option but a mitzva: One must estimate, not make an exact calculation. Other commentaries claim that the same applies to *teruma* of the tithe. Although the Torah established a fixed amount for this gift, it is the donor's obligation to ensure that his estimation is not less than the required amount, and he is held responsible if he failed to take sufficient care in this regard (*Meiri*).

Just as *teruma gedola*...**so too** *teruma* **of the tithe – כשם שתרומה גדולה...כך תרומת מעשר:** *Tosafot* point out that the verse: "And your *teruma* shall be reckoned to you" (Numbers 18:27) is referring to *teruma* of the tithe. How, then, can this verse be cited as a source for *teruma gedola*? The early authorities add that the basic statement concerning separation by estimate certainly cannot refer to *teruma* of the tithe, as the Torah prescribes a fixed amount for that gift. However, some early authorities, including the Rashba, citing *Tosafot*, suggest a more straightforward answer. They point out that the wording of the verse: "And your *teruma* shall be reckoned to you; as though it were the corn of the granary, etc.," compares the *halakhot* of *teruma* of the tithe with those of *teruma gedola*, which indicates that the *halakhot* of *teruma gedola* can serve as a source for *halakhot* of *teruma* of the tithe.

גופא, אמר רבי אבהו אמר רבי שמעון בן לקיש: מעשר ראשון שהקדימו בשבלין – שמו טובלו לתרומת מעשר. מאי טעמא? אמר רבא: הואיל ויצא עליו שם מעשר.

§ Since it was mentioned incidentally, the Gemara discusses **the** matter **itself: Rabbi Abbahu said** that **Rabbi Shimon ben Lakish said:** With regard to **first tithe, in a case in which** the Levite **preceded** the priest while the grain was still **on the stalks, its name renders it untithed produce,** until he separates from it the ***teruma* of the tithe.** The Gemara asks: **What is the reason** for this *halakha*? **Rava said: Since**[N] **the name** of the first **tithe was called upon it,** the obligation of the *teruma* of the tithe takes effect as well.

אמר רבי שמעון בן לקיש: מעשר ראשון שהקדימו בשבלין – פטור מתרומה גדולה,

The Gemara cites a similar *halakha* that **Rabbi Shimon ben Lakish said:** With regard to **first tithe, in a case in which** the Levite **preceded** the priest while the grain was still **on the stalks,**[H] before it was threshed and turned into a pile, the owner separated first tithe before *teruma*. In that case, the separated tithe is **exempt from *teruma gedola*.** Although *teruma gedola* should have been separated from the produce first, and it should have included some of the produce taken as the first tithe, the Levite is nevertheless exempt from separating this *teruma*.

שנאמר "והרמותם ממנו תרומת ה׳ מעשר מן המעשר" מעשר מן המעשר אמרתי לך, ולא תרומה גדולה ותרומת מעשר מן המעשר.

This is because **it is stated: "And you shall set apart from it a *teruma* for the Lord, even a tenth part of the tithe"** (Numbers 18:26), which indicates: **A tenth part of the tithe,** i.e., the *teruma* of the tithe, **I,** God, **said to you** that you must separate it, **and** you are **not** obligated in both ***teruma gedola*** **and *teruma* of the tithe from the** first **tithe.**

אמר ליה, רב פפא לאביי: אי הכי, אפילו הקדימו בכרי נמי. אמר ליה: עליך אמר קרא "מכל (מעשרותיכם) תרימו את כל תרומת ה׳".

Rav Pappa said to Abaye: If so, if there is a source for this *halakha* in the Torah, **even if** the Levite **preceded** the priest, i.e., first tithe was separated after the grain had been threshed and the kernels of grain placed **in a pile,** then it should **also be exempt** from *teruma gedola*. Abaye **said to** Rav Pappa: **With regard to your** claim, **the verse states: "From all that is given you, you shall set apart that which is the Lord's *teruma*"** (Numbers 18:29). This verse indicates that God's *teruma*, i.e., *teruma gedola*, must be taken from all the produce, including the tithe.

ומה ראית? האי אדגן, והאי לא אדגן.

The Gemara asks: **And what did you see** that led you to require the separation of *teruma gedola* from first tithe that was taken from processed grain piled in the granary but not from first tithe that was taken from grain on stalks? Abaye answers: **This,** grain that has been threshed and placed into piles, is completely processed and **has become grain, and that,** grain that remains on the stalk, **has not** yet **become grain.** Until the grain is threshed and assembled in a pile, the obligation to separate *teruma* does not take effect, as it is not considered grain. When such unprocessed grain is designated first tithe, it ceases to be untithed produce and the opportunity to separate *teruma* from it has been missed. However, once the grain has been processed, and the obligation to separate *teruma* has taken effect, it is as if the *teruma* is already mixed in, and the obligation to separate it cannot be overridden by the fact that this produce has been designated first tithe.

תנן התם: המקלף שעורין מקלף אחת אחת ואוכל, ואם קלף ונתן לתוך ידו – חייב. אמר רבי אלעזר: וכן לשבת.

§ **We learned** in a mishna **there** (*Ma'asrot* 4:5): **One who peels** grains **of barley** to eat them raw **may peel them one by one**[N] **and eat them** immediately without tithing them, as this is considered a casual manner of eating. **But if he peeled and placed** several of them **into his hand,**[N] **he is obligated** to separate tithes. **Rabbi Elazar said: And a similar** *halakha* applies **to Shabbat.** Peeling grains of barley one by one is not considered threshing, and it is permitted; if a whole handful of grains are peeled together, this does constitute the prohibited labor of threshing.

איני? והא רב מקלפא ליה דביתהו כסי, כסי, ורבי חייא מקלפא ליה דביתהו כסי, כסי. אלא, אי אתמר אסיפא אתמר: המולל מלילות של חטים – מנפח על יד על יד, ואוכל, ואם נפח ונתן לתוך חיקו – חייב. אמר רבי אלעזר: וכן לשבת.

The Gemara asks: **Is that so? But didn't Rav's wife peel for him** barley on Shabbat **by the cupful? And** likewise **Rav Ḥiyya's wife** would **peel** barley **for him** on Shabbat **by the cupful. Rather, if** Rabbi Elazar's comment **was stated** in this context, **it was stated with regard to the latter clause** of that same mishna (*Ma'asrot* 4:5): With regard to **one who husks kernels of wheat** by hand, **he may blow** onto the chaff to disperse it **a little at a time and eat** the kernels without separating tithes.[H] **But if he blows** on the kernels **and puts** a large amount of them **into his lap,** he is **obligated** to separate tithes from the food. It was with regard to this teaching that **Rabbi Elazar said: And a similar** *halakha* applies **to Shabbat.**[H]

NOTES

Rava said, since, etc. – **אמר רבא הואיל וכו׳**: Some commentaries are puzzled by Rava's comment, as his statement does not appear to add anything significant to that of Reish Lakish. One suggestion is that Rava means to add that the source for this *halakha* is derived from the verse, which calls the *teruma* of the tithe "a tenth part of the tithe" (Numbers 18:26), indicating that anything regarded as a tithe is obligated in *teruma* of the tithe (Rashba).

Peel them one by one – **מקלף אחת אחת**: Although peeling is similar to the prohibited labor of threshing in that it involves removing an unwanted outer husk, peeling the kernels one by one is permitted because it is performed in an unusual manner.

Peeled and placed into his hand – **קלף ונתן לתוך ידו**: Most early authorities maintain that one who gathers together many kernels of grain causes the obligation to tithe to go into effect. This is not because this constitutes a fixed meal, but because he has formed a kind of pile. This is similar to the completion of the processing of grain, which is defined as gathering the threshed grain in a pile on the threshing floor. At that point, the obligation to separate *teruma* and tithes takes effect and the grain may not be eaten, even as a snack.

HALAKHA

First tithe in a case in which the Levite preceded the priest while the grain was on the stalks – **מעשר ראשון שהקדימו בשבלים**: If a Levite took the first tithe from stalks of grain, before *teruma gedola* had been separated, he is obligated to give a priest only *teruma* of the tithe, not *teruma gedola*, in accordance with the opinion of Reish Lakish (Rambam *Sefer Zera'im, Hilkhot Ma'aser* 3:19).

The obligation of tithes with regard to one who peels barley – **חיוב מעשר במקלף שעורים**: One who peels barley grains one by one and consumes them may do so without separating *terumot* and tithes, as this is considered a casual manner of eating. However, if he peels and gathers them in his hand, he must separate tithes. Likewise, one who husks grains of wheat may winnow the grain from the chaff, by passing the grains from one hand to another; but if he winnowed them into his lap, he must separate tithes before eating (*Shulḥan Arukh, Yoreh De'a* 331:87).

Husking grain on Shabbat – **מלילות בשבת**: One may not husk grain on Shabbat in the usual manner. Rather, he must alter his method of removing the husks, e.g., use the tips of his fingers (*Shulḥan Arukh, Oraḥ Ḥayyim* 319:6).

LANGUAGE

From when one trims [*misheyefaksu*] – מִשֶּׁיְּפַקְּסוּ: Probably from the Greek πόκος, *pokos*, meaning wool. In this context, the Gemara is likely referring to the hair that grows on various types of cucumbers and gourds. This hair either falls off by itself as the fruit ripens or it is removed manually before it is sold.

HALAKHA

The granary of cucumbers with regard to tithes – גּוֹרֶן קִישׁוּאִים לְמַעֲשֵׂר: With regard to the separation of tithes, cucumbers and gourds reach the completion of their processing when one rubs and removes the hair-like material that covers them. This is called their granary, a term borrowed from the processing of grain. If one does not rub them, they are considered processed when he gathers them into a pile (Rambam *Sefer Zera'im, Hilkhot Ma'asrot* 3:8).

The granary of onions with regard to tithes – גּוֹרֶן בְּצָלִים לְמַעֲשֵׂר: With regard to tithes, onions reach the completion of their processing when one removes the leaves and dry peels. If he does not remove the leaves and dry peels, the onions are considered fully processed when he gathers them into a pile (Rambam *Sefer Zera'im, Hilkhot Ma'asrot* 3:12).

Planned constructive labor on Shabbat – מְלֶאכֶת מַחֲשֶׁבֶת בְּשַׁבָּת: On Shabbat, the Torah prohibits only constructive labor, performed with the intention of achieving predefined goals. If one performed one of the thirty-nine labors prohibited on Shabbat accidentally, or under the impression that he was doing something else, he is exempt (Rambam *Sefer Zemanim, Hilkhot Shabbat* 1:9).

NOTES

How may one husk – כֵּיצַד מוֹלֵל: The early authorities dispute the precise meaning of this question. Rashi, *Tosafot*, and others explain that it is referring to a Festival. Others maintain that it concerns the husking of grain on Shabbat (Rabbi Aharon HaLevi). According to their opinion, one may husk in the regular manner on a Festival. This ruling is cited by the *Meiri*, and the Rambam indicates likewise (see *Rishon LeTziyyon*).

מַתְקִיף לָהּ רַבִּי אַבָּא בַּר מֶמֶל: וְרֵישָׁא, לְמַעֲשֵׂר – אִין, לְשַׁבָּת לָא? וּמִי אִיכָּא מִידֵּי דִּלְעִנְיַן שַׁבָּת לָא הָוֵי גְּמַר מְלָאכָה, וּלְמַעֲשֵׂר הָוֵי גְּמַר מְלָאכָה?

Rabbi Abba bar Memel strongly objects to this: And with regard to **the first clause** of the mishna, one should conclude: **Yes,** if one peeled a handful of barley, it is considered prepared **with regard to tithes, but no,** it is not considered threshing **with regard to Shabbat? But is there anything** that, **with regard to Shabbat, is not** considered the **completion of the labor** and may be performed; **and yet, with regard to tithes, it is** considered the **completion of the labor?** Isn't the prohibition against work on Shabbat far more stringent than tithes in all its details?

מַתְקִיף לָהּ רַב שֵׁשֶׁת בְּרֵיהּ דְּרַב אִידִי: וְלָא? וְהָא גָּרְנָן לְמַעֲשֵׂר, דִּתְנַן: אֵיזֶהוּ גָּרְנָן לְמַעֲשֵׂר? הַקִּשּׁוּאִין וְהַדִּלּוּעִין מִשֶּׁיְּפַקְּסוּ, וְשֶׁלֹּא פִּקְּסוּ – מִשֶּׁיַּעֲמִיד עֲרֵמָה. וּתְנַן נַמִּי גַּבֵּי בְּצָלִים: מִשֶּׁיַּעֲמִיד עֲרֵמָה. וְאִילּוּ גַּבֵּי שַׁבָּת – הַעֲמָדַת עֲרֵמָה פָּטוּר!

Rav Sheshet, son of Rav Idi, strongly objects to this claim: **And** is there **no** example of a *halakha* in which tithes are treated more stringently than Shabbat? **And is there not** the *halakha* of **their granary for tithes, as we learned** in a mishna (*Ma'asrot* 1:5): **What is** the equivalent of **their granary,** i.e., the point at which the processing of various vegetable is completed so that they become obligated **in tithes?** With regard to **cucumbers and gourds,** they become obligated **from when one trims** the thin hairs that cover them [*misheyefaksu*],[L] **and** for those **he did not trim, from when he assembles them in a pile.**[H] **And we also learned** in a mishna (*Ma'asrot* 1:6), **with regard to onions,** that it is **from when one assembles them in a pile.**[H] **Whereas with regard to Shabbat,** one who **assembles** produce **in a pile is exempt,** as this is not a prohibited labor on Shabbat.

אֶלָּא מַאי אִית לָךְ לְמֵימַר – מְלֶאכֶת מַחֲשֶׁבֶת אָסְרָה תּוֹרָה, הָכָא נַמִּי: מְלֶאכֶת מַחֲשֶׁבֶת אָסְרָה תּוֹרָה.

Rather, what have you to say? Why is one exempt if he forms a pile on Shabbat? **The Torah prohibited** only **planned,** constructive **labor**[H] on Shabbat, the type of work that involves the creation of something new, and the formation of a pile is not considered that kind of labor. **Here too,** with regard to peeling barley, **the Torah prohibited creative work.** Although collecting the peeled barley in one's hand is considered the completion of the labor in respect to tithes, it is not prohibited labor on Shabbat.

כֵּיצַד מוֹלֵל? אַבַּיֵּי מִשְּׁמֵיהּ דְּרַב יוֹסֵף אָמַר: חֲדָא אַחֲדָא, וְרַב אָוְיָא מִשְּׁמֵיהּ דְּרַב יוֹסֵף אָמַר: חֲדָא אַתַּרְתֵּי. רָבָא אָמַר: כֵּיוָן דִּמְשַׁנֵּי – אֲפִילּוּ חֲדָא אַכּוּלְּהוּ נַמִּי.

Apropos husking kernels on Shabbat, the Gemara asks: **How may one husk**[N] grain on a Festival? **Abaye said in the name of Rav Yosef: One** finger **on another,** i.e., one may place the kernels between two fingers and rub. **And Rav Avya said in the name of Rav Yosef:** One may even do so **one on two,** i.e., between the thumb and two fingers. **Rava said: Since he alters** the manner in which he performs the activity, **he may even** do so with **one** finger **on all** the rest.

כֵּיצַד מְנַפֵּחַ? אָמַר רַב אַדָּא בַּר אַהֲבָה אָמַר רַב: מְנַפֵּחַ

The Gemara further asks: **How** may one **blow** on the grain, to winnow it in a permitted manner on Shabbat? **Rav Adda bar Ahava** said that **Rav said: One blows**

Perek I
Daf 14 Amud a

NOTES

From the joints of his fingers and above – מִקִּשְׁרֵי אֶצְבְּעוֹתָיו וּלְמַעְלָה: Some commentaries explain that this is not referring to the fingertips. On the contrary, one may use only the palm of the hand (Rid).

מִקִּשְׁרֵי אֶצְבְּעוֹתָיו וּלְמַעְלָה.

from the joints of his fingers and above,[N] i.e., he does not place the kernels mixed with chaff in his palm but on his fingers, which is an unusual way to hold them.

מַחְכוּ עֲלָהּ בְּמַעְרְבָא: כֵּיוָן דִּמְשַׁנֵּי – אֲפִילּוּ בְּכוּלָּהּ יְדָא נַמִּי. אֶלָּא אָמַר רַבִּי אֶלְעָזָר: מְנַפֵּחַ בְּיָדוֹ אַחַת וּבְכָל כֹּחוֹ.

They laughed at this explanation **in the West,** Eretz Yisrael, saying: **Since he alters** his behavior from the usual method, doing so **even** with his **entire hand** should be permitted **as well. Rather,** the *halakha* is as **Rav Elazar said: One may blow** while holding the grain **with one hand** but not two, **and** he may even do so **with all his strength,** as this is not considered similar to a prohibited labor at all.

מתני׳ בֵּית שַׁמַּאי אוֹמְרִים: תְּבָלִין נִדּוֹכִין בְּמָדוֹךְ שֶׁל עֵץ, וְהַמֶּלַח בְּפַךְ וּבְעֵץ הַפָּרוּר. וּבֵית הִלֵּל אוֹמְרִים: תְּבָלִין נִדּוֹכִין כְּדַרְכָּן בְּמָדוֹךְ שֶׁל אֶבֶן, וְהַמֶּלַח בְּמָדוֹךְ שֶׁל עֵץ.

MISHNA **Beit Shammai say: Spices may be pounded** on a Festival in a slightly unusual manner, **with a wooden pestle, and salt** may be pounded only **with** an earthenware **flask or with a wooden pot ladle,**[N] in a manner very different from that of a weekday. **And Beit Hillel say: Spices may be pounded in their** usual **manner,** even **with a stone pestle, and** as for **salt,** although it must be pounded in an irregular manner, a slight modification such as pounding it **with a wooden pestle** is enough to render the act permitted.[H]

גמ׳ דְּכוּלֵּי עָלְמָא מִיהַת מֶלַח בַּעֲיָא שִׁנּוּי, מַאי טַעְמָא? רַב הוּנָא וְרַב חִסְדָּא; חַד אָמַר: כָּל הַקְּדֵרוֹת כּוּלָּן צְרִיכוֹת מֶלַח, וְאֵין כָּל הַקְּדֵרוֹת צְרִיכוֹת תְּבָלִין.

GEMARA **In any event, everyone,** both Beit Shammai and Beit Hillel, **agrees** that the pounding of **salt requires a change;** it may not be performed in the regular weekday manner. **What is the reason** for this? **Rav Huna and Rav Ḥisda** disputed this issue. **One** of them **said:** Everyone knows that **all dishes require salt,** and therefore one should prepare salt the day before the Festival. Since he failed to do so, this task may be performed on the Festival only in an unusual manner. **But not all dishes require spices,** and therefore it is possible that on the day prior to the Festival, one was not aware that he would require spices on the Festival.

וְחַד אָמַר: כָּל הַתְּבָלִין מְפִיגִין טַעֲמָן, וּמֶלַח אֵינָהּ מְפִיגָה טַעֲמָהּ.

And the other **one said** a different reason: **All spices lose their flavor**[N] and cannot be prepared ahead of time, **and salt does not lose its flavor,** which means one could have prepared it the day before. Since he neglected to do so, he may prepare salt on the Festival only in an unusual manner.

מַאי בֵּינַיְיהוּ? אִיכָּא בֵּינַיְיהוּ דְּיָדַע מַאי קְדֵרָה בָּעֵי לְבַשּׁוּלֵי, אִי נַמִּי בְּמוֹרִיקָא.

The Gemara asks: **What is** the practical **difference between** these two reasons? The Gemara answers: The practical difference **between them is** in a case **where one knew** beforehand **which** type of **dish he wants to cook** on the Festival. Since he knew which spices he would require, he could have prepared them the day before, and which case spices are no different from salt, and one should be required to prepare them in an unusual manner. However, if the reason is that spices lose their flavor, the fact that he knew which dishes he planned to prepare is of no relevance. **Alternatively,** there is a practical difference in the case **of saffron,**[B] whose flavor does not dissipate over the course of a single day. Consequently, one who knows what dish he will prepare on the Festival could have prepared the saffron the day before.

אָמַר רַב יְהוּדָה אָמַר שְׁמוּאֵל: כָּל הַנִּדּוֹכִין – נִדּוֹכִין כְּדַרְכָּן, וַאֲפִילּוּ מֶלַח. וְהָא אָמְרַתְּ מֶלַח בַּעֲיָא שִׁנּוּי. הוּא דְּאָמַר כִּי הַאי תַּנָּא. דְּתַנְיָא, אָמַר רַבִּי מֵאִיר: לֹא נֶחְלְקוּ בֵּית שַׁמַּאי וּבֵית הִלֵּל עַל הַנִּדּוֹכִין – שֶׁנִּדּוֹכִין כְּדַרְכָּן וּמֶלַח עִמָּהֶן.

Rav Yehuda said that **Shmuel said: All** foods **that must be pounded** before being eaten may be **pounded in their** usual **manner, and** this applies **even** to **salt.** The Gemara challenges this: **But didn't you say** that everyone agrees that **salt requires a change**[N] in its manner of preparation? The Gemara answers: He **said** this *halakha* **in accordance with** the opinion of **that** ***tanna*****, as it is taught** in a *baraita* that **Rabbi Meir said: Beit Shammai and Beit Hillel did not disagree in** the case of foods **that are** regularly **pounded.** They both maintain **that they may be pounded in their** usual **manner, and salt** can be pounded together **with them.**[N]

NOTES

Wooden pot ladle – עֵץ הַפָּרוּר: Rashi holds that this refers to a kind of large, wooden kitchen spoon. The Rambam, in his Commentary on the Mishna, says that it was specifically used for stirring while cooking. Some suggest that it refers to a piece of wood with various protrusions, used for crumbling food after cooking (Ran, citing Ramban).

All spices lose their flavor – כָּל הַתְּבָלִין מְפִיגִין טַעֲמָן: In the Jerusalem Talmud, two opinions are cited in this regard: Either spices lose their flavor, or their flavor turns bitter if they are left for a while before they are added to a dish.

Salt requires a change – מֶלַח בַּעֲיָא שִׁינּוּי: The early authorities discuss the basic question of whether salt has the status of food or if it is merely a substance used in the preparation of food. If it is not considered food, it is like other items that merely enable food to be eaten, and therefore it may not be prepared on a Festival at all. If it is food, there is no reason that one should have to change its manner of use, as all food may be prepared in the usual fashion on a Festival. They explain that since large quantities of salt are typically pounded all at once, doing so has the appearance of a weekday activity, and therefore one must adjust his method of pounding (Ran; Rabbi Aharon HaLevi).

Salt can be pounded together with them – וּמֶלַח עִמָּהֶן: Rashi explains that this is referring to salt pounded together with other spices in the same mortar and pestle. Alternatively, including salt means that this list of spices includes salt, which may likewise be pounded on its own.

HALAKHA

Pounding spices on a Festival – דִּיכַת תְּבָלִין בְּיוֹם טוֹב: One may grind spices in the usual manner on a Festival. Some authorities prohibit this in the case of saffron and pepper, as they do not lose their flavor. They therefore rule that one must pound these spices in an unusual manner (*Magen Avraham*). In any case, the custom is to slightly modify one's regular method of grinding spices (Rema). Although some authorities are lenient in a situation where one did not know the day before that he would require the spices (*Magen Avraham*), it is proper to be stringent and perform the task by means of an adjustment of some sort (*Taz*; *Shulḥan Arukh HaRav*). This *halakha* is in accordance with the opinion of Beit Hillel (*Shulḥan Arukh*, *Oraḥ Ḥayyim* 504:1).

BACKGROUND

Saffron [*morika*] – מוֹרִיקָא: *Morika* is the saffron crocus, from which saffron is derived. In Aramaic, it is called *kurkuma*, while the Latin name is *Crocus sativus*. This plant has been used since ancient times. It is a perennial that grows from bulbs, with white corolla leaves that surround the inside of the flower, which is a yellow-orange color. The flowers are used to make spices and perfumes as well as concentrated yellow dyes and paint. Saffron is also used medicinally. It is both cultivated and grows wild in many parts of Eretz Yisrael.

Crocus flowers and saffron threads

HALAKHA

Pounding salt – דִּיכַת מֶלַח: One may grind salt on a Festival only by tilting the mortar and pestle on its side or by using a bowl, which represents a significant modification. The *halakha* is in accordance with the opinion of Beit Hillel, as exemplified by Rav Aḥa and Rav Sheshet (*Shulḥan Arukh*, *Oraḥ Ḥayyim* 504:1).

LANGUAGE

Groats [*tisanei*] – טִיסָנֵי: Probably from the Greek πτισάνη, *ptisanè*, meaning peeled barley grains or food made from barley.

לֹא נֶחְלְקוּ אֶלָּא לְדוּכָהּ בִּפְנֵי עַצְמָהּ, שֶׁבֵּית שַׁמַּאי אוֹמְרִים: מֶלַח בְּפַךְ וּבְעֵץ הַפָּרוּר לִצְלִי, אֲבָל לֹא לִקְדֵרָה. וּבֵית הִלֵּל אוֹמְרִים: בְּכָל דָּבָר. בְּכָל דָּבָר סָלְקָא דַּעְתָּךְ? אֶלָּא אֵימָא: לְכָל דָּבָר.

They disagreed only about whether it is permitted **to pound** salt **by itself, as Beit Shammai say: Salt may be** pounded **with a flask and with a wooden pot ladle for roasting,** i.e., in small quantities, as one does not require much salt for roasting meat, **but** it may **not** be pounded in the large quantities required to salt meat **for a cooked pot.**[N] **And Beit Hillel say:** It may be pounded **by anything.** The Gemara expresses surprise at this last statement: **By anything?**[N] **Can this enter your mind?** How can Beit Hillel say that one may pound salt in any manner, when it has been established that everyone agrees that this may be performed only in an unusual manner? **Rather, say:** Salt may be pounded **for anything,** whether it is a small quantity for roasting or a large quantity for salting meat.

אֲמַר לֵיהּ רַב אַחָא בַּרְדְּלָא לִבְרֵיהּ: כִּי דָּיְיכַתְּ – אַצְלֵי אַצְלוּיֵי וְדוֹךְ. רַב שֵׁשֶׁת שְׁמַע קַל בּוּכְנָא, אֲמַר: הַאי לָאו מִגַּוֵּיהּ דְּבֵיתַאי הוּא.

Rav Aḥa Bardela said to his son: When you pound salt, **tilt it** a little **to the side and** then **pound,** so that it will at least be performed in a slightly different manner on a Festival.[N] The Gemara similarly relates: **Rav Sheshet heard the sound of a pestle** pounding salt on a Festival. **He said** to himself: **This** sound **is not** coming **from inside my house,** as I have instructed the members of my household not to do so.[H]

וְדִלְמָא אַצְלוּיֵי אַצְלֵי? דִּשְׁמַעֵיהּ דַּהֲוָה צְלִיל קַלֵּיהּ. וְדִלְמָא תַּבְלִין הָווּ? תַּבְלִין נַבּוּחֵי מְנַבַּח קַלַּיְיהוּ.

The Gemara asks: **But perhaps they tilted it** and pounded in a permitted manner? The Gemara answers: This could not have been the case, **as** Rav Sheshet **heard that it was a clear sound,** unlike the one produced when a pestle is tilted. The Gemara asks: **But perhaps they were** pounding **spices,** which may be pounded in the regular fashion on a Festival? The Gemara answers: **The sound** produced by pounding **spices** is distinctive, **like a bark,** which he would have recognized.

תָּנוּ רַבָּנַן: אֵין עוֹשִׂין טִיסָנֵי, וְאֵין כּוֹתְשִׁין בִּמַכְתֶּשֶׁת. תַּרְתֵּי? הָכִי קָאָמַר: מַה טַּעַם אֵין עוֹשִׂין טִיסָנֵי – לְפִי שֶׁאֵין כּוֹתְשִׁין בְּמַכְתֶּשֶׁת.

§ **The Sages taught** in a *baraita*: On a Festival **one may not prepare groats [*tisanei*],**[L] a dish comprised of grains of wheat crushed into quarters, which involves great effort, **nor may one grind** grain **with a mortar and pestle.** The Gemara expresses puzzlement: These are **two**[N] contradictory rulings. The *tanna* first stated that groats alone may not be prepared, as this involves hard work, implying that other items may be ground. He subsequently states that one may not grind with a mortar and pestle at all. The Gemara answers: **This is what he said:** The *baraita* should be amended to read as follows: **What is the reason** that **one may not prepare groats? Because one may not grind with a mortar and pestle.**

וְלֵימָא אֵין כּוֹתְשִׁין בְּמַכְתֶּשֶׁת. אִי תָּנֵי אֵין כּוֹתְשִׁין בְּמַכְתֶּשֶׁת – הֲוָה אָמִינָא: הָנֵי מִילֵּי בְּמַכְתֶּשֶׁת גְּדוֹלָה, אֲבָל בְּמַכְתֶּשֶׁת קְטַנָּה – אֵימָא שַׁפִּיר דָּמֵי, קָא מַשְׁמַע לָן.

And let the *tanna* simply **say: One may not grind with a mortar and pestle,** from which it can be inferred that groats may not be prepared. The Gemara explains that **if he teaches** only: **One may not grind with a mortar and pestle, I would have said** that **this applies only to a large mortar and pestle,** whose use has the appearance of a weekday activity; **but with a small mortar and pestle,** one might **say it seems well,** and one may prepare even groats with this mortar and pestle. The *tanna* therefore **teaches us** that groats may not be prepared in any manner.

NOTES

For roasting…for a pot – לִצְלִי...לִקְדֵרָה: Some commentaries explain that salt must be pounded for roasted food, as coarse salt will fall off the roast, whereas in the case of a cooked dish the salt will melt in the water (*Meiri*). Others maintain that in the case of a cooked dish, one should have known he would need salt the day before, as a cooked dish always requires salt. However, salt is not always added to roasted food, and therefore one might not have known on the eve of the Festival that he would need to salt it (see Jerusalem Talmud; *Ḥatam Sofer*).

By anything – בְּכָל דָּבָר: Others explain that this refers to pounding with a stone, an object that is considered *muktze* according to all opinions (Ritva).

A change with regard to salt – שִׁינּוּי בְּמֶלַח: The question of why one must pound in a different manner is discussed at length by both early and later authorities. Some infer from the wording of the mishna: In their manner, which is referring to salt as well, that there is no need to make any adjustment at all, as otherwise this phrase adds nothing (*Tziyyun LeNefesh Ḥayya*). Others draw the opposite inference: The fact that the mishna did not merely state that salt may be pounded in their manner, but proceeded to detail how it may be pounded, indicates that although it is permitted to pound with a wooden pestle, one must nevertheless make some sort of change from the weekday method (*Ḥatam Sofer*).

Two – תַּרְתֵּי: Rabbeinu Ḥananel, Rashi, and *Tosafot* all state that the word two, in this context, means that there are two contradictory rulings here. Some elaborate and explain that had the *tanna* first issued the general statement: One may pound with a mortar and pestle, the second *halakha* could have been considered an example of this rule. However, since he first mentioned the special case, this indicates that the general principle deviates from or contradicts the previous case (*Kikkayon DeYona*). Some early authorities explain that this is not a contradiction at all but a needless repetition, which is an alternative meaning of the one-word question: Two, which is found in several places in the Talmud (Rabbi Aharon HaLevi).

וְהָתַנְיָא: אֵין כּוֹתְשִׁין בְּמַכְתֶּשֶׁת גְּדוֹלָה, אֲבָל כּוֹתְשִׁין בְּמַכְתֶּשֶׁת קְטַנָּה. אָמַר אַבָּיֵי: כִּי תַּנְיָא נַמִי מַתְנִיתָא מַכְתֶּשֶׁת גְּדוֹלָה תַּנְיָא.

The Gemara challenges this: **But isn't it taught** explicitly in a *baraita* that **one may not grind with a large mortar and pestle, but one may grind with a small mortar and pestle? Abaye said: Also, when** the first *baraita* **was taught,**[N] **it was taught** with regard to **a large mortar and pestle,** not a small one. In other words, the *baraita* is stating two *halakhot*, not one, as claimed previously. The *tanna* first rules that one may not prepare groats even with a small mortar and pestle, and he subsequently states that one may not use a large mortar and pestle for any purpose.

NOTES

Abaye said, also, when the *baraita* was taught – אָמַר אַבָּיֵי כִּי תַּנְיָא: Some commentaries note that although this is apparently a new answer, the Gemara did not introduce this response with the word rather, as it usually does in these cases. This indicates that Abaye's intention was to clarify the original meaning of the previous answer (Maharsha). Others write, following *Tosafot*, that if the first answer is not cited in the name of a particular Sage, the Gemara does not use the word rather, even if the subsequent answer provides a novel explanation (Rashash).

רָבָא אָמַר: לָא קַשְׁיָא; הָא לַן, וְהָא לְהוּ.

Rava said: This is **not difficult;** the *baraitot* do not contradict one another. **This** ruling, which permits a small mortar and pestle, **is for us,** the residents of Babylonia, who do not have servants, **and that** statement **is for them,**[N] the inhabitants of Eretz Yisrael, who have many servants. Since servants might treat the prohibition lightly, by using a large mortar and pestle and claiming they had used only a small one, they are prohibited from pounding in all cases.[H]

רַב פַּפִּי אִיקְלַע לְבֵי מָר שְׁמוּאֵל, אַיְיתִי לֵיהּ דַּיְיסָא וְלָא אֲכַל. וְדִלְמָא בְּמַכְתֶּשֶׁת קְטַנָּה עֲבָדוּהָ? דַּחֲזַיֵּיהּ דַּהֲוָה דַּיִּיק טְפֵי.

The Gemara relates: **Rav Pappi happened to come** on a Festival **to the house** of **Mar Shmuel.**[P] **He brought to him porridge,** made from wheat groats, **but he did not eat** it, out of concern that the wheat might have been pounded on the same day. The Gemara asks: **And perhaps they performed** the pounding **with a small mortar and pestle,** in a permitted manner? The Gemara answers: This cannot be the case, **as he observed that it was well ground,** which cannot be achieved by means of a small mortar and pestle.

וְדִלְמָא מֵאֶתְמוֹל עֲבָדוּהָ? דַּחֲזַיֵּיהּ דַּהֲוָה קְלִיף צַהֲרֵיהּ. וְאִי בָּעֵית אֵימָא: שָׁאנֵי בֵּי מָר שְׁמוּאֵל, דְּאִיכָּא פְּרִיצוּתָא דְּעַבְדֵי.

The Gemara asks: **And perhaps they prepared it the day before,** on the Festival eve? The Gemara answers: This cannot be the case, **as he observed that the husks** of the groats **were bright,** an indication that they had been prepared recently. **And if you wish, say** instead that he refrained from eating for another reason, because **the house of Mar Shmuel is different, as** he had slaves, and **slaves** are **lax** with regard to prohibitions. Therefore, Mar Shmuel ought to have prohibited all forms of grinding in his house, to ensure that no one grind anything in an inappropriate manner.

NOTES

This is for us and that is for them – הָא לַן וְהָא לְהוּ: The Meiri suggests that the wheat of Eretz Yisrael was superior in quality and could be ground properly even with a small mortar and pestle. Consequently, doing so is prohibited as the weekday manner of performing the task. He also cites an alternative version of the Gemara that inserts: A fixed mortar and pestle was taught in the mishna, i.e., it is prohibited to use a small mortar and pestle that is attached to the ground, as this constitutes the exact method of labor that is performed on a regular weekday.

One may even wash and skim off – אַף מֵדִיחַ וְשׁוֹלֶה: An alternative version of the text reads: One may wash and skim off, which is explained by some commentaries in an entirely different manner. They maintain that washing is a lighter form of selecting, which means that the opinion of Rabban Gamliel is in fact more stringent than that of Beit Hillel, who permit one to select in the usual manner (*Meiri; see Kerem Shlomo*). The Jerusalem Talmud indicates likewise.

PERSONALITIES

Mar Shmuel – מָר שְׁמוּאֵל: Mar Shmuel is also called Shmuel Mar. According a tradition of the *ge'onim*, *mar* was a title of respect bestowed mainly upon the Exilarchs and their family members. Since Mar Shmuel is not found in the list of the Exilarchs, it is unlikely that he served in this position, but he was probably a family member. This is also indicated by the Gemara's comment, later in the discussion, that Rava let Mar Shmuel speak (21b). Letting someone speak usually refers to the permission granted to a family member of the Exilarch to present a public discourse of *halakha*. Mar Shmuel lived in the fourth–fifth generation of the Babylonian *amora'im* and was Rava's contemporary. Mar Shmuel was friendly with Rava, and he even left him a large sum from his estate. Although he was on intimate terms with the greatest scholars of his age, his servants, like all those of the Exilarch, were not considered trustworthy with regard to the performance of mitzvot.

מתני׳ הַבּוֹרֵר קִטְנִיּוֹת בְּיוֹם טוֹב, בֵּית שַׁמַּאי אוֹמְרִים: בּוֹרֵר אוֹכֶל וְאוֹכֵל, וּבֵית הִלֵּל אוֹמְרִים: בּוֹרֵר כְּדַרְכּוֹ, בְּחֵיקוֹ בְּקָנוֹן וּבְתַמְחוּי, אֲבָל לֹא בְּטַבְלָא וְלֹא בְּנָפָה וְלֹא בִּכְבָרָה. רַבָּן גַּמְלִיאֵל אוֹמֵר אַף מֵדִיחַ וְשׁוֹלֶה.

MISHNA With regard to **one who selects legumes on a Festival** by separating the edible and inedible portions, **Beit Shammai say: He may select food and eat** it immediately, while leaving the refuse. **And Beit Hillel say: He may select in his** usual **manner, in his lap, with a tray, or with a large vessel, but he may not** do so **with a tablet, nor with a winnow, nor with a sieve,** as these vessels are specially designed for selecting, which gives his action the appearance of a weekday activity. **Rabban Gamliel says: One may even wash** the legumes in water **and skim off** the refuse floating on top.[HN]

HALAKHA

Preparing groats – עֲשִׂיַּת גְּרִיסִים: It is prohibited to grind wheat into groats with a large mortar and pestle. If one did so, some authorities hold that he may not eat them, and it is proper to be stringent in this regard, as in the incident of Rav Pappi (*Magen Avraham*). It is, however, permitted to grind in an unusual manner, i.e., with a small mortar and pestle. In Eretz Yisrael, it is prohibited to do so even with a small mortar and pestle, for one of the following reasons: The wheat there is a high quality, and there is no loss in the quality of the dishes prepared with wheat ground the day before (Rambam); the large number of slaves make it more likely that the grinding will be done inappropriately (*Maggid Mishne*, citing Rashi; *Magen Avraham*, citing *Yam Shel Shlomo*); or, a small mortars and pestles are invariably used in Eretz Yisrael, and therefore using the small mortar and pestle does not count as an unusual manner (Ra'avad) This ruling follows the statement made by Rava (*Mishna Berura*, citing *Peri Hadash*; *Shulhan Arukh, Orah Hayyim* 504:3).

Selecting legumes – בְּרֵירַת קִטְנִיּוֹת: It is permitted to select legumes in the usual manner on a Festival, into one's lap or with a funnel. However, one may not use vessels especially designed for this purpose, e.g., a winnow or a sieve, in accordance with the opinion of Beit Hillel. Some say that one must eat the food immediately after selecting (*Taz*, citing Rashba), whereas others hold it is sufficient to eat it on the same day (*Magen Avraham*; *Shulhan Arukh, Orah Hayyim* 510:2).

גמ׳ תַּנְיָא, אָמַר רַבָּן גַּמְלִיאֵל: בַּמֶּה דְּבָרִים אֲמוּרִים – כְּשֶׁהָאוֹכֶל מְרוּבֶּה עַל הַפְּסוֹלֶת, אֲבָל פְּסוֹלֶת מְרוּבָּה עַל הָאוֹכֶל – דִּבְרֵי הַכֹּל נוֹטֵל אֶת הָאוֹכֶל וּמַנִּיחַ אֶת הַפְּסוֹלֶת.

GEMARA **It is taught** in a *baraita*: **Rabban Gamliel said: In what** case **is this statement said?** Under what circumstances did Beit Hillel permit the removal of the refuse in the weekday manner of selecting? In a case **where the** quantity of the **food is greater than the** quantity of the **refuse. However, if** the quantity of **refuse is greater than the** quantity of **food,**[NH] **everyone agrees that one must remove the food and leave the refuse.**

פְּסוֹלֶת מְרוּבָּה עַל הָאוֹכֶל מִי אִיכָּא מַאן דְּשָׁרֵי? לָא צְרִיכָא, דִּנְפִישׁ בְּטִרְחָא וְזוּטָר בְּשִׁיעוּרָא.

The Gemara asks: If the quantity of **refuse is greater than the** quantity of **food, is there an opinion that permits** it? Since the smaller amount of food is nullified by the refuse, the entire mixture is considered *muktze* and may not be moved. The Gemara answers: **No,** it is **necessary** to state this *halakha* in a case **where** the removal of the refuse **is greater** in terms **of effort, and** yet it is **smaller in size.** In other words, there is actually more food than refuse, but since greater effort is required to remove the refuse, it is preferable to remove the food.

״רַבָּן גַּמְלִיאֵל אוֹמֵר אַף מֵדִיחַ וְשׁוֹלֶה״. תַּנְיָא, אָמַר רַבִּי אֶלְעָזָר בְּרַבִּי צָדוֹק: כָּךְ הָיָה מִנְהָגָן שֶׁל בֵּית רַבָּן גַּמְלִיאֵל: שֶׁהָיוּ מְבִיאִין דְּלִי מָלֵא עֲדָשִׁים וּמְצִיפִין עָלָיו מַיִם, וְנִמְצָא אוֹכֶל לְמַטָּה וּפְסוֹלֶת לְמַעְלָה.

The mishna taught that **Rabban Gamliel says: One may even wash** the legumes in water **and skim off** the refuse floating on top. **It is taught** (*Tosefta, Beitza* 1): **Rabbi Elazar, son of Rabbi Tzadok, said: This was the custom of the house of Rabban Gamliel, that they would bring a bucket full with lentils and pour water in it, and then** the **food** would sink **down and the refuse** would float **up,** which spared them from having to separate the lentils from the refuse manually.

וְהַתַּנְיָא אִיפְּכָא! לָא קַשְׁיָא; הָא בְּעַפְרָא, הָא בְּגִילֵי.

The Gemara asks: **But isn't the opposite taught** in another *baraita*, that the food rose to the top while the refuse sunk below? The Gemara answers: It is **not difficult. This** *baraita*, which says the refuse sinks down, is referring **to** refuse in the form of **earth,** which sinks below the lentils; **that** *baraita*, where it is stated that the refuse rises, speaks **of straw,** which floats on water.

מתני׳ בֵּית שַׁמַּאי אוֹמְרִים: אֵין מְשַׁלְּחִין בְּיוֹם טוֹב אֶלָּא מָנוֹת, וּבֵית הִלֵּל אוֹמְרִים: מְשַׁלְּחִין בְּהֵמָה חַיָּה וָעוֹף, בֵּין חַיִּין בֵּין שְׁחוּטִין. מְשַׁלְּחִין יֵינוֹת, שְׁמָנִים, וּסְלָתוֹת, וְקִטְנִיּוֹת, אֲבָל לֹא תְּבוּאָה. וְרַבִּי שִׁמְעוֹן מַתִּיר בִּתְבוּאָה.

MISHNA **Beit Shammai say: One may send only portions**[N] of prepared food **on a Festival,** but not any other gifts. **And Beit Hillel say: One may** even **send** gifts of **domesticated animals, undomesticated animals, and fowl, whether alive or slaughtered.** Similarly, **one may send wines, oils, and** vessels of **flour, and** even **legumes, but not grain,** which is unfit for use, as one may not grind it on the Festival. **And Rabbi Shimon permits** sending gifts even in the case **of grain,**[N] as it can be made into porridge without being ground.[H]

גמ׳ תָּנֵי רַב יְחִיאֵל: וּבִלְבַד שֶׁלֹּא יַעֲשֶׂנּוּ בְּשׁוּרָה. תָּנָא: אֵין שׁוּרָה פְּחוּתָה מִשְּׁלֹשָׁה בְּנֵי אָדָם. בָּעֵי רַב אַשִׁי: תְּלָתָא גַּבְרֵי וּתְלָתָא מִינֵי מַאי? תֵּיקוּ.

GEMARA **Rav Yeḥiel teaches: And** one may send these items **provided that he does not do it by means of a convoy**[H] of people, as they would look as though they were transporting merchandise to the marketplace. It is **taught** in a *baraita*: **A convoy** consists of **no less than three people;**[N] if there are fewer than three, it is not called a convoy and is permitted. **Rav Ashi raised a dilemma:** In a case of **three people and three** different **types** of food, **what is** the *halakha*? Is this considered a convoy, or does the fact that there are three different types of food mean that each of them is considered a separate item? The Gemara answers: The dilemma **shall stand** unresolved, as no answer was found.

HALAKHA

The refuse is greater than the food – פְּסוֹלֶת מְרוּבָּה עַל הָאוֹכֶל: If a mixture contains more waste than food, one may select and remove the food and leave behind the refuse, in accordance with the opinion of Rabban Gamliel. If the removal of the refuse involves greater effort than selecting the food, one may remove the food, even if there is more food than refuse. In general, one should perform this action in the manner that requires the least effort (*Arukh HaShulḥan*). If nuts or a similar food have been cracked but are still inside their shells, the shells are not considered refuse (Rema), although some are stringent in this regard (*Taz*; *Magen Avraham*). Some authorities prohibit one to eat foods that can easily lead to the transgression of selecting, *ab initio* (*Shulḥan Arukh HaRav*; *Shulḥan Arukh, Oraḥ Ḥayyim* 510:2).

What kinds of food one may send – אֵילוּ מִינֵי אֹכֶל מְשַׁלְּחִים: In addition to prepared food, one may send live animals and fowl as a gift, provided they are not *muktze*, as well as wine, oil, flour, and legumes. One may not send grain that requires grinding, as grinding is a labor prohibited on a Festival. The *halakha* is in accordance with the opinion of Beit Hillel and the unattributed mishna (*Shulḥan Arukh, Oraḥ Ḥayyim* 516:1).

Provided that he does not do it by means of a convoy – וּבִלְבַד שֶׁלֹּא יַעֲשֶׂנּוּ בְּשׁוּרָה: Even those objects that one may bring to another on a Festival may not be sent by a convoy of three people carrying a single type of food. If they are carrying three different kinds of food, it is permitted, provided that the three people are not positioned in a straight line. The reason for this ruling is that the Gemara's question is left unresolved, and the *halakha* is lenient in cases involving uncertainty about a rabbinic prohibition (*Maggid Mishne*). Some authorities prohibit sending items via a line of people even within the same courtyard (*Magen Avraham*), while others are lenient (*Shulḥan Arukh HaRav*). One may rely on this lenient opinion in a case of need (*Mishna Berura*; *Shulḥan Arukh, Oraḥ Ḥayyim* 516:2).

NOTES

The quantity of refuse is greater than the quantity of food, etc. – פְּסוֹלֶת מְרוּבָּה עַל הָאוֹכֶל וכו׳: Rashi and other commentaries explain that if there is more refuse than food, the food is negated by the refuse; it is all considered *muktze* and one may not select it in any manner.

One may send only portions – אֵין מְשַׁלְּחִין...אֶלָּא מָנוֹת: The Jerusalem Talmud asks why Beit Shammai permit one to send the thigh of a cow, though it is much larger than a small goat, which they prohibit. The answer given there is that the relevant difference is between carrying a live animal and carrying a piece of meat. However, it is permitted to lead a live animal to another to present it to him as a gift for the Festival. Some maintain that the reason Beit Shammai prohibit sending gifts is that are not prepared food, due to the prohibition against carrying out an item that serves no purpose on the Festival, from one domain to another (Rashi). The Rambam, however, explains that Beit Shammai prohibited it because it has the appearance of a weekday activity.

Rabbi Shimon permits in the case of grain – רַבִּי שִׁמְעוֹן מַתִּיר בִּתְבוּאָה: Rabbi Shimon's reasoning is apparently based on the fact that grain can be made fit for use by means of a small mortar and pestle, and therefore it may be sent on a Festival. The first *tanna*, in objecting to the sending of grain as a gift on a Festival, reasons that the principle is determined by the usual case, where one would not use unground grain on a Festival (Ra'avan). In the Jerusalem Talmud, it is explained that Rabbi Shimon rules in accordance with the opinion of his teacher, Rabbi Akiva, who maintains that even labor required for feeding animals may be performed on a Festival. Consequently, it is permitted to send grain, as it is fit for animal fodder in its current state.

A convoy of three – שׁוּרָה שֶׁל שְׁלֹשָׁה: Some commentaries explain that when three people walk together it has the appearance of a weekday activity (Rambam). Others hold that if three people walk together, they can be viewed as merchants: Buyer, seller, and middleman (Rabbeinu Efrayim).

״רַבִּי שִׁמְעוֹן מַתִּיר בִּתְבוּאָה״. תַּנְיָא: רַבִּי שִׁמְעוֹן מַתִּיר בִּתְבוּאָה, כְּגוֹן חִטִּין – לַעֲשׂוֹת מֵהֶן לוּדִיּוֹת, שְׂעוֹרִים – לִיתֵּן לִפְנֵי בְּהֶמְתּוֹ, עֲדָשִׁים – לַעֲשׂוֹת מֵהֶן רְסִיסִין.

The mishna taught that **Rabbi Shimon permits** the sending **of grain. It is taught** in a *baraita*: **Rabbi Shimon permits** the sending **of grain, for example: Wheat to prepare from it *ludiyot*,**[B] a type of cookie; **barley to place before his animal;** or **lentils to prepare from them *resisin*,** a dish made from crushed lentils.

מתני׳ מְשַׁלְּחִין כֵּלִים, בֵּין תְּפוּרִין בֵּין שֶׁאֵינָן תְּפוּרִין, וְאַף עַל פִּי שֶׁיֵּשׁ בָּהֶן כִּלְאַיִם, וְהֵן לְצוֹרֶךְ הַמּוֹעֵד. אֲבָל לֹא סַנְדָּל הַמְסוּמָּר, וְלֹא מִנְעָל שֶׁאֵינוֹ תָּפוּר. רַבִּי יְהוּדָה אוֹמֵר: אַף לֹא מִנְעָל לָבָן, מִפְּנֵי שֶׁצָּרִיךְ אוּמָּן. זֶה הַכְּלָל: כָּל שֶׁנֵּאוֹתִין בּוֹ בְּיוֹם טוֹב – מְשַׁלְּחִין אוֹתוֹ.

MISHNA **One may send clothes,**[H] **whether they are sewn or whether they are unsewn, and even if they contain diverse kinds,**[B] a prohibited mixture of wool and linen [*sha'atnez*].[N] **But** one may do so only if **they** serve **the purposes of the Festival. However, one may not** send **a spiked sandal,** which has nails fixed to it, as the Sages decreed that one may not wear a sandal of this kind on a Shabbat or Festival, **nor an unsewn shoe,** which is not suitable for a Festival. **Rabbi Yehuda says: One may not even send a white shoe,** which people do not usually wear, **because** it **requires an artisan** to paint it black. **This is the** general **principle:** Anything **that one may use on a Festival, one may send it.**

גמ׳ בִּשְׁלָמָא תְּפוּרִין – חֲזוּ לְמַלְבּוּשׁ; שֶׁאֵין תְּפוּרִין נַמִי – חֲזוּ לְכַסּוּיֵי, אֶלָּא כִּלְאַיִם לְמַאי חֲזוּ?

GEMARA The Gemara asks a question: **Granted,** it is permitted to send **sewn** clothes, as they are **suitable for wearing.** With regard to clothes **that are not sewn as well, they are** at least **suitable for covering** oneself. But in the case of clothes than contain **diverse kinds, for what** use **are they suited?** Since these clothes may not be used on the Festival, why is it permitted to send them?

וְכִי תֵּימָא: חֲזוּ לְמֵימַךְ תּוּתֵיהּ, וְהָתַנְיָא: ״לֹא יַעֲלֶה עָלֶיךָ״ – אֲבָל אַתָּה יָכוֹל לְהַצִּיעוֹ תַּחְתֶּיךָ. אֲבָל אָמְרוּ חֲכָמִים: אָסוּר לַעֲשׂוֹת כֵּן, שֶׁמָּא תִּכָּרֵךְ לוֹ נִימָא עַל בְּשָׂרוֹ.

And if you say that clothes of diverse kinds **are suited for one to place underneath himself, but isn't it taught** in a *baraita*: **"Neither shall there come upon you** a garment of diverse kinds" (Leviticus 19:19)? This verse teaches that one may not wear this garment, **but** by Torah law **you may spread it beneath you. However, the Sages said: It is prohibited to do so, lest a thread** [*nima*][L] **wind itself around his flesh.** This shows that the Sages prohibited even spreading underneath oneself a cloth that contains a mixture of wool and linen.

וְכִי תֵּימָא: דְּמַפְסִיק מִידֵי בֵּינֵי בֵּינֵי, וְהָאָמַר רַבִּי שִׁמְעוֹן בֶּן פָּזִי אָמַר רַבִּי יְהוֹשֻׁעַ בֶּן לֵוִי אָמַר רַבִּי יוֹסֵי בֶּן שָׁאוּל אָמַר רַבִּי מִשּׁוּם קְהָלָא קַדִּישָׁא דְּבִירוּשְׁלַיִם: אֲפִילּוּ עֶשֶׂר מַצָּעוֹת זוֹ עַל גַּבֵּי זוֹ וְכִלְאַיִם תַּחְתֵּיהֶן – אָסוּר לִישַׁן עֲלֵיהֶם, (מִשּׁוּם שֶׁנֶּאֱמַר ״לֹא יַעֲלֶה עָלֶיךָ״).

And if you say that the allowance of cloth of diverse kinds is referring to a case where **there is something separating between them,** i.e., one may place a garment of diverse kinds beneath another object, **but didn't Rabbi Shimon ben Pazi say** that **Rabbi Yehoshua ben Levi said** that **Rabbi Yosei ben Shaul said** that **Rabbi** Yehuda HaNasi **said, in the name of the sacred congregation in Jerusalem:**[B] **Even** in a case of **ten mattresses** placed **one on top of the other and** a cloth of **diverse kinds underneath them, it is prohibited to sleep on them, as it is stated: "Neither shall there come upon you"** (Leviticus 19:19).[H]

אֶלָּא בְּוִילוֹן. וְהָאָמַר עוּלָּא: מִפְּנֵי מָה אָמְרוּ וִילוֹן טָמֵא – מִפְּנֵי שֶׁהַשַּׁמָּשׁ מִתְחַמֵּם כְּנֶגְדּוֹ!

Rather, the mishna is referring **to a curtain** [*vilon*][L] of diverse kinds, which may be hung up, as it is not an item of clothing. The Gemara challenges this: **But didn't Ulla say: For what reason did** the Sages **say** that **a curtain is ritually impure,**[N] i.e., that it can contract the impurity of a vessel despite the fact that it is not directly used by people? **Because the attendant warms himself with it.** Since attendants use curtains as makeshift blankets when they are cold, a curtain may not be made from a mixture of wool and linen.

BACKGROUND

Ludiyot – לוּדִיּוֹת: This is a dish prepared from cooked wheat that has not been ground. It is mixed with nuts and pomegranates and eaten as a dessert.

Diverse kinds – כִּלְאַיִם: In this context, the term diverse kinds is referring to the *halakha* of *sha'atnez*, the prohibition by Torah law to wear a mixture of wool and linen (see Leviticus 19:19 and Deuteronomy 22:11). One may not wear a garment in which these two materials have been spun, woven, or sewn together. Certain other combinations are prohibited by rabbinic decree. In addition, as noted in the Gemara, the Sages added a prohibition against lying on mattresses that contain a mixture of wool and linen. However, one may manufacture, sell, and derive benefit from these garments.

The sacred congregation of Jerusalem – קְהָלָא קַדִּישָׁא דְּבִירוּשְׁלַיִם: The *Arukh* and others identify this sacred congregation of Jerusalem with the so-called Sacred Assembly. This group, as explained in the Jerusalem Talmud, refers primarily to the Sages Rabbi Yosei ben Meshulam and Rabbi Shimon ben Menasya. They were known by this name because they would divide their days into thirds: A third for prayer, a third for Torah, and a third for work. It is also possible that they received this title because they continued to reside in Jerusalem even after the destruction of the Second Temple, in a period when simply living in the ruined city constituted a sanctification of God's name (see 27b).

HALAKHA

One may send clothes – מְשַׁלְּחִין כֵּלִים: One may send clothes to a friend on a Festival, whether or not they are sewn. Even clothes made of a mixture of wool and linen may be sent, if they serve a requirement of the Festival. It is, however, prohibited to send unsewn shoes or ones that have spikes (*Shulḥan Arukh, Oraḥ Ḥayyim* 516:3).

Using garments of diverse kinds – שִׁמּוּשׁ בְּשַׁעַטְנֵז: By Torah law, it is permitted to sit on a cloth made of a mixture of wool and linen. The Sages, however, prohibited doing so, even if only the bottom layer contains the prohibited mixture. However, the prohibition applies only to soft garments. This means that one may sit on a hard garment made of the prohibited mixture that is placed on a hard surface, but one may not do so if the garment was stuffed or placed on soft material. Some say that if the mixture is prohibited by rabbinic law, one can sit on hard cloth made of prohibited mixtures (Rema; see *Shakh*). Others are stringent even with regard to sitting on the cushions of a wagon (*Arukh HaShulḥan*). It is permitted to drape oneself with a garment made of a mixture of wool and linen if he does not do so for warmth, e.g., to protect himself from the rain or sun (*Shulḥan Arukh, Yoreh De'a* 301:1).

LANGUAGE

Thread [*nima*] – נִימָא: From the Greek νῆμα, *nèma*, meaning a thread or a hair.

Curtain [*vilon*] – וִילוֹן: Possibly from the Latin velum, whose meanings include a screen or a curtain, or from the Greek βηλός, *bèlos*, meaning a threshold.

NOTES

The mitzva of diverse kinds – מִצְוַת כִּלְאַיִם: Most authorities agree that an article of diverse kinds designed to be worn or draped over one's body is prohibited in all cases, whereas an item made for sitting is prohibited only due to the decree lest a thread winds itself around him. Consequently, if one places a cover on it, it is permitted.

A curtain is ritually impure – וִילוֹן טָמֵא: Some maintain that a curtain can indeed contract various forms of ritual impurity, either by touch or by treading. However, this is due to its status as a vessel, not because it can be worn. Ulla merely added another reason that it would be capable of contracting ritual impurity: A curtain is sometimes considered a garment. Alternatively, Ulla is explaining the fundamental reason for the impurity of a curtain, i.e., why it is not considered part of the house, which is not susceptible to impurity at all: Since a curtain is occasionally used as a kind of garment, the Sages decreed that all types of curtains and screens, including the one in the Temple, can contract ritual impurity, even if they do not serve this purpose at all (Rabbi Aharon HaLevi).

אֶלָּא בְּקָשִׁין, וְכִי הָא דְּאָמַר רַב הוּנָא בְּרֵיהּ דְּרַב יְהוֹשֻׁעַ: הַאי נַמְטָא גַּמְדָּא דְּנֶרֶשׁ שְׁרֵיָא.

Rather, it is referring **to hard** clothes, upon which it is permitted to sit even if they are a mixture of wool and linen. **And this is in accordance with** the opinion **that Rav Huna, son of Rav Yehoshua, said:** With regard to **this hard felt** [*namta*][HBL] material produced in the town **of Neresh,**[B] **it is permitted** to sit or recline on it, and one need not be concerned about the fact that it is a mixture of wool and linen.

אָמַר רַב פַּפָּא: עַרְדָּלִין אֵין בָּהֶן מִשּׁוּם כִּלְאַיִם, אָמַר רָבָא: הָנֵי צָרֵי דִּפְשִׁיטֵי אֵין בָּהֶם מִשּׁוּם כִּלְאַיִם, דִּבְזָרְנֵי – יֵשׁ בָּהֶן מִשּׁוּם כִּלְאַיִם. רַב אָשֵׁי אָמַר: אֶחָד זֶה וְאֶחָד זֶה אֵין בָּהֶן מִשּׁוּם כִּלְאַיִם, לְפִי שֶׁאֵין דֶּרֶךְ חִמּוּם בְּכָךְ.

Rav Pappa said: With regard to **felt socks** [*ardalayin*],[NL] **there is no** prohibition of **diverse kinds regarding them,** as they are hard. **Rava said: These bundles for coins,** comprised of hard fabric or felt, **there is no** prohibition of **diverse kinds with regard to them.** However, with regard to pouches **for** holding **seeds, there is** a prohibition of **diverse kinds with regard to them,** as they are larger and softer than both felt socks and hard bundles for coins. **Rav Ashi said: Both this and that have no** prohibition of **diverse kinds with regard to them because** using **these** items **is not the** usual **manner of keeping warm.**[H] Even if these objects are placed close to one's skin, this is not the usual way of wearing clothes and warming oneself, and therefore they are permitted.[N]

״אֲבָל לֹא סַנְדָּל הַמְּסוּמָּר״. סַנְדָּל הַמְּסוּמָּר מַאי טַעְמָא לָא? מִשּׁוּם מַעֲשֶׂה שֶׁהָיָה.

§ The mishna taught: **However, one may not** send **a spiked sandal**[NH] on a Festival. The Gemara asks: **A spiked sandal, what is the reason** that it may **not** be worn? The Gemara answers: It is **due to an incident that occurred.**[N] A great tragedy resulted when people wore spiked sandals on Shabbat, which led the Sages to decree that these sandals may not be worn on a Shabbat or Festival.

אָמַר אַבָּיֵי: סַנְדָּל הַמְּסוּמָּר אָסוּר לִנְעָלוֹ, וּמוּתָּר לְטַלְטְלוֹ. אָסוּר לִנְעָלוֹ מִשּׁוּם מַעֲשֶׂה שֶׁהָיָה, וּמוּתָּר לְטַלְטְלוֹ – מִדְּקָתָנֵי אֵין מְשַׁלְּחִין. דְּאִי סָלְקָא דַּעְתָּךְ אָסוּר לְטַלְטְלוֹ – הָשְׁתָּא לְטַלְטוּלֵי אָסוּר, מְשַׁלְּחִין מִבַּעְיָא?

Abaye said: With regard to **a spiked sandal, it is prohibited to wear it** on Shabbat, **but it is permitted to move it.** He clarifies: **It is prohibited to wear** a spiked sandal, **due to the incident that occurred. And it is permitted to move it, from** the fact **that** the mishna **teaches: One may not send. For if it enters your mind** that it is **prohibited** even **to move** a spiked sandal, **now** consider: **If it were prohibited to move it,** is the mishna **required** to state that **one may send it?** Rather, it must certainly be permitted to move a spiked sandal inside the house, despite the fact that one may not wear it.

HALAKHA

Hard felt – נַמְטָא גַּמְדָּא: One may sit on hard felt and other hard garments made of wool and linen. However, one may not wear these clothes, in accordance with the opinion of Rav Huna (*Shulḥan Arukh, Yoreh De'a* 301:2).

A garment that is not for warming – בֶּגֶד שֶׁאֵינוֹ לְחִימּוּם: Garments of diverse kinds that do not provide warmth, e.g., small pouches for storing money, are not prohibited even if they come into contact with one's skin, in accordance with the opinion of Rav Ashi (*Shulḥan Arukh, Yoreh De'a* 301:14).

Spiked sandal – סַנְדָּל הַמְּסוּמָּר: One may not wear any sandal strengthened by nails on Shabbat, as the Sages prohibited them due to a tragic event that involved spiked sandals (Rambam *Sefer Zemanim, Hilkhot Shabbat* 19:2).

BACKGROUND

Hard felt – נַמְטָא גַּמְדָּא: Felt is made from various fibers, e.g., wool or cotton. When treated with heat, moisture, and mechanical force, i.e., striking them, these fibers intertwine into a single, unified block, despite the fact that they have not been woven together. Woolen fibers are particularly suitable for producing felt, as one can mix other materials with them, like linen, which creates the prohibited mixture. Felt is occasionally shrunk to make it harder and more resistant. This is probably what is meant by hard felt.

Neresh – נֶרֶשׁ: Neresh was a town in Babylonia, south of Sura, which served as an important center of commerce and industry. It bordered on the desert, and its many farmers, who grew dates and produced beer, contributed to its reputation of an uncultured community. Nevertheless, several scholars from Neresh are mentioned in the Talmud. The *amora* Rav Pappa lived in Neresh and was active there at around the middle of the fourth century CE, when he served as head of its yeshiva.

LANGUAGE

Felt [*namta*] – נַמְטָא: Probably from the Middle Iranian namat, related to Middle Persian namad. The meaning of this word is felt or bed covering.

Felt socks [*ardalayin*] – עַרְדָּלִין: Probably from the Greek ἀρτάρια, *artaria*, meaning a felt shoe.

NOTES

Felt socks [*ardalayin*] – עַרְדָּלִין: Based on the description of the *ge'onim*, *ardalayin* refers to a type of felt socks. Some commentaries say that they were made without fabric in the heels, and accordingly they are not considered a properly worn item of clothing. Others claim that these socks are merely considered insoles, as the foot treads on them without actually donning them. Yet others explain that they may be worn because the skin on the sole of the foot is hard, and therefore one does not benefit from the prohibited mixture in a normal manner of dress (Rosh).

Diverse kinds with regard to clothes and felt material – כִּלְאֵי בְּגָדִים וְלֶבֶד: The prohibition against wearing clothes of diverse kinds applies to garments made of mixtures of wool and linen, as derived from the verses: "Neither shall there come upon you a garment of diverse kinds" (Leviticus 19:19) and "You shall not wear diverse kinds, wool and linen together" (Deuteronomy 22:11). This *halakha* includes many detailed specifications pertaining to how the wool and linen are mixed and the prohibited manner of wearing it. Everyone agrees that there is no prohibition against benefiting from a mixture of wool and linen. However, the authorities debate with regard to whether the prohibition applies not only to clothes that are worn in the normal manner, but also to items that do not provide warmth, which is the primary function of garments.

There are many divergent opinions amongst the halakhic authorities with regard to which types of mixtures of wool and linen are prohibited by Torah law and which are prohibited by rabbinic law. The status of felt is a case in point. Some authorities contend that in order for a garment to be prohibited by Torah law as a mixture of wool and linen, it must be made out of cloth produced by weaving threads. According to this opinion, felt garments that contain a mixture of wool and linen are prohibited by rabbinic law, since felt is produced by pressing fibers together without spinning them into thread and then weaving them. Others argue that since pressing together fibers is the normal way of making felt, felt that contains a prohibited mixture is prohibited by Torah law.

Sending a spiked sandal – שִׁלּוּחַ סַנְדָּל הַמְּסוּמָּר: In light of the principle stated in the mishna that any article that can be used on a weekday may be sent on a Festival, the early authorities ask: Why it is prohibited to send a sandal of this kind? Some explain that in this case, the Sages instituted a special decree against sending these sandals, as this might lead one to wear them (see Rid). The Rambam, however, does not mention this prohibition against sending a spiked sandal on a Festival. Early and later authorities discuss what the Rambam's opinion is on this point. Some argue that the Rambam thought that sending a spiked sandal is prohibited, and he omitted it because he already had prohibited the wearing of spiked sandals on Shabbat, and he presumed that the reader would understand that that ruling extends also to wearing or sending such sandals as gift on Festivals. Others contend that the Rambam rejects the ruling that sending spiked sandals is prohibited, as it contradicts the general principle that any article that can be used on a weekday may be sent on a Festival.

Due to an incident that occurred – מִשּׁוּם מַעֲשֶׂה שֶׁהָיָה: The Sages instituted various decrees as a result of a single accident or mishap. Despite the rarity of the event, they decreed that the cause of certain tragedies should be prohibited, as a memorial for later generations. The incident involving the sandal mentioned here is referring to an occasion when Jews were hiding from their enemies in a cave on Shabbat. One of them made a tapping sound with his spiked shoe, which caused them to think that the enemy had arrived. In the ensuing panic, many were trampled to death. Consequently, the Sages decreed that these sandals may not be worn on Shabbat or a Festival.

"וְלֹא מִנְעָל שֶׁאֵינוֹ תָּפוּר". פְּשִׁיטָא. לָא נִצְרְכָא דְּאַף עַל גַּב דְּנָקִיט בְּסִיכֵּי.

The mishna further teaches: **Nor** may one send **an unsewn shoe** on a Festival. The Gemara asks: This is **obvious,** as these shoes are unfit for wearing. The Gemara answers: This statement **was necessary** only to teach **that although** the shoe **is attached with pins** and can be worn, it may not be sent on a Festival. Since it not properly sewn, it is not usually worn.

"רַבִּי יְהוּדָה אוֹמֵר אַף לֹא מִנְעָל לָבָן". תַּנְיָא, רַבִּי יְהוּדָה מַתִּיר בְּשָׁחוֹר וְאוֹסֵר בְּלָבָן, מִפְּנֵי שֶׁצָּרִיךְ בֵּיצַת הַגִּיר. רַבִּי יוֹסֵי אוֹסֵר בְּשָׁחוֹר, מִפְּנֵי שֶׁצָּרִיךְ לְצַחְצְחוֹ.

The mishna teaches that **Rabbi Yehuda says: One may not even** send **a white shoe. It is taught** in a *baraita*: **Rabbi Yehuda permits** the sending **of a black** shoe **but prohibits** the sending **of a white one because** a white one **requires a lump of chalk**[N] to color it properly. **Rabbi Yosei prohibits** the sending **of a black** shoe **because one needs to polish it.**

וְלָא פְּלִיגִי, מָר כִּי אַתְרֵיהּ וּמָר כִּי אַתְרֵיהּ. בְּאַתְרֵיהּ דְּמָר בִּשְׂרָא לְתַחַת, בְּאַתְרֵיהּ דְּמָר בִּשְׂרָא לְעֵיל.

The Gemara comments: **And they do not disagree** with regard to the *halakha*, as this **Sage** ruled **in accordance with** the custom **of his locale, and** this **Sage** ruled differently, **in accordance with** the custom **of his locale. In the place of** this **Sage,** Rabbi Yehuda, the leather was made so that the side of the hide facing the **flesh** is on the **underneath,** facing the inside of the shoe, and therefore it does not require polishing; whereas **in the place of** that **Sage,** Rabbi Yosei, the leather was made so that side of the hide facing the **flesh** is **above,** facing the outside of the shoe. That side is often cracked and uneven and requires smoothing and polishing.

"זֶה הַכְּלָל כָּל שֶׁנֵּאוֹתִין בּוֹ בְּיוֹם טוֹב". רַב שֵׁשֶׁת שְׁרָא לְהוּ לְרַבָּנַן לְשַׁדּוּרֵי תְּפִלִּין בְּיוֹמָא טָבָא. אֲמַר לֵיהּ אַבַּיֵי: וְהָא אֲנַן תְּנַן: כָּל שֶׁנֵּאוֹתִין בּוֹ בְּיוֹם טוֹב מְשַׁלְּחִין אוֹתוֹ. הָכִי קָאָמַר: כָּל שֶׁנֵּאוֹתִין בּוֹ בְּחוֹל מְשַׁלְּחִין אוֹתוֹ בְּיוֹם טוֹב.

§ The mishna taught that **this is the** general **principle:** With regard to **any** article **that one may use on a Festival,** one may send it. The Gemara relates: **Rav Sheshet permitted the Sages to send phylacteries on a Festival. Abaye said to him: But didn't we learn** in the mishna: With regard to **any** article **that one may use on a Festival, one may send it?** Phylacteries are not worn on Festivals. The Gemara answers: **This is what** the mishna **is saying:** With regard to **any** article **that one may use on a weekday,**[N] **one may send it on a Festival.**[H]

אֲמַר אַבַּיֵי: תְּפִלִּין, הוֹאִיל וְאָתוּ לִידָן נֵימָא בְּהוּ מִילְּתָא: הָיָה בָּא בַּדֶּרֶךְ וּתְפִלִּין בְּרֹאשׁוֹ, וְשָׁקְעָה עָלָיו חַמָּה – מַנִּיחַ יָדוֹ עֲלֵיהֶם עַד שֶׁמַּגִּיעַ לְבֵיתוֹ. הָיָה יוֹשֵׁב בְּבֵית הַמִּדְרָשׁ וּתְפִלִּין בְּרֹאשׁוֹ, וְקָדַשׁ עָלָיו הַיּוֹם – מַנִּיחַ יָדוֹ עֲלֵיהֶן עַד שֶׁמַּגִּיעַ לְבֵיתוֹ,

Abaye said: With regard to **phylacteries, since** this topic **has come before us** in the previous discussion, **let us say** a novel **matter about it:** If someone **was coming on the road** on the eve of a Shabbat or Festival, **and** he had **phylacteries on his head,** as the practice then was to don phylacteries the entire day, but not at night, **and the sun set** before **he** arrived at his destination,[N] signaling the beginning of the Shabbat or Festival, when phylacteries may not be worn or even moved, **he places his hand upon them**[N] to cover them so that people will not see them **until he reaches his house,** at which point he removes them. If **he was sitting in the study hall**[B] **with phylacteries on his head, and the day** of Shabbat or the Festival **was sanctified,**[H] for which **he** was unprepared, **he places his hand upon them until he reaches his house.**

HALAKHA

Sending clothes on a Festival – מִשְׁלוֹחַ כֵּלִים בְּיוֹם טוֹב: It is permitted to send clothing as gifts on a Festival so long as the garment is fit to be used, even if it is not properly sewn. Likewise, one may send clothing made of stiff fabric that contains diverse kinds. One may send phylacteries, as they are worn on a weekday, in accordance with the opinion of Rav Sheshet (*Shulḥan Arukh, Oraḥ Ḥayyim* 516:3).

Phylacteries on his head and the day was sanctified – תְּפִלִּין בְּרֹאשׁוֹ וְקָדַשׁ עָלָיו הַיּוֹם: If one is donning phylacteries while walking along the road or sitting in a study hall outside the city after Shabbat commenced, he places his hand on them and walks until he reaches his house. If there is a house near the city wall where the phylacteries can be safeguarded, he should place them there, in accordance with the opinion of Abaye (*Shulḥan Arukh, Oraḥ Ḥayyim* 266:10).

BACKGROUND

The study hall – בֵּית הַמִּדְרָשׁ: Many sources indicate that synagogues and study halls used to be located a considerable distance away from towns, and therefore people were sometimes afraid to visit these places alone at night. It is possible that this was done so that the costs of its construction would be shared between several neighboring towns or to make it easier for all the residents of local villages to come to the synagogue.

NOTES

Because it requires a lump of chalk – מִפְּנֵי שֶׁצָּרִיךְ בֵּיצַת הַגִּיר: The commentaries disagree with regard to the nature of this lump of chalk. Rashi and many others maintain that it refers to a black substance used to dye shoes in that color. However, the *ge'onim* and the Rambam, in his Commentary on the Mishna, explain that it means a piece of chalk or white lime for whitening shoes. This opinion generated much discussion as to whether it was a Jewish custom to wear white shoes, at least in certain places (see *Shitta Mekubbetzet*), or if Jews would invariably wear black shoes with white straps (*Sefer HaYashar*).

Any article that one may use on a weekday – כָּל שֶׁנֵּאוֹתִים בּוֹ בְּחוֹל: According to the conclusion of the Gemara, the mishna should be understood as follows: Any article that one may use, on a Festival one may send it. With regard to the term weekday, some commentaries explain that it is referring to the intermediate days of a Festival (*Hagahot Ashrei*). According to this reading, the permission to send gifts is a function of the gift serving some purpose during the Festival. In the Jerusalem Talmud, it is discussed whether various types of jewelry may be sent on a Festival.

The sun set before he arrived at his destination – שָׁקְעָה עָלָיו הַחַמָּה: Rashi and many other commentaries explain that this *halakha* is referring to Shabbat, and that is why the traveler must remove his phylacteries as soon as possible. One explanation of the difference in language between the traveler, upon whom the sun set, and the student in the study hall, upon whom the day became sanctified, is that someone walking outside can see the sunset, whereas one who is sitting in a study hall might not notice the setting sun, and only at nightfall would he realize that the day has been sanctified (Rabbeinu Peretz). *Tosafot* dispute Rashi's explanation and maintain that the issue with the traveler is not the onset of Shabbat but simply nightfall, and he must cover his phylacteries until he can safely remove them, since they may not be worn at night. The *halakha* in this case is similar to that of the beginning of a Shabbat or a Festival.

Places his hand upon them – מַנִּיחַ יָדוֹ עֲלֵיהֶם: Rashi explains that one does so to hide the phylacteries from public view. The commentaries discuss whether this contradicts the general principle that something prohibited due to appearances may not be performed even in private. Some say that placing one's hand on the phylacteries serves to indicate that he does not maintain that phylacteries may be worn at night or on Shabbat; rather, he is doing so only out of necessity (see *Meiri*). Others explain that it is a reminder to oneself to remove the phylacteries as soon as he reaches a place where they will be safeguarded (Rashba).

HALAKHA

One who finds phylacteries on Shabbat – הַמּוֹצֵא תְּפִלִּין בְּשַׁבָּת: With regard to one who finds phylacteries on Shabbat lying in a spot where they are not safeguarded, if it is a place where it would be dangerous for him to don them for fear of an antisemitic response, he may cover them and leave them there until after Shabbat. If donning the phylacteries poses no danger, he should don them in pairs and transport them to a location where they will be safeguarded. If there are too many of them to move in this manner, he should guard them until the conclusion of Shabbat. If he is unable to do this, he should carry them in stages of less than four cubits at a time, or in some other manner by which he does not transgress the Torah prohibition against carrying out (*Shulḥan Arukh*, *Oraḥ Ḥayyim* 301:42).

LANGUAGE

Thieves [*listim*] – לִיסְטִים: From the Greek ληστής, *lestès*, meaning a thief or bandit.

מְתִיב רַב הוּנָא בְּרֵיהּ דְּרַב אִיקָא: הָיָה בָּא בַּדֶּרֶךְ וּתְפִלִּין בְּרֹאשׁוֹ וְקָדַשׁ עָלָיו הַיּוֹם – מַנִּיחַ יָדוֹ עֲלֵיהֶן עַד שֶׁמַּגִּיעַ לַבַּיִת הַסָּמוּךְ לַחוֹמָה, הָיָה יוֹשֵׁב בְּבֵית הַמִּדְרָשׁ וְקָדַשׁ עָלָיו הַיּוֹם – מַנִּיחַ יָדוֹ עֲלֵיהֶן עַד שֶׁמַּגִּיעַ לַבַּיִת הַסָּמוּךְ לְבֵית הַמִּדְרָשׁ.

Rav Huna, son of Rav Ika, raised an objection from the following teaching: If **one was coming on the road with phylacteries on his head, and the day was sanctified** before **he** arrived at his destination, **he places his hand upon them until he reaches the house nearest the wall,** where he removes them and leaves them there. **If he was sitting in the study hall,** outside the city, **and the day was sanctified, for** which **he** was unprepared, **he places his hand upon them until he reaches a house that is near the study hall,** where there are people who can guard the phylacteries. This shows that one may not bring phylacteries all the way to his house, but only to the nearest place within the city boundary.

לָא קַשְׁיָא; הָא – דְּמִנְטְרָא. הָא – דְּלָא מִנְטְרָא.

The Gemara answers: This is **not difficult. This** *baraita*, which teaches that one places the phylacteries in the house nearest the wall, is referring to a case **where** the phylacteries can be **safeguarded** there, whereas **that** *baraita*, which states that he may bring them all the way to his house, deals with a situation **where they are not safeguarded** in the nearest house.

אִי דְּלָא מִנְטְרָא, מַאי אִירְיָא בְּרֹאשׁוֹ? אֲפִילּוּ מַחְתָּן בְּאַרְעָא נָמֵי. דְּהָא תְּנַן: הַמּוֹצֵא תְּפִלִּין מַכְנִיסָן זוּג זוּג.

The Gemara challenges this: **If** the *baraita* is dealing with a case **where** the phylacteries are **not safeguarded, why** discuss **specifically** the case of phylacteries that were **on his head? Even** if one was not donning them but found them **placed on the ground,** he should **also** be required to don them and bring them to the house, **for didn't we learn** in a mishna (*Eiruvin* 95a): **One who finds phylacteries**[H] lying in a field outside of the city on Shabbat should don them and **bring them into** the city **one pair at a time?**

לָא קַשְׁיָא; הָא – דְּמִנְטְרָא מֵחֲמַת גַּנָּבֵי וּמֵחֲמַת כַּלְבֵי, הָא דְּמִנְטְרָא מֵחֲמַת כַּלְבֵי, וְלָא מִנְטְרָא מֵחֲמַת גַּנָּבֵי.

The Gemara answers: This is **not difficult. This** *baraita*, where it was taught that one need not don the phylacteries if they were not already on his head, is referring to a situation **where they are safeguarded from thieves and** also **from dogs. That** mishna, which stated that even if one found them on the ground, he must put them on and bring them into the city, is referring to a case **where they are safeguarded from dogs but are not safeguarded from thieves.**

מַהוּ דְּתֵימָא: רוֹב לִסְטִים יִשְׂרָאֵל נִינְהוּ, וְלָא מְזַלְזְלִי בְּהוּ, קָא מַשְׁמַע לַן.

The Gemara clarifies the novel element of the mishna's ruling. **Lest you say: Since most thieves** [*listim*][L] **are Jews, who would not treat** phylacteries **with contempt,** one should not be allowed to carry them because there is no danger that they will be desecrated if they are left in their place, the mishna **teaches us** that the *halakha* takes the minority of cases into account. It is therefore appropriate to don the phylacteries and bring them into the city.

הדרן עלך ביצה

Summary of **Perek I**

This chapter essentially dealt with the clarification of the *halakhot* of *muktze*, although it broadened the discussion to address the more general issue of which items may or may not be moved on a Festival. Since it is permissible to perform certain labors on Festivals, including carrying out from one domain to another, which, in accordance with the opinion of Beit Hillel, is entirely permitted on a Festival, the Sages limited the general movement of objects on Festivals. The chapter consists of a list of disputes, mainly between Beit Hillel and Beit Shammai, in which Beit Shammai are generally strict with regard to *muktze*, moving items, and carrying from one domain to another, whereas Beit Hillel are lenient in all of these cases. With regard to carrying out, Beit Hillel are lenient because they hold that this prohibition fundamentally does not apply to Festivals. In the other cases, they are lenient because they maintain that a stringent ruling might lessen the joy of the Festival.

Nevertheless, the consensus is that in contrast to Shabbat, one must be stringent with regard to *muktze* on Festivals, in order to preserve the sanctity of the day. The principle is that anything that could have been moved and prepared before the Festival, as well as actions that might seem to others as disrespectful of the Festival or that have the appearance of a commercial transaction, are prohibited on a Festival, even according to the lenient opinion. Similarly, several prohibitions were enacted with the aim of encouraging people to prepare the requirements of the Festival beforehand, and to ensure that the proper observance of the Festival does not impinge upon its joy.

Introduction to **Perek II**

And on the first day there shall be a holy gathering, and on the seventh day there shall be a holy gathering to you; no manner of work shall be done on them, only that which every person must eat, that alone may be done for you.

(Exodus 12:16)

And he said to them: This is that which the Lord has said. Tomorrow is the rest of the holy Shabbat to the Lord; bake that which you will bake today, and what you will boil, boil today; and that which remains over lay up for you to be kept until the morning.

(Exodus 16:23)

As stated in the Torah, labors associated with preparing food, e.g., cooking, baking, and slaughtering, are permitted on a Festival. This allowance raises many dilemmas, and this chapter focuses upon two areas. First, the Torah permitted cooking and baking on a Festival, but this allowance was understood to apply only to what is needed for the Festival itself and not for another day, certainly not for a weekday. The question arises: What should one do when a Festival occurs on a Friday, so that certain preparations for the Shabbat that immediately follows the Festival must perforce be made on the Festival, such as lighting a candle and preparing cooked food?

In order to emphasize the sanctity of the Festival, and to highlight the prohibition of preparing on the Festival for another day, the Rabbis enacted the joining of cooked foods [*eiruv tavshilin*]. This *eiruv*, similar to the other *eiruv* enactments of the Rabbis, involves a formal act that unites two different entities into a single unit. Here the *eiruv* mixes together the Festival and Shabbat, so that the meals on the two days are considered not as separate meals but rather as one continuous meal. Therefore, everything that is prepared on the Festival will necessarily be prepared also for Shabbat, without any sense of separation between the two. The Rabbis, however, disagreed about the details of this law: How one must prepare this *eiruv*, why it is necessary, and to what does it apply.

The second dilemma regarding the scope of the dispensation to perform certain labors on a Festival concerns slaughtering that is not performed for a Jew's sustenance. The most important question relates to the bringing of sacrificial offerings on a Festival. Should one view an offering brought by an individual that is not eaten, or even one that is eaten by its owner, as something that is needed on the Festival, so that the offering may be brought on the Festival itself? Or perhaps the dispensation extends to people's physical needs alone. This issue was a matter of dispute, and it is actually the first recorded halakhic dispute, dating back to the period of the Hasmoneans. Due to its antiquity, there are many opinions regarding its scope and the issues included in it.

Other issues that arise and are relevant even after the destruction of the Temple relate to food preparation for a Jew's animals and for gentiles who come to visit a Jew or are forced upon him on a Festival. The essence of the question is: Does the dispensation to perform certain labors on a Festival extend also to these cases? These issues are the main subject matter of this chapter.

מתני׳ יוֹם טוֹב שֶׁחָל לִהְיוֹת עֶרֶב שַׁבָּת לֹא יְבַשֵּׁל בַּתְּחִלָּה מִיּוֹם טוֹב לַשַּׁבָּת, אֲבָל מְבַשֵּׁל הוּא לְיוֹם טוֹב, וְאִם הוֹתִיר – הוֹתִיר לַשַּׁבָּת. וְעוֹשֶׂה תַּבְשִׁיל מֵעֶרֶב יוֹם טוֹב וְסוֹמֵךְ עָלָיו לַשַּׁבָּת.

MISHNA With regard to **a Festival that occurs on Shabbat eve, one may not cook on the Festival with the initial** intent to cook **for Shabbat. However, he may cook** on that day **for the Festival** itself, **and if he left over** any food, **he left** it **over for Shabbat.** The early Sages also instituted an ordinance: The joining of cooked foods [*eiruv tavshilin*],[HN] which the mishna explains. **One may prepare a cooked dish** designated for Shabbat **on a Festival eve and rely on it** to cook on the Festival **for Shabbat.**

בֵּית שַׁמַּאי אוֹמְרִים: שְׁנֵי תַּבְשִׁילִין, וּבֵית הִלֵּל אוֹמְרִים: תַּבְשִׁיל אֶחָד. וְשָׁוִין בְּדָג וּבֵיצָה שֶׁעָלָיו שֶׁהֵן שְׁנֵי תַּבְשִׁילִין.

The *tanna'im* disagreed with regard to the details of this ordinance: **Beit Shammai say:** For the purpose of the joining of cooked foods one must prepare **two cooked dishes,**[N] **and Beit Hillel say: One dish** is sufficient. **And** they both **agree with regard to a fish and** the **egg that is** fried **on it**[N] **that these are** considered **two dishes** for this purpose.[H]

אֲכָלוֹ אוֹ שֶׁאָבַד – לֹא יְבַשֵּׁל עָלָיו בַּתְּחִלָּה, וְאִם שִׁיֵּיר מִמֶּנּוּ כָּל שֶׁהוּא – סוֹמֵךְ עָלָיו לַשַּׁבָּת.

If **one ate** the food prepared before the Festival as an *eiruv* and none of it remained for Shabbat, **or if it was lost,**[H] **he may not** rely **on it** and **cook with the initial** intent to cook for Shabbat. **If he left any part of** the *eiruv*, he may **rely on it** to cook **for Shabbat.**

גמ׳ מְנָא הָנֵי מִילֵּי? אָמַר שְׁמוּאֵל: דְּאָמַר קְרָא ״זָכוֹר אֶת יוֹם הַשַּׁבָּת לְקַדְּשׁוֹ״ – זׇכְרֵהוּ מֵאַחֵר שֶׁבָּא לְהַשְׁכִּיחוֹ.

GEMARA The Gemara asks: **From where are these matters** derived?[N] What is the source of the *halakha* of the joining of cooked foods and of the *halakha* that one who failed to prepare such an *eiruv* may not cook on a Festival for Shabbat? **Shmuel said** that the source is **as the verse states: "Remember the Shabbat day, to keep it holy"** (Exodus 20:8); from which he infers: **Remember it** and safeguard it **from another** day **that comes to make it forgotten.**[N] When a Festival occurs on Friday, preoccupation with the Festival and the preparation and enjoyment of its meals could lead one to overlook Shabbat. Therefore, the Sages instituted an ordinance to ensure that Shabbat will be remembered even then.

HALAKHA

Eiruv tavshilin – עֵירוּב תַּבְשִׁילִין: When a Festival, including the second Festival day of the Diaspora, occurs on Shabbat eve, it is prohibited to cook in a separate pot on that day with the initial intent of cooking for Shabbat. However, one may cook for the Festival and then eat anything left over on Shabbat. If one prepares an *eiruv tavshilin*, he may cook food even with the initial intent of cooking for Shabbat. This *eiruv* may be prepared even if it is unclear whether the Festival has begun (Rema). Some say that an *eiruv* may be prepared until the community begins the evening prayers of the Festival (*Taz*), and some say that one should also not recite the blessing over the *eiruv tavshilin* later than this (*Magen Avraham*), even if he prays individually and not in the synagogue (*Shulḥan Arukh HaRav*).

It is preferable to use the *eiruv* only in order to cook early in the day, so that it is possible that guests might eat the dish on the Festival itself (*Magen Avraham*), and one should be stringent in this regard *ab initio* (*Mishna Berura*; *Shulḥan Arukh*, *Oraḥ Ḥayyim* 527:1).

With what may one make an *eiruv tavshilin* – בַּמֶּה עוֹשִׂים עֵירוּב תַּבְשִׁילִין: The *halakha* is in accordance with the opinion of Beit Hillel that one dish is sufficient. The prevailing custom, however, is to use bread and a cooked food, thereby fulfilling Rabbi Eliezer's requirements. After the fact, one may rely on a single cooked dish (*Taz*), but bread alone is not enough (*Magen Avraham*).The custom is to use a significant portion *ab initio* in order to honor the mitzva (*Shenei Luḥot HaBerit*; *Shulḥan Arukh*, *Oraḥ Ḥayyim* 527:2).

If one ate it or if it was lost – אֲכָלוֹ אוֹ שֶׁאָבַד: If the *eiruv*, i.e., the cooked dish for Shabbat (*Magen Avraham*), was eaten or lost before one cooked for Shabbat on the Festival, he may cook only if what remains is equal to at least an olive-bulk in volume. If only the bread remains, some prohibit one to rely upon it while others permit it (see *Biur Halakha* on *Mishna Berura*; *Shulḥan Arukh*, *Oraḥ Ḥayyim* 527:15).

NOTES

Eiruv tavshilin – עֵירוּב תַּבְשִׁילִין: The meaning of the concept *eiruv tavshilin* is a matter of dispute. The Rambam explains that the word *eiruv* should not be taken literally; rather, its usual meaning of joining has been broadened to include the notion of correction or modification, similar to the *eiruv* of a courtyard and the like. The Ra'avad states, as do Rid the Elder, Rid the Younger, and others, that it is called an *eiruv tavshilin* because it serves to join the dish prepared on a Festival with the one that was prepared the day before for the sake of Shabbat. Others suggest that it joins together the *halakhot* of the Festival and Shabbat with regard to cooking (*Shitta Mekubbetzet*).

Two cooked dishes – שְׁנֵי תַּבְשִׁילִין: Since one is preparing a symbolic meal in honor of Shabbat, it should have more than one dish, as is fitting for a festive meal (*Meiri*).

Fish and the egg that is fried on it – דָּג וּבֵיצָה שֶׁעָלָיו: Some explain that this is not referring to a fish fried with an egg, but to the eggs of the fish itself. In other words, a fish and its eggs, if the latter are removed and prepared separately, are considered two dishes (Rid).

From where are these matters derived – מְנָא הָנֵי מִילֵּי: What purpose is served by inquiring into the biblical source of the joining of cooked foods, when all agree that it is of rabbinic origin? One suggestion is that since it is permitted to prepare food on a Festival, one might think that he is allowed to cook as much as he wishes. Consequently, they sought an allusion that an *eiruv* is nevertheless required. The subsequent question: What is the reason, should also be understood along these lines; since the verse is merely a support for a rabbinic ordinance, what is in fact the reason that the Sages instituted this *halakha*?

From another that comes to make it forgotten – מֵאַחֵר שֶׁבָּא לְהַשְׁכִּיחוֹ: Rashi holds that this phrase is in accordance with Rava's explanation that one must prepare a choice portion for Shabbat. Others explain more simply that if one does not concern himself with this matter, he will have no food left for Shabbat, as it is prohibited to cook on a Festival for a different day. Therefore, it is necessary to keep Shabbat in mind (Ran; Rabbi Aharon HaLevi).

מַאי טַעְמָא? אָמַר רָבָא: כְּדֵי שֶׁיִּבְרוֹר מָנָה יָפָה לַשַּׁבָּת, וּמָנָה יָפָה לְיוֹם טוֹב.

The Gemara asks: **What is the reason** that the Sages instituted this ordinance in particular to ensure that Shabbat would not be overlooked? **Rava said:** The Sages did so in deference to Shabbat, and they instituted an *eiruv* **so that one will select a choice portion for Shabbat and a choice portion for the Festival.** If one fails to prepare a dish specifically for Shabbat before the Festival, it could lead to failure to show the appropriate deference to Shabbat.

רַב אַשִׁי אָמַר: כְּדֵי שֶׁיֹּאמְרוּ: אֵין אוֹפִין מִיּוֹם טוֹב לַשַּׁבָּת, קַל וָחוֹמֶר מִיּוֹם טוֹב לְחוֹל.

Rav Ashi stated a different reason: The Sages did so in deference to the Festival, **so that** people **will say: One may not bake on a Festival for Shabbat** unless he began to bake the day before; **all the more so,** one may not bake **on a Festival for a weekday.**[N]

תְּנַן: עוֹשֶׂה תַּבְשִׁיל מֵעֶרֶב יוֹם טוֹב וְסוֹמֵךְ עָלָיו לַשַּׁבָּת. בִּשְׁלָמָא לְרַב אַשִׁי, דְּאָמַר: כְּדֵי שֶׁיֹּאמְרוּ אֵין אוֹפִין מִיּוֹם טוֹב לַשַּׁבָּת – הַיְינוּ דְּמֵעֶרֶב יוֹם טוֹב – אִין, בְּיוֹם טוֹב – לָא. אֶלָּא לְרָבָא, מַאי אִירְיָא מֵעֶרֶב יוֹם טוֹב? אֲפִילּוּ בְּיוֹם טוֹב נַמִי!

We learned in the mishna: **One may prepare a cooked dish on a Festival eve and rely on it** to cook **for Shabbat. Granted, according to Rav Ashi, who said** that the reason for an *eiruv* is **so that** people **will say: One may not bake on a Festival for Shabbat; that is** why **on a Festival eve, yes,** one may prepare the *eiruv*, but **on the Festival** itself, **no,** one may not do so, as it is a reminder that in principle one may not cook on a Festival for Shabbat. **However, according to Rava,** who stated that the reason for the *eiruv* is to ensure that one selects choice portions for both the Festival and Shabbat, **why** does the mishna discuss **specifically** preparation **on a Festival eve? Even** were one to prepare a dish for Shabbat **on the Festival as well,** it would guarantee that he accord the appropriate deference to Shabbat.

אִין הָכִי נַמִי, אֶלָּא גְּזֵירָה שֶׁמָּא יִפְשַׁע.

The Gemara answers: **Yes, it is indeed so;** that objective could have been achieved even on the Festival. **However,** the Sages issued **a decree** that the *eiruv* must be prepared on the Festival eve **lest one be negligent** and fail to prepare one entirely.

וְתַנָּא מַיְיתֵי לַהּ מֵהָכָא "אֵת אֲשֶׁר תֹּאפוּ אֵפוּ וְאֵת אֲשֶׁר תְּבַשְּׁלוּ בַּשֵּׁלוּ" – מִכָּאן אָמַר רַבִּי אֱלִיעֶזֶר: אֵין אוֹפִין אֶלָּא עַל הָאָפוּי, וְאֵין מְבַשְּׁלִין אֶלָּא עַל הַמְבוּשָּׁל. מִכָּאן סָמְכוּ חֲכָמִים לְעֵירוּבֵי תַּבְשִׁילִין מִן הַתּוֹרָה.

The Gemara comments: **And a *tanna* cites** the proof for *eiruv tavshilin* **from here,** the following verse: "Tomorrow is a day of rest, a holy Shabbat to the Lord. **Bake that which you will bake**[N] **and cook that which you will cook,** and all that remains put aside to be kept for you until the morning" (Exodus 16:23). **From here Rabbi Eliezer said: One may bake** on a Festival for Shabbat **only** by relying **on that which was** already **baked** for Shabbat the day before, and adding to it; **and one may cook only** by relying **on that which was** already **cooked. From this** verse **the Sages established** an allusion **to the joining of cooked foods from the Torah.**[N]

NOTES

The opinions of Rava and Rav Ashi – שִׁיטוֹת רָבָא וְרַב אַשִׁי: Early authorities discuss the practical difference between the approaches of Rava and Rav Ashi. Some explain that according to Rava the *eiruv* must be prepared on the eve of the Festival, whereas Rav Ashi holds that it may be prepared even a few days earlier.

Some ask why, according to Rava, one may not prepare the *eiruv* on the Festival itself, or similarly, why Rava does not allow one to specify previously cooked food as the *eiruv* on Shabbat itself if he forgot to do so beforehand or if his *eiruv* was lost. The Rashba says that the Sages decreed against one who was negligent with regard to an *eiruv*, although this would affect his enjoyment of one Shabbat, so that he would learn from this with regard to future *Shabbatot*. Some early Ashkenazic authorities indeed rule in accordance with Rava and allow one to prepare an *eiruv* on the Festival itself, at least after the fact (see *Meiri* and the Responsa of the Maharam of Rothenberg).

Bake that which you will bake, etc. – אֵת אֲשֶׁר תֹּאפוּ אֵפוּ וגו׳: Rabbeinu Tam explains that the proof is derived from the first part of the verse: "Tomorrow is a day of rest, a holy Shabbat to the Lord. Bake that which you will bake, etc." The verse is interpreted as follows: If there is a day of rest, i.e., a Festival, before the holy Shabbat, then one should act as follows: Bake that which you will bake, etc. (*Sefer HaYashar*).

The reasons for *eiruv tavshilin* – טַעֲמֵי עֵירוּב תַּבְשִׁילִין: The early authorities ask: According to Rabba, and some say with the almost unanimous agreement of the Sages, it is prohibited to prepare on a Festival for the following days. Why, then, is it necessary to provide an additional reason? Furthermore, if this prohibition is indeed by Torah law, as claimed by Rabba, how does an *eiruv tavshilin* circumvent it? It seems that one must differentiate between two types of preparation. Rabba's type of preparation happens on its own, without human intervention, like the manna that the Jews ate in the wilderness; that which is prepared in this manner is prohibited, as opposed to that which is prepared through a human action performed on a Festival (Ritva; *Meiri*; Rav Yitzḥak Abuhav).

תָּנוּ רַבָּנַן: מַעֲשֶׂה בְּרַבִּי אֱלִיעֶזֶר שֶׁהָיָה יוֹשֵׁב וְדוֹרֵשׁ כׇּל הַיּוֹם כּוּלּוֹ בְּהִלְכוֹת יוֹם טוֹב. יָצְתָה כַּת רִאשׁוֹנָה, אָמַר: הַלָּלוּ בַּעֲלֵי פִּטָּסִין. כַּת שְׁנִיָּה, אָמַר: הַלָּלוּ בַּעֲלֵי חָבִיּוֹת. כַּת שְׁלִישִׁית, אָמַר: הַלָּלוּ בַּעֲלֵי כַּדִּין.

§ **The Sages taught** in a *baraita*: **There was an incident involving Rabbi Eliezer,**[P] **who was sitting and lecturing about the *halakhot* of the Festival throughout the entire** Festival **day.** When **the first group left** in the middle of his lecture, **he said: These** must be **owners of extremely large jugs [*pittasin*],**[L] who apparently have huge containers of wine awaiting them as well as a comparable amount of food, and they have left the house of study out of a craving for their food. After a while **a second group** departed. **He said: These are owners of barrels,**[B] which are smaller than *pittasin*. Later **a third group** took its leave, and **he said: These are owners of jugs,**[B] even smaller than barrels.

כַּת רְבִיעִית, אָמַר: הַלָּלוּ בַּעֲלֵי לָגִינִין. כַּת חֲמִישִׁית, אָמַר: הַלָּלוּ בַּעֲלֵי כּוֹסוֹת. הִתְחִילוּ כַּת שִׁשִּׁית לָצֵאת, אָמַר: הַלָּלוּ בַּעֲלֵי מְאֵרָה.

A fourth group left, and **he said: These are owners of jars [*laginin*],**[LB] which are smaller than jugs. Upon the departure of **a fifth group, he said: These are owners of cups,**[B] which are smaller still. When **a sixth group began to leave, he** became upset that the house of study was being left almost completely empty and **said: These are owners of a curse;**[N] i.e., they obviously do not have anything at home, so why are they leaving?

נָתַן עֵינָיו בַּתַּלְמִידִים, הִתְחִילוּ פְּנֵיהֶם מִשְׁתַּנִּין. אָמַר לָהֶם: בָּנַי, לֹא לָכֶם אֲנִי אוֹמֵר אֶלָּא לְהַלָּלוּ שֶׁיָּצְאוּ, שֶׁמַּנִּיחִים חַיֵּי עוֹלָם וְעוֹסְקִים בְּחַיֵּי שָׁעָה.

He cast his eyes upon the students remaining in the house of study. Immediately, **their faces began to change**[N] color out of shame, as they feared he was referring to them and that perhaps they should have departed along with the others instead of staying. **He said to them: My sons, I did not say** that **about you but about those who left, because they abandon** the **eternal life** of Torah **and engage in** the **temporary life** of eating.

בִּשְׁעַת פְּטִירָתָן אָמַר לָהֶם: ״לְכוּ אִכְלוּ מַשְׁמַנִּים וּשְׁתוּ מַמְתַקִּים וְשִׁלְחוּ מָנוֹת לְאֵין נָכוֹן לוֹ כִּי קָדוֹשׁ הַיּוֹם לַאֲדֹנֵינוּ וְאַל תֵּעָצֵבוּ כִּי חֶדְוַת ה׳ הִיא מָעֻזְּכֶם״.

At the time of the remaining students' **departure** at the conclusion of Rabbi Eliezer's lecture, **he said to them** the verse: **"Go your way, eat the fat and drink the sweet, and send portions to him for whom nothing is prepared, for this day is holy to our Lord; and do not be grieved, for the joy of the Lord is your strength"** (Nehemiah 8:10).

LANGUAGE

Extremely large jugs [*pittasin*] – פִּטָּסִין: From the Greek πίθος, *pithos*, a large earthenware vessel used for storing wine and other beverages.

Jars [*laginin*] – לָגִינִין: From the Greek λάγυνος, *lagounos*, meaning bottle or earthenware jug.

BACKGROUND

Pittasin, barrels, etc. – פִּטָּסִין, חָבִיּוֹת וכו׳: *Pittasin* were very large earthenware vessels. The largest were as big as a person and had a capacity of hundreds of liters of fluid.

Pittas

Jugs – כַּדִּין: The precise form of these jugs is unknown. Based on statements in the Talmud, it appears that they were shaped much like barrels. The main difference between the two was that the jug had a wider mouth and was cruder and simpler in shape.

Jars [*laginin*] – לָגִינִין: These jars were usually made of earthenware. Like modern bottles, they were used as beverage containers on the dining table. Such jars could hold 2–3 ℓ at most.

Lagin

Cups – כּוֹסוֹת: These cups were made from various metallic substances, including silver and gold, as well as from glass and earthenware. The smallest of the beverage vessels, a cup held about a quarter-*log*, or approximately one-eighth of a liter.

PERSONALITIES

Rabbi Eliezer – רַבִּי אֱלִיעֶזֶר: When the name Rabbi Eliezer appears in the Talmud without a patronymic, it refers to Rabbi Eliezer ben Hyrcanus, also known as Rabbi Eliezer the Great, who was one of the leading Sages in the period after the destruction of the Second Temple.

Rabbi Eliezer was born to a wealthy family of Levites who traced their lineage back to Moses. Although he began studying Torah late in life, he quickly became an outstanding disciple of Rabban Yoḥanan ben Zakkai. Indeed, Rabban Yoḥanan remarked: If all the Sages were on one side of a scale and Eliezer ben Hyrcanus were on the other, he would outweigh them all.

Rabbi Eliezer was blessed with a remarkable memory. All his life he attempted, in his Torah study and his halakhic rulings, to follow the traditions of his teachers without adding to them. Nevertheless, although he was the primary student of Rabban Yoḥanan ben Zakkai, who was a follower of Beit Hillel, he himself tended toward the views of Beit Shammai. Rabbi Eliezer's close friend, Rabbi Yehoshua ben Ḥananya, followed the views of Beit Hillel consistently, and many fundamental halakhic disputes between these Sages are recorded in the Mishna.

Because of his staunch and unflinching adherence to tradition, Rabbi Eliezer was unwilling to accede to the majority view when his own views were based on tradition. Indeed, Rabbi Eliezer's conduct generated so much tension among the Sages that Rabban Gamliel, who was the brother of his wife, Imma Shalom, excommunicated him to prevent controversy from proliferating. This ban was lifted only after Rabbi Eliezer's death. All of the Sages of the next generation were Rabbi Eliezer's students, most prominent among them Rabbi Akiva. Rabbi Eliezer's son, Hyrcanus, was also one of the Sages.

NOTES

These are owners of a curse – הַלָּלוּ בַּעֲלֵי מְאֵרָה: Many explanations have been offered for Rabbi Eliezer's harsh comments. Some say that those who stayed this long in the house of study but eventually left to eat failed to properly devote the day either to God or to themselves, and therefore he states that they are merely left with a curse (*Petaḥ Einayim*, citing Rabbeinu Ḥananel; see the *Arukh*). This understanding fits well with the alternate reading: Until when will they sit, in that Rabbi Eliezer grew angry with them, as they should have already left if they wanted to eat (Rabbi Aharon HaLevi; Ritva).

The *Meiri*, however, explains that people who waited so long certainly could not have left for the sake of food; rather, they must be cursed people, without much food at home, who left only because they spurned Torah study.

Their faces began to change – הִתְחִילוּ פְּנֵיהֶם מִשְׁתַּנִּין: The students were concerned that he might be thinking that they, too, should have gone to eat, and that he was only angry with each previous group because its members left all at the same time rather than individually (Rav Yitzḥak Abuhav). Some explain that since it was Rabbi Eliezer's custom not to be the first to leave the house of study, his students thought that perhaps he wanted them to depart first so that he could leave afterward, in accordance with his standard custom (*Iyyun Ya'akov*).

אמר מר: "שמניחין חיי עולם ועוסקין בחיי שעה", והא שמחת יום טוב מצוה היא. רבי אליעזר לטעמיה, דאמר: שמחת יום טוב רשות.

The Gemara clarifies this *baraita*. **The Master said** above: **Because they abandon eternal life and engage in temporary life.** The Gemara wonders at this: **But isn't the joy of the Festival** itself **a mitzva** and therefore part of eternal life? The Gemara answers: **Rabbi Eliezer** conforms **to his** standard line of **reasoning, as he said:** Physical **joy on a Festival is** merely **optional.**

דתניא, רבי אליעזר אומר: אין לו לאדם ביום טוב אלא: או אוכל ושותה או יושב ושונה. רבי יהושע אומר: חלקהו – חציו לה' וחציו לכם.

As it is taught in a *baraita* that **Rabbi Eliezer says: A person has no** way of fulfilling the mitzva of **a Festival** correctly **apart from either eating and drinking,** thereby fulfilling the mitzva of joy in a completely physical manner, **or sitting and studying** Torah, thereby emphasizing only the spiritual; and those who did not engage in Torah study to the fullest extent acted inappropriately. **Rabbi Yehoshua says:** There is no need for such a dichotomy; rather, simply **divide it: Half to God,** Torah study, **and half to yourselves,**[NH] engaging in eating, drinking, and other pleasurable activities.

אמר רבי יוחנן: ושניהם מקרא אחד דרשו. כתוב אחד אומר "עצרת לה' אלהיך" וכתוב אחד אומר "עצרת תהיה לכם" הא כיצד? רבי אליעזר סבר: או כולו לה' או כולו לכם, ורבי יהושע סבר: חלקהו – חציו לה' וחציו לכם.

Rabbi Yoḥanan said: And both of them derived their opinions **from one verse,** i.e., the two of them addressed the same apparent contradiction between two verses, resolving it in different ways. **One verse states:** "It shall be **a solemn assembly for the Lord, your God"** (Deuteronomy 16:8), indicating a Festival dedicated to the service of God, **and one verse states: "It shall be a solemn assembly for you"** (Numbers 29:35), indicating a celebratory assembly for the Jewish people. **How is this** to be reconciled? **Rabbi Eliezer holds** that the two verses should be understood as offering a choice: The day is to be **either entirely for God,** in accordance with the one verse, **or entirely for you,** as per the other verse; **and Rabbi Yehoshua holds** that it is possible to fulfill both verses: **Split** the day into two, **half of it for God and half of it for you.**

מאי "לאין נכון לו"? אמר רב חסדא: למי שלא הניח עירובי תבשילין. איכא דאמרי: מי שלא היה לו להניח עירובי תבשילין, אבל מי שהיה לו להניח עירובי תבשילין ולא הניח – פושע הוא.

§ Since the *baraita* mentions the verse from Nehemiah, the Gemara poses the following question: **What is** the meaning of: "Send portions **to him for whom nothing is prepared"** (Nehemiah 8:10)? **Rav Ḥisda said:** Send to one who does not have food of his own prepared for Shabbat that follows the Festival because **he did not prepare a joining of cooked foods** and must therefore rely on others. **Some say** that he said the following: It is necessary to provide food for **one who did not have** an opportunity **to prepare a joining of cooked foods** on the eve of the Festival; **but one who had** an opportunity **to prepare a joining of cooked foods and did not prepare** one **is negligent,** and there is no obligation to care for him.[H]

מאי "כי חדות ה' היא מעזכם"? אמר רבי יוחנן משום רבי אליעזר ברבי שמעון: אמר להם הקדוש ברוך הוא לישראל: בני, לוו עלי וקדשו קדושת היום, והאמינו בי ואני פורע.

The Gemara poses another question with regard to the same verse: **What is** the meaning of: **"For the joy of the Lord is your strength"? Rabbi Yoḥanan said in the name of Rabbi Eliezer, son of Rabbi Shimon: The Holy One, Blessed be He, said to the Jewish people: My children, borrow on My** account, **and sanctify the sanctity of the day** of Shabbat and the Festivals with wine, **and trust in Me, and I will repay**[N] this debt.

ואמר רבי יוחנן משום רבי אליעזר ברבי שמעון: הרוצה שיתקיימו נכסיו יטע בהן אדר, שנאמר "אדיר במרום ה'".

Apropos the statement attributed to Rabbi Yoḥanan in the name of Rabbi Eliezer, son of Rabbi Shimon, the Gemara cites another statement that **Rabbi Yoḥanan said in the name of Rabbi Eliezer, son of Rabbi Shimon: One who wants his properties to be preserved** and protected from ruin should **plant an *eder***[L] tree **among them,**[N] **as it is stated: "The Lord on high is mighty** [*adir*]" (Psalms 93:4). Due to the similarity of the words *eder* and *adir*, this is understood to mean that the *eder* tree bestows permanence.

אי נמי: אדרא כשמיה, כדאמרי אינשי: מאי אדרא – דקיימא לדרי דרי. תניא נמי הכי: שדה שיש בה אדר אינה נגזלת, ואינה נחמסת, ופירותיה משתמרין.

Alternatively: The *eder* tree will preserve one's property, **as** implied by **its name, as people say: What is** alluded to in the name of **the *eder*?** Its name hints **that it endures for many generations** [*darei*]. **This is also taught** in a *baraita*: **A field that contains an *eder*** tree **will be neither stolen nor forcibly removed** from one's possession, as the *eder* serves as a clear indication of its owner, **and its fruit is preserved,** as the unique odor of the *eder* sap wards off insects.

תני רב תחליפא אחוה דרבנאי חוזאה:

§ The Gemara returns to the previous issue: **Rav Taḥlifa, brother of Ravnai Ḥoza'a, taught:**

NOTES

Half to God and half to yourselves – חֶצְיוֹ לַה׳ וְחֶצְיוֹ לָכֶם: Some explain this as meaning that each person's choice among the options depends upon his own natural tendencies. Those who enjoy food should celebrate the Festival entirely for themselves, i.e., in a physical manner, whereas those who take pleasure in Torah study should dedicate the Festival entirely to God (Rav Yitzḥak Abuhav).

Borrow on My account…and I will repay – לְווּ עָלַי...וַאֲנִי פּוֹרֵעַ: The author of the *Magen Avraham* cites the statement in the Jerusalem Talmud that it is permissible even to borrow with interest for the sake of Shabbat and the Festivals. Some suggest that the verse: "The joy of the Lord is your strength," alludes to this, as it is as though God is saying: This is My joy, and therefore you may borrow on My account (*Meiri*).

Should plant an *eder* tree among them – יִטַּע בָּהֶן אֶדֶר: Some explain this statement as a metaphor. Rabbeinu Ḥananel explains that it means that one should give charity; with regard to this mitzva the verse states: "The Lord on high is mighty," and it is the merit of such an act that lasts for generations. In the *Meiri* this is interpreted as a directive to deal faithfully in business. However, all agree that the statement is also meant to be understood literally, as meaning that an *eder* tree will sustain one's property, since it constitutes a distinguishing mark. The *ge'onim* explain that the protection from strong winds provided by the many boughs of the *eder* serves to preserve one's property.

HALAKHA

Half to God and half to yourselves – חֶצְיוֹ לַה׳ וְחֶצְיוֹ לָכֶם: The *halakha* is in accordance with the opinion of Rabbi Yehoshua that the Festival should be divided, half for Torah study and prayer (*Mishna Berura*) and half for eating and drinking. Therefore, one should not prolong the prayers (*Mishna Berura*), especially not with excessive singing (*Yam Shel Shlomo*; *Shulḥan Arukh, Oraḥ Ḥayyim* 529:1).

Who must prepare a joining of cooked foods – עַל מִי מוּטָל לְעָרֵב: Everyone is obligated to prepare a joining of cooked foods. The ideal procedure is for the head of the town to make an *eiruv* on behalf of all the members of the town; nowadays, the custom is for everyone to make it on behalf of the entire town. One who lost his *eiruv* or does not know what happened to it may rely on the *eiruv* of the head of the town. However, one who deliberately relies on this *eiruv* is called negligent and does not fulfill his obligation (*Shulḥan Arukh, Oraḥ Ḥayyim* 527:7).

LANGUAGE

Eder – אֶדֶר: According to some opinions this is derived from the Greek κέδρος, *kedros*, meaning cedar tree, with the first letter omitted. Others claim that it is from δρῦς, *drus*, meaning oak tree, with the addition of *e* at the beginning. Yet others are of the opinion that *idra* and *adir*, mighty, are Hebrew terms for the cedar tree.

The size and splendor of this tree makes it a prominent part of any field, while its sap wards off several different types of harmful insects.

כָּל מְזוֹנוֹתָיו שֶׁל אָדָם קְצוּבִים לוֹ מֵרֹאשׁ הַשָּׁנָה וְעַד יוֹם הַכִּפּוּרִים, חוּץ מֵהוֹצָאַת שַׁבָּתוֹת וְהוֹצָאַת יוֹם טוֹב, וְהוֹצָאַת בָּנָיו לְתַלְמוּד תּוֹרָה. שֶׁאִם פָּחַת – פּוֹחֲתִין לוֹ, וְאִם הוֹסִיף – מוֹסִיפִין לוֹ.

A person's entire livelihood is allocated to him during the period **from Rosh HaShana to Yom Kippur.** During that time, as each individual is judged, it is decreed exactly how much money he will earn for all his expenditures of the coming year, **except for expenditures for *Shabbatot*,**[N] **and expenditures for Festivals, and expenditures for** the school fees of **his sons' Torah study.** In these areas, no exact amount is determined at the beginning of the year; rather, **if he reduced** the amount he spends for these purposes, **his** income **is reduced** and he earns that much less money in that year, **and if he increased** his expenditures in these areas, **his** income **is increased** to ensure that he can cover the expense. Therefore, one may borrow for these purposes, since he is guaranteed to have enough income to cover whatever he spends for them.

אָמַר רַבִּי אַבָּהוּ: מַאי קְרָאָה – ״תִּקְעוּ בַחֹדֶשׁ שׁוֹפָר (בַּכֶּסֶא) לְיוֹם חַגֵּנוּ״ אֵיזֶהוּ חַג שֶׁהַחֹדֶשׁ מִתְכַּסֶּה בּוֹ – הֱוֵי אוֹמֵר זֶה רֹאשׁ הַשָּׁנָה, וּכְתִיב ״כִּי חֹק לְיִשְׂרָאֵל הוּא מִשְׁפָּט לֵאלֹהֵי יַעֲקֹב״.

Rabbi Abbahu said: What is the verse from which this dictum is derived? The source is: **"Blow the *shofar* at the New Moon, at the concealed** time **for our Festival day"** (Psalms 81:4). **On which Festival is the new moon concealed?** You **must say** that **it is Rosh HaShana,** which occurs on the first of the month, when the moon is not yet visible, while the moon is visible during the other Festivals, which occur in the middle of the month. **And it is written** in the next verse: **"For it is a statute [*ḥok*] for Israel,**[N] **a judgment of the God of Jacob"** (Psalms 81:5).

מַאי מַשְׁמַע דְּהַאי ״חֹק״ לִישָּׁנָא דִּמְזוֹנֵי הוּא – דִּכְתִיב ״וְאָכְלוּ אֶת חֻקָּם אֲשֶׁר נָתַן לָהֶם פַּרְעֹה״. מָר זוּטְרָא אֲמַר מֵהָכָא: ״הַטְרִיפֵנִי לֶחֶם חֻקִּי״.

The Gemara explains: **From where** may it **be inferred that this** word **"statute [*ḥok*]" is a term** relating **to food? As it is written: "And they ate their allotment [*ḥukkam*], which Pharaoh gave them"** (Genesis 47:22). **Mar Zutra said:** One can learn that *ḥok* is referring to food **from here: "Feed me with my allotted [*ḥukki*] bread"** (Proverbs 30:8).

תַּנְיָא, אָמְרוּ עָלָיו עַל שַׁמַּאי הַזָּקֵן, כָּל יָמָיו הָיָה אוֹכֵל לִכְבוֹד שַׁבָּת. מָצָא בְּהֵמָה נָאָה אוֹמֵר: זוֹ לְשַׁבָּת. מָצָא אַחֶרֶת נָאָה הֵימֶנָּה – מַנִּיחַ אֶת הַשְּׁנִיָּה וְאוֹכֵל אֶת הָרִאשׁוֹנָה.

It is taught in a *baraita*: **They said about Shammai the Elder**[P] that **all his days he would eat in honor of Shabbat.** How so? If **he found a choice animal, he would say: This is for Shabbat.** If **he** subsequently **found another one choicer than it, he** would **set aside the second** for Shabbat **and eat the first.** He would eat the first to leave the better-quality animal for Shabbat, which continually rendered his eating an act of honoring Shabbat.

אֲבָל הִלֵּל הַזָּקֵן מִדָּה אַחֶרֶת הָיְתָה לוֹ, שֶׁכָּל מַעֲשָׂיו לְשֵׁם שָׁמַיִם. שֶׁנֶּאֱמַר ״בָּרוּךְ ה׳ יוֹם יוֹם״. תַּנְיָא נַמִי הָכִי: בֵּית שַׁמַּאי אוֹמְרִים: מֵחַד שַׁבִּיךְ לְשַׁבָּתִיךְ, וּבֵית הִלֵּל אוֹמְרִים: ״בָּרוּךְ ה׳ יוֹם יוֹם״.

However, Hillel the Elder had a different trait, that all his actions, including those on a weekday, **were for the sake of Heaven, as it is stated: "Blessed be the Lord, day by day;**[N] He bears our burden, our God who is our salvation; Selah" (Psalms 68:20), meaning that God gives a blessing for each and every day. **That is also taught** in a *baraita* in more general terms: **Beit Shammai say: From the first** day **of the week,** Sunday, start preparing already **for your Shabbat. And Beit Hillel say: "Blessed be the Lord, day by day."**

אָמַר רַבִּי חָמָא בְּרַבִּי חֲנִינָא: הַנּוֹתֵן מַתָּנָה לַחֲבֵרוֹ אֵין צָרִיךְ לְהוֹדִיעוֹ, שֶׁנֶּאֱמַר ״וּמֹשֶׁה לֹא יָדַע כִּי קָרַן עוֹר פָּנָיו״.

§ Apropos the statements about honoring Shabbat, the Gemara cites another statement on the same topic. **Rabbi Ḥama, son of Rabbi Ḥanina, said: One who gives a gift to his friend need not inform him** that he has given it to him, and he need not concern himself that the recipient might not realize who gave it to him. **As it is stated: "And Moses did not know that the skin of his face was radiant"** (Exodus 34:29); Moses received this gift unawares.

NOTES

Except for expenditures for *Shabbatot*, etc. – חוּץ מֵהוֹצָאַת שַׁבָּתוֹת וכו׳: The Ritva notes that the same applies to all expenses related to mitzvot.

For it is a statute [*ḥok*] for Israel, etc. – כִּי חֹק לְיִשְׂרָאֵל הוּא: Some explain *ḥok* literally as a statute, an unfathomable decree, since one's fortune and financial success do not depend on his merit; however, expenditures for mitzvot are like "a judgment of the God of Jacob," a logically understandable decision. This is because the allotment of money for mitzvot is granted to each person according to the amount that he spends on them (*Ḥatam Sofer*).

Blessed be the Lord day by day – בָּרוּךְ ה׳ יוֹם יוֹם: Rashi and many other commentators explain that Hillel trusted that God would provide food and other items for Shabbat when the time came, and therefore he did not concern himself about this during the week. Others explain that all of Hillel's actions, all through the week and with regard to all matters, were always undertaken in honor of Shabbat, so that he did not need to announce this explicitly (Rav Yitzḥak Abuhav). The *Ḥatam Sofer* and many others hold that Hillel's philosophy was that the actions of one's entire life, not only those explicitly related to mitzvot, should be performed for the sake of Heaven; therefore, even on weekdays, he considered every activity as if it were for the sake of a mitzva.

Many early and later authorities write that it is most appropriate to act in accordance with Shammai's outlook. The Sages also praised this type of practice in several places, and many view it as an appropriate expression of deference to Shabbat (see Rashi and Ramban on Exodus 20:8). Hillel's custom, however, is viewed as suitable only for people of exceptional faith, whose trust in God is strong and whose actions are always undertaken solely for the sake of Heaven (see *Bigdei Yom Tov* and others).

PERSONALITIES

Shammai the Elder – שַׁמַּאי הַזָּקֵן: Shammai, occasionally referred to as the Elder due to his esteemed position, was Hillel's partner in the Jewish leadership of his generation; he served as president of the court while Hillel, also called the Elder, was *Nasi* of the Sanhedrin. Hillel and Shammai, the last of the pairs of Sages, lived about one hundred years prior to the destruction of the Temple, at the beginning of Herod's reign.

Despite the fact that they founded two schools with opposing outlooks, Beit Hillel and Beit Shammai, which lasted for many years after their passing, they themselves disagreed about only three or four issues. The difference between Hillel and Shammai themselves was mainly one of personality. Hillel related to himself and others in an easygoing manner, avoiding conflict whenever possible. Shammai, by contrast, took a more severe approach, attempting to scrutinize people's motivations and behavior. Nevertheless, it was the apparently strict Shammai who coined the phrase: Greet every person with a pleasant countenance (*Avot* 1:15).

Little is known about his personal life, but it appears that he was an architect or builder by trade, since he is portrayed on several occasions as standing with a builder's measuring rod in hand.

מיתיבי: "לדעת כי אני ה׳ מקדשכם", אמר לו הקדוש ברוך הוא למשה: משה, מתנה טובה יש לי בבית גנזי ושבת שמה, ואני מבקש ליתנה לישראל, לך והודיע אותם. מכאן אמר רבן שמעון בן גמליאל: הנותן פת לתינוק צריך להודיע לאמו!

The Gemara **raises an objection** to this. Isn't it written: "Nevertheless, you must keep My *Shabbatot*, for this is a sign between Me and you throughout your generations, **that you may know that I am the Lord Who sanctifies you**" (Exodus 31:13), which the Sages expounded as follows: **The Holy One, Blessed be He, said to Moses: Moses, I have a good gift**[N] **in My treasury, and its name is Shabbat, and I wish to give it to the Jewish people. Go and inform them** of this intention of Mine. **And from here Rabban Shimon ben Gamliel said: One who gives** a gift **of a piece of bread to a child must inform his mother** of his actions, so that the child's parents will be aware of the giver's fond feelings for them, thereby enhancing friendly relations and companionship among Jews. This appears to be in direct contradiction to Rabbi Ḥama's statement.

לא קשיא; הא במתנה דעבידא לאגלויי, הא במתנה דלא עבידא לאגלויי. שבת נמי מתנה דעבידא לאגלויי? מתן שכרה לא עבידא לאגלויי.

The Gemara answers: This is **not difficult; this** case, where one need not inform the recipient, **is referring to a gift that is likely to be revealed,** such as Moses' shining face, which everyone would point out to him; **that** case, where one must inform the recipient, **is referring to a gift that is not likely to be revealed** in the natural course of events. The Gemara challenges: Isn't **Shabbat also a gift that is likely to be revealed,** as the Jews would eventually be instructed with regard to the time and nature of Shabbat? The Gemara answers: Nevertheless, **its reward is not likely to be revealed.**[N] Therefore, God told Moses to inform the Jews of the gift of Shabbat and its reward.

אמר מר, מכאן אמר רבן שמעון בן גמליאל: הנותן פת לתינוק צריך להודיע לאמו. מאי עביד ליה? שייף ליה משחא, ומלי ליה כוחלא. והאידנא דחיישינן לכשפים מאי? אמר רב פפא: שייף ליה מאותו המין.

The Master said earlier that **from here Rabban Shimon ben Gamliel said: One who gives a piece of bread to a child must inform his mother.** The Gemara asks: **What does he do to him;** how does he inform the child's mother? **He rubs oil on him and paints his eyes blue,** so that when the child arrives home his mother will ask him who did this to him and he will reply that it was a person who also gave him a piece of bread. The Gemara comments: **And nowadays, when we are concerned about witchcraft,** i.e., that painting the child's eyes might have been performed as an act of sorcery, **what** should one do? **Rav Pappa said: He rubs on** the child a little **of that same type** of food that he put on the bread, such as butter or cheese, and this will cause the child's mother to notice that he received a present.

אמר רבי יוחנן משום רבי שמעון בן יוחי: כל מצות שנתן להם הקדוש ברוך הוא לישראל נתן להם בפרהסיא, חוץ משבת שנתן להם בצנעא, שנאמר "ביני ובין בני ישראל אות היא לעולם".

The Gemara cites a further statement with regard to the gift of Shabbat to the Jewish people. **Rabbi Yoḥanan said in the name of Rabbi Shimon ben Yoḥai: All** the **mitzvot that the Holy One, Blessed be He, gave to the Jewish people, He gave to them in public** [*parhesya*][L] **except for Shabbat, which he gave to them in private. As it is stated: "It is a sign between Me and the children of Israel forever"** (Exodus 31:17), meaning that in a sense, it is a secret between God and the Jewish people.

אי הכי לא לענשו גוים עלה?! שבת אודועי אודעינהו, מתן שכרה לא אודעינהו. ואי בעית אימא: מתן שכרה נמי אודעינהו, נשמה יתירה לא אודעינהו.

The Gemara challenges: **If** it is **so** that it was given in secret so that not everyone knew about it, **the gentiles should not be punished for** not wanting to accept it;[N] they are liable to receive punishment for refusing to accept the other mitzvot of the Torah. The Gemara answers: The Holy One, Blessed be He, **did inform them** of the concept of **Shabbat,** but He **did not inform them** of **the reward** for the fulfillment of the mitzva. **And if you wish, say** instead that **He also informed** the gentiles of **its reward,** but about the idea of the **additional soul**[N] given to each person on Shabbat **He did not inform them.**

דאמר רבי שמעון בן לקיש: נשמה יתירה נותן הקדוש ברוך הוא באדם ערב שבת, ולמוצאי שבת נוטלין אותה הימנו, שנאמר "שבת וינפש" כיון ששבת ווי אבדה נפש.

As Rabbi Shimon ben Lakish said: The Holy One, Blessed be He, gives a person an additional soul on Shabbat eve, and at the conclusion of Shabbat removes it from him, as it is stated: "He ceased from work and was refreshed [*vayinafash*]" (Exodus 31:17). Rabbi Shimon ben Lakish expounds the verse as follows: **Since he ceased from work,** and now Shabbat has concluded and his additional soul is removed from him, **woe** [*vai*] for the additional **soul** [*nefesh*] that is **lost.**

"עושה אדם תבשיל מערב יום טוב". אמר אביי: לא שנו אלא תבשיל, אבל פת לא.

It was taught in the mishna that **a person may prepare a cooked dish on a Festival eve** and rely on it for Shabbat for the joining of cooked foods. **Abaye said: They taught** that the joining of cooked foods allows one to cook on a Festival for Shabbat **only** when it is made from **a cooked dish; however,** if it is composed of **bread** alone, **no,** this is not sufficient.

NOTES

A good gift – מתנה טובה: There are those who explain that Shabbat is unique among the mitzvot in that its observance also includes physical pleasures. Shabbat is thereby not merely a mitzva that sanctifies the Jewish people, but also a valuable gift in all aspects, including material ones (*Simḥat Yom Tov*).

Its reward is not likely to be revealed – מתן שכרה לא עבידא לאגלויי: The *Meiri* suggests a mystical interpretation: The reward for observing Shabbat consists of insights into the creation of the world, which is the inner essence of the mitzva of Shabbat. He adds that since the creation of the world is not something that can be proven by logic alone, the Gemara states that Shabbat was not given publicly but as a gift to the Jewish people alone.

The gentiles should not be punished for it – לא לענשו גוים עלה: Early and later authorities discuss the meaning of this statement at great length. The Maharshal explains that gentiles can claim they did not accept the Torah because they were not informed that it includes a day of rest. The Maharsha suggests a different idea: The *halakha* is that it is prohibited for a gentile to observe Shabbat, as it was given to the Jewish people alone. If, however, Shabbat was not publicly revealed, why should it be considered a transgression for a gentile to observe it? Some explain that gentiles should not be punished for forcing Jews to work on Shabbat, as they can claim that the sacred day was not revealed to them (*Bigdei Yom Tov*).

Additional soul – נשמה יתירה: Rabbeinu Ḥananel writes: All were created in the world in order for their souls to enjoy the seventh day, as they are enhanced and augmented on Shabbat. Some write that the additional soul refers to the gift of an additional capacity for Torah study (*Shitta Mekubbetzet*). The *Meiri* maintains that the higher part of the soul, which deals with lofty matters, remains concealed throughout the week. On Shabbat, however, this aspect of the soul is able to shine through, and it is this additional soul that differentiates humans from other creatures.

LANGUAGE

Public [*parhesya*] – פרהסיא: From the Greek παρρησία, *parresia*, which means freedom of speech or a liberal regime. The Sages use it to describe an act performed in public, revealed to everyone.

מַאי שְׁנָא פַּת דְּלָא? אִילֵימָא מִידֵּי דְּמַלְפַּת בָּעֵינַן, וּפַת לָא מַלְפַּתָא – וְהָא דַּיְיסָא נַמִי, דְּלָא מַלְפְּתָא. דְּאָמַר רַבִּי זֵירָא: הָנֵי בַּבְלָאֵי טַפְשָׁאֵי דְּאָכְלִי נַהֲמָא בְּנַהֲמָא. וְאָמַר רַב נְחוּמִי בַּר זְכַרְיָה מִשְּׁמֵיהּ דְּאַבָּיֵי: מְעָרְבִין בְּדַיְיסָא! אֶלָּא, מִידֵּי דְּלָא שְׁכִיחַ בָּעֵינַן, וּפַת שְׁכִיחָא וְדַיְיסָא לָא שְׁכִיחָא.

The Gemara asks: **What is different** about **bread that** makes it **not** fit for this purpose? **If we say** that **we require something that accompanies** bread, **and bread does not accompany** itself, the following difficulty arises: **Porridge also does not accompany** bread, **as Rabbi Zeira**[P] **said: Those foolish Babylonians eat bread with bread,** referring to their custom of eating bread with porridge. This shows that porridge is no better accompaniment to bread than bread itself, **and** yet **Rav Neḥumi bar Zekharya said in the name of Abaye: One may** establish an *eiruv* **with porridge. Rather,** one must say as follows: **We require something that is not routine,** so that it will be clear that one is setting it aside for the purpose of an *eiruv*, **and bread is routine,** whereas **porridge is not routine.**

אִיכָּא דְּאָמְרִי, אָמַר אַבָּיֵי: לֹא שָׁנוּ אֶלָּא תַּבְשִׁיל, אֲבָל פַּת – לָא. מַאי טַעְמָא? אִילֵימָא דְּמִידֵּי דְּלָא שְׁכִיחַ בָּעֵינַן וּפַת שְׁכִיחָא, וְהָא דַּיְיסָא לָא שְׁכִיחָא, וְאָמַר רַב נְחוּמִי בַּר זְכַרְיָה מִשְּׁמֵיהּ דְּאַבָּיֵי: אֵין מְעָרְבִין בְּדַיְיסָא. אֶלָּא, מִידֵּי דְּמַלְפַּת בָּעֵינַן, וּפַת לָא מַלְפְּתָא. וְדַיְיסָא נַמִי לָא מַלְפְּתָא, דְּאָמַר רַבִּי זֵירָא: הָנֵי בַּבְלָאֵי טַפְשָׁאֵי דְּאָכְלִי נַהֲמָא בְּנַהֲמָא.

Some say a different version of this discussion: **Abaye said: They taught** that a joining of cooked foods allows one to cook on a Festival for Shabbat **only** when it is made from **a cooked dish; however,** if it is composed of **bread, no,** that is not sufficient. The Gemara asks: **What is the reason** for this? **If we say that we require something that is not routine, and bread is routine,** the following difficulty arises: **Isn't porridge not** particularly **routine? And** yet **Rav Neḥumi bar Zekharya said in the name of Abaye: One may not establish an *eiruv* with porridge. Rather,** one should say as follows: **We require something that accompanies** bread, **and bread does not accompany** itself, **and porridge, too, does not accompany** bread, **as Rabbi Zeira said: Those foolish Babylonians eat bread with bread,** from which it is clear that like bread, porridge does not accompany bread and consequently cannot constitute an *eiruv*.[H]

תָּנֵי רַבִּי חִיָּיא: עֲדָשִׁים שֶׁבְּשׁוּלֵי קְדֵרָה סוֹמֵךְ עֲלֵיהֶן מִשּׁוּם עֵרוּבֵי תַבְשִׁילִין. וְהָנֵי מִילֵּי דְּאִית בְּהוּ כְּזַיִת. אָמַר רַב יִצְחָק בְּרֵיהּ דְּרַב יְהוּדָה: שַׁמְנוּנִית שֶׁעַל גַּבֵּי הַסַּכִּין גּוֹרְרוֹ וְסוֹמֵךְ עָלָיו מִשּׁוּם עֵרוּבֵי תַבְשִׁילִין. וְהָנֵי מִילֵּי – דְּאִית בְּהוּ כְּזַיִת.

Rabbi Ḥiyya taught: With regard to **lentils that** remain **at the bottom of a pot**[H] on the eve of a Festival, **one may rely on them for the joining of cooked foods.**[N] Although they were not prepared with this purpose in mind, they are nevertheless considered a cooked dish. **And this applies only** if **there is an olive-bulk** of lentils in total. Similarly, **Rav Yitzḥak, son of Rav Yehuda, said:** With regard to **fat** of meat and the like **that is on a knife, one may scrape it** off the knife **and rely on it for the joining of cooked foods; and this applies only** if **there is an olive-bulk** of fat in total.

אָמַר רַב אַסִּי אָמַר רַב: דָּגִים קְטַנִּים מְלוּחִים אֵין בָּהֶם מִשּׁוּם בִּשּׁוּלֵי גוֹיִם. אָמַר רַב יוֹסֵף: וְאִם צְלָאָן גּוֹי – סוֹמֵךְ עֲלֵיהֶם מִשּׁוּם עֵרוּבֵי תַבְשִׁילִין, וְאִי עַבְדִינְהוּ גּוֹי כַּסָּא דְּהַרְסְנָא אָסוּר.

Rav Asi said that **Rav said: Small salted fish**[NH] that a gentile then cooked **are not considered the cooked food of gentiles**[H] because cooking does not prepare them to be food any more than they already were, as they can be eaten in their salted state. **Rav Yosef said: And** even **if a gentile roasted them,**[N] a Jew may **rely on them for the joining of cooked foods,** as they are not considered the cooked food of a gentile and are indeed already edible. However, **if the gentile made them** into **fish fried with oil and flour** [***kasa deharsena***],[L] **it is prohibited** to eat them. In this case they are considered the cooked food of a gentile, since his actions have made them into noteworthy food.

פְּשִׁיטָא! מַהוּ דְּתֵימָא:

The Gemara challenges: **It is obvious** that this is the case; it need not be taught. The Gemara answers: The justification for teaching it is **lest you say** that

PERSONALITIES

Rabbi Zeira – רַבִּי זֵירָא: Born in Babylonia, Rabbi Zeira, known in the Jerusalem Talmud as Rabbi Ze'eira, became one of the great third-generation *amora'im* of Eretz Yisrael. His father was a tax collector for the Persian government and was praised as one of the few who filled that position properly. When Rabbi Zeira ascended to Eretz Yisrael, he decided to identify completely with the Torah teachings of Eretz Yisrael. The Gemara relates that he fasted one hundred fasts in order to forget the traditions that he had received in Babylonia.

Rabbi Zeira was famous for his sharp intellect and incisive analysis of *halakhot*. He was also known as an extremely God-fearing man, and there are several stories that illustrate his distinction in that area. He did not even want to be ordained with the title Rabbi, due to his modesty. It was only after he was told that atonement for his sins comes with that ordination that he relented.

The Gemara relates that he fasted one hundred additional fasts so that the fire of Gehenna would not harm him, and he would test himself by entering a fiery furnace. On one occasion, his legs were scorched, and from then on he was called: The little man with the scorched legs. He was a contemporary of Rav Ḥisda, Rav Sheshet, and Rabba in Babylonia. In Eretz Yisrael he was counted among the disciples of Rabbi Yoḥanan and engaged in extensive halakhic discourse with them. Apparently, he was a flax merchant in Eretz Yisrael, and it is possible that he had occasion in the course of his business to return to Babylonia several times.

The text of the beginning of Rabbi Zeira's eulogy is preserved in the Talmud: The land of Shinar, Babylonia, conceived and gave birth; the land of splendor, Eretz Yisrael, raised her plaything. Woe unto her, said Rakkath, Tiberias, for she has lost her beloved vessel.

Rabbi Zeira had a son, Rabbi Ahava, who was a Sage in the following generation.

HALAKHA

With bread – בְּנַהֲמָא: One may not establish a joining of cooked foods with bread alone. Furthermore, the dish used for this purpose must be something that accompanies bread, which excludes porridge and legumes, in accordance with the second version of Abaye's statement (*Shulḥan Arukh, Oraḥ Ḥayyim* 527:4).

Lentils that remain at the bottom of a pot – עֲדָשִׁים שֶׁבְּשׁוּלֵי קְדֵרָה: One may rely on lentils at the bottom of a pot, or on the fat scraped off a knife, to establish an *eiruv*, provided they comprise an olive-bulk in total and customarily accompany bread. However, it is permitted to rely on these foods only after the fact (*Magen Avraham*; *Taz*), in accordance with the opinion of Rabbi Ḥiyya and Rav Yitzḥak, son of Rav Yehuda (*Shulḥan Arukh, Oraḥ Ḥayyim* 527:6).

Small salted fish – דָּגִים קְטַנִּים מְלוּחִים: Small salted fish are considered partially cooked and may be used as a dish for a joining of cooked foods, even if they were salted by a gentile (*Shulḥan Arukh, Oraḥ Ḥayyim* 527:5).

Fish with regard to cooked food of gentiles – דָּגִים לְעִנְיַן בִּשּׁוּלֵי גוֹיִם: If a gentile salted small fish, even if he later roasted them, they are not considered the cooked food of gentiles. However, if he fried them with flour, they are prohibited (*Shulḥan Arukh, Yoreh De'a* 113:12).

NOTES

One may rely on them for the joining of cooked foods – סוֹמֵךְ עֲלֵיהֶן מִשּׁוּם עֵרוּבֵי תַבְשִׁילִין: In the Jerusalem Talmud it is likewise stated that one may rely upon lentils left in the bottom of a pot for this purpose. The *Meiri* explains that it was customary to eat lentils on Shabbat eve so as to leave room for the many delicacies prepared for Shabbat. The phrase: Rely on them, seems to indicate that it is permitted to act in this manner only after the fact. The early authorities discuss this issue at length, as it is not in keeping with the dignity of the mitzva to prepare an *eiruv* with leftovers alone (*Maḥatzit HaShekel*).

Small salted fish – דָּגִים קְטַנִּים מְלוּחִים: Rabbeinu Ḥananel explains that this is because these fish are not considered noteworthy food that would be served to a king, and the *halakha* is that such foods are not included in the decree prohibiting food cooked by gentiles. The early and later authorities (see Rif and others) discuss this issue at length (see *Sefat Emet*).

And even if a gentile roasted them – וְאִם צְלָאָן גּוֹי: This teaches us that while the preparation of this fish is wholly insignificant with regard to the *halakhot* governing the cooked food of gentiles, the fish is nevertheless considered cooked for the purpose of the joining of cooked foods (Ran; Rav Yitzḥak Abuhav).

LANGUAGE

Fish fried with oil and flour [*kasa deharsena*] – כַּסָּא דְּהַרְסְנָא: *Kasa deharsena* was a popular dish in Babylonia prepared by frying small fish in flour and a little oil. The primary meaning of the phrase is: A fish dish. *Kasa* here means food, and is possibly related to the verb *kasas*, meaning chew or gnaw, or to the Aramaic term *kasna*, fodder. Some explain that *harsena* derives from the Greek ἄχαρνος, *akharnos*, a type of fish.

הַרְסָנָא עִיקָּר, קָא מַשְׁמַע לַן: קִמְחָא עִיקָּר.

the **fish fat,** which one is permitted to eat even if cooked by gentiles, is the **essential element.** Therefore, he **teaches us** that **the flour** is the **essential element,** and the gentile has created a new and significant dish, which is consequently prohibited.

אָמַר רַבִּי אַבָּא: עֵרוּבֵי תַבְשִׁילִין צְרִיכִין כַּזַּיִת. אִיבַּעְיָא לְהוּ: כַּזַּיִת אֶחָד לְכוּלָּן, אוֹ דִּלְמָא כַּזַּיִת לְכָל אֶחָד וְאֶחָד? תָּא שְׁמַע: דְּאָמַר רַבִּי אַבָּא אָמַר רַב: עֵרוּבֵי תַבְשִׁילִין צְרִיכִין כַּזַּיִת, בֵּין לְאֶחָד בֵּין לְמֵאָה.

Rabbi Abba said: A joining of cooked foods requires an olive-bulk of food. **A dilemma was raised before** the Sages: Is it enough to have **one olive-bulk for all of** the household members who are relying on this *eiruv*, **or perhaps** must there be a separate **olive-bulk for each and every one** in the household? **Come** and **hear** that **which Rabbi Abba said** that **Rav said: A joining of cooked foods requires an olive-bulk, whether** it is cooked **for a single** person **or for one hundred** people.[H]

תְּנַן: אֲכָלוֹ אוֹ שֶׁאָבַד – לֹא יְבַשֵּׁל עָלָיו בַּתְּחִלָּה, שִׁיֵּיר מִמֶּנּוּ כָּל שֶׁהוּא – סוֹמֵךְ עָלָיו לַשַּׁבָּת. מַאי ״כָּל שֶׁהוּא״? לָאו אַף עַל גַּב דְּלֵיכָּא כַּזַּיִת! לָא, דְּאִית בֵּיהּ כַּזַּיִת.

The Gemara comments: **We learned** in the mishna: If **one ate** the joining of cooked foods that he prepared, **or if it was lost, he may not** rely **on it** and **cook with the initial** intent to cook for Shabbat; but if **he left any part of** the *eiruv*, he may **rely on it** to cook **for Shabbat.** The Gemara asks: **What is** the meaning of: **Any part of it? Doesn't it** mean **that** it is valid **although there is not an olive-bulk?** The Gemara answers: **No,** the phrase: Any part of it, means **that there is** at least **an olive-bulk** left.

תָּא שְׁמַע: תַּבְשִׁיל – זֶה צָלִי, וַאֲפִילּוּ כָּבוּשׁ, שָׁלוּק, וּמְבוּשָּׁל, וְקוּלְיַיס הָאִסְפְּנִין שֶׁנָּתַן עָלָיו חַמִּין מֵעֶרֶב יוֹם טוֹב, תְּחִלָּתוֹ וְסוֹפוֹ אֵין לוֹ שִׁיעוּר. מַאי לָאו אֵין לוֹ שִׁיעוּר כְּלָל? לֹא, אֵין לוֹ שִׁיעוּר לְמַעְלָה, אֲבָל יֵשׁ לוֹ שִׁיעוּר לְמַטָּה.

The Gemara attempts to bring another proof. **Come** and **hear:** The **cooked dish** that is required for a joining of cooked foods may **be roasted, or even pickled,** or **well-boiled, or boiled** in the regular manner, **or** may even be **Spanish soft sea fish** [*koleyas ha'ispenin*][LB] **upon which one poured hot** water **on the eve of the Festival,** rendering it cooked.[H] With regard to **its beginning and end,** meaning its required size *ab initio* and after it has been reduced by being partially lost or partially eaten, the *eiruv* **has no** required **measure. What, is it not** that **it has no** required **measure at all,** not even a minimum one? The Gemara rejects this: **No,** it means **it does not have a maximum measure,**[N] **but it does have a minimum measure,** namely an olive-bulk.

אָמַר רַב הוּנָא אָמַר רַב: עֵרוּבֵי תַבְשִׁילִין צְרִיכִין דַּעַת. פְּשִׁיטָא, דַּעַת מַנִּיחַ בָּעֵינַן, דַּעַת מִי שֶׁהִנִּיחוּ לוֹ בָּעֵינַן אוֹ לָא בָּעֵינַן?

Rav Huna said that **Rav said: A joining of cooked foods requires knowledge,**[H] meaning that one must be aware of the *eiruv* for it to be effective. The Gemara comments: It is **obvious** that **we require** the **knowledge of the one who prepares** the *eiruv*; the question is: Do **we** also **require** the **knowledge of the one for whom** the *eiruv* **is prepared,**[N] **or do we not require** it?

LANGUAGE

Spanish soft sea fish [*koleyas ha'ispenin*] – קוּלְיַיס הָאִסְפְּנִין: This word derives from the Greek κολίας, *kolias*, meaning mackerel. Similarly, *ispenin* comes from the Greek Ἱσπανία, *hispania*, meaning Spain. *Koleyas ha'ispenin* therefore means: The Spanish *koleyas* fish.

BACKGROUND

Spanish soft sea fish [*koleyas ha'ispenin*] – קוּלְיַיס הָאִסְפְּנִין: *Koleyas ha'ispenin* probably refers to the common mackerel, which can be found in many seas, although not in Eretz Yisrael. With its soft, thin skin, this fish may be eaten uncooked, either smoked or salted. The *ge'onim* identify this fish with the Hebrew *shavut*, also known as cod.

Common mackerel

Atlantic cod

NOTES

It does not have a maximum measure – אֵין לוֹ שִׁיעוּר לְמַעְלָה: Later authorities discuss the meaning of this concept in this context. Some explain that it means there is no upper limit to the number of people who may rely on a single *eiruv* (*Penei Yehoshua*; *Tziyyun LeNefesh Ḥayya*). Others explain that there is no limit to the amount of food that may be prepared for Shabbat by relying on this *eiruv* (*Sefat Emet*).

The knowledge of the one for whom the *eiruv* is prepared – דַּעַת מִי שֶׁהִנִּיחוּ לוֹ: Rav Aḥa inquired: Since there is a principle that one may perform an act to another's advantage without that person's knowledge and an *eiruv* is to the advantage of the one for whom it is set aside, why should his knowledge be necessary? One answer is that since each person is allocated less than an olive-bulk of the food in the *eiruv*, it cannot be considered an actual advantage (*Shitta Mekubbetzet*).

HALAKHA

The amount of food required for a joining of cooked foods – שִׁיעוּר תַּבְשִׁיל לְעֵירוּב תַּבְשִׁילִין: The cooked dish of a joining of cooked foods must be at least an olive-bulk in volume, and this amount suffices for many people. One should use a whole loaf of bread and a significant portion of fish or meat *ab initio*, so as to glorify the mitzva. If there is a concern that the food might spoil, he may use a cooked egg (*Magen Avraham*, citing the *Shenei Luḥot HaBerit*; *Be'er Heitev*; *Shulḥan Arukh*, *Oraḥ Ḥayyim* 527:3).

What is considered a cooked dish – אֵיזֶהוּ תַּבְשִׁיל: The cooked dish used for a joining of cooked foods need not be actually cooked, but may also be roasted, well boiled, or smoked. Fish that are eaten after being rinsed with hot water are considered cooked. Similarly, one may rely upon cooked fruit (Rema). The food may even be pickled or salted, provided that this process makes the food edible (*Shulḥan Arukh*, *Oraḥ Ḥayyim* 527:5).

A joining of cooked foods requires knowledge – עֵרוּבֵי תַבְשִׁילִין צְרִיכִין דַּעַת: One who sets aside a joining of cooked foods for another person must be aware at the time that he is doing so, but the other person need only be informed of the *eiruv* at some point before he starts to cook for Shabbat on the Festival. Some say that since everyone nowadays recites the fixed formula: Through this *eiruv* it shall be permissible for us to bake, cook…for us and for all the Jews who dwell in this city, it is not even necessary to inform a person for whom the *eiruv* is set aside (*Taz*). Others maintain that another person must acquire it on his behalf (*Shakh*), and this is indeed the custom in certain places, where the *eiruv* is set aside and acquired by another person, who acquires it for anyone who wishes to rely on it (*Shulḥan Arukh*, *Oraḥ Ḥayyim* 527:9).

תָּא שְׁמַע: דַּאֲבוּהּ דִּשְׁמוּאֵל מְעָרֵב אַכּוּלָּהּ נְהַרְדְּעָא, רַבִּי אַמִי וְרַבִּי אַסִּי מְעָרְבוּ אַכּוּלְּהוּ טְבֶרְיָא. מַכְרִיז רַבִּי יַעֲקֹב בַּר אִידִי: מִי שֶׁלֹּא הִנִּיחַ עֵירוּבֵי תַּבְשִׁילִין – יָבֹא וְיִסְמוֹךְ עַל שֶׁלִּי. וְעַד כַּמָּה? אָמַר רַב נְחוּמִי בַּר זְכַרְיָה מִשְּׁמֵיהּ דְּאַבַּיֵי: עַד תְּחוּם שַׁבָּת.

The Gemara suggests: **Come** and **hear** a proof from the following testimonies: **Shmuel's father**[N] would **prepare an** ***eiruv*** **for the entire** city of **Neharde'a,**[B] and **Rabbi Ami and Rabbi Asi** would **prepare an** ***eiruv*** **for the entire** city of **Tiberias.**[B] Similarly, **Rabbi Ya'akov bar Idi** would **announce:** Anyone **who did not prepare a joining of cooked foods** for himself should **come and rely on mine.** The Gemara asks: **And up to how much** may one rely on it, i.e., how far may one be from such an *eiruv* and still rely upon it? **Rav Neḥumi bar Zekharya said in the name of Abaye:** One may be **as far** away **as the Shabbat limit.**[N]

הַהוּא סַמְיָא דַּהֲוָה מְסַדֵּר מַתְנִיתָא קַמֵּיהּ דְּמָר שְׁמוּאֵל, חַזְיֵיהּ דַּהֲוָה עֲצִיב: אֲמַר לֵיהּ: אַמַּאי עֲצִיבַתְּ? אֲמַר לֵיהּ: דְּלָא אוֹתִיבִי עֵירוּבֵי תַּבְשִׁילִין. אֲמַר לֵיהּ: סְמוֹךְ אַדִּידִי. לְשָׁנָה חַזְיֵיהּ דַּהֲוָה עֲצִיב, אֲמַר לֵיהּ: אַמַּאי עֲצִיבַתְּ? אֲמַר לֵיהּ: דְּלָא אוֹתִיבִי עֵירוּבֵי תַּבְשִׁילִין. אֲמַר לֵיהּ: פּוֹשֵׁעַ אַתְּ, לְכוּלֵּי עָלְמָא – שָׁרֵי, לְדִידָךְ – אָסוּר.

The Gemara relates: With regard to **the blind person who would present** ***mishnayot*** **before Mar Shmuel,** the latter **observed that he was sad.** Mar Shmuel **said to him: Why are you sad? He said to him:** Because **I did not prepare a joining of cooked foods** before the Festival. Mar Shmuel **said to him:** Then **rely on mine. In the** following **year, he** once again **observed that he was sad. He said to him: Why are you sad? He said to him:** Because **I did not prepare a joining of cooked foods.** Mar Shmuel **said to him:** If so, **you are** consistently **negligent**[N] in this regard. Therefore, **for the entire world,** i.e., anyone else but you, it is **permitted** to rely on my *eiruv* if they forgot to prepare one, but **for you** it is **prohibited** to do so, as I did not intend to include such negligent people as yourself in my *eiruv*.

תָּנוּ רַבָּנַן: יוֹם טוֹב שֶׁחָל לִהְיוֹת בְּעֶרֶב שַׁבָּת – אֵין מְעָרְבִין לֹא עֵירוּבֵי תְּחוּמִין, וְלֹא עֵירוּבֵי חֲצֵרוֹת.

The Sages taught: If **a Festival occurs on Shabbat eve, one may not prepare an** ***eiruv*** on that day, **neither a joining of** Shabbat **boundaries** [***eiruv teḥumin***] **nor a joining of courtyards** [***eiruv ḥatzerot***], for Shabbat. If one did not prepare these before the Festival, he may not do so on the Festival itself.[N]

רַבִּי אוֹמֵר: מְעָרְבִין עֵירוּבֵי חֲצֵרוֹת, אֲבָל לֹא עֵירוּבֵי תְּחוּמִין. מִפְּנֵי שֶׁאַתָּה אוֹסְרוֹ בְּדָבָר הָאָסוּר לוֹ, וְאִי אַתָּה אוֹסְרוֹ בְּדָבָר הַמּוּתָּר לוֹ.

Rabbi Yehuda HaNasi **says:** On a Festival that occurs on a Friday, **one may prepare an** ***eiruv*** for **a joining of courtyards, but not** for **a joining of** Shabbat **boundaries.** His reasoning is as follows: There is a distinction between the two types of *eiruv* **because you may prohibit him from a matter that is prohibited to him,** e.g., venturing beyond the Shabbat limit, which is prohibited on a Festival as well as Shabbat, **but you may not prohibit him from a matter that is permitted to him,** e.g., carrying from one domain to another, which is permitted on a Festival. Therefore, on a Festival, one may not prepare a joining of Shabbat boundaries in order to render it permitted to venture beyond the boundary on the Shabbat following the Festival. However, one may prepare a joining of courtyards on the Festival in order to render it permitted to carry from one domain to another on the Shabbat following the Festival.[H]

NOTES

Shmuel's father, etc. – אֲבוּהּ דִּשְׁמוּאֵל וכו׳: Some early authorities explain that the proof stems from Rabbi Ya'akov bar Idi's actions; the fact that he found it necessary to make an announcement shows that the beneficiaries must be informed (Rabbi Aharon HaLevi). Others suggest that since Shmuel's father, Rabbi Ami, and Rabbi Asi could not have informed all the inhabitants of the locale on the eve of the Festival, they must have made an announcement in the synagogue on the Festival itself (Rid), as all agree that people must be aware of the *eiruv* before they begin preparing food for Shabbat on the Festival (*Meiri*).

As far away as the Shabbat limit – עַד תְּחוּם שַׁבָּת: Some early authorities infer from this that one who arrived in a town from outside the Shabbat limit by means of a joining of boundaries [*eiruv teḥumin*] may not rely on the joining of cooked foods for the town, as the one preparing it did not have him in mind (Rabbi Aharon HaLevi).

You are consistently negligent – פּוֹשֵׁעַ אַתְּ: Rabbi Zeraḥya HaLevi explains the incident as follows: The blind person came from outside the Shabbat limit and was therefore not included in Shmuel's *eiruv*, as when Shmuel prepared the joining of cooked foods he had in mind only the people in his locale, but Shmuel invited the man to dine with him. However, most early authorities reject this explanation.

The Ran and the *Meiri* state that the fact that the blind man was upset over his failure to prepare an *eiruv* shows that he did not intend to be included in Shmuel's *eiruv*. Since it is impossible for one to act in another person's interest if that person does not want him to, the *eiruv* was ineffective for the blind man the following year. Others maintain, similar to the Ran, that since the blind man was unwilling to rely on the Sages' ruling that one may be included in the *eiruv* of another, Shmuel told him that he did not intend to include people such as him in his *eiruv*; alternatively, Shmuel could have said that as he knew that the blind man was negligent and remiss in his observance of mitzvot, he did not intend to include him (*Rishon LeTziyyon*). Yet others explain that the repeat occurrence of his failure to prepare an *eiruv* is proof of his careless and negligent attitude (Maharam Schiff; *HaBoneh*).

The prohibition against preparing a joining of courtyards – אִיסּוּר עֵירוּב חֲצֵרוֹת: Some hold that this prohibition is due to the fact that preparing such an *eiruv* is a kind of preparation from the Festival to Shabbat (*Tosafot* on tractate *Eiruvin*). Rashi explains that it is prohibited because it appears similar to repairing, which is a prohibited labor on a Festival. Others say that a joining of courtyards is a type of transfer of ownership, which may not be performed on a Festival (Rabbi Aharon HaLevi).

BACKGROUND

Neharde'a – נְהַרְדְּעָא: Neharde'a was a city on the Euphrates and was one of the oldest Jewish communities in Babylonia. According to tradition, Jews lived in Neharde'a as early as the First Temple period in the sixth century BCE, beginning with the exile of King Jehoiachin of Judea. Neharde'a was one of the most important Jewish communities in Babylonia. It was a center of Torah learning from an early period and its yeshiva was the oldest in Babylonia. Many of the greatest *tanna'im* visited Neharde'a, among them Rabbi Akiva, who intercalated the calendar there (*Yevamot* 122b). In Rav's time, the first half of the third century CE, the yeshiva of Neharde'a was headed by Rav Sheila, and after him by Shmuel. Since the city lay near the border between the Roman and the Persian Empires, it frequently suffered from the wars between the two, and Pappa ben Nazer Odonathus, king of Tadmor, destroyed it completely in 259 CE. Later, however, Jews resettled there, and many Torah scholars remained in Neharde'a even after its yeshiva relocated to Meḥoza and Pumbedita.

Tiberias – טְבֶרְיָא: Tiberias is a town on the shore of the Sea of Galilee founded by Herod Antipas, c. 18 CE. It was apparently founded on the site of earlier settlements, and according to some opinions in the Talmud (*Megilla* 6a) this was the site of the biblical city of Rakkath.

Originally, Tiberias was a town of mixed Jewish and gentile population. The Jewish population was not distinguished for its Torah scholarship. However, after the destruction of the Temple, important Torah scholars, including ben Azzai and Rabbi Meir, lived there. Its golden age came when the Sanhedrin moved there, c. 235 CE, and it became the seat of the Great Council, presided over by Rabbi Yehuda Nesia I. Rabbi Yoḥanan succeeded him as the leading spiritual figure in Tiberias and headed the yeshiva there. Tiberias then became the Torah center of Eretz Yisrael. Most of the disciples of Rabbi Yoḥanan, particularly those who emigrated from Babylonia, lived and studied there, including Reish Lakish, Rabbi Elazar ben Pedat, Rabbi Ami, Rabbi Yirmeya, and Rabbi Yona. Apparently, most of the Jerusalem Talmud was redacted there.

Even after the amoraic period, Tiberias remained a significant creative religious center, and many of the works of aggadic midrash were composed there, as were numerous liturgical poems. During the post-amoraic era, the inhabitants of Tiberias were renowned as experts in Hebrew grammar. Indeed, the system of Hebrew vocalization used today is called Tiberian vocalization because it was formulated and established there.

HALAKHA

Joining of Shabbat boundaries and of courtyards on a Festival – עֵירוּבֵי תְּחוּמִים וַחֲצֵרוֹת בְּיוֹם טוֹב: One may not prepare a joining of courtyards or a joining of Shabbat boundaries on a Festival that occurs on a Friday, in accordance with the opinion of Rav, as the *halakha* is ruled in accordance with his opinion in his disputes with Shmuel with regard to prohibitions. When, however, the second day of a Festival observed in the Diaspora occurs on a Friday, it is permitted to join courtyards conditionally but not to join Shabbat boundaries, in accordance with the opinion of Rava (*Shulḥan Arukh, Oraḥ Ḥayyim* 528:2).

NOTES

Not as you teach it – לא כשאתם שונין: In the Jerusalem Talmud a slight variation of this exchange is recorded: Rabbi Elazar was unsure of the version here and ruled that one should therefore be stringent due to uncertainty. Another view is also cited there to the effect that a joining of cooked foods may also be used for the purpose of establishing a joining of courtyards.

PERSONALITIES

Rav Taḥlifa bar Avdimi – רב תחליפא בר אבדימי: Rav Taḥlifa bar Avdimi, or bar Avimi according to some versions, was a second-generation Babylonian *amora*. Nothing is known about his personality, but since all of his statements are cited in the name of Shmuel, it is clear that he was a significant disciple of the latter. It is therefore no surprise that he followed his teacher's halakhic rulings in practice as well.

אתמר, רב אמר: הלכה כתנא קמא, ושמואל אמר: הלכה כרבי.

It was stated that the *amora'im* disagreed as to the conclusive ruling. **Rav said:** The ***halakha* is in accordance with** the opinion **of the first *tanna*,** who said that it is prohibited to prepare both types of *eiruvin*, **and Shmuel said:** The ***halakha* is in accordance with** the opinion of **Rabbi** Yehuda HaNasi, and it is permitted to prepare a joining of courtyards on a Festival.

איבעיא להו: הלכה כרבי לקולא או לחומרא? פשיטא דלקולא קאמר. משום דשלח רבי אלעזר לגולה: לא כשאתם שונין בבבל רבי מתיר וחכמים אוסרין, אלא: רבי אוסר וחכמים מתירין. מאי?

A dilemma was raised before the Sages: Is stating that the ***halakha* is in accordance with** the opinion of **Rabbi** Yehuda HaNasi **a leniency or a stringency?** The Gemara wonders at this query: It is **obvious that he stated it as a leniency.** The Gemara explains: The question was asked **because Rabbi Elazar sent** a message from Eretz Yisrael **to the Diaspora:** This *baraita* is **not as you teach it**[N] **in Babylonia,** that **Rabbi** Yehuda HaNasi **permits** one to prepare a joining of courtyards on a Festival **and the Rabbis prohibit** it. **Rather,** the opinions should be reversed, so that **Rabbi** Yehuda HaNasi **prohibits** it **and the Rabbis permit** it. Therefore, the question arose: **What** is the conclusive ruling for this *halakha*? Is it lenient or stringent?

תא שמע, דרב תחליפא בר אבדימי עבד עובדא כותיה דשמואל. ואמר רב: תחלת הוראה דהאי צורבא מרבנן לקלקולא. אי אמרת בשלמא לקולא קאמר – היינו קלקולא, אלא אי אמרת לחומרא – מאי קלקולא איכא?

The Gemara attempts to cite a proof: **Come and hear that Rav Taḥlifa bar Avdimi**[P] **performed an action in accordance with the opinion of Shmuel,** who ruled that the *halakha* is in accordance with the opinion of Rabbi Yehuda HaNasi, **and Rav said** in anger about this: **The first** public **ruling of this young Torah scholar is** bringing about **corruption** of the *halakha*. The Gemara analyzes this statement: **Granted, if you say** that Rabbi Yehuda HaNasi **said it as a leniency, this** explains **the corruption** of the *halakha* involved, as Rav was angered by a young scholar who relied on his own judgment to issue a lenient ruling on a disputed issue. **However, if you say** that Rabbi Yehuda HaNasi meant it **as a stringency, what corruption** of the *halakha* **is there** in the young scholar's ruling?

כיון דמקלקלי בה רבים

The Gemara answers: **Since it corrupts** the behavior of **the masses,** as, if they refrain from preparing a joining of courtyards on the Festival although it is permitted to do so, they might mistakenly carry from one domain to another on Shabbat,

Perek **II**
Daf **17** Amud **a**

NOTES

The *halakha* is in accordance with Rabbi Yehuda HaNasi to prohibit – הלכה כרבי ולאסור: The question is raised: Why is it necessary to state that the *halakha* is in accordance with the opinion of Rabbi Yehuda HaNasi; why not simply issue a ruling that it is prohibited? Some answer that the Gemara wishes to teach that the reason for the prohibition cannot be due to preparation, as Rabbi Yehuda HaNasi does not prohibit that, so there must be a different reason for the prohibition (*Ḥatam Sofer*).

One must recite a prayer that includes eight blessings – מתפלל שמנה: Why does the Gemara cite this *halakha* with regard to prayer in the middle of a discussion of a joining of cooked foods? Some answer that it is because in this case, too, the *halakha* is in accordance with the opinion of Rabbi Yehuda HaNasi (*Tziyyun LeNefesh Ḥayya*).

HALAKHA

Shabbat and Festival prayers – תפילת שבת ויום טוב: On a Festival that occurs on Shabbat, one recites seven blessings during each *Amida* prayer, mentioning both Shabbat and the Festival in the middle blessing. The middle blessing is that of a Festival prayer into which references to Shabbat are added. The blessing concludes with the formula: Who sanctifies Shabbat, the Jewish people, and the seasons, in accordance with the opinion of Beit Hillel and Rabbi Yehuda HaNasi (*Shulḥan Arukh*, *Oraḥ Ḥayyim* 487:1).

היינו קלקולא. אמר רבא אמר רב חסדא אמר רב הונא: הלכה כרבי ולאסור.

this is the corruption that might result from a ruling that renders it prohibited to prepare an *eiruv* the day before. Therefore, this cannot serve as proof of the conclusive ruling. **Rava said** that **Rav Ḥisda said** that **Rav Huna said:** The ***halakha* is in accordance with** the opinion of **Rabbi** Yehuda HaNasi **to prohibit**[N] one from preparing either type of *eiruv*. One may not prepare an *eiruv* either for courtyards or for boundaries, as the *halakha* is in accordance with Rabbi Elazar's version of the opinion of Rabbi Yehuda HaNasi.

תנו רבנן: יום טוב שחל להיות בשבת. בית שמאי אומרים: מתפלל שמנה [ואומר] של שבת בפני עצמה ושל יום טוב בפני עצמה. ובית הלל אומרים: מתפלל שבע, מתחיל בשל שבת ומסיים בשל שבת, ואומר קדושת היום באמצע. רבי אומר: אף חותם בה "מקדש השבת ישראל והזמנים".

§ **The Sages taught** the following *baraita*: In the case of **a Festival that occurs on Shabbat, Beit Shammai say: One must recite** an *Amida* **prayer** that includes **eight** blessings,[N] inserting two additional blessings between the standard opening three and concluding three. As for the two middle blessings, **one recites** one **for Shabbat as an independent** blessing **and** a second **for the Festival as an independent** blessing. **And Beit Hillel say: One must pray** an *Amida* comprising only **seven blessings,** i.e., the three opening ones, the three concluding ones, and one in between. **One begins** the middle blessing **with Shabbat and concludes** it **with Shabbat, and he recites** a passage referring to **the sanctity of the day** of the Festival **in the middle. Rabbi** Yehuda HaNasi **says: He even concludes** this blessing with mention of both Shabbat and the Festival, saying: **Who sanctifies Shabbat, the Jewish people, and the seasons.**[H]

תָּנֵי תַּנָּא קַמֵּיהּ דְּרָבִינָא: ״מְקַדֵּשׁ יִשְׂרָאֵל וְהַשַּׁבָּת וְהַזְּמַנִּים״. אֲמַר לֵיהּ: אַטּוּ שַׁבָּת יִשְׂרָאֵל מְקַדְּשִׁי לֵיהּ? וְהָא שַׁבָּת מִקַּדְּשָׁא וְקַיְימָא. אֶלָּא אֵימָא: ״מְקַדֵּשׁ הַשַּׁבָּת יִשְׂרָאֵל וְהַזְּמַנִּים״. אֲמַר רַב יוֹסֵף: הֲלָכָה כְּרַבִּי, וּכְדְתָרֵיץ רָבִינָא.

A *tanna* taught a *baraita* **before Ravina** with a slightly different reading: He concludes the blessing with: **Who sanctifies the Jewish people, Shabbat, and the seasons.** Ravina **said to** that *tanna*: **Is that to say that the Jewish people sanctify Shabbat? Isn't Shabbat already sanctified** from the six days of Creation? Every seventh day is automatically Shabbat, without the need for any declaration on the part of the Jewish people. **Rather,** amend it and **say** as follows: **Who sanctifies Shabbat, the Jewish people, and the seasons,** as the Jewish people indeed sanctify the New Moon and the Festival days. **Rav Yosef said:** The ***halakha*** with regard to the conclusion of the blessing **is in accordance with** the opinion of **Rabbi** Yehuda HaNasi **and as** the difficulty was **resolved by Ravina.**[N]

תָּנוּ רַבָּנַן: שַׁבָּת שֶׁחָל לִהְיוֹת בְּרֹאשׁ חוֹדֶשׁ אוֹ בְּחוּלּוֹ שֶׁל מוֹעֵד, עַרְבִית וְשַׁחֲרִית וּמִנְחָה – מִתְפַּלֵּל שֶׁבַע וְאוֹמֵר מֵעֵין הַמְּאוֹרָע בָּעֲבוֹדָה, וְאִם לֹא אָמַר – מַחֲזִירִין אוֹתוֹ. רַבִּי אֱלִיעֶזֶר אוֹמֵר: בְּהוֹדָאָה. וּבְמוּסָפִין מַתְחִיל בְּשֶׁל שַׁבָּת, וּמְסַיֵּים בְּשֶׁל שַׁבָּת, וְאוֹמֵר קְדוּשַּׁת הַיּוֹם בְּאֶמְצַע.

The Sages taught the following *baraita*: In the case of **Shabbat that occurs on a New Moon**[N] **or on** one of **the intermediate days of a Festival,** for **the evening, morning, and afternoon prayers, one prays** in his usual manner, reciting **seven** blessings in the *Amida,* **and recites** a passage **pertaining to the event** of the day, i.e.: May there rise and come [*ya'aleh veyavo*], **during** the blessing of **the Temple service,** known as *retze*;[H] **and if he did not recite** it, **he is required to return** to the beginning of the *Amida* prayer and repeat it.[H] **Rabbi Eliezer** disagrees and **says:** This passage is recited **during** the blessing of **thanksgiving,** known as *modim.* **And in the additional prayer one begins** the fourth blessing, the special blessing for the additional service, **with Shabbat, and concludes** it **with Shabbat, and recites** a passage pertaining to **the sanctity of the day** of the New Moon or the Festival **in the middle.**[H]

רַבָּן שִׁמְעוֹן בֶּן גַּמְלִיאֵל וְרַבִּי יִשְׁמָעֵאל בְּנוֹ שֶׁל רַבִּי יוֹחָנָן בֶּן בְּרוֹקָא אוֹמְרִים: כָּל מָקוֹם שֶׁהוּזְקַק לְשֶׁבַע מַתְחִיל בְּשֶׁל שַׁבָּת, וּמְסַיֵּים בְּשֶׁל שַׁבָּת וְאוֹמֵר קְדוּשַּׁת הַיּוֹם בְּאֶמְצַע. אָמַר רַב הוּנָא: אֵין הֲלָכָה כְּאוֹתוֹ הַזּוּג.

Rabban Shimon ben Gamliel and Rabbi Yishmael, son of Rabbi Yoḥanan ben Beroka, disagree and **say: Wherever** one is **required to** recite **seven**[N] blessings, whether in the evening, morning, or afternoon prayers, **he begins** the fourth blessing **with Shabbat and concludes** it **with Shabbat, and recites** a passage referring to **the sanctity of the day** of the New Moon or the Festival **in the middle. Rav Huna said:** The ***halakha* is not in accordance with** the opinion of **that pair** of scholars;[N] rather, it is in accordance with the opinion of the first *tanna,* that in the evening, morning, and afternoon prayers one recites the usual seven blessings and recites a passage pertaining to the event of the day during the blessing of the Temple service.

NOTES

The *halakha* is in accordance with Rabbi Yehuda HaNasi and as resolved by Ravina – הֲלָכָה כְּרַבִּי וּכְדְתָרֵיץ רָבִינָא: The early authorities ask: How could Rav Yosef, a third-generation *amora,* rule that the *halakha* is in accordance with the opinion of Ravina, who lived considerably later? One suggestion is that he is referring to a different Ravina from an earlier generation. Most commentaries, however, explain that the concluding words: As resolved by Ravina, are not part of Rav Yosef's original statement but are an addition of the Gemara. Rav Yosef issued a certain ruling, and at some later point the Gemara connected this ruling with the later comments of Ravina (*Shitta Mekubbetzet*; see other later authorities).

Shabbat that occurs on a New Moon – שַׁבָּת שֶׁחָל לִהְיוֹת בְּרֹאשׁ חוֹדֶשׁ: This wording: A Shabbat that occurs, is imprecise, as the day of Shabbat is fixed while the New Moon and the Festivals fall on different days of the week. It seems that the *tanna* was attempting to be concise, for otherwise he would have had to repeat: And likewise an intermediate day of a Festival that occurs on Shabbat (Rav Yitzḥak Abuhav).

Wherever one is required to recite seven [*lesheva*] – כָּל מָקוֹם שֶׁהוּזְקַק לְשֶׁבַע: The *Meiri* apparently reads this as: To recite Shabbat prayers [*leShabbat*]. In any case, the meaning is the same, i.e., that this adjustment must be made, not only in the additional prayer, but in the evening, morning, and afternoon prayers as well.

The *halakha* is not in accordance with that pair of scholars – אֵין הֲלָכָה כְּאוֹתוֹ הַזּוּג: Rashi hints at the reason that the Gemara uses this expression rather than the more straightforward: The *halakha* is in accordance, etc. The reason is that the *halakha* is not precisely in accordance with the first *tanna* either. Therefore, Rav Huna comes only to establish that the *halakha* does not follow that pair of scholars at all.

HALAKHA

The prayer for Shabbat and the New Moon or the intermediate day of a Festival – תְּפִילַּת שַׁבָּת וְרֹאשׁ חוֹדֶשׁ וְחוֹל הַמּוֹעֵד: When the New Moon or an intermediate day of a Festival occurs on Shabbat, one recites the regular seven-blessing *Amida* of Shabbat in the evening, morning, and afternoon prayers, adding: May there rise and come, during the blessing of the Temple service, in which no mention is made of Shabbat (*Shulḥan Arukh, Oraḥ Ḥayyim* 425:1, 490:9).

If one forgot: May there rise and come – שָׁכַח יַעֲלֶה וְיָבוֹא: On the intermediate days of a Festival, one recites the regular *Amida* in the evening, morning, and afternoon prayers, adding: May there rise and come, in the blessing of Temple service. If he forgot to say it, he must repeat the entire *Amida* (*Shulḥan Arukh, Oraḥ Ḥayyim* 490:2).

The additional prayer for Shabbat and the New Moon or the intermediate days of a Festival – מוּסַף שַׁבָּת וְרֹאשׁ חוֹדֶשׁ וְחוֹל הַמּוֹעֵד: When the New Moon or an intermediate day of a Festival occurs on Shabbat, one begins and concludes the middle blessing with mentions of Shabbat and in the middle recites a passage referring to the sanctity of the day. The blessing on the New Moon concludes with the formula: Who sanctifies Shabbat, the Jewish people, and New Moons, and on an intermediate day of a Festival: Who sanctifies Shabbat, the Jewish people, and the seasons (*Shulḥan Arukh, Oraḥ Ḥayyim* 425:3).

אָמַר רַב חִיָּיא בַּר אַשִׁי אָמַר רַב: מַנִּיחַ אָדָם עֵירוּבֵי תְחוּמִין מִיּוֹם טוֹב לַחֲבֵרוֹ, וּמַתְנֶה.

§ **Rav Ḥiyya bar Ashi said** that **Rav said:** If **a person** forgot to place an *eiruv* before a Festival occurring on Thursday and Friday in the Diaspora, he may act as follows: He may **place** an *eiruv* for **the joining of** Shabbat **boundaries on the** first **Festival day for the next,** i.e., on the first Festival day for the second Festival day kept in the Diaspora, based on a doubt as to which day is the real day of the Festival, **and stipulate**[N] as follows: If today is in fact the Festival, then tomorrow is a weekday, on which I may walk as far as I wish in all directions; and if today is a weekday and tomorrow is the Festival, I hereby place an *eiruv* for the joining of Shabbat boundaries for tomorrow. On the following day he makes a similar stipulation with the same *eiruv*, so that he will have an *eiruv* for Shabbat.

אָמַר רָבָא: מַנִּיחַ אָדָם עֵירוּבֵי תַבְשִׁילִין מִיּוֹם טוֹב לַחֲבֵירוֹ, וּמַתְנֶה.

Rava said: A person may place an *eiruv* for **the joining of cooked foods on** the first **Festival day for the next** day **and stipulate** as follows: If today is a weekday and tomorrow is the Festival, this is my joining of cooked foods, so that I may rely on it to cook tomorrow for Shabbat; and if today is in fact the Festival and tomorrow is a weekday, I may cook tomorrow as on a regular weekday.

מַאן דְּאָמַר עֵירוּבֵי תְחוּמִין – כָּל שֶׁכֵּן עֵירוּבֵי תַבְשִׁילִין, וּמַאן דְּאָמַר עֵירוּבֵי תַבְשִׁילִין – אֲבָל עֵירוּבֵי תְחוּמִין לָא. מַאי טַעְמָא – דִּלְמִקְנֵי שְׁבִיתָה בְּשַׁבְּתָא לָא.

The Gemara comments: With regard to **the one who said** this *halakha* concerning an *eiruv* for **the joining of** Shabbat **boundaries, all the more so** would he permit one to act in this manner concerning an *eiruv* for **the joining of cooked foods.** On the other hand, **the one who said** this *halakha* with regard to an *eiruv* for **the joining of cooked foods** spoke only with regard to the joining of cooked foods; **however,** as for an *eiruv* for **the joining of** Shabbat **boundaries,** this is **not** permitted. The Gemara asks: **What is the reason** for this difference? It is **that** they did **not** permit **the acquisition of residence on** a day of **rest,**[N] even in a case of uncertainty. However, with regard to an *eiruv* for the joining of cooked foods, since it is merely symbolic, it is permitted for the sake of the honor of Shabbat.

תָּנוּ רַבָּנַן: אֵין אוֹפִין מִיּוֹם טוֹב לַחֲבֵירוֹ. בֶּאֱמֶת אָמְרוּ: מְמַלְּאָה אִשָּׁה כׇּל הַקְּדֵרָה בָּשָׂר אַף עַל פִּי שֶׁאֵינָהּ צְרִיכָה אֶלָּא לַחֲתִיכָה אַחַת, מְמַלֵּא נַחְתּוֹם חָבִית שֶׁל מַיִם אַף עַל פִּי שֶׁאֵינוֹ צָרִיךְ אֶלָּא לְקִיתוֹן אֶחָד, אֲבָל לֶאֱפוֹת אֵינוֹ אוֹפֶה אֶלָּא מַה שֶּׁצָּרִיךְ לוֹ.

The Sages taught in a *baraita*: **One may not bake** bread **on one Festival day for the next,** i.e., on the first Festival day for the second Festival day kept in the Diaspora. Nevertheless, **actually, they said** the following established *halakha*: **A woman may fill an entire pot** with **meat** to cook on a Festival, **although she requires only one piece** for that day, and all the remainder will be for the following day. Similarly, **a baker may fill** an entire **barrel**[H] **with water** in order to heat it up **although he requires only a jug** of hot water. **But with regard to baking, he may bake only**[N] **that which he requires** for that day.

רַבִּי שִׁמְעוֹן בֶּן אֶלְעָזָר אוֹמֵר: מְמַלְּאָה אִשָּׁה כׇּל הַתַּנּוּר פַּת, מִפְּנֵי שֶׁהַפַּת נֶאֱפֵית יָפֶה בִּזְמַן שֶׁהַתַּנּוּר מָלֵא. אָמַר רָבָא: הֲלָכָה כְּרַבִּי שִׁמְעוֹן בֶּן אֶלְעָזָר.

The *baraita* continues: **Rabbi Shimon ben Elazar says: A woman may fill the entire oven**[H] with **bread,** although she does not intend to use it all on that day, **because bread bakes well**[N] **when the oven is full.** A full oven has less empty space and is therefore hotter; consequently, filling the oven with bread serves not only to provide bread for the next day but also to improve the bread to be eaten that same day. **Rava said:** The ***halakha* is in accordance with** the opinion of **Rabbi Shimon ben Elazar.**[H]

NOTES

On the first Festival day for the next and stipulate – מִיּוֹם טוֹב לַחֲבֵרוֹ וּמַתְנֶה: The Rambam holds that this was the *halakha* only in the early amoraic period, when the months were determined by eyewitness testimony and therefore there was real uncertainty. Nowadays, however, when the Festivals are established by a fixed calendar and the second Festival day is kept merely as a custom, one may place an *eiruv* on the second day without any stipulations. Many authorities question his ruling (Ran; commentaries on the Rambam), but later authorities suggest several resolutions for these difficulties.

They did not permit the acquisition of residence on a day of rest – לְמִקְנֵי שְׁבִיתָה בְּשַׁבְּתָא לָא: What kind of acquisition of residence is involved in this case? Since he makes an explicit stipulation, he does not acquire residence on the Festival at all. It is possible to say that even where he acquires residence out of uncertainty, it nevertheless appears as if he is acquiring residence, and it is therefore prohibited (Rashba).

But with regard to baking, he may bake only – אֲבָל לֶאֱפוֹת אֵינוֹ אוֹפֶה אֶלָּא: Rabbi Aharon HaLevi explains that in the first cases, although one increases the amount of food that is cooked, it is nevertheless a single item that is being cooked. With regard to baking, however, separate objects are involved (see *Yam Shel Shlomo*).

Because bread bakes well – מִפְּנֵי שֶׁהַפַּת נֶאֱפֵית יָפֶה: Rashi explains that when there is only a small amount of bread in the oven, the heat does not reach the loaves and the bread does not bake properly. The Rid, however, explains in the opposite manner that when there is only a small amount of bread in the oven, the loaves might burn owing to the heat; baking a large number of loaves ensures that the heat is distributed evenly among them. There is a practical difference between these two interpretations with regard to the large ovens used in modern times; later authorities discuss this issue.

HALAKHA

A baker may fill a barrel – מְמַלֵּא נַחְתּוֹם חָבִית: A baker may fill and heat an entire barrel with water, even if he requires only a jug of hot water (*Shulḥan Arukh, Oraḥ Ḥayyim* 503:2).

A woman may fill the entire oven – מְמַלְּאָה אִשָּׁה כׇּל הַתַּנּוּר: It is permitted to bake a large quantity of bread on a Festival day, even if one needs only a single loaf, as the bread bakes better when the oven is full. Some say that this ruling applied only in earlier times, when a full oven improved the bread, but not to modern ovens. According to others it is permitted even today if the bread is needed, but one may not employ artifice to circumvent the prohibition (*Magen Avraham*, citing Maharshal). One may rely on this leniency in pressing circumstances (*Shulḥan Arukh HaRav*; *Shulḥan Arukh, Oraḥ Ḥayyim* 507:6).

Preparing food on a Festival day for the following day – הֲכָנָה מִיּוֹם טוֹב לְמָחֳרָת: One may not cook, bake, or slaughter on a Festival day for the following day, even if that day is Shabbat or a Festival. This applies also to the two days of Rosh HaShana. However, it is permitted to cook an entire pot of meat even if one needs only a single piece, and one may certainly slaughter an animal if he requires an olive-bulk of meat on that day.

If he does not need the food for the Festival meal but eats of it anyway, some say that this is an artifice employed to circumvent a prohibition and is therefore prohibited (*Baḥ*), whereas others permit it. The custom is to be lenient, but one who is stringent is praiseworthy (*Mishna Berura*). Some maintain that if one employs artifice in order to cook for the next day, it is prohibited to partake of the food (*Peri Ḥadash*), whereas according to others it is permitted after the fact (*Magen Avraham*; *Shulḥan Arukh, Oraḥ Ḥayyim* 503:1).

אִיבַּעֲיָא לְהוּ: מִי שֶׁלֹּא הִנִּיחַ עֵירוּבֵי תַבְשִׁילִין הוּא נֶאֱסָר וְקִמְחוֹ נֶאֱסָר, אוֹ דִּלְמָא הוּא נֶאֱסָר וְאֵין קִמְחוֹ נֶאֱסָר?

§ **A dilemma was raised before** the Sages: In the case of **one who did not prepare** an *eiruv* for **the joining of cooked foods, is he prohibited** from cooking for Shabbat and **his flour is** likewise **prohibited,** meaning that none of his food may be prepared for Shabbat? **Or perhaps** only **he is prohibited** from performing this type of labor, **but his flour is not prohibited.**

לְמַאי נָפְקָא מִינָּהּ – לְאַקְנוּיֵי קִמְחוֹ לַאֲחֵרִים. אִי אָמְרַתְּ הוּא נֶאֱסָר וְקִמְחוֹ נֶאֱסָר – צָרִיךְ לְאַקְנוּיֵי קִמְחוֹ לַאֲחֵרִים, וְאִי אָמְרַתְּ הוּא נֶאֱסָר וְאֵין קִמְחוֹ נֶאֱסָר לָא צְרִיךְ לְאַקְנוּיֵי קִמְחוֹ לַאֲחֵרִים, מַאי?

The Gemara asks: **What is the** practical halakhic **difference** that emerges from this question? The Gemara explains: There is a difference with respect to whether or not he must **transfer** ownership of **his flour to others. If you say** that **he is prohibited and his flour is** also **prohibited, he must transfer**[N] **his flour to others** so that they are able to bake for him if they so desire. **But if you say** that only **he is prohibited but his flour is not prohibited, he need not transfer his flour to others,** as they may bake for him even if the flour is not theirs. The Gemara asks: **What,** then, is the *halakha*?

תָּא שְׁמַע: מִי שֶׁלֹּא הִנִּיחַ עֵירוּבֵי תַבְשִׁילִין, הֲרֵי זֶה לֹא יֹאפֶה וְלֹא יְבַשֵּׁל וְלֹא יַטְמִין, לֹא לוֹ וְלֹא לַאֲחֵרִים, וְלֹא אֲחֵרִים אוֹפִין וּמְבַשְּׁלִין לוֹ. כֵּיצַד הוּא עוֹשֶׂה – מַקְנֶה קִמְחוֹ לַאֲחֵרִים, וְאוֹפִין לוֹ וּמְבַשְּׁלִין לוֹ. שְׁמַע מִינָּהּ: הוּא נֶאֱסָר וְקִמְחוֹ נֶאֱסָר, שְׁמַע מִינָּהּ.

The Gemara answers: **Come** and **hear** a resolution from the following *baraita*: **One who did not prepare** an *eiruv* for **the joining of cooked foods**[NH] on a Festival eve **may neither bake, nor cook, nor insulate** food on the Festival for Shabbat that occurs on the following day, **neither for himself nor for others, and others may neither bake nor cook for him. What** should **he do** so that he will have food to eat on Shabbat? **He must transfer his flour to others, and they may** then **bake and cook for him. Learn from here,** from the fact that the *baraita* states that he must transfer his flour to others, that **he is prohibited and his flour is** also **prohibited.** The Gemara concludes: Indeed, **learn from here** that this is the case.

אִיבַּעֲיָא לְהוּ: עָבַר וְאָפָה מַאי? תָּא שְׁמַע: מִי שֶׁלֹּא הִנִּיחַ עֵירוּבֵי תַבְשִׁילִין, כֵּיצַד הוּא עוֹשֶׂה? מַקְנֶה קִמְחוֹ לַאֲחֵרִים, וַאֲחֵרִים אוֹפִין לוֹ וּמְבַשְּׁלִין לוֹ.

Another **dilemma was raised before** the Sages: In the case of **one who transgressed** this prohibition **and baked**[H] on a Festival for Shabbat without having placed an *eiruv* for the joining of cooked foods on the eve of the Festival, **what** is the *halakha*? Is it permitted to partake of his bread and his cooking? The Gemara suggests: **Come** and **hear** a resolution to this question from the following *baraita*: With regard to **one who did not prepare** an *eiruv* for **the joining of cooked foods, what** should **he do** so that he will have food to eat on Shabbat? **He must transfer his flour to others, and they may** then **bake and cook for him.**

NOTES

He must transfer – צָרִיךְ לְאַקְנוּיֵי: The early authorities write that the one acquiring the items should execute the transfer by pulling the food items toward himself or lifting them, but not by conducting a symbolic exchange with a kerchief [*sudar*]. The reason is that symbolic exchange is the regular weekday manner of doing business, whereas when the items are merely pulled or lifted the act of acquisition is not as evident (*Beit Yosef*).

One who did not prepare an *eiruv* for the joining of cooked foods – מִי שֶׁלֹּא הִנִּיחַ עֵירוּבֵי תַבְשִׁילִין: In the Jerusalem Talmud it is stated that even one who did not prepare an *eiruv* for the joining of cooked foods and cannot or will not transfer his flour to others may cook and bake the minimal amount he needs to sustain himself.

HALAKHA

One who did not prepare an *eiruv* for the joining of cooked foods – מִי שֶׁלֹּא הִנִּיחַ עֵירוּבֵי תַבְשִׁילִין: One who did not establish an *eiruv* for the joining of cooked foods may not cook on a Festival for Shabbat, whether for himself or for others. Likewise, others may not cook for him. His only recourse is to give his flour and his food to others as a gift, and they may then bake and cook for him, or else they may cook for themselves in a large pot and give him the remainder (*Arukh HaShulḥan*; *Shulḥan Arukh, Oraḥ Ḥayyim* 527:20).

One who transgressed and baked – עָבַר וְאָפָה: If one transgresses this prohibition and bakes or cooks on a Festival not for the Festival itself, whether intentionally or unwittingly, the food is permitted, but it is proper for the court to penalize him as they see fit (*Mishna Berura*; *Shulḥan Arukh, Oraḥ Ḥayyim* 527:23).

Perek **II**
Daf **17** Amud **b**

וְאִי אִיתָא לִיתְנֵי: עָבַר וְאָפָה – מוּתָּר. אֲמַר רַב אַדָּא בַּר מַתָּנָה: תַּנָּא, תַּקַּנְתָּא דְּהֶיתֵּרָא – קָתָנֵי, תַּקַּנְתָּא דְּאִיסּוּרָא – לָא קָתָנֵי.

And if it is so that if one baked without having placed an *eiruv* for the joining of cooked foods, it is permitted to eat the bread, **let** the *baraita* simply **teach:** With regard to **one who transgressed** the prohibition **and baked,**[N] **it is permitted** to eat the bread. **Rav Adda bar Mattana said:** There is no proof from here, as the ***tanna*** **is teaching a remedy** involving acting in **a permitted** manner, and **is not teaching a remedy** involving **a prohibited** act. The *tanna* did not want to teach that it is also possible to solve the problem in this proscribed manner.

תָּא שְׁמַע: מִי שֶׁהִנִּיחַ עֵירוּבֵי תַבְשִׁילִין – הֲרֵי זֶה אוֹפֶה וּמְבַשֵּׁל וּמַטְמִין, וְאִם רָצָה לֶאֱכוֹל אֶת עֵירוּבוֹ – הָרְשׁוּת בְּיָדוֹ. אֲכָלוֹ עַד שֶׁלֹּא אָפָה עַד שֶׁלֹּא הִטְמִין – הֲרֵי זֶה לֹא יֹאפֶה וְלֹא יְבַשֵּׁל וְלֹא יַטְמִין, לֹא לוֹ וְלֹא לַאֲחֵרִים, וְלֹא אֲחֵרִים אוֹפִין וּמְבַשְּׁלִין לוֹ.

The Gemara suggests: **Come** and **hear** a resolution from a different *baraita*: **One who prepared** an *eiruv* for **the joining of cooked foods** on a Festival eve **may bake and cook and insulate** food on the Festival for Shabbat that occurs on the following day, **and if he wants to eat his *eiruv***[H] on Shabbat, **he has permission** to do so. But if **he ate it** on the Festival **before he baked** or **before he insulated, he may neither bake, nor cook, nor insulate, neither for himself nor for others,** and likewise **others may neither bake nor cook for him.**

NOTES

Let the *baraita* teach: One who transgressed and baked – לִיתְנֵי עָבַר וְאָפָה: Given that the *baraita* addresses a different subject, why should it mention the case of one who transgressed the prohibition and baked? Several later authorities address this question. Some explain that since it is easy to remedy this situation by transferring ownership of one's flour, it would be rare for anyone to commit this transgression intentionally, and the Sages did not decree with regard to uncommon cases (*Simḥat Yom Tov*).

HALAKHA

And if he wants to eat his *eiruv* – וְאִם רָצָה לֶאֱכוֹל אֶת עֵירוּבוֹ: After one finishes preparing all the food that he needs for Shabbat, he may eat the *eiruv* that he prepared for the joining of cooked foods, if he so desires. However, the custom is to use the bread of the *eiruv* on Shabbat as the second loaf at the evening and morning meals before eating it in the afternoon, thereby performing additional mitzvot with the same loaf (*Shulḥan Arukh, Oraḥ Ḥayyim* 527:16).

אֲבָל מְבַשֵּׁל הוּא לְיוֹם טוֹב, וְאִם הוֹתִיר – הוֹתִיר לַשַּׁבָּת, וּבִלְבַד שֶׁלֹּא יַעֲרִים. וְאִם הֶעֱרִים – אָסוּר.

However, even without an *eiruv*, one in this situation **may cook for the Festival** itself, **and if he left over** part of what he cooked, **he has left it over for Shabbat, provided that he does not employ artifice** to circumvent the prohibition by saying that he is cooking a large amount for guests on the Festival, when in fact he has Shabbat in mind. **And if he employed artifice** to circumvent the prohibition, it is **prohibited**[N] to eat the food, by decree of the Sages.[H] This indicates that one who cooks on a Festival for Shabbat in a prohibited manner may not eat the food.

אֲמַר רַב אַשִׁי: הַעֲרָמָה קָא אָמְרַתְּ, שָׁאנֵי הַעֲרָמָה דְּאַחְמִירוּ בָּהּ רַבָּנַן טְפֵי מִמֵּזִיד.

Rav Ashi said: This is no proof, as **you speak of** a case of **artifice,** and a case of **artifice is different, as the Sages were more stringent with regard to** one who employs artifice **than** with regard to one who **intentionally** cooks on a Festival for Shabbat. One who purposely transgresses is aware of his sin; therefore, he might repent and desist from his prohibited behavior, thereby preventing others from learning from his actions. However, one who employs artifice to circumvent a prohibition thinks that he is acting in a permitted manner. He is therefore likely to continue his practice. Furthermore, people might emulate him, and the *halakha* of preparing an *eiruv* might be forgotten.

רַב נַחְמָן בַּר יִצְחָק אֲמַר: הָא מַנִּי – חֲנַנְיָה הִיא, וְאַלִּיבָּא דְּבֵית שַׁמַּאי. דְּתַנְיָא, חֲנַנְיָה אוֹמֵר: בֵּית שַׁמַּאי אוֹמְרִים: אֵין אוֹפִין אֶלָּא אִם כֵּן עֵירַב בְּפַת, וְאֵין מְבַשְּׁלִין אֶלָּא אִם כֵּן עֵירַב בְּתַבְשִׁיל, וְאֵין טוֹמְנִין אֶלָּא אִם כֵּן הָיוּ חַמִּין טְמוּנִין מֵעֶרֶב יוֹם טוֹב.

Rav Naḥman bar Yitzḥak said that there is another reason to reject the proof from this *baraita*: In accordance with **whose** opinion is **this** *baraita*? **It is** in accordance with the opinion of **Ḥananya and in accordance with** the opinion of **Beit Shammai.**[N] **As it is taught** in a *baraita* that **Ḥananya says** that **Beit Shammai say: One may not bake** bread on a Festival for Shabbat **unless he prepared an** ***eiruv*** for the joining of cooked foods on the eve of the Festival specifically **with bread; and one may not cook** any type of dish **unless he prepared an** ***eiruv*** **with a cooked dish; and one may not insulate** food **unless there was hot** food **insulated from the eve of the Festival.**

וּבֵית הִלֵּל אוֹמְרִים: מְעָרֵב בְּתַבְשִׁיל אֶחָד וְעוֹשֶׂה בּוֹ כׇּל צְרָכוֹ.

And Beit Hillel say: One may prepare an ***eiruv*** for the joining of cooked foods **with one cooked dish and use it for all his needs,** i.e., baking, cooking, and insulating. Since Ḥananya's opinion in accordance with the opinion of Beit Shammai is strict in this case, it may be assumed that he is stringent after the fact as well, and therefore the *baraita* provides no proof.

(תְּנַן): הַמְעַשֵּׂר פֵּירוֹתָיו בַּשַּׁבָּת, בְּשׁוֹגֵג – יֹאכַל, בְּמֵזִיד – לֹא יֹאכַל. לָא צְרִיכָא, דְּאִית לֵיהּ פֵּירֵי אַחֲרִינֵי.

The Gemara offers yet another suggestion. **We learned** in a mishna: In the case of **one who** transgressed a rabbinic prohibition and **tithed his produce on Shabbat,**[H] if he did so **unwittingly, he may eat** of it; if he acted **intentionally, he may not eat** of it. This indicates that one may not derive benefit from a transgression that he committed intentionally. The Gemara rejects this argument: **No,** it is **necessary** to teach this *halakha* with regard to a case **where he has other produce** and therefore does not greatly suffer as a result. However, the Sages may have been more lenient with one who did not make an *eiruv* for the joining of cooked food and consequently has nothing to eat.

תָּא שְׁמַע: הַמַּטְבִּיל כֵּלָיו בַּשַּׁבָּת, בְּשׁוֹגֵג – יִשְׁתַּמֵּשׁ בָּהֶן, בְּמֵזִיד – לֹא יִשְׁתַּמֵּשׁ בָּהֶן.

The Gemara poses another resolution: **Come** and **hear** a proof from a different source: In the case of **one who immerses his vessels on Shabbat,** an activity that the Sages prohibited because it is akin to repairing a vessel, if he did so **unwittingly, he may use them;** however, if he did so **intentionally, he may not use them.** This shows that the product of an action performed in a prohibited manner is prohibited.

לָא צְרִיכָא, דְּאִית לֵיהּ מָאנֵי אַחֲרִינֵי. אִי נָמֵי אֶפְשָׁר בִּשְׁאֵלָה.

The Gemara rejects this argument: **No,** it is **necessary** to teach this *halakha* with regard to a case **where he has other vessels** and is not forced to use these ones. **Alternatively, it is possible** for him to manage **by borrowing**[N] vessels from others. But if one failed to set aside an *eiruv* for the joining of cooked foods, perhaps the Sages allowed him to eat the food he cooked on the Festival for Shabbat since it is difficult to obtain food from others on Shabbat.

NOTES

And if he employed artifice it is prohibited – וְאִם הֶעֱרִים אָסוּר: The early authorities discuss the difference between this act of artifice, which is entirely proscribed, and the permission granted to a woman to add meat to her pot if it contains something needed for the Festival (see Rashi and *Tosafot*). The Rid explains that there is no concern that people will come to prepare from a Festival to a weekday *ab initio*, as it is well-known that this entails a desecration of the honor of the Festival. In the case of preparation for Shabbat, however, one might think that no prohibition is involved at all.

It is in accordance with Ḥananya and in accordance with Beit Shammai – חֲנַנְיָה הִיא וְאַלִּיבָּא דְּבֵית שַׁמַּאי: The Gemara does not say that it is in accordance with the opinion of Beit Shammai in the mishna here, as although they are stringent *ab initio*, they are not necessarily strict after the fact as well; the latter is evident only from Ḥananya's statement (*Tziyyun LeNefesh Ḥayya*). Some suggest that if only one *eiruv* were required, there would be no concern that one might do so *ab initio* the next time. However, since Beit Shammai require one to make several *eiruvin*, a person might make one suffice each time; therefore, it can be assumed that the Sages were stringent even after the fact in order to reinforce their enactment (*Simḥat Yom Tov*).

It is possible by borrowing – אֶפְשָׁר בִּשְׁאֵלָה: With regard to food, however, a person generally prepares only enough food for himself and does not have extra food to give away to others (*Shitta Mekubbetzet*).

HALAKHA

Employing artifice with regard to cooking – הַעֲרָמָה בְּבִישּׁוּל: If one employed artifice to circumvent the prohibition, cooking two pots of the same type of food (*Taz*) and saying that both are for the Festival, but leaving one over for the following day, he may not eat from the second pot. Some say this prohibition lasts only until the conclusion of Shabbat. Others hold that the food is permanently prohibited to the person who cooked it, but permitted to others immediately upon the conclusion of Shabbat (*Shulḥan Arukh, Oraḥ Ḥayyim* 527:24).

One who tithed his produce on Shabbat – הַמְעַשֵּׂר פֵּירוֹתָיו בַּשַּׁבָּת: If one unwittingly tithed his produce on Shabbat, he may eat of the produce that he rendered fit to eat, but if he acted intentionally, he may not partake of it until the conclusion of Shabbat (Rambam). The *Shulḥan Arukh HaRav* rules likewise. Others rule that if he tithed the produce unwittingly, neither he nor others may eat it on the same day; and if it was done intentionally, he may not eat it upon the conclusion of Shabbat, but others may (*Magen Avraham*; *Shulḥan Arukh, Oraḥ Ḥayyim* 339:4).

תָּא שְׁמַע: הַמְבַשֵּׁל בְּשַׁבָּת, בְּשׁוֹגֵג – יֹאכַל, בְּמֵזִיד – לֹא יֹאכַל. אִיסּוּרָא דְשַׁבָּת שָׁאנֵי.

The Gemara suggests another proof: **Come and hear** that which was taught in the following *baraita*: In the case of **one who cooks on Shabbat,**[H] if he did so **unwittingly, he may eat** the food that he cooked; but if he cooked it **intentionally, he may not eat** it. This demonstrates that one who purposely violated a prohibition may not benefit from his prohibited action. The Gemara rejects this argument: There is no proof from here; the **prohibition of Shabbat** desecration **is different,**[N] since it entails *karet* and execution by a court. The same stringency might not necessarily apply to cooking on a Festival for the sake of the next day, and therefore the question raised above remains unresolved.

״בֵּית שַׁמַּאי אוֹמְרִים שְׁנֵי תַבְשִׁילִין״. מַתְנִיתִין דְּלָא כִּי הַאי תַּנָּא. דְּתַנְיָא, אָמַר רַבִּי שִׁמְעוֹן בֶּן אֶלְעָזָר: מוֹדִים בֵּית שַׁמַּאי וּבֵית הִלֵּל עַל שְׁנֵי תַבְשִׁילִין שֶׁצָּרִיךְ, עַל מַה נֶּחְלְקוּ – עַל דָּג וּבֵיצָה שֶׁעָלָיו, שֶׁבֵּית שַׁמַּאי אוֹמְרִים: שְׁנֵי תַבְשִׁילִין, וּבֵית הִלֵּל אוֹמְרִים: תַּבְשִׁיל אֶחָד. וְשָׁוִין, שֶׁאִם פִּרְפֵּר בֵּיצָה וְנָתַן לְתוֹךְ הַדָּג, אוֹ שֶׁרִיסֵּק קַפְלוֹטוֹת וְנָתַן לְתוֹךְ הַדָּג – שֶׁהֵן שְׁנֵי תַבְשִׁילִין.

§ It is stated in the mishna: **Beit Shammai say** that for the purpose of the joining of cooked foods one must prepare **two cooked dishes,** whereas Beit Hillel say that one dish suffices. The Gemara comments: **The mishna is not in accordance with** the opinion of **this *tanna*, who taught** in the *Tosefta* that **Rabbi Shimon ben Elazar said: Beit Shammai and Beit Hillel agree that two dishes are necessary. With regard to what do they disagree?** They disagree **with regard to** a fried **fish and the egg on it, as Beit Shammai say: Two** proper **dishes** are required, and this fish is considered only a single dish; **and Beit Hillel say: One dish** of this kind is viewed as two dishes and is therefore suitable for an *eiruv* for the joining of cooked foods. **And they** both **agree that if one sliced** a cooked **egg and placed** it **inside the fish, or if he mashed leeks** [*kaflotot*][LB] **and placed** them **inside the fish, they are** considered **two dishes.**

אֲמַר רָבָא: הִלְכְתָא כְּתַנָּא דִּידַן, וְאַלִּיבָּא דְּבֵית הִלֵּל.

Rava said: The *halakha* is in accordance with the opinion of **the *tanna*** of **our** mishna **and in accordance with** the opinion of **Beit Hillel**[N] that one dish suffices.

״אֲכָלוֹ אוֹ שֶׁאָבַד הֲרֵי זֶה לֹא יְבַשֵּׁל עָלָיו״ וכו׳. אָמַר אַבָּיֵי: נָקְטִינַן, הִתְחִיל בְּעִיסָּתוֹ וְנֶאֱכַל עֵירוּבוֹ – גּוֹמֵר.

The mishna states that if **one ate** the food prepared before the Festival as an *eiruv* **or** if **it was lost, he may not** rely **on it** and **cook** with the initial intent to cook for Shabbat. **Abaye said: We have a tradition** that if **one** prepared a proper *eiruv* **and began** kneading **his dough**[N] on a Festival for Shabbat, **and** in the meantime **his *eiruv* was eaten,**[H] **he may finish** baking the bread. Since he had begun in a permitted manner, he is allowed to complete the process and bake the bread.

LANGUAGE

Leeks [*kaflotot*] – קַפְלוֹטוֹת: This word derives from the Greek κεφαλωτόν, *kefaloton*, literally meaning headed or with a head, a description assigned to several plants and animals. The Sages use the term primarily in reference to leeks, which have a noticeable and prominent head.

BACKGROUND

Leeks [*kaflotot*] – קַפְלוֹטוֹת: Most commentaries identify *kaflotot* with leeks, *Allium porrum* L., a plant botanically related to onions and garlic. A cultivated plant, the leek can grow almost anywhere. Its bright green leaves are distinguished from those of the onion both by their color and their flat, broad shape. Leeks are generally eaten in sauces or soups, often together with meat; in certain regions, they are eaten raw. Some hold that *kaflotot* are not leeks but a type of onion.

Leek

HALAKHA

One who cooks on Shabbat – הַמְבַשֵּׁל בְּשַׁבָּת: If one cooks intentionally on Shabbat, he and the members of his household may never eat the food, while others may do so immediately upon the conclusion of Shabbat. If he acted unwittingly, no one may eat it on the same day, but after Shabbat has ended even he may eat it. Some hold that if he cooked intentionally, it is prohibited both for him and for others to eat the food until the conclusion of Shabbat, whereas if he acted unwittingly, it is permitted for anyone to partake of it at once (Vilna Gaon). One may rely on this opinion in a case of need, if the food was cooked unwittingly (*Mishna Berura*; *Shulḥan Arukh, Oraḥ Ḥayyim* 318:1).

If one began kneading his dough and his *eiruv* was eaten – הִתְחִיל בְּעִיסָּתוֹ וְנֶאֱכַל עֵירוּבוֹ: If one begins to knead his dough or starts to cook, and in the meantime his *eiruv* is eaten, he may finish preparing that dough or dish. Some hold that once he has begun any of his preparations for Shabbat, he may continue with all his preparations as though his *eiruv* were still extant (Radbaz; others). One may rely on this opinion in a case of exigent circumstances (*Mishna Berura*; *Shulḥan Arukh, Oraḥ Ḥayyim* 527:17).

NOTES

The prohibition of Shabbat is different – אִיסּוּרָא דְשַׁבָּת שָׁאנֵי: This answer also resolves the previous questions: Due to the stringencies of Shabbat prohibitions, the Sages were strict with regard to them even after the fact (Rashash).

The *halakha* is in accordance with the *tanna* of our mishna and in accordance with Beit Hillel – הִלְכְתָא כְּתַנָּא דִּידַן וְאַלִּיבָּא דְּבֵית הִלֵּל: Even though it seems to be obvious that the *halakha* is in accordance with the opinion of Beit Hillel, the mishna here may be explained in a manner that does not differentiate between cooking and baking at all, which might lead one to conclude that all agree with Beit Shammai in this regard (*Ḥatam Sofer*).

Began kneading his dough – הִתְחִיל בְּעִיסָּתוֹ: Some explain that this applies only if one had actually started preparing his dough, because the food will be wasted if he does not finish. According to this view, he may not perform any task that he had not actually begun to do, e.g., he may not begin to prepare a new batch of dough. However, the halakhic authorities differ on this matter, as the Rosh and others hold that one who has already begun his Shabbat preparations may complete all of them, even those he had not yet begun.

HALAKHA

The immersion of a person and vessels on Shabbat – טְבִילַת אָדָם וְכֵלִים בְּשַׁבָּת: One may not immerse vessels on Shabbat or a Festival, but a ritually impure person may immerse himself, in accordance with the opinion of Beit Hillel. In the case of one who transgressed this prohibition and immersed vessels on Shabbat, if he did so unwittingly, he may use them; however, if it was done intentionally, he may not use them until the conclusion of Shabbat (Rambam *Sefer Zemanim, Hilkhot Shabbat* 23:8).

Purifying impure water by bringing it into contact with pure water – טִיהוּר מַיִם בְּהַשָּׁקָה: It is permitted to bring ritually impure water into contact with ritually pure water on Shabbat in order to purify the water (Rambam *Sefer Zemanim, Hilkhot Shabbat* 23:8).

One may immerse from one principle to another – מַטְבִּילִין מִגַּב לְגַב: It is permitted to immerse for a second time a vessel that had been purified for use with *teruma*, in order to purify it for use with consecrated objects, in accordance with the Rambam's understanding of this clause of the mishna (*Maggid Mishne*; Rambam *Sefer Zemanim, Hilkhot Yom Tov* 4:17).

מתני׳ חָל לִהְיוֹת אַחַר הַשַּׁבָּת, בֵּית שַׁמַּאי אוֹמְרִים: מַטְבִּילִין אֶת הַכֹּל מִלִּפְנֵי הַשַּׁבָּת, וּבֵית הִלֵּל אוֹמְרִים: כֵּלִים מִלִּפְנֵי הַשַּׁבָּת, וְאָדָם בַּשַּׁבָּת.

MISHNA If a Festival **occurs** directly **after Shabbat,** i.e., on a Sunday, and one wishes to behave in a proper manner and purify himself and his vessels in honor of the Festival, **Beit Shammai say: One must immerse everything before Shabbat, and Beit Hillel say: Vessels** must be immersed **before Shabbat, but a person** may immerse himself even **on Shabbat.**[NH]

וְשָׁוִין שֶׁמַּשִּׁיקִין אֶת הַמַּיִם בִּכְלֵי אֶבֶן לְטַהֲרָן, אֲבָל לֹא מַטְבִּילִין. וּמַטְבִּילִין מִגַּב לְגַב וּמֵחֲבוּרָה לַחֲבוּרָה.

And Beit Shammai and Beit Hillel both **agree that one may bring** ritually impure **water into contact** with ritually pure water **in stone vessels**[N] on Shabbat **in order to purify** the water.[H] Impure water can be purified if it is placed into a vessel that does not contract ritual impurity, such as a stone vessel, and then lowered with the vessel into a ritual bath. The water becomes purified when it comes into contact with the water of the ritual bath. Although this is not considered proper immersion, water may nevertheless be purified in this manner. **However, one may not immerse**[N] the impure water in a ritually impure vessel in order to purify the vessel at the same time. Likewise, **one may immerse** on a Festival **from one principle to another,**[H] **and from one group to another,** as will be explained in the Gemara.

גמ׳ דְּכוּלֵּי עָלְמָא מִיהַת כְּלִי בְּשַׁבָּת לָא, מַאי טַעְמָא? אָמַר רַבָּה: גְּזֵרָה

GEMARA **In any event, everyone agrees,** i.e., both Beit Shammai and Beit Hillel agree, that one **may not** immerse **a vessel on Shabbat.** The Gemara asks: **What is the reason**[N] that one may not do so? Which type of prohibited labor does it involve? **Rabba said:** It is **a decree** issued by the Sages as a preventive measure,

NOTES

But a person on Shabbat – וְאָדָם בַּשַּׁבָּת: Rashi understands that a person may immerse himself even on Shabbat. The Maharshal, however, explains that a person should immerse specifically on Shabbat; since he is permitted to do so, this is the proper way of purifying himself for the Festival (*Yam Shel Shlomo*).

One may bring water into contact [*mashikin*] in stone vessels – מַשִּׁיקִין אֶת הַמַּיִם בִּכְלֵי אֶבֶן: The *halakha* of bringing into contact [*hashaka*] applies uniquely to water. Some read this word as *mashki'in*, dip; i.e., *hashaka* is a shortened form of *hashka'a*, dipping (*ge'onim*). In general, ritually impure foods or liquids cannot be purified by means of immersion, and indeed, water that has undergone *hashaka* is not considered to have been purified via immersion. Rather, the reason this is effective is that the water is considered entirely nullified in the water of the ritual bath. Consequently, the water that is then removed after the *hashaka* is pure, as is the rest of the water in the ritual bath. From a halakhic perspective, this is similar to sowing impure seeds in the ground, an act that purifies them by nullifying them in the ground.

However, one may not immerse – אֲבָל לֹא מַטְבִּילִין: The early authorities discuss the significance of these words, which appear redundant. Some ask why one may not use a wooden vessel for this purpose, as although such vessels are generally susceptible to impurity and would consequently become impure by the impure water poured into them, it is merely a derivative level of impurity, which may be removed by immersion. One answer is that one is not permitted to cause vessels to become impure and then immerse them, *ab initio* (Rabbeinu Peretz; Rashba). A simple explanation of the phrase: However, one may not immerse, is that it serves to limit the previous statement regarding the agreement between Beit Shammai and Beit Hillel; that is to say, that while Beit Shammai agree with Beit Hillel about *hashaka*, they disagree with them about immersion.

One may not immerse a vessel on Shabbat, what is the reason – כְּלִי בְּשַׁבָּת לָא, מַאי טַעְמָא: This *halakha*, that one may not immerse a vessel on Shabbat, is stated explicitly in a mishna in tractate *Shabbat* (34a); why doesn't the Gemara discuss this issue there? Some suggest that in that mishna it seems obvious that the reason is that immersion is akin to repairing. Here, however, since according to Beit Hillel it is permitted for a person to immerse himself, it is not immediately evident why it should be prohibited to immerse vessels (*Tziyyun LeNefesh Ḥayya*). Alternatively, in that mishna it appears as though one is doing so for the purpose of a weekday, whereas here it is possible to say that he is acting for the sake of the sacred day itself (*Ḥatam Sofer*).

שֶׁמָּא יִטְּלֶנּוּ בְּיָדוֹ וְיַעֲבִירֶנּוּ אַרְבַּע אַמּוֹת בִּרְשׁוּת הָרַבִּים. אֲמַר לֵיהּ אַבַּיֵי: יֵשׁ לוֹ בּוֹר בַּחֲצֵירוֹ, מַאי אִיכָּא לְמֵימַר? אֲמַר לֵיהּ: גְּזֵירָה בּוֹר בַּחֲצֵרוֹ אַטּוּ בּוֹר בִּרְשׁוּת הָרַבִּים.

lest one come to **pick up** the vessel **in his hand and carry it four cubits**[N] **in the public domain** to a ritual bath. **Abaye said to** Rabba: If **one has a pit** full of water of a ritual bath **in his courtyard,** so that this decree should not apply, **what is there to say?** Rabba **said to him:** The Sages issued **a decree** against immersing vessels even in **a pit** of water **in one's own courtyard**[N] **due to a pit** situated **in the public domain.**

הָתֵינַח שַׁבָּת, בְּיוֹם טוֹב מַאי אִיכָּא לְמֵימַר? גָּזְרוּ יוֹם טוֹב אַטּוּ שַׁבָּת.

Abaye posed another challenge: This works out **well** with regard to **Shabbat,** but **with regard to a Festival,** when there is no prohibition against carrying from one domain to another, **what is there to say?** Rabba replied: The Sages **issued a decree** that it is prohibited to immerse a vessel on **a Festival, due to** the prohibition against immersing it **on Shabbat.**

וּמִי גָּזְרִינַן? וְהָא תְּנַן: וְשָׁוִין שֶׁמַּשִּׁיקִין אֶת הַמַּיִם בִּכְלֵי אֶבֶן לְטַהֲרָן, אֲבָל לֹא מַטְבִּילִין. וְאִי אִיתָא – נִגְזוֹר הַשָּׁקָה אַטּוּ הַטְבָּלָה.

The Gemara asks: **And do we issue a decree** in such a case? **But didn't we learn** in the mishna: **And** Beit Shammai and Beit Hillel both **agree that one may bring** ritually impure **water into contact** with ritually pure water **in stone vessels in order to purify** the water. **However, one may not immerse** the impure water in a ritually impure vessel in order to purify the vessel at the same time. **And if it is so** that such a decree was issued, **let us** also **decree** here that **bringing** ritually impure water **into contact** with ritually pure water is prohibited **due to** the prohibition against **immersing**[N] a ritually impure vessel in a ritual bath.

וְתִסְבְּרָא, אִי אִית לֵיהּ מַיִם יָפִים – הָנֵי לָמָּה לִי לְמֶעֱבַד לְהוּ הַשָּׁקָה? אֶלָּא – דְּלֵית לֵיהּ, וְכֵיוָן דְּלֵית לֵיהּ – מִזְהַר זָהֵיר בְּהוּ.

The Gemara rejects this challenge: **And** how can **you understand** that there is substance to this question? **If he has** other **good,** ritually pure, **water** to drink, **why do I** need **to bring this** ritually impure water **into contact** with the ritually pure water? **Rather,** one must say **that he does not have** suitable drinking water, **and since he does not have** other water, **he is** particularly **careful about** this water, so that it not become impure. Therefore, perforce, this must be an exceptional case, as the water became impure despite the precautions that were taken; and the Sages did not apply their decrees to unusual cases.

אֵיתִיבֵיהּ: מַדְלִין בִּדְלִי טָמֵא, וְהוּא טָהוֹר. וְאִי אִיתָא – נִגְזוֹר דִּלְמָא אָתֵי לְאַטְבּוּלֵיהּ בְּעֵינֵיהּ. שָׁאנֵי הָתָם, מִתּוֹךְ שֶׁלֹּא הוּתְּרָה לוֹ אֶלָּא עַל יְדֵי דָּלְיוֹ – זָכוּר הוּא.

Abaye **raised an objection** from the following *baraita*: **One may draw water** from a spring or a ritual bath on a Festival **with a** ritually **impure pail,**[H] **and** the pail becomes ritually **pure** because while being filled with water, the bucket is completely immersed in the ritual bath. **And if it is so** that the Sages issued such a decree, **let us** also **decree** here that it is prohibited to draw water on Festival with a ritually impure pail **lest one come to immerse** the pail **by itself.** Rabba answered: **It is different there; since it is permitted for him** to immerse the pail **only by drawing**[N] water with it, **he remembers** that it is prohibited to immerse a vessel by itself, and therefore there is no reason to issue a decree.

אֵיתִיבֵיהּ: כְּלִי שֶׁנִּטְמָא מֵעֶרֶב יוֹם טוֹב – אֵין מַטְבִּילִין אוֹתוֹ בְּיוֹם טוֹב, בְּיוֹם טוֹב – מַטְבִּילִין אוֹתוֹ בְּיוֹם טוֹב. וְאִם אִיתָא – נִגְזוֹר דְּיוֹם טוֹב אַטּוּ דְּעֶרֶב יוֹם טוֹב. טוּמְאָה בְּיוֹם טוֹב מִלְּתָא דְּלָא שְׁכִיחָא הִיא, וּמִלְּתָא דְּלָא שְׁכִיחָא – לָא גָּזְרוּ בָהּ רַבָּנַן.

Abaye **raised an objection** from a different *baraita,* in which it was taught: With regard to **a vessel that was rendered ritually impure on the eve of a Festival, one may not immerse it on the Festival;** however, if it became impure **on the Festival** itself, **one may immerse it on the Festival. And if it is so** that the Sages issued such a decree, **let us** also **decree** here **that** it is prohibited to immerse a vessel that became impure on **a Festival due to** the prohibition against immersing a vessel that became impure on the **eve of a Festival.** Rabba answered: Contracting ritual **impurity on a Festival,** when all are ritually pure, **is an uncommon occurrence, and** the general principle is that in the case of **an uncommon occurrence, the Sages did not issue a decree** as a preventive measure.

NOTES

Lest one…carry it four cubits – שֶׁמָּא...יַעֲבִירֶנּוּ אַרְבַּע אַמּוֹת: Rabba cites the same reason to explain the prohibitions against reading the *megilla*, blowing the *shofar* and picking up a *lulav* on Shabbat. The earlier authorities inquire why he does not say that the reason is that one might carry one of these items from a private to a public domain; see the answer of *Tosafot*. Some suggest that if he does not pick up the item with the intention to transfer it to another domain, there is no act of halakhic lifting, which is necessary if the transfer into another domain is to be prohibited by Torah law (see *Sefat Emet*). Others explain that Rabba merely mentioned one of two possible reasons. In any case, the common factor in all these decrees is that they were stated with regard to mitzvot, as one's love for a mitzva and his desire to fulfill it might lead him to forget and carry unwittingly (Rabbi Aharon HaLevi). This principle helps clarify some of the difficulties and answers suggested later in the Gemara.

A decree against a pit in one's courtyard – גְּזֵירָה בּוֹר בַּחֲצֵרוֹ: In general, it can be said that even if one has a pit in which to immerse his vessels inside his own courtyard, his neighbor may not, which means the latter would have to enter his neighbor's courtyard in order to immerse his vessel, thereby performing a prohibited act of carrying out (Rabbi Aharon HaLevi). Some ask: Why did the Gemara not pose a similar question with regard to *shofar* or *megilla*? They answer that in those cases the concern is that one might take them to an expert in order to learn how to perform the mitzva, whereas with regard to a ritual bath, everyone knows how to perform immersion (*Meiri*).

Bringing water into contact due to immersing – הַשָּׁקָה אַטּוּ הַטְבָּלָה: Some authorities ask: Why does the problem with immersing not apply to bringing into contact [*hashaka*] as well? Some answer that as the immersion of vessels is a mitzva, one might consequently forget and come to carry a vessel, whereas the purification of water is not a mitzva (Rabbi Aharon HaLevi). Alternatively, the Gemara should indeed be understood as saying that one may not perform *hashaka* for the same reason that one may not immerse vessels (*Meiri*; *Shitta Mekubbetzet*).

It is permitted for him only by drawing – לֹא הוּתְּרָה לוֹ אֶלָּא עַל יְדֵי דָּלְיוֹ: It is for this reason that the ruling in the Jerusalem Talmud is that it is permitted to employ an artifice in order to immerse small vessels: Since it looks as though he is drawing water, and he does not immerse the vessels in the typical manner of immersion, it is permitted (*Meiri*).

HALAKHA

One may draw water with an impure pail – מַדְלִין בִּדְלִי טָמֵא: It is permitted to draw water with a ritually impure pail on a Festival, even if the pail becomes pure in the process (Rambam *Sefer Zemanim*, *Hilkhot Yom Tov* 4:18).

איתיביה: כלי שנטמא באב הטומאה – אין מטבילין אותו ביום טוב, בולד הטומאה – מטבילין אותו ביום טוב. ואם איתא, נגזור הא אטו הא.

Abaye **raised** yet another **objection** from the following *baraita*: With regard to **a vessel that was rendered** ritually **impure by a primary source of impurity, one may not immerse it on a Festival.** However, if it was rendered impure only **by a derivative source of impurity,**[N] meaning that the vessel came into contact with an object that was rendered impure by a primary source of impurity, so that the object has the status of first-degree ritual impurity and confers upon the vessel the status of second-degree ritual impurity, a type of impurity that applies to vessels only by rabbinic decree; in such a case, **one may immerse** the vessel[N] **on a Festival. And if it is so** that the Sages issued such a decree, **let us** also **decree** here that it is prohibited to immerse **this,** a vessel rendered impure by a derivative source of impurity, **due to** the prohibition to immerse **that,** a vessel rendered impure by a primary source of impurity.

ולד הטומאה היכי משכחת לה – גבי כהנים, כהנים זריזין הם.

Rabba replied: **Where do you find** a case where people are particular about purifying a vessel that contracted ritual impurity from **a derivative source of impurity?** It is only in one situation, namely, **with regard to priests,** since they eat *teruma*, and *teruma* contracts ritual impurity even from a vessel that came into contact with only a derivative source of impurity. An ordinary person, who eats non-consecrated produce, does not go to the trouble of purifying such a vessel, since regular produce contracts ritual impurity only from a vessel that came into contact with a primary source of impurity, but not from a vessel that came into contact with a derivative source of impurity. And as for priests, the general principle is that **priests are vigilant;** they are careful not to allow their vessels to become impure. Therefore, impurity in the case of priests is considered a rare occurrence, with regard to which the Sages did not issue a decree.

תא שמע, דאמר רב חייא בר אשי אמר רב: נדה שאין לה בגדים – מערמת וטובלת בבגדיה. ואם איתא, נגזור דלמא אתי לאטבולי בעינייהו!

The Gemara further suggests: **Come** and **hear** a different proof, **as Rav Ḥiyya bar Ashi said** that **Rav said: A menstruating woman who has no** ritually pure **clothes** to wear after she immerses herself in a ritual bath to purify herself, as all her clothes had become impure, and it is Shabbat or a Festival, when she is unable to immerse them, **may employ an artifice** to circumvent the prohibition **and immerse**[H] herself **in her clothes.**[N] She is permitted to purify herself, and when she immerses herself while wearing her garments, they become purified at the same time. **And if it is so** that the Sages issued such a decree, **let us** also **decree** that it is prohibited for the woman to immerse herself in her clothes **lest she come to immerse** the clothes by **themselves.**

שאני התם, מתוך שלא הותרה לה אלא על ידי מלבוש – זכורה היא.

The Gemara answers: **It is different there; since it is permitted for her** to immerse the clothes **only by** wearing them as **garments,**[N] **she remembers** that it is prohibited to immerse them by themselves and will not come to violate this prohibition.

רב יוסף אמר: גזרה משום סחיטה.

Apropos Rabba's view that one may not immerse a vessel on Shabbat lest he come to carry it four cubits in the public domain, **Rav Yosef said** that it is prohibited to immerse a vessel on Shabbat for a different reason: It is **a decree** issued by the Sages as a preventive measure **due to** the prohibition against **wringing.** After immersing certain items, such as clothes, one might come to wring them, and this is prohibited on Shabbat and Festivals as a subcategory of the biblically prohibited labor of threshing.

אמר ליה אביי: תינח כלים דבני סחיטה נינהו, כלים דלאו בני סחיטה נינהו מאי איכא למימר? אמר ליה: גזרה הני אטו הני. איתיביה כל הני תיובתא, ושני ליה כדשנינן.

Abaye said to Rav Yosef: This works out **well** with regard to **vessels that are fit for wringing,** such as clothes, but with regard to **vessels that are not fit for wringing, what is there to say?** Rav Yosef **said** to him: The Sages issued **a decree** against **these** vessels, which cannot be wrung, **due to those** vessels, which can be wrung. Abaye **raised** against Rav Yosef **all of these objections** that he had raised against Rabba, in an attempt to prove that the Sages did not issue such a decree, **and** Rav Yosef **answered him as we answered** in the name of Rabba.

NOTES

A primary source of impurity [*av hatuma*] and a derivative source of impurity [*velad hatuma*] – אב הטומאה ולד הטומאה: There are various levels of impurity, each with its own *halakhot* with regard to the ability of an impure object to impart impurity to a different object. Most sources of impurity specified by the Torah are primary ones, except for a corpse, which is the ultimate primary source of ritual impurity [*avi avot hatuma*]. Primary sources of ritual impurity impurify a person, vessels, and all types of food and drink with which they come into contact. A person or object defiled by a primary impurity is called a derivative source of impurity.

According to Torah law, a derivative source of impurity does not defile people or vessels, but only food and drink of *teruma* and consecrated items. The Sages decreed that it renders all kinds of drink impure as well. It likewise invalidates regular food, meaning that it renders it impure to a minor degree, in which the food cannot impart impurity to other items. An item rendered impure by a derivative source of impurity has second-degree impurity. It invalidates *teruma* that comes into contact with it and also renders consecrated food impure. Consequently, the impurity of a derivative source of impurity is relevant to priests, who eat *teruma* and consecrated food, but not to ordinary people.

By a derivative source of impurity one may immerse the vessel – בולד הטומאה מטבילין: Rashi's explanation, that this is because he does not repair the vessel, incorporates Rava's reason cited later in the Gemara. However, many other commentaries explain that Rabba holds that since this impurity is not by Torah law, one will not feel that it is urgent for him to purify the vessel, and therefore he will not make the mistake of carrying the vessels (Rashba and others).

She may employ an artifice and immerse in her clothes – מערמת וטובלת בבגדיה: Some ask: Isn't it prohibited to soak a garment in water on Shabbat and Festivals, as this is regarded as the first stage of washing, which falls into the category of the prohibited labor of whitening? Several answers have been suggested (see *Tosafot*). Some explain that the principle that equates soaking and washing applies only to a garment that has a stain, but not to a clean one (Rabbi Aharon HaLevi).

It is permitted for her only by wearing them as garments – לא הותרה לה אלא על ידי מלבוש: Since it is unusual to immerse fully clothed, she will remember not to carry her garments. The same reasoning applies to Rav Yosef's opinion: It will serve as a reminder not to wring the clothes (Maharam Schiff).

HALAKHA

A menstruating woman…may employ an artifice and immerse – נדה...מערמת וטובלת: A menstruating woman who has no ritually pure clothes to wear after she purifies herself may employ an artifice and immerse herself on a Festival in her clothes (Rambam *Sefer Zemanim, Hilkhot Yom Tov* 4:18).

רַב בֵּיבָי אָמַר: גְּזֵרָה שֶׁמָּא יַשְׁהֶא. תַּנְיָא כְּוָותֵיהּ דְּרַב בֵּיבָי: כְּלִי שֶׁנִּטְמָא מֵעֶרֶב יוֹם טוֹב – אֵין מַטְבִּילִין אוֹתוֹ בְּיוֹם טוֹב, גְּזֵרָה שֶׁמָּא יַשְׁהֶא.

Rav Beivai said a different reason: The prohibition against immersing a vessel on a Festival is **a decree** issued by the Sages **lest one** come to **delay**[N] the immersion of his impure vessels. Were the Sages to permit him to immerse vessels on a Festival, he might delay immersing all of his impure vessels until the Festival, when he has more free time; and were he to leave ritually impure vessels in his possession for a lengthy period, he might come to defile items that must be kept ritually pure, such as *teruma*. The Gemara comments: **It is taught** in a *baraita* **in accordance with** the opinion **of Rav Beivai:**[N] With regard to **a vessel that became ritually impure on the eve of a Festival, one may not immerse it on a Festival,** due to **a decree lest he** come to **delay** and keep impure vessels in his home in order to immerse them on the Festival.[H]

רָבָא אָמַר: מִפְּנֵי שֶׁנִּרְאֶה כִּמְתַקֵּן כְּלִי. אִי הָכִי אָדָם נַמִי. אָדָם נִרְאֶה כְּמֵיקֵר.

Rava said yet a different reason: It is prohibited to immerse a vessel on Shabbat **because it looks as if he is repairing the vessel.**[N] Since the vessel was previously unfit for use, and the act of immersion renders it usable, this is similar to the repair of a vessel, which is Torah law proscribes on Shabbat and Festivals.[N] The Gemara challenges this understanding: **If so, a person** should **likewise** be prohibited to immerse himself, because it looks as if he is repairing himself through purification. The Gemara answers: **A person** undergoing immersion **looks as if he is cooling** himself. Since it is not clearly evident that he is immersing in order to purify himself, as he might be bathing for his pleasure, there is no reason to prohibit the immersion.

הָא תֵּינַח מַיִם יָפִים, מַיִם רָעִים מַאי אִיכָּא לְמֵימַר? אָמַר רַב נַחְמָן בַּר יִצְחָק: פְּעָמִים שֶׁאָדָם בָּא

The Gemara challenges this explanation: This works out **well** in a case where he immerses himself in **good,** clean **water,** in which it would be a pleasure to bathe; but if he immerses himself in **bad,** murky **water,** as the water of a ritual bath is not always sufficiently clean, **what is there to say? Rav Naḥman bar Yitzḥak said:** Even in that case, his actions do not prove that his intention is to purify himself, as **sometimes a person comes** home

HALAKHA

Immersing vessels on a Festival – טְבִילַת כֵּלִים בְּיוֹם טוֹב: If a vessel becomes impure on the eve of a Festival, it may not be immersed on the Festival, lest this leniency lead one to delay immersing the vessel until the Festival. However, if the vessel becomes impure as a result of contact with a derivative source of impurity, it is permitted to immerse it on the Festival because it is pure by Torah law. If a vessel becomes impure on a Festival, it may be immersed on the Festival (Rambam *Sefer Zemanim, Hilkhot Yom Tov* 4:17).

NOTES

A decree lest one come to delay – גְּזֵרָה שֶׁמָּא יַשְׁהֶא: Rashi explains that this could lead to one becoming liable to be stoned, as *teruma* and similar foods might be rendered impure as a result of his actions. Others explain that it is prohibited because it looks like he is planning to do the work of immersing vessels on the Festival (*Meiri* and others). Furthermore, he might neglect to purify himself before a Festival, and enter into the Festival in a ritually impure state (Rabbi Aharon HaLevi; see *Shitta Mekubbetzet*).

The opinion of Rav Beivai – שִׁיטַת רַב בֵּיבָי: According to many commentaries, Rav Beivai is referring only to a Festival and not to Shabbat, and therefore most of the difficulties raised against Rabba and Rav Yosef do not apply to his approach, as he is not issuing one decree due to another (*Tziyyun LeNefesh Ḥayya*). Others explain that Rav Beivai accepts Rabba's reasoning with regard to Shabbat but gives a different reason concerning Festivals, which explains why the Rambam cites Rav Beivai's reason in the *halakhot* of Festivals but offers a different justification with regard to the *halakhot* of Shabbat (Maharsha; *Kikkayon DeYona*; see Maharshal and *Rishon LeTziyyon*).

Because it looks as if he is repairing the vessel – מִפְּנֵי שֶׁנִּרְאֶה כִּמְתַקֵּן כְּלִי: Even Rava agrees that it is not considered full-fledged repairing; rather, it was prohibited because people might consider it an act of repairing and will proceed to repair vessels in a full-fledged manner on a Festival. Therefore, they did not prohibit a person from immersing, as it is possible that he is not immersing himself for the purpose of purification (*Tziyyun LeNefesh Ḥayya*). According to the view that Rava is concerned about the full-fledged repair of a vessel, it is possible that in the case of an item that contracted impurity from a primary source of impurity, immersion is prohibited in all cases, and in the case of an item that contracted impurity from a derivative source of impurity, immersion is permitted only if it contracted impurity on the Festival itself (Rabbi Aharon HaLevi).

The reasons for the prohibition against immersion – הַטְּעָמִים לְאִיסּוּר טְבִילָה: The various authorities adopted one or two of the four reasons suggested by Rabba, Rav Yosef, Rav Beivai, and Rava for the prohibition against immersing. The Rif cites the statements of Rav Yosef and Rav Beivai, while the Rambam rules in accordance with the opinion of Rav Beivai with regard to Festivals and that of Rava concerning Shabbat. The main practical difference involves the immersion of new vessels acquired from gentiles, which is prohibited according to many authorities, in keeping with Rabba's reasoning. Those who permit it, whether *ab initio* or after the fact, follow Rav Beivai's approach (see *Yam Shel Shlomo* and *Shulḥan Arukh* and its commentaries).

בְּשָׁרָב, וְרוֹחֵץ אֲפִילּוּ בְּמֵי מִשְׁרָה.

on a hot day and washes himself **even in** putrid **water** in which flax **was soaked,** because the heat has made him so uncomfortable.

תֵּינַח בִּימוֹת הַחַמָּה, בִּימוֹת הַגְּשָׁמִים מַאי אִיכָּא לְמֵימַר? אָמַר רַב נַחְמָן בַּר יִצְחָק: פְּעָמִים שֶׁאָדָם בָּא מִן הַשָּׂדֶה מְלוּכְלָךְ בְּטִיט וּבְצוֹאָה, וְרוֹחֵץ אֲפִילּוּ בִּימוֹת הַגְּשָׁמִים.

The Gemara raises another objection: This works out **well in the summer season;** however, **in the rainy season,** when people do not usually immerse themselves in water in order to cool off, **what is there to say? Rav Naḥman bar Yitzḥak said: Sometimes a person comes** home **from the field soiled with mud and excrement and washes** himself **even in the rainy season.**

תֵּינַח בְּשַׁבָּת, בְּיוֹם הַכִּפּוּרִים מַאי אִיכָּא לְמֵימַר?

The Gemara continues with another objection: This works out **well** and explains why it is permitted for one to immerse himself **on Shabbat,** when it is permitted to wash, and therefore it can be argued that it is not clearly evident that he is immersing in order to purify himself; but **on Yom Kippur,** when all bathing apart from ritual immersion is prohibited, **what is there to say?**[N] His actions prove that his intention is to purify himself, and this should be prohibited because it looks as though he is repairing himself through purification.

אָמַר רָבָא: מִי אִיכָּא מִידֵּי דִּבְשַׁבָּת שָׁרֵי וּבְיוֹם הַכִּפּוּרִים אָסוּר? אֶלָּא, הוֹאִיל וּבְשַׁבָּת שָׁרֵי בְּיוֹם הַכִּפּוּרִים נָמֵי שָׁרֵי.

Rava said: It is impossible to prohibit immersion on Yom Kippur alone, as **is there anything**[N] that **is permitted on Shabbat and** the very same act is **prohibited** as labor **on Yom Kippur?** In fact, the prohibition against labor is more stringent on Shabbat than on Yom Kippur. **Rather, since it is permitted on Shabbat, it is also permitted on Yom Kippur.** The Sages did not issue decrees with regard to Yom Kippur that would make it more stringent than Shabbat. Therefore, since they allowed a person to immerse on Shabbat because it looks as if he is doing so for pleasure, to escape the heat or to remove dirt, and not necessarily in order to purify himself, they permitted it on Yom Kippur as well, even though it is evident in that situation that his immersion is for the purpose of achieving purity.

וּמִי אִית לֵיהּ לְרָבָא ״הוֹאִיל״? וְהָתְנַן: הַחוֹשֵׁשׁ בְּשִׁינָּיו לֹא יְגַמַּע בָּהֶן אֶת הַחוֹמֶץ, אֲבָל מְטַבֵּל הוּא כְּדַרְכּוֹ, וְאִם נִתְרַפֵּא – נִתְרַפֵּא. וְרָמֵינַן עֲלַהּ: לֹא יְגַמַּע וּפוֹלֵט, אֲבָל מְגַמֵּעַ וּבוֹלֵעַ.

The Gemara asks: **Does Rava accept** the principle of: **Since? But didn't we learn** in a mishna: **One who is concerned** about pain **in his teeth may not sip vinegar through them**[B] on Shabbat[H] in order to alleviate his toothache; **however, he may dip** his food in vinegar **in his usual manner** during the meal and eat it, **and if he is healed** by the vinegar, **he is healed. And we raised a contradiction to this** mishna from the following *baraita*: **One may not sip** vinegar **and** immediately **spit** it **out,** as this is clearly done for medicinal purposes; **however, one may sip** the vinegar **and swallow** it, since it looks as though he is drinking it. This indicates that there is a permitted way to use vinegar even without dipping his food into it.

וְאָמַר אַבָּיֵי: כִּי תְּנַן נָמֵי מַתְנִיתִין – מְגַמֵּעַ וּפוֹלֵט תְּנַן. וְרָבָא אָמַר: אֲפִילּוּ תֵּימָא מְגַמֵּעַ וּבוֹלֵעַ, וְלָא קַשְׁיָא; כָּאן – קוֹדֶם טִבּוּל, כָּאן – לְאַחַר טִבּוּל.

And Abaye said: Also when we learned this ruling **in the mishna, we learned** it with regard to the case of **one who sips and spits it out.**[N] **Rava said: Even** if **you say** that the mishna prohibits sipping vinegar even in a case where **one sips and swallows** it, it is still **not difficult: Here,** the *baraita* permits sipping vinegar **before dipping** one's food in it, as he appears to be doing so for pleasure. **There,** the mishna prohibits sipping the vinegar **after dipping** his food in it, when it is clear that one is doing so for medicinal purposes only.

וְאִם אִיתָא, נֵימָא: הוֹאִיל וְקוֹדֶם טִבּוּל שָׁרֵי – לְאַחַר טִבּוּל נָמֵי שָׁרֵי. הֲדַר בֵּיהּ רָבָא מֵהַהִיא.

The Gemara completes its question: **And if it is so** that Rava accepts the principle of: Since, **let him say: Since**[N] **it is permitted** to sip vinegar **before dipping, it is also permitted** to do so **after dipping.** The Gemara answers: **Rava retracted that** statement with regard to vinegar and accepted Abaye's resolution of the difficulty, along with the principle of: Since.

NOTES

On Yom Kippur what is there to say – בְּיוֹם הַכִּפּוּרִים מַאי אִיכָּא לְמֵימַר: It must be understood that at this stage the Gemara does not know of the *baraita* that permits immersing on Yom Kippur. Therefore, its question is a form of: If you assume, meaning that according to this approach, it should be prohibited on Yom Kippur, although it has not yet been established that this is the case (Rashba).

Is there anything – מִי אִיכָּא מִידֵּי: According to the letter of the law, it is permitted to immerse, as this does not fall into the category of washing that is prohibited on Yom Kippur. The fact that it might appear similar to repairing is not sufficient reason to prohibit the action, as the Sages minimized their decrees and enactments as much as possible (Rabbi Aharon HaLevi).

We learned it with regard to one who sips and spits out – מְגַמֵּעַ וּפוֹלֵט תְּנַן: According to this, the mishna should be understood as follows: One may dip in the usual manner, and similarly, it is permitted to sip, as that is considered a manner of eating (*Shitta Mekubbetzet*).

And if it is so let him say, since – וְאִם אִיתָא, נֵימָא הוֹאִיל: The Ramban holds that the principle of: Since, which aims at ensuring the uniformity of the enactments of the Sages, is generally invoked in order to render a permitted action prohibited rather than the opposite. In the case of Yom Kippur, however, the logic is that all the obligatory immersions on Shabbat throughout the year should not be disallowed due to the single day of Yom Kippur. Therefore, the case of vinegar should be understood as follows: Since sipping vinegar is prohibited after dipping, it should be prohibited beforehand as well (Rabbi Aharon HaLevi; *Milḥamot Hashem*).

BACKGROUND

Treating teeth with vinegar – חוֹמֶץ לְשִׁנַּיִם: One who suffers from tooth decay, and especially when a nerve is exposed, will find drinking vinegar to be painful, as the Bible states: "Like vinegar to the teeth" (Proverbs 10:26). If, however, the pain comes from the gums, or if it is caused by pressure due to accumulation of liquids in cavities, the application of vinegar can relieve the symptoms by lowering the osmotic pressure.

HALAKHA

One who is concerned about pain in his teeth…on Shabbat – הַחוֹשֵׁשׁ בְּשִׁינָּיו בְּשַׁבָּת: One who has a toothache on Shabbat may not treat it by sipping vinegar and spitting it out. He may, however, sip vinegar and swallow it, or dip his bread into vinegar and eat it in his usual manner. If he is in great pain, to the extent that he suffers generalized weakness, he may administer all types of medicine (*Taz*), or perform rabbinically prohibited treatments by means of a gentile (*Shulḥan Arukh HaRav*). Some permit one to perform even Torah prohibitions by means of a gentile, and allow a Jew to perform them in an unusual manner (*Mishna Berura*; *Shulḥan Arukh*, *Oraḥ Ḥayyim* 328:32).

וּמְמַּאי דְּמֵהַהִיא הֲדַר בֵּיהּ, דִּלְמָא מֵהָא הֲדַר בֵּיהּ? לָא סָלְקָא דַּעְתָּךְ. דְּתַנְיָא: כׇּל חַיָּיבֵי טְבִילוֹת טוֹבְלִין כְּדַרְכָּן, בֵּין בְּתִשְׁעָה בְּאָב בֵּין בְּיוֹם הַכִּיפּוּרִים.

The Gemara asks: **And from where** can it be determined **that he retracted that**[N] teaching? **Perhaps he retracted this** statement with regard to immersion in a ritual bath on Yom Kippur. The Gemara answers: **This cannot enter your mind** that he retracted his view in that case, **as it is taught** in a *baraita*: **All** who are **obligated in immersions**[H] **immerse in their** usual **manner, both on the Ninth of Av and on Yom Kippur,** even though it is prohibited to wash on these days. Rava would certainly have aligned his opinion with the explicit ruling of a *baraita*.

״וְשָׁוִין שֶׁמַּשִּׁיקִין אֶת הַמַּיִם בִּכְלֵי אֶבֶן״ וכו׳. מַאי ״אֲבָל לֹא מַטְבִּילִין״? אָמַר שְׁמוּאֵל: אֵין מַטְבִּילִין אֶת הַכְּלִי עַל גַּב מֵימָיו לְטַהֲרוֹ בְּיוֹם טוֹב.

§ It was taught in the mishna: **And** Beit Shammai and Beit Hillel both **agree that one may bring** ritually impure **water into contact** with ritually pure water **in stone vessels** in order to purify the water. However, one may not immerse the impure water. The Gemara asks: **What is** the meaning of the mishna's statement: **However, one may not immerse** the impure water? **Shmuel said: One may not immerse** an impure **vessel on account of its water**[N] in order **to purify it on a Festival.** The Sages allowed impure water to be purified through contact with ritually pure water only in a stone vessel or in another vessel that does not contract impurity, but not in an impure vessel that would itself become purified through this immersion.

מַנִּי מַתְנִיתִין? לָא רַבִּי, וְלֹא רַבָּנַן. דְּתַנְיָא: אֵין מַטְבִּילִין אֶת הַכְּלִי עַל גַּב מֵימָיו לְטַהֲרוֹ, וְאֵין מַשִּׁיקִין אֶת הַמַּיִם בִּכְלֵי אֶבֶן לְטַהֲרָן, דִּבְרֵי רַבִּי. וַחֲכָמִים אוֹמְרִים: מַטְבִּילִין כְּלִי עַל גַּב מֵימָיו לְטַהֲרוֹ, וּמַשִּׁיקִין אֶת הַמַּיִם בִּכְלֵי אֶבֶן לְטַהֲרָן.

The Gemara asks: If that is its meaning, in accordance with **whose** opinion **is the mishna?** It is **not** in accordance with the opinion of **Rabbi** Yehuda HaNasi **nor** with that of **the Rabbis.**[N] **As it is taught** in the *Tosefta*: **One may not immerse an** impure **vessel on account of its water** in order **to purify** the vessel, **and one may not bring** impure **water into contact** with pure water **in a stone vessel** in order **to purify** the water; this is **the statement of Rabbi** Yehuda HaNasi. **And the Rabbis say: One may immerse** an impure **vessel on account of its water** in order **to purify** the vessel, **and one may bring** impure **water into contact** with pure water **in a stone vessel** in order **to purify** the water.

מַנִּי? אִי רַבִּי – קַשְׁיָא הַשָּׁקָה, אִי רַבָּנַן – קַשְׁיָא הַטְבָּלָה!

If so, in accordance with **whose** opinion is the mishna? **If** it is in accordance with the opinion of **Rabbi** Yehuda HaNasi, then the ruling with regard to **bringing** impure **water into contact** with pure water in a stone vessel is **difficult,** as in the *Tosefta* Rabbi Yehuda HaNasi prohibits doing so, whereas the mishna permits it; and **if** it is in accordance with the opinion of **the Rabbis,** then the ruling with regard to the **immersion** of an impure vessel on account of its water is **difficult,** as in the *Tosefta* the Rabbis permit this, while the mishna, as explained by Shmuel, prohibits it.

אִיבָּעֵית אֵימָא רַבִּי, אִיבָּעֵית אֵימָא רַבָּנַן. אִי בָּעֵית אֵימָא רַבִּי: רֵישָׁא דִּבְרַיְיתָא בְּיוֹם טוֹב, וְסֵיפָא בְּשַׁבָּת, וְכוּלָּהּ מַתְנִיתִין בְּיוֹם טוֹב.

The Gemara answers: **If you wish, say** that the mishna is in accordance with the opinion of **Rabbi** Yehuda HaNasi; and **if you wish, say** instead that it is in accordance with the opinion of **the Rabbis.** How so? **If you wish, say** that the mishna is in accordance with the opinion of **Rabbi** Yehuda HaNasi and explain that the **first clause of** that ***baraita***, i.e., the first part of Rabbi Yehuda HaNasi's statement in the *Tosefta*, deals with **a Festival;** it is in that case that Rabbi Yehuda HaNasi prohibits immersing an impure vessel on account of its water, but bringing impure water into contact with pure water in a stone vessel would be permitted. **And the latter clause,** which extends the prohibition to bringing impure water into contact with pure water, is referring **to** the more stringent case of **Shabbat. And the entire mishna** is referring to **a Festival,** when it is permitted to purify impure water by bringing it into contact with pure water in a stone vessel.

NOTES

And from where can it be determined that he retracted that – וּמְמַּאי דְּמֵהַהִיא הֲדַר בֵּיהּ: *Tosafot* ask: How does this prove that he retracted in that case? Perhaps he changed his mind with regard to the reason he gave for the prohibition against immersing vessels. They answer that it is preferable to say this than to suggest that he retracted two opinions. However, it has been pointed out by other early authorities that an argument of this kind should have been stated explicitly by the Gemara, as is typical when the Gemara explains the need to change a reading of the text or an opinion.

Some explain that because the *baraita* that permits immersing on Yom Kippur must be understood as employing the argument of: Since, Rava must have retracted from the other case (see *Meiri* and others). Others suggest, according to the Maharshal, that all four *amora'im*, Rabba, Rav Yosef, Rav Beivai, and Rava, accept the reason of repairing, and consequently, they must accept the principle of: Since, as well (*Ḥatam Sofer*). Some explain that it is preferable to minimize disputes when explaining the reasoning behind different views; without this answer, it would have been necessary to explain why Rava suggested an explanation that is different from that of Abaye (*Minḥat Aharon*).

Yet others claim that the fact that Rava made two contradictory statements with regard to the principle of: Since, indicates his indecision over this matter, whereas his opinion with regard to repairing was stated unequivocally. Therefore, it is more likely that he changed his mind with regard to the subject about which he was ambivalent (*Rishon LeTziyyon*; see Rabbi Aharon HaLevi).

One may not immerse a vessel on account of its water – אֵין מַטְבִּילִין אֶת הַכְּלִי עַל גַּב מֵימָיו: The early authorities note that Shmuel's statement is in keeping with the first option suggested later by the Gemara, that the mishna is in accordance with the opinion of Rabbi Yehuda HaNasi. The commentaries on the Rambam and others address the issue of why the Rambam follows the second answer of the Gemara despite Shmuel's statement.

Not Rabbi Yehuda HaNasi nor the Rabbis – לָא רַבִּי וְלֹא רַבָּנַן: In the Jerusalem Talmud a different version of the *Tosefta* is cited that makes it clear that the mishna here is in accordance with the opinion of the Rabbis rather than that of Rabbi Yehuda HaNasi.

HALAKHA

All obligated in immersions – כׇּל חַיָּיבֵי טְבִילוֹת: Fundamentally, all those obligated to immerse may do so in the usual manner, both on the Ninth of Av and on Yom Kippur, provided that the immersion is performed at the proper time. Nowadays, when there are almost no cases where immersion is carried out at the proper time, immersion is not done on these days. Even a menstruating woman may not immerse on these days; rather, she washes her hair and bathes on the day before the Ninth of Av or Yom Kippur and immerses after the fast has ended (Rambam *Sefer Zemanim, Hilkhot Shevitat Asor* 3:2; *Shulḥan Arukh, Oraḥ Ḥayyim* 554:8).

וְאִיבָּעֵית אֵימָא רַבָּנַן, וְכוּלָּהּ מַתְנִיתִין בְּשַׁבָּת.

And if you wish, say instead that the mishna is in accordance with the opinion of **the Rabbis,** and on a Festival one is permitted even to immerse an impure vessel on account of its water in order to purify the vessel. **And the entire mishna** is referring **to Shabbat,** when it is prohibited to immerse an impure vessel, but it is permitted to purify impure water by bringing it into contact with pure water in a stone vessel.

תָּנוּ רַבָּנַן: כְּלִי שֶׁנִּטְמָא מֵעֶרֶב יוֹם טוֹב – אֵין מַטְבִּילִין אוֹתוֹ בֵּין הַשְּׁמָשׁוֹת.

§ **The Sages taught** in a *baraita*: With regard to **a vessel that became ritually impure on the eve of a Festival, one may not immerse it during twilight,**[N] a time period of doubtful status whether it is a weekday or a Festival, due to the possibility of violating the prohibition against immersing vessels on a Festival.

רַבִּי שִׁמְעוֹן שְׁזוּרִי אוֹמֵר: אַף בַּחוֹל אֵין מַטְבִּילִין אוֹתוֹ, מִפְּנֵי שֶׁצָּרִיךְ הֶעֱרֵב שֶׁמֶשׁ.

Rabbi Shimon Shezuri says: Even on a weekday one may not immerse[N] an impure vessel during twilight **because** the vessel **requires sunset.** After an impure vessel is immersed, it remains ritually impure for certain purposes until the sun has set and the stars have come out. If one immerses an impure vessel during the twilight period, then owing to the uncertainty as to whether it is day or night, he must wait another full day, until the next sunset, before using the vessel. It is therefore preferable not to put oneself in a situation where one might come to use a vessel before its purification process has been completed.

וְתַנָּא קַמָּא לָא בָּעֵי הֶעֱרֵב שֶׁמֶשׁ? אֲמַר רָבָא: אַשְׁכַּחְתִּינְהוּ לְרַבָּנַן דְּבֵי רַב דְּיָתְבִי וְקָא אָמְרִי: בְּמַחֲשַׁבְתּוֹ נִכֶּרֶת מִתּוֹךְ מַעֲשָׂיו קָמִפַּלְגִי. וְהֵיכִי דָּמֵי – כְּגוֹן דְּנָקֵיט מָנָא בִּידֵיהּ, וְרָהֵיט וְאָזֵיל בֵּין הַשְּׁמָשׁוֹת לְאַטְבּוּלֵיהּ.

The Gemara asks: **And does the first *tanna* not require sunset?** It is clear that this is required. **Rava said: I found the Sages of the school of Rav sitting and saying** with regard to this issue that **they disagree about** whether or not to accept the principle that one's **intention is evident from his actions. And what are the circumstances** of this dispute? They are, **for example,** a case **where one was holding a vessel in his hand and running along at** the time of **twilight to immerse it.**

מָר סָבַר: הַאי דְּקָא רָהֵיט וְאָזֵיל – מֵידַע יָדַע דְּבָעֵי הֶעֱרֵב שֶׁמֶשׁ,

This Sage, i.e., the Rabbis, **holds** that the fact **that he is running along** indicates that **he knows that** the vessel **requires sunset.** If he arrives at the ritual bath late, he will realize that he must wait another day, and there is no concern that he might come to use the vessel on the same day. Consequently, it is prohibited to immerse the vessel during twilight on the eve of a Festival, as, since it may already be night and he will be unable to use the vessel until the next evening, immersing the vessel would be considered to be preparing something on a Festival for a weekday, which is prohibited. However, it is permitted to immerse a vessel during twilight on an ordinary weekday evening.

וּמָר סָבַר: מֵחֲמַת מְלַאכְתּוֹ הוּא דְּקָרָהֵיט.

And this **Sage,** Rabbi Shimon Shezuri, **holds** that perhaps **he is running due to his work** that he has not finished on time, and not necessarily because he knows that the purification of his vessel requires sunset. He believes that he may use the vessel immediately upon immersion; therefore, the Sages decreed that one should never immerse vessels during twilight.

וְאָמִינָא לְהוּ אֲנָא: בְּמַחֲשַׁבְתּוֹ נִכֶּרֶת מִתּוֹךְ מַעֲשָׂיו – דְּכוּלֵּי עָלְמָא לָא פְּלִיגִי, כִּי פְּלִיגִי – כְּגוֹן דְּאִיטְּמִי בְּפָחוֹת מִכַּעֲדָשָׁה, וַאֲתָא לְקַמֵּיהּ דְּרַבָּנַן לְשַׁיּוּלֵי: בְּפָחוֹת מִכַּעֲדָשָׁה, אִיטְּמִי אִי לָא? מָר סָבַר: מִדְּהָא לָא גְּמִיר, הֶעֱרֵב שֶׁמֶשׁ נַמִי לָא גְּמִיר, וּמָר סָבַר: הָא הוּא דְּלָא גְּמִיר, הָא הֶעֱרֵב שֶׁמֶשׁ גְּמִיר.

Rava continues: **And I said to them: With regard to** the principle that one's **intention is evident from his actions, everyone agrees** that this is accepted. **Where they disagree** is, **for example,** in a case **where** a vessel **became impure through** contact with a creeping animal **less than a lentil-bulk**[N] in size, **and** the vessel's owner **came before the Sages to ask** whether a vessel **becomes impure through** contact with **less than a lentil-bulk or not. One Sage,** Rabbi Shimon Shezuri, **holds** that **since he does not know this** matter that a creeping animal smaller than a lentil-bulk does not impart impurity, it stands to reason that **he also does not know** the *halakha* of **sunset;** therefore, there is reason to prohibit him from immersing vessels during twilight even on a weekday. **And one Sage,** the Rabbis, who permit such immersion on a weekday, **hold** that **it is** only **this** *halakha* with regard to the size of a creeping animal that **he does not know, but** the requirement of **sunset he does know,** as it is stated explicitly in the Torah.

NOTES

May not immerse it during twilight – **אֵין מַטְבִּילִין אוֹתוֹ בֵּין הַשְּׁמָשׁוֹת**: Rashi explains that this is because he is considered to be immersing on a Festival. His approach has been discussed at great length. The key issue is the extent to which the rabbinic prohibitions concerning Shabbat apply during the twilight period. The Rambam seems to rule that they do not apply during the period of twilight where a mitzva is involved, and he accordingly does not cite this ruling that one may not immerse a vessel during the twilight period. Even Rashi indicates that the explicit reasons stated with regard to the immersion of a vessel do not apply in this situation, as twilight is merely a case of uncertainty (see *Rishon LeTziyyon*, *Tziyyun LeNefesh Ḥayya*, and others).

Even on a weekday one may not immerse – **אַף בַּחוֹל אֵין מַטְבִּילִין**: The author of the *Tziyyun LeNefesh Ḥayya* is puzzled by this entire line of inquiry: If one knows the *halakha*, he will certainly refrain from using the vessel until the next day after the sun has set. If he is not aware of the *halakha*, why not inform him of this requirement rather than prevent him from immersing the vessel? He offers the rather forced answer that onlookers might learn from his actions and immerse vessels at the same time of the day, without waiting for sunset on the following day. In the *Bigdei Yom Tov* it is explained that the Sages issued their decree due to one who knows the *halakha* as well, as he might be preoccupied and forget that the sun has not set on these vessels, and he will rely on the fact that they have been immersed.

Became impure through less than a lentil-bulk – **דְּאִיטְּמִי בְּפָחוֹת מִכַּעֲדָשָׁה**: Among the measures taught as a *halakha* to Moses from Sinai is that a creeping animal does not impart ritual impurity if it is less than a lentil-bulk in size. Although the size is not delineated in the Torah, the Sages supported their tradition with the observation that the smallest of the impure creeping animals listed in the Torah begins life at about the size of a lentil.

״וּמַטְבִּילִין מִגַּב לְגַב״. תָּנוּ רַבָּנַן: כֵּיצַד מִגַּב לְגַב? הָרוֹצֶה לַעֲשׂוֹת גִּתּוֹ עַל גַּב כַּדּוֹ,

It was taught in the mishna that **one may immerse** on a Festival **from** one **principle to another** and from one group to another. The Gemara attempts to clarify the meaning of this statement: **The Sages taught** in a *baraita*: **How** does one immerse **from** one **principle to another?**[N] **One who wishes to make his winepress,** meaning to immerse and purify vessels for the sake of his winepress, **in addition to** the purification of **his** ritually impure **pitcher,**[N] may do so. In other words, if at first he merely intended to immerse his impure pitcher, but subsequently changed his mind and decided to use it for his winepress, and he wishes to immerse the pitcher a second time for the sake of the winepress, it is permitted to do so.

וְכַדּוֹ עַל גַּב גִּתּוֹ – עוֹשֶׂה.

Similarly, one who wishes to make **his pitcher in addition to** the purification of his vessels for the sake of **his winepress may do** so. That is to say, if he originally intended to use the pitcher for his winepress, and after immersing it he decided not to use it for that purpose, and now he wishes to immerse his pitcher a second time, it is permitted to do so. Since the second immersion does not purify the vessel or fulfill any obligation, it is not considered a proper immersion and is not prohibited on a Festival.

כֵּיצַד מֵחֲבוּרָה לַחֲבוּרָה? הָיָה אוֹכֵל בַּחֲבוּרָה זוֹ וְרוֹצֶה לֶאֱכוֹל בַּחֲבוּרָה אַחֶרֶת – הָרְשׁוּת בְּיָדוֹ.

Similarly, **how** does one immerse **from one group to another?** If one **was** planning to **eat** the Paschal offering **with this group,** and he immersed himself or his ritually impure vessels for that purpose; and now he has reconsidered **and wishes to eat** the offering **with a different group,** and he wants to immerse himself or his vessels a second time for the second group, in such a case **he has permission** to do so even on a Festival, for the same reason: Since this immersion is not obligatory, it is not viewed as an immersion at all.

מתני׳ בֵּית שַׁמַּאי אוֹמְרִים: מְבִיאִין שְׁלָמִים וְאֵין סוֹמְכִין עֲלֵיהֶן, אֲבָל לֹא עוֹלוֹת. וּבֵית הִלֵּל אוֹמְרִים: מְבִיאִין שְׁלָמִים וְעוֹלוֹת, וְסוֹמְכִין עֲלֵיהֶן.

MISHNA **Beit Shammai say: One may bring peace-offerings** on a Festival, **but one may not place** his **hands**[N] **on them,**[N] as this is considered using animals, which is prohibited on a Festival by rabbinic decree. **However, one may not** bring **burnt-offerings,** apart from the obligatory daily and additional offerings of the day, because burnt-offerings are consumed entirely on the altar and not by people, and slaughter is permitted on a Festival only for the purpose of human consumption. **And Beit Hillel say: One may bring** both **peace-offerings and burnt-offerings,**[H] **and one may** even **place** his **hands on them.**[H]

גמ׳ אָמַר עוּלָּא: מַחֲלוֹקֶת בְּשַׁלְמֵי חֲגִיגָה לִסְמוֹךְ, וְעוֹלַת רְאִיָּיה לִיקָּרֵב. דְּבֵית שַׁמַּאי סָבְרִי: ״וְחַגֹּתֶם אוֹתוֹ חַג לַה׳״ חֲגִיגָה – אִין, עוֹלַת רְאִיָּיה – לָא. וּבֵית הִלֵּל סָבְרִי: ״לַה׳״ – כׇּל דְּלַה׳.

GEMARA **Ulla said:** The **dispute** applies only **to Festival peace-offerings,** an obligation of the Festival, **with respect to placing hands** on them, **and to burnt-offerings of appearance,**[N] which must be brought over the course of the Festival, **with respect to sacrificing** them. As **Beit Shammai hold** that the verse **"You shall observe [*vahaggotem*] it as a Festival to the Lord** seven days in the year" (Leviticus 23:41) indicates: **Festival peace-offerings [*hagiga*], yes,** they may be sacrificed even on a Festival day, but **burnt-offerings of appearance, no,** they may not. **And Beit Hillel hold: "To the Lord"** means that **anything** brought **as** an offering **to the Lord** may be sacrificed throughout the seven days of the holiday, even on the actual Festival day.

אֲבָל נְדָרִים וּנְדָבוֹת – דִּבְרֵי הַכֹּל אֵין קְרֵיבִין בְּיוֹם טוֹב, וְכֵן אָמַר רַב אַדָּא בַּר אַהֲבָה: נְדָרִים וּנְדָבוֹת אֵין קְרֵיבִין בְּיוֹם טוֹב.

But with regard to **vow-offerings and gift-offerings,** which are not part of the obligations of the day, **all agree,** even Beit Hillel, that they **may not be sacrificed on a Festival. And likewise, Rav Adda bar Ahava said: Vow-offerings and gift-offerings may not be sacrificed on a Festival.**

HALAKHA

Peace-offerings and burnt-offerings on a Festival – שְׁלָמִים וְעוֹלוֹת בְּיוֹם טוֹב: Although regular vow-offerings and gift-offerings may not be brought on a Festival, Festival peace-offerings and burnt-offerings of appearance may be brought, in accordance with the opinion of Beit Hillel, as explained by Ulla (Rambam *Sefer Korbanot, Hilkhot Ḥagiga* 1:8).

Placing one's hands on Festival offerings – סְמִיכָה עַל קׇרְבְּנוֹת הֶחָג: When one brings the burnt-offerings of appearance or Festival peace-offerings, he must place his hands on the head of the animal in the usual manner, in accordance with the opinion of Beit Hillel (Rambam *Sefer Korbanot, Hilkhot Ḥagiga* 1:9).

NOTES

From one principle to another [*migav legav*] – מִגַּב לְגַב: *Tosefot Yom Tov* explains that this should be read as *migev legev*, meaning from one pit or hole to another, referring to a place for the collection of oil or wine. The *Melekhet Shlomo* reads it as *migav legav*, meaning from one level to a higher level, as in the phrase: One above [*al gav*] the other.

His winepress in addition to his pitcher [*kado*] – גִּתּוֹ עַל גַּב כַּדּוֹ: Most early authorities read this as: His winepress on account of his olive press [*bado*], i.e., that he wishes to purify his vessels for the removal of wine from the winepress, after he had originally purified them for his olive press. The basic explanation, however, remains unchanged.

Two reasons have been suggested for this immersion. Rashi explains that this individual wishes to re-immerse his vessels for their new function as a form of scrupulous observance of ritual purity. Such an immersion has no halakhic significance and is therefore not prohibited. In the *Shitta Mekubbetzet* it is explained that it was nevertheless necessary to state that it is permitted, as people view it as a repair.

The Rambam and others hold that it is referring to a case where he had already immersed his vessels for one level of purity, that of regular produce, and now he wants them to be pure at the level of *teruma* and consecrated food. As an extra stringency with regard to the latter case, the Sages instituted that vessels for this purpose must be immersed with the intention of a higher level of purity. Since this immersion is rabbinic in nature, the Sages did not apply their decree to it.

Placing hands on the head of an offering – סְמִיכָה: The mitzva of placing hands on the head of the animal to be sacrificed is stated explicitly in the Torah (see Leviticus 1:4). It was performed in the following manner: The person bringing the offering would place both of his hands between the animal's horns and lean on it forcefully. If the sacrifice includes a confession he would then confess his sins. Since the act of placing hands is performed with force and does not involve merely laying one's hands, it is considered as if he is using the animal on a day of rest in a manner similar to riding, which is prohibited by rabbinic decree.

One may bring peace-offerings but one may not place hands on them – מְבִיאִין שְׁלָמִים וְאֵין סוֹמְכִין עֲלֵיהֶן: According to one view cited in the Gemara, the dispute concerns the issue of whether or not the ritual act of placing hands on the head of the animal to be sacrificed may be advanced to the eve of the Festival; Rashi explains accordingly. A different tannaitic opinion holds that Beit Hillel and Beit Shammai disagree about the far more basic question of whether or not there is an obligation to place hands on the head of a peace-offering. According to this latter approach, the words: But one may not place his hands on them, are not referring to a Festival in particular. Rather, they form a general statement that contrasts with Beit Hillel's opinion (*Tziyyun LeNefesh Ḥayya*).

Festival peace-offerings and burnt-offerings of appearance – שַׁלְמֵי חֲגִיגָה וְעוֹלַת רְאִיָּיה: Pilgrims arriving in Jerusalem for the Festivals would ordinarily bring all their sacrificial obligations to the Temple, both those required for the Festival and those animals set aside and dedicated at an earlier time. Some peace-offerings were brought in the form of Festival peace-offerings, which were required by the Torah. Both their owners and the priests partook of this offering, with part of it also sacrificed on the altar. These peace-offerings, called *ḥagiga*, could be brought throughout the Festival. In addition, there were peace-offerings that were not part of the Festival requirements but that were brought in order to increase the joy of the Festival, namely thanks-offerings and gift-offerings.

An analogous distinction applies to burnt-offerings: Burnt-offerings of appearance, which had to be brought upon one's appearance at the Temple, were required to be sacrificed at some point during the Festival; gift burnt-offerings, presented in gratitude or to achieve atonement for specific sins, did not have to be brought at a particular time.

NOTES

Resolve and say as follows – תְּרֵיץ וְאֵימָא הָכִי: Why should the *baraita* be adjusted merely because it presents a difficulty to Ulla's opinion? Some answer that the fact that the Sages allowed one to bring burnt-offerings and to sacrifice the sacrificial parts of peace-offerings on the altar shows that the offerings of individuals may be brought on a Festival, and therefore the *baraita* must be adjusted in any case (*Bigdei Yom Tov*).

מֵתִיבִי, אָמַר רַבִּי שִׁמְעוֹן בֶּן אֶלְעָזָר: לֹא נֶחְלְקוּ בֵּית שַׁמַּאי וּבֵית הִלֵּל עַל עוֹלָה שֶׁאֵינָהּ שֶׁל יוֹם טוֹב – שֶׁאֵינָהּ קְרֵבָה בְּיוֹם טוֹב, וְעַל שְׁלָמִים שֶׁהֵן שֶׁל יוֹם טוֹב – שֶׁקְּרֵיבִין בְּיוֹם טוֹב.

The Gemara **raises an objection** against Ulla's statement from the following *baraita*: **Rabbi Shimon ben Elazar said: Beit Shammai and Beit Hillel did not disagree with regard to a burnt-offering that is not** part of the requirements **of the Festival,** such as a vow-offering or a gift-offering, **that it may not be sacrificed on a Festival, or with regard to peace-offerings that are** part of **the Festival** obligations, such as Festival peace-offerings or peace-offerings of rejoicing, **that they may be sacrificed on a Festival,** as the Festival is their designated time, and if one fails to bring them then he will be unable to sacrifice them later.

עַל מַה נֶּחְלְקוּ – עַל עוֹלָה שֶׁהִיא שֶׁל יוֹם טוֹב, וְעַל שְׁלָמִים שֶׁאֵינָן שֶׁל יוֹם טוֹב. שֶׁבֵּית שַׁמַּאי אוֹמְרִים: לֹא יָבִיא, וּבֵית הִלֵּל אוֹמְרִים: יָבִיא.

The *baraita* continues: **With regard to what,** then, **did they disagree?** It is **with regard to a burnt-offering that is** part of **the Festival** requirements, such as the burnt-offering of appearance, **and with regard to peace-offerings that are not** part **of the Festival** obligations, such as vow-offerings and gift-offerings. **As Beit Shammai say: He may not bring** them, **and Beit Hillel say: He may bring** them. This *baraita* contradicts Ulla's opinion that all agree that vow-offerings and gift-offerings may not be sacrificed on a Festival.

תְּרֵיץ וְאֵימָא הָכִי: אָמַר רַבִּי שִׁמְעוֹן בֶּן אֶלְעָזָר, לֹא נֶחְלְקוּ בֵּית שַׁמַּאי וּבֵית הִלֵּל עַל עוֹלָה וּשְׁלָמִים שֶׁאֵינָן שֶׁל יוֹם טוֹב – שֶׁאֵין קְרֵיבִין בְּיוֹם טוֹב, וְעַל שְׁלָמִים שֶׁהֵן שֶׁל יוֹם טוֹב – שֶׁקְּרֵיבִין בְּיוֹם טוֹב. עַל מַה נֶּחְלְקוּ – עַל עוֹלָה שֶׁהִיא שֶׁל יוֹם טוֹב, שֶׁבֵּית שַׁמַּאי אוֹמְרִים: לֹא יָבִיא, וּבֵית הִלֵּל אוֹמְרִים: יָבִיא.

The Gemara answers: **Resolve** the contradiction by emending the text, **and say as follows:**[N] **Rabbi Shimon ben Elazar said: Beit Shammai and Beit Hillel did not disagree with regard to burnt-offerings and peace-offerings that are not** part of the requirements **of the Festival,** such as vow-offerings and gift-offerings, **that they are** certainly **not sacrificed on a Festival, or with regard to peace-offerings that are** part **of the Festival** obligations, such as Festival peace-offerings or peace-offerings of rejoicing, **that they may be sacrificed on a Festival. With regard to what did they disagree?** It is **with regard to a burnt-offering that is** part **of the Festival** requirements, such as the burnt-offering of appearance, **as Beit Shammai say: He may not bring** it, **and Beit Hillel say: He may bring** it.

רַב יוֹסֵף אָמַר: תַּנָּאֵי שָׁקַלְתְּ מֵעָלְמָא? תַּנָּאֵי הִיא. דְּתַנְיָא: שְׁלָמִים הַבָּאִים מֵחֲמַת יוֹם טוֹב בְּיוֹם טוֹב, בֵּית שַׁמַּאי אוֹמְרִים: סוֹמֵךְ עֲלֵיהֶן מֵעֶרֶב יוֹם טוֹב וְשׁוֹחֲטָן בְּיוֹם טוֹב. וּבֵית הִלֵּל אוֹמְרִים: סוֹמֵךְ עֲלֵיהֶן בְּיוֹם טוֹב, וְשׁוֹחֲטָן בְּיוֹם טוֹב.

Rav Yosef said: There were never any grounds for objection from the outset, as **have you removed** all **the *tanna'im* from the world? This is** the subject of a dispute among ***tanna'im***, and Rabbi Shimon ben Elazar's opinion was not unanimously accepted. **As it is taught** in a different *baraita*: With regard to **peace-offerings that come on account of a Festival on the Festival,** e.g., Festival peace-offerings or peace-offerings of rejoicing, **Beit Shammai say: One places** his **hands on them on the eve of the Festival and slaughters them on the Festival, and Beit Hillel say: One places** his **hands on them on the Festival** itself **and slaughters them on the Festival.**

Perek **II**
Daf **19** Amud **b**

NOTES

Thanks-offering – תּוֹדָה: A thanks-offering (Leviticus 7:11–15) is a special type of peace-offering brought in gratitude for a miracle performed on one's behalf or for similar events. This offering differs from a regular peace-offering in that it may be eaten only on the day on which it was offered and the following night, in contrast to the peace-offering, which may be eaten on the subsequent day as well. In addition, the animal thanks-offering must be accompanied by a meal-offering consisting of forty loaves of bread, ten of which are leavened and thirty of which are made up of three different types of *matza*.

אֲבָל נְדָרִים וּנְדָבוֹת – דִּבְרֵי הַכֹּל אֵין קְרֵיבִין בְּיוֹם טוֹב.

However, with regard to **vow-offerings and gift-offerings, all agree** that **they** may **not be sacrificed on** the actual **Festival day,** as stated by Ulla and Rav Adda bar Ahava.

וְהָנֵי תַּנָּאֵי כִּי הָנֵי תַּנָּאֵי. דְּתַנְיָא: אֵין מְבִיאִין תּוֹדָה בְּחַג הַמַּצּוֹת מִפְּנֵי חָמֵץ שֶׁבָּהּ, וְלֹא בַּעֲצֶרֶת מִפְּנֵי שֶׁהוּא יוֹם טוֹב. אֲבָל מֵבִיא אָדָם תּוֹדָתוֹ בְּחַג הַסּוּכּוֹת.

§ The Gemara comments that in this matter, **these *tanna'im* are like those *tanna'im***, who also disagreed about the same issue, **as it is taught** in a *baraita*: **One may not bring a thanks-offering**[N] **on the festival of *Matzot* due to the leavened bread** included **with it,** as a thanks-offering must be accompanied by a meal-offering of forty loaves, ten of which are leavened bread, which may not be eaten on Passover. **Nor** may one bring this offering **on *Shavuot* because it is a Festival,** on which one may not bring any offering, even one that is eaten, if it is not part of the Festival obligations. **However, a person may bring his thanks-offering on the festival of *Sukkot*.**

רַבִּי שִׁמְעוֹן אוֹמֵר: הֲרֵי הוּא אוֹמֵר ״בְּחַג הַמַּצּוֹת וּבְחַג הַשָּׁבוּעוֹת וּבְחַג הַסֻּכּוֹת״ כָּל שֶׁבָּא בְּחַג הַמַּצּוֹת – בָּא בְּחַג הַשָּׁבוּעוֹת וּבְחַג הַסּוּכּוֹת, וְכָל שֶׁלֹּא בָּא בְּחַג הַמַּצּוֹת אֵינוֹ בָּא בְּחַג הַשָּׁבוּעוֹת וּבְחַג הַסּוּכּוֹת. רַבִּי אֶלְעָזָר בְּרַבִּי שִׁמְעוֹן אוֹמֵר: מֵבִיא אָדָם תּוֹדָתוֹ בְּחַג הַסּוּכּוֹת וְיוֹצֵא בָּהּ יְדֵי חוֹבָתוֹ מִשּׁוּם שִׂמְחָה, וְאֵין יוֹצֵא בָּהּ מִשּׁוּם חֲגִיגָה.

The *baraita* continues: **Rabbi Shimon says: But it says: "On the festival of *Matzot*, on the festival of *Shavuot*, and on the festival of *Sukkot*"** (Deuteronomy 16:16), to teach: **Any** offering **that comes on the festival of *Matzot* may come on the festival of *Shavuot* and on the festival of *Sukkot*, and any** offering **that does not come on the festival of *Matzot* may not come on the festival of *Shavuot* or on the festival of *Sukkot*. Rabbi Elazar, son of Rabbi Shimon, says: A person may bring his thanks-offering on the festival of *Sukkot*[H] and fulfill with it his obligation** to bring peace-offerings of **rejoicing.** One fulfills the mitzva to rejoice on a Festival by eating the meat of offerings, and this obligation can be fulfilled with the meat of a thanks-offering. **But he does not fulfill** with it the obligation to bring **a Festival** peace-**offering.**

אָמַר מָר: אֵין מְבִיאִין תּוֹדָה בְּחַג הַמַּצּוֹת מִפְּנֵי חָמֵץ שֶׁבָּהּ. פְּשִׁיטָא. אָמַר רַב אַדָּא בְּרֵיהּ דְּרַב יִצְחָק, וְאָמְרִי לָהּ רַב שְׁמוּאֵל בַּר אַבָּא: הָכָא בְּאַרְבָּעָה עָשָׂר עָסְקִינַן, וְקָסָבַר: אֵין מְבִיאִין קָדָשִׁים לְבֵית הַפְּסוּל.

The Gemara analyzes the *baraita* cited above. **The Master said** in the *baraita* that **one may not bring a thanks-offering on the festival of *Matzot* due to the leavened bread** included **with it.** The Gemara expresses surprise: It is **obvious** that one may not bring this offering on Passover, as it contains leavened bread. **Rav Adda, son of Rav Yitzḥak, said, and some say** it was **Rav Shmuel bar Abba** who said: **Here,** this *baraita* is not discussing Passover itself; rather, **we are dealing with** a thanks-offering sacrificed on **the fourteenth** of Nisan, i.e., on Passover eve,[H] **and** this *tanna* **holds** that **one may not bring consecrated** offerings **to a situation** where the time that they may be eaten is restricted, thereby increasing **the** likelihood of **disqualification.**[N] Although it is permitted to eat leavened bread until the sixth hour of the fourteenth of Nisan, one may not bring a thanks-offering on Passover eve. The reason is that a thanks-offering may usually be eaten for one full day and the following night, and if it is brought on the eve of Passover, the time available before disqualification is reduced.

״וְלֹא בַּעֲצֶרֶת מִפְּנֵי שֶׁהוּא יוֹם טוֹב״. קָסָבַר: נְדָרִים וּנְדָבוֹת אֵין קְרֵיבִין בְּיוֹם טוֹב.

It was further taught in the *baraita*: **Nor** may one bring a thanks-offering **on *Shavuot* because it is a Festival.** The Gemara explains: This *tanna* **holds** that **vow-offerings and gift-offerings may not be sacrificed on a Festival.**

״אֲבָל מֵבִיא אָדָם תּוֹדָתוֹ בְּחַג הַסּוּכּוֹת״. אֵימַת? אִילֵימָא בְּיוֹם טוֹב עַצְמוֹ – וְהָא אָמְרַתְּ וְלֹא בַּעֲצֶרֶת מִפְּנֵי שֶׁהוּא יוֹם טוֹב. אֶלָּא בְּחוּלּוֹ שֶׁל מוֹעֵד.

The *baraita* continues: **However, a person may bring his thanks-offering on the festival of *Sukkot*.** The Gemara asks: **When? If we say** he may bring it **on the Festival day** of *Sukkot* **itself,** this is difficult, **as didn't you say: Nor** may one bring a thanks-offering **on *Shavuot* because it is a Festival,** indicating that a thanks-offering may not be brought on an actual Festival day? The same should apply to *Sukkot*. **Rather,** it means that one may bring it **on the intermediate days of the Festival.**

רַבִּי שִׁמְעוֹן אוֹמֵר: הֲרֵי הוּא אוֹמֵר ״בְּחַג הַמַּצּוֹת וּבְחַג הַשָּׁבוּעוֹת וּבְחַג הַסּוּכּוֹת״, כָּל שֶׁבָּא בְּחַג הַמַּצּוֹת – בָּא בְּחַג הַשָּׁבוּעוֹת וּבְחַג הַסּוּכּוֹת, וְכָל שֶׁלֹּא בָּא בְּחַג הַמַּצּוֹת – אֵינוֹ בָּא בְּחַג הַשָּׁבוּעוֹת וּבְחַג הַסּוּכּוֹת. מַתְקִיף לָהּ רַבִּי זֵירָא: הָשְׁתָּא סַלּוֹתֵי מְסַלְּתִינַן, נְדָרִים וּנְדָבוֹת מִבַּעְיָא?

The *baraita* further taught that **Rabbi Shimon says: But it says: "On the festival of *Matzot*, on the festival of *Shavuot*, and on the festival of *Sukkot*,"** to teach: Any offering **that comes on the festival of *Matzot* may come on the festival of *Matzot* and on the festival of *Sukkot*, and any** offering **that does not come on the festival of *Matzot* may not come on the festival of *Shavuot* or on the festival of *Sukkot*.** This seems to indicate that thanks-offerings may not be brought on any Festival. **Rabbi Zeira strongly objects to this: Now,** if **we may chop**[N] kindling wood on the intermediate days of the Festival for the sake of the Festival, **is it necessary** to state that it is permitted to sacrifice **vow-offerings and gift-offerings** on the intermediate Festival days? How can it be suggested that Rabbi Shimon prohibits bringing thanks-offerings on the intermediate days of the festival of *Sukkot*?

אֲמַר אַבַּיֵי: בְּהַקְרָבָה – כּוּלֵּי עָלְמָא לָא פְּלִיגִי דְּשָׁרֵי, כִּי פְּלִיגִי – לְמֵיקַם עֲלֵיהּ בְּ״בַל תְּאַחֵר״.

Abaye said: With regard to sacrificing these offerings on the intermediate days of a Festival, **everyone agrees that it is permitted.**[H] **When they disagree,** it is not with regard to the *halakhot* of a Festival but with respect **to determining when one is liable for** violating the prohibition: **You must not delay.** If one vows to bring an offering but fails to fulfill his pledge, how much time must pass before he transgresses the prohibition: "You shall not delay to pay it" (Deuteronomy 23:22)?

HALAKHA

Thanks-offering on the festival of *Sukkot* – תּוֹדָה בְּחַג הַסּוּכּוֹת: One may bring a thanks-offering on *Sukkot* and thereby fulfill his obligation to bring peace-offerings of rejoicing (Rambam *Sefer Korbanot, Hilkhot Ḥagiga* 2:10).

Thanks-offering on Passover eve – תּוֹדָה בְּעֶרֶב פֶּסַח: One may not bring a thanks-offering on the eve of Passover because one may not bring consecrated offerings to a situation that increases the likelihood of disqualification. If one did bring it, he has fulfilled his obligation to bring peace-offerings of rejoicing (Rambam *Sefer Korbanot, Hilkhot Ḥagiga* 2:10).

Vow-offerings and gift-offerings on the intermediate days of a Festival – נְדָרִים וּנְדָבוֹת בְּחוֹל הַמּוֹעֵד: It is permitted to sacrifice vow-offerings and gift-offerings on the intermediate days of a Festival, in accordance with the opinion of Abaye (Rambam *Sefer Korbanot, Hilkhot Ḥagiga* 1:10).

NOTES

One may not bring consecrated offerings to a situation of disqualification – אֵין מְבִיאִין קָדָשִׁים לְבֵית הַפְּסוּל: Even those who hold that one may do so permit it only due to a special need, as a remedy either for an offering or for one bringing an offering (Rabbi Aharon HaLevi).

We may chop [*sallotei mesaltinan*] – סַלּוֹתֵי מְסַלְּתִינַן: The commentaries dispute the meaning of this phrase. Most understand it as referring to the sawing and chopping of pieces of wood (*ge'onim* and others). Although this is permitted even on the Festival day itself, that is true only in cases where it is required for that day, but not where it is needed for a different day (Rabbi Aharon HaLevi). Rashi explains that it means cutting down trees that are attached to the ground. Others explain that it means that one is permitted to make baskets [*salim*] on the intermediate days of a Festival (*Arukh*), or that one may grind wheat into flour [*solet*] (*Meiri*).

תַּנָּא קַמָּא סָבַר: שָׁלֹשׁ רְגָלִים אָמַר רַחֲמָנָא, אֲפִילּוּ שֶׁלֹּא כְּסִדְרָן,

The first *tanna* holds that **the Merciful One states three Festivals** in the Torah, **even not in their** proper **order,** meaning not in accordance with the yearly cycle found in the Torah: Passover, *Shavuot*, *Sukkot*. As soon as three Festivals have passed from the day a person took his vow, if he has yet to bring his offering, he has transgressed the prohibition against delaying. Therefore, the first *tanna* advises a person who vowed to bring a thanks-offering to do so on *Sukkot*, even if it is the first Festival after his vow, and even though it is not the first Festival listed by the Torah. If he fails to do so, he will have to make a special trip to Jerusalem in order to sacrifice the offering, as he will not be able to sacrifice it on Passover due to the leavened bread it contains, or on *Shavuot* because it does not have intermediate Festival days.[H]

וְרַבִּי שִׁמְעוֹן סָבַר כְּסִדְרָן – אִין, שֶׁלֹּא כְּסִדְרָן – לָא.

But Rabbi Shimon holds that if three Festivals have passed **in their** proper **order, yes,**[N] he has violated the prohibition against delaying; but if they have passed **not in their** proper **order,** he has **not** violated the prohibition. If, for example, one vowed to bring an offering between Passover and *Shavuot*, he may put off bringing the offering until *Sukkot* of the following year, and therefore he would not be required to travel an extra time to Jerusalem specifically for this purpose.

רַבִּי אֶלְעָזָר בְּרַבִּי שִׁמְעוֹן אוֹמֵר: מֵבִיא אָדָם תּוֹדָתוֹ בְּחַג הַסּוּכּוֹת, אֵימַת? אִילֵימָא בְּחוּלּוֹ שֶׁל מוֹעֵד – הַיְינוּ תַּנָּא קַמָּא. אֶלָּא בְּיוֹם טוֹב, וְקָסָבַר: נְדָרִים וּנְדָבוֹת קְרֵיבִין בְּיוֹם טוֹב.

The *baraita* further taught that **Rabbi Elazar, son of Rabbi Shimon, says: A person may bring his thanks-offering on the festival of *Sukkot*.** The Gemara asks: **When? If we say** that he means **on the intermediate days of the Festival, this is** identical to the opinion of **the first *tanna***[N] of the *baraita*. **Rather,** he must be referring to **the Festival day** itself, **and he holds that vow-offerings and gift-offerings may be sacrificed on a Festival.**

וּמַאי שְׁנָא חַג הַסּוּכּוֹת דְּנָקַט? רַבִּי אֶלְעָזָר בְּרַבִּי שִׁמְעוֹן לְטַעֲמֵיהּ, דְּתַנְיָא רַבִּי שִׁמְעוֹן אוֹמֵר: לֹא יֹאמַר "חַג הַסּוּכּוֹת" שֶׁבּוֹ הַכָּתוּב מְדַבֵּר, לָמָּה נֶאֱמַר – לוֹמַר שֶׁזֶּה אַחֲרוֹן.

The Gemara asks: If so, **what is different** about **the festival of *Sukkot* that he cited it** specifically as an example of a Festival? The Gemara answers: **Rabbi Elazar, son of Rabbi Shimon,** conforms **to his** standard line of **reasoning,** and this ruling too is related to the prohibition against delaying. **As it is taught** in a *baraita* that **Rabbi Shimon says:** The verse did **not** have to **say "the festival of *Sukkot*,"** of which **the** immediately preceding **verse was speaking;** it was only necessary to add the other Festivals. **Why,** then, **is** "the festival of *Sukkot*" **stated?** It is **to say that this** Festival, i.e., *Sukkot*, **must be the last one** with regard to the prohibition against delaying; one transgresses the prohibition only if the three Festivals have passed in their proper order, so that *Sukkot* is the last of the three.

רַבִּי אֶלְעָזָר בְּרַבִּי שִׁמְעוֹן אוֹמֵר: לוֹמַר שֶׁזֶּה גּוֹרֵם.

However, **Rabbi Elazar, son of Rabbi Shimon, says:** It comes **to say that this** Festival is what **causes** a person to be late in fulfilling his vow. In his view, the prohibition against delaying does not depend on the number of Festivals. Rather, it means that by the time of *Sukkot*, the last Festival according to the yearly cycle found in the Torah, one must have brought all of his vow-offerings of that year. Even one who vowed to bring an offering just before *Sukkot* must bring his offering before the Festival ends.[N]

"וְיוֹצֵא בָּהּ מִשּׁוּם שִׂמְחָה וְאֵינוֹ יוֹצֵא בָּהּ מִשּׁוּם חֲגִיגָה". פְּשִׁיטָא. דָּבָר שֶׁבְּחוֹבָה הִיא, וְכָל דָּבָר שֶׁבְּחוֹבָה אֵינוֹ בָּא אֶלָּא מִן הַחוּלִּין.

It is taught in the *baraita*: A person may bring his thanks-offering on the festival of *Sukkot* **and fulfill with it his obligation** to bring peace-offerings of **rejoicing,**[N] **but he does not fulfill** with it the obligation to bring **a Festival** peace-**offering.** The Gemara expresses surprise: It is **obvious** that one does not fulfill his obligation to bring a Festival peace-offering with his thanks-offering. The Festival peace-offering **is an obligatory matter,** as everyone is obligated to bring this offering, and the principle is that **anything that is an obligatory matter**[H] **must come only from that which is non-sacred,** meaning that one cannot bring an obligatory offering from an animal that has already been consecrated for another purpose. It follows that one cannot discharge his obligation to bring a Festival peace-offering with a thanks-offering, as he is already obligated to bring the latter and has consecrated the animal for this purpose.

HALAKHA

The *halakhot* of not delaying – דִּינֵי בַּל תְּאַחֵר: With regard to vows, pledges, and other commitments that one makes, there is a positive mitzva by Torah law to fulfill them on the first Festival following his vow. If the Festival arrived and he did not bring them, he has negated the positive mitzva. If three Festivals passed without his bringing them, he has transgressed the negative mitzva: "You shall not delay," in accordance with the opinion of the first *tanna* (Rambam *Sefer Avoda, Hilkhot Ma'aseh HaKorbanot* 14:13).

Anything that is an obligatory matter – כָּל דָּבָר שֶׁבְּחוֹבָה: Any offering that one is obligated to bring must come from an animal that is non-sacred. Consequently, one may not fulfill one's obligation to bring a burnt-offering of appearance by means of a burnt-offering that he had earlier vowed to sacrifice for a different purpose (Rambam *Sefer Korbanot, Hilkhot Ḥagiga* 2:8).

NOTES

In their order, yes – כְּסִדְרָן אִין: The *Meiri* explains Rabbi Shimon's approach in the following manner: The prohibition against delaying applies only to vow-offerings or gift-offerings that may be sacrificed on the three Festivals in order. Consequently, this obligation does not apply to any type of offering that may not be sacrificed on Passover, such as thanks-offerings, due to the leaven they contain, or on *Shavuot*, because it is a Festival day (see Rashi and *Tosafot*).

This is identical to the opinion of the first *tanna* – הַיְינוּ תַּנָּא קַמָּא: The Gemara could have said: This is identical to the opinion of Rabbi Shimon, but it was not precise in this regard (*Meiri*).

The opinion of Rabbi Elazar, son of Rabbi Shimon – שִׁיטַת רַבִּי אֶלְעָזָר בְּרַבִּי שִׁמְעוֹן: The Maharsha asks: According to the Gemara's explanation that the statement of Rabbi Elazar, son of Rabbi Shimon, teaches that the prohibition against delaying applies only to *Sukkot*, how can one infer that he permits the sacrifice of vow-offerings and gift-offerings on the Festival day itself? Many different answers for this question have been suggested. One suggestion is that Rabbi Elazar's words: A person may bring his thanks-offering, do not refer only to the relevant prohibition, i.e., "you shall not delay," but also indicate the presence of a special leniency in this case, i.e., that one may bring a thanks-offering on the Festival day itself *ab initio* (*Rishon LeTziyyon*; see *Kikkayon DeYona*).

And fulfill with it his obligation of rejoicing – וְיוֹצֵא בָּהּ מִשּׁוּם שִׂמְחָה: Although the peace-offerings of rejoicing are also obligatory, their level of obligation is not on the same as that of Festival peace-offerings. Whereas the obligation in the latter case is to bring a specific, defined offering, the basic obligation with regard to peace-offerings of rejoicing is to rejoice by eating meat. Provided one brings meat for the joy of the Festival, from any source, he has fulfilled his obligation (Rabbi Aharon HaLevi).

לָא צְרִיכָא, דְּאַף עַל גַּב דְּפָרֵישׁ.

The Gemara answers: **No,** it is **necessary** to state this *halakha* in order to teach **that even if one specified** at the time of his vow that he is consecrating the animal as a thanks-offering on condition that it may be used as a Festival peace-offering as well, he nevertheless does not fulfill his obligation with it.

כְּדִבְעָא מִינֵּיהּ רַבִּי שִׁמְעוֹן בֶּן לָקִישׁ מֵרַבִּי יוֹחָנָן: הָאוֹמֵר ״הֲרֵי עָלַי תּוֹדָה וְאֵצֵא בָּהּ יְדֵי חֲגִיגָה״, ״הֲרֵינִי נָזִיר

This teaching is **similar to** the question **that Rabbi Shimon ben Lakish asked of Rabbi Yoḥanan:** With regard to **one who** vows and **says:** It is incumbent **upon me** to bring **a thanks-offering, and I will** also **fulfill** my obligation to bring **a Festival** peace-**offering with it;** or if he says: **I am a nazirite,**

Perek **II**
Daf **20** Amud **a**

וַאֲגַלַּח מִמְּעוֹת מַעֲשֵׂר שֵׁנִי״ מַהוּ? אֲמַר לֵיהּ: נָדוּר וְאֵינוֹ יוֹצֵא, נָזִיר וְאֵינוֹ מְגַלֵּחַ.

and I will shave my head, meaning I will purchase the nazirite offerings that are brought when a nazirite shaves himself, **with second-tithe money,** which I am obligated in any case to bring to Jerusalem, **what is the** *halakha*? Rabbi Yoḥanan **said to him:** With regard to the thanks-offering, **he has vowed** and must bring the offering, but **he does not fulfill** his obligation[H] of the Festival peace-offering with it, as the latter offering must be brought from unconsecrated animals. Similarly, one who took the vow of naziriteship is **a nazirite, but he may not shave**[H] his head and bring nazirite offerings purchased with second-tithe money.

הַהוּא גַּבְרָא דַּאֲמַר לְהוּ: הֲבוּ לֵיהּ אַרְבַּע מְאָה זוּזֵי לִפְלוֹנִי, וְלִנְסִיב בְּרַתִּי. אֲמַר רַב פַּפָּא: אַרְבַּע מְאָה – שָׁקֵיל, וּבְרַתֵּיהּ, אִי בָּעֵי – נָסֵיב, אִי בָּעֵי – לָא נָסֵיב.

In relation to the previous case, in which one makes a conditional statement and only part of his statement is accepted, the Gemara relates a somewhat similar incident: **A certain man said to** those tending to him, in the form of a will: **Give four hundred** *zuz* **to so-and-so, and let him marry**[N] **my daughter.**[H] **Rav Pappa said:** The **four hundred** *zuz* **he takes, but** as for the benefactor's **daughter, if he wishes, he may marry** her, and **if he wishes, he** need **not marry** her.

טַעְמָא דַּאֲמַר: הֲבוּ לֵיהּ וְלִנְסִיב, אֲבָל אִי אֲמַר לִנְסִיב וַהֲבוּ לֵיהּ, אִי נָסֵיב – שָׁקֵיל, וְאִי לָא נָסֵיב – לָא שָׁקֵיל.

The Gemara comments: **The reason** is solely **that he said** it in this manner: **Give him** the money **and let him marry** my daughter, mentioning the gift before the condition. **However, if** he specified the condition first, by **saying: Let him marry** my daughter **and give him** the money, in that case, **if he marries** her, **he takes** the money, but **if he does not marry** her, **he may not take** it.

יְתֵיב מָרֵימָר וְקָאָמַר לְהָא שְׁמַעְתָּא מִשְּׁמֵיהּ דְּנַפְשֵׁיהּ. אֲמַר לֵיהּ רָבִינָא לְמָרֵימָר: אַתּוּן הָכִי מַתְנִיתוּ לָהּ, אֲנַן כְּדִבְעָא מִינֵּיהּ רֵישׁ לָקִישׁ מֵרַבִּי יוֹחָנָן מַתְנִינַן לָהּ.

The Gemara relates: **Mareimar**[P] **sat and stated this** *halakha* with regard to one who attaches a condition to his vow to bring a thanks-offering **in his own name,** without attributing it to the Sage who stated it. **Ravina said to Mareimar: You teach this** *halakha* **in this manner,** without attribution, whereas **we teach it** in the form of a question that **Reish Lakish asked of Rabbi Yoḥanan.**

NOTES

Give him…and let him marry – הֲבוּ לֵיהּ...וְלִנְסִיב: Several different explanations were given for this *halakha.* According to the way the *Terumat HaDeshen* explains Rashi and *Tosafot*, they hold that the guiding principle in this case is: One is held accountable for his first expression, meaning that a person's first statement is viewed as the essential, binding one, while the second is viewed as subordinate (see *Meiri*). According to this understanding, both this *halakha* and Rabbi Yoḥanan's statement are based on the same principle; in that case, too, once a person vows to bring a thanks-offering, his words take immediate effect and he can no longer use the animal for any other purpose, whereas were he to reverse the order and state the condition first, his condition might be effective. According to a different approach, the person who received the money need not marry the benefactor's daughter due to the principle that conditions must be stipulated prior to the main transaction. In other words, as a matter of formality, conditions should be referred to before mentioning the main transaction; if the main transaction is mentioned first, the condition attached to it is not binding (Rabbi Zeraḥya HaLevi).

Others hold that in this case the gift of the money is not conditional upon the recipient's marriage to the benefactor's daughter; rather, the same person gave a gift and offered his daughter's hand in marriage. Since there is no inherent connection between the two, the recipient may choose to do as he wishes (Rif; Rabbi Aharon HaLevi). Similarly, the *Meiri* explains that the order clarifies whether he intended to make two separate offers, or, when he mentions the marriage proposal first, he intended a single offer. According to these opinions, the connection between this *halakha* and that of Rabbi Yoḥanan is merely that in both cases a person said two things, only one of which is fulfilled. Some authorities emphasize other aspects of the case, including the significance of consecration, where speech alone has the force of an action; or the *halakhot* governing the testament of a dying person, whose words are viewed as established and already in effect (see Rashba, Ra'avad's comments on the Rif, and *Milḥamot Hashem*).

HALAKHA

He has vowed, but does not fulfill his obligation – נָדוּר וְאֵינוֹ יוֹצֵא: If one says: It is incumbent upon me to bring a thanks-offering, which I will also use to fulfill my obligation to bring a Festival peace-offering, he must bring a thanks-offering, but he does not thereby fulfill his obligation with regard to a Festival peace-offering. Some hold that if he conditioned his consecration of the thanks-offering on fulfilling his obligation with regard to the Festival peace-offering, he does fulfill the latter obligation (Ra'avad; Rashba; Rambam *Sefer Korbanot, Hilkhot Ḥagiga* 2:14).

A nazirite, but he may not shave – נָזִיר וְאֵינוֹ מְגַלֵּחַ: If one says: I am a nazirite on condition that I will shave with second-tithe money, he is a nazirite, but he must bring his offerings from animals bought with non-sacred money. Some say that if he stipulated a condition in the formal manner, e.g., he said: On condition that I shave, he may bring his offerings from second-tithe money (*Tosafot*; Rambam *Sefer Hafla'a, Hilkhot Nezirut* 8:14).

Give four hundred *zuz* to so-and-so and let him marry my daughter – הֲבוּ לֵיהּ אַרְבַּע מְאָה זוּזֵי לִפְלוֹנִי וְלִנְסִיב בְּרַתִּי: If a dying person ordered: Give four hundred *zuz* to so-and-so and let him marry my daughter, the recipient may do as he wishes and take the money without marrying the daughter. If, however, he said: Let him marry my daughter, and give him the money, this is considered a condition, and he receives the money only if he marries the daughter. The same applies if it is clear from his statement that he intended to link the two offers in the manner of a condition (*Shakh*). Consequently, one who says: Give a certain sum of money to my daughter that she should buy a garment for herself, and the daughter passed away, the money belongs to her heirs, as the condition was not stipulated in the formal manner (*Shulḥan Arukh, Ḥoshen Mishpat* 253:12, and in the comment of the Rema).

PERSONALITIES

Mareimar – מָרֵימָר: Mareimar was a sixth-generation Babylonian *amora.* Although little is known about his personality, it is known that Mareimar was a disciple-colleague of Mar Zutra and a colleague of Rav Ashi. Apparently he lived in Sura, and the Sages of Sura followed his rulings. He was the primary teacher of Ravina, one of the last *amora'im.* Following Rav Ashi's death, though not immediately, Mareimar took his place as head of the academy in Sura, and he and Ravina together continued redacting the Talmud. The term Mar prefixed to his name might indicate that he was affiliated with the family of the Exilarch. Mareimar's son, Rav Yehuda bar Mareimar, was an important Sage in the following generation.

תָּנֵי תַּנָּא קַמֵּיהּ דְּרַבִּי יִצְחָק בַּר אַבָּא: "וַיַּקְרֵב אֶת הָעוֹלָה וַיַּעֲשֶׂהָ כַּמִּשְׁפָּט" – כְּמִשְׁפַּט עוֹלַת נְדָבָה. לִמֵּד עַל עוֹלַת חוֹבָה שֶׁטְּעוּנָה סְמִיכָה.

§ A *tanna* **taught** the following *baraita* **before Rabbi Yitzḥak bar Abba:** The verse concerning the burnt-offering that Aaron was commanded to sacrifice for the inauguration of the Tabernacle: **"And he brought the burnt-offering and sacrificed it according to regulation"** (Leviticus 9:16), indicates that the *halakha* of an obligatory burnt-offering is **similar to the regulation** governing **a gift burnt-offering.** This **teaches with regard to an obligatory burnt-offering** that it too **requires** the person bringing the offering to **place** his **hands** on the head of the animal to be sacrificed.

אֲמַר לֵיהּ: דְּאָמַר לָךְ מַנִּי – בֵּית שַׁמַּאי הִיא, דְּלָא גָּמְרִי שַׁלְמֵי חוֹבָה מִשַּׁלְמֵי נְדָבָה. דְּאִי בֵּית הִלֵּל, כֵּיוָן דְּגָמְרִי שַׁלְמֵי חוֹבָה מִשַּׁלְמֵי נְדָבָה – עוֹלַת חוֹבָה נַמִּי לָא תִּבָּעֵי קְרָא, דְּגָמְרִי מֵעוֹלַת נְדָבָה.

Rabbi Yitzḥak **said to** the *tanna*: He **who told you** that this *halakha* requires an explicit biblical source, in accordance with **whose** opinion did he say this? **It is** that of **Beit Shammai, who do not learn** the *halakha* of **obligatory peace-offerings from** that of **gift peace-offerings** by way of an analogy [*binyan av*], as they distinguish between the two with regard to the requirement of placing hands on the peace-offerings brought on a Festival. **As, if** it were the opinion of **Beit Hillel, since they learn** the *halakha* of **obligatory peace-offerings from** that of **gift peace-offerings,** there being no distinction between the two categories, then **an obligatory burnt-offering should also not require** a special **verse** to teach this *halakha*, **as** they can **learn** it **from** the *halakha* governing **a gift burnt-offering** by means of an analogy.

וּמִמַּאי דְּבֵית הִלֵּל שַׁלְמֵי חוֹבָה מִשַּׁלְמֵי נְדָבָה גָּמְרִי? דִּלְמָא מֵעוֹלַת חוֹבָה גָּמְרִי, וְעוֹלַת חוֹבָה גּוּפָא בָּעֲיָא קְרָא.

The Gemara asks: **And from where** may it be shown that **Beit Hillel learn** the *halakhot* of **obligatory peace-offerings from** those **of gift peace-offerings? Perhaps** they do not learn the *halakhot* of obligatory peace-offerings from those of gift peace-offerings. Rather, **they learn** the *halakha* governing obligatory peace-offerings **from** the *halakha* governing **an obligatory burnt-offering:** Just as an obligatory burnt-offering requires the one bringing the offering to place his hands on the animal to be sacrificed, so too do obligatory peace-offerings. **And an obligatory burnt-offering itself requires** an explicit **verse** from which to derive this *halakha*, and perhaps the verse cited above is the source: "And he brought the burnt-offering and sacrificed it according to regulation."

מַאי שְׁנָא מִשַּׁלְמֵי נְדָבָה דְּלָא גָּמְרִי – שֶׁכֵּן מְצוּיִין, מֵעוֹלַת חוֹבָה נַמִּי לָא גָּמְרִי – שֶׁכֵּן כָּלִיל.

The Gemara challenges this argument: **What is different** about obligatory peace-offerings such **that** Beit Hillel **do not learn** the *halakha* governing them **from** the *halakha* applying to **gift peace-offerings?** It is **that** gift peace-offerings are more **common,** and perhaps a different *halakha* applies to them. If so, **they should also not learn** the *halakha* governing obligatory peace-offerings **from** the *halakha* applying to **an obligatory burnt-offering, as** the latter is **entirely burnt,** unlike peace-offerings.

(אֶלָּא) אָתְיָא מִבֵּינַיָּיא.

The Gemara answers: **Rather,** the *halakha* governing obligatory peace-offerings **is derived from between** the two of **them.**[N] The Torah explicitly states that one must place hands on the heads of both obligatory burnt-offerings and gift peace-offerings. It is possible to extend the same obligation to obligatory peace-offerings by combining the two sources, as follows: If one says that an obligatory burnt-offering is different from an obligatory peace-offering because it is entirely burnt, gift peace-offerings prove that this is not the critical factor; and if one counters that gift peace-offerings are different from obligatory peace-offerings because they are common, an obligatory burnt-offering proves that this is not crucial. Therefore, there is no proof from here with regard to Beit Hillel's position, as they too might learn the *halakha* governing an obligatory burnt-offering from the verse: "And he brought the burnt-offering and sacrificed it according to regulation."

NOTES

Is derived from between them – אָתְיָא מִבֵּינַיָּיא: The principle used here is that of a common factor [*ma hatzad*], a type of enhanced analogy [*binyan av*], according to which a third *halakha* is learned from two other *halakhot*. This method is used when it would not be possible to derive the third *halakha* from either of the other *halakhot* alone, because of an unusual stringency that applies uniquely to each of the other *halakhot*. Since the stringency is not identical in the two *halakhot*, it is possible to put aside the unique feature in each of them and derive the *halakha* from between the two of them, using the common factor that they share to arrive at the third *halakha*.

וְסָבְרִי בֵּית שַׁמַּאי שַׁלְמֵי חוֹבָה לָא בָּעוּ סְמִיכָה? וְהָתַנְיָא, אָמַר רַבִּי יוֹסֵי: לֹא נֶחְלְקוּ בֵּית שַׁמַּאי וּבֵית הִלֵּל עַל הַסְּמִיכָה עַצְמָהּ שֶׁצָּרִיךְ, עַל מַה נֶּחְלְקוּ – עַל ״תֵּכֶף לִסְמִיכָה שְׁחִיטָה״. שֶׁבֵּית שַׁמַּאי אוֹמְרִים: אֵינוֹ צָרִיךְ, וּבֵית הִלֵּל אוֹמְרִים: צָרִיךְ.

The Gemara raises a question with regard to the *halakha* itself: **And do Beit Shammai hold** that **obligatory peace-offerings do not require placing of hands** on the head of the animal? **But isn't it taught** in a *baraita*: **Rabbi Yosei said: Beit Shammai and Beit Hillel did not disagree with regard to the placing of hands**[N] **itself that it is required** in the case of obligatory peace-offerings. **With regard to what,** then, **did they disagree?** They disagreed with regard to the *halakha* that states that **immediately** following **placing hands** on the head of an offering is its **slaughter.**[H] **As Beit Shammai say:** It is **not necessary** to be particular in this regard, and the ceremony of placing hands on the animal's head may be performed even on the eve of the Festival, long before the animal is slaughtered. **And Beit Hillel say:** It is **necessary,** and therefore one who brings an offering on a Festival must place his hands on the animal's head on the Festival itself.

הוּא דַּאֲמַר כִּי הַאי תַּנָּא. דְּתַנְיָא, אָמַר רַבִּי יוֹסֵי בְּרַבִּי יְהוּדָה: לֹא נֶחְלְקוּ בֵּית שַׁמַּאי וּבֵית הִלֵּל עַל תֵּכֶף לִסְמִיכָה שְׁחִיטָה שֶׁצָּרִיךְ, עַל מַה נֶּחְלְקוּ – עַל הַסְּמִיכָה עַצְמָהּ, שֶׁבֵּית שַׁמַּאי אוֹמְרִים: אֵינוֹ צָרִיךְ, וּבֵית הִלֵּל אוֹמְרִים: צָרִיךְ.

The Gemara answers: The *tanna* of the mishna **said** what he said **in accordance with** the opinion of **this** *tanna*, **as it is taught** in a different *baraita*: **Rabbi Yosei, son of Rabbi Yehuda, said: Beit Shammai and Beit Hillel did not disagree with regard to** the *halakha* that **immediately** following **placing hands** on the head of an offering is its **slaughter, that it is necessary. With regard to what,** then, **did they disagree?** They disagreed with regard to **the placing of hands**[N] **itself** on the head of obligatory peace-offerings. **Beit Shammai say:** It is **not necessary, and Beit Hillel say:** It is **necessary.**[H]

תָּנוּ רַבָּנַן: מַעֲשֶׂה בְּהִלֵּל הַזָּקֵן שֶׁהֵבִיא עוֹלָתוֹ לָעֲזָרָה לִסְמוֹךְ עָלֶיהָ בְּיוֹם טוֹב. חָבְרוּ עָלָיו תַּלְמִידֵי שַׁמַּאי הַזָּקֵן, אָמְרוּ לוֹ: מַה טִּיבָהּ שֶׁל בְּהֵמָה זוֹ? אָמַר לָהֶם: נְקֵבָה הִיא, וּלְזִבְחֵי שְׁלָמִים הֲבֵאתִיהָ. כִּשְׁכֵּשׁ לָהֶם בִּזְנָבָהּ, וְהָלְכוּ לָהֶם.

§ The Gemara returns to the basic dispute between Beit Shammai and Beit Hillel. **The Sages taught** in a *baraita*: **There was an incident involving Hillel the Elder,**[P] **who brought his burnt-offering to the** Temple **courtyard in order to place** his **hands on** the animal's head **on a Festival. The students of Shammai the Elder gathered around him and said to him: What is the nature of this animal** that you are bringing? Hillel, being humble and meek, did not want to quarrel with them in the Temple and therefore concealed the truth from them for the sake of peace. **He said to them: It is a female, and I have brought it as a peace-offering,** as burnt-offerings are always male. **He swung its tail for them** so that they would not be able to properly discern whether the animal was male or female, **and they departed.**

וְאוֹתוֹ הַיּוֹם גָּבְרָה יָדָם שֶׁל בֵּית שַׁמַּאי עַל בֵּית הִלֵּל, וּבִקְּשׁוּ לִקְבּוֹעַ הֲלָכָה כְּמוֹתָן. וְהָיָה שָׁם זָקֵן אֶחָד מִתַּלְמִידֵי שַׁמַּאי הַזָּקֵן, וּבָבָא בֶּן בּוּטָא שְׁמוֹ, שֶׁהָיָה יוֹדֵעַ שֶׁהֲלָכָה כְּבֵית הִלֵּל, וְשָׁלַח

On that day, when the incident became known, suggesting that even Hillel had accepted Shammai's view, **Beit Shammai gained the upper hand over Beit Hillel, and they sought to establish the** *halakha* in this regard **in accordance with their opinion. But a certain Elder of the disciples of Shammai the Elder was there,**[N] **and Bava ben Buta**[LP] was **his name, who knew that the** *halakha* **is in accordance with the opinion of Beit Hillel** in this matter. **And he sent** for

NOTES

Did not disagree with regard to the placing of hands – לֹא נֶחְלְקוּ...עַל הַסְּמִיכָה: In the Jerusalem Talmud an alternative version of the disagreement is cited, according to which Beit Shammai and Beit Hillel disagree about whether or not it is permitted to place hands not in the usual manner. Beit Shammai hold that one may place hands in an unusual manner, in this case before its proper time, whereas Beit Hillel disagree. Later authorities address the issue of whether placing hands in an unusual manner is referring to the time or the manner of the placement (see *Penei Yehoshua* and *Tziyyun LeNefesh Ḥayya*).

With regard to what did they disagree, with regard to the placing of hands – עַל מַה נֶּחְלְקוּ עַל הַסְּמִיכָה: This appears to contradict the mishna, which seems to indicate that they disagree about placing hands on a Festival. Some explain that the mishna was worded in this way to emphasize the force of Beit Hillel's opinion: Not only do they require the placing of hands, but they even permit the ritual on a Festival (*Shitta Mekubbetzet*). In the *Tziyyun LeNefesh Ḥayya,* it is explained that the mishna records those peace-offerings that are subject to the dispute between Beit Shammai and Beit Hillel with regard to whether or not one must place his hands on the head of the animal to be sacrificed.

A certain Elder…was there, etc. – הָיָה שָׁם זָקֵן אֶחָד וכו׳: In the Jerusalem Talmud a different account of this story is provided: After Hillel's concession gave Beit Shammai the upper hand, Hillel saw that the Temple was devoid of offerings, and he proclaimed harshly: May the houses of those who made the House of our God desolate be desolate themselves. At this point he brought his own sheep into the Temple so that it would not be devoid of offerings on the Festival.

HALAKHA

Immediately following placing hands is slaughter – תֵּכֶף לִסְמִיכָה שְׁחִיטָה: The ritual of placing one's hands on the head of the animal to be sacrificed must be performed as close as possible to the slaughtering of the animal, in accordance with the opinion of Beit Hillel (Rambam *Sefer Avoda, Hilkhot Ma'aseh HaKorbanot* 3:12).

Placing hands on the heads of offerings – סְמִיכָה עַל הַקָּרְבָּנוֹת: All offerings brought by an individual, whether obligatory offerings or gift-offerings, require that the owner's hands be placed on the head of the animal before it is slaughtered, with the exception of the firstborn-offering, the tithe-offering, and the Paschal lamb (Rambam *Sefer Avoda, Hilkhot Ma'aseh HaKorbanot* 3:6).

PERSONALITIES

Hillel the Elder – הִלֵּל הַזָּקֵן: Hillel the Elder and Shammai were the last of the pairs of Sages who transmitted the Oral Torah to successive generations over a period of about two centuries; Hillel served as *Nasi* of the Sanhedrin while Shammai was the president of the court. Hillel and Shammai lived about one hundred years prior to the destruction of the Temple, at the beginning of Herod's reign. Hillel and Shammai founded two schools, Beit Hillel and Beit Shammai, which flourished for many years after their passing, but they themselves disagreed about only three or four issues. The main difference between Hillel and Shammai was one of personality. Hillel treated himself and others in an easygoing manner, avoiding conflict whenever possible. Shammai, by contrast, took a more severe approach, attempting to scrutinize people's motivations and habits.

Tradition has it that Hillel began as an impoverished student who took on menial labor in order to pay to attend the lectures of Shemaya and Avtalyon. The Gemara compares Hillel to Ezra the Scribe, crediting him with reestablishing Torah study at a period in history when it was utterly neglected (*Sukka* 20a). His disciples were praised as well. According to the Gemara, Hillel the Elder had eighty students: Thirty of them were worthy that the Divine Presence should rest upon them as it rested upon Moses; thirty were worthy that the sun should stand still for them, as it did for Joshua bin Nun; and twenty were average. The greatest among Hillel's students was Yonatan ben Uzziel and the least among them was Rabban Yoḥanan ben Zakkai (*Sukka* 28a).

Bava ben Buta – בָּבָא בֶּן בּוּטָא: Bava ben Buta was one of Shammai's greatest students and a significant Sage of his time. Mentioned on several occasions as a distinguished pupil of Shammai, he was renowned in his generation for both his righteousness and his wisdom. Much has been told about his great humility and how he disregarded his own honor in order to establish peace between a man and his wife or for the sake of Heaven. Apparently, he served as a judge in Jerusalem and was famous for his knowledge of worldly affairs. It is said that when Herod killed a great number of Torah scholars, he had Bava ben Buta blinded but kept him alive so that he could take his counsel; it is further related that it was Bava ben Buta who advised Herod to rebuild the Temple in a magnificent manner.

LANGUAGE

Buta – בּוּטָא: Some relate this to the Greek name βάττος, *Battos*, meaning stutterer.

וְהֵבִיא כׇּל צֹאן קֵדָר שֶׁבִּירוּשָׁלַיִם וְהֶעֱמִידָן בָּעֲזָרָה, וְאָמַר כׇּל מִי שֶׁרוֹצֶה לִסְמוֹךְ – יָבֹא וְיִסְמוֹךְ. וְאוֹתוֹ הַיּוֹם גָּבְרָה יָדָן שֶׁל בֵּית הִלֵּל וְקָבְעוּ הֲלָכָה כְּמוֹתָן, וְלֹא הָיָה שָׁם אָדָם שֶׁעִרְעֵר בַּדָּבָר כְּלוּם.

and brought all the high-quality sheep of Kedar that were in Jerusalem, and he stood them in the Temple courtyard[N] and said: Anyone who wishes to place his hands on the head of an animal should come and place his hands there. And on that day Beit Hillel gained the upper hand over Beit Shammai, and they established the *halakha* in this case in accordance with their opinion, and there was no one there who disputed the matter in any way.

שׁוּב מַעֲשֶׂה בְּתַלְמִיד אֶחָד מִתַּלְמִידֵי בֵּית הִלֵּל שֶׁהֵבִיא עוֹלָתוֹ לָעֲזָרָה לִסְמוֹךְ עָלֶיהָ. מְצָאוֹ תַּלְמִיד אֶחָד מִתַּלְמִידֵי בֵּית שַׁמַּאי. אָמַר לוֹ: מַה זּוֹ סְמִיכָה? אָמַר לוֹ: מַה זּוֹ שְׁתִיקָה? שִׁתְּקוֹ בִּנְזִיפָה, וְהָלַךְ לוֹ.

And some time later there was another incident involving a certain disciple from among the disciples of Beit Hillel who brought his burnt-offering to the Temple courtyard in order to place his hands on the animal's head on a Festival. A certain disciple from among the disciples of Beit Shammai found him and said to him: What is this placing of hands?[N] Why do you place your hands on the animal's head and thereby violate the statement of Beit Shammai? He said to him: What is this silence?[N] Why do you not stay silent, as the *halakha* was not established in accordance with their opinion? He silenced him with a rebuke, and he, Beit Shammai's disciple, departed quietly.

אֲמַר אַבַּיֵי: הִלְכָּךְ, הַאי צוּרְבָא מֵרַבָּנַן דַּאֲמַר לֵיהּ חַבְרֵיהּ מִלְּתָא – לָא לִהֲדַר לֵיהּ מִלְּתָא טְפֵי מִמַּאי דַּאֲמַר לֵיהּ חַבְרֵיהּ, דְּאִיהוּ אֲמַר לֵיהּ "מַה זּוֹ סְמִיכָה" וְקָא מְהַדַּר לֵיהּ: "מַה זּוֹ שְׁתִיקָה".

Abaye said: Therefore, it is clear from here that a Torah scholar whose colleague says something reprimanding or insulting to him should not answer back with something more than his colleague had said to him, to avoid adding fuel to the fire, as in the above story the one said to the other: What is this placing of hands? and the latter responded to the former using the same language: What is this silence?

תַּנְיָא: אָמְרוּ לָהֶם בֵּית הִלֵּל לְבֵית שַׁמַּאי: וּמַה בְּמָקוֹם שֶׁאָסוּר לַהֶדְיוֹט – מוּתָּר לַגָּבוֹהַּ, מָקוֹם שֶׁמּוּתָּר לַהֶדְיוֹט – אֵינוֹ דִּין שֶׁמּוּתָּר לַגָּבוֹהַּ? אָמְרוּ לָהֶם בֵּית שַׁמַּאי: נְדָרִים וּנְדָבוֹת יוֹכִיחוּ, שֶׁמּוּתָּר לַהֶדְיוֹט וְאָסוּר לַגָּבוֹהַּ.

§ With regard to the dispute concerning the sacrifice of burnt-offerings of appearance on a Festival, it is taught in a *baraita*: Beit Hillel said to Beit Shammai: Just as in a place where it is prohibited to slaughter for the sake of a common person [*hedyot*],[NL] e.g., on Shabbat, it is permitted to slaughter offerings in the Temple for the Most High, such as the daily and additional offerings, then so too, with regard to a place where it is permitted to slaughter for the sake of a common person, e.g., on a Festival, is it not right that it should be permitted for the sake of the Most High? This argument should include burnt-offerings of appearance as well. Beit Shammai said to them: This is no proof. Vow-offerings and gift-offerings prove that this reasoning is not valid, as it is permitted to slaughter an animal on a Festival for a common person to eat, but it is prohibited to slaughter vow-offerings and gift-offerings on a Festival for the sake of the Most High.

אָמְרוּ לָהֶם בֵּית הִלֵּל: מַה לִּנְדָרִים וּנְדָבוֹת – שֶׁאֵין קָבוּעַ לָהֶם זְמַן, תֹּאמַר בְּעוֹלַת רְאִיָּיה – שֶׁקָּבוּעַ לָהּ זְמַן. אָמְרוּ לָהֶם בֵּית שַׁמַּאי: אַף זוֹ אֵין קָבוּעַ לָהּ זְמַן, דִּתְנַן: מִי שֶׁלֹּא חַג בְּיוֹם טוֹב רִאשׁוֹן שֶׁל חַג – חוֹגֵג וְהוֹלֵךְ כׇּל הָרֶגֶל כּוּלּוֹ, וְיוֹם טוֹב הָאַחֲרוֹן שֶׁל חַג.

Beit Hillel said to them: If vow-offerings and gift-offerings may not be slaughtered on a Festival, that is because they do not have a fixed time and there is no obligation to sacrifice them on a Festival in particular, but can you say the same with regard to a burnt-offering of appearance, which has a fixed time, the Festival itself? Beit Shammai said to them: It too has no fixed time, as we learned in a mishna: One who did not bring his Festival offering on the first Festival day of *Sukkot* may bring it throughout the entire Festival, including the last Festival day of *Sukkot*, on the Eighth Day of Assembly, as that day is regarded as part of *Sukkot* for this purpose.[H] This shows that a burnt-offering of appearance need not be brought at a fixed time on the Festival either.

NOTES

And he stood them in the courtyard – וְהֶעֱמִידָן בָּעֲזָרָה: See *Tosafot*, who point out that this did not take place in the Temple courtyard itself. In fact, in the version of the story that appears in the Jerusalem Talmud it is explicitly stated that the sheep were brought to the Temple Mount. It also relates that Bava ben Buta proclaimed that anyone who wanted a peace-offering should approach and place his hands on the head of the animal, and anyone who wanted burnt-offerings should also approach.

What is this placing of hands – מַה זּוֹ סְמִיכָה: The early authorities point out that it seems that the disciple of Beit Shammai did not know for what purpose the animal had been brought, whether as a peace-offering or as a burnt-offering. Therefore, he commented only on the act of placing hands on the head of the animal, which he saw the disciple of Beit Hillel perform (*Tosafot* in tractate *Ḥagiga*; Rabbi Aharon HaLevi).

What is this silence – מַה זּוֹ שְׁתִיקָה: Most commentators understand the answer: What is this silence, as a retort to the question: What is this placing of hands? In other words, he responded to the question: Why are you placing your hands on the head of the animal, with a corresponding query: Why do you not stay silent? However, some explain the question: What is this silence? slightly differently, that the disciple of Beit Hillel said: Why do you remain silent and not comment on something that is more severe according to your own approach, as this is a burnt-offering, which Beit Shammai claim may not be brought at all on a Festival (*Mishḥat Aharon*)? The *Meiri* explains that he meant to say as follows: Do you think that I should remain silent and not reply? I can provide satisfactory answers to counter your challenge. He further explains that Abaye derived that a Torah scholar should not reply to a colleague's reprimand with a harsher response than what his colleague had said to him, from the allusion in the words of the disciple of Beit Hillel: I have the answers at hand, but I am holding my peace in order to avoid a quarrel.

Just as in a place where it is prohibited for a common person – מַה בְּמָקוֹם שֶׁאָסוּר לַהֶדְיוֹט: Several commentaries object: This *a fortiori* argument should be rejected based on the principle that it is sufficient if the conclusion inferred is like the source of the inference, i.e., one may not derive by way of an *a fortiori* argument more than is true of the source case itself. In this case, since only communal offerings may be sacrificed on Shabbat, the same should apply to Festivals as well (see *Penei Yehoshua* and *Tziyyun LeNefesh Ḥayya*). Some explain that the *a fortiori* argument should be understood as follows: Just as more prohibited labors are permitted on Shabbat on behalf of God than for ordinary people, the same should also apply to a Festival (*Shitta Mekubbetzet* and others).

LANGUAGE

A common person [*hedyot*] – הֶדְיוֹט: From the Greek ἰδιώτης, *hidyotès*, meaning a common person who holds no official position. It therefore came to refer to a lay person as opposed to a priest, or in contrast to God.

HALAKHA

The time of a Festival-offering – זְמַן קׇרְבַּן חֲגִיגָה: One who did not bring his Festival-offering on the first day of *Sukkot* may bring it on one of the intermediate days of the Festival, and on the last day of the Festival, the Eighth Day of Assembly (Rambam *Sefer Korbanot*, *Hilkhot Ḥagiga* 1:7).

אמרו להם בית הלל: אף זו קבוע לה זמן, דתנן: עבר הרגל ולא חג – אינו חייב באחריותו.

Beit Hillel said to them: Although a burnt-offering of appearance need not be sacrificed on a particular day of the Festival, nevertheless **it too has a fixed time,** albeit a lengthier one. **As we learned** in a mishna: **If the entire Festival passed and he did not bring his Festival-offering,**[H] **he is not accountable for it.** That is to say, he is not required to bring another offering, as the mitzva has already passed. This indicates that the offering is limited specifically to the Festival days, unlike vow-offerings and gift-offerings, which may be brought at any time.

אמרו להם בית שמאי: והלא כבר נאמר "לכם" – ולא לגבוה! אמרו להם בית הלל: והלא כבר נאמר "לה׳" – כל דלה׳. אם כן מה תלמוד לומר "לכם" – לכם ולא לגוים, לכם ולא לכלבים.

Beit Shammai said to Beit Hillel in support of their own position: **But wasn't it already stated** in the verse: "Only that which every soul must eat, that alone may be done **for you**" (Exodus 12:16), which indicates that for you may food be prepared, **but not for the Most High?**[N] **Beit Hillel said to them: But wasn't it already stated** in the verse: "You shall observe it as a Festival **to the Lord**" (Leviticus 23:41), which teaches: **Anything** sacrificed **to the Lord** may be sacrificed? **If so, what** is the meaning when **the verse states "for you"?** It means **for you, but not for gentiles;**[H] **for you, but not for dogs.**

אבא שאול אומרה בלשון אחרת: ומה במקום שכירתך סתומה כירת רבך פתוחה, במקום שכירתך פתוחה – אינו דין שכירת רבך פתוחה? וכן בדין שלא יהא שולחנך מלא ושולחן רבך ריקן.

Abba Shaul[P] **stated** the same disagreement **in a different formulation,** that Beit Hillel said to Beit Shammai as follows: **Just as in a place where your stove is closed,** i.e., on Shabbat, when a person may not cook for himself, **your Master's stove is open,** as it is permitted to light a fire on the altar and sacrifice offerings upon it, so too, **in a place where your stove is open,** i.e., on a Festival, when one may cook food that he will eat, **is it not right that your Master's stove** should be **open?**[N] **And it likewise** stands **to reason that your table should not be full while your Master's table,** the altar, remains **empty.**

במאי קא מפלגי? מר סבר: נדרים ונדבות קרבין ביום טוב, ומר סבר: אין קרבין ביום טוב.

The Gemara asks: **With regard to what do** the *tanna* of the first *baraita* and Abba Shaul **disagree** in their different versions of Beit Hillel's statement? The Gemara explains: **One Sage,** Abba Shaul, **holds** that according to Beit Hillel, even **vow-offerings and gift-offerings may be sacrificed on a Festival,** and therefore Beit Shammai could not cite as proof the fact that they may not be sacrificed, as they claim in the first *baraita*. **And one Sage,** the *tanna* of the first *baraita*, **holds** that according to Beit Hillel, vow-offerings and gift-offerings **may not be sacrificed on a Festival,** and therefore Beit Shammai could adduce this *halakha* in support of their opinion.

אמר רב הונא: לדברי האומר נדרים ונדבות אין קרבין ביום טוב, לא תימא מדאורייתא מחזא חזו, ורבנן הוא דגזרי בהו, גזירה שמא ישהה.

Rav Huna said: According to the statement of the one who says that **vow-offerings and gift-offerings may not be sacrificed on a Festival, you** should **not say that by Torah law they are** in fact **fit** to be sacrificed, **and** that it was **the Sages who issued a decree about them** that they should not be sacrificed on a Festival as a **preventive measure, lest one delay** sacrificing them until the Festival, when it is more convenient for him to bring them to the Temple, and thereby transgress the prohibition against delaying the fulfillment of one's pledge.

אלא אפילו מדאורייתא נמי לא חזו. דהא שתי הלחם דחובת היום נינהו, וליכא למגזר שמא ישהה, ואינו דוחה לא את השבת ולא את יום טוב.

This is not the reason; **rather,** according to this opinion, **they are not fit** to be sacrificed on a Festival **even by Torah law. As the two loaves**[B] brought on the festival of *Shavuot* **are an obligation of** that **day, and** there is **no** reason **to issue a decree** about them **lest one** come to **delay** their offering, since they may be brought only on that Festival, and yet their baking and preparation **override neither Shabbat nor the Festival.**[HN] According to this view, anything that need not be performed on the Festival itself may not be done on the Festival.

BACKGROUND

The two loaves – **שתי הלחם**: Two loaves were brought as a communal offering on the festival of *Shavuot* (Leviticus 23:17). In contrast to most of the other meal-offerings, these loaves were leavened. Their shape resembles that of the shewbread, which was unleavened. Two lambs were brought as peace-offerings together with these two loaves. Both the loaves and the lambs were ceremonially waved. They were later divided up among the priests and eaten in the Temple courtyard.

HALAKHA

If the Festival passed and he did not bring his Festival-offering – **עבר הרגל ולא חג**: If the entire Festival passed and one did not bring the Festival-offering, he may no longer bring it (Rambam *Sefer Korbanot, Hilkhot Ḥagiga* 1:6).

For you but not for gentiles – **לכם ולא לגוים**: It is permitted to perform prohibited labors required for food preparation on a Festival for the sake of a Jew, but not on behalf of a gentile. An apostate Jew is considered a gentile for this purpose, as are Samaritans (*Mishna Berura*). As for Karaites, some prohibit preparing food on their behalf, while others permit it (*Magen Avraham*; *Shulḥan Arukh, Oraḥ Ḥayyim* 512:1).

The preparation of the two loaves – **מלאכת שתי הלחם**: The baking and preparation of the two loaves brought on the festival of *Shavuot* override neither Shabbat nor the Festival. Rather, the two loaves must be entirely prepared prior to the onset of the Festival (Rambam *Sefer Avoda, Hilkhot Temidin UMusafin* 8:8).

NOTES

For you but not for the Most High – **לכם ולא לגבוה**: In the Jerusalem Talmud it is stated that Beit Hillel responded from the very same verse, claiming that the phrase "that alone may be done for you" teaches that the limitation of work on a Festival to the preparation of food applies only to regular people, but no such restriction is in effect with regard to work performed for the sake of God.

Your Master's stove should be open – **כירת רבך פתוחה**: It seems that the Gemara infers Abba Shaul's position that one may sacrifice vow-offerings and gift-offerings on a Festival from this expression, as the phrase: Your Master's stove is open, indicates that it is completely open, without restriction (Rabbi Aharon HaLevi and others).

The baking of the two loaves – **אפית שתי הלחם**: The question is raised: As the two loaves are prepared only for human consumption, and no part of them at all is brought on the altar, why should it not be permitted to bake them on the Festival *ab initio*, similar to all other baked foods? Some answer that although they are eaten by people, they are nevertheless prepared for the sake of the mitzva, and consequently, they are baked specifically for God (*Simḥat Yom Tov*).

PERSONALITIES

Abba Shaul – **אבא שאול**: Abba Shaul was a *tanna* who apparently lived during the time of the Second Temple. Indeed, many of his legal statements relate to remembrance of the Temple and its order of service. The designation Abba, meaning father, was bestowed as a sign of honor in early generations when the term Rabbi was not used. It is likely that Abba Shaul was among the students of Rabban Yoḥanan ben Zakkai, which means that he lived through the destruction of the Temple. Abba Shaul was said to be long in his generation, which suggests that he was both tall and well-respected. Many *halakhot* attributed to him form the basis of the practical *halakha* that was followed for generations, even though they are presented as the opinion of a single authority.

NOTES

One may not sprinkle – לָא זָרֵיק: Sprinkling blood is not actually a prohibited labor, and if it is prohibited, it is by rabbinic decree. This leads to a difficulty, as there is a principle that the Sages did not apply their decrees in the Temple. It may be suggested that although it is prohibited only by rabbinic decree, the Sages allowed it in the Temple only for the sake of a mitzva, but not in cases where the mitzva is performed in an improper manner (Rabbi Aharon HaLevi).

HALAKHA

Sprinkling the blood of the lambs of *Shavuot* – זְרִיקַת דָּם כִּבְשֵׂי עֲצֶרֶת: If the peace-offering lambs of *Shavuot* were slaughtered not for their own purpose, or not at their proper time, the community has not fulfilled its obligation. Nevertheless, the blood should be sprinkled and the meat eaten. If this occurred on Shabbat, the blood should not be sprinkled, but if one transgressed and sprinkled it, the sacrificial parts of the animal may be sacrificed in the evening (Rambam *Sefer Korbanot, Hilkhot Pesulei HaMukdashin* 15:19).

Sprinkling the blood of an offering on Shabbat – זְרִיקַת דָּם קׇרְבָּן בְּשַׁבָּת: If the offering of an individual, which does not override Shabbat, was mistakenly slaughtered on Shabbat, its blood may not be sprinkled. If one transgressed and sprinkled the blood, whether intentionally or unwittingly, the owner of the offering has fulfilled his obligation, the sacrificial parts of the animal are burned in the evening, and the meat is eaten (Rambam *Sefer Korbanot, Hilkhot Shegagot* 2:14).

אִיבַּעְיָא לְהוּ: לְדִבְרֵי הָאוֹמֵר נְדָרִים וּנְדָבוֹת אֵין קְרֵבִין בְּיוֹם טוֹב, עָבַר וְשָׁחַט מַאי? רָבָא אָמַר: זוֹרֵק אֶת הַדָּם עַל מְנָת לְהַתִּיר בָּשָׂר בַּאֲכִילָה. רַבָּה בַּר רַב הוּנָא אָמַר: זוֹרֵק אֶת הַדָּם עַל מְנָת לְהַקְטִיר אֵימוּרִין לָעֶרֶב.

§ **A dilemma was raised before** the Sages: **According to the statement of the one who says** that **vow-offerings and gift-offerings may not be sacrificed on a Festival, if one transgressed and slaughtered** those vow-offerings and gift-offerings on a Festival, **what is the** *halakha*? **Rava said: He sprinkles the blood** of these offerings on the altar **in order to allow the meat to be eaten** on the Festival. **Rabba bar Rav Huna,** however, **said: He sprinkles the blood in order to burn the sacrificial parts** of the animal, including the fats and other portions that are brought upon the altar, **in the evening.**

מַאי בֵּינַיְיהוּ? אִיכָּא בֵּינַיְיהוּ נִטְמָא בָּשָׂר אוֹ שֶׁאָבַד. לְרָבָא לָא זָרֵיק, לְרַבָּה בַּר רַב הוּנָא זָרֵיק.

The Gemara asks: **What is** the practical difference **between** the opinion of Rava and that of Rabba bar Rav Huna, since both agree that the blood is sprinkled? The Gemara answers: **There is** a practical difference **between them** in a case where **the meat became** ritually **impure or was lost. According to Rava,** who holds that the blood is sprinkled in order to permit the meat to be eaten, by rabbinic decree **one may not sprinkle**[N] the blood, as this sprinkling is not required for the Festival. On the other hand, **according to Rabba bar Rav Huna,** who holds that the blood is sprinkled in order to burn the sacrificial parts upon the altar in the evening, **he does sprinkle** the blood, even though it does not enable him to eat the meat.

מֵיתִיבֵי: כִּבְשֵׂי עֲצֶרֶת שֶׁשְּׁחָטָן שֶׁלֹּא לִשְׁמָן, אוֹ שֶׁשְּׁחָטָן בֵּין לִפְנֵי זְמַנָּן בֵּין לְאַחַר זְמַנָּן – הַדָּם יִזָּרֵק וְהַבָּשָׂר יֵאָכֵל. וְאִם הָיְתָה שַׁבָּת – לֹא יִזְרוֹק, וְאִם זָרַק –

The Gemara **raises an objection** to the opinion of Rabba bar Rav Huna from the following *baraita*: With regard to **the lambs of *Shavuot*,** i.e., the two lambs sacrificed as peace-offerings that accompany the two loaves of bread brought on that Festival, if **one slaughtered them not for their** own **purpose,** i.e., at the time of slaughter his intent was to slaughter them as a different offering, **or if he slaughtered them** not at their proper time, **whether before their time or after their time,** the offerings themselves are valid, although the community has not fulfilled its obligation. What is to be done with them? **The blood** should **be sprinkled**[H] **and the meat** should **be eaten. And if** the day he slaughtered the lambs **was Shabbat,** on which cooking or roasting the meat is prohibited, then since the sprinkling of the blood serves no purpose, neither with regard to their mitzva nor for any other matter, **he may not sprinkle** the blood.[H] **And if** nevertheless **he sprinkled** the blood,

Perek **II**
Daf **21** Amud **a**

NOTES

On condition that he burn the sacrificial parts in the evening – עַל מְנָת לְהַקְטִיר אֵימוּרִין לָעֶרֶב: The phrase: On condition, is problematic in this context, and in fact it is omitted in several versions of the text. According to the reading here, on condition seems to mean that he must sprinkle the blood on condition that the sacrificial parts are not burned on the altar until the evening (*Shitta Mekubbetzet*).

הוּרְצָה, עַל מְנָת לְהַקְטִיר אֵימוּרִין לָעֶרֶב. "אִם זָרַק", דִּיעֲבַד – אִין, לְכַתְּחִלָּה – לָא. בִּשְׁלָמָא לְרָבָא – נִיחָא, אֶלָּא לְרַבָּה בַּר רַב הוּנָא קַשְׁיָא! קַשְׁיָא. וְאִיבָּעֵית אֵימָא: שָׁאנֵי שְׁבוּת שַׁבָּת מִשְּׁבוּת יוֹם טוֹב.

the offering **is accepted on condition that** he **burn the sacrificial parts** that are brought upon the altar **in the evening**[N] and not during the day. The wording of the *baraita* indicates that if the meat may not be eaten on that day, then only **if he** already **sprinkled** the blood, i.e., **after the fact, yes,** it is permitted; however, he may **not** sprinkle it ***ab initio***. **Granted, according to** the opinion of **Rava** it works out **well, but according to** the opinion of **Rabba bar Rav Huna,** it is **difficult.** The Gemara comments: Indeed, it is **difficult. And if you wish, say** instead: **A rabbinic decree concerning Shabbat is different from a rabbinic decree concerning a Festival,** as the Sages were more stringent with regard to Shabbat than with regard to Festivals.

בְּעָא מִנֵּיהּ רַב אָוְיָא סָבָא מֵרַב הוּנָא: בְּהֵמָה, חֶצְיָהּ שֶׁל גּוֹי וְחֶצְיָהּ שֶׁל יִשְׂרָאֵל, מַהוּ לְשָׁחֳטָהּ בְּיוֹם טוֹב? אֲמַר לֵיהּ: מוּתָּר. אֲמַר לֵיהּ: וְכִי מַה בֵּין זֶה לִנְדָרִים וּנְדָבוֹת? אֲמַר לֵיהּ: עוּרְבָא פָּרַח.

§ **Rav Avya the Elder raised** the following **dilemma before Rav Huna:** If **an animal** is owned in partnership, **half of it** belonging **to a gentile and half of it to a Jew, what is** the *halakha* with regard **to slaughtering it on a Festival?** Rav Huna **said to him: It is permitted.**[H] Rav Avya **said to him: And what is** the difference **between this** case **and** that of **vow-offerings and gift-offerings?** Vow-offerings and gift-offerings are similar to jointly owned animals, as part of the animal is sacrificed upon the altar while the other part is eaten by the owner and the priest. Why, then, is it not similarly permitted to slaughter them on a Festival? Seeking to distract Rav Avya so that he need not answer his question, Rav Huna **said to him:** Look, **a raven flies**[N] in the sky.

כִּי נְפַק, אֲמַר לֵיהּ רַבָּה בְּרֵיהּ: לָאו הַיְינוּ רַב אָוְיָא סָבָא דְּמִשְׁתַּבַּח לֵיהּ מָר בְּגַוֵּיהּ, דְּגַבְרָא רַבָּה הוּא? אֲמַר לֵיהּ: וּמָה אַעֲבֵיד לֵיהּ, אֲנִי הַיּוֹם ״סַמְּכוּנִי בָּאֲשִׁישׁוֹת רַפְּדוּנִי בַּתַּפּוּחִים״ וּבְעָא מִינַּאי מִלְּתָא דִּבְעָיָא טַעְמָא.

When Rav Avya **left, Rabba, son of** Rav Huna, **said to** his father: **Was this not Rav Avya the Elder, whom Master would recommend to** us, saying **that he is a great man?** If so, why did you treat him in that manner and evade his question? Rav Huna **said to him: What should I have done for him? Today I am** in a state best described by the verse: **"Let me lean against the stout trunks;**[N] **let me couch among the apple trees"** (Song of Songs 2:5), meaning I am worn out and exhausted from all the communal responsibility that has fallen upon me, **and he asked me** about **something that requires reasoning** and careful examination, and therefore I could not provide an immediate answer.

וְטַעְמָא מַאי? בְּהֵמָה חֶצְיָהּ שֶׁל גּוֹי וְחֶצְיָהּ שֶׁל יִשְׂרָאֵל מוּתָּר לְשָׁחֳטָהּ בְּיוֹם טוֹב – דְּאִי אֶפְשָׁר לִכְזַיִת בָּשָׂר בְּלֹא שְׁחִיטָה, אֲבָל נְדָרִים וּנְדָבוֹת – אָסוּר לְשָׁחֳטָן בְּיוֹם טוֹב, דְּכֹהֲנִים כִּי קָא זָכוּ – מִשֻּׁלְחַן גָּבוֹהַּ קָא זָכוּ.

The Gemara asks: **And what,** then, **is the reason?** The Gemara explains the difference between a jointly owned animal and a vow-offering or gift-offering: A jointly owned **animal, half of** which belongs **to a gentile and half to a Jew, may be slaughtered on a Festival, as it is impossible to** obtain **an olive-bulk of meat without slaughtering.**[N] If a Jew wishes to eat even a small portion of meat, he has no alternative but to slaughter an entire animal, even though he will not use all of it. Therefore, it does not matter if part of the animal belongs to a gentile. **However, it is prohibited to slaughter vow-offerings and gift-offerings on a Festival,** because in this case there is no real joint ownership of the animal, **as the priests, when they receive** their portions of the meat of the offering, and similarly, when Israelites partake of the offering, **they receive** their portions **from the table of the Most High.** In other words, the entire offering belongs to God, and those who partake of it are considered guests at His table; and as stated above, one may not slaughter an animal on a Festival for the sake of God.

אֲמַר רַב חִסְדָּא: בְּהֵמָה חֶצְיָהּ שֶׁל גּוֹי וְחֶצְיָהּ שֶׁל יִשְׂרָאֵל – מוּתָּר לְשָׁחֳטָהּ בְּיוֹם טוֹב, דְּאִי אֶפְשָׁר לִכְזַיִת בָּשָׂר בְּלֹא שְׁחִיטָה, עִיסָּה, חֶצְיָהּ שֶׁל גּוֹי וְחֶצְיָהּ שֶׁל יִשְׂרָאֵל – אָסוּר לְאֶפּוֹתָהּ בְּיוֹם טוֹב, דְּהָא אֶפְשָׁר לֵיהּ לְמִפְלְגָהּ בְּלִישָׁה.

In continuation of the previous discussion, **Rav Ḥisda said:** A jointly owned **animal, half of** which belongs **to a gentile and half to a Jew, may be slaughtered on a Festival because it is impossible to** obtain **an olive-bulk of meat without slaughtering.** However, with regard to **dough, half** of which belongs **to a gentile**[H] **and half to a Jew, it is prohibited to bake it**[N] **on a Festival, as it is possible for him to divide it** in half **during the kneading** and bake only the part that belongs to the Jew.

מְתִיב רַב חָנָא בַּר חֲנִילַאי: עִיסַּת כְּלָבִים, בִּזְמַן שֶׁהָרוֹעִין אוֹכְלִין מִמֶּנָּה – חַיֶּיבֶת בְּחַלָּה, וּמְעָרְבִין בָּהּ, וּמִשְׁתַּתְּפִין בָּהּ, וּמְבָרְכִין עָלֶיהָ, וּמְזַמְּנִין עָלֶיהָ, וְנֶאֱפֵית בְּיוֹם טוֹב, וְאָדָם יוֹצֵא בָּהּ יְדֵי חוֹבָתוֹ בְּפֶסַח.

Rav Ḥana bar Ḥanilai raised an objection from the following mishna: **Dough** for bread that is meant **for dogs, when** it is of such quality that even **shepherds eat of it,** is considered like regular bread. Accordingly, one **is obligated** to separate *ḥalla* from such dough,[H] **and one** may use it to **establish an** *eiruv*, i.e., a joining of courtyards and a joining of Shabbat boundaries, **and to establish a merging of alleyways, and one recites a blessing** before and after eating **it, and one invites** those with whom he ate to recite Grace after Meals after eating **it, and it may be baked on a Festival,** like all foods fit for human consumption, **and a person fulfills his obligation** to eat *matza* **on** the first night of **Passover with it** if it has not leavened.[H]

HALAKHA

Slaughtering an animal, half of which belongs to a gentile – שְׁחִיטַת בְּהֵמָה הַשַּׁיֶּכֶת בְּחֶלְקָהּ לְגוֹי: An animal of which half is owned by a gentile and half by a Jew may be slaughtered on a Festival. Even if two animals are owned in partnership, both may be slaughtered (*Shulḥan Arukh*, *Oraḥ Ḥayyim* 498:11).

Dough, half of which belongs to a gentile – עִיסָּה חֶצְיָהּ שֶׁל גּוֹי: On a Festival it is prohibited to bake dough of which half belongs to a gentile. Rather, one must divide the dough and bake only the portion belonging to the Jew, in accordance with the opinion of Rav Ḥisda (*Shulḥan Arukh*, *Oraḥ Ḥayyim* 506:6).

Dough for dogs with regard to *ḥalla* – עִיסַּת כְּלָבִים לְעִנְיַן חַלָּה: With regard to dough intended for dogs, in which a large amount of coarse bran is mixed, if it is eaten by shepherds, *ḥalla* must be separated from it. If not, it is exempt. This exemption applies only when it is clear from the manner in which it was prepared and from its unusual appearance that it is meant for dogs alone (*Shulḥan Arukh*, *Yoreh De'a* 330:9).

Dough for dogs with regard to *matza* – עִיסַּת כְּלָבִים לְעִנְיַן מַצָּה: If the owners of dough intended for dogs to eat of it themselves, and they thought to eat of it at the time of kneading, they may fulfill their obligation to eat *matza* by eating it. If not, they may not fulfill their obligation with it, as it had not been kept from leavening for the sake of the mitzva (Rambam). Some say that if it was made in such a way that shepherds do not eat of it, it may not be used as *matza*, as it is not considered bread at all (*Shulḥan Arukh*, *Oraḥ Ḥayyim* 454:2, and in the comment of the Rema).

NOTES

A raven flies – עוּרְבָא פָּרַח: Rashi indicates that a raven did actually pass by at that moment, which Rav Huna used as a diversion, hinting that he did not wish to answer the question immediately. However, the *ge'onim* hold that it was a common expression, uttered as a response whenever a person said something completely unrelated to the matter at hand. Others understand it as a sharp retort: Your question is suitable for youths who play with ravens (Rabbeinu Ḥananel). This explanation fits well with the surprise expressed by Rav Huna's son at his father's reply, which he deemed inappropriate for a person of Rav Avya's stature (see *Meiri*). The later authorities discuss Rav Huna's comment at length, explaining it in a symbolic, mystical vein (see *Ḥatam Sofer* and others).

Today I…Let me lean against [*sammekhuni*] the stout trunks – אֲנִי הַיּוֹם סַמְּכוּנִי בָּאֲשִׁישׁוֹת: The *ge'onim* explain that Rav Huna was appointed head of the academy on that very day, which is why he cited the verse containing the word *sammekhuni*, which also means: I have been appointed. In his excitement, he could not find the peace of mind to explain his position.

It is impossible to obtain an olive-bulk of meat without slaughtering – אִי אֶפְשָׁר לִכְזַיִת בָּשָׂר בְּלֹא שְׁחִיטָה: The basic difference between the two cases is as follows: In the case of the jointly owned animal, it is slaughtered for the sake of the Jew, even though he will not eat all of it, as even were the animal entirely in the Jew's possession he would not eat its prohibited fats, blood, and the like. In the case of an offering, however, the animal is slaughtered not for the sake of food for people, but in order to sacrifice an offering to God (Rabbi Aharon HaLevi).

With regard to dough…it is prohibited to bake it – עִיסָּה...אָסוּר לְאֶפּוֹתָהּ: The commentaries explain that the Gemara cites this example of jointly owned dough, rather than that of jointly owned flour, in order to teach that it is prohibited even if the dough was kneaded before the Festival, in which case one might have thought that it might be permitted because baking the dough whole would improve the Jew's bread (see comments of *Tziyyun LeNefesh Ḥayya* and *Ḥatam Sofer* on the Ran).

וְאַמַּאי? וְהָא אֶפְשָׁר לֵיהּ לְמִפְלְגָהּ בְּלִישָׁה. שָׁאנֵי עִיסַּת כְּלָבִים, הוֹאִיל וְאֶפְשָׁר לְפַיְּיסָן בִּנְבֵלָה.

With regard to the allowance to bake this dough, the Gemara asks: **And why** may it be baked on a Festival? **Isn't it possible to divide it during the kneading,** so that he bakes only the portion to be eaten by people and leaves aside the part given to dogs? The Gemara answers: **Dough** for bread meant for **dogs is different, since it is possible to appease them with a carcass.** It is possible that one of his animals will die, and he will feed the carcass to the dogs, in which case all of the dough will be eaten by people.

וּמִי אִית לֵיהּ לְרַב חִסְדָּא "הוֹאִיל"? וְהָא אִתְּמַר: הָאוֹפֶה מִיּוֹם טוֹב לַחוֹל, רַב חִסְדָּא אָמַר: לוֹקֶה, רַבָּה אָמַר: וְאֵינוֹ לוֹקֶה.

The Gemara challenges this explanation: **Does Rav Ḥisda accept** the principle of **since,**[N] i.e., that since it is possible that the situation may change, the *halakha* is not determined based on the current circumstances? **But wasn't it stated** that the *amora'im* disagreed about the *halakha* governing one **who** intentionally **bakes on a Festival day for a weekday?**[H] **Rav Ḥisda said: He is flogged** for desecrating the Festival. **Rabba said: He is not flogged.**

רַב חִסְדָּא אָמַר: לוֹקֶה, לָא אָמְרִינַן: הוֹאִיל וּמִקְלְעִי לֵיהּ אוֹרְחִים חֲזִי לֵיהּ – הַשְׁתָּא נַמִי חֲזִי לֵיהּ. רַבָּה אָמַר: אֵינוֹ לוֹקֶה, אָמְרִינַן "הוֹאִיל".

The Gemara explains the two opinions: **Rav Ḥisda said** that **he is flogged** because he holds that **we do not say** that **since,** if **guests happen to** visit **him,** whatever he bakes **will be fit for him** on the Festival itself, **now too,** although guests have not yet arrived, **it is** considered **fit for him.** According to that logic, baking would not be considered a full-fledged transgression, and one cannot be forewarned about it and does not receive lashes. **Rabba,** however, **said: He is not flogged,** as he holds that **we do say** the principle of: **Since.** As Rav Ḥisda himself does not accept the principle of since, how can it be used to resolve a difficulty raised against him?

אֶלָּא, לָא תֵּימָא "הוֹאִיל וְאֶפְשָׁר", אֶלָּא: כְּגוֹן דְּאִית לֵיהּ נְבֵלָה, דְּוַדַּאי אֶפְשָׁר לְפַיְּיסָן בִּנְבֵלָה.

Rather, the Gemara retracts its previous answer: **Do not say** that dough for dogs is different, **since it is possible** that one of his animals will die and he will appease the dogs with the carcass. **Rather,** the reference here is to a case **where he has a carcass** ready, so that **it is certainly possible to appease them with the carcass.** Consequently, when the shepherds bake the dough, it is highly likely that they will consume it all themselves.

בָּעוּ מִינֵּיהּ מֵרַב הוּנָא: הָנֵי בְּנֵי בָאגָא דְּרָמוּ עֲלַיְיהוּ קִמְחָא דִּבְנֵי חֵילָא, מַהוּ לְאֲפוּתָהּ בְּיוֹם טוֹב? אֲמַר (לֵיהּ): חָזֵינָא, אִי יָהֲבִי לֵיהּ רִפְתָּא לִינוּקָא וְלָא קָפְדִי – כָּל חֲדָא וַחֲדָא חַזְיָא לִינוּקָא, וְשָׁרֵי. וְאִי לָאו – אָסוּר.

§ **They raised a dilemma before Rav Huna:** With regard to **the** Jewish **residents of a village** [*baga*][L] **upon whom** the authorities **imposed** the obligation to supply **flour** and bread **to the** gentile **military troops**[NH] serving in the area, **what is** the *halakha* with regard to **baking it on a Festival?** Rav Huna **said to** them: **We examine** the matter: **If** those villagers can **give bread** from the soldiers' quota **to a child and** the soldiers **are not particular** about it, then **each and every one** of the loaves **is fit for a** Jewish **child, and** therefore **it is permitted** to bake them. But **if** the soldiers do **not** allow anyone else to partake of their bread, **it is prohibited** to bake the loaves for them on a Festival.

וְהָתַנְיָא: מַעֲשֶׂה בְּשִׁמְעוֹן הַתִּימְנִי שֶׁלֹּא בָּא אֶמֶשׁ לְבֵית הַמִּדְרָשׁ, בְּשַׁחֲרִית מְצָאוֹ [רַבִּי] יְהוּדָה בֶּן בָּבָא, אָמַר לוֹ: מִפְּנֵי מָה לֹא בָּאתָ אֶמֶשׁ לְבֵית הַמִּדְרָשׁ? אָמַר לוֹ: בַּלֶּשֶׁת בָּאָה לְעִירֵנוּ וּבִקְשָׁה לַחֲטוֹף אֶת כָּל הָעִיר, וְשָׁחַטְנוּ לָהֶם עֵגֶל וְהֶאֱכַלְנוּם, וּפְטַרְנוּם לְשָׁלוֹם.

The Gemara challenges Rav Huna's lenient ruling: **But isn't it taught** in a *baraita*: **There was an incident involving Shimon the Timnite,**[P] **who did not come on the night** of the Festival **to the study hall. In the morning, Rabbi Yehuda ben Bava found him and said to him: Why did you not come last night to the study hall? He said to him: A military unit on a search mission** [*balleshet*][B] **came to our city and wanted to pillage the entire city. We slaughtered a calf** in order to placate them, **and we fed them with it and had them depart in peace.**

אָמַר לוֹ: תָּמֵהַּ אֲנִי אִם לֹא יָצָא שְׂכַרְכֶם בְּהֶפְסֵדְכֶם, שֶׁהֲרֵי אָמְרָה תּוֹרָה "לָכֶם" וְלֹא לְגוֹיִם. וְאַמַּאי? הָא חֲזֵי לְמֵיכַל מִינֵּיהּ!

Rav Yehuda ben Bava **said to him: I wonder if your gain,** that which you saved by preventing the soldiers from taking your possessions, **was not outweighed by your loss,** the punishment for your desecration of the Festival. **As the Torah states:** "Only that which every soul must eat, that alone may be done **for you**" (Exodus 12:16), which indicates that food may be prepared for you, **but not for gentiles.** The Gemara asks: **But why** did Rabbi Yehuda ben Bava say this? **Wasn't** some portion of the calf **fit to be eaten by them?** The conclusion seems to be that even if a Jew may eat from an animal, it may not be slaughtered on a Festival for the sake of a gentile.

NOTES

Does Rav Ḥisda accept the principle of since – וּמִי אִית לֵיהּ לְרַב חִסְדָּא הוֹאִיל: The Gemara could equally have challenged Rabba's approach, as even if one accepts the principle of since, it is applied only to exempt a transgressor from lashes, but Rabba agrees that one may not rely on this principle in order to perform a prohibited labor on a Festival *ab initio*. However, the Gemara did not find it necessary to state all the possible difficulties, as the ensuing answer resolves the difficulty for Rabba as well (Rashba).

Flour to the military troops – קִמְחָא דִּבְנֵי חֵילָא: The commentaries and halakhic authorities discuss this *halakha* at length, as well as the relationship between it and Rav Ḥisda's comments with regard to jointly owned dough. The Rambam's position has puzzled many, since on the one hand he rules that it is prohibited to invite a gentile for a meal on a Festival lest he prepare extra food for the gentile's sake, but at the same time he rules in accordance with Rav Huna that it is permitted to bake the bread in the case of military personnel. The *Meiri* and several later authorities explain that in this case an element of coercion was involved; certainly monetary coercion and perhaps even worse. Therefore, they relied on the argument that each loaf might be eaten by a Jewish child in order to be lenient in this particular case (see *Rishon LeTziyyon* and others).

HALAKHA

One who bakes on a Festival day for a weekday – הָאוֹפֶה מִיּוֹם טוֹב לַחוֹל: If one baked on a Festival day for a weekday, and there was still enough time for guests to arrive and partake of the dish, he is not flogged for his transgression, as the principle of: Since, applies. This ruling is in accordance with the opinion of Rabba (Rambam *Sefer Zemanim, Hilkhot Yom Tov* 1:15).

Food for gentile military troops – אוֹכֶל לְאַנְשֵׁי צָבָא גּוֹיִים: If a gentile military company ordered Jews to bake them bread on a Festival with the Jews' flour, it is permitted to do so, provided that the gentiles would not mind if the Jews offered some of the bread to a child, in accordance with the opinion of Rav Huna. According to the *Shulḥan Arukh HaRav*, one loaf must actually be given to a child (*Shulḥan Arukh, Oraḥ Ḥayyim* 512:2).

LANGUAGE

Village [*baga*] – בָּאגָא: From the Persian bāy, meaning a garden. In Aramaic the word connotes an open, rural space or village.

PERSONALITIES

Shimon the Timnite – שִׁמְעוֹן הַתִּימְנִי: A younger contemporary of Rabbi Akiva, Shimon the Timnite was also an important member of Rabban Gamliel's vineyard, or academy, in Yavne. Apparently he was very young at the time, a mere student, but he was nevertheless praised for his wisdom. He likewise features in a list of those who would discuss matters of *halakha* before the Sages. It is likely that he was a disciple-colleague of Rabbi Akiva, as he learned from him and discussed his teachings but was also found disagreeing with him with regard to several issues.

BACKGROUND

A military unit on a search mission [*balleshet*] – בַּלֶּשֶׁת: *Balleshet* is apparently the term for a military unit sent into villages in order to conduct searches, from the root *b-l-sh*, meaning search. Such units were likely sent to enforce the collection of taxes from the local populace. Consequently, it was important for the inhabitants of the towns to maintain good relations with these units, as the authority bestowed upon them invited arbitrary seizures and plunder in addition to their official role.

אָמַר רַב יוֹסֵף: עֵגֶל טְרֵפָה הֲוַאי. וְהָא חֲזֵי לִכְלָבִים.

Rav Yosef said: In that case it was a calf with a condition that would cause it to die within twelve months [*tereifa*], which may not be eaten by Jews. The Gemara challenges: **But wasn't it still fit to be eaten by dogs,**[N] and it could be argued that it was slaughtered for the sake of dogs belonging to Jews?

תַּנָּאֵי הִיא, דְּתַנְיָא: "אַךְ אֲשֶׁר יֵאָכֵל לְכָל נֶפֶשׁ הוּא לְבַדּוֹ יֵעָשֶׂה לָכֶם" מִמַּשְׁמָע שֶׁנֶּאֱמַר "לְכָל נֶפֶשׁ" – שׁוֹמֵעַ אֲנִי אֲפִילּוּ נֶפֶשׁ בְּהֵמָה בְּמַשְׁמָע, כְּעִנְיָן שֶׁנֶּאֱמַר "וּמַכֵּה נֶפֶשׁ בְּהֵמָה יְשַׁלְּמֶנָּה", תַּלְמוּד לוֹמַר "לָכֶם"

The Gemara answers: The question of whether or not one may perform prohibited labor on a Festival for the sake of dogs **is a** dispute between *tanna'im*. **As it is taught** in a *baraita*: It is written: **"Only that which every soul must eat, that alone may be done for you." By inference, from that which is stated: "Every soul,"** I might **derive** that **even the soul of an animal is included, similar to that which is stated: "And he that kills the soul of an animal shall pay it"** (Leviticus 24:18), indicating that the life force of an animal is also called a soul. Therefore, **the verse states** and emphasizes: **"For you,"**

NOTES

But wasn't it fit to be eaten by dogs – וְהָא חֲזֵי לִכְלָבִים: The Maharsha asks: The mishna dealing with dough for dogs clearly indicates that a prohibited labor may not be performed on a Festival for the sake of dogs alone. Therefore, in this case it should be prohibited to slaughter the animal even if it were fit to be eaten by dogs. Later authorities suggest several answers to this question. The *Hatam Sofer* writes that the mishna's ruling can be understood as based on a rabbinic prohibition, which was not applied in pressing circumstances, such as in the case of a military search party.

"לָכֶם" – וְלֹא לִכְלָבִים, דִּבְרֵי רַבִּי יוֹסֵי הַגְּלִילִי. רַבִּי עֲקִיבָא אוֹמֵר: אֲפִילּוּ נֶפֶשׁ בְּהֵמָה בְּמַשְׁמָע, אִם כֵּן, מַה תַּלְמוּד לוֹמַר "לָכֶם" – לָכֶם וְלֹא לְגוֹיִם.

indicating **for you, but not for dogs;**[H] this is **the statement of Rabbi Yosei HaGelili. Rabbi Akiva says:** When the verse states "every soul," it comes to teach that **even the soul of an animal is included. If so, what is** the meaning when **the verse states "for you"?** It means **for you, but not for gentiles.**

וּמָה רָאִיתָ לְרַבּוֹת אֶת הַכְּלָבִים וּלְהוֹצִיא אֶת הַגּוֹיִם – מְרַבֶּה אֲנִי אֶת הַכְּלָבִים שֶׁמְּזוֹנוֹתָן עָלֶיךָ. וּמוֹצִיא אֲנִי אֶת הַגּוֹיִם – שֶׁאֵין מְזוֹנוֹתָן עָלֶיךָ.

The Gemara asks: **And what did you see** that led you **to include dogs** among those on whose behalf one is permitted to perform a labor on a Festival, **and to exclude gentiles?** The Gemara explains: **I include dogs because** the responsibility for **their sustenance is** incumbent **upon you,** as one is obligated to feed the animals in his possession; **and I exclude gentiles because** the responsibility for **their sustenance is not** incumbent **upon you.**

אָמַר לֵיהּ אַבַּיֵי לְרַב יוֹסֵף: וּלְרַבִּי יוֹסֵי הַגְּלִילִי דְּאָמַר "לָכֶם" וְלֹא לִכְלָבִים, הָנֵי סוּפְלֵי לְחֵיוָתָא הֵיכִי שָׁדֵינַן לְהוּ בְּיוֹם טוֹב?

With regard to this *baraita*, **Abaye said to Rav Yosef: And according to Rabbi Yosei HaGelili, who said** that the verse indicates: **"For you," but not for dogs, how** are we permitted to **cast date stones to animals**[N] **on a Festival?** Since date stones are not fit for human consumption, they should be considered *muktze*, and therefore it should be prohibited to handle them.

אָמַר לֵיהּ: הוֹאִיל וַחֲזוּ לְהַסָּקָה. תֵּינַח בִּיבֵשְׁתָּא, בִּרְטִיבָתָא מַאי אִיכָּא לְמֵימַר? אָמַר לֵיהּ: חֲזוּ לְהֶיסֵּק גָּדוֹל.

Rav Yosef **said to him: Since they are fit for fuel,** they may be handled, and therefore they may also be given to animals. Abaye objected: This works out **well in** the case of **dry** date stones; but **in** the case of **moist ones,** which are not suited for fuel, **what is there to say? He said to him: They are fit for a large fire,** which dries them out, after which they burn well.

תֵּינַח בְּיוֹם טוֹב, בְּשַׁבָּת מַאי אִיכָּא לְמֵימַר? מְטַלְטְלִינַן לְהוּ אַגַּב רִיפְתָּא, כִּדְשְׁמוּאֵל. דְּאָמַר שְׁמוּאֵל: עוֹשֶׂה אָדָם כָּל צְרָכוֹ בְּפַת.

Abaye raised another objection: This works out **well in** the case **of a Festival,** when it is permitted to fuel a fire, but **in** the case **of Shabbat, what is there to say?** Why should one be permitted to handle date stones on Shabbat? Rav Yosef answered: **We carry them along with bread.**[N] We place the date stones upon a loaf of bread and move them together with it. This is in accordance with the opinion of **Shmuel, as Shmuel said: A person may perform all his needs with bread;**[H] as long as the bread remains edible, he need not be concerned that he is treating the bread contemptuously.

HALAKHA

For you but not for dogs – לָכֶם וְלֹא לִכְלָבִים: One may not prepare food on a Festival for dogs, in accordance with the opinion of Rabbi Yosei HaGelili. Although Rabbi Akiva disagrees with him, and the *halakha* is generally ruled in accordance with Rabbi Akiva's opinion when he disagrees with one of his colleagues, in this case the unattributed mishna is in accordance with Rabbi Yosei HaGelili. One may handle food in order to give it to animals, but one may not carry it from one domain to another, even if by doing so he would violate only a rabbinic prohibition (Vilna Gaon; *Shulḥan Arukh HaRav*). However, it is permitted to prepare extra food for people even if he intends to give the leftovers to animals (*Shulḥan Arukh, Oraḥ Ḥayyim* 512:3, and in the comment of the Rema).

A person may perform all his needs with bread – עוֹשֶׂה אָדָם כָּל צְרָכוֹ בְּפַת: The *halakha* is in accordance with the opinion of Shmuel that one may perform all his needs with bread, as well as other food, provided that he does nothing to render the bread repulsive and inedible. One may not do anything to food that will possibly or definitely cause it to become inedible. Similarly, one may not treat bread in a contemptuous manner (*Shulḥan Arukh, Oraḥ Ḥayyim* 171:1).

NOTES

Date stones to animals – הָנֵי סוּפְלֵי לְחֵיוָתָא: Some explain Abaye's question as based on common practice: If the *halakha* is in accordance with the opinion of Rabbi Yosei HaGelili, how can one account for the common practice of throwing date stones? However, the Rashba understands the question differently: If Rabbi Yosei HaGelili's approach is indeed accepted, how would he resolve the issue of date stones? The difference in the way of understanding the question ultimately affects the halakhic conclusion: Are the answers to the difficulties accepted, or must the custom to give date stones to animals be abandoned?

Along with bread – אַגַּב רִיפְתָּא: Since one is certainly permitted to remove the stones from his mouth and place them wherever he wishes, the Gemara advises that after a person removes the stones from his mouth, he should put them on bread, which will enable him to move them (Rabbi Aharon HaLevi).

וּפְלִיגָא דְּרַבִּי יְהוֹשֻׁעַ בֶּן לֵוִי, דְּאָמַר רַבִּי יְהוֹשֻׁעַ בֶּן לֵוִי: מְזַמְּנִין אֶת הַגּוֹי בְּשַׁבָּת, וְאֵין מְזַמְּנִין אֶת הַגּוֹי בְּיוֹם טוֹב, גְּזֵרָה שֶׁמָּא יַרְבֶּה בִּשְׁבִילוֹ.

The Gemara comments: **And** the ruling of Rav Huna that one is permitted to bake for gentiles on a Festival if they allow a Jew to eat of the bread **differs from** the opinion of **Rabbi Yehoshua ben Levi.**[N] **As Rabbi Yehoshua ben Levi said: One may invite a gentile** for a meal **on Shabbat,**[H] as he will certainly not cook for him on Shabbat, and it is permitted to give a gentile food that was prepared the day before. **But one may not invite a gentile** for a meal **on a Festival;**[H] this is prohibited as **a preventive measure lest he** come to cook **more for** the gentile's **sake.** This indicates that Rabbi Yehoshua ben Levi holds that one may not prepare more for a gentile, even if the meal is primarily meant for Jews.

רַב אַחָא בַּר יַעֲקֹב אָמַר: אֲפִילּוּ בְּשַׁבָּת נַמִי לָא, מִשּׁוּם שִׁיּוּרֵי כוֹסוֹת. אִי הָכִי דִּידָן נַמִי. דִּידָן חֲזוּ לְתַרְנְגוֹלִין. דִּידְהוּ נַמִי חֲזוּ לְתַרְנְגוֹלִין. דִּידְהוּ אִיסּוּרֵי הֲנָאָה נִינְהוּ.

Rav Aḥa bar Ya'akov said: Even on Shabbat as well, one may **not** invite a gentile for a meal **due to the** wine **remnants in the cups.** Once a gentile has drunk wine from a cup, whatever remains in the cup may not be used and is therefore considered *muktze*. Therefore, a Jew may not host a gentile on Shabbat lest he come to handle the *muktze* wine remnants on Shabbat. The Gemara asks: **If so, our** cups **should also** be prohibited, as they too contain wine remnants that have no use whatsoever and should therefore be considered *muktze*. The Gemara answers: The remnants in **our** cups **are fit for chickens.** The Gemara objects: If so, the remnants in **their** cups **are also fit for chickens.** The Gemara rejects this argument: The remnants in **their** cups are **items** from which it is **prohibited** to derive any **benefit** whatsoever; consequently, they may not be handled at all.

וּלְטַלְטְלִינְהוּ אַגַּב כָּסָא, מִי לָא אָמַר רָבָא: מְטַלְטְלִין כַּנּוּנָא אַגַּב קִטְמֵיהּ, אַף עַל גַּב דְּאִיכָּא עֲלֵיהּ שִׁבְרֵי עֵצִים!

The Gemara asks: **And let him move** what remains of the wine **on account of the cup,** which is a vessel that may be handled, as the wine remnants should be considered nullified in relation to the cup. **Didn't Rava say: One may move a coal pan** [*kannuna*][LB] **on account of the ashes**[NH] that can be used to cover filth, **even though there are broken pieces of wood on it** that have no use? This indicates that one may move something that is *muktze* along with something else that one is permitted to handle.

הָתָם לָאו אִיסּוּרֵי הֲנָאָה, נִינְהוּ הָכָא אִיסּוּרֵי הֲנָאָה נִינְהוּ.

The Gemara rejects this argument: There is a difference between the two cases. **There,** the broken sticks **are not items from which** it is **prohibited** to derive any **benefit** but are merely *muktze*, whereas **here,** what remains of the wine in the gentile's cup **is an item from which** it is **prohibited** to derive any **benefit,** and therefore the prohibition is more stringent.

NOTES

Differs from Rabbi Yehoshua ben Levi – פְּלִיגָא דְּרַבִּי יְהוֹשֻׁעַ בֶּן לֵוִי: Most commentaries understand that Rabbi Yehoshua ben Levi disagrees with Rav Huna; therefore, they are puzzled by the Rambam, who rules in accordance with both views. The early authorities suggest various resolutions by distinguishing between the cases, or by explaining that Rabbi Yehoshua ben Levi does not in fact disagree with Rav Huna (see *Maggid Mishne*). Some claim that the Rambam's version of the Gemara omits the word: Differs. The *Ba'al Halakhot Gedolot* has a completely different version of the text, which reads: Supports the opinion of Rabbi Yehoshua ben Levi. According to this reading, they both agree that the Torah prohibits preparing food on behalf of gentiles (*Haggahot Ben Arye*).

A coal pan on account of the ashes – כַּנּוּנָא אַגַּב קִטְמֵיהּ: Most commentaries explain that one may move a coal pan for the sake of its ashes, which may be used for the purpose of covering filth. However, the Rashba indicates that in fact one wishes to move the vessel, but he is concerned that he may spill the ashes and dirty the house. Therefore, he picks up the pan together with the ashes, and even with the broken pieces of wood, which alone would not dirty the house very much.

LANGUAGE

Coal pan [*kannuna*] – כַּנּוּנָא: Originally from Akkadian, this word is similar to the Arabic كانون, *kānūn*, meaning a vessel for containing coals.

BACKGROUND

Coal pan [*kannuna*] – כַּנּוּנָא: The early sources do not provide a comprehensive description of a *kannuna*, but it seems likely its shape and form changed little over the generations. It is apparently an earthenware vessel shaped like a large goblet in which coals are placed, and it is used to heat water and the like. Such hot pots are still common in Thai cooking.

Thai hot pot, possibly resembling a *kannuna*

HALAKHA

One may invite a gentile on Shabbat – מְזַמְּנִין אֶת הַגּוֹי בְּשַׁבָּת: It is permitted to invite a gentile to one's house on Shabbat, in accordance with the opinion of Rabbi Yehoshua ben Levi (*Shulḥan Arukh, Oraḥ Ḥayyim* 325:1).

One may not invite a gentile on a Festival – אֵין מְזַמְּנִין אֶת הַגּוֹי בְּיוֹם טוֹב: It is prohibited to invite a gentile to one's home on a Festival lest he prepare extra food for him. However, it is permitted to send food to the gentile's house. Some prohibit this if one cooks more due to the gentile, even if all of the food is cooked together; others are lenient if refraining from sending the gentile food will cause enmity or monetary loss (*Mishna Berura*). All this applies only to a gentile invited as a guest, but in the case of one's servant or maidservant, or a messenger who was sent to him, or a gentile who came to his house of his own accord, it is permitted to give him or her food on a Festival. One may even cook extra for his own attendants, as long as he does not prepare a special dish for them, but not for any other gentile (*Shulḥan Arukh, Oraḥ Ḥayyim* 512:1).

One may move a coal plan on account of the ashes – מְטַלְטְלִין כַּנּוּנָא אַגַּב קִטְמֵיהּ: One may handle a vessel containing both something that is *muktze* and something permitted, e.g., a pan containing both ashes that may be used for covering spittle or excrement and shards of wood that have no use. This applies only if the permitted object is more important to him than the prohibited one (*Magen Avraham*), and in a case where he needs the ashes or the place where the pan is located. If he requires only the pan itself, he should shake out its contents. However, if this will cause him a loss, he need not do so (*Magen Avraham*). This allowance applies only if both the prohibited and the permitted items were placed on the pan before the Festival. If only the prohibited object was set there during the time of twilight as the Festival began, it is prohibited to move the pan, even if a permitted item was subsequently added (*Shulḥan Arukh, Oraḥ Ḥayyim* 310:8).

אֲמַר לֵיהּ רַב אַחָא מִדִּפְתִּי לְרָבִינָא: וְלֶהֱוֵי כִּגְרָף שֶׁל רְעִי! אֲמַר לֵיהּ: וְכִי עוֹשִׂין גְּרָף שֶׁל רְעִי לְכַתְּחִלָּה?

Rav Aḥa of Difti said to Ravina: But let it be like a chamber pot for feces, which may be removed from a room because it is repulsive. One should likewise be permitted to discard the remnants of these cups, since it is unseemly to leave them on the table. Ravina **said to him:** If the cups contain such remnants, they may be removed, but may **one make a chamber pot for feces *ab initio*?**[H] The Sages ruled that one may not invite a gentile for a meal on Shabbat so as to avoid such complications.

אַדְבָּרֵיהּ רָבָא לְמָר שְׁמוּאֵל וְדָרַשׁ: מְזַמְּנִין אֶת הַגּוֹי בְּשַׁבָּת, וְאֵין מְזַמְּנִין אֶת הַגּוֹי בְּיוֹם טוֹב, גְּזֵרָה שֶׁמָּא יַרְבֶּה בִּשְׁבִילוֹ. מָרֵימָר וּמָר זוּטְרָא כִּי הֲוָה מִקְּלַע לְהוּ גּוֹי בְּיוֹם טוֹב אֲמַרוּ לֵיהּ: אִי נִיחָא לָךְ בְּמַאי דִּטְרִיחָא לָן – מוּטָב, וְאִי לָא – טִרְחָא יְתֵירָא אַדַּעְתָּא דִּידָךְ לָא טָרְחִינַן.

In summary of this *halakha*, the Gemara states that **Rava authorized**[B] the Sage **Mar Shmuel,** from the house of the Exilarch, to deliver a public lecture, **and** the latter **taught: One may invite a gentile** for a meal **on Shabbat, but one may not invite a gentile** for a meal **on a Festival as a preventive measure, lest he** come to cook **more for his sake.** It is related about **Mareimar and Mar Zutra**[P] that **when a gentile would happen** to come **to their** house **on a Festival, they would say to him: If you are satisfied**[N] **with** the food **that we have prepared for ourselves, good; and if not, we will not go to** any **extra trouble on your account.**

מתני׳ בֵּית שַׁמַּאי אוֹמְרִים: לֹא יָחֵם אָדָם חַמִּין לְרַגְלָיו אֶלָּא אִם כֵּן רְאוּיִין לִשְׁתִיָּה, וּבֵית הִלֵּל מַתִּירִין. עוֹשֶׂה אָדָם מְדוּרָה וּמִתְחַמֵּם כְּנֶגְדָּהּ.

MISHNA **Beit Shammai say: A person may not heat water** on a Festival in order **to wash his feet**[N] **unless it is** also **fit for drinking,**[N] as they hold that kindling a fire on a Festival is permitted only for the sake of preparing food, but not for washing. **But Beit Hillel permit** one to kindle a fire on a Festival even for washing.[H] **A person may kindle** a large **fire and warm himself at it.**[H]

גמ׳ אִיבַּעְיָא לְהוּ: הַאי מְדוּרָה מַאן קָתָנֵי לָהּ? דִּבְרֵי הַכֹּל הִיא, וְשָׁנֵי לְהוּ לְבֵית שַׁמַּאי בֵּין הֲנָאַת כׇּל גּוּפוֹ לַהֲנָאַת אֵבֶר אֶחָד, אוֹ דִּלְמָא בֵּית הִלֵּל קָתָנֵי לָהּ, אֲבָל בֵּית שַׁמַּאי לָא שָׁנֵי לְהוּ?

GEMARA **A dilemma was raised before** the Sages: **This** *halakha* with regard to **a fire, who taught it?**[N] **Is it a statement** accepted **by all,** including Beit Shammai, **and Beit Shammai differentiate between benefit** affecting **one's entire body and benefit** affecting **a single limb,** so that they agree that kindling a fire to heat one's entire body is similar to kindling a fire for food and is therefore permitted, while heating water to wash one's feet remains prohibited? **Or perhaps Beit Hillel taught it, but Beit Shammai do not differentiate** between the two cases, and they permit kindling a fire on a Festival only for the purpose of preparing food.

תָּא שְׁמַע: בֵּית שַׁמַּאי אוֹמְרִים: לֹא יַעֲשֶׂה אָדָם מְדוּרָה וְיִתְחַמֵּם כְּנֶגְדָּהּ, וּבֵית הִלֵּל מַתִּירִין.

Come and **hear** a proof from an explicit *baraita*: **Beit Shammai say: A person may not make a fire and warm himself at it, but Beit Hillel permit** it. It is clear from here that the latter clause of the mishna was taught only in accordance with the opinion of Beit Hillel.

HALAKHA

One may not make a chamber pot for feces *ab initio* – אֵין עוֹשִׂים גְּרָף שֶׁל רְעִי לְכַתְּחִילָּה: One may not cause an item to become repulsive in order to remove it because of its repulsiveness *ab initio*. Some authorities permit doing so if one did not intend to remove it from the outset (*Shulḥan Arukh HaRav*). If one transgressed and did so, he may remove it after the fact. Similarly, some permit one to cause an item to become repulsive so that it may be removed *ab initio* if one would otherwise suffer a loss (*Arukh HaShulḥan*), whereas others prohibit this (Vilna Gaon; *Shulḥan Arukh, Oraḥ Ḥayyim* 308:36).

Heating water for washing – חִימּוּם מַיִם לִרְחִיצָה: It is permitted to heat water on a Festival in order to wash one's hands, but not his whole body. It is permitted to wash the entire body of an infant in water heated on a Festival if it was heated for a different purpose, even if one added more for the sake of the child. One may wash his entire body in water heated before the Festival, but the Sages decreed that one should not do so in a bathhouse, and the custom is to be stringent in all cases (Rema). With regard to water of a ritual bath, some permit one to add hot water for the sake of immersion, whereas others permit it on the Festival itself only by means of a gentile (*Mishna Berura*; *Shulḥan Arukh, Oraḥ Ḥayyim* 511:2).

Kindling a fire on a Festival – עֲשִׂיַּית מְדוּרָה בְּחַג: It is permitted to light a fire in order to warm oneself by it. Some say that one may not light one's oven for heating in the winter unless his food is solidifying in the cold, whereas others permit it (Rema). Even those who rule stringently permit it by means of a gentile (*Ḥayyei Adam*; *Shulḥan Arukh, Oraḥ Ḥayyim* 511:1).

BACKGROUND

Authorized – אַדְבְּרֵיהּ: This term is used in several places in the context of the relationship between a leading Torah scholar and the Exilarch or members of his household. The *ge'onim* explain that the Sage would authorize the Exilarch to teach matters of *halakha* and homiletics in public. Rabbeinu Ḥananel adds that the Sage would assist in the preparation of the basic points of the lecture.

NOTES

If you are satisfied – אִי נִיחָא לָךְ: The Rashbam explains that they said this aloud to the gentile to ensure that they would not prepare extra food in deference to him. Others hold that their words were meant to appease their guest, to inform him that they meant no disrespect but simply wished to avoid transgressing a Torah prohibition (*Taz*).

A person may not heat water to wash his feet – לֹא יָחֵם אָדָם חַמִּין לְרַגְלָיו: The *Meiri* writes that the same *halakha* applies all the more so to one's hands and face; the mishna mentioned feet only in order to convey the far-reaching nature of Beit Hillel's opinion, as they permit heating water even to wash one's feet. Others say the opposite, i.e., that one's face and hands are usually washed in cold water, whereas feet are generally washed only with hot water (*Tosefot Yom Tov*).

Unless it is fit for drinking – אֶלָּא אִם כֵּן רְאוּיִין לִשְׁתִיָּה: In the Jerusalem Talmud two opinions are cited: According to one, Beit Shammai permit one to heat the water if the water is fit for drinking; according to the second, they permit doing so only if one actually drinks some of the water.

This *halakha* with regard to a fire, who taught it – מְדוּרָה מַאן קָתָנֵי לָהּ: The same issue is raised in the Jerusalem Talmud, although there the question remains unresolved. According to one opinion recorded there, if water is also heated on the fire, even Beit Shammai agree that a fire may be lit; and some say that even without this condition, Beit Shammai agree that it may be lit.

PERSONALITIES

Mar Zutra – מָר זוּטְרָא: A colleague of Rav Ashi, Mar Zutra was one of the leading Sages of his generation. He was a disciple-colleague of Rav Pappa and Rav Naḥman bar Yitzḥak. Beyond his greatness in *halakha* and *aggada*, Mar Zutra was a noted preacher, and his homiletic interpretations are cited throughout the Talmud. He apparently held an official position as the scholar and preacher in the house of the Exilarch. Late in life, he was appointed head of the academy in Pumbedita. The Talmud frequently mentions meetings between Mar Zutra, Ameimar, and Rav Ashi, some of which may have been formal conferences of the leaders of Babylonian Jewry of that generation.

NOTES

Thick loaves – פִּתִּין גְּרִיצִין: In the Jerusalem Talmud, the matter is explained differently: Were a person to bake thick loaves, he might bake more than needed for the Festival. Since he is allowed to bake only thin ones, the effort required for their preparation prevents him from making too many.

What shall we do for your father's household – מַה נַּעֲשֶׂה לְבֵית אָבִיךָ: Some explain this to mean: Were your father's household stringent with regard to everyone, we would object, as the *halakha* is ruled in accordance with the opinion of Beit Hillel. But since they were stringent only with regard to themselves, what can we do to your father's household (*Melekhet Shlomo*)?

Cakes baked on coals [*hararin*] – חֲרָרִין: In the Jerusalem Talmud two explanations are suggested with regard to the word *hararin*: One is that it is connected to the verse: "What is the great heat [*hori*] of this anger?" (Deuteronomy 29:23). Alternatively, it is related to the statement of Pharaoh's baker: "Three baskets of white bread [*hori*] were on my head" (Genesis 40:16). The *Arukh* explains that in the Jerusalem Talmud it is indicated that *hararin* means a large loaf, "great heat," that is fit for an important person, similar to those prepared by Pharaoh's baker.

מתני׳ שְׁלֹשָׁה דְּבָרִים רַבָּן גַּמְלִיאֵל מַחֲמִיר כְּדִבְרֵי בֵּית שַׁמַּאי: אֵין טוֹמְנִין אֶת הַחַמִּין לְכַתְּחִלָּה בְּיוֹם טוֹב, וְאֵין זוֹקְפִין אֶת הַמְּנוֹרָה בְּיוֹם טוֹב, וְאֵין אוֹפִין פִּתִּין גְּרִיצִין אֶלָּא רְקִיקִין. אָמַר רַבָּן גַּמְלִיאֵל: מִימֵיהֶן שֶׁל בֵּית אַבָּא לֹא הָיוּ אוֹפִין פִּתִּין גְּרִיצִין אֶלָּא רְקִיקִין. אָמְרוּ לוֹ: מַה נַּעֲשֶׂה לְבֵית אָבִיךָ, שֶׁהָיוּ מַחֲמִירִין עַל עַצְמָן וּמְקִילִין לְכָל יִשְׂרָאֵל לִהְיוֹת אוֹפִין פִּתִּין גְּרִיצִין וַחֲרָרִין.

MISHNA **Rabban Gamliel was stringent** about **three things in accordance with the statement of Beit Shammai: One may not insulate hot food on a Festival** for Shabbat ***ab initio***, but rather one ought to do so on the eve of the Festival; **and one may not set up a** metal **candelabrum** that fell **on a Festival; and one may not bake thick loaves**[N] on a Festival **but only thin ones,** due to the great effort entailed in preparing the former. **Rabban Gamliel said: From the days of my father's household they would never bake thick loaves** on a Festival, **but** only **thin ones.** The **Sages said to him: What shall we do for your father's household,**[N] **who were stringent with themselves** but **lenient with all of the Jewish people, to** allow them to **bake thick loaves and cakes baked on coals.**[N]

גמ׳ הֵיכִי דָּמֵי? אִי דְּאַנַּח עֵירוּבֵי תַבְשִׁילִין – מַאי טַעְמָא דְּבֵית שַׁמַּאי? וְאִי דְּלָא אַנַּח עֵירוּבֵי תַבְשִׁילִין – מַאי טַעְמָא דְּבֵית הִלֵּל? אָמַר רַב הוּנָא: לְעוֹלָם אֵימָא לָךְ שֶׁלֹּא הִנִּיחַ עֵירוּבֵי תַבְשִׁילִין, וּכְדֵי חַיָּיו שָׁרוּ לֵיהּ רַבָּנַן.

GEMARA With regard to the mishna's statement that Rabban Gamliel would not permit the insulation of hot water on a Festival *ab initio*, the Gemara asks: **What are the circumstances? If** it is referring to a case **where he prepared a joining of cooked foods [*eiruv tavshilin*], what is the reason that Beit Shammai** prohibit it? **And if** it speaks of a case **where he did not set aside an *eiruv tavshilin*, what is the reason for** the lenient ruling of **Beit Hillel? Rav Huna said: Actually,** I will **say to you** that the mishna is referring to a case **where one did not prepare an *eiruv tavshilin*,** but Beit Hillel hold that **the Sages** nevertheless **permitted him** to prepare what he needs for **his** basic **sustenance.**

וְרַב הוּנָא לְטַעֲמֵיהּ, דְּאָמַר רַב הוּנָא: מִי שֶׁלֹּא הִנִּיחַ עֵירוּבֵי תַבְשִׁילִין אוֹפִין לוֹ פַּת אַחַת, וּמְבַשְּׁלִין לוֹ קְדֵרָה אַחַת,

The Gemara comments: **And Rav Huna** conforms **to his** standard line of **reasoning, as Rav Huna said:** With regard to **one who did not prepare an *eiruv tavshilin*** on the eve of a Festival, others **may bake one loaf** of bread **for him, and cook one pot** of food **for him,**

Perek **II**
Daf **22** Amud **a**

NOTES

They may even roast a small fish for him – אַף צוֹלִין לוֹ דָּג קָטָן: It appears that it is prohibited to cook any meat for one in this situation, as were he to receive a meat meal, there would be no difference between one who prepared an *eiruv* for the joining of cooked foods and one who did not do so (*Meiri*).

LANGUAGE

Jug [*kiton*] – קִיתוֹן: From the Greek κώθων, *kothon*, a vessel used for drinking.

וּמַדְלִיקִין לוֹ אֶת הַנֵּר. מִשּׁוּם רַבִּי יִצְחָק אָמְרוּ: אַף צוֹלִין לוֹ דָּג קָטָן. תַּנְיָא נַמִי הָכִי: מִי שֶׁלֹּא הִנִּיחַ עֵירוּבֵי תַבְשִׁילִין אוֹפִין לוֹ פַּת אַחַת, וְטוֹמְנִין לוֹ קְדֵרָה אַחַת, וּמַדְלִיקִין לוֹ אֶת הַנֵּר, וּמְחַמִּין לוֹ קִיתוֹן אֶחָד, וְיֵשׁ אוֹמְרִים: אַף צוֹלִין לוֹ דָּג קָטָן.

and kindle a lamp for him. They said in the name of Rabbi Yitzhak: They may even roast a small fish for him.[N] **That is also taught** in a *baraita*: With regard to **one who did not prepare an *eiruv tavshilin*,** others **may bake one loaf** of bread **for him, and insulate one pot** of food **for him, and kindle a lamp for him, and heat one small jug [*kiton*]**[L] of water **for him. And some say: They may even roast a small fish for him.**

רָבָא אָמַר: לְעוֹלָם שֶׁהִנִּיחַ, וְשָׁאנֵי הַטְמָנָה דְּמוֹכְחָא מִלְּתָא דְּאַדַּעְתָּא דְּשַׁבְּתָא קָעָבֵיד.

Rava said: Actually, one can say that the mishna is referring to a case **where** one **prepared** an *eiruv tavshilin*, and nevertheless, if he did not insulate hot food on the eve of the Festival for Shabbat he may not do so on the Festival itself, because **insulating** hot food **is different, as it is evident that he is acting with Shabbat in mind** and not for the Festival. Beit Shammai view this as a desecration of the sanctity of the Festival.

אֵיתִיבֵיהּ אַבָּיֵי: חֲנַנְיָה אוֹמֵר, בֵּית שַׁמַּאי אוֹמְרִים: אֵין אוֹפִין אֶלָּא אִם כֵּן עֵירֵב בְּפַת, וְאֵין מְבַשְּׁלִין אֶלָּא אִם כֵּן עֵירֵב בְּתַבְשִׁיל, וְאֵין טוֹמְנִין אֶלָּא אִם כֵּן הָיוּ לוֹ חַמִּין טְמוּנִין מֵעֶרֶב יוֹם טוֹב. הָא הָיוּ לוֹ חַמִּין טְמוּנִין – מִיהָא עָבֵיד, וְאַף עַל גַּב דְּמוֹכְחָא מִלְּתָא דְּאַדַּעְתָּא דְּשַׁבָּת קָעָבֵיד!

Abaye raised an objection to Rava's opinion from the following *baraita*: **Hananya says** that **Beit Shammai say: One may not bake** on a Festival for Shabbat that occurs on the following day **unless he established a joining** of cooked foods **with bread, and he may not cook** for Shabbat **unless he established a joining** of cooked foods **with a cooked dish, and he may not insulate** hot food for Shabbat **unless he** already **had hot food insulated from the eve of the Festival. But** this indicates that if **he had hot food insulated, he may in any case act** in that manner and insulate hot food for Shabbat, even though **it is evident that he is acting with Shabbat in mind.** This shows that even according to Hananya, who rules in accordance with the opinion of Beit Shammai, it is permitted to insulate hot food on a Festival for Shabbat.

אֶלָּא אֲמַר אַבַּיֵי: כְּגוֹן שֶׁעֵרֵב לָזֶה וְלֹא עֵירֵב לָזֶה, וַחֲנַנְיָה הִיא, וְאַלִּיבָּא דְּבֵית שַׁמַּאי.

Rather, Abaye said that the mishna is referring to a case **where he established a joining** of cooked foods **for this,** meaning he baked and cooked before the Festival for the sake of an *eiruv*, **but he did not establish a joining** of cooked foods **for this,** i.e., he did not insulate hot food for Shabbat on the Festival eve. **And** the mishna **is** in accordance with the opinion of **Ḥananya, according to Beit Shammai,** with Rabban Gamliel's household being stringent upon themselves in this regard.

"וְאֵין זוֹקְפִין אֶת הַמְּנוֹרָה". מַאי קָא עָבֵיד? אֲמַר רַב חִינָּנָא בַּר בִּיסְנָא: הָכָא בִּמְנוֹרָה שֶׁל חֻלְיוֹת עָסְקִינַן, דְּמֶחֱזֵי כְּבוֹנֶה. דְּבֵית שַׁמַּאי סָבְרִי: יֵשׁ בִּנְיָן בְּכֵלִים, וּבֵית הִלֵּל סָבְרִי: אֵין בִּנְיָן בְּכֵלִים וְאֵין סְתִירָה בְּכֵלִים.

§ The mishna states that one of the three stringencies that Rabban Gamliel practiced in accordance with Beit Shammai was that on a Festival **one may not set up a candelabrum** that fell. The Gemara asks: **What** prohibited act **does one perform** when he sets a candelabrum upright? **Rav Ḥinnana bar Bisna said: Here, we are dealing with a candelabrum** composed **of segments**[B] that come apart; it is prohibited to reassemble such a candelabrum **because it looks like building. As Beit Shammai hold** that **there is** a prohibition against **building with regard to vessels,** and therefore the pieces of this candelabrum may not be reconnected, whereas **Beit Hillel hold** that **there is no** prohibition against **building with regard to vessels,**[H] **and there is** also **no** prohibition against **dismantling with regard to vessels.** One may therefore reattach the pieces of the candelabrum if they came apart.

עוּלָּא אִיקְלַע לְבֵי רַב יְהוּדָה, קָם שַׁמָּעֵיהּ זְקַף לָהּ לִשְׁרָגָא. אֵיתִיבֵיהּ רַב יְהוּדָה לְעוּלָּא: הַנּוֹתֵן שֶׁמֶן בַּנֵּר חַיָּיב מִשּׁוּם מַבְעִיר, וְהַמִּסְתַּפֵּק מִמֶּנּוּ חַיָּיב מִשּׁוּם מְכַבֶּה! אֲמַר לֵיהּ: לָאו אַדַּעְתַּאי.

The Gemara relates that **Ulla** once **happened to** come to **the house of Rav Yehuda** on a Festival. Ulla's **servant stood and tilted the** oil **lamp** [*sheragga*],[L] diverting most of the oil to one side, with the intention of preventing the oil from reaching the wick so that the light would be extinguished more quickly. **Rav Yehuda raised an objection to Ulla** from the following *baraita*, in which it is taught: **One who adds oil to a lamp**[H] on Shabbat **is liable for** performing the prohibited labor of **kindling** on Shabbat, **and one who supplies himself** with oil **from** a lit lamp on Shabbat **is liable for** performing the prohibited labor of **extinguishing,** as he causes the light to be extinguished more quickly. This indicates that any action, even an indirect one, that causes a lamp be extinguished earlier than it would have otherwise is considered extinguishing. Here too, by tilting the lamp, the servant extinguished a light on the Festival, which is prohibited. Ulla **said to him:** You are indeed correct; the act was performed by my servant **without my knowledge.**[H]

אֲמַר רַב: קַנְבָּא שָׁרֵי.

With regard to the *halakha* governing extinguishing on a Festival, **Rav said: It is permitted to trim the end of a wick**[NH] that has become charcoal, so that it will burn better; this is not considered extinguishing.

BACKGROUND

A candelabrum composed of segments – מְנוֹרָה שֶׁל חֻלְיוֹת: The sketch depicts mishnaic-era collapsible candelabra and their component parts found in Pompeii.

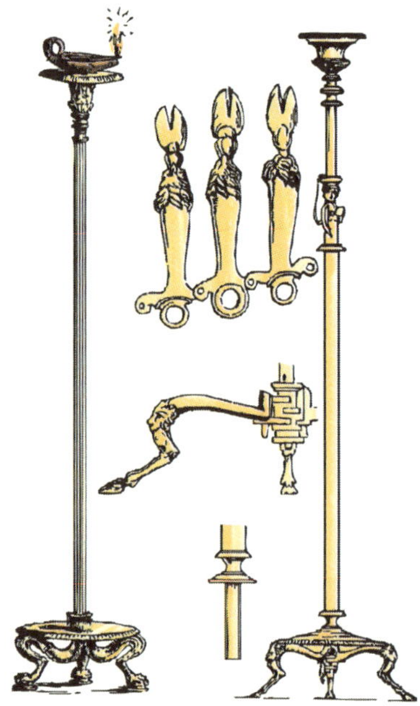

Collapsible candelabra

LANGUAGE

Lamp [*sheragga*] – שְׁרָגָא: This word comes from Iran, where it appears in a number of Iranian languages. It is also borrowed by several Aramaic dialects. The form of the word in Middle Persian is čirāγ, which means a lamp.

NOTES

It is permitted to trim the end of a wick [*kanba*] – קַנְבָּא שָׁרֵי: There are two readings of this statement. Rashi reads it as *kanba*, which is similar to clipping [*liknov*] leaves from vegetables. He explains that in this context it is referring to cutting off the end of a wick (see the comments of *Tosafot* and later authorities). Most commentaries (Rabbeinu Ḥananel; Rif; Rabbi Aharon HaLevi, Rid) read this word as *kinsa*. According to this reading, the Gemara is referring to a pile of burning wood, from which it is permitted to take a chip of wood [*kisam*]. The reason is that these wood chips are not considered attached to the body of the wood, and therefore taking a wood chip is not considered extinguishing or even an indirect cause of extinguishing (Rid). Rav Tzemaḥ Gaon understands *kanba* as *kanabus*, meaning hemp. He explains that since oil flows steadily through a wick made from hemp, tilting the lamp will not cause it to be extinguished immediately.

HALAKHA

There is no prohibition against building with regard to vessels – אֵין בִּנְיָן בְּכֵלִים: It is permitted on a Festival to assemble vessels that are comprised of parts or that have segments, as long as one does not wedge them into place or use force (*Magen Avraham*). This is because the *halakha* of building does not apply to vessels, in accordance with the opinion of Beit Hillel (*Shulḥan Arukh, Oraḥ Ḥayyim* 519:2).

One who adds oil to a lamp – הַנּוֹתֵן שֶׁמֶן בַּנֵּר: It is prohibited to add oil to a lamp that is burning on Shabbat. Similarly, removing any of the oil constitutes extinguishing (*Shulḥan Arukh, Oraḥ Ḥayyim* 265:1).

Tilting a lamp on a Festival – הַטָּיַת נֵר בְּיוֹם טוֹב: It is prohibited to tilt an oil lamp to prevent the oil from reaching the wick, as this is considered extinguishing. Likewise, one may not remove a burning wick from a lamp even with the intention of placing it in a different lamp. It is permitted to add a second wick to a lamp so that the oil will burn more quickly (Rema), and the same applies to a wax candle or one made from fat (*Magen Avraham*). However, it is inappropriate to do so *ab initio* unless his intention is to add light to the room (*Mishna Berura*; *Shulḥan Arukh, Oraḥ Ḥayyim* 514:2).

It is permitted to trim the end of a wick – קַנְבָּא שָׁרֵי: It is permitted to trim the end of a wick that is extinguished in order to facilitate its lighting on the same day. Some prohibit the use of an instrument for this purpose (*Magen Avraham*), while others permit it (*Shulḥan Arukh HaRav*). This ruling is in accordance with Rashi's understanding of the Gemara. It is also permitted to remove an unlit wood chip from a fire. Similarly, one may remove part of a candle made from fat or wax while it is burning, if he does not wish to burn the entire candle, in accordance with the explanation of the Rif (see Rashash; *Shulḥan Arukh, Oraḥ Ḥayyim* 514:4).

בְּעָא מִינֵּיהּ אַבָּא בַּר מָרְתָא מֵאַבַּיֵּי: מַהוּ לְכַבּוֹת אֶת הַנֵּר מִפְּנֵי דָּבָר אַחֵר? אָמַר לוֹ: אֶפְשָׁר בְּבַיִת אַחֵר.

With regard to this same issue, **Abba bar Marta raised a dilemma before Abaye: What is** the *halakha* with regard to **extinguishing a lamp** that is burning in a room on a Festival **for another matter,**[N] a euphemism for marital relations? Since it is prohibited to have relations in a room where a lamp is burning, may one extinguish a lamp for this purpose? Abaye **said to him:** One may not extinguish it, as **it is possible** to have relations **in a different room.**

אֵין לוֹ בַּיִת אַחֵר מַאי? אֶפְשָׁר לַעֲשׂוֹת לוֹ מְחִיצָה. אֵין לוֹ לַעֲשׂוֹת מְחִיצָה מַאי? אֶפְשָׁר לִכְפּוֹת עָלָיו אֶת הַכְּלִי. אֵין לוֹ כְּלִי מַאי? אֲמַר לֵיהּ: אָסוּר.

Abba bar Marta continued: If **he does not have a different room, what** should he do? Abaye replied: **It is possible to erect for oneself a partition** out of sheets and engage in relations on the other side of the partition. Abba bar Marta asked further: If he **does not have** sheets **to erect a partition, what** should he do? Abaye answered: **It is possible to invert a vessel over** the lamp in order to hide the light. Abba bar Marta further inquired: If **he does not have a vessel, what** should he do? Abaye **said to him: It is prohibited;** one may not extinguish the lamp.

אֵיתִיבֵיהּ: אֵין מְכַבִּין אֶת הַבְּקַעַת כְּדֵי לָחוּס עָלֶיהָ, וְאִם בִּשְׁבִיל שֶׁלֹּא יִתְעַשֵּׁן הַבַּיִת אוֹ הַקְּדֵרָה – מוּתָּר. אֲמַר לֵיהּ: הַהִיא רַבִּי יְהוּדָה הִיא, כִּי קָאָמִינָא אֲנָא – לְרַבָּנַן.

Abba bar Marta **raised an objection to** Abaye's opinion from the following *baraita*: **One may not extinguish a piece of wood in order to save it** from being needlessly burned, **but if** he extinguishes it **so that the house or a pot not become smoky, it is permitted.** This shows that it is permitted to extinguish a fire on a Festival if it serves people's needs. Abaye **said to him: That** *baraita* **is** in accordance with the opinion of **Rabbi Yehuda,** who permits the performance of prohibited labors on a Festival for all of one's needs and not only for the preparation of food; **when I spoke,** it was **in accordance with** the opinion of **the Rabbis,** who disagree.

בְּעָא מִינֵּיהּ אַבַּיֵּי מֵרַבָּה: מַהוּ לְכַבּוֹת אֶת הַדְּלֵקָה בְּיוֹם טוֹב? הֵיכָא דְּאִיכָּא סַכָּנַת נְפָשׁוֹת לָא קָא מִבַּעְיָא לִי, דַּאֲפִילּוּ בְּשַׁבָּת שָׁרֵי. כִּי קָמִבַּעְיָא לִי – מִשּׁוּם אִבּוּד מָמוֹן, מַאי? אֲמַר לֵיהּ: אָסוּר.

Further on the topic of extinguishing, **Abaye raised a dilemma before Rabba: What is** the *halakha* with regard **to extinguishing a fire on a Festival?** He clarified his question: **Where there is danger to life, I have no dilemma, as** in that case **it is permitted even on Shabbat. When I raised the dilemma,** it was with regard to a case **involving** only **monetary loss. What** is the *halakha*? Rabba **said to him: It is prohibited.**[H]

אֵיתִיבֵיהּ: אֵין מְכַבִּין אֶת הַבְּקַעַת כְּדֵי לָחוּס עָלֶיהָ, וְאִם בִּשְׁבִיל שֶׁלֹּא יִתְעַשֵּׁן הַבַּיִת אוֹ הַקְּדֵרָה – מוּתָּר. הַהִיא רַבִּי יְהוּדָה הִיא, כִּי קָאָמִינָא אֲנָא – לְרַבָּנַן.

Abaye **raised an objection to his** opinion from the *baraita* cited above: **One may not extinguish a piece of wood in order to save it** from being needlessly burned, **but if** he extinguishes it **so that the house or a pot not become smoky, it is permitted.** This indicates that extinguishing a fire on a Festival is permitted even if only to prevent a small loss. Rabba replied: **That** *baraita* **is** in accordance with the opinion of **Rabbi Yehuda; when I spoke,** it was **in accordance with** the opinion of **the Rabbis.**

בְּעָא מִינֵּיהּ רַב אַשִׁי מֵאַמֵימַר: מַהוּ לִכְחוֹל אֶת הָעַיִן בְּיוֹם טוֹב? הֵיכָא דְּאִיכָּא סַכָּנָה, כְּגוֹן רִירָא, דִּיצָא, דְּמָא, דִּמְעָתָא, וְקַדַּחְתָּא, וּתְחִלַּת אוּכְלָא – לָא מִבַּעְיָא לִי, דַּאֲפִילּוּ בְּשַׁבָּת שָׁרֵי. כִּי קָמִבַּעְיָא לִי – סוֹף אוּכְלָא, וּפַצּוּחֵי עֵינָא, מַאי? אֲמַר לֵיהּ: אָסוּר.

§ **Rav Ashi raised a dilemma before Ameimar:**[P] **What is** the *halakha* with regard to **painting an eye**[B] with a medicinal ointment **on a Festival?** He elaborated on his question: **Where there is a danger** to the eye, **for example,** the illnesses called ***rira, ditza, dema, dimata,* and *kadaḥta*,** or the **beginning of an inflammation, I have no dilemma, as** in such cases **it is permitted** to apply an ointment **even on Shabbat. When I raised the dilemma,** it was with regard to less serious ailments, such as at the **end of an inflammation,** or in order to **brighten one's eyesight. What** is the *halakha* in such cases? Ameimar **said to him: It is prohibited.**[H]

אֵיתִיבֵיהּ: אֵין מְכַבִּין אֶת הַבְּקַעַת. וְשַׁנֵּי לֵיהּ כִּדְשַׁנִּין.

Rav Ashi **raised an objection to him** from the same *baraita*: **One may not extinguish a piece of wood** in order to save it from being needlessly burned, but if he extinguishes it so that the house or a pot not become smoky, it is permitted. This indicates that a prohibited labor is permitted on a Festival, if it is performed for the sake of a bodily need. **And** Ameimar **answered him as we answered** before, that the *baraita* is in accordance with the opinion of Rabbi Yehuda.

NOTES

Extinguishing a lamp for another matter – לְכַבּוֹת אֶת הַנֵּר מִפְּנֵי דָּבָר אַחֵר: The reason to extinguish the lamp in this situation is that Jews are a holy people and do not engage in marital relations by the light of a lamp. The question has been raised as to why Abaye did not immediately say that it is prohibited rather than first offering a series of alternatives. One answer is that one might have thought that marital relations should be considered similar to the preparation of food, and therefore one should be allowed to perform a prohibited labor for this purpose. Therefore, he explains that in this case, extinguishing a lamp is not considered something that is a benefit to all [*davar hashaveh lekhol nefesh*], and the *halakha* is that even something beneficial to the body is not permitted on a Festival if it is not a benefit to all but only to particular people. Since there are many permissible ways to solve the problem, it would be unusual for there not to be a way to do so without extinguishing the lamp. Therefore, extinguishing the lamp is not considered something that is a benefit to all (see Rashba and Rav Yitzḥak Abuhav).

HALAKHA

Extinguishing on a Festival – כִּיבּוּי בְּיוֹם טוֹב: It is prohibited to extinguish a fire on a Festival, even if one's house is burning, unless the blaze is life threatening. One may not extinguish a fire even if his house or pot is filling with smoke, or for any other purpose. Some hold that if the fire will affect the preparation of food, e.g., if it will render his vessels unfit for cooking, or if it will burn down his house along with all his food, he may extinguish it (Rema). The *halakha* is in accordance with the opinions of Abaye and Rabba (*Shulḥan Arukh, Oraḥ Ḥayyim* 514:1).

Administering treatment to one's eyes – רִיפּוּי עֵינַיִים: If one feels discomfort in his eye and there is any concern for his life, one may desecrate Shabbat, and certainly a Festival, for him. If, however, he is at the end of an ailment, or if he merely wishes to improve his vision, one may not desecrate Shabbat, as his life is no longer in any danger (*Shulḥan Arukh HaRav*; *Shulḥan Arukh, Oraḥ Ḥayyim* 328:9).

PERSONALITIES

Ameimar – אַמֵימַר: Ameimar was one of the great talmudic Sages of the fifth and sixth generations of Babylonian *amora'im*. Ameimar was born and raised in Neharde'a, where he studied and taught Torah, although it is likely that he also studied with the Sages of Pumbedita. The teachings that he quotes are mainly from fifth-generation *amora'im*, students of Abaye and Rava. It appears that he served as a rabbi and religious judge in Neharde'a, where he established various rabbinic regulations, but he also wielded influence in many other places, including Meḥoza. The leaders of the following generation, including Rav Ashi, were his disciples. He had a son named Mar who studied with Rav Ashi during Ameimar's lifetime.

BACKGROUND

Painting an eye – לִכְחוֹל אֶת הָעַיִן: In ancient times much attention was given to the treatment of eye ailments, which were common in Eastern countries due to the sand and the insects that carried such diseases. Instruments for eye operations have been found dating back to talmudic times and even earlier. More widespread was the use of medicines and ointments that were applied to the eye by means of a *mikḥol*, a kind of tiny spoon. Such ointments often served cosmetic purposes as well.

אֲמֵימַר שָׁרֵי לְמִכְחַל עֵינָא מִגּוֹי בְּשַׁבְּתָא. אִיכָּא דְּאָמְרִי: אֲמֵימַר גּוּפֵיהּ כְּחַל עֵינָא מִגּוֹי בְּשַׁבְּתָא. אֲמַר לֵיהּ רַב אַשִׁי לְאַמֵימַר, מַאי דַּעְתִּיךְ – דְּאָמַר עוּלָּא בְּרֵיהּ דְּרַב עִילָּאִי: כׇּל צׇרְכֵי חוֹלֶה עוֹשִׂין עַל יְדֵי גּוֹי בְּשַׁבָּת, וְאָמַר רַב הַמְנוּנָא: כׇּל דָּבָר שֶׁאֵין בּוֹ סַכָּנָה – אוֹמֵר לְגוֹי וְעוֹשֶׂה.

The Gemara relates that **Ameimar permitted painting an eye** for medicinal purposes **on Shabbat by** means of **a gentile. Some say** that **Ameimar himself painted** his **eye on Shabbat by** means of **a gentile. Rav Ashi said to Ameimar: What is your reasoning** in permitting this practice? You must rely upon that which **Ulla, son of Rav Ilai, said: All the needs of an ill person** whose life is not in danger **are performed by means of a gentile on Shabbat. And** similarly, **Rav Hamnuna said:** With regard to **any matter in which there is no** life-threatening **danger**[H] but only potential illness, **one says to the gentile** to perform the act, **and** the gentile **performs** the act for him.

הָנֵי מִילֵּי – הֵיכָא דְּלָא מְסַיֵּיעַ בַּהֲדֵיהּ, אֲבָל מָר – קָא מְסַיֵּיעַ בַּהֲדֵיהּ, דְּקָא עָמֵיץ וּפָתַח. אֲמַר לֵיהּ: אִיכָּא רַב זְבִיד דְּקָאֵי כְּוָותָךְ, וְשַׁנֵּי לֵיהּ: מְסַיֵּיעַ אֵין בּוֹ מַמָּשׁ.

However, **this applies** only **where** the ill person, or any other Jew, **does not assist** the gentile. **But** in this case **the Master,** Ameimar, **assists** the gentile while the ointment is being applied, **as he closes and opens** his **eye,** thereby allowing the ointment to penetrate more deeply. Therefore, this should be prohibited. Ameimar **said to** Rav Ashi: **There is** also the opinion of **Rav Zevid, who holds in accordance with your** opinion; he, too, raised the objection that it should be prohibited due to the fact that the Jew assists the gentile. **And I** already **answered him:** The assistance provided by one who **assists** another in performing a task that the other could essentially have performed himself **is insubstantial.**[N] Inasmuch as the action is primarily performed by the gentile, the minor assistance given by the Jew may be overlooked.[H]

אֲמֵימַר שְׁרָא לְמִכְחַל עֵינָא בְּיוֹם טוֹב שֵׁנִי שֶׁל רֹאשׁ הַשָּׁנָה. אֲמַר לֵיהּ רַב אַשִׁי לְאַמֵימַר: וְהָאָמַר רָבָא: מֵת בְּיוֹם טוֹב רִאשׁוֹן – יִתְעַסְּקוּ בּוֹ עֲמָמִין, בְּיוֹם טוֹב שֵׁנִי – יִתְעַסְּקוּ בּוֹ יִשְׂרָאֵל, וַאֲפִילּוּ בִּשְׁנֵי יָמִים טוֹבִים שֶׁל רֹאשׁ הַשָּׁנָה.

The Gemara further relates that **Ameimar permitted painting an eye** with a medicinal ointment **on the second day of the festival of Rosh HaShana** if the eye is causing pain and requires treatment.[H] **Rav Ashi said to Ameimar: But didn't Rava say** that if a person **died on the first day of a Festival, gentiles may attend to his** burial; if he died **on the second day of a Festival** observed in the Diaspora, **Jews may attend to his** burial? **And** this is the *halakha* **even on the second day of the festival of Rosh HaShana,**

HALAKHA

A matter in which there is no life-threatening danger – דָּבָר שֶׁאֵין בּוֹ סַכָּנָה: In the case of an illness that is not life threatening, or in the case of pain that causes suffering to one's entire body, one may instruct a gentile to administer treatment to him, both on Shabbat and on a Festival (*Shulḥan Arukh, Oraḥ Ḥayyim* 328:17).

Assisting in medical treatment – מְסַיֵּעַ בְּרִיפּוּי: Any actions that are prohibited for a Jew to perform for an ill person are similarly prohibited for the sick person himself. However, when a gentile is administering treatment, the patient may assist him a little, as such assistance is not considered to be substantial. For example, he may open and close his eye during the application of ointment. He may assist only while the gentile is already treating him, but not before (*Taz; Shulḥan Arukh, Oraḥ Ḥayyim* 328:17, and in the comment of the Rema).

Administering treatment on the second day of a Festival – רִיפּוּי בְּיוֹם טוֹב שֵׁנִי: The only difference between the prohibitions of the first and second days of a Festival is with regard to the handling of the dead and the treatment of an eye disorder. According to the Rema, the difference extends to any other ailment that is not life threatening. In these cases, although the treatment must be administered by a gentile on the first day, it may be performed even by a Jew on the second day, provided that the treatment involves only a rabbinic prohibition and not a labor prohibited by Torah law (Rema). However, this does not apply to the two days of Rosh HaShana, which are treated as a single period of sanctity, in accordance with the conclusion of the Gemara and against the opinion of Ameimar (*Shulḥan Arukh, Oraḥ Ḥayyim* 496:2).

NOTES

One who assists is insubstantial – מְסַיֵּיעַ אֵין בּוֹ מַמָּשׁ: The issue of one who assists in the performance of a prohibited act and his accountability for the action performed with his help is discussed at great length by early and later authorities. They refer to other sources that seem to indicate that one who assists in the performance of a prohibited act bears some measure of responsibility. Rabbi Akiva Eiger explains that there are different types of assistance. Sometimes the assistance is a necessary part of the action itself, in which case it is prohibited. However, if one assists only by allowing the prohibited labor to be carried out, while not actually participating in any part of the act, all agree that such assistance is of no significance.

מַה שֶּׁאֵין כֵּן בְּבֵיצָה.

which is not so with regard to an egg. With regard to an egg laid on a Festival, the two days of Rosh HaShana are considered one long day and a single period of sanctity. It was only in deference to the dead that the Sages were lenient with regard to burial on the second day of Rosh HaShana, but with regard to all other matters, the two days of Rosh HaShana are viewed as one day and are governed by the same *halakha*.

אֲמַר לֵיהּ: אֲנָא כִּנְהַרְדְּעֵי סְבִירָא לִי, דְּאָמְרִי אַף בְּבֵיצָה. וּמַאי דַּעְתִּיךְ – דִּלְמָא מְעַבְּרִי לֵיהּ לֶאֱלוּל, הָאָמַר רַב חִינָּנָא בַּר כָּהֲנָא: מִימוֹת עֶזְרָא וְאֵילָךְ לֹא מָצִינוּ אֱלוּל מְעוּבָּר.

Ameimar **said to him: I hold in accordance with** the opinion of the Sages **of Neharde'a, who state** this *halakha* **even with regard to an egg** laid on the Festival and other matters, as there is no difference between the two days of Rosh HaShana and the two days of other Festivals. **And what is your reasoning** that you are concerned? Is it that **perhaps they will extend** the month of **Elul** and declare it a thirty-day month, which would mean that the second day of the Festival is the first of Tishrei, the true date of Rosh HaShana? But **didn't Rav Ḥinnana bar Kahana say: From the days of Ezra and onward we have not found** that the month of **Elul** was made **a full,** thirty-day month, and therefore there is no cause for this concern.

״וְאֵין אוֹפִין פִּתִּין גְּרִיצִין אֶלָּא רְקִיקִין״. תָּנוּ רַבָּנַן: בֵּית שַׁמַּאי אוֹמְרִים: אֵין אוֹפִין פַּת עָבָה בְּפֶסַח, וּבֵית הִלֵּל מַתִּירִין. וְכַמָּה פַּת עָבָה? אָמַר רַב הוּנָא: טֶפַח, שֶׁכֵּן מָצִינוּ בְּלֶחֶם הַפָּנִים טֶפַח.

§ It is taught in the mishna: **And one may not bake thick loaves** on a Festival **but only thin ones. The Sages taught** the following *baraita*: **Beit Shammai say** that **one may not bake thick bread on Passover,**[N] as it might become leavened before it has a chance to bake, **whereas Beit Hillel permit** it. **And how much** thickness renders a loaf **thick bread** that is permitted by Beit Hillel? **Rav Huna said:** It is up to a thickness of one **handbreadth, as we find likewise with regard to the shewbread** in the Temple, which must also be unleavened and which was one **handbreadth** thick.

מַתְקִיף לָהּ רַב יוֹסֵף: אִם אָמְרוּ בִּזְרִיזִין – יֹאמְרוּ בְּשֶׁאֵינָן זְרִיזִין? אִם אָמְרוּ בְּפַת עֲמֵלָה – יֹאמְרוּ בְּפַת שֶׁאֵינָהּ עֲמֵלָה?

Rav Yosef strongly objects to this argument of Rav Huna: **If the** Sages **stated** this leniency **with regard to** the shewbread that is prepared by priests, who are **vigilant** about the mitzvot and ensure that the dough is not leavened, would **they say** the same **with regard to** bread that is prepared by ordinary people, who are **not** as **vigilant?** Furthermore, **if they said** this **with regard to** the shewbread, which is **well-kneaded** [*amela*][L] **bread,** would **they say** the same **with regard to bread that is not as well kneaded?**

אִם אָמְרוּ בְּעֵצִים יְבֵשִׁים – יֹאמְרוּ בְּעֵצִים לַחִים? אִם אָמְרוּ בְּתַנּוּר חַם יֹאמְרוּ בְּתַנּוּר צוֹנֵן? אִם אָמְרוּ בְּתַנּוּר שֶׁל מַתֶּכֶת – יֹאמְרוּ בְּתַנּוּר שֶׁל חֶרֶס?

Rav Yosef continues: **If they stated** this leniency **in the case of dry wood,** which was used in the Temple, as it would burn well and bake the bread quickly, would **they say** the same **in the case of moist wood,** which is what most people use to heat their ovens? Furthermore, **if they said** this **with regard to the hot oven** found in the Temple, would **they say** the same **with regard to** a standard **oven,** which is typically **cold** in comparison to that of the Temple? And lastly, **if they said** this **with regard to** the Temple's **metal oven,** which warms up quickly, would **they say** the same **with regard to** the **earthenware oven** that most people use to bake their bread?

אָמַר רַב יִרְמְיָה בַּר אַבָּא: שְׁאַלִית אֶת רַבִּי בְּיִחוּד, וּמַנּוּ – רַב: מַאי פַּת עָבָה? פַּת מְרוּבָּה.

Rav Yirmeya bar Abba said: I asked my teacher in private, and who is this teacher? It is **Rav.** Rav Yirmeya asked him: **What is** the meaning of **thick bread?** Rav explained that it means **a large quantity of bread,**[N] a large amount of dough prepared in a single session. The concern here is not that the bread might become leavened, but that its preparation involves unnecessary exertion on the Festival.

אִיכָּא דְּאָמְרִי, אָמַר רַב יִרְמְיָה בַּר אַבָּא אָמַר רַב: שְׁאַלִית אֶת רַבִּי בְּיִחוּד, וּמַנּוּ – רַבֵּינוּ הַקָּדוֹשׁ: מַאי פַּת עָבָה? פַּת מְרוּבָּה. וְאַמַּאי קָרוּ לֵיהּ פַּת עָבָה – מִשּׁוּם דִּנְפִישָׁא בְּלִישָׁה. אִי נַמִי, בְּאַתְרֵיהּ דְּהַאי תַּנָּא פַּת מְרוּבָּה ״פַּת עָבָה״ קָרוּ לֵיהּ.

Some say that **Rav Yirmeya bar Abba said** that **Rav said: I asked** this of **my teacher in private; and who is** Rav's teacher? It is **our holy Rabbi**[B] Yehuda HaNasi. And he explained the matter as follows: **What is** the meaning of **thick bread?** It means **a large quantity of bread. And why do they call it thick bread?** It is **because it** is greatly **expanded at the** time of **kneading** and therefore looks very thick. **Alternatively, in the place where this** *tanna* of the mishna lived, **a large quantity of bread was called thick bread.**

NOTES

One may not bake thick bread on Passover – אֵין אוֹפִין פַּת עָבָה בְּפֶסַח: Based on this *baraita*, the Gemara understands the mishna's prohibition against baking a thick loaf as referring only to the festival of Passover, out of a concern that it might become leavened (*Meiri*). Later authorities point out that most authorities omit this *halakha*, although seemingly one should conclude from here that at least on Passover it is prohibited to bake a thick loaf. They explain that since *matza* should be made as thin as possible, the Sages did not prescribe a fixed measure for its thickness (see *Rishon LeTziyyon*). In practice, there are different customs between Ashkenazim and Sephardim in this regard.

A large quantity of bread – פַּת מְרוּבָּה: Rashi explains that were one permitted to make thick bread, he might prepare more than he actually needs. Later authorities point out that Rashi's approach requires further elucidation, as the fact that Beit Hillel allow one to add loaves to an oven in order to improve the baking of the rest shows that they are not concerned about preparing an unnecessary amount on a Festival. Some explain that thick bread is prohibited because in order to bake it, one must gather more wood and heat the oven more, both of which entail unnecessary effort (*Shitta Mekubbetzet*).

LANGUAGE

Well-kneaded [*amela*] – עֲמֵלָה: Some relate this word to the root *a-m-l*, meaning toil, and explain that this is referring to a loaf whose preparation involves great effort, as it is kneaded well. Others explain that it derives from the Greek **ἄμυλος**, *amulos*, meaning bread made from fine flour.

BACKGROUND

Our holy Rabbi – רַבֵּינוּ הַקָּדוֹשׁ: This is the commonly accepted title of Rabbi Yehuda HaNasi, the redactor of the mishna. The Sages explain that he was given this name due to his outstanding humility. Rav, who was one of his students and probably even served as a young judge on his court, viewed Rabbi Yehuda HaNasi as his most important teacher.

מִכְּדִי, מִשּׁוּם דְּקָטָרַח טִרְחָא דְּלָא צְרִיךְ הוּא, מַאי אִרְיָא פֶּסַח? אֲפִילּוּ בִּשְׁאָר יָמִים טוֹבִים נַמִי. אִין הָכִי נַמִי, וְתַנָּא בְּיוֹם טוֹב דְּפֶסַח קָאֵי. תַּנְיָא נַמִי הָכִי, בֵּית שַׁמַּאי אוֹמְרִים: אֵין אוֹפִין פַּת מְרוּבָּה בְּיוֹם טוֹב, וּבֵית הִלֵּל מַתִּירִין.

The Gemara asks: Now, since the prohibition here is **because he exerts himself unnecessarily**, then **why** did the *baraita* teach this *halakha* **specifically** with respect to **Passover?** The same *halakha* should apply **with regard to the other Festivals as well.** The Gemara answers: **Yes, it is indeed so;** the *halakha* is not limited to Passover. **But the *tanna*** who taught this *halakha* **was dealing** at the time **with the festival** of **Passover** and therefore mentioned this *halakha* in relation to that Festival, even though it applies in equal fashion to the other Festivals. The Gemara comments that **this is also taught** in a *baraita*: **Beit Shammai say: One may not bake a large quantity of bread on** any **Festival, whereas Beit Hillel permit** it.

מתני׳ אַף הוּא אָמַר שְׁלֹשָׁה דְּבָרִים לְהָקֵל: מְכַבְּדִין בֵּית הַמִּטּוֹת, וּמַנִּיחִין אֶת הַמּוּגְמָר בְּיוֹם טוֹב, וְעוֹשִׂין גְּדִי מְקוּלָּס בְּלֵילֵי פְסָחִים. וַחֲכָמִים אוֹסְרִין.

MISHNA Rabban Gamliel **also said three things as leniencies,** in opposition to the view of most of the Sages: **One may sweep the room of the couches**[N] on a Festival, i.e., the dining room, where they would recline on couches to eat, as there is no concern that by sweeping the room one might come to fill in the holes and level the ground. **And one may place incense** consisting of fragrant herbs on burning coals in order to perfume one's house **on a Festival. And one may prepare a whole kid** goat, meaning a kid goat roasted whole, with its entrails over its head, **on the night of Passover,** as was the custom when they roasted the Paschal lamb in the Temple. However, **the Rabbis prohibit** all three practices: It is prohibited to sweep lest one come to level the ground,[H] it is prohibited to burn incense because it does not meet the criteria of permitted food preparation,[H] and it is prohibited to eat a kid that was roasted whole on the night of Passover because it would appear as if he were eating consecrated food outside the Temple.[H]

גמ׳ אָמַר רַב אַסִי: מַחֲלוֹקֶת לְגַמֵּר, אֲבָל לְהָרִיחַ – דִּבְרֵי הַכֹּל מוּתָּר.

GEMARA **Rav Asi said:** The **dispute** with regard to incense applies only to a case where one wishes to burn the incense in order **to perfume** his garments. **However,** if he burns the incense in order **to** enjoy the **smell, all agree** that this is like other bodily pleasures, the satisfaction of which has the same status as food preparation, and it is therefore **permitted.**

מֵיתִיבֵי: אֵין מְכַבְּדִין בֵּית הַמִּטּוֹת בְּיוֹם טוֹב, וְשֶׁל בֵּית רַבָּן גַּמְלִיאֵל מְכַבְּדִין. אָמַר רַבִּי אֱלִיעֶזֶר בַּר צָדוֹק: פְּעָמִים הַרְבֵּה נִכְנַסְתִּי אַחַר אַבָּא לְבֵית רַבָּן גַּמְלִיאֵל, וְלֹא הָיוּ מְכַבְּדִין בֵּית הַמִּטּוֹת בְּיוֹם טוֹב, אֶלָּא מְכַבְּדִין אוֹתָן מֵעֶרֶב יוֹם טוֹב, וּפוֹרְסִין עֲלֵיהֶם סְדִינִין. לְמָחָר, כְּשֶׁאוֹרְחִים נִכְנָסִין – מְסַלְּקִין אֶת הַסְּדִינִין. וְנִמְצָא הַבַּיִת מִתְכַּבֵּד מֵאֵלָיו. אָמְרוּ לוֹ: אִם כֵּן – אַף בְּשַׁבָּת מוּתָּר לַעֲשׂוֹת כֵּן.

The Gemara **raises an objection** against Rav Asi's understanding of the mishna from the following *Tosefta*: **One may not sweep the room of the couches on a Festival** lest he fill in holes and level the ground, **but** in **the house of Rabban Gamliel they did sweep,** as they did not share this concern. **Rabbi Eliezer bar Tzadok**[P] **said: On many occasions I followed Father,** Rabbi Tzadok, **into Rabban Gamliel's house, and** I observed that **they would not** actually **sweep the room of the couches on a Festival, but** rather they would do the following: **They** would **sweep** the room **on the eve of the Festival and spread sheets over it** so that it would not become dirty, and **on the following day, when the guests entered, they removed the sheets, and it turned out that the house was cleaned on its own.** The other Sages **said to him: If so, it is permitted to do so on Shabbat as well,** and there is no dispute in that case.

NOTES

One may sweep the room of the couches – מְכַבְּדִין בֵּית הַמִּטּוֹת: Some say that this *halakha* applies to the entire house, and that the mishna specifies the room of the couches only because it is the room in which guests are entertained, and therefore it is more likely to contain crumbs from previous meals (Rabbi Aharon HaLevi). Others maintain that this *halakha* applies only to the room of the couches. Since it is a small area, it is unlikely to contain holes, and therefore there is no concern that one might level them (*Meiri*; *Shitta Mekubbetzet*).

PERSONALITIES

Rabbi Eliezer bar Tzadok – רַבִּי אֱלִיעֶזֶר בַּר צָדוֹק: Rabbi Eliezer was the son of Rabbi Tzadok, who fasted for forty years in an unsuccessful attempt to prevent the destruction of the Second Temple and was saved when Rabban Yoḥanan ben Zakkai appealed to Vespasian to save him (*Gittin* 56a–b). Rabbi Eliezer lived in the final years prior to the destruction of the Temple, and the Talmud often cites his statements about life in Jerusalem while the Temple stood. He was close with the family of the *Nasi*, Rabban Gamliel; he was often found eating in the home of the *Nasi*, which allowed him to offer firsthand testimony about what took place there. He was counted among the Sages of Yavne along with Rabban Gamliel, Rabbi Eliezer, and Rabbi Yehoshua.

HALAKHA

Sweeping the house – כִּבּוּד הַבַּיִת: Some authorities rule in accordance with the majority opinion of the Rabbis and prohibit sweeping the house on Shabbat or a Festival, unless the house is paved with wood or stones. Others hold that the Rabbis of this mishna rule in accordance with the opinion of Rabbi Yehuda with regard to a permitted action from which an unintended labor ensues, whereas the *halakha* is ruled in accordance with the opinion of Rabbi Shimon, and it is therefore permitted to sweep even an unpaved floor on Shabbat or a Festival. Some are stringent and do not sweep even a paved floor, and this is the accepted custom (Rema) unless one uses a brush made of only cloth or hair, as is the case with most brooms today. One may not sweep at all with a broom made of material that is likely to break (*Shulḥan Arukh, Oraḥ Ḥayyim* 337:2).

Burning incense on a Festival or on Shabbat – מוּגְמָר בְּחַג וּבְשַׁבָּת: One may not sprinkle aromatic powder or wood on coals on a Festival, whether his intention is to fill his house with a pleasant fragrance or to perfume his clothes, in accordance with the opinion of the Rabbis as explained by Rav Asi. However, one may smoke fruit with incense in order to enhance its aroma. One may also fill a vessel with fragrant smoke before a Festival, plug its holes, and then open them on the following day, even on Shabbat, in order to perfume the house. Some prohibit smoking tobacco on a Festival based on the prohibition to burn incense (*Sha'arei Teshuva*; *Magen Avraham*); many authorities, however, permit it (*Sefer Mitzvot Gadol* and others). The custom in most places is to be lenient, although there are those who are stringent for a variety of reasons (*Shulḥan Arukh, Oraḥ Ḥayyim* 511:4).

A kid roasted whole on Passover – גְּדִי מְקוּלָּס בְּפֶסַח: It is prohibited to eat a kid goat or lamb that was roasted whole on either the first or the second night of Passover. The Ashkenazic custom is not to partake of any roasted meat at the Passover seder for this reason. There are places where this custom is not observed strictly, and some even make a point of eating roasted meat, although not a kid roasted whole (*Shulḥan Arukh, Oraḥ Ḥayyim* 476:1).

וְאֵין מַנִּיחִין אֶת הַמּוּגְמָר בְּיוֹם טוֹב, וְשֶׁל בֵּית רַבָּן גַּמְלִיאֵל מַנִּיחִין. אָמַר רַבִּי אֱלִיעֶזֶר בַּר צָדוֹק: פְּעָמִים הַרְבֵּה נִכְנַסְתִּי אַחַר אַבָּא לְבֵית רַבָּן גַּמְלִיאֵל, וְלֹא הָיוּ מַנִּיחִין אֶת הַמּוּגְמָר בְּיוֹם טוֹב, אֶלָּא מְבִיאִין עֲרַדְסְקָאוֹת שֶׁל בַּרְזֶל וּמְעַשְּׁנִין אוֹתָן מֵעֶרֶב יוֹם טוֹב, וּפוֹקְקִין נְקָבֵיהֶן מֵעֶרֶב יוֹם טוֹב. לְמָחָר, כְּשֶׁאוֹרְחִים נִכְנָסִין – פּוֹתְחִין אֶת נְקָבֵיהֶן, וְנִמְצָא הַבַּיִת מִתְגַּמֵּר מֵאֵלָיו.

The *Tosefta* continues: Similarly, **one may not place incense** on burning coals **on a Festival, but in the house of Rabban Gamliel they did place** incense. **Rabbi Eliezer bar Tzadok said: On many occasions I followed Father into Rabban Gamliel's house,** and I noticed that **they would not** actually **place incense** on burning coals **on a Festival, but** rather they would **bring perforated coal pans** [*ardaska'ot*][L] **made of iron, filled them with** fragrant **smoke on the eve of the Festival, and plugged their holes on the Festival eve** so that their fragrant smell would not escape.[B] **On the following day, when** the **guests entered, they opened the holes,** releasing the smell throughout the house, **and it turned out that the house was perfumed on its own.**

אָמְרוּ לוֹ: אִם כֵּן – אַף בְּשַׁבָּת מוּתָּר לַעֲשׂוֹת כֵּן!

The other Sages **said to him: If so, it is permitted to do so on Shabbat as well.** This shows that the issue was not the perfuming of clothes but rather the burning of incense for the smell in the house. It follows that the Sages prohibit the practice even when the incense is burned for the enjoyment of the smell, against the opinion of Rav Asi.

אֶלָּא, אִי אִתְּמַר הָכִי אִתְּמַר: אָמַר רַב אַסִי: מַחֲלוֹקֶת לְהָרִיחַ, אֲבָל לְגַמֵּר – אָסוּר.

Rather, the Gemara retracts its previous statement and says that **if this was stated, it was stated as follows: Rav Asi said** that the **dispute** with regard to incense applies only to a case where one burns the incense in order **to** enjoy the **smell. However,** if he burns the incense in order **to perfume** his garments, all agree that it is **prohibited.**

אִיבַּעְיָא לְהוּ: מַהוּ לְעַשֵּׁן? רַב יִרְמְיָה בַּר אַבָּא אָמַר רַב: אָסוּר, וּשְׁמוּאֵל אָמַר: מוּתָּר. רַב הוּנָא אָמַר אָסוּר, מִפְּנֵי שֶׁמְּכַבֶּה. אֲמַר לֵיהּ רַב נַחְמָן: וְנֵימָא מָר מִפְּנֵי שֶׁמַּבְעִיר. אֲמַר לֵיהּ: תְּחִלָּתוֹ מְכַבֶּה וְסוֹפוֹ מַבְעִיר.

A dilemma was raised before the Sages: **What is** the *halakha* with regard to **smoking**[N] fruit on a Festival with incense in order to enhance its aroma? **Rav Yirmeya bar Abba said** that **Rav said: It is prohibited,** as it is not included in the category of permitted food preparation. **And Shmuel said: It is permitted. Rav Huna said: It is prohibited because he extinguishes** some of the coals when he sprinkles the aromatic powder on them. **Rav Naḥman said to him: And let the Master say** that it is prohibited **because he kindles** the coals, as afterward the fragrant spices cause the coals to burn even more strongly; why are you not concerned about this? Rav Huna **said to him:** Two prohibitions are indeed violated: **Its beginning** involves **extinguishing, and its end** involves **kindling.**

אֲמַר רַב יְהוּדָה: עַל גַּבֵּי גַּחֶלֶת – אָסוּר,

Rav Yehuda said: Sprinkling the aromatic spices **on the coals** themselves **is** in fact **prohibited** for the aforementioned reasons.

LANGUAGE

Perforated coal pans [*ardaska'ot*] – **עֲרַדְסְקָאוֹת**: There are several variations of this word; parallel sources read also *paratiska'ot* or *paradiska'ot*. There have been many attempts to determine its source. It seems that it is of Greek origin, but it is not clear if it is derived from ῥίσκος, *riskos*, meaning box, or from πυργίσκος, *purgiskos*, meaning cupboard, cabinet, box, or closet. Other explanations have been suggested as well.

BACKGROUND

Incense vessel – **כְּלִי לְמוּגְמָר**: The image depicts a lidded earthenware coal vessel that is perforated all around. In Rabban Gamliel's house, these holes were plugged the day before the Festival and then later opened on the Festival.

Earthenware vessel for incense

NOTES

To perfume and to smoke – **לְגַמֵּר וּלְעַשֵּׁן**: The commentators disagree with regard to the precise meaning of these two terms. Most are of the opinion that to perfume means to add a pleasant fragrance, especially to clothes, whereas to smoke refers only to fruit (*ge'onim* and others). The key difference between them appears to be that although the perfuming of a house provides bodily pleasure on the Festival, it is not considered something that is a benefit to all, as not everyone feels a need for or appreciates having fragrance throughout the house. Therefore, it is not permitted. In the case of fruit, however, since the pleasure of eating fruit is common to all, the enhancement of its scent is certainly part of the preparation of food and is therefore permitted on a Festival. This is because one may eat delicacies even if they are not commonly eaten, provided they are considered pleasant food by everyone (see Rabbi Aharon HaLevi and others).

עַל גַּבֵּי חֶרֶס – מוּתָּר.

However, placing them **on** a scalding fragment of **earthenware**[N] **is permitted,** as there is no concern of extinguishing or kindling.

וְרַבָּה אָמַר: עַל גַּבֵּי חֶרֶס נַמִּי אָסוּר, מִשּׁוּם דְּקָא מוֹלִיד רֵיחָא. רַבָּה וְרַב יוֹסֵף דְּאָמְרִי תַּרְוַייְהוּ: אַסְחוּפֵי כָּסָא אַשִּׁירָאֵי בְּיוֹמָא טָבָא – אָסוּר. מַאי טַעְמָא – מִשּׁוּם דְּקָמוֹלִיד רֵיחָא.

And Rabba said: Placing the spices **on** a hot piece of **earthenware is also prohibited, because it produces** a new **scent** in the earthenware, and one may not create new things on a Festival. The Gemara notes that similarly, **Rabba and Rav Yosef both said** the following: **It is prohibited to overturn a cup** containing perfume **onto silk garments on a Festival. What is the reason** for this prohibition? It is **because it produces** a new **scent** in the garment.

וּמַאי שְׁנָא מִמּוֹלְלוֹ וּמֵרִיחַ בּוֹ, וְקוֹטְמוֹ וּמֵרִיחַ בּוֹ? הָתָם – רֵיחָא מִיהָא אִיתָא, וְאוֹסוּפֵי הוּא דְּקָא מוֹסִיף רֵיחָא. הָכָא – אוֹלוּדֵי הוּא דְּקָמוֹלִיד רֵיחָא. רָבָא אָמַר: עַל גַּבֵּי גַּחֶלֶת נַמִּי מוּתָּר, מִידֵּי דַּהֲוָה אַבִּשְׂרָא אַגּוּמְרֵי.

The Gemara asks: **And** in **what** way **is** this case **different from** the case discussed in the following *baraita*: **One may press** a piece of aromatic wood between his fingers **and smell it, and one may** also **snip off** a piece of it in order to release its fragrance **and smell it?** In those cases too he produces a scent. The Gemara answers: **There, the scent exists in any case, and he** merely **adds to the fragrance,** as his pressing or snipping causes the smell to be stronger. **Here,** on the other hand, where he overturns a cup of perfume on clothing, **he produces** a new **scent. Rava,** however, **said:** It is **even permitted** to sprinkle the aromatic spices **on the coals**[H] themselves, **just as it is** permitted to place **meat on coals** for roasting.

דָּרַשׁ רַב גְּבִיהָא מִבֵּי כָּתִיל אַפִּתְחָא דְּבֵי רֵישׁ גָּלוּתָא: קְטוֹרָא שָׁרֵי. אֲמַר לֵיהּ אַמֵימַר: מַאי קְטוֹרָא? אִי קְטוֹרָא בְּיָדֵי – מַעֲשֵׂה אוּמָּן הוּא, וְאִי לְעַשֵּׁן – אָסוּר, דְּהָא קָא מְכַבֶּה. אָמַר לֵיהּ רַב אַשִׁי: לְעוֹלָם לְעַשֵּׁן, מִידֵּי דַּהֲוָה אַבִּשְׂרָא אַגּוּמְרֵי.

The Gemara relates that **Rav Geviha from Bei Katil** once **taught at the entrance to the house of the Exilarch** that ***ketura* is permitted** on a Festival; but he did not add any further clarification. **Ameimar said to him: What is** the meaning of ***ketura*?**[L] **If** it means **tying** [*ketura*] ornamental knots **by hand,**[NH] this is the **act of a craftsman** and is therefore certainly prohibited on a Festival. **And** if it is referring **to burning** incense [*ketoret*], this too is **prohibited, as he extinguishes** some of the coals when he sprinkles the aromatic powder on them. **Rav Ashi said to him: Actually,** it is referring **to burning** incense, which is permitted, **just as it is** permitted to place **meat on coals** for roasting.

אִיכָּא דְּאָמְרִי, אֲמַר לֵיהּ אַמֵימַר: מַאי קְטוֹרָא? אִי קְטוֹרָא בְּיָדֵי – מַעֲשֵׂה אוּמָּן הוּא, אִי לְעַשֵּׁן – אָסוּר, דְּקָא מוֹלִיד רֵיחָא. אֲמַר רַב אַשִׁי: אֲנָא אֲמַרִיתָהּ נִהֲלֵיהּ, וּמִשְּׁמֵיהּ דְּגַבְרָא רַבָּה אֲמַרִיתָהּ נִהֲלֵיהּ: לְעוֹלָם לְעַשֵּׁן, וּמִידֵּי דַּהֲוָה אַבִּשְׂרָא אַגּוּמְרֵי.

Some say a slightly different version of this story, in which **Ameimar said to** Rav Geviha: **What is** the meaning of ***ketura*? If** it means **tying** ornamental knots **by hand,** this is **the act of a craftsman,** which is prohibited. **If** it is referring **to burning** incense, this too is prohibited, **as he produces a** new **scent. Rav Ashi said: I said** this *halakha* to Rav Geviha, **and I said** it **in the name of a great man,** Rava, that **actually** it is referring **to burning** incense, which is permitted, **just as it is** permitted to place **meat on coals** for roasting.

HALAKHA

On coals – עַל גַּבֵּי גַּחֶלֶת: It is permitted to smoke fruit on a Festival, even on coals, as this comes under the category of permitted food preparation. The *halakha* is in accordance with the opinion of Rava, since he is the later authority (*Shulḥan Arukh, Oraḥ Ḥayyim* 511:4, and in the comment of the Rema).

Tying knots by hand [*beyadei*] – קְטוֹרָא בְּיָדֵי: It is prohibited to create a permanent fold on a Festival, e.g., pleats on women's clothing, because this is considered fashioning a garment and is similar to the act of a craftsman. This ruling follows the reading: *Bei yadei*, the knot of a sleeve. It is prohibited to do so even on the intermediate days of the Festival (Maharshal; *Shulḥan Arukh, Oraḥ Ḥayyim* 519:5).

LANGUAGE

***Ketura* – קְטוֹרָא:** This word has two different meanings in Aramaic, which derive from two separate roots. The first is derived from the Aramaic root *k-t-r*, which corresponds to the Hebrew *k-sh-r*, meaning knot. The second meaning corresponds to the Hebrew *ketoret*, which means smoke or incense.

NOTES

On earthenware – עַל גַּבֵּי חֶרֶס: The commentaries disagree about the details of this case. According to Rashi and others, an earthenware shard is placed on coals until it becomes extremely hot, at which point the aromatic spices are sprinkled on top of it. This certainly does not constitute extinguishing, as the earthenware fragment was not previously burning. Although the spices are kindled by the earthenware, this is permitted according to Rashi, because the kindling is done in an unusual manner (see *Tosafot*). However, Rabbi Aharon HaLevi holds that the spices are not actually kindled by the earthenware, and that they release their fragrance merely due to the heat. The Rid adopts an entirely different approach. He understands that a piece of earthenware would be heated up before the Festival and made fragrant. On the Festival itself fruit would be placed on the earthenware, which was heated, so that the fragrance absorbed in the shard would pass to the fruit. According to this approach, the concern with regard to the production of a scent is referring to the fruit itself.

Tying by hand [*beyadei*] – קְטוֹרָא בְּיָדֵי: There are two versions, or interpretations, of this statement. The first reads: Tying by hand [*beyadei*], meaning tying a knot with one's hands. The second is: Tying a knot of a sleeve [*bei yadei*], as folds and creases were fashioned on the edges of sleeves for decoration. The *Meiri* holds that folding and creasing alone are not considered the act of a craftsman unless the folds are sewn with a needle and thread.

"וְעוֹשִׂין גְּדִי מְקוּלָּס". תַּנְיָא, רַבִּי יוֹסֵי אוֹמֵר: תּוֹדוֹס אִישׁ רוֹמִי הִנְהִיג אֶת בְּנֵי רוֹמִי לֶאֱכוֹל גְּדִי מְקוּלָּס בְּלֵילֵי פְּסָחִים. שָׁלְחוּ לֵיהּ: אִלְמָלֵא תּוֹדוֹס אַתָּה גּוֹזְרָנוּ עָלֶיךָ נִדּוּי, שֶׁאַתָּה מַאֲכִיל אֶת בְּנֵי יִשְׂרָאֵל קָדָשִׁים בַּחוּץ.

§ It is taught in the mishna that one of Rabban Gamliel's three leniencies was that **one may prepare a whole** [*mekulas*][L] **kid**[N] goat, meaning a goat roasted whole, with its entrails over its head, on the night of Passover. **It is taught** in a *baraita* in this regard that **Rabbi Yosei says: Theodosius** [*Todos*][L] **of Rome,** leader of the Jewish community there, **instituted the custom for the Roman Jews to eat whole kids on the night of Passover,** in commemoration of the practice followed in the Temple. The Sages **sent** a message **to him: Were you not Theodosius,**[N] an important person, **we would have decreed ostracism upon you, as you are feeding the Jewish people consecrated** food, which may be eaten only in and around the Temple itself, **outside** the Temple.

קָדָשִׁים סָלְקָא דַּעְתָּךְ? אֶלָּא אֵימָא: כְּעֵין קָדָשִׁים.

The Gemara expresses surprise: **Can it enter your mind** that the Sages really meant that Theodosius was feeding the Jewish people **consecrated** food outside the Temple? These goats are certainly not consecrated animals. **Rather, say** that he was feeding the Jewish people something **similar to consecrated** food, which people might mistake for a Paschal offering.

מתני׳ שְׁלֹשָׁה דְּבָרִים רַבִּי אֶלְעָזָר בֶּן עֲזַרְיָה מַתִּיר וַחֲכָמִים אוֹסְרִים: פָּרָתוֹ יוֹצְאָה בִּרְצוּעָה שֶׁבֵּין קַרְנֶיהָ,

MISHNA There are **three things** that **Rabbi Elazar ben Azarya**[P] **permits and the Rabbis prohibit: His cow** would **go out**[N] on Shabbat **with** a decorative **strap**[N] **between its horns.** Rabbi Elazar holds that such a strap is considered an ornament for the cow rather than a burden, whereas the Sages view it as a burden.

LANGUAGE

Whole [*mekulas*] – **מְקוּלָּס:** Some hold that this word derives from the Latin galea, plural galeas, meaning a metal helmet. Others claim that it is from the Greek κῶνος, *konos*, meaning the cone or peak of a helmet, with the letter *lamed* substituting for the letter *nun*.

Ancient Greek conical helmet

Theodosius [*Todos*] – **תּוֹדוֹס:** This name is a shortened form of the Greek Θεόδωρος, *Theodoros*, which is similar in meaning to the Hebrew name Mattityahu, gift of God.

NOTES

A whole [*mekulas*] **kid** – **גְּדִי מְקוּלָּס:** Rashi and others hold that *mekulas* is derived from the Aramaic term for a hat [*kulsa*], in reference to the fact that the kid was roasted whole, with its entrails suspended over its head in the form of a hat. The Rambam explains that it is derived from the word *kilus*, meaning praise or greatness, because the kid was roasted whole, as one would prepare it for dignitaries. With regard to the *halakha* itself, some say that it applies only to a kid, but a sheep roasted whole is permitted. This is because it is evident that the sheep is not an offering, since the tail of a sheep-offering was also burned on the altar, while the tail of a non-consecrated sheep was eaten (Rashba). Others disagree and rule that this prohibition applies to a sheep as well. In the Jerusalem Talmud it is apparently indicated that only a calf roasted whole is permitted.

Were you not Theodosius – **אִלְמָלֵא תּוֹדוֹס אַתָּה:** In tractate *Pesaḥim*, the *amora'im* disagree as to whether this Theodosius was a Torah scholar or merely a powerful man. Elsewhere the Talmud cites homiletic teachings in his name, and in the Jerusalem Talmud it is related that he would send money to support the Sages in Eretz Yisrael. This is apparently the reason that Rashi mentions both traits, explaining that he was a great scholar and a dignified man. The *Ḥatam Sofer* explains that it was only because Theodosius possessed both of these qualities that they did not place him under a ban.

His cow would go out – **פָּרָתוֹ יוֹצְאָה:** Various opinions are recorded in the Jerusalem Talmud as to why the mishna emphasizes that it was Rabbi Elazar ben Azarya's cow that went out. According to one opinion, this comes to teach that Rabbi Elazar ben Azarya would persistently send out his cow to provoke the other Rabbis, to the point that they threatened to excommunicate him. According to an alternative opinion, Rabbi Elazar ben Azarya's own cow did in fact once go out in this fashion, and he so regretted the mistake that he took to fasting to atone for his error. According to yet another approach in the Jerusalem Talmud, the mishna means to allude that Rabbi Elazar ben Azarya's wife went out dressed in an improper manner, as Samson states: "Had you not plowed with my calf" (Judges 14:18), referring to his wife.

Go out with a strap – **יוֹצְאָה בִּרְצוּעָה:** Most commentaries hold that this strap was for decoration. Since it provides no benefit to the animal or its owner but merely serves as an ornament, it is therefore considered a burden and is prohibited. In the Jerusalem Talmud it is indicated that even if the strap is used to lead the animal, the Rabbis still prohibit it, as it is not indispensable.

PERSONALITIES

Rabbi Elazar ben Azarya – **רַבִּי אֶלְעָזָר בֶּן עֲזַרְיָה:** One of the foremost *tanna'im* of the generation following the destruction of the Temple, Rabbi Elazar ben Azarya came from a family renowned for its wisdom, lineage, and wealth. His father, Azarya, also a scholar as well as an extremely wealthy man, supported his scholarly brother Shimon, who is therefore called Shimon, brother of Azarya. Rabbi Elazar ben Azarya traced his priestly lineage back to Ezra the Scribe, and some traditions even draw parallels between the two.

Following the great dispute that led to the removal of Rabban Gamliel from his post as *Nasi*, Rabbi Elazar ben Azarya was found to be the most worthy candidate for the position due to his virtues enumerated by the Sages, although he was very young at the time, possibly eighteen or sixteen. Even after Rabban Gamliel was reinstated, Rabbi Elazar ben Azarya was retained as vice-president of the Sanhedrin. He continued to be very active in communal affairs and would travel with other scholars to represent the people in Rome. Despite his youth, the greatest Sages of his generation treated him as an equal. Some say his teacher was Rabbi Eliezer. Nevertheless, Rabbi Elazar ben Azarya would refrain from acting on his opinions against the views of his colleagues and would fast for lengthy periods to atone for causing his neighbors to err in *halakha*, although he himself thought that the actions they performed were permitted.

He was considered one of the great lecturers of his time, so much so that Rabbi Yehoshua exclaimed: No generation that includes Rabbi Elazar ben Azarya can be viewed as orphaned. He lived beyond the age of seventy (Jerusalem Talmud). It is not known what happened to his family, although a certain Rav Ezra ben Rav Avtolus, an *amora* in Eretz Yisrael and a scholar and lecturer in his own right, is mentioned as a tenth-generation descendant of Rabbi Elazar ben Azarya.

וּמְקָרְדִין אֶת הַבְּהֵמָה בְּיוֹם טוֹב, וְשׁוֹחֲקִין אֶת הַפִּלְפְּלִין בָּרֵחַיִם שֶׁלָּהֶן.

And one may comb [*mekardin*][L] **an animal**[H] with a fine comb **on a Festival** in order to remove ticks and dirt from its hair; the Rabbis prohibit this due to a concern that he might thereby come to wound or bruise the animal. **And one may grind pepper**[N] needed on the Festival even **in its own mill,** although this appears similar to a weekday labor.

רַבִּי יְהוּדָה אוֹמֵר: אֵין מְקָרְדִין אֶת הַבְּהֵמָה בְּיוֹם טוֹב, מִפְּנֵי שֶׁעוֹשֶׂה חַבּוּרָה, אֲבָל מְקַרְצְפִין. וַחֲכָמִים אוֹמְרִים: אֵין מְקָרְדִין, אַף לֹא מְקַרְצְפִין.

Rabbi Yehuda says: One may not comb an animal to remove ticks and dirt from its hair **on a Festival because** this certainly **creates a wound, but one may brush** it with a wooden comb, as its blunt teeth do not wound the animal. **But the Rabbis say: One may not comb, nor may one even brush.**

גמ׳ לְמֵימְרָא דְּרַבִּי אֶלְעָזָר בֶּן עֲזַרְיָה חֲדָא פָּרָה הֲוָיָא לֵיהּ?! וְהָאָמַר רַב, וְאָמְרִי לַהּ אָמַר רַב יְהוּדָה אָמַר רַב: תְּלֵיסַר אַלְפֵי עִגְלֵי הֲוָה מְעַשֵּׂר רַבִּי אֶלְעָזָר בֶּן עֲזַרְיָה מֵעֶדְרֵיהּ כָּל שַׁתָּא וְשַׁתָּא! תָּנָא: לֹא שֶׁלּוֹ הָיְתָה, אֶלָּא שֶׁל שְׁכֶנְתּוֹ הָיְתָה, וּמִתּוֹךְ שֶׁלֹּא מִיחָה בָּהּ – נִקְרֵאת עַל שְׁמוֹ.

GEMARA With regard to the mishna's statement that Rabbi Elazar ben Azarya's cow would go out on Shabbat with a strap between its horns, the Gemara asks: **Is that to say that Rabbi Elazar ben Azarya had** only **one cow? But didn't Rav say, and some say** that **Rav Yehuda said** that **Rav said: Rabbi Elazar ben Azarya would tithe**[N] **from his herds thirteen thousand calves each and every year,** which means that he had ten times that number of calves alone. Why, then, does the mishna speak of his cow? The Gemara answers that **it is taught** in the *Tosefta*: This cow **was not his; rather, it was his neighbor's. And because he did not protest her** conduct and tell her that it is prohibited to do so, the cow **was called by his name** to his discredit, as if it were his.

״וּמְקָרְדִין אֶת הַבְּהֵמָה בְּיוֹם טוֹב״. תָּנוּ רַבָּנַן: אֵיזֶהוּ קֵרוּד וְאֵיזֶהוּ קִרְצוּף? קֵרוּד – קְטַנִּים וְעוֹשִׂין חַבּוּרָה, קִרְצוּף – גְּדוֹלִים, וְאֵין עוֹשִׂין חַבּוּרָה.

§ It is taught in the mishna that Rabbi Elazar ben Azarya holds that **one may comb an animal on a Festival. The Sages taught** in a *baraita*: **What is** considered **combing and what is brushing? Combing** is performed with **a small**-toothed comb **and makes a wound; brushing** is done with **a large**-toothed[N] comb **and does not make a wound.**

וְשָׁלֹשׁ מַחְלוֹקוֹת בַּדָּבָר: רַבִּי יְהוּדָה סָבַר: דָּבָר שֶׁאֵינוֹ מִתְכַּוֵּין – אָסוּר. מִיהוּ, קֵרוּד – קְטַנִּים וְעוֹשִׂין חַבּוּרָה, קִרְצוּף – גְּדוֹלִים, וְאֵין עוֹשִׂין חַבּוּרָה, וְלָא גָּזְרִינַן קִרְצוּף אַטּוּ קֵרוּד.

And there are three disputes with regard to this matter. Rabbi Yehuda holds that **an unintentional act,** a permitted action from which an unintended prohibited labor ensues on Shabbat, **is prohibited,** as in his opinion it is prohibited to perform an action that involves a prohibited labor on Shabbat even if one has a permitted action in mind and does not intend to perform the labor in question. Therefore, one may not comb an animal in a manner that will cause a wound, even unintentionally. **However,** he differentiates between the cases: Although he prohibits **combing** with **a small**-toothed comb that **makes a wound,** he permits **brushing** with **a large**-toothed comb that **does not make a wound, and we do not issue a decree** and prohibit **brushing due to combing,** as there is no concern that people will err and come to permit even combing in the prohibited manner.

וְרַבָּנַן סָבְרִי נַמִּי כְּרַבִּי יְהוּדָה דָּבָר שֶׁאֵינוֹ מִתְכַּוֵּין אָסוּר, וְגָזְרִינַן קִרְצוּף אַטּוּ קֵרוּד. וְרַבִּי אֶלְעָזָר בֶּן עֲזַרְיָה סָבַר לַהּ כְּרַבִּי שִׁמְעוֹן, דְּאָמַר: דָּבָר שֶׁאֵינוֹ מִתְכַּוֵּין מוּתָּר, וּבֵין קֵרוּד וּבֵין קִרְצוּף שָׁרֵי.

And the Rabbis also hold in accordance with the opinion of **Rabbi Yehuda** with regard to the fundamental issue that **an unintentional act is prohibited.** However, they maintain that **we issue a decree** and prohibit **brushing due to combing.** On the other hand, **Rabbi Elazar ben Azarya holds in accordance with** the dissenting opinion of **Rabbi Shimon, who said** that **an unintentional act is permitted.** Therefore, **both combing and brushing are permitted,** as even if the combing or brushing bruises the animal, there is no transgression of a prohibition, as there was certainly no intention to cause the animal a wound.

אָמַר רָבָא אָמַר רַב נַחְמָן אָמַר שְׁמוּאֵל, וְאָמְרִי לַהּ אָמַר רַב נַחְמָן לְחוּדֵיהּ: הֲלָכָה כְּרַבִּי שִׁמְעוֹן, שֶׁהֲרֵי רַבִּי אֶלְעָזָר בֶּן עֲזַרְיָה מוֹדֶה לוֹ. אֲמַר לֵיהּ רָבָא לְרַב נַחְמָן: וְלֵימָא מָר הֲלָכָה כְּרַבִּי יְהוּדָה, שֶׁהֲרֵי חֲכָמִים מוֹדִים לוֹ. אֲמַר לֵיהּ: אֲנָא כְּרַבִּי שִׁמְעוֹן סְבִירָא לִי וְעוֹד: שֶׁהֲרֵי רַבִּי אֶלְעָזָר בֶּן עֲזַרְיָה מוֹדֶה לוֹ.

Rava said that **Rav Naḥman said** that **Shmuel said, and some say** that **Rav Naḥman said** this teaching **himself:** The ***halakha*** **is in accordance with** the opinion of **Rabbi Shimon,**[H] that an unintentional act is permitted on Shabbat, **as Rabbi Elazar ben Azarya agrees with him. Rava said to Rav Naḥman: And let the Master** say the opposite, that the ***halakha*** **is in accordance with** the opinion of **Rabbi Yehuda, as the Rabbis agree with him.** Rav Naḥman **said to him:** Fundamentally **I hold in accordance with** the opinion of **Rabbi Shimon;** I am merely adding **another** reason for doing so, which is **that Rabbi Elazar ben Azarya agrees with him.**

LANGUAGE

Comb [*mekardin*] – מְקָרְדִין: Some suggest that this word derives from the root *k-r-d*, similar to *g-r-d*, meaning scratch, or *k-r-tz*, meaning cut or shape. It is likewise similar to *kirtzuf*, meaning brushing; in fact, *lehitgared* is translated into Aramaic as *le'itkartzafa*.

HALAKHA

One may comb an animal – מְקָרְדִין אֶת הַבְּהֵמָה: It is permitted to remove parasites from the skin of an animal on a Festival, either by hand or with a wooden implement, even if it sometimes causes bruising. One may not do so with an iron comb, which will necessarily tear off hairs. On Shabbat it is prohibited to comb the animal at all. The *halakha* is in accordance with the opinion of Rabbi Elazar ben Azarya, which is in accordance with Rav Naḥman's ruling and the Rambam's understanding of this *halakha* (*Shulḥan Arukh, Oraḥ Ḥayyim* 523:1).

The *halakha* is in accordance with Rabbi Shimon – הֲלָכָה כְּרַבִּי שִׁמְעוֹן: It is permitted to perform an action on Shabbat from which an unintended prohibited labor might ensue. This *halakha* is in accordance with the opinion of Rabbi Shimon, as stated by Rav Naḥman (*Shulḥan Arukh, Oraḥ Ḥayyim* 337:1).

NOTES

One may grind pepper – שׁוֹחֲקִין אֶת הַפִּלְפְּלִין: Although one is permitted to crush spices in the regular manner on a Festival, grinding them in a mill is considered a luxury that was performed only for special people. Alternatively, the ease of the task might cause one to grind more than he requires (*Meiri*).

Would tithe – הֲוָה מְעַשֵּׂר: *Tosafot* discuss the apparent anachronism of this assertion, since animal tithes were not separated after the destruction of the Temple. Most commentaries accept the explanation of *Tosafot* that animal tithe was not canceled immediately upon the destruction of the Temple, but only many years later. Others explain that the reference here is not to the animal tithes brought as offerings, but to charity tithe, an obligation that applies at all times (*Simḥat Yom Tov*).

Small-toothed…large-toothed – קְטַנִּים...גְּדוֹלִים: Rashi and many other commentaries explain that the difference between combing and brushing depends on the teeth of the implement in question, whether they are small and dense or large and far apart. However, Rabbeinu Ḥananel and the Rambam hold that Gemara is distinguishing here between different types of parasites: Combing will eliminate small parasites, e.g., ticks, whose removal might bruise the animal, whereas brushing will remove only larger ones without causing any bruising.

מתני׳ הָרֵחַיִם שֶׁל פִּלְפְּלִין טְמֵאָה מִשּׁוּם שְׁלֹשָׁה כֵּלִים: מִשּׁוּם כְּלִי קִבּוּל, וּמִשּׁוּם כְּלִי מַתֶּכֶת, וּמִשּׁוּם כְּלִי כְבָרָה.

MISHNA The aforementioned **pepper mill**[NB] is a composite vessel, and each of its parts must be considered independently with respect to ritual impurity. It **is susceptible to ritual impurity because of** each of the **three vessels**[N] of which it is comprised: It is susceptible to impurity **because** it is a wooden **receptacle,** it is susceptible to impurity **because** it is **a metal vessel,**[N] **and** it is susceptible to impurity **because** it is **a sieve.**[H]

גמ׳ תָּנָא: תַּחְתּוֹנָה – מִשּׁוּם כְּלִי קִבּוּל, אֶמְצָעִית – מִשּׁוּם כְּלִי כְבָרָה, עֶלְיוֹנָה – מִשּׁוּם כְּלִי מַתֶּכֶת.

GEMARA A Sage **taught:** The **lower** section of the mill is susceptible to impurity **because** it is viewed as **a receptacle,** since the ground pepper descends into it. **The middle** section is susceptible to impurity **because** it is **a sieve,** as it serves to filter the pepper. Finally, the **upper** part, in which the pepper is actually ground, is susceptible to impurity **because** it is **a metal vessel.** Although it is not a receptacle, it is nevertheless susceptible to impurity, since it is made of metal.

מתני׳ עֲגָלָה שֶׁל קָטָן טְמֵאָה מִדְרָס, וְנִטֶּלֶת בַּשַּׁבָּת, וְאֵינָהּ נִגְרֶרֶת אֶלָּא עַל גַּבֵּי כֵלִים.

MISHNA **A child's wagon,**[NH] with which he plays and upon which he also sits, **is susceptible to ritual impurity** imparted by **treading.**[B] It is considered a fixed seat of the child, so that if the child is a *zav* and he sits on the wagon, it contracts the ritual impurity imparted by the treading of a *zav.* **And** this wagon **may be handled on Shabbat,** as it is considered a vessel. **And it may be dragged** on the ground on Shabbat **only upon cloth,** a stone pavement, or the like, as otherwise it would create a furrow when dragged, and one would be liable due to the prohibited labor of plowing.

רַבִּי יְהוּדָה אוֹמֵר: כָּל הַכֵּלִים אֵין נִגְרָרִין, חוּץ מִן הָעֲגָלָה, מִפְּנֵי שֶׁהִיא כּוֹבֶשֶׁת.

Rabbi Yehuda says: For this reason, **no vessels may be dragged** on the ground on Shabbat **except for a wagon,** which is permitted **because** its wheels do not make a furrow in the ground but merely **press** the earth down. Since no earth is moved from its place, this is not considered digging or plowing on Shabbat.

BACKGROUND

Pepper mill – רֵחַיִם שֶׁל פִּלְפְּלִין: The sketch depicts a Roman-era metal spice mill. The three parts of the mill are clearly displayed.

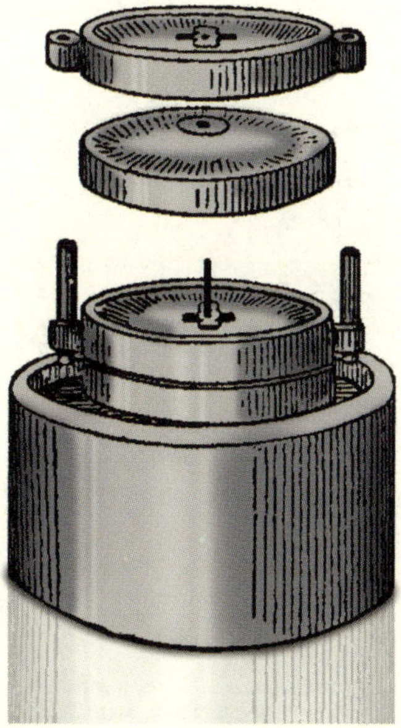

Roman spice mill

Ritual impurity imparted by treading – טְמֵאָה מִדְרָס: This is a form of ritual impurity imparted by a *zav*, a *zava*, a woman after childbirth, and a menstruating woman. These individuals render objects on which they stand, sit, lie, or lean ritually impure. Such an object is a primary source of ritual impurity, like the individual who imparted the impurity, and it imparts ritual impurity to people or objects that carry or touch it. Only objects that are specifically intended for sitting or lying upon can achieve this status; other objects upon which the impure individual stands or sits become ritually impure, but these are considered only derivative sources of ritual impurity.

HALAKHA

The ritual impurity of a pepper mill – טוּמְאַת רֵחַיִם שֶׁל פִּלְפְּלִין: A pepper mill is susceptible to ritual impurity because of each of the three vessels of which it is comprised: A metal vessel, a wooden receptacle, and a sieve (Rambam *Sefer Tahara, Hilkhot Kelim* 10:7).

A child's wagon – עֲגָלָה שֶׁל קָטָן: A child's wagon is susceptible to ritual impurity imparted by treading because the child leans on it (Rambam *Sefer Tahara, Hilkhot Kelim* 25:16).

NOTES

Pepper mill – רֵחַיִם שֶׁל פִּלְפְּלִין: This mishna, and to a certain extent the following one as well, does not deal with the usual subject matter of this tractate. Rather, because the previous mishna mentioned a pepper mill with regard to the *halakhot* of Festival, this mishna continues to discuss other *halakhot* related to such a mill (*Meiri*).

Because of three vessels – מִשּׁוּם שְׁלֹשָׁה כֵּלִים: There are differences of opinion with regard to the precise definition of these three vessels. All agree that although the mill is comprised of several parts that work together, each component is nevertheless viewed as a vessel in its own right. Therefore, each of the parts is susceptible to ritual impurity even if has become detached from the others (Rid). Furthermore, if one part broke or was lost, the entire mill is not considered broken and the remaining parts can still become ritually impure (Rabbi Yitzḥak Abuhav). Similarly, if only one section of the mill contracts impurity, the other parts remain pure (Rabbi Aharon HaLevi).

Because it is a metal vessel – מִשּׁוּם כְּלִי מַתֶּכֶת: Rashi and many other commentaries hold that the upper part is made of wood, partly coated with metal, whereas the Rambam in his Commentary on the Mishna seems to indicate that the upper section is made entirely of metal (see *Pe'at Yam*). The categorization of each of the parts of the mill as a certain type of vessel is important because if a certain part does not fulfill the necessary conditions of its category, it will not become ritually impure.

A child's wagon – עֲגָלָה שֶׁל קָטָן: Rashi explains that the mishna is referring to a child's wagon in which he sits and rides. Both *Tosafot* and the Rid explain that the mishna is not referring to an actual wagon but to a wheeled device designed to help a small child learn to walk. The Rashba agrees with Rashi that the mishna is referring to a child's wagon, but not one in which he is meant to ride. Rather, the reference is to a toy wagon with which the child plays, but which is large enough for him to sit on from time to time (see Rabbi Aharon HaLevi).

גמ׳ עֲגָלָה שֶׁל קָטָן טְמֵאָה מִדְרָס – דְּהָא סָמֵיךְ עִלָּוֵיהּ. ״וְנִטֶּלֶת בַּשַּׁבָּת״ – מִשּׁוּם דְּאִיכָּא תּוֹרַת כְּלִי עֲלָהּ.

GEMARA It is taught in the mishna that **a child's wagon is susceptible to ritual impurity** imparted by **treading.** Why? It is **because he leans on it.** The mishna also teaches that this wagon **may be handled on Shabbat.** Why? It is **because it has the status of a vessel,** and one may handle a vessel on Shabbat.

״וְאֵינָהּ נִגְרֶרֶת אֶלָּא עַל גַּבֵּי כֵּלִים״. עַל גַּבֵּי כֵּלִים – אִין, עַל גַּבֵּי קַרְקַע – לָא, מַאי טַעְמָא – דְּקָא עָבֵיד חָרִיץ. מַנִּי – רַבִּי יְהוּדָה הִיא, דְּאָמַר: דָּבָר שֶׁאֵין מִתְכַּוֵּין אָסוּר.

The mishna further teaches that a child's wagon **may be dragged** on Shabbat **only upon cloth.** The Gemara infers: **Upon cloth, yes,** it is permitted; but directly **on the ground, no,** it is not permitted. **What is the reason** for this *halakha*? It is **because he creates a furrow** in the ground when he drags the wagon across it. The Gemara asks: In accordance with **whose** opinion is this mishna? **It is** in accordance with the opinion of **Rabbi Yehuda, who said: An unintentional act,** i.e., a permitted action from which an unintended prohibited labor ensues on Shabbat, **is prohibited,** even though the person performing it does not have the prohibited labor in mind.

דְּאִי רַבִּי שִׁמְעוֹן – הָאָמַר: דָּבָר שֶׁאֵין מִתְכַּוֵּין מוּתָּר. (דִּתְנַן), רַבִּי שִׁמְעוֹן אוֹמֵר: גּוֹרֵר אָדָם מִטָּה כִּסֵּא וְסַפְסָל, וּבִלְבַד שֶׁלֹּא יִתְכַּוֵּין לַעֲשׂוֹת חָרִיץ.

As, if it were in accordance with the opinion of **Rabbi Shimon, didn't he say: An unintentional act is permitted,** since there was no intention to perform the prohibited action? **As we learned** explicitly in a mishna that **Rabbi Shimon says: A person may drag a bed, a chair, or a bench** on the ground, **provided that he does not intend to make a furrow.**[H] Even if one forms a furrow unwittingly, he need one need not be concerned, as this was not his intention.

אֵימָא סֵיפָא, רַבִּי יְהוּדָה אוֹמֵר: אֵין הַכֹּל נִגְרָרִין בַּשַּׁבָּת חוּץ מִן הָעֲגָלָה מִפְּנֵי שֶׁהִיא כּוֹבֶשֶׁת, מִפְּנֵי שֶׁכּוֹבֶשֶׁת – אִין, אֲבָל חָרִיץ – לָא עָבְדָא.

The Gemara raises a difficulty: If so, **say the latter clause** of the mishna as follows: **Rabbi Yehuda says: No vessels may be dragged** on the ground **on Shabbat except for a wagon, because it** merely **presses** the earth down. This is not prohibited as plowing because it does not create a furrow. This indicates that a wagon may be dragged on the ground on Shabbat **because, yes, it presses** the earth down, **but it does not make a furrow.** Since it has already been established that the first section of the mishna is also in accordance with the opinion of Rabbi Yehuda, and there it appears that a wagon dragged along the ground makes a furrow, Rabbi Yehuda seems to contradict himself.

תְּרֵי תַנָּאֵי וְאַלִּיבָּא דְּרַבִּי יְהוּדָה.

The Gemara answers: It must be explained that this is a dispute between **two *tanna'im*** who hold **in accordance with** the opinion of **Rabbi Yehuda** but differ with regard to the content of that opinion. The first *tanna* holds that even a wagon makes a furrow, whereas the other *tanna* maintains in the name of Rabbi Yehuda that a wagon does not make a furrow.

הדרן עלך יום טוב

HALAKHA

Dragging vessels – גְּרִירַת כֵּלִים: It is permitted to drag beds, chairs, and benches on Shabbat, whether they are large or small, provided that one does not intend to make a furrow in the ground. If they are so large that it is impossible for them not to make a furrow, it is prohibited, even on hard ground (*Magen Avraham*). One may be lenient if the entire town is paved with stones or some other hard material (*Mishna Berura*). A wagon that may be handled may likewise be dragged over any floor, even if the wagon is very large, as it does not make a furrow (*Shulḥan Arukh, Oraḥ Ḥayyim* 337:1).

Summary of **Perek II**

This chapter, too, strung together a series of disputes between Beit Hillel and Beit Shammai regarding Festivals, adding disagreements relating to the limits of the dispensation to perform certain labors on a Festival.

Regarding the joining of cooked foods [*eiruv tavshilin*], the Gemara concluded that an *eiruv* may be established with one loaf of bread and one cooked food that are prepared on the eve of the Festival for use on Shabbat. Relying on the *eiruv*, one may prepare more food on the Festival for the Festival, and thereby also for Shabbat. It further concludes that by making this *eiruv*, one may bake, cook, insulate hot food, and light a candle on the Festival for Shabbat, and one need not prepare a separate *eiruv* for each of these actions.

Regarding the question whether one may immerse items in a ritual bath on a Festival for Shabbat, it was concluded that anything that can be immersed on the eve of the Festival must be immersed prior to the Festival, and that preparations not involving food may not be made on a Festival for Shabbat, even in the case of immersion, which involves a rabbinic prohibition. The only non-food items that may be prepared on a Festival for Shabbat are cases in which the preparation is not noticeable or significant.

As for the ancient dispute regarding the bringing of sacrificial offerings on a Festival, the Gemara concluded that one is permitted to sacrifice all offerings that are in some way dependent upon the Festival, whether because one is obligated to offer them on the Festival or because they add to its joy. No distinction is made between peace-offerings, which are eaten, and burnt-offerings, which are not. Even the practice of placing hands on the head of the animal to be sacrificed continues on a Festival as on a weekday, and no distinction is made between actions that are avoidable and ones that are absolutely necessary.

Even though the dispensation to perform labor that is "for you" is broadened in the case of offerings brought on the altar, in the case of non-sacred labor, the allowance applies only to labor performed for a Jew. It is therefore prohibited to perform a labor for the sake of a gentile, unless it is done incidentally, as an addition to that which is being performed for a Jew. Similarly, one may not perform a prohibited labor on a Festival for the sake of an animal.

Image **Credits**

All images are copyright © Koren Publishers Jerusalem Ltd., except:

p10 © Xiaozi; **p13** © Jean-Pol Grandmont; **p17** © Madhif; **p36** © Bullenwächter; **p38** 1st image © Smichael21; **p38** 2nd image © Ross Huggett; **p44** © Snowmanradio; **p51** © Wolfgang Sauber; **p53** 1st image © Konstantinos Trovas; **p53** 2nd image © Alejandro Linares Garcia; **p59** © Rabbi Dr. Yisrael Meir Levinger; **p69** © GTS, www.shutterstock.com; **p83** 1st and 2nd images © Jastrow; **p88** 1st image © Hans Hillewaert; **p88** 2nd image © Hans-Petter Fjeld; **p116** © Takeaway; **p126** © Apostoloff; **p128** © Doug Helton.